Direito Ambiental e Sustentabilidade

Direito Ambiental e Sustentabilidade

EDITORES
ARLINDO PHILIPPI JR
VLADIMIR PASSOS DE FREITAS
ANA LUIZA SILVA SPÍNOLA

Copyright © 2016 Editora Manole Ltda., conforme contrato com os editores.

PROJETO GRÁFICO E CAPA
Nelson Mielnik e Sylvia Mielnik

FOTOS DA CAPA
Ana Maria da Silva Hosaka e
Opção Brasil Imagens

PRODUÇÃO EDITORIAL
Editor gestor: Walter Luiz Coutinho
Editora: Ana Maria Silva Hosaka
Produção editorial: Marília Courbassier Paris
Rodrigo de Oliveira Silva
Amanda Fabbro
Editora de arte: Deborah Sayuri Takaishi

DIAGRAMAÇÃO
Departamento Editorial da Editora Manole

REALIZAÇÃO
- Programa de Pós-Graduação Ambiente,
Saúde e Sustentabilidade
Departamento de Saúde Ambiental
Faculdade de Saúde Pública da Universidade
de São Paulo
- Programa de Pós-Graduação em Direito
Pontifícia Universidade Católica do Paraná

Dados Internacionais de Catalogação na Publicação (CIP)
(Câmara Brasileira do Livro, SP, Brasil)

Direito ambiental e sustentabilidade / editores Arlindo Philippi Jr, Vladimir Passos
de Freitas, Ana Luiza Silva Spínola. --
Barueri, SP: Manole, 2016. -- (Coleção Ambiental -- vol. 18)

Bibliografia
ISBN 978-85-204-3922-7

1. Desenvolvimento sustentável 2. Direito ambiental 3. Responsabilidade social 4.
Meio ambiente 5. Sustentabilidade I. Philippi Jr, Arlindo. II. Freitas, Vladimir
Passos de. III. Spínola, Ana Luiza Silva. IV. Série.

15-06814   CDU-34:507.2

Índices para catálogo sistemático:
1. Sustentabilidade : Direito ambiental 34:507.2

Todos os direitos reservados.
Nenhuma parte deste livro poderá ser reproduzida, por qualquer
processo, sem a permissão expressa dos editores.
É proibida a reprodução por xerox.

A Editora Manole é filiada à ABDR – Associação Brasileira de Direitos Reprográficos.

1ª edição – 2016

Editora Manole Ltda.
Avenida Ceci, 672 – Tamboré
06460-120 – Barueri – SP – Brasil
Fone: (11) 4196-6000 – Fax: (11) 4196-6021
www.manole.com.br
info@manole.com.br

Impresso no Brasil
Printed in Brazil

CONSELHO EDITORIAL CONSULTIVO

Adriana Marques Rossetto (UFSC); Alaôr Caffé Alves (USP); Aldo Roberto Ometto (USP); Alexandre Hojda (Uninter); Alexandre Oliveira Aguiar (Uninove); Amarilis Lucia Casteli Figueiredo Gallardo (IPT/SP); Ana Lucia Nogueira de Paiva Britto (UFRJ); Ana Luiza Silva Spínola (USP); Andre Tosi Furtado (Unicamp); Angela Maria Magosso Takayanagui (USP); Antonio Carlos Rossin (USP); Arlindo Philippi Jr (USP); Augusta Thereza Alvarenga (USP); Blas Enrique Caballero Nuñez (UFPR); Beat Gruninger (BSD); Carlos Alberto Cioce Sampaio (UFPR); Carlos Eduardo Morelli Tucci (FEEVALE); Carlos A. Nobre (Inpe); Claude Raynaut (UBordeaux II); Cleverson V. Andreoli (Sanepar); Daniel Angel Luzzi (USP); Delsio Natal (USP); Dimas Floriani (UFPR); Enrique Leff (Unep); Fausto Miziara (UFG); Francisco Arthur Silva Vecchia (USP); Francisco Suetonio Bastos Mota (UFCE); Gilda Collet Bruna (UPMackenzie); Hans Michael Van Bellen (UFSC); Isabella Fernandes Delgado (Fiocruz); Jalcione Pereira de Almeida (UFRGS); João Lima Sant'Anna (Unesp); Leila da Costa Ferreira (Unicamp); Leo Heller (UFMG); Lineu Belico dos Reis (USP); Manfred Max-Neef (Uach); Marcel Bursztyn (UnB); Marcelo de Andrade Roméro (USP); Marcelo Pereira de Souza (USP); Maria Cecilia Focesi Pelicioni (USP); Maria do Carmo Sobral (UFPE); Mario Thadeu Leme de Barros (USP); Mary Dias Lobas de Castro (UMC); Nemésio Neves Batista Salvador (UFSCar); Paula Santana (UCoimbra); Ricardo Toledo Silva (USP); Roberto C. Pacheco (UFSC); Roberto Luiz do Carmo (Unicamp); Selma Simões Castro (UFG); Sérgio Martins (UFSC); Severino Soares Agra Filho (UFBA); Sonia Maria Viggiani Coutinho (USP); Stephan Tomerius (UTrier); Sueli Gandolfi Dallari (USP); Tadeu Fabrício Malheiros (USP); Tânia Fisher (UFBA); Tercio Ambrizzi (USP); Valdir Fernandes (UTFPR); Vânia Gomes Zuin (UFSCar); Wagner Costa Ribeiro (USP); Wanda Risso Günther (USP).

EDITORES
Arlindo Philippi Jr
Vladimir Passos de Freitas
Ana Luiza Silva Spínola

AUTORES

Alaôr Caffé Alves
Universidade de São Paulo

Alexandre Martins Fernandes
Unesp, estado de São Paulo

Aline Matulja
Universidade de São Paulo

Ana Luiza Silva Spínola
Universidade de São Paulo

Ana Maria de Oliveira Nusdeo
Universidade de São Paulo

Ana Maria Kirschner
Universidade Federal do Rio de Janeiro

Andréia Castro Dias
3ª Vara Federal, Subseção Judiciária,
Rio Grande do Sul

Annelise Monteiro Steigleder
Promotoria de Defesa do Meio Ambiente
de Porto Alegre

Antônio Carlos Efing
Pontifícia Universidade Católica do Paraná

Arlindo Philippi Jr
Universidade de São Paulo

Arnaldo Jardim
Câmara dos Deputados

Beatriz Granziera
Secretaria do Meio Ambiente do Estado
de São Paulo

Camila Faccioli
Cetesb, estado de São Paulo

Consuelo Y. Moromizato Yoshida
Tribunal Regional Federal, 3ª Região

Curt Trennepohl
Trennepohl Consultoria Ambiental

Daniela Dutra Soares
Cetesb, estado de São Paulo

Dario Almeida Passos de Freitas
Ordem dos Advogados do Brasil, Paraná

Denise Lucena Cavalcante
Procuradoria da Fazenda Nacional

Édis Milaré
Milaré Advogados

Eliane Pereira Rodrigues Poveda
Unicamp, estado de São Paulo

Fabiane Luisi Turisco
Universidade Federal Fluminense

Fabricio Dorado Soler
Ordem dos Advogados do Brasil, São Paulo

Fernando Fernandes da Silva
Faculdade de Direito de Sorocaba

Fernando Quadros da Silva
Tribunal Regional Federal, 4ª Região

Fernando Rei
Universidade Católica de Santos

Flávio Ahmed
Ordem dos Advogados do Brasil, Rio de Janeiro

Gilberto Passos de Freitas
Universidade Católica de Santos

Gilda Collet Bruna
Universidade Presbiteriana Mackenzie

Henrique Varejão de Andrade
Instituto Federal de Educação, Ciência e
Tecnologia de Pernambuco

José Rubens Morato Leite
Universidade Federal de Santa Catarina

José Valverde Machado Filho
Secretaria do Verde e Meio Ambiente, Município
de Ferraz de Vasconcelos, estado de São Paulo

Lina Pimentel Garcia
Mattos Filho, Veiga Filho,
Marrey Jr. e Quiroga Advogados

Lucas Queiroz Pires
Demarest Advogados

Luciana Cordeiro de Souza
Unicamp, estado de São Paulo

Luís Fernando Bravo de Barros
Universidade de Innsbruck

Marcela Bentes Alves Baptista
Cetesb, estado de São Paulo

Marcelo Robis Francisco Nassaro
Polícia Militar Ambiental,
estado de São Paulo

Maria Leonor Paes Cavalcanti Ferreira
Universidade Federal de Santa Catarina

Maria Luiza Machado Granziera
Universidade Católica de Santos

Patrícia Nunes Lima Bianchi
Centro Universitário Salesiano de São Paulo

Rafaela Santos Martins da Rosa
4ª Vara Federal de Criciúma/SC

Silvio Alexandre Fazolli
Pontifícia Universidade Católica do Paraná

Sueli Gandolfi Dallari
Universidade de São Paulo

Stephan Tomerius
Universidade de Economia e Direito de Berlim

Talden Farias
Universidade Federal da Paraíba

Tasso Alexandre Richetti Pires Cipriano
Universidade de São Paulo

Tatiana Tucunduva P. Cortese
Universidade Nove de Julho

Terence Trennepohl
Harvard University

Tiago Fensterseifer
Pontifícia Universidade Católica do Rio Grande
do Sul

Vladimir Passos de Freitas
Pontifícia Universidade Católica do Paraná

Zenildo Bodnar
3ª Turma Recursal, Justiça Federal, Santa
Catarina

Os capítulos expressam a opinião dos autores, sendo de sua exclusiva responsabilidade.

Sumário

Apresentação. XV
Marga Inge Barth Tessler

PARTE I – INTRODUÇÃO

Capítulo 1
Políticas Públicas e Sustentabilidade no Mcio Urbano 3
Gilda Collet Bruna, Arlindo Philippi Jr

Capítulo 2
Função Social do Advogado, Ética e Sustentabilidade 29
Fabiane Luisi Turisco, Ana Maria Kirschner

Capítulo 3
Sustentabilidade Expandida. Crítica Social dos Limites do Direito,
da Ética e do Estado e Reflexos na Política do Meio Ambiente . . . 53
Alaôr Caffé Alves

PARTE II – GRANDES TEMAS

Capítulo 4
Mudanças Climáticas 107
Tatiana Tucunduva P. Cortese

Capítulo 5
Direito de Proteção do Solo e Áreas Contaminadas 125
Ana Luiza Silva Spínola, Arlindo Philippi Jr

Capítulo 6
Juridificação dos Resíduos no Brasil........................155
Tasso Alexandre Richetti Pires Cipriano

Capítulo 7
Regime Jurídico da Pesca no Brasil e o Meio Ambiente.........207
Dario Almeida Passos de Freitas

Capítulo 8
Direito Minerário 231
Eliane Pereira Rodrigues Poveda

Capítulo 9
Pontos Relevantes do Licenciamento Ambiental 251
Talden Farias

Capítulo 10
Agricultura e Sustentabilidade 279
Patrícia Nunes Lima Bianchi

Capítulo 11
Análise Comparadas das Áreas de Preservação Permanente
Estabelecidas pelas Leis n. 4.771/1965 e n. 12.651/2012.........313
Camila Faccioli

Capítulo 12
Arquivos Judiciais como Patrimônio Histórico e Cultural
do Brasil 359
Andréia Castro Dias

Capítulo 13
Direito Sanitário e Meio Ambiente........................397
Maria Luiza Machado Granziera, Sueli Gandolfi Dallari

Capítulo 14
Direito Tributário e Meio Ambiente........................433
Denise Lucena Cavalcante

Capítulo 15
Meio Ambiente e Saneamento Básico........................459
Maria Luiza Machado Granziera, Beatriz Granziera, Lucas Queiroz Pires

Capítulo 16
Direito Ambiental e Energia 493
Fabricio Dorado Soler

Capítulo 17
Adaptação a Questões Climáticas: Conceitos, Métodos Introdutórios
e Utilização das Normas Jurídicas.........................527
Aline Matulja, Vladimir Passos de Freitas

Capítulo 18
Análise da Função Socioambiental dos Contratos de Consumo ..563
Antônio Carlos Efing, Silvio Alexandre Fazolli

Capítulo 19
Direito Urbanístico e sua Interface com o Direito Ambiental....589
Flávio Ahmed

Capítulo 20
Pagamento por Serviços Ambientais........................619
Ana Maria de Oliveira Nusdeo

Capítulo 21
Considerações sobre o Crime Ambiental Organizado 645
Rafaela Santos Martins da Rosa

Capítulo 22
Licenciamento Ambiental: uma Análise Constitucional 675
Curt Trennepohl, Terence Trennepohl

XII DIREITO AMBIENTAL E SUSTENTABILIDADE

Capítulo 23
Recursos Hídricos 719
Luciana Cordeiro de Souza, Alexandre Martins Fernandes

Capítulo 24
Conflitos Socioambientais no Brasil: uma Reflexão sobre a
Possibilidade Transformativa dos Procedimentos Multiatores . . . 747
Luís Fernando Bravo de Barros, Ana Luiza Silva Spínola

PARTE III – RESPONSABILIDADES EM MATÉRIA AMBIENTAL
E TUTELA PROCESSUAL

Capítulo 25
Reparação do Dano Moral Ambiental na Perspectiva da
Jurisprudência Mais Recente do STJ: Consolidação de um
Direito Pós-Moderno 785
José Rubens Morato Leite, Maria Leonor Paes Cavalcanti Ferreira

Capítulo 26
Direito Ambiental Penal: Conflito Aparente de Normas e
Concurso de Crimes 805
Gilberto Passos de Freitas

Capítulo 27
Responsabilidade Administrativa 855
Daniela Dutra Soares, Marcela Bentes Alves Baptista

Capítulo 28
Tutela Processual do Ambiente: Papel da Ação Civil Pública
como Instrumento Preventivo/Reparatório da Danosidade
Ambiental. 877
Édis Milaré

Capítulo 29
Responsabilidades Civis Solidária e Compartilhada na Gestão
Público-Privada da Sustentabilidade. 921
Consuelo Y. Moromizato Yoshida

PARTE IV – APLICAÇÃO PRÁTICA DO DIREITO AMBIENTAL: VISÃO INSTITU-
CIONAL

Capítulo 30
Direito Ambiental sob a Perspectiva do Poder Executivo 955
Henrique Varejão de Andrade

Capítulo 31
Papel do Poder Judiciário nos Conflitos Ambientais 973
Zenildo Bodnar

Capítulo 32
Poder Legislativo e Meio Ambiente 993
Arnaldo Jardim, José Valverde Machado Filho

Capítulo 33
Atuação do Ministério Público com Vistas à Prevenção e à
Reparação dos Danos Ambientais. 1023
Annelise Monteiro Steigleder

Capítulo 34
Defensoria Pública e Proteção Ambiental 1055
Tiago Fensterseifer

Capítulo 35
Agências Reguladoras e Desenvolvimento Sustentável 1101
Fernando Quadros da Silva

Capítulo 36
Polícia Ambiental 1121
Marcelo Robis Francisco Nassaro

Capítulo 37
Advocacia Ambiental: Profissão e Exercício de Militância. 1149
Lina Pimentel Garcia

PARTE V – DIREITO AMBIENTAL INTERNACIONAL

Capítulo 38
Tutela do Patrimônio Natural da Humanidade e
Desenvolvimento Sustentável 1177
Fernando Fernandes da Silva

Capítulo 39
Enquadramento Jurídico da Proteção Ambiental e Climática
na Alemanha: uma Visão Geral da Legislação Federal 1197
Stephan Tomerius

Capítulo 40
Desafios do Direito Ambiental Internacional na Governança
Global...1235
Fernando Rei

Índice Remissivo 1249

Anexo: dos Editores e Autores 1257

Apresentação

Convidada a apresentar a obra coletiva *Direito Ambiental e Sustentabilidade*, expresso a minha satisfação em fazê-lo em face da excelência e competência dos autores nas matérias que abordam.

O conjunto dos trabalhos constitui uma expressiva colaboração para o avanço da matéria, com estudos críticos, inovadores e propositivos.

Nessa linha, destaco algumas abordagens, sob a luz da sustentabilidade, como a da necessidade e importância das políticas públicas no meio urbano, sendo cada vez mais crucial a gestão urbana ambiental para resultados sustentáveis. A advocacia é chamada a colaborar e aderir à sustentabilidade ambiental.

A questão das mudanças no clima e a adaptação às alterações climáticas ganham alentados estudos multidisciplinares. A proteção do solo e áreas contaminadas, bem como o direito minerário são abordados com ênfase em aspectos principiológicos.

A atividade pesqueira e análise dos danos causados pela pesca predatória, bem como a captura de peixes para a prática de *finning*, crime em franca expansão, são temas de dois estudos ilustrados com exemplos concretos e comentários à Convenção de Palermo. O modelo agrícola brasileiro e os caminhos para conciliar a prática agrícola com a sustentabilidade são outras matérias desenvolvidas com contribuições importantes.

A atuação dos governos locais na formulação de suas políticas socioambientais e a contribuição do Judiciário para solucionar os conflitos ambientais, bem como um acurado estudo sobre os próprios conflitos socioambientais e sua possibilidade transformativa, são outros aspectos selecionados pelos autores. A legislação sobre áreas de preservação permanente tem o seu estudo grandemente facilitado por um competente comparativo entre as leis n. 4.771/65 e n. 12.651/2012.

O crime ambiental organizado recebe visão abrangente. O licenciamento ambiental, certamente dos assuntos mais palpitantes e controvertidos, é decantado a partir da moldura constitucional com definição das competências para licenciar. As responsabilidades em matéria ambiental e a importância da tutela processual, quer pela contribuição do Judiciário para a consolidação de um autêntico direito pós-moderno, quer pela ótica da utilidade da ação civil pública, mereceram substanciosos estudos. A obra contribui também com debate sobre o conflito aparente de normas e o concurso de crimes.

Os autores dão tratamento consistente e adensado aos temas, construindo um verdadeiro repositório de sustentabilidade, que ao fim, é o direito de todos nós e dos nossos pósteros.

Afirmo, assim, que a obra enriquece sobremaneira a literatura jurídica e fornece elemento de consulta indispensável na matéria, pois, em giro completo, aborda dimensões ecológicas, sociais, econômicas, culturais, morais, com visão multidisciplinar.

Marga Inge Barth Tessler
Desembargadora Federal do TRF4,
mestre em Direito (PUC/RS),
mestre em Administração da Justiça (FGV/Rio)
e especialista em Direito Sanitário

PARTE I

Introdução

Capítulo 1
Políticas Públicas e Sustentabilidade no Meio Urbano
Gilda Collet Bruna e Arlindo Philippi Jr

Capítulo 2
Função Social do Advogado, Ética
e Sustentabilidade
Fabiane Luisi Turisco e Ana Maria Kirschner

Capítulo 3
Sustentabilidade Expandida. Crítica Social dos Limites
do Direito, da Ética e do Estado e Reflexos na Política
do Meio Ambiente
Alaôr Caffé Alves

Políticas Públicas e Sustentabilidade no Meio Urbano

1

Gilda Collet Bruna
Universidade Presbiteriana Mackenzie

Arlindo Philippi Jr
Universidade de São Paulo

INTRODUÇÃO

Cidades não querem ser subúrbios, subúrbios não querem ser cidades, e cidades não querem ser terrenos baldios. (Michael Dukakis apud Forman, 1978, p. 31)

Essa vitalidade urbana pode ser estilmulada ou diminuída e as políticas públicas são importantes para cuidar do desenvolvimento, especialmente do desenvolvimento ambiental urbano, com cuidado ambiental. No entanto, qual a razão para colocar em primeiro lugar as políticas públicas relacionadas ao desenvolvimento e às questões urbanas, ou seja, as cidades?

Essas questões urbanas vão estar cada vez mais relacionadas com mais e mais pessoas, pois mundialmente a população está se tornando urbana. E a resposta à pergunta que inicia este capítulo, de que cidades nâo querem ser terrenos baldios, pode ser colhida no desenrolar do texto.

No Brasil, a porcentagem de população que mora em áreas urbanas chegou a atingir em torno de 84% em 2010, segundo o Instituto Brasileiro de Geografia e Estatística (IBGE), como mostra o documento de Fernando Nogueira Acosta[1]. Ou, segundo o ranking das desigualdades, conforme o site globo.com[2], a população urbana no Brasil é de 86,53% do total de habitantes. Como se observa, a área urbana se destaca em relação à área rural pela quantidade de habitantes. Mas, segundo dados da ONU-Habitat, o Brasil é o quarto país mais desigual, onde a pobreza representa 22,10% dessa população urbana; e, na América Latina, ainda é considerado o segundo país mais poluidor.

A ocupação humana e a construção de suas cidades por sua vez, impõem maiores impactos ambientais aos recursos naturais, afetando a fauna, a flora e principalmente os próprios elementos humanos. São problemas resultantes desses impactos, por exemplo, falta de água devido às questões climáticas, como estiagem e seca prolongada; geração de resíduos sólidos urbanos que precisam ser recolhidos, reciclados, tratados e dispostos em aterros sanitários; necessidade de energia, advinda, no Brasil, em grande parte de hidrelétricas que sofrem com as secas, fazendo com que as cidades busquem o uso de energias renováveis oriundas do sol, dos ventos, da biomassa e de outros; poluição atmosférica originária de fábricas, veículos automotores ou outros gases. Certamente, o desmatamento, além de ser um problema rural, pode afetar áreas urbanas, pois as florestas absorvem gases de efeito estufa, levam à redução de ilhas urbanas de calor, contribuindo para melhor qualidade de vida.

No entanto, essa qualidade de vida precisa representar, entre outras questões, que ou desigualdade social diminua e forme áreas urbanas com maior equilíbrio em termos de desenvolvimento e justiça social. Será que isso vem ocorrendo? Como Frederico Amado (2013) mostra, condena-se o desenvolvimento econômico irresponsável e a qualquer custo ambiental.

Quais normas ambientais são necessárias para a obtenção dessa qualidade que possa imprimir o sentido de cidade sustentável? Como podem atuar e influenciar na qualidade do urbanismo? Observa-se que essas devem ser grandes preocupações dos habitantes de áreas urbanas, uma vez que as pessoas precisam viver e ao mesmo tempo educar as gerações futuras para que elas possam também aproveitar o meio ambiente com qualidade e ter suas necessidades adequadamente atendidas.

---

[1] Disponível em: http://fernandonogueiracosta.wordpress.com/2010/11/29/censo-2010--populacao-urbana-sobe-de-8125-para-8435/. Acessado em: 8 ago. 2014.

[2] Disponível em: http://g1.globo.com/brasil/noticia/2012/08/brasil-avanca-mas-e-quarto-pais-mais-desigual-da-america-latina-diz-onu.html. Acessado em: 8 ago. 2014.

SUSTENTABILIDADE URBANA

Dentre as características das áreas urbanas no início do século XXI, talvez se possa destacar a necessidade cada vez maior de sustentabilidade urbana, pois, como afirmam Hodson e Marvin (2014, p. 213):

Uma série de novos problemas socioeconômicos e políticos está elevando a prioridade das questões relativas à segurança ecológica nas políticas públicas nacionais. Por exemplo, as mudanças climáticas colocam o problema dos limites dos recursos aquíferos, incertezas quanto à segurança energética e à propagação geográfica de doenças. Preocupações quanto à segurança dos recursos ecológicos acabam se relacionando diretamente às prioridades dos estados nacionais e às responsabilidades relativas ao bem-estar social e à competitividade económica.

Segundo Amado (2013), essas considerações apresentadas mostram que não é possível considerar um crescimento econômico ilimitado, visto que este depende dos recursos ambientais naturais, que por sua vez são limitados e vêm sendo consumidos praticamente sem controle, muito além da capacidade de serem repostos. Além disso, ao consumir é preciso adotar medidas antipoluição, mas também repensar o conceito que envolve o possuir mais do que o necessário, pois os demais cidadãos também precisam encontrar formas de atender a suas necessidades de consumo. Essas questões levam esse autor a supor que a comunidade humana precisa do Poder Público e de suas políticas, sejam estas regulatórias, estruturadoras ou indutoras. As primeiras regulam o uso dos recursos por meio de legislações ambientais; as segundas apresentam políticas que estruturam diretamente a intervenção do Estado na proteção ambiental; e as últimas são aquelas que procuram por meio da legislação estimular condutas humanas que visem ao equilíbrio ambiental. Daí decorrem leis que interferem na ocupação territorial, como aquelas que propõem a proteção de recursos hídricos, com instrumentos como a tributação ambiental procurando, por exemplo, reduzir a poluição. Uma conduta humana bem controlada pode favorecer o cuidado com desastres como inundações e deslizamentos de terra, ou mesmo conter esses acontecimentos por meio do controle de desmatamentos, falta d'água, ou de migrações em busca de abrigos e melhores possibilidades de vida. Isso é muito impressionante nas cidades, pois é nelas que há um grande contingente de população demandando qualidade de vida.

Como controlar por meio de políticas públicas o desperdício de recursos para que todos possam viver em condições dignas?

Seja por meio de tecnologias tradicionais com o uso de mão de obra em comunidades locais essas condições de dignidade requerem que se dê prioridade à inclusão social, seja preparando a população para padrões de desenvolvimento sustentável utilizando tecnologia apropriada pertinente ao meio social, seja provendo-lhes benefícios socioeconômicos e ambientais, seja, ainda, preparando-se para o uso de tecnologia digital que modifica totalmente a maneira de produzir, gerando a necessidade de se adequar aos novos parâmetros do desenvolvimento sustentável e, assim, possibilitando outras formas de inclusão social; é preciso preparar as comunidades para se adequarem a essas mudanças de tecnologia e seus decorrentes modos de produção. Essa mudança, por vezes necessita que os setores públicos procedam aos ajustes para permitir que se mantenha o equilíbrio social, principalmente em áreas urbanas, onde a população vem se adensando rapidamente. Por isso as cidades precisam poder contar com resultados de pesquisas que tragam benefícios, como na medicina, na saúde, na agricultura, ao mesmo tempo em que ensinam como evitar a degradação ambiental em áreas urbanas, principalmente naquelas onde impera a exclusão social. É preciso proteger as comunidades para que não ocorram carências de recursos naturais, como água, fauna, flora, e outras mais, resultantes de devastações ambientais.

No caso de áreas urbanas, o meio ambiente está explicitado pela constituição vigente (Constituição Federal de 1988) em seu art. 225 que institui "o direito fundamental de todos ao meio ambiente ecologicamente equilibrado". Como alcançar esse direito fundamental? Observa-se que no art. 23, tratando da competência comum da União, dos estados, do Distrito Federal e dos municípios, destaca o inciso VI que reza que estes devem "proteger o meio ambiente e combater a poluição em qualquer uma de suas formas" e o inciso VII mostra a importância das florestas para a fauna e a flora, ainda para os humanos, que como parte dos demais membros da comunidade precisam: "preservar as florestas, a fauna e a flora". Ora, no que diz respeito à construção de habitação, destaca-se que esta precisa ser complementada pelos serviços de atendimento em saneamento básico (inciso IX), em que se lê que cabe aos três níveis de governo prover "saneamento básico" e ainda "combater as causas da pobreza e os fatores que colocam as pessoas à margem da sociedade, promovendo então a integração social dos setores desfavorecidos".

Por outro lado está bem explícito na Constituição em vigor, como mostra o Capítulo II da Política Urbana, a atenção para o atendimento dos arts. 182 e 183. O primeiro explicita que a política de desenvolvimento urbano é executada pelo Poder Público Municipal, objetivando ordenar e garantir o bem-estar dos habitantes da cidade. Mas, para tanto, deve contar com o plano diretor municipal (obrigatório para cidades com mais de 20 mil habitantes, dentre outros), que deve atuar como o instrumento básico da política de desenvolvimento e de expansão urbana. Destaca-se ainda desse capítulo da Constituição, que é pelo plano diretor municipal que fica definida a função social da propriedade urbana e, ainda, que é o plano diretor com diretrizes fixadas em lei específica que exige do proprietário do solo urbano não edificado, subutilizado ou não utilizado, que promova o adequado aproveitamento (conforme § 4º), sob pena de

> ser obrigado a parcelamento ou edificação compulsórios; imposto sobre a propriedade predial e territorial urbana progressivo no tempo; e, finalmente, caso não tenha ainda cumprido a função social de sua propriedade, possa sofrer desapropriação com pagamento com títulos da dívida pública de emissão previamente aprovada pelo Senado Federal, com prazo de resgate de até 10 (dez) anos, em parcelas anuais, iguais e sucessivas, assegurados o valor real da indenização e os juros legais.

Assim, o plano diretor é um instrumento específico para organizar a ocupação de áreas urbanas, destacando-se que o art. 183 nesse capítulo da política urbana estabelece que:

> aquele que possuir como sua, área urbana de até 250 (duzentos e cinquenta) metros quadrados, por 5 (cinco) anos, ininterruptamente e sem oposição, utilizando-a para sua moradia ou de sua família, adquirir-lhe-á o domínio, desde que não seja proprietário de outro imóvel urbano ou rural. (Brasil, 1988)

Observa-se com esses artigos que a política urbana deve atuar em prol do cidadão, procurando defendê-lo, pela legislação, dentro das premissas da lei.

Portanto, viver em áreas urbanas requer cuidados especiais de modo a não se restringirem as possibilidades de qualidade de vida. Vê-se então que estão sendo mantidas as prioridades conforme os objetivos constantes da proposição do art. 225 da Constituição vigente: cuidar para que haja um meio ambiente equilibrado, protegendo-o de todas as formas de impacto negativo, como poluição e todos os modos de degradação.

Atualmente, talvez em razão da crescente urbanização, cumpre atuar e exigir principalmente a aplicação de políticas públicas que levem a população mais desfavorecida a melhorias em termos de desigualdade social e de acesso aos recursos ambientais. É importante que haja ascensão também dessa população menos favorecida pela desigualdade urbana, pois o processo mundial de urbanização crescente em geral origina aumento do custo de vida; de um lado, o endividamento torna-se mais comum, e, consequentemente, de outro, os recursos naturais precisam ser compartilhados por todas as classes sociais; cada vez incluindo mais pessoas no rol daqueles que conseguem acessar os recursos naturais e bens produzidos. As políticas públicas são vitais para interferir positivamente nessas situações de inclusão social, estimulando a participação de todos da comunidade, além de velar pela proteção ambiental. Também, com o crescimento da população nas proporções que atualmente vem ocorrendo, provavelmente será necessário utilizar cada vez mais recursos naturais renováveis, pois se prevê que o consumo de recursos não renováveis possa pôr cada vez mais o planeta em situação de depauperação.

É importante contar com padrões sustentáveis de desenvolvimento, contemplando os quatro pilares da sustentabilidade – social, econômico, ambiental e cultural –, conduzindo a um desenvolvimento com qualidade e justiça social. Espera-se muito dessas relações de colaboração e de distribuição nessa nova era de produção emergente, concebendo inovações nas formas de produção e consumo, principalmente em relação à energia e à água, mas também em relação ao uso de novas técnicas de comunicação e produção que vêm sendo introduzidas pela internet. No entanto, essas inovações não prescindem das várias formas de participação social nas esferas de pesquisa e decisão. Essa ênfase na participação social no meio urbano e ambiental é confirmada nas diretrizes emanadas do Estatuto da Cidade (Lei federal n. 10.257/2001) que, dentre outros, regulamentam os arts. 182 e 183 da Constituição vigente: "as diretrizes gerais da política urbana voltam-se para o pleno desenvolvimento das funções sociais da cidade e da propriedade urbana," como afirma o § único do art. 1º, em prol do bem coletivo, da segurança e do bem-estar dos cidadãos, bem como do equilíbrio ambiental". Assim, a gestão democrática preconiza a descentralização e a participação da população e de associações representativas dos vários segmentos da comunidade na formulação, execução e acompanhamento de planos, programas e projetos de desenvolvimento urbano", conforme inciso II do art. 2º dessa lei[3]. Acrescenta-se ainda que o Estatuto da Cidade é alterado pelo Estatuto da Metrópole, Lei n. 13.089, de 12 de janeiro de 2015, que estabelece diretrizes gerais para o planejamento, a gestão e a execução das funções públicas de interesse comum em regiões metropolitanas e em aglomerações urbanas instituídas pelos estados, normas gerais sobre o plano de desenvolvimento urbano integrado e outros instrumentos de governança interfederativa, e critérios para o apoio da União a ações que envolvam governança interfederativa no campo do desenvolvimento urbano[4].

Assim, a sociedade estará sendo objeto de uma transformação em seu comportamento em relação ao meio ambiente, ao colaborar para a formação de uma paisagem urbana mais sustentável, propondo modificações que se concretizem em regiões sustentáveis. Desse modo, a sociedade pode colaborar protegendo suas comunidades ao aplicar regras ou leis que controlem a poluição ambiental; também ao buscar a recuperação de áreas degradadas, conforme afirma Patrick M. Condon (2010)[5], por meio de projetos simples, porém que permitam recuperar o meio ambiente e suas áreas urbanas. Projetos como esses permitem que ao longo do tempo seja possível recuperar as áreas degradadas e contribuir para diminuir a poluição e melhorar a vida humana. Os vários padrões urbanos observados em cada um desses períodos, como mencionados nas regras de Condon, praticamente mostram a intenção de construir uma paisagem urbana que respeite o meio ambiente. No caso de cidades no Brasil, a construção de paisagens urbanas vem ocorrendo por meio da aprovação de legislações urbanas e ambientais cuja intenção é proteger o meio ambiente urbano e o desenvolvimento das funções sociais da cidade, conforme o Estatuto da Cidade (2001). Desse modo objetivam contribuir com a localização das atividades econômicas no espaço e assim corrigir os impactos negativos oriundos do crescimento urbano,

---

[3] Disponível em: www.planalto.gov.br/CCivil_03/leis/LEIS_2001/L10257.htm. Acessado em: 09 jul. 2015.

[4] Disponível em: www.planalto.gov.br/ccivil_03/Ato 2015-2018/2015/Lei/L13089.htm. Acessado em: 09 jul. 2015.

[5] As sete regras são: 1) restaurar o bonde (*street car*) na cidade; 2) projetar um sistema de vias interconectadas; 3) localizar áreas de comércio e serviços, trânsito frequente e escolas a uma distância de cinco minutos a pé; 4) localizar empregos perto de habitações ao alcance da população; 5) prover uma diversidade de tipos de habitação; 6) criar um sistema natural de áreas e parques interligados; 7) investir em infraestrutura mais leve, mais verde, mais barata e mais inteligente (p. 14-5).

10 | DIREITO AMBIENTAL E SUSTENTABILIDADE

questão essa cada vez mais importante, pois a maioria da população vive em áreas urbanas. Desse objetivo de controlar os impactos ambientais, destacam-se ainda, no Estatuto da Cidade, a necessidade de controle da deterioração de áreas urbanizadas e da poluição e degradação ambiental. É importante lembrar ainda que há necessidade de estudo prévio de impacto ambiental (EIA) como de estudo prévio de impacto de vizinhança (EIV) que são demandas, a primeira do estado e a segunda do município; com isso o controle social deve ser manifestado pela garantia de participação das comunidades, inclusive de movimentos e entidades da sociedade civil, como expresso no Estatuto da Cidade (2001).

Agora, após o Estatuto da Cidade, as leis municipais devem definir tipos de empreendimentos públicos ou privados que desenvolvam EIV de modo a emitir autorizações de construção, ampliação ou funcionamento, de acordo com seu art. 36. Entre os aspectos que devem ser focalizados para a aprovação de obras, em decorrência de EIV, cabe à gestão municipal, conforme o art. 37, solicitar que sejam analisados, no mínimo, os itens abaixo mencionados:

> I – adensamento populacional; II – equipamentos urbanos e comunitários; III – uso e ocupação do solo; IV – valorização imobiliária; V – geração de tráfego e demanda por transporte público; VI – ventilação e iluminação; VII – paisagem urbana e patrimônio natural e cultural[6].

Todas essas medidas, entretanto, não suprimem a necessidade de organizar audiências públicas e debates com a população e associações representantes de segmentos da sociedade do município.

Para abranger as questões ambientais municipais torna-se necessário que o município faça parte do cadastro nacional de municípios. Assim, as áreas em seu território, que estão sujeitas a deslizamentos, inundações, processos geológicos ou hidrológicos, podem ser observadas de modo que seja possível exercer o controle do parcelamento, do uso e da ocupação do solo. O mapeamento desses tipos de áreas assegura um maior controle para acompanhar os eventos geológicos, mas também deixa claro quais locais precisam ser alvo de ações preventivas e mesmo de realocação da população atingida por desastres, e ainda que devem receber as medidas de drenagem urbana

---

[6] É importante sublinhar que esse tipo de solicitação "não substitui o estudo prévio de impacto ambiental (EIA)", conforme a Lei Ambiental.

que se fizerem necessárias. Claro está que deverão ser tomadas ainda medidas para efetuar a regularização fundiária, bem como a previsão de áreas especiais para a instalação de habitações de interesse social; além disso, prevendo-se a preservação de áreas verdes municipais, principalmente em relação à diminuição da impermeabilização dos solos da cidade; e, para tanto, o plano diretor deve ser adequado para que se executem essas ações de prevenção, atendendo assim aos itens do art. 42 do Estatuto da Cidade[7]. Como já mencionado, mesmo atendendo a essas medidas solicitadas por esse Estatuto, não se pode esquecer de atender à legislação ambiental estadual e federal.

Observa-se, como mostra José Afonso da Silva (1981, p. 118), que o planejamento é um processo técnico instrumentado para transformar a realidade existente [...], noção que se aplica ao planejamento em geral e, portanto, também ao planejamento urbanístico [...]. Na medida em que esse processo tende a consubstanciar-se em planos é que permite afirmar que o planejamento urbanístico não é um simples fenômeno técnico, mas um verdadeiro processo de criação de normas jurídicas [...].

Pode-se entender então como Hely Lopes Meirelles (apud Silva, 1981, p. 15) que "urbanismo é o conjunto de medidas estatais destinadas a organizar os espaços habitáveis, de modo a propiciar melhores condições de vida ao homem na comunidade". Para organizar essa ocupação e usos urbanos é preciso respeitar as áreas de proteção permanentes, áreas de proteção aos mananciais, dentre aquelas às margens de rios e cursos d'água, conforme as respectivas legislações que estabelecem medidas a ser observadas em prol da sustentabilidade do meio natural urbano e em suas imediações.

POLÍTICAS PÚBLICAS DE RECURSOS HÍDRICOS EM ÁREAS URBANAS

Mostafavi (2014) mostra como os desafios da urbanização acelerada e da limitação dos recursos globais se tornaram mais prementes, sendo então necessário encontrar abordagens projetuais alternativas, que permitam con-

---

[7] Conforme o site http://www.planalto.gov.br/ccivil_03/leis/leis_2001/l10257.htm, a gestão democrática da cidade é imprescindível. Assim, conforme o art. 43 do Estatuto da Cidade, deverão ser ouvidos os órgãos colegiados da União, estados e municípios; e deverão ser feitos debates públicos sobre o plano plurianual de investimentos e orçamento anual, segundo os arts. 44 e 45.

siderar a grande escala de uma maneira diferente de como se fazia no passado.

Assim é que se torna importante, com relação às leis ambientais relativas aos recursos hídricos, principalmente em época de seca, como ocorrido no Sudeste do Brasil no inverno de 2014, considerar o suprimento de água para suas várias finalidades, e assim atender à população, gerar eletricidade, atender à agropecuária e possibilitar a produção alimentícia, sem desperdícios. A importância desse setor para a nação pode ser percebida, por exemplo, pela Política Estadual de Recursos Hídricos e pelo Sistema Integrado de Gerenciamento de Recursos Hídricos do Estado de São Paulo, estabelecidos pela Lei estadual n. 7.663, de 30 de dezembro de 1991[8]. Essa política estadual refere em seu art. 2º que

> A Política Estadual de Recursos Hídricos tem por objetivo assegurar que a água, recurso natural essencial à vida, ao desenvolvimento econômico e ao bem-estar social, possa ser controlada e utilizada, em padrões de qualidade satisfatórios, por seus usuários atuais e pelas gerações futuras, em todo o território do Estado de São Paulo.

Nesse sentido, a água é um bem comum a todos os brasileiros. Essa colocação demonstra que a sociedade estava preocupada com o assunto, tendo criado a Associação Brasileira de Recursos Hídricos (ABRH). E, em nível nacional, a Lei n. 9.433, de 08 de janeiro de 1997, institui a Política Nacional de Recursos Hídricos e cria o Sistema Nacional de Gerenciamento de Recursos Hídricos, dentre outros dispositivos[9]. Isso ocorre porque a água é um recurso natural limitado, de domínio público e com valor econômico. E, por isso, sua gestão deve prover seu uso como água potável, água para hidreletricidade, água para esgotamento sanitário, entre outros.

---

[8] A Lei n. 7.663, de 30 de dezembro de 1991, teve revogados os arts. 4º e 8º das Disposições Transitórias, pela Lei n. 9.034/1994, conforme texto da lei. Disponível em: http://www.sigrh.sp.gov.br/sigrh/basecon/lrh2000/LE/Leis/03_LEI_n_7663_de_30_de_dezembro_de_1991.htm. Acessado em: 26 ago. 2014.

[9] A Lei n. 9.433, de 08 de janeiro de 1997, institui a Política Nacional de Recursos Hídricos e cria o Sistema Nacional de Gerenciamento de Recursos Hídricos, regulamenta o inciso XIX do art. 21 da Constituição Federal, e altera o art. 1º da Lei n. 8.001, de 13 de março de 1990, que modificou a Lei n. 7.990, de 28 de dezembro de 1989. Disponível em: http://www.planalto.gov.br/ccivil_03/leis/l9433.htm. Acessado em: 26 ago. 2014.

Essa política dos recursos hídricos demanda planejamento de longo prazo, feito por bacia hidrográfica como unidade de planejamento no Estado de São Paulo e amplamente pelos demais estados e Distrito Federal, bem como pelos municípios do país; esse plano deve ser compatível com o período de implantação de programas e projetos, e conter análises de demandas futuras, identificação de eventuais conflitos, metas bem definidas, dentre outros, conforme art. 7º da Lei federal n. 9.433/97. Por isso têm sido elaboradas leis específicas para uso e ocupação da área de influência, como a represa de Guarapiranga, definindo e delimitando a área de sua influência, ao mesmo tempo em que providencia, por meio da Lei estadual n. 12.233/2006, um sistema de planejamento e gestão vinculado ao Sistema Integrado de Gerenciamento de Recursos Hídricos (SIGRH), visando à articulação com os sistemas de meio ambiente, de saneamento e de desenvolvimento regional. Similarmente esse sistema de gestão também foi providenciado junto à represa Billings por meio da Lei n. 13.579/2009. Em termos de gestão essas novas legislações contam com um órgão colegiado, de caráter consultivo e deliberativo, no caso o Comitê de Bacia Hidrográfica do Alto Tietê (CBH-AT), ou o Subcomitê Cotia-Guarapiranga, desde que dele receba expressa delegação de competência nos assuntos de peculiar interesse da APRM-G" (conforme § 1º do art. 2º da Lei estadual n. 13.579/2009[10]. Os §§ 2º e 3º completam a organização prevista pelo estado para a gestão dessa bacia hidrográfica no âmbito regional e o § 3º refere-se à atribuição aos órgãos do estado e do município para a execução dessa lei, bem como sua responsabilidade por licenciamento, fiscalização e monitoramento ambiental. Em termos gerais, essas políticas se integram com o Sistema Nacional de Gerenciamento de Recursos Hídricos (Singreh), conforme apresentado por Frederico Augusto Di Trindade Amado (2013, p. 324-30) que conta com outros entes de gestão, como a Agência Nacional de Águas. Os conselhos de recursos hídricos dos estados e do Distrito Federal, comitês de bacia hidrográfica e com a Agência de Água funcionando como secretarias executivas dos comitês de bacia hidrográfica.

Visto que a água é um recurso natural limitado, gera economicamente um custo ambiental em virtude do seu uso e, assim, a gestão deve ser em relação ao uso múltiplo das águas, destacando preferencialmente seu uso para consumo humano e dessedentação de animais (Amado, 2013, p. 318).

---

[10] Disponível em: www.sigam.ambiente.sp.gov.br. Acessado em: 24 set. 2014.

Desse modo, as questões ambientais e urbanas, em relação à sustentabilidade, devem ser compatíveis com os planos de bacias hidrográficas e por isso não deviam ser permitidas invasões de áreas em partes possivelmente ocupadas pelas águas do rio, como as várzeas, por qualquer tipo de ocupação urbana. As várzeas, por sua natureza, são inundáveis conforme os períodos de cheia dos rios. Mas na verdade ocorre que em muitas cidades, como em São Paulo, elas são ocupadas por vias urbanas, que também ficam inundadas nas épocas de cheias do período de chuvas intensas. Essa situação é no mínimo estranha, pois a decisão de construir avenidas nas várzeas dos rios como o Tietê e o Pinheiros foi tomada pelo governo municipal e seus técnicos, juntamente de decisões políticas. Exemplo oposto a essa situação é aquele em que o município respeita as várzeas de seus principais rios, não as ocupa nem com moradia de população de baixa renda nem com vias urbanas: é o caso de Londrina no Estado do Paraná, por exemplo. Nessa cidade as várzeas são ocupadas por um parque que margina o rio, em uma faixa de terra que ora está mais afastada, ora mais próxima das águas, mas essas faixas de terra são respeitadas, não são áreas de invasão.

De fato as cidades precisam de legislação para poderem, sob respaldo desta, implantar decisões, prioritariamente escolhidas com a participação da população, que deve se pronunciar, por exemplo, sobre o plano diretor de seu município que está sendo decidido. Assim é que o zoneamento urbano, sendo uma legislação relacionada com um plano diretor aprovado, deva ser de conhecimento de todos, como forma de visualizar sua cidade. Além desse zoneamento, há aquele ambiental, o Zoneamento Ecológico Econômico (ZEE), que determina padrões de ocupação em relação ao meio ambiente. "Este ZEE também é conhecido como Zoneamento Ambiental e objetiva viabilizar o desenvolvimento sustentável, a partir da compatibilização do desenvolvimento socioeconômico com a conservação ambiental" (O Eco, 2014). Por isso é que se objetiva delimitar zonas ambientais, passando a considerar que usos e atividades podem ser nelas exercidos, de modo que no total da ocupação, o desenvolvimento seja sustentável.

Por sua vez o "zoneamento urbano chegou a Nova York vindo da Alemanha [...] [cujo] modelo [tratava conjuntamente] o uso do solo e altura de edifícios", tendo sido aprovado como lei em 1916 (Hall, 2014). Essa situação em que a cidade aprovou a legislação de zoneamento dá início a uma nova forma de entender e mesmo projetar sua ocupação e também seus bairros (unidades de vizinhança), projetando com o respaldo da lei. Antes dessa legislação, havia alguns exemplos de bons traçados urbanos como Lake

Forest, em Chicago e Forest Hill Gardens, em Nova York, mas estes eram empreendimentos de alto padrão. Entretanto, essas novas legislações levaram à confecção de manuais de projeto e normas que localizavam os edifícios, previam que contassem com a luz do sol, entre outras coisas. Consequentemente, essa legislação veio sendo aplicada em áreas urbanas de estados americanos, embora originassem muitas questões que tinham de ser resolvidas pelo Poder de Polícia, seja defendendo o zoneamento e o bem-estar público, bem como a valorização das propriedades (O Eco, 2014). Já no final da década de 1920, vários estados americanos adotaram uma Lei de Incentivo ao Planejamento Urbano Padronizado, o que acabou dando autoridade legal para os planos diretores de seus municípios (O Eco, 2014).

Além da necessidade de regulamentação da ocupação urbana, é preciso considerar o zoneamento ecológico-econômico como regulador e principalmente indutor do desenvolvimento de atividades compatíveis com a capacidade de suporte do ambiente, vale dizer, as especificidade do meio ambiente local. Essa questão de regulamentação da ocupação do território certamente é importante e por isso exige uma legislação que permita o desenvolvimento de atividades dentro de certas condições. Assim é que o Zoneamento Ecológico-Econômico (ZEE) é importante como instrumento de planejamento, na medida em que estimula o desenvolvimento de certas atividades e inibe a presença de outras (São Paulo, 2005). Com esse horizonte de atividades, um pacto com os atores sociais é importante para as definições associadas ao ZEE, na medida em que permitem definir um modelo de desenvolvimento sustentável (São Paulo, 2005) que atenda às condições locais existentes. Mas sempre é preciso que haja gestão urbana ambiental, envolvendo órgãos municipais, mas também estaduais, na medida em que há ocasiões em que é preciso que o Estado faça a gestão de políticas públicas, como no caso dos recursos hídricos, porém, com participação de entes municipais nessa gestão.

Como se observa, para gerir as políticas públicas é preciso conhecer a legislação, nos três níveis de governo, entendendo "o conjunto de condições, leis, influências e interações de ordem física, química, biológica, social, cultural e urbanística, que permite, abriga e rege a vida em todas as suas formas" (Amado, 2013, p. 14). Está fundamentado no art. 225 da Constituição Federal de 1988, que "institui[u] o direito fundamental de todos ao meio ambiente ecologicamente equilibrado" (Amado, 2013, p. 9). As questões das cidades são relacionadas com o meio ambiente artificial (Amado, 2013, p. 20), enquanto que, na medida da existência de diversas leis esparsas, as normas regulamentares acabam sendo chamadas de "poluição regulamentar", como sublinha Milaré (apud Amado, 2013, p. 19).

Nesse sentido, na medida em que no estado de São Paulo, o ZEE criado pelo Decreto estadual n. 49.215, de 7 de dezembro de 2004, é um estímulo para o crescimento e, ao mesmo tempo, controle em termos de gerenciamento costeiro a ser empreendido com a participação de base técnica e das comunidades locais. A aplicação dessa legislação certamente permitiu definir novas diretrizes, de modo a articular políticas setoriais de governo, em prol do desenvolvimento sustentável (São Paulo, 2005). Segundo esses autores da Secretaria do Meio Ambiente (SMA), para a definição dessas ZEE foram considerados:

> a vegetação e os corredores ecológicos; o relevo; o uso e ocupação do solo; tendências de ocupação; infraestrutura urbana; atividade econômica; eixos de desenvolvimento; comunidades tradicionais; legislação estadual e municipal; planos diretores; e cenários desejados[11].

Além desses aspectos, pode-se verificar diretamente o interesse em contar com um zoneamento ambiental urbano[12], definindo usos específicos além do zoneamento urbano, em determinados espaços territoriais. O resultado deve ser capaz de criar harmonia entre os usos do solo urbano, evitando a poluição que possam trazer. No meio urbano, talvez seja a indústria a atividade que pode requerer maior atenção, pois pode poluir por emitir gases e por necessitar de transportes de grande porte que interferem no sossego das áreas de moradia[13]. Por isso pode-se delimitar distintos usos industriais do solo, como predominante ou diversificado, dentre outras especificações que costumam atingir o meio ambiente.

Mas pode-se depreender que não é simples administrar todos esses tipos de zoneamento e conseguir um ambiente equilibrado em termos territoriais, socioeconômicos e ambientais. Há necessidade de contar com a gestão ambiental na medida em que atue localmente, no caso, nos municípios

---

[11] Disponível em: www.ambiente.sp.gov.br/cpla/files/2011/05/Zoneamento-Ecologico--Economico_Litoral-Norte.pdf. Acessado em: 22 set. 2014.

[12] Germano Giehl. Zoneamento Ambiental. Disponível em: http://www.ambito-juridico.com.br/site/index.php?n_link=revista_artigos_leitura&artigo_id=3203. Acessado em: 27 ago. 2014.

[13] Disponível em: http://www.ambito-juridico.com.br/site/index.php?n_link=revista_artigos_leitura&artigo_id=3203. Acessado em: 2 dez. 2014.

ou ainda com a gestão de políticas públicas em outros âmbitos, como no estadual ou no federal. Assim, o Ministério do Meio Ambiente (2002) estabelece o aprimoramento do licenciamento ambiental e outros instrumentos da política e da gestão ambiental, tanto em âmbito estadual como federal; ele propõe então projetos de cooperação com o Instituto Brasileiro de Meio Ambiente (Ibama) e entidades estaduais do meio ambiente, com programas de capacitação, entre outros; assim espera ficar apto a enfrentar situações de conflito quanto ao uso de recursos e à proteção ambiental que aparecem nas diferentes etapas de proposição de políticas públicas e planejamento; tem-se então que, na medida em que se discutem as políticas públicas, se quer avaliar as consequências ambientais de suas possíveis aplicações e, possivelmente, ajustá-las.

Desse modo, juntamente com um padrão urbanístico definido pelo Zoneamento, a Avaliação Ambiental Estratégica (AAE) se estrutura como um instrumento de política ambiental pública que promove a articulação dos muitos elementos da política urbana e ambiental (MMA, 2002). Com essa AAE, é possível, com clareza, apontar as questões ambientais nos problemas de sua implementação em áreas urbanas e orientar os caminhos para a viabilização econômica, social e ambiental, ou seja, para a tomada de decisão. Nesse sentido nota-se que há uma ênfase nesse instrumento institucional de licenciamento com o uso da AAE. Essas colocações mostram como não é mais possível fazer a gestão do desenvolvimento urbano sem o conhecimento também das legislações acima mencionadas, sua abrangência e resultados esperados.

POLÍTICA PÚBLICA DE URBANISMO SUSTENTÁVEL

Como colocado por Davies (2009, p. 74):

> Quando a Rainha quer falar ao mundo, ela pronuncia uma declaração para a Associação de Imprensa. Quando o poeta laureado quer publicar um novo poema ele manda um arquivo para a Associação de Imprensa. Cada departamento do governo, cada grande corporação, cada serviço de polícia e segurança em saúde e autoridade em educação pronuncia seu anúncio oficial para a Associação de Imprensa. É um primeiro cinturão transportador de notícias por meio do qual a informação alcança a média nacional na Grã-Bretanha.

Como se observa, existem intermediários que recebem a demanda de novas políticas públicas e as divulga. Destaca-se entre as políticas públicas aquelas que objetivam o desenvolvimento sustentável, o urbanismo sustentável. O processo se inicia no órgão de planejamento urbano, seja do estado, seja do município. É aí que se moldam as solicitações das políticas urbanas ambientais, iniciando a discussão com a população em conselhos, audiências públicas e outros.

Esse desenvolvimento sustentável pode ser resultante de um projeto também chamado desenho urbano, com características que permitem que a área seja sustentável, na medida em que a poluição do ar, do solo e das águas seja menor. No entanto, há autores como Douglas Farr (2013, p. 30 e 31) que sublinham que o "urbanismo sustentável é incompatível com baixas densidades", posicionando-se favorável à "concentração da densidade urbana nos pontos de transporte público", por exemplo. Assim, o governo, por intermédio de legislações e normas urbanas, "reconhece que as oportunidades de integração do projeto de infraestrutura aumentam com a densidade", o que, segundo Farr (2013, p. 31) pode se resumir em obter "densidades suficientemente altas, urbanização concentrada e de uso misto, pode permitir que haja sistemas distritais de geração de energia, reduzindo as emissões de dióxido de carbono em 30% e o consumo de energia em até 50%". Ainda, os custos dos serviços urbanos e sociais podem diminuir, na medida em que são compartilhados por mais pessoas. Em suas definições, Farr (2013, p. 55) inclui também a afirmação de que "o urbanismo sustentável usa os conhecimentos dos sistemas humanos e naturais para integrar o urbanismo que prioriza o pedestre e o transporte público com edificações e infraestrutura de alto desempenho". Pode-se completar essa reflexão com as afirmações de Condon (2010, p. 11), que afirma que "quando a intensidade do uso do solo aumenta, as alternativas ao carro tornam-se possíveis" e essa afirmação mostra suas "razões para esperar que todos possam adotar um urbanismo sustentável, que permita que ocorra uma mudança, gradual, do uso do carro para o andar a pé e o uso de bicicleta".

Mas, como implementar um urbanismo com essas características?

Refletindo sobre essas considerações, os modelos de urbanismo podem assimilar os padrões, formulados por planos, programas e projetos, mas respaldados por legislação adequada. Para tanto, é preciso contar com gestão urbana e ambiental, no sentido de que o governo local tenha legislações que fundamentem e imponham a obediência a suas políticas públicas, de um lado, e, de outro, que esse governo local se articule com as administrações estaduais e federais pertinentes. Cumpre também contar com ações de divulgação da importância dessas medidas, para que os cidadãos do município modifiquem seu comportamento, de modo que procurem manter sua cidade e seu bairro sustentáveis. Entre as medidas que merecem ser estudadas para uso no urbanismo sustentável, como propõe Condon (2010, p. 14 e 5) estão, por exemplo:

> 1) a volta do serviço de bondes, atendendo a áreas com vários tipos de habitação, que possam simplesmente ganhar acesso a áreas com usos mistos em suas cidades; 2) adotar projeto de sistema viário interconectado, que permita resultar em viagens curtas o que pode vir a influir na dispersão do congestionamento e nesse sentido torná-lo compatível com o andar a pé e o andar de bicicleta; 3) a localização de comércio e serviços locais, permitindo o acesso a pé "em cinco minutos", e, para tanto, a manutenção de uma densidade mais elevada torna-se importante, oferecendo às pessoas fácil acesso ao trabalho; 4) localizar os empregos perto das residências, junto aos bairros da comunidade; 5) projetar comunidades para todas as classes de renda, não mais para a população de uma única classe social; 6) criar sistema inter-relacionado, com áreas naturais e parques, o que certamente permite contar com águas límpidas e rios saudáveis e assim repensar o sistema de drenagem, de modo a formar uma estrutura de espaço público para comunidades novas e, ainda, algumas restauradas; 7) investir em infraestrutura mais leve, mais verde, mais barata e mais inteligente.

Medidas como essas precisam ser implementadas por meio de políticas públicas, por legislações que sejam coordenadas, sendo, no caso local, a partir do Plano Diretor de Município, sob a visão de tornar sustentável a área urbana; conta-se então, no município, com a lei do plano diretor, com a lei do zoneamento, com o código de obras e na sua ausência com o código sanitário do estado, e ainda com outras normas editadas pela Associação Brasileira de Normas Técnicas (ABNT), bem como com normas da International Organization for Standardization (ISO) e mais atualmente, com as certificações, como auxiliares na implantação da sustentabilidade, das quais podem-se mencionar, por exemplo, a certificação americana chamada Leadership in Energy and Environment Design (Leed), o Selo Azul da Caixa ou o Procel Edifica, entre outras. São elas certificações voluntárias, ou seja, pedem certificação aqueles que desejam mostrar que seus projetos ou obras estão conformes aos requisitos da sustentabilidade. Destaca-se, porém, que as certificações não podem ser vistas como legislações e, portanto, não são impeditivas, todavia mostram graus de melhoria ambiental que podem ser atingidos. Embora as certificações influenciem a procura por sustentabilidade, na medida em que são voluntárias são alvo de desejo de construtoras, projetistas, técnicos em construção e mesmo de consumidores desses serviços; elas evidenciam para a população em geral, e em especial para os construtores e compradores, que há qualidade em determinada obra. Essa qualidade, mostrada por documentos de certificação que mostram quantos pontos foram obtidos com o projeto e a obra, classificando-as, indicando a maior ou menor conformidade com as condições de sustentabilidade urbana, vem se tornando expressiva, na medida em que mais e mais pessoas querem que sua obra, como escritório ou habitação, seja bem qualificada em relação a sua influência na sustentabilidade do bairro ou da cidade. Por isso pode-se dizer que as certificações podem ajudar a população a entender melhor o significado de sustentabilidade de seu bairro e mesmo de sua cidade.

POLÍTICA PÚBLICA DE ENERGIA E O DESENVOLVIMENTO URBANO SUSTENTÁVEL

O desenvolvimento sustentável é qualidade do urbanismo nacional? Quando se fala em energia, uma das perguntas que surge é: o petróleo é nosso? Sabe-se que a resposta a essa questão pode se referir a essa matéria-prima como também sendo nossa, independentemente de quantos outros países se achem, em maior ou menor grau, donos dessa energia fóssil. Mas o fato é que a política pública no Brasil, nesse caso, é gerenciada pela Agência Nacional do Petróleo, Gás Natural e Biocombustíveis (ANP), regida pela Lei n. 9.478/97. Nos objetivos da política energética brasileira, destacam-se a

proteção ao meio ambiente e a promoção da conservação de energia; fomentar a pesquisa e o desenvolvimento relacionados à energia renovável e mitigar as emissões de gases causadores de efeito estufa e de poluentes nos setores de energia e de transportes, inclusive com o uso de biocombustíveis. (Amado, 2013, p. 840)

Por isso, cada vez mais demanda-se um ambiente sustentável, que não permita exaurir os recursos naturais.

Também com essa lei cria-se o Conselho Nacional de Política Energética, vinculado à Presidência da República, para promover as políticas públicas no âmbito nacional, bem como proceder ao aproveitamento racional dos recursos energéticos brasileiros, em conformidade com a política energética. Além disso, pode-se mencionar a Lei n. 10.438/2002 que "dispõe sobre a expansão da oferta de energia elétrica emergencial e a recomposição tarifária extraordinária", podendo-se destacar o combustível biológico e o programa de incentivo às fontes alternativas de energia elétrica. De modo geral, esse programa é importante para as várias regiões do país, possibilitando também que ocorram inovações nas áreas urbanas densamente povoadas, para que seus ambientes, projetos e obras (edificações) possam ser econômicos no consumo de energia, ao mesmo tempo em que imprimam qualidade de vida e produtividade a essas áreas urbanas. Cabe à política nacional de conservação e uso racional de energia estabelecer os máximos níveis de consumo, bem como os mínimos de eficiência energética, o que consta do Decreto n. 4.059/2001 que regulamenta a Lei n. 10.295/2001 e instituiu o Comitê Gestor de Indicadores e Níveis de Eficiência Energética (Amado, 2013, p. 849). Essa regulamentação é muito importante para o país, mais ainda para as cidades, já que estas podem ou devem contar com um Programa de Incentivo às Fontes Alternativas de Energia Elétrica. Desse modo, o objetivo é diversificar a matriz energética e, com isso, esse programa vem incentivando especialmente a energia eólica, quando viável, de modo a obter maior benefício ambiental. Lucram assim as cidades que estiverem programando as energias alternativas, pois estarão situadas mais próximas da sustentabilidade, bem como o meio ambiente que assim se abstém de poluições oriundas de combustíveis fósseis. Para conseguir resultados com novas políticas energéticas, é preciso políticas públicas que incentivem e regulamentem, ao mesmo tempo que apresentem novos modelos de cidades abrindo a discussão sobre quais alternativas visam à sustentabilidade.

Gerar uma consciência sobre as benesses que a sustentabilidade pode trazer é uma atividade que cabe a todos: certamente à educação ambiental; mas também à criação de técnicas inovadoras; à economia de consumo de recursos naturais, bem como à construção desse novo mundo sustentável, cujos projetos e obras atendam tanto às necessidades da população, quanto à melhoria das condições ambientais e de redução de poluentes, como parte da contribuição ao controle de mudanças climáticas.

GESTÃO E PARTICIPAÇÃO NO URBANISMO

Uma forma de contribuir para a sustentabilidade urbana pode ser, com o passar dos anos, a introdução de novas tecnologias, como ocorreu com a substituição de cavalos por carros. Essa nova forma de vida urbana, porém, também está vinculada à participação do cidadão, nas decisões de urbanismo para sua cidade, em especial, seu bairro (comunidade), e em sua contribuição para uma gestão urbana e ambiental necessária para um desenvolvimento sustentável, cooperando com a implementação da política municipal urbana, ao cumprir as normas do plano diretor. Entre os objetivos desse plano diretor está a necessidade de reequilibrar a ocupação do território urbano, por meio da localização de moradias tanto quanto possível mais próximas à oferta de emprego, além de orientar a localização residencial nas proximidades de transporte público, procurando assim tornar a escala de bairro peculiar pela qualidade de vida que ofereça[14]. Segundo consulta a essa mesma fonte, a participação da população na gestão do urbanismo ocorreu junto aos poderes Executivo e Legislativo, em diversas formas, como em atividades presenciais ou por meio de plataformas digitais, de modo a cumprir, de acordo com a lei, aquilo que tinha sido pactuado com a sociedade civil e o Conselho Municipal de Política Urbana (CMPU). Assim, o Plano Diretor Estratégico foi sancionado pela Lei n. 16.050, de 3 de julho de 2014, aprovando a política de desenvolvimento urbano do município. Destaca-se nessa política mecanismos até então não usuais, como a cota de solidariedade de 10% da área computável de empreendimentos de grande porte, para habitação social; essa área social poderia se situar em área consolidada da cidade, ou haver repasse para o Fundo de Desenvolvimento Urbano (Fundurb), para aquisição de terrenos em áreas de boa localização.

Uma nova forma de visão urbana da cidade trazido por esse plano diretor estratégico para São Paulo, aprovado em 2014, estabelece um horizonte de quatro gestões municipais para sua validade, ou seja, segundo seu art. 4º: "os objetivos neste Plano Diretor devem ser alcançados até 2029". E em seu Parágrafo único, tem-se que "o Executivo deverá encaminhar à Câmara

---

[14] Plano Diretor Estratégico do município de São Paulo. Disponível em: http://www. prefeitura.sp.gov.br/cidade/secretarias/desenvolvimento_urbano/legislacao/plano_diretor/ index.php. Acessado em: 26 set. 2014.

Municipal proposta de revisão deste Plano Diretor, a ser elaborada de forma participativa, em 2021"[15].

Além disso, a nova visão urbanística desse plano prevê 30% do Fundurb para a compra de terras localizadas próximas a emprego e com infraestrutura, atuando junto a programas habitacionais, bem como 25% da arrecadação em operações urbanas consorciadas e áreas de intervenção urbana, para financiar habitação de interesse social. Além disso, o objetivo é multiplicar as Zonas Especiais de Interesse Social (Zeis), bem como as áreas para uso misto junto a áreas residenciais de habitação social e habitação de mercado, concentradas, tanto quanto possível, próximas aos eixos de transporte coletivo. Mais ainda, estabelecer uso misto e incentivos à localização de comércio, serviço e equipamentos urbanos, de modo a facilitar a geração de emprego perto de áreas residenciais.

A observação de propostas e experiências do Plano Diretor de São Paulo de 2014 traz novas concepções de vida na cidade, oferecendo oportunidades de participação a todos os cidadãos que queiram colaborar com a qualidade de vida urbana. Cabe aqui refletir sobre possibilidades de sucesso ou não sucesso de políticas públicas? Conforme Acemoglu e Robinson (2012, p. 345), o principal obstáculo

> à adoção de políticas capazes de reduzir a falência dos mercados e estimular o crescimento econômico não é a ignorância dos políticos, mas os incentivos e restrições que lhes são impostos pelas instituições econômicas e políticas de suas sociedades.

Segundo esses autores, "não existe receita para a criação dessas instituições de políticas inclusivas" (Acemoglu e Robinson, 2012, p. 353-6), é preciso talvez haver "uma ligação entre instituições econômicas e políticas inclusivas e prosperidade, [...] de modo que seja possível criar condições igualitárias para todos e incentivando os investimentos em novas tecnologias e competências". Nesse aspecto, falar em sistemas econômicos inclusivos supõe que estes operem em democracia, em contraposição a sistemas econômicos não inclusivos que operam de forma ditatorial, que podem existir, mesmo durante períodos democráticos, em virtude da forma de governar. Em geral, essas instituições não inclusivas funcionam de modo semelhante

---

[15] Texto da Lei Ilustrado. Disponível em: http://gestaourbana.prefeitura.sp.gov.br/texto-da-lei-com-hyperlinks/. Acessado em: 10 abr. 2015.

a governos extrativistas, que praticamente consomem toda a produção, enquanto as instituições inclusivas abrem possibilidades de várias empresas e cidadãos participarem desse funcionamento econômico, incluindo novas tecnologias em prol do desenvolvimento com sustentabilidade. Isso inclui, cada vez mais, a participação da sociedade, seja nas decisões, seja no consumo desse novo tipo de produto, delineado por tecnologias inovadoras. O sucesso dessas operações de gestão depende, em primeiro lugar, segundo Acemoglu e Robinson (2012) de poder garantir acesso irrestrito à informação, bem como a instrumentos de controle, econômicos e financeiros, que permitam trabalhar com o menor custo social.

Porém, é preciso que a população distinga os efeitos da aplicação das políticas públicas, com o alcance dos resultados esperados, como no caso da Política Nacional de Habitação, não somente na produção adequada da quantidade de habitação de interesse social necessária, mas também na qualidade do ambiente urbano construído com essas novas unidades habitacionais. Que sejam oferecidos serviços de infraestrutura de saneamento básico; serviços de transportes coletivos que imprimam mobilidade à comunidade em foco; bem como atendimento por equipamentos sociais e serviços urbanos. Ora, não é tão simples conseguir os resultados da política pública, por vezes por interferência de regras que acabam inviabilizando a consecução dos objetivos, como as normas do Fundo de Garantia por Tempo de Serviço (FGTS) em que o governo federal teve que fazer mudanças, para que o Programa Minha Casa Minha Vida (PMCMV) pudesse ser implementado para Habitação de Interesse Social (HIS) em regiões metropolitanas para enfrentar a escassez de terrenos e mesmo o alto preço destas (Bonduki, 2014, p. 111)[16].

Observa-se assim que não basta estabelecer políticas públicas. É preciso implementá-las, conhecendo todos os meios que interferem no processo, para realmente levar a resultados condizentes com as qualidades ambientais de sustentabilidade, aproveitando as vantagens das novas tecnologias da informação. Entretanto, só isso não é suficiente para alcançar um urbanismo ecológico, em uma época de aumento da fragilidade do planeta, que está se tornando cada vez mais urbano.

---

[16] Existem regras que podem inviabilizar a aplicação de políticas públicas, como aquelas constantes do FGTS, que precisaram ser modificadas pelo governo para poder viabilizar a construção de habitações de interesse social em regiões metropolitanas, com poucos terrenos para receber essas moradias e com alto preço.

Com relação aos ambientes modificados de seu estado natural pela urbanização, observa-se, como mostra a Agência de Ecologia Urbana de Barcelona sobre a urbanização, que será necessário conter os desequilíbrios, pois

> a pressão das cidades sobre seus sistemas de suportes externos excede a capacidade de suporte em alguns casos. Nenhuma cidade é autossuficiente, mas o modelo de gestão escolhido pode reduzir significativamente a pressão sobre o ambiente. (Mostafavi e Doherty, 2010, p. 364)

Nessa nova atmosfera, as futuras gerações precisarão reformular as cidades, considerando uma nova biodiversidade diante dos recursos mais limitados para fazer as adaptações necessárias. Desse modo, a gestão urbana ambiental torna-se imprescindível para levar a resultados sustentáveis.

CONSIDERAÇÕES FINAIS

Observa-se assim, frente à possibilidade de uma nova de visão urbana, que não basta estabelecer políticas públicas, é preciso implementá-las, conhecendo todos os meios que possam interferir no processo, de modo a realmente levar a resultados condizentes com as qualidades ambientais de sustentabilidade, aproveitando as vantagens das novas tecnologias da informação.

Entretanto, só isso ainda não é suficiente para alcançar um urbanismo ecológico, em uma época de aumento de fragilidade do planeta que está se tornando cada vez mais urbano. Pois, com relação aos ambientes cujo estado natural seja modificado pela urbanização, observa-se que será necessário conter os desequilíbrios, uma vez que a pressão das cidades sobre os sistemas naturais não deve exceder à capacidade de suporte do território.

Porém, essa pressão exercida pelas cidades sobre o território do planeta dificilmente poderá ser controlada unicamente pelas cidades. Certamente haverá necessidade de se contar com Gestão Urbana Ambiental, especialmente em uma atmosfera em que as gerações futuras deverão reformular as cidades, fazendo as adaptações necessárias, levando em conta sua biodiversidade, diante de recursos mais limitados. Desse modo, a gestão urbana ambiental se torna imprescindível para levar a resultados sustentáveis.

REFERÊNCIAS

ACEMOGLU, D.; ROBINSON, J. *Por que as nações fracassam? As origens do poder, da prosperidade e da pobreza.* Tradução de Cristiana Serra. Rio de Janeiro: Elsevier, 2012.

AMADO, F.A.D. *Direito ambiental esquematizado.* 4.ed. Rio de Janeiro: Forense/São Paulo: Método, 2013.

BONDUKI, N. *Os pioneiros da habitação social no Brasil.* 1.ed. São Paulo: Editora Unesp/Edições Sesc, 2014

BRASIL. Presidência da República. Casa Civil. Subchefia para Assuntos Jurídicos. Constituição da República Federativa do Brasil de 1988. Complementam esse artigo 183: § 1º – O título de domínio e a concessão de uso serão conferidos ao homem ou à mulher, ou a ambos, independentemente do estado civil; § 2º – Esse direito não será reconhecido ao mesmo possuidor mais de uma vez; § 3º – Os imóveis públicos não serão adquiridos por usucapião.

CONDON, P.M. *Seven Rules for Sustainable Communities. Design Strategies for the Post-Carbon World.* Washington: Covelo/Londres: Islandpress, 2010.

DAVIES, N. *Flat Earth News.* London: Published by Vintage, 2009.

ESTATUTO DA CIDADE. Lei n. 10.257 de 10 de julho de 2001. Regulamenta os artigos 182 e 183 da Constituição Federal, estabelece diretrizes gerais da política urbana e dá outras providências. Disponível em: www.planalto.gov.br/Ccivil_03/leis/LEIS_2001/L10257.htm. Acessado em: 09 jul. 2015.

_____. LEI n. 13.089 de 12 de janeiro de 2015. Institui o Estatuto da Metrópole, altera a Lei n. 10.257, de 10 de julho de 2001, dá outras providências. Disponível em: www.planalto.gov.br/ccivil_03/_Ato 2015-2018/2015/Lei/L13089.htm. Acessado em: 09 jul. 2015.

FARR, D. *Urbanismo sustentável: desenho urbano com a natureza.* Tradução de Alexandre Salvaterra. Porto Alegre: Bookman, 2013.

FORMAN, R.T.T. *Urban Ecology: Science of Cities.* Cambridge: Cambridge University Press, 1978.

HALL, P. Cidades do Amanhã. Nova York Descobre o Zoneamento. Extrato da súmula em 01/10/2010, do arq. Pitanga do Amparo. Disponível em: http://thaudois.blogspot.com.br/2010/10/nova-york-descobre-o-zoneamento.html. Acessado em: 27 ago. 2014.

HODSON, M.; MARVIN, S. (Orgs.). Ecocidades transcendentais ou segurança ecológica urbana? In: MOSTAFAVI, M.; DOHERTY, G. *Urbanismo ecológico.* Tradução de Joana Canedo. São Paulo: Gustavo Gili, 2014.

[MMA] MINISTÉRIO DO MEIO AMBIENTE. Secretaria de Qualidade Ambiental nos Assentamentos Humanos (SQA). *Projeto Instrumentos de Gestão – Progestão. Avaliação Ambiental Estratégica*. Brasília: MMA/SQA, 2002. 92p.

MOSTAFAVI, M. Por que um urbanismo ecológico? Por que agora? In: MOSTAFAVI, M.; DOHERTY, G. *Urbanismo Ecológico*. Tradução de Joana Canedo. São Paulo: Gustavo Gili, 2014.

MOSTAFAVI, M.; DOHERTY, G. (Eds.). *Ecological Urbanism*. Harvard University, Graduate School of Design: Lars Müller Publishers, 2010.

O ECO. *O que 0zoneamento Econnment Ecológico*. Disponco Econstwww.oeco.org. br. Acessado em: 22 set. 2014.

SÃO PAULO (Estado). Secretaria do Meio Ambiente. Coordenadoria de Planejamento Ambiental Estratégico e Educação Ambiental. Zoneamento Ecológico-Econômico. Litoral Norte. São Paulo. São Paulo: SMA/Ceplea, 2005.

SILVA, José Afonso da. *Direito urbanístico brasileiro*. São Paulo: Ed. Revista dos Tribunais, 1981.

Função Social do Advogado, Ética e Sustentabilidade | 2

Fabiane Luisi Turisco
Universidade Federal Fluminense

Ana Maria Kirschner
Universidade Federal do Rio de Janeiro

INTRODUÇÃO

A advocacia se distanciou da sua função social, não contribuindo de forma expressiva para combater a atual crise ambiental, que também é uma crise da sociedade.

Este capítulo convida o operador do Direito a manter sua visão e o desempenho de suas atividades jurídicas alinhados às diretrizes que fundamentam sua relevante função social. Para isso, inicialmente, revivem-se conceitos e ideias de renomados escritores sobre função social do advogado e ética. Tendo passado por esses dois fundamentos, pretende-se apresentar conceitos referentes à sustentabilidade e seu vínculo com o exercício da função social do advogado e a nova ética ambiental.

Intenciona-se despertar ou reforçar a sensibilidade do advogado para que possa prestar seus serviços por meio de orientações éticas e sustentáveis, que transcendam o próprio cumprimento da lei, que, muitas vezes, por conta de suas lacunas e interpretações, pode trazer prejuízo ao meio ambiente, à sociedade e a seus princípios éticos.

Ainda, gostaríamos de sugerir uma reflexão sobre as novas questões que estão sendo trazidas pela sociedade, as quais a própria lei ainda não alcançou, para que o advogado, enquanto ator social-chave, visualize com clareza sua atuação em uma sociedade em contínua mudança.

Assim, o objetivo principal deste trabalho é evidenciar a relação que existe entre o exercício da função social do advogado e a sustentabilidade do planeta. Portanto, espera-se que este artigo seja uma contribuição que permita ao advogado uma reflexão sobre as consequências de sua atuação na sociedade.

A FUNÇÃO SOCIAL DOS ADVOGADOS

Para Martins (1983), o direito é o instrumento social de convivência comunitária, sendo o advogado o profissional de maior responsabilidade pelo simples fato de conhecer e manejar este instrumento, permitindo o seu fluir regulador e acomodação do organismo grupal. Arremata o douto mestre que é o advogado, portanto, o mais relevante dos profissionais sociais, porque lhe cabe a função mais transcendente no organismo social, ou seja, a defesa e interpretação de sua própria estrutura primeira, que é o sistema jurídico. É o advogado, portanto, a espinha dorsal de todos os profissionais dedicados às ciências sociais.

Complementa Farah (2000) dispondo o seguinte pensamento a respeito da advocacia:

> A advocacia é a única profissão em decorrência de cujo ministério particular há sempre a projeção de dimensão comunitária ou que, embora em jogo de interesses individuais, há sempre, indiretamente, uma conveniência ou vantagem social, em prol da paz social ou da estabilidade da ordem legal.

Comparato (1984) relata que, com o sucesso da Revolução Francesa sobre a opressão totalitária da monarquia déspota, os sistemas jurídicos passaram a privilegiar a defesa do indivíduo. Para o autor, na ideologia liberal, privilegia-se a propriedade privada, interesse privado, assim como conflitos eminentemente privados.

Prossegue Comparato (1984) ressaltando que, com o declínio da doutrina liberal e o avanço do *Welfare State,* as características da profissão do advogado sofreram importante mudança. O advogado que outrora defendia o indivíduo, agora defende também classes, grupos sociais ou profissões, até mesmo a generalidade dos homens, portanto inapropriáveis – os chamados interesses difusos ou coletivos. Assim, deu-se o primeiro passo para a proteção dos direitos sociais com a edição de normas objetivas ou programáticas, deixando a lei de ser simples fator de conservação para impulsionar grandes transformações sociais.

Rousseau (1999) defende que a Humanidade, desde seus primórdios, busca uma vida harmônica e social. Para tanto, decidiu abrir mão de uma série de direitos e prerrogativas, em especial a de conduzir sua vida segundo convicções e limitações pessoais, com fins de se adequar ao chamado interesse coletivo e social e colaborar com ele.

Dessa forma, constituiu-se o Direito Social, tendo-se verificado que não bastava dar liberdade ao homem: ela deveria ser dosada, pois o exagero do direito individual levou a humanidade a cometer abusos gritantes. Foi uma fase do Direito em que o objetivo era garantir aos indivíduos condições materiais tidas como imprescindíveis ao pleno gozo dos seus direitos, e por isso, exigiam do Estado intervenções na ordem social, segundo critérios de justiça distributiva.

No Brasil Colônia não há registro da advocacia como atividade organizada. Blum (2000) afirma ser proposital a ausência de instituições de ensino, destacando-se com isso o rigoroso valor que deve ser atribuído ao estudo jurídico, verdadeiro formador de opinião. O governo português temia que a instalação de cursos jurídicos no país acelerasse seu processo de emancipação.

Segundo Bastos (1998), em 1827 foram criados os cursos de Direito no Brasil, em São Paulo e em Olinda. No ano de 1930, por intermédio do Decreto n. 19.408, foi criada a Ordem dos Advogados do Brasil, órgão de disciplina e seleção da classe dos advogados. E, durante todo o período republicano da história nacional, o advogado exerceu papel de extrema relevância, emprestando seus conhecimentos técnicos para o desenvolvimento da sociedade.

Contudo, consoante lição de Bastos (1998), o grande avanço deu-se com a inclusão, na Constituição Federal de 1998, do art. 133, que diz: "O advogado é indispensável à administração da Justiça, sendo inviolável por seus atos e manifestações no exercício da profissão, nos limites da lei".

Assim, a previsão no Texto Magno conferiu à profissão importância e peso que não podem ser desprezados.

Portanto, conforme afirma Manfio (2008), cabe ao profissional do Direito um importante papel intermediário entre os cidadãos e a função jurisdicional do Estado. O advogado deve evitar e minimizar conflitos extrajudicialmente ou, não havendo tais soluções, representar seu patrocinado em juízo, garantindo a qualidade científica e técnica dessa representação. Além disso, deve realizar seu trabalho com consciência ética, integridade e probidade para melhor cumprir sua função social. A melhor forma de garantir o acerto e a justiça de uma sentença é, previamente, possibilitar ao juiz a análise de teses opostas defendidas por pessoas igualmente conhecedoras e competentes, pois a imparcialidade do juiz só prospera fundamentada na unilateralidade das partes. Assim, o raciocínio do advogado deve ser medido pelas necessidades sociais e pelas condições do exercício da cidadania no país.

Manfio (2008) finaliza enfatizando que esse é o primeiro compromisso ético do profissional que se dedica à advocacia, que é, a um só tempo, um compromisso para com a classe, para com os demais profissionais, para com o cliente e para com a sociedade.

Araújo (2005) confirma que a missão do advogado é cumprir a sua função social (e não apenas exercer a profissão sob os aspectos exclusivamente econômicos ou técnicos), por meio do respeito às leis, buscando todos os meios necessários e válidos para que a justiça seja concretamente alcançada e respeitada. Cabe ao advogado repensar seu papel social, notadamente com relação à administração da justiça e a busca da verdade. Pode haver uma participação mais efetiva e uma influência modificadora que não se restrinja ao desempenho simplesmente de suas funções ordinárias. Cumpre à sociedade encontrar novos caminhos para uma convivência mais harmoniosa e digna, diante das céleres mutações sociais que acabam por destruir valores éticos e morais.

Portanto, os advogados, mais do que nunca, devem assumir a dimensão social da profissão, não só com relação ao exercício da profissão como elemento indispensável à administração da justiça, mas também com relação à realização do bem social que a profissão envolve.

No entanto, o advogado não demonstra estar ciente de sua real função social. Para Manfio (2008), a imagem do advogado na sociedade muitas vezes é a de alguém que busca incessantemente fazer triunfar os anseios do seu cliente. Para isso, ele chega ao extremo de tentar iludir e escapar da aplicação da justiça, esforçando-se para mudar a verdade dos fatos e responsabilizar a outra parte. Nesses casos, o exercício da profissão de advogado pode tornar-se um obstáculo à realização da justiça. Os partidários de tal concepção, ainda que de forma mais moderada, não compreendem que, para além dos interesses privados, o advogado serve ao interesse público, pois participa da realização da Justiça, desempenhando uma função essencial.

Para Rocha (2005), há uma conflituosa dualidade entre o dever de aplicar a lei e o dever de servir à Justiça, existindo nesse sentido uma hierarquia de valores, na qual a maior delas é a Justiça, que deve ser aplicada ao Direito e utilizada para garantir aos oprimidos novos instrumentos de luta para a transformação social. A prática jurídica popular propõe um embasamento teórico que leva o Direito a questionar a estrutura social e a desempenhar um papel de referencial ético. A prática jurídica popular desafia assim a função conservadora das estruturas sociais e a postura normativo-positivista do Direito, que reduziu o papel do operador do Direito a um simples mantenedor da ordem social.

Dessa forma, os operadores do Direito mantêm-se com medo de enfrentar os juízes nos tribunais, ou por pura incompetência ou ainda por um comprometimento político-ideológico com as classes dominantes, como melhor esclarece o eminente sociólogo Boaventura de Souza Santos (1996, p. 22):

> [...] o conservadorismo dos magistrados, incubado em Faculdades de Direito anquilosadas, dominadas por concepções retrógradas da relação entre o direito e sociedade; o desempenho rotinizado assente na justiça retributiva, politicamente hostil à justiça distributiva e tecnicamente despreparada para ela; uma cultura jurídica "cínica" que não leva a sério a garantia dos direitos, caldeada em largos períodos de convivência ou cumplicidade com maciças violações dos direitos constitucionais consagrados, inclinada a ver neles simples declarações programáticas, mais ou menos utópica; uma organização judiciária deficiente, com carências enormes tanto em recursos técnicos e materiais; um poder judicial tutelado por um poder executivo, hostil à garantia dos direitos ou sem meios orçamentais para a levar a cabo.

Nesse contexto, também se faz pertinente trazer o ensinamento de Oliveira (1999), p. 35:

> [...] Um assustador desinteresse pela realidade nos leva à conclusão de que violência, corrupção, desorganização social, miséria e outros males já assimilados pelo brasileiro como inevitáveis são características do nosso destino histórico. [...] O seu ranço elitista (do advogado), extremamente individualista, deve ser definitivamente afastado, pois outros são os tempos, outras são as necessida-

des, outro é o país, outra, pois deve ser a postura, voltada para o contexto social em que se encontram inseridos.

Para Rocha (2005), nas últimas décadas do século XX, no Brasil, houve uma crescente coletivação dos conflitos sociais, como greves, ocupações de terra, manifestações coletivas por moradia, desobediência à lei, movimento de resistência à devastação do meio ambiente, organização das nações indígenas pela demarcação de suas áreas. Essa coletivação é fruto da contradição da sociedade capitalista, pois o aumento da exploração alarga a faixa de marginalizados e excluídos e a concentração de riquezas, fomentando assim o surgimento de movimentos sociais.

Rocha (2005) acredita que o Direito pode e deve estar ligado à superação das explorações e desigualdades sociais, buscando numa teoria jurídico-crítica um "Direito Alternativo" ou um "uso alternativo do Direito". A união da advocacia popular com os movimentos sociais dar-se-á a partir da concepção do movimento enquanto agente transformador da sociedade. Assim, o jurista se torna um militante da causa defendida, em virtude do comprometimento político-ideológico com as classes oprimidas. Esses juristas, como sujeitos sociais, sentiram a necessidade de se organizar para defender essa concepção do Direito e utilizá-lo como instrumento de transformação social e, com isso, resgatar a utopia da advocacia, que deve estar voltada para a defesa dos interesses das classes trabalhadoras e suas organizações.

A partir dessa necessidade, surge, em 1996, como um bom exemplo de um movimento que considera o Direito agente de transformação social, a Rede Nacional de Advogados e Advogadas Populares (Renap). Contudo, o que seria uma articulação de advogados e advogadas ampliou-se de forma a se tornar uma articulação de todos os operadores do Direito, quer sejam magistrados, quer promotores, procuradores, professores, acadêmicos, tendo como único requisito identificar e assumir os compromissos e princípios da Rede (Renap, 2001, contracapa), quais sejam:

- Amar e preservar a terra e os seres da natureza.

- Aperfeiçoar sempre nossos conhecimentos sobre a ciência jurídica com vistas à construção de um Direito que respeite o ser humano.

- Praticar a solidariedade e revoltar-se contra qualquer injustiça, agressão e exploração contra a pessoa, a comunidade e a natureza.

- Lutar contra o latifúndio, contra a submissão dos seres humanos ao capital, lutar contra o espírito individualista, competitivo, excludente e dominador.

- Transformar o Direito em um importante instrumento dos movimentos sociais, na busca de novas e transformadoras fórmulas de acesso à justiça.

- Praticar a solidariedade, tendo sempre como guia superior a vontade de transformar a sociedade, abstendo-se de motivações de ordem meramente financeiras.

- Estar sempre atento aos acontecimentos da sociedade, buscando compreendê-la cada vez mais profundamente, para inserir-se nessa realidade de maneira consciente e engajada com o compromisso de construir uma humanidade onde esteja assegurado a todos o direito de ser feliz, já que todos os homens nascem livres e iguais em dignidade.

A ÉTICA

Conceito

Manfio (2008) estabelece que a ética, derivada do termo grego *ethos*, significa o caráter, o modo de ser de uma pessoa. Ela contribui para o equilíbrio e o bom funcionamento da sociedade, uma vez que está relacionada com o sentimento de justiça social. A ética, como característica inerente a toda ação humana, é um componente vital na produção da realidade social.

Nalini (2001) afirma que "a ética é a ciência do comportamento moral dos homens em sociedade". Trata-se de ciência por ter objeto, leis e métodos próprios, sendo o objeto da ética, a própria moral. Com maior exatidão, o objeto da ética é a moralidade positiva, ou seja, "o conjunto de regras de comportamento e formas de vida através das quais tende o homem a realizar o valor do bem".

Para Veloso (2005), responsabilidades éticas correspondem a atividades, práticas, políticas e comportamentos esperados (no sentido positivo) ou proibidos (no sentido negativo) por membros da sociedade, apesar de não codificados em leis.

Veloso (2005) afirma que tais responsabilidades éticas envolvem uma série de normas, padrões ou expectativas de comportamento para atender àquilo que diversos públicos com os quais a empresa se relaciona consideram legítimo, correto, justo ou de acordo com seus direitos morais ou expectativas. Essas responsabilidades éticas correspondem a valores morais específicos. Valores morais dizem respeito a crenças pessoais sobre comportamento eticamente correto ou incorreto, tanto por parte do próprio indivíduo quanto com relação aos outros. É dessa maneira que valores morais e a ética se complementam.

Ainda navegando nas ideias de Veloso (2005), a moral pode ser vista como um conjunto de valores e de regras de comportamento que as coletividades, sejam elas nações, grupos sociais ou organizações, adotam por julgarem corretos e desejáveis. Ela abrange as representações imaginárias que dizem aos agentes sociais o que se espera deles, que comportamentos são bem-vindos, qual é a melhor maneira de agir coletivamente, o que é o bem e o que é o mal, o permitido e o proibido, o certo e o errado, a virtude e o vício.

Veloso (2005) conclui que a ética é mais sistematizada e corresponde a uma teoria de ação rigidamente estabelecida. Para a autora, a moral, em contrapartida, é concebida menos rigidamente, podendo variar de acordo com o país, o grupo social, a organização ou mesmo o indivíduo em questão. Em outras palavras, os valores morais de um grupo ou organização definem o que é ser ético para si e, a partir daí, elaboram-se rígidos códigos éticos que precisam ser seguidos sob pena de ferirem os valores morais pre-estabelecidos.

Dando ênfase preliminarmente à ética que parte do indivíduo, Chaves (2005) lembra que enquanto as questões que tratam da ética nos negócios de uma empresa têm sido discutidas globalmente por empresários, executivos e acadêmicos em eventos, fóruns, associações, artigos e publicações, advogados, como outros profissionais que sejam agentes dos proprietários da empresa, precisam reexaminar sua posição.

Para Chaves (2005), os tomadores de decisão atuam, na maioria das vezes, como agentes dos proprietários que a eles delegaram tal função. Assim, os tomadores de decisões empresariais devem, de algum modo, mesclar sua ética pessoal aos valores e critérios de sucesso de desempenho da organização na perspectiva dos proprietários ou acionistas da empresa. Muitas das condutas antiéticas de um profissional, tomador de decisão, resultam da tentativa de atingir metas que ele foi obrigado a alcançar.

Chaves (2005) conclui que as racionalidades representam o modo de valorar, refletir e decidir de cada empresa, revelando seus princípios éticos subjacentes. As decisões, por sua vez, são guiadas pelos valores de cada pessoa e refletem os seus princípios de conduta, a exemplo de proteção, honestidade, responsabilidade, manutenção de promessas, busca de excelência, lealdade, justiça, integridade, respeito pelos outros e cidadania responsável.

Ética no contexto jurídico

Nunca foi tão necessário, como hoje se mostra, reabilitar a ética. A crise na humanidade é uma crise moral. Os descaminhos da criatura humana, refletidos na violência, no egoísmo e na indiferença pela sorte do semelhante, assentam-se na perda de valores morais. De nada vale reconhecer a dignidade da pessoa, se a conduta social não se pautar por ela. (Nalini, 2001, p. 36, grifo nosso)

Migrando para o campo jurídico e baseando-se em Manfio (2008), é estreita a vinculação entre a Ética e o Direito. Sempre que a moral de um povo decai, tem o legislador de socorrer, imediatamente, para consolidar a moral, transformando os deveres éticos em obrigações jurídicas e as proibições éticas em proibições jurídicas.

Caluri (2010) salienta que o Direito pode ser entendido como fenômeno cultural, ou seja, como realidade referida a valores, tendo por compromisso permanente e incessante a busca da segurança jurídica, da utilidade social (bem comum) e da justiça. Para o autor, a justiça é o núcleo da reflexão ética.

Reforçando essa ideia, para Manfio (2008) há uma forte ligação entre ética e justiça, pois se o que aquela busca é o interesse coletivo, fazer o bem, esta tem o mesmo objetivo, fazendo com que uma não subsista sem a outra. Dessa relação pressupõe-se que, para ser correta, uma dada questão deve atender tanto ao conceito de ética como ao de justiça. Caso não se observe a ética em dada ação, certamente ela não será justa, haja vista não alcançar o bem comum. Caso não se observe a justiça, também não será ética a ação, pois é necessária a reflexão para alcançar a ponderação mais justa.

Herkenhoff (2010, p. 1), sobre o que entende deva ser o fundamento da ética profissional, destaca três pontos na ética do advogado: seu compromisso com a dignidade humana; seu papel na salvaguarda do contraditório; e sua independência diante dos Poderes e dos poderosos. Continua o autor afirmando:

Em primeiro lugar, creio que é a luta pela dignidade da pessoa humana que faz da advocacia, não uma simples profissão, mas uma escolha existencial. *Se nos lembramos de Rui Barbosa, Sobral Pinto, Heleno Cláudio Fragoso, qual foi a essência dessas vidas? Respondo sem titubear: a consciência de que a sacralidade da pessoa humana é o núcleo ético da advocacia.* Esta é uma bandeira de resistência porque se contrapõe à "cultura de massa" que se intenta impor à opinião pública, no Brasil contemporâneo. A "cultura de massa" inocula o apreço "seletivo" pela dignidade humana. Em outras palavras: só algumas pessoas têm direito de ser respeitadas como pessoas. Há um discurso dos Direitos Humanos que é um discurso das classes dominantes. Nações poderosas pretenderam e pretendem "ensinar" direitos humanos. Esquecem-se essas nações que o imperialismo político e econômico é talvez a mais grave violação dos Direitos Humanos. (grifo nosso)

Foi em Roma que a função nobre do profissional do Direito, capaz de testar a força e a legitimidade da lei, ganhou relevância e dignidade transcendental. Tão transcendental que o advogado não recebia salários, mas honrarias pelo seu serviço, delas advindo a expressão remuneratória da atualidade, qual seja, a do advogado receber honorários.

Nalini (2001) entende como profissão "uma atividade pessoal, desenvolvida de maneira estável e honrada, ao serviço de outros e em benefício próprio, de conformidade com a própria vocação e em atenção à dignidade da pessoa humana". Portanto, segundo o mesmo autor, a ética profissional é o conjunto de princípios e regras que determinam a conduta do profissional no exercício de determinada profissão e disciplina a conduta funcional do indivíduo.

Todas as profissões estabelecem um proceder ético. Há códigos deontológicos em muitas categorias profissionais, como as de médicos, engenheiros, dentistas, jornalistas, advogados, professores, entre outras, que evidenciam a relevância do tema.

Com relação aos advogados, tem-se o Código de Ética e Disciplina da Ordem dos Advogados do Brasil (OAB), Lei n. 8.906/1994, que institui regras de comportamento profissional. Por meio desse código de ética, busca-se preservar o bem comum, a verdade, a lealdade, a boa-fé, o respeito às leis e, em especial, a Constituição Federal, tudo para que a justiça seja conseguida em sua plenitude.

Código de Ética e Disciplina da OAB

O Conselho Federal da OAB, ao instituir o Código de Ética e Disciplina, norteou-se por princípios que formam a consciência profissional do advogado e representam imperativos de sua conduta, tais como: os de lutar sem receio pelo primado da Justiça; pugnar pelo cumprimento da Constituição e pelo respeito à Lei, fazendo com que esta seja interpretada com retidão, em perfeita sintonia com os fins sociais a que se dirige e com as exigências do bem comum; ser fiel à verdade para poder servir à Justiça como um de seus elementos essenciais; proceder com lealdade e boa-fé em suas relações profissionais e em todos os atos do seu ofício; empenhar-se na defesa das causas confiadas ao seu patrocínio, dando ao constituinte o amparo do Direito, e proporcionando-lhe a realização prática de seus legítimos interesses; comportar-se, nesse mister, com independência e altivez, defendendo com o mesmo denodo humildes e poderosos; exercer a advocacia com o indispensável senso profissional, e também com desprendimento, jamais permitindo que o anseio de ganho material sobreleve a finalidade social do seu trabalho; aprimorar-se no culto dos princípios éticos e no domínio da ciência jurídica, de modo a tornar-se merecedor da confiança do cliente e da sociedade como um todo, pelos atributos intelectuais e pela probidade pessoal; agir, em suma, com a dignidade das pessoas de bem e a correção dos profissionais que honram e engrandecem a sua classe.

Inspirado nesses postulados é que o Conselho Federal da Ordem dos Advogados do Brasil, no uso das atribuições que lhe são conferidas pelos arts. 33 e 54, V, da Lei n. 8.906, de 04 de julho de 1994, aprovou e editou o Código de Ética, publicado no Diário da Justiça, Seção I, do dia 01.03.95, pp. 4.000/4004, exortando os advogados brasileiros à sua fiel observância.

Para melhor ilustrar o objetivo deste Código, seguem abaixo seus dois primeiros artigos, que tratam da conduta e dos deveres dos advogados no exercício de sua profissão:

> Art. 1º O exercício da advocacia exige conduta compatível com os preceitos deste Código, do Estatuto, do Regulamento Geral, dos Provimentos e com os demais princípios da moral individual, social e profissional.
>
> Art. 2º O advogado, indispensável à administração da Justiça, *é defensor do Estado democrático de direito, da cidadania, da moralidade pública, da Justiça e da paz social, subordinando a atividade do seu Ministério Privado à elevada função pública que exerce.*

Parágrafo único. São deveres do advogado:

I – preservar, em sua conduta, a honra, a nobreza e a dignidade da profissão, zelando pelo seu caráter de essencialidade e indispensabilidade;

II – atuar com destemor, independência, honestidade, decoro, veracidade, lealdade, dignidade e boa-fé;

III – velar por sua reputação pessoal e profissional;

IV – empenhar-se, permanentemente, em seu aperfeiçoamento pessoal e profissional;

V – contribuir para o aprimoramento das instituições, do Direito e das leis;

VI – estimular a conciliação entre os litigantes, prevenindo, sempre que possível, a instauração de litígios;

VII – aconselhar o cliente a não ingressar em aventura judicial;

VIII – abster-se de:

a) utilizar de influência indevida, em seu benefício ou do cliente;

b) patrocinar interesses ligados a outras atividades estranhas à advocacia, em que também atue;

c) vincular o seu nome a empreendimentos de cunho manifestamente duvidoso;

d) emprestar concurso aos que atentem contra a ética, a moral, a honestidade e a dignidade da pessoa humana;

e) entender-se diretamente com a parte adversa que tenha patrono constituído, sem o assentimento deste.

IX – pugnar pela solução dos problemas da cidadania e pela efetivação dos seus direitos individuais, coletivos e difusos, no âmbito da comunidade. (grifo nosso)

O Código de Ética dos Advogados presta suporte fundamental à advocacia. Essa atividade, essencial à administração da Justiça, seria de impossível sobrevivência sem a ética. Reforçando esse pensamento, trazemos as palavras de Farah (2000, p. 15):

> O advogado dentro de um contexto ético, tem inalienável compromisso com a verdade, com a justiça e a justa e destemida aplicação da lei, em razão do que tem um dever de lealdade, colocado acima de qualquer outro. A advocacia é a mais nobre das profissões humanistas. Haverá sempre de ser exercida com elevadíssimo grau de probidade pessoal, rigor técnico e ético, e exemplar respeito às instituições jurídicas, as quais os advogados sempre se incumbiram, historicamente, de defender e aperfeiçoar.

O profissional do Direito, em sua consciência ético-profissional, deve se orientar para que sua atuação esteja em conformidade com a realidade social na qual se insere. Nesse sentido, afirma Bittar (2004, p. 65):

> Sobretudo, o que se cobra do jurista na atualidade é esse tipo de visão que faculta maior penetração dentro das ambições da sociedade à qual se dirigem as normas jurídicas. Assim ao interpretá-las, e/ou aplicá-las, demanda-se do jurista consciência na realização dos fins do Direito, consagrados pela ideia de norma jurídica, juntamente com fins valorativos, consagrados pela ideia de justiça. Mais que ter no Direito o fim de toda a atividade jurídica, postula-se que se tenha na justiça o fim de toda a atividade jurídica: no lugar do que é legal, o que é justo, o que é atual e necessário, o que é sócio-culturalmente adequado, o que é principiologicamente engajado com mandamentos éticos.

Em que pese a existência de um minucioso Código de Ética direcionado aos advogados, bem como a já tão explanada clareza da ligação intrínseca entre sua profissão e a ética, vivencia-se uma grave crise ética em todo o segmento jurídico.

Martins (2008) sustenta que tem se discutido muito a respeito da credibilidade da justiça em nosso meio. Em todas as áreas do Direito, profissionais da área debatem, as universidades apresentam temas ligados à moralização da justiça e buscam as causas das falhas no sistema. Para a autora, há três razões de teor subjetivo para a falta de confiança na justiça: o grande número de escândalos envolvendo pessoas do judiciário e ligadas a ele; a não aceitação das decisões, principalmente as de primeiro grau; e a demora na prestação jurisdicional.

Finaliza Martins (2008) afirmando que a sociedade está perplexa com os escândalos na mídia, expondo a imoralidade daqueles que operam a justiça. Do mais alto escalão, promotores e advogados reforçam a falta de credibilidade do segmento jurídico.

A ética proporciona ao advogado consciência de si mesmo e de suas interações na sociedade. É preciso saber exatamente qual é a sua missão e a busca de um sentido ético para sua existência deve voltar-se tanto para as relações de mercado quanto para as relações além dele. Como diz Ashley (2005), o compromisso social não pode ser considerado mera carta de intenções. Todos devem zelar por seus valores morais, a base para a criação de um planeta sustentável.

A Ética Ambiental

A deflagração da crise ambiental expõe a necessidade de uma nova forma de relação entre o ser humano e a natureza, uma nova postura ética diante do meio ambiente.

Segundo Milaré (2001), a consideração do valor intrínseco do mundo natural e dos excessos do antropocentrismo é fundamental, um pressuposto, para se pensar a Ética da Vida que, em última análise, se apresenta como condicionadora da Ética do Meio Ambiente, um dos seus mais expressivos aspectos. Para ele, nesta ética do meio ambiente, as demais formas de vida apresentam um valor intrínseco e um significado próprio já que a natureza precede o homem.

Para Pereira (2015), a Ética Ambiental é o conjunto de princípios de caráter imperativo, mediante os quais devem ser regidas todas as interações existentes entre o homem e a multiplicidade de biomas existentes.

Pereira (2015) afirma que o movimento ecológico tem reforçado a necessidade de uma Ética que tome princípios universais de regulamentação da inter-relação do homem com o meio, pois o ser humano é o único capaz de afirmar essa diretriz, criando modos de uma relação equilibrada com a natureza.

Complementa Santos (2006, p. 2) acerca da importância de uma Ética Ambiental:

> Essa nova visão ecocêntrica, que podemos definir como o homem centrado em sua casa (*oikos* = casa em grego), ou seja, o homem centrado no tudo ou no planeta como sua morada, permite o surgimento de uma ética que estuda também o comportamento do homem em relação à natureza global; com ela o ser humano passa a entender melhor sua atuação e responsabilidade para com os demais seres vivos. Surge, então, a necessidade dessa nova forma de conduta em relação à natureza. Uma nova forma de importância, uma nova concepção filosófica homem-natureza. A ética passa a ser também, nesse caso, um estudo extrassocial e extrapola os limites intersociais do homem, surgindo assim uma nova ética, diversa da tradicional.

Para Azevedo (2010), a ética ambiental analisa nossos deveres morais diante dessas questões: quais os direitos e obrigações que temos quanto ao meio ambiente, e os temos por quê? Parece que temos obrigações de cuidado ambiental derivadas do respeito (I) aos que, como nós, vivem hoje, (II) aos que viverão no futuro e (III), também, a entidades do próprio ambiente. Para esse autor, guiados pela referência ecológica da vida e pela ética ambiental, somos forçados a amadurecer e a aceitar como ultrapassado o paradigma de uma autonomia irrestrita. Assim, nenhum crescimento poderá ser ilimitado, eterno, por mais ciência e tecnologia que se agregue.

> Faz-se necessária uma ética capaz de valorizar e superar o pensamento tecno-economicista, que contamina o Direito, a política, a ciência e a tecnologia. Sua construção tem que ser feita a partir da realidade humana concreta, tendo em vista que o *Homo sapiens* é também *demens*. (Azevedo, 2010, p. 131)

Azevedo (2010) conclui que a condição humana impõe limites físicos, biológicos, éticos e morais, e é reconhecendo e respeitando esses limites que se poderá transcendê-los em direção a um experimento humano que nos atribua sentido e dignifique a criação, que somos nós próprios.

Nessa esteira, Molinaro (2010) preconiza que a preservação do ambiente se mostra relevante e a produção normativa pode garantir condições para a continuidade e a renovação de sistemas naturais promovendo um ambiente equilibrado e sustentável para as atuais e futuras gerações. Enquanto bem jurídico a ser tutelado, o ambiente recebe da visão ecocêntrica uma dignidade autônoma.

Considerando ainda as ideias de Molinaro (2010), o Direito fixaria os limites da ação humana vedando arbitrariedades que possam impedir que a relação ecológica/ambiental seja interrompida. Diz o autor que uma tutela qualificada dessa forma promove "a proteção jurídica da natureza por seu próprio valor, onde subjace o respeito à vida em toda a sua manifestação (biótica e abiótica) e, também, a vida da natureza em si".

Para Ost (1997), é preciso que, na proteção da natureza, imponham-se limites à subtração excessiva, trabalhando, concomitantemente, para a restauração do equilíbrio ambiental. Ost (1997) ensina que, para salvaguardar os interesses humanos, se impõem mudanças de comportamento, das interpretações e construção de formas de pensar e agir na relação com a natureza, criando-se novos caminhos e modelos de produção de bens. Um novo sistema que possa suprir as necessidades humanas e que não perpetue tantas desigualdades e exclusão social, garantindo assim a sustentabilidade ecológica.

Tudo isso implica um novo universo de valores, no qual ganham destaque o direito ambiental e a educação ambiental, tendo em conta o papel desempenhado por ambos.

Neste contexto, o advogado surge como ator social-chave para a construção e a perpetuação desses valores que são a "pedra angular" do novo paradigma da sustentabilidade, sendo imprescindível que também seu comportamento seja moldado segundo os preceitos de uma ética ambiental, que deverá fundamentar o exercício de sua função social.

SUSTENTABILIDADE

Para França (2003), o conhecimento científico, desde a Revolução Científica e Industrial, foi abordado de uma forma que dividia o universo em compartimentos estanques, baseado em uma relação linear de causa e efeito onde o bem-estar era avaliado por relação de poder (dinheiro, influência, recursos). Contudo, o crescente conhecimento científico do funcionamento dos ecossistemas e de toda a sua complexidade desafia este modelo convencional do mundo.

Lembra França (2003) que, nos últimos anos, o homem constatou que as questões da natureza não se deixam apreender completamente pelas ferramentas tradicionais de análise, uma vez que a natureza é sistêmica, complexa e não linear. E, por essa razão, não funciona como a soma das partes que a compõem, mas como produto da inter-relação das partes. Deste modo, para ser entendida, pede-se um novo paradigma, orgânico, holístico e integrador, que demanda uma estrutura de pensamento transdisciplinar, mais sintético do que analítico, capaz de desvendar e explicar as relações entre as partes. Nesse contexto, em 1980, uma vanguarda de cientistas, religiosos, economistas, filósofos e políticos já percebiam que era preciso formular uma nova síntese.

A Comissão Brundtland, formalmente batizada de Comissão Mundial sobre Meio Ambiente e Desenvolvimento, foi criada pela ONU, em dezembro de 1983, para estudar e propor uma agenda global com objetivos de capacitar a humanidade para enfrentar os principais problemas ambientais do planeta e assegurar o progresso humano sem comprometer os recursos para as futuras gerações. Essa comissão representa um marco, porque propôs que o desenvolvimento econômico fosse integrado à questão ambiental, à sustentabilidade, surgindo assim uma nova forma, denominada desenvolvimento sustentável, que recebeu a definição: "Desenvolvimento sustentável é aquele que satisfaz às necessidades do presente sem comprometer a capacidade de as gerações futuras satisfazerem às suas próprias necessidades" (França, 2003, p. 4).

França (2003) conclui que muitos dos atuais esforços para manter o progresso humano são simplesmente insustentáveis. Tanto as nações ricas quanto as pobres consomem demais, a um ritmo acelerado demais, e, no futuro, não poderão esperar outra situação que não seja a insolvência dessa conta. Podem apresentar lucro nos balancetes da geração atual, mas nossos filhos herdarão os prejuízos. O mundo agora é tripolar: governo, sociedade e empresa. E a gestão ambiental, tarefa de todos, evolui para algo mais profundo, que é a questão da sustentabilidade. Ampliou-se a perspectiva.

A Sustentabilidade, o Advogado e a Ética Ambiental

Como bem colocado por Demajorovic (2003), o objetivo vital para o mundo neste século é formar cidadãos que atuem em favor de uma política de desenvolvimento sustentável. O atual modelo de desenvolvimento, marcado pelo caráter predatório e pelo reforço das desigualdades socioambientais, deu frutos amargos como as tragédias de Three Mil Island, Bhopal e Chernobyl, além dos agravos de todo dia que ameaçam o futuro do planeta. Cada pessoa, portadora de direitos e deveres, deve se converter em ator corresponsável na defesa da qualidade de vida.

A ideia de sustentabilidade implica a prevalência da premissa de que é preciso definir não só uma limitação nas possibilidades de crescimento como um conjunto de iniciativas ético-ambientais que levem em conta a existência de interlocutores e participantes sociais relevantes e ativos. Nesse contexto, não há dúvida a respeito do fundamental papel do operador do Direito enquanto interlocutor e participante social relevante no desenvolvimento sustentável do planeta.

Cappellin et al. (2002) afirmam que o crescimento econômico, impulsionado pelo processo de modernização e globalização, longe de trazer automaticamente desenvolvimento, tem aprofundado as disparidades sociais e econômicas, dizimando o meio ambiente, deprimindo o fundo salário, desempregando trabalhadores e funcionários públicos, ampliando a economia informal, aumentando o número da população em condição de pobreza e concentrando ainda mais a pobreza.

Na busca de eficiência e excelência, Cappellin et al. (2002) sugerem não ser mais satisfatória a tradicional alquimia do cálculo custo-benefício com o aumento da produtividade e a ampliação das vendas no mercado. Os critérios de avaliação do sucesso começam a incorporar dimensões que estão para além da organização econômica e que dizem respeito à vida social, cultural e à preservação ambiental.

Por isso, acima de qualquer pedido ou interesse de seu cliente, o advogado deve incorporar dimensões ético-ambientais que estão acima da busca do lucro, considerando, por exemplo, errada a sonegação de impostos, repudiando o desrespeito à legislação trabalhista e estimulando continuamente a preocupação com a preservação do meio ambiente.

Baseando-se nas lições de Cappellin et al. (2002), o advogado exerce sua função social quando ajuda, por exemplo, a convencer seus clientes que a adoção de práticas baseadas em princípios ético-ambientais e morais é vantajosa para seu cliente e para todo o planeta.

A sustentabilidade implica ações que vão além da "letra da lei". Para Cheibub e Locke (2002) deve–se transcender a lei por meio de um conjunto de ações que vão além do que é requerido por lei, por obrigação ou por necessidade. Os autores propõem que se introduza nas discussões sobre responsabilidade social a dimensão política, uma vez que estas agem em um tecido social, e não em um vácuo político, social e ambiental. Eles consideram que a sociedade é um empreendimento coletivo e que seus membros devem praticar ações que evidenciem o reconhecimento desse fato. As ações socioambientais podem e devem promover o adensamento da sociedade civil, tornando-se mais sustentáveis, uma vez que criam interseções de interesses entre diversos atores.

Por todo o exposto, pode-se afirmar que a sustentabilidade, a partir do exercício da função social da advocacia, estabelece-se pela atuação ética-ambiental do advogado, considerando, mas não restringindo, as seguintes ações:

- Atender ao interesse de seu cliente mitigando ou eliminando eventual impacto negativo de um negócio ou projeto no meio ambiente ou na sociedade.
- Desmercantilizar a profissão, promovendo uma reaproximação com a essência socioambiental da profissão.

- Utilizar sua vocação e habilidade em benefício da sociedade e do meio ambiente.

- Atuar de maneira ética em favor de uma sociedade mais justa e igualitária e um meio ambiente sustentável.

- Influenciar de forma positiva a sociedade facilitando a reflexão sobre a relação entre o homem e o meio ambiente no exercício da cidadania.

- Trabalhar para a garantia dos direitos fundamentais que a nossa Constituição assegura.

- Contribuir para o sucesso de um negócio ou projeto, e, ao mesmo tempo, contribuir para o desenvolvimento sustentável do planeta.

- Manter uma influência ética e humana sobre todos os seus clientes, empresários e líderes.

Reforçando este último ponto, a respeito da influência que o advogado possui sobre seus clientes, é pertinente a lição de Kirschner (1998), afirmando que atualmente a sustentabilidade se apoia na capacidade de ampliar o espaço de convergência entre os interesses de diferentes atores: meio ambiente, sociedade, acionistas, empregados e *stakeholders* em geral.

O advogado tem sempre agido como negociador, articulador e facilitador em processos de convergência de interesses. Mantendo sua atuação fortemente fundamentada em princípios ético-ambientais para que mais interesses estejam em relação, ainda que sejam conflitantes, maior será a zona de convergência desses interesses, sendo assim maior o nível de sustentabilidade das ações que estiver inserido.

A sustentabilidade no âmbito jurídico está ligada à função social do advogado e à sua visão e vivência da ética ambiental. Os advogados não podem manter-se mais centrados no cumprimento da lei e em legitimar suas interpretações do que em avaliar o impacto de suas orientações e posicionamento no meio ambiente.

Assim, pode-se dizer que a busca da sustentabilidade depende de uma nova consciência ético-ambiental do advogado no exercício de sua função social e a influência que possui no mercado, na sociedade e no meio ambiente, utilizando sua expertise para o suporte ético-ambiental no crescimento socioeconômico do país.

CONSIDERAÇÕES FINAIS

É imprescindível que o advogado inicie um processo de resgate da ética, entendendo-a no contexto ambiental, para que possa exercer sua forte função social, enraizada em sua natureza, que tem papel fundamental para a criação e a gestão de um ambiente sustentável.

O advogado pode e deve, melhor do que ninguém, estimular novas posturas que permitam ampliar o respeito às leis e apontar direções que vão além da legislação, mas que considerem alguns princípios morais fundamentais, acolhidos por uma nova ética ambiental.

Enfatizamos que o Direito representa a cristalização dos valores de uma sociedade em um determinado momento histórico, portanto, ele está sempre atrasado em relação às mudanças sociais. Porém, essa constatação não justifica que os operadores do Direito se alheiem do tecido social e do meio ambiente em que atuam. Nos dias de hoje, como já foi dito na discussão sobre sustentabilidade e ética ambiental, novas e urgentes questões exigem outras maneiras de pensar, talvez integrando saberes de diferentes disciplinas.

A vida tem pressa. É bem conhecida a morosidade da construção de arcabouços legais, políticas públicas etc. Não se deve considerar a ordem jurídica, que teoricamente é o "chão" das ações do advogado, apenas como a esfera do 'dever ser' e a ordem econômica como aquela onde se dão os acontecimentos reais, como já disse Max Weber, no início do século XX.

A sustentabilidade do nosso planeta não aguardará a transformação legal. A transformação social e ambiental já está em curso e precisa ser apoiada, orientada e fortalecida. O advogado é a parte mais viva do Direito e traz em sua mente, espírito e coração a missão de incorporar uma nova ética ambiental, preparar os novos tempos e acima de tudo proteger a vida.

REFERÊNCIAS

ARAÚJO, F.L. *O comportamento antiético no exercício da advocacia.* 110p. Monografia apresentada na Faculdade de Direito de Presidente Prudente, 2005.

ASHLEY, P.A. *Ética e responsabilidade social nos negócios.* 2.ed. São Paulo: Saraiva, 2005.

AZEVEDO, F.A. Ainda uma vez a ética e a ética ambiental. In: *Revista Intertox de Toxicologia, Risco Ambiental e Sociedade,* v. 3, n. 2, mar./jun. 2010

BASTOS, A.W. *O ensino Jurídico no Brasil*. São Paulo: Lumen Juris, 1998.

BESSA, F.L.B.N. *Responsabilidade Social das Empresas – Práticas sociais e regulação jurídica*. Rio de Janeiro: Lumem Juris, 2006.

BITTAR, E.C.B. *Curso de ética jurídica: ética geral e profissional*. 2.ed. São Paulo: Saraiva, 2004.

BLUM, R.M.S.O. O advogado: Relevância Social, Política e Jurídica. In: PAIVA, M.A.L. *A importância do Advogado para o Direito, a Justiça e a Sociedade*. Rio de Janeiro: Forense, 2000, p. 488.

BUSATO, R. Prerrogativas do advogado e da cidadania. In: *Revista Direito UPIS*, v. 4, p. 19-21, 2006.

CALURI, L.N. *Ética Profissional e processual*. Disponível em: htto://www.boletimjuridico.com.br/doutrina/texto.asp?id=1077. Acessado em: 04 mar. 2010.

CAPPELLIN, P. et. al. Organizações empresariais brasileiras e a responsabilidade social. In: KISCHNER, A.M.; GOMES, E.R.; CAPPELLIN, P. *Empresas, Empresários e Globalização*. Rio de Janeiro: RelumeDumará/Faperj, 2002.

CHAVES, J.B.L. *Ética e responsabilidade social nos negócios*. 2.ed. São Paulo: Saraiva, 2005.

CHEIBUB, Z.; LOCKE, R. Valores ou Interesses? Reflexões sobre a Responsabilidade Empresarial das Empresas. In: KISCHNER, A.M.; GOMES, E.R.; CAPPELLIN, P. *Empresas, Empresários e Globalização*. Rio de Janeiro: RelumeDumará/Faperj, 2002.

COMPARATO, F.K. A função social do advogado. In: *Revista dos Tribunais*, v. 582, p. 266-71, abr. 1984.

DEMAJOROVIC, J. *Sociedade de risco e responsabilidade socioambiental – Perspectivas para a educação corporativa*. São Paulo: Senac, 2003.

FARAH, E. (Coord.). *Ética do advogado: I e II Seminários de Ética Profissional da OAB/SP*. São Paulo: LTr, 2000.

FISCHMANN, R. Constituição brasileira, direitos humanos e educação. In: *Revista de Direito UPIS – Prerrogativas do advogado e da cidadania. Revista Brasileira de Educação*, v. 14, n. 40 jan./abr. 2009.

FRANÇA, S. *Desenvolvimento Sustentável*. 18p. Monografia Latec/UFF, Rio de Janeiro, 2003.

GALVÃO, M.C. C. *Percursos Geográficos*. Rio de Janeiro: Lamparina, 2009.

GOMES, E.R. *Além do Mercado: Origens, características e trajetória da responsabilidade social das empresas no Brasil. Direitos e Cidadania* São Paulo: FGV, 2007.

HERKENHOFF, J.B. *Missão social do advogado*. Disponível em: http://www.mundojuridico.adv.br . Acessado em: 20 mar. 2010.

KIRSCHNER, A.M. A sociologia diante da globalização: possibilidades e perspectivas da sociologia da empresa. Antropolítica. *Revista Contemporânea de Antropologia e Ciência Política*. Niterói: UFF, 1998.

MANFIO, M. Ética profissional: relações entre ética, justiça e direito. *Revista Divisa*, Itapiranga, v. 5, n. 1, p. 129-142, jul./dez. 2008.

MARTINS, I.G. A função social do Advogado. *Revista do Advogado*, v. 5, n. 14, p. 94-9, jul./set. 1983.

MARTINS, S.J. Ritual e linguagem: uma abordagem sobre a desmoralização dos operadores do Direito. In: *Cadernos da Escola de Direito e Relações Internacionais*, n. 9, p. 502-516, 2008.

MILARÉ, E. *Direito do ambiente: doutrina, prática, jurisprudência, glossário*. 2.ed. São Paulo: RT, 2001.

MOLINARO, C.Al. Direito à cidade e o princípio de proibição de retrocesso - Direitos Fundamentais & Justiça n.10, 2010

NALINI, J.R. *Ética ambiental*. 3.ed. Campinas: Millenium, 2010.

_____. *Ética geral e profissional*. 3.ed. São Paulo: RT, 2001.

OLIVEIRA, A.C.M. *A formação do advogado*. 2.ed. São Paulo: Revista dos Tribunais, 1999.

OST, F. *A natureza à margem da lei: a ecologia à prova do direito*. Trad. Joana Chaves. Lisboa: Piaget, 1997.

PEREIRA, P.H.S. *Três princípios para uma ética ambiental*. Disponível em http://www.ambitojuridico.com.br/site/?n_link=revista_artigos_leitura&artigo_id=14184. Acessado em: 02 mar. 2015.

PORTO, É.G. *A função social do advogado*. Disponível em: http://jus2.uol.com.br/doutrina/texto.asp?id=11634&p=1 e BuscaLegis.ccj.ufsc.br. Acessado em: 22 fev. 2010.

REGO, L.F.G.; ABREU, A.R.P. *A Ciência na Rio+20: uma visão para o Futuro. Fórum de Ciência, Tecnologia & Inovação para o Desenvolvimento Sustentável*. Rio de Janeiro: PUC-Rio/Nima, 2013

[RENAP] REDE NACIONAL DE ADVOGADAS/OS POPULARES. *Cadernos da Renap 2001*. Disponível em: www.renap.org.br. Acessado em: 10 jul. 2015.

ROCHA, T. A luta dos movimentos sociais pela efetivação de direitos e o compromisso ético-político-jurídico da rede nacional de advogados e advogadas populares. In: *Revista da Faculdade de Direito da UFPR*, v. 43, 2005.

ROLLA, F.G. Ética ambiental: Principais Perspectivas Teóricas e a relação Homem-Natureza. Trabalho de Concurso do Curso de Ciências Sociais e Jurídicas, 2010. Disponível em: http://www3.pucrs.br/pucrs/files/uni/poa/direito/graduacao/tcc/tcc2/trabalhos2010_1/fagner_rolla.pdf. Acessado em: 02 mar. 2015.

ROUSSEAU, J.J. *O Contrato Social*. Tradução Ciro Mioranza. São Paulo: Escala, 1999.

SANTOS, B.S. *Os Tribunais nas Sociedades Contemporâneas*. Porto: Afrontamento, 1996.

SANTOS, A.S.R. Direito Ambiental: Surgimento, Importância e Situação Atual. In: BITTAR, E.C. *História do Direito Brasileiro: leituras de ordem jurídica nacional*. São Paulo: Atlas, 2006.

VELOSO, L.H.M. *Ética e responsabilidade social nos negócios*. 2.ed. São Paulo: Saraiva, 2005.

WEBER, M. *Economia y Sociedad*. Livro II. México: Fondo de Cultura Econômica, 1977 (Primeira edição em alemão, 1922).

WOLKMER, M.F.S.; PAULITSCH, N.A. Ética Ambiental e Crise Ecológica, reflexões necessárias em busca da sustentabilidade. *Veredas do Direito*, Belo Horizonte, v. 8, n. 16, p.211-233, jul./dez. 2011.

Sustentabilidade Expandida. Crítica Social dos Limites do Direito, da Ética e do Estado e Reflexos na Política do Meio Ambiente

3

Alaôr Caffé Alves
Universidade de São Paulo

INTRODUÇÃO: SUSTENTABILIDADE EXPANDIDA

A questão ambiental, no presente momento histórico, se analisada criticamente, põe em jogo os contrastes, contradições, articulações e conflitos entre a realidade econômica, as condições sociais e as limitações da natureza. Aqui vemos as dimensões básicas da realidade atual: a social, a econômica e a ambiental (natureza e meio ambiente artificial). Costuma-se dizer que o equilíbrio entre essas dimensões, dentro de certos critérios racionais e dinâmicos, compreende a sustentabilidade. Certamente, esse conceito de sustentabilidade pode ser aplicado a âmbitos mais amplos do que os referentes às questões ambientais.

A sustentabilidade leva à ideia muito mais abrangente de sustentação, de manutenção positiva, de conservação equilibrada de recursos sociais, econômicos, éticos, políticos, culturais e naturais para garantir a dignidade e a qualidade de vida dos homens e de seu meio, prevenindo a deterioração e o esgotamento desses recursos e dos meios adequados aos fins valiosos do ser humano. Note-se, porém, que não se pode ver ou observar a sustentabilidade em si mesma, como coisa, fato em si ou substância, mas como relação dinâmica que ocorre entre fenômenos e processos naturais e sociais. A sustentabilidade está profundamente relacionada com as dimensões e qualidades inerentes aos fenômenos e processos da natureza e da sociedade. Ela tem caráter universal.

Contudo, esse conceito não está isento de contradições, visto que sempre diz respeito a processos e fenômenos, ocorrências que estão no tempo e no espaço e estão em constante movimento de geração, crescimento, amadurecimento, decadência e morte. Tudo se transforma, incluindo os sistemas de sustentação dos processos e fenômenos, sejam sociais, econômicos, culturais ou naturais. Todos os eventos sociais, econômicos, culturais e naturais estão em movimento contínuo, num processo dinâmico que pressupõe as fases de nascimento, desenvolvimento, declínio e extinção de suas manifestações. Isso quer dizer que um processo ou fenômeno, de qualquer natureza, tem um momento de sustentabilidade crescente, em seu evoluir positivo e adequado, um momento de sustentabilidade equilibrada, em sua fase madura, um momento de queda de sustentabilidade, em seu fenecimento, bem como um momento de insustentabilidade em sua decrepitude ou envelhecimento avançado. A sustentabilidade, portanto, é dinâmica e elástica, comporta graus e depende especialmente da natureza dos fenômenos que a suportam.

Do ponto de vista do valor e do sentido, consideramos o homem, como ser social, o centro de convergência de qualquer defesa, preocupação ou medida cautelar a respeito de quaisquer processos ou fenômenos ligados ao seu bem-estar, integridade e dignidade. Assim, a desigualdade; a falta de escolas, médicos, cuidados da saúde e segurança; a violência; a corrupção; o autoritarismo; o individualismo egoísta; a especulação econômica; o consumismo; a falta de respeito às crianças, idosos e portadores de deficiência; a falta de moradia digna, de alimento e educação; o trabalho aviltado; o desemprego; a poluição; a degradação do ar, das terras, das águas; a exaustão de recursos naturais e diversas outras coisas não lembradas, mas na mesma linha, são fatos insustentáveis, pecam contra a sustentabilidade. Por outro lado, a efetiva justiça; a existência suficiente de escolas, médicos, postos de saúde, hospitais, instituições de defesa do cidadão; a paz; a ética; a democracia; a solidariedade; a satisfação das necessidades básicas; o respeito aos idosos, crianças, portadores de deficiência e trabalhadores; a existência de moradia digna, alimentos, educação de qualidade e postos de trabalho; o ar, as terras e as águas, conservados e limpos; a rejeição ao desperdício e a reciclagem, tudo isso e diversas outras coisas não lembradas, mas na mesma linha, são fatos plenamente sustentáveis. Vê-se, entretanto, que não há linhas demarcatórias precisas a respeito de qual é o grau que corresponde ao bom ou ao mal, ao claramente sustentável ou insustentável. Certa situação que é, a princípio, insustentável, pode ir se tornando mais sustentável, ou vice-versa, dependendo de uma multiplicidade de fatores, circunstâncias, condições ou medidas intervenientes.

Por tudo o que se vê e pelo julgamento que o leitor possa fazer a respeito de nosso mundo, facilmente poderá verificar que os modelos de desenvolvimento hoje existentes são efetivamente insustentáveis, pois os graus de insustentabilidade que lhe são claramente atribuíveis estão gravemente pondo em perigo a humanidade e prenunciam um colapso civilizatório de grandes proporções. E isso não é observável apenas nas questões do meio ambiente, mas se estende por todas as condições econômicas, sociais, políticas, culturais e éticas de aviltamento do ser humano, em todo o planeta. Vê-se também, por outro lado, que a sustentabilidade, em razão daquela complexidade apontada, envolve a consideração fatorial de múltiplos e diversificados campos entrelaçados do saber e das práticas sociais de intervenção, de tal sorte que qualquer exame, análise e ação consequentes em relação a um campo levam à necessidade de entender e agir igualmente em relação a outros evolvidos naquele entrelaçamento. Portanto, a interdisciplinaridade na compreensão da ciência e da tecnologia é, hoje, uma exigência incontornável na abordagem de qualquer assunto afeto ao universo e à humanidade.

PRISMAS DA SUSTENTABILIDADE EXPANDIDA

O juízo a ser feito a respeito, tendo em vista a superação dessa limitação, deve levar em conta que o problema da sustentabilidade, no sentido amplo, pode ser considerado, de modo geral, sob dois prismas: por um lado, do ponto de vista do sistema social, a partir do seu interior, com o objetivo de solucionar questões tópicas e singulares de sustentabilidade; por outro lado, do ponto de vista externo ao sistema social em vigor, com o objetivo de solucionar as questões básicas da sustentabilidade, de caráter global. E isso em todos os sentidos: social, econômico, político, ético, cultural e natural.

Uma coisa é ver o sistema social sob a perspectiva interna, assumindo seus princípios e parâmetros, analisando-o com as próprias ferramentas e valores fornecidos pelo sistema dominante. Certamente, essa forma de considerá-lo, a par da importância e valor relativos de seu conhecimento e práticas, não favorece a compreensão global, profunda e crítica de seus próprios alicerces. O olho não pode ver-se a si mesmo olhando. Outra coisa é ver o sistema social em perspectiva externa, como um objeto de consideração à distância de seus próprios valores, a partir de conceitos e práticas mais abrangentes, envolvendo a crítica e a possível dissolução de seus próprios alicerces e fundamentos.

Sob o primeiro ponto de vista, mais comum e hegemônico, a compreensão sobre a sustentabilidade é normalmente acrítica, de curto alcance e, se não for complementado pelo segundo ponto de vista, as soluções serão passageiras, superficiais, pouco eficazes ou mesmo ineficazes. Certamente, existem méritos nessa consideração, pois alguns pontos devem ser observados e solucionados dentro dos limites do sistema social em pauta. É possível remediar algumas coisas, mesmo dentro de um sistema social determinado. O sistema nunca é totalmente blindado. Porém, louvados apenas nos valores e medidas internas, jurídicas, políticas e técnicas, certamente teremos grandes dificuldades de equacionar de modo consequente e profundo os problemas de sustentabilidade em sentido amplo. Um exemplo disso é a consideração da garantia da propriedade privada e de sua acumulação, que é o cerne do sistema social de mercado, em contraste com as exigências sociais de distribuição, solidariedade e de controle para impedir a degradação ambiental. Se a propriedade privada se torna intocável, no âmbito social e econômico, haverá graves consequências no âmbito ambiental, prejudicando a sustentabilidade de modo amplo.

Portanto, a questão da propriedade não pode ser examinada tão só do ponto de vista interno – apenas louvados na função social da propriedade – sob pena de não alcançarmos com profundidade as soluções concretas e eficazes de sustentabilidade em sentido amplo. Isso quer dizer que aquilo que dá efetiva posição crítica e plenamente coerente e consciente ao ponto de vista interno é compreender a questão ambiental, social e econômica do ponto de vista externo, isto é, ver o sistema social em perspectiva, como um todo, à distância, utilizando ferramentas conceituais mais abrangentes e de caráter crítico, permitindo induzir transformações reais do mundo social e econômico. Aqui podem ser observadas as possíveis considerações sobre as limitações jurídicas e institucionais em geral, conforme estão positivadas e vigentes em nossa sociedade. Elas não raro constrangem e colocam entraves à ação social e política em virtude da natureza do sistema de mercado dominante e, por isso mesmo, dificultam ou impedem a tomada de medidas adequadas às soluções ambientais e outras de caráter social e econômico mais profundo.

Assim, este trabalho não torna irrelevante todas as considerações, posições ou avaliações feitas do ponto de vista interno; pelo contrário, valorizamos esse ponto de vista, pois entendemos que, na sociedade vigente, todas as forças sociais, políticas, técnicas e teóricas podem e devem contribuir, e muito, para as transformações que a sociedade requer.

O que devemos alertar, contudo, é que somente sob o ponto de vista interno, apenas com suas forças teóricas e valores, não lograremos verdadeira orientação para as necessárias transformações sociais, econômicas e culturais com o objetivo de implantar um modelo de desenvolvimento coerente e eficaz na direção da plena e profunda sustentabilidade social, econômica e ambiental, em sentido amplo.

Infelizmente, a maioria dos trabalhos na área ambiental, particularmente no campo do direito, é orientada em conformidade com a perspectiva interna, perfazendo um amplo arco de abordagens e considerações de pertinência tópica, particularizada, com pouco ou nenhum valor crítico, dificultando, ou até mesmo impedindo ideologicamente, a visão de conjunto necessária à plena e crítica consciência política a respeito dos problemas ambientais, associados com as questões sociais, econômicas e culturais. Somente com a visão global, interdisciplinar e crítica é possível ter esperança de se lograr condições para a verdadeira sustentabilidade que a humanidade requer.

Nesse sentido, todo o esforço teórico a seguir exposto se balizará por tentar oferecer, nos exíguos limites deste texto, alguns parâmetros conceituais para a análise da sustentabilidade em sentido amplo, na perspectiva externa. Pretende-se oferecer uma visão ampla do desenvolvimento do homem em sua marcha existencial, considerando-se as leis sociais e históricas objetivas, que sustentam nossa compreensão de como o ser humano cria suas próprias condições de vida, evolui e amplia as bases de sua cultura.

FATORES BÁSICOS DO DESENVOLVIMENTO SOCIAL DO HOMEM E A RELAÇÃO DIALÉTICA ENTRE MATÉRIA E FORMA, CONTEÚDO E ORGANIZAÇÃO

A questão ambiental perpassa todas as fases históricas, tornando-se, entretanto, crítica e grave nas atuais circunstâncias da sociedade de mercado.

Por isso, começaremos pela exposição dos conceitos que orientam nossa compreensão sobre o movimento da sociedade e sua dinâmica histórica, visto que o processo produtivo de sua vida social, seja material, seja cultural, demarca e impõe ao homem as possibilidades de sua história – e, por consequência, do controle sobre seu meio ambiente cuja significação se transforma permanentemente – como condição e alcance efetivo de sua liberdade e dignidade em âmbito planetário.

As instituições humanas, em princípio, podem ser analisadas conforme dois enfoques básicos:

- Do ponto de vista da condição material ou substancial de seus elementos constitutivos.
- Sob o aspecto organizacional desses mesmos elementos, isto é, segundo uma forma, uma relação de ordem dos elementos constitutivos.

É a relação entre matéria e forma, a relação entre o conteúdo composto de elementos e a forma ou articulação que esses elementos assumem para formar um todo determinado. O conteúdo são as coisas e a forma é a ordem que essas coisas assumem. Uma sala de aula não é apenas um amontoado de carteiras (matéria); as carteiras devem ser organizadas de sorte a formar uma classe onde os alunos possam assistir às aulas.

Assim, numa linguagem biológica, o repertório ou conteúdo de um corpo vivo (um todo) são os órgãos desse corpo (seus elementos) e, ao mesmo tempo, as funções ou relações entre tais órgãos são a forma (organização) do organismo vivo. Isso significa, em linguagem socioeconômica, que os níveis de produção econômica (matéria) e seus resultados históricos correspondem a organizações (forma) sociais diferenciadas, como ocorreram e ocorrem com as comunidades primitivas, as sociedades asiáticas, o escravismo, o feudalismo, o capitalismo e o socialismo. Toda sociedade é produzida com elementos determinados de conteúdo (matéria) em movimento e, continuamente, no âmbito de uma organização (forma) determinada.

Tais enfoques estão sempre imanentemente associados e estabelecem relações dialéticas entre a matéria social representada pelas possibilidades produtivas (conteúdo) e a forma social (organização) ou formas relacionais e institucionais da vida coletiva. O desenvolvimento tecnológico da vida econômica de uma sociedade (conteúdo), por exemplo, sempre ocorre sob a condição de certos arranjos sociais que lhe dão determinada forma, ou seja, determinada organização e ordem. Não existe matéria social sem uma forma social (arranjo, disposição); não existe substância sem forma, nem forma sem determinada substância. Isso parece ter ocorrido e ocorre com todas as sociedades passadas, presentes e provavelmente ocorrerá com as sociedades futuras.

Nesse sentido, há sempre uma dinâmica dialética entre forma e conteúdo, expressando um movimento de identificação ou um movimento de contradição, conforme o estado histórico dessas dimensões. Se houver uma transformação significativa na substância, nas condições materiais de produção da vida social, certamente, haverá uma consequente transformação na organização social, isto é, nas estruturas institucionais que articulam os diferentes meios de produção, seja a terra, seja a indústria, seja o comércio, seja a divisão do trabalho social. Explicaremos esse processo no transcorrer deste trabalho.

Seu objetivo final, entretanto, é sublinhar que tais vinculações entre o desenvolvimento tecnológico (conteúdo) e as relações sociais de produção (organização), que podem ser de compatibilidade ou de contradição e conflito, comportam ainda e por consequência, no atual momento histórico, profundos conflitos ou antagonismos com as potencialidades de exploração dos recursos naturais, ou seja, com as condições do meio ambiente natural e social.

FORÇAS PRODUTIVAS, RELAÇÕES SOCIAIS E ANTAGONISMOS COM A NATUREZA: O FRACASSO DAS SOLUÇÕES TECNOLÓGICAS PARA OS PROBLEMAS SOCIAIS E AMBIENTAIS

Além de possível harmonia ou antagonismo entre as forças produtivas e as relações sociais de produção, torna-se observável a possível harmonia ou antagonismo entre essas forças e relações, em conjunto, e as condições gerais de disponibilidade de recursos naturais regionais e em escala planetária. No presente momento histórico, assistimos claramente a uma oposição entre as capacidades produtivas do ser humano – que por si já envolvem contradições sociais significativas entre forças produtivas e relações de produção – e os meios e recursos naturais viáveis de que o planeta dispõe globalmente. Como tais questões não podem ser tratadas de modo coerente e aprofundado sem o exame de relações de poder social e político, isso leva também a considerar a organização política da sociedade, na figura do Estado, e sua natureza comprometida com os quadros da produção estrutural do sistema capitalista.

Assim, não basta considerar apenas o desenvolvimento técnico-científico a que chega uma comunidade, é preciso também considerar o revestimento sócio-organizacional de suas instituições e, também, as condições de exploração dos recursos naturais e ambientais. Por isso, não se pode afirmar que o mero desenvolvimento tecnológico, representado na razão instrumental, seja suficiente para levar a humanidade à sua emancipação social da miséria e das injustiças. Também não é possível, apenas com o desenvolvimento tecnológico, superar as atuais condições de insustentabilidade.

Os economistas tecnocratas, hoje dominantes, acreditam nisso, e pensam apenas na suficiência do desenvolvimento científico e tecnológico, sem atentar também para a forma da organização social, sem considerar a ordem social histórica da estrutura capitalista, visando ultrapassá-la. Consideram apenas o conteúdo excluído da forma, o caráter material técnico-científico do conteúdo, sem o revestimento da organização social em que aquele conteúdo tem lugar. Pensam em uma revolução tecnológica dentro de um arcabouço social conservador. Buscam paralisar a história tão somente com a mera transformação tecnológica. Nesse sentido, acreditam que o capitalismo humanizado e altamente desenvolvido será capaz e suficiente para levar a humanidade à redenção e à superaração dos impasses ambientais. Ledo engano!

O desenvolvimento tecnológico acelerado da economia, por exemplo, a que assistimos no mundo de hoje, não pode ser compreendido sem levar em conta a lógica e a organização do sistema de acumulação do capital produtivo e financeiro, na sociedade burguesa dominante, bem como os sistemas naturais em que tais processos se realizam e têm suas condições de possibilidade. Esse sistema, como já se pode verificar, está em profunda contradição consigo mesmo, mostrando atualmente as grandes limitações organizacionais da produção, da circulação e do sistema financeiro mundiais, em que se encontra encalacrado. Ele se comporta como uma doença autoimune, um organismo social criando defesas contra si mesmo.

Por isso, as soluções dos graves problemas sociais emergentes dessa estrutura organizacional não podem ser obtidas apenas pelo estímulo ao desenvolvimento da ciência e da tecnologia, com vistas a acelerar a produtividade material e espiritual, mantendo-se intacta a estrutura das relações sociais do capital, como normalmente se admite e se defende. A sociedade como um todo está em processo contínuo de desenvolvimento e cada momento é sempre um novo momento desse todo. É preciso também, e necessariamente, considerar a evolução e alteração da organização social e institucional da sociedade. E isso em paralelo com as condições naturais ambientais e ecológicas, as quais, antes de tudo, podem sob certas condições estimular, incitar ou, pelo contrário, dificultar ou mesmo impedir o desenvolvimento técnico-científico e a consequente produtividade material da vida social. As consequências sociais desse processo são inevitáveis.

DINÂMICA DAS CONTRADIÇÕES SOCIAIS NA TRANSFORMAÇÃO DA ESTRUTURA DAS SOCIEDADES

Antes, porém, de examinar as referências ao mundo ambiental e ecológico, começaremos pela análise, mais tradicional e já conhecida, das relações entre as forças produtivas e as relações sociais de produção. Na verdade, é impossível ver a instituição social completa e objetivamente sem sua base material de existência histórica, como também não é possível examinar sua materialidade produtiva, seus elementos econômicos constituintes, sem atender, como já vimos, à sua forma, à respectiva condição organizacional de caráter político, jurídico, institucional, cultural e ideológico.

Nesse âmbito, não podemos deixar de destacar, como de alta relevância, a propriedade privada, especialmente dos bens de produção, que geram grandes efeitos sociais, econômicos e ambientais. Toda estrutura econômico-social pressupõe uma forma social de organização, um determinado regime de propriedade dos bens de produção. Por exemplo, a estrutura econômico-social capitalista supõe uma organização apropriada à extração do lucro no processo produtivo, algo totalmente distinto da estrutura produtiva feudal, baseada na exploração econômica rural e artesanal, muito menos complexa. Tudo está calcado em uma relação entre conteúdo e organização, entre matéria substancial produtiva e forma de organização do trabalho social pautado em um determinado tipo de propriedade e nível tecnológico dos bens de produção. A dinâmica de como se utiliza a propriedade produtiva e o grau de desenvolvimento tecnológico dos bens de produção determinam os limites das condições de vida e das potencialidades do meio ambiente e da natureza.

Na filosofia do século XIX, essa questão mais geral da relação entre matéria e forma, que já vinha sendo tratada desde as filosofias de Platão e Aristóteles, ganha um novo e substancial alento, ao definir que aquelas relações entre matéria e forma são dinâmicas e entrelaçadas dialeticamente entre si. Entre os gregos, a matéria era considerada passiva, pura potência, e as formas eram entendidas como algo ativo, determinante. A forma impunha à matéria sua determinação, não cabendo à matéria senão o papel de mero recipiente.

Já no século XIX, em plena Revolução Industrial, aquelas categorias passam a se inverter, cabendo à matéria um papel muito mais ativo, podendo, inclusive, em seu desenvolvimento, alterar a forma. Isso porque o ser humano passou a lidar com o mundo natural de modo muito mais íntimo, com nova práxis, sentindo mais intensamente sua resistência e dinamismo. Certamente, a Revolução Industrial, nessa época, alterou profundamente o sentido da relação dialética entre forma e matéria. Nesse período, as forças produtivas e tecnológicas explodiram, dando novas configurações aos modos de vida dos seres humanos. E isso precisamente põe em relevo, de modo mais radical, o movimento, a materialidade e a historicidade imanentes aos processos da realidade natural e social. Tal resgate, que lembra a velha concepção de Heráclito, ocorreu com Hegel e, especialmente, com Marx. O aumento quantitativo do conteúdo, da matéria, determina a alteração qualitativa da forma. O desenvolvimento das forças produtivas influi na qualidade das relações humanas e vice-versa.

Segundo essa nova posição, já não há um paralelo permanente ou estável entre matéria e forma, entre conteúdo e organização. Como sempre, não há forma sem conteúdo, nem conteúdo sem forma; um é pelo outro, mas um não é o outro. A ligação entre essas categorias não é realizada de modo externo, como se fossem duas coisas colocadas em paralelo. Elas se integram e se condicionam mutuamente; reiterando: uma é pela outra, mas uma não é a outra. Essas feições guardam entre si uma dinâmica de determinação recíproca e inerente, ora se identificando, ora se contradizendo mutuamente, dentro de um movimento de racionalidade e irracionalidade histórica. Há sempre uma unidade e uma diversidade entre elas.

A nova concepção afasta-se do essencialismo imutável e eterno previsto pela filosofia clássica grega. Com Marx, a questão se aprofunda e se translada para a dimensão social concreta, repudiando a metafísica especulativa do Ser e da Ideia Absoluta de Hegel. Para Marx, por exemplo, as próprias percepções sensórias se organizam pela atividade de seu conteúdo, pela práxis, pela ação sensório-perceptiva sobre o mundo, visando a transformá-lo. O pensamento não é considerado em si mesmo, como algo puramente abstrato; o pensamento está sempre inserido em um ser pensante, concreto, histórico, de necessidades, pertencente a esta ou aquela classe social. O pensamento sempre se manifesta de forma encarnada, material. A prova do pudim não está em contemplá-lo passivamente, com o puro pensamento, mas precisamente em comê-lo, em uma atuação concreta, em uma práxis. Assim, a forma relacional contém inerentemente movimento substancial, conteúdo em expansão que inexoravelmente tende a contradizê-la e a transformá-la. Por esse processo, há sempre a possibilidade de o conteúdo se expandir, se ampliar e se desenvolver dentro de uma determinada forma, entrando, posteriormente, em contradição com essa forma, ou seja, entrando em conflito com a organização que o reveste e o integra inerentemente.

É preciso, no entanto, fazer um reparo para que as formulações acima não soem como algo metafísico, como se o movimento hipostasiado dos conceitos de matéria e forma viessem a criar a realidade social. Esse modo de entender segue a corrente idealista de Hegel, nunca o enfoque materialista de Marx. Só utilizamos tais conceitos como sínteses representativas das determinantes sociais, econômicas, históricas e políticas, que não são aqui especificamente consideradas por falta de espaço. Em torno daqueles conceitos existem, pois, fatores cuja verticalização está pressuposta, sugerindo ao leitor análise ulterior que possa penetrar na concretude dialética da realidade social. Infelizmente, o espaço conceitual que buscamos, repisamos, deixa ainda muito a desejar.

Uma das preocupações, segundo a abordagem dialética de Marx, é precisamente o que ocorre, na esfera social, com o processo produtivo que vem se desenvolvendo historicamente, desde as eras mais distantes da humanidade. Por esse processo, a humanidade passou por diversos tipos de organização da vida social. Apuraram-se, sempre, mudanças da organização social do trabalho produtivo e da propriedade – das relações sociais – diante dos diferentes graus de desenvolvimento do processo produtivo e tecnológico da vida material da sociedade. A determinação entre as forças produtivas e as relações sociais é sistêmica e recíproca, variando com o tempo histórico de seu desenvolvimento, cujo fator determinante ora cabe a uma dimensão, ora a outra, em um processo inerente de identificação, de contradição e de superação para formas ou organizações sociais superiores. Todos os elementos identificáveis de uma formação social devem ser analisados sempre no interior de uma unidade ou totalidade histórica, totalidade essa que empresta dialeticamente significado próprio àqueles elementos, bem como estes cedem significado à totalidade histórico-dinâmica a que pertencem.

Assim, a sociedade primitiva, a asiática, a escravista, a sociedade feudal e a sociedade burguesa apresentaram diferentes tecnologias de produção material e, consequentemente, possuíram diferentes formas de organização social do trabalho e da propriedade produtiva, isto é, de suas respectivas relações sociais, seus arranjos específicos. É na sociedade burguesa, por exemplo, que o desenvolvimento econômico-social e urbano ocorre de modo mais complexo, intenso e concentrado, acarretando a necessidade de novas formas de organização laboral, espacial, financeira, comunicacional e de transporte, bem como de distribuição dos fluxos de riqueza entre os homens, tanto em nível regional e nacional, como internacional e global.

Essa expansão do conteúdo substantivo é resultante de um movimento histórico, isto é, no início, há um estímulo por parte das formas organizacionais do trabalho e das propriedades inovadoras, acarretando a expansão do conteúdo, das forças de produção; depois, há um ajuste de adequação entre forma e conteúdo. Há um período de equilíbrio, de harmonia relativa entre aquelas dimensões sociais. O sistema se apresenta maduro e racional, com certa adequabilidade de suas relações recíprocas. Mas esse equilíbrio é dinâmico e histórico, e tem seu momento de tensão harmonizada para, depois, ser engalfinhado pelas contradições de seus elementos em movimento inevitável.

Posteriormente, por ação da própria forma social, ocorre uma ampliação da produtividade econômica (conteúdo), que acaba por contrariar dialeticamente a referida forma de organização social, com ela entrando em contradição e conflito. É, pois, um movimento cíclico, porém como uma espiral ascendente. Essa forma de organização social do trabalho e da propriedade começa a se distorcer funcionalmente em razão da dinâmica ascendente do conteúdo, da matéria em desenvolvimento, das forças produtivas em processo de expansão. Os avanços tecnológico e produtivo forçam as estruturas institucionais da sociedade em direção a sua transformação. Sob o acicate das relações de produção (forma), as forças produtivas (conteúdo) tendem a se expandir, mas, paradoxalmente, ao mesmo tempo, ficam estranguladas pela ação das velhas formas organizacionais, cuja defesa e manutenção interessam às classes dominantes. Abre-se uma contraposição insolúvel, um conflito, entre aquelas dimensões sociais (entre conteúdo e forma), provocando um sem-número de problemas e sofrimentos para a sociedade.

Tal distorção leva à necessidade de superação daquele estágio histórico, demandando nova forma, novo sistema organizacional da sociedade como um todo, visando a dar conta do novo nível de desenvolvimento das forças produtivas, na busca de uma nova formação social, novas relações entre os seres humanos.

Certamente, esse desenvolvimento produtivo e tecnológico também entra em tensão e conflito com os recursos naturais disponíveis, demandando novas formas de organização, exploração, manutenção e controle do meio ambiente. Todo esse processo é produto histórico do próprio homem, resulta do trabalho e de sua divisão social, de sua diuturna atividade em transformar a natureza para a satisfação de suas necessidades, progressivamente mais sofisticadas. Com isso, o homem transforma-se a si mesmo, criando-se como ser humano. O homem é o criador do próprio homem. A criação do homem e do mundo humano é imanente a ele mesmo como ser histórico e não decorrente da ação mística de um ser divinamente transcendente.

Nesse processo, portanto, ocorre um paradoxo social: o conteúdo econômico, avançado por intermédio da organização social ainda adequada para esse conteúdo, acaba, historicamente e mais à frente, entrando em contradição com essa própria organização, abrindo-se um desajuste e um conflito entre essa organização e o já mais elevado grau de desenvolvimento das forças produtivas, ou seja, do conteúdo econômico.

Há agora um desajuste histórico entre forma e conteúdo. Abre-se um período de irracionalidade, de grande ineficiência e desperdício dos recursos sociais envolvidos, gerando, assim, a tendência para a alteração da organização social (forma) com o objetivo de dar conta do novo nível das forças materiais de produção (conteúdo). Foi o que aconteceu na passagem do regime feudal para o modo de produção burguês, em razão do maior grau de desenvolvimento das forças produtivas e o aparecimento do grande mercado juntamente com as manufaturas. A moeda, o mercado, a manufatura e o trabalho assalariado em expansão, formas econômicas capitalistas, entram em aberto conflito com as formas de organização feudais, baseadas apenas na organização política da nobreza, na produção rural e na posse da terra. Por esse processo, portanto, verifica-se que as formações sociais, como fenômenos históricos que são, têm sua origem e nascimento, desenvolvimento, decadência e morte. Elas se desenvolvem e têm um relativo transpasse umas nas outras.

Assim, por exemplo – para ilustrar de modo mais simples – uma pequena fazenda que produz para uma família tem um tipo de organização simples e familiar. Mas, se essa fazenda cresce no que diz respeito a implementos agrícolas, maquinários, utilização de novos fertilizantes, novas expansões de terra e força de trabalho, maior capacidade produtiva, utilização de energia em larga escala, maior amplitude do sistema financeiro, de fornecimentos, compras e de mercado, enfim, se cresce em relação a fatores mais abrangentes e sofisticados para realizar muito maior produção, é evidente que a referida organização familiar se torna completamente inadequada ou mesmo impossível, não sendo mais suficiente para gerenciar aquele conteúdo estrutural muito mais complexo e produtivo. Se a estrutura organizacional familiar for mantida, certamente, como é de nossa experiência, haverá o fracasso e a ruína do referido processo produtivo em expansão. A General Motors, por exemplo, com suas operações em escala planetária, não poderia ser gerenciada e administrada por uma organização familiar. É preciso, portanto, para devolver a racionalidade ao processo produtivo, que se lhe alterem a organização operacional, financeira e administrativa, isto é, que se modifique a forma como se dispõem, articulam e coordenam os elementos materiais para aquela produção em nível mais elevado. Certamente, por outro lado, o gigantismo corporativo e altamente concentrado deve ser também evitado, pelas mesmas razões.

Portanto, sublinhamos, na dinâmica dos fatos naturais e sociais, há sempre uma espécie de contradição dialética entre forma e matéria, relação e conteúdo, organização e conteúdo substancial. Quando forma e conteúdo, num certo momento social e histórico, se ajustam entre si, o período é de racionalidade e harmonia relativa e transitória. Quando, mediante a ampliação quantitativa do conteúdo, este entra em contraste e conflito com a forma, e o conteúdo não mais se ajusta àquela forma ou organização, entra-se em um período de irracionalidade, de necessidade de mudança, reajuste, nova organização, nova forma para dar conta dessa nova etapa de desenvolvimento do conteúdo. Eis como a história pulsa entre momentos racionais e irracionais em seu processo, avanço e dinamismo.

MARCHA DO ESPÍRITO CONCRETO: INOVAÇÕES CIENTÍFICAS E TECNOLÓGICAS

Assim, na medida em que o homem desenvolve seus modos de produção de vida material, gerando novas tecnologias, indústrias e desenvolvimento econômico, passa a ter também necessidade de adotar novos valores e novas formas organizativas da sociedade e de suas instituições. O espírito também se expande, científica e culturalmente, em razão da expansão das bases materiais da sociedade. Considere-se, ainda como exemplo, a profunda alteração das estruturas urbanas com a invenção da condutibilidade elétrica e do motor elétrico, consequência da Revolução Industrial do século XIX, permitindo o aparecimento do elevador e, portanto, a ocorrência de maior densidade populacional com a criação de solos superpostos, edifícios de grande gabarito, e modificando toda a estrutura e circulação das cidades e de seus serviços. A concentração populacional, o parcelamento, o uso e a ocupação do solo urbano, o aparecimento das grandes fábricas, o sistema viário e de comunicação, os transportes urbanos, a iluminação urbana, o saneamento básico e o abastecimento das populações passam a ter novos e inéditos parâmetros de organização e disposição estrutural dos espaços e das atividades humanas.

Outro exemplo, da mesma época: a invenção do motor à explosão, possibilitando a existência do automóvel, dos grandes navios e cargueiros e do avião, ocasionando profundas alterações no trânsito urbano e interurbano, bem como outras consequências de grande monta na organização espacial das cidades e no transporte das riquezas em nível global. O telégrafo sem fio e outras modalidades revolucionárias de comunicação transformaram profundamente a inter-relação e interdependência dos homens e de suas grandes corporações, não só em nível nacional, mas também em nível mundial. É, portanto, notório que a evolução técnico-material dos homens traz profundas modificações em seu espírito e modo de viver. A evolução do ser social modifica qualitativamente sua consciência e formas de ação.

Essas inovações tecnológicas jamais aconteceriam em uma estrutura de produção artesanal, de circulação simples, como na Idade Média. Elas são produto de novas e complexas relações econômicas emergentes da estrutura mercantil-capitalista, da sociedade burguesa, na busca incessante do lucro e da acumulação ilimitada. O desenvolvimento revolucionário das tecnologias, das ciências e das forças produtivas é, no atual momento histórico, incentivado e acelerado precisamente em razão da instauração e manutenção continuada das relações sociais de caráter capitalista, pautadas na busca do lucro, na competitividade e na garantia e incremento sem limites da propriedade privada dos meios de produção. Esse incremento propicia maiores avanços na sofisticação da tecnologia e na maior acumulação de riquezas, mediante a exploração e a consecução de lucratividade sempre crescente.

Sem dúvida, podemos ver nisso, a par das mazelas sociais profundas, o seu lado de progresso e de libertação do homem em relação à natureza. É no capitalismo que o homem conquista o espaço sideral. Eis o atual paradoxo da humanidade: miséria e riqueza a um só tempo. Mais uma vez encontramos a referência à lei da unidade dos contrários, do movimento, correspondência e contradição entre determinada forma das relações sociais de produção (forma) e o correspondente grau de desenvolvimento das forças produtivas (matéria). Nesse sentido, o incremento material produz a necessidade da alteração da forma organizacional, dos arranjos institucionais. Se essa forma resiste à alteração, o incremento material da produção e da tecnologia certamente vai se restringindo. Na crise, abre-se uma profunda contradição entre a organização social já limitada em razão da nova fase e as possibilidades de avanço material e de transformação da sociedade. A forma resistente à mudança tende a estrangular o desenvolvimento material e tecnológico.

MUNDO JURÍDICO E DESENVOLVIMENTO CAPITALISTA

Cumpre notar, também, que aquelas novas estruturas e formas organizacionais estão intimamente ligadas à vida normativa, incluindo o direito, principalmente quando as organizações produtivas e demais corporações são fundamentalmente institucionais, buscando segurança, garantia, confiabilidade e funcionalidade dentro do sistema dominante das relações sociais. Nesse caso, as questões jurídicas, ao tratarem do sistema de controle e regulação das forças sociais e econômicas que formam o conteúdo histórico e social de uma comunidade complexa, devem ser consideradas de modo específico para que a realidade se torne inteligível e operacional.

É indispensável, portanto, nessa análise, a referência ao caráter do direito e do Estado. É importante, para o caso, considerarmos os institutos jurídicos da propriedade, do contrato e do sujeito de direito como as formas jurídicas mais relevantes para a compreensão do direito em uma sociedade como a nossa. Por via de consequência, também devemos ressaltar a figura e o papel do Estado no processo vital do sistema capitalista. A questão do direito ambiental e dos problemas do meio ambiente somente poderão ser equacionados adequadamente se houver domínio conceitual básico daqueles institutos.

Comecemos com o tema do contrato. No início histórico do modo de produção capitalista, as exigências do mercado nascente e da compra da força de trabalho inauguram o império da mercadoria e o instituto do assalariado, cuja expansão se torna viável mediante a universalização do contrato, não só no âmbito da circulação, mas também no da produção de bens. No feudalismo, o contrato era predominante na esfera da circulação, mas não era aplicado na esfera da produção, visto que não havia contrato entre o senhor feudal e os servos da gleba. Isso também acontecia na época escravista: o senhor de escravo não contratava, obviamente, o escravo; sua vinculação se dava pela força impositiva, de caráter fundamentalmente político. Não havia *liberdade contratual* no âmbito da produção, nesses sistemas pré-modernos.

No novo sistema burguês, entretanto, as coisas mudam profundamente. Na modernidade, as mercadorias passam a predominar. Os produtos são fabricados não apenas para ser consumidos, atendendo às necessidades humanas (valor de uso), mas também para ser trocados no mercado (valor de troca), objetivando obter-se lucro com a compra e venda deles. Os produtos passam a ser mercadorias. A burguesia começa a se impor. No mercado, a força de trabalho é comprada pelo burguês proprietário dos bens de produção e vendida pelo trabalhador, produtor direto, em troca de salário. Essa compra e venda é realizada mediante o contrato, instrumento de pacto mútuo pela vontade recíproca das partes contratantes. Certamente, essa modalidade de negociação privada e voluntária não existia no âmbito da produção, nos modos de produção pré-modernos.

Somente no mercado burguês, a figura jurídica do contrato se impõe universalmente. Esse é o principal instrumento de mediação entre o burguês e o trabalhador assalariado. Nessa linha, o contrato entre sujeitos de direito passa a ser dominante também na esfera da produção, ao contrário do que ocorria, como já afirmamos, nos sistemas pré-modernos. Nesses sistemas antigos e medievais, imperava a força ou a violência na relação produtiva e não o contrato. Por isso, essa relação não tinha apenas caráter econômico, mas também político (em função do exercício da força), pois o econômico e o político vinham emaranhados, não se destacavam um do outro. Assim, não havia um Estado que se distinguia da sociedade civil, como ocorre no modo de produção moderno, capitalista. Os senhores de escravo e feudais monopolizavam e exerciam a força diretamente, sem a intermediação de autoridades centralizadas. O poder político era descentralizado na figura deles.

Assim, o contrato que tinha vigência apenas na esfera da circulação nos períodos clássico e medieval, passa, no sistema burguês capitalista, a ter ampla aplicação na esfera da produção, especialmente em razão da compra da força de trabalho, por meio do salário. Nos sistemas pré-modernos, prevalecia a relação de força, ou relação política de domínio, entre os senhores de escravo e senhores feudais e os escravos e servos da gleba, respectivamente. Já no sistema moderno capitalista, a relação entre o capitalista e o trabalhador é de caráter meramente econômico, sem o exercício direto da força, com a utilização do acordo entre as partes, do contrato. A produção e o mercado de compra e venda passa a dominar o cenário econômico.

O elemento *força*, descentralizado entre os senhores, dissolve-se para se concentrar, a partir do século XV, na figura do Estado, objetivando dar garantia e segurança aos negócios jurídicos, especialmente aos contratos de trabalho. O valor de troca torna-se imperioso e supera a importância do valor de uso. Ao burguês não importa tanto o que vai produzir, importa se terá êxito na troca do produto para obter o lucro esperado.

O contrato, na troca de equivalentes, reclama a existência e segurança da propriedade privada dos bens trocados. Isso, por sua vez, leva à necessidade de assegurar a liberdade de contratar e a igualdade formal dos contratantes proprietários. O mundo jurídico se impõe. A propriedade se faz sacrossanta, bem assim os proprietários que são todos sujeitos de direito. Como já não é mais aplicada a força política na vinculação entre o trabalhador e o burguês, pois todos são iguais, livres e proprietários de seus respectivos bens, a força política, antes descentralizada nas mãos de milhares de senhores, passa a se concentrar no Estado, figura institucional e soberana garantidora das relações privadas de produção levadas a efeito na sociedade civil. Essa figura se faz necessária para assegurar os negócios da burguesia, que se estende por territórios cada vez mais vastos. Isso se realiza mediante a produção centralizada do direito, constituindo a vida jurídica da sociedade burguesa. Nasce, assim, a sociedade civil sob a tutela da igualdade e da liberdade nas relações jurídicas contratuais privadas, sob o manto protetor relativamente separado da força política centralizada, representada pelo Estado. O Estado é o garante das relações jurídicas privadas.

Na sociedade moderna, no mundo burguês, o direito deixa de ser consuetudinário, tradicional e produzido de modo descentralizado pelos costumes, como na Idade Média. Ele passa a ser produzido pelos parlamentos, na sociedade burguesa moderna, de maneira consciente, artificial, codificada, calculada, racional e de modo centralizado, mediante a edição de leis criadas positivamente. Cria-se e positiva-se o direito na perspectiva do que vai acontecer no futuro e não com base apenas no passado, nos usos e costumes espontâneos. O constitucionalismo e as leis escritas começam a imperar. Há uma racionalização e sistematização do direito. Ele se codifica, tornando-se literal. O Estado e sua burocracia tornam-se proeminentes na gênese e organização normativa da sociedade. A questão do Estado e de sua natureza será analisada mais adiante.

Certamente, como estamos vendo, não se pode entender o significado e os fenômenos ocorrentes no mundo do direito constitucional e no âmbito do Estado se não forem analisados o desenvolvimento das estruturas produtivas da sociedade e a alteração das respectivas relações organizacionais entre os homens, especialmente em razão da introdução de novas tecnologias, processos produtivos, valores e formas de entender o mundo, inclusive na produção cultural. A produção cultural é muito importante, porque dela também emerge a criação científica, que é, simultaneamente, produto e fautor do desenvolvimento tecnológico, formando todo um sistema dinâmico, que se introduz e se infiltra no processo produtivo e amplia as condições de resultado.

LÓGICA DO CAPITALISMO E SUAS LIMITAÇÕES

Existe, atualmente, uma estrutura produtiva globalizada tão avançada, tão estimulante, informatizada e sofisticada, que está acarretando uma profunda alteração nas relações entre os homens, em sua organização social e em suas relações com a natureza. As formas organizacionais são forçadas a ser modificadas em razão da revolução dos meios, do conteúdo, das forças produtivas. A busca incessante do lucro, segundo a relação capitalista de produção, dinamiza esse processo produtivo, pois ele deve ser reaplicado e destinar-se à ampliação das forças produtivas para obter-se mais resultados lucrativos, tornando o progresso tecnológico revolucionário, sem outro fim a não ser ele mesmo. Essa revolução tecnológica, certamente, atinge diretamente a força de trabalho e os recursos naturais disponíveis.

Assim, por exemplo, o desemprego estrutural não é simplesmente uma questão de política econômica, com suas alternativas; é resultante da própria lógica do sistema econômico do capitalismo vigente, já em total escala mundial. Esse capitalismo, na busca do rebaixamento dos custos de produção e de lucros crescentes, desenvolve-se tecnologicamente de maneira a gerar a tendência de expulsão da mão de obra das unidades produtivas. Como, no processo competitivo do capital para a busca de maiores lucros, promove-se uma constante revolução tecnológica dos meios de produção, são inevitáveis, no correr do tempo, os efeitos sobre o número e as características dos postos de trabalho, tornando-os cada vez mais exigentes quanto à qualidade das funções e, ao mesmo tempo, progressivamente menos numerosos. Com tal processo, opera-se a desvalorização da mão de obra; a luta sindical é fragilizada e as resistências dos trabalhadores às investidas do capital diminuem sensivelmente. A mão de obra tende a ser eliminada do processo produtivo.

Em razão disso, várias propostas surgem para que os trabalhadores tenham uma rotatividade maior, ou para que se diminua a jornada de trabalho de oito para seis, cinco e até quatro horas, com todos participando. Isso é, evidentemente, uma panaceia idealista, porque o sistema econômico vigente não quer simplesmente estabelecer formas de fazer com que todos participem do processo produtivo, pois, neste caso, ainda tem que pagar salários a todos. Neste caso, os custos indesejáveis continuam para o capital. Por isso, o importante, no sistema mercantil-capitalista, é excluir mesmo a mão de obra, diminuir os custos de produção da parte variável do capital. Nesse sentido, assiste-se ao esforço contínuo de automação, de informatização da produção, substituindo o trabalhador vivo por cérebros eletrônicos, por capital fixo sofisticado. Ele é fundamentalmente competitivo e contraditório. O capitalismo, em prol da lucratividade, está condenado a revolucionar constantemente seus meios de produção: produzir mais e expulsar a mão de obra para diminuir os custos. É de sua intrínseca natureza. Nisso consiste sua sobrevivência e, paradoxalmente, sua morte. A vantagem é que as máquinas sofisticadas e informatizadas não fazem greve, não reclamam por maiores salários e produzem mais e melhor; são instrumentos que, em tese, vão gerar maiores lucros. O problema, entretanto, é que essa tendência leva o sistema econômico a um beco sem saída, ao seu inevitável fim histórico, como veremos.

É preciso notar antes de tudo que o processo de produção de mercadorias está organicamente ligado a sua circulação e consumo. A esfera da circulação, por exemplo, na automação e informatização do capital, é grandemente comprometida por uma distribuição cada vez mais desbalanceada, pois é evidente que aqueles que trabalham, quando perdem o emprego, deixam de ter renda, não podendo, por consequência, comprar e consumir totalmente tudo o que é produzido. Isso ocorre por força de um mercado cuja demanda tem cada vez mais limitações e menor liquidez, diante de uma oferta de produtos progressivamente mais abundante, por causa de sua fabricação automatizada, sem o concurso do trabalho vivo. A composição orgânica do capital, que é a relação entre o valor do capital fixo (tecnologicamente mais aperfeiçoado) e o capital variável (salários), tem, nessa evolução, a tendência de ser crescentemente mais alta, ou seja, maior em relação ao capital fixo e mais baixa em relação ao capital variável. Os salários perdem em relação ao capital fixo. A taxa da mais-valia relativa vai se declinando, fragilizando progressivamente a vida do capital. Nesse quadro, as questões sociais e econômicas se complicam e tornam-se mais dramáticas conforme a população com potencial de trabalho aumenta.

Quanto mais robotizado é o processo produtivo, menos trabalhadores e menos salários, menos reclamações e greves, e, assim, em termos imediatos, serão menores os custos e os percalços da produção. Quanto mais informatizada for a produção e menos índice de mão de obra exigir, tanto melhor para a lucratividade imediata. Isso tudo em nome da inexorável acumulação do capital e da ampliação de seus lucros.

Mas tudo isso, é claro, tem seu incontornável e acerbado preço: vai redundar, com o tempo, em um retorno amargo, paradoxal e quase inevitável, isto é, em razão da diminuição do montante dos salários na economia global, reduz-se, em última instância, a demanda pelos produtos elaborados em gigantescas quantidades, precisamente em razão da produção automatizada. O estreitamento do mercado consumidor contrasta com o enorme incremento da produção e isso gera uma profunda contradição no seio do capitalismo globalizado. É o disparate da miséria em meio à abundância, em razão da irracionalidade da distribuição dos bens produzidos. Na verdade, contrariamente ao que se diz, a fonte da atual crise do capital é menos financeira do que de produção industrial ou agroindustrial diante da própria demanda reprimida pela natureza do sistema produtivo. A expansão financeira é certamente produto desse desequilíbrio, pois a ampliação desmedida do crédito existe para, de um lado, alargar o âmbito dos investimentos (e com isso a compra de bens de capital) e, de outro, para compensar a falta de numerário suficiente, em certo momento da economia, destinado às compras das mercadorias de consumo existentes em grande abundância. Entretanto, a dimensão financeira, o capital fictício, em escala mundial, torna esse processo ainda mais acentuado e devastador. Cria-se a necessidade de ampliar desmedidamente o crédito, para incrementar o consumo, fazendo a economia sair dos próprios trilhos de realidade, tornando-

-a "embolhada". Há uma separação progressivamente maior entre a ficção e a realidade e a economia começa a perder o próprio chão. O capital fica, cada vez mais, num beco sem saída, entrando em progressiva contradição consigo mesmo.

Estamos vendo mais uma vez manifestar-se aquela lei histórica, aqui exposta, das relações contraditórias entre a substância material produtiva crescente (matéria) e a forma ou organização social para esse nível de produção – a capitalista –, gerando a necessidade de se transformar a natureza de tal organização (forma) para dar conta racional dos novos níveis produtivos de que a humanidade é capaz. Certamente, isso é um paradoxo decorrente da lógica do sistema capitalista em sua evolução histórica. Afinal, não se pode esperar que o capitalismo exista para sempre; ele tem seu nascimento histórico, seu crescimento, maturidade, decadência e finalmente morte. Certamente, sua morte não significa a queda em um abismo para o nada social, mas, sim, sua transformação em outro modo de produção mais apropriado às condições materiais e tecnológicas já alcançadas pela humanidade. É o ajuste da nova forma social às potencialidades das forças produtivas, altamente desenvolvidas. Ele, certamente, deverá dar lugar a outros futuros sistemas sociais mais adequados, funcionais e racionais, isto é, mais apropriados ao desenvolvimento das sofisticadas forças produtivas realizadas historicamente pelos homens.

Na metade do século XX, na vigência do Estado do bem-estar social, se alguém perguntasse a um empresário qual seria o índice de seu êxito, ele abriria as portas de sua fábrica e diria: "Eu emprego tantas pessoas, contribuo para o pleno emprego". A famosa teoria do pleno emprego, de J. Maynard Keynes, mostrava isso claramente no plano ideal. O importante era dar emprego a todos. Foi a época de ouro do capitalismo. Hoje, se a mesma pergunta fosse feita ao mesmo empresário, na atual globalização, ele abriria as portas de sua fábrica e diria: "Olha quantas máquinas informatizadas eu tenho, funcionando sem trabalhador, sem operário". Aparentemente, quanto mais automatizado e informatizado o processo produtivo, melhor, mais rentável e racionalizado será o sistema econômico do capital, especialmente em nível de cada unidade produtiva. Obviamente, a estrutura organizacional do sistema como um todo nem sequer é considerada, pois tudo deve ocorrer dentro da ordem mercantil capitalista, considerada natural, espontânea e plenamente racional.

No mundo de hoje, entretanto, essas mudanças tecnológicas e estruturais estão sendo introduzidas de forma muito acelerada, provocando efeitos sociais gravíssimos e prejudicando, em grande medida, as relações sociais entre os homens, em detrimento de sua dignidade e qualidade de vida, bem como degradação e desequilíbrios ambientais em escala global. Nesse sentido, a organização social burguesa não vem dando mais conta do nível de desenvolvimento industrial informatizado, das condições avançadas de produção material da vida social e dos desequilíbrios ambientais decorrentes; a forma começa a colidir frontalmente com o conteúdo. Abre-se, assim, um período histórico marcado pela irracionalidade, pela discrepância e conflito entre forma e matéria. Com certeza, pode-se constatar o aparecimento de condições propícias à transformação global e radical das relações estruturais das sociedades humanas.

A contradição entre as relações sociais de produção, mais estáveis e cristalizadas, e o grau de desenvolvimento já alcançado das forças produtivas, de caráter dinâmico e extrapolado, manifesta-se historicamente com vigor crescente e conflitivo. Tal período de irracionalidade e contradições manifesta-se particularmente nas crises econômicas mais frequentes e globais do sistema e na manifestação das inconformidades e desilusões sobre os índices de dignificação humana, degradação ambiental, rebaixamento geral da qualidade de vida e o pipocar dos antagonismos nacionais e internacionais, a violência em todo o planeta, inclusive o terror e as guerras localizadas, especialmente em torno de recursos naturais e energéticos. Eis aí a explicação a respeito da grande preocupação e luta atual sobre os direitos humanos. O objetivo é neutralizar, da melhor forma possível, os efeitos deletérios dessas contradições e antagonismos.

Desse modo, se, por um lado, o desenvolvimento e a sofisticação das forças materiais de produção, do conteúdo substantivo da vida econômica da sociedade, alteram profundamente a maneira como os homens produzem sua vida social, por outro, sua organização social – que é, nos dias de hoje, a organização social do trabalho, da distribuição de rendas e da produção e acumulação capitalista –, em seu constante esforço de manutenção e conservação, provoca uma série de graves e incontornáveis problemas sociais, econômicos, ambientais, políticos e culturais. Revelam-se, aqui, as contradições e os conflitos inerentes ao sistema produtivo de mercado. Vê-se claramente a natureza histórica do sistema capitalista. Ele teve um começo, um desenvolvimento, uma maturação, e, agora, a decadência e, posteriormente, a transformação em outro sistema. Tal como tudo no universo, até as estrelas e galáxias, os sistemas sociais também nascem, crescem e desaparecem.

Nesse processo histórico, é preciso notar sua especificidade de movimento: há uma contraposição antagônica, pois o sistema é contraditório em suas próprias entranhas, o conflito é inerente à sua própria lógica. Para obter resultados de mais-valia, o sistema capitalista precisa essencialmente do trabalho vivo, porém, como já vimos, com o esforço competitivo da automatização e informatização do processo produtivo, ele busca também, paradoxalmente, dispensar esse trabalho, na perene luta por menores custos e maiores benefícios lucrativos e corporativos. As dificuldades decorrentes desses antagonismos passam a ser tão grandes e tão graves que, de alguma forma, a organização da estrutura social e da estrutura produtiva demandam ser racionalmente alteradas, precisamente para dar lugar a novas formas distributivas das riquezas produzidas, bem como a novas formas de consumo.

Entretanto, cumpre sublinhar, como é notório, que a busca daquela racionalidade encontra enorme e pertinaz resistência das classes dominantes ou hegemônicas, no jogo dos interesses emergentes da própria estrutura social do capitalismo. As forças sociais das classes dominantes procuram ganhar com a manutenção do sistema, enquanto as forças sociais subalternas, representando a grande maioria, ficam em situação cada vez mais crítica e sob a constante ameaça de colapso e de negação profunda da dignificação humana. Essas forças sociais mais fragilizadas tendem a admitir com boas-vindas a transformação social para um sistema mais apropriado a atender suas necessidades e expectativas.

Não se pode determinar com precisão qual será esse modelo ideal de organização social, mas evidentemente não será o modelo específico no qual vivemos hoje; não será o pautado nas relações sociais do capitalismo, de caráter singularmente individualista e consumista. Talvez alguma forma de socialismo democrático, estruturado com base em relações de solidariedade, igualdade material e liberdade, fundado nos valores de uso da comunidade e na racionalidade ecológica. Certamente, todo esse processo leva tempo, é de caráter histórico, ou seja, não há solução imediata. A emergência dessa nova sociedade depende das circunstâncias históricas.

CAPITALISMO E QUESTÃO AMBIENTAL

Na sociedade tradicional burguesa, a organização jurídica, a ordem normativa, isto é, as regras que definem as formas de propriedade dos meios de produção e de relações entre homens, corporações, coletividades e comunidades, são também determinadas por esse conteúdo social progressivamente alterado, por essa dinâmica material econômica, que vai crescendo e tomando conta da realidade social, não sem conflitos e sofrimentos muitas vezes atrozes. O mercado e o capital se expandem para o mundo todo. Nesse quadro, tal realidade de caráter histórico vai se alterando profundamente, sem retorno, exigindo maior complexidade organizacional do trabalho entre os homens, especialmente em função das inovações culturais, novas conquistas técnico-científicas e ampliação gigantesca do consumo individual, bem como da criação de novos e sofisticados produtos e da sua expansão, diversificação e circulação em escala planetária.

Isso acarreta, por consequência, a exploração, a apropriação e o transporte de insumos, produtos primários e matérias-primas em muito maior quantidade, diversidade e escala do que antes mobilizados e utilizados pela humanidade. A demanda de produtos naturais de forma ampla e crescentemente acelerada ocasiona gigantescos impactos sobre os recursos do planeta e enormes desequilíbrios ambientais, modificando e degradando as condições de vida em geral e comprometendo todo o planeta. Põe-se, agora, com muita força e amplitude, o emergente e dramático problema ambiental, não apenas em nível local, regional ou nacional, mas também e principalmente em escala mundial e global.

Na época pré-capitalista medieval, por exemplo, havia a disponibilidade de uma quantidade imensa de bens e recursos naturais em relação às necessidades humanas. Como as estruturas produtivas eram de pouca monta, ou seja, não tinham o potencial técnico-produtivo que têm hoje, é evidente que, naquela época histórica, a natureza parecia ilimitada e inesgotável. A população do mundo também era muito menor. O conhecimento da natureza, a ciência e a tecnologia, por outro lado, eram bastante limitados, com estreitas possibilidades no âmbito da produção. A lógica das relações sociais escravistas e feudais também não comportava outra forma de viver. Até o final do século XIX, havia muito otimismo sobre a possibilidade de se explorar toda a natureza, ilimitadamente. Mesmo as teorias sociais e políticas que consagravam a postura da valorização do trabalho, como o marxismo, eram otimistas e esperançosas. Parecia que tudo na natureza estava à disposição do homem, de modo inesgotável. Bastava que ele tomasse conta da produção de forma racional, de forma planejada, e tudo se resolveria. Já no século XX, especialmente em seu quarto final, essa visão mudou completamente, pois começaram a surgir problemas sociais, de produção e de limitações naturais gravíssimos, indicando claramente que os conceitos da não limitação dos recursos naturais e de higidez ecológica deveriam ser profundamente revistos. Outra vez se comprova que o desenvolvimento das forças produtivas e tecnológicas demanda novas formas de relações sociais e de vida entre os homens.

Houve uma verdadeira inversão das posições de avaliação: antes existia uma limitação quanto ao potencial técnico-produtivo dos homens, pois não havia tecnologia desenvolvida em face dos recursos naturais que pareciam ilimitados; agora há uma imensa tecnologia à disposição dos seres humanos e, no entanto, percebe-se uma clara limitação dos recursos naturais disponíveis. O conhecimento da natureza, as ciências e as tecnologias passaram a ter um potencial de expansão ilimitado, porém, os recursos naturais passaram a ser cada vez mais limitados frente às necessidades e às potencialidades produtivas do ser humano. O resultado, portanto, é a restrição ou escassez dos recursos naturais e ecológicos cada vez maiores em relação ao problema da ampliação incontida e irracional da capacidade produtiva promovida pelo capitalismo.

Utilizando-se apenas das manipulações e sofisticações da tecnologia, da ciência, do direito ou das exigências éticas oferecidas pelo sistema vigente não se terá, de modo algum, o enquadramento adequado ou a solução desse imenso problema.

O maior problema está na organização social da produção mercantil--capitalista, precisamente na forma do modo de produção capitalista, pautada no mercado e na busca irracional da acumulação irrestrita. Em razão dessa lógica, o capital continua em seu caminho histórico de reprodução, distribuição e consumo irracionais, bem como de acumulação crescente e ilimitada, sem reconhecer as fronteiras naturais do mundo. Sob as relações predatórias da burguesia internacional, o planeta torna-se efetivamente limitado para as necessidades e desejos incontidos da humanidade consumista e do capitalismo voraz.

Por esse motivo, pode-se observar que as propostas e encaminhamento de medidas de solução e equacionamento meramente ambientais, em âmbito interno ao sistema, nos planos econômico, político, jurídico e social, não produzirão jamais os resultados ideais que perseguem. Terão sempre eficácia relativa e de valor limitado considerando os grandes objetivos que ideologicamente almejam. Portanto, as lutas e empreendimentos tópicos e particulares intrasistêmicos terão sempre um alcance limitado, ainda que positivo, e demandarão sempre articulações e ações que ultrapassem os lindes do próprio sistema social. Nesse sentido, um coerente e consciente combate em prol do meio ambiente e do equilíbrio ecológico deve sempre ter ideais de transformação da sociedade.

NOVAS CONTRADIÇÕES ENTRE FORÇAS PRODUTIVAS AVANÇADAS, ESCASSEZ DE RECURSOS NATURAIS E DEGRADAÇÃO AMBIENTAL

Nesse novo quadro, as atuais contradições entre as forças e capacidades de produção (matéria) e as relações organizativas (forma) dessa produção (relações sociais de produção do tipo capitalista) – tal como prognosticava Marx, e que levam à tendência da transformação do modo de produção mercantil – não atendem completamente e de forma explicativa ao paradigma da presente época. É preciso considerar também, para completar a explicação básica da dialética social, as contradições entre o nível de desenvolvimento das forças produtivas e as atuais condições materiais e naturais de suas possibilidades de existência e realização, envolvendo de modo incontornável os recursos naturais e o meio ambiente. Tudo isso gera um paradoxo social e ambiental: contradições e conflitos entre a produção social e a natureza, incluindo o meio ambiente e sua degradação.

Além de entrar em contradição com as relações sociais de organização (forma), as forças produtivas entram também, num segundo plano e no interior dessa mesma organização, em contradição com as suas próprias condições de realização material ampliada. O sistema socioeconômico entra em cabal conflito com as possibilidades ambientais e ecológicas do planeta. A lucratividade buscada pelo sistema, ampliando sem limites as condições de reprodução e de produtividade do capital, exige a exploração sem limites dos recursos naturais, exaurindo desordenadamente as riquezas do planeta, poluindo severamente o meio ambiente e prejudicando o bem-estar e a dignidade das futuras gerações.

Nesse sentido, além das contradições entre a forma de organização social capitalista e o alto potencial de reprodução da vida material da sociedade, representado pela transformação revolucionária e elevada sofisticação de suas forças produtivas, cumpre também destacar e considerar a limitada capacidade dos recursos naturais disponíveis para suportar o crescente desenvolvimento econômico capitalista, de caráter irracional e caótico, levando ao esgotamento e deterioração da natureza, agora previstos em escala global. Como o sistema é baseado na busca da lucratividade e na propriedade privada, ele é descentralizado por natureza, isto é, segue as leis do mercado e não é pensado e orientado segundo as necessidades do todo social conforme o potencial dos recursos naturais e a capacidade depuradora do meio ambiente.

As contradições agora se dão essencialmente entre três dimensões: a da organização social do trabalho e da propriedade privada, exprimindo as relações sociais dominantes; a do grande potencial econômico das forças produtivas e, finalmente, a das condições ambientais de suporte desse complexo processo tecnológico de reprodução da vida social. Aí vemos o tripé em que se apoiam as grandes questões hodiernas da humanidade: o econômico, o social e o ambiental. A relação combinatória entre essas grandes questões humanas só poderá ser equacionada em função de uma consciência política de grande envergadura e de caráter transformativo.

Por isso, a revolução permanente e caótica das forças produtivas, sob a regência do capitalismo, reclama novo e profundo equacionamento dimensional e qualitativo da produção e do consumo em escala global. Eis por que as lutas políticas e sociais pelo equilíbrio e sustentabilidade ambientais devem levar também, se conscientes e criticamente travadas, a uma persistente luta pela reorganização geral do trabalho e da propriedade dos bens produtivos, visando em última instância à emancipação social de toda a humanidade. Enfim, a luta consciente pelo meio ambiente sustentável e sadio pressupõe necessariamente a luta política e social pela transformação da sociedade. Isso é quase axiomático.

A SOCIEDADE RECLAMA MUDANÇAS BÁSICAS DE ESTRUTURA E NÃO MERAS INOVAÇÕES TECNOLÓGICAS

Assim, como conclusão inescusável, não basta propugnar por criação e inovações tecnológicas dentro do sistema social vigente, é preciso alterar profundamente o próprio sistema de relações sociais para reequilibrar as bases de suas motivações de produção material. O individualismo econômico, pautado na propriedade e na lucratividade privadas, deve ceder lugar à solidariedade estrutural dos homens, com a socialização dos meios de produção e a alteração profunda das formas de consumo da humanidade. Os homens produzem socialmente e, por isso, a distribuição do produto decorrente deve também ser racionalmente socializada. Só assim, com o planejamento social das forças produtivas e a calibração de seu potencial com as condições naturais e ambientais, em combinação com a racionalização do consumo social, será possível alcançar a sustentabilidade em sentido amplo e eficaz.

Isso, certamente, exige uma revolução político-social-econômica de toda a sociedade. Portanto, as soluções globais das questões ambientais de largo e profundo alcance não são passíveis de realização apenas no interior do sistema de mercado. Elas não são meramente intrassistêmicas, pois envolvem em última instância a transformação plena e radical do sistema capitalista no que toca ao modo de vida social, cultural, político e econômico da humanidade e de sua reprodução básica permanente.

Obviamente, para que haja equilíbrio e sustentabilidade, a organização econômico-social deve marchar em conformidade com as crescentes exigências humanas e possibilidades naturais do planeta. Assim, as demandas sociais e econômicas deverão crescer de tal maneira a não mais permitir que os seres humanos degradem e desperdicem aquilo que eles recebem ou retiram ativamente da natureza modificando-a em suas características. Essa equação de racionalização social, econômica e natural deve prosseguir também nos futuros modos de produção. Mais do que isso, eles não podem retirar da natureza sem justificativa ou compromisso, sem considerar toda a dinâmica e contexto do meio ambiente e de disponibilidade de recursos naturais, verificando seu funcionamento, possibilidades, limites e consequências. Isso implica inaugurar uma sociedade racionalmente conduzida, consciente, planejadamente desenvolvida e socialmente solidária.

Enfim, ao explorar e utilizar a natureza, em todas as suas múltiplas dimensões, o ser humano tem de conhecê-la profundamente e, ao mesmo tempo, ter uma atitude ético-social perante ela, evitando seu esgotamento, depredação, poluição e degradação, pois tudo isso afeta intensamente a humanidade inteira. Essa ética, certamente, não se refere ao mundo natural galático, que é infinitamente maior do que qualquer dimensão ética que se possa conceber, mas é referida especificamente ao ser humano e às suas condições concretas de vida social no planeta Terra. Essa ética demanda profunda transformação das bases de nossa organização social mercantil privada, em direção a um sistema cujos fundamentos produtivos sejam de responsabilidade da sociedade considerada como um todo sem classes sociais, calcada em princípios democráticos, solidários, racionais e não competitivos.

ÉTICA SOCIAL E SUAS RAÍZES NA SOCIEDADE CAPITALISTA

Portanto, como observamos acima, tal ética social é impossível de ser coerente e plenamente alcançada no interior das relações sociais de produção capitalistas, marcadas pela corrida competitiva por acumulação acelerada e ilimitada do capital, comprometendo irreversivelmente nosso planeta para as futuras gerações. A busca pela lucratividade privada, como núcleo vital do sistema, explica também a incorrigível corrupção sistemática e permanente que presenciamos em nossa sociedade. De modo geral e infelizmente, as pessoas pensam numa ética acima das condições sociais, de caráter abstrato e idealista, sem compreender onde estão alicerçados os incontornáveis atos de corrupção que marcam permanente e sistematicamente nossa vida social.

Na verdade, tais atos imorais e de corrupção quase permanentes estão mergulhados na natureza mesma do sistema capitalista. Os homens não são imorais por natureza, mas, sim, é o sistema em que vivem que os faz serem assim. Eis por que, nos limites desse sistema, esses atos imorais jamais serão descartados ou alijados de nossa existência social. Os jornais estão aí para comprovar essas afirmações.

A ética e a ciência passam, então – com a pretensão de universalidade e objetividade –, a exigir dos homens uma preparação mais séria sobre como conduzir sua vida, criando valores e uma racionalidade que não devem se reduzir à pura instrumentalização do mundo material e social em proveito de minorias privilegiadas e do consumismo individualista. Tal ética e conhecimento, contudo, aparecem de forma abstrata e quase sem vínculo com a vida concreta dos homens. Essas formas de comportamento e de conhecimento do mundo manifestam-se como ideais quase inalcançáveis. Assim, por exemplo, com vistas à conquista da mais plena dignidade humana, não se pode ver o mundo sob a ótica do valor de troca, do benefício econômico do lucro, mas vê-lo do ângulo das exigências autenticamente humanas, do valor de uso, da satisfação das necessidades das grandes maiorias e da ponderação desse valor sempre diante da preservação da vida e de sua qualidade. Tudo deve ser realizado visando à sustentabilidade social, econômica e ambiental, bem como ao equilíbrio ecológico, não transcendendo os limites da sobrevivência das espécies, não só dos animais, mas também dos vegetais, mantendo a biodiversidade. No entanto, infelizmente, todos esses valores, afirmados idealmente, são negados pelo sistema de mercado.

Há que haver ética social, econômica e ambiental integradas material e funcionalmente, tendo em vista a plena e efetiva realização dos direitos humanos. Entretanto, tal perspectiva da dignificação humana e do amplo exercício dos direitos humanos, infelizmente, não tem acolhida em nosso mundo contemporâneo, sob a égide do capital. Não é porque os homens do sistema não queiram tal acolhida, mas sim porque o próprio sistema mercantil, pela sua lógica interna, na busca permanente do benefício privado, os impede de alcançá-la. Esse impedimento é da imanência do próprio movimento do capital.

O sistema econômico moderno, na maior parte das vezes, não tem uma dimensão criteriosa e crítica, por ser precisamente calcado na perspectiva de uma perversa lógica do capital, de reprodução acumulativa sem fim e predatória, sem levar em conta a totalidade das condições do sistema vital e universal do homem. Se levar em conta essa dimensão qualitativa e universal dos direitos humanos, de forma persistente, coerente e eficaz, o sistema como um todo ruirá, desmantelar-se-á em razão de sua própria lógica interna.

O sistema econômico capitalista tem essa lógica: a lógica da acumulação ilimitada, permanentemente revolucionária da reprodução material sem fim – sem atender às necessidades autenticamente humanas do todo social – e na maioria das vezes desorientada e desarticulada. Ele é movido pela ambição do lucro, pela busca de benefícios privados. Esse fim, admitido pelos epígonos do sistema, obtém-se pelas forças do mercado, equilibradas em razão de trocas de equivalentes, em que ninguém perde. Na busca recíproca das vantagens pessoais, todos ganham.

Espera-se das forças do mercado muito mais do que elas podem comportar. O grande problema são os conflitos entre as unidades corporativas do capital, agora em âmbito global, que querem, cada vez mais, trabalhar para extrair da natureza, sob o acicate da concorrência, aquilo que for possível para transformar em mercadoria, inserindo-a na dimensão do mundo mercantil e do consumo desbragado. É importante que essa dinâmica seja observada e considerada, porque traduz uma situação extremamente complicada e difícil para o controle de todo o meio ambiente, de todas as condições ecológicas em que a produção econômica burguesa ocorre. Vê-se claramente que a sustentabilidade global e consistente é impossível nesse modo de produção.

O modo de produção burguês não é apenas um fenômeno econômico. Ele não prescinde de toda uma estrutura institucional, estatal, social, jurídica e ideológica armada organicamente conforme sua lógica interna, dentro do atual período histórico. Por consequência, tal questão releva a figura das instituições privadas e públicas e, por isso, da normatividade, do controle jurídico e de sua positivação. Aqui vemos, para o melhor equacionamento e compreensão da questão da sustentabilidade em sentido geral, a necessidade do exame das relações entre a sociedade civil e o Estado.

ESTADO E SOCIEDADE CIVIL: NATUREZA, PAPEL E LIMITES

O direito positivo tem aqui um papel importantíssimo e, mais ainda, as lideranças e as classes sociais que produzem esse direito. Afastando-nos dos conceitos abstratos e técnicos da ciência jurídica, observamos que o direito efetivamente nasce de grupos concretos de interesse, em permanente luta; não provém, portanto, de uma mera vontade universal, racional, neutra e impessoal. O direito não é apenas produto da vontade; ele tem sua gênese, em última instância, no seio social prenhe de contradições e conflitos. Além de ser um produto social das classes em luta, ele é produto voluntário de parlamentos compromissados com as forças sociais dominantes. É por isso que o papel da comunidade civil e do Estado, nesse processo todo, deve ser especialmente considerado.

Aqui apontamos também a natureza e as limitações do Estado para conter os abusos emergentes das atividades econômicas capitalistas, vez que o próprio Estado, a par de sua aparente neutralidade e distância, está profunda e essencialmente comprometido com as forças hegemônicas desse sistema. O Estado não está acima da sociedade e de suas classes sociais; pelo contrário, ele é produto derivado das forças sociais e de suas lutas e conflitos. O Estado não existe, em nosso sistema, para promover essencialmente a igualdade e a felicidade de todos, indistintamente. A igualdade e a liberdade por ele propugnadas são as que fundamentam e garantem os contratos formais entre as pessoas, independentemente de suas origens ou situação material de existência. Vejamos, em largas pinceladas, como isso se dá.

O Estado, a sociedade política, não é, evidentemente, algo abstrato, não se confundindo com os aspectos fenomênicos nos quais ele se transparece e se manifesta, por meio de seus órgãos e instituições. Ele está presente em toda a sociedade civil, mas com ela não se confunde. Ele não é especificamente o órgão pelo qual se manifesta materialmente, mas apresenta-se, paradoxalmente, como relação invisível cujo poder político (exercício da força) está virtualmente presente e pronto para ser exercido sobre todos.

O Estado parece neutro, impessoal e universal, mas, na verdade, não é assim. Claro está que esta forma de aparecer é fundamental para que o Estado exerça, de forma adequada e conveniente, suas funções legitimadas de direção eficiente da sociedade. Essa forma de aparecer, na realidade, apesar de tratar-se de aparência, faz parte de sua própria essência, visto que é essencial, para a manutenção e eficácia do Estado, ele aparecer de modo neutro, justo e indiferente em relação às classes sociais em luta dentro da sociedade da qual ele é Estado.

Certamente, não se deve confundir o Estado, como já dissemos, com o presidente da república, nem confundi-lo com os ministros, as repartições e serviços públicos, o exército, os parlamentares ou os juízes, ou mesmo o conjunto desses personagens e instituições. Ele engloba todos esses elementos, mas é muito mais do que isso. O Estado não está somente entre tais figuras institucionais, que se manifestam ao longe; ele está também entre nós, sob forma ideológica, inserido na comunidade civil da qual tem sua origem e destino. Nós, a sociedade civil e suas relações intrínsecas e também ideológicas, formamos as bases do Estado.

O conjunto das manifestações sociais, suas estruturas e relações econômico-sociais e políticas, constituem essencialmente o Estado. O Estado emerge de relações sociais, das classes sociais, da organização do trabalho e das relações privadas da propriedade e do capital; ele é também relação social monopolística de poder (político), mas não de qualquer poder em geral, mas do poder das classes dominantes em face do poder, de caráter menos forte, das classes subalternas. A sociedade burguesa é sempre um conflito equilibrado e dinâmico de poder social e político entre as classes sociais emergentes da estrutura desse modo de produção.

Essas relações performam a sociedade política integrada com a sociedade civil, ou seja, é a sociedade política que dirige hegemonicamente a comunidade e pode utilizar de forma monopolizada, se for preciso, a sanção, a força, a violência legitimada pelo direito positivo. É paradoxal, mas a força ou a violência parece ser juridicamente exercida pelo Estado de modo neutro e impessoal, como se fosse legitimamente posta ou autorizada por toda a sociedade, sem deixar claro que, na verdade, é em sua maior parte exercida em razão ou em função das classes hegemônicas, embora isso não fique claramente manifestado.

Certamente, boa parte das ações estatais não é de caráter claramente beneficente das classes privilegiadas, e é precisamente isso que induz a pensar ser o Estado imparcial frente às profundas diferenças sociais. Isso leva a não se perceber o núcleo duro do Estado, que é justamente centrado na defesa e manutenção das desigualdades sociais, pautadas na concentração da riqueza e na garantia do privilégio da propriedade privada dos principais meios de existência da sociedade.

O Estado burguês, com certeza, não está aí para garantir a igualdade material entre os homens; o que ele assegura é só a igualdade formal, juridicamente definida, especialmente para garantir os contratos privados entre o capital e a força de trabalho, para assegurar a viabilidade da exploração do trabalho, visando ao lucro privado. O ideal do Estado burguês é exatamente garantir a existência e manutenção da desigualdade entre o capital e o trabalho.

Somente assim o Estado cumpre sua missão histórica de manter o modo de produção capitalista, legitimando a busca da lucratividade, da acumulação da riqueza em um dos polos sociais. A concentração da riqueza em um polo e a pobreza ou miséria em outro polo não são consideradas anormais ou ilegítimas pelo Estado capitalista. Tudo está bem, e muito bem, para esse Estado. A sociedade, com todas as suas mazelas, conflitos e diferenças profundas entre os homens, parece ser a coisa mais natural e espontânea do mundo. Eis por que as questões ambientais e ecológicas, que implicam restrições da propriedade privada ou de funções correlatas, ou que envolvam distribuição de riqueza, dignificação da vida ou de sua qualidade, não encontram eco nesse sistema.

Alguns até questionam se o Estado e a sociedade civil são distintos ou não. Norberto Bobbio, por exemplo, levanta uma série de questões relacionadas com esse problema, especialmente ao analisar como Hegel concebia o Estado e a sociedade civil e como eles vêm a ser concebidos, diferentemente, por Karl Marx. Existe, por essas concepções, a ideia de que a sociedade civil estaria onde se dão os fatos produtivos, a vida econômica, a família, a vida dos homens em condições formais ou jurídicas de igualdade e liberdade – onde ocorrem os contratos privados, o entrelaçamento interessado dos particulares e a manifestação clara do individualismo. Mas ali também persistem condições materiais bastante desiguais – onde existem ricos e pobres e as classes sociais antagônicas. A sociedade civil é o reino da desigualdade. A estrutura produtiva, a concorrência, a circulação e o consumo de mercadorias estão, portanto, onde se manifestam predominantemente as forças do mercado, do egoísmo, do individualismo, das lutas sociais de classes e da competição econômica. As classes sociais opõem-se e articulam-se simultaneamente, realizando a produção e as trocas mercantis – incluindo a força de trabalho – para possibilitar a acumulação do capital e a sobrevivência dos assalariados, predominando sobremaneira o interesses individuais e privados. Aqui se localiza a sociedade civil, distinta do Estado.

Essa visão da sociedade civil se contrapõe frontalmente àquela na qual o Estado aparece como agente público soberano impessoal, neutro, determinante e guardião da coisa pública, da liberdade, da igualdade, do bem comum e geral, como, aliás, se o concebe até hoje, seguindo a linha de Hegel. Atualmente, a maioria das pessoas, mesmo as especializadas, acredita ingênua e piamente que é assim. Os teóricos do Estado e do direito até constroem teorias sofisticadas a respeito.

Karl Marx, ao contrário, analisando essa questão, percebe que o Estado não é tão universal e indiferente, nem autenticamente expressivo e defensor do interesse público, da liberdade e da igualdade, como era propugnado na perspectiva hegeliana. Hegel acreditava e ensinava que o Estado era, na verdade, expressão racional ética do bem comum e da liberdade, prognosticando a exigência do comando do Estado apenas pelos agentes que podem cuidar da coisa pública, sem misturá-la com a coisa privada. Melhor dito, o interesse público para Hegel é a racionalidade ética a que chegam os indivíduos na troca de seus interesses privados, dentro de certa reciprocidade harmoniosa. A felicidade de cada um, na busca da satisfação de seus próprios interesses, leva à realização do interesse comum de todos. O universal da liberdade e do bem comum é alcançado por mediação do interesse particular. O interesse público inclui dialeticamente o interesse privado e vice-versa. Assim, não há o público sem o privado nem este sem aquele. Em última instância, na busca da satisfação recíproca dos interesses privados, de forma harmoniosa, os homens realizarão o bem público, o bem de todos. No mesmo sentido, mas com outro objetivo, é também a concepção da mão invisível de Adam Smith.

Nessa linha, o Estado é, na verdade, o garante dos interesses privados e, nisso, realiza o interesse comum. Curiosamente, Hegel propõe, então, a monarquia como expressão autêntica de governo da vida pública, já que o rei nunca voltará à vida privada, à sociedade civil, ficando livre da ambição individualista egocêntrica, o que certamente não acontece no ciclo democrático republicano, de caráter periódico e rotativo. Nessa hipótese da monarquia, ele negava o movimento reciclável, de ida e vinda dos representantes políticos, como ocorre na república, em que as pessoas vão da sociedade civil para o Estado, voltando, após certo período (entre 4 e 6 anos), para a sociedade civil. Certamente, este último sistema propicia menor integração dos homens à vida pública, pois eles são sempre chamados a cuidar, em última instância, de seus interesses privados, fazendo, em não raras vezes, esses interesses predominarem sobre os públicos.

MANIPULAÇÃO DO PÚBLICO EM PROVEITO PRIVADO

Daí a questão da corrupção. O Estado, muitas vezes, não postula ou favorece posições críticas ou autocríticas, pois os agentes públicos responsáveis pela organização e pelo controle das atividades públicas são, nos cargos mais elevados, carentes de controladores. Quem controla os controladores? Seu controle é feito politicamente de forma difusa e inconsistente, mormente em uma sociedade – capitalista – que promove e incentiva, por sua própria natureza e essência, o ganho lucrativo e o considera absolutamente legítimo e natural. Tolera perfeitamente pessoas muito ricas ao lado de uma enormidade de gente muito pobre. Em termos ideais, aquele que exerce a função pública deveria renunciar completamente à sua formação individualista, egoísta e competitiva, comum nas sociedades contemporâneas, e ser uma pessoa absolutamente imune às cobiças e ambições de acumulação de riqueza. Essa é, no entanto, a figura de um homem abstrato e ideal, não de um homem real e concreto dentro do sistema capitalista.

Assim, se aqueles que controlam a coisa pública não são controlados, surgem graves e permanentes questões quanto à manipulação de influências tendenciosas e, especialmente, à manipulação de recursos públicos obtidos por meio da movimentação fiscal e gastos na contratação de obras e serviços coletivos com entidades privadas, mediante mecanismos de concorrência quase sempre não confiáveis. Essa é a fundamental questão das bases organizacionais do sistema capitalista, ao influir perversamente sobre a vida moral dos indivíduos, como já apontamos acima. Na imprensa diária, vemos os incontidos rumores dos escândalos que revelam essas tendências decorrentes da lógica do sistema.

Como não se desconfia das bases materiais e originárias do sistema, das pertinentes conexões entre espírito e sociedade concreta, a população, em sua quase absoluta maioria, apenas faz comparações abstratas entre as condutas dos agentes públicos e uma ética ideal fantasiosa que não existe senão em tese. Aí se condena apenas a imoralidade dos agentes públicos, individualmente considerados, e não o próprio sistema capitalista. Não há crítica do sistema e sim dos homens. Certamente, isso é muito bom para o sistema capitalista, pois tais juízos não alcançam avaliação crítica mais radical e profunda dele e de sua própria natureza perversa.

Os agentes privados, mediante o instituto da representação republicana burguesa, tornam-se momentaneamente agentes públicos e, após quatro ou cinco anos, voltam à vida privada. Muitas vezes, como os orçamentos públicos e os patrimônios sociais não são clara, total ou diretamente controlados pela própria sociedade, o resultado é a corrupção. Isso passa a ser quase natural. Comumente, a corrupção dos agentes estatais é passiva e a contrapartida desta é a corrupção ativa, geralmente originada a partir da iniciativa privada, do capital, que tem grandes e inúmeros interesses nos atos do Estado. Essa corrupção se dá não somente a respeito de movimentação de recursos financeiros, mas também e principalmente pelas influências que se exercem na máquina do Estado, particularmente pela cooptação de administradores, juízes e parlamentares com o objetivo de se obter atos administrativos, sentenças judiciais ou a criação de leis que favoreçam os interesses privados, como, aliás, é sempre a tônica de todo o sistema mercantil capitalista.

Portanto, a questão nuclear é sistêmica e estrutural e não de moralidade pública abstrata e espiritualmente independente. O clima ideológico é extremamente propício para essas práticas sistemáticas de privatização daquilo que é público. No entanto, a maioria das pessoas, que geralmente não tem senso crítico dessa situação estrutural, não dá conta disso, parecendo que os políticos são corruptos por sua pura iniciativa pessoal e, portanto, devem merecer a incontornável punição pessoal, apenas. A sociedade e os homens parecem ser natural e espontaneamente assim. Condenam-se as pessoas em sua singularidade pessoal e não o sistema social e econômico como um todo. Os jornalistas e comunicadores jamais põem a tônica no plano social e, desse modo, reproduzem a ideologia individualista precisamente de acordo com o interesse das forças dominantes do sistema.

Daí, certamente, não sairá a revolução social e política para a transformação da sociedade e, sim, as propostas de salvação individual, de cunho meramente moral ou, não raro, religioso. Eis por que as propostas religiosas, geralmente sem eficácia para a transformação social, grassam livremente na vida comunitária da sociedade mercantil-capitalista, mesmo que elas se manifestem claramente imorais buscando a lucratividade no templo.

Somos testemunhas diuturnas desse fenômeno. Podemos observar, de forma crítica, que tal fenômeno não decorre da questão moral dos homens sob o enfoque abstrato e puramente ético-filosófico, quanto à sua educação, formação pessoal, consciência ou boa vontade. Ele decorre da própria base imanente do sistema burguês em que todos estão concretamente inseridos, o qual propugna sempre e de forma legitimada e "natural" pela cooptação ou aliciamento, pelo ganho pessoal, competitividade, individualismo consumista, acumulação, apropriação privada da riqueza etc. O sistema do capital estimula, diuturnamente, o desejo do enriquecimento sem precisar justificá-lo plenamente. Se a pessoa é rica, isso é considerado absolutamente natural. A sociedade é natural e espontânea como está, ela não pode ser diferente. Essa é a ideologia dominante.

O mal, entretanto, é do sistema social dominante, já inculcado ideologicamente na mente das pessoas, nas próprias instituições e práticas sociais. Seus vícios não são originados da má consciência dos indivíduos particulares, tomados isoladamente. O próprio sistema quer que se pense assim, como questão de mera consciência individual, exatamente para desarmar quaisquer tentativas de superar a dimensão individualista de resolver as questões pessoais e sociais. O indivíduo e suas necessidades e ambições são o centro; a cooptação para o ganho pessoal é a regra e não a exceção. Como vemos, no sistema capitalista, a moral social plena e autêntica é impossível. A vida pública está sempre compromissada com a sociedade civil, onde imperam os interesses individuais em competição. O benefício pessoal é a meta essencial do sistema, o resto tem valor desprezível diante da lucratividade, da vantagem individual, do capital e do mercado. Daí não existir funcionalidade total dos apelos pela inteira moralidade e dignidade pessoal no âmbito da economia, da política, da ecologia, do meio ambiente ou do Estado. Como se pode esperar, então, num clima dessa natureza, que as propostas universais da sustentabilidade possam ter guarida e efetividade?

IMPASSE ENTRE O PÚBLICO E O PRIVADO

Nesse sentido, está também fadado ao fracasso, nessas sociedades de mercado, o igual apelo pelo equilíbrio ecológico e cabal apreço pelo meio ambiente a ser amplamente alcançado em função dos movimentos de consciência pública. Isso porque a consciência dominante em nosso sistema é aquela ajustada à sociedade civil em busca do interesse privado, da vantagem pessoal, quase sempre distante da autêntica sociedade política, do interesse coletivo. Sabemos que a pura consciência individual não move, por si só, a sociedade por inteiro; o que a move é a ação política democrática e consequente. Essa ação, entretanto, em nossa sociedade vigente, não é totalmente livre, pois, como já vimos, está inteiramente condicionada às demandas da sociedade civil, de índole profundamente privada.

A ação política na sociedade burguesa está inserida num todo sistêmico material e institucional hegemônico do capital que a impede de se lançar em grandes voos. Para ela, o que mais importa é o valor de troca, o escambo de mercadorias, com certo desprezo pelo valor de uso social. As grandes necessidades sociais são desprezadas. Certamente, as vontades e as consciências individuais alcançam grande poder de penetração, na vida política de uma sociedade inteira, quando estão coletiva e especialmente mobilizadas para a transformação social. Porém, quando se chega a esse estágio, não há dúvida, já se está vivendo uma revolução social para quebrar os laços da antiga ordem. Isso, naturalmente, implica um profundo movimento democrático, amplo e de caráter social inequívoco.

Infelizmente, no jogo das tendências e dos interesses dominantes, esse estágio de consciência social está longe de ser logrado. Não basta a consciência isolada a respeito da pobreza, da miséria, das profundas injustiças, dos desequilíbrios ecológicos, da violência e da destruição para obter-se a mobilização benéfica das vontades humanas objetivando a grande transformação. Isso porque a ordem e a organização da sociedade atual aparecem à maioria de seus membros como algo natural, sem história, como algo que não pode ser transformado. Isso tudo é ideologicamente construído pelo sistema hegemônico do capital. Todas as suas imperfeições aparecem como pautadas pelo destino ou pela vontade divina, imunes à ação social dos homens. A violência e a miséria social, moral e material soam como um anátema provindo dos deuses ou da natureza inconsciente e imbatível.

Esse resultado profundamente antiético e antissocial é visto, muitas vezes, como um problema sem solução. Está claro, como já observamos, que a solução completa não pode ser realmente encontrada em um sistema que legítima e defende a propriedade privada das riquezas sociais, a exploração e a acumulação do capital, postulando a plena realidade dos interesses individuais como mais importantes, permanentes e universais. O interesse social comum a todos, neste caso, é contingente e paradoxalmente singularizado ou defendido, quando o é, no bojo do Estado. A sociedade civil é toda permeada pela preocupação diária de todos os seres humanos em torno da felicidade pessoal ou familiar e da apropriação privada de quase tudo o que se possa obter. Ela é o reino da individualidade e dos interesses egoísticos, do mercado, das relações pessoais e familiares, do trabalho e da exploração do homem pelo homem. Questiona-se: como isso não haveria de conformar profunda e substancialmente a mente e a prática dos homens, se é precisamente onde ele vive a maior parte de sua existência?

Mesmo quando o indivíduo esteja provisoriamente no Estado, como agente político – em razão da democracia representativa e rotativa –, ele não perde suas características mais profundas: o esforço de conquista pessoal, seja para conseguir o poder de influência, seja para a consecução de riqueza material. Indaga-se: como, por consequência, não haveria de ser mais comum a corrupção, o engodo, a fraude e a mentira? Mesmo que o agente apareça como fautor do bem-estar público, não é raro que assim aconteça precisamente para escamotear ganhos privados. A busca do bem comum, do interesse social, da solidariedade é exatamente a exceção, o artifício, e não o espontâneo, o natural, a regra. A regra e o empenho imediato são o indivíduo e seus interesses e não a sociedade e o coletivo. Segundo a filosofia burguesa, a troca privada de bens para ganho pessoal, desde que feita universal e pacificamente, perfaz o caminho adequado para a realização do bem comum. Batalhando para obter o lucro privado, todos realizam o bem de todos, eis a lei da "mão invisível" de Adam Smith.

POSSIBILIDADE DE UMA RAZÃO CRÍTICA E ABERTURA POLÍTICA

Porém, pelo menos em parte, mesmo com certa contingência, se pode ter alguma linha encaminhada em direção ao bem comum. Afinal, a individualidade tem sua legitimidade, desde que não seja pretendida como valor único ou fundamental e exclusivo da humanidade. O social está sempre presente, e isso não se pode negar. Em termos reais e não ideológicos, na relação dialética indivíduo/sociedade, não é possível sacrificar-se um pelo outro. A consciência social, mesmo no mundo capitalista, ainda tem um vislumbre de realidade, embora de modo esmaecido. Há que ser um pouco otimista nesse sentido.

Isso porque, mesmo no mundo individualista do capital, a produção social sempre será realizada com o concurso efetivo de todos os membros da sociedade, pois não há um só bem produzido que não leve consigo a marca da socialidade. Como será possível que se entendam cidades, máquinas, computadores, automóveis, aeroplanos, celulares, edifícios sem o esforço de toda a sociedade envolvida na produção desses bens? No entanto, a tônica ideológica sempre recai na predominância do que aparece diretamente aos sentidos (sensórios) dos homens: a presença individualizada e figurativa dos homens e de seus bens. O caráter social da produção dessas coisas, no caso, fica escamoteado na coisa dada singularmente. Isso ocorre não só em razão das dificuldades epistêmicas de penetrar o social a partir do singular, como também pelo reforço interessado da ideologia dominante para valorizar destacadamente o indivíduo físico e a coisa física. O questionamento é vivo: é possível ao homem comum ter outra concepção além daquela que conforma grande parte de sua existência? Haverá alguma brecha para o exercício de uma consciência minimamente crítica?

Claro que a resposta não está apenas na manipulação social das elites que postulam a "juridicidade" impessoal dos procedimentos, garantida pela representação política nos parlamentos, porque vão sempre fazê-lo de forma a admitir a penetração dos interesses privados no Estado, por meio da chamada privatização do Estado, ainda que realizada de modo escamoteado. Não é preciso um grande esforço para notar isso. Certamente, a utilização do Estado se faz não só para – aparentemente – aparecer como fautor autêntico do bem comum, como também como hábil instrumento, ainda que camuflado, para viabilizar os grandes negócios corporativos. Aliás, o Estado sempre tem que se revestir do interesse público para legitimar sua ação, mesmo que beneficie, não raro escancaradamente, a iniciativa privada. De qualquer forma, há sempre duas vias a serem percorridas: uma manifesta, o interesse público, e outra recôndita, o interesse privado dominante.

A solução é possível, em parte pelo menos, desde que haja a efetiva penetração do social no processo político, não com a mera "representação" política da democracia representativa burguesa, mas com a "participação" efetiva das comunidades organizadas nas decisões diárias de governo, exigindo transparência e procurando evitar que o jogo de interesses privados e particulares se sobreponha ao interesse público. Aliás, exatamente pela pequena oportunidade da presença de interesses autenticamente públicos, ainda que não dominantes, é que se deve preferir a democracia burguesa às ditaduras burguesas. Certamente, essa democracia deve ser feita como uma prática social e não como um esforço de proselitismo puramente individual. O Estado, nessa linha de entendimento, seria então concebido de outra forma, isto é, como um campo de luta política e social, em que as forças sociais teriam maior ou menor representação e participação, conforme seu nível de organização e o resultado momentâneo dos embates de interesse dessas forças.

DEMOCRACIA PARTICIPATIVA E NEUTRALIZAÇÃO RELATIVA DOS INTERESSES ECONÔMICOS

Vê-se, assim, que a condição da maior moralidade na comunidade, de maior eficácia pelos direitos humanos, está a depender das lutas políticas pela democracia social e participativa nas decisões e administração dos interesses públicos. Essa linha, naturalmente, é concebida para a possível influência social no campo da política burguesa, para alterar ou melhorar alguns de seus programas, mas nunca se poderá tê-la para a efetiva transformação social, pois isso implicaria a existência e mobilização de muito mais fatores e forças que transcendem a mera representação burguesa.

O Estado burguês, portanto, como o concebemos, não é monolítico e impenetrável, ou seja, ele apresenta sempre fissuras, poros ou fendas, havendo, conforme o grau de organização social das classes subalternas, possibilidade de alguma penetração efetivamente democrática e participativa. Isso é possível porque a sociedade civil atual é cindida em classes sociais heterogêneas, com interesses divergentes e muitas vezes contraditórios. Essa conformação social gera antagonismos e conflitos, com reflexos inevitáveis na órbita da sociedade política, isto é, no âmbito do Estado. A composição política das classes sociais, contudo, torna-se necessária para a viabilização da produção e do mercado, sem os quais obviamente a sociedade como um todo não sobrevive. Eis por que existe e deve existir o Estado, mesmo diante do fenômeno atual denominado globalização. O Estado, ao mesmo tempo em que justifica e polariza as classes sociais, coloca-se como um acolchoado para amortecer seus embates.

A questão principal, entretanto, é não se iludir quanto à completude dessa solução, dentro do sistema capitalista. Esperamos ter ficado claro que, em um sistema capitalista, onde as classes sociais estão em constante tensão e conflito, e onde o poder hegemônico é sempre da classe dominante – em que o poder econômico pertence apenas a uma parte da sociedade – é impossível haver uma democracia autenticamente popular na qual o poder seria efetivamente da maioria. A democracia burguesa é, pelos seus próprios fundamentos, muito limitada e voltada para os interesses ideológicos e econômicos da classe social dominante, não comportando ilusões nem falsas utopias.

Por isso, também nessa sociedade, não se pode alcançar, apesar de seus discursos apologéticos, a plena moralidade e dignificação do homem nem a total sustentabilidade ambiental e ecológica. Os direitos humanos, nessa sociedade, não podem ser exercidos plenamente. Isso, porém, não tira o mérito da luta social, porque ela efetivamente existe em razão das exclusões e das profundas diferenças e conflitos entre os grupos sociais e, por consequência, deve ser reconhecida como importante fator de transformação da sociedade. Esse processo inevitavelmente pode se refletir, e se reflete, na vida política do Estado.

Portanto, na sociedade burguesa, dividida em classes sociais com interesses econômicos divergentes e antagônicos, o Estado pode ser visto sob o enfoque de duas espécies de forças básicas: as hegemônicas e as subalternas que, apesar de serem subalternas, têm diferentes níveis de potência política conforme o estado de organização social em que se encontram. Nós fazemos parte disso. Nesse sentido, não se pode nunca conceber o Estado como um ente fechado, neutro, indiferente ou universal no que respeita aos movimentos das classes sociais em determinados momentos históricos. Ele decorre de uma sociedade dividida em classes sociais antagônicas, configuradas conforme o modo de produção capitalista.

O Estado, numa sociedade polarizada como a nossa, é defensor e fiador das relações essenciais da sociedade mercantil capitalista, cujos vínculos sociais são afetados por uma inequação básica, isto é, pelas relações desiguais de forças sociais e políticas entre o capital e o trabalho, em que as diferenças econômico-sociais e de influências são notórias. Por isso, o Estado acaba sendo a expressão de uma elite que representa as forças dominantes ou hegemônicas no campo político e que são o reflexo das classes economicamente dominantes na sociedade civil. Apesar de tudo isso, o Estado não é, como já dissemos, expressão de um bloco de força monolítico, impenetrável, pois há sempre a possibilidade de infiltração rebelde comprometedora de sua utilização perversa em favor apenas das classes dominantes. O Estado, portanto, não é meramente um comitê das classes dominantes.

O Estado, em que pese suas tendências conservadoras, é um jogo permanente de forças sociais. Ele, até certo ponto, comporta transformações. Por isso, a vida jurídica e as políticas econômicas e sociais possuem grande mobilidade dependente da organização, das conjunturas e das lutas das forças sociais em jogo. A luta pelas causas ambientais, por exemplo, depende desse jogo e da organização das forças sociais democráticas em torno dos ideais da sustentabilidade, embora nunca obtenha total sucesso enquanto persistir o regime mercantil capitalista.

Tendo em vista o razoável equacionamento dessa luta, é preciso analisar a questão do domínio do Estado, verificando, por exemplo, o instituto da representação democrática, que já está, de certa forma, falido há muito tempo. No Congresso Nacional, são pouquíssimos os representantes diretos dos trabalhadores rurais e da indústria atuando ao lado de inúmeros membros de uma elite representante da classe média ou da classe economicamente hegemônica. Mesmo a classe média, de grande expressão nos parlamentos, encontra-se refém, pelos mecanismos antes descritos, do sistema dominante das grandes corporações privadas.

De qualquer forma, como já apontamos, há sempre a manipulação dos mecanismos de cooptação que comprometem a todos, inclusive os membros da classe economicamente subalterna. Existe, na verdade, uma série de mecanismos institucionais para garantir esse cenário político favorável às classes dominantes ou frações dessas classes, entre os quais os sistemas de filtragem partidária e os instrumentos do poder financeiro, de cooptação e de mobilização ideológica, como o controle da mídia dominante. Nesse sentido, o interesse hegemônico do capital, no âmbito do Estado, é amplamente assegurado, mediante a manipulação ideológica e financeira em larga escala, garantindo, assim, o vínculo orgânico entre o poder político do Estado e o poder econômico da burguesia em permanente e plena atividade na sociedade civil. Dessa forma, o Estado dificilmente se afasta de suas bases na sociedade civil. Se o fizesse, deixaria de ser Estado, pelo menos da forma como o concebemos dentro do sistema burguês capitalista.

Essa elite hegemônica passa a ser, então, responsável pela organização do Estado e, consequentemente, pela produção de mecanismos institucionais convenientes e a promulgação das normas jurídicas correspondentes, determinando a maneira como essa sociedade deve ser regulada e controlada, nos termos dos interesses dominantes. A grande massa, a grande coletividade, fica, evidentemente, à margem disso tudo, iludida, entretanto, mediante processos ideológicos permanentemente alimentados pela mídia, de que participa inteiramente do seu governo. O povo fica convencido de que está realmente atuando o tempo todo no governo da sociedade, ao "controlar" o Estado por meio de voto solitário repetido a cada quatro anos, o que certamente não resulta, absolutamente, em uma democracia autêntica. No entanto, essa é a democracia citada como verdadeiro reino da liberdade. Ela é apologeticamente sustentada pela mídia e demais agências do aparelho ideológico da sociedade e do próprio Estado. Tudo acontece como se, nos intervalos entre as votações quadrienais, os políticos representantes do povo decidissem precisamente como o povo decidiria se estivesse na posição efetiva de decidir. Na verdade, nesse espaço de tempo entre as votações, as decisões políticas nada ou pouco têm a ver com os autênticos interesses da comunidade dos cidadãos. Não existem sequer critérios objetivos para conferir a relação de legitimidade entre as decisões administrativas e normativas do Estado e os interesses e aspirações da comunidade em geral.

DEMOCRACIA POLÍTICA E DEMOCRACIA ECONÔMICA

Assim, somente as grandes forças de mobilização e organização democrático-participativa das comunidades serão capazes de impor efetivos obstáculos às aspirações e às ações dos grandes complexos econômico-financeiros e às medidas estatais a eles associadas. É preciso, porém, fazer um reparo quanto ao que se entende por democracia participativa, que não deve ser entendida apenas como uma dimensão de luta social em nível meramente político. A democracia participativa tem também uma profunda interface com as dimensões econômicas, ambientais e especialmente com as forças do mercado.

As gigantescas corporações econômicas, produtivas e financeiras, comunicam-se mediante o mercado em âmbitos local, regional, nacional e internacional. Na sociedade de mercado, as pessoas agem e conseguem seus benefícios materiais, vitais e culturais, de acordo com as forças de seu bolso. Quem tem recursos econômicos e financeiros tem acesso a bens e serviços produzidos pela comunidade. Tem acesso a educação, saúde, habitação, transporte, alimentação, segurança, cultura e lazer. Tem a liberdade de agir e consumir. Quem não os tem fica à margem da vida social plena ou à margem da dignidade humana, visto que não pode satisfazer a suas necessidades básicas. São os miseráveis, os pobres, os desempregados e os demais excluídos. É o fenômeno chamado genericamente de "marginalização ou exclusão social". O mercado – cuja dinâmica é determinada pela produção e circulação capitalista, pela comunicação e informação globalizadas e pelo sistema financeiro sob controle de grupos e corporações privadas – é o principal regulador da inclusão ou exclusão social, subordinando inclusive, como já vimos, a ética social aos seus ditames. Ele funciona todos os dias nas praças e nas bolsas, em âmbito nacional e global, aprofundando as desigualdades, a divisão social e a miséria entre os homens, contra os intensos anseios da solidariedade, da justiça e da dignidade humana.

Nesse sentido, a democracia não deve ter apenas como objetivo a luta, em nível político somente, contra os desmandos centralizadores, contra o autoritarismo ou as ditaduras. Ela não tem apenas uma dimensão política, em busca de controle do Estado. Seu escopo é também, e principalmente, a luta no âmbito econômico, social e cultural, buscando neutralizar as forças perversas e diuturnas dos mercados, por meio da universalização ética da ação participativa e crítica de todos os cidadãos, no processo permanente e continuado de decisão social sobre as coisas e interesses públicos. Ela também tem um grande embate contra a ideologia dominante, num esforço para neutralizar a mídia alienante e o espírito acrítico. Seu movimento deve ser diário, verticalizado, constante e vigoroso.

Não basta, portanto, o retorno cíclico, em nível político, de quatro em quatro anos, para depositar de maneira individual, solitária e ineficaz o voto nas urnas da democracia burguesa. Isso apenas gera a aparência de democracia, um engodo ideologicamente bem construído destinado à ilusão das grandes massas. A democracia burguesa constrói fantasias sobre frágeis alicerces, fazendo parecer que todos são livres para a promoção da felicidade individual e para garantir oportunidades iguais para todos. Ela sempre enseja a ideia imaginária de que todos os membros da sociedade têm controle sobre seu governo ou sobre o conteúdo e realização das políticas públicas de interesse geral. Nesse sentido, para a grande maioria das pessoas, parece que existe uma única democracia, substancialmente idêntica em todas as partes e em todos os tempos. Na verdade, não existe a democracia "em geral", abstrata e universal. O que existe sempre é a democracia concreta, qualificada, adjetivada, histórica, como democracia burguesa, capitalista, popular, social, participativa, socialista, econômica etc.

A democracia, portanto, depende das características do modo de produção dominante na sociedade em que ela tem exercício; ela é sempre concreta e histórica, vinculada a determinada estrutura e modalidade social. Depende das classes sociais em movimento e de seu grau de organização e antagonismo efetivos. Por isso, é impossível democracia autêntica, ou plena e popular, em uma sociedade profundamente desigual, pautada pelos princípios e forças do capital e do mercado. Existem apenas níveis e amplitudes de democracia, desde a parcializada e restrita do sistema burguês, até a mais ampla, irrestrita, igualitária e libertária de uma sociedade solidária e não classista.

Ao contrário da democracia puramente burguesa, que existe em proveito dessa classe dominante, as forças da autêntica democracia devem atuar organizada e diariamente, visto que os poderes do capital e do mercado são eficazes diariamente. As bolsas e os mercados estão solertes o tempo todo, atuando em todas as partes do mundo e movimentando trilhões de dólares diariamente. Daí que a verdadeira democracia pressupõe a necessária participação consciente e permanente das comunidades organizadas nas decisões estatais e não estatais (ONGs), objetivando neutralizar as forças do mercado socialmente discriminador.

A verdadeira democracia social procura impedir o total domínio do valor de troca nas relações sociais, buscando fazer predominar, especialmente nas relações sociais básicas, o valor de uso que atenda às necessidades autenticamente humanas, sem degradar ou destruir a sociedade e a natureza. A democracia, nos sistemas capitalistas, pode absorver pelo menos parte desse ideal utópico, embora com muita resistência, pois ele tende a apontar para a futura emancipação social. Porém, isso sempre fica a depender do estado de organização social das forças subalternas e de sua forte disposição de luta para enfrentar as forças hegemônicas do capital.

CONSIDERAÇÕES FINAIS

Para finalizar, observamos, em síntese, que a sociedade se integra num sistema, no qual a dimensão produtiva da vida pelos grupos humanos, em contextos sociais e naturais circunstanciados, configura-se como nuclear ao seu entendimento dialético-realista. A dimensão produtiva não é apenas um elemento qualquer na determinação social e histórica; ela é essencial na descrição e explicação de qualquer fenômeno humano. Se não se a toma em consideração, com certeza perderemos a efetiva e plena compreensão do homem e de sua história.

Nesse sentido, a dimensão econômico-social não pode também deixar de ser considerada em sua orgânica e inerente articulação com a natureza e seus recursos, objetivando transformá-los progressiva e historicamente para o atendimento das necessidades emergentes dos seres humanos. Essa transformação objetiva da natureza e a utilização de seus recursos levam, de modo imanente, à transformação do ser-animal bruto, do mundo natural, no ser humano social, plasmado cultural e historicamente. Como vimos, o homem se cria a si mesmo. A cultura é a cabal configuração do dever-ser que se inscreve concretamente, histórica e socialmente, no mundo natural, performando uma segunda natureza: a do ser humano envolvido essencial e diuturnamente com a própria gênese. Aqui, aflora com clareza a importância do mundo do trabalho, do mundo teleológico da práxis visando à transformação da natureza e, por consequência, do próprio homem. As cidades, as fábricas e usinas, os bens materiais e culturais existentes são a testemunha de que o ser das coisas naturais toma inequivocamente a figuração e a forma da razão humana e, portanto, devem ser usufruídos racionalmente por todos os seres humanos do planeta.

O paroxismo desse processo, na transformação da natureza em grande escala e em nível global, leva aos conflitos entre as sofisticadas e poderosas forças produtivas sociais e as condições de possibilidade ofertadas pela natureza, acarretando, em largas proporções, a degradação e o esgotamento de recursos naturais do planeta. Nesse processo histórico-social de seu desenvolvimento, os homens se dissociam entre si em classes sociais antagônicas, uma explorando a outra e exigindo, por esse mesmo antagonismo, o domínio de uma sobre a outra, originando a figura de um centro de poder político estabilizado, na figura do Estado. Esta instituição normatiza e organiza, segundo os interesses dominantes, a força juridicamente legitimada sobre toda a sociedade.

Aqui, portanto, se configura a sociedade política, o Estado, cuja existência é a garantia do poder hegemônico de uma determinada classe social, a qual, precisamente por ser hegemônica, assegura que seus objetivos e valores – dominantes – prevaleçam sobre o todo social e sobre os interesses dos grandes segmentos sociais dominados. Porém, isso não é visto com clareza, pois tudo parece natural e espontâneo em razão da existência do véu ideológico que neutraliza e pasteuriza as diferenças sociais para tornar toda realidade social palatável e legitimada à grande maioria. Todavia, na sociedade burguesa, predomina o conflito social revelador de antagonismos e não de harmonia e solidariedade. Por isso, gera-se o poder político institucionalizado, o Estado, que é sempre o monopólio da força exercido por uma parte da sociedade, a minoritária, sobre a outra, a majoritária. Isso também não é visto com clareza em função dos mesmos motivos ideológicos.

Daí a impossibilidade, a persistir tal sistema social profundamente heterogêneo, de existir uma organização do trabalho autenticamente solidária e justa. No quadro social dos dias de hoje, de caráter globalmente capitalista, o equilíbrio entre as potências materiais da produção social, dentro das relações sociais dominantes, e as forças e recursos naturais do planeta são irremediável e seriamente comprometidos. Observa-se, portanto, que a superação dessa ordem injusta e profundamente degradante só se tornará historicamente possível com a mobilização e a organização sociais definidas de conformidade com uma democracia total e participativa em escalas nacional e mundial, não apenas com o objetivo de acomodar as forças sociais em luta, mas no sentido de transformar e ultrapassar em definitivo as condições estruturais que as tornam possíveis.

REFERÊNCIAS

ANDERSON, P. *Afinidades seletivas*. São Paulo: Boitempo, 2002.

BIOLAT, G. *Marxismo e meio ambiente*. Lisboa: Seara Nova, 1977.

BORON, A. et al. (Orgs.) *A teoria marxista hoje, problemas e perspectivas*. São Paulo: Expressão Popular, 2007.

BURSZTYN, M. (Org.) *Para pensar o desenvolvimento sustentável*. São Paulo: Brasiliense, 1994.

CAFFÉ ALVES, A. *Dialética e direito, linguagem, sentido e realidade*. Barueri: Manole, 2010.

_____. *Estado e ideologia, aparência e realidade*. São Paulo: Brasiliense, 1987.

DUARTE, R.A.P. *Marx e a natureza em O Capital*. São Paulo: Loyola, 1986.

FOSTER, J.B. *A ecologia de Marx, materialismo e natureza*. São Paulo: Civilização Brasileira, 2005.

GALVÃO, A. et al. (Orgs.) *Capitalismo: crises e resistências*. Campinas: Cemarx Unicamp, 2012.

GENTILI, P. (Org.) *Globalização excludente, desigualdade, exclusão e democracia na nova ordem mundial*. 2.ed. Petrópolis: Vozes, 2000.

GILL, S. (Org.) *Gramsci, materialismo histórico e relações internacionais*. Rio de Janeiro: UFRJ, 2007.

HATHAWAY, M.; BOFF, L. *O Tao da libertação, explorando a ecologia da transformação*. Petrópolis: Vozes, 2009.

HOBSBAWM, E. *Como mudar o mundo*. São Paulo: Companhia das Letras, 2011.

_____. *Era dos extremos, o breve século XX*. São Paulo: Companhia das Letras, 1995.

IANNI, O. *A sociologia e o mundo moderno*. São Paulo: Civilização Brasileira, 2011.

LEFF, E. *Ecologia, capital e cultura, a territorialização da racionalidade ambiental*. Petrópolis: Vozes, 2009.

_____. *Epistemologia ambiental*. São Paulo: Cortez, 2001.

_____. *Saber ambiental, sustentabilidade, racionalidade, complexidade, poder*. Petrópolis: Vozes, 2001.

LUKÁCS, G. *Para uma ontologia do ser social I*. São Paulo: Boitempo, 2012.

_____. *Prolegômenos para uma ontologia do ser social*. São Paulo: Boitempo, 2010.

MARX, K. *Grundisse*. São Paulo: Boitempo, 2011.

_____. *Manuscritos econômico-filosóficos*. São Paulo: Boitempo, 2004.

MARX, K.; ENGELS, F. *A ideologia alemã*. São Paulo: Boitempo, 2007.

MÉSZAROS, I. *A crise estrutural do capital*. São Paulo: Boitempo, 2009.

_____. *Estrutura social e formas de consciência I e II*. São Paulo: Boitempo, 2011.

_____. *O poder da ideologia*. São Paulo: Ensaio, 1996.

_____. *Para além do capital*. São Paulo: Boitempo, 2002.

PEREIRA, L.C.B. et al. (org.) *Sociedade e estado em transformação*. São Paulo: Unesp, 2001.

QUAINI, M. *Marxismo e geografia*. Rio de Janeiro: Paz e Terra, 2002.

SACHS, I. *Rumo à ecossocioeconomia, teoria e prática do desenvolvimento*. São Paulo: Cortez, 2007.

SANTOS, M. *A natureza do espaço*. São Paulo: Edusp, 2008.

VIEIRA, L. *Os argonautas da cidadania, a sociedade civil na globalização*. Rio de Janeiro: Record, 2001.

PARTE II

Grandes Temas

Capítulo 4
Mudanças Climáticas
Tatiana Tucunduva P. Cortese

Capítulo 5
Direito de Proteção do Solo e Áreas Contaminadas
Ana Luiza Silva Spínola e Arlindo Philippi Jr

Capítulo 6
Juridificação dos Resíduos no Brasil
Tasso Alexandre Richetti Pires Cipriano

Capítulo 7
Regime Jurídico da Pesca no Brasil
e o Meio Ambiente
Dario Almeida Passos de Freitas

Capítulo 8
Direito Minerário
Eliane Pereira Rodrigues Poveda

Capítulo 9
Pontos Relevantes do Licenciamento Ambiental
Talden Farias

Capítulo 10
Agricultura e Sustentabilidade
Patrícia Nunes Lima Bianchi

Capítulo 11
Análise Comparada das Áreas de Preservação
Permanente Estabelecidas pelas Leis n. 4.771/1965 e
n. 12.651/2012
Camila Faccioli

Capítulo 12
Arquivos Judiciais como Patrimônio Histórico e
Cultural do Brasil
Andréia Castro Dias

Capítulo 13
Direito Sanitário e Meio Ambiente
Maria Luiza Machado Granziera e Sueli Gandolfi Dallari

Capítulo 14
Direito Tributário e Meio Ambiente
Denise Lucena Cavalcante

Capítulo 15
Meio Ambiente e Saneamento Básico
*Maria Luiza Machado Granziera, Beatriz Granziera e
Lucas Queiroz Pires*

Capítulo 16
Direito Ambiental e Energia
Fabricio Dorado Soler

Capítulo 17
Adaptação a Questões Climáticas: Conceitos, Métodos
Introdutórios e Utilização das Normas Jurídicas
Aline Matulja, Vladimir Passos de Freitas

Capítulo 18
Análise da Função Socioambiental dos Contratos de
Consumo
Antônio Carlos Efing, Silvio Alexandre Fazolli

Capítulo 19
Direito Urbanístico e sua Interface com o Direito
Ambiental
Flávio Ahmed

Capítulo 20
Pagamento por Serviços Ambientais
Ana Maria de Olveira Nusdeo

Capítulo 21
Considerações sobre o Crime Ambiental Organizado
Rafaela Santos Martins da Rosa

Capítulo 22
Licenciamento Ambiental: uma Análise Constitucional
Curt Trennepohl, Terence Trennepohl

Capítulo 23
Recursos Hídricos
Luciana Cordeiro de Souza, Alexandre Martins Fernandes

Capítulo 24
Conflitos Socioambientais no Brasil: uma Reflexão sobre a Possibilidade Transformativa dos Procedimentos Multiatores
Luís Fernando Bravo de Barros, Ana Luiza Silva Spínola

Mudanças Climáticas | 4

Tatiana Tucunduva P. Cortese
Universidade Nove de Julho

INTRODUÇÃO

Matéria que recheia os meios de comunicação em massa, a mudança climática estampa a imagem de um mundo que prefere culpar a combater.

Antes de qualquer consideração específica sobre o tema, devemos atentar para o fato de que a variação do clima que afeta os fenômenos naturais é proveniente de duas fontes ativas: as ações internas, produzidas pelo homem; e as ações externas, produzidas pelo próprio sistema, que é vivo e operante.

Entretanto, trazemos a culpa integralmente para as atividades humanas, como se só houvesse esse fator de desencadeamento de alterações climáticas. Ora, se fosse assim, estaríamos negando a própria transformação experimentada pelo nosso planeta há poucos séculos atrás na chamada Pequena Era do Gelo, que coincidentemente ocorreu com uma baixa da atividade solar e maior atividade vulcânica.

Com a evolução da ciência e da tecnologia, o grau de certeza em afirmações científicas é preocupante pois demonstra que, a par de uma condi-

108 | DIREITO AMBIENTAL E SUSTENTABILIDADE

ção fática que é a alteração do clima por conta da própria condição de seu sistema, as ações humanas, principalmente no que diz respeito à emissão de CO_2, têm o condão de acelerar esse processo. A culpa não é exclusiva do ser humano, mas sua ação contribui de forma objetiva para as alterações climáticas.

Na Conferência das Partes da Convenção das Nações Unidas (COP 15) sobre Mudanças Climáticas realizada em Copenhagen, em dezembro de 2009, destacou-se o discurso de Ban Ki-Moon, Secretário-Geral da Organização das Nações Unidas (ONU), que afirmou que o aquecimento global é o maior desafio de todos os tempos. O clima no planeta sempre sofreu alterações, mas nunca antes em uma velocidade tão rápida. E este agravamento do efeito estufa na atmosfera do planeta é resultado do crescimento demográfico e econômico acelerado promovido desde a revolução industrial, que está alterando o ciclo natural de variação do clima e causando uma mudança climática global irreversível em curto e médio prazo (COP 15 2010).

Os políticos gestores das cidades parecem dispostos a tomar medidas para proteger seus municípios contra esse fenômeno do aquecimento global. Referido fenômeno pode exacerbar as pressões urbanas de rápido crescimento populacional, pobreza e poluição. Haverá também outros efeitos *knock-on*[1] por causa da atividade econômica concentrada e integrada das cidades, sistemas de infraestrutura altamente complexos e serviços sociais e de governança em várias camadas (Cortese, 2013).

Nos últimos anos, surgiram – estrategicamente – várias alianças entre os prefeitos de cidades ao redor do mundo, conforme descrito:

1) **Cities Climate Leadership Group** *(C40)*, lançado em outubro de 2005, reúne as quarenta maiores cidades do mundo e dezenove cidades associadas. A iniciativa C40 tem como objetivos principais a criação de cooperação na redução da emissão de gases do efeito estufa e a promoção de ações em grupo entre empresas, administrações públicas e a sociedade, visando combater as mudanças climáticas. Uma das frentes de ação dessa rede é o aumento da eficiência energética nos edifícios municipais, através do Retrofit. Já foram realizados quase 300 projetos de Retrofit em edifícios municipais, em Seul, Johannesburgo, Houston, Londres e Melbourne.

---

[1] O efeito dominó, efeito em cascata ou efeito em cadeia sugere a ideia de um efeito ser a causa de outro efeito gerando uma série de acontecimentos semelhantes de média, longa ou infinita duração.

2) **Conselho Mundial de Prefeitos sobre Mudanças Climáticas** (*WMCCC – World Mayors Council on Climate Change*), fundado pelo prefeito de Kyoto em dezembro de 2005, na sequência da entrada em vigor do Protocolo de Kyoto. A cúpula dá aos líderes das cidades a oportunidade de exigir um assento na Convenção-Quadro das Nações Unidas sobre Mudanças Climáticas, ajudando-os a obter financiamento para implementar suas políticas. Existem atualmente mais de cinquenta membros (prefeitos e ex-prefeitos) do WMCCC.

Algumas cidades têm sido especialmente proativas, como Nova York, que ganhou reconhecimento considerável pelo seu plano de sustentabilidade, PlaNYC 2030 (New York City, 2011). O objetivo do PlaNYC é reduzir as emissões de gases de efeito estufa em 30% a partir dos níveis de 2005 nos próximos 20 anos; aproximadamente o mesmo que o objetivo do governo federal dos EUA, que é reduzir as emissões do país em 28% dos níveis de 2005 até 2020. Como quase 80% das emissões de Nova York vêm de edifícios, o PlaNYC 2030 inclui auditorias energéticas compulsórias em edifícios comerciais com mais de 4.645 metros quadrados (50.000 pés quadrados). A cidade conta ainda com uma "Força Tarefa" de Adaptação às Alterações Climáticas, composta de quarenta entidades públicas e privadas que gerenciam: energia da cidade; água e resíduos; recursos naturais; transporte; e infraestrutura de comunicações. O PlaNYC 2030, aliado a um grupo de cientistas e especialistas liderado por Cynthia Rosenzweig (Rosenzweig et al., 2010), providencia dados e informações sobre os riscos das mudanças climáticas para a Força Tarefa, incluindo projeções de elevação do nível do mar, assim como um esqueleto para o desenvolvimento do planejamento e da resiliência da cidade para o clima.

Foi realizada em 2013 a revisão da legislação local, promovendo algumas alterações significativas, tais como: Local Law 83 – destina-se a evitar o refluxo de esgoto durante enchentes e alagamentos; Local Law 96 – relativa à adoção de mapeamento atualizado de pontos de alagamento e inundação; Local Law 111 – amplia o uso do gás natural para os sistemas de reserva de energia.

Essa concentração de esforços políticos demonstra a urgência na comunidade científica de novas e oportunas pesquisas sobre como as mudanças climáticas vão afetar áreas urbanas – incluindo tendências de longo prazo, os pontos de ruptura em potencial e as possibilidades de surpresa. Os líderes locais precisam saber o que acontecerá nas suas cidades e as formas mais eficazes para combater os problemas. As "bolhas" de dióxido de carbono que se formam sobre as áreas urbanas (Figura 4.1) precisam ser mais bem estudadas e compreendidas, permitindo que as autoridades locais possam medir e verificar as alterações nas emissões locais dos GEE (Dickinson e Tenorio, 2011). Há questões importantes sobre como a poluição do ar vai interagir com temperaturas futuras em Nova York, de modo a afetar a saúde da população. Os ecossistemas das cidades precisam ser estudados, incluindo o papel dos parques como áreas de lazer e amenizadores dos efeitos das ilhas de calor; os efeitos das mudanças climáticas sobre vetores de doenças urbanas, como ratos ou alergênicos como o pólen. Os cientistas devem pesquisar os efeitos combinados dos padrões de migração da população e das alterações do clima, objetivando estimar os custos de resposta – especialmente para as pessoas mais pobres e populações em situação de risco.

Figura 4.1 Ilha de Manhattan sendo engolida pelas "bolhas de carbono"

Fonte: http://inhabitat.com/nyc/carbon-quilt-video/.

Nova York tem expandido sua resiliência climática de acordo com a intensificação dos riscos que a cidade enfrentará. Todo esse trabalho é resultado de um esforço conjunto do New York City Panel on Climate Change (NPCC), formado por uma equipe de cientistas e acadêmicos que avaliam novas informações e as comparam com projeções feitas no passado. O resultado desse esforço é o desenvolvimento de uma ferramenta de avaliação do risco climático atual e futuro enfrentado pela cidade (New York City, 2014).

É fundamental que as pesquisas científicas e a descoberta de novas tecnologias sejam aplicáveis e regularmente comunicadas aos atores da sociedade – poder público, iniciativa privada e sociedade civil organizada – para que estes possam elaborar e implementar políticas públicas eficazes e que repercutam positivamente na sociedade. Por exemplo, as discussões sobre a possibilidade de investir em fontes de energia renováveis precisam ser conectadas a discussões sobre o custo da energia e os impactos ambientais da instalação e das operações da planta geradora de energia. Questões como abastecimento de água e soluções sustentáveis de tratamento de esgoto devem ser avaliadas por suas ligações com as preocupações de mudanças climáticas (Cortese e Natalini, 2013).

As redes de pesquisa precisam ser expandidas para incluir cada vez mais cidades em todo o mundo, tanto dos países desenvolvidos como em desenvolvimento, especialmente cidades pequenas ou médias, em que os recursos limitados devem ser utilizados da forma mais eficiente possível. Para ser eficazes, esses esforços devem ser monitorados de forma consistente e atualizados regularmente.

Outros protagonistas têm sido extremamente ativos no nível internacional, promovendo e questionando medidas no tema de clima. Um deles é a Organization for Economic Co-operation and Development (OECD), cuja missão é promover políticas que melhorem o bem-estar econômico e social de pessoas em todo o mundo. A OECD é um fórum no qual os governos podem trabalhar juntos para compartilhar experiências e buscar soluções para problemas comuns; entender o que impulsiona a mudança econômica, social e ambiental. A produtividade e os fluxos globais de comércio e investimento são mensurados, os dados, analisados e comparados para prever tendências futuras (OECD, 2011).

Existe ainda a articulação internacional de organizações não governamentais e outros movimentos sociais, intitulada The Climate Action Network (CAN). Ela congrega 550 organizações de todo o mundo, com o objetivo de promover ações individuais e de governos para limitar as mudanças climáticas em níveis considerados sustentáveis (Biderman, 2009). A rede atua através do intercâmbio de informações e desenvolvimento de estratégias coordenadas, nos níveis internacional, regional e nacional, sobre temas climáticos. Existem escritórios regionais da rede em todas as partes do mundo, como África, Austrália, Europa, América Latina, América do Norte, Sul da Ásia e Sudeste Asiático.

112 DIREITO AMBIENTAL E SUSTENTABILIDADE

O complexo desafio para as grandes cidades na gestão das mudanças climáticas pode ser enfrentado pela formulação de políticas públicas locais que objetivem eliminar os riscos à saúde e ao ambiente, que colaborem na mitigação das mudanças climáticas relacionadas à ação humana e, ao mesmo tempo, garantam a inclusão social efetiva de parcelas significativas da população (Viola, 2002).

O objetivo deste capítulo é demonstrar que, diante de uma realidade climática preocupante e urgente, os governos locais têm assumido a responsabilidade e vêm atuando na formulação de políticas públicas com a participação de vários atores da sociedade.

DO GLOBAL AO LOCAL

Nessas circunstâncias, portanto, é importante destacar que a cidade de São Paulo, atendendo à necessidade de uma política definida pela sociedade por meio de seus representantes, adquiriu visibilidade e relevância global no contexto das discussões de políticas públicas municipais em mudanças climáticas, o que pode ser identificado por sua escolha para integrar o comitê dirigente da rede internacional C40. São Paulo destaca-se no debate internacional como um dos centros urbanos que estão enfrentando o problema propondo soluções concretas.

São Paulo foi ainda uma das primeiras cidades da América Latina a aderir à campanha Cidades pela Proteção do Clima do International Council for Local Environmental Initiatives (Iclei). A campanha é baseada em uma estrutura de performance inovadora através de cinco marcos com os quais os governos locais estão comprometidos (Iclei, 2009):

- Marco 1 – Construir um inventário de padrões de emissões e prognósticos. Baseando-se no consumo de energia e geração de lixo, a cidade calcula as emissões para um ano-base e um ano prognóstico. O inventário e o prognóstico fornecem um teste de desempenho por meio do qual a cidade pode medir o progresso.

- Marco 2 – Adotar metas de redução de emissões para o ano prognóstico. A cidade estabelece metas de redução de emissões. A fixação de metas promove a vontade política e cria um ambiente favorável para conduzir o planejamento e implementar medidas.

MUDANÇAS CLIMÁTICAS | **113**

- Marco 3 – Desenvolver Plano de Ação Local. Por meio de processo que envolva as partes interessadas, a cidade desenvolve um Plano de Ação Local que descreva quais políticas e medidas o governo local vai tomar para reduzir as emissões e atingir os objetivos de redução. A maioria dos planos inclui uma cronologia, uma descrição de mecanismos de financiamento e um termo de responsabilidade para departamentos e equipes. Além das reduções diretas de emissões de gases de efeito estufa, a maioria dos planos contempla a sensibilização da população e os esforços de educação.

- Marco 4 – Implementar políticas e medidas. A cidade implementa as políticas e medidas contidas no Plano de Ação Local. As políticas e medidas típicas implementadas pelos participantes da campanha incluem melhorias na eficiência energética em edifícios públicos e instalações de tratamento de água, iluminação pública, melhorias no transporte público, instalação de práticas de energias renováveis e captação de metano de aterros sanitários.

- Marco 5 – Monitoramento de resultados. O monitoramento e a verificação de progresso na implementação de medidas para reduzir ou evitar emissões de gases de efeito estufa é um processo contínuo. O monitoramento começa assim que as medidas são implementadas e continuam ao longo do tempo de implementação das mesmas, fornecendo um importante retorno que pode ser usado na melhoria das medidas ao longo do tempo.

Esses marcos permitem que os governos locais compreendam as relações existentes entre decisões em âmbito municipal e como estas afetam o uso de energia e como podem ser úteis para mitigar as mudanças climáticas enquanto melhoram a qualidade de vida da comunidade (Cortese, 2013).

No caso específico de São Paulo, foi fundamental no processo de tomada de decisão de elaborar e implementar uma Política Municipal de Mudanças Climáticas (PMMC), a participação da Câmara Municipal de São Paulo nos debates e consultas públicas. O anteprojeto de lei da referida política pública foi desenvolvido durante, aproximadamente, um ano e meio, incluindo a formulação de minuta, revisão e comentários por especialistas, pesquisadores, órgãos públicos de outras esferas, organizações da sociedade civil organizada e consulta a todas as instâncias do governo municipal relevantes para a matéria.

O processo de formulação da PMMC teve início em março de 2007 e terminou no final de 2008, quando o anteprojeto de lei foi encaminhado, como iniciativa legislativa do Poder Executivo, para apreciação da Câmara Municipal de São Paulo (CMSP). Houve orientação expressa da prefeitura para que a elaboração da lei fosse pautada por consulta aos públicos relevantes, por meio de pesquisas organizadas no âmbito da CMSP, antes mesmo da apresentação formal do anteprojeto de lei. Com isso, buscou-se antecipar questões que pudessem vir a ser objeto de polêmica, ou ainda, mapear interesses e, eventualmente, localizar falhas não detectadas pelo grupo formulador da minuta do anteprojeto.

Existe uma ligação clara entre as ações das cidades acerca da mudança do clima e os objetivos maiores de ser uma economia de baixo carbono, erradicação da pobreza e governança ambiental global. O papel das cidades nesta nova arquitetura institucional, como definido pela ONU, representa uma oportunidade única para cooperação. As ações das cidades servem como catalisador para os governos nacionais, visando dar apoio às políticas públicas, criando um círculo virtuoso (C40, 2010).

A MEGACIDADE SÃO PAULO

A cidade de São Paulo é pioneira na América Latina, com a formulação e aprovação da Lei municipal n. 14.933, de 05 de junho de 2009, que cria a Política Municipal de Mudanças Climáticas (PMMC) e mostra que é possível o enfrentamento da questão de forma política e técnica.

São Paulo é, de acordo com o conceito[2] estabelecido pela ONU, uma megacidade (Figura 4.2). O processo de urbanização e as alterações climáticas interagem e geram impactos que podem ser separados em duas categorias: os impactos que se originam nas áreas urbanas e que têm efeitos negativos sobre as mudanças climáticas; e as mudanças climáticas que têm efeitos negativos sobre as áreas urbanas (Schneider, 2008).

---

[2] Conceito de megacidade pela ONU: centros urbanos com população acima de 10 milhões de habitantes.

Figura 4.2 Megacidade de São Paulo

Fonte: http://www.imagens.usp.br/?attachment_id=685

As megacidades são densas e complexas, detêm atualmente 9% da população urbana mundial, trazendo, portanto, desafios em uma escala sem precedentes para prefeitos, administradores e todos os responsáveis por fornecer os serviços básicos e infraestrutura (Nobre et al., 2010).

As regiões urbanas têm um papel fundamental na mitigação das mudanças climáticas e adaptação a elas. As evidências das megacidades apontam para a necessidade de promoção de novos desenhos urbanos e estratégias de planejamento que levem em consideração o urbanismo de escala regional e a combinação com tecnologias verdes para alcançar não somente as reduções necessárias em emissões de carbono, mas também outros benefícios econômicos e de qualidade de vida (São Paulo, 2011).

Em geral, o clima local apresenta significativas transformações, que são geradas pelo modo como essas áreas urbanas se desenvolvem, por meio de intensa verticalização, compactação e impermeabilização do solo, supressão de vegetação e cursos d'água.

Ao se considerar o rápido processo de expansão urbana e o atraso na implantação de infraestrutura adequada ao ritmo de crescimento das cidades, estas não se encontram preparadas para os efeitos das mudanças climáticas. Esse é o caso da Região Metropolitana de São Paulo.

A questão da adaptação das cidades ao clima seguramente requer tempo, recursos financeiros e materiais de grande monta, tornando urgente a realização de estudos que possam contribuir para processos de decisão dos administradores em geral e orientar a sociedade quanto aos riscos associados aos problemas socioambientais e às prioridades de investimento para seu enfrentamento (John e Agopyan, 2012).

Atualmente a população do município é de 11.253.056 habitantes (IBGE, 2007) e a população da Região Metropolitana é de 20.141.759 habitantes. A PMMC foi elaborada em um esforço conjunto entre a prefeitura, por meio da Secretaria Municipal do Verde e do Meio Ambiente, do Iclei e do Centro de Estudos em Sustentabilidade da Fundação Getulio Vargas, com apoio do Programa das Nações Unidas para o Meio Ambiente (Pnuma).

Foi a primeira estratégia climática de um governo local na América Latina. Para orientar a formulação desta política utilizou-se como referência o Inventário de Emissões de Gases de Efeito Estufa do Município de São Paulo, elaborado de acordo com as regras do IPCC e da ONU, que demonstra, por meio da Figura 4.3, que o município emitia cerca de 16 milhões de toneladas de gás carbônico por ano (São Paulo, 2005).

Figura 4.3 Inventário de emissões de gases de efeito estufa em carbono equivalente no município de São Paulo, em 2003

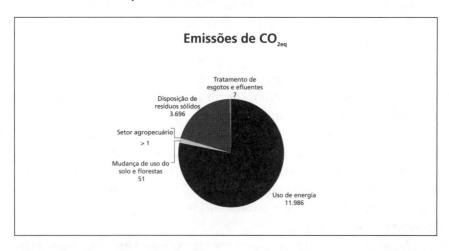

Fonte: baseada em http://www.prefeitura.sp.gov.br/arquivos/secretarias/meio_ambiente/sintesedoinventario.pdf

Segundo o referido inventário, o Uso de Energia[3] teve a maior participação, com 76,14% do total das emissões, seguido da Disposição Final de Resíduos Sólidos, que contribuiu com 23,48%. Essas duas fontes juntas alcançaram 99,62% das emissões totais do município de São Paulo. O uso direto de combustíveis fósseis foi responsável pela emissão de 88,78% do total das emissões de Uso de Energia, enquanto o consumo de energia elétrica participou com 11,22%. No cômputo das emissões provenientes do consumo de eletricidade, estão incluídas as importadas do Sistema Elétrico Interligado e não somente da energia produzida no território do município de São Paulo. No município de São Paulo não há ocorrência expressiva do consumo de lenha nem de carvão vegetal que, portanto, não estão computados.

Foi realizada uma atualização do referido inventário e, conforme apresentado pela Figura 4.4, é possível verificar que, nos anos de 2008 e de 2010, houve um aumento nas emissões de GEE do município, principalmente no setor de energia. Os picos nas emissões representam altos fatores de emissão da rede elétrica, relacionados com maior geração de energia elétrica no país, o que indica que mais usinas termoelétricas entraram em operação para suprir a demanda por eletricidade (São Paulo, 2013).

Dados do segundo inventário destacam que 97,5% do total das emissões de GEE do município são provenientes do consumo de energia (81,9%) e da produção de resíduos e efluentes (15,6%), conforme Figura 4.5. Sua elaboração foi baseada na metodologia apresentada no "2006 IPCC Guidelines for National Greenhouse Gas Inventories".

A PMMC visa assegurar a contribuição do município de São Paulo para o cumprimento dos propósitos da Convenção Quadro das Nações Unidas sobre Mudança do Clima (CQNUMC); bem como alcançar a estabilização das concentrações de gases de efeito estufa na atmosfera, em um nível que impeça interferência antrópica perigosa no sistema climático, em prazo suficiente para permitir aos ecossistemas uma adaptação natural à mudança do clima (São Paulo, 2009a). A PMMC almeja, ainda, assegurar que a produção de alimentos não seja ameaçada e possibilitar que o desenvolvimento econômico prossiga de maneira sustentável (São Paulo, 2009a).

---

[3] O inventário contabiliza as emissões de CO_2 e CH_4 devidas ao consumo de derivados de petróleo e gás natural. Esses energéticos são usados em diferentes setores da economia com a finalidade de gerar eletricidade, calor (processos industriais e residências), força motriz (transportes) e matéria-prima. Os dados sobre venda de derivados de petróleo utilizados são provenientes da Superintendência de Abastecimento da Agência Nacional de Petróleo (ANP) e os de gás natural, da Companhia de Gás de São Paulo (Comgás).

Figura 4.4 Evolução das emissões dos setores de energia e resíduos

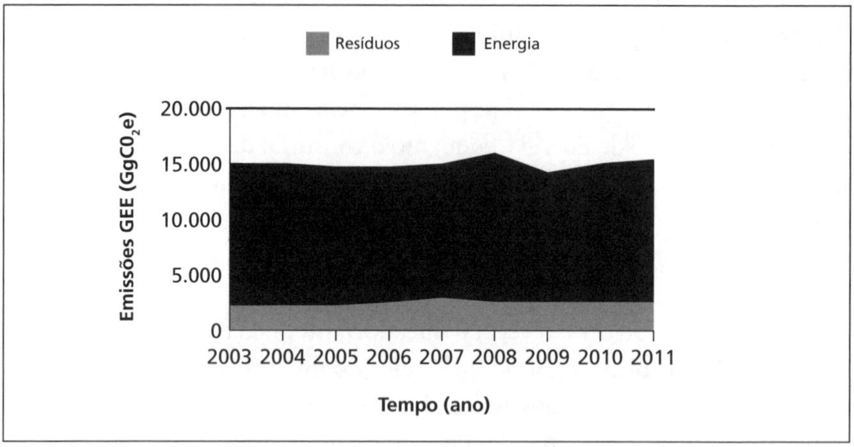

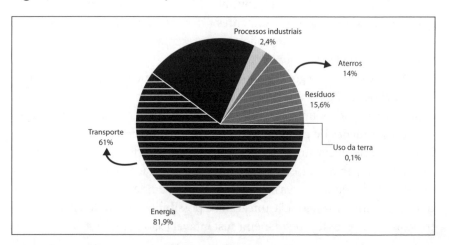

Fonte: baseada em http://issuu.com/svmasp/docs/atualiza____o_2010-2011_setores_ene#/signin

Figura 4.5 Emissões de GEE por distintos setores da economia – São Paulo, 2009

Fonte: baseada em http://issuu.com/svmasp/docs/cen__rios_de_emiss__o

Para atingir esse objetivo, estabeleceu-se uma meta de redução de 30% das emissões antrópicas agregadas oriundas do município, expressas em dióxido de carbono equivalente, dos gases de efeito estufa listados no Pro-

MUDANÇAS CLIMÁTICAS | **119**

tocolo de Kyoto, em relação ao patamar expresso no inventário realizado pela Prefeitura Municipal de São Paulo (PMSP) e concluído em 2005, conforme explicitado no art. 5º da lei:

> Art. 5º Para a consecução do objetivo da política ora instituída, fica estabelecida para o ano de 2012 uma meta de redução de 30% (trinta por cento) das emissões antrópicas agregadas oriundas do município, expressas em dióxido de carbono equivalente, dos gases de efeito estufa listados no Protocolo de Quioto (anexo A), em relação ao patamar expresso no inventário realizado pela Prefeitura Municipal de São Paulo e concluído em 2005.
>
> Parágrafo único. As metas dos períodos subsequentes serão definidas por lei, 2 (dois) anos antes do final de cada período de compromisso. (São Paulo, 2009a)

Ao propor uma lei com meta, a PMSP parece ter compreendido que a mera adesão voluntária não seria o bastante, posicionamento que a colocava como defensora de uma visão de vanguarda na agenda climática. Talvez, com essa iniciativa, pudesse demonstrar as possibilidades que os governos federal e estadual apoiassem e seguissem.

A implementação da Política Municipal de Mudança do Clima está baseada nas seguintes diretrizes: (I) formulação, adoção e implementação de políticas, planos, programas e metas, e ações restritivas e incentivadoras, envolvendo órgãos públicos e incluindo parcerias com a sociedade civil, incorporando a dimensão climática; (II) promoção da cooperação entre todas as esferas de governo, com outros governos subnacionais, organizações multilaterais, organizações não governamentais, empresas, institutos de pesquisa e demais atores relevantes para a implementação desta política; (III) promoção do uso de energias renováveis e substituição gradual dos combustíveis fósseis por outros com menor potencial de emissão de gases de efeito estufa, excetuada a energia nuclear; (IV) formulação e integração de normas de planejamento urbano e uso do solo, com a finalidade de estimular a mitigação de gases de efeito estufa, promover estratégias de adaptação aos seus impactos, visando à implementação do conceito de cidade compacta; (V) aproveitamento do solo de forma equilibrada em relação à infraestrutura e aos equipamentos, aos transportes e ao meio ambiente, de modo a evitar sua ociosidade ou sobrecarga e a otimizar os investimentos coletivos; (VI) priorização da circulação do transporte coletivo sobre o transporte individual na ordenação do sistema viário; (VII) incorporação da dimensão climática nos planos, programas e projetos públicos e privados no município de São Paulo; (VIII) apoio à pesquisa, ao desenvolvimento, à divulgação e à promoção do uso de tecnologias de combate à mudança do clima, às medidas de adaptação e mitigação dos respectivos impactos, bem como à conservação de energia; (IX) proteção e ampliação dos sumidouros e reservatórios de gases de efeito estufa mediante emprego de práticas sustentáveis; (X) adoção de procedimentos que estimulem e assegurem a aquisição de bens e serviços pelo poder público municipal com base em critérios de sustentabilidade, tendo em vista a dimensão climática; (XI) estímulo à participação dos órgãos públicos e das instituições privadas do município nas Conferências das Partes da Convenção-Quadro das Nações Unidas sobre Mudança do Clima, do Protocolo de Quioto e de outras iniciativas nacionais e internacionais de relevância; (XII) promoção e adoção da análise do ciclo de vida nos diferentes setores da matriz energética para embasar a definição de políticas públicas (São Paulo, 2009a).

Para garantir a eficácia da referida política, o Poder Público Municipal conta com instrumentos de comando e controle; instrumentos de informação e gestão; instrumentos econômicos.

Foi criado, ainda, o Comitê Municipal de Mudança do Clima e Ecoeconomia, com a missão de propor, estimular, acompanhar e fiscalizar a adoção de planos, programas e ações que viabilizem o cumprimento da política de mudança do clima na cidade (São Paulo, 2005).

A imprensa cobriu o assunto e teve um papel decisivo, principalmente porque coincidiu com a data da Conferência das Partes, COP-15. Essa lei foi aprovada no momento em que havia uma enorme expectativa sobre o grande acordo internacional de mudanças climáticas que aconteceria na COP-15, em Copenhagen, 2009. Muito se discutia sobre esse assunto e de uma maneira muito ativa. Foi uma agitação crescente no mundo inteiro, amplificando a questão climática e procurando responder à dúvida sobre se o Protocolo de Quioto teria continuidade.

Lamentavelmente, a discussão sobre mudanças climáticas ainda está restrita aos meios acadêmicos, políticos e mercadológicos. Um dos maiores desafios é traduzir para o cidadão comum como as mudanças climáticas o afetam no dia a dia e qual a parte das responsabilidades que lhe cabe. Medidas que envolvem mudança de comportamento exigem adesão da população. Para isso, é preciso conhecimento. De acordo com as diretrizes do Programa de Educação para Sociedades Sustentáveis, do WWF-Brasil, o papel da Educação Ambiental é contribuir para que as pessoas compreendam o problema e se engajem em projetos práticos e cotidianos. Exemplos disso são os projetos de reciclagem, reflorestamento, consumo sustentável, redução da pegada de carbono, entre outros (WWF Brasil, 2003).

Destaca-se, ainda, como desafio, a diversidade de enfoques para uma questão com este grau de complexidade. É necessário buscar o diálogo com educadores e pactuar ações. As pesquisas estão em franco desenvolvimento no Brasil e têm recebido bastante investimento. De acordo com Martins (2012), é importante que as pesquisas estratégicas apontem direções e possa haver ações de planejamento e adaptação do país, lembrando que o crescimento do campo de pesquisa também está atrelado ao aumento do número de pesquisadores.

CONSIDERAÇÕES FINAIS

Qualquer mudança profunda tem resultados positivos e negativos para quem a implementa. O importante é ter convicção e conseguir transmitir à sociedade que a mudança é necessária e vai melhorar sua vida.

As informações aqui descritas procuram demonstrar que os governos locais não estão mais esperando o comando de leis federais ou estaduais nem decisões provenientes de tratados internacionais, como é o caso do Protocolo de Quioto, para agir em prol do equilíbrio climático global, problema que já os atinge diretamente e tende a afetá-los com mais intensidade no futuro próximo (Biderman, 2009). Os municípios têm agido desafiando as distinções tradicionais entre política ambiental local, nacional e global, pressionando de baixo para cima, adotando medidas urgentes e concretas, sem esperar os ditames das normas internacionais cuja definição anda a passos lentos e depende de um jogo de interesses que combina aspectos de comércio internacional, geopolítica e segurança, entre outros (Bulkeley e Betsill, 2003).

É fundamental que exista articulação por meio dos diferentes mecanismos disponíveis no Município de São Paulo, para garantir a ação sinérgica com outros níveis de governo, em prol do equilíbrio climático. Além das normas federais, é preciso atentar ao marco legal do Estado de São Paulo, sob o qual o município se insere, e com o qual deve atuar de forma coordenada.

A PMMC estabelece estratégias de mitigação e adaptação nas seguintes áreas: transportes; energia; gerenciamento de resíduos; saúde; construção; e uso do solo.

O presente texto destaca a importância de promover a cultura de avaliação de políticas, planos, programas e projetos, na área governamental e não governamental. Segundo Mousinho (2001), a avaliação de políticas contribui para ajustar a trajetória planejada rumo ao desenvolvimento sustentável, não devendo ser entendida como sistema de ação punitiva, mas de orientação na tomada de decisão.

É indiscutível a importância de avançar no conhecimento sobre gestão ambiental e sua interface na promoção da saúde pública, da justiça social e da viabilidade econômica em espaços urbanos, sempre tendo a transparência como princípio permanente.

REFERÊNCIAS

AMBRIZZI, T.; LACERDA, C.B. A ciência do clima e a sustentabilidade. In: RIBEIRO, W.C. *Governança da ordem ambiental internacional e inclusão social.* v. 1. São Paulo: Annablume, 2012, p.237-257.

BIDERMAN, R.F. Políticas públicas locais em mudanças climáticas: transporte sustentável e soluções alternativas ao uso do carro. São Paulo, 2009. 384 p. Tese (Doutorado) – Escola de Administração de Empresas de São Paulo da Fundação Getulio Vargas.

BULKELEY, H.; BETSILL, M. *Cities and Climate Change.* Urban Sustainability and Global Environmental Governance. London/New York: Routledge, 2003, p. 237,

C40 CLIMATE LEADERSHIP GROUP. *Global leadership on climate change.* New York, 2010. Disponível em: www.c40cities.org. Acessado em: 08 ago. 2012.

CORTESE, T.T.P. Mudanças climáticas na cidade de São Paulo: avaliação da política pública municipal. 2013. 154 p. Tese (Doutorado) – Faculdade de Saúde Pública da Universidade de São Paulo, São Paulo.

CORTESE, T.T.P.; NATALINI G.T. *Mudanças climáticas: do global ao local.* São Paulo: Manole, 2013.

DICKINSON J.; TENORIO, A. *Inventory of New York City Greenhouse Gas Emissions. Mayor's Office of Long-term Planning and Sustainability.* Sept 2011, City of New York. Disponível em: http://inhabitat.com/nyc/carbon-quilt-video-shows-new--york-swallowed-up-by-giant-greenhouse-gas-bubbles/. Acessado em: 05 abr. 2013.

[ICLEI] GOVERNOS LOCAIS PELA SUSTENTABILIDADE. Disponível em: http://www.iclei.org/lacs. Acessado em: 05 maio. 2013.

_____. Local Government Climate Roadmap : parallel process to the UN climate roadmap. Status report. Barcelona: ICLEI, jun. 2009. Disponível em: http://www.

roteirolocalclimaticas.org/EN/downloads/Portuguese_LGClimateRoadmap2009_ENG_final_.pdf. Acessado em: 06 jul. 2014.

[IBGE] INSTITUTO BRASILEIRO DE GEOGRAFIA E ESTATÍSTICA. Contagem de população. Brasil 2007. Disponível em: http://www.ibge.gov.br/home/estatistica/populacao/contagem2007/default.shtm. Acessado em: 13 ago. 2013.

JOHN, V.; AGOPYAN, V. Construção sustentável: mitos, desafios e oportunidades. In: ALMEIDA, F. *Desenvolvimento Sustentável, 2012-2050: visão, rumos e contradições.* Rio de Janeiro: Elsevier, 2012.

MARTINS, M.A. *Referência em mudanças climáticas, docente do IF valoriza pesquisa nacional.* Disponível em: http://www5.usp.br/11483/referencia-mundial-em-mudancas-climaticas-docente-do-if-ressalta-pesquisa-brasileira/. Acessado em: 11 jun. 2012.

MOUSINHO, P.O. Indicadores de desenvolvimento sustentável: modelos internacionais e especificidades do Brasil. 2001. Dissertação (Mestrado). Rio de Janeiro: CNPq/IBICT e UFRJ/ECO.

NEW YORK CITY. PlaNYC 2030. New York, 2011. Disponível em: http://www.nyc.gov/html/planyc2030/html/home/. Acessado em: 28 jun. 2013.

_____. Progress Report 2014. New York. 2014. Disponível em: http://www.nyc.gov/html/planyc/downloads/pdf/140422_PlaNYCP-Report_FINAL_Web.pdf. Acessado em: 28 jul. 2014.

NOBRE, C. et al. *Vulnerabilidades das Megacidades Brasileiras às Mudanças Climáticas: Região Metropolitana de São Paulo, Sumário Executivo.* São Paulo: CCST/Inpe, Nepo/Unicamp, USP, IPT, Unesp, 2010. 32p.

[OECD] ORGANIZAÇÃO PARA A COOPERAÇÃO E DESENVOLVIMENTO ECONÔMICO. Climate Change. In: *Better Policies for Development: recommendations for policy coherence, OECD Publishing.* 2011. Disponível em: http://dx.doi.org/10.1787/9789264115958-13-en. Acessado em: 24 nov. 2013.

_____. Cities and Climate Change, OECD Publishing. Disponível em: http://dx.doi.org/10.1787/9789264091375-en. Acessado em: 02 fev. 2013.

[ONU] ORGANIZAÇÃO DAS NAÇÕES UNIDAS. *Convenção Quadro das Nações Unidas sobre Mudança do Clima.* Rio de Janeiro, 1992.

ROSENZWEIG, C.; SOLECKI, W.; HAMMER, S.A.; MEHROTRA, S. *Cities lead the way in climate–change action.* Nova York: Affiliations Nature, 2010.

SÃO PAULO (Município). Secretaria do Verde e do Meio Ambiente. *Inventário de Emissões de Gases de Efeito Estufa.* Centro de Estudos Integrados sobre Meio Ambiente e Mudanças Climáticas da Coordenação dos Programas de Pós-Graduação de Engenharia da Universidade Federal do Rio de Janeiro. CentroClima/Coppe/UFRJ, julho de 2005.

_____. Decreto n. 45.959, de 6 de junho de 2005. Cria o Comitê Municipal sobre Mudanças Climáticas e Ecoeconomia Sustentável. Diário Oficial da Cidade de São Paulo. Disponível em: http://portal.prefeitura.sp.gov.br/secretarias/meio_ambiente/banco_textos/0030. Acessado em: 15 abr. 2014.

_____. *Projeto Ambientes Verdes e Saudáveis. Exposição de Motivos – Política Municipal de Mudanças Climáticas para São Paulo.* Coleção Ambientes Verdes e Saudáveis. v. 3. São Paulo, 2009a, 158p.

_____. Lei municipal n. 14933, de 05 de junho de 2009. Institui a Política de Mudança do Clima do Município de São Paulo. Diário Oficial da Cidade de São Paulo. São Paulo, 08 jun. 2009b.

_____. Relatório técnico: cenários de emissão de gases de efeito estufa do município de São Paulo. São Paulo, 2013. Disponível em: http://issuu.com/svmasp/docs/cen__rios_de_emiss__o. Acessado em: 12 set. 2014.

SÃO PAULO OUTLOOK. *Discover a green city.* Yearbook 2011. Análise Editorial. São Paulo, 2011. Disponível em: http://www.analise.com. Acessado em: 06 jul. 2012.

SCHNEIDER, A. Compact, dispersed, fragmented, extensive? A comparison of urban growth in twenty-five global cities using remotely sensed data, pattern metrics and census information. *Urban studies march,* v. 45, p. 659-692, 2008. Disponível em: http://usj.sagepub.com/content/45/3/659.abstract. Acessado em: dez. 2014.

VIOLA, E. O regime internacional de mudanças climáticas e o Brasil. *Revista Brasileira de Ciências Sociais,* 2002, v. 17, n. 50, p. 25-46, 2002. Disponível em: http://www.scielo.br/pdf/rbcsoc/v17n50/a03v1750.pdf. Acessado em: 23 fev. 2015.

WORLD MAYORS AND MUNICIPAL LEADERS DECLARATION ON CLIMATE CHANGE, fourth municipal leaders summit on climate change, on the occasion of the United Nations Climate Change Conference (COP 11 and COP/MOP 1). Montreal, Canada, dez. 2005.

_____. Climate summit for mayors, on the occasion of the United Nations Climate Change Conference (COP 15). Copenhagen, Dinamarca, dez. 2009.

WWF BRASIL. Redes – uma introdução às dinâmicas da conectividade e da auto--organização. São Paulo, 2003. Disponível em: http://www.wwf.org.br/natureza_brasileira/reducao_de_impactos2/educacao/. Acessado em: 04 abr. 2010.

Direito de Proteção do Solo e Áreas Contaminadas[1]

5

Ana Luiza Silva Spínola
Universidade de São Paulo

Arlindo Philippi Jr
Universidade de São Paulo

INTRODUÇÃO

O reconhecimento de que a qualidade do solo pode significar um problema de saúde pública e representar riscos para os ecossistemas, segundo Sánchez (2001), só se consolidou muito depois de a poluição da água e do ar se tornarem objeto de vasta legislação e de terem sido criados órgãos governamentais especializados para aplicá-la.

Em outras palavras, a qualidade do solo era muito mais discutida em livros e trabalhos acadêmicos, que costumam classificar a poluição segundo o meio afetado – ar, água ou solo –, do que em política pública. No entanto, as substâncias poluentes circulam de um meio para outro, e destes para os organismos vivos, incluindo o homem. Portanto, pode-se afirmar

---

[1] Texto embasado e adaptado da tese de Doutorado de Spínola (2011) denominada "Inserção das áreas contaminadas na gestão municipal: desafios e tendências", defendida perante a Faculdade de Saúde Pública da Universidade de São Paulo.

que, desde que a poluição de origem industrial começou a se manifestar, seus efeitos têm se refletido no solo (Sánchez, 2001, p.81).

Após a edição de atos legislativos e normativos relacionados à proteção da água e do ar, o recurso ambiental solo passou paulatinamente a ser um bem jurídico legalmente protegido. Simultaneamente, a mesma legislação que protege também reconhece a ocorrência de poluição e de contaminação, de modo que medidas são prescritas tanto para evitar a conduta poluidora, como para remediar, tanto quanto possível, um solo já contaminado.

Segundo Milaré (2009), a expressão *uso do solo* tem dois sentidos principais: o de *recurso natural* (em que uma gama de atividade biótica acontece, incluindo a ação de bactérias, fungos etc.) e o de *espaço social* (como localização de assentamentos humanos e atividades produtivas), ambos objeto de intervenções antrópicas intensas, uma vez que a proteção jurídica deste bem ambiental é regulada segundo a atividade nele desenvolvida.

> A proteção do solo é tutelada, geralmente, sob o enfoque da atividade humana que dele necessita para ser desenvolvida. É o caso, por exemplo, da agricultura, que é regida pela Lei da Política Agrícola, e da construção civil, que é disciplinada pelas leis municipais de uso e ocupação do solo urbano, notadamente pelo Plano Diretor do Município, pelas leis de zoneamento e pelos tradicionais Códigos de Obra e Edificações. Os cuidados com a preservação do solo, sob o enfoque ambiental, vêm sendo introduzidos nessa legislação e, além disso, têm recebido tratamento específico em outras leis, como o Código Florestal ou os Códigos Ambientais Municipais. Dessa forma, tem se buscado cada vez mais a tutela da manutenção e conservação da qualidade do solo, como recurso e fator que não só compõe o ambiente artificial e cultural como também constituem o elemento físico-químico que dá suporte aos seres vivos. (Milaré, 2009, p. 239-40)

Este estudo tem por objetivo apresentar de forma resumida a evolução da legislação genérica relacionada ao bem ambiental solo[2], especialmente aquela criada para evitar a poluição, a degradação e recuperar sua qualidade, bem como as normas mais específicas que reconhecem e procuram encaminhar soluções para a problemática das *áreas contaminadas*.

---

[2] Trata-se, essencialmente no presente estudo, de solo urbano.

Adotou-se como metodologia a pesquisa documental de legislação nacional brasileira, bem como do estado de São Paulo, ente federativo que pioneiramente editou atos normativos (incluindo Lei) sobre o tema. Foi também realizada pesquisa bibliográfica em doutrinas do direito ambiental brasileiro.

RESULTADOS

Importante destacar, logo de início, que o solo foi por muito tempo considerado um receptor ilimitado de resíduos. Por muitas décadas se pensou que sua capacidade de autodepuração seria ilimitada ou inesgotável.

Casarini (s.d.) destaca que o tema poluição do solo cada vez mais se torna motivo de preocupação para a sociedade e as autoridades, tanto em vista dos aspectos de proteção à saúde pública e ao meio ambiente, como pela publicidade dada aos episódios críticos de poluição por todo o mundo.

> Historicamente o solo tem sido utilizado por gerações como receptor de substâncias resultantes da atividade humana. Com o aparecimento dos processos de transformação em grande escala a partir da Revolução Industrial, que ocorreu em diferentes escalas e tempos, em diferentes países, a liberação descontrolada de poluentes para o ambiente e sua consequente acumulação no solo e nos sedimentos sofreu uma mudança drástica de intensidade e de forma, explicada pelo uso intensivo dos recursos e insumos decorrentes do aumento das atividades industriais, agrícolas e domésticas. (Casarini, s.d.)

Nas palavras do consultor da Agência Alemã de Cooperação Técnica (*Gesellschaft für Technische Zusammenarbeit* – GTZ) e especialista em áreas contaminadas Andreas Marker,

> o solo [...] não raramente é ou foi considerado no passado um receptor inesgotável de substâncias economicamente inúteis e muitas vezes prejudiciais para o meio ambiente. Assim, acumulou-se uma herança nociva, o chamado passivo ambiental, basicamente como resultado de deposição de resíduos sólidos, infiltrações, vazamentos e acidentes, no decorrer do processo de industrialização e adensamento demográfico, principalmente em centros urbanos de países e regiões industrializados. (Marker, 2008, p.19)

DIREITO AMBIENTAL E SUSTENTABILIDADE

Nesse mesmo sentido é o texto de motivação do anteprojeto de lei sobre áreas contaminadas constante do ofício encaminhado pelo Secretário do Meio Ambiente do Estado de São Paulo ao Governador[3]:

> O solo foi considerado por muito tempo um receptor ilimitado de materiais descartáveis como os resíduos domésticos e industriais, com base na suposição de que esse meio apresentava capacidade regenerativa ilimitada das substâncias nocivas, todavia, hoje está comprovado que essa suposição é incorreta e que a capacidade depurativa do solo se esgota.

Vejamos como ocorreu a evolução do recurso ambiental solo como um bem jurídico legalmente protegido até os dias atuais.

Legislação Federal

A Lei n. 6.766, de 19.12.1979, disciplina o parcelamento do solo urbano, em que há expressa vedação de parcelamento "em terrenos que tenham sido aterrados com material nocivo à saúde pública, sem que sejam previamente saneados" e em áreas onde a "poluição impeça condições sanitárias suportáveis, até sua correção" (art. 3º, parágrafo único, II e V).

A Lei n. 6.938, de 31.08.1981, que implementa a Política Nacional de Meio Ambiente, tem por objetivo geral a recuperação da qualidade ambiental propícia à vida. Alguns de seus princípios são a racionalização do uso do solo e a recuperação de áreas degradadas. Define o solo como recurso ambiental e estabelece como objetivos a imposição, ao poluidor e ao predador, da obrigação de recuperar e/ou indenizar os danos causados e a preservação e restauração dos recursos ambientais com vistas à sua utilização racional e disponibilidade permanente. A responsabilidade civil objetiva em matéria ambiental foi prevista de modo que é o poluidor obrigado, independentemente da existência de culpa, a indenizar ou reparar os danos causados.

A Lei n. 7.347, de 24.07.1985, disciplina a ação civil pública, prevendo a responsabilidade por danos morais e patrimoniais causados ao meio ambiente, incluindo danos ao solo.

---

[3] Ofício n. 204/2005, disponível em: http://webspl1.al.sp.gov.br/internet/download?po FileIfs=5550589&/pl368-05.doc. Acessado em: 16 fev. 2011.

A Constituição Federal de 1988 estabeleceu, no *caput* do art. 225, as bases para a atuação ambiental no Brasil. Entre as incumbências do poder público constantes no § 1º está a preservação e restauração dos processos ecológicos essenciais. A recuperação do meio ambiente degradado consta como obrigação daquele que explorar recursos minerais. Foi também estabelecida a tríplice responsabilidade ambiental no sentido de que as condutas lesivas ao meio ambiente sujeitarão os infratores a sanções penais e administrativas, independentemente da obrigação de reparar os danos causados.

O Decreto n. 99.274, de 06.06.1990, regulamenta a Política Nacional do Meio Ambiente. Ao poder público cumpre, nos seus diferentes níveis de governo, identificar e informar, aos órgãos e entidades do Sisnama, a existência de áreas degradadas ou ameaçadas de degradação, propondo medidas para sua recuperação.

A responsabilidade criminal em matéria ambiental encontra-se disciplinada na Lei federal n. 9.605, de 12.02.1998, denominada Lei de Crimes Ambientais, que estabelece sanções penais e administrativas em decorrência de atos lesivos ao meio ambiente. O crime de poluição, também aplicável a áreas contaminadas, foi previsto no art. 54: "Causar poluição de qualquer natureza em níveis tais que resultem ou possam resultar em danos à saúde humana, ou que provoquem a mortandade de animais ou a destruição significativa da flora".

A Lei n. 9.985, de 18.07.2000, institui o Sistema Nacional de Unidades de Conservação da Natureza[4] e estabelece critérios e normas para a criação, implantação e gestão das unidades de conservação. Define recuperação como a "restituição de um ecossistema ou de uma população silvestre degradada a uma condição não degradada, que pode ser diferente de sua condição original" (art. 2º, XIII). A restauração, por sua vez, é definida como "restituição de um ecossistema ou de uma população silvestre degradada o mais próximo possível da sua condição original" (art. 2º, XIV). Entre os objetivos previstos menciona-se contribuir para a preservação e a restauração da diversidade de ecossistemas naturais e recuperar ou restaurar ecossistemas degradados.

A Resolução Conama n. 273, de 29.11.2000, estabelece os procedimentos para o licenciamento ambiental de postos revendedores, postos de abas-

---

[4] Muito embora esta norma se refira ao tema em estudo "solo", entendemos não ser ela aplicável quando se trata de gerenciamento de áreas contaminadas, pelos motivos expostos em Spínola (2011).

tecimento, instalações de sistemas retalhistas e postos flutuantes de combustíveis, bem como estabelece os responsáveis legais pela reparação de passivo ambiental ou de dano ambiental decorrente de acidentes ou vazamentos. Foi também prevista a apresentação ao órgão ambiental de um plano de encerramento no caso de desativação dos estabelecimentos mencionados na norma.

A Lei n. 10.257, de 10.07.2001, denominada Estatuto da Cidade ou Política Nacional Urbana, estabelece diretrizes e instrumentos destinados a orientar a atuação urbanística e o planejamento urbano por parte dos municípios brasileiros. Destaca-se a diretriz referente à ordenação e ao controle do uso do solo, que prevê a obrigação de evitar a utilização inadequada dos imóveis urbanos, a deterioração das áreas urbanizadas, bem como a poluição e a degradação ambiental.

O Código Civil, aprovado pela Lei n. 10.406, de 10.01.2002, também adotou a teoria da responsabilidade civil objetiva pelo dano ambiental, estabelecendo que aquele que, por ato ilícito, causar dano a outrem, fica obrigado a repará-lo. Ainda, "haverá obrigação de reparar o dano, independentemente de culpa, nos casos especificados em lei, ou quando a atividade normalmente desenvolvida pelo autor do dano implicar, por sua natureza, risco para os direitos de outrem" (art. 927, parágrafo único).

O Decreto n. 6.514, de 22.07.2008[5], regulamentou a parte administrativa da Lei n. 9.605/98 e disciplinou as infrações administrativas[6] no âmbito federal. As penalidades passíveis de aplicação são advertência, multa simples, multa diária, embargo de obra ou atividade, demolição de obra, entre outras. A infração genérica relativa à poluição consta no art. 61: "Causar poluição de qualquer natureza em níveis tais que resultem ou possam resultar em danos à saúde humana, ou que provoquem a mortandade de animais ou a destruição significativa da biodiversidade", cuja sanção de multa varia de 5 mil a 5 milhões de reais.

A Resolução Conama n. 420, de 28.12.2009, é a primeira norma federal específica sobre áreas contaminadas, estabelecendo os critérios e valores orientadores de qualidade do solo quanto à presença de substâncias quími-

---

[5] Este Decreto revogou o Decreto n. 3.179/99, que inicialmente estabeleceu as infrações administrativas ambientais em âmbito federal.

[6] Infração administrativa ambiental é "toda ação ou omissão que viole as regras jurídicas de uso, gozo, promoção, proteção e recuperação do meio ambiente" (art. 2º).

DIREITO DE PROTEÇÃO DO SOLO E ÁREAS CONTAMINADAS | **131**

cas e as diretrizes para o gerenciamento ambiental dessas áreas. Pela sua relevância, será brevemente apresentada a seguir.

A proteção do solo deve ocorrer de maneira preventiva, a fim de garantir a manutenção da sua funcionalidade, ou de maneira corretiva, visando restaurar sua qualidade ou recuperá-la de forma compatível com os usos previstos. A norma estabeleceu as funções do solo[7] e várias definições.

A qualidade de solo será avaliada com base nos valores orientadores[8], sendo que os órgãos ambientais estaduais devem estabelecer os valores de referência de qualidade do solo para substâncias químicas naturalmente presentes em até quatro anos após a publicação da norma. Foram estabelecidas quatro classes de qualidade dos solos, segundo a concentração de substâncias químicas, devendo-se observar procedimentos diferentes para cada classe.

Entre as obrigações para empreendimentos que desenvolvem atividades com potencial de contaminação, destacam-se: implantar programa de monitoramento de qualidade do solo e das águas subterrâneas, e apresentar relatório técnico nas renovações das licenças e previamente ao encerramento das atividades. Os órgãos ambientais competentes deverão publicar a relação das atividades com potencial de contaminação dos solos e das águas subterrâneas.

Os princípios básicos para o gerenciamento de áreas contaminadas foram estabelecidos no art. 21, como geração e disponibilização de informações; articulação, cooperação e integração interinstitucional entre os órgãos da União, dos Estados, do Distrito Federal e dos Municípios, proprietários e usuários; comunicação do risco etc.

Os objetivos do gerenciamento de áreas contaminadas são: eliminar o perigo ou reduzir o risco à saúde humana; eliminar ou minimizar os riscos

---

[7] São funções do solo: I) servir como meio básico para a sustentação da vida e de *habitat* para pessoas, animais, plantas e outros organismos vivos; II) manter o ciclo da água e dos nutrientes; III) servir como meio para a produção de alimentos e outros bens primários de consumo; IV) agir como filtro natural, tampão e meio de absorção, degradação e transformação de substâncias químicas e organismos; V) proteger as águas superficiais e subterrâneas; VI) servir como fonte de informação quanto ao patrimônio natural, histórico e cultural; VIII) constituir fonte de recursos minerais; e VIII) servir como meio básico para a ocupação territorial, práticas recreacionais e propiciar outros usos públicos e econômicos (art. 3º, parágrafo único).

[8] Abrangem os valores de referência de qualidade, de prevenção e de investigação, os quais encontram-se definidos mais adiante, quando da explanação da Lei estadual n. 13.577/2009.

ao meio ambiente; evitar danos aos demais bens a proteger, bem como ao bem-estar público durante a execução de ações para reabilitação; e possibilitar o uso declarado ou futuro da área observando o planejamento de uso e ocupação do solo.

As etapas de investigação e gestão a serem estabelecidas pelo órgão ambiental competente são:

- Identificação com base em avaliação preliminar ou investigação confirmatória quando houver indícios de contaminação.
- Diagnóstico, etapa que inclui investigação detalhada e avaliação de risco.
- Intervenção, que inclui as ações de controle para a eliminação do perigo ou redução dos riscos, bem como o monitoramento da eficácia das ações executadas em vista do uso atual e futuro da área.

Em função das informações existentes, as áreas são classificadas como:

- Área suspeita de contaminação.
- Área contaminada sob investigação.
- Área contaminada sob intervenção.
- Área em processo de monitoramento para reabilitação.

Uma série de obrigações foi definida para o órgão ambiental competente, como avaliar, em conjunto com outros órgãos, as propostas de intervenção da área; acompanhar, em conjunto com outros órgãos, as ações emergenciais, de intervenção e de monitoramento; dar publicidade e comunicar a situação da área ao proprietário, ao possuidor, ao Cartório de Registro de Imóveis e ao cadastro imobiliário das prefeituras.

O proprietário deverá informar à autoridade sobre o uso pretendido para a área, que decidirá sobre sua viabilidade ambiental com fundamento na legislação vigente, no diagnóstico da área, na avaliação de risco, nas ações de intervenção propostas e no zoneamento do uso do solo.

As alternativas de intervenção poderão contemplar as seguintes ações: eliminação de perigo ou redução a níveis toleráveis dos riscos à segurança pública, à saúde humana e ao meio ambiente; zoneamento e restrição dos usos e ocupação do solo e das águas superficiais e subterrâneas; aplicação de técnicas de remediação; e monitoramento.

Os órgãos ambientais deverão comunicar formalmente a existência de uma área contaminada ou reabilitada a diversos órgãos, entre eles o poder público municipal, bem como promover a comunicação do risco após a área ser declarada contaminada sob intervenção. Mecanismos para comunicação de riscos à população adequados aos diferentes públicos envolvidos, que propiciem a fácil compreensão e o acesso à informação aos grupos social e ambientalmente vulneráveis deverão ser criados.

Ainda nessa linha, os órgãos ambientais deverão dar publicidade, principalmente em seus portais institucionais na internet, às informações sobre áreas contaminadas identificadas e suas principais características, por meio de relatório, cujo conteúdo mínimo foi previsto na própria Resolução.

A Resolução prevê, ainda, a criação do Banco de Dados Nacional sobre Áreas Contaminadas, a ser implementado pelo Ibama, com base nas informações geradas pelos órgãos ambientais estaduais.

A Lei n. 12.305, de 02.08.2010, instituiu a Política Nacional de Resíduos Sólidos, a qual também trouxe as definições de "área contaminada" e de "área contaminada órfã"[9]. Estabeleceu que os planos estaduais de resíduos sólidos, a serem elaborados com horizonte de atuação de vinte anos e revistos a cada quatro deverão prever as áreas degradadas em razão da disposição inadequada de resíduos sólidos ou rejeitos a serem objeto de recuperação ambiental. Os planos municipais de gestão integrada de resíduos sólidos deverão ter como conteúdo mínimo a identificação dos passivos ambientais relacionados aos resíduos sólidos, incluindo as áreas contaminadas e as medidas saneadoras.

Os planos de gerenciamento de resíduos sólidos, a serem elaborados pelos geradores[10], deverão prever as medidas saneadoras dos passivos ambientais relacionados aos resíduos sólidos. Anote-se que este plano é parte integrante do processo de licenciamento ambiental do empreendimento pelo órgão ambiental competente e, caso a atividade não seja licenciável, sua aprovação caberá à autoridade municipal.

Ao poder público foi instituída a responsabilidade de atuar subsidiariamente na minimização ou cessação do dano logo que tome conhecimento de evento lesivo ao meio ambiente ou à saúde pública, hipótese em que os responsáveis deverão ressarci-lo pelos gastos decorrentes.

---

[9] Área contaminada órfã foi definida como "área contaminada cujos responsáveis pela disposição não sejam identificáveis ou individualizáveis" (art. 3º, II).

[10] Os geradores de resíduos que devem elaborar este plano foram especificados pela lei.

Com relação às áreas órfãs, deverá o governo federal, sem prejuízo das iniciativas de outras esferas governamentais, estruturar e manter instrumentos e atividades voltados para a descontaminação. Caso os responsáveis sejam posteriormente identificados, deverão ressarcir integralmente o valor empregado.

Linhas de financiamento e medidas indutoras à descontaminação de áreas contaminadas e órfãs deverão ser, em conjunto com outros temas, prioritariamente instituídos pelo poder público.

O Decreto n. 7.404, de 23.12.2010, regulamentou a Política Nacional de Resíduos. Entre as atribuições do Comitê Interministerial criado pela Política consta a definição e avaliação da implantação dos mecanismos específicos voltados para a descontaminação das áreas órfãs.

Os municípios com população total inferior a 20 mil habitantes poderão elaborar planos simplificados, os quais também deverão conter a identificação de áreas de disposição inadequada de resíduos, áreas contaminadas e respectivas medidas saneadoras.

Legislação do Estado de São Paulo

A Lei n. 997, de 31.05.1976, dispõe sobre o controle da poluição do meio ambiente e estabelece previsões quanto ao licenciamento ambiental (emissão das licenças prévia, de instalação e funcionamento para fontes de poluição), aplicação de penalidades, entre outras. O art. 2º fixa o conceito de poluição[11] e o art. 3º proíbe o lançamento ou a liberação de poluentes nas águas, no ar ou no solo.

O Decreto n. 8.468, de 08.09.1976, aprova o regulamento da Lei n. 997/76 e especifica questões referentes ao controle da poluição da água, do ar e do solo, entre elas as hipóteses e restrições quanto à disposição de resíduos.

Da Poluição do Solo
Art. 51. Não é permitido depositar, dispor, descarregar, enterrar, infiltrar ou

---

[11] "Art. 2º. Considera-se poluição do meio ambiente a presença, o lançamento ou a liberação, nas águas, no ar ou no solo, de toda e qualquer forma de matéria ou energia, com intensidade, em quantidade, de concentração ou com características em desacordo com as que forem estabelecidas em decorrência desta Lei, ou que tornem ou possam tornar as águas, o ar ou solo: I – impróprios, nocivos ou ofensivos à saúde; II – inconvenientes ao bem-estar público; III – danosos aos materiais, à fauna e à flora: IV – prejudiciais à segurança, ao uso e gozo da propriedade e às atividades normais da comunidade."

acumular no solo resíduos, em qualquer estado da matéria, desde que poluentes, na forma estabelecida no art. 3º deste Regulamento.

Art. 52. O solo somente poderá ser utilizado para destino final de resíduos de qualquer natureza, desde que sua disposição seja feita de forma adequada, estabelecida em projetos específicos de transporte e destino final, ficando vedada a simples descarga ou depósito, seja em propriedade pública ou particular. [...]

Art. 55. Somente será tolerada a acumulação temporária de resíduos de qualquer natureza, na fonte de poluição ou em outros locais, desde que não ofereçam risco de poluição ambiental.

A Lei n. 1.817, de 24.10.1978, estabeleceu objetivos e diretrizes para o desenvolvimento industrial metropolitano, disciplinando o zoneamento industrial, a localização, a classificação e o licenciamento de estabelecimentos industriais na Região Metropolitana de São Paulo.

A Constituição Estadual de 1989 apresenta diversas diretrizes, princípios e mandamentos relacionados à recuperação de áreas degradadas. Destacam-se os seguintes:

Art. 180. No estabelecimento de diretrizes e normas relativas ao desenvolvimento urbano, o Estado e os Municípios assegurarão: [...]
III – a preservação, proteção e recuperação do meio ambiente urbano e cultural;
Art. 191. O Estado e os Municípios providenciarão, com a participação da coletividade, a preservação, conservação, defesa, recuperação e melhoria do meio ambiente natural, artificial e do trabalho, atendidas as peculiaridades regionais e locais e em harmonia com o desenvolvimento social e econômico.
Art. 193. O Estado, mediante lei, criará um sistema de administração da qualidade ambiental [...] com o fim de: [...]
II – adotar medidas, nas diferentes áreas de ação pública e junto ao setor privado, para manter e promover o equilíbrio ecológico e a melhoria da qualidade ambiental, prevenindo a degradação em todas as suas formas e impedindo ou mitigando impactos ambientais negativos e recuperando o meio ambiente degradado.

A Lei n. 9.472, de 30.12.1996, disciplina o uso de áreas industriais, passando a admitir "usos comerciais de prestação de serviços" nas zonas de uso predominantemente industrial de que trata a Lei n. 1.817/78 quando se referir à zona que tenha sofrido descaracterização significativa do uso industrial, desde que permitido pela legislação municipal.

A Lei n. 9.509, de 20.03.1997, dispõe sobre a Política Estadual de Meio Ambiente e estabelece como um de seus princípios a promoção de medidas para a melhoria da qualidade ambiental, a prevenção e a recuperação do meio ambiente degradado, bem como a informação da população sobre os níveis de poluição e sobre a presença de substâncias nocivas à saúde e ao meio ambiente no solo. Como objetivos, destacam-se a preservação e restauração dos recursos ambientais com vistas à sua utilização sustentada e disponibilidade permanente e a imposição ao poluidor da obrigação de recuperar e/ou indenizar os danos causados.

A Lei n. 9.999, de 09.06.1998, alterou a redação da Lei n. 9.472/96 e regulamentou a ocupação e reutilização de terrenos nas Zonas de Uso Predominantemente Industrial (Zupi) referidas na Lei n. 1.817/78. Nessas áreas, admitem-se os usos residencial, comercial, de prestação de serviços e institucional quando se tratar de zona que tenha sofrido descaracterização significativa do uso industrial e não apresente contaminação da área, mediante parecer técnico do órgão ambiental estadual, desde que o uso pretendido seja permitido pela legislação municipal.

A Resolução estadual conjunta SS-SMA n. 1, de 06.06.2002, define procedimentos para ação conjunta das Secretarias de Estado da Saúde e Meio Ambiente no tocante a áreas contaminadas.

O Decreto estadual n. 47.397, de 04.12.2002, alterou a redação do Decreto n. 8.468/76. Trouxe as seguintes inovações:

- No caso de loteamentos, desmembramentos, condomínios e conjuntos habitacionais, deverá o empreendedor comprovar que a área objeto do licenciamento não apresenta impedimentos à ocupação proposta, sob o ponto de vista ambiental e de saúde pública.

- A expedição da licença de instalação para as ampliações mencionadas está condicionada ao equacionamento das pendências ambientais.

- As áreas objeto de deposição, aterramento ou contaminação com materiais nocivos à saúde pública devem ser saneadas previamente ao pedido de Licença de Instalação.

O Decreto n. 47.400, de 04.12.2002, regulamenta dispositivos da Lei n. 9.509/97 e, entre outros, criou o Plano de Desativação. Os empreendimentos sujeitos ao licenciamento ambiental deverão comunicar ao órgão ambiental a suspensão ou o encerramento das suas atividades, que deverá ser

DIREITO DE PROTEÇÃO DO SOLO E ÁREAS CONTAMINADAS | **137**

acompanhado de um Plano de Desativação que contemple a situação ambiental existente e, se for o caso, informe a implementação das medidas de restauração e de recuperação da qualidade ambiental das áreas que serão desativadas ou desocupadas. As restrições de uso verificadas após a recuperação da área devem ser averbadas no Registro de Imóveis competente.

A Resolução estadual conjunta SMA/SERHS/SS n. 3, de 21.06.2006, define procedimentos integrados para o controle da exploração, poluição e uso dos recursos hídricos subterrâneos como solução alternativa de abastecimento de água para consumo humano. As áreas contaminadas declaradas pela Companhia Ambiental do Estado de São Paulo (Cetesb) e as fontes pontuais com potencial de contaminação do solo listadas na Resolução devem ser levadas em consideração quando da outorga dos recursos hídricos subterrâneos.

A Lei n. 12.300, de 16.03.2006, instituiu a Política Estadual de Resíduos Sólidos. Algumas definições de relevo foram estabelecidas, incluindo área contaminada[12], que será adiante comentada. Como objetivos previu-se, entre outros, a "preservação e a melhoria da qualidade do meio ambiente, da saúde pública e a recuperação das áreas degradadas por resíduos sólidos" (art. 3º, I e II). Algumas obrigações a serem realizadas pelo poder público em parceria com a iniciativa privada foram estabelecidas, como a recuperação das áreas degradadas ou contaminadas por gerenciamento inadequado dos resíduos sólidos.

Como instrumentos, foram estabelecidos o aporte de recursos orçamentários, assim como incentivos fiscais, tributários e creditícios destinados à recuperação de áreas degradadas e a remediação de áreas contaminadas por resíduos sólidos.

Os responsáveis pela degradação ou contaminação de áreas deverão promover sua recuperação ou remediação. Uma cadeia de responsáveis pela recuperação de áreas contaminadas foi estabelecida entre o gerador de resíduos, seus controladores, sucessores e os gerenciadores das unidades receptoras.

A Decisão da Diretoria da Cetesb n. 103/2007/CE[13] dispõe sobre o procedimento para gerenciamento de áreas contaminadas.

---

[12] "Área, terreno, local, instalação, edificação ou benfeitoria que contém quantidades ou concentrações de matéria em condições que causem ou possam causar danos à saúde humana, ao meio ambiente e a outro bem a proteger" (art. 5º, IX).

[13] Optamos por inserir neste capítulo a Decisão de Diretoria da Cetesb n. 103/2007, considerando que ela possui caráter normativo.

Foi criado o Grupo Gestor de Áreas Contaminadas Críticas (GAC)[14], cujos objetivos incluem a coordenação das ações ou decisões da agência ambiental na definição do tipo de intervenção, a gestão da informação, as estratégias de comunicação do risco e a coordenação das relações interinstitucionais.

O cadastro de áreas contaminadas[15] contém todas as informações obtidas em cada uma das etapas e será utilizado como fonte de dados para o planejamento da intervenção, bem como para o controle e planejamento ambiental da região de interesse.

A metodologia do gerenciamento de áreas contaminadas é constituída por etapas sequenciais, em que a informação obtida em cada fase é a base para a execução da posterior. O processo de identificação de áreas contaminadas tem como objetivo principal confirmar a existência e a localização da área contaminada sob investigação e é constituído pelas etapas:

- Definição da região de interesse.
- Identificação de áreas com potencial de contaminação.
- Avaliação preliminar.
- Investigação confirmatória.

Em seguida, inicia-se o processo de reabilitação, em que as seguintes etapas serão percorridas:

- Investigação detalhada.
- Avaliação de risco.
- Concepção da remediação.
- Projeto de remediação.
- Remediação.
- Monitoramento.

---

[14] Áreas contaminadas críticas "são aquelas que, em função dos danos causados ou dos riscos que impõem aos receptores ou aos compartimentos ambientais de interesse, geram inquietação na população ou conflitos entre os atores envolvidos, havendo a necessidade de um procedimento de gerenciamento diferenciado que contemple a definição de estratégias de intervenção, de comunicação do risco e de gestão da informação, envolvendo normalmente outros órgãos ou entidades" (Cetesb, 2007, p. 34).

[15] O cadastro de áreas contaminadas e reabilitadas pode ser verificado no site da Cetesb. Disponível em: http://www.cetesb.sp.gov.br/areas-contaminadas/relações-de-áreas--contaminadas/4-Relações-de-Áreas-Contaminadas. Acessado em: 20 fev. 2015.

A área investigada, em função do nível das informações ou dos riscos existentes, poderá ser classificada em: área com potencial de contaminação, área suspeita de contaminação, área contaminada sob investigação, área contaminada, área em processo de monitoramento para reabilitação, área reabilitada para o uso declarado.

Determinou-se, portanto, a avaliação de risco como ferramenta utilizada para definir a necessidade de intervenção na área contaminada e para estabelecer as metas de remediação a ser atingidas. Os níveis aceitáveis de risco foram definidos, bem como as ações necessárias ao gerenciamento, quais sejam ações emergenciais, técnicas de remediação (que abrangem descontaminação ou contenção ou isolamento dos contaminantes), medidas de controle institucional (como a restrição do uso do solo e de água subterrânea) e de engenharia (como a impermeabilização da superfície do solo).

O Decreto n. 54.645, de 05.08.2009, regulamentou dispositivos da Política Estadual de Resíduos. Outras definições foram apresentadas, como a "recuperação de áreas degradadas"[16]. O plano estadual de resíduos sólidos abrangerá a estratégia geral para recuperação das áreas degradadas e a remediação de áreas contaminadas por resíduos sólidos. A avaliação de risco foi eleita como instrumento prévio à remediação.

Lei Estadual Sobre Gerenciamento de Áreas Contaminadas[17]

A iniciativa do anteprojeto que deu origem à primeira lei brasileira sobre o assunto foi do Poder Executivo, especialmente da Secretaria do Meio Ambiente e da Cetesb. Foi encaminhado oficialmente à Assembleia Legislativa em 06.06.2005 pelo Governador do Estado de São Paulo e em 08.07.2009 foi publicada a Lei n. 13.577, que dispõe sobre diretrizes e procedimentos para a proteção da qualidade do solo e o gerenciamento de áreas contaminadas.

---

[16] A recuperação de áreas degradadas foi definida como o "retorno da área degradada a uma forma de utilização, de acordo com um plano preestabelecido para uso do solo, que vise à obtenção de estabilidade do meio ambiente".

[17] Referida lei foi regulamentada pelo Decreto estadual n. 59.263/2013, o qual detalhou o rito do gerenciamento perante a Cetesb, bem como, entre outros assuntos, ratificou a necessária interação do responsável legal com outros órgãos de saúde e a própria população.

140 | DIREITO AMBIENTAL E SUSTENTABILIDADE

O objetivo da lei é a proteção da qualidade do solo contra alterações nocivas por contaminação, a definição das responsabilidades, identificação, cadastramento e remediação das áreas contaminadas de forma a tornar seguro seu uso atual e futuro. Como objetivo geral foi estabelecida a garantia do uso sustentável do solo, protegendo-o de contaminações e prevenindo alterações nas suas características e funções[18].

A garantia à informação e a participação da população afetada nas decisões relacionadas às áreas contaminadas foram expressamente previstas como um dos objetivos da lei.

Por ser uma lei ambiental eminentemente técnica, uma seção inteira foi dedicada à conceituação de termos de suma importância para o gerenciamento da qualidade do solo. Ao longo desta seção, apresentaremos algumas definições de interesse.

- Área com potencial de contaminação: área, terreno, local, instalação, edificação ou benfeitoria onde são ou foram desenvolvidas atividades que, por suas características, possam acumular quantidades ou concentrações de matéria em condições que a tornem contaminada (art. 3º, IV).

- Área suspeita de contaminação: área, terreno, local, instalação, edificação ou benfeitoria com indícios de ser uma área contaminada (art. 3º, VI).

- Área contaminada sob investigação: área contaminada na qual estão sendo realizados procedimentos para determinar a extensão da contaminação e os receptores afetados (art. 3º, III).

- Área contaminada: área, terreno, local, instalação, edificação ou benfeitoria que contenha quantidades ou concentrações de matéria em condições que causem ou possam causar danos à saúde humana, ao meio ambiente ou a outro bem a proteger (art. 3º, II).

- Área remediada para o uso declarado: área, terreno, local, instalação, edificação ou benfeitoria anteriormente contaminada que, depois de

---

[18] As funções do solo foram estabelecidas no parágrafo único do art. 6º: I) sustentação da vida e do *habitat* para pessoas, animais, plantas e organismos do solo; II) manutenção do ciclo da água e dos nutrientes; III) proteção da água subterrânea; IV) manutenção do patrimônio histórico, natural e cultural; V) conservação das reservas minerais e de matéria-prima; VI) produção de alimentos; VII) meios para manutenção da atividade socioeconômica.

submetida à remediação, tem restabelecido o nível de risco[19] aceitável à saúde humana, considerado o uso declarado (art. 3º, V).

Diversos instrumentos foram previstos, como licenciamento, plano de desativação, plano diretor e legislação de uso e ocupação do solo, cadastro de áreas contaminadas[20], projeto de remediação, incentivos fiscais, tributários e creditícios, garantias bancárias, seguro ambiental, fundos financeiros, a compensação ambiental[21] etc.

Como regra, a lei previu que qualquer pessoa física ou jurídica que, por ação ou omissão, possa contaminar o solo, deve adotar as providências necessárias para que não ocorram alterações significativas e prejudiciais às funções do solo.

A atuação dos órgãos do Sistema Estadual de Meio Ambiente terá como parâmetro os valores orientadores[22].

---

[19] Risco foi definido como a "probabilidade de ocorrência de um efeito adverso em um receptor sensível" (art. 3º, XIX).

[20] Constituído por informações sobre empreendimentos e atividades potencialmente poluidores, aqueles que no passado abrigaram atividades passíveis de provocar contaminação ou que estejam sob suspeita de estarem contaminados.

[21] A compensação ambiental foi regulamentada por meio do Decreto estadual n. 54.544/2009, o qual prevê que no licenciamento ambiental de empreendimentos potencialmente passíveis de gerar área contaminada (a serem ainda definidos por ato do Secretário do Meio Ambiente), o empreendedor deverá recolher ao Fundo valor a ser fixado pelo órgão competente, a título de compensação. Referido valor, sujeito à impugnação, será fixado levando-se em conta o grau de potencialidade de geração de contaminação, o porte do empreendimento a ser implantado, bem como as tecnologias utilizadas para a redução do potencial de contaminação. Poderá ser reduzido em até 50% se o empreendedor adotar procedimentos para a mitigação do risco de contaminação.

[22] Os valores orientadores foram definidos da seguinte forma: *valor de referência de qualidade*: "concentração de determinada substância no solo e na água subterrânea que define um solo como limpo ou a qualidade natural da água subterrânea" (art. 3º, XXIV). Serão utilizados para orientar a política de prevenção e controle das funções do solo (art. 9º); *valor de prevenção*: "concentração de determinada substância acima da qual podem ocorrer alterações prejudiciais à qualidade do solo e da água subterrânea" (art. 3º, XXIII). Serão utilizados para disciplinar a introdução de substâncias no solo e, caso sejam ultrapassados, haverá a necessidade de monitoramento dos impactos decorrentes (art. 10); *valor de intervenção*: "concentração de determinada substância no solo e na água subterrânea acima da qual existem riscos potenciais diretos e indiretos à saúde humana, considerado um cenário de exposição genérico" (art. 3º, XXII). Serão utilizados para impedir a continuidade da introdução de cargas poluentes no solo (art. 11).

São responsáveis legais e solidários[23] pela prevenção, identificação e remediação de uma área contaminada os seguinte agentes: o causador da contaminação e seus sucessores; o proprietário da área; o superficiário[24]; o detentor da posse efetiva; e quem dela se beneficiar direta ou indiretamente.

Visando a identificar as áreas contaminadas, foram estabelecidas diversas obrigações para o órgão ambiental, como realizar a avaliação preliminar[25] (ou solicitar do responsável legal a adoção de providências), assim como exigir do responsável legal a realização de investigação confirmatória[26].

Caso a área seja classificada[27] como contaminada sob investigação, deverá o órgão ambiental, além de incluí-la no cadastro, notificar os órgãos públicos estaduais envolvidos, as prefeituras municipais, entre outros.

Após a área ser classificada como contaminada sob investigação, os órgãos ambientais e de saúde deverão implementar programa que garanta à população afetada, por meio de seus representantes, o acesso às informações disponíveis e a participação no processo de avaliação e remediação da área.

A área será classificada como contaminada quando os valores definidos para risco aceitável à vida, à saúde humana e ao meio ambiente forem ultrapassados, devendo ser, portanto, remediada[28].

---

[23] A solidariedade é um conceito previsto na legislação civil nos seguintes termos: "há solidariedade, quando na mesma obrigação concorre mais de um credor, ou mais de um devedor, cada um com direito, ou obrigado, à dívida toda" (CC, art. 264). Em se tratando de áreas contaminadas, é possível exigir a obrigação (p.ex., remediação) integral de todos os responsáveis listados no art. 13 da Lei paulista ora comentada.

[24] Superficiário é o "detentor do direito de superfície de um terreno, por tempo determinado ou indeterminado, mediante escritura pública registrada no Cartório de Registro de Imóveis, nos termos da Lei federal n. 10.257, de 9 de julho de 2001" (art. 3º, XXI).

[25] Avaliação preliminar é a "avaliação inicial, realizada com base nas informações disponíveis, visando a fundamentar a suspeita de contaminação de uma área" (art. 3º, VIII).

[26] A investigação confirmatória "visa comprovar a existência de uma área contaminada" (art. 3º, XV).

[27] A classificação de área foi definida como "ato administrativo por meio do qual o órgão ambiental classifica determinada área durante o processo de identificação e remediação da contaminação" (art. 3º, XI).

[28] Remediação de área contaminada foi definida como "adoção de medidas para a eliminação ou redução dos riscos em níveis aceitáveis para o uso declarado" (art. 3º, XVIII).

A investigação detalhada[29] determinará a extensão da contaminação e identificará os receptores de risco. Uma avaliação de risco[30] subsidiará a tomada de decisão, pelo órgão ambiental, a respeito da intervenção[31] a ser realizada na área. Nessa fase, o órgão ambiental deverá, entre outras tarefas, notificar os órgãos públicos estaduais envolvidos e as prefeituras municipais, além de exigir do responsável a apresentação de Projeto de Remediação[32].

Quando for restabelecido um nível de risco aceitável para o uso declarado, a área será classificada como *remediada para o uso declarado*. Nesta etapa, o órgão ambiental deverá também notificar as prefeituras municipais, entre outros órgãos.

Os registros e as informações referentes à área deverão indicar expressamente o uso para o qual ela foi remediada, que não poderão ser distintos dos usos autorizados pela legislação de uso e ocupação do solo. Caso se pretenda alterá-lo, nova avaliação de risco deve ser realizada.

Os responsáveis legais pelos empreendimentos especificados deverão comunicar a suspensão ou o encerramento das atividades mediante apresentação de um *plano de desativação*, que contemplará a situação ambiental da área. Após sua recuperação, o órgão ambiental emitirá a Declaração de Encerramento da Atividade[33].

Foi criado o Fundo Estadual para Prevenção e Remediação de Áreas Contaminadas (Feprac)[34] como fundo de investimento vinculado à Secreta-

---

[29] A investigação detalhada é o "processo pelo qual são identificados, avaliados e quantificados os riscos à saúde humana, ao meio ambiente e a outros bens a proteger" (art. 3º, XVI).

[30] Processo de aquisição e interpretação de dados de campo que permite o entendimento da dinâmica das plumas de contaminação em cada um dos meios físicos afetados (art. 3º, VII).

[31] Intervenção é a "ação que objetive afastar o perigo advindo de uma área contaminada" (art. 3º, XIV).

[32] Este plano deverá conter um cronograma das fases e prazos de implementação a ser submetido ao órgão ambiental (art. 25). Deverá também ser apresentada pelo responsável uma das garantias previstas na lei (seguro ambiental ou garantias bancárias) para assegurar o cumprimento do plano de remediação, no valor mínimo de 125% do custo estimado. Em caso de descumprimento, o órgão ambiental executará tais garantias, visando custear a complementação das medidas de remediação (art. 25, §§ 2º e 3º).

[33] A declaração de encerramento de atividade é o "ato administrativo pelo qual o órgão ambiental atesta o cumprimento das condicionantes estabelecidas pelo Plano de Desativação do Empreendimento e pela legislação pertinente" (art. 3º, XII).

[34] Foi também criado um Conselho de Orientação composto paritariamente de representantes do Estado, municípios e sociedade civil, o qual vai, entre outras funções, aprovar I) as normas e critérios para a captação e aplicação dos recursos, II) os critérios para verifi-

ria do Meio Ambiente. Os recursos serão aplicados em operações financeiras destinadas a apoiar e a incentivar a execução de ações relacionadas com a identificação e remediação de áreas contaminadas e a Cetesb exercerá as funções de agente técnico e de secretaria executiva do fundo.

Exigências relacionadas ao planejamento urbano municipal foram estabelecidas: "os planos diretores municipais e respectiva legislação de uso e ocupação do solo sempre deverão levar em conta as áreas com potencial ou suspeita de contaminação e as áreas contaminadas" (art. 48), bem como a aprovação de projetos de parcelamento do solo e de edificação deverá garantir o uso seguro das áreas com potencial ou suspeita de contaminação e as áreas contaminadas (art. 49).

A Lei em comento n. 13.577/2009 foi regulamentada pelo Decreto estadual n. 59.263/2013, o qual trouxe preceitos sobre as responsabilidades, cadastro, prevenção e controle, identificação e reabilitação de áreas contaminadas, desativação de empreendimentos, dentre outros.

DISCUSSÃO

A sociedade e, como reflexo, a legislação ambiental brasileira (considerando-se que a legislação é um produto social) vem reconhecendo os prejuízos ambientais e para a saúde decorrentes da crença equivocada de que o solo seria um receptor ilimitado de resíduos.

Mediante a apresentação da legislação mencionada nas seções anteriores, procurou-se mostrar ao leitor como evoluiu a tutela jurídica do recurso ambiental solo, considerando que sua proteção é regulada sob o enfoque da atividade humana que nele é exercida.

Verificou-se o solo como recurso ambiental que exerce diversas funções: base para implantação de assentamentos e de outras atividades humanas, como unidades de conservação da natureza; receptor de resíduos e outras substâncias poluentes; objeto do ordenamento territorial; propriedade privada (não obstante seja um bem de uso comum do povo) etc. Impuseram-se responsabilidades nas esferas civil, penal e administrativa para aquele que atua sobre ele ou o polui; determinou-se sua recuperação caso se tor-

---

cação da viabilidade técnica, econômica e financeira dos projetos, III) os programas e ações preventivas à geração de áreas contaminadas, bem como de garantia à informação e à participação da população afetada nas decisões relacionadas às áreas contaminadas (art. 34).

ne uma área degradada; estabeleceu-se o controle corretivo (aplicação de penalidades em caso de cometimento de infração) e preventivo (licenciamento ambiental) etc.

Demonstrou-se, ainda, que a contaminação deste recurso natural passou a ser um problema apenas recentemente reconhecido e tratado pelo ordenamento jurídico.

Em 1976, o Estado de São Paulo aprovou legislação disciplinando o controle da poluição, proibindo diversas condutas, como depósito, disposição, infiltração e acúmulo de substâncias poluentes no solo, o qual somente poderia ser utilizado para destino final de resíduos se houvesse um projeto específico de transporte e destino final. A acumulação temporária de resíduos seria tolerada.

A proteção jurídica no âmbito federal iniciou-se em 1979, disciplinando-se como o solo poderia ser parcelado. Proibiu-se o parcelamento de terrenos que tivessem sido aterrados com material nocivo à saúde.

Tais vedações legais, entretanto, não evitaram que surgissem casos como Barão de Mauá, Mansões de Santo Antônio (e tantas outras) em que edifícios e/ou conjuntos residenciais foram construídos sobre áreas contaminadas por disposição irregular de resíduos.

Verifica-se que a legislação evoluiu partindo-se de uma proteção mais ideal e principiológica do solo em sentido amplo, direcionando-se, posteriormente, para uma especificação relativa ao tratamento das áreas contaminadas. Termos como *preservação e restauração dos recursos ambientais, recuperação da qualidade ambiental* e *recuperação de áreas degradadas* constam como objetivos ou princípios das políticas estadual e nacional do meio ambiente e das Constituições Federal e do Estado de São Paulo. Já não bastava manter sua qualidade, mas a recuperação/remediação daquilo que estava sendo degradado/contaminado passaria a ser necessário, ainda que sem se saber, num contexto prático, exatamente como (qual método e técnica utilizar) e por meio de quais instrumentos.

Um marco importante foi estabelecido pela Lei de Crimes Ambientais, em 1998, que trouxe, entre as condutas puníveis, o crime de poluição. Contaminar um terreno passou a partir de então a ser tipificado como crime, dependendo, por exemplo, do nível de dano causado à saúde humana. Foi também preenchida outra lacuna em âmbito federal, por meio do Decreto n. 3.179/99[35], que fixou como infração administrativa a conduta de causar

---

[35] Revogado pelo Decreto n. 6.514/2008.

poluição, aplicável a áreas contaminadas. Tal norma acabou também por fornecer aos órgãos ambientais um importante dispositivo para enquadrar legalmente as infrações relacionadas à poluição de solo constatadas nas ações de fiscalização.

A primeira norma que aborda o tema das áreas contaminadas aprovada em nível federal foi a Resolução Conama n. 273/2000, que estabeleceu os procedimentos para o licenciamento ambiental de postos de serviço. Termos como *passivo ambiental* e *contaminação* começavam a aparecer nas normas ambientais, sendo que esta Resolução especificamente reconheceu em sua motivação que vazamentos de combustíveis poderiam causar contaminação de corpos de água do solo e do ar e que a ocorrência desses vazamentos vinha aumentando significativamente nos últimos anos em função da manutenção inadequada ou insuficiente, da obsolescência do sistema e equipamentos e da falta de treinamento de pessoal.

Pela primeira vez se exige que atividades a serem encerradas apresentem um plano de desativação. Insere-se desta forma, na legislação, um instrumento preventivo, o qual, segundo Sánchez (2001), visa a eliminar os passivos ambientais que possam ter se acumulado durante a operação do empreendimento, os quais devem ser reduzidos ou preferencialmente eliminados quando da desativação.

Referido plano de desativação foi posteriormente previsto na legislação paulista em 2002 (Decreto n. 47.400) e definitivamente estabelecido como relevante instrumento de gerenciamento da qualidade do solo na Lei n. 13.577/2009, de modo que todos os empreendimentos sujeitos ao licenciamento ambiental devem comunicar o encerramento ou suspensão das atividades e informar as medidas de remediação planejadas se a área estiver contaminada, e não apenas os postos de serviço.

Mais recentemente, a partir do ano de 2006, a legislação ambiental passou a "se especializar" no tema:

- Reconhecendo a existência das áreas contaminadas.
- Trazendo uma gama de novos conceitos e instrumentos necessários para entender e lidar com o assunto.
- Buscando meios e estabelecendo procedimentos para gerenciar tais áreas.
- Responsabilizando os agentes causadores.
- Determinando obrigações para os órgãos públicos envolvidos.

Dessa forma, conceitos, princípios, objetivos, instrumentos e obrigações referentes ao gerenciamento de uma área contaminada foram inseridos na legislação ambiental, preenchendo-se uma enorme lacuna jurídica relacionada à proteção do recurso ambiental solo.

No âmbito federal, destacam-se a Resolução Conama n. 420/2009 e a Política Nacional de Resíduos Sólidos (2010). Na esfera estadual, destacam-se a Política Estadual de Resíduos Sólidos (2006) e a lei específica de proteção da qualidade do solo e gerenciamento de áreas contaminadas (2009), bem como seu regulamento, aprovado em 2013 por meio do Decreto n. 59.263.

A própria existência de um conceito legal de *área contaminada* é fundamental para possibilitar o efetivo gerenciamento dessas áreas, conferindo a necessária segurança jurídica às ações do órgão ambiental e dos responsáveis legais.

O conceito passou a fazer parte do ordenamento jurídico brasileiro em 2006, quando foi aprovada a Política Estadual de Resíduos em São Paulo. Posteriormente constou da Lei estadual n. 13.577/2009, conforme anteriormente apresentado. Na legislação aprovada em São Paulo, o termo *área contaminada* está relacionado a quantidades ou concentrações de matéria em condições que causem ou possam causar danos à saúde humana, ao meio ambiente ou a outro bem a proteger. Referido conceito, portanto, não está preciso e inequivocadamente delimitado, mas decorre da ultrapassagem de valores aceitáveis de risco, o que será analisado, no caso concreto, por meio de um estudo específico de *avaliação de risco*.

A Resolução Conama n. 420/2009, por sua vez, teve o grande mérito de determinar aos Estados o prazo de quatro anos para que estabelecessem seus valores próprios de referência de qualidade de solo. Este é um passo primordial para que áreas degradadas e contaminadas sejam gerenciadas: primeiramente deve-se buscar conhecer o que é *solo limpo*, isto é, sem contaminação.

Ressalta-se a importância da existência de valores orientadores como instrumento da gestão da qualidade do solo. É de se salientar que, no tocante ao controle da poluição do ar e das águas superficiais, a legislação ambiental estabelece padrões objetivos de emissão e de qualidade. No tocante ao solo não existem padrões estabelecidos, cujo gerenciamento é realizado com base em valores de concentração de substâncias denominados *valores orientadores*.

Sob o aspecto preventivo, referidos valores auxiliam na manutenção de sua qualidade, assim como das águas subterrâneas. Nas ações corretivas, servem como parâmetro para gerenciar áreas contaminadas. Com base neles se determina, por exemplo, se uma área ou região deve ser investigada, se uma avaliação específica de risco deve ser levada a cabo, bem como a quantidade de substância poluente determinada localidade pode legalmente receber, como nos casos de aplicação vinhaça ou de utilização de lodos de esgoto para fins agrícolas.

Merece também ser destacado que a Resolução Conama trouxe conceitos, princípios, diretrizes e metodologia de gerenciamento que podem ser utilizados por outros estados do Brasil, que ainda não têm uma política pública a respeito do assunto.

A Lei paulista n. 13.577/2009, por sua vez, é a primeira e única Lei aprovada no país. Chamamos atenção para os seguintes temas.

Qualquer pessoa que possa contaminar o solo deve adotar providências para evitar alterações significativas e prejudiciais às suas funções. Cria-se um dever geral de prevenção, de modo que todos passam a ter uma responsabilidade maior perante este recurso natural.

Pela primeira vez um texto legal apresenta quais são as funções do solo, entre as quais não foi prevista, contudo, a recepção de resíduos. Assim como o ar e a água são receptores legítimos de efluentes gasosos e líquidos, o solo, desde que de forma tecnicamente adequada, também serve como destino final de resíduos[36].

A lei ratificou a conduta anteriormente adotada pela Cetesb com relação ao gerenciamento de áreas contaminadas feito por etapas e com base em análise progressiva do local, de modo que a classificação das áreas ocorra conforme os conhecimentos técnicos acumulados. Ainda, reafirmou-se que a atuação dos órgãos do sistema estadual ambiental terá como parâmetro os mencionados valores orientadores.

De forma clara e objetiva foram fixados os responsáveis legais pela identificação e remediação da área. Além do causador da contaminação, seus sucessores e do proprietário do imóvel, o detentor da posse também consta do rol dos responsáveis legais. Nessas circunstâncias, o locatário de um imóvel contaminado por terceiros passa a ser responsável legal para a remediação.

Importante ressaltar que a responsabilidade do proprietário por um terreno contaminado decorre apenas do fato de ele ter o domínio da área (obrigação *propter rem*), não importando se, quando da aquisição da área, ele tinha conhecimento da contaminação. Sua responsabilidade é transmi-

---

[36] A mesma crítica vale para a Resolução Conama n. 420/2009.

DIREITO DE PROTEÇÃO DO SOLO E ÁREAS CONTAMINADAS | **149**

tida ao subsequente proprietário em caso, por exemplo, de venda do terreno contaminado. A jurisprudência vem entendendo que as obrigações ambientais referentes a um imóvel (a semelhança, por exemplo, da manutenção das áreas verdes e das áreas de preservação permanente) transmitem-se ao novo adquirente[37].

A criação do Feprac e a previsão de instrumentos financeiros vieram em boa hora, pois constituem ferramentas fundamentais de gestão de áreas contaminadas, especialmente das áreas órfãs.

Uma outra relevante lacuna preenchida pela lei constitui a obrigatoriedade de estudo de passivo ambiental previamente ao licenciamento de empreendimentos localizados em áreas que abrigaram, no passado, atividades com potencial de contaminação ou em áreas suspeitas de estar contaminadas. Esta determinação abarca as alterações de uso de imóveis que tenham sido utilizados para fins industriais e que estão sendo indevidamente utilizados para outros fins sem que previamente se saiba se o terreno contém contaminação.

Um dos pontos fundamentais constitui a eleição da *avaliação de risco* como instrumento de tomada de decisão na intervenção a ser feita em uma área contaminada, tema que, por sua relevância, merece um capítulo e discussão à parte. No entanto, este tema foi objeto de nosso estudo em Spínola (2011).

É pertinente tecer breves comentários a respeito da determinação legal de averbação da contaminação na matrícula do imóvel. Há quem diga que referido dispositivo seria inconstitucional por conflitar com o inciso XXV do art. 22 da Constituição Federal, que estabelece a competência privativa da União para legislar sobre Registros Públicos.

De fato, o estado de São Paulo estabeleceu na Lei n. 13.577/2009 regramentos relacionados a registros públicos, o que, em uma visão mais aprofundada, foi expressamente permitido pela própria Lei n. 6.015/73[38]. Os atos

---

[37] Nesse sentido vale a pena citar a decisão datada de 02.12.2009 proferida em Recurso Especial (REsp n. 650.728/SC) pelo relator Min. Herman Benjamin: "as obrigações derivadas do depósito ilegal de lixo ou resíduos no solo são de natureza *propter rem*, o que significa dizer que aderem ao título e se transferem ao futuro proprietário [...] prescindindo-se de debate sobre a boa ou má-fé do adquirente, pois não se está na condição de responsabilidade subjetiva, baseada em culpa".

[38] A Lei n. 6.015/73 dispõe sobre os registros públicos e dá outras providências. O art. 167 traz uma lista dos atos que serão registrados à margem da matrícula imobiliária e outra dos atos que serão averbados.

a serem averbados nas matrículas dos imóveis estão previstos no inciso II do art. 167 da referida lei, entre os quais não consta o conceito de áreas contaminadas. Entretanto, o art. 246 da mesma lei previu a possibilidade de "averbação de outras ocorrências que, por qualquer modo, alterem o registro".

Entende-se, portanto, que a listagem estabelecida no inciso II do art. 167 seria exemplificativa e não taxativa. Por meio do Parecer[39] acolhido pelo então Corregedor-Geral da Justiça Dr. Gilberto Passos de Freitas, observa-se que foi justamente neste sentido a manifestação dos juízes auxiliares da Corregedoria em resposta à consulta formulada pela Cetesb e o Ministério Público sobre a viabilidade do apontamento das áreas contaminadas nas matrículas dos imóveis.

Nesta linha relacionada à informação e à publicidade das áreas contaminadas, vale destacar que a legislação especializada vem conferindo, como não poderia deixar de ser, cada vez mais importância para esses temas, à medida que institucionaliza, por exemplo, a divulgação do cadastro de áreas contaminadas paralelamente à publicidade proporcionada pela averbação na matrícula dos imóveis. A publicidade das informações por meio dos portais institucionais eletrônicos dos órgãos ambientais foi especialmente ressaltada pela Resolução Conama n. 420/2009.

Nesse contexto, a informação e a participação da população no processo de decisão relativa às áreas contaminadas constituem objetivos da Lei estadual n. 13.577/2009, de modo que os órgãos ambientais e de saúde deverão estabelecer um programa que efetivamente garanta à população afetada, por meio de seus representantes, o acesso às informações e a participação

---

[39] Referido Parecer foi emitido nos autos do processo CG n. 167/2005. Entre os fundamentos jurídicos adicionais mencionados destacam-se: o direito de todos ao acesso às informações ambientais; o dever do poder público de informar a população; a segurança jurídica formal própria do registro predial; a própria função social do registro de imóveis, o qual, além de ter como função precípua a proteção do direito de propriedade, exerce funções secundárias de significativa relevância atuando como instrumento protetivo-social e de controle urbanístico e ambiental. Especialmente no tocante às áreas contaminadas, entendeu-se relevante dar a necessária publicidade já que a contaminação acarreta restrições importantes ao uso e gozo da propriedade, a imposição da obrigação de descontaminação, bem como, eventualmente, de sanções administrativas e penais. Nesse sentido a averbação enunciativa "nada mais faria do que tornar pública a situação fática e jurídica dos imóveis em questão, para ciência da população em geral, dos vizinhos e habitantes de áreas próximas e de eventuais adquirentes dos bens, os quais terão conhecimento das restrições, ônus e obrigações que pesam sobre os imóveis adquiridos".

no processo de avaliação e remediação da área, cabendo ainda ao conselho de orientação do Feprac aprovar tais programas.

Chamamos atenção também para o fato de que a disponibilização de informações e a comunicação do risco constituem princípios básicos do gerenciamento de áreas contaminadas previstos na Resolução Conama n. 420/2009, devendo os órgãos ambientais estaduais, doravante, criar seus programas de comunicação dos riscos nos moldes preconizados pela Resolução: devem ser adequados aos diferentes públicos envolvidos, ser facilmente compreendidos, bem como deve ser propiciado acesso aos grupos social e ambientalmente vulneráveis. Note-se que a Resolução deixou o tema relativamente aberto, de modo que cada estado tem liberdade para criar seu programa próprio de comunicação de riscos respeitando a orientação básica nela prevista.

Vale lembrar ainda que, para haver acesso à informação[40], não basta que a população, por exemplo, tenha acesso aos processos administrativos da Cetesb, cuja linguagem, via relatórios técnicos, não é na maioria das vezes entendida pelo público leigo. A informação deve estar disponibilizada de tal forma que possa ser efetivamente compreendida por parte de quem não é especialista no assunto, situação essa que passará a ser, provavelmente, objeto de atenção por parte dos órgãos ambientais, considerando especialmente, como visto anteriormente, a legislação em vigor.

No âmbito da Cetesb, em se tratando de áreas críticas, o GAC está incumbido de realizar a gestão da informação e de estabelecer estratégias de comunicação do risco.

Neste contexto poderiam ser previstos mecanismos que viabilizassem a participação da população na decisão sobre o tipo de intervenção a ser realizada em determinada área contaminada. Ainda não existem no Estado de São Paulo procedimentos formalizados e institucionalizados a esse respeito.

Esse tema foi detalhadamente estudado por Marcatto (2005) em sua dissertação de mestrado, intitulada "A participação pública na gestão de área contaminada: uma análise de caso baseada na Convenção de Aarhus"[41]. Foi pesquisado um caso real de participação na área da Shell Vila Carioca, ten-

---

[40] O acesso público a dados e informações ambientais, incluindo os processos administrativos dos órgãos ambientais, está previsto na Resolução SMA n. 66/96 (São Paulo) e na Lei federal n. 10.650/2003.

[41] A Convenção diz respeito ao acesso à informação, à participação pública no processo de tomada de decisão e acesso à justiça de matéria ambiental. Foi assinada em 1998, na cidade de Aarhus, Dinamarca, e entrou em vigor em 30 out. 2001. Disponível em: http://eu-

152 DIREITO AMBIENTAL E SUSTENTABILIDADE

do como estrutura de análise os pilares da citada convenção: acesso à informação, à participação e à justiça. Verificou-se, por exemplo, que o processo administrativo da Cetesb não é adequado para fornecer informação; há necessidade de um plano de comunicação, assim como de que as questões técnicas sejam comunicadas de forma clara e efetiva. Da mesma forma, não foram contemplados os requisitos da Convenção, como envolver a participação do público no início, facilitar a publicidade de informações, promover a participação em um estágio apropriado, fornecer oportunidades ao público para apresentar comentários diretamente ou por meio de órgãos representativos, levar em conta as opiniões do público na decisão final, bem como informá-lo sobre a decisão final com justificativa.

Para as várias etapas do gerenciamento de áreas contaminadas, Marcatto (2005) desenvolveu e propôs ferramentas de participação pública (plano de comunicação, plano de participação e reunião técnica participativa), que poderiam ser objeto de conhecimento e reflexão por parte dos órgãos ambientais e municipais, para possivelmente adaptar, normatizar e inserir tais ferramentas em suas rotinas de trabalho.

Destaca-se, por fim, que a inserção das áreas contaminadas na gestão municipal é um desafio e uma tendência. Constata-se que a legislação mais recentemente aprovada vem atribuindo diversas tarefas e obrigações aos municípios. Para que o plano diretor e a legislação de uso do solo representem instrumentos efetivos da gestão de áreas contaminadas, como previsto na Lei estadual n. 13.577/2009, as ações e procedimentos rotineiros de planejamento urbano devem levar em conta a existência das áreas contaminadas. Nas alterações de uso do solo, o controle municipal é essencial para que se previnam, por exemplo, construções sobre solos contaminados. Considerando que cabe às prefeituras aprovar todos os empreendimentos e atividades, poderia ser instituído nessa rotina de aprovação algum mecanismo de controle para verificar, ao menos, se as áreas são potenciais ou suspeitas de contaminação, o que seria o primeiro passo para a criação de um programa municipal de identificação de áreas contaminadas. O controle institucional exercido pelo município como uma das formas de intervenção da área, da mesma forma, é fundamental para que os riscos à saúde sejam seguramente controlados.

---

ropa.eu/legislation_summaries/environment/general_provisions/l28056_pt.htm. Acessado em: 10 jul. 2011. O acordo vale apenas para os Estados da União Europeia.

CONSIDERAÇÕES FINAIS

Diante de todo o exposto, conclui-se que a preocupação com a poluição do solo e com as áreas contaminadas é bastante recente e vem, especialmente a partir do ano 2000, despertando a atenção das autoridades federais, estaduais e municipais.

Verificou-se que a legislação sobre proteção do solo evoluiu gradualmente, partindo-se de uma proteção mais ideal e principiológica para sua especialização. Marcos importantes foram representados pela Lei de Crimes Ambientais, em 1998, e pelo então Decreto n. 3.179/99. No ano 2000 foi aprovada a primeira norma específica que trata de contaminação por meio da Resolução Conama n. 273/2000, relacionada ao licenciamento ambiental de postos de serviço. A partir do ano de 2006 a legislação ambiental passou a se especializar no tema:

- Reconhecendo a existência das áreas contaminadas.

- Trazendo uma gama de novos conceitos e instrumentos necessários para entender e lidar com o assunto.

- Buscando meios e estabelecendo procedimentos para gerenciar tais áreas.

- Responsabilizando os agentes causadores.

- Determinando obrigações para os órgãos públicos envolvidos.

Como reflexo do crescimento do número de áreas contaminadas no cenário brasileiro, a tendência é que o tema seja amplamente discutido e normatizado nas várias esferas. O país carece de uma política pública, aprovada por Lei, que estabeleça as regras gerais em nível nacional. Neste contexto, os estados e municípios deverão regulamentar o assunto no âmbito de suas competências e de acordo com suas peculiaridades.

Com base nos princípios fixados na Resolução Conama n. 420/2009, os estados devem criar as próprias normas, considerando especialmente a diversidade de solo existente no Brasil, diversidade essa traduzida por meio dos respectivos valores orientadores de qualidade de solo.

Apesar de todo o trabalho desenvolvido pela agência ambiental estadual, há necessidade premente de envolver os municípios, que devem assumir suas responsabilidades constitucionais e legais. É importante que eles reconheçam seu papel no gerenciamento de áreas contaminadas cooperando com o Estado, de forma a criar mecanismos para uma ação conjunta.

Ações primordiais incluem a capacitação técnica de recursos humanos, a organização e estruturação institucional, bem como o aparelhamento em termos técnicos, tecnológicos e operacionais. Recomenda-se a articulação com o órgão estadual para que haja troca de informações, definição de procedimentos comuns e discussão de casos específicos, entre outras necessidades identificadas conforme as peculiaridades de cada município.

É cediço, contudo, que a efetividade da gestão das áreas contaminadas dependerá do engajamento dos diversos atores envolvidos no processo, como municípios, órgãos do Poder Executivo, destacando-se os relacionados a assuntos ambientais e de saúde, os Poderes Legislativo e Judiciário, o Ministério Público, empresas privadas, investidores, consultorias, universidades e população.

REFERÊNCIAS

CASARINI, D. C. P. *Gestão da qualidade do solo e da água subterrânea*. São Paulo: Cetesb, [s.d.]. Material institucional não publicado.

MARCATTO, F. S. A participação pública na gestão de área contaminada: uma análise de caso baseada na Convenção de Aarhus. Dissertação (Mestrado em Saúde Pública). Faculdade de Saúde Pública, Universidade de São Paulo, São Paulo, 2005.

MARKER, A. *Avaliação ambiental de terrenos com potencial de contaminação: gerenciamento de riscos em empreendimentos imobiliários*. Brasília: Caixa, 2008.

MILARÉ, E. *Direito do ambiente: a gestão ambiental em foco*. 6.ed. São Paulo: Revista dos Tribunais, 2009.

SÁNCHEZ, L. E. *Desengenharia: o passivo ambiental na desativação de empreendimentos industriais*. São Paulo: Edusp, 2001.

SPÍNOLA, A. L. S. *Inserção das áreas contaminadas na gestão municipal: desafios e tendências*. São Paulo, 2011. Tese (Doutorado em Saúde Pública) – Faculdade de Saúde Pública, Universidade de São Paulo. Disponível em: http://www.teses.usp.br/teses/disponiveis/6/6134/tde-03112011-172059/pt-br.php. Acesso em: 20 fev. 2015.

Juridificação dos Resíduos no Brasil | 6

Tasso Alexandre Richetti Pires Cipriano
Universidade de São Paulo

INTRODUÇÃO[1]

Resíduos são um (cor)resultado *indesejado* (e, por isso, rejeitado), porém *inevitável*, dos processos socioeconômicos de produção e consumo (Rehbinder, 1994; Baumgärtner, 2002). No Brasil, eles têm sido alvo de uma "explosão normativa", sobretudo nos planos legislativos estaduais e municipais (Silva Filho e Soler, 2013). Além de suscitar enormes *problemas práticos* em função dos recorrentes conflitos de competência entre os três níveis federativos, essa (hiper)juridificação[2] dos resíduos é importante pelo fato de instituir para tudo aquilo que for considerado resíduo um *regime próprio*, dis-

---

[1] Agradeço a Fabrício Dorado Soler, a Rafael Carvalho de Fassio, a Juliane Erthal de Carvalho e a Rafaella Cruz Fernandes de Bulhões Dortas pela leitura da versão preliminar deste texto e pelos valiosos comentários. A Fabrício agradeço, ainda, a cumplicidade no exercício da advocacia ambiental e, acima de tudo, no debate e enfrentamento dos inúmeros e quase diários desafios do direito brasileiro dos resíduos.

[2] O termo "juridificação" é empregado neste texto para referir-se à disciplina jurídica dos resíduos, notadamente pelo direito positivo, de forma autônoma no contexto do direi-

tinto da disciplina das demais coisas (não resíduos) e geralmente mais rigoroso que ela (as exigências para o transporte de resíduos, por exemplo, costumam ser maiores que para o transporte de mercadorias).

O presente capítulo não se propõe a uma discussão desses problemas de conflito de competência, tampouco a uma análise de todas as normas do ordenamento jurídico brasileiro referentes ao tema dos resíduos. Diferentemente, e até pela relativa novidade da Lei federal n. 12.305/2010, a qual institui a Política Nacional de Resíduos Sólidos (doravante PNRS), o objetivo é apresentar, em caráter introdutório, o arcabouço teórico no qual se insere esse marco regulatório nacional dos resíduos. Assim, este capítulo procura contextualizar o tratamento jurídico dos resíduos no âmbito da evolução do direito ambiental, discutir em que medida a PNRS representa uma mudança de paradigma na gestão dos resíduos e expor os contornos teóricos da chamada responsabilidade pós-consumo, incluindo um breve panorama da sua regulamentação no Brasil.

Nesse sentido, o texto inicia com (I) uma apresentação da chamada perspectiva metabólica no cenário teórico-evolutivo no qual se insere a compreensão e o enfrentamento das questões ecológicas, (II) uma exposição crítica da regulação ambiental e de sua abordagem metodológica convencional, incluindo uma discussão sobre algumas das insuficiências do enfoque tradicionalmente conferido pelo Direito no tratamento dos problemas ambientais, assim como (III) uma introdução a alguns dos desafios jurídicos resultantes da adoção da perspectiva metabólica (item primeiro). Em seguida, passa-se à descrição do regime de responsabilização pelos resíduos introduzido pela PNRS, sistematizado em três possíveis "caminhos", e demonstra-se por que esse diploma legal representa uma mudança de paradigma na gestão dos resíduos no Brasil (item segundo). Na sequência, e à luz do contexto apresentado no primeiro item, são discutidos tanto os fundamentos teóricos da chamada responsabilidade pós-consumo quanto as formas "alargada" e "compartilhada" dessa responsabilidade (terceiro e quarto itens, respectivamente). Por fim, um breve panorama sobre a responsabilidade pós-consumo na PNRS é fornecido (item quinto), após o que são tecidas, de modo sintético, as devidas conclusões (item sexto).

---

to ambiental. O prefixo "hiper" procura salientar a elevada intensidade com a qual tem ocorrido o endereçamento legislativo da temática dos resíduos.

REGULAÇÃO AMBIENTAL, SUAS FASES E ABORDAGENS: RUMO À "ECOLOGIZAÇÃO" DO DIREITO AMBIENTAL

Na natureza, todos os seres biológicos – assim como as populações desses indivíduos e as comunidades dessas populações – necessitam de matéria para a sua construção e de energia para as suas atividades (Begon, Townsend e Harper, 2006, p. 499). Sob a ótica dos processos internos dos organismos vivos (e, por extensão, das populações e comunidades), de um lado, há ingestão de materiais ricos em energia e com baixo grau de entropia[3] destinados a assegurar a própria manutenção, o desempenho de suas funções e um excedente para permitir o crescimento e/ou a reprodução. De outro lado, há, necessariamente, a excreção (ou exalação) de subprodutos residuais, isto é, de materiais degradados (na forma sólida, líquida e/ou gasosa) e com elevado grau de entropia (Ayres, 1994, p. 3)[4]. Essa importância intrínseca dos fluxos (ou trocas) de energia e matéria significa que os processos metabólicos dos organismos, das populações e das comunidades estão fortemente ligados com o ambiente abiótico. O termo "ecossistema" é usado para denotar as comunidades biológicas juntamente do ambiente abiótico no qual estão inseridas (Begon, Townsend e Harper, 2006, p. 499).

Focando os "nutrientes" individualmente considerados (Ayres, 1994, p. 5), isto é, a metabolização, pelas comunidades biológicas, de materiais específicos (nitrogênio, carbono etc.), verifica-se nos ecossistemas uma gradação quanto à dependência de tais comunidades para com o seu ambiente abiótico, tanto no que diz respeito à ingestão de recursos dele provenientes como em relação à emissão de resíduos nele, ou seja, ao retorno ao ambien-

---

[3] Em apertada síntese, entropia é uma variável termodinâmica de medida da qualidade – grau de disponibilidade (*availability*) – de energia e está envolvida em todos os processos de transformação. Quanto maior a entropia de um sistema, menor a disponibilidade de energia nele. De acordo com a segunda lei da termodinâmica, a entropia somente pode ser criada, jamais destruída. Assim, considerando a direção de tempo representada pelo fluxo da consciência humana (Georgescu-Roegen, 1986, p. 4), em um sistema isolado (definido como aquele em que não há trocas de energia e/ou de matéria com o seu exterior, a exemplo do universo), a entropia aumenta e tende ao máximo. Para uma breve e esclarecedora exposição da noção de entropia, bem como da sua relação com as questões ambientais e da sua importância para o endereçamento delas, cf., por exemplo, Faber, Manstetten e Proops (1996, p. 95-135) e Faber, Niemes e Stephan (1995, p. 72-103).

[4] Esses processos de ingestão, digestão e excreção de recursos (matéria e energia) são conotados pela palavra "metabolismo" (Ayres, 1994, p. 3).

te dos materiais digeridos (Lifset e Graedel, 2002, p. 4-5). Dito de outra forma, os ecossistemas variam conforme a linearidade/circularidade de seus fluxos (trocas com o ambiente) de recursos: quanto menor a capacidade de ciclagem (reaproveitamento) de materiais pelas comunidades biológicas (e, portanto, maior a linearidade dos fluxos), maior a dependência delas para com o ambiente (idem, ibidem). Em termos tipológicos, pode-se falar em ciclos abertos – ausência de (re)ciclagem de nutrientes, a exemplo dos ciclos industriais tal qual existem hoje – e ciclos fechados – presença de (re)ciclagem de nutrientes, a exemplo dos ciclos naturais (Ayres, 1994, p. 5-6)[5].

É possível traçar algumas analogias entre os processos biológicos e os socioeconômicos. Em primeiro lugar, o sistema econômico, no fundo um processador de materiais movido por um fluxo de energia disponível, além de entrópico (Georgescu-Roegen, 1971), é um mecanismo de regulação metabólica (Ayres, 1994, p. 5). Em segundo lugar, a ciclagem eficiente de recursos nos sistemas biológicos aponta para a importância do fechamento dos ciclos de materiais no sistema econômico, sobretudo nos sistemas industriais (Lifset e Graedel, 2002, p. 4)[6].

---

[5] "Esse ponto em particular merece esclarecimento. O ciclo de materiais, em geral, pode ser visualizado em termos de um sistema de compartimentos contendo *estoques* de um ou mais nutrientes, ligados por certos fluxos. Por exemplo, no caso do ciclo hidrológico, as geleiras, os oceanos, os lagos de água doce e as águas subterrâneas são estoques, enquanto a chuva e os rios são fluxos. Um sistema é *fechado* se não há fontes ou sumidouros [*sinks*] externos. Nesse sentido, a Terra como um todo é, essencialmente, um sistema fechado, exceto por algum meteorito ocasional. Um sistema fechado torna-se um *ciclo fechado* se o sistema também está em estado de equilíbrio, isto é, se os estoques de cada compartimento são constantes e imutáveis, pelo menos em média. A condição de equilíbrio de materiais significa que os *inputs* de materiais para cada compartimento devem ser exatamente igual (em média) aos *outputs*. Se essa condição não se verifica para um determinado compartimento, então o estoque de um ou mais compartimentos deve crescer, ao passo que o estoque de um ou mais compartimentos deve diminuir. É fácil perceber que um ciclo fechado de fluxos, no sentido acima, somente pode ser mantido [*sustained*] indefinidamente por um fluxo contínuo de energia *livre*. Isso deriva imediatamente da segunda lei da termodinâmica, segundo a qual a entropia global aumenta em todo processo irreversível. Assim, um ciclo fechado de fluxos pode ser mantido desde que a sua fonte externa de energia dure. Um sistema aberto, pelo contrário, é inerentemente instável e insustentável. Ele deve estabilizar ou entrar em estado de equilíbrio térmico, no qual todos os fluxos, isto é, todos os processos físicos e biológicos, cessem. [...] O sistema industrial, tal como existe hoje, é, portanto, *ipso facto* insustentável" (Ayres, 1994, p. 6, destaques no original, tradução nossa).

[6] E isso tanto em relação aos nutrientes biológicos quanto aos nutrientes tecnológicos (cf. McDonough e Braungart, 2002, p. 93; 2013, p. 14-15).

Para os fins deste texto, entretanto, a relação para a qual se pretende chamar atenção é aquela entre essa visão cíclica dos fluxos de materiais e a regulação ambiental. Mais precisamente, importa observar que tampouco o direito ambiental deve escapar à perspectiva metabólica, por mais incomum que isso se mostre à abordagem convencional desse ramo jurídico.

Em um plano metaexplicativo, Breen (1993) descreve o direito ambiental[7] ciclicamente a partir do que denomina *"resource to recovery cycle"*. Para o autor, o direito ambiental é composto de três categorias normativas, é dizer, compreende normas que regulam a extração de recursos (primeira categoria), a transformação de recursos em produtos (segunda categoria) e a reintrodução de recursos no ambiente (terceira categoria). A primeira categoria engloba regras que (I.1) excluem determinadas áreas do próprio regime extrativo, (I.2) alocam recursos para extração e (I.3) regulamentam o processo extrativo. A segunda categoria dispõe sobre os recursos naturais à medida em que eles são transformados em produtos, abrangendo a disciplina (II.1) dos processos produtivos (fabricação), (II.2) de seus resultados (ou seja, dos produtos fabricados) e (II.3) das informações sobre esses produtos. Finalmente, na terceira categoria se insere o regime regulatório (III.1) dos danos ao ambiente (os chamados "danos ecológicos"[8]) e (III.2) da reintegração dos recursos extraídos e transformados em produtos ao ambiente, incluído, aqui, o tratamento jurídico dos resíduos.

Tradicionalmente, o direito ambiental, inclusive o brasileiro, conferiu nenhuma ou muito pouca atenção para as etapas (II.2), (II.3) e (III.2), voltando-se mais para as demais fases, principalmente para os processos extrativos de maior porte, os processos produtivos de grandes instalações industriais e o controle da degradação ambiental (poluição) por eles ocasionada[9].

---

[7] Incluindo a sua estrutura, a relação entre as diversas normas ambientais e a aplicação delas a diferentes atividades humanas.

[8] A doutrina portuguesa costuma distinguir os danos ecológicos, entendidos como os causados *ao ambiente* (vale dizer, aos seus componentes), dos danos ambientais, isto é, aqueles causados *por intermédio do ambiente* a bens jurídicos não ecológicos (cf., por todos, Sendim, 1998). No Brasil, ambas as modalidades são tratadas pela doutrina sob a rubrica "danos ambientais".

[9] Nesse sentido, cf. Salzman (1997, p. 1244), Esty e Chertow (1997, p. 4 e 15, nota 3), Powers e Chertow (1997, p. 19 e 21), Davis et al. (1997, p. 1-1 e 1-2), Harsch (1999, p. 550-552), Vandenbergh (2004, p. 517-537), Sachs (2006, p. 51-52), Dalhammar (2007, p. 1) e Malcom (2011, p. 490-491). Esse arcabouço regulatório-ambiental tradicional, por vezes denominado "de primeira geração", corresponde, na periodização do direito ambiental oferecida por Winter (1989), às fases de "exploração da natureza pelo homem" (exploração dos recur-

Ao se concentrar nesses aspectos, o direito ambiental convencional é marcado por uma abordagem eminentemente *setorial*, haja vista – primeiro – tratar *isoladamente* de determinados meios ou componentes ambientais (recursos hídricos, atmosfera, solo)[10], incluindo o estabelecimento de limites de emissão para alguns tipos de poluentes ou restrições ao emprego de certas categorias de substâncias perigosas, e – segundo – focar as unidades produtivas, a exemplo da disciplina jurídica do licenciamento ambiental.

Em que pese o reconhecimento do sucesso desse conjunto de normas voltadas para *fontes pontuais* (meios, poluentes/substâncias, unidades produtivas etc.), ele é criticado por diversas razões. Um primeiro problema diz respeito ao seu *caráter fragmentário* (Powers e Chertow, 1997). Por calcar-se em um tratamento setorial[11], o direito ambiental tradicional acaba permitindo o deslocamento da poluição de uma forma para outra, vale dizer, a sua transferência de um meio para outro, em vez de reduzir ou eliminar a sua quantidade total[12].

Em segundo lugar, ao apoiar-se no pressuposto de ser possível concentrar e conter a poluição ou, ainda, diluí-la e dispersá-la até não mais configurar uma ameaça[13], a abordagem convencional do direito ambiental preo-

---

sos naturais e alocação eficiente deles) e "gerenciamento planejado da natureza" (proteção do ambiente contra efeitos adversos provocados pelas atividades humanas por meio de limitações a estas). Para uma periodização do direito ambiental brasileiro, cf., por exemplo, Silva-Sánchez (2000, p. 65-96) e Monosowski (1989).

[10] Na literatura ambiental, inclusive jurídica, esses três componentes do meio abiótico – atmosfera, recursos hídricos e solo – são usualmente designados "meios (ambientais)" (*Umweltmedien*), assim entendidos os elementos (ou subsistemas) do ambiente natural que servem de habitat para os organismos vivos e são objeto (recipientes ou depositários) da poluição ambiental antropogênica. É a partir desse conceito que se fala em um direito ambiental medial – ou relacionado a meios (*medienbezogen*) –, em contraposição a um direito ambiental das instalações produtivas (*anlagenbezogen*), de produtos (*produktbezogen*) e/ou de substâncias (*stoffbezogen*). A distinção baseia-se no objeto-alvo da regulação ambiental e cada um deles implica uma técnica regulatória específica. A esse respeito, cf., por todos, Schenkel e Reiche (1993, p. 184-185).

[11] Essa estratégia de "compartimentação" dos problemas tem por finalidade facilitar a compreensão e o tratamento deles (cf., por exemplo, Powers e Chertow, 1997, p. 20).

[12] Vide os exemplos fornecidos por Powers e Chertow (1997, p. 21), Redclift (1996, p. 44), Faber, Niemes e Stephan (1995, p. 75), Ayres (1994, p. 17) e Schenkel e Reiche (1993, p. 186).

[13] Cf. a propósito a seguinte colocação de Frosch (1996, p. 207, destaques no original, tradução nossa): "[...] em geral, produzir resíduos *concentrados* que pudessem ser úteis como matéria-prima de outra pessoa provavelmente é mais interessante no caso em apreço [aludindo a um estado de coisas no qual, em busca da sustentabilidade e sob o império da segunda lei da termodinâmica (vide nota 3, *supra*), resíduos são reaproveitados enquanto matéria-prima] que produzir resíduos *diluídos*. Essa constatação reverte a sabedoria com

JURIDIFICAÇÃO DOS RESÍDUOS NO BRASIL | **161**

cupa-se mais com a mitigação dos problemas ambientais já criados – ou seja, com o *gerenciamento de suas consequências* (Redclift, 1996, p. 47) – e menos com a *prevenção* deles (Harsch, 1999, p. 551-552).

Uma terceira crítica está associada ao fato de as grandes unidades extrativas e produtivas constituírem, se não o único, pelo menos o principal alvo da regulação ambiental convencional, a qual negligencia outras fontes de degradação (I) reputadas cada vez mais importantes, sejam elas não industriais (tais como a agricultura ou o setor de serviços[14]) ou não pontuais/ difusas (portanto, mais dificilmente perceptíveis e controláveis[15]), e (II) apenas isoladamente menos impactantes, a exemplo das mais variadas atividades realizadas pelos indivíduos, incluindo o consumo de produtos[16,17].

Uma possível e importante tentativa de endereçar essas críticas consiste em *ampliar o horizonte da regulação ambiental,* de sorte que ela passe a se ocupar *também* dos aspectos ecológicos associados ao emprego quantitativo e qualitativo de materiais e substâncias (*stoffbezogen*) ao longo de todo o

---

a qual os engenheiros sanitários começaram o século XX: 'a solução para a poluição é a diluição'". Cf., ainda, Aragão (2006, p. 368).

[14] A esse respeito, cf. Salzman (1999).

[15] "Em termos técnicos, fizemos bastante para endereçar as maiores fontes 'pontuais' de poluição; fizemos muito menos para controlar as emissões de fontes 'não pontuais'. Esses danos difusos persistem em parte porque eles são difíceis de ser vistos, não são facilmente mensurados ou associados [*matched*] aos males que causam, e são de difícil prevenção ou controle. Evidentemente, a lentidão do progresso [no enfrentamento da poluição difusa] deriva não apenas de ferramentas inadequadas de políticas públicas [*policy*], como, em alguns casos, de uma falta de vontade política" (Esty e Chertow, 1997, p. 15, nota 3, tradução nossa).

[16] Precisamente pelo fato de o direito ambiental tradicional focar a poluição ambiental gerada pelas unidades produtivas e ignorar os impactos ambientais decorrentes do consumo é que Salzman (1997, p. 1253) o intitula "direito [ambiental] da produção".

[17] No tocante a esse último aspecto, é importante reconhecer que, embora as externalidades ambientais negativas das atividades de cada indivíduo recebam habitualmente muito pouca ou quase nenhuma atenção pelo direito ambiental, no conjunto, quando agregadas em milhões de indivíduos (ou itens, no caso do consumo de produtos), elas apresentam um efeito cumulativo espantosamente significativo (Vandenbergh, 2004, p. 518; Sachs, 2006, p. 51-52). Afinal, todos e cada um de nós somos poluidores (Vandenbergh, 2004, p. 518). Ademais, com o crescimento populacional e o aumento dos níveis de consumo, e ante o progressivo sucesso da legislação ambiental na redução da poluição industrial, essa contribuição agregada só tende a aumentar, tanto em termos absolutos como relativos (Vandenbergh, p. 584). Nesse sentido, sob o ponto de vista regulatório, essa terceira crítica sinaliza a necessidade de a discussão em torno da escolha dos instrumentos mais apropriados a determinada política (*policy*) ambiental ser precedida pela tarefa igualmente importante de se identificar a fonte-alvo da regulação (Vandenbergh, 2004, p. 536).

ciclo de vida dos produtos[18] (*produktbezogen*), e não apenas dos impactos ambientais causados a componentes ambientais (meios) específicos (*medienbezogen*) pelos processos de unidades produtivas (instalações) pontuais (*anlagenbezogen*)[19]. Trata-se de uma completa reorientação do direito ambiental no sentido de regular os fluxos de materiais entre a tecnosfera[20] e a ecosfera a fim de assegurar a circulação deles no sistema socioeconômico.

Inegavelmente, essa visão dita sistêmica traz uma série de dificuldades de ordem prática e exige dos juristas esforços muito maiores. Uma abordagem integrada, com a proposta de regulamentar todo o metabolismo social, requer uma atenção especial para a *quantidade total* dos recursos naturais de que o sistema econômico se vale e, acima de tudo, pressupõe análises jurídicas verdadeiramente interdisciplinares. Mais especificamente, isso envolve a concepção de instrumentos concretizadores de deveres relacionados a

---

[18] Com efeito, a figura do produto adquire fundamental relevância, pois é a partir dele que as consequências ecológicas presentes ao longo de toda a cadeia da atividade econômica passam a ser pensadas. O produto é, nesse sentido, o centro em torno do qual gravita a noção de ciclo de vida ou, na feliz colocação de Dalhammar (2007, p. 5), "a lente através da qual o seu ciclo de vida é enxergado". Em que pese a centralidade do *produto*, analisar o seu ciclo de vida implica encarar os efeitos ambientais de todos os processos, instalações e serviços a ele associados (Lifset e Graedel, 2002 p. 6; Malcom, 2011, p. 492-493). Daí a sua vantagem: "[...] endereçar o produto permite enxergar o processo também, enquanto o contrário não é verdadeiro" (Ehrenfeld, 1997, p. 91, tradução nossa). Por exemplo, a análise de ciclo de vida possibilita levar em conta alguns estágios que não possuam necessariamente uma dimensão física (ou material) diretamente relacionada aos produtos, como é o caso do design e da divulgação (*marketing*) deles. Além disso, ela constrói uma ponte para endereçar os impactos ambientais dos serviços atrelados ao produto (vide nota 14, *supra*), tais como as atividades de transporte e distribuição. Outra vantagem consiste em evidenciar a interface entre atividade produtiva e consumo, assim como o papel desse último na degradação (mas também na proteção) do ambiente, entreabrindo a discussão sobre um consumo ecologicamente responsável (cf., por exemplo, Salzman, 1997 e Harsch, 1999). No tocante a esse aspecto, questões como o emprego de substâncias perigosas na composição dos produtos e o consumo energético durante o seu uso se tornam igualmente passíveis de enfrentamento pelo direito ambiental. Um último – porém não menos importante – fator a ser considerado dentro dessa abordagem cíclica concerne à "vida póstuma" dos produtos e aos impactos ambientais nela incidentes, assunto esse usualmente estudado no âmbito da temática dos resíduos e sobre o qual se debruça o presente capítulo. Para considerações sobre uma regulação ambiental dos produtos, cf., por exemplo, Krämer (2011, p. 207-250), Malcom (2011, p. 491 e seguintes) e Dalhammar (2007).

[19] Para maiores e críticas considerações sobre a regulação ambiental segundo meios, instalações, produtos e materiais/substâncias, cf. Schenkel e Reiche (1993).

[20] O termo "tecnosfera" designa o ambiente artificial resultante da tecnologia criada e empregada pelo homem para a satisfação de suas necessidades, com efeitos sobre a biosfera (ecosfera).

produtos e materiais/substâncias individualmente considerados[21] e que permitam um real questionamento das atividades humanas *vis-à-vis* as suas interações com o ambiente, tanto em termos quantitativos (por exemplo, a fixação de quotas de extração de recursos) quanto qualitativos (por exemplo, o banimento de determinadas substâncias ou o estabelecimento de listas positivas de materiais permitidos para utilização). Evidente que tal abordagem esbarra em sérios desafios jurídicos, entre os quais se destaca a necessidade de um redimensionamento ecológico do teste da proporcionalidade,[22] notadamente quando estiverem em jogo restrições à liberdade econômica de decidir se, o que, quanto e como produzir/consumir, além de uma maior e mais franca interação do direito ambiental com o direito do consumidor, o direito da concorrência e o direito do comércio internacional, apenas para citar alguns exemplos[23].

É nesse contexto que se propõe a leitura do presente capítulo, o qual procura demonstrar de que maneira o direito dos resíduos em geral, e o instrumento da responsabilidade pós-consumo em particular, pode ser considerado um primeiro passo rumo à ecologização – ou renovação ecológica (Aragão, 2006) – do direito ambiental.

OS RESÍDUOS E SEUS "CAMINHOS" NO DIREITO BRASILEIRO: MUDANÇA DE PARADIGMA

Tradicionalmente, os resíduos são considerados um problema em virtude dos impactos negativos que a sua decomposição pela ação de processos físicos, químicos e/ou biológicos pode acarretar sobre o ambiente e, sobretudo, à saúde humana. O quadro é agravado, de um lado, pelo aumento vertiginoso da geração de resíduos, reflexo da elevação dos níveis de produção e consumo característica da sociedade industrial (aspecto quantitativo), e, de outro, pela crescente periculosidade dos resíduos em razão do emprego, também cada vez maior, de substâncias tóxicas, fruto do avanço tecnológico dessa mesma sociedade (aspecto qualitativo).

---

[21] Vide, a propósito, os exemplos fornecidos no estudo de Brandt e Röckseisen (2000).

[22] A esse respeito, cf. Winter (2013).

[23] Patente o inarredável viés econômico de todos os ramos jurídicos mencionados, incluindo o direito ambiental.

164 | DIREITO AMBIENTAL E SUSTENTABILIDADE

Nessa perspectiva *antropocêntrica*, ancorada nos problemas que os resíduos causam ou possam vir a causar ao homem, sobretudo à sua saúde[24], e *estática*, posto encarar os resíduos apenas como materiais enjeitados pelo processo socioeconômico (Aragão, 2006, p. 82-84), a abordagem jurídica convencional preocupa-se unicamente com a *eliminação controlada* deles no ambiente. Centrado tão somente naquilo que hoje a PNRS denomina disposição final ambientalmente adequada (art. 3º, VIII), o chamado direito "clássico" dos resíduos[25] tem como protagonista o Poder Público (local), o qual figura como titular do serviço público de manejo de resíduos sólidos (vide o art. 3º, *c*, da Lei federal n. 11.445/2007) e, por conseguinte, é incumbido de coletar, processar e "fazer desaparecer" essa massa de materiais descartados – até então tida como homogênea (Schall, 1992, p. 1) – mediante a adoção de técnicas consideradas adequadas sob o ponto de vista ambiental e de saúde pública, sendo as mais frequentes o aterramento e a incineração. Por se ocupar exclusivamente da eliminação controlada[26] dos resíduos, é, em poucas palavras, um *direito da eliminação de resíduos (Abfallbeseitigungsrecht)*[27].

A edição da PNRS consolida, no ordenamento jurídico brasileiro, o princípio do poluidor-pagador na gestão dos resíduos, a qual se espera seja integrada (art. 3º, XI, da PNRS). Em termos regulatórios, isso representa uma superação do chamado direito "clássico" dos resíduos, focado exclusivamente na eliminação controlada desses materiais pelo Poder Público (mu-

---

[24] Inicialmente, os resíduos eram vistos eminentemente como uma questão sanitária, apenas. Num segundo momento, passou-se a encará-los também como um problema de poluição e proteção do ambiente. Apenas recentemente é que foram inseridos no contexto das preocupações e discussões em torno da gestão dos recursos naturais.

[25] A expressão é de Kunig (1994, p. 97).

[26] Além das atividades de coleta, transporte e tratamento dos resíduos propriamente ditas, insere-se igualmente no escopo desse controle dos requisitos as questões relativas à exportação deles.

[27] Esse tratamento jurídico encontra um paralelo na teoria econômica dominante, de viés neoclássico, mormente na chamada economia da poluição. Para esta, os resíduos correspondem a um tipo de externalidade negativa, sendo a problemática em torno deles analisada somente em termos dos custos (privados e sociais) marginais envolvidos na sua eliminação. Mais especificamente, no caso dos resíduos, o mercado falha ao deixar de sinalizar aos agentes privados geradores de resíduos – produtores e consumidores – os custos associados à eliminação desses materiais. Esta, por sua vez, encarada como serviço público, é realizada pelo Estado, não havendo, pois, nenhum incentivo ao reaproveitamento (*maxime* à reciclagem) dos resíduos. Para uma discussão econômica da problemática dos resíduos à luz do *mainstream*, cf., por todos, Porter (2002, p. 4 e seguintes e p. 122 e seguintes). Infelizmente, uma análise igualmente econômica dos limites da postura neoclássica foge aos propósitos deste texto.

nicipal), e a adoção de uma abordagem que privilegie a prevenção[28] e o reaproveitamento deles no circuito socioeconômico em detrimento de outras opções de gerenciamento, tais como a recuperação energética, o tratamento e a destinação final ambientalmente adequada de resíduos (vide a hierarquia de resíduos[29] insculpida no art. 9º, *caput*, da PNRS).

Mais concretamente, do ponto de vista jurídico, a consagração do princípio do poluidor-pagador implica deixar de qualificar como serviço público as atividades de gestão – outrora a eliminação, somente; agora, e sucessivamente, a prevenção, a valorização e (também) a eliminação – de *alguns tipos* de resíduo[30], passando a imputar a execução delas, ou, pelo menos, a impor a assunção dos respectivos custos econômicos, aos geradores dos resíduos (vide a primeira parte do § 1º do art. 1º da PNRS). Tal postura encontra firme respaldo no texto constitucional, nomeadamente ao condicionar o exercício da atividade econômica à proteção do ambiente (art. 170, *caput*, VI)[31] e impor à coletividade[32] o dever de defendê-lo e preservá-lo para as presentes e futuras gerações (art. 225, *caput*).

Em matéria de resíduos, uma forma particular de densificação do princípio do poluidor-pagador (vide o art. 6º, *caput*, II da PNRS) dá-se por meio da imposição, aos geradores, do dever de assegurar a gestão dos resíduos que produzam, arcando com os encargos econômicos correspondentes às ações, próprias ou de terceiros, necessárias a levar a cabo essa tarefa. Surge, assim, a figura da responsabilidade pelos resíduos, caracterizada pelo plexo de obri-

---

[28] Em um sentido amplo, prevenção de resíduos pode ser entendida como não geração, redução e reutilização (cf., por exemplo, OECD, 2000, p. 37). Em um sentido mais estrito, prevenir significa agir antes de uma substância, um material ou produto se tornar resíduo (Aragão, 1999, p. 1; Bortoleto, Kurisu e Hanaki, 2012, p. 2196).

[29] A respeito da chamada "hierarquia de resíduos", cf., por todos, Schall (1992).

[30] Conforme será discutido abaixo, o reconhecimento de determinada atividade de gerenciamento de resíduos como serviço público é uma opção político-legislativa e depende da classificação atribuída ao(s) resíduo(s) pelo ordenamento jurídico, o que sugere – na verdade exige – uma leitura conjunta da Lei federal n. 12.305/2010 com a Lei federal n. 11.445/2007, a qual disciplina os serviços de saneamento básico. A respeito da relação entre esses dois marcos regulatórios, cf. Ribeiro (2012).

[31] A propósito da aplicação desse dispositivo à temática dos resíduos, Nusdeo (2006, p. 267, grifo nosso) entende, acertadamente, que "[...] *o texto do inciso VI do artigo referido* [art. 170 da Constituição Federal] *ampara políticas de coibição da produção de bens que resultem na geração de uma quantidade maior de resíduos* ou cujo grau de lesividade ao meio ambiente seja elevado em comparação a outras alternativas".

[32] Ao lado do Poder Público, não se pode esquecer.

gações legalmente impostas (sobretudo) aos geradores[33] com a finalidade de que eles ajustem seus comportamentos econômicos de modo a contribuir efetivamente para o alcance dos objetivos da PNRS, notadamente o da hierarquia de resíduos. Nas palavras de Aragão (2009, p. 25),

> [...] a gestão dos resíduos – e sobretudo os custos inerentes a essa gestão – deve ficar a cargo de um operador econômico definido, que tenha com os resíduos uma relação preferencialmente genética ou, pelo menos, uma relação de proximidade. A aplicação do princípio do poluidor pagador, neste âmbito, significa, portanto, que o responsável pelos resíduos é que deve suportar economicamente os seus custos sociais e ambientais.

Em decorrência, se antes da promulgação da PNRS a regra era a execução, a título de serviço público, de operações de gerenciamento (*maxime* eliminação) de resíduos, comportando quase nenhuma exceção[34], com o advento desse diploma legal opera-se o inverso: a regra, agora, passa a ser a gestão dos resíduos a cargo dos geradores, públicos e (principalmente) privados, com fundamento no princípio do poluidor-pagador, configurando a atuação do poder público a exceção. Vale ressaltar que essa atuação pública não desaparece, pelo contrário. A PNRS, na esteira da Lei federal n. 11.445/2007, é bastante clara ao impor diversas obrigações aos titulares dos serviços públicos de limpeza pública e de manejo de resíduos sólidos (vide os arts. 26 e 36), entre as quais merece destaque o dever de estabelecer sistema de coleta seletiva para os resíduos de cuja gestão esses agentes estejam legalmente incumbidos. A principal mudança a se constatar[35], portanto, é uma redemar-

---

[33] A depender do caso (isto é, do tipo de resíduo), a lei estabelece deveres a outros sujeitos que não o gerador, incluindo o Poder Público (enquanto não gerador) e outros agentes econômicos.

[34] Uma (e talvez a única) exceção corresponde à técnica adotada por algumas leis municipais específicas, as quais se convencionou alcunhar de "leis dos grandes geradores", consistente em obrigar os geradores de grandes quantidades de resíduos a proceder, eles próprios ou mediante terceiros por eles contratados, ao gerenciamento ambientalmente adequado dos resíduos que produzam, em especial à separação e reciclagem deles. Cumpre registrar que a definição de "grandes geradores" dá-se segundo diferentes critérios (volume, massa etc.) e costuma variar conforme o tipo de resíduo. No município de São Paulo, vide a Lei municipal n. 14.973/2009. Trata-se de uma espécie de "desequiparação" (vide notas 43, 48 e 49, *infra*, bem como as considerações sobre "equiparação" no texto ao qual tais notas se referem).

[35] Importante frisar que referida mudança pode ser verificada desde a edição da Lei federal n. 11.445/2007.

cação do campo de atuação – leia-se: de responsabilidade[36] – dos geradores de resíduos, de um lado, e do poder público, de outro, o que varia conforme a classificação legal dos resíduos gerados: enquanto para *alguns tipos*[37] as atividades de gestão integrada devem ser carreadas (ou pelo menos economicamente suportadas) pelos geradores, públicos e/ou privados, diretos e/ou indiretos, para *outros* elas devem ser prestadas pelo Estado em regime de serviço público[38].

---

[36] Não se trata, aqui, de responsabilidade no sentido jurídico da palavra, isto é, "[...] sujeição às sanções previstas em determinada ordem jurídica" (Lopes, 1992, p. 9), sejam elas positivas ou negativas, ou qualquer que seja a sua natureza (penal, administrativa ou civil). "Com efeito, o que a lei prevê não é nem a sanção de crimes ou contraordenações ambientais ligadas aos resíduos, nem a reparação de eventuais danos ambientais provocados pelos resíduos, pelo que não se trata de responsabilidade em sentido próprio" (Aragão, 2009, p. 25). Na verdade, exceto nos casos em que há menção expressa à responsabilidade *por danos* (vide, por exemplo, o art. 27, § 1º da PNRS), quando a Lei federal n. 12.305/2010 utiliza o termo responsabilidade (sobretudo a chamada "responsabilidade compartilhada pelo ciclo de vida do produto"), quer ela significar o *cumprimento de deveres legais*, mais precisamente das obrigações por ela instituídas aos agentes econômicos referidos no § 1º de seu art. 1º. Em sentido semelhante, Ribeiro (2012, p. 541) fala em "responsabilidade de cumprir obrigações". Sundfeld (2003, p. 61), por sua vez, aludindo à obrigação do agricultor que utiliza agrotóxico em devolver ao comerciante do produto as embalagens ou sobras de agrotóxico (resíduos), recorre à ideia de encargo, por ele definido como condicionamento ao exercício de um direito consistente em *deveres* positivos de fazer. Por fim, Kloepfer (2001, p. 19, nota 9, tradução nossa) é categórico ao afirmar que a responsabilidade do direito dos resíduos não se confunde com a responsabilidade civil (inclusive a ambiental): "A responsabilidade pelo produto do direito dos resíduos [...] não deve ser confundida com as obrigações relacionadas a produtos do direito civil (responsabilidade pelo fato do produto, responsabilidade civil por danos ambientais)". Nesse sentido, no caso judicial *Habitat – Associação de Defesa e Educação Ambiental versus Imperial Refrigerantes Ltda.*, as discussões travadas em todas as instâncias, assim como os entendimentos prevalecentes esposados tanto pelo STJ (Quarta Turma, Recurso Especial n. 684.753/PR, rel. Min. Antonio Carlos Ferreira, j. 4.2.2014) como pelo TJPR (Oitava Câmara Cível, Apelação Cível n. 118.652-1, rel. Des. Ivan Bortoleto, j. 5.8.2002), são altamente criticáveis pelo fato de – primeiro – reduzirem a problemática em torno dos resíduos em geral, e das obrigações pós-consumo atinentes aos produtos em fim de vida em particular, desafio regulatório de magnitude pública econômico-ambiental, a uma questão de alçada privatística do direito civil (de que é ilustrativo o julgamento do caso, no STJ, por uma turma da Segunda Seção, especializada em direito privado) e – segundo – confundirem responsabilidade pós-consumo (dever jurídico originário) com responsabilidade objetiva por danos ambientais (dever jurídico sucessivo, isto é, consequência da violação de um dever originário).

[37] Na verdade, para a maioria deles.

[38] Portanto, a "tensão público/privado" de que falam Abramovay, Speranza e Petitgand (2013, p. 41) nada mais é que a mudança de paradigma no direito da gestão de resíduos (no mesmo sentido, cf. Kloepfer, 2001, p. 17-18).

Assim, no intuito de delimitar o campo de atuação dos geradores e dos titulares dos serviços públicos de limpeza urbana e de manejo dos resíduos, é imprescindível compreender a sistemática de responsabilização adotada pela PNRS. Tal sistemática, conforme já aduzido, encontra-se umbilicalmente atrelada à classificação dos resíduos fornecida tanto pela PNRS como pela Lei federal n. 11.445/2007 e pode ser analiticamente compreendida em três possíveis "caminhos" para os resíduos (Friedrich, 2011, p. 108; Schomerus, 2012, p. 152).

Em regra, a responsabilidade pela gestão dos resíduos é daquele que os tenha produzido (primeiro caminho), ou seja, do gerador direto[39,40]. É o que ocorre com os resíduos da produção[41], os quais, no direito positivo brasileiro, correspondem àqueles listados nas alíneas *d* a *k* do inciso I do art. 13 da

---

[39] No mesmo sentido, embora analisando a Lei n. 12.300/2006 do Estado de São Paulo, cf. Nusdeo, 2006, p. 269.

[40] Gerador direto é, no campo dos resíduos, o poluidor direto (ou material), é dizer, "aquele que, com a sua actividade física, vai provocar directamente a poluição [*in casu* a produção de resíduos]" (Aragão, 1997, p. 140). Ao lado dele pode figurar um poluidor (ou gerador) indireto, correspondente "[à]quele que beneficia da actividade poluente ou que cria as condições para que a poluição se produza" (idem, ibidem). Sobre o conceito de poluidor, cf., por todos, Aragão (1997, p. 133-45). Ao longo do texto, o termo "gerador", quando desacompanhado de indicação expressa sobre a qual das duas figuras (direto/indireto) se faz referência, será utilizado para designar o gerador direto.

[41] Resíduos da produção podem ser entendidos como aqueles resultantes dos processos produtivos, isto é, os gerados no âmbito das atividades de produção, incluindo os três setores da economia (primário, secundário e terciário) (no mesmo sentido, Aragão, 1997, p. 139, nota 334). A eles se contrapõem os resíduos de consumo, que são aqueles gerados por ocasião da fruição, a título não profissional da utilidade prestada por um produto (bem produzido), é dizer, os resíduos decorrentes do *uso* não econômico (visando ao lucro) dos resultados dos processos produtivos (cf. definição semelhante oferecida por Nusdeo, 2006, p. 263). Embora a distinção seja um tanto artificial desde uma perspectiva integrada e metabólica (cf. Schenkel e Reiche, 1993, p. 189), ela parece configurar um lugar comum na literatura internacional relativa ao direito dos resíduos (cf., ilustrativamente, Aragão, 2009, p. 14-5, 26, 49; Aragão, 2006; Rehbinder, 1994, p. 22) e pauta-se *pragmaticamente* pelas diferenças entre essas duas categorias quanto ao *tratamento regulatório* da responsabilidade pelos resíduos. Não obstante, o conceito de "fluxos de materiais" (vide nota 53, *infra*) relativiza essa diferenciação de disciplinas jurídicas, unificando-as. De qualquer modo, é importante ter clareza a respeito desse ponto a fim de evitar confusões conducentes a consequências práticas inusitadas, tais como a sugestão de um "licenciamento ambiental de atividades geradoras de resíduos pós-consumo" (Dinnebier, 2013, p. 399-400).

PNRS[42]. Em relação a estes, compete ao gerador – e só a ele[43] – o gerenciamento ambientalmente adequado de seus resíduos, cuja execução pode ser contratada com terceiros (prestadores de serviços de coleta, armazenamento, transporte, transbordo, tratamento e/ou destinação final de resíduos), sem, contudo, elidir a responsabilidade do contratante (gerador) por danos eventualmente provocados pelo gerenciamento inadequado dos respectivos resíduos (art. 27, § 1º, da PNRS).

Adicionalmente, a PNRS obriga o gerador de resíduos da produção a planejar o gerenciamento dos resíduos que produz, bem como a submeter esse planejamento, sob a forma de um "plano de gerenciamento de resíduos sólidos" (vide os arts. 20 a 24), à apreciação dos órgãos ambientais licenciadores do Sistema Nacional do Meio Ambiente (Sisnama[44])[45]. Não à toa, justamente por se tratar de resíduos da produção, a lei vincula os planos de gerenciamento ao procedimento do licenciamento ambiental (vide o art. 24

---

[42] O critério utilizado pelo inciso I do art. 13 da PNRS é a *origem* do resíduo conforme o tipo de *atividade*, à semelhança da lei alemã de resíduos (*Kreislaufwirtschaftsgesetz*). Cf., a propósito, a observação de Kurth e Oexle (2013, p. 81, grifo nosso, tradução nossa): "*Importante, ainda, que a origem do resíduo é definida a partir da atividade*".

[43] Conforme será visto logo adiante, uma exceção é a hipótese de equiparação (art. 20, II, *b*, da PNRS c/c arts. 5º e 6º da Lei federal n. 11.445/2007) dos resíduos dos estabelecimentos comerciais e de prestação de serviços (art. 13, I, *d*, da PNRS) aos resíduos domiciliares (art. 13, I, *a*, da PNRS c/c art. 3º, I, *c*, e art. 7º, I e II, ambos da Lei federal n. 11.445/2007) pelo poder público municipal (ou distrital), caso em que a responsabilidade deixa de ser do gerador e passa a ser imposta ao titular do serviço público de limpeza urbana e de manejo de resíduos.

[44] Vide o art. 6º da Lei federal n. 6.938/1981, a qual dispõe sobre a Política Nacional do Meio Ambiente (PNMA). Vide, ainda, a Lei Complementar n. 140/2011, a qual disciplina a cooperação entre a União, os Estados, o Distrito Federal e os Municípios nas ações administrativas decorrentes do exercício da competência comum relativa à proteção do ambiente (vide o art. 23 da Constituição Federal).

[45] No que diz respeito aos resíduos de serviços de transportes (art. 13, I, *j*, da PNRS), a responsabilidade recai sobre os responsáveis pelos terminais de portos, de aeroportos, alfandegários, rodoviários, ferroviários e de passagens de fronteira (art. 20, IV, primeira parte, da PNRS) e, conforme regulamento ou normas estatuídas pelos órgãos do Sisnama e, se couber, do Sistema Nacional de Vigilância Sanitária (SNVS), também sobre as empresas de transporte (art. 20, IV, parte final, da PNRS). Quanto aos resíduos da construção civil (art. 13, I, *h*, da PNRS), as empresas de construção civil são obrigadas ao gerenciamento de seus resíduos e à elaboração do respectivo plano de acordo com o disposto em regulamento ou em normas estabelecidas pelos órgãos do Sisnama (art. 20, III, da PNRS). Por fim, com relação aos resíduos agrossilvopastoris (art. 13, I, *i*, da PNRS), o surgimento e a extensão da responsabilidade depende do que for exigido (se o for) pelo órgão competente do Sisnama, do SNVS ou do Sistema Unificado de Atenção à Sanidade Agropecuária (Suasa) (art. 20, V, da PNRS).

da PNRS), instrumento tradicional de controle dos impactos dos processos produtivos sobre o ambiente.

Excepcionalmente, a lei deixa de atribuir ao gerador a tarefa de gerir os seus resíduos, encarregando-a ao Poder Público (segundo caminho), nomeadamente aos titulares dos serviços públicos de limpeza urbana e de manejo de resíduos sólidos. Tal sucede, ilustrativamente, por força dos arts. 3º, I, *c*, e 7º da Lei federal n. 11.445/2007 e do art. 26 da PNRS, em relação aos resíduos sólidos urbanos (art. 13, I, *c*, da PNRS), os quais englobam os resíduos domiciliares (art. 13, I, *a*, da PNRS) e os de limpeza urbana (art. 13, I, *b*, da PNRS c/c art. 7º, III, da Lei federal n. 11.445/2007). A justificativa para essa transferência parcial[46] de responsabilidade para um sujeito determinado (mais facilmente identificável) reside no fato de se tratar de *fontes geradoras de resíduos muito difusas*, as quais colocam, de maneira mais acentuada, o problema da coleta, do transporte e da destinação final ambientalmente adequada dos resíduos (Aragão, 2009, p. 59-60), eminentemente por dificultarem o controle, pelos órgãos ambientais, dessas operações de gerenciamento[47]. Ademais, os geradores de resíduos sólidos urbanos não dispõem de condições, sobretudo técnicas, para que, eles próprios, possam gerir os resíduos que produzem.

Outro exemplo desse regime de exceção, caracterizado pelo dever do Estado em realizar a gestão de resíduos no lugar dos geradores, verifica-se relativamente aos resíduos de estabelecimentos comerciais e de prestadores de serviço (art. 13, I, *d*, da PNRS) – portanto, parcela do universo dos resíduos da produção – especificamente naquelas situações em que tais resíduos, em razão de sua natureza, composição ou volume, sejam equiparados aos resíduos domiciliares pelo poder público municipal (art. 13, parágrafo

---

[46] Diz-se parcial haja vista a lei conservar para o gerador de resíduos sólidos urbanos, precisamente o de resíduos domiciliares, a obrigação de segregar e acondicionar os seus resíduos, assim como disponibilizá-los para a coleta pelo Poder Público. A esse respeito, vide as considerações aventadas nos parágrafos seguintes.

[47] Diferentemente do que acontece com o licenciamento ambiental em geral e os resíduos da produção em especial.

único, e art. 20, II, *b*, da PNRS)[48,49]. De acordo com Ribeiro (2012, p. 547), "[h]avendo a equiparação" [a qual, segundo o autor, deve ser expressa, veiculada por norma local (idem, p. 546-7)], a atividade passa a compor o serviço público, recebendo o mesmo tratamento do resíduo doméstico". Imperioso ressalvar, ainda, que a parte final do art. 5º da Lei federal n. 11.445/2007 veda ao Poder Público valer-se da equiparação para arrogar a si a responsabilidade que a lei (particularmente a PNRS) impôs exclusivamente aos geradores, direto e indireto, do resíduo.

De qualquer sorte, em ambas as hipóteses (resíduos sólidos urbanos e equiparação), tem-se, de um lado, o *dever do Estado* em promover o gerenciamento dos resíduos e, de outro, o *direito do gerador* de exigir a prestação (adequada) desse serviço público. Não bastasse, a esse direito vincula-se, como a outra face da mesma moeda, o *dever do gerador* em acondicionar adequadamente e de forma diferenciada os resíduos gerados[50], assim como disponibilizá-los para a coleta (art. 25 da PNRS). Somente com a observân-

---

[48] O art. 6º da Lei federal n. 11.445/2007 (lei anterior), ao fazer referência ao "lixo originário de atividades [...] industriais [...]", encontra-se derrogado pelo art. 13, parágrafo único da PNRS (lei posterior), conclusão essa reforçada pela leitura do art. 20, II, *b* da PNRS. Nesses termos, somente os resíduos comerciais e de serviços podem ser objeto de equiparação, e não mais os resíduos industriais. Ademais, note-se que o paradigma para a equiparação são os resíduos domiciliares (ou domésticos, na linguagem da Lei federal n. 11.445/2007), e não os resíduos sólidos urbanos (os quais compreendem, além dos residenciais, também os de limpeza urbana). O parágrafo único do art. 13 da PNRS é expresso nesse sentido, corroborado pela primeira parte do inciso II do art. 12 do Decreto federal n. 7.217/2010, o qual regulamenta a Lei federal n. 11.445/2007.

[49] Seguindo a lógica da Lei federal n. 11.445/2007 e da PNRS, as chamadas "leis dos grandes geradores" (vide nota 34, *supra*) tornam-se redundantes (e, logo, desnecessárias) sempre que atinentes a resíduos que não os domésticos. Isso porque, sendo a equiparação uma forma de excetuar a regra de responsabilização do gerador (vide a nota anterior), basta o município ou o Distrito Federal deixar de fazê-lo (ou seja, não equiparar) para que a obrigação de gestão dos resíduos repouse, originária e unicamente, sobre quem os tenha produzido. Já em relação aos resíduos domiciliares, as "leis dos grandes geradores", diante do disposto no art. 7º, I c/c o art. 3º, I, *c*, da Lei federal n. 11.445/2007, são ilegais, haja vista o gerenciamento ambientalmente adequado de *resíduos sólidos urbanos*, incluindo o dos *resíduos domiciliares* (de *origem doméstica*), constituir *per se* serviço público segundo o direito positivo nacional em vigor.

[50] Oportuno atentar para a importância da segregação dos resíduos na fonte geradora para a efetividade da coleta seletiva, definida como a "coleta de resíduos sólidos previamente segregados conforme sua constituição ou composição" (art. 3º, V, da PNRS), estabelecida pelo plano municipal de gestão integrada de resíduos sólidos (art. 35, *caput*, da PNRS) e implementada pelo titular do serviço público de limpeza urbana e de manejo de resíduos (art. 36, II, da PNRS).

cia dessas obrigações, especialmente da última – no fundo, um *dever de transferência* (*Überlassungspflicht*[51]) dos resíduos[52] ao Poder Público –, é que o gerador de resíduos sólidos domésticos (e dos equiparados a eles) tem cessada a sua responsabilidade (art. 28 da PNRS), quer pelo cumprimento das ações relacionadas ao gerenciamento dos resíduos coletados pelo titular do serviço público de manejo de resíduos, quer por eventuais danos oriundos do gerenciamento inadequado deles.

O terceiro e último caminho diz respeito a algumas categorias de resíduos, tanto da produção como de consumo, enquadradas pelo legislador – ou passíveis de enquadramento mediante ato infralegal – no conceito de "fluxos de materiais"[53] (cf. Aragão, 2009, p. 118-9; 2006). No direito positivo brasileiro, elas encontram-se arroladas nos incisos I a VI do *caput* do art. 33 PNRS, lista à qual podem vir a ser acrescidos outros tipos de resíduos nos termos dos §§ 1º e 2º desse mesmo dispositivo. Trata-se, aqui, de resíduos decorrentes do *uso* – ou do consumo em um sentido amplo, vale dizer, da utilização a qualquer título, profissional-econômico ou não – de determinados produtos e cuja geração não (ou muito dificilmente) consegue ser evitada, diminuída ou adiada (em respeito aos ditames da hierarquia de resíduos), tampouco melhorada (qualitativamente falando), por meio das ações daqueles sujeitos tradicionalmente encarregados de seu gerenciamento: os geradores diretos (usuários profissionais de produtos) no caso dos resíduos da produção, e as municipalidades, no caso dos resíduos de consumo. Tais agentes, sobretudo as últimas, por não possuírem controle algum sobre as causas do problema (geração de resíduos), não conseguem intervir no sentido de preveni-lo, limitando-se a gerir as suas consequências[54]. As-

---

[51] A respeito das *Überlassungspflichten* no direito alemão dos resíduos, positivadas no § 17 da *Kreislaufwirtschaftsgesetz* (lei alemã de resíduos), cf., por exemplo, Dippel (2012), Kurth e Oexle (2013) e Schomerus (2012).

[52] E, conseguintemente, da responsabilidade a eles associada.

[53] Aragão (2009, p. 118-9) fala em fluxos de materiais, de produtos ou de resíduos. Em apertada síntese, a noção de fluxo remete à ideia de trocas de matéria e energia entre os sistemas socioeconômico e o ambiente. Vide nota 60, *infra*, e o item que sucede a introdução.

[54] No mesmo sentido, cf. Schall (1992, p. 2, tradução e grifo nossos): "Gestores de resíduos não têm logrado êxito em criar programas de redução na fonte porque, para assegurar uma menor geração de resíduos, eles precisam garantir uma menor produção de *output* [resultado do sistema produtivo], que é a fonte [causa] última do lixo. *Mas aqueles que realizam a gestão de resíduos não são os mesmos que realizam a gestão da produção*. Decisões sobre o que produzir, que materiais utilizar na produção e em que embalar o que se produz têm, historicamente, sido tomadas pelos fabricantes de produtos, os quais respondem a pressões de

sim, segundo Aragão (2009, p. 118), tem-se um universo de resíduos que, conquanto *transversais quanto à sua origem*[55] e diversificados quanto à sua composição, apresentam dificuldades de gestão similares a justificar uma abordagem dita integrada, considerando os impactos ambientais do produto ao longo de todo o seu ciclo de vida (desde o "nascimento" até a "morte", donde a já consagrada expressão "do berço ao túmulo"[56]) e, consequentemente, um tratamento jurídico unificado. Esse regime legal é marcado por uma mudança na alocação das obrigações de gestão dos resíduos, com o surgimento de deveres a ser cumpridos *antes* de o produto se tornar um resíduo[57] (vide o art. 31, I e II, e o art. 32 da PNRS), além de uma ênfase na responsabilidade do(s) gerador(es) *indireto(s)*, especialmente na do fabricante e, no caso de produtos fabricados no exterior, do importador.

Quando essas categorias identificadas como fluxos configurarem, em função de sua origem, resíduos sólidos urbanos ou resíduos equiparados aos domiciliares, verifica-se uma restrição no campo de incidência da exceção anteriormente descrita, qual seja, na responsabilidade do titular do serviço público de limpeza urbana e de manejo de resíduos em vez do gerador. Em outras palavras, a PNRS retira determinados tipos de resíduos (fluxos) do universo abrangido pelo regime de exceção ao princípio do poluidor-pagador, submetendo-os novamente à regra de responsabilização do gerador, ainda que com modificação na distribuição de obrigações para incluir a par-

---

mercado. Apenas recentemente é que gestores de resíduos têm tentado intervir ativamente no funcionamento do mercado para ajudar a criação de resultados de redução [de resíduos] na fonte. Entretanto, como realizar essa intervenção, além de ainda não muito bem compreendida, é amplamente ineficaz".

[55] A transversalidade da origem é uma característica importante para se compreender que, no caso dos fluxos submetidos a sistemas de gestão integrada ("responsabilidade pós-consumo"), os geradores *diretos* desses resíduos são os *usuários* dos respectivos produtos, seja a que título for (profissional/econômico ou não). Portanto, quando a PNRS fala em "consumidores", quer ela referir-se tanto a utilizadores profissionais (ou "não particulares", para usar a expressão encontrada na Diretiva 2012/19/UE relativa a equipamentos eletroeletrônicos) quanto a utilizadores não profissionais (ou "privados"). Em outras palavras, para a PNRS, há consumidores profissionais e não profissionais dos mesmos produtos (usuários de lâmpadas utilizadas para iluminar, respectivamente, uma fábrica e uma residência, por exemplo). Em que pese o conceito de *consumidor/usuário* do direito dos resíduos afastar-se da noção de *consumidor/destinatário final* do direito consumerista, a profissionalidade do usuário do produto (resíduo futuro) pode ser um importante critério de alocação de algumas das obrigações "pós-consumo" entre os geradores diretos e indiretos. Cf., a propósito, Tojo (2003).

[56] *From cradle to grave*, em inglês.

[57] Ou seja, antes da "morte" do produto, quando ele ainda é um "pré-resíduo" (a expressão é de Aragão, 2009, p. 111).

ticipação do gerador indireto. Trata-se, por assim dizer, de uma "exceção à exceção".

Também os resíduos gerados no âmbito do exercício de atividades produtivas e enquadrados no conceito de fluxos – pense-se, exemplificativamente, em embalagens de agrotóxicos utilizados por agricultores, embalagens de óleos lubrificantes industriais empregados em fábricas ou, ainda, em computadores em fim de vida provenientes de escritórios (bancários, de advocacia etc.) – seguem a aplicação modificada do princípio do poluidor--pagador, com a imposição de deveres tanto aos geradores diretos quanto – e principalmente – aos indiretos, sem prejuízo da possibilidade de assunção, pelo poder público, de parcela desses deveres, a depender do caso[58].

No tocante aos resíduos *não enquadrados como fluxos* ou, ainda, àqueles que, a despeito de configurarem fluxos, a lei permite, em caráter temporário, não serem submetidos ao regime que lhes é próprio[59], seguem-se os dois primeiros caminhos acima expostos: se gerados no âmbito de atividades produtivas, são de responsabilidade do gerador direto; se classificados, quanto à origem, como resíduos sólidos urbanos, incluindo os equiparados, a gestão é de competência do titular do serviço público de limpeza urbana e de manejo de resíduos.

A Figura 6.1 esquematiza visualmente os possíveis "caminhos" para os resíduos segundo o ordenamento brasileiro.

A par de sua novidade, o terceiro caminho, denominado "responsabilidade compartilhada pelo ciclo de vida dos produtos" pela PNRS, é o que mais tem suscitado controvérsias, embora ainda muito pouco explorado e

---

[58] Sendo a atuação do Estado a exceção, sempre que ele executar atividades de gestão de resíduos cuja responsabilidade a lei atribua aos geradores, diretos e/ou indiretos, ele deverá ser remunerado pelas atividades que desempenhar, seja no caso dos resíduos de produção (art. 27, § 2º, da PNRS), seja na hipótese de participação nos chamados esquemas de logística reversa de resíduos de consumo (art. 33, § 7º, da PNRS). Na primeira situação, o poder público, ao realizar quaisquer das etapas de gerenciamento dos resíduos, deve respeitar, assim como os particulares, as exigências relativas ao licenciamento ambiental, além daquelas contidas em normas estabelecidas pelos órgãos do Sisnama e, se couber, do SNVS (art. 19, § 5º, da PNRS).

[59] A exemplo dos resíduos de equipamentos eletroeletrônicos (REEEs) de uso *não doméstico*, os quais, por decisão política respaldada pelo art. 56 da PNRS, não foram incluídos no Edital n. 01/2013, do Ministério do Meio Ambiente, concernente ao chamamento de fabricantes, importadores, distribuidores e comerciantes de produtos eletroeletrônicos e seus componentes para a elaboração de proposta de acordo setorial visando à implantação de sistema de logística reversa de abrangência nacional para os resíduos eletroeletrônicos e seus componentes (vide item 2.1 do edital). Vide, ainda, nota 116, *infra*.

frequentemente mal compreendido pela doutrina pátria. Por essa razão, ele é o foco deste capítulo e objeto dos itens seguintes.

RESPONSABILIDADE PÓS-CONSUMO E SEUS CONTORNOS TEÓRICOS

A chamada responsabilidade pós-consumo insere-se em um contexto de ampliação dos horizontes sobre os impactos humanos no ambiente, no qual as atenções, inclusive regulatórias, começam a voltar-se para novos problemas ecológicos, de maior sutileza, imprevisibilidade e dificuldade de enfrentamento (Esty e Chertow, 1997, p. 4), para além da degradação causada por grandes empreendimentos e, sobretudo, da poluição ocasionada pelas instalações industriais. Essa expansão do olhar para as questões ambientais é acompanhada por uma mudança também de abordagem: procura-se adotar um enfoque dito sistêmico, o qual situa as atividades sócio-tecno-econômicas humanas no âmbito mais amplo dos sistemas ecológicos (ou ecossistemas) que as suportam a fim de evitar análises restritas e/ou parciais que ignorem variáveis importantes e, pior, levem a consequências indesejadas (Lifset e Graedel, 2002, p. 4 e 6).

Duas formas de manifestação dessa abordagem integrada são a consideração das trocas de matéria e energia entre a ecosfera e a tecnosfera[60] e o recurso a uma análise de ciclo de vida do produto[61], a qual considera os impactos ambientais do produto desde a sua concepção e a extração dos recursos naturais necessários à sua confecção até a destinação final dos respectivos resíduos, perpassando a fabricação, a distribuição, e o consumo[62,63].

---

[60] Essa troca subjaz o conceito de "fluxos" e costuma ser metaforicamente referida pelos autores da chamada ecologia industrial como "metabolismo social" (cf., por exemplo, Lifset e Graedel, 2002, p. 6), o qual, por sua vez, desdobra-se em "anabolismo social" – saída de energia/matéria da ecosfera e entrada na tecnosfera – e "catabolismo social" – saída de materiais/energia da tecnosfera e entrada na ecosfera. É com base nessa ideia que Aragão (2006) subdivide o direito dos resíduos (*rectius* dos fluxos de materiais) em direito anabólico e direito catabólico.

[61] O art. 3º, IV, da PNRS define ciclo de vida do produto como "a série de etapas que envolvem o desenvolvimento do produto, a obtenção de matérias-primas e insumos, o processo produtivo, o consumo e a disposição final".

[62] Vide nota 18, *supra*.

[63] Juntas, as perspectivas metabólica (isto é, de fluxos de materiais e energética) e de ciclo de vida propiciam uma visão integrada dos problemas ambientais, tão cara à ecologia industrial.

Figura 6.1 Os resíduos e seus "caminhos" no direito brasileiro

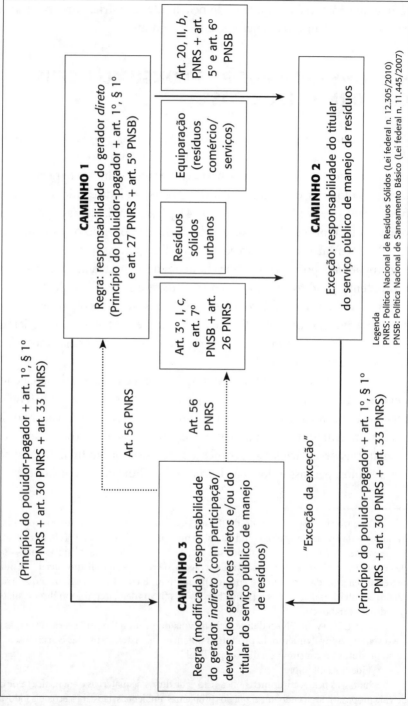

O direito dos resíduos, em sua feição moderna, é o campo do direito ambiental que tem protagonizado a incorporação da lógica de ciclo de vida conjugada à perspectiva metabólica, sendo a instituição da responsabilidade pós-consumo, indubitavelmente, bastante ilustrativa dessa constatação. Enquanto sob a égide do direito da eliminação de resíduos o produto era merecedor de atenção apenas quando atingisse o estágio de fim de vida, ou seja (e metaforicamente falando), depois da sua "morte", por ocasião do "enterro"[64] (aterramento) e/ou da "cremação" (incineração) dos "cadáveres", o direito *integrado* dos resíduos[65] passa a investigar a razão do "óbito" dos produtos, é dizer, a questionar o motivo pelo qual eles se tornam resíduos[66]. É no contexto dessa averiguação que entra em jogo a figura da responsabilidade pós-consumo[67].

A perspectiva de ciclo de vida permite perceber que o produto nada mais é que um resíduo futuro ou, o que é dizer a mesma coisa, o resíduo é um ex-produto (Aragão, 1999, p. 1-2; Krämer, 2011, p. 348). O produto, quando "em vida", possui um substrato físico provido de algum interesse (geralmente em virtude de uma funcionalidade[68]) para o destinatário da sua produção (consumidor). Com o "perecimento" (consumo) do produto, o que desaparece não é, na grande maioria das vezes, esse substrato físico[69], mas tão somente a utilidade para o gerador do resíduo, esvaindo-se

---

[64] Em sentido semelhante, Kunig (1994, p. 97, grifo nosso): "O proprietário do resíduo tem, por assim dizer, o direito de condenar a coisa à *morte*. A remoção do resíduo pode comparar-se a um *enterro*".

[65] Também denominado "direito dos fluxos de materiais". Vide nota 74, *infra*.

[66] No mesmo sentido, Salzman (1997, p. 1245, destaque no original, tradução nossa): "[...] nós temos amplamente negligenciado abordar a *razão* pela qual nós geramos resíduos em primeiro lugar".

[67] Registre-se, aliás, a seguinte observação de Lifset (1993, p. 165, tradução nossa): "É somente no âmbito do ciclo de vida do produto [...] que a responsabilidade alargada do produtor é um conceito coerente".

[68] O critério da funcionalidade é apenas um entre vários outros critérios possíveis para distinguir resíduos de não resíduos. Para uma discussão sobre alguns desses critérios, cf., por exemplo, Aragão (2006, p. 82, nota 105, p. 451-463 e p. 534-538). De toda a sorte, não se deve esquecer que o conceito de resíduo é definido socialmente (Thompson, 1998, p. 58). Esse é um tema controvertido e, por demandar estudo específico e aprofundado, escapa aos limites propostos para este texto.

[69] Nesse sentido, McDonough e Braungart (2002, p. 27, grifo nosso, tradução nossa) observam que os consumidores, na verdade, "consumem" muito pouco: "Pense a respeito: você pode ser chamado de consumidor, mas é muito pouco o que você consome – alguma comida, alguns líquidos. *Todo o resto é projetado para você jogar fora quando tiver terminado* [de consumir]".

aí o seu interesse em ter o ex-produto para si. Donde se concluir que os produtos, mesmo quando acometidos pelo inevitável fenômeno da residualidade, conservam a sua materialidade, é dizer, não deixam de ser materiais[70].

Ora, se resíduos, apesar de *coisas desinteressantes*[71], continuam sendo materiais[72], a proposta de eliminá-los acaba forçosamente dando lugar à de reaproveitá-los sempre que possível. Nesse sentido, ganha espaço a noção de *fechamento do fluxo*: supera-se a *unidirecionalidade* no fluxo de materiais própria do direito da eliminação de resíduos (*input – output*) em favor da (re)inserção dos materiais residuais no circuito econômico-produtivo (*input – output – input*). Com isso, ao promover a *circularidade* dos materiais (*Stoffkreislauf* ou *Kreislaufwirtschaft*[73]), o direito dos resíduos moderno abandona a residualidade enquanto alvo exclusivo de seus esforços para se tornar um *direito dos fluxos de materiais* (*Stoffstromrecht* ou *Kreislaufwirtschaftsrecht*)[74], cujo olhar repousa sobre *todo o metabolismo social*.

Na medida em que prolonga a circulação dos materiais, levando a um fluxo mais duradouro, pelo fato de contribuir para uma menor necessidade por matérias-primas virgens (diminuindo a pressão sobre os recursos naturais a serem extraídos), o direito dos resíduos pode ser encarado também como um *direito das matérias-primas* (*Rohstoffrecht*) (Engel, 2002, p. 247 e

---

[70] "Do ponto de vista dos materiais, resíduos são o *output* final do metabolismo social; a sua composição e quantidade dependem da qualidade e da quantidade do *input*. Mudanças no metabolismo social, portanto, são refletidas em mudanças nos resíduos e, assim, determinam quão perigosos os resíduos serão. [...] Resíduo é aquilo que sobra. [...] O tipo de *input* proveniente da natureza e inserido na sociedade determina o que sobra no final, isto é, determina o *output*" (Winiwarter, 2002, 38-40, tradução nossa).

[71] Aragão (2006, p. 81 e 84) formula, dentro de uma perspectiva estática, isto é, focada exclusivamente no momento em que determinada coisa se torna um resíduo, a seguinte definição: resíduos são objetos corpóreos, apropriáveis e que, por serem desinteressantes para o seu detentor, ele os enjeita (ou já aventou).

[72] "Os resíduos são melhor compreendidos como *recursos* que estão no lugar errado na hora errada. Geralmente, eles são descartados porque deixam de ter valor para seus possuidores" (Bartone, 1990, p. 7, grifo nosso, tradução nossa).

[73] Aliás, conforme já adiantado nas notas 42 e 51, a lei alemã de resíduos em vigor denomina-se *Kreislaufwirtschaftsgesetz* (KrWG). Uma possível tradução para o português é "lei dos ciclos de materiais".

[74] Em língua alemã há umas poucas dezenas de publicações a respeito. Brandt e Steiner (2000) fornecem um breve panorama sobre a concepção, em âmbito nacional, de um direito dos fluxos de materiais no direito alemão. Em língua portuguesa, a referência (e, ao que parece, a única) é Aragão (2006).

seguintes). Mas não é só. A juridificação dos resíduos calcada no enfoque dos fluxos de materiais permite questionar ainda a redução e o estancamento desses fluxos, indo muito além do mero fechamento deles.

Se, metabolicamente falando, os resíduos não deixam de ser recursos (embora no lugar e momento errados), a lógica preventiva própria do direito ambiental faz-nos questionar como esses materiais podem ser poupados e não somente recuperados, introduzindo, destarte, uma reflexão quanto aos modos de evitar e minimizar a quantidade de recursos naturais que entrarão e circularão pelo circuito econômico[75]. A resposta – intuitiva – a essa pergunta é apenas uma: a abstenção e diminuição do acesso aos materiais e do uso deles. Isso implica *limitações tanto à produção quanto ao consumo*, quer em termos de ausência de fluxo (não produzir e não consumir), quer em termos de sua redução (desprodução e desconsumo)[76]. Nas precisas palavras de Aragão (2006, p. 40): "[...] prevenir é evitar resíduos. E evitar resíduos é consumir menos. E consumir menos é produzir menos. E produzir menos é usar menos os bens da Natureza [...]".

Nessa vertente preventiva (não geração), o direito integrado dos resíduos é um *direito anti-resíduos*, esforçado em antecipar-se ao momento da *residualidade* – a fase final do ciclo de vida do produto – e pensar todas as etapas anteriores, incluindo produção e consumo, com vistas a prevenir (evitar e reduzir), em cada uma delas, o uso de recursos naturais, bem como a geração de impactos ambientais negativos.

Ao exigir um modo de produção mais limpo e direcionado à fabricação e ao consumo de produtos cujo uso gerem a menor quantidade de resíduos possível, o direito integrado dos resíduos repercute sobre o comportamento dos agentes econômicos e tem o potencial de desempenhar um importante papel na mudança dos padrões de produção e consumo vigentes, atingindo em cheio o coração da organização socioeconômica da socie-

---

[75] Winiwarter (2002, p. 52, tradução nossa) é incisiva: "A solução para o problema dos resíduos reside no lado do *input* da sociedade, que é onde as suas causas se encontram. Isso exige um redesenho [*re-design*] do metabolismo social".

[76] As categorias ausência, redução e fechamento dos fluxos de materiais são apresentadas e desenvolvidas por Aragão (2006, p. 311 e seguintes). Como modalidades da segunda categoria (desprodução e desconsumo) a autora cita a desmaterialização, a terceirização e a produção mais limpa.

dade moderna em prol de um ambiente metabolicamente sadio. É precisamente aqui que reside a sua centralidade[77].

Um instrumento adotado em vários países no sentido de estimular transformações na cadeia produtiva com vistas a uma melhoria quantitativa e qualitativa na geração de resíduos e, ao mesmo tempo, assegurar o gerenciamento ambientalmente adequado dos resíduos produzidos é a chamada responsabilidade pós-consumo[78]. Conceitualmente, ela parte da constatação de que a origem do problema – repita-se, a geração (quantitativa e qualitativa) de resíduos – encontra-se no produto, mais especificamente na sua concepção e composição (fabricação) e, de maneira mais tímida, no seu uso (consumo). Na base do raciocínio está o reconhecimento de que as decisões de produção e consumo determinam a quantidade e a qualidade dos resíduos futuramente gerados por ocasião do uso dos produtos.

Na verdade, no caso da responsabilidade pós-consumo, o foco recai sobremaneira sobre as decisões de produção, no centro das quais se situam as relativas ao *design* do produto. Em termos teóricos, a responsabilidade pós-consumo é um instrumento que procura incentivar indiretamente as decisões de design em busca de aperfeiçoamentos ecológicos dos produtos, isto é, de suas qualidades ambientais, especialmente no que diz respeito à residualidade futura deles.

Com efeito, na fase do design (ou da concepção) do produto são pensados vários de seus aspectos: custo dos insumos, fabricabilidade (*manufacturability*), compatibilidade com a cadeia de distribuição, funcionalidade, segurança etc. (Lifset, 1993, p. 163). Por meio da responsabilidade pós-consumo, procura-se incorporar à tomada de decisão sobre esses elementos preocupações ecológicas referentes à composição (seleção de materiais) e estrutura dos produtos, haja vista elas serem determinantes de características relacionadas aos estágios de uso e pós-uso (ou fim de vida), tais como

---

[77] "[...] a *centralidade* do Direito dos Resíduos resulta também do facto de a gestão dos resíduos ser um domínio em que as possibilidades de mudança e inflexão do actual estado de degradação ambiental são grandes: se reciclarmos, nem que seja uma vez, os resíduos valorizáveis, já estaremos a reduzir para metade os fluxos de materiais – matérias-primas – em circulação da esfera natural para a esfera humana, com as consequentes vantagens ambientais e humanas [...]" (Aragão, 2009, p. 11-2, destaque no original).

[78] Importante deixar claro, portanto, que o *direito dos resíduos* não se resume à figura da responsabilidade pós-consumo, embora esta seja, inquestionavelmente, um dos principais instrumentos regulatórios adotados em diversos países em matéria de resíduos. Para uma exposição mais abrangente e introdutória, porém igualmente crítica e clara, sobre o direito dos resíduos cf., por todos, Aragão (2009) e Krämer (2011, p. 329-63).

durabilidade, reparabilidade e reciclabilidade[79]. Nesses termos, pelo fato de as decisões de design definirem os aspectos ambientais associados ao produto, entre os quais a quantidade e a qualidade dos resíduos gerados[80], elas são consideradas a raiz da questão (Lindhqvist, 2000, p. 3)[81,82].

Se, então, a fonte do problema está no lado da oferta, ou seja, na produção (em sentido amplo)[83], é nas decisões adotadas nessa fase, particularmente nas de design, que se concentram os esforços da responsabilidade pós-consumo, com pouca (ou menor) atenção para o lado da procura, isto é, para as decisões dos consumidores. Na medida em que o consumo é cronologicamente posterior à produção e por ela materialmente condicionado (Aragão, 2006, p. 587), os consumidores, cuja atividade é considerada mais ou menos normal e inevitável[84], apenas *atualizam*, por ocasião do consumo, os problemas ambientais já contidos nos produtos que obtêm no mercado

---

[79] "O design de produtos e de sistemas de produtos é o passo mais decisivo na determinação da natureza e da quantidade tanto de recursos e de energia usados como da poluição gerada ao longo dos ciclos de vida dos produtos. É por isso que a responsabilidade alargada do produtor [EPR, acrônimo da expressão inglesa *extended producer responsibility*] procura criar uma efetiva retroalimentação [*feedback loop*] aos designers de produtos a fim de encorajá-los a projetar produtos mais 'limpos' ['ambientalmente amigáveis']. Além de determinar os impactos do efetivo processo de fabricação do produto, a escolha dos materiais, por exemplo, determina os impactos ambientais a montante [da cadeia produtiva] na extração e no processamento de matérias-primas virgens. A seleção de materiais também determina os impactos a jusante durante o estágio de uso e a derradeira disposição final do produto. O produtor pode, na etapa de design no âmbito do desenvolvimento do produto, contribuir significativamente para a minimização da geração de resíduos e dos impactos do gerenciamento deles" (Davis et al., 1997, p. 1-2, tradução nossa).

[80] "É precisamente o fabricante quem decide, já nos estágios iniciais de planejamento e de design do produto, quão rapidamente um produto percorre o seu ciclo de vida, na medida em que determina a durabilidade e a facilidade de reparação de seu produto. Ademais, por meio do uso de materiais reutilizáveis e recicláveis, o fabricante decide quantas voltas as matérias-primas utilizadas darão na 'espiral de materiais (substâncias)'. Por fim, se o produto – futuro resíduo – causará ao final [do ciclo de vida] problemas na eliminação [disposição final] em virtude de substâncias perigosas nele contidas, também está nas mãos do fabricante" (Kloepfer, 2001, p. 18, tradução nossa).

[81] Daí se afirmar que o produto deve ser "limpo" desde o início (cf. Lindhqvist, 2000, p. 36).

[82] Sobre a importância do design no contexto da sustentabilidade em geral, e da melhoria ambiental dos produtos em especial, incluindo uma interessante discussão em torno da (sub e supra) ciclagem de materiais e da eliminação do próprio conceito de resíduo, cf., por todos, McDonough e Braungart (1992, 2002, 2013).

[83] Conforme será visto logo adiante, por produção deve-se entender a colocação do produto no mercado, podendo incluir tanto as etapas de fabricação e importação como as de distribuição e comercialização.

[84] Afinal, vivemos em uma sociedade de consumo.

182 | DIREITO AMBIENTAL E SUSTENTABILIDADE

(Frenz, 2002, p. 618). Segundo lembra Lifset (1993, p. 169), uma premissa-chave da responsabilidade pós-consumo é a descrença na soberania do consumidor, vale dizer, um ceticismo quanto à possibilidade de mudanças nos comportamentos dos consumidores ou na capacidade de decisões de compra ecologicamente responsáveis carrearem verdadeiras melhorias ambientais nos produtos oferecidos no mercado[85].

Entretanto, isso não significa que as decisões de consumo não possam ou não devam ser alvo da regulação ambiental em geral e do direito dos resíduos em especial, pelo contrário. Existe apenas a necessidade de recorrer a *outros instrumentos* e observar *determinadas condições*, formais e materiais (cf., por todos, Aragão, 1999). Ademais, nada impede, nos esquemas de responsabilidade pós-consumo, a imposição aos consumidores de obrigações não relacionadas às decisões de consumo propriamente ditas (isto é, sobre se, o que, quanto[86] e como consumir), a exemplo dos deveres estabelecidos no art. 35 da PNRS (segregação e disponibilização dos resíduos gerados)[87].

Afirmar que a causa do problema está no lado da oferta, é dizer, na fabricação e comercialização de produtos com alto grau de residualidade (*abfallreich*) futura e substâncias tóxicas, implica aceitar a responsabilização de quaisquer dos participantes da cadeia de suprimento[88] – produção (fabricação e importação) e fornecimento (distribuição e comercialização) de produtos – de cuja capacidade e vontade depende a quantidade e a qualidade dos resíduos gerados no fim do ciclo de vida do produto (Schmidt e Kahl, 2010, p. 266).

Embora o destinatário por excelência das obrigações pós-consumo seja o fabricante (ou o importador, no caso de produtos fabricados no exterior),

---

[85] Isso deve-se, sobretudo, ao fato de o consumidor, muitas vezes, encontrar-se subjugado ao poder econômico concentrado dos produtores e, por esse motivo, ver-se forçado a optar por aquilo que vai achar pronto no mercado.

[86] Salzman (1997, p. 1267) critica o fato de o direito se ocupar mais dos padrões de consumo ("how *well* we consume") que dos níveis de consumo ("how *much* we consume"). Para Harsch (1999, p. 555), as abordagens convencionais do direito ambiental não questionam a cultura do consumo, tampouco as necessidades dos consumidores. Embora pertinentes, essas questões merecem atenção mais detida em estudos futuros específicos.

[87] Em apertada síntese: a responsabilidade pós-consumo dos produtores (fabricantes, importadores, distribuidores e comerciantes) não infirma, de modo algum, a responsabilidade dos consumidores (vide, a propósito, nota 127, *infra*). No mesmo sentido, cf., por exemplo, Rehbinder (1994, p. 23 e 24).

[88] No mesmo sentido, cf. Versteyl (2003, p. 486).

afinal a ele competem as decisões de design do produto, não resta elidida a possibilidade de responsabilização de outros agentes econômicos sempre que, a depender do produto e do modelo de responsabilidade adotado, eles puderem influenciar a tomada daquelas decisões de design[89] ou, ainda, o endereçamento do fabricante revelar-se impossível ou muito dificultoso. O exemplo mais ilustrativo nesse sentido é o pioneiro decreto alemão de embalagens de 1991 (*Verpackungsverordnung – VerpackV*)[90,91], o qual atribuiu aos distribuidores e comerciantes (*Vertreiber*) a esmagadora parcela de responsabilidade pelas embalagens pós-consumo. Segundo explica Lindhqvist (2000, p. 126 e 127), na Alemanha, o número de agentes na cadeia de distri-

---

[89] Para Davis et al. (1997, p. 1-2, tradução nossa), quanto maior a habilidade do ator em influenciar os impactos ambientais ao longo do ciclo de vida do produto, maior deve ser o seu grau de responsabilidade em endereçá-los.

[90] Apesar de seu protagonismo, o decreto alemão de embalagens de 1991 não é a primeira experiência em matéria de responsabilidade pós-consumo, pelo menos não em termos legislativos, ao contrário do que equivocadamente afirma Moreira (2008, p. 147 e nota 446). Na própria Alemanha, por exemplo, a lei de eliminação de resíduos (*Abfallbeseitigungsrecht – AbfG*) de 1972 continha um dispositivo (§ 14) autorizando o Poder Executivo Federal a restringir, por meio de decreto, a colocação no mercado de embalagens que, em função de sua natureza, composição, quantidade e/ou de seu volume, demandassem esforços muito elevados para a sua eliminação enquanto resíduos. A lei de resíduos de 1986 (*Abfallgesetz – AbfG*), por sua vez, estabelecia, em seu § 5b, obrigações pós-consumo no tocante a óleos usados de motores de combustão ou de engrenagens. Adicionalmente, o § 14 desse mesmo diploma autorizava o Poder Executivo Federal a editar, após a oitiva dos setores envolvidos, decretos instituindo deveres pós-consumo a outros produtos, o que acabou se concretizando, ainda sob a égide da lei de resíduos de 1986, em relação a embalagens plásticas de bebidas (vide a *Verordnung über die Rücknahme und Pfanderhebung von Getränkeverpackungen aus Kunststoffen vom 20. Dezember 1988*) e, posteriormente, a embalagens em geral (vide o já mencionado decreto alemão de embalagens de 1991, o qual revogou o decreto relativo a embalagens plásticas de bebidas de 1988), a óleos usados (vide a *Altölverordnung – AltölV vom 27. Oktober 1987*) – cuja destinação final, aliás, é disciplinada desde 1968 –, a solventes halogenados (vide a *Verordnung über die Entsorgung gebrauchter halogenierter Lösemittel – HKWAbfV vom 23. Oktober 1989*) e a determinados hidrocarbonetos halogenados destruidores da camada de ozônio (vide a *Verordnung zum Verbot von bestimmten die Ozonzicht abbauenden Halogenkohlenwasserstoffen – FCKW-Halon-Verbots-Verordnung vom 6. Mai 1991*). Atualmente, o decreto em vigor na Alemanha a disciplinar a responsabilidade pós-consumo de embalagens é a *Verordnung über die Vermeidung und Verwertung von Verpackungsabfällen (Verpackungsverordnung – VerpackV) vom 21. August 1998*.

[91] Segundo registra Lindhqvist (2000, p. 29 e seguintes), a ideia de uma responsabilidade pós-consumo foi progressivamente ganhando corpo em algumas nações europeias a partir de meados da década de 1970 e na década de 1980, embora já estivesse na cabeça de várias pessoas que lidavam com questões atinentes ao gerenciamento de resíduos e a aspectos ambientais de produtos. No plano teórico, o conceito foi cunhado pela primeira vez em 1990 em um relatório ao Ministério de Ambiente da Suécia.

buição é bem menor que o de fabricantes de produtos embalados e de fabricantes de embalagens, sendo, portanto, muito mais fácil de regular e controlar o primeiro grupo que o segundo.

Logo, quando se fala em responsabilidade pós-consumo *do produtor*, deve-se ter em mente que o conceito de produtor não se reduz à figura do fabricante (embora, repita-se, ele costume ser o principal alvo), podendo incluir outros atores tais como distribuidores e comerciantes[92]. "A questão relativa à identidade do produtor é, portanto, uma questão prática, concernente à concepção de um sistema de responsabilidade com mecanismo de controle do *feedback* desejado, e não uma questão semântica ou moral" (Lindhqvist, 2000, p. 127, tradução nossa).

Conforme discutido no início deste capítulo, tradicionalmente, o direito ambiental procurou endereçar apenas a repercussão dos processos produtivos sobre os recursos naturais[93], ou seja, os efeitos ecológicos da fabricação em si mesma considerada. Daí as atenções regulatórias voltarem-se apenas para determinadas instalações e certos componentes do ambiente, notadamente a atmosfera e os recursos hídricos. Em termos jurídicos, a responsabilidade ambiental – leia-se: o cumprimento de deveres ecológicos, entre eles o de reparar danos causados ao ambiente – dos produtores sempre teve lugar somente até a venda do produto ao consumidor. Em sede de pós-consumo, diferentemente, essa responsabilidade não mais acaba com a comercialização, irradiando-se para fases posteriores às etapas de fabricação e distribuição, incluindo o uso e o estágio de fim de vida (*maxime* de residualidade) dos produtos. É nesse sentido que se fala em responsabilidade *alargada* (*estendida* ou *ampliada*)[94] do produtor: a responsabilidade ambiental estende-se para além da fábrica e de suas paredes (Lifset, 1993, p. 165; Sachs, 2006, p. 82), alcançando igualmente os *resultados* dos processos produtivos, ou seja, os produtos eles próprios (Lindhqvist, 2000, p. 30)[95].

---

[92] A respeito da definição da responsabilidade dos distribuidores/comerciantes (*retailers*), cf., por exemplo, a breve discussão travada por Lindhqvist (2000, p. 58-61).

[93] No sentido da definição do inciso V do art. 3º da Lei federal n. 6.938/1981 (PNMA): "recursos naturais: a atmosfera, as águas interiores, superficiais e subterrâneas, os estuários, o mar territorial, o solo, o subsolo, os elementos da biosfera, a fauna e a flora".

[94] Darei preferência pelo uso da expressão responsabilidade *alargada* do produtor por ser o termo utilizado na versão em português da Diretiva 2008/98/CE ("diretiva quadro dos resíduos" da União Europeia).

[95] Outro sentido do termo *extensão* é apresentado por Sachs (2006, p. 53, grifo nosso, tradução nossa): "A responsabilidade alargada do produtor pode ser vista como uma *extensão ecológica da responsabilidade pelo fato do produto*, tornando os produtores responsáveis

A *responsabilidade* alargada do produtor compreende um *conjunto de obrigações* relacionadas à gestão dos produtos em fim de vida, isto é, dos resíduos gerados após o uso dos produtos pelo consumidor (donde a expressão "pós-consumo"). Essa responsabilidade pode assumir diferentes formas (cf., por todos, Lindhqvist, 2000, p. 38-39): física (ou material), financeira e informacional. A responsabilidade é *física*[96] quando se tratar do dever de realizar atividades de gerenciamento – retorno, transporte e/ou destinação final ambientalmente adequada – dos resíduos pós-consumo. A chamada responsabilidade *financeira* diz respeito ao dever de financiamento desse gerenciamento físico dos resíduos[97]. Por fim, a responsabilidade dita *informacional* abrange o dever de fornecimento de informações sobre as propriedades ambientais dos produtos, inclusive sobre os resíduos a estes associados.

Embora a imposição aos produtores dessas diferentes modalidades de obrigações tenha por consequência uma melhoria no gerenciamento e na destinação final ambientalmente adequada dos resíduos gerados[98] – aumento da coleta e do reaproveitamento, sobretudo por meio da reciclagem, ao invés da aterragem ou da incineração –, esse objetivo é secundário (Lindhqvist, 2000, p. 129). Conforme discutido acima, o principal escopo da responsabilidade pós-consumo é a construção de um elo entre as etapas inicial (design) e final (gestão de resíduos) do ciclo de vida dos produtos, de modo a criar um *feedback* (Lindhqvist, 2000) aos produtores (fabricantes e importadores, mais especificamente) para que modifiquem e melhorem as pro-

---

por uma gestão ambiental a longo prazo de seus produtos, e seus objetivos são similares em muitos aspectos ao direito da responsabilidade pelos produtos [*produckt liability law*], tais como a redução de danos' e o incentivo a um melhor design de produtos".

[96] Rehbinder (1994, p. 21-4) e Kloepfer (2001, p. 21) falam em uma responsabilidade *material* do produtor, consistente no cumprimento dos deveres positivos (obrigações de fazer) de prevenção, (re)aproveitamento ou "valorização" (*Verwertung*) e eliminação de resíduos a ele impostos pelo legislador. Trata-se, segundo os autores, de um redimensionamento do princípio do poluidor-pagador, com a ampliação da ideia de assunção, pelo produtor, somente dos custos econômicos relacionados à (prevenção da) poluição.

[97] A rigor, pode-se distinguir a responsabilidade *financeira*, destinada a assegurar um aporte de recursos para fazer frente às despesas do gerenciamento dos resíduos, da chamada responsabilidade *econômica*, a qual se relaciona com o dever de arcar, de modo total ou parcial, com os custos correspondentes ao cumprimento dos deveres legais pós-consumo, ou seja, de efetivamente suportar os respectivos encargos econômicos.

[98] Além, claro, da transferência da responsabilidade pela gestão de um universo considerável de resíduos para o setor privado, com o corolário desencargo (sobretudo financeiro--econômico) do setor público municipal.

priedades ecológicas de seus produtos, principalmente as características relacionadas à (prevenção da) residualidade futura deles[99].

No entanto, esse feedback sobre as decisões de design mediante o instrumento da responsabilidade pós-consumo somente ocorre de maneira *indireta* (Kloepfer, 2001, p. 19; Schenkel e Reiche, 1993, p. 187), por meio de uma "intervenção fraca" (Rehbinder, 1994, p. 25) na forma de *incentivo* (Lifset, 1993): na medida em que o produtor é obrigado a executar a gestão de seus produtos em fim de vida e arcar com os respectivos custos, espera-se que ele opere mudanças no design de tais produtos com vistas a evitar ou reduzir os resíduos associados ao uso deles, afinal, quanto menos resíduos forem gerados, menores serão os custos de gestão[100].

Na prática, o alcance desse objetivo depende da intensidade e da forma de alocação das responsabilidade dos produtores, mais concretamente da modalidade de conjugação das responsabilidades física e econômica/financeira. Isso pode variar muito conforme diferentes fatores, entre os quais se destacam, exemplificativamente, o tipo de produto[101] e o modo pelo qual a legislação permite o cumprimento dos diversos deveres impostos aos produtores, se individual ou coletivamente[102].

---

[99] Em relação aos objetivos da responsabilidade pós-consumo, e tomando o produto como referência, a melhoria no gerenciamento e na destinação final ambientalmente adequada dos resíduos pode ser considerado um efeito a jusante, enquanto a mudança no design dos produtos pode ser tido como um resultado a montante. Em sentido idêntico, cf., por exemplo, Sachs (2006, p. 63-65). Lindhqvist e Lifset (1998) observam existir considerável disputa e confusão a respeito dos objetivos da responsabilidade pós-consumo, mas defendem que o papel e a importância de tal instrumento está justamente no seu potencial de consecução de objetivos a montante (ou seja, a mudança no design e melhorias na performance ambiental dos produtos).

[100] Uma forma de intervenção mais direta ou "forte" seria a regulação, por meio de lei, do design ecológico dos produtos (de que é exemplo a Diretiva 2009/125/CE relativa à criação de um quadro para definir os requisitos de concepção ecológica dos produtos relacionados com o consumo de energia) ou, pelo menos, de parte de seus aspectos ambientais, a exemplo da Diretiva 2011/65/UE relativa à restrição do uso de determinadas substâncias perigosas em equipamentos elétricos e eletrônicos ("Diretiva RoHS"). Alternativamente, poder-se-ia conferir ao Estado (nomeadamente aos órgãos ambientais) o poder de ingerência (controle) sobre as decisões de produção, especialmente as de design dos produtos (Lifset, 1993, p. 170), quiçá por meio de uma espécie de "licenciamento ambiental de produtos".

[101] A esse respeito, cf., por exemplo, Lindhqvist (2000, p. 120-2).

[102] Responsabilidade individual significa que o produtor é obrigado física, econômica e/ou financeiramente à gestão de seus próprios produtos em fim de vida. Diversamente, diz-se que a responsabilidade é coletiva quando o dever físico e/ou econômico-financeiro de gestão dos resíduos se der independentemente da marca dos produtos. Nesse segundo caso, a gestão costuma ser realizada por uma entidade (comumente denominada "entidade gesto-

RESPONSABILIDADE ALARGADA DO PRODUTOR *VERSUS* RESPONSABILIDADE COMPARTILHADA PELO PRODUTO: UMA FALSA DISCUSSÃO?

A figura de uma responsabilidade *compartilhada* pode ser considerada uma variante da chamada responsabilidade alargada do produto (Lifset, 1993, p. 165). No Canadá, o *National Packaging Protocol* de 1990 encampava a ideia de a gestão dos resíduos de embalagem dever resultar de uma somatória de esforços por parte do governo, da indústria, dos consumidores e de demais grupos de interesse. Em Ontário, província canadense precursora das discussões em torno da responsabilidade pós-consumo, o chamado "modelo compartilhado" teve início também no contexto dos resíduos de embalagens. Conceitualmente, ao menos na formulação do Ontario Waste Reduction Advisory Committee (1992, p. 10-14), esse modelo parte da noção de que produtores (fabricantes, importadores, distribuidores e/ou envasadores/titulares das marcas) e geradores de resíduos (consumidores residenciais e não

---

ra") com personalidade jurídica distinta dos produtores, mas por eles composta e financiada. Na Europa, sistemas individuais e coletivos de responsabilidade costumam coexistir e cada um apresenta vantagens e desvantagens, traduzidas no *trade-off* entre os custos de transação para a implementação da responsabilidade pós-consumo (maiores nos sistemas individuais e menores nos sistemas coletivos) e os incentivos à mudança de design (presentes nos sistemas individuais e ausentes nos sistemas coletivos). A responsabilidade física dos produtores pode ser total ou parcial e, no segundo caso, pode ser compartilhada com o Poder Público (vide o § 7º do art. 33 da PNRS) e/ou com os consumidores (vide o art. 35 da PNRS). Já o financiamento dos sistemas de responsabilidade pós-consumo pode ser realizado tanto pelos produtores como pelos consumidores. Nessa última hipótese, as responsabilidades financeira e econômica são coincidentes e o pagamento dá-se por ocasião da aquisição do produto, mediante o desembolso de um valor destacado, acrescido ao preço final do produto, destinado a fazer frente às despesas do gerenciamento do futuro resíduo. Mesmo quando o financiamento é levado a cabo pelos produtores, a responsabilidade econômica, sobretudo nos sistemas coletivos, acaba sendo transferida para os consumidores por meio de um aumento no preço dos produtos (sobre o fenômeno da repercussão no direito ambiental, cf., por todos, Aragão, 1997, p. 185 e seguintes). Essa elevação de preço tem por objetivo ressarcir os produtores dos custos incorridos com o gerenciamento dos produtos em fim de vida e pode ser tornada visível ou não ao consumidor. Pelo fato de o modelo coletivo de responsabilidade pós-consumo elidir a responsabilidade econômica dos produtores, fazendo-a recair sobre os consumidores, e, por conseguinte, frustrar o incentivo à mudança no design dos produtos, ele tem sido alvo de críticas, com clara preferência pelo modelo individual. Uma discussão mais aprofundada, conquanto interessante e extremamente relevante, extrapola os propósitos e limites deste capítulo. Cf., por exemplo, Lindhqvist e Lifset (2008), Sachs (2006, p. 75-80), Tojo (2003) e Walls (2006).

residenciais) devem partilhar a responsabilidade pós-consumo em função dos papéis que desempenham para a consecução da política dos 3Rs (redução na fonte, reúso e reciclagem): os primeiros por possuírem o controle tanto do design dos produtos quanto do uso de matérias-primas secundárias e os segundos por controlarem a sua participação nos sistemas de reutilização e reciclagem de resíduos. O grau de responsabilidade desses atores depende de uma série de fatores[103]. O poder público, por sua vez, deve liderar, apoiar, assegurar e controlar a implementação dessa responsabilidade compartilhada. Na prática, contudo, ela envolve a participação efetiva dos produtores, dos geradores dos resíduos e das municipalidades[104,105].

Nos Estados Unidos, a proposta de compartilhamento da responsabilidade ganhou evidência no final da década de 1990 em um documento do President's Council on Sustainable Development (PCSD), nos termos do qual todos os setores empresarias envolvidos na cadeia de produção e comercialização de um determinado produto devem partilhar obrigações pós-consumo com consumidores e governo, em um verdadeiro ambiente de parceria entre todos os atores (Galeano, 1997, p. C-4). Mais especificamente, com base em um dos considerandos da Diretiva 94/62/CE relativa a embalagens

---

[103] A saber: "em que medida o papel desempenhado pelo produtor pode ser identificado numa determinada situação; a facilidade ou dificuldade de se alocar responsabilidade aos produtores ou geradores com base nos papéis por eles historicamente desempenhados e nas práticas atuais; fatores técnicos relevantes tais como a toxicidade do produto [...]" (Ontario Waste Reduction Advisory Committee, 1992, p. 10-11, tradução nossa).

[104] Na proposta formulada pelo Ontario Waste Reduction Advisory Committee (1992, p. 22-42), o compartilhamento das responsabilidades, implica a seguinte alocação de obrigações: (I) responsabilidade física pela coleta das municipalidades (embalagens pós-consumo residenciais) e dos geradores ou de terceiros por eles contratados (embalagens não residenciais); (II) responsabilidade física pela destinação final das municipalidades ou dos produtores (ou de terceiros por eles contratados); (III) responsabilidade financeira/econômica pela coleta das municipalidades (embalagens residenciais) e dos geradores (embalagens não residenciais); e (IV) responsabilidade financeira/econômica pela destinação final dos produtores.

[105] "Na prática, essa 'responsabilidade compartilhada' estende-se para além dos produtores e usuários do produto para incluir governos locais e os contribuintes de um modo geral, os quais arcam com as despesas do gerenciamento dos produtos em fim de vida [resíduos pós-consumo] que compõem os resíduos domiciliares. Essa abordagem compartilhada não aloca de maneira clara responsabilidade para agente algum, diluindo o ímpeto de se avançar em matéria de prevenção de resíduos" (McKerlie, Knight e Thorpe, 2006, p. 620, tradução nossa).

e resíduos de embalagens[106], a concepção de responsabilidade compartilhada do PCSD foi construída a partir da constatação de que, no Reino Unido, a legislação relativa aos resíduos de embalagens vigente à época – *The Producer Responsibility Obligations (Packaging Waste) Regulations 1997* – não focara um único agente (*single-point alternative*), impondo, ao revés, deveres a diversos atores envolvidos na cadeia de embalagens, todos enquadrados na figura do "produtor"[107].

Portanto, a responsabilidade compartilhada assenta na ideia de que, além do produtor (entendido restritivamente como o fabricante dos produtos), outros sujeitos podem e devem assumir obrigações pós-consumo. Todavia, conforme já aduzido, o conceito de produtor não se resume ao fabricante, podendo abarcar diversos outros atores econômicos (importadores, distribuidores, comerciantes etc.). A própria regulação britânica de embalagens que dá base ao argumento favorável ao modelo compartilhado é elucidativa nesse sentido. Ademais, afirmar que o produtor (nesse sentido amplo) responde alargadamente não significa que outros agentes envolvidos ou não no ciclo de vida do produto não possam vir a ser obrigados a participar dos esquemas de responsabilidade pós-consumo (em sentido semelhante, cf. Lindhqvist e Lifset, 1997, p. 7), a exemplo do que sucede no caso brasileiro em relação aos consumidores e aos titulares dos serviços públicos de manejo de resíduos por força do art. 35 e do art. 33, § 7º, da PNRS, respectivamente.

Nesse sentido, distinguir a chamada responsabilidade alargada do produtor da responsabilidade compartilhada pelo produto segundo o critério

---

[106] "Considerando que é essencial que *todos os que estiverem envolvidos na produção, utilização, importação e distribuição de embalagens e produtos embalados* se tornem mais conscientes da medida em que as embalagens se transformam em resíduos e que, de acordo com o princípio do poluidor-pagador, assumam a responsabilidade por esses resíduos; que a elaboração e execução das medidas previstas na presente directiva devem envolver e exigir, sempre que seja adequado, a estreita cooperação de todos os parceiros num espírito de responsabilidade *partilhada*; [...]" (grifo nosso).

[107] No caso do diploma normativo britânico mencionado, considera-se "produtor" todo aquele que (I) fabrica matérias-primas para embalagens (*manufacturer*); (II) importa embalagens ou materiais para a fabricação de embalagens (*importer*); (III) usa ou modifica materiais de embalagens na produção ou formação de embalagens (*convertor*); (IV) coloca produtos em embalagens (*packer/filler*); (V) fornece embalagens para o usuário ou consumidor de tais embalagens, independentemente de ter havido ou não o enchimento (*filling*) no momento do fornecimento (*seller*); e (VI) fornece embalagens para um vendedor (*seller*), mas não desempenha as funções de embalador/envasador (*packer/filler*) em relação a tais embalagens (*wholesaler*).

da possibilidade de outros agentes que não os produtores (em sentido estrito) participarem da responsabilidade pós-consumo e assumirem obrigações a ela relacionadas é uma discussão estéril[108], o mesmo não sendo possível di-

---

[108] A falta de clareza com relação a esse ponto tem sido lugar-comum nas discussões, inclusive acadêmicas, em torno da responsabilidade compartilhada pelo ciclo de vida dos produtos em geral, e da implementação da chamada logística reversa em particular, e pode ser constatada em recente julgado de primeira instância no Estado de São Paulo (TJSP, 5ª Vara da Fazenda Pública, processo n. 0060383-62.2012.8.26.0053), confirmado em segunda instância pela 2ª Câmara Reservada ao Meio Ambiente do TJSP em sede de apelação (reexame necessário), acerca da Lei n. 13.316/2002 do Município de São Paulo. Referida lei obriga fabricantes e importadores de bebidas de qualquer natureza, de óleos combustíveis, lubrificantes e similares, de cosméticos e de produtos de higiene e limpeza (art. 2º, *caput*) a manter procedimentos de recompra das embalagens pós-consumo (art. 3º), observadas as metas ("cronograma") estabelecidas no art. 7º, e dar destinação final ambientalmente adequada a tais embalagens (art. 2º, parágrafo único). De acordo com a sentença, a mencionada lei municipal é inconstitucional por afrontar as regras constitucionais de repartição do poder para legislar. Mais especificamente, a inconstitucionalidade residiria no fato de a lei em apreço impor a gestão das embalagens pós-consumo exclusivamente a fabricantes e importadores e, com isso, elidir as obrigações que a PNRS impõe a todos os demais da cadeia de produção e consumo, notadamente ao Poder Público e aos consumidores. Em apertada síntese, entendeu a magistrada de primeiro grau que a lei municipal em questão viola a divisão de responsabilidades insculpida na PNRS, conclusão essa confirmada pelo acórdão de segunda instância. Com efeito, em uma postura centralista, a inconstitucionalidade de fato existe em virtude da contrariedade da lei municipal, que é lei *decorrente*, à lei federa/nacional (PNRS), que é norma geral (art. 24 da Constituição Federal). Entretanto, a contrariedade diz respeito ao fato de (I) o mecanismo de recompra ter sido instituído como a *única* forma de cumprimento do dever de retorno (a esse respeito, vide o item seguinte, sobretudo os parágrafos a que se referem as notas 117 a 121, *infra*), (II) a participação dos importadores e dos comerciantes ter sido excluída e (III) não existir metas (de retorno e/ou de destinação final ambientalmente adequada) no plano nacional. Afirmar, como fizeram os juízos de primeiro e segundo grau, que, nas hipóteses de fluxos de materiais objeto de sistemas de gestão integrada (*in casu* embalagens), a "responsabilidade" pelos resíduos pós-consumo (produtos em fim de vida) é *também* do Poder Público, equivale a desconsiderar o regime de atribuição de deveres de gestão de resíduos ("responsabilização") adotado pela PNRS com fulcro no princípio do poluidor-pagador (vide o terceiro item deste texto, *supra*). A *possibilidade* de outros agentes que não o setor empresarial intervirem nos sistemas de responsabilidade pós-consumo não significa a *obrigatoriedade* da participação desses outros agentes. No caso da PNRS, por exemplo, a participação do Poder Público nos termos do art. 33, § 7º é *facultativa* e *condicionada à remuneração pelo setor empresarial*, afinal é justamente este o titular do dever de retorno dos produtos e embalagens em fim de vida, e não aquele. Por outro lado, é evidente e inegável que as metas (de retorno e/ou de destinação final ambientalmente adequada) nacionais (ainda inexistentes) operam uma limitação, prática e política, da "responsabilidade" imposta ao setor empresarial, afinal tudo aquilo que sobejar das aludidas metas deverá recair no âmbito da coleta seletiva a cargo do titular dos serviços públicos de manejo de resíduos (resíduos de consumo) e/ou na esfera das atribuições ("responsabilidade") dos geradores diretos (resíduos da produção).

zer com relação aos objetivos – a montante (estímulo de mudanças no design dos produtos em prol da prevenção de resíduos) e/ou a jusante (melhoria no gerenciamento e na destinação final dos resíduos gerados)[109] – a serem perseguidos e ao modo como os diversos deveres são alocados[110].

Ao exposto segue que a responsabilidade pós-consumo corresponde a um concatenamento de obrigações diferenciadas, impostas individual e simultaneamente a diferentes agentes, as quais, tomadas em seu conjunto, configuram um verdadeiro sistema de corresponsabilidade (Aragão, 2009, p. 119) entre esses sujeitos.

PANORAMA SOBRE A RESPONSABILIDADE PÓS-CONSUMO NA PNRS

No Brasil, a responsabilidade pós-consumo denomina-se "responsabilidade compartilhada pelo ciclo de vida dos produtos", sendo definida e instituída, respectivamente, pelo art. 3º, XVII, e pelo art. 30, *caput* da PNRS. Entre os seus objetivos merecem destaque a redução da geração de resíduos e do desperdício de materiais, o aproveitamento dos resíduos nas cadeias produtivas e o estímulo à reciclagem (art. 30, parágrafo único, II, III e V).

No âmbito da responsabilidade compartilhada pelo ciclo de vida dos produtos, a PNRS impõe obrigações a fabricantes[111], importadores, distribuidores e comerciantes (setor empresarial) nos arts. 31 a 33, aos consumi-

---

[109] Enquanto a responsabilidade alargada do produtor tem o nítido intuito de atingir objetivos a montante, a responsabilidade compartilhada parece preferir a consecução de objetivos a jusante. Vide nota 99, *supra*.

[110] A principal crítica à responsabilidade dita compartilhada reside no fato de o compartilhamento das obrigações resultar, na prática, em uma ausência de responsabilidade (cf., por exemplo, Lindhqvist e Lifset, 1997, p. 7). Vide, ainda, nota 105, *supra*.

[111] O conceito de fabricante deve ser entendido de maneira ampla (cf., por exemplo, Mann, 2012, p. 210). "Para os fins da PNRS, fabricante é todo agente econômico (notadamente pessoas jurídicas) que de fato manufatura um produto final ou participa de quaisquer de suas fases de produção, incluindo a fabricação de partes integrantes ou acessórias (produtos intermediários ou semiacabados) ou dispõe de poderes jurídicos de decisão direta sobre a produção (a exemplo dos titulares de marcas licenciadas), permitindo-lhe controlar o resultado da fabricação (produto ou embalagem) tanto quantitativa como qualitativamente". Esse tema em geral, e a conclusão transcrita em especial, foi objeto de um parecer elaborado por mim em conjunto com Fabrício Dorado Soler para a Associação Brasileira da Indústria de Higiene Pessoal, Perfumaria e Cosméticos (ABIHPEC) e será publicado em breve.

dores[112] no art. 35 e aos titulares dos serviços públicos de manejo de resíduos (poder público) no art. 36.

Nos termos do art. 31, I, o setor empresarial deve assegurar que o uso dos produtos gere a menor quantidade de resíduos possível[113] e que, após o consumo, os produtos sejam aptos ao reúso e à reciclagem (ou a outra forma de destinação final ambientalmente adequada).

Norma similar, porém voltada para embalagens, é o art. 32. Segundo este dispositivo, as embalagens devem ser (I) restritas em volume e peso às dimensões requeridas à proteção do conteúdo e à comercialização do produto, (II) projetadas de forma a serem reutilizadas de maneira tecnicamente viável e compatível com as exigências aplicáveis ao produto que contêm e (III) recicladas, se a reutilização não for possível[114].

Em ambas as situações entra em jogo um dever de concepção ecológica, consistente em uma obrigação de desenvolver e projetar produtos e embalagens que atendam às funções deles esperadas, ou seja, que satisfaçam às necessidades para os quais são concebidos, fabricados e comercializados, mas que, ao mesmo tempo, levem em consideração aspectos ecológicos atinentes a uma menor geração de resíduos e um maior potencial de reaproveitamento futuro desses materiais mediante a reutilização e a reciclagem, por exemplo. Por se tratar de aspectos ambientais a serem obrigatoriamente observados na fase do design dos produtos e das embalagens, pode-se falar, aqui, em um "design ecológico compulsório" ou, nas palavras de Aragão (2009), em um dever de ecoconcepção.

O art. 31, II estabelece a responsabilidade informacional do setor empresarial. De acordo com esse dispositivo, fabricantes, importadores, distribuidores e comerciantes são obrigados a divulgar informações relativas às

---

[112] *Usuários* de produtos e embalagens a qualquer título, profissional-econômico ou não (residencial, industrial, comercial, governamental etc.).

[113] O art. 31, I, *b*, prescreve que também a *fabricação* dos produtos gere a menor quantidade de resíduos possível. Trata-se, pois, de uma obrigação voltada para o processo produtivo.

[114] No caso do art. 32 da PNRS, observa-se uma ampliação do rol de sujeitos obrigados, com a responsabilização do setor empresarial tanto da cadeia de embalagens como de produtos embalados. Nesse sentido, o art. 32, § 3º, determina ser responsável, em relação às obrigações contidas no § 1º desse dispositivo, todo aquele que manufatura embalagens ou fornece materiais para a fabricação de embalagens e/ou coloca em circulação embalagens, materiais para a fabricação de embalagens ou produtos embalados, em qualquer fase da cadeia de comércio.

formas de evitar, reciclar e eliminar os resíduos sólidos associados a seus respectivos produtos.

Em princípio, e sobretudo ante à falta de regulamentação dos arts. 31, I e II, e 32, da PNRS, tanto o dever de concepção ecológica como o dever de informação referem-se a *todos* os produtos e embalagens colocados no mercado. Por outro lado, o silêncio da PNRS e do Decreto federal n. 7.404/2010 quanto aos critérios e ao modo de cumprimento dessas obrigações torna a concretização delas, se não juridicamente insegura, no mínimo questionável[115].

O art. 31, III, institui a chamada logística reversa, no fundo o nome – a meu ver ruim – que a PNRS deu para a *combinação de duas obrigações*: retorno ao setor produtivo e destinação final ambientalmente adequada de produtos e embalagens em fim de vida (resíduos pós-consumo). *A logística reversa é, assim, apenas uma espécie do gênero responsabilidade compartilhada.*

Os deveres de retorno e destinação final ambientalmente adequada surgem para os fabricantes, importadores, distribuidores e comerciantes dos produtos e embalagens listados nos incisos I a VI do *caput* do art. 33 da PNRS[116]. A obrigação do setor empresarial em estruturar e implementar sistemas de logística reversa pode ser estendida aos demais produtos e embalagens (art. 33, § 1º) levando-se em consideração a viabilidade técnica e econômica de tais sistemas, assim como o grau e a extensão do impacto dos resíduos gerados à saúde e ao ambiente (art. 33, § 2º). A extensão pode ocorrer por meio de regulamento (atos expedidos pelo Poder Executivo ou pelos

---

[115] Um exemplo dessa problemática é a edição de uma série de normas estaduais e municipais – as chamadas "leis de lixo tecnológico" – dispondo, de modo divergente e conflitante, sobre informações a serem obrigatoriamente inseridas na embalagem ou no rótulo de equipamentos eletroeletrônicos. Pioneira nesse sentido é a Lei n. 13.576/2009 do Estado de São Paulo (vide o art. 4º).

[116] Antes da edição da PNRS, os fluxos mencionados nos incisos I a IV do art. 33, *caput*, da PNRS já eram objeto de lei (inciso I) ou de Resoluções do Conselho Nacional do Meio Ambiente – Conama (incisos II a IV) instituidoras de obrigações pós-consumo. Para uma sintética exposição a respeito, cf. Juras e Araújo (2012, p. 66-8). Talvez pela falta de experiência prévia no que diz respeito aos produtos a que se referem os incisos V (lâmpadas) e VI (equipamentos eletroeletrônicos) do mesmo dispositivo é que o legislador tenha optado por uma implantação progressiva dos respectivos sistemas de logística reversa (art. 56 da PNRS). Essa conclusão é reforçada pelo fato de todas as normas anteriores à PNRS estabelecendo deveres pós-consumo quanto aos produtos e às embalagens arrolados nos incisos I a IV do *caput* do art. 33 da PNRS terem sido alvo de sucessivas alterações e revogações com o intuito de refinar os esquemas de responsabilidade pós-consumo, incluindo a prorrogação de prazos a serem observados.

órgãos normativos do Sisnama), acordos setoriais e/ou termos de compromisso, os dois últimos firmados entre o poder público e o setor empresarial (art. 33, § 1º).

Destarte, enquanto para os produtos e as embalagens do art. 33, *caput*, incisos I a VI os deveres de retorno e destinação final ambientalmente adequada operam pelo mero efeito da lei (no mesmo sentido, cf. Juras e Araújo, 2012, p. 71), relativamente aos demais produtos e embalagens (art. 33, §§ 1º e 2º) a estruturação e implementação da logística reversa depende da conclusão pela sua viabilidade. Em termos práticos, isso significa que, na primeira situação, existe uma presunção legal da viabilidade dos sistemas de logística reversa, podendo eventuais estudos de viabilidade técnica e econômica, no máximo, influir na maneira pela qual tais sistemas serão estruturados e implementados. Diferentemente, no segundo caso, a aferição da viabilidade técnica e econômica, juntamente com a do grau e da extensão dos impactos dos produtos e embalagens pós-consumo à saúde e ao ambiente, é condição *sine qua non* para a definição da logística reversa, tanto em relação ao "se" quanto ao "como".

A forma de implementação das obrigações de retorno ao produtores e de destinação final ambientalmente adequada dos resíduos pós-consumo encontra-se sistematizada nos §§ 3º a 6º do art. 33 da PNRS. O § 3º contém um rol exemplificativo de medidas passíveis de adoção pelo setor empresarial para cumprimento do dever de retorno (compra de produtos/embalagens pós-consumo, postos de entrega e/ou parceria com cooperativas ou outras formas de associação de catadores). Ele deve ser lido em conjunto com os §§ 4º e 5º, os quais estipulam mais uma opção para o retorno dos produtos e das embalagens em fim de vida (consumidor – comerciantes/distribuidores – fabricantes/importadores)[117].

Por retorno deve-se entender a restituição física dos produtos e das embalagens em fim de vida ao setor produtivo para o subsequente (re)aproveitamento desses materiais nos ciclos produtivos (dever de destinação final dos resíduos pós-consumo). A PNRS é extremamente oscilante no tocante

---

[117] Em que pese o § 3º conferir ao setor empresarial uma ampla margem de escolha quanto à forma de retorno dos resíduos pós-consumo ao setor produtivo, os §§ 4º e 5º, ao menos da forma como o art. 33 tem sido lido nas discussões travadas no contexto de negociação dos acordos setoriais federais, parecem fixar, um tanto paradoxalmente, uma preferência pela via "consumidor – comerciantes/distribuidores – fabricantes/importadores".

ao modo pelo qual essa restituição pode se dar[118]. Não obstante, é possível afirmar que o dever jurídico de retorno, cujo objetivo é a restituição dos resíduos pós-consumo ao setor produtivo, pode operacionalizar-se tanto mediante a *devolução* dos produtos e das embalagens em fim de vida pelos consumidores ao setor empresarial – conduta ativa dos consumidores (entrega) e comportamento passivo do setor empresarial (aceitação da entrega)[119] – quanto mediante a *coleta* ou o *recolhimento* desses materiais pelo setor empresarial – conduta ativa do setor empresarial (ir buscar) e comportamento passivo dos consumidores (deixar levar)[120,121]. A PNRS transferiu o poder de definição concreta da forma de retorno para o âmbito de decisão do instrumento que regulamentar cada sistema de logística reversa (regulamento, acordos setoriais e/ou termos de compromisso)[122].

---

[118] A PNRS fala em "devolução" (art. 28, parte final; art. 33, §§ 4º e 5º; e art. 35, II), "coleta" (art. 3º, XII; art. 28, primeira parte; e art. 35, II), "retorno" (art. 33, *caput*), "restituição" (art. 3º, XII) e "recolhimento" (art. 31, III).

[119] Nesse sentido, vide os seguintes dispositivos da PNRS: art. 33, *caput* ("retorno [...] pelo consumidor"), art. 33, § 3º, II ("postos de entrega"), art. 33, § 4º ("devolução") e art. 35, II ("devolução").

[120] Nesse sentido, vide os seguintes dispositivos da PNRS: art. 31, III ("recolhimento"), art. 33, § 3º, III ("parceria com cooperativas ou outras formas de associação de catadores [...]") e art. 35, II ("coleta").

[121] De qualquer maneira, em ambas as situações permanece ainda incerto sobre quem devem recair os custos relativos à triagem e ao transporte dos materiais reunidos – se sobre os produtores em sentido estrito (fabricantes/importadores), fornecedores (distribuidores/comerciantes) e mesmo sobre os consumidores, isolada ou conjuntamente –, dificuldade essa reforçada pelo fato de os sistemas de logística reversa, salvo exceções (vide, por exemplo, a Lei federal n. 7.802/89 com as alterações conferidas pela Lei federal n. 9.974/2000), ainda se encontrarem em processo de regulamentação. Outra relevante e acirrada discussão travada nas negociações dos acordos setoriais diz respeito ao grau de envolvimento dos distribuidores e comerciantes na concretização do dever de retorno. De um lado, o comércio reluta em participar – se não fisicamente, pelo menos financeira e economicamente – do cumprimento dessa obrigação, a exemplo do que se lê no item 6.4 da cláusula sexta da versão da proposta de acordo setorial para embalagens em geral disponibilizada para consulta pública. De outro, a indústria milita a favor da assunção, pelo comércio, da (parcela de) responsabilidade que entendem ter sido expressamente imposta a distribuidores e comerciantes pelos §§ 3º a 5º do art. 33 da PNRS.

[122] Lindhqvist (2000, p. 148-149) aponta alguns inconvenientes ao se deixar a elaboração dos sistemas de responsabilidade pós-consumo para a livre negociação entre todos os atores envolvidos no ciclo de vida do produto, sendo o principal deles o risco de manutenção da estrutura atual dos produtos (ou seja, do *status quo*) e, como corolário, a frustração do objetivo de melhorias no design e no desempenho ecológico dos produtos. Mais uma vez, infelizmente, a discussão extrapola os limites deste texto, merecendo atenção futura e mais detida.

Já a obrigação de destinação final ambientalmente retornados é exclusiva dos fabricantes e importadores, *ex vi* do art. 33, § 6º, da PNRS.

Em síntese, a sistemática do art. 33 no tocante aos sistemas de logística reversa (retorno/destinação final ambientalmente adequada) é a seguinte: o *caput*, na esteira do art. 31, III, institui a obrigatoriedade desses sistemas; os incisos do *caput* e os §§ 1º e 2º determinam quais produtos e embalagens devem ou podem ser objeto da logística reversa; os §§ 3º a 5º disciplinam a obrigação de retorno; o § 6º refere-se ao dever destinação final ambientalmente adequada; o § 7º trata, em regime de exceção, dos casos em que seja preferível repartir com o poder público a responsabilidade física (jamais a econômica/financeira)[123].

Por fim, o art. 33, § 8º da PNRS impõe a todos os intervenientes nos sistemas de logística reversa, com exceção dos consumidores (usuários dos produtos), o dever de disponibilizar às autoridades competentes informações atualizadas sobre a implementação de tais sistemas[124], o que se mostra essencial para o controle do cumprimento das obrigações de cada um dos participantes e, acima de tudo, do alcance dos objetivos da responsabilidade pós-consumo.

O último dever do setor empresarial encontra-se insculpido no art. 31, IV, da PNRS e consiste na obrigação de participar das ações previstas no plano municipal de gestão integrada de resíduos sólidos[125] no caso de produtos ainda não incluídos nos sistemas de logística reversa, sempre que assim

---

[123] Isso porque, a depender do caso (por exemplo, do tipo de resíduo), pode ser mais interessante (*maxime* menos custoso) para o setor empresarial valer-se da estrutura municipal de coleta de resíduos já existente. Isso vem sendo discutido, ilustrativamente, na negociação dos acordos setoriais de embalagens em âmbito federal. Essa opção encerra alguns desafios, entre eles o fato de os municípios não integrarem os acordos setoriais na qualidade de partes signatárias (ao menos na concepção da PNRS e do Decreto federal n. 7.404/2010) a despeito de tais acordos poderem, em tese, ainda que indiretamente, engendrar obrigações para tais entes federativos (por exemplo, mudanças no sistema de coleta ou até mesmo na forma de financiamento dos serviços públicos de manejo de resíduos). A normatividade dos acordos setoriais, as suas repercussões "extracontratuais" e os seus impactos sobre os serviços municipais de manejo de resíduos são temas merecedores de maior atenção jurídica e, evidentemente, não são enfrentados aqui.

[124] Vide os arts. 71 a 76 do Decreto federal n. 7.404/2010, os quais disciplinam o Sistema Nacional de Informações sobre a Gestão dos Resíduos Sólidos (Sinir). O art. 76, § 1º, de referido decreto prescreve que "[a] publicidade das informações divulgadas por meio do SINIR observará o sigilo comercial, industrial, financeiro ou de qualquer outro tipo protegido por lei".

[125] Vide os arts. 18 e 19 da PNRS.

compactuado com o Município por meio de acordos setoriais e/ou termos de compromisso[126].

Os deveres dos consumidores[127], já repetidamente comentados ao longo do texto, encontram-se no art. 35 da PNRS.

Já em relação aos titulares dos serviços públicos de manejo de resíduos, cumpre observar que, a rigor, somente os incisos III e IV do art. 36 da PNRS dizem respeito a obrigações *pós-consumo* desses atores. Os demais incisos desse dispositivo concernem à responsabilidade própria do poder público (gestão dos resíduos sólidos urbanos, excetuados os enquadrados no conceito de fluxos de materiais), ou seja, contêm regras atinentes aos serviços públicos de manejo de resíduos (coleta seletiva[128] e destinação final ambientalmente adequada dos resíduos sob sua competência, compostagem dos resíduos orgânicos etc.).

À luz do exposto, verifica-se que, a par dos deveres de ecoconcepção, a PNRS procura disciplinar expressamente as responsabilidades informacional e física, mas é silente a respeito da responsabilidade financeira. Enquanto a responsabilidade informacional enfrenta desafios para a sua concretização, a responsabilidade física, do modo como é tratada pela PNRS, pode, na prática, assumir diferentes formatos, tal como sucede em relação ao financiamento dos sistemas de logística reversa. A PNRS transferiu para o âmbito da regulamentação de cada um dos sistemas de logística reversa

---

[126] Não confundir termo de compromisso com o termo de ajustamento de conduta (TAC) previsto no art. 5º, § 6º da Lei federal n. 7.347/85.

[127] Falar em *deveres* do consumidor representa uma novidade no pensamento jurídico nacional. Desde o advento da figura (econômica) do consumidor na seara do direito, a preocupação tem concernido à sua proteção contra o poder econômico dos fornecedores (produtores em sentido amplo) de produtos e serviços (vide nota 85, *supra*) e não à imposição de deveres a ele (*in casu* e em última análise, o de proteger o ambiente). O direito acostumou-se a falar em *defesa* do consumidor, a exemplo da Lei federal n. 8.078/1990, e não em *responsabilidade* (deveres, obrigações) do consumidor (vide os arts. 28, 33, § 4º, e 35 da PNRS). No mesmo sentido, cf. Aragão (2006, p. 586 e seguintes, especialmente a nota 1043). Enquanto o direito do consumidor pressupõe um direito a consumir, o dos resíduos, por sua vez, impõe limites a tal direito (cf. Aragão, 1999), o que não deve causar espanto algum aos juristas, afinal, *os consumidores são também poluidores* (vide nota 40, *supra*).

[128] Evidentemente, deve haver uma interlocução entre a coleta seletiva de incumbência do Poder Público e a logística reversa a cargo do setor empresarial, afinal, na prática, é possível que resíduos pós-consumo descartados acabem sendo objeto dos sistemas de coleta seletiva, sobretudo no caso dos resíduos de limpeza urbana (embalagens, por exemplo). Ademais, no caso da logística reversa, o aproveitamento da estrutura público-municipal de coleta poder se mostrar mais eficiente que a estruturação de sistemas próprios pelo setor empresarial. Esse parece ser o espírito do § 7º do art. 33 da PNRS.

o poder de decisão quanto à alocação das responsabilidades física e econômico-financeira, o que pode pôr em xeque o alcance dos objetivos da responsabilidade pós-consumo pelo fato de as negociações dos acordos setoriais – a forma de implementação da logística reversa pela qual o Poder Público federal tem demonstrado predileção – indicarem clara preferência pelo modelo coletivo[129].

CONSIDERAÇÕES FINAIS

Repensar o direito ambiental desde uma perspectiva ecológico-metabólica implica dedicar maior atenção à regulação tanto dos fluxos de materiais trocados entre o ambiente e o sistema socioeconômico quanto dos produtos, incluindo todas as atividades humanas associadas a eles (produção, distribuição, consumo, descarte etc.). Uma nova arquitetura jurídico-ambiental, dotada de maior sofisticação e interdisciplinaridade, faz-se necessária. Nela se insere a chamada responsabilidade pós-consumo, a qual busca endereçar as decisões de fabricação dos produtos em busca de melhorias ambientais, em superação do direito da mera eliminação de resíduos. Ela pode ser compreendida como um sistema de corresponsabilidade entre diferentes agentes econômicos participantes do ciclo de vida do produto, consistente no conjunto de obrigações diferenciadas, impostas individual e simultaneamente a todos eles.

Em termos teóricos e conceituais, a responsabilidade pós-consumo surgiu na Europa, sob a denominação "responsabilidade alargada do produtor" (*extended producer responsibility* – EPR), como um instrumento destinado primordialmente a carrear mudanças no design dos produtos e a prevenir a geração de resíduos futuros. A responsabilidade compartilhada é, por assim dizer, a "variante norte-americana da EPR", cujo foco reside mais na melhoria do gerenciamento dos resíduos propriamente dito, sobretudo no aumento da reciclagem. Sob o ponto de vista dos sujeitos obrigados, não há diferença entre as modalidades alargada e compartilhada de responsabilidade, o mesmo não se podendo afirmar quanto à definição dos objetivos a serem perseguidos e à alocação dos deveres pós-consumo para o alcance dos objetivos estabelecidos.

---

[129] Vide nota 102, *supra*.

No Brasil, a PNRS adotou a responsabilidade pós-consumo, rotulando-a "responsabilidade compartilhada pelo ciclo de vida do produto". Tal responsabilidade consagra objetivos tanto a montante da fase de consumo do produto (redução da geração de resíduos e do desperdício de materiais) como a jusante (aproveitamento de resíduos nas cadeias produtivas e estímulo da reciclagem) e abarca um conjunto bastante variado de deveres e sujeitos obrigados. O alcance desses objetivos depende, obviamente, do sucesso e da forma de implementação concreta das obrigações instituídas pela PNRS. Tendo em vista a aplicação de parte dessas obrigações se mostrar juridicamente incerta (deveres de design ecológico compulsório e de informação) e o cumprimento de outra parte delas ainda se encontrar em fase de negociação entre o Poder Público e o setor empresarial (deveres de retorno e destinação final ambientalmente adequada ou logística reversa), uma avaliação da efetividade da responsabilidade pós-consumo enquanto instrumento de política ambiental e de resíduos revela-se um tanto inconclusiva no momento.

De qualquer maneira, a despeito da novidade da PNRS no ordenamento jurídico brasileiro, a sua análise doutrinária em geral, e a da responsabilidade compartilhada pelo ciclo de vida do produto em especial, não deve escapar à arena de discussões teóricas travadas internacionalmente. Esse é um ponto de partida inafastável para se compreender a origem e os objetivos da responsabilidade pós-consumo, *que não é uma invenção da PNRS*, e, ao mesmo tempo, avaliar criticamente a consecução de tais objetivos dentro da realidade brasileira.

REFERÊNCIAS

ABRAMOVAY, R.; SPERANZA, J. S.; PETITGAND, C. *Lixo zero: gestão de resíduos sólidos para uma sociedade mais próspera*. São Paulo: Instituto Ethos, 2013.

ARAGÃO, M. A. de S. Direito administrativo dos resíduos. In: OTERO, P.; GONÇALVES, P. (Org.). *Tratado de direito administrativo especial*. v. 1. Coimbra: Almedina, 2009, p. 11-158.

_____. *O princípio do nível elevado de protecção e a renovação ecológica do direito do ambiente e dos resíduos*. Coimbra: Almedina, 2006.

_____. A "compra responsável" e a prevenção de resíduos sólidos domésticos. In: 6ª CONFERÊNCIA NACIONAL SOBRE A QUALIDADE DO AMBIENTE. v. 1.

Universidade Nova de Lisboa, 1999, p. 1-7. Disponível em: https://estudogeral.sib. uc.pt/bitstream/10316/15152/1/AlexandraAragao-compraresponsavelCNQA%20 v2.pdf. Acessado em: 20 jan. 2014.

_____. *O princípio do poluidor-pagador: pedra angular da política comunitária do ambiente.* Coimbra: Coimbra Editora, 1997.

AYRES, R. U. Industrial metabolism: theory and policy. In: AYRES, R. U.; SIMO-NIS, U. E. *Industrial metabolism: restructuring for sustainable development.* Tokyo: United Nations University Press, 1994, p. 3-20.

BARTONE, C. R. Economic and policy issues in resource recovery from municipal solid wastes. *Resources, Conservation and Recycling,* n. 4, p. 7-23, 1990.

BAUMGÄRTNER, S. Thermodynamics of waste generation. In: BISSON, K.; PRO-OPS, J. (Eds.). *Waste in ecological economics.* Cheltenham, United Kingdom: Edward Elgar, 2002, p. 13-37.

BEGON, M.; TOWNSEND, C. R.; HARPER, J. L. *Ecology: from individuals to ecosystems.* 4.ed. Oxford: Blackwell, 2006.

BORTOLETO, A. P.; KURISU, K. H.; HANAKI, K. Model development for household waste prevention behaviour. *Waste Management,* n. 32, p. 2195-2207, 2012.

BRANDT, E.; STEINER, S. Konzeption eines nationalen Stoffstromrechts. In: FÜHR, M. (Orgs.). *Stoffstromsteuerung durch Produktregulierung – rechtliche, ökonomische und politische Fragen.* Baden-Baden: Nomos, 2000, p. 277-291.

BRANDT, E.; RÖCKSEISEN, S. *Konzeption für ein Stoffstromrecht.* Berlin: Erich Schmidt, 2000.

BREEN, B. Environmental law from resource to recovery. In: CAMPBELL-MOHN, C.; BREEN, B.; FUTRELL, J. W. *Environmental law from resources to recovery.* Saint Paul (Minnesota): West Publishing, 1993, p. 51-70.

DALHAMMAR, C. *An emerging product approach in environmental law: incorporating the life cycle perspective.* Tese (Doutorado). Lund, The International Institute for Industrial Environmental Economics (IIIEE), Lunds Universitet, 2007.

DAVIS, G. A.; WILT, C. A.; DILLON, P. S.; FISHBEIN, B. K. *Extended product responsibility: a new principle for product-oriented pollution prevention,* 1997. Disponível em: http://www.epa.gov/wastes/conserve/tools/stewardship/docs/eprn.pdf. Acessado em: 10 fev. 2014.

DINNEBIER, F. F. Hierarquia de gestão de resíduos no licenciamento ambiental de atividades geradoras de resíduos pós-consumo. *Revista de Direito Ambiental,* v. 72, p. 381-402, 2013.

DIPPEL, M. § 17 Überlassungspflichten. In: VERSTEYL, Andrea; SCHINK, Alexander (Orgs.). *Kommentar zum Kreislaufwirtschaftsgesetz*. Berlin: Lexxion, 2012, p. 393-429.

EHRENFELD, J. R. A framework for industrial ecology. *Journal of Cleaner Production*, v. 5, p. 87-95, 1997.

ENGEL, C. *Abfallrecht und Abfallpolitik*. Baden-Baden: Nomos, 2002.

ESTY, D. C.; CHERTOW, M. R. Thinking ecologically: an introduction. In: ESTY, D. C.; CHERTOW, M. R. (Eds.). *Thinking ecologically: the next generation of environmental policy*. New Haven: Yale University Press, 1997, p. 1-16.

FABER, M.; MANSTETTEN, R.; PROOPS, J. *Ecological economics: concepts and methods*. Cheltenham, United Kingdom: Edward Elgar, 1996.

FABER, M.; NIEMES, H.; STEPHAN, G. *Entropy, environment and resources: an essay in physico-economics*. 2.ed. Berlin: Springer, 1995.

FRENZ, W. *Kreislaufwirtschafts- und Abfallgesetz: Kommentar*. 3.ed. Köln: Carl Heymanns, 2002.

FRIEDRICH, G. EU erzwingt neues Kreislaufwirtschaftsgesetz. *Zeitschrift für Rechtspolitik*, v. 44, p. 108-109, 2011.

FROSCH, Robert A. Toward the end of waste: reflections on a new ecology of industry. *Daedalus*, v. 125, p. 199-212, 1996.

GALEANO, S. F. Extended producer responsibility: origins of the concept and evolution of the PCSD's approach to shared responsibility. In: PRESIDENT'S COUNCIL ON SUSTAINABLE DEVELOPMENT (PCSD). *Proceedings of the workshop on extended producer responsibility (October 21-22, 1996, The White House Conference Center, Washington, DC)*, [s.l.], PCSD/The U.S. Environmental Protection Agency, 1997, C-1–C-14.

GEORGESCU-ROEGEN, N. The entropy law and the economic process in retrospect. *Eastern Economic Journal*, v. 12, p. 3-25, 1986.

_____. *The entropy law and the economic process*. Cambridge (Massachusetts): Harvard University Press, 1971.

HARSCH, B. A. Consumerism and environmental policy: moving past consumer culture. *Ecology Law Quarterly*, v. 26, p. 534-610, 1999.

JURAS, I. A. G. M.; ARAÚJO, S. M. V. G. A responsabilidade compartilhada pelo ciclo de vida do produto. In: JARDIM, A.; YOSHIDA, C.; MACHADO FILHO, J. V. *Política Nacional, gestão e gerenciamento de resíduos sólidos*. Barueri: Manole, 2012, p. 57-77.

KLOEPFER, M. *Produktverantwortung für Elektrogeräte: Rechtsprobleme der Entsorgung von Altprodukten unter besonderer Berücksichtigung des Entwurfs einer Elektroaltgeräte-Verordnung*. Berlin: Duncker & Humblot, 2001.

KRÄMER, L. *EU environmental Law*. 7.ed. London: Sweet & Maxwell, 2011.

KUNIG, P. Do direito do lixo para o direito da correta gestão dos ciclos dos materiais? Comentários acerca da legislação alemã sobre os resíduos e a sua evolução. *Revista Jurídica do Urbanismo e do Ambiente*, v.1, p. 95-108, 1994[130].

KURTH, P.; OEXLE, A. Überlassungspflichten. In: KURTH, Peter; OEXLE, Anno (Orgs.). *Handbuch der Kreislauf- und Rohstoffwirtschaft*. Köln: Carl Heymanns, 2013, p. 78-96.

LIFSET, R. Take it back: extended producer responsibility as a form of incentive-based environmental policy. *Journal of Resource Management and Technology*, v. 21, p. 163-175, 1993.

LIFSET, R.; GRAEDEL, T. E. Industrial ecology: goals and definitions. In: AYRES, Robert U.; AYRES, Leslie W. (Eds.). *A handbook of industrial ecology*. Cheltenham, United Kingdom: Edward Elgar, 2002, p. 3-15.

LINDHQVIST, T. *Extended producer responsibility in cleaner production: policy principle to promote environmental improvements of product systems*. Tese (Doutorado). The International Institute for Industrial Environmental Economics (IIIEE), Lunds Universitet, Lund, 2000.

LINDHQVIST, T.; LIFSET, R. Producer responsibility at a turning point?. *Journal of Industrial Ecology*, v. 12, p. 144-147, 2008.

_____. Getting the goal right: EPR and DfE. *Journal of Industrial Ecology*, v. 2, p. 6-8, 1998.

_____. What's in a name: producer or product responsibility?. *Journal of Industrial Ecology*, v. 1 p. 6-7, 1997.

LOPES, J. R. L. *Responsabilidade civil do fabricante e a defesa do consumidor*. São Paulo: Revista dos Tribunais, 1992.

MALCOM, R. Ecodesign laws and the environmental impact of our consumption products. *Journal of Environmental Law*, v. 23, p. 487-503, 2011.

MANN, T. § 23 Produktverantwortung. In: VERSTEYL, L. A.; MANN, T.; SCHOMERUS, T. *Kreislaufwirtschaftsgesetz: Kommentar*. 3.ed. München: C. H. Beck, 2012, p. 206-216.

---

[130] Tradução do original em alemão: KUNIG, P. Von der Wegwerfgesellschaft zur Kreislaufwirtschaft: Überlegungen zum Stoffstromrecht. In: BREUER, R.; KLOEPFER, M.; MARBURGER, P.; SCHRÖDER, M. (Orgs.). *Jahrbuch des Umwelt- und Technikrechts*. Heidelberg: R. v. Decker, 1994, p. 277-295.

MCDONOUGH, W.; BRAUNGART, M. *The upcycle: beyond sustainability – designing for abundance*. New York: North Point, 2013.

_____. *Cradle to cradle: remaking the way we make things*. New York: North Point, 2002.

_____. *The Hannover principles: design for sustainability*, 1992. Disponível em: http://www.mcdonough.com/wp-content/uploads/2013/03/Hannover-Principles-1992.pdf. Acessado em: 20 fev. 2014.

MCKERLIE, K.; KNIGHT, N.; THORPE, B. Advancing extended producer responsibility in Canada. *Journal of Cleaner Production*, v. 14, p. 616-628, 2006.

MONOSOWSKI, Elizabeth. Políticas ambientais e desenvolvimento no Brasil. *Cadernos FUNDAP*, v. 16, p. 15-24, 1989.

MOREIRA. *Responsabilidade ambiental pós-consumo: da prevenção à reparação de danos*. Tese (Doutorado). Rio de Janeiro, Faculdade de Direito da Universidade Estadual do Rio de Janeiro, 2008.

NUSDEO, A. M. O. Ações civis públicas ambientais e a geração pós-consumo de resíduos. In: SALLES, C. A.; SILVA, S. T.; NUSDEO, A. M. O. *Processo coletivos e tutela ambiental*. Santos: Leopoldianum, 2006, p. 263-279.

ONTARIO WASTE REDUCTION ADVISORY COMMITTEE. *Resource stewardship in Ontario: a shared responsibility*. Ontário: Ontario Ministry of the Environment, 1992.

(OECD) ORGANISATION FOR ECONOMIC CO-OPERATION AND DEVELOPMENT. *OECD Reference Manual on Strategic waste prevention*. ENV/EPOC/PPC(2000)5/FINAL, Paris, 2000.

PORTER, R. C. *The economics of waste*. Washington, D.C.: Resources for the Future (RFF), 2002.

POWERS, C. W.; CHERTOW, M. R. Industrial ecology: overcoming policy fragmentation. In: ESTY, D. C.; CHERTOW, M. R. (Eds.). *Thinking ecologically: the next generation of environmental policy*. New Haven: Yale University Press, 1997, p. 19-36.

REDCLIFT, M. *Wasted: counting the costs of global consumption*. London: Earthscan, 1996.

REHBINDER, E. Abfall in der Ordnung von Mensch und Umwelt. In: HOSEMANN, G. *Abfall: Schicksal oder Herausforderung*. ERLANGEN: Universitätsbibliothek Erlangen-Nürnberg, 1994, p. 15-26.

RIBEIRO, W. A. A relação entre os marcos regulatórios do saneamento básico e dos resíduos sólidos. In: JARDIM, A.; YOSHIDA, C.; MACHADO FILHO, J. V. *Política Nacional, gestão e gerenciamento de resíduos sólidos*. Barueri: Manole, 2012, p. 541-560.

SACHS, N. M. Planning the funeral at the birth: extended producer responsibility in the European Union and the United States. *Harvard Law Review*, v. 30, p. 51-98, 2006.

SALZMAN, J. Beyond the smokestack: environmental protection in the service economy. *UCLA Law Review*, v. 47, p. 411-489, 1999.

_____. Sustainable consumption and the Law. *Environmental Law*, v. 37, p. 1242-1293, 1997.

SCHALL, J. *Does the solid waste management hierarchy make sense? A technical, economic and environmental justification for the priority of source reduction and recycling.* Yale Program on Solid Waste Policy, Working Paper #1, 1992.

SCHENKEL, W.; REICHE, J. Stoffpolitik und Umweltrecht – zur Diskussion über die 5. Novelle des Abfallgesetzes. *Zeitschrift für angewandte Umweltforschung*, v. 6, p. 184-196, 1993.

SCHMIDT, R.; KAHL, W. *Umweltrecht.* 8.ed. München: C. H. Beck, 2010.

SCHOMERUS, T. § 17 Überlassungspflichten. In: VERSTEYL, Ludger-Anselm; MANN, T.; SCHOMERUS, T. *Kreislaufwirtschaftsgesetz: Kommentar.* 3.ed. München: C. H. Beck, 2012, p. 149-175.

SENDIM, J. S. C. *Responsabilidade civil por danos ecológicos: da reparação do dano através da restauração natural.* Coimbra: Coimbra Editora, 1998.

SILVA FILHO, C. R. V.; SOLER, F. D. *Gestão de resíduos sólidos: o que diz a lei.* 2.ed. São Paulo: Trevisan, 2013.

SILVA-SÁNCHEZ, S. S. *Cidadania ambiental: novos direitos no Brasil.* São Paulo: Humanitas, 2000.

SUNDFELD, C. A. *Direito administrativo ordenador.* São Paulo: Malheiros, 2003.

THOMPSON, M. Waste and fairness. *Social Research*, v. 65, p. 55-73, 1998.

TOJO, N. *EPR programmes: individual versus collective responsibility – Exploring various forms of implementation and their implication to design change*, IIIEE Reports. Lund: The International Institute for Industrial Environmental Economics (IIIEE), 2003.

VANDENBERGH, M. P. From smokestack to SUV: the individual as regulated entity in the new era of environmental law. *Vanderbilt Law Review*, v. 57, p. 515-628, 2004.

VERSTEYL, L. A. § 22 Produktverantwortung. In: KUNIG, P.; PAETOW, S.; VERSTEYL, L. A. *Kreislaufwirtschafts- und Abfallgesetz: Kommentar.* 2.ed. München: C. H. Beck, 2003, p. 480-499.

WALLS, M. *Extended producer responsibility and product design: economic theory and selected case studies.* Resources for the Future (RFF), Discussion Paper 08-06. Washington, D.C., 2006. Disponível em: http://www.rff.org/RFF/Documents/RFF-DP-06-08-REV.pdf. Acessado em: 15 fev. 2014.

WINIWARTER, V. History of waste. In: BISSON, K.; PROOPS, J. (Eds.). *Waste in ecological economics*. Cheltenham, United Kingdom: Edward Elgar, 2002, p. 38-54.

WINTER, G. Proporcionalidade "eco-lógica": um princípio jurídico emergente para a natureza?. *Veredas do Direito*, v. 20, p. 55-78, 2013.

_____. Perspectives for environmental law – entering the fourth phase. *Journal of Environmental Law*, v. 1, p. 38-47, 1989.

Regime Jurídico da Pesca no Brasil e o Meio Ambiente

7

Dario Almeida Passos de Freitas
Ordem dos Advogados do Brasil, Paraná

INTRODUÇÃO

A Lei n. 11.959/2009 no seu art. 2º, III, conceitua pesca como "toda operação, ação ou ato tendente a extrair, colher, apanhar, apreender ou capturar recursos pesqueiros". O Decreto n. 6.514/2008, que regulamentou a Lei de Crimes Ambientais, de forma mais minuciosa assim define a pesca:

> Art. 42. Para os efeitos deste Decreto, considera-se pesca todo ato tendente a extrair, retirar, coletar, apanhar, apreender ou capturar espécimes dos grupos dos peixes, crustáceos, moluscos aquáticos e vegetais hidróbios suscetíveis ou não de aproveitamento econômico, ressalvadas as espécies ameaçadas de extinção, constantes nas listas oficiais da fauna e da flora.
> Parágrafo único. Entende-se por ato tendente à pesca aquele em que o infrator esteja munido, equipado ou armado com petrechos de pesca, na área de pesca ou dirigindo-se a ela.

Apesar de o Brasil ter um imenso litoral e uma enorme quantidade de rios e lagos, as normas legais relacionadas à pesca ainda não têm a necessária efetividade, principalmente pelo pouco efetivo utilizado em sua fiscalização. Registre-se que a pesca é uma atividade econômica de grande importância para o país e que a Zona Econômica Exclusiva é muito extensa[1], ressaltando-se inclusive a pesca ilegal realizada por barcos estrangeiros[2].

Além disso, em razão da pesca predatória, a quantidade de peixes vem diminuindo não só no Brasil, mas no mundo todo. Para se ter uma ideia, uma pesquisa realizada pela University of British Columbia (UBC) confirmou que a pesca excessiva está fazendo com que o número de peixes predadores nos mares diminua de forma acentuada, uma vez que nos últimos cem anos a quantidade de peixes como o bacalhau, o atum e a garoupa diminuiu 40%[3].

Os problemas também existem em nossas águas doces. Os pescadores que vivem na região de Colíder e Nova Canaã do Norte, no Mato Grosso, por exemplo, bloquearam a entrada do canteiro de obras da Usina Hidrelétrica Colíder, sob a alegação de que as obras têm causado a diminuição de peixes, provocando-lhes prejuízos[4].

A variedade de conflitos relacionados à pesca é grande. Os órgãos responsáveis, como o Instituto Brasileiro do Meio Ambiente e dos Recursos Naturais Renováveis (Ibama) e demais órgãos ambientais, Capitania dos Portos do Ministério da Marinha, Agência Nacional de Transportes Aquaviários (Antaq), Departamento de Polícia Federal, Polícia Militar Ambiental, Ministério Público e organizações não governamentais (ONGs)[5], vêm tentando minimizar e evitar os prejuízos causados ao meio ambiente e a

---

[1] Nossa Zona Econômica Exclusiva (ZEE) possui uma área da 4.500.000 quilômetros quadrados e a área com água represada representa 10 milhões de hectares. Disponível em: http://www.mpa.gov.br/index.php/pescampa/apresentacao. Acessado em: mar. 2014.

[2] "Barco japonês domina pesca de atum em águas do Brasil". *Folha de S. Paulo*, Ilustríssima, 19.08.2012. Disponível em: http://www1.folha.uol.com.br/ilustrissima/1138936-barco-japones-domina-pesca-de-atum-em-aguas-do-brasil.shtml. Acessado em: mar. 2014.

[3] "Quantidade de peixes grandes está diminuindo no mundo". *O Globo*, coluna Economia Verde, 23.02.2011. Disponível em: http://oglobo.globo.com/blogs/ecoverde/posts/2011/02/23/quantidade-de-peixes-grandes-esta-diminuindo-no-mundo-365204.asp. Acessado em: mar. 2014.

[4] "Pescadores de MT bloqueiam entrada de usina contra diminuição de peixes". *G1*, 26.11.2013. Disponível em: http://g1.globo.com/mato-grosso/noticia/2013/11/pescadores-de-mt-bloqueiam-entrada-de-usina-contra-diminuicao-de-peixes.html. Acessado em: mar. 2014.

[5] A ONG *Sea Shepherd* é uma das mais ativas na proteção da vida aquática em águas salgadas e doces. Maiores informações em: http://www.seashepherd.org.br. Acessado em: mar. 2014.

consequente diminuição dos peixes. Essa é uma questão que merece ser mais cuidadosamente pesquisada

Neste artigo, veremos de maneira objetiva como se dá a atividade pesqueira e sua classificação, principais normas em vigor, fiscalização e responsabilidades atribuídas aos infratores.

A ATIVIDADE PESQUEIRA

A atividade pesqueira, prevista na Lei n. 11.959/2009, compreende todos os processos de pesca, explotação e exploração, cultivo, conservação, processamento, transporte, comercialização e pesquisa dos recursos pesqueiros (art. 4º).

É requisito essencial para seu exercício ato autorizativo emitido pela autoridade competente (art. 5º), podendo ser proibido transitória, periódica ou permanentemente, de acordo com cada norma específica. Tal restrição tem como objetivo a proteção de espécies, áreas ou ecossistemas ameaçados, do processo reprodutivo das espécies e de outros processos vitais para a manutenção e a recuperação dos estoques pesqueiros, da saúde pública e até mesmo do trabalhador (art. 6º).

Além disso, a atividade pesqueira é proibida (art. 6º, § 1º):

- Em épocas e locais definidos pelo órgão competente.

- Em relação às espécies que devem ser preservadas ou espécimes[6] com características não permitidas pelo órgão competente.

- Sem licença, permissão, concessão, autorização ou registro expedido pelo órgão competente.

- Em quantidade superior à permitida pelo órgão competente.

- Em locais próximos às áreas de lançamento de esgoto nas águas, com distância estabelecida em norma específica.

- Em locais que causem embaraço à navegação.

- Mediante a utilização de explosivos, substâncias tóxicas ou químicas, petrechos, técnicas e métodos não permitidos ou predatórios.

---

[6] Apenas a título de esclarecimento, espécie é o "conjunto de todos os indivíduos semelhantes entre si [...] permitindo-lhes cruzamento" (Krieger, 2008, p.127). Já espécime é somente um indivíduo desse conjunto.

CLASSIFICAÇÃO DAS ESPÉCIES DE PESCA

De acordo com o art. 8º da Lei n. 11.959/2009, a pesca classifica-se em comercial e não comercial.

A pesca comercial pode ser artesanal ou industrial. A artesanal é praticada por pescador profissional, mas de forma autônoma ou em regime de economia familiar, podendo-se utilizar embarcações de pequeno porte. É o caso de populações tradicionais existentes no litoral brasileiro e também às margens dos grandes rios.

Já a pesca industrial pode ser praticada tanto por pessoa física como jurídica, inclusive profissionais, e podem ser utilizadas embarcações de pequeno, médio ou grande porte, com finalidade comercial. De acordo com as Normas da Autoridade Marítima n. 2 (Normam-02) da Capitania dos Portos[7], as embarcações de pequeno porte são aquelas com até 8 metros de comprimento, as de médio porte, com até 24 metros, e as demais se caracterizam como embarcações de grande porte.

Quanto à pesca não comercial, ela é dividida em científica, amadora e de subsistência. A científica pode ser praticada por pessoa física ou jurídica, com a finalidade de pesquisa científica. A pesca amadora pode ser praticada com equipamentos ou petrechos previstos em legislação específica, tendo por finalidade somente o lazer. Por fim, a pesca de subsistência é aquela praticada com fins de consumo doméstico ou escambo sem fins lucrativos, e também pode utilizar petrechos previstos em legislação específica.

NORMAS SOBRE PESCA RELACIONADAS COM MEIO AMBIENTE NO BRASIL

Legislação

O Decreto-lei n. 221, de 28 de fevereiro de 1967, conhecido como Código de Pesca, foi a primeira norma acerca do tema, e "dispõe sobre a proteção e estímulos à pesca". No entanto, foi em grande parte revogada pela Lei n. 11.959, de 29 de junho de 2009.

---

[7] Disponível em: http://www.mar.mil.br/cpal/definicoes.pdf. Acessado em: 10 mar. 2014.

Os capítulos VI e VII, que dispunham respectivamente sobre infrações, penas e multas, e inclusive tinham relação com a proteção do meio ambiente, foram revogados. Como exemplo das disposições relacionadas à proteção do meio ambiente, podem ser citados os arts. 37 e 38:

> Art. 37. Os efluentes das redes de esgotos e os resíduos líquidos ou sólidos das indústrias somente poderão ser lançados às águas quando não as tornarem poluídas.
>
> § 1º Considera-se poluição qualquer alteração das propriedades físicas, químicas ou biológicas das águas, que possa constituir prejuízo, direta ou indiretamente, à fauna e à flora aquática.
>
> § 2º Cabe aos governos estaduais a verificação da poluição e a tomada de providências para coibi-Ia.
>
> § 3º O Governo Federal supervisionará o cumprimento do disposto no parágrafo anterior.
>
> Art. 38. É proibido o lançamento de óleos e produtos oleosos nas águas determinadas pelo órgão competente, em conformidade com as normas internacionais.

Quanto à Lei n. 11.959/2009, editada em tempos de maior preocupação ambiental, uma vez que os problemas relacionados ao meio ambiente se agravaram e a conscientização aumentou, dispõe em seu art. 1º, I, ter o objetivo de promover o desenvolvimento sustentável da pesca e da aquicultura e a otimização dos benefícios econômicos em harmonia com a preservação e a conservação do meio ambiente e da biodiversidade. Em seu inciso III, estabelece como escopo a preservação, a conservação e a recuperação dos recursos pesqueiros e dos ecossistemas aquáticos.

Da mesma forma, o art. 36 determina que a "atividade de processamento do produto resultante da pesca e da aquicultura será exercida de acordo com as normas de sanidade, higiene e segurança, qualidade e preservação do meio ambiente [...]".

A Lei estabelece, ainda, em seu art. 33, que as condutas e atividades lesivas aos recursos pesqueiros e ao meio ambiente serão punidas na forma da Lei n. 9.605/98, ou seja, a Lei de Crimes Ambientais que, registre-se, também prevê infrações administrativas.

Quanto às infrações administrativas relacionadas à pesca, previstas no Decreto n. 6.514/2008, que regula a Lei de Crimes Ambientais, podemos citar:

Art. 34. Causar degradação em viveiros, açudes ou estação de aquicultura de domínio público:

Multa de R$ 5.000,00 (cinco mil reais) a R$ 500.000,00 (quinhentos mil reais).

Art. 35. Pescar em período ou local no qual a pesca seja proibida:

Multa de R$ 700,00 (setecentos reais) a R$ 100.000,00 (cem mil reais), com acréscimo de R$ 20,00 (vinte reais), por quilo ou fração do produto da pescaria, ou por espécime quando se tratar de produto de pesca para uso ornamental.

Parágrafo único. Incorre nas mesmas multas quem:

I – pesca espécies que devam ser preservadas ou espécimes com tamanhos inferiores aos permitidos;

II – pesca quantidades superiores às permitidas ou mediante a utilização de aparelhos, petrechos, técnicas e métodos não permitidos;

III – transporta, comercializa, beneficia ou industrializa espécimes provenientes da coleta, apanha e pesca proibida;

IV – transporta, conserva, beneficia, descaracteriza, industrializa ou comercializa pescados ou produtos originados da pesca, sem comprovante de origem ou autorização do órgão competente;

V – captura, extrai, coleta, transporta, comercializa ou exporta espécimes de espécies ornamentais oriundos da pesca, sem autorização do órgão competente ou em desacordo com a obtida; e

VI – deixa de apresentar declaração de estoque.

A segunda parte do inciso II, por exemplo, é aplicável durante todo o ano, tempo e local. Já o *caput* e os incisos I, II e III, são regulamentados pelo órgão ambiental competente, por meio de Portarias ou Instruções Normativas.

Curt Trennepohl explica que o órgão pode "proibir, em determinado período ou área, a captura de pescados acima de determinada quantidade" (Trennepohl, 2009, p. 181). Pode, da mesma forma, limitar o tamanho dos peixes a ser pescados, bem como proibir a pesca no período da piracema. Alguns desses atos serão vistos em tópico seguinte.

Art. 36. Pescar mediante a utilização de explosivos ou substâncias que, em contato com a água, produzam efeitos semelhantes, ou substâncias tóxicas, ou ainda, por outro meio proibido pela autoridade competente:

Multa de R$ 700,00 (setecentos reais) a R$ 100.000,00 (cem mil reais), com acréscimo de R$ 20,00 (vinte reais), por quilo ou fração do produto da pescaria.

Os principais problemas da infração a este artigo são os grandes danos que essa prática pode ocasionar a toda a região atingida e o risco de ferimentos, intoxicação ou morte de seres humanos e outros seres vivos.

Art. 37. Exercer a pesca sem prévio cadastro, inscrição, autorização, licença, permissão ou registro do órgão competente, ou em desacordo com o obtido: Multa de R$ 300,00 (trezentos reais) a R$ 10.000,00 (dez mil reais), com acréscimo de R$ 20,00 (vinte reais) por quilo ou fração do produto da pesca, ou por espécime quando se tratar de produto de pesca para ornamentação.
Parágrafo único. Caso a quantidade ou espécie constatada no ato fiscalizatório esteja em desacordo com o autorizado pela autoridade ambiental competente, o agente autuante promoverá a autuação considerando a totalidade do objeto da fiscalização.

Apesar da exigência, nem todos os praticantes de pesca possuem licença do órgão competente. A licença tem caráter de controle e, nas palavras de Curt Trennepohl, não é "uma forma de arrecadação do poder público, mas a necessidade do controle do Estado, responsável pela preservação dos recursos naturais, que são propriedade coletiva" (Trennepohl, 2009, p. 185).

Art. 40. A comercialização do produto da pesca de que trata esta Subseção agravará a penalidade da respectiva infração quando esta incidir sobre espécies sobre-explotadas ou ameaçadas de sobre-explotação, conforme regulamento do órgão ambiental competente, com o acréscimo de:
I – R$ 40,00 (quarenta reais) por quilo ou fração do produto da pesca de espécie constante das listas oficiais brasileiras de espécies ameaçadas de sobre-explotação; ou
II – R$ 60,00 (sessenta reais) por quilo ou fração do produto da pesca de espécie constante das listas oficiais brasileiras de espécies sobre-explotadas.

Compete ao Ministério do Meio Ambiente "fixar as normas, critérios e padrões de uso" para tais espécies, nos termos do art. 18, parágrafo único, I, do Decreto n. 6.101/2007.

Art. 41. Deixar, os comandantes de embarcações destinadas à pesca, de preencher e entregar, ao fim de cada viagem ou semanalmente, os mapas fornecidos pelo órgão competente:
Multa: R$ 1.000,00 (mil reais).

Já com relação aos crimes ambientais (Lei n. 9.605/98) concernentes à pesca, podem ser citados os seguintes:

Art. 34. Pescar em período no qual a pesca seja proibida ou em lugares interditados por órgão competente:
Pena – detenção de um ano a três anos ou multa, ou ambas as penas cumulativamente.
Parágrafo único. Incorre nas mesmas penas quem:
I – pesca espécies que devam ser preservadas ou espécimes com tamanhos inferiores aos permitidos;
II – pesca quantidades superiores às permitidas, ou mediante a utilização de aparelhos, petrechos, técnicas e métodos não permitidos;
III – transporta, comercializa, beneficia ou industrializa espécimes provenientes da coleta, apanha e pesca proibidas.

Nosso país tem regiões com características muito específicas, o que obriga a edição de diferentes normas para cada caso. Assim, nas palavras de Adede y Castro (2004, p. 155), o art. 34 trata de "uma norma penal em branco, por depender de manifestação legal de órgão técnico que, em cada período do ano e região, pode determinar de forma diferente, de maneira a atender às necessidades específicas de cada espécime e da economia de cada região".

Art. 35. Pescar mediante a utilização de:
I – explosivos ou substâncias que, em contato com a água, produzam efeito semelhante;
II – substâncias tóxicas, ou outro meio proibido pela autoridade competente:
Pena – reclusão de um ano a cinco anos.

Este é um artigo que prevê uma das penas mais altas da Lei de Crimes Ambientais. Além dos danos causados a todo o meio ambiente local, há riscos aos seres humanos e ao ecossistema, conforme comentado anteriormente.

Nota-se que tanto a Lei n. 9.605/98 como o Decreto n. 6.514/2008 têm somente algumas disposições acerca da pesca especificamente.

Normas administrativas

As normas administrativas são atos editados pelas autoridades com atribuições no trato da pesca. Como lembra Marçal Justen Filho, "o exame da

Constituição demonstra que a lei (em acepção ampla, abrangendo a constituição e as espécies legislativas indicadas no art. 59 da CF/88) prevalece sobre o ato administrativo. O conflito entre as regras legais e as administrativas se resolve pela prevalência das primeiras" (Justen Filho, 2013, p. 235).

Na obra atualizada de Hely Lopes Meirelles, registra-se que esses tipos de atos administrativos "são aqueles que contêm um comando geral do Executivo, visando à correta aplicação da lei. O objetivo imediato de tais atos é explicitar a norma legal a ser observada pela Administração e pelos administrados" (Meirelles et al., 2008, p. 181).

As Portarias e Instruções Normativas relacionadas à pesca são editadas em grande quantidade, tendo em vista a extensão do nosso território, a grande quantidade de estados e municípios com poderes legislativos e as características específicas de cada região. Vejamos alguns exemplos:

- Portaria n. 52/2003 do Ibama: dispõe sobre o período de defeso do caranguejo da espécie guaiamum. Interessante destacar que, de acordo com o Decreto estadual n. 1499-R/2005, do Espírito Santo, a cata e o comércio do caranguejo guaiamum está proibida no estado por tempo indeterminado durante todo o ano. Ou seja, uma norma estadual mais restritiva em razão das características da região.

- Instrução Normativa n. 195/2008 do Ibama: dispõe acerca da piracema.

- Portaria n. 45/2013, da Secretaria de Monitoramento e Controle da Pesca e Aquicultura do Ministério da Pesca e Aquicultura (Semoc): torna pública a relação de embarcações autorizadas para pesca de arrasto de camarão-de-sete-barbas no litoral das regiões Sudeste e Sul.

- Portaria n. 3/98 do Ibama: estabelece normas para o exercício da pesca na Bacia Hidrográfica do Rio Paraguai, nos estados de Mato Grosso e Mato Grosso do Sul (basicamente no Pantanal).

- Instrução Normativa n. 2/2013 da Secretaria de Meio Ambiente de Goiás: fixa pelo prazo de três anos a cota zero para o transporte de pescado no Estado, em todas as bacias hidrográficas, seja para a pesca esportiva, seja para a amadora, seja para a subaquática.

- Portaria n. 208/2009 do Instituto Ambiental do Paraná (IAP): fixa o período para a proteção à produção natural dos peixes existentes no Estado do Paraná.

- Portaria n. 134/2011 (Mato Grosso): permite a pesca de subsistência, mas com o limite diário de 3 kg e um exemplar de qualquer peso, por pessoa, no trecho do Rio do Sangue.

COMPETÊNCIA PARA FISCALIZAÇÃO DAS ATIVIDADES PESQUEIRAS NO BRASIL

O art. 23 e seus incisos VI e VII, da Constituição Federal, dispõem que é de competência comum da União, estados, Distrito Federal e municípios a proteção do meio ambiente como um todo e o combate à poluição em qualquer de suas formas, além da preservação das florestas, fauna e flora.

A Lei Complementar n. 140/2011 veio regulamentar a norma constitucional. Seu art. 17 dispõe que

> Compete ao órgão responsável pelo licenciamento ou autorização, conforme o caso, de um empreendimento ou atividade, lavrar auto de infração ambiental e instaurar processo administrativo para a apuração de infrações à legislação ambiental cometidas pelo empreendimento ou atividade licenciada ou autorizada.

O art. 7º, XIII, dispõe que é atribuição da União "exercer o controle e fiscalizar as atividades e empreendimentos cuja atribuição para licenciar ou autorizar, ambientalmente, for cometida à União". Ou seja, atribuições do Ibama ou do ICMBIO, conforme o caso.

Por sua vez, no que interessa ao tema em questão, o inciso XIV dispõe que cabe à União

> promover o licenciamento ambiental de empreendimentos e atividades: *a)* localizados ou desenvolvidos conjuntamente no Brasil e em país limítrofe; *b)* localizados ou desenvolvidos no mar territorial, na plataforma continental ou na zona econômica exclusiva; [...] *d)* localizados ou desenvolvidos em unidades de conservação instituídas pela União, exceto em Áreas de Proteção Ambiental (APAs); *e)* localizados ou desenvolvidos em 2 (dois) ou mais Estados.

Já o art. 8º, XIII, dispõe que é atribuição dos estados "exercer o controle e fiscalizar as atividades e empreendimentos cuja atribuição para licenciar ou autorizar, ambientalmente, for cometida aos estados". Essas atribuições, no que interessa ao tema em estudo, estão previstas nos incisos XIV, XV e XX, que assim dispõem:

> XIV – promover o licenciamento ambiental de atividades ou empreendimentos utilizadores de recursos ambientais, efetiva ou potencialmente poluidores ou capazes, sob qualquer forma, de causar degradação ambiental, ressalvado o disposto nos arts. 7º e 9º;
>
> XV – promover o licenciamento ambiental de atividades ou empreendimentos localizados ou desenvolvidos em unidades de conservação instituídas pelo Estado, exceto em Áreas de Proteção Ambiental (APAs);
>
> XX – exercer o controle ambiental da pesca em âmbito estadual.

Quanto aos municípios, o art. 9º, XIII, dispõe que cabe a eles "exercer o controle e fiscalizar as atividades e empreendimentos cuja atribuição para licenciar ou autorizar, ambientalmente, for cometida ao Município". Em relação a essas atribuições, o inciso XIV assim dispõe:

> Observadas as atribuições dos demais entes federativos previstas nesta Lei Complementar, promover o licenciamento ambiental das atividades ou empreendimentos: *a)* que causem ou possam causar impacto ambiental de âmbito local, conforme tipologia definida pelos respectivos Conselhos Estaduais de Meio Ambiente, considerados os critérios de porte, potencial poluidor e natureza da atividade; ou *b)* localizados em unidades de conservação instituídas pelo Município, exceto em Áreas de Proteção Ambiental (APAs).

Como exemplo de unidade de conservação municipal, podemos citar o Parque Natural Municipal da Ronda, localizado no município gaúcho de São Francisco de Paula, na bacia hidrográfica do Rio dos Sinos.

RESPONSABILIDADE PELOS DANOS AMBIENTAIS CAUSADOS PELA PESCA PREDATÓRIA

A Constituição Federal prevê, no § 3º do art. 225, que "as condutas e atividades consideradas lesivas ao meio ambiente sujeitarão os infratores, pessoas físicas ou jurídicas, a sanções penais e administrativas, independentemente da obrigação de reparar os danos causados". Ou seja, além de se-

DIREITO AMBIENTAL E SUSTENTABILIDADE

rem independentes entre si, também podem ser cumulativas, podendo caber ao infrator a tripla responsabilidade por um só ato.

Vejamos cada uma das responsabilidades.

Responsabilidade administrativa

Para que se caracterize uma infração administrativa ao meio ambiente, com sua consequente autuação, deve existir lei prévia que defina tal conduta lesiva, para que embase o auto de infração. O que determina tal necessidade é o Princípio da Legalidade, previsto no art. 5º, II, da Constituição Federal[8].

Como visto acima, as autuações ambientais são expedidas pelos órgãos ambientais competentes, sejam os municipais, estaduais ou federais (Ibama e ICMBIO). Vladimir Passos de Freitas explica que "os estados e municípios, de regra, adotam as normas federais. Todavia, nada impede que referidas pessoas jurídicas possuam leis próprias, no âmbito de sua competência constitucional, fixando outras penalidades" (Freitas, 2010, p. 113).

Todo o procedimento administrativo está previsto nos arts. 70 a 76 da Lei n. 9.605/98. As sanções estão previstas no art. 72, e são: advertência; multa simples; multa diária; apreensão dos animais, produtos e subprodutos da fauna e flora, instrumentos, petrechos, equipamentos ou veículos de qualquer natureza utilizados na infração; destruição ou inutilização do produto; suspensão de venda e fabricação do produto; embargo de obra ou atividade; demolição de obra; suspensão parcial ou total de atividades e restritiva de direitos.

O artigo 75 determina que o valor das multas será fixado no regulamento da Lei n. 9.605/98, sendo o mínimo de R$ 50,00 (cinquenta reais) e o máximo de R$ 50.000.000,00 (cinquenta milhões de reais). Esse valor se repete no art. 9º do Decreto n. 6.514/2008.

A autoridade competente levará em consideração a gravidade do fato, os antecedentes do infrator na área ambiental e sua situação econômica.

Os valores pagos

serão revertidos ao Fundo Nacional do Meio Ambiente, criado pela Lei n. 7.797, de 10 de julho de 1989, Fundo Naval, criado pelo Decreto n. 20.923, de 08 de

---

[8] "Art. 5º. [...] II – ninguém será obrigado a fazer ou deixar de fazer alguma coisa senão em virtude de lei".

janeiro de 1932, fundos estaduais ou municipais de meio ambiente, ou correlatos, conforme dispuser o órgão arrecadador (art. 73).

Já as penas restritivas de direito, nos termos do § 8º, são: suspensão de registro, licença ou autorização; cancelamento de registro, licença ou autorização; perda ou restrição de incentivos e benefícios fiscais; perda ou suspensão da participação em linhas de financiamento em estabelecimentos oficiais de crédito e proibição de contratar com a Administração Pública, pelo período de até três anos.

Quanto às decisões envolvendo a responsabilidade administrativa, na maioria dos casos os Autos de Infração são mantidos pelo Poder Judiciário. Vejamos:

> Administrativo. Multa. Ibama. Infração ambiental. Pesca em período de defeso. 1. A responsabilidade por dano ambiental é objetiva, o que significa dizer que é prescindível a apuração do dolo ou da culpa no dever de reparação do dano. Assim, porque a responsabilidade é decorrente de imposição legal, não pode ser afastada por convenção particular. 2. Não se mostra necessária a realização de perícia para constatar-se a espécie de pescado apreendido. Isso porque, em se tratando de atos administrativos, há presunção de legalidade e legitimidade que somente pode ser elidida por prova em contrário. (TRF-4, AI n. 5009671-56.2013.404.0000, 4ª T., rel. p/ Acórdão Vivian Josete Pantaleão Caminha, *DJe* 14.08.2013).

> Administrativo. Mandado de segurança. Proibição à prática de pesca subaquática em localidades do litoral do Estado do Paraná. Atividade potencialmente lesiva à sustentabilidade do meio ambiente. Art. 4º da Portaria Ibama n. 12/2003. Ilegalidade não demonstrada. Necessidade de dilação probatória incompatível com o rito processual. A proibição à prática de pesca subaquática em localidades do litoral do Estado do Paraná está fundada em razões técnicas, amplamente debatidas, e, para afastá-las, era imprescindível dilação probatória incompatível com a via estreita do mandamus. Em face da presunção de legitimidade que milita em favor do ato administrativo, é de se afastar a alegação de violação aos princípios da proporcionalidade e da isonomia. (TRF-4, Ap. cível n. 5040752-09.2012.404.7000, 4ª T., rel. p/ Acórdão Vivian Josete Pantaleão Caminha, *DJe* 24.07.2013).

Administrativo. Ibama. Infração ambiental. Pesca sem licença. Embarcação apreendida. Cabimento. O impetrante teve sua embarcação apreendida em razão da realização de pesca sem a autorização devida. Para a pesca da tainha, não basta que a parte exiba a "permissão de pesca da embarcação"; deverá, ainda, exibir, de forma específica, a "Autorização de Pesca Complementar de Tainha", que é outro documento, emitido de forma independente e separado ao documento exibido pelo impetrante. Dentre as embarcações que não tiveram renovada a "Autorização de Pesca Complementar de Tainha" para a safra 2012, encontra-se o barco "Da Hora XIV", pertencente à impetrante. (TRF-4, Ap. cível n. 5003438-17.2012.404.7101, 4ª T., rel. p/ Acórdão Luís Alberto D'azevedo Aurvalle, *DJe* 30.04.2013).

Administrativo. Agravo de instrumento. Auto de infração. Ibama. Pesca em área de proteção ambiental. Pena de perdimento. Não se mostra desproporcional ou desarrazoado o teor da Portaria n. 43/2007 do Ibama que proíbe pesca cerqueira em área de proteção ambiental, uma vez que fundada em critérios técnicos e baseada em estudos preliminares. (TRF-4, AI n. 5017569-57.2012.404.0000, 3ª T., rel. p/ Acórdão Nicolau Konkel Júnior, *DJe* 17.01.2013).

Em menor quantidade, há também decisões anulando os autos de infração:

Administrativo. Ambiental. Pesca de emalhe. Portaria Ibama n. 121/98. Suspensão de incidência. Prequestionamento. Sucumbência recíproca. 1. A suspensão da aplicabilidade da Portaria Ibama n. 121/98, de 24.08.1998 pela Portaria Ibama n. 25, de 19.10.2010, decorreu de crise na pesca de emalhe e indica claramente que a Administração se encontrava em processo de revisão da referida normatização, evidenciado pela criação do Grupo Técnico de Trabalho (GTT) Emalhe, por meio da Portaria Interministerial MPA/MMA n. 8, de 14.09.2010, não havendo falar em retroação ou não dos efeitos da Portaria n. 25/2010. 2. Assim, correta a sentença que, mantendo os efeitos da tutela antecipada, permitiu ao demandante exercer a atividade de pesca sem as restrições impostas por referida norma, declarando nulos os autos de infração e termo de apreensão atacados. 3. Dá-se por prequestionados os dispositivos constitucionais invocados. 4. Verificada a sucumbência recíproca, mantém-se a compensação da verba honorária. (TRF-4, APELREEX n. 5000429-81.2011.404.7101, 3ª T., rel. p/ Acórdão Fernando Quadros da Silva, juntado aos autos em 06.12.2012).

Responsabilidade civil

O objetivo principal da responsabilidade no campo civil é a determinação de obrigação de fazer ou de não fazer e o pagamento de indenização em dinheiro.

A responsabilidade civil do infrator de um dano ambiental no Brasil, seja pessoa física, seja jurídica, é objetiva, ou seja, basta a existência do nexo causal entre o ato e o dano que nasce o dever de indenizar ou reparar os danos causados ao meio ambiente ou a terceiros. Pouco importa se o referido ato deu-se de forma dolosa ou culposa. Tal previsão está disposta na Lei da Política Nacional do Meio Ambiente – Lei n. 6.938/81:

> Art. 14 [...] § 1º Sem obstar a aplicação das penalidades previstas neste artigo, é o poluidor obrigado, independentemente da existência de culpa, a indenizar ou reparar os danos causados ao meio ambiente e a terceiros, afetados por sua atividade. O Ministério Público da União e dos Estados terá legitimidade para propor ação de responsabilidade civil e criminal, por danos causados ao meio ambiente.

Nesse sentido é a jurisprudência pátria, valendo citar caso específico de pesca:

> Administrativo. Ação Civil Pública. Danos ambientais. Pesca predatória de arrasto dentro das 3 milhas marítimas. Responsabilidade objetiva. Polo passivo da lide. Legitimidade. Indenização. 1. O contrato de arrendamento da embarcação "Casablanca", realizado pelo réu a terceiro, no sentido de que qualquer multa imposta, taxa ou despesas recairiam sobre os arrendatários, sob este aspecto, já assumem a responsabilidade civil e criminal pela má utilização dos barcos. 2. A responsabilidade que nasce de lei é *ex lege* e não pode ser afastada pelas convenções particulares das partes. O contrato particular rege as relações recíprocas entre o réu e o arrendatário, mas não pode ser oposto às autoridades públicas em matéria de responsabilidade ambiental. Ademais, o apelado não firmou o contrato de arrendamento graciosamente, auferiu lucros pelo arrendamento de seus barcos de pesca, traineiras, devidamente apetrechadas para praticar a pesca de arrasto, que demonstra o vínculo financeiro existente entre o apelado e a atividade pesqueira. 3. O proprietário do barco traineira apetrechado para a pesca predatória de arrasto que o arrenda, auferindo lucros, é responsável pelos danos ambientais que o barco pratica. Ademais, a pes-

ca de arrasto é notoriamente lesiva ao meio marinho e não se limita ao foco da pesca, espraiando o seu espectro destrutivo, que "raspa e mata a vida marinha desde a areia até a superfície", e a sua continuidade prejudica e inviabiliza a produção pesqueira dos pescadores tradicionais e comunidades dela dependentes. 4. A Lei n. 6.938/81, art. 14, § 1º, adotou a teoria do risco da atividade ou da empresa, que se traduz na responsabilidade objetiva. As principais consequências da adoção pelo nosso sistema legal em vigor são a prescindibilidade da culpa ou dolo para que haja o dever de reparar o dano; a irrelevância da licitude da conduta do causador do dano, a conduta pode ser lícita (no caso não foi); e a inaplicação em seu sistema, de regra, das cláusulas de exclusão da responsabilidade civil administrativa e penal. Assim, perante a responsabilidade objetiva, não vale como cláusula de exclusão do dever, alegar caso de força maior, fortuito e, especialmente, não prospera a cláusula de não indenizar, incluída em contratos particulares, ambientalmente, os contratados são solidariamente responsáveis. Ademais, conforme o disposto no art. 942 do Código Civil, a responsabilidade ambiental é solidária. O fato de o apelado ser o proprietário do barco é suficiente para legitimá-lo no polo passivo da lide. 5. A atuação do apelado não ficou limitada ao caso em pauta, na Ação Civil Pública n. 2006.71.00.016888-4/RS, há precedente envolvendo os mesmos requeridos e a embarcação, figurando como réu a empresa Pescado Amaral – Captura, Indústria, Comércio, Importação e Exportação Ltda., e o ora apelado é o procurador da empresa envolvida em tela. 6. Condenado o apelado ao pagamento de indenização, fixado no valor de R$ 250.000,00 (duzentos e cinquenta mil reais) pelos danos causados ao meio ambiente, que deverá ser recolhido do Fundo do Meio Ambiente, e na obrigação de não fazer ou propiciar que se faça com suas traineiras pesca de arrasto dentro das três milhas marítimas, usando os apetrechos proibidos, com a instalação em seus pesqueiros de equipamentos que poupem espécies silvestres e migratórias que não são objeto da pesca, e ao fornecimento de educação ambiental aos seus funcionários e arrendatário. (TRF-4, Ap. Cível n. 2006.71.00.004789-8, 4ª T., rel. Marga Inge Barth Tessler, D.E. 05/05/2008).

Necessário destacar a importância da Lei da Ação Civil Pública (Lei n. 7.347/85). Com o seu advento, tanto a proteção como a preservação do meio ambiente tornaram-se realmente mais efetivas.

Oportuno registrar que, além do Ministério Público, também ONGs, a Defensoria Pública (Lei n. 11.448/2006), a União, estados e municípios possuem legitimidade para propor ações civis públicas, devendo apenas preencher certos requisitos (art. 5º, I e II, da Lei n. 7.347/85).

Apesar de serem poucas as ações civis públicas propostas sobre o tema da pesca, merecem ser citados alguns precedentes:

Ação civil pública. Pesca predatória com rede de arrasto. Captura de espécies proibidas. Atividade lesiva ao meio ambiente que é autorizada por lei. Inevitabilidade do dano. Evitabilidade do dano ambiental em toda a sua abrangência. Necessidade de devolução ao mar. Reprovabilidade da conduta do pescador que, voluntariamente, seleciona, armazena, incorpora à sua embarcação e traz para terra os espécimes proibidos. Responsabilidade do pescador e do proprietário da embarcação. Condenação a medidas restritivas de direito. Condenação ao pagamento de indenização. Condenação à obrigação de não fazer. Ônus de sucumbência. (TRF-4, Ap. cível n. 5003847-90.2012.404.7101, 4ª T., rel. p/ Acórdão Candido Alfredo Silva Leal Junior, *DJe* 21.06.2013).

Vale aqui lembrar interessante decisão do Tribunal Regional Federal da 5ª Região em ação civil pública que condenou o réu à indenização por ter capturado lagostas em período de defeso, tomando como base o valor calculado pelo Ibama no auto de infração:

Constitucional. Administrativo. Ação civil pública. Pesca de lagosta, durante o período de defeso. Danos ambientais. Compensação. Pagamento de indenização. Responsabilidade objetiva. Art. 225, § 3º, da CF/88. Art. 14, § 1º da Lei n. 6.938/81. I – Qualquer atividade é lesiva quando põe em risco a preservação do meio ambiente, não devendo ser desconsideradas ações degradatórias, mesmo que de moderada repercussão, posto que devem ser pensadas e consideradas conjunta e concomitantemente, por diversos agentes, em face do efeito nocivo cumulativo das condutas consideradas em seu conjunto. II – Em sede de matéria ambiental, não há lugar para intervenções tardias, sob pena se permitir que a degradação ao bem tutelado seja irreversível. III – A responsabilidade por dano ambiental prescinde de dolo ou culpa por parte do agente, sendo necessário apenas o nexo causal entre sua conduta e o dano sofrido (CF/88, art. 225, § 3º; Lei n. 6.938/81, art. 14, § 1º). Precedentes do STJ: REsp n. 1140549/ MG, rel. Min. Eliana Calmon, *DJe* 14.04.2010; REsp n. 745.363/PR, rel. Min. Luiz Fux, *DJ* 18.10.2007. IV – No caso dos autos, restou incontroverso ter havido o dano ambiental decorrente da pesca ilegal (pesca de lagosta em período de defeso) perpetrada pelo promovido/apelado, de maneira que, em face da responsabilidade objetiva a que se refere o art. 225, § 3º, da CF/88 e o art. 14, § 1º, da Lei n. 6.938/81, resta reconhecido o direito de reparação reclamado pelo promovente/apelante. Prospera o pleito de pagamento de indenização, devendo ser observada a razoabilidade do valor a ser pago a título de compensação pelos danos causados ao meio ambiente local. V – Tendo o valor dos bens apreendidos sido avaliado em R$ 890,00, deve ser mantida a fixação da indenização no montante de R$ 4.450,00 (cinco vezes mais), valor que se mostra justo e razoável, visto que a indenização não é compensatória, uma vez que possui natureza socioeducativa e preventiva. VI – Apelação improvida. (TRF-5, Ap. cível n. 565541/CE, 4ª T., rel. Des. Fed. Margarida Cantarelli, j. 17.12.2013, *DJe* 23.12.2013).

Responsabilidade penal

É de suma importância a responsabilidade penal para a apuração dos ilícitos praticados contra o meio ambiente em geral. Como observam os irmãos Vladimir e Gilberto Passos de Freitas, "muitas são as hipóteses em que as sanções administrativas ou civis não se mostram suficientes para a repressão das agressões contra o meio ambiente" (Freitas e Freitas, 2012, p. 31).

Ora, na maioria dos casos, um processo criminal gera maiores receios aos infratores, sejam pessoas físicas ou jurídicas. No caso de pessoas jurídicas, as consequências podem ser ainda maiores, pois muitas vezes necessitam manter uma boa imagem perante os consumidores, para poderem vender seus produtos e serviços. Neste sentido, observa o Ministro Antônio Herman V. Benjamin (2004, p. 29) que a

> sanção penal traz consigo um forte estigma social, o que não é próprio nem da sanção administrativa nem da autuação reparatória. Com ela, a atividade poluidora sofre maior exposição, deixando a violação ambiental de ser uma simples decisão econômica, transformando-se em conduta criminosa, muitas vezes com grande publicidade negativa.

A responsabilidade penal encontra-se prevista na Lei n. 9.605/98 – Lei de Crimes Ambientais. Ela dispõe sobre as sanções penais e administrativas derivadas de condutas e atividades lesivas ao meio ambiente.

Uma grande inovação trazida pela Lei foi a previsão de responsabilidade penal da pessoa jurídica. As penas aplicáveis às pessoas jurídicas estão dispostas nos arts. 21 a 24:

Art. 21. As penas aplicáveis isolada, cumulativa ou alternativamente às pessoas jurídicas, de acordo com o disposto no art. 3º, são:

I – multa;

II – restritivas de direitos;

III – prestação de serviços à comunidade.

Quanto às penas restritivas de direitos, o art. 22 da Lei n. 9.605/98 assim dispõe:

Art. 22. [...]

I – suspensão parcial ou total de atividades;

II – interdição temporária de estabelecimento, obra ou atividade;

III – proibição de contratar com o Poder Público, bem como dele obter subsídios, subvenções ou doações.

§ 1º A suspensão de atividades será aplicada quando estas não estiverem obedecendo às disposições legais ou regulamentares, relativas à proteção do meio ambiente.

§ 2º A interdição será aplicada quando o estabelecimento, obra ou atividade estiver funcionando sem a devida autorização, ou em desacordo com a concedida, ou com violação de disposição legal ou regulamentar.

§ 3º A proibição de contratar com o Poder Público e dele obter subsídios, subvenções ou doações não poderá exceder o prazo de dez anos.

No que diz respeito à prestação de serviços à comunidade, consistirá em:

Art. 23 [...]

I – custeio de programas e de projetos ambientais;

II – execução de obras de recuperação de áreas degradadas;

III – manutenção de espaços públicos;

IV – contribuições a entidades ambientais ou culturais públicas.

Há muitas decisões condenatórias de nossos Tribunais:

Ação penal. Crime ambiental. Art. 34, parágrafo único, II, da Lei n. 9.605/98. Pesca no período da Piracema. Instrução Normativa n. 116/2006 do Ibama. Existência de provas da degradação à fauna em período do defeso. Apreensão de peixes armazenados no freezer e de outros exemplares ainda vivos. Ausência de certeza da pesca predatória em relação aos primeiros, porém certeza dessa condição em relação àqueles que estavam vivos. Condenação que se mantém. Pena-base. Majoração com base em procedimentos penais em curso. Inviabilidade. Inteligência da Súmula n. 444, do STJ. Atenuante da confissão espontânea. Reconhecimento. Pena fixada no mínimo legal. Redução. Impossibilidade nessa fase da aplicação da pena. Súmula n. 231 do STJ. Pleito de redução da prestação pecuniária. Recurso provido no ponto. Adequação da pena substitutiva em proporção à pena substituída. Recurso parcialmente provido. (TJSC, Ap. crim. n. 2010.062464-3/Mondaí, rel. Des. Jorge Schaefer Martins, j. 14.11.2012).

Penal. Crime ambiental. Art. 34 da lei n. 9.605/98. Pesca em local proibido. Reserva biológica. Materialidade. Autoria. Pena pecuniária. Multa. A pesca em local proibido – área de proteção ambiental – unidade de conservação de proteção integral –, com a ciência da ilicitude da conduta, configura o crime previsto no art. 34, *caput*, da Lei n. 9.605/98. Provado que o réu praticou ato tendente à captura de peixes (art. 36 da Lei n. 9.605/98), relativo à pesca de arrasto, com o auxílio de outra embarcação, tendo sido flagrado retirando as redes de pesca da água, quando se encontrava em área onde a pesca é proibida, a menos de 3.000 milhas náuticas, cometeu o crime do art. 34, *caput*, da Lei n. 9.605/98, estando configurada a materialidade delitiva. O réu, na qualidade de comandante da embarcação, pescador experiente, com mais de 20 (vinte) anos de atividade pesqueira, não pode alegar desconhecer que a pesca, a menos de 3.000 mn, é proibida, respondendo pelas infrações ambientais cometidas, devendo ser mantida a condenação. Como critério para fixação das penas pecuniárias, levando em conta que a praxe é o parcelamento dos valores, a soma da pena de multa e da prestação pecuniária (se for o caso), posteriormente dividida pelo número total de meses da pena de reclusão aplicada, deve situar-se em patamar próximo a trinta por cento da renda mensal do réu, levando em conta, analogicamente, o limite estabelecido para desconto de benefícios indevidos na legislação previdenciária (LBPS, art. 115, II; RPS, art. 154, § 3º; Lei n. 10.953/2004, art. 1º, §5º). Sendo o réu pescador profissional, sua atividade exige que fique muitos dias em alto-mar, sendo plausível o pedido de substituição da pena de prestação de serviços comunitários por outra pena restritiva de direitos. Pena de prestação de serviços comunitários substituída por pena pecuniária. (TRF-4, Ap. crim. n. 5000768-22.2011.404.7204, 7ª T., rel. p/ Acórdão José Paulo Baltazar Junior, *DJe* 15.01.2014).

Penal e processual penal. Crime ambiental. Pesca proibida mediante petrechos não permitidos (art. 34, parágrafo único, II, da Lei n. 9.605/98). Princípio da insignificância. Inaplicabilidade. Denúncia. Justa causa. Há justa causa para a persecução penal em face da pesca em local proibido mediante petrechos não permitidos (art. 34, parágrafo único, II, da Lei 9.605/98). Não aplicação do princípio da insignificância. Precedentes. (TRF-4, Ap. crim. n. 5003290-75.2013.404.7002, 7ª T., rel. p/ Acórdão Marcelo de Nardi, *DJe* 15.10.2013).

Penal e processual. Pesca em local proibido (art. 34 da Lei n. 9.605/98). Materialidade e autoria comprovadas. Confissão na fase policial. Depoimento dos policiais. Condenação mantida. Pedido de exclusão da pena pecuniária. Impossibilidade. Substituição por limitação de final de semana. Recurso parcialmente provido. (TJSC, Ap. crim. n. 2008.021658-0/Itá, rel. Des. Amaral e Silva, j. 09.09.2008).

Penal e processual penal. Recurso em sentido estrito. Pesca de peixes ameaçados de extinção. Art. 34, parágrafo único, I da Lei n. 9.605/98. Art. 36, parte final da Lei dos crimes ambientais. Interpretação razoável. 1. A pesca e o transporte de peixes ameaçados de extinção configuram, em tese, o delito tipificado no art. 34, parágrafo único, I e III, da Lei dos crimes ambientais, afastando a competência dos Juizados Especiais Criminais Federais. 2. A expressão "ressalvadas as espécies ameaçadas de extinção, constantes nas listas oficiais da fauna e da flora", contida na parte final do art. 36 da Lei n. 9.605/98 não possui o condão de restringir a aplicabilidade do art. 34 do mesmo diploma legal às hipóteses de pesca de espécies não ameaçadas de extinção, sob pena de afronta ao disposto no art. 225, § 1º, I, da CRFB, referindo-se somente a possibilidade de aproveitamento econômico de tais peixes, uma vez que sobre os ameaçados de extinção há vedação total de retirada da água. (TRF-4, RSE n. 2009.71.01.000455-1, 8ª T., rel. Victor Luiz dos Santos Laus, *DJe* 04.06.2010).

Ação penal. Crime ambiental. Art. 34, parágrafo único, III, da Lei n. 9.605/98. Autoria e materlidade comprovadas. Condenação. Admissibilidade. Apelo não provido. Decisão unânime. É imperiosa a condenação, quando existentes nos autos provas seguras da autoria e da materialidade delitivas do crime ambiental imputado ao acusado, consubstanciada na posse de pescado, com sinais de pesca predatória, em período de defeso. (TJMT, 0010471-14.2008.8.11.0002, 3ª Câm. Crim., rel. Des. José Jurandir de Lima, publ. 12.03.2013).

CONSIDERAÇÕES FINAIS

Diante desta breve análise, é possível extrair algumas conclusões. Algumas boas, outras mais preocupantes e que requerem soluções.

O tema da pesca é notícia cada vez mais presente nos noticiários nacionais e internacionais, levando preocupação a todos pela grande redução na quantidade de peixes em nossos mares e rios e pela captura crescente e sem nenhum controle.

Mesmo assim, o homem continua a explorar sem pensar nas consequências negativas, que são cada vez mais visíveis e divulgadas, já causando prejuízos em algumas comunidades pesqueiras.

Além disso, a legislação, apesar de razoável, nem sempre alcança seu objetivo, principalmente pelas dificuldades dos órgãos ambientais, causadas pela falta de efetivo e de equipamentos.

A Lei de Crimes Ambientais é um ponto forte, uma vez que, como vimos anteriormente, o Judiciário realmente vem lhe dando efetividade. No entanto, pelos problemas já apontados, e também pela dificuldade na obtenção de provas, pois os fatos geralmente se passam em alto-mar ou no interior de milhares de rios, as condenações ainda são raras, fato este que pode estimular a ação de infratores.

No âmbito civil, especificamente quanto à pesca praticada em alto-mar, são poucos os precedentes judiciais, muito embora haja uma tendência por decisões favoráveis, muitas impondo a cessação das atividades ilícitas ou, em último caso, a condenação ao pagamento de indenização.

Diante do exposto, conclui-se que existem instrumentos normativos razoáveis e preocupação por parte dos órgãos e autoridades responsáveis para manter e proteger o meio ambiente aquático.

Assim, caso haja cumprimento da legislação existente, e sejam aperfeiçoados e majorados o efetivo e os equipamentos para a fiscalização, provavelmente conseguiremos manter a pesca de forma sustentável, possibilitando sua continuidade como fonte de alimentos para a enorme população, tanto brasileira como mundial.

REFERÊNCIAS

ADEDE Y CASTRO, J.M. *Crimes ambientais:* comentários à Lei n. 9.605/98. Porto Alegre: Sérgio Antônio Fabris Editor, 2004.

BENJAMIN, A.H.V. Crimes contra o meio ambiente: uma visão geral. In: FREITAS, V.P. (Org.). *Direito ambiental em evolução – n. 2.* Curitiba: Juruá, 2004.

FREITAS, V.P. *Direito administrativo e meio ambiente.* 4.ed. Curitiba: Juruá, 2010.

FREITAS, V.P.; FREITAS, G.P. *Crimes contra a natureza.* 9.ed. São Paulo: RT, 2012.

JUSTEN FILHO, M. *Curso de direito administrativo.* 9.ed. São Paulo: RT, 2013.

KRIEGER, M.G. *Dicionário de direito ambiental.* 2.ed. Rio de Janeiro: Lexikon, 2008.

MEIRELLES, H.L. et al. *Direito administrativo brasileiro.* 34.ed. São Paulo: Malheiros, 2008.

TRENNEPOHL, C. *Infrações contra o meio ambiente.* 2.ed. Belo Horizonte: Fórum, 2009.

Direito Minerário | 8

Eliane Pereira Rodrigues Poveda
Unicamp, estado de São Paulo

INTRODUÇÃO

O direito minerário é o conjunto sistematizado de normas que tem por objeto regular o domínio da União sobre o patrimônio mineral nacional e a aquisição, conservação e perda dos direitos minerários (Bulnes, 1999).

Nas lições de Herrmann, "o direito mineral é um ramo autônomo do direito público, vez que dispõe de objeto particular de estudo e utiliza métodos de investigação também particulares, constituindo, por conseguinte um Direito Especial".

O regime constitucional da propriedade das jazidas minerais e o seu regime de aproveitamento criam uma relação jurídica especial destinada a permitir a transformação do recurso mineral inerte em riqueza, resguardar os direitos do minerador, que arriscou e investiu na descoberta da jazida, e conciliar sua explotação com os direitos do Estado, do superficiário e com a preservação do ambiente (Freire, 2005).

A positivação disciplinadora do direito mineral inicia-se na Constituição Federal, doravante CF, especialmente nos arts. 20, IX e § 1º; 21, XV, XIX e XXV;

22, XII e XVIII; 23, XI; 24, VI; 48, V; 49, XVI; 91; 153, V e § 5º; 155, II e § 3º; 174; 176; 177; 225, § 2º; 231, § 3º, e outros. Entre esses dispositivos, merecem destaque o art. 20, IX, que elenca entre os bens da União os recursos minerais; o art. 176, que trata da mineração como atividade econômica de interesse nacional; e o art. 225, § 2º, que trata da obrigação na mineração de recuperar a área degradada, como medida de proteção ao meio ambiente ecologicamente equilibrado, dentre outras medidas que visam à racionalização da mineração. Dessa forma, os recursos minerais estão tratados na Constituição Federal como bens da União, que explicita a diferença entre o recurso mineral, a reserva mineral e a riqueza mineral, ao deixar expresso que também pertencem à União as jazidas, em lavra ou não, e demais recursos minerais.

O direito mineral, assim como os demais ramos da árvore jurídica, não surge no vácuo. Obedece às diretrizes políticas estabelecidas por documentos mandatários da maior relevância, destacando-se, entre eles: a Constituição do país considerado e os acordos, tratados e convenções internacionais dos quais ele é signatário. Analisando-se os documentos mandatários de alguns países, pode-se resgatar, ainda que de forma vestibular, alguns princípios de direito minerário (Herrmann, 2000).

A normatização infraconstitucional principal é o Código de Mineração – Decreto-lei n. 227/67 e seu regulamento – Decreto n. 62.934/68 –, doravante CM, recepcionados pela Constituição, e alterados por legislações posteriores. Além dessas, existem outras leis e decretos, bem como normas de inferior hierarquia, como portarias e instruções normativas, que complementam e regulamentam as já existentes. Também fazem parte da legislação aplicável à mineração, por exemplo, a Lei n. 6.567/76, que trata do aproveitamento de determinados bens minerais de uso na construção civil ou na agricultura, a Lei n. 8.176/91 (crimes contra a ordem econômica); a Lei n. 9.605/98 (condutas e atividades lesivas ao meio ambiente); as leis n. 7.990/98 e n. 8.001/90, que tratavam da Compensação Financeira sobre Exploração de Recursos Minerais (CFEM) e que foram modificadas pela Lei n. 9.993/2000, que alterou a distribuição dos valores previstos naquelas leis e Decreto n. 97.632/89 (plano de recuperação de área degradada).

No tocante ao Código de Mineração, merece destaque a Lei n. 9.314/96, que alterou significativamente o referido diploma legal. Ressaltamos ainda a relevância das previsões legais que objetivam a defesa do meio ambiente na mineração, expressamente contidas nos arts. 42, 47 e 48, que serão adiante explicitados. Da análise desses dispositivos, extrai-se que a legislação minerária é extremamente rigorosa no que diz respeito à preservação do meio ambiente ecologicamente equilibrado, justamente porque, além de impor obrigações ao minerador detentor de título hábil à lavra, condiciona a outorga desses títulos a seu juízo, vale dizer, possui o poder discricionário de recusar aquela mineração que possa ser prejudicial ao bem público ou comprometer interesses que superem a utilidade da exploração industrial, inclusive o ambiental.

Como todo ramo do Direito, o Direito Minerário também deve ser considerado sob dois aspectos. O aspecto objetivo consiste no conjunto de normas jurídicas disciplinadoras da atividade mineira sob os enfoques preventivo, corretivo e de fomento junto aos empreendimentos minerários. Quanto ao aspecto do Direito Minerário como ciência, consiste na busca do conhecimento sistematizado das normas e princípios ordenadores do aproveitamento dos recursos minerais de forma ética e racional.

Verifica-se que a legislação mineral, embora garanta aos mineradores o usufruto dos minerais extraídos, é, de longa data, um negócio de direito público.

Uma política consistente de planejamento de recursos naturais é fundamental para o desenvolvimento de uma administração e gerenciamento efetivos dos recursos naturais – o ar, a água (superficial e subterrânea), o solo, o subsolo (minerais, rochas) – vitais para a sociedade.

Daí a importância da Lei federal n. 6.938/81 que dispõe sobre a Política Nacional do Meio Ambiente (PNMA), que transfere aos Estados a competência para outorgar a licença ambiental, nos termos do art. 22, parágrafo único e art. 23 da CF, e Resolução Conama n. 01/86, Conama n. 09 e 10/90 (ambas específicas para a extração mineral) e Conama n. 237/97.

Dentro desta concepção, passamos a relatar a importância dos princípios regedores do direito minerário para o aproveitamento racional dos recursos naturais na busca pela sustentabilidade da atividade tipicamente degradadora do meio ambiente. Esta é uma constatação indiscutível, tanto fática quanto juridicamente, se não houver o emprego de melhores práticas e tecnologias para a mitigação dos danos ambientais oriundos da atividade de mineração.

PRINCÍPIOS REGEDORES DO DIREITO MINERÁRIO

O direito minerário constitui ramo especial do direito público, exatamente porque conta com princípios próprios e diferenciados e guarda conteúdo que merece estudo por métodos próprios, motivo que confere ao direito minerário autonomia jurídica.

Há que se considerar as principais características técnico-econômicas da mineração que são, em resumo, as seguintes, entre outras: A) rigidez locacional; B) exauribilidade da jazida; C) transitoriedade do empreendimento; D) alto risco da atividade; E) singularidade das jazidas e minas; F) dinâmica particular de um projeto mineiro e monitoramento ambiental específico (Herrmann, 2000).

E arremata ainda o autor no que tange especificamente à política mineral:

> Não se pode olvidar de que políticas setoriais só terão êxito se identificarem, com exatidão, as principais características do seu objeto, no caso, a produção de insumos necessários à indústria de transformação ou da construção civil. A implementação das políticas públicas minerárias deve, portanto, levar em consideração as particularidades do setor, a natureza do ambiente onde se encontra a jazida, a complexidade do meio socioeconômico onde ela se insere, enfim as diferentes individualidades norteadoras da política setorial. O Direito como de resto todas as ciências humanas, deve funcionar como um sismógrafo, que detecta a todo instante as variações comportamentais dos grupos sociais que compõem o universo considerado, bem como as suas respectivas demandas reprimidas e, a partir desta constatação, ele deve moldar os comportamentos das pessoas que vivem na comunidade.
>
> Segundo esta óptica desaconselha, sob todos os pontos de vista, a transposição, pura e simples, de diretrizes jurídico-institucionais de um país para outro.

O direito minerário possui características que direcionam toda a exegese desse direito positivo especial. São eles: A) interesse público na transformação da reserva mineral inerte em riqueza; B) domínio originário da União sobre os recursos minerais; C) separação jurídica do solo e subsolo; D) criação de direitos minerários em favor do minerador a partir da Constituição Federal; E) reconhecimento de um direito minerário anterior à descoberta da reserva mineral, que se estabelece com o requerimento prioritário não sujeito a indeferimento de plano; F) utilidade pública da atividade mineral; G) responsabilidade exclusiva do minerador pelos danos que possam decorrer de sua atividade; H) predominância do interesse público sobre o particular na exploração mineral; I) compatibilização da exploração mineral com os direitos do superficiário; e J) compatibilização da atividade mineral com a preservação do ambiente (Freire, 2005).

Em razão do longo prazo de maturação da atividade considerando todas as especificidades acima elencadas, roboramos o entendimento de Freire (2005) acerca da necessidade de incluir a segurança jurídica ante a complexidade das relações que envolvem o Direito Minerário.

Desta forma, salientamos a importância do cumprimento dos princípios, na mais lídima doutrina:

> Violar um princípio é muito mais grave do que transgredir uma norma, pois implica ofensa não apenas a um específico mandamento obrigatório mas a todo o sistema de comandos. É a mais grave forma de ilegalidade ou inconstitucionalidade, conforme o escalão do princípio atingido, porque representa insurgência contra todo o sistema, subversão de seus valores fundamentais, contumélia irremissível a seu arcabouço lógico e corrosão de sua estrutura mestra. (Mello, 1991, p. 300)

Os princípios jurídicos regedores do Direito Minerário interagem com o princípio da compatibilização da atividade mineral com a preservação do ambiente, conforme passaremos a demonstrar.

Princípio da supremacia do interesse público sobre o privado

No entendimento do eminente jurista, o princípio da supremacia do interesse público sobre o privado é, na realidade, um princípio geral do direito público moderno, por meio do qual se proclama a superioridade dos interesses da coletividade, que devem prevalecer sobre os interesses dos particulares de índole privada. Trata-se, na realidade, de verdadeiro pressuposto de estabilidade de ordem social (Mello, 1991).

É efetivamente nesse princípio que se avaliará a eficácia dos atos administrativos dos regimes de concessão de lavra, como prática de poder de polícia, que deve ser exercido visando a promover o aproveitamento racional dos recursos naturais, em prol da supremacia do interesse público em relação aos interesses individuais.

Como é de conhecimento de todos, os efeitos deletérios advindos da atividade extrativa podem ocorrer se não houver a atuação preventiva e responsável do setor com a mitigação dos impactos negativos e as compensações ambientais necessárias. A adoção de um planejamento adequado desde a concepção do empreendimento, durante a fase de aproveitamento econômico da jazida, até a fase de reabilitação da área minerada, é prática essencial a ser adotada em todas as etapas do ciclo de vida do empreendimento minerário. A desativação passa a ser uma outra etapa do ciclo com o cumprimento do Plano de Fechamento de Mina com o devido gerenciamento para evitar passivos ambientais.

Passivo ambiental pode ser definido como "o valor monetário necessário para reparar os danos ambientais" (Sánchez, 2001). Em uma mina, esses danos podem ser planejados e previstos, como é o caso da perda da vegetação decorrente da abertura de uma cava, ou acidentes como a ruptura de taludes ou de uma barragem.

O fundamento do princípio da supremacia do interesse público sobre o privado está fulcrado no exercício pleno do poder de polícia administrativa do órgão federal em perfeita articulação com os demais órgãos gestores para que haja eficácia e aplicabilidade dos atos administrativos praticados pela Administração.

Esse princípio, consagrado no Direito Público Moderno, é indispensável para a própria liberdade e segurança dos particulares, pois, ao se condicionar ou sacrificar um direito privado, a coletividade é beneficiada (Serra, 2000).

A pesquisa e a lavra dos recursos minerais somente poderão ser efetuadas mediante autorização ou concessão da União, no interesse nacional. É o que reza o art. 176, § 1º, da Constituição da República (Almeida, 1999).

Dessa forma, a pesquisa e a lavra dos recursos minerais sempre terão que ser realizadas de forma a atender ao interesse público. Uma vez efetuadas contrariamente a isso, devem ser cessadas, sobrepondo-se aos interesses do minerador.

Para concluir, na exata dicção de Herrmann (2000), este princípio consagrado no Direito Público Moderno decorre da necessidade de sacrificar interesses individuais, ainda que legítimos, em favor dos metaindividuais ou coletivos. Isso vem explícito nos textos das legislações de inúmeros países, que conceituaram o bem mineral como sendo de utilidade pública ou condicionando o seu aproveitamento ao interesse nacional.

Assim, o aproveitamento econômico de um bem mineral somente será autorizado se atender ao interesse público. Na Constituição brasileira, esse princípio está presente explicitamente no art. 176, *caput*, que reza que a atividade mineral será desenvolvida sempre no *interesse nacional*.

Princípio da destinação do bem mineral ao uso geral

Esse princípio é resultante do princípio da supremacia do interesse público sobre o privado, princípio que se fundamenta no poder de polícia administrativa.

O bem mineral, de domínio coletivo e com valor econômico, só pode ser aproveitado no interesse da coletividade. A destinação imediata dos recursos minerais é suprir a demanda geral da coletividade. Seu destino mediato é que está voltado para o atendimento dos interesses patrimoniais do concessionário. Disso resulta que o Estado detém um poder discricionário de recusar a outorga de títulos minerários, de declarar a caducidade dos títulos cujo titular não atendeu à sua função social e, finalmente, de não pôr em disponibilidade as áreas desoneradas por aquele ato governamental, quando comprometer interesses que superem os objetivos da mineração (Serra, 2000).

A superfície, a partir do momento em que se situa numa área de vocação mineral e se vincula a uma atividade mineral devidamente consentida pelo Departamento Nacional de Produção Mineral (DNPM), está sendo objeto de uso racional e compatível com as características geológicas do imóvel. Portanto, está exercendo sua função produtiva. O exercício da atividade mineral em uma área com essa vocação atende a sua função social (Freire, 2005).

Entendemos que o minerador somente estará cumprindo o princípio em comento se efetivamente estiver aproveitando o recurso mineral, em conformidade com o Plano de Aproveitamento Econômico da jazida que reflita as condições reais do empreendimento e que este plano tenha sido submetido e aprovado pelo órgão gestor. E, ainda, utilizando-se das melhores práticas e tecnologia disponível para o aproveitamento do depósito mineral em estrito cumprimento às condicionantes estabelecidas nas licenças ambientais.

Portanto, não basta o mero exercício da função produtiva (atividade mineral em uma área com essa vocação), é imprescindível que haja a compatibilização do exercício da atividade com a preservação ambiental para atender à destinação do bem mineral.

Somente assim estará o empreendedor cumprindo com a função social da propriedade mineira e, por conseguinte, fazendo com que a proprieda-

238 | DIREITO AMBIENTAL E SUSTENTABILIDADE

de mineral se torne um instrumento efetivo de proteção para que o bem mineral seja posto ao uso geral da melhor forma possível. Entenda-se: com tratamento diferenciado, ante as características da atividade minerária, visando atender aos dispositivos legais previstos no art. 170, VI e art. 225, § 1º, V da Constituição Federal, bem como o disposto no art. 47 do Decreto-lei n. 227, de 28.02.1967 – Código de Mineração (Poveda, 2007).

Princípio da função social da propriedade mineira

Toda propriedade, particular ou não, tem de atender aos interesses sociais. Vincula-se, portanto, desde seu nascimento, à vontade da coletividade. Isso decorre do princípio da preponderância do interesse público sobre o particular e do princípio da destinação do bem mineral ao uso geral, como já demonstramos.

A ideia jurídica de *função* assim é definida na doutrina especializada:

> É função toda atividade (como conjunto de atos finalisticamente orientados) exercida no interesse geral ou no interesse alheio. Compõe-se em síntese de uma missão. Pressupõe sempre a ideia de ofício, público ou privado, que é sua base concreta.
>
> A chamada função ambiental depassa a órbita do Estado e chama o cidadão, individual ou coletivamente, para exercer algumas de suas missões. (Benjamin, 1993)

No plano jurídico, Sundfeld (1993) menciona como analisa Grau (1990) o princípio em questão:

> [...] a admissão do princípio função social (e ambiental) da propriedade tem como consequência básica fazer com que a propriedade seja efetivamente exercida para beneficiar a coletividade e o meio ambiente (aspecto positivo), não bastando apenas que não seja exercida em prejuízo de terceiros ou da qualidade ambiental (aspecto negativo).

Esse princípio está devidamente complementado no capítulo do Direito do Ambiente, posto que não se restringe apenas a propriedade urbana (art. 182, § 2º da CF), propriedade rural (art. 186 da CF), patrimônio cultural (art. 216 da CF), mas também à função social da propriedade com vocação mineral. Como vimos, o legislador constituinte deixou expressamente na Carta Política as duas primeiras funções sociais da propriedade e, com relação à última, deixou-a implícita em seu texto.

O direito de propriedade do solo não inclui as riquezas minerais, como pode ser observado na leitura dos arts. 20, IX e 176 da CF, e do art. 1.230 do Código Civil de 2002, que acolheram o princípio constitucional da separação jurídico-patrimonial entre a propriedade do solo e dos recursos minerais nele presentes, bem como no subsolo.

Assim, transposta para a atividade mineral, a função socioambiental tem seus prismas econômicos e sociológicos inseridos na própria ideia da sustentabilidade de uma região e de um grupo ou grupos sociais (art.170, VI e art. 225, § 1º, V da CF) e ainda expressamente no art. 47, I a XVI do Código de Mineração e suas posteriores alterações (Herrmann; Poveda; Silva, 2009).

O titular da concessão estará sujeito, além do cumprimento das condições gerais constantes do Código de Mineração, a seguir à risca o rol das condições específicas previstas no art. 47 do referido diploma legal sob pena das sanções legais cabíveis. Assim, "não dificultar ou impossibilitar, por lavra ambiciosa, o aproveitamento ulterior da jazida" (art. 47, VII) implica diretamente o aproveitamento racional do recurso mineral, bem como a destinação do bem mineral ao uso geral da coletividade. Portanto, ao cumprir esses ditames legais, estará o minerador cumprindo a função social da propriedade com vocação mineral.

A função ambiental da mineração traz responsabilidades evidentes ao minerador, mas não descarta, não despreza e não prescinde da mesma responsabilidade pelo Estado e pela sociedade (Lott, 2000).

Para o cumprimento efetivo da função social da propriedade com vocação mineral, o empreendedor deverá como vimos respeitar o *princípio da destinação do bem mineral ao uso geral* e ainda cumprir com outro princípio fundamental do direito mineral, muitas vezes até confundido com um princípio de direito ambiental, que é *a recuperação ou reabilitação da área minerada*. Seguindo esses dois princípios, o minerador terá cumprido a função social da propriedade mineira, pois estará devolvendo à sociedade a área, reabilitada, para usos futuros, após a exaustão do depósito mineral, que serviu para o uso geral da sociedade.

Ao se tratar de uma função da propriedade não se está tratando da função de um direito. Pretende-se, ao impor função à relação denominada propriedade, vincular seu desenvolvimento à realização de determinados fins (Derani, 2001).

Exemplo a ser seguido são antigas áreas de mineração, que, após a exaustão de seus recursos minerais, foram devidamente reabilitadas, possibilitando seu uso futuro. Tais áreas foram devolvidas à cidade em forma de parques, áreas de lazer, recreação, turismo e culturais. Assim, houve o cumprimento eficaz da função social da propriedade, com a realização de seus fins, seguindo a Política Urbana − *Estatuto da Cidade*, que objetiva uma urbe sustentável e saudável, consoante o disposto na Lei n. 10.257/2001 (Poveda, 2007).

Princípio do resultado global

Um projeto mineiro deve ser avaliado dentro da óptica dos interesses difusos que, pela legislação brasileira, incluem tanto os aspectos ambientais como os econômicos e sociais. O administrador, na avaliação final, ponderará sobre os diversos impactos resultantes da atividade, contrapondo os positivos aos negativos e decidirá sobre a outorga ou não do título solicitado.

O título a ser outorgado deverá, portanto, contemplar globalmente os interesses difusos anteriormente enunciados.

O aproveitamento racional dos recursos é fundamental para o empreendedor exercer a vocação da propriedade com ética e responsabilidade socioambiental. Na ótica dos interesses difusos, o minerador é o *usuário-recebedor do recurso ambiental*, portanto, deverá dar a contraprestação necessária ao seu aproveitamento, respeitando os princípios basilares da legislação mineral.

O racional equivale à obediência do meio tratativo da terra considerado cientificamente mais correto. Olhando sob o aspecto da destinação econômica da terra, a racionalidade visa a harmonizar, finalisticamente, o que a experiência e a ciência oferecem e o objetivo final do tratamento. [...] Na busca do melhor resultado no utilizar a terra à adequação tem sentido relevante. (Nascimento, 1989)

Não se exige para a função social um exercício absoluto dos requisitos; admite-se sejam adimplidos gradualmente, segundo critérios indicados em lei. Certos requisitos devem localizar-se no terreno do razoável, do adequado e do relativo (Bastos, 1987).

O que se conclui é que esse princípio tem por premissa fundamental o aproveitamento racional do bem mineral, com vistas à otimização desses recursos naturais de forma sustentável e coletiva para se auferir o seu resultado final – *o bem de uso global* e *comum de todos*.

Princípio da recuperação e/ou reabilitação da área degradada

O legislador constituinte explicitou as responsabilidades do minerador com a recuperação do meio ambiente. Essa obrigatoriedade foi alçada à categoria constitucional, encontrando-se inscrita no capítulo de meio ambiente da Constituição Federal[1].

Segundo Machado (2004), "a recuperação ambiental explicitada pela Constituição Federal de 1988 é uma das formas de responsabilidade jurídica da exploração mineral".

O legislador constituinte ao estabelecer a obrigatoriedade da reparação ambiental do dano no art. 225, § 2º, da Constituição Federal, o fez com vistas ao desenvolvimento sustentável do aproveitamento do bem mineral, o que a *"priore"* pode ser concebido como um princípio do direito ambiental[2], mas que na realidade também constitui princípio basilar do Direito Minerário, ou seja, o da reabilitação da área degradada pela atividade para usos futuros.

O art. 19 da Lei n. 7.805/89 imputa que: "O titular de autorização de pesquisa, de permissão de lavra garimpeira, de concessão de lavra, de licenciamento ou de manifesto de mina responde pelos danos causados ao meio ambiente" (Herrmann; Poveda; Silva, 2009).

De acordo com o Decreto n. 97.632, de 10.04.1989, os empreendimentos de mineração estão obrigados, quando da apresentação do Estudo de Impacto Ambiental e do Relatório de Impacto Ambiental, a submeter o Plano de Recuperação de Área Degradada (Prad) à aprovação do órgão esta-

---

[1] § 2º Aquele que explorar recursos minerais fica obrigado a recuperar o meio ambiente degradado, de acordo com solução técnica exigida pelo órgão público competente, na forma da lei.

[2] O Direito Ambiental consiste no conjunto de normas jurídicas disciplinadoras da proteção da qualidade do meio ambiente. Como ciência, também busca o conhecimento sistematizado das normas e princípios que regem a sadia qualidade de vida e o seu equilíbrio para a proteção efetiva do meio ambiente.

dual de meio ambiente competente, objetivando consoante o disposto no art. 3º: "[...] o retorno do sítio degradado a uma forma de utilização". Esse decreto abrangeu inclusive os empreendimentos minerários existentes, tendo em vista o princípio constitucional da recuperação da área degradada (Poveda, 2007).

Todo ato de minerar, tanto a céu aberto como subterrâneo, modifica o terreno no processo da extração mineral e de deposição de rejeitos. O bem mineral extraído não retorna mais ao local, fica em circulação, servindo ao homem e às suas necessidades. Esse aspecto traz consigo uma dúbia questão, pois, se de certa maneira a mineração degrada o terreno, é verdade também que este ambiente pode ser reestruturado de forma aceitável, limitando o impacto ambiental negativo a um curto período de tempo. A reestruturação é um dos elementos que devem ser objeto de preocupação e de ações efetivas desde os primórdios do processo de planejamento, durante a exploração da jazida, até um período após o término da atividade mineira no local.

A implantação de um programa de recuperação de uma área tem como objetivo minimizar ou eliminar os efeitos adversos decorrentes das intervenções e alterações ambientais inerentes ao processo construtivo e à operação do empreendimento, as quais são potencialmente geradoras de fenômenos indutores de impactos ambientais que se manifestarão nas áreas de influência do empreendimento.

Em mineração, a degradação de uma área, independentemente da atividade ali implantada, se verifica quando a vegetação, e por consequência a fauna, é destruída, removida ou expulsa, a camada fértil do solo é perdida, removida ou coberta, afetando a vazão e a qualidade dos corpos de água superficiais ou subterrâneos, refletindo-se na alteração das características físicas, químicas e biológicas da área, afetando seu potencial socioeconômico.

A estratégia para a modificação desse processo degradatório já está claramente definida com a consagração do desenvolvimento sustentável, que, em síntese, define que os recursos naturais são a base do desenvolvimento econômico e, que, portanto, proteção ambiental e desenvolvimento econômico são inseparáveis. Ou seja, hoje, a tarefa primordial consiste em impedir o surgimento de novas áreas degradadas. Esse caminho certamente é o melhor em termos ecológicos bem como econômicos. A experiência mostra que isso somente é possível se houver vontade política e se todos os envolvidos nesse processo buscarem um diálogo (Poveda, 2007).

Assim como o minerador deve estar atento aos princípios do Direito Ambiental (entre eles, o da precaução e do desenvolvimento sustentável), deve obrigatoriamente recuperar ou reabilitar, ao final do empreendimento, a área lavrada, disponibilizando-a para futuras atividades econômicas ou não. Esse princípio se justifica como consequência das várias características intrínsecas da mineração (rigidez locacional e singularidade das minas e jazidas, entre outras). Ademais, além de ser princípio expresso em inúmeros dispositivos legais, reveste-se de capital importância para reduzir as contaminações decorrentes de rejeitos tóxicos dispostos inadequadamente na superfície da mina exaurida ou não.

Nas palavras de Nunes (2006, p. 242),

> [...] a recuperação total do meio ambiente é impossível e isto faz da mineração um mal necessário, uma vez que somos totalmente dependentes de bens minerais. Portanto, cabe aos órgãos de fiscalização ambiental e mineral tomarem medidas que assegurem a reabilitação das áreas degradadas.

A *reabilitação* parece ser a resposta mais próxima da realidade porque está ligada à ideia de uso e ocupação do solo ou a uma relativa produtividade, predefinida de acordo com um projeto de reutilização do local minerado: lazer, residencial, comercial, industrial, entre outros. (Kopezinski, 2000).

Já a *recuperação*, por sua vez, implica trabalhar o lugar alterado de modo que as condições ambientais acabem se situando próximo às condições anteriores à intervenção (Bitar, 1997).

O aproveitamento adequado dos recursos minerais requer a *reabilitação da área impactada pela atividade de mineração*, que deverá ser planejada e implementada dando cumprimento à obrigação de fazer contida no art. 225, § 2º da CF, art. 19 da Lei n. 7.805/89, bem como art. 55, parágrafo único da Lei n. 9.605/98.

Vale lembrar que a norma jurídica não pode determinar o impossível, razão pela qual não se admite a interpretação do termo *recuperação como o de retorno à situação anterior*, mas sim como de *reabilitação da área*, com a finalidade de que lhe seja destinado uso posterior adequado às suas vocações naturais, sociais e econômicas, conforme premissas do desenvolvimento sustentável (Souza, 1995, grifo nosso).

As ações de recuperação de áreas degradadas vão reduzindo o passivo até que ele se aproxime de zero, ponto em que, teoricamente, as obrigações legais da empresa mineradora cessariam (Sánchez, 2004).

Em se tratando de aproveitamento dos recursos minerais, a questão da recuperação das áreas degradadas deve ser entendida como a *reabilitação*

DIREITO AMBIENTAL E SUSTENTABILIDADE

das áreas degradadas, pois não é factível imputar ao minerador obrigação de fazer do que não é possível, mas sim do que é exequível com o regular acompanhamento dos órgãos gestores para a devida *reconversão dos territórios impactados pela atividade de mineração.*

Princípio do conteúdo ético

O princípio do conteúdo ético toma por fundamento o fato de que os recursos minerais pertencem à coletividade e de que não são renováveis, e, portanto, não podem ser desperdiçados, impondo-se ao minerador o melhor aproveitamento técnico do recurso mineral. Daí a necessidade da apresentação de um Plano de Aproveitamento Econômico (PAE) da jazida, bem como o dever de seu estrito cumprimento, em que serão apontados os métodos de mineração a serem utilizados, escala de produção etc. (Serra, 2000).

Pertencendo os recursos minerais a toda a humanidade e não sendo eles renováveis, sua ocorrência mineral somente será transformada em recurso mineral se tiver viabilidade técnica, econômica e ambiental. Disso resulta, para o minerador, a obrigação de fazer o melhor aproveitamento da jazida, com vistas ao prolongamento da sua vida útil preservando o recurso para as presentes e futuras gerações. O PAE da jazida deve, por conta disso, ser o mais consentâneo com a realidade fática da jazida e com as demandas presentes e futuras da sociedade.

Os legisladores brasileiros de 1981 tiveram a sensibilidade ética de adotar a responsabilidade ambiental civil sem culpa (art. 14 da Lei n. 6.938/81 – Lei de Política Nacional do Meio Ambiente). Esse regime de responsabilidade tem servido de fundamento para o expressivo número de decisões judiciais nas ações civis públicas ambientais (Machado, 1993).

E se não bastasse a responsabilidade objetiva preconizada na Política Nacional do Meio Ambiente, os constituintes brasileiros de 1988 deram um significativo passo na teoria jurídica da responsabilidade penal e administrativa ambiental, ao dispor no art. 225, § 3º que "[...] as condutas e atividades consideradas lesivas ao meio ambiente sujeitarão os infratores, pessoas físicas ou jurídicas, a sanções penais e administrativas, independentemente da obrigação de reparar os danos ambientais".

E não é diferente no Código de Mineração. O minerador, de acordo com o disposto no art. 47, VII e art. 48 do Decreto-lei n. 227/67, é obrigado a cumprir os ditames legais previstos, sob pena de caducidade do título minerário. Assim, não havendo adimplemento das condições previstas e se se constatar lavra ambiciosa, responderá o minerador pela falta de cumprimento do princípio do conteúdo ético de sua atividade.

No parecer emitido a pedido do Instituto Brasileiro de Mineração (Ibram)[3]:

> [...] a CFEM é receita originária (patrimonial) e não derivada (tributária), cobrada como forma de contraprestação pela utilização de recursos minerais, tendo natureza jurídica de preço público, que é devido pelo minerador em razão da utilização de bem patrimonial da União Federal (recurso mineral), ou de uma indenização ou, ainda de um ressarcimento que a União, como proprietária do bem mineral, impõe ao beneficiário de um título que ela mesma confere – concessão – para o seu aproveitamento.

Nesse sentido, cumpre esclarecer que, quanto à natureza jurídica da compensação financeira, existe basicamente um consenso no nível dos pareceres a seguir mencionados, como ainda nos próprios tribunais, de tratar-se de uma *receita patrimonial* configurada em um preço público, o que a descaracteriza de qualquer conotação tributária.

Pelo exposto, o empreendedor minerário, para cumprir efetivamente com o princípio do conteúdo ético, deverá empreender de acordo com o aproveitamento racional dos recursos minerais e recolher o preço deste, com o pagamento a título de contraprestação dos recursos minerais empregados na sua atividade produtiva. Dentro desta concepção, à luz do princípio do usuário-pagador entendemos deva ser o empreendedor deste segmento considerado "usuário-minerador", tendo em vista que a sua finalidade é baseada em ato lícito.

É cediço na doutrina e jurisprudência dominantes que o devido recolhimento da CFEM[4] por meio das declarações prestadas no Relatório Anual de Lavra (RAL) é considerado a contraprestação da utilização de um recurso ambiental que deverá ser destinado ao uso comum de todos. Portanto, requer basicamente o estrito cumprimento do princípio do conteúdo ético para uma exploração sustentável.

---

[3] Parecer de 03.11.1999 de lavra do Dr. Marcelo Gomes de Souza. Nesse sentido, ver: Scaff (2006).

[4] Instituída pela Lei n. 7.990/89.

DIREITO AMBIENTAL E SUSTENTABILIDADE

Importante ressaltar que a imposição ao usuário de contribuição pela utilização de recursos ambientais – recursos minerais – com fins econômicos tem por objetivo impor-lhe contraprestação pela sua utilização.

Assim, o princípio do conteúdo ético é fundamental para balizar os demais princípios que regem o direito mineral, inclusive o direito ambiental, como se acaba de demonstrar.

Sem embargo, pela razão de o direito ambiental ter como um de seus pilares os princípios da prevenção e da precaução, não se pode resumir a tutela dos recursos minerais – e, por inter-relação, dos diferentes tipos de ambientes nos quais eles se inserem – às medidas de caráter corretivo ou reparatório. Os atores sociais e institucionais envolvidos em processos decisórios atinentes a tais recursos e ambientes devem buscar, *prima facie*, evitar a ocorrência de danos ambientais e sociais. Por seu turno, cabe aos agentes produtivos da mineração exercer suas atividades respeitando a qualidade do meio ambiente – patrimônio comum da coletividade –, conforme consagram as modernas declarações internacionais de direitos e a própria Constituição Federal que, lembre-se, erige a defesa do meio ambiente a *princípio* norteador de todas as atividades econômicas[5].

Ressalte-se a importância da cooperação dos órgãos gestores e da sociedade civil do setor na adoção de medidas preventivas e corretivas no cumprimento do poder de polícia administrativa, bem como da atuação dos Ministérios Públicos Estadual e Federal na adoção de medidas preventivas e resolutivas de conflitos que envolvem o aproveitamento econômico de recursos minerais (Revista MPMG, 2012).

Princípio do Desenvolvimento Sustentável

Os princípios de natureza constitucional constituem a viga mestra para a sustentabilidade da política mínero-ambiental, pois o legislador constituinte não tratou expressamente do *desenvolvimento sustentável*, mas o deixou implícito nos princípios que determinam a ordem econômica e a defesa do meio ambiente (arts. 170, VI, e 225, da CF/88) no contexto da sistematização da legislação ambiental no direito positivo.

Na mesma esteira, a legislação mineral prevê expressamente a devida proteção ambiental na exploração de recursos minerais e o seu aproveita-

---

[5] CF/1988, art. 170, VI.

mento racional, nos termos do art. 47 e incisos do Decreto-lei 227/67, visando assegurar o cumprimento do princípio da função socioambiental da propriedade com vocação mineral. E, ainda, ao DNPM compete "propor diretrizes para a orientação da política mineral", visando ao "uso racional e eficiente dos recursos minerais" (art. 3.º, IV e V, da Lei 8.876/94), com vistas à sustentabilidade.

O Direito Minerário estabeleceu as obrigações legais de administração e fiscalização impostas à União e notadamente o controle sobre a poluição causada pelas atividades extrativas minerais impostas à União (art.1º, art. 3º, III e art. 47, *caput* e VIII, IX, X, XI e XII, todos do Código de Mineração) de forma que elas sejam equalizadas à conservação ambiental.

Assim, se a lei impõe ao poder público o controle e fiscalização da atividade mineradora, possibilitando a aplicação de penalidades, não lhe compete optar por não fazê-lo, porquanto inexiste discricionariedade, mas obrigatoriedade de cumprimento de conduta impositiva.

A atividade da Administração não pode restringir-se ao exercício de suas prerrogativas, há necessidade de ir além, visando à efetividade de seu poder-dever, o qual é fundamentado no princípio da indisponibilidade do interesse público.

E, para que isso ocorra, cabe ao órgão gestor dentro de sua competência legal, propor procedimentos integrados com os demais órgãos fiscalizadores. Somente dentro dessa premissa é que o poder público cumprirá efetivamente o *princípio da supremacia do interesse público sobre o privado* e, notadamente nas atividades que envolvem a mineração, este é um grande desafio a ser enfrentado.

Esse trilhar em busca da sustentabilidade requer nova postura ideológica e planejamento do ciclo de vida do empreendimento minerário, pois implica não permitir que suas naturais externalidades sejam socializadas para as presentes e futuras gerações.

CONSIDERAÇÕES FINAIS

Como vimos, os princípios norteadores do Direito Minerário estão pautados na transversalidade dos princípios do Direito Ambiental, ante o bem a ser tutelado – recursos minerais –, *bens naturais* que não são recursos renováveis.

A ausência de inter-relação das políticas públicas existentes tende a agravar ainda mais o direito ao meio ambiente sadio e equilibrado das futuras gerações, quando se trata de áreas impactadas pela atividade de mineração.

Há a necessidade do planejamento dos custos ambientais do empreendimento minerário, em todo o ciclo de vida da atividade ante a suas características intrínsecas, tais como: rigidez locacional, exaustão física, política e social da jazida e ainda capital expressivo para transformar ocorrência em bem útil.

O planejamento e o controle operacional da indústria mineral são fundamentais para o pleno exercício da mineração e a busca pela sustentabilidade do setor depende do cumprimento dos princípios fundamentais que norteiam o direito minerário para que não ocorra passivos ambientais oriundos da atividade.

REFERÊNCIAS

ALMEIDA, H.M. *Mineração e meio ambiente na constituição federal.* São Paulo: LTr, 1999.

BASTOS, C.R. Hermenêutica constitucional. *Revista de informação legislativa,* n. 96, p. 53-6, out./dez. 1987.

BENJAMIN, A.H.V. *Dano ambiental: prevenção, reparação e repressão.* v. 2. São Paulo: Revista dos Tribunais, 1993.

BITAR, O.Y. *Avaliação da recuperação de áreas degradadas por mineração na região metropolitana de São Paulo.* São Paulo, 1997. 185 p. Tese (Doutorado em Engenharia de Minas). – Departamento de Engenharia de Minas da Escola Politécnica, Universidade de São Paulo.

BULNES, J.L.O. *Derecho de mineria.* 3.ed. Santiago: Editorial Jurídica de Chile, 1999, p.12.

DERANI, C. *Direito Ambiental econômico.* 2.ed. São Paulo: Max Limonad, 2001.

_____. A propriedade na constituição de 1988 e o conteúdo da "Função Social". *Revista de Direito Ambiental,* São Paulo, v. 27, p. 58-69, 2002.

FREIRE, W. *Direito Ambiental aplicado à mineração.* Belo Horizonte: Mineira Livros Jurídicos, 2005, p. 236.

_____. *Natureza jurídica do consentimento para a pesquisa mineral, do consentimento para lavra e do manifesto de mina no direito brasileiro.* Belo Horizonte: Revista de Direito Minerário, 2005, p. 250.

FREITAS, V.P. *A constituição federal e a efetividade das normas ambientais*. 2.ed. São Paulo: Revista dos Tribunais, 2002.

GRAU, E.R. *A ordem econômica na constituição de 1988 (interpretação e crítica)*. São Paulo: Revista dos Tribunais, 1990.

HERRMANN, H. A mineração sob a óptica legal. In: LINS, F.A.F. et al. *Brasil 500 anos: a construção do Brasil e da América Latina pela mineração: histórico, atualidade e perspectivas*. Rio de Janeiro: Cetem/MCT, 2000.

HERRMANN, H.; POVEDA, E.P.R.; SILVA, M.V.L. *Código de Mineração de 'A' a 'Z'*. Campinas: Millennium, 2009.

KOPEZINSKI, I. *Mineração x meio ambiente: considerações legais, principais impactos ambientais e seus processos modificadores*. Porto Alegre: Universidade, 2000.

LOTT, D.M.C. Desativação de minas. *Revista de Direito Ambiental*, São Paulo, v. 26, p. 93-125, 2000.

MACHADO, P.A.L. Princípios gerais de Direito Ambiental Internacional e a Política Ambiental Brasileira. In: *Dano ambiental: prevenção, reparação e repressão*. v. 2. São Paulo: Revista dos Tribunais, 1993.

_____. *Direito Ambiental Brasileiro*. 12.ed. São Paulo: Malheiros, 2004. 1075p.

MELLO, C.A.B. *Elementos do direito administrativo*. 2.ed. São Paulo: Revista dos Tribunais, 1991, p. 300.

MILARÉ, E. *Direito do ambiente: doutrina, prática, jurisprudência, glossário*. 4.ed. São Paulo: Revista dos Tribunais, 2005.

NASCIMENTO, T. *A ordem econômica e financeira e a nova constituição*. Rio de Janeiro: Aide, 1989.

NUNES, PH.F. *Meio ambiente & mineração: o desenvolvimento sustentável*. Curitiba: Juruá, 2006, p. 242,

POVEDA, E.P.R. *A eficácia legal na desativação de empreendimentos minerários*. São Paulo: Signus, 2007.

REVISTA DO MINISTÉRIO PÚBLICO DO ESTADO DE MINAS GERAIS. Edição Especial Mineração, 2012.

SÁNCHEZ, L.E. *Desengenharia: o passivo ambiental na desativação de empreendimentos industriais*. São Paulo: Edusp, 2001.

_____. Planejamento do ciclo de vida de uma mina e redução dos riscos ambientais. In: *Coletânea da I Semana Ibero-Americana de Engenharia de Minas*. São Paulo: 9-13 ago. 2004, p. 347-352.

SCAFF, F.F. Compensação Financeira pela Exploração de Recursos Minerais (CFEM): Natureza jurídica, competência normativa e prescrição. *RDE I, Revista de Direito do Estado*. Rio de Janeiro, 2006.

SERRA, S.H. *Direitos minerários: formação, condicionamentos e extinção.* São Paulo: Signus, 2000.

SOUZA, M.G. *Direito minerário e meio ambiente.* Belo Horizonte: Del Rey, 1995.

_____. *Direito minerário aplicado.* Belo Horizonte: Mandamentos, 2003, p. 392.

SUNDFELD, C.A. *Direito administrativo ordenador.* São Paulo: Malheiros, 1993.

Pontos Relevantes do Licenciamento Ambiental

9

Talden Farias
Universidade Federal da Paraíba

INTRODUÇÃO

O licenciamento ambiental tem se destacado como o mais importante mecanismo estatal de defesa e preservação do meio ambiente, já que é por meio dele que a Administração Pública impõe condições e limites para o exercício de cada uma das atividades econômicas, potencial ou efetivamente causadoras de impacto ao meio ambiente. O sistema de licenciamento ambiental tem por finalidade assegurar que o meio ambiente seja devidamente respeitado quando do planejamento, da instalação e do funcionamento dos empreendimentos e obras referidos. Nesse contexto, o licenciamento ambiental desponta como um instrumento que visa dar concretude ao caput do art. 225 da Constituição Federal, que classifica o meio ambiente como um bem de uso comum do povo e essencial à sadia qualidade de vida.

Embora os empreendimentos em operação também estejam submetidos a ele, esse controle é exercido, em regra, antes da instalação ou do funcionamento da atividade econômica, potencial ou efetivamente poluidora, já que, para serem efetivos, os instrumentos de defesa e de preservação do meio ambiente devem se pautar por uma atuação preventiva. A intenção é fazer com que, mediante o embasamento de análises técnicas e de avaliações de impacto ambiental, os impactos ambientais positivos possam ser aumentados e os negativos possam ser evitados, diminuídos ou compensados. O art. 9º, IV e o art. 10 da Lei n. 6.938/81 dispõem sobre a exigibilidade do licenciamento ambiental para as atividades potencial ou efetivamente causadoras de impacto ambiental, o que implica dizer que, desde 1981, o licenciamento ambiental é uma exigência para a instalação e o funcionamento das atividades econômicas potencial ou efetivamente poluidoras em todo o território nacional.

A despeito disso, pouca familiaridade tem sido demonstrada pelos operadores do Direito em relação ao instrumento, que muitas vezes é manejado com maior afinco por arquitetos, biólogos, ecólogos, engenheiros e técnicos ambientais de forma geral. Sendo assim, o objetivo deste trabalho é analisar os pontos mais relevantes do licenciamento ambiental, entre eles o conceito, a diferença entre licenciamento e licença ambiental, a importância, a fundamentação constitucional, as fases e procedimentos, a competência e a revisibilidade. Trata-se, portanto, de uma revisão bibliográfica e documental (normativa), que visa a propiciar uma visão geral sobre o assunto.

ASPECTOS GERAIS DO LICENCIAMENTO AMBIENTAL

Edis Milaré (2013) conceitua o licenciamento ambiental como uma ação típica e indelegável do Poder Executivo, na gestão do meio ambiente, por meio da qual a Administração Pública procura exercer o devido controle sobre as atividades humanas que possam causar impactos ao meio ambiente. Daniel Roberto Fink (2004) conceitua o licenciamento ambiental como o procedimento mediante o qual o órgão ambiental competente verifica se a atividade potencial ou significativamente poluidora que se pretende implementar ou que já esteja implementada está realmente em consonância com a legislação ambiental e com as exigências técnicas necessárias.

O licenciamento ambiental é o processo administrativo complexo que tramita perante a instância administrativa responsável pela gestão ambiental, seja no âmbito federal, seja no estadual, seja no municipal, e que tem como objetivo assegurar a qualidade de vida da população por meio de um controle prévio e de um continuado acompanhamento das atividades humanas capazes de gerar impactos sobre o meio ambiente. O conceito legal de licenciamento ambiental está cunhado pelo art. 2º, I, da Lei Complementar n. 140/2011, que o define como o "o procedimento administrativo destinado a licenciar atividades ou empreendimentos utilizadores de recursos ambientais, efetiva ou potencialmente poluidores, ou capazes, sob qualquer forma, de causar degradação ambiental".

Distinção entre licenciamento e licença ambiental

Segundo José Afonso da Silva (2013), as licenças ambientais constituem atos administrativos que se propõem a controlar preventivamente as atividades de particulares no exercício de seus direitos, no que diz respeito à exploração ou ao uso de um bem ambiental de sua propriedade. Luís Paulo Sirvinskas (2009) define a licença ambiental como uma outorga concedida pela Administração Pública aos que querem exercer uma atividade potencial ou significativamente poluidora.

A licença ambiental é uma espécie de outorga com prazo de validade concedida pela Administração Pública para a realização das atividades humanas que possam gerar impactos sobre o meio ambiente, desde que sejam obedecidas determinadas regras, condições, restrições e medidas de controle ambiental. O conceito legal de licença ambiental está cunhado pelo art. 1º, II, da Resolução n. 237/97 do Conama, que a define como o "ato administrativo pelo qual o órgão ambiental competente estabelece as condições, restrições e medidas de controle ambiental que deverão ser obedecidas pelo empreendedor, pessoa física ou jurídica, para localizar, instalar, ampliar e operar empreendimentos ou atividades utilizadoras dos recursos ambientais considerados efetiva ou potencialmente poluidores ou aqueles que, sob qualquer forma, possam causar degradação ambiental".

O licenciamento ambiental deve ser compreendido como o processo administrativo no decorrer ou ao final do qual a licença ambiental poderá ou não ser concedida. Cada etapa deve terminar com a concessão da licença correspondente, de maneira que as licenças ambientais servem para formalizar que até aquela etapa o proponente da atividade cumpriu o que foi determinado pela legislação ambiental e pela Administração Pública.

Ao se falar em licença ambiental, está-se referindo ao ato final de cada etapa do licenciamento ambiental, que é o ato de concessão do pedido feito ao Poder Público. Não se deve confundir o licenciamento com a licença, já que aquele é o processo administrativo por meio do qual se verificam as condições de concessão desta, e esta é o ato administrativo que concede o direito de exercer a atividade.

Objetivo do licenciamento ambiental

Na opinião de Andreas J. Krell (2004), a função do licenciamento ambiental é fazer com que as atividades potencial ou efetivamente causadoras de degradação ao meio ambiente, pertencentes a particulares ou ao Poder Público, possam ser previamente analisadas e compatibilizadas. De acordo com Paulo de Bessa Antunes (2012), a finalidade do sistema de licenciamento ambiental é fazer com que o meio ambiente não seja vilipendiado.

O licenciamento ambiental tem como objetivo efetuar o controle ambiental das atividades efetiva e potencialmente poluidoras, por meio de um conjunto de procedimentos a ser determinados pelo órgão administrativo de meio ambiente competente, com o intuito de garantir o equilíbrio ecológico e a defesa da qualidade de vida da coletividade. Essa busca pelo controle ambiental se manifesta por intermédio de uma série de exigências e procedimentos administrativos que o Poder Público impõe para que seja permitida uma atividade potencialmente nociva ao meio ambiente, visto que existem normas e padrões de qualidade ambiental a ser respeitados.

De acordo com Antônio Inagê de Assis Oliveira (2005), trata-se do principal instrumento de que o Poder Público dispõe para viabilizar a utilização racional dos recursos ambientais por parte dos agentes das atividades poluidoras ou modificadoras do meio ambiente. Esse mecanismo promove a interface entre o empreendedor, cuja atividade pode interferir na estrutura do meio ambiente, e o Estado, que garante a conformidade com os objetivos dispostos na Política Nacional do Meio Ambiente e na Constituição Federal:

> O licenciamento ambiental é um processo complexo que envolve a obtenção das três licenças ambientais, além de demandar tempo e recursos, notadamente em função dos princípios da precaução (art. 4º, I e VI e art. 9º, III, da Lei n. 6.938/81) e das condições de poluidor e usuário pagador (art. 4º, VII, da mesma lei).
>
> Entretanto, os custos e o prazo para a obtenção do devido licenciamento não se contrapõem aos requisitos de agilidade e racionalização de custos de pro-

dução, inerentes à atividade econômica. Ao contrário, atender à legislação do licenciamento implica racionalidade. Isso porque, ao agir conforme a lei, o empreendedor tem a segurança de que pode gerenciar o planejamento da sua empresa no atendimento às demandas de sua clientela, sem os possíveis problemas de embargos e paralisações, a par de garantir que os impactos ambientais prováveis do empreendimento serão mitigados e compensados.

Além disso, o empreendedor evita incorrer em crime ambiental ou comprometer o desempenho da empresa em termos de capacidade produtiva, em razão de retardar o início da operação de novos empreendimentos, com prejuízo da imagem da organização junto à clientela nacional e internacional, que valoriza a "produção limpa" e "ambientalmente correta". (Brasil, 2004)

Com efeito, o licenciamento ambiental é a base estrutural da gestão ambiental pelas empresas e demais atividades capazes de causar impacto ambiental, visto que cada licença ambiental aponta expressamente uma série de condicionantes que devem ser seguidas pelos empreendedores. Os direcionamentos apontados na licença ambiental devem ser entendidos como os procedimentos básicos de gestão ambiental, o que em nada impede que a empresa ou atividade econômica em questão tome cuidados ainda maiores em relação ao meio ambiente do que aqueles prescritos pela Administração Pública.

Fundamentos constitucionais do licenciamento ambiental

Ney de Barros Bello Filho (2004) afirma que o que é denominado Constituição Ambiental é a junção das normas-princípios e das normas-regras que dispõem sobre a proteção do meio ambiente. Para o autor, as normas--princípios são aquelas abertas ou axiológicas por meio das quais a fundamentalidade do direito ao meio ambiente ecologicamente equilibrado transparece, ao passo que as normas-regras constituem as que criam ou consagram instrumentos jurídicos capazes de dar concretude às normas-princípios.

Nesse diapasão, é importante destacar que a Constituição Federal não menciona diretamente o licenciamento ambiental nem nas normas-princípios nem nas normas-regras. No entanto, é evidente que o licenciamento ambiental funciona como instrumento de concretização dos valores ambientais constitucionais por meio daquelas normas-princípios.

O art. 225, caput, da Constituição Federal determina que o Poder Público e a coletividade têm a obrigação de atuar na defesa e na preservação do meio ambiente tendo em vista o direito das gerações presentes e futuras. O licenciamento ambiental tem se destacado como o mais importante mecanismo de defesa e preservação do meio ambiente, já que é por meio dele que a Administração Pública impõe condições e limites para o exercício de cada uma das atividades potencial ou efetivamente poluidoras.

A função de controlar tais atividades está expressamente estabelecida pelo art. 225, § 1º, V, da Constituição Federal, que reza que, para assegurar a efetividade do direito ao meio ambiente equilibrado, incumbe ao Poder Público "controlar a produção, a comercialização e o emprego de técnicas, métodos e substâncias que comportem risco para a vida, a qualidade de vida e o meio ambiente". O sistema de licenciamento ambiental tem por finalidade assegurar que o meio ambiente seja respeitado quando do planejamento, da instalação e do funcionamento dos empreendimentos e obras referidos.

Atividades sujeitas ao licenciamento ambiental

De acordo com o art. 10 da Lei n. 6.938/81, a exigência de licenciamento ambiental diz respeito somente a "estabelecimentos e atividades utilizadoras de recursos ambientais considerados efetiva e potencialmente poluidores, bem como os capazes, sob qualquer forma, de causar degradação ambiental". Isso significa que o licenciamento é exigido em relação às atividades utilizadoras de recursos ambientais e em relação às atividades capazes de causar degradação.

Com relação à primeira situação, o conceito de recursos ambientais está definido no art. 3º, V, da Lei n. 6.938/81 como "a atmosfera, as águas interiores, superficiais e subterrâneas, os estuários, o mar territorial, o solo, o subsolo, os elementos da biosfera, a fauna e a flora".

Já para a segunda situação, é importante ressaltar que o art. 3º, III, do mesmo diploma legal conceitua poluição como

a degradação da qualidade ambiental resultante de atividades que direta ou indiretamente: *a)* prejudiquem a saúde, a segurança e o bem-estar da população; *b)* criem condições adversas às atividades sociais e econômicas; *c)* afetem desfavoravelmente o biota; *d)* afetem as condições estéticas ou sanitárias do meio ambiente; *e)* lancem matérias ou energia em desacordo com os padrões ambientais estabelecidos.

Essa conceituação merece destaque porque enfatiza uma concepção bastante ampla de meio ambiente, ao considerar também os elementos econômicos, estéticos, sanitários e sociais, e não somente os naturais.

A definição de degradação é feita pelo art. 3º, II, da Lei n. 6.938/81 como "a alteração adversa das características do meio ambiente". Trata-se de um conceito mais amplo que o de poluição, estando esta compreendida por aquela.

Na prática, é quase impossível estabelecer uma distinção entre as atividades utilizadoras de recursos ambientais e as atividades capazes de causar degradação ambiental, já que somente por utilizar recursos ambientais a atividade já pode ser enquadrada pelo menos como potencialmente poluidora. Sendo assim, o licenciamento ambiental deve ser exigido em relação a qualquer atividade que repercuta ou que possa repercutir na saúde da população ou na qualidade do meio ambiente (Oliveira, 2005).

Isso significa que estão sujeitas ao licenciamento não apenas as atividades que poluem realmente, mas também as que simplesmente têm a possibilidade de poluir. A despeito do que poderia deixar entender o art. 10, caput, da Lei n. 6.938/81, quando fala em estabelecimentos e atividades, outro ponto a ser destacado é que também estão sujeitas ao licenciamento as pessoas físicas, desde que causem ou possam causar degradação.

Com o intuito de facilitar a atuação dos órgãos ambientais, a Resolução n. 237 do Conama, no Anexo 1, apontou uma lista com situações determinadas para as quais se recomenda a exigência. Sendo tão ampla a ponto de abranger praticamente todos os setores da atividade econômica, a referida lista é encabeçada pelos seguintes tópicos:

I – Extração e tratamento de minerais
II – Indústria de produtos minerais não metálicos
III – Indústria metalúrgica
IV – Indústria mecânica
V – Indústria de material elétrico, eletrônico e comunicações
VI – Indústria de material de transporte
VII – Indústria de madeira
VIII – Indústria de papel e celulose
IX – Indústria de borracha
X – Indústria de couros e peles
XI – Indústria química
XII – Indústria de produtos de matéria plástica
XIII – Indústria têxtil, de vestuário, calçados e artefatos de tecidos

XIV – Indústria de produtos alimentares e bebidas

XV – Indústria de fumo

XVI – Indústrias diversas

XVII – Obras civis

XVIII – Serviços de utilidade

XIX – Transporte, terminais e depósitos

XX – Turismo

XXI – Atividades diversas

XXII – Atividades agropecuárias

XXIII – Uso de recursos naturais

Marcos Destefenni (2004) defende que o rol do Anexo I da Resolução n. 237/97 do Conama é meramente exemplificativo, visto que as autoridades competentes podem exigir que outras atividades ou empreendimentos se sujeitem ao licenciamento ambiental. Em vista disso, é perfeitamente possível que o licenciamento ambiental seja determinado para empreendimentos e obras não listados, desde que sejam enquadrados na condição de efetiva ou potencialmente poluidores, como prevê o art. 10, caput, da Lei n. 6.938/81 (Fink e Macedo, 2004).

FASES E PROCEDIMENTOS DO LICENCIAMENTO AMBIENTAL

O aspecto procedimental no licenciamento ambiental é de enorme importância, tendo em vista que o titular de atividade potencial ou efetivamente poluidora que desconhecer tais fases e procedimentos provavelmente terá problemas para receber a licença ambiental. Por fases e procedimentos devem ser compreendidas as etapas, os estudos ambientais, a documentação necessária e os prazos a ser cumpridos no processo administrativo de licenciamento ambiental.

Fases do licenciamento ambiental

O licenciamento ambiental não é composto de uma única fase ou ato, mas de uma sequência de fases ou atos diretamente relacionados, que têm como objetivo verificar se uma determinada atividade está efetivamente adequada aos padrões de qualidade ambiental prescritos pela legislação ou pelo órgão ambiental. A etapa anterior sempre condiciona a etapa seguinte, de maneira que, em não sendo concedida a licença prévia, não se pode conceder as licenças de instalação e de operação, e, em não sendo concedida a de instalação, a de operação também não pode ser concedida (Oliveira, 2005).

Em regra, o licenciamento é dividido em várias etapas, cada uma de acordo com a fase específica em que se encontra o empreendimento. O art. 19 do Decreto n. 99.247/90 dispõe que o processo, na maior parte dos casos, se desdobra em três etapas, devendo cada uma delas culminar na concessão da licença ambiental compatível com o andamento processual.

Licença Prévia

O art. 19 do Decreto n. 99.247/90 e o art. 8º da Resolução n. 237/97 do Conama definem a licença prévia como a licença ambiental concedida na fase preliminar do planejamento do empreendimento ou atividade, aprovando sua localização e concepção, atestando a viabilidade ambiental e estabelecendo os requisitos básicos e condicionantes a ser atendidos nas próximas fases de sua implementação. Impende destacar que a concessão dessa licença não autoriza o início das obras nem o funcionamento da atividade.

É nessa fase que o empreendedor manifesta a intenção de realizar a atividade, devendo ser avaliadas a localização e a concepção do empreendimento, de maneira a atestar a sua viabilidade ambiental e a estabelecer os requisitos básicos para as próximas fases, devendo ser também elaborados os estudos de viabilidade do projeto (Trennepohl e Trennepohl, 2011). Após análise, discussão e aprovação desses estudos de viabilidade, o órgão ambiental concederá a licença prévia, que, por ser a primeira licença ambiental, deverá funcionar como um alicerce para a edificação de todo o empreendimento.

Licença de Instalação

O art. 19 do Decreto n. 99.247/90 e o art. 8º da Resolução n. 237/97 do Conama definem a licença de instalação como a licença ambiental que autoriza a instalação do empreendimento ou atividade de acordo com as especificações constantes dos planos, programas e projetos aprovados, incluindo as medidas de controle ambiental e demais condicionantes. É nessa segunda fase que se elabora o Projeto Executivo, que é uma reestruturação do projeto original com muito mais detalhes e no qual são fixadas as prescrições de natureza técnica capazes de compatibilizar a instalação do empreendimento com a proteção do meio ambiente por meio de medidas técnicas adequadas.

Após a aprovação do Projeto Executivo, é expedida a licença de instalação contendo as especificações de natureza legal e técnica para a efetiva proteção do meio ambiente, sendo somente a partir daí que o órgão ambiental autorizará a implantação da atividade. Qualquer alteração na planta ou nos sistemas instalados deve ser formalmente enviada ao órgão licenciador para avaliação e posterior permissão ou não.

Licença de Operação

O art. 19 do Decreto n. 99.247/90 e o art. 8º da Resolução n. 237/97 do Conama definem a licença de operação como a licença ambiental que autoriza a operação da atividade ou empreendimento, após a verificação do efetivo cumprimento do que consta das licenças anteriores, com as medidas de controle ambiental e condicionantes determinados para a operação. Trata-se do ato administrativo conclusivo pelo qual o órgão licenciador autoriza o início das atividades, depois da verificação do efetivo cumprimento do que consta nas licenças anteriormente concedidas, por meio da avaliação dos sistemas de controle e monitoramento propostos e considerando as disposições legais e regulamentares aplicáveis.

No que diz respeito a essa terceira fase, logo depois de instalada ou edificada a atividade, o órgão ambiental deve vistoriar a obra ou o empreendimento a fim de constatar se todas as exigências de controle ambiental feitas nas fases anteriores foram devidamente cumpridas. Somente depois disso é que será concedida a licença de operação autorizando o início do funcionamento da atividade, já que é por meio desse ato administrativo que estão determinados os métodos de controle e as condições de operação.

Licença ambiental simplificada ou em conjunto

A regra no licenciamento ambiental é que cada licença seja expedida ao final de cada etapa do processo administrativo, visto que cada tipo de licença se propõe a finalidades específicas, ou seja, primeiro é concedida a licença prévia, depois a licença de instalação e por fim a licença de operação.

Com relação às atividades de menor porte ou de menor potencial ofensivo, o órgão ambiental poderá estabelecer um procedimento simplificado, independentemente da fase em que se encontrarem, tendo em vista o art. 12, § 1º da Resolução n. 237/97 do Conama prever que "poderão ser estabelecidos procedimentos simplificados para as atividades e empreendimentos de pequeno potencial de impacto ambiental, que deverão ser aprovados pelos respectivos conselhos de Meio Ambiente".

Licença ambiental corretiva

De acordo com João Eduardo Lopes Queiroz (2004), existem duas modalidades de licenciamento ambiental: o preventivo e o corretivo. Embora o licenciamento ambiental preventivo seja a regra, a fase em que se encontra o empreendimento é que definirá a modalidade de licenciamento ambiental a ser adotada.

Para os empreendimentos a ser implantados, o modelo de licenciamento ambiental é o preventivo, que em regra é dividido em licença prévia, licença de instalação e licença de operação. Se o empreendimento já estiver instalado ou estiver em operação, o modelo a ser adotado é o licenciamento ambiental corretivo, que consiste em uma licença ambiental capaz de englobar os três tipos de licença existentes, visto que as exigências que deveriam ter sido feitas ao tempo da licença prévia e da licença de instalação deverão ser supridas na medida do possível.

É claro que para ser verdadeiramente efetivo na defesa do meio ambiente, o licenciamento ambiental deve ser feito previamente à instalação da atividade, porém, nem sempre isso é possível. De qualquer maneira, não sendo isso motivo para se inviabilizar o funcionamento das atividades econômicas, deve o órgão ambiental competente permitir que o empreendedor possa se adequar, a não ser naqueles casos em que isso não seja possível.

Procedimentos

O art. 10 da Resolução n. 237/97 do Conama define os procedimentos para a obtenção da licença ambiental, estabelecendo as formalidades necessárias em matéria de documentos e de prazos. O procedimento para a retirada da licença prévia e, com as adaptações necessárias, da licença da instalação e da licença de operação deve ser o seguinte:

a) definição pelo órgão ambiental competente, com a participação do empreendedor, dos documentos, projetos e estudos ambientais, necessários ao início do processo de licenciamento correspondente à licença a ser requerida;

b) Requerimento da licença ambiental pelo empreendedor, acompanhado dos documentos, projetos e estudos ambientais pertinentes, dando-se a devida publicidade;

c) análise pelo órgão ambiental competente, integrante do Sisnama, dos documentos, projetos e estudos ambientais apresentados, e a realização de vistorias técnicas, quando necessárias;

d) solicitação de esclarecimentos e complementações pelo órgão ambiental competente, integrante do Sisnama, uma única vez, em decorrência da análise dos documentos, projetos e estudos ambientais apresentados, quando couber, podendo haver a reiteração da mesma solicitação caso os esclarecimentos e complementações não tenham sido satisfatórios;

e) audiência pública, quando couber, de acordo com a regulamentação pertinente;

f) solicitação de esclarecimentos e complementações pelo órgão ambiental competente, decorrentes de audiências públicas, quando couber, podendo haver reiteração da solicitação quando os esclarecimentos e complementações não tiverem sido satisfatórios;

g) emissão de parecer técnico conclusivo e, quando couber, parecer jurídico;

h) deferimento ou indeferimento do pedido de licença, dando-se a devida publicidade.

O art. 1º da Resolução n. 6/96 do Conama determina que a concessão da licença ambiental deve ser publicada em um periódico e no *Diário Oficial do Estado* no prazo máximo de trinta dias após o protocolo, contendo necessariamente o nome da empresa e sua sigla, se houver, a sigla do órgão onde se requereu a licença, a modalidade da licença concedida, sua finalidade, prazo de validade, o tipo de atividade que será desenvolvida e seu local de desenvolvimento. Tais disposições compõem o roteiro padrão exigido para todos os procedimentos de licenciamento ambiental, porém, o art. 12 da Resolução anteriormente citada prevê que excepcionalmente outros tipos de procedimentos, mais simplificados ou mais complexos, poderão ser determinados pelo órgão ou pela entidade ambiental competente, de maneira justificada e de acordo com a exigência do caso específico.

Documentos necessários

Dentre os principais documentos exigidos pelo órgão ambiental ao longo do licenciamento ambiental, é possível destacar os seguintes:

a) memorial descritivo do processo industrial da empresa;

b) formulário de requerimento preenchido e assinado por seu representante legal;

c) cópias de CPF e cédula de identidade do representante legal que assinar o requerimento;

d) cópias de CPF e registros nos conselhos de classe dos profissionais responsáveis pelo projeto, construção e operação do empreendimento;

e) cópias de CPF e cédula de identidade de pessoa encarregada do contato entre a empresa e o órgão ambiental;

f) cópias da procuração, do CPF e da cédula de identidade do procurador, quando houver;

g) cópia da ata da eleição da última diretoria, quando se tratar de sociedade anônima, ou contrato social registrado, quando se tratar de sociedade por cotas de responsabilidade limitada; a cópia do CNPJ (Cadastro Nacional de Pessoa Jurídica) da empresa;

h) cópias do registro de propriedade do imóvel ou de certidão de aforamento ou cessão de uso;

i) cópia da Certidão da Prefeitura indicando que o enquadramento do empreendimento está em conformidade com a Lei de Zoneamento Municipal;

j) cópia da licença ambiental anterior, se houver;

k) guia de Recolhimento (GR) do custo de licença;

l) planta de localização do empreendimento e os croquis ou planta hidráulica das tubulações que conduzem os despejos industriais, esgotos sanitários, águas de refrigeração e águas pluviais.

Sem isso, o processo administrativo de licenciamento ambiental não poderá tramitar, já que se tratam de documentos obrigatórios. É claro, que a depender do tipo do empreendimento, outros documentos deverão ser exigidos, a exemplo da chancela do Departamento Nacional de Produção Mineral (DNPM), no caso de atividade minerária, ou da outorga de direito de uso de recursos hídricos, no caso de atividades utilizadoras de recursos hídricos.

Prazos

Quando o art. 9º, IV, e o art. 10, § 1º da Lei n. 6.938/81 previram, respectivamente, a revisão e a renovação do licenciamento ambiental, o legislador quis destacar o tempo limitado de eficácia de uma licença ambiental em face da necessidade de rever padrões de qualidade que a cada dia são mais rapidamente ultrapassados tecnologicamente (Milaré, 2013). A respeito do prazo de validade das licenças ambientais, discorre com propriedade Francisco Thomaz Van Acker (2005):

> A licença ambiental não é uma licença definitiva como o é a licença municipal para construir. Esta vincula-se principalmente ao direito de construir, decorrente do direito de propriedade, e tem por objeto a edificação que não é uma atividade mas um bem imobilizado. Daí seu caráter definitivo.
>
> A licença ambiental tem vínculo com o direito de empreender uma atividade em determinado local e também com a garantia de que esse direito decorrente da propriedade não prejudique outro direito: o da saúde pública e da salubridade ambiental. Por isso, a licença condiciona o direito individual de exercer atividade com o direito coletivo de proteção à saúde e ao meio ambiente equilibrado.
>
> Destarte, de tempos em tempos é necessário rever essa equação, eis que, de um lado, as inovações tecnológicas possibilitam controles mais efetivos do que os exigidos ao tempo da outorga da licença e, de outro lado, a alteração das condições do entorno da atividade e da capacidade de suporte do meio podem exigir maior rigor no controle.
>
> Por isso, em decorrência da própria natureza da licença ambiental, ela deve ser temporária, para permitir que o direito de empreender se compatibilize com o direito à saúde e à salubridade ambiental.
>
> Essas considerações dizem respeito, especialmente, à licença de operação, pois, ao fim do prazo, ela se sujeita a novas exigências e, em caso extremo, à negação de sua permanência no local.

Em relação à licença prévia, o art. 18, I, da Resolução n. 237/97 do Conama determina que seu prazo de validade deve ser no mínimo aquele estabelecido pelo cronograma de elaboração dos planos, programas e projetos relativos à atividade, não podendo ser superior a cinco anos.

Em relação à licença de instalação, o inciso II do citado dispositivo determina que seu prazo de validade deve ser no mínimo aquele estabelecido pelo cronograma de instalação da atividade, não podendo ser superior a seis anos. O §1º do mesmo dispositivo dispõe que tanto a licença prévia quanto a licença de instalação poderão ser prorrogadas, desde que não ultrapassem os prazos máximos estabelecidos nos incisos I e II.

Em relação à licença de operação, o inciso III do dispositivo em comento determina que seu prazo de validade deve considerar os planos de controle ambiental e será de, no mínimo, quatro anos e, no máximo, dez anos. O §3º determina que, na renovação da licença de operação, o órgão ambiental poderá, mediante decisão motivada, aumentar ou diminuir o prazo depois de avaliação do desempenho ambiental da atividade no período de vigência anterior, respeitados os limites estabelecidos no inciso III.

Já em relação à licença simplificada, o §2º, também desse dispositivo, estabelece que o órgão ambiental poderá estabelecer prazos de validade específicos para a licença de operação de empreendimentos ou atividades que, por sua natureza e peculiaridades, estejam sujeitos a encerramento ou modificação em prazos inferiores. O art. 14, § 4º, da Lei Complementar n. 140/2011 determina que a renovação das licenças ambientais deverá ser requerida com antecedência mínima de 120 dias da expiração de seu prazo de validade fixado na respectiva licença, ficando este automaticamente prorrogado até a manifestação definitiva do órgão ambiental competente.

REPARTIÇÃO DE COMPETÊNCIA EM MATÉRIA DE LICENCIAMENTO AMBIENTAL

A Lei Complementar n. 140/2011 fixa normas, nos termos do art. 23, caput, III, VI e VIII e parágrafo único, da Constituição Federal, para a cooperação entre a União, os estados, o Distrito Federal e os municípios nas ações administrativas decorrentes do exercício da competência comum relativas à proteção das paisagens naturais notáveis, à proteção do meio ambiente, ao combate à poluição em qualquer de suas formas e à preservação das florestas, da fauna e da flora.

Único nível de licenciamento ambiental

Se há um grande número de atividades que deveriam estar submetidas ao licenciamento mas que não o estão por causa da falta de estrutura estatal, é recomendável que o mecanismo seja utilizado somente em um único nível de competência. A lógica é que os entes administrativos atuem em suas respectivas jurisdições, cada um trabalhando com determinados tipos de atividade, porque a atuação integrada tende a ser mais objetiva na consecução do objetivo maior do licenciamento, que é a concretização do direito fundamental ao meio ambiente equilibrado.

Não poderia ser outro o sentido do art. 23 e do art. 225, caput, da Constituição Federal e da Lei n. 6.938/81. A própria expressão Sistema Nacional do Meio Ambiente significa uma atuação integrada por parte dos órgãos e entidades que o compõem (Krell, 2005).

De acordo com o art. 13 da Lei Complementar n. 140/2011, os empreendimentos e atividades são licenciados por um único ente federativo, não podendo mais existir o licenciamento ambiental simultâneo junto a dois ou três níveis de competência. Aos demais entes federativos, cabe se manifestar ao órgão responsável de maneira não vinculante, respeitados os prazos e procedimentos do licenciamento ambiental, nos moldes do que estabelece o § 1º do citado dispositivo.

O art. 13, § 2º da citada lei complementar dispõe que a autorização para uso alternativo do solo será concedida pelo ente competente pelo licenciamento ambiental. Com isso, o procedimento de requerer a chamada autorização para supressão vegetal ao estado e a licença ambiental ao município ou à União não existe mais, pois ambos os atos administrativos passaram a ser de responsabilidade do mesmo ente.

Competência da União

Em regra, as atribuições da União estão relacionadas à efetivação da Política Nacional do Meio Ambiente em âmbito nacional, dizendo respeito a planejamento, execução, diretrizes, orientação técnica, articulação entre os entes, conscientização pública, gestão de seus recursos ambientais, estudos, controles de âmbito nacional etc. A União ficou responsável pela promoção do licenciamento ambiental dos seguintes empreendimentos e atividades, segundo a lei complementar referida:

Art. 7º São ações administrativas da União:
(...)
a) localizados ou desenvolvidos conjuntamente no Brasil e em país limítrofe;
b) localizados ou desenvolvidos no mar territorial, na plataforma continental ou na zona econômica exclusiva;

c) localizados ou desenvolvidos em terras indígenas;

d) localizados ou desenvolvidos em unidades de conservação instituídas pela União, exceto em Áreas de Proteção Ambiental (APAs);

e) localizados ou desenvolvidos em 2 (dois) ou mais estados;

f) de caráter militar, salvo os previstos no preparo e emprego das Forças Armadas;

g) os relativos a material radioativo ou energia nuclear; ou

h) que atendam tipologia estabelecida por ato do Poder Executivo, a partir de proposição da Comissão Tripartite Nacional, assegurada a participação de um membro do Conselho Nacional do Meio Ambiente (Conama), e considerados os critérios de porte, potencial poluidor e natureza da atividade ou empreendimento (ou seja, licenciar o que for determinado por ato do Poder Executivo, por proposição da Comissão Tripartite Nacional).

Além disso, a União é responsável pela aprovação do manejo e supressão de vegetação, de florestas e formações sucessoras nas seguintes situações, de acordo com o inciso XV do dispositivo mencionado:

a) florestas públicas federais, terras devolutas federais ou unidades de conservação instituídas pela União, exceto em APAs; e

b) atividades ou empreendimentos licenciados ou autorizados, ambientalmente, pela União.

Os casos de licenciamento ambiental de competência federal são claros e praticamente autoexplicativos, seguindo, de uma forma geral, a lógica da Resolução n. 237/97 do Conama, com a diferença de que o critério definidor não é mais a extensão geográfica dos impactos ambientais diretos e sim a localização da atividade. Há, no entanto, que se explicar as alíneas *d* e *h*, já que também trouxeram inovações ao universo jurídico.

A alínea *d* dispõe que o licenciamento ambiental em Unidades de Conservação federais será de competência da União, sendo a Área de Proteção Ambiental (APA) a exceção. Prevaleceu o critério da titularidade do bem, em que a União é responsável pelo licenciamento ambiental daquelas atividades que puderem afetar o seu próprio patrimônio, de maneira a não admitir a interferência dos outros entes federativos na sua propriedade (Araújo, 2013).

A exceção à regra é a APA, cujo critério definidor do órgão responsável pelo licenciamento ambiental é a extensão geográfica do impacto ambiental direto – regra que também se aplica às APAs estaduais e municipais. A justificativa para isso é o fato de se tratar da modalidade de Unidade de Conservação menos restritiva, podendo abarcar praticamente todos os tipos de atividade econômica a depender do Plano de Manejo.

A alínea *h* dispõe sobre as atividades que atendam tipologia estabelecida por ato do Poder Executivo, a partir de proposição da Comissão Tripartite Nacional, assegurada a participação de um membro do Conama, e considerados os critérios de porte, potencial poluidor e natureza da atividade ou empreendimento. De acordo com o art. 4º, § 2º da Lei Complementar n. 140/2011, "a Comissão Tripartite Nacional será formada, paritariamente, por representantes dos Poderes Executivos da União, dos estados, do Distrito Federal e dos municípios, com o objetivo de fomentar a gestão ambiental compartilhada e descentralizada entre os entes federativos".

Trata-se de órgão público sem personalidade jurídica, e sem contar com a participação direta da sociedade civil, que ficará responsável pela definição de situações em que a União será responsável pelo licenciamento ambiental de atividades não elencadas expressamente na lei complementar citada. Na prática, a despeito da referência aos critérios de porte, potencial poluidor e natureza da atividade ou empreendimento, isso significa que o Poder Executivo federal poderá avocar atividades específicas para fazer o licenciamento, o que atenta claramente contra a autonomia administrativa e política dos demais entes federativos, de maneira a incidir também em inconstitucionalidade.

Competência dos estados

Aos estados cabe desenvolver a Política Nacional do Meio Ambiente no âmbito estadual, guardando nesse aspecto semelhança com a competência da União. Cabe a eles ainda formular, executar e fazer cumprir a Política Estadual do Meio Ambiente. Na prática, a competência dos estados é residual, cabendo-lhes aquilo que não for conferido à União ou ao município:

> Art. 8º São ações administrativas dos estados:
> (...)
> XIV – promover o licenciamento ambiental de atividades ou empreendimentos utilizadores de recursos ambientais, efetiva ou potencialmente poluidores ou capazes, sob qualquer forma, de causar degradação ambiental, ressalvado o disposto nos arts. 7º e 9º;

XV – promover o licenciamento ambiental de atividades ou empreendimentos localizados ou desenvolvidos em unidades de conservação instituídas pelo Estado, exceto em Áreas de Proteção Ambiental (APAs);

Além disso, os estados são responsáveis pela aprovação do manejo e supressão de vegetação, de florestas e formações sucessoras nas seguintes situações, de acordo com o inciso XV do dispositivo citado:

a) florestas públicas estaduais ou unidades de conservação do Estado, exceto em APAs;

b) imóveis rurais, excetuados os casos conferidos à União;

c) atividades ou empreendimentos licenciados ou autorizados, ambientalmente, pelo Estado.

Desde a edição da Lei n. 6.938/81 os estados despontaram como o principal protagonista na Política Nacional do Meio Ambiente, notadamente no que diz respeito ao licenciamento ambiental. Impende dizer que, a princípio, somente aos estados cabia licenciar, começando o Ibama a fazer licenciamento somente a partir da Lei n. 7.804/89, quando passou a ter competência supletiva e originária nos casos de significativo impacto nacional ou regional.

É possível afirmar que de certa forma a Lei Complementar n. 140/2011 manteve essa sistemática ao conferir aos estados a competência administrativa residual em matéria ambiental, de maneira que tudo o que não tiver sido atribuído expressamente à União ou aos municípios será de competência estadual. Por isso, o primeiro item é "promover o licenciamento ambiental de atividades ou empreendimentos utilizadores de recursos ambientais, efetiva ou potencialmente poluidores ou capazes, sob qualquer forma, de causar degradação ambiental, ressalvado o disposto nos arts. 7º e 9º".

Isso segue a sistemática do federalismo tradicional, que outorga as competências expressas à União e as residuais aos estados para evitar o excesso de poder daquela sobre estes (Corralo, 2011). Em outras palavras, a maioria das atribuições em matéria de licenciamento ambiental é mesmo dos estados, o que é ainda mais verdadeiro se se levar em conta a sua atuação supletiva, em virtude da falta de estrutura da maioria dos municípios, bem como da falta de delimitação expressa da competência dos municípios para licenciar, o que será explicado no tópico a seguir.

Competência dos municípios

Em tese, aos municípios cabe desenvolver a Política Nacional do Meio Ambiente no âmbito local, guardando nesse aspecto semelhança com a competência da União e dos estados, cabendo a eles ainda formular, executar e fazer cumprir a Política Municipal do Meio Ambiente. Os municípios ficaram responsáveis pela promoção do licenciamento ambiental dos seguintes empreendimentos e atividades:

> Art. 9º São ações administrativas dos municípios:
> (...)
> XIII – exercer o controle e fiscalizar as atividades e empreendimentos cuja atribuição para licenciar ou autorizar, ambientalmente, for cometida ao Município;
> XIV – observadas as atribuições dos demais entes federativos previstas nesta Lei Complementar, promover o licenciamento ambiental das atividades ou empreendimentos.

Além disso, de acordo com o inciso XV cabe aos municípios autorizar o seguinte:

> a) a supressão e o manejo de vegetação, de florestas e formações sucessoras em florestas públicas municipais e unidades de conservação instituídas pelo Município, exceto em Áreas de Proteção Ambiental (APAs); e
> b) a supressão e o manejo de vegetação, de florestas e formações sucessoras em empreendimentos licenciados ou autorizados, ambientalmente, pelo Município.

Enquanto a União e os estados lutavam para fazer prevalecer seus interesses, na maioria das vezes a competência dos municípios não era reconhecida por causa da ausência de previsão legal expressa da Lei n. 6.938/81 e por causa da inexistência da citada lei complementar. Tratava-se, é claro, de um entendimento equivocado, pois a Constituição da República dispôs expressamente no art. 23, III, VI e VII sobre a competência municipal em matéria de meio ambiente, dispondo ainda no art. 225, caput, que todo o Poder Público deve agir para defendê-lo e preservá-lo para as presentes e futuras gerações.

Mesmo sendo evidente que a legislação infraconstitucional devesse ser interpretada à luz dos desideratos constitucionais e não o contrário, na prática os municípios eram a entidade federativa mais prejudicada nesse contexto de insegurança jurídica, já que de fato não existia nenhuma lei federal que dispusesse sobre a sua competência licenciatória. Inclusive, na tentativa de solucionar tais contendas o Conama editou a Resolução n. 237/97, estabelecendo o que seria de competência federal, estadual e municipal, a qual extrapolou a sua função, posto que os atos administrativos normativos não podem dispor sobre competência, mormente quando a Lei Fundamental exigiu a edição de lei complementar.

Em outras palavras, somente com a lei complementar prevista no art. 23, parágrafo único é que a insegurança jurídica no que diz respeito à competência administrativa em matéria ambiental poderia acabar. No dia 11 de dezembro de 2011 finalmente entrou em vigor a Lei Complementar n. 140, que fixou as normas de cooperação entre os entes federativos nas ações administrativas decorrentes do exercício da competência comum relativas à proteção do meio ambiente.

O problema é que a repartição dessa modalidade de competência foi delegada aos Conselhos Estaduais de Meio Ambiente, de maneira que ainda prevalece a indefinição. É óbvio que a intenção do legislador ao fazer isso foi contemplar as diversas realidades locais de cada estado, que levaria em conta também as suas peculiaridades regionais.

Entretanto, na prática, a competência administrativa ambiental municipal foi simplesmente jogada para os Governos Estaduais, que poderão concentrar ou descentralizar um número maior ou menor de atribuições conforme os interesses do governador de plantão, o que pode gerar ainda mais insegurança jurídica. Não é possível ignorar os interesses políticos que rondam as atribuições de fiscalizar e de implementar o licenciamento ambiental, até porque praticamente todas as atividades econômicas se submetem a isso.

Com efeito, inexistem garantias de que o Poder Executivo Estadual não caia na tentação de estadualizar ou de não municipalizar atribuições de interesse local com o intuito de facilitar ou de dificultar o controle ambiental, ou de simplesmente concentrar poder. Importa salientar que os órgãos estaduais de meio ambiente quase sempre têm a maioria no seu respectivo Conselho Estadual de Meio Ambiente, cuja composição é estabelecida por decreto estadual.

É claro que o Ministério Público, os municípios e a sociedade civil devem cobrar dos conselhos uma atuação mais republicana e técnica, o que exigirá um acompanhamento constante. O problema é que também existem implicações constitucionais a serem consideradas, pois, do ponto de vista federativo, é necessário que as atribuições de cada ente sejam determinadas pela própria Constituição da República, não cabendo aos demais estabelecer o que o outro pode ou não fazer.

A citada lei complementar desrespeitou o pacto federativo e resvalou em inconstitucionalidade ao pôr em xeque a autonomia administrativa dos municípios, pelo menos no que diz respeito ao meio ambiente. Ressalte-se que no caso em questão a situação é mais grave, porque não caberá ao parlamento estadual e sim a um órgão integrante do Poder Executivo Estadual deliberar acerca dessa modalidade de competência.

O Congresso Nacional desperdiçou uma excelente oportunidade de repartir a competência administrativa em matéria ambiental, principalmente em relação ao âmbito municipal. Há que se aguardar o bom senso do Poder Público e a vigilância da sociedade civil, enquanto o Supremo Tribunal Federal não se posiciona sobre o assunto, pois os municípios têm um importante e indelegável papel a desempenhar na proteção do meio ambiente.

O município se tornou parte da organização política do país na condição de ente federativo, passando a ter autonomia administrativa e política, conforme determinam os arts. 1º, caput, e 18, caput, da Constituição Federal. O município tem competência expressa para editar leis e para agir no interesse local, já que o art. 30, I, II, VIII e IX da Constituição Federal dispõe que é de competência municipal legislar sobre assuntos de interesse local, suplementar à legislação federal e à estadual no que couber, promover no que couber adequado ordenamento territorial, mediante planejamento e controle do uso, do parcelamento e da ocupação do solo urbano e promover a proteção do patrimônio histórico-cultural local, observada a legislação e a ação fiscalizadora federal e estadual.

Isso implica dizer que os municípios possuem uma espécie de competência administrativa originária em matéria de meio ambiente no que diz respeito aos assuntos de interesse local. A Lei Complementar n. 140/2011 realmente extrapolou o seu papel ao tentar transformar uma competência comum em privativa ou única (Machado, 2012).

Por essa razão, o entendimento defendido é que o município pode fazer o licenciamento ambiental independentemente da tipologia definida pelo Conselho Estadual de Meio Ambiente, desde que o interesse predominante seja local. É claro que isso certamente dará margem a conflitos positivos e negativos de competência, mais ou menos nos termos do que ocorria antes da edição da lei complementar em questão, até que haja uma decisão em sede de controle concentrado de constitucionalidade pelo Supremo Tribunal Federal.

De qualquer forma, para o município poder fazer licenciamento ambiental é importante que haja uma legislação municipal que o autorize, já que as limitações ao direito de propriedade só podem ser criadas por lei. Porém, além da existência de uma legislação municipal que autorize e discipline o licenciamento ambiental, é preciso que o município disponibilize para o órgão municipal de meio ambiente uma estrutura mínima de trabalho, como técnicos ambientais qualificados e em número suficiente, e instrumentos adequados de trabalho.

Do contrário, as licenças ambientais concedidas nessa situação deverão ser questionadas no âmbito administrativo e judicial, cabendo ao órgão estadual de meio ambiente averbar e assumir esses licenciamentos ambientais tendo em vista a competência subsidiária. Nesse sentido, Paulo Affonso Leme Machado (2012) afirma que "confiar a tarefa de licenciamento ambiental a municípios desprovidos de pessoal e de laboratórios habilitados, em regiões, infelizmente ainda marginalizadas, é tornar ineficiente esse licenciamento, contribuindo para a degradação ambiental".

Com efeito, se o município não dispuser de uma estrutura adequada de equipamentos e de técnicos ambientais capacitados, o licenciamento ambiental ficará prejudicado e deverá ser assumido pelo órgão estadual de meio ambiente no exercício de sua competência supletiva. Essa possibilidade de atuação supletiva estadual se encontra prevista no art. 15, II da Lei Complementar n. 140/2011, que dispõe que "inexistindo órgão ambiental capacitado ou conselho de meio ambiente no município, o estado deve desempenhar as ações administrativas municipais até a sua criação". O problema é que a lei perdeu a oportunidade de disciplinar qual seria a estrutura técnica mínima para que o município passasse a fazer o licenciamento ambiental, mais uma vez em razão do excessivo poder delegado aos estados.

REVISIBILIDADE NO LICENCIAMENTO AMBIENTAL

A licença ambiental tem como uma de suas mais importantes características a possibilidade de modificação ou de retirada em determinadas situações. Tal licença é o ato administrativo resultante de um processo administrativo, e poderá sofrer modificações posteriormente caso se descubra algum erro ou omissão relevante, ou caso haja algum motivo superior que o justifique.

O art. 9º, IV da Lei n. 6.938/81 determina que "o licenciamento e a revisão de atividades efetiva ou potencialmente poluidoras" é um instrumento da Política Nacional do Meio Ambiente. Se o fundamento máximo do poder de polícia é a supremacia do interesse público sobre o individual, é evidente que a Administração Pública poderá sempre rever qualquer ato que supervenientemente à sua edição se mostre contrário ao interesse coletivo para revogá-lo em benefício da sociedade.

A respeito do tema, não se pode confundir revisão com renovação, pois rever o licenciamento implica adequar, anular, cassar, revogar ou suspender a licença concedida em pleno prazo de validade. De acordo com autores como Antônio Inagê de Assis Oliveira (2005), Francisco Thomaz Van Acker (2005), Luís Paulo Sirvinskas (2005), Daniel Roberto Fink e André Camargo Horta de Macedo (2004), se as condições originais que deram ensejo à concessão da licença ambiental mudarem, esta também poderá ser modificada ou até retirada.

São basicamente três as razões que levam o legislador a considerar a possibilidade de revisar uma licença ambiental. A primeira é a velocidade com que a ciência e a tecnologia evoluem, fazendo com que os órgãos ambientais em questão não tenham como se precaver em face dos riscos e perigos ambientais que a cada dia podem surgir. A segunda é que os órgãos ambientais dispõem de estrutura insuficiente em termos de recursos humanos e materiais e são muito suscetíveis a ingerências de ordem pessoal, política e econômica. A terceira é que dados técnicos relevantes podem ser omitidos ou apresentados de forma distorcida ou mesmo falsa, comprometendo no todo ou em parte o entendimento e a decisão dos órgãos administrativos de meio ambiente.

Retirada da licença ambiental

É claro que a revisão do licenciamento ambiental pode conduzir à retirada definitiva ou temporária da licença ambiental, mas não é obrigatório que isso ocorra. A retirada temporária da licença é a suspensão, e a retirada definitiva pode ser a anulação, a cassação ou a revogação. De qualquer forma, o importante é que a retirada da licença ambiental somente ocorra quando o direito fundamental ao meio ambiente equilibrado estiver ameaçado.

Suspensão

A suspensão estabelece uma espécie de sustação ou da sobrestação de atividade até que ocorra a adequação à legislação ambiental ou às condicionantes ambientais impostas pelo órgão ambiental. Ocorre quando houver suspeita fundamentada de risco ou de emissão de licença em desacordo com a legislação, quando houver omissão ou falseamento de informações relevantes durante o procedimento licenciatório e quando houver riscos de danos supervenientes ao meio ambiente e à saúde pública corrigíveis pela adoção de medidas de controle e adequação.

A retirada temporária da licença é caracterizada, em primeiro lugar, por uma postura de precaução em face de algum risco ou possibilidade de dano ao meio ambiente e à saúde pública e, em segundo lugar, pela possibilidade de adequação da atividade desde que cumpridas determinadas exigências. De qualquer forma, se o titular da atividade suspensa não promove as adequações ou correções necessárias, seja pela falta de condições, seja pela perda do interesse, a suspensão se tornará uma retirada definitiva.

Paulo Affonso Leme Machado (2009) destaca que a suspensão pode ser tanto de atividades licenciadas quanto de atividades não licenciadas. Esse autor destaca que no primeiro caso a atividade começou a operar com a concordância do órgão ambiental e posteriormente a Administração Pública verificou que não foram cumpridas as condições gerais ou específicas do licenciamento, e, no segundo caso, a atividade entrou em funcionamento de forma ilícita, o que por si só já justifica a suspensão, independentemente de ter ocorrido dano efetivo ao meio ambiente ou não.

Anulação, cassação e revogação

A licença ambiental pode ser anulada, cassada e revogada, a depender da situação. Annelise Monteiro Steigleder (2005) destaca que a anulação da licença ambiental ocorre nos casos de omissão ou falsa descrição de informações relevantes que servirem para fundamentar a expedição da licença; a revogação ocorre nos casos de inadequação de quaisquer condicionantes ou normas legais e de superveniência de graves riscos para o meio ambiente e para a saúde pública; e a cassação ocorre quando houver violação dos condicionantes.

Com efeito, a anulação da licença ambiental ocorre nos casos de omissão ou falsa descrição de informações relevantes que servirem para fundamentar a expedição da licença. Isso implica dizer que o ato administrativo é concedido em flagrante dissonância com a ordem jurídica, sendo, portanto, nulo de pleno direito.

Já a cassação ocorre quando houver violação de dispositivos legais ou de condicionantes da licença ambiental. Dessa forma, a cassação diz respeito à ilegalidade do exercício da atividade que recebeu a licença ambiental, e não na concessão.

E por fim, a revogação ocorre nos casos de superveniência de graves riscos para o meio ambiente e para a saúde pública, sem que tenha ocorrido qualquer irregularidade antes ou depois da concessão da licença ambiental. É evidente que tais riscos devem ser insuscetíveis de superação mediante a adoção de medidas de controle ambiental, já que se trata de uma medida drástica para a qual o titular do licenciamento não concorreu.

CONSIDERAÇÕES FINAIS

O licenciamento ambiental tem como objetivo efetuar o controle ambiental das atividades efetiva e potencialmente poluidoras, através de um conjunto de procedimentos determinados pelo órgão ambiental, com o intuito de garantir o meio ambiente equilibrado e defender a qualidade de vida. A licença ambiental é o ato final de cada etapa do licenciamento, sendo na verdade o ato administrativo concessivo, de maneira que não se deve confundir o licenciamento com a licença já que aquele é o processo administrativo por meio do qual se verificam as condições de concessão desta e esta é o ato administrativo que concede o direito de exercício de toda e qualquer atividade poluidora.

O aspecto procedimental no licenciamento ambiental é de enorme importância, tendo em vista que o titular de atividade que desconhecer tais fases e procedimentos provavelmente terá problemas para receber a licença ambiental. Por fases e procedimentos devem ser compreendidas as etapas, os estudos ambientais, a documentação necessária e os prazos a serem cumpridos no processo administrativo de licenciamento ambiental. O licenciamento está dividido em três fases ao final das quais poderá ser concedido um tipo específico de licença ambiental, que são a licença prévia, a licença de instalação e a licença de operação.

A Lei Complementar n. 140/2011 regulamentou o art. 23, parágrafo único da Constituição Federal, fixando normas para a cooperação entre os entes federativos em matéria de licenciamento, o qual ocorrerá em um único nível federativo. O Ibama ficou responsável pelo licenciamento de atividades: a) no Brasil e em país limítrofe; b) no mar territorial, na plataforma continental ou na zona econômica exclusiva; c) em terras indígenas; d) em unidades de conservação federais, exceto em APAs; e) em 2 (dois) ou mais estados; f) de caráter militar; g) relativas à energia nuclear; e) ou que atendam tipologia estabelecida por ato do Poder Executivo. Aos estados se atribuiu competência residual, de maneira que tudo o que não for atribuído expressamente à União ou aos municípios é de responsabilidade estadual. Os municípios ficaram responsáveis pelas atividades a ser definidas por tipologia dos Conselhos Estaduais de Meio Ambiente – o que atenta contra a autonomia federativa, uma vez que caberia a um órgão do Poder Executivo estadual dispor sobre a competência administrativa municipal.

A licença ambiental pode ser anulada, cassada e revogada. O inciso I do art. 19 da Resolução n. 237/97 do Conama prevê a possibilidade de cassação da licença ambiental ao falar em violação ou inadequação de quaisquer condicionantes ou normas legais após a sua edição; o inciso II prevê a possibilidade de anulação desta no caso de omissão ou falsa descrição de informações relevantes que subsidiaram a expedição dela; e o inciso III prevê a possibilidade de revogação dessa licença ao falar na superveniência de graves riscos ambientais e de saúde.

REFERÊNCIAS

ARAÚJO, S.C. *Licenciamento ambiental no Brasil: uma análise jurídica e jurisprudencial*. Rio de Janeiro: Lumen Juris, 2013.

ANTUNES, P.B. *Direito ambiental*. 14.ed. Rio de Janeiro: Lumen Juris, 2012.

BELLO FILHO, N.B. Teoria do direito e ecologia: apontamentos para um direito ambiental no século XXI. In: FERREIRA, H.S.; LEITE, J.R.M. *Estado de direito ambiental: tendências: aspectos constitucionais e diagnósticos*. Rio de Janeiro: Forense Universitária, 2004.

BRASIL. *Cartilha de licenciamento ambiental*. Brasília: Tribunal de Contas da União, Secretaria de Fiscalização de Obras e Patrimônio da União, 2004.

CORRALO, G.S. *Curso de direito municipal*. São Paulo: Atlas, 2011.

DESTEFENNI, M. *Direito penal e licenciamento ambiental*. São Paulo: Memória Jurídica, 2004.

FARIAS, T. *Introdução ao direito ambiental*. Belo Horizonte: Del Rey, 2009.

_____. *Licenciamento ambiental: aspectos teóricos e práticos*. 4.ed. Belo Horizonte: Fórum, 2013.

FINK, D.R.; MACEDO, A.C.H. Roteiro para o licenciamento ambiental e outras considerações. In: FINK, D.R.; ALONSO JÚNIOR, H., DAWALIBI, M. *Aspectos jurídicos do licenciamento ambiental*. Rio de Janeiro: Forense Universitária, 2004.

FIORILLO, C.A.P. *Curso de direito ambiental brasileiro*. 10.ed. São Paulo: Saraiva, 2009.

KRELL, A.J. *Discricionariedade administrativa e proteção ambiental: o controle dos conceitos jurídicos indeterminados e as competências dos órgãos ambientais: um estudo comparativo*. Porto Alegre: Livraria do Advogado, 2004.

_____. O licenciamento ambiental no Sisnama: competência e controle. In: BENJAMIN, A.H.V. *Paisagem, natureza e direito*. v. 1. São Paulo: Instituto O Direito por um Planeta Verde, 2005.

MACHADO, P.A.L. *Direito ambiental brasileiro*. 17.ed. São Paulo: Malheiros, 2009.

_____. *Legislação florestal (Lei 12.651/2012) e competência e licenciamento ambiental (Lei Complementar 140/2011)*. São Paulo: Malheiros, 2012.

MILARÉ, E. *Direito do ambiente*. 8.ed. São Paulo: Revista dos Tribunais, 2013.

OLIVEIRA, A.I.A. *Introdução à legislação ambiental brasileira e licenciamento ambiental*. Rio de Janeiro: Lumen Juris, 2005.

QUEIROZ, J.E.L. Processo administrativo de licenciamento ambiental: licenciamento ambiental da atividade agropecuária: exigência de licenciamento para a obtenção de crédito rural. In: [FDUA] FÓRUM DE DIREITO URBANO E AMBIENTAL, 17, 2004, Belo Horizonte.

SIRVINSKAS, L.P. *Manual de direito ambiental*. 7.ed. São Paulo: Saraiva, 2009.

_____. Política Nacional do Meio Ambiente: Lei n. 6.938, de 31 de agosto de 1981. In: MORAES, R.J.; AZEVÊDO, M.G.L.; DELMANTO, F.M.A. *As leis federais mais importantes de proteção ao meio ambiente comentadas*. Rio de Janeiro: Renovar, 2005.

STEIGLEDER, A.M. *Aspectos controvertidos do licenciamento ambiental. Associação Brasileira do Ministério Público do Meio Ambiente*. Disponível em: http://www.abrampa.org.br. Acessado em: 14 out. 2005.

TRENNEPOHL, C.; TRENNEPOHL, T. *Licenciamento ambiental*. 5.ed. Niterói: Impetus, 2011.

VAN ACKER, F.T. *Licenciamento ambiental*. Disponível em: http://www.ambiente. sp.gov.br/EA/adm/admarqs/Dr.VanAcker.pdf. Acessado em: 06 abr. 2005.

Agricultura e Sustentabilidade | 10

Patrícia Nunes Lima Bianchi
Centro Universitário Salesiano de São Paulo

INTRODUÇÃO

O objetivo deste trabalho é apresentar o modelo agrícola brasileiro, apontando suas características fundamentais e algumas consequências para o meio ambiente, além de apontar alguns caminhos que visem a conciliar a prática agrícola a critérios de sustentabilidade.

Tendo em vista a complexidade do tema, que envolve vários setores sociais, optou-se por refletir sobre aspectos mais gerais, não se olvidando de assuntos considerados fundamentais, como a questão dos agrotóxicos, e as deficiências estruturais que integram o atual modelo da agricultura brasileira.

O Brasil, desde o período colonial, adota uma política agrícola marcada pela insustentabilidade ecológica. Tal situação se agravou com a utilização intensiva de agrotóxicos em monoculturas, o que tem como consequência a degradação do solo, a contaminação dos recursos hídricos, da fauna e da flora circundantes, chegando ao homem pela cadeia alimentar ou pela simples exposição ao produto, deteriorando o ecossistema a ponto de interferir na sua capacidade produtiva.

Nesse contexto, destaca-se a chamada agricultura alternativa, que representa um conjunto de sistemas de produção cujo propósito é maximizar os benefícios sociais e a autossustentação do sistema produtivo e minimizar, ou até eliminar, a utilização de agrotóxicos e energia não renovável na agricultura.

O modelo agrícola brasileiro apresenta características que trazem graves consequências aos âmbitos social e ambiental. Numa política agrícola voltada para alimentar o mercado externo, perdeu-se o foco em razões elementares que envolvem a produção de alimentos. Neste capítulo, objetiva-se iniciar ou fomentar o resgate de um processo mais humano e mais justo, sem se perder de vista os dados científicos sobre o tema.

Assim, tecer-se-ão, a seguir, algumas considerações sobre a agricultura brasileira; tratar-se-á da questão dos agrotóxicos, suas ligações com a indústria e implicações na saúde humana; ver-se-ão alguns aspectos econômicos e sociais que envolvem o tema; e, por fim, apresentar-se-ão algumas reflexões e caminhos sobre a sustentabilidade no âmbito agrícola, além de algumas linhas sobre a visão de uma economia conectada à sustentabilidade.

DESENVOLVIMENTO AGRÍCOLA NO BRASIL: BREVES CONSIDERAÇÕES

A agricultura brasileira representa a principal atividade econômica do país desde o século XVI, quando nossas terras eram abundantes e férteis, e os europeus praticaram atividade agrícola destituída de princípios éticos e ecológicos, cumprindo o propósito precípuo da obtenção de lucro na então colônia de exploração.

Assim, abandonou-se, a partir daí, a ideia de uma agricultura como fonte de nutrição que alimenta a vida, e que mantém o ser humano saudável para que possa viver sua jornada com dignidade. A agricultura é a principal fonte alimentar das pessoas, e essa atividade tem laços estreitos com o bem-estar e a saúde da população.

O século XVIII representou um marco na agricultura moderna na Europa Ocidental. A partir daquele século, o homem começou a produzir alimentos em maior escala, e se tornou adepto de um modelo agrícola que agrega tecnologias relacionadas aos adubos químicos, tratores e sementes geneticamente modificadas ou "melhoradas", que aumentaram substancialmente a produção de alimentos.

O desenvolvimento agrícola ocorrido nos séculos XVIII e XIX, e tudo o que o caracterizava, convencionou-se chamar de agricultura moderna. O surgimento desta também caracterizou um período conhecido como Primeira Revolução Agrícola, que resultou no aumento extraordinário da produção em diferentes regiões da Europa Ocidental. Sobre esse ponto, Ehlers (2008, p. 14) explica que

> dizemos revolução porque foi a partir do século XVIII, em várias regiões da Europa, que ocorreu a aproximação das atividades agrícolas e pecuárias. Antes disso, desde as primeiras civilizações, essas atividades aconteciam separadamente. Esse "casamento" só se deu porque grandes levas de produtores passaram a cultivar plantas forrageiras, ou seja, pastagens para o gado. As forragens eram plantadas alternadamente nas mesmas terras utilizadas para o plantio de outras culturas. Desse modo, o agricultor promovia o que chamamos de rotação de culturas, ou sistemas rotacionais.

Antes da Primeira Revolução Agrícola, as forragens melhoravam a fertilidade dos solos, além de servir de alimento para os animais. A nova prática, contudo, promoveu a intensificação do uso da terra e o gradual abandono do pousio, um sistema de produção onde havia a interrupção do seu cultivo para que a terra se tornasse mais fértil.

No período colonial, o modelo agrícola brasileiro era caracterizado como ecologicamente predatório, já que nos diferentes ciclos econômicos do extrativismo, quando se exploraram os recursos naturais até quase a exaustão, todo o sistema foi conduzido para uma atividade econômica em que a questão ambiental foi desconsiderada (Mills et al., 1995).

A maior parte da produção rural brasileira, até as primeiras décadas do século XX, originava-se de produtores agrícolas representantes do poder oligárquico concentrado em determinadas regiões, que produziam basicamente para o mercado externo. Mas, na virada do século XIX, um novo surto de imigração europeia, predominantemente na região sul, impulsionou o processo de agricultura familiar e da pequena propriedade.

Assim, fora do âmbito dos latifúndios agroexportadores, havia pequenos proprietários que praticavam agricultura de subsistência. Estes utilizavam técnicas predominantemente indígenas, mão de obra familiar ou mutirão que deram origem a uma agricultura familiar existente ainda hoje. Concomitantemente, também surgiram unidades de tamanho médio, que produziam para o mercado interno (Pádua, 2002).

282 | DIREITO AMBIENTAL E SUSTENTABILIDADE

Ao longo do século XX, o modelo agrícola da *plantation* tradicional, adotado no país, sofreu as consequências negativas das flutuações do mercado internacional. Esse período foi caracterizado sobretudo pela migração de habitantes do campo para as cidades, e pelo surgimento de uma legislação trabalhista no meio rural.

Nesse contexto, o crescimento da urbanização e da industrialização ainda mantinha uma estrutura agrária profundamente desigual. Desde a grande crise do capitalismo (1870 a 1896), a agricultura passou a ser subordinada à indústria e, em seguida, ao capital financeiro. Sobre esse assunto, Zamberlam (2001) afirma que "essa dependência acentuou-se com o avanço da indústria química e mecânica do século XX. Os grandes grupos capitalistas organizaram a agricultura sob a ótica do capitalismo: produzir somente para o mercado." Após a Revolução Industrial, o modelo euro-americano de modernização agrícola tornou viável a difusão, em larga escala, da prática da monocultura. Sobre esse ponto, Romeiro (1998, p. 93) explica que

> Antes desta [Revolução Industrial], a monocultura de culturas temporárias só podia ser praticada por longos períodos em condições muito especiais: em regiões de solos excepcionais ou em regiões de conquista onde a degradação da terra não tem importância. Esse sistema [modelo euro-americano] é baseado na utilização intensiva de fertilizantes químicos e em processos mecânicos de reestruturação e condicionamento de solos, além do emprego sistemático de controle químico de pragas.

No Brasil, na década de 60, discutiam-se duas formas de elevar a produção de alimentos: a primeira era a de promover uma reforma agrária; a outra opção era adotar pacotes tecnológicos oriundos do pós-guerra, sem alterar a estrutura da posse da terra. Assim, a reforma agrária foi "adiada", optando-se por elevar a produção nacional mediante a adoção de pacotes tecnológicos, destinados aos grandes proprietários de terras agricultáveis. Esse fato, sem dúvida, além de antiecológico, contribuiu para o aumento da concentração de renda e das desigualdades sociais no país. Além disso, o agricultor passou a ser dependente da mecanização intensa; houve a redução da mão de obra ao mínimo, além da utilização indiscriminada de produtos químicos.

Historicamente, o desenvolvimento rural brasileiro foi subordinado aos interesses dos grandes proprietários que exploravam extensivamente as terras e, ao mesmo tempo, contratavam mão de obra de baixo custo. De fato, essa era, e ainda é, a essência do processo de acumulação de riquezas da elite rural no Brasil. Essa elite se modernizou, principalmente na década de 1970, sob a pressão e o estímulo dos governos militares. Créditos subsidiados e condicionados ao uso de insumos químicos – ou seja, fertilizantes, pesticidas, herbicidas etc., mecanização, entre outras providências – provocaram uma forte modernização da agricultura brasileira. Tal transformação gerou um imenso mercado para as indústrias químicas, a maioria delas transnacionais (Tucker e Brown, 1995)[1].

Esse período de grandes transformações, chamado de Revolução Verde, baseou-se numa política agrícola idealizada nos EUA, que foi difundida nos países pobres e em desenvolvimento, com o objetivo de possibilitar a abertura e a ampliação de mercados para os norte-americanos nos setores de sementes, fertilizantes, agrotóxicos e máquinas agrícolas. Esse período foi também marcado pela promessa do fim da fome no mundo (Vaz, 2006).

Os avanços da produção agrícola, promovidos pela Revolução Verde, foram consideráveis, sobretudo quanto ao aumento do volume produzido. Todavia os resultados mais significativos não foram positivos. Segundo Vaz (2006, p. 27), os prejuízos ambientais foram alarmantes:

> (...) contaminação das nascentes de água, devastação de florestas e exaurimento do solo, diminuição da produção geral de alimentos, abandono da policultura, extinção de cereais, oleaginosas e leguminosas, diminuição da diversidade genética, má distribuição de renda, migração para áreas urbanas (êxodo rural), desemprego, desnutrição, subordinação dos agricultores à agroindústria internacional, crescimento da "dívida externa" dos países que receberam financiamento do Banco Mundial para a implantação desta política e, no que interessa ao presente trabalho, a nefasta multiplicação do uso de adubos químicos e agrotóxicos. O modelo agrícola preconizado pela Revolução Verde revelou-se perverso, pois não resolveu o problema da fome. Basta verificar, em todas as regiões do país, as crescentes hostes de famintos e miseráveis.

Atualmente, entende-se que no Brasil praticamente não existe uma política agrícola. Para Primavesi (1992), o que há é a orientação de uma agri-

---

[1] Os autores afirmam que "a política estadunidense de exportação de agrotóxicos tem sido censurada como sendo uma hipocrisia regulatória. Muitos dos agrotóxicos exportados por firmas dos Estados Unidos não estão registrados e portanto é vedado o seu uso naquele país. De acordo com estimativas da indústria de agrotóxicos e da EPA, entre 26 e 44 agrotóxicos proibidos ou sem registro são exportados dos EUA. As exportações anuais pelos Estados Unidos, de produtos agrotóxicos não registrados, totalizam US$758 milhões."

cultura como insumo para produtos industriais. Nesse sistema, o agricultor receberia menos pelo produzido, e os preços dos produtos agrícolas cairiam, geralmente com o fim de manter os alimentos baratos e garantir o lucro das indústrias beneficiadoras. Nesse sistema, o preço dos insumos inviabilizaria os trabalhos de parte dos agricultores ou os faria trabalhar no vermelho, em razão da quase obrigação de ter que adotar uma tecnologia altamente químico-mecanizada. Isso resultou, principalmente, na evasão dos pequenos agricultores do meio rural para as favelas e periferias das grandes cidades.

A seguir, tratar-se-á de alguns fatos e consequências relacionados à adoção do atual modelo agrícola brasileiro, entre eles a relação dos agrotóxicos com a indústria e seus reflexos na saúde humana.

AGROTÓXICOS: A INDÚSTRIA E A SAÚDE HUMANA

O Brasil possui um histórico de deterioração de terras agricultáveis e de contaminação dos solos e dos recursos hídricos pela utilização de agrotóxicos na agricultura. Sobre esse assunto, Gomes e Barizon (2014) destacam que o consumo de agrotóxicos no país vem aumentando muito nas últimas décadas, e que em 2008 o país já representava o maior mercado consumidor de agrotóxicos do mundo. Os autores explicam que esse fato ocorre por diversos fatores, como o aumento da área cultivada, a adoção de tecnologias e também o surgimento de pragas agrícolas de difícil controle.

A água, recurso natural cada vez mais valioso, corre grande risco de escassez em razão da sua contaminação e sua sobreutilização. Destaca-se que, hoje, mundialmente a agricultura é responsável por cerca de 70% do consumo das reservas de águas doce, seguida pela indústria (20%) e pelo abastecimento direto de populações (10%) (Amorin, 2009).

A contaminação das águas por resíduos de agrotóxicos se dá pelo escoamento superficial ou por infiltração. Os venenos utilizados nas plantações contaminam os recursos hídricos e os seres que vivem em rios e lagos, chegando indiretamente ao homem pela cadeia alimentar.

A agricultura representa a maior fonte de contaminação dos recursos hídricos. Segundo Vaz (2006, p. 51),

> a atividade agrícola, a industrialização e o processo de urbanização são as principais causas de poluição das águas. Sinteticamente, podemos afirmar que a

contaminação e a eutrofização são as principais agressões aos recursos hídricos em razão do uso de agrotóxicos.

Na região de Ribeirão Preto, estado de São Paulo, um estudo Embrapa aponta que o megarreservatório do Aquífero Guarani vem sendo contaminado por agrotóxicos nas áreas em que está perto da superfície. O funcionário que divulgou a notícia foi o geólogo Marco Antônio Ferreira Gomes, que iniciou sua pesquisa em 1995.

Gomes coordenou um projeto que avaliava a contaminação do aquífero Guarani, um reservatório subterrâneo que abrange trechos de oito estados brasileiros e de três países vizinhos (Argentina, Uruguai e Paraguai). A pesquisa apontou níveis de agrotóxico próximos ao limite considerado perigoso para a saúde humana num dos trechos paulistas do aquífero, e definiu outras quatro áreas no país onde o risco de contaminação pode ser sério (Lopes, 2002).

De acordo com o pesquisador da Embrapa, o nível de contaminação encontrado é 80% acima do permitido para o consumo humano. A pesquisa demonstrou que as áreas de recarga do interior paulista foram consideradas de alto risco de contaminação. Além disso, situação semelhante ocorre nas nascentes do rio Araguaia, área do Brasil Central que engloba trechos dos estados de Goiás, Mato Grosso e Mato Grosso do Sul. O pesquisador ainda informou que o milho e a soja já ocupam as áreas de recarga, e o algodão deve descer em breve para essas zonas também. E essa cultura exige de dez a quinze aplicações anuais de agrotóxico (Lopes, 2002).

Uma solução desse problema, entre outras, estaria na elaboração de um zoneamento ambiental, com o intuito de despoluir as áreas de recarga do aquífero. Conforme Marco Antonio Ferreira Gomes apud Lopes (2002), geólogo da Embrapa Meio Ambiente, em Jaguariúna,

nessas áreas, é preciso um manejo diferente da monocultura intensiva. Por exemplo, adaptar as culturas mais próximas dos rios de forma gradativa: primeiro a mata ciliar, depois árvores frutíferas, pecuária e, nas áreas distantes, liberar o uso agrícola mais intensivo.

Contudo, infelizmente, antes de ser visualizado como um recurso que deve ser utilizado e cuidado para suprir as necessidades vitais das presentes e futuras gerações, o aquífero, assim como os demais recursos hídricos, encerra-se em uma questão política, mais especificamente atrelada ao atual sistema econômico, onde os ganhos privados normalmente prevalecem sobre qualquer ideia de sustentabilidade ecológica.

Com relação aos recursos hídricos, cabe esclarecer que a degradação destes implica violação da Lei n. 9.433/97, que institui a Política Nacional de Recursos Hídricos. Esta lei estabelece como um dos seus objetivos fundamentais o asseguramento, à atual e às futuras gerações, da necessária disponibilidade de água, em padrões de qualidade adequados aos respectivos usos (art. 2º, I). No entanto, a contaminação humana, por meio da água que contenha resíduos de agrotóxicos, se dá pelo seu consumo ou pelo consumo de organismos aquáticos (peixes, crustáceos etc.).

Destaca-se que a Lei n. 7.802/89[2] disciplina a utilização, entre outras, dos agrotóxicos no Brasil. Sobre a definição de agrotóxicos, Vaz (2006, p. 22) esclarece que

> [...] agrotóxicos são toxinas utilizadas para matar, controlar ou afastar organismos indesejados da lavoura, tais como: herbicidas (que matam plantas invasoras) e pesticidas, divididos em inseticidas (que matam diversas espécies de insetos), fungicidas (que matam fungos), acaricidas (que matam ácaros), bactericidas (que matam bactérias), algicidas (que matam algas), rodenticidas (que matam roedores), formicidas (que matam formigas), molusquicidas (que matam moluscos), e outros.

Os pesticidas, de um modo geral, são tóxicos às plantas, ao homem e a outros animais. Os pesticidas clorados são muito persistentes na água ou no solo por não serem biodegradáveis. Estes últimos geralmente levam anos para desaparecer. Importante dizer que o tratamento convencional da água para consumo humano tem pequeno efeito sobre os referidos venenos (Mota, 1995). Contudo, apesar dos graves problemas constatados pela utilização daquelas substâncias tóxicas, a solução adotada para o esgotamento do solo e a infestação de pragas provocados pela monocultura é a mais simples e rentável: o emprego de fertilizantes químicos e ainda mais agrotóxicos.

Uma das justificativas apresentadas por técnicos e vendedores é que os herbicidas "modernos" se decompõem, ou seja, deixam de ser tóxicos ao entrar em contato com o solo. Contudo, a confiabilidade dessas afirmações é, no mínimo, duvidosa em razão da falta de informações científicas. Além dis-

---

[2] Ver também Lei n. 9.974/2000, que alterou a Lei n. 7.802/89. Esta é regulamentada pelo Decreto n. 4.074/2002.

so, geralmente quem profere tais afirmações são fabricantes e comerciantes de tais produtos, interessados certamente na sua venda. Sobre esse assunto, Zamberlam (2001, p. 45 e 46) comenta que

> é importante alertar que os fabricantes e vendedores de agrotóxicos (inseticidas, herbicidas e fungicidas) há anos usam os mesmos métodos para vender, ou sejam, nunca falam dos reais ou possíveis efeitos que tais produtos causam ao homem e ao meio ambiente. Somente alguns anos mais tarde ficam claramente conhecidas suas consequências.

A ausência de uma ética ecológica facilitou a difusão de uma agricultura comercial extremamente agressiva, para a qual levar em conta as restrições ecológicas representa custos insuportáveis. Mais uma vez, a preocupação principal é com o lucro do grande agroexportador.

Em 2006, o Brasil era o terceiro maior consumidor de agrotóxicos do mundo, e, de acordo com Vaz (2006, p. 45), são esses dados assustadores que colocam o Brasil, em matéria de mortalidade por câncer, em terceiro lugar no *ranking* mundial. E, ainda, "calcula-se que em todo o mundo ocorrem, por ano, cerca de 2 milhões de casos de envenenamento por agrotóxicos, com algo em torno de 50 mil mortes". Hoje, já ocupamos a posição de maiores consumidores mundiais de agrotóxicos (Gomes e Barizon, 2014).

A agricultura representa um dos principais mercados para o setor que produz agroquímicos em geral, e para o setor de máquinas e equipamentos agrícolas. Assim, é evidente que tais setores despenderão esforços com o intuito de manter e ampliar o mercado para seus produtos. Este processo se dá normalmente pelo Estado, que subsidia a produção, impondo a compra de máquinas e insumos modernos pelo agricultor, por meio de cláusulas contratuais, na concessão de crédito.

O uso de agrotóxicos não apenas contamina produtores e consumidores de produtos agrícolas, como degrada o ecossistema rural a ponto de interferir na sua capacidade produtiva. Isso se dá porque tais produtos eliminam ou enfraquecem a "vida" existente nos solos, degradam suas propriedades naturais (microflora e microfauna). A degradação do solo, por sua vez, exige que sejam praticados procedimentos mecânicos a fim de reestruturá-lo, causando ainda mais degradação, pois tais procedimentos acarretam erosões e afetam profundamente a atividade biológica no interior do solo.

As pessoas no campo estão morrendo por contaminação, e alguns autores, como Dioclécio Luz (1998) responsabilizam governos e entidades in-

DIREITO AMBIENTAL E SUSTENTABILIDADE

ternacionais, como a FAO, a OMS etc., que autorizam e, às vezes, incentivam a utilização de agrotóxicos na produção agrícola.[3]

Esclarece-se que os agrotóxicos podem ter no homem efeitos teratogênicos (nascimentos com más-formações); mutagênicos (alterações genéticas patogênicas) e carcinogênicos (surgimento de cânceres). No Brasil, a taxa de agrotóxicos no sangue da população é elevadíssima. De acordo com Vaz (2006, p. 45), "[...] os ingleses têm 14,4 ppb (partes por bilhão) de veneno no sangue; os americanos têm 22,7 ppb; os argentinos têm 43,3 ppb, e os brasileiros têm a absurda taxa de 572,6 ppb". Ainda, segundo o autor, "no meio rural, é absurda a mortalidade infantil. Pesquisa feita com 929 trabalhadoras rurais comprova que 52,3% já tiveram filho nascido morto e 10% delas já tiveram mais de quatro filhos nascidos mortos".

Estudos da Fundação Oswaldo Cruz (Fiocruz) associam o uso de agrotóxicos à infertilidade humana e animal. Nesse caso, entendeu-se que os pesticidas atuam no organismo humano e podem estar afetando a cadeia hormonal. Mediante a análise de espermogramas, verificou-se uma tendência de queda qualitativa e quantitativa dos espermas dos homens e dos animais mamíferos (Vaz, 2006). Quanto ao poder carcinogênico dos agrotóxicos, tanto pelo consumo, quanto pela exposição, o mesmo autor adverte que

> [...] a desinformação de usuários e de médicos que a estes prestam atendimento serve-se para escamotear uma realidade alarmante, não permitindo que os dados estatísticos reais cheguem ao conhecimento das autoridades sanitárias, para que sirvam de subsídio à implantação de políticas públicas tendentes a solucionar ou ao menos minorar os graves problemas. (Vaz, 2006, p. 48)

No que concerne à segurança alimentar, o problema é assustador, já que normalmente se desconhece a procedência da maioria dos alimentos que se in-

---

[3] Pinheiro (1998) afirma o seguinte: "Não é novidade para ninguém, por mais desinformado que seja, que os agrotóxicos provocam intoxicação, envenenamento. Entretanto, os produtos são cercados por uma aura de segurança, com o beneplácito das Nações Unidas, por meio da OMS, FAO, Unido (Organização para o Desenvolvimento Industrial), Opas (Organização Panamericana de Saúde), IRPTC (Registro Internacional de Substâncias Tóxicas e Perigosas). A realidade é que milhões de agricultores humildes, homens, mulheres e crianças indefesas, são vítimas de envenenamento por agrotóxicos diariamente. Morrem, sabidamente por contaminação, mais de 20 mil pessoas por ano. Não se pode aferir a quantidade dos que sucumbem envenenados sem o saberem, não associando a sintomatologia ao uso do veneno. Quando as indústrias serão chamadas a pagar por esses crimes? O alerta no rótulo exime-as de culpa?".

gere, e resta à população confiar nas ações fiscalizatórias do Estado. Contudo, infelizmente, dados científicos informam uma contaminação contínua e duradoura da população, o que certamente trará graves consequências. A Agência Nacional de Vigilância Sanitária (Anvisa) investiga alimentos contaminados por agrotóxicos. Essa agência possui a missão de regulamentar, analisar, controlar e fiscalizar produtos e serviços que envolvam riscos à saúde – agrotóxicos, componentes e afins e outras substâncias químicas de interesse toxicológico. A Agência realiza, entre outras, a avaliação toxicológica para fins de registro dos agrotóxicos, além de coordenar o Programa de Análise de Resíduos de Agrotóxicos nos Alimentos (Para) e a Rede Nacional de Centros de Informação Toxicológica (Renaciat) e promover capacitações em toxicologia.

No que se refere aos alimentos transgênicos, Vaz (2006) comenta que talvez o volume empregado nesse tipo de cultura seja menor, mas a nocividade do agrotóxico é muito maior. O autor esclarece, por exemplo, que o Roundup Ready, usado em plantações transgênicas, é muito mais forte do que os agrotóxicos comuns. Também adverte que não ocorreu a redução na utilização do produto nos Estados Unidos, em vários anos de plantio de soja transgênica; ao contrário, houve um aumento considerável, segundo dados do Departamento de Agricultura. Ademais, as pesquisas com transgenia são feitas pela indústria química, que, por sua vez, objetiva a intensificação de suas vendas (Vaz, 2006). Sobre esse ponto, explica o mencionado autor que, na cultura transgênica,

> emprega-se apenas um tipo de agrotóxico (o Roundup Ready, cujo princípio ativo é o glifosato), mais forte, ao qual a planta transgênica tem resistência. Assim, pode-se dizer que a planta transgênica recebe uma superdosagem de um determinado agrotóxico, que mata todas as ervas daninhas, mas não a cultura desejada. Talvez por isso a abordagem sobre o tema culturas e alimentos transgênicos não contemple o ponto fulcral. A nosso ver, a nocividade é muito maior pelo risco de contaminação por resíduos de agrotóxicos do que propriamente pelos efeitos – ainda desconhecidos – da transgenia. (Vaz, 2006, p. 57)

De mais a mais, o glifosato (Roundup) é a terceira maior causa de problemas de saúde em agricultores norte-americanos. O poder residual do produto nos solos também é intenso, afetando, inclusive, os lençóis freáticos. Outro fato é que cerca de 70% dos alimentos processados têm soja ou milho entre seus ingredientes, e a soja está presente em cerca de 60% dos alimentos vendidos nos supermercados (Vaz, 2006).

Outro assunto importante no que concerne aos agrotóxicos é o seu *registro*. Este é ato privativo de órgão federal competente, que atribui o direito de produzir, comercializar, exportar, importar, manipular ou utilizar um agrotóxico, componente ou afim[4]. Assim, o produto deverá ser registrado nos órgãos e entidades federais do Ministério da Saúde (Agência Nacional de Vigilância Sanitária – Anvisa), do Meio Ambiente (Ibama) e do Ministério da Agricultura, da Pecuária e do Abastecimento (Secretaria Nacional de Defesa Agropecuária)[5]. Cuida-se de ato complexo, de caráter público, que visa à segurança social e individual nas áreas de alimentação, saúde e meio ambiente.

Nesse processo há a figura do receituário agronômico. Nele deverão constar informações como o nome do produto, a dosagem, as condições a ser observadas antes, durante e após a aplicação do agrotóxico etc. O grande problema ligado ao receituário agronômico é, sem dúvida, a falta de controle e fiscalização por parte dos poderes públicos, levando o produtor rural e o aplicador do produto a pôr em risco a saúde pública e o meio ambiente. Sobre esse ponto, Vaz (2006, p. 82) comenta que "é de conhecimento geral que uma pessoa pode adquirir uma receita e comprar qualquer tipo de agrotóxico, mesmo os mais letais, sem a mínima dificuldade, em face do despreparo dos profissionais e da inoperância, tanto dos CREAs como das autoridades sanitárias e ambientais".

Daí a importância da implantação de programas de educação ambiental no campo, além da intensificação – pelo Conselho Regional de Engenharia, Arquitetura e Agronomia (Crea), que disciplina e fiscaliza o exercício profissional de engenheiros agrônomos e técnicos agrícolas – de medidas disciplinares e fiscalizatórias, coibindo as práticas abusivas dos profissionais responsáveis pela emissão da receita de agrotóxicos.

Cabe assinalar que, no que tange ao tema *agrotóxicos*, não existe, no Brasil, uma política pública de segurança química efetiva, mas sim uma política de "omissão". Há uma transferência dos riscos ambientais dos países do Norte para os países do Sul, associada a uma política omissa ou negligente do Estado com relação a esse fato (Albuquerque, 2003).

De acordo com a agrônoma Maria José Guazeli apud Zamberlam (2001), empresas multinacionais, como a Bayer na Alemanha, não mais fabricam os

---

[4] Decreto n. 4.074/02, art. 1º, XLII.

[5] Art. 3º da Lei n. 7.802/89.

atuais agrotóxicos usados na agricultura para os países de Primeiro Mundo. Segundo ela, as empresas "apenas estão desovando seus estoques nos países não desenvolvidos, como é o caso do Brasil, pois os consumidores dos países ricos não aceitam mais esse tipo de agricultura".

Sobre os fatores negativos atinentes às políticas públicas a serem intentadas pelo Estado, Albuquerque (2003) destaca os seguintes: a descontinuidade causada pelo rodízio na direção de instituições; a fragmentação de políticas e ações não integradas; a sobreposição em face de ações concorrentes entre instituições de níveis diferentes ou iguais de governo ou setor; a focalização pontual, por meio de ações não sistêmicas; e a falta de transparência nos processos decisórios, privilegiando interesses dos agentes envolvidos em detrimento do interesse público.

As vendas de agrotóxicos estão tendo um aumento progressivo, e a entropia planetária caminha no mesmo ritmo. Com isso, conclui-se que a contaminação por agrotóxicos – que afeta a qualidade das águas, da flora e da fauna, dos trabalhadores e dos consumidores – indica que o modelo agrícola atual não é o mais adequado para promover a sustentabilidade ecológica e a saúde da população.

Por fim, é fundamental que o solo agrícola seja tratado de forma racional e sustentável, posto que, entre outros problemas, o uso sistemático de agrotóxicos vem comprometendo mananciais de abastecimento de água, inclusive subterrâneos, com características de irreversibilidade de tais danos ambientais. Esse assunto ainda envolve questões como a mortalidade no campo e fora dele, além de grandes prejuízos à saúde humana.

AGRICULTURA BRASILEIRA: ASPECTOS ECONÔMICO-SOCIAIS

A agricultura, conforme o modelo adotado, produz reflexos nos diversos âmbitos da sociedade. Em termos econômicos, Neves e Conejero (2011) entendem, resumidamente, que a aceleração do crescimento sustentável no Brasil deveria levar em conta as seguintes estratégias: ajuste fiscal para redução do gasto público e consequente desoneração tributária do agronegócio; reforma trabalhista para modernizar o trabalho no agronegócio; reforma tributária e política visando à sua simplificação.

Com relação às empresas multinacionais, os autores afirmam que estas cada vez mais produzirão onde for mais interessante aos seus acionistas, com previsão de crescimento das parcerias e alianças estratégicas, no que concerne à produção, aos suprimentos e à distribuição. Apontam, como tendência, a terceirização (ou subcontratação) de atividades produtivas. Exemplificam que "a maior competição, em boa parte dos mercados, traz uma tendência de menores margens nos sistemas produtivos, demandando um contínuo processo de redução de custos e reavaliação de processos produtivos" (Neves e Conejero, 2011, p. 11).

Em termos sociais, os autores afirmam que "no Brasil, entendeu-se que o Estado deveria tomar renda da sociedade, via impostos e empréstimos, para gastar no social e cuidar dos desfavorecidos" (Neves e Conejero, 2011, p. 12). Os autores entendem que isso acarreta o aumento da dívida pública e a carga tributária, sufocando o consumo e os investimentos das pessoas e empresas privadas. Afirmam: "na Coreia, com o governo gastando bem menos no social, é de 15% a população abaixo da linha de pobreza, metade do índice brasileiro. Eles criam empregos, não bolsas". Nesses termos, o setor exportador é o que mais sofreria com isso.

Assim, no que concerne à agricultura brasileira, existiriam fragilidades nas políticas públicas a ela destinadas, e os motivos seriam: o caráter predominantemente emergencial das atuações do governo; o fato de os pacotes de ajuda governamental serem direcionados à renegociação de dívidas e ao financiamento; a realidade de que os seguros contra perda de safra agrícola se apresentam como um mercado ainda muito incipiente; as invasões de terra; os instrumentos financeiros oferecidos pelo setor privado necessitariam de reforço. Ademais, os casos de endividamento dos produtores rurais e o problema do seguro rural estariam causando a redução no uso de tecnologia na lavoura, ensejando-se maior suscetibilidade ao ataque de pragas e doenças e baixa qualidade do produto final (Neves e Conejero, 2011).

Contudo, entende-se que para uma comparação das políticas econômico-sociais entre Brasil e Coreia, diversas variáveis devem ser analisadas cuidadosamente, como processo e desenvolvimento histórico, particularidades socioculturais, sistema democrático, político, econômico, situação social das diversas regiões, concentração de renda, entre outras. Uma política pública não pode ser transplantada de um país para o outro sem se observar as devidas adequações à realidade nacional ou local.

Hoje, no Brasil, adota-se um modelo agrícola onde se estimula a modernização dos latifúndios, praticando-se a monocultura a fim de produzir grãos mais baratos e em maiores quantidades para fins de exportação. A agroindústria vem se tornando cada vez mais oligopolizada, ou seja, controlada por grupos econômicos transnacionais. Nesse contexto, a agricultura familiar, ou aquela destinada à produção local, torna-se inviável por não ser "competitiva".

De outro vértice, a criação de linhas especiais de crédito agrícola, atreladas à compra de insumos agropecuários, gerou um problema para o pequeno agricultor, já que as monoculturas de grãos motomecanizadas exigem uma escala de produção mínima, que excluiu do sistema a maioria dos pequenos produtores. Consequentemente, muitos tiveram que vender suas terras, e migrar para os centros urbanos industrializados em busca de emprego, causando os fenômenos do êxodo rural e do inchaço das grandes cidades.

Conforme Roberto (apud Schmitz e Mota, 2010), a agricultura familiar camponesa, em toda a sua diversidade apresentada, responde pela maior parte dos alimentos que consumimos em todas as regiões do país, e compõe um estrato social que confere dinamismo às estratégias econômicas locais/regionais de desenvolvimento. Trata-se, ainda, de um setor que normalmente mantém uma paisagem mais preservada e mais biodiversa. Segundo o autor,

> são mais de 4,3 milhões de unidades familiares de produção e poderiam ser muitos milhões a mais se realmente nosso país viesse a realizar uma "reforma agrária integral" como sugerem os sucessivos Planos Nacionais de Reforma Agrária (Roberto apud Schmitz e Mota, 2010, p. 2).

Atualmente, a agricultura brasileira é caracterizada principalmente pela concentração fundiária. Camargo, Capobianco e Oliveira (2002) afirmam que:

> no Brasil, um por cento dos proprietários de terra, que possuem mais de 1.000 hectares, detém 45,1% de hectare agrícola, enquanto 89,3% dos pequenos proprietários, que têm menos de 100 hectares, controlam somente 20% da área agrícola.

Destaca-se que, analisando-se os censos agropecuários das últimas duas décadas, constatou-se que a concentração na distribuição de terras não apresentou alterações significativas no período (IBGE, 2009).

Schmitz e Mota (2010) informam que no Brasil existem 4.859.732 estabelecimentos rurais, cujo valor bruto da produção totaliza R$ 47,8 bilhões. E ainda que 85,2% daqueles estabelecimentos rurais são unidades familiares, responsáveis por 37,9% da produção bruta, em 30,5% da área (107,8 milhões de hectares), apesar de receberem apenas 25,3% dos financiamentos agrícolas (créditos). Os autores ainda comentam que:

> apesar de toda essa importância no debate, na vida social e na crescente atenção do governo e das Organizações não Governamentais (ONGs) à agricultura familiar no Brasil, a heterogeneidade das condições de reprodução social dos agricultores é profunda, com a pobreza marcando o cotidiano de muitas das famílias em decorrência, entre outros, da transferência de renda para setores não agrícolas [...], da atomização da categoria como ator no mercado e das dificuldades de organizar a ação coletiva.

Por outro turno, há quem defenda, prioritariamente, políticas que abram oportunidades para o empresariado brasileiro e mundial, com o argumento de que tais investimentos são mais produtivos em termos sociais, a fim de gerar mais empregos e fixar a renda na região. Sustenta-se, por exemplo, que a agricultura na sua forma empresarial incrementa os índices sociais tais como urbanização, expectativa de vida, saneamento básico, entre outros. Alega-se que o perfil do produtor voltado apenas para a subsistência leva à formação de uma cultura assistencialista, dependente de ajuda pública para a manutenção de uma situação considerada difícil. Ademais, não haveria contradição entre a grande empresa do agronegócio e o modelo de pequeno produtor familiar, já que este poderá, por exemplo, formar uma rede de fornecedores integrados. Isso traria um sistema produtivo forte, somando-se à grande empresa que concentraria o trabalho sobretudo de mercado e de escala, respondendo-se, assim, à atual competição global. Nesses termos, o pequeno produtor e a grande empresa do agronegócio trabalhariam estrategicamente, atendendo às atuais demandas do mercado (Coelho, 2011).

É claro que nem sempre a produção dos agricultores familiares é pequena. Nesses termos, destaca-se que a "[...] agricultura familiar é a principal fonte de ocupação da força de trabalho no meio rural, lidera na produção regional de arroz (NE), milho (NE) e mandioca (S)" (Schmitz e Mota, 2010). No entanto, questiona-se se a estratégia acima relatada não agravaria ainda mais o desemprego em razão da forte mecanização, além do aprofundamento das diferenças sociais e fundiárias. Pior, aquela estratégia, nos moldes em que vem sendo implantada, tem produzido verdadeiro desastre em termos ecológicos.

Sob a ótica socioambiental, tendo-se em vista uma sociedade urbano-industrial moderna e complexa, em um quadro de profundas desigualdades, surgem, hoje, críticas e reflexões teóricas acerca do uso da terra e suas conexões socioambientais. Em decorrência disso, estudos apontam para o conceito de justiça ambiental, em uma linha teórica que cuida do poder, sobretudo na "(re)produção das relações de dominação centro-periferia marcadas pelo desprezo sobre as pessoas e a natureza". Assim, estaríamos seguindo, atualmente, um modelo de "desenvolvimento injusto", especialmente no que tange às populações mais pobres e discriminadas.

Em razão das mazelas socioambientais da atualidade, entende-se que a produção com sustentabilidade, sob os aspectos socioambiental e econômico, será a mais acertada forma de produção. Assim, tem-se a opção de pensar os destinatários dos produtos agroindustriais como seres humanos, em sua integralidade, ou pensá-los como sendo meros consumidores inseridos num sistema mercadológico. Nesses termos, Neves e Conejero (2011) entendem que o processo evolutivo da sociedade é que vai definir as tendências quanto a necessidades, desejos e padrões de consumo. Variáreis como envelhecimento populacional, obesidade, educação, desigualdade social urbanização e segurança alimentar etc. determinariam a forma pela qual o consumidor final escolhe os alimentos.

Os autores chamam a atenção para a importância da *segurança alimentar* no mundo atual, e atentam para a possibilidade de o consumidor final boicotar produtos, levando-se à necessidade de adoção de sistemas de detecção, prevenção e eliminação de contaminantes nos alimentos, eliminação de *riscos*. Hoje, haveria novos nichos de mercado, como o dos produtos orgânicos, sem calorias, amigo da criança, socialmente responsável, livre de transgênicos etc., cujo propósito seria conquistar o consumidor, e esse processo seria o resultado de um amplo conceito de sustentabilidade, fenômeno ocorrido nos últimos dez anos, que levou a questão ambiental a patamares mais abrangentes, subjetivos e complexos (Neves e Conejero, 2011).

Schmitz e Mota (2010) destacam que recentemente houve melhora econômica geral no meio rural, diante do aumento do volume de aposentadorias e programas governamentais como o Bolsa Família. Contudo, apesar da pequena, mas sensível mudança, a atividade nem sempre é lucrativa, é considerada penosa e muitos jovens já não querem permanecer nela. Assim, a partir de questionamentos como "por que os agricultores continuam nessa atividade, apesar de obterem, na média, uma remuneração em baixo dos custos de oportunidade" ou "por que não procuram um trabalho assalariado", pesquisas atuais concluíram que o interesse principal das populações investigadas não é econômico, mas sobretudo, "ter uma moradia digna, vi-

296 | DIREITO AMBIENTAL E SUSTENTABILIDADE

ver junto aos familiares, ter uma perspectiva em termos de patrimônio para os filhos são prioridades dos assentados". Nesses termos,

> [...] mais do que mera sobrevivência (...), essas populações buscam sobreviver com dignidade, com base num modo de vida peculiar que é o da economia familiar. Com base na não dispersão da família e na espera de assegurar um futuro aos filhos.

Por fim, a agricultura deverá cumprir o seu propósito, e este deverá ser definido em sociedade tendo-se em vista as benesses e mazelas que serão refletidas nas searas ambientais, social e econômica. Essa escolha deverá ser precedida de um projeto de informação e educação aos cidadãos, a fim de se tornar válido e eficaz o processo democrático. Afinal, será que se deve continuar plantando e colhendo para o mercado, ou será que já é tempo de cuidar do meio ambiente e dos seríssimos problemas sociais que vivenciamos atualmente? Parece que ainda resta tempo para a retomada de um real desenvolvimento sustentável.

SUSTENTABILIDADE: REFLEXÕES E CAMINHOS

A sociedade contemporânea é caracterizada como uma *sociedade* assinalada pela incerteza, insegurança, enfim, pela imprevisibilidade dos acontecimentos, e pela dificuldade de avaliar as suas dimensões, sobretudo no que concerne aos assuntos ambientais. Esse modelo societário pode ser denominado como uma *sociedade de risco* (Beck, 2001).

A ideia de *sustentabilidade*, vista sob uma perspectiva ampla, deverá ser pensada em termos ambientais, sociais e econômicos. Uma vez negligenciado um desses âmbitos, nenhum processo ou produto poderá ser definido com base em critérios de sustentabilidade. Contudo, os parâmetros que definirão tais critérios serão definidos por cada sociedade, e fiscalizados com base em ferramentas disponíveis na atualidade.

No Brasil, no âmbito ambiental, por exemplo, pode-se ter como parâmetro jurídico o que estabelece o art. 225, *caput*, da Constituição Federal de 1988, onde se determina que:

> todos têm direito ao meio ambiente ecologicamente equilibrado, bem de uso comum do povo e essencial à sadia qualidade de vida, impondo-se ao Poder

Público e à coletividade o dever de defendê-lo e preservá-lo para as presentes e futuras gerações.

No mundo pós-moderno, o modelo econômico defendido pelos neoliberais não apresentou até agora uma solução para os problemas básicos da humanidade, principalmente para aqueles relativos ao âmbito social e ecológico. Ao contrário, estimula-se o desenvolvimento econômico, com promessas de emprego, igualdade, qualidade de vida e, ainda, a sustentabilidade no processo desenvolvimentista. Contudo, nessa lógica, os resultados são cada vez mais reveladores, vivenciando-se cotidianamente o desequilíbrio em todos os setores da sociedade (Pinheiro, 1998).

Hoje, além da insustentabilidade ecológica – e mesmo após um grande estímulo à produção global –, a agricultura se apresenta incapaz de cumprir o seu objetivo enunciado de acabar com a fome no mundo. Restou notório que a indústria química faz seus megainvestimentos não para resolver o problema na fome no planeta, mesmo que de forma secundária, mas para obter lucro. Todavia, o argumento da *fome* ainda é utilizado pelos representantes das indústrias químicas, a título de *marketing*, corroborado pela academia, com o intuito de conquistar a confiança da opinião pública e legitimar o uso de determinadas substâncias ecologicamente insustentáveis. Sobre esse ponto, Pinheiro (1998) comenta que:

> [...] a questão da fome, é um dogma tão revoltante eticamente, quanto útil para a publicidade, o marketing e a manipulação político-governamental. (...) Na fome irlandesa (1840-1870), eles exportavam alimentos para a Inglaterra. Biafra (1960) exportava alimentos. Etiópia (1980) exportava alimentos e importava uísque.

De fato, após a Idade Média, na época renascentista, a fome era um problema gravíssimo que, aliado à peste, dizimou milhares de europeus. Nessa época não havia alimentos suficientes para a população. Hoje, cerca de um sexto da população mundial passa fome, sobretudo nos países africanos mais pobres. Contudo, a fome atual está mais associada às desigualdades sociais e à falta de dinheiro para comprar alimentos do que à capacidade de produzi-los. Na Idade Média, o problema era justamente a falta de alimentos para se adquirir (Ehlers, 2008).

O modelo de desenvolvimento agrícola do Brasil, adotado na década de 1970, foi e ainda é considerado por muitos um grande sucesso. A produção de grãos (tomada como o único indicador desse sucesso por seus defensores) ampliou-se em 70% na última década (Von der Weid, 2003), praticamente sem aumento da área cultivada, o que indica um aumento muito significativo na produtividade das culturas. Esses números impressionantes escondem uma realidade bem menos positiva.

As consequências das alterações promovidas pelo agricultor brasileiro, seguidor daquele modelo, na sua interação com a terra, podem ser resumidas da seguinte forma: A) a substituição dos sistemas de rotação com alta diversidade cultural por sistemas simplificados ou monoculturais, o que afetou drasticamente a estabilidade ecológica da produção agrícola; B) o desequilíbrio físico, químico e biológico dos solos como na suscetibilidade das lavouras ao ataque de pragas e doenças; C) os solos desgastados tornaram-se mais exigentes em fertilizantes químicos e as pragas desenvolveram resistência aos agrotóxicos, obrigando os agricultores a aplicá-los em quantidades cada vez maiores; D) a diminuição da eficiência energética pelo uso abusivo de insumos, além do aumento dos custos de produção (Ehlers, 2008).

Esses fatos indicam a rota para um desenvolvimento agrícola insustentável, ou seja, carente de uma visão sistêmica e preservacionista, no sentido de assegurar um meio social e ambiental sustentáveis, de qualidade, para as presentes e futuras gerações. Daí a necessidade de pensar em novos caminhos ou alternativas.

AGROECOLOGIA: UM CAMINHO PARA A SUSTENTABILIDADE

A década de 1980 marcou a agricultura norte-americana, no sentido de que novos grupos pretendiam alterar ou influenciar as políticas públicas agrícolas do país, contestando o então modelo convencional. Buscava-se, nessa época, conciliar a produção agrícola, a sustentabilidade ambiental e a viabilidade econômica. Daí surgiu a ideia e o movimento da chamada agricultura alternativa. Conforme definição da Embrapa, a agricultura alternativa cuida de um

> conjunto de sistemas de produção que busca maximizar os benefícios sociais e a autossustentação do sistema produtivo, minimizar e até eliminar a dependência de fertilizantes químicos, agrotóxicos e energia não renovável, preser-

var o meio ambiente através da utilização dos recursos naturais e socioeconômicos disponíveis. (Zamberlam, 2001, p. 88)

Alguns pesquisadores das ciências naturais e sociais aderiram ao *movimento alternativo*, contribuindo, assim, para aquele tema em termos científicos e tecnológicos. Nesse contexto, nasceu a agroecologia, uma disciplina que estuda os agroecossistemas, ou as relações ecológicas que ocorrem no âmbito de um sistema agrícola (Ehlers, 2008). De modo geral, a *agroecologia* visa a conciliar a atividade agrícola e a manutenção das características naturais e ecológicas do meio ambiente, levando em conta, ainda, fatores sociais e econômicos, partindo-se do pressuposto que a atividade agrícola, como uma atividade praticada pelo homem, deve se adaptar ao meio em que ele vive, e não contrário. Nesse ponto, o mesmo autor assinala que

o interesse em investigar a correlação entre os diversos componentes de um agroecossistema – o chamado enfoque sistêmico – foi, provavelmente, um dos fatores que mais contribuíram para a rápida divulgação da agroecologia na América Latina e nos Estados Unidos, particularmente na Califórnia. De certo modo, a agroecologia passou a ser uma espécie de contraponto à agronomia convencional, pouco acostumada a integrar seus diferentes campos de conhecimentos[6].

Observa-se que a *agroecologia* é um subgrupo da agricultura alternativa. A agricultura alternativa não resulta de um pacote pronto, preestabelecido, estimulado pelos órgãos de assistência técnica oficiais e por empresas privadas. Tal sistema resulta do desenvolvimento de um projeto a partir do conhecimento prático dos agricultores, ou seja, um conhecimento baseado em experiências milenares que marcaram a evolução da humanidade e sua relação com a natureza.

Os sistemas agroecológicos trabalham com vários produtos em uma mesma área. Segundo Von der Weid (2003), essa diversidade de produtos ainda acarreta vantagens comerciais, já que um agricultor agroecológico nunca depende de um só produto para garantir a sua renda, escapando das

---

[6] Nesses termos, Von der Weid explica que "são sistemas altamente diversificados que procuram manejar ao máximo a vegetação nativa sem destruí-la. Utilizam ciclagem de nutrientes, fixadores biológicos de nitrogênio, adubos orgânicos e biofertilizantes, controles ambientais, biológicos ou mecânicos de pragas e invasoras, seleção varietal diversificada e orientada para melhor tolerância a estresses etc." (In: Von der Weid, op. cit., p. 223).

oscilações de mercado que põem em risco os agricultores convencionais especializados. Em um ano de altos preços de soja, por exemplo, um agricultor convencional que só planta soja pode ter um faturamento mais alto que um agroecológico que plante uma policultura diversificada, mas em um ano de baixos preços de soja este último terá outros produtos a vender, compensando os problemas dos baixos preços daquele produto. Ademais, os custos mais baixos de produção do agricultor agroecológico o tornam mais competitivo em qualquer situação[7].

Os defensores da *agroecologia* vêm demonstrando, através de várias experiências concretas, que essa *alternativa* é a de menor impacto ambiental, e agrega maiores ganhos econômicos e sociais. Nesse ponto, Von der Weid (2003, p. 223) explica que:

> as experiências agroecológicas no Brasil e no mundo mostram que as produtividades totais por hectare são mais elevadas que em sistemas convencionais de monocultura, com custos mais baixos e maior qualidade dos produtos. Há menores riscos frente às instabilidades ambientais e mercadológicas. [...] Em alguns países, essa percepção já chegou aos poderes públicos e políticas vêm sendo adotadas na Noruega, Suécia, Alemanha, Suíça e Cuba para favorecer a adoção da agroecologia.

As vantagens ecológicas dos sistemas produtivos diversificados são geralmente acompanhadas por vantagens econômicas: além da redução da compra de insumos, os sistemas diversificados propiciam colheitas de diferentes cultivos em épocas alternadas do ano. Assim, os ingressos de renda agrícola são distribuídos de forma mais homogênea durante o período.

Nesses termos, a quebra de uma safra, ou a queda de preço de uma determinada cultura, não causa tantos problemas quanto nas propriedades monoculturais, e os riscos de falência são muito menores. A estratégia de

---

[7] Von der Weid, op. cit., informa que "há quase vinte anos a Academia Nacional de Ciências dos Estados Unidos comparou a performance agronômica e econômica dos agricultores orgânicos com os convencionais (agroquímicos) e verificou que os primeiros têm produtividade competitiva e custos mais baixos que os últimos. Os agricultores orgânicos americanos perdem na comparação com os convencionais apenas por não terem acesso aos subsídios que sustentam os altos custos destes últimos e porque, sendo poucos e dispersos, têm maiores custos na comercialização. Este fator e a existência de um mercado disposto a pagar mais caro por produtos de maior qualidade é o que explica os preços mais altos da agricultura orgânica nos Estados Unidos. Os mesmos fatores se aplicam à agricultura europeia".

minimizar os riscos por meio do cultivo de várias espécies e variedades de plantas estabiliza a produtividade a longo prazo, promove a diversidade do regime alimentar e maximiza os retornos com baixos níveis de investimento em insumos. Contudo, apesar das comprovadas vantagens agronômicas e econômicas dos sistemas rotacionais diversificados, a maior parte dos incentivos governamentais ainda é voltada para as regiões e fazendas altamente especializadas. E isso, de fato, desestimula as rotações e aumenta a necessidade de recursos externos (Ehlers, 2008).

Outro ponto importante é que a agroecologia é mais adequada às propriedades de pequeno e médio portes, típicas da chamada agricultura familiar, onde se utiliza a mecanização em pequena escala. Esse dado leva à conclusão de que – para a adoção de modelos agrícolas mais sustentáveis ecologicamente, como é o caso da agroecologia – é indispensável que ocorra uma reforma na estrutura fundiária brasileira.

As propriedades patronais, consideradas mais adequadas para o estabelecimento do padrão convencional, relegaram a agricultura familiar a um segundo plano, sobretudo no que tange aos incentivos e ao acesso a crédito. A despeito disso, Ehlers (2008) afirma que as propriedades familiares

> [...] que ocupam 25% da área cultivada no Brasil – superam as propriedades patronais – que ocupam 75% da área – no que diz respeito à oferta agropecuária de quase todos os produtos importantes que chegam às nossas mesas. Aproximadamente 70% dos alimentos que consumimos são provenientes das unidades produtivas familiares.

O autor ainda afirma que:

> o fortalecimento da agricultura familiar passa, necessariamente, por políticas de crédito, de preços, pela melhoria das estradas etc. Mas um dos pontos fundamentais para o seu estabelecimento é a promoção da educação no meio rural. Não apenas o ensino técnico, mas principalmente a educação formal. É bem provável que o padrão sustentável venha a ser muito mais exigente em conhecimento do que o padrão convencional, e a educação, nesse caso, será um insumo fundamental.

Com relação ao fato de alguns países já estarem tomando providências no caminho de uma agricultura mais sustentável, Vaz (2006, p. 30) observa que "enquanto outros países mais desenvolvidos convergem preocupação e medidas práticas para reduzir o uso de agrotóxicos, a situação do Brasil tende a se agravar". Segundo o autor, países como a Suécia, a Dinamarca, a Holanda, e a província de Ontário, no Canadá, recentemente desenvolveram políticas públicas com o propósito de reduzir em cerca de 50% o emprego de agrotóxicos.

Nas legislações italiana e francesa observa-se nítida e progressiva tendência de certo equilíbrio e projeto de sustentabilidade entre setor agrícola, saúde pública e meio ambiente. Uma tendência à adoção de normas cada vez mais rigorosas sobre condutas poluidoras, sobretudo quanto à contaminação de alimentos e águas por agrotóxicos. Contudo, no Brasil os dados são desanimadores; conforme Vaz (2006, p. 31), "a taxa anual de crescimento do consumo, no período de 1993 a 1998, foi de 4% na América do Norte; 4,6% na Europa; 5,4% na América Latina, e 6,7% no Brasil."

Um projeto que pode ser citado como sustentável, ou a caminho da sustentabilidade, é o Projeto Cana Verde. Este é certificado por vários órgãos nacionais e internacionais. O projeto congrega 84% de área cultivada com cana-de-açúcar e 16% com café, outras culturas e reflorestamento. As usinas possuem laboratório próprio para a análise dos produtos, além de, na Usina São Francisco, uma estação de empacotamento dos produtos. Nessa usina ainda houve o comprometimento com a preparação comportamental dos funcionários, e com a atuação dos grupos de qualidade total, com a utilização das técnicas relativas à qualidade (Projeto Cana Verde, 2014).

Além do açúcar orgânico, a Usina São Francisco também produz álcool, combustível automotivo limpo e renovável. A usina é autossuficiente em produção de energia, e a obtém de forma limpa e renovável, a partir da combustão do bagaço da cana. Além disso, as caldeiras produzem vapor, que é convertido em energias térmica, mecânica e elétrica. O vapor alimenta um gerador que atende às necessidades de energia elétrica da Usina, e o excedente é comercializado com a distribuidora de energia elétrica local (Projeto Cana Verde, 2014, p. 9).

O açúcar orgânico produzido no âmbito do Projeto Cana Verde envolveu inicialmente um trabalho de pesquisa, cujo investimento foi de US$ 6 milhões. O resultado desse processo foi que o projeto representa hoje o maior empreendimento de agricultura orgânica do mundo, segundo os principais órgãos certificadores internacionais. Destaque-se que, em três anos, o açúcar orgânico chegou a mais de 100 clientes em 24 países (Projeto Cana Verde, 2014, p. 9).

Por fim, além do açúcar orgânico, a Organização Balbo ainda produz café e soja orgânicos, com a mesma tecnologia sustentável utilizada na cana, cumprindo o desafio de não utilizar agrotóxicos no desenvolvimento dessas duas lavouras. A Usina Santo Antônio obteve sucesso com a produção de soja orgânica em 58 hectares de plantação, em áreas de rotação com a cana-de-açúcar orgânica, objetivando-se futuramente aprimorar a produção de soja orgânica em áreas de reforma de canaviais, em um processo que prima pela sustentabilidade do Projeto Cana Verde (2014, p. 10)

A ECONOMIA CONECTADA À SUSTENTABILIDADE NA AGRICULTURA

Os fatos acima relatados demonstram que processos naturais de produção (alternativos à monocultura com forte mecanização e intensa utilização de agrotóxicos) possuem as melhores relações custo-benefício. De acordo com o coordenador do Projeto Cana Verde, "para cada real investido no controle biológico de pragas, temos um benefício de 4 reais, comparados ao resultado que o uso de defensivos químicos propiciaria" (Balbo Junior et al., 2002).

Hoje, as opções apresentadas pela grande mídia, com relação ao aumento da produtividade agrícola, são a aplicação de agrotóxicos ou investimentos em produtos geneticamente modificados. Tais alternativas são certamente interessantes para as indústrias de biotecnologia e para as indústrias químicas; mas é lamentável que nem se cogite, em nível de grande público, a possibilidade de um modelo agroecológico para o Brasil, com vistas a um verdadeiro e não retórico desenvolvimento sustentável.

Segundo Ehlers (2008, p. 82) "já está cada vez mais evidente que é possível banir grande parte dos agrotóxicos sem prejudicar a produtividade das lavouras". O grande problema seria convencer os produtores a mudar seus sistemas rentáveis, normalmente a curto prazo, a fim de que sistemas diferenciados fossem adotados, mais complexos do ponto de vista administrativo, e com resultados a longo prazo.

Contudo, além do esgotamento dos solos, e da contaminação destes e dos recursos hídricos pelo uso intensivo e indiscriminado de adubos químicos e agrotóxicos, os desequilíbrios ambientais provocados pelos desmatamentos e pelos produtos tóxicos apontam perdas econômicas que não são incluídas nos custos da produção agrícola, mas que são assumidas pela sociedade como um todo.

Economicamente, os problemas ambientais são caracterizados como externalidades, isto é, divergências entre o que um agente econômico paga para produzir e os efeitos ambientais que causam seu produto ou seu processo produtivo. Nesses termos, os custos privados geralmente diferem dos custos sociais, porque um recurso que está sendo usado e abusado não é possuído pela pessoa que infringe danos ao recurso.

Com isso, a longo ou médio prazo, o produtor agrícola terá compulsoriamente que lançar mão de recursos financeiros para arcar com os efeitos do seu sistema degradante, pois a sua produção depende das características do solo, que faz parte do seu processo produtivo.

Sob a ótica da "sustentabilidade econômica", a expansão do setor agrícola pôde ser efetivada com base em fortes subsídios oferecidos pelo Estado e posteriores anistias. Já com relação à "sustentabilidade ambiental", o modelo agroquímico e motomecanizado provocou danos catastróficos aos recursos naturais. Por isso, hoje se fala na prática de uma agricultura sustentável. Mas como esta poderia ser definida?

O termo "agricultura sustentável" obteve várias definições, a partir do final da década de 80, quando, na maior parte dos casos, revelava-se uma insatisfação com o *status quo*, ou com o modo como a agricultura vinha sendo praticada. Ehlers (2008, p. 10) observa que, de um modo geral, aquelas definições levam à ideia de um sistema produtivo que garanta:

> 1) manutenção a longo prazo dos recursos naturais e da produtividade agrícola, com o mínimo de impactos adversos ao ambiente; 2) otimização da produção das culturas com o mínimo de insumos químicos; 3) satisfação das necessidades humanas de alimentos; 4) atendimento das necessidades sociais das famílias e das comunidades rurais.

Nessa definição, chama atenção o foco nas necessidades humanas e sociais, o que provavelmente resultaria em uma sociedade mais justa do que a atual. Isso porque se entende que questões mercadológicas são importantes, mas isso não pode ser o objeto maior dos esforços. O centro dos estudos, das políticas e atenções ainda devem se voltar, prioritariamente, à vida ou à manutenção salutar desta, assim como à boa alimentação, ao trabalho, à diminuição das desigualdades, ou seja: uma vida mais digna para as pessoas.

Observa-se que a função social da propriedade é princípio da ordem econômica estabelecido no art. 170, III, da Constituição da República, encontrando-se vinculado à política agrícola. Conforme art. 186, da Carta Maior, aquela função será cumprida desde que a propriedade rural atenda, simultaneamente e conforme exigências previstas em legislação, aos seguintes critérios: o aproveitamento racional e adequado; a utilização adequada dos recursos naturais disponíveis e preservação do meio ambiente; a observância da disposições que regulam as relações de trabalho; e a exploração que favoreça o bem-estar dos proprietários e dos trabalhadores.

Além disso, Varella (2002) afirma que a proteção do meio ambiente tornou-se um elemento fundamental no processo de desenvolvimento, e que, se toda a forma de desenvolvimento não sustentável reduz as liberdades das gerações futuras, não pode haver, então, um desenvolvimento que não seja sustentável[8]. No entanto, atualmente no Brasil assuntos econômicos ainda são concebidos de forma isolada, como se estes não possuíssem nenhuma relação com as demais esferas da sociedade.

Tal fato ainda se agrava pelo fato de que os diversos atores sociais brasileiros que agem na área de segurança química (ONGs, sindicatos, agricultores, consumidores, comunidades expostas diretamente ao risco) estão pouco estruturados, não tendo condições de exercer pressões sobre o governo a fim de que sejam implementadas políticas públicas com relação à contaminação dos recursos naturais e de pessoas pela exposição/utilização de agrotóxicos. Albuquerque (2003, p. 112) afirma que "o que fica evidente, pois só agora é que se começa a discutir a respeito de uma Política Nacional de Segurança Química que nem sequer possui diretrizes definidas claramente".

O uso do território está relacionado com a produção e com o uso de informação. Daí a importância de um bom diagnóstico das terras, dos di-

---

[8] O autor assevera que: "Contudo, a proteção do meio ambiente tornou-se uma parte fundamental do processo de desenvolvimento. Reconheceu-se que toda forma de desenvolvimento não sustentável contribui para a redução das liberdades das gerações futuras, e, portanto, é naturalmente oposta ao próprio conceito de desenvolvimento, que prevê a expansão dessas liberdades. De acordo com este ponto de vista, portanto, não pode existir um desenvolvimento que não seja sustentável. Nenhuma forma de crescimento insustentável pode ser considerada desenvolvimento. A Convenção sobre Diversidade Biológica, a Agenda 21, a Convenção sobre as Mudanças Climáticas, a Convenção sobre o habitat, a Convenção sobre o desenvolvimento social, bem como outras grandes convenções-quadro baseadas são nesta concepção" (tradução nossa).

versos tipos de atividades agrícolas. Há que se ter uma visão sistêmica, de conjunto, a fim de que se interliguem contextos e não se desvinculem os diversos aspectos da sociedade, não os desconectem. Assim,

> as análises e correlações entre as tipologias de uso da terra e as características dos ambientes naturais onde ocorrem (biomas/ecossistemas) resultam novas paisagens ou espaços produtivos que revelam tanto seu passado como as transformações ocorridas, permitindo determinar os novos arranjos e as novas redes de relações que se estabelecem. O Uso da Terra ao ser colocado nessa interface, configura-se como um estudo de importância ímpar para subsidiar ações, pois ele representa a própria paisagem. (Brasil, 2013)

Hoje, sabe-se que as alterações no ambiente natural podem ser refletidas mesmo em ambientes muito distantes. Estamos conectados uns aos outros por nossas ações e escolhas individuais. Por isso, é importante um bom diagnóstico que venha a subsidiar o uso da terra, e esse diagnóstico terá que levar em conta as características dos espaços, objetos de análise, seus processos de produção etc. Há que se preocupar não apenas com as ações individuais produtivas de um só foco, mas sobretudo com as sinergias ou conexões estabelecidas entre os sistemas naturais e antrópicos a ser instituídos ou praticados.

Por fim, o atual modelo agrícola brasileiro não contribui, de forma geral, para um desenvolvimento sustentável, em razão de que se adota um processo altamente degradante do solo e dos recursos hídricos nacionais, produzindo, inclusive, riscos para a saúde da população, contrariando-se os esforços para a manutenção de um meio ambiente ecologicamente equilibrado, previsto no art. 225, caput, de nossa Lei Maior.

CONSIDERAÇÕES FINAIS

Com relação ao atual modelo agrícola brasileiro, é certo que existem interesses em jogo, representados sobretudo pelas grandes empresas produtoras de agrotóxicos, que determinam a orientação política, social, agrária e, consequentemente, jurídica no Brasil. Nesse sentido, o redirecionamento das políticas públicas é fundamental para que se ponha em prática uma efetiva política agrícola que assegure as condições mínimas de sustentabilidade ecológica e que diminua ou suprima os riscos apresentados para a saúde da população.

Uma alternativa para o problema apresentado é promover a reforma agrária, estimulando-se – por meio de políticas sociais, econômicas e fiscais – o desenvolvimento da agricultura familiar de base agroecológica, a fim de promover, em última instância, o aumento da qualidade de vida da população. O processo deve tomar um rumo diverso do estabelecido atualmente, ou seja, deve-se evitar a simplificação excessiva do solo por meio da monocultura, desenvolvendo-se associações e/ou rotações de culturas. Trata-se de uma forma de manutenção da estabilidade do ecossistema agrícola, não somente com relação ao controle de parasitas, mas também para a conservação de uma boa estrutura física do solo.

Além disso, como foi demonstrado neste capítulo, a agroecologia, através de experiências concretas, é uma alternativa de menor impacto ambiental e maiores ganhos econômicos e sociais. Ademais, a expansão da agricultura familiar permitirá gerar emprego e renda para milhões de famílias, hoje excluídas, que vivem abaixo da linha de pobreza.

Uma mudança, para o desenvolvimento de modelos agrícolas com menores impactos para o equilíbrio ecológico, elevará a oferta de alimentos de boa qualidade para os consumidores, além de eliminar os problemas de saúde provocados pelos agrotóxicos. Este novo sistema representará uma forte economia para o país, com relação à supressão dos custos indiretos que os atuais sistemas implicam, ou seja: redução da produção energética pelo assoreamento de reservatórios; poluição das reservas hídricas; perdas da biodiversidade; redução dos custos com a saúde pública, entre outros problemas.

Com relação ao tema dos agrotóxicos, não existe, no Brasil, uma política pública de segurança química efetiva, mas sim uma política de "omissão" dos governantes a respeito desse sério problema. O que se observa claramente é uma transferência dos riscos ambientais dos países do Norte para os países do Sul, associada com uma política omissa ou negligente do Estado com relação a este fato.

O problema crucial da política agrícola de caráter insustentável que se pratica no Brasil é que as exigências quanto ao uso sustentado do solo e dos recursos naturais nem sempre atendem aos anseios imediatistas dos investidores, que pensam apenas no lucro individual.

Assim, é fundamental a intervenção do Estado na condução de políticas públicas que tratem da questão do uso racional e sustentável do solo agrícola, posto que, entre outros problemas, como visto anteriormente, o uso de agrotóxicos vem comprometendo mananciais de abastecimento de água. A política agrícola do país deve ser pautada em princípios de sustentabilidade ecológica, para que não haja o comprometimento *irreversível* de nossas reservas hídricas.

Esse "controle público ambiental" deve ser promovido a fim de que os riscos para a sociedade e para o meio ambiente sejam minimizados ou suprimidos, já que os problemas relacionados com a utilização de agrotóxicos acarretam sérios riscos para a população e grandes problemas de cunho ecológico.

Assim, o Estado (sem exclusão a sociedade civil) deverá investir na criação de programas de educação e esclarecimento aos agricultores e demais pessoas envolvidas no processo produtivo em informação quanto aos efeitos nocivos dos agrotóxicos para a saúde humana e para o meio ambiente, além de cursos sobre procedimentos agrícolas sustentáveis, e consequente substituição gradativa de adubos químicos e venenos por um manejo integrado de pragas, e utilização de produtos não tóxicos, fazendo uso dos controles biológicos, por exemplo.

Além disso, a responsabilização do agente poluidor deverá receber especial atenção, lembrando que a responsabilidade civil em matéria ambiental é objetiva, baseada no risco integral, solidária e imprescritível.

A solução também pode decorrer de uma ação preventiva e fiscalizadora do Estado com seu poder de polícia. No Brasil, o Ministério da Agricultura, Ministério da Saúde e Ministério do Meio Ambiente estão envolvidos no estabelecimento de padrões para o regulamento de agrotóxicos. O controle da poluição pode ser exercido por órgãos federais, estaduais ou municipais, dependendo das características e da situação do recurso hídrico.

A sociedade civil também deverá contribuir para a solução de problemas relacionados à utilização de agrotóxicos, por meio de ONGs, Universidades etc.

Contudo, nenhum controle, seja por parte do Estado, seja da sociedade civil, será eficaz – no sentido de restabelecer um razoável equilíbrio ecológico no meio rural – sem que ocorra uma verdadeira reestruturação no modelo de desenvolvimento agrícola brasileiro. Daí a necessidade de procurar uma alternativa, a fim de promover uma produção agrícola ecologicamente sustentável para o país. E é nesse contexto que alguns estudiosos apontam a chamada *agricultura sustentável*, o que inclui alguns modelos da *agricultura alternativa*, como uma opção adequada para a questão.

Finalmente, é necessária a adoção de uma nova postura na condução dos problemas ambientais, que devem ser tratados levando-se em conta os elos que ligam a esfera social, econômica e ambiental. O trato de uma delas isoladamente certamente não trará bons resultados para a totalidade de ecossistemas nem para cada cidadão particularmente.

REFERÊNCIAS

ALBUQUERQUE, L. *Direito, água e vida*. São Paulo: Imprensa Oficial, 2003.

AMORIN, J.A.A. *Direito das Águas: o regime jurídico da água doce no direito internacional e no direito brasileiro*. São Paulo: Lex Editora, 2009.

[ANVISA] AGÊNCIA NACIONAL DE VIGILÂNCIA SANITÁRIA. *Agrotóxicos e Toxicologia*. Disponível em: http://portal.anvisa.gov.br/wps/content/Anvisa+Portal/Anvisa/Inicio/Agrotoxicos+e+Toxicologia. Acessado em: 29 jul. 2014.

BALBO JÚNIOR, L. et al. *Meio Ambiente Brasil: avanços e obstáculos pós-Rio-92*. Rio de Janeiro: Fundação Getulio Vargas, 2002.

BECK, U. *A sociedade do risco: face a uma nova modernidade*. Barcelona: Paidós, 2001.

BIANCHI, P.N.L. *Eficácia das normas ambientais*. São Paulo: Saraiva, 2010.

BRASIL. Ministério do Planejamento, Orçamento e Gestão. *Manual Técnico de Uso da Terra n. 7*. Rio de Janeiro: IBGE, 2013.

CAMARGO, A.; CAPOBIANCO, J.P.R; OLIVEIRA, J.A.P. (Orgs.) *Meio ambiente no Brasil: avanços e obstáculos pós-Rio-92*. Rio de Janeiro: Fundação Getúlio Vargas, 2002, p. 27.

COELHO, C.S. Prefácio. In: NEVES, M.F. *Agronegócios e Desenvolvimento Sustentável: uma agenda para a liderança mundial na produção de alimentos e bioenergia*. São Paulo: Atlas, 2011.

EHLERS, E. *O que é agricultura sustentável*. São Paulo: Brasiliense, 2008.

GOMES, M.A.F.G.; BARIZON, R.R.M. *Panorama da contaminação ambiental por agrotóxicos e nitrato de origem agrícola no Brasil: cenário 1992/2011*. Jaguariúna: Embrapa Meio Ambiente, 2014.

[IBGE] INSTITUTO BRASILEIRO DE GEOGRAFIA E ESTATÍSTICA. *Censo Agropecuário 2006*. Rio de Janeiro, 2009.

LOPES, R.J.L. Poluentes ameaçam megareserva de água. *Folha de São Paulo*, São Paulo, 21 set. 2002. Disponível em: http://www1.folha.uol.com.br/folha/ciencia/ult306u6990.shtml. Acessado em: nov. 2003.

DIREITO AMBIENTAL E SUSTENTABILIDADE

LUZ, D. O livro dos horrores. In: PINHEIRO, S.; NARS, N.Y.; LUZ, D. *Agricultura ecológica e a máfia dos agrotóxicos no Brasil*. Rio de Janeiro: Edição dos Autores, 1998.

MILLS, J. et al. Conflitos econômicos e ambientais e possíveis alternativas. In: SOUZA, P.R.P. et al. *Conflitos jurídicos, econômicos e ambientais: estratégias para o desenvolvimento de políticas ambientais e de uso do solo: um estudo de caso da Flórida (EUA) e Paraná (Brasil)*. Maringá: Eduem, 1995.

MOTA, S. *Preservação e conservação de recursos hídricos*. 2.ed. Rio de Janeiro: Abes, 1995.

NEVES, M.F.; CONEJERO, M.A. Cenário Econômico da Produção de Alimentos, Fibras e Bioenergia. In: NEVES, M.F. *Agronegócios e Desenvolvimento Sustentável*: uma agenda para a liderança mundial na produção de alimentos e bioenergia. São Paulo: Atlas, 2011.

PÁDUA, J.A. A formação da agricultura brasileira: uma herança predatória. In: CAMARGO, A.; CAPOBIANCO, J.P.R.; OLIVEIRA, J.A.P. (Orgs.) *Meio ambiente no Brasil: avanços e obstáculos pós-Rio-92*. Rio de Janeiro: Fundação Getúlio Vargas, 2002, p. 192.

PINHEIRO, S. A explosão demográfica e o terrorismo da fome: um paradoxo ideológico tornou-se cultural. In: PINHEIRO, S.; NARS, N.Y.; LUZ, D. *Agricultura ecológica e a máfia dos agrotóxicos no Brasil*. Rio de Janeiro: Edição dos Autores, 1998.

PRIMAVESI, A. *Agricultura sustentável*. São Paulo: Nobel, 1992.

PROJETO CANA VERDE. *Native*. Parte I – Produção orgânica. Disponível em: http://www.agendasustentavel.com.br/images/pdf/001267.pdf. Acessado em: jul. 2014.

ROBERTO, F. Prefácio. In: SCHMITZ, H. *Agricultura familiar: extensão rural e pesquisa participativa*. São Paulo: Annablume, 2010.

ROMEIRO, A.R. *Meio ambiente e dinâmica de inovações na agricultura*. São Paulo: Annablume/Fapesp, 1998.

SCHMITZ, H.; MOTA, D.M. Agricultura familiar: elementos teóricos e empíricos. In: *Agricultura familiar: extensão rural e pesquisa participativa*. São Paulo: Annablume, 2010.

TUCKER, J.C.; BROWN, M.A. Políticas de Agrotóxicos no Brasil e nos Estados Unidos. In: SOUZA, P.R.P. et al. *Conflitos jurídicos, econômicos e ambientais: estratégias para o desenvolvimento de políticas ambientais e de uso do solo: um estudo de caso da Flórida (EUA) e Paraná (Brasil)*. Maringá: Eduem, 1995.

VARELLA, M.D. *L'inégalité Nord-Sud et la construction juridique du "développement durable" dans le droit international*. Paris, 2002. Tese de Doutorado. Université de Paris I-Panthéon-Sorbonne.

VAZ, P.A.B. *O Direito Ambiental e os agrotóxicos*: responsabilidade civil, penal e administrativa. Porto Alegre: Livraria do Advogado, 2006.

VON DER WEID, J.M. et al. *Meio ambiente no Brasil: avanços e obstáculos pós-Rio-92*. Rio de Janeiro: Fundação Getulio Vargas, 2002.

VON DER WEID, J.M. *Proposta de programa de desenvolvimento rural sustentável no Brasil? Elementos de um programa*. Disponível em: http://www.cndrs.org.br/documentos/proposta_programa_aspta.doc. Acessado em: 27 jun. 2003.

ZAMBERLAM, J.; FRONCHETI, A. *Agricultura ecológica: preservação do pequeno agricultor e do meio ambiente*. Petrópolis: Vozes, 2001.

Análise Comparada das Áreas de Preservação Permanente Estabelecidas pelas Leis n. 4.771/1965 e n. 12.651/2012

11

Camila Faccioli
Cetesb, estado de São Paulo

INTRODUÇÃO

As recentes modificações, inseridas no ano de 2012 (Lei n. 12.651, de 25 de maio de 2012), na legislação brasileira que trata das Áreas de Preservação Permanente, alteraram significativamente os parâmetros anteriormente estabelecidos para a proteção desses espaços.

A partir disso, vê-se que muitas dessas áreas especialmente protegidas ora deixaram de existir, ora tiveram a proteção a elas conferidas sensivelmente diminuída.

Desse modo, serão comparadas as espécies de Áreas de Preservação Permanente estabelecidas pela Lei n. 4.771, de 15 de setembro de 1965, com as atualmente delimitadas pela Lei n. 12.651/2012, assim como apresentadas as atuais hipóteses excepcionais de intervenção ou supressão de vegetação nativa nesses espaços, em conjunto com a legislação pertinente correlata, especialmente as Resoluções do Conselho Nacional do Meio Ambiente.

CONTEXTO HISTÓRICO

A preocupação com a instituição de espaços territoriais protegidos surge no Brasil somente no decorrer do século XX.

Antes disso, o interesse dos governantes estava voltado unicamente para a proteção dos recursos naturais renováveis dotados de valor econômico, a exemplo da exploração da madeira para a produção de minérios e para a utilização na construção civil.

A década de 1930, sob o governo de Getúlio Vargas, foi o marco, no Brasil, do estabelecimento de instrumentos jurídicos e aparelhamento do Estado para o início da gestão das áreas protegidas, ainda sem objetivos explicitamente preservacionistas, visando amenizar os efeitos da industrialização.

Como consequência, surgem, em nosso país, em conjunto com a Constituição de 1934, que destacou de forma tímida a proteção do meio ambiente como responsabilidade do poder público: o Código de Caça e Pesca (Decreto n. 23.672, de 02 de janeiro de 1934); o Código de Minas (Decreto n. 24.642, de 10 de julho de 1934); o Código de Águas (Decreto n. 24.643, de 10 de julho de 1934); o Decreto de Proteção aos Animais (Decreto n. 24.645, de 10 de julho de 1934); o primeiro Código Florestal Brasileiro, instituído por meio do Decreto federal n. 23.793, de 23 de janeiro de 1934 (publicado no Diário Oficial da União somente em 21 de março de 1935), introduzindo expressamente no ordenamento jurídico a previsão legal de conservação e proteção da vegetação nativa de determinados espaços.

Porém, igualmente como já ocorria na legislação em vigor anteriormente, o primeiro Código Florestal Brasileiro instituído tinha um foco muito mais em conceder benefícios ao processo de urbanização e desenvolvimento econômico do que em conservar os recursos naturais, até porque, pensava-se, até então, serem os recursos naturais infinitos.

Daí em diante, considerando a legislação florestal apontada, as florestas existentes no território nacional foram elevadas à categoria de espaços territoriais protegidos e passaram a ser juridicamente nominadas protetoras, remanescentes, modelo e rendimento (art. 3º), sendo as primeiras as que mais se assemelham ao conceito das Áreas de Preservação Permanente, objeto deste estudo, em que pese não esclarecer referido diploma legal os limites (distâncias) a serem observados para garantir a proteção da vegetação nativa.

Mais à frente, visando ao aprimoramento da legislação ambiental, o Brasil edita o denominado novo Código Florestal, por intermédio da Lei n.

ANÁLISE COMPARADA DAS ÁREAS DE PRESERVAÇÃO PERMANENTE | 315

4.771/65, revogando o Código de 1934, criando as florestas e demais formas de vegetação natural consideradas de preservação permanente, bens de interesse comum a todos os habitantes do país (art. 1º), juridicamente consideradas, no art. 2º[1] (*ope legis*), aquelas que, em razão de suas funções ambientais, não poderiam ser objeto de supressão por serem destinadas, na redação original da lei, à preservação dos cursos d'água, das lagoas, lagos ou reservatórios d'água naturais ou artificiais, dos topos de morros, montes, montanhas e serras, das encostas ou parte destas, com declividade superior a 45º, ou, ainda, das restingas fixadoras de dunas ou estabilizadoras de mangues[2].

O Código Florestal de 1965 também tratou de considerar, em seu art. 3º, como de preservação permanente, as florestas e demais formas de vegetação, contudo, a serem instituídas por ato declaratório do poder público, desde que fossem destinadas a atenuar a erosão das terras; a fixar as dunas; a formar faixas de proteção ao longo de rodovias e ferrovias; a auxiliar a defesa do território nacional, a critério das autoridades militares; a proteger sítios de excepcional beleza ou de valor científico ou histórico; a asilar exemplares da fauna ou flora ameaçados de extinção; a manter o ambiente necessário à vida das populações silvícolas e/ou a assegurar condições de bem-estar público.

A par desses marcos legislativos que visavam à proteção de espaços no Brasil, para que sejam contextualizados os avanços na proteção ambiental – porém, ainda sem reflexos diretos no Brasil –, em 1972, é realizada, pela Organização das Nações Unidas (ONU), em Estocolmo, na Suécia, a Conferência Internacional Sobre Meio Ambiente, dedicada ao Meio Ambiente Humano. Dessa conferência resultou uma Carta com princípios e objetivos que deveriam ser alcançados para a proteção ambiental. A partir desse momento, passou-se a conferir maior atenção no âmbito internacional aos problemas ambientais existentes no planeta – saturado da pressão exercida sobre os recursos naturais –, percebendo-se então a urgente necessidade de estabelecer regulação nas relações entre o homem e o meio ambiente para a garantia da qualidade de vida das presentes e das futuras gerações, por meio da adoção de um modo de desenvolvimento sustentável.

---

[1] Importante destacar que em que pese no texto original terem sido elencadas espécies de Áreas de Preservação Permanente, o conceito foi introduzido na Lei n. 4.771/65, somente no ano 1996, por meio da Medida Provisória n. 1.511, de 25.06.1996.

[2] Ressalte-se que algumas das funções ambientais apontadas na norma não têm por objetivo específico à proteção da vegetação nativa, mas sim do solo ou das águas.

Assim, após grande parte da vegetação de nosso país ter sido devastada, alterações foram introduzidas no Código Florestal no ano de 1996, por meio da edição da Medida Provisória n. 1.511, de 25 de junho de 1996 (reeditada várias vezes até a Medida Provisória n. 2.166-65, de 28 de junho de 2001). Dentre outras previsões, referida Medida Provisória aumentou os limites das faixas de preservação permanente a ser observadas ao longo dos rios e, com relação ao tema proposto, passou a dispor que não mais somente as florestas seriam consideradas de preservação permanente, mas sim uma determinada área (espaço territorial), coberta ou não por vegetação nativa, com vistas a desenvolver "a função ambiental de preservar os recursos hídricos, a paisagem, a estabilidade geológica, a biodiversidade, o fluxo gênico de fauna e flora, proteger o solo e assegurar o bem-estar das populações humanas" (art. 1º, § 2º, II), evitando, desse modo, o afastamento da incidência da norma protetiva sob o argumento da inexistência de vegetação nativa no local.

É também nesse momento de grandes marcos relevantes para a história da evolução da legislação ambiental – com supedâneo especialmente na mencionada Conferência Internacional Sobre Meio Ambiente de 1972, quando a preocupação com a proteção e manutenção do meio ambiente ecologicamente equilibrado visando à proteção da vida foi se firmando em diversos países, principalmente por meio das respectivas Constituições (Chile e Panamá em 1972, Grécia em 1975, Espanha em 1978, Portugal em 1982) – que o Brasil, influenciado por essa tendência internacional, promulga em 1988 aquela que foi a primeira Constituição Federal a não só inserir a expressão "meio ambiente" no corpo do texto, mas também a ele dedicar um capítulo inteiro dentro do Título que trata da proteção da Ordem Social. Assim, a Constituição Federal de 1988 ficou conhecida como "Constituição Verde", alçando o direito ambiental à categoria de verdadeira ciência autônoma, antes tratado de modo apenas reflexo ou mediato quando da tutela de outros direitos.

Ainda, ao definir no texto constitucional regras específicas visando à proteção ambiental – cuja regra matriz insculpida no art. 225 estabelece que todos têm direito ao meio ambiente ecologicamente equilibrado, bem de uso comum do povo e essencial à sadia qualidade de vida, o qual deve ser preservado pelo poder público e pela coletividade para que as presentes e futuras gerações dele possam usufruir –, o legislador o elevou à categoria de direito fundamental, por estar intimamente relacionado à proteção do direito à vida e ao bem-estar social.

Vale também lembrar que, com a promulgação da Constituição Federal de 1988, foi recepcionada quase que integralmente a Lei n. 6.938, de 31 de agosto de 1981, que trata da Política Nacional do Meio Ambiente[3], recheada de princípios norteadores do direito ambiental.

É fato que – após a edição da Medida Provisória n. 1.511/96 e das que a sucederam, criando regras mais protetivas ao meio ambiente, tais como a necessidade de destinação de área de Reserva Legal e hipóteses de excepcionalidade para intervenção em Área de Preservação Permanente – surge, de imediato, a reação do setor indignado com essas mudanças, dominado por grandes proprietários de imóveis rurais direta e economicamente afetados, que passam a se organizar com o intuito de alterá-las, iniciando inclusive discussão legislativa mediante a apresentação do Projeto de Lei n. 1.876, 19 de outubro de 1999 (dispõe sobre Áreas de Preservação Permanente, Reserva Legal, exploração florestal e dá outras providências).

Em que pese a movimentação anteriormente mencionada, visando a conter o desmatamento desenfreado que ocorria no país, é editada também a Lei n. 9.605, de 12 de fevereiro de 1998, dispondo sobre as sanções penais e administrativas derivadas de condutas e atividades lesivas ao meio ambiente. A partir de então, passam os órgãos ambientais, a sociedade e o Ministério Público a contar com importante mecanismo de apuração e punição daqueles que causam danos ambientais, pessoas físicas ou jurídicas, dando ensejo à efetiva aplicação da legislação ambiental editada, posteriormente regulamentada pelo Decreto federal n. 6.514, de 22 de julho de 2008.

Enfim, referidas mudanças na legislação brasileira, aliadas aos movimentos liderados por grandes proprietários de terras, insatisfeitos com a efetiva aplicação da lei após décadas de esquecimento, culminaram na edição da Lei n. 12.651/2012, que, entre outros, revogou a Lei n. 4.771/65 (então vigente Código Florestal), alterando o regime de proteção das Áreas de Preservação Permanente, o que será a partir de então explorado.

---

[3] Destaca-se que, com o advento da Lei n. 6.938, de 31 de agosto de 1981, as áreas de preservação permanente foram transformadas em reservas ou estações ecológicas, consoante leitura do artigo 18, a seguir transcrito: Art 18 – São transformadas em reservas ou estações ecológicas, sob a responsabilidade da Sema, as florestas e as demais formas de vegetação natural de preservação permanente, relacionadas no art. 2º da Lei n. 4.771, de 15 de setembro de 1965 – Código Florestal, e os pousos das aves de arribação protegidas por convênios, acordos ou tratados assinados pelo Brasil com outras nações (Brasil. Lei n. 6.938, de 31 de agosto de 1981: Dispõe sobre a Política Nacional do Meio Ambiente, seus fins e mecanismos de formulação e aplicação, e dá outras providências. Diário Oficial da República Federativa do Brasil, Brasília, DF, 2 de set. 1981. *Planalto*. Disponível em: http://www.planalto. gov.br/ccivil_03/leis/L6938.htm. Acessado em: 04 set. 2012).

ÁREAS DE PRESERVAÇÃO PERMANENTE: UMA VISÃO GERAL

Competência Constitucional Legislativa em Matéria Florestal

Na Constituição Federal de 1988, a competência para legislar sobre normas de proteção ao meio ambiente foi distribuída de modo concorrente entre os entes federativos.

Desse modo, nos termos do art. 24 e parágrafos c.c art. 30, I da Constituição Federal de 1988, cabe à União o estabelecimento de normas gerais sobre o tema. Os Estados, Distrito Federal e Municípios podem suplementar a legislação federal conforme suas peculiaridades, ou, existindo norma geral anteriormente elaborada pelos demais entes federados, esta terá a eficácia suspensa naquilo em que for contrária à nova lei federal, ou, caso não sejam conflitantes, passarão a conviver em perfeita harmonia.

Com isso, é a Lei n. 12.651/2012, que, entre outros, estabelece as regras de proteção das Áreas de Preservação Permanente – lei federal editada pela União que, a partir dos princípios estabelecidos pela Carta Magna, estabelece com primazia normas gerais para a tutela do meio ambiente e serve de diretriz para os Estados, Distrito Federal e Municípios.

Ressalte-se, entretanto, que, nos termos da Constituição Federal de 1988, a competência constitucional para a proteção das florestas é atribuída de forma comum à União, aos Estados, ao Distrito Federal e aos Municípios (art. 23, VII da Constituição Federal de 1988), ou seja, a todos os entes cabe, sem nenhuma distinção ou hierarquia, o seu exercício, nos termos da Lei Complementar n. 140, de 08 de dezembro de 2011.

Conceito Jurídico de Área de Preservação Permanente e sua Finalidade

A doutrina (Milaré, 2011) classifica os espaços territoriais especialmente protegidos em duas categorias: em sentido estrito (*stricto sensu*) e em sentido amplo (*lato sensu*).

ANÁLISE COMPARADA DAS ÁREAS DE PRESERVAÇÃO PERMANENTE | 319

Na primeira hipótese, como definido pelo art. 225, III[4], da Constituição Federal de 1988, inserem-se as Unidades de Conservação tipicamente enumeradas na Lei n. 9.985, de 18 de julho de 2000, que regulamentou e criou o Sistema Nacional de Unidade de Conservação da Natureza (SNUC), bem como qualquer outra área que guarde identidade com o conceito trazido pelo do art. 2º, I, da Lei do SNUC.

Na segunda categoria, identificam-se todos os demais espaços territoriais especialmente protegidos que se diferem das Unidades de Conservação, nas quais se incluem, por exemplo, as Áreas de Preservação Permanente definidas pelos Códigos Florestais antes e atualmente em vigor.

No que tange ao conceito jurídico do instituto, em linhas gerais, como já dispunha a legislação revogada, nos termos do art. 3º, III do atual Código Florestal (Lei n. 12.651/2012), considera-se Área de Preservação Permanente a

> área protegida, coberta ou não por vegetação nativa, com a função ambiental de preservar os recursos hídricos, a paisagem, a estabilidade geológica e a biodiversidade, facilitar o fluxo gênico de fauna e flora, proteger o solo e assegurar o bem-estar das populações humanas.

A partir do conceito jurídico de Área de Preservação Permanente, sem o propósito de adentrar qualquer definição técnica sobre o tema, vê-se que os referidos espaços foram elencados pelo legislador como merecedores de proteção especial por possuírem função ambiental de: preservação da qualidade das águas subterrâneas e superficiais, essenciais para a vida humana; conter erosão do solo, evitando catástrofes causadas por enchentes, deslizamentos; garantir a manutenção da biodiversidade, facilitando também o fluxo gênico de fauna e flora mediante a formação de corredores interligando os fragmentos de vegetação, garantindo ainda a existência de Áreas Verdes para o conforto térmico da população.

---

[4] Art. 225. Todos têm direito ao meio ambiente ecologicamente equilibrado, bem de uso comum do povo e essencial à sadia qualidade de vida, impondo-se ao Poder Público e à coletividade o dever de defendê-lo e preservá-lo para as presentes e futuras gerações.

§ 1º Para assegurar a efetividade desse direito, incumbe ao Poder Público: [...]

III – definir, em todas as unidades da Federação, espaços territoriais e seus componentes a serem especialmente protegidos, sendo a alteração e a supressão permitidas somente através de lei, vedada qualquer utilização que comprometa a integridade dos atributos que justifiquem sua proteção; [...]

A criação de Áreas de Preservação Permanente pelo Conama

Ao regular a Política Nacional do Meio Ambiente, a Lei n. 6.938, de 31 de agosto de 1981, criou, para integrar o Sistema Nacional do Meio Ambiente (Sisnama), o Conselho Nacional do Meio Ambiente (Conama), órgão consultivo e deliberativo que tem por finalidade assessorar, estudar e propor ao Conselho de Governo, diretrizes de políticas governamentais para o meio ambiente e os recursos naturais, além de "deliberar, no âmbito de sua competência, sobre normas e padrões compatíveis com o meio ambiente ecologicamente equilibrado e essencial à sadia qualidade de vida" (art. 6º, II, da Lei n. 6.938/81).

Ao Conama foi ainda atribuída competência, entre outras, para "estabelecer normas, critérios e padrões relativos ao controle e à manutenção da qualidade do meio ambiente com vistas ao uso racional dos recursos ambientais, principalmente os hídricos" (art. 8º, VII).

Tem-se, assim, que possui o Conama, por força de lei, além da função simplesmente consultiva, a competência para deliberar sobre normas e padrões compatíveis com o meio ambiente ecologicamente equilibrado e essencial à sadia qualidade de vida, conforme comando insculpido no art. 225 da Constituição Federal de 1988, o que faz por intermédio do estabelecimento de regulamentos.

Neste contexto, no que concerne ao tema abordado, editou o Conama, com o objetivo de regulamentar a Lei n. 4.771/65, no que tange às Áreas de Preservação Permanente, as Resoluções n. 302, de 20 de março de 2002, 303, de 20 de março de 2002 e 369, de 28 de março de 2006.

Destaca-se que aludida competência do Conama foi analisada pelo Superior Tribunal de Justiça quando do julgamento do REsp n. 1183018/MG, de relatoria da Ministra Eliana Calmon (2ª T., j. 07.05.2013, *DJe* 15.05.2012), que decidiu pela existência, ao Colegiado, de "autorização legal para editar resoluções que visem à proteção do meio ambiente e dos recursos naturais, inclusive mediante a fixação de parâmetros, definições e limites de Áreas de Preservação Permanente".

Sendo assim, pode-se concluir que cabe ao Conama regulamentar as espécies e o modo de exploração das Áreas de Preservação Permanente.

Espécies de Área de Preservação Permanente

A legislação revogada (Código Florestal de 1965), considerando a íntegra do texto com suas últimas alterações, assim estabelecia as espécies de Área de Preservação Permanente, *ope legis* (art. 2º do Código Florestal de 1965): A) ao longo dos rios ou de qualquer curso d'água desde o seu nível mais alto em faixa marginal, com largura mínima de proteção variável, cuja delimitação dependia da largura do rio ou do curso d'água; B) ao redor das lagoas, lagos ou reservatórios d'água naturais ou artificiais; C) nas nascentes, ainda que intermitentes e nos chamados "olhos-d'água", qualquer que fosse a sua situação topográfica, em um raio mínimo de 50 metros de largura; D) no topo de morros, montes, montanhas e serras; E) nas encostas ou partes destas, com declividade superior a 45º, equivalente a 100% na linha de maior declive; F) nas restingas, como fixadoras de dunas ou estabilizadoras de mangues; G) nas bordas dos tabuleiros ou chapadas, a partir da linha de ruptura do relevo, em faixa nunca inferior a 100 metros em projeções horizontais; H) em altitude superior a 1.800 metros, qualquer que seja a vegetação.

Além das Áreas de Preservação Permanente disciplinadas na Lei n. 4.771/65, outras foram estabelecidas pelo Conselho Nacional do Meio Ambiente, por meio da Resolução Conama n. 303/2002, conforme art. 3º: A) em vereda e em faixa marginal, em projeção horizontal, com largura mínima de 50 metros, a partir do limite do espaço brejoso e encharcado; B) nas linhas de cumeada, em área delimitada a partir da curva de nível correspondente a dois terços da altura, em relação à base, do pico mais baixo da cumeada, fixando-se a curva de nível para cada segmento da linha de cumeada equivalente a 1.000 metros; C) nas restingas, em faixa mínima de 300 metros, medidos a partir da linha de preamar máxima; D) em manguezal, em toda a sua extensão; E) em duna; F) nos locais de refúgio ou reprodução de aves migratórias; G) nos locais de refúgio ou reprodução de exemplares da fauna ameaçadas de extinção que constem de lista elaborada pelo poder público Federal, Estadual ou Municipal; H) nas praias, em locais de nidificação e reprodução da fauna silvestre.

Já a Lei n. 12.651/2012 disciplina o que são consideradas atualmente como Áreas de Preservação Permanente os seguintes espaços, conforme art. 4º: A) as faixas marginais de qualquer curso d'água natural perene e intermitente, excluídos os efêmeros, desde a borda da calha do leito regular, em largura mínima de: 30 metros, para os cursos d'água de menos de 10 metros de largura; 50 metros, para os cursos d'água que tenham de 10 a 50 metros de largura; 100 metros, para os cursos d'água que tenham de 50 a 200 metros de largura; 200 metros, para os cursos d'água que tenham de 200 a 600 metros de largura; 500 metros, para os cursos d'água que tenham largura superior a 600 metros; B) as áreas no entorno dos lagos e lagoas naturais, em faixa com largura mínima de: 100 metros, em zonas rurais, exceto para o corpo d'água com até 20 hectares de superfície, cuja faixa marginal será de 50 metros; 30 metros, em zonas urbanas; C) as áreas no entorno dos reservatórios d'água artificiais, decorrentes de barramento ou represamento de cursos d'água naturais, na faixa definida na licença ambiental do empreendimento; D) as áreas no entorno das nascentes e dos olhos-d'água perenes, qualquer que seja sua situação topográfica, no raio mínimo de 50 metros; E) as encostas ou partes destas com declividade superior a 45°, equivalente a 100% na linha de maior declive; F) as restingas, como fixadoras de dunas ou estabilizadoras de mangues; G) os manguezais, em toda a sua extensão; H) as bordas dos tabuleiros ou chapadas, até a linha de ruptura do relevo, em faixa nunca inferior a 100 metros em projeções horizontais; I) no topo de morros, montes, montanhas e serras, com altura mínima de 100 metros e inclinação média maior que 25°, as áreas delimitadas a partir da curva de nível correspondente a 2/3 da altura mínima da elevação sempre em relação à base, sendo esta definida pelo plano horizontal determinado por planície ou espelho d'água adjacente ou, nos relevos ondulados, pela cota do ponto de sela mais próximo da elevação; J) as áreas em altitude superior a 1.800 metros, qualquer que seja a vegetação; K) em veredas, a faixa marginal, em projeção horizontal, com largura mínima de 50 metros, a partir do espaço permanentemente brejoso e encharcado.

Verifica-se, portanto, a evolução das legislações federais quanto ao estabelecimento de Áreas de Preservação Permanente. Passa-se agora à análise do regime de proteção dessas áreas especialmente protegidas.

Regime de proteção das Áreas de Preservação Permanente

No regime de proteção das Áreas de Preservação Permanente, muito avançou a Lei n. 12.651/2012, ao incorporar em seu texto entendimentos doutrinários e jurisprudenciais[5] do direito ambiental.

Estabeleceu a nova lei, por exemplo, a obrigatoriedade de manutenção, pelo proprietário, possuidor ou ocupante a qualquer título da área, pessoa física ou jurídica, de direito público ou privado, da vegetação situada em Área de Preservação Permanente. Ainda, uma vez ocorrida a supressão, ressalvados os usos autorizados, determinou a Lei n. 12.651/2012, foi trazida a obrigatoriedade da recomposição da vegetação, cuja obrigação tem natureza real e é transmitida ao sucessor no caso de transferência de domínio ou posse do imóvel rural (art. 7º, §§ 1º e 2º, da Lei n. 12.651/2012).

Enfim, no caso de supressão não autorizada de vegetação, realizada após 22 de julho de 2008, vedou a Lei n. 12.651/2012 a concessão de novas autorizações de supressão enquanto não cumpridas as obrigações mencionadas (art. 7º, § 3º, da mesma lei).

Já a regra geral trazida pela Lei n. 4.771/65, para as hipóteses excepcionais de intervenção em Área de Preservação Permanente, há de se dizer que esta não mudou. Assim, continua permitida, nos termos da Lei n. 12.651/2012, a intervenção ou a supressão de vegetação nativa em Área de Preservação Permanente exclusivamente "nas hipóteses de utilidade pública, de interesse social ou de baixo impacto ambiental previstas nesta Lei" (art. 8º da Lei n. 12.651/2012), tudo com o objetivo de garantir que sejam salvaguardadas as respectivas funções ambientais das APP de preservar os recursos hídri-

---

[5] Eis o entendimento semelhante acerca da natureza da obrigação decorrente da reparação de danos causados ao meio ambiente extraído do julgamento realizado em 17.03.2011, pelo Superior Tribunal de Justiça: "Administrativo e ambiental. Ausência de violação do art. 535 do CPC. Dano ambiental. Dever de reparação. Obrigação *proter rem*. Indenização em face das restrições econômicas. Súmula 7/STJ. [...]

2. Esta Corte Superior tem entendimento sedimentado no sentido de que os deveres associados às APPs e à Reserva Legal têm natureza de obrigação *propter rem*, isto é, aderem ao título de domínio ou posse.

3. Por esse motivo, descabe falar em culpa ou nexo causal, como fatores determinantes do dever de recuperar a vegetação nativa e averbar a Reserva Legal por parte do proprietário ou possuidor, antigo ou novo, mesmo se o imóvel já estava desmatado quando de sua aquisição. [...]" (grifo nosso) (STJ, AgReg no REsp n. 1.206.484-SP. Rel. Min. Humberto Martins, j. 17.03.11).

cos, a paisagem, a estabilidade geológica e a biodiversidade, facilitar o fluxo gênico de fauna e flora, além de proteger o solo e assegurar o bem-estar das populações humanas.

No passado, a matéria era regulada pela Resolução Conama n. 369/06, que dispõe sobre os casos excepcionais, de utilidade pública, interesse social ou baixo impacto ambiental, que possibilitam a intervenção ou supressão de vegetação em Área de Preservação Permanente.

Porém, o que se tem de novidade é a diminuição dos requisitos de intervenção e a ampliação das hipóteses de intervenção.

A título exemplificativo, a nova lei não mais exige a escolha da melhor alternativa técnica e locacional para implantação da obra ou empreendimento em Área de Preservação Permanente, como fazia o art. 4º da Lei n. 4.771/65.

Visto isso, disciplina a Lei n. 12.651/2012 que são consideradas hipóteses excepcionais de utilidade pública, que permitem a intervenção em Área de Preservação Permanente (art. 3º, VIII): A) as atividades de segurança nacional e proteção sanitária; B) as obras de infraestrutura destinadas às concessões e aos serviços públicos de transporte, sistema viário, inclusive aquele necessário aos parcelamentos de solo urbano aprovados pelos Municípios, saneamento, gestão de resíduos, energia, telecomunicações, radiodifusão, instalações necessárias à realização de competições esportivas estaduais, nacionais ou internacionais, bem como mineração, exceto, neste último caso, a extração de areia, argila, saibro e cascalho; C) atividades e obras de defesa civil; D) atividades que comprovadamente proporcionem melhorias na proteção das funções ambientais da APP; E) outras atividades similares devidamente caracterizadas e motivadas em procedimento administrativo próprio, quando inexistir alternativa técnica e locacional ao empreendimento proposto, definidas em ato do Chefe do Poder Executivo federal.

Por seu turno, dispõe a Lei n. 12.651/2012 que são consideradas hipóteses excepcionais de *interesse social*, que permitem a intervenção em Área de Preservação Permanente (art. 3º, IX): A) as atividades imprescindíveis à proteção da integridade da vegetação nativa, tais como prevenção, combate e controle do fogo, controle da erosão, erradicação de invasoras e proteção de plantios com espécies nativas; B) a exploração agroflorestal sustentável praticada na pequena propriedade ou posse rural familiar ou por povos e comunidades tradicionais, desde que não descaracterize a cobertura vegetal existente e não prejudique a função ambiental da área; C) a implantação de infraestrutura pública destinada a esportes, lazer e atividades educacionais e culturais ao ar livre em áreas urbanas e rurais consolidadas, observa-

ANÁLISE COMPARADA DAS ÁREAS DE PRESERVAÇÃO PERMANENTE | **325**

das as condições estabelecidas nesta Lei; D) a regularização fundiária de assentamentos humanos ocupados predominantemente por população de baixa renda em áreas urbanas consolidadas, observadas as condições estabelecidas na Lei n. 11.977, de 7 de julho de 2009; E) implantação de instalações necessárias à captação e à condução de água e de efluentes tratados para projetos cujos recursos hídricos são partes integrantes e essenciais da atividade; F) as atividades de pesquisa e extração de areia, argila, saibro e cascalho, outorgadas pela autoridade competente; G) outras atividades similares devidamente caracterizadas e motivadas em procedimento administrativo próprio, quando inexistir alternativa técnica e locacional à atividade proposta, definidas em ato do Chefe do Poder Executivo federal.

Ao final, considerou a Lei n. 12.651/2012, que são hipóteses excepcionais de baixo impacto ambiental que permitem a intervenção em Área de Preservação Permanente (art. 3º, X): A) abertura de pequenas vias de acesso interno e suas pontes e pontilhões, quando necessárias à travessia de um curso d'água, ao acesso de pessoas e animais para a obtenção de água ou à retirada de produtos oriundos das atividades de manejo agroflorestal sustentável; B) implantação de instalações necessárias à captação e condução de água e efluentes tratados, desde que comprovada a outorga do direito de uso da água, quando couber; C) implantação de trilhas para o desenvolvimento do ecoturismo; D) construção de rampa de lançamento de barcos e pequeno ancoradouro; E) construção de moradia de agricultores familiares, remanescentes de comunidades quilombolas e outras populações extrativistas e tradicionais em áreas rurais, onde o abastecimento de água se dê pelo esforço próprio dos moradores; F) construção e manutenção de cercas na propriedade; G) pesquisa científica relativa a recursos ambientais, respeitados outros requisitos previstos na legislação aplicável; H) coleta de produtos não madeireiros para fins de subsistência e produção de mudas, como sementes, castanhas e frutos, respeitada a legislação específica de acesso a recursos genéticos; I) plantio de espécies nativas produtoras de frutos, sementes, castanhas e outros produtos vegetais, desde que não implique supressão da vegetação existente nem prejudique a função ambiental da área; J) exploração agroflorestal e manejo florestal sustentável, comunitário e familiar, incluindo a extração de produtos florestais não madeireiros, desde que não descaracterizem a cobertura vegetal nativa existente nem prejudiquem a função ambiental da área; K) outras ações ou atividades similares, reconhecidas como eventuais e de baixo impacto ambiental em ato do Conselho Nacional do Meio Ambiente (Conama) ou dos Conselhos Estaduais de Meio Ambiente;

Do mesmo modo como já ocorria, a supressão de vegetação nativa protetora de nascentes, dunas e restingas somente poderá ser autorizada em caso de utilidade pública (art. 8º, § 1º, da Lei n. 12.651/2012).

A intervenção ou a supressão de vegetação nativa em Área de Preservação Permanente nas restingas, como fixadoras de dunas ou estabilizadoras de mangues, assim como nos manguezais, em toda a sua extensão, poderá ser autorizada, excepcionalmente, nos locais onde a função ecológica do manguezal esteja comprometida, para execução de obras habitacionais e de urbanização, inseridas em projetos de regularização fundiária de interesse social, em áreas urbanas consolidadas ocupadas por população de baixa renda (art. 8º, § 2º, da Lei n. 12.651/2012), o que, contudo, depende de prévia regulamentação pelo Poder Executivo.

É dispensada a autorização do órgão ambiental competente para a execução, em caráter de urgência, de atividades de segurança nacional e obras de interesse da defesa civil destinadas à prevenção e à mitigação de acidentes em áreas urbanas (art. 8º, § 3º, da Lei n. 12.651/2012).

De modo inovador, trouxe a Lei n. 12.651/2012 a advertência de que não haverá, em nenhuma hipótese, direito à regularização de futuras intervenções ou supressões de vegetação nativa, além das previstas nesta Lei (art. 8º, § 3º).

Enfim, é permitido o acesso de pessoas e animais às Áreas de Preservação Permanente para obtenção de água e para realização de atividades de baixo impacto ambiental (art. 9º da Lei n. 12.651/2012).

ANÁLISE COMPARADA DAS ÁREAS DE PRESERVAÇÃO PERMANENTE

Curso d'água

Tanto o Código Florestal de 1965 quanto o atual[6] determinam que as áreas marginais ao longo dos cursos d'água merecem proteção especial pe-

---

[6] Lei n. 12.651/2012: "Art. 4º Considera-se Área de Preservação Permanente, em zonas rurais ou urbanas, para os efeitos desta Lei:

las funções que desempenham na natureza, razão pela qual foram eleitas como de preservação permanente.

Sobre a importância específica dessas áreas, o Ministro Herman Benjamin asseverou, quando da relatoria do REsp n. 176.753, que:

> [...] A Constituição Federal ampara os *processos ecológicos esssenciais*, entre eles as Áreas de Preservação Permanente ciliares. Sua essencialidade decorre das *funções ecológicas* que desempenham, sobretudo na conservação do solo e das águas. Entre elas cabe citar a) proteção da disponibilidade e qualidade da água, tanto ao facilitar sua infiltração e armazenamento no lençol freático, como ao salvaguardar a integridade físico-química dos corpos d'água da foz à nascente, como tampão e filtro, sobretudo por dificultar a erosão e o assoreamento e por barrar poluentes e detritos, e b) manutenção de *habitat* para a fauna e formação de corredores biológicos, cada vez mais preciosos em face da fragmentação do território decorrente da ocupação humana. [...]

Nessa espécie de APP, a legislação superveniente manteve[7] as distâncias para preservação a serem observadas, tanto em zonas rurais ou urbanas, ao longo de qualquer curso d'água natural, perene ou intermitente (art. 4º, I, da Lei n. 12.651/2012).

Porém, foram despidos expressamente de proteção pela legislação os efêmeros[8] (transitórios), assim como, por consequência, os cursos d'água decorrentes de formações artificiais[9] (criados pela ação humana), o que não acontecia no Código Florestal de 1965 ou na Resolução Conama n. 303/2002, que voltavam a proteção para os rios e para qualquer outro curso d'água.

A proteção, dessarte, é apenas para os cursos d'água naturais, devendo, quando da identificação, a par da nova legislação, valer-se ainda o intérprete de muita acuidade com vistas a não confundir a intermitência com a efemeridade, vez que na primeira situação o curso d'água aparece (chuva) e

---

I – as faixas marginais de qualquer curso d'água natural perene e intermitente, excluídos os efêmeros, desde a borda da calha do leito regular, em largura mínima de: [...]"

[7] Destaca-se que, na redação original da Lei n. 4.771, de 15.09.1965, os parâmetros estabelecidos eram menores, mas foram alterados nos anos de 1986 e 1989, até se igualarem aos atuais.

[8] Exemplo de curso d'água efêmero é aquele decorrente de degelo ou de uma grande precipitação, existente apenas por alguns dias.

[9] Exemplo de curso d'água artificial é aquele decorrente de um canal.

328 | DIREITO AMBIENTAL E SUSTENTABILIDADE

desaparece (seca) em determinada época do ano, gerando APP, e na segunda dura um período curto de tempo, cessando em conjunto com o evento que o criou (grande chuva), não gerando APP.

Desse modo, assim permanecem os parâmetros para preservação a serem observados ao longo de qualquer curso d'água natural, perene ou intermitente (Tabela 11.1).

Tabela 11.1 Parâmetros para preservação ao longo dos cursos d'água

Largura do curso d'água	Faixa de preservação	Dispositivo legal correspondente na Lei n. 12.651/2012
Menos de 10 (dez) metros de largura	30 (trinta) metros	Art. 4 , I, *a*
De 10 (dez) a 50 (cinquenta) metros de largura	50 (cinquenta) metros	Art. 4 , I, *b*
De 50 (cinquenta) a 200 (duzentos) metros de largura	100 (cem) metros	Art. 4 , I, *c*
De 200 (duzentos) a 600 (seiscentos) metros de largura	200 (duzentos) metros	Art. 4 , I, *d*
Largura superior a 600 (seiscentos) metros	500 (quinhentos) metros	Art. 4 , I, *e*

Outra grande mudança na legislação observa-se no critério para a demarcação do início da incidência da área protegida. Eis que, nos termos da legislação anterior, a APP deveria ser medida ao longo dos rios ou de qualquer curso d'água, a partir do nível mais alto quando da cheia, em faixa marginal, o que fazia com que a delimitação se iniciasse após a demarcação da maior área de inundação já ocorrida no local.[10]

Já a legislação atual prevê expressamente que a demarcação da referida APP se inicia, em qualquer curso d'água natural, perene ou intermitente, também em faixa marginal, mas a partir da borda da calha do leito regular (art. 4º, I, da Lei n. 12.651/2012), que é constituída pela área por onde correm regularmente as águas do curso d'água durante o ano (art. 3º, IX, da Lei n. 12.651/2012).

---

[10] A definição do nível mais alto tinha seus limites estabelecidos pela Resolução Conama n. 303, de 20.03.2002, e consistia no nível alcançado por ocasião da cheia sazonal do curso d'água perene ou intermitente (art. 2º, I).

Assim, é possível dizer, na prática, que houve diminuição da faixa de APP a ser observada por meio da nova metodologia apresentada para o início da demarcação da área a ser protegida (a partir da borda da calha do leito regular). Isso porque, como se sabe, eram consideradas para tanto as cheias excepcionais dos cursos d'água, resultando em um ganho da área de várzea, por assim dizer, que agora fica prejudicada, somente sendo considerada APP quando inserida nos limites determinados pelo do art. 4º, I, da Lei n. 12.651/2012.

Ademais, diferentemente do que ocorria, a Lei n. 12.651/2012, tratou de prever hipóteses excepcionais de diminuição dos parâmetros das APPs ao longo dos cursos d'água naturais, quando se tratar de áreas rurais, nas quais se desenvolvam atividades agrossilvipastoris, de ecoturismo e de turismo rural, desde que consolidadas até 22 de julho de 2008 (art. 61-A, §§ 1º a 4º, da Lei n. 12.651/2012) (Tabela 11.2).

Tabela 11.2 Parâmetros para recomposição ao longo dos cursos d'água em áreas rurais com atividades consolidadas

Dimensão da propriedade	Obrigatoriedade de recomposição da APP	Demarcação	Largura do curso d'água	Dispositivo legal na Lei n. 12.651/2012
Até 1 (um) módulo fiscal	5 (cinco) metros	A partir da borda da calha do leito regular	Independe	61-A, § 1º
Superior a 1 (um) módulo fiscal e até 2 (dois) módulos fiscais	8 (oito) metros	A partir da borda da calha do leito regular	Independe	61-A, § 2º
Superior a 2 (dois) módulos fiscais e até 4 (quatro) módulos fiscais	15 (quinze) metros	A partir da borda da calha do leito regular	Independe	61-A, § 3º

(continua)

330 DIREITO AMBIENTAL E SUSTENTABILIDADE

Tabela 11.2 Parâmetros para recomposição ao longo dos cursos d'água em áreas rurais com atividades consolidadas (*continuação*)

Dimensão da propriedade	Obrigatoriedade de recomposição da APP	Demarcação	Largura do curso d'água	Dispositivo legal na Lei 12.651/2012
Superior a 4 (quatro) módulos fiscais	Mínimo de 20 (vinte) e máximo de 100 (cem) metros	A partir da borda da calha do leito regular	Conforme determinação contida no Programa de Regularização Ambiental (PRA)	61-A, § 4º, II (Vide regulamentação no art. 19, § 4º, I e II, do Decreto n. 7.830, de 17 de outubro de 2012)*

* Dispõe sobre o Sistema de Cadastro Ambiental Rural, o Cadastro Ambiental Rural, estabelece normas de caráter geral aos Programas de Regularização Ambiental, de que trata a Lei nº 12.651, de 25.05.2012, e dá outras providências

Ainda, além das hipóteses excepcionais de intervenção em APP já tratadas, há de se dizer que, com relação aos cursos d'água, inovou a Lei n. 12.651/2012, ao permitir ao pequeno proprietário ou possuidor de imóvel rural de que trata o art. 3º, V,[11] o plantio de culturas temporárias e sazonais de vazante de ciclo curto na faixa de terra que fica exposta no período da vazante dos rios, desde que tal fato não implique a supressão de novas áreas de vegetação nativa, que seja conservada a qualidade das águas e do solo, bem como que esteja protegida a fauna silvestre (art. 4º, § 5º da Lei n. 12.651/2012).

E mais, para os imóveis rurais com até quinze módulos fiscais, admite-se, nos termos da legislação em vigor, nas áreas de APP de curso d'água, a prática da aquicultura e a infraestrutura física diretamente a ela associada, desde que: sejam adotadas práticas sustentáveis de manejo de solo e água e de recursos hídricos; esteja de acordo com os respectivos planos de bacia ou planos de gestão de recursos hídricos; seja realizado o licenciamento pelo órgão ambiental competente; o imóvel esteja inscrito no Cadastro Ambien-

---

[11] "Art. 3º Para os efeitos desta Lei, entende-se por: [...]

V — pequena propriedade ou posse rural familiar: aquela explorada mediante o trabalho pessoal do agricultor familiar e empreendedor familiar rural, incluindo os assentamentos e projetos de reforma agrária, e que atenda ao disposto no art. 3º da Lei nº 11.326, de 24 de julho de 2006; [...]."

ANÁLISE COMPARADA DAS ÁREAS DE PRESERVAÇÃO PERMANENTE | 331

tal Rural; tal situação não implique novas supressões de vegetação nativa (art. 4º, § 6º da Lei n. 12.651/2012).

Entorno dos lagos e lagoas naturais

Do mesmo modo que na situação anterior, o entorno dos lagos e lagoas naturais continua a ser considerado Área de Preservação Permanente pela legislação em vigor (art. 4º, II da Lei n. 12.651/2012)[12].

Destaca-se, nessa espécie, como já dito, que em que pese a Lei n. 4.771/65 dispor que ao redor dos lagos e lagoas estava presente uma das espécies de Área de Preservação Permanente (art. 2º, *b*), todo o regime de proteção se encontrava disciplinado na Resolução Conama n. 303/2002.

Estabelecia o Conama uma faixa de proteção de 30 metros ao redor dos lagos e lagoas naturais situados em áreas urbanas consolidadas, e de 100 metros para os situados em áreas rurais, exceto para os corpos d'água com até 20 hectares de superfície, hipótese em que a faixa de proteção se resumia a 50 metros (art. 3º, III, *a* e *b*, da Resolução Conama n. 303/2002*).

Revelante consignar que o grande imbróglio encontrado no passado para a análise da incidência do regramento estabelecido pelo Conama se resumia à definição da área como urbana consolidada. Isso porque o regulamento era expresso no sentido de que, a depender das características da área, esta somente poderia ser classificada como rural ou urbana consolidada, no último caso, desde que preenchidos determinados requisitos, sob pena de ser considerada indiscutivelmente rural e, nesses termos, ter a faixa de APP definida.

Com tais características, se o lago ou lagoa natural estivesse situado em área urbana consolidada, entendida como aquela que cumulativamente possuísse essa definição legal pelo poder público, no mínimo quatro dos equipamentos de infraestrutura urbana apontados (malha viária com canalização de águas pluviais, rede de abastecimento de água, rede de esgoto, distribuição de energia elétrica e iluminação pública, recolhimento de resíduos sólidos urbanos, tratamento de resíduos sólidos urbanos) e densida-

---

[12] "Art. 4º [...]

II – as áreas no entorno dos lagos e lagoas naturais, em faixa com largura mínima de:

a) 100 (cem) metros, em zonas rurais, exceto para o corpo d'água com até 20 (vinte) hectares de superfície, cuja faixa marginal será de 50 (cinquenta) metros;

b) 30 (trinta) metros, em zonas urbanas; [...]".

de demográfica superior a 5.000 habitantes por quilômetro quadrado (art. 2º, V, da Resolução Conama n. 302/2002), a faixa de APP a ser observada era de 30 metros ou, *contrario sensu*, estariam situados na área rural com faixa de APP a ser observada de 100 metros.

Havia um vazio na regulamentação para a área urbana, resultando, no Estado de São Paulo, na discussão da questão junto ao Poder Judiciário (Tribunal de Justiça)[13], cujas decisões eram no sentido de que, para a fixação da faixa de APP em 30 metros, necessariamente deveriam estar presentes os requisitos estabelecidos pelo Conama para classificação da área como urbana consolidada:

> Licença. DEPRN. Ainda que a LM n. 1.805/03 de 5-6-2003 tenha considerado a inserção do loteamento em área de expansão urbana (art. 3º e 4º, § 1º, I, fls. 40/41), a situação não se altera. Conforme ensina KIYOSHI HARADA, é relevante a distinção jurídica entre área urbana e área de expansão urbana. As áreas urbanizáveis ou de expansão urbana mencionadas no § 2º do art. 32 do CTN não se confundem com área urbana definida no § 1º, salvo se expressamente declaradas pela lei municipal. Trata-se de áreas localizadas fora da zona urbana definida pelo § 1º do art. 32 do CTN. Para que as áreas de expansão urbana sejam consideradas áreas urbanas, é necessário que sejam expressamente declaras por lei desde que preenchidos os requisitos do § 1º (artigo disponível em http://jus. uol.com.br/revista.texto/18048). Em regra, o imóvel inserido em zona rural considerada de expansão urbana viabiliza a cobrança de IPTU, mas não reúne as condições necessárias para que seja considerada área urbana; este é o caso do loteamento do autor, o qual não supre o requisito exigido pela Resolução Conama n. 302/02, art. 2º, V, *a* (área urbana consolidada definida pelo poder público) e *c* (densidade demográfica superior a 5.000 habitantes por quilômetro quadrado) (fls. 192/193). Assim, a área de preservação permanente é de 100 a partir do nível máximo normal para reservatórios artificiais nos termos do art. 2º, *b*, da LF n. 4.771/65 c.c. art. 3º, I, segunda parte, da Resolução Conama n. 302/02 de 20-3-2002.

Contudo, a partir da edição da Lei n. 12.651/2012, foi excluído o requisito da definição de área urbana consolidada para a demarcação da faixa de APP ao redor dos lagos e lagoas naturais em metragem menor. Isso porque a própria lei federal regulou inteiramente a matéria, afastando, por conse-

---

[13] TJSP. Ap. n. 0011926- 07.2008.8.26.0322, j. 30.06. 2011.

quência, o regulamento anterior, bastando que a área esteja definida como urbana ou rural para verificação dos limites da área a ser protegida.

Ainda, prescreveu a Lei n. 12.651/2012 a dispensa de reserva de faixa de APP para acumulações naturais ou artificiais de água com superfície inferior a um hectare, ficando vedada nova supressão de áreas de vegetação nativa, salvo mediante prévia autorização do órgão ambiental competente do Sistema Nacional do Meio Ambiente (Sisnama).

Por fim, restou permitido ao pequeno proprietário ou possuidor de imóvel rural de que trata o art. 3º, V, da Lei n. 12.651/2012 o plantio de culturas temporárias e sazonais de vazante de ciclo curto na faixa de terra que fica exposta no período da vazante dos lagos, desde que tal fato não implique a supressão de novas áreas de vegetação nativa, que seja conservada a qualidade das águas e do solo, bem como que esteja protegida a fauna silvestre (art. 4º, §§ 4º e 5º, da Lei n. 12.651/2012).

Segue quadro da situação atual disciplinada pela Lei n. 12.651/2012, relativa ao entorno dos lagos e lagoas naturais que, entretanto, não estabeleceu a metodologia para o início da demarcação, lacuna esta existente desde sempre (Tabela 11.3).

Tabela 11.3 Parâmetros para preservação no entorno dos lagos e lagoas naturais

Localização do lago ou lagoa natural (zoneamento)	Faixa de APP a ser observada	Dispositivo legal na Lei n. 12.651/2012
Zona rural – corpo d'água com mais de 20 (vinte) hectares de superfície	100 (cem) metros	Art. 4 , II, *a*
Zona rural – corpo d'água com menos de 20 (vinte) hectares de superfície	50 (cinquenta) metros	Art. 4 , II, *a*
Zona urbana – corpo d'água com qualquer tamanho de superfície	30 (trinta) metros	Art. 4 , II, *b*
Zona rural ou urbana – corpo d'água com superfície inferior a 1 (um) hectare	Dispensado	Art. 4 , § 4º

Além disso, a nova lei também trouxe hipóteses excepcionais de diminuição dos parâmetros das APPs no entorno dos lagos e lagoas naturais, excepcionalmente quando se tratar de áreas rurais, nas quais se desenvolvam atividades agrossilvipastoris, de ecoturismo e de turismo rural, desde que consolidadas até 22 de julho de 2008 (art. 61-A, § 6º, I a IV), conforme a Tabela 11.4.

Tabela 11.4 Parâmetros para recomposição no entorno dos lagos e lagoas naturais em áreas rurais com atividades consolidadas

Dimensão da propriedade	Obrigatoriedade de recomposição da APP	Dispositivo legal na Lei n. 12.651/2012
Até 1 (um) módulo fiscal	5 (cinco) metros	61-A, § 6º, I
Superior a 1 (um) módulo fiscal e até 2 (dois) módulos fiscais	8 (oito) metros	61-A, § 6º, II
Superior a 2 (dois) módulos fiscais e até 4 (quatro) módulos fiscais	15 (quinze) metros	61-A, § 6º, III
Superior a 4 (quatro) módulos fiscais	30 (trinta) metros	61-A, § 6º, IV

Ao final, para os imóveis rurais com até quinze módulos fiscais, admite-se, nas áreas de APP de lagos e lagoas naturais, a prática da aquicultura e a infraestrutura física diretamente a ela associada, desde que: sejam adotadas práticas sustentáveis de manejo de solo e água e de recursos hídricos; estejam de acordo com os respectivos planos de bacia ou planos de gestão de recursos hídricos; seja realizado o licenciamento pelo órgão ambiental competente; o imóvel esteja inscrito no Cadastro Ambiental Rural e tal situação não implique novas supressões de vegetação nativa (art. 4º, § 6º, da Lei n. 12.651/2012).

Entorno dos reservatórios d'água artificiais

Assim como na espécie anterior, o entorno dos reservatórios d'água artificiais[14] continuam a ser conceituados como Áreas de Preservação Permanente pela legislação atual, sendo que anteriormente não tinham a regulamentação estabelecida na Lei n. 4.771/65.

No passado, todo o regramento acerca das APPs decorrentes de reservatórios artificias d'água se encontrava na Resolução Conama n. 302/2002,

---

[14] Lei n. 12.651/2012: "Art. 4º [...]

III – as áreas no entorno dos reservatórios d'água artificiais, decorrentes de barramento ou represamento de cursos d'água naturais, na faixa definida na licença ambiental do empreendimento; [...]".

que, além de estabelecer as faixas a ser observadas, dispunha que a APP deveria ser medida em projeção horizontal, a partir do nível máximo normal de operação do reservatório:

> Art. 3º Constitui Área de Preservação Permanente a área com largura mínima, em projeção horizontal, no entorno dos reservatórios artificiais, medida a partir do nível máximo normal de:
> I – trinta metros para os reservatórios artificiais situados em áreas urbanas consolidadas e cem metros para áreas rurais;
> II – quinze metros, no mínimo, para os reservatórios artificiais de geração de energia elétrica com até dez hectares, sem prejuízo da compensação ambiental;
> III – quinze metros, no mínimo, para reservatórios artificiais não utilizados em abastecimento público ou geração de energia elétrica, com até 20 hectares de superfície e localizados em área rural. [...]

O mesmo contratempo já apresentado para classificação da área como rural ou urbana consolidada com vistas à definição da faixa de APP no entorno dos reservatórios artificias d'água estava presente na Resolução Conama n. 302/2002, e dificultava a sua aplicação.

Não obstante, com a edição da Lei n. 12.651/2012, a matéria foi quase que inteiramente disciplinada, restando a regra geral de que se consideram APPs as "áreas no entorno dos reservatórios d'água artificiais, decorrentes de barramento ou represamento de cursos d'água naturais, na faixa definida na licença ambiental do empreendimento" (art. 4º, III, da Lei n. 12.651/2012).

Vale dizer, apresentada pelo órgão ambiental competente pelo licenciamento do reservatório artificial a devida motivação técnica para a prática do ato administrativo, estabelecida estará a faixa de APP a ser observada no entorno dos reservatórios artificiais d'água, ressalvado que não determinou a legislação a metodologia do início da demarcação da área protegida, eis que a Lei n. 12.651/2012 não trouxe nenhum parâmetro para o dimensionamento da área de preservação.

Porém, a partir da edição da Lei n. 12.651/2012, nas situações do art. 4º, III (definição da faixa de APP na licença ambiental do empreendimento), restará o preenchimento das seguintes lacunas para delimitação da faixa de APP dos reservatórios d'água artificiais: decorrentes de barramento ou represamento de cursos d'água naturais, quando implantados sem a necessária licença ambiental (irregulares); decorrentes de barramento ou represamento de cursos d'água naturais, quando a licença ambiental nem sequer era exigível (regulares).

A par dessa grande mudança, diversas exceções foram trazidas pela Lei n. 12.651/2012, no ordenamento jurídico do regime de proteção do entorno dos reservatórios d'água artificiais, senão vejamos.

Não será mais exigida a delimitação de APP no entorno de reservatórios artificiais de água que não decorram de barramento ou represamento de cursos d'água naturais (art. 4º, § 1º).

Foi dispensada a observação de faixa de APP para as acumulações artificiais de água com superfície inferior a um hectare, ficando vedada, contudo, nova supressão de áreas de vegetação nativa, salvo mediante prévia autorização do órgão ambiental competente do Sisnama, (art. 4º, § 4º da Lei n. 12.651/2012).

Quando se tratar de implantação de reservatório d'água artificial destinado à geração de energia ou ao abastecimento público – hipótese em que é obrigatória a aquisição, desapropriação ou instituição de servidão administrativa pelo empreendedor das Áreas de Preservação Permanente criadas no entorno, conforme estabelecido no licenciamento ambiental –, deverá ser observada uma faixa mínima de 30 metros e máxima de 100 metros em área rural, assim como a faixa mínima de 15 metros e máxima de 30 metros em área urbana (art. 5º da Lei n. 12.651/2012).

Já sendo o caso de reservatório artificial de água destinado à geração de energia ou abastecimento público, registrados ou com contratos de concessão ou autorização assinados anteriormente à Medida Provisória n. 2.166-67, de 24.08.2001, a faixa da APP será a distância entre o nível máximo operativo normal e a cota máxima *maximorum,* independente de qual zona esteja situado, se urbana ou rural (art. 62 da Lei n. 12.651/2012).

Ao final, considerando que a nova lei não trouxe a metodologia para a demarcação dessa área protegida, entende-se que, por ser com ela compatível, permanecem válidas as disposições contidas na Resolução Conama n. 302/2002, de que o início da demarcação da APP se dá, em projeção horizontal, a partir do nível máximo normal de operação do reservatório[15].

Em suma, segue quadro demonstrativo da situação atual da delimitação das APPs decorrentes de reservatórios artificiais de água (Tabela 11.5).

---

[15] Art. 2º, IV, c.c. art. 3º, *caput,* da Resolução Conama n. 302/2002.

Tabela 11.5 Parâmetros para preservação no entorno de reservatórios artificiais de água

Situação do reservatório artificial	Faixa de APP a ser observada	Dispositivo legal na Lei n. 12.651/2012
Reservatório artificial decorrente de barramento ou represamento de curso d'água natural, a ser licenciado (novo), em área urbana ou rural	Definição na licença ambiental do empreendimento, a ser medida em projeção horizontal, a partir do nível máximo normal de operação do reservatório	art. 4º, III
Reservatório artificial de água que não decorra de barramento ou represamento de curso d'água natural, em área urbana ou rural	Inexiste APP	art. 4º, § 1º
Acumulações artificiais de água com superfície inferior a 1 (um) hectare, em área urbana ou rural	Inexiste APP, mas existem condicionantes	art. 4º, § 4º
Implantação de reservatório d'água artificial destinado a geração de energia ou abastecimento público	Faixa mínima de 30 (trinta) metros e máxima de 100 (cem) metros em área rural; e faixa mínima de 15 (quinze) metros e máxima de 30 (trinta) metros em área urbana, a ser medida em projeção horizontal, a partir do nível máximo normal de operação do reservatório	art. 5º
Reservatório artificial de água destinado a geração de energia ou abastecimento público, registrados ou que tiveram seus contratos de concessão ou autorização assinados anteriormente à Medida Provisória no 2.166-67, de 24.08.2001, em área urbana ou rural	Faixa da APP será a distância entre o nível máximo operativo normal e a cota máxima *maximorum*	art. 62

Entorno das nascentes e dos olhos-d'água

Em razão das importantes funções por elas desempenhadas, especialmente aquelas relacionadas à garantia da qualidade e quantidade das águas, as áreas ao redor das nascentes e olhos-d'água, em um raio de 50 metros, continuam a ser consideradas Área de Preservação Permanente pelo ordenamento jurídico em vigor.

Diferentemente do regime jurídico anterior, conceituou a Lei n. 12.651/2012, nascente como o "afloramento natural do lençol freático que apresenta perenidade e dá início a um curso d'água", e o olho-d'água como o "afloramento natural do lençol freático, mesmo que intermitente" (art. 3º, XVII e XVIII da Lei n. 12.651/2012).

Ressalte-se que tal situação não ocorria, uma vez que os institutos eram tratados como sinônimos, conforme se depreende da leitura do art. 2º, c[16], da Lei n. 4.771/65, c.c o art. 2º, II, da Resolução Conama n. 303/2002, cujo regulamento dispunha que se define a nascente ou olho-d'água como o "local onde aflora naturalmente, mesmo que de forma intermitente, a água subterrânea".

Com o surgimento da nova lei, em que pese ter sido mantida a metragem anterior a ser observada ao redor desses espaços, restou desprovido de proteção o entorno das nascentes e dos olhos-d'água classificados como interminentes[17]/temporários, assim como das nascentes que não dão origem a um curso d'água. Isso porque o art. 4º, IV da Lei n. 12.651/2012 dispõe que são consideradas de APP, em zonas rurais ou urbanas, "as áreas no entorno das nascentes e dos olhos-d'água perenes, qualquer que seja sua situação topográfica, no raio mínimo de 50 (cinquenta) metros", o que deve estar conjugado com os conceitos antes transcritos.

Ou seja, somente estão protegidos os locais que apresentam fluxo de água contínuo ou dão origem a um curso d'água, não havendo mais a previsão de observação de APP ao redor das nascentes e olhos-d'água intermitentes, que, como se sabe, ocorrem comumente em regiões do Brasil com menor disponibilidade de água.

Enfim, observa-se nessa espécie, a partir do novo regramento, a viabilidade de diminuição do raio de 50 metros da APP, quando for o caso de constatação de atividades agrossilvipastoris, de ecoturismo e de turismo rural, consolidadas em áreas rurais até 22.07.2008, hipótese em que será admitida

---

[16] "Art. 2º Consideram-se de preservação permanente, pelo só efeito desta Lei, as florestas e demais formas de vegetação natural situadas: [...]

c) nas nascentes, ainda que intermitentes e nos chamados "olhos-d'água", qualquer que seja a sua situação topográfica, num raio mínimo de 50 (cinquenta) metros de largura; [...]."

[17] "Quanto ao regime de águas, as nascentes são classificadas em perenes, por apresentarem um fluxo de água contínuo e constante, inclusive na estação seca, em temporárias, por apresentarem fluxo de água durante a estação das chuvas, e em efêmeras, por surgirem durante uma chuva, permanecendo alguns dias e logo depois desaparecem" (Borges, 2008, p. 75).

a manutenção destas, com obrigatoriedade de recomposição de um raio mínimo de 15 metros apenas (art. 61-A, § 5º da Lei n. 12.651/2012), em que pese ser essa espécie de APP, dentre aquelas elencadas pela legislação, como será visto adiante, uma das que apresentam maior rigor protecionista.

Encostas ou partes destas com declividade superior a 45º, equivalente a 100% na linha de maior declive

Não houve nenhuma alteração com relação à legislação anterior, estando mantidas a APP de "encostas ou partes destas com declividade superior a 45º, equivalente a 100% na linha de maior declive", a teor do disposto no 4º, V, da Lei n. 12.651/2012.

Restingas, como fixadoras de dunas ou estabilizadoras de mangues

Numa primeira leitura, o que se observa é que a Lei n. 12.651/2012, manteve a APP das "restingas, como fixadoras de dunas ou estabilizadoras de mangues" (art. 4º, VI, da Lei n. 12.651/2012). O conceito jurídico para tal instituto passa a ser o depósito arenoso paralelo à linha da costa, de forma alongada, geralmente, produzido por processos de sedimentação, onde se encontram diferentes comunidades que recebem influência marinha, com cobertura vegetal em mosaico, "encontrada em praias, cordões arenosos, dunas e depressões, apresentando, de acordo com o estágio sucessional, estrato herbáceo, arbustivo e arbóreo, este último mais interiorizado" (art. 3º, XVI da Lei n. 12.651/2012).

Entretanto, apesar de a Lei n. 4.771/65 também determinar no art. 2º, *f*, que eram consideradas APP as restingas, quando fixadoras de dunas ou estabilizadoras de mangues, é sabido que a matéria era regulamentada pelo Conselho Nacional do Meio Ambiente, por meio da Resolução n. 303/2002, que assim estabeleceu a delimitação das Áreas de Preservação Permanente das restingas[18]:

---

[18] Referida APP de restinga, em faixa mínima de 300 metros, a contar da linha de preamar máxima, foi inicialmente estabelecida por meio da Resolução Conama n. 004, de 18.09.1985,

Art. 3º Constitui Área de Preservação Permanente a área situada: [...]

IX – nas restingas:

a) em faixa mínima de trezentos metros, medidos a partir da linha de preamar máxima;

b) em qualquer localização ou extensão, quando recoberta por vegetação com função fixadora de dunas ou estabilizadora de mangues; [...]

Portanto, o que se tinha, além da regulamentação da APP de restinga com a função fixadora de dunas ou estabilizadora de mangue especificada pelo Código Florestal de 1965, era a consolidação de novos limites de Áreas de Preservação Permanente, ao estabelecer o Conama a faixa de APP de restinga em 300 metros, medidos a partir da linha da preamar máxima, independentemente da existência de qualquer vegetação, vez que a norma visou, neste último caso, à proteção da formação geológica/geomorfológica.

Não eram poucas as discussões acerca da ilegalidade ou mesmo da inconstitucionalidade do retromencionado regulamento, por disciplinar matéria não prevista na Lei n. 4.771/65, ferindo assim o princípio da legalidade insculpido no art. 5º, II da Constituição Federal de 1988, segundo o qual "ninguém será obrigado a fazer ou deixar de fazer alguma coisa senão em virtude de lei".

O objeto da controvérsia trazida já foi objeto de análise pelo Superior Tribunal de Justiça quando da análise do REsp n. 994881/SC, cuja decisão é pela inexistência de excesso regulamentar do Conama ao estabelecer a faixa de APP de restinga em trezentos metros, medidos a partir da linha da preamar máxima.

Desse modo, resta saber se a partir da edição da Lei n. 12.651/2012 – que, nos mesmos moldes da legislação revogada, somente convencionou proteger a restinga quando esta possuir a função fixadora de dunas ou estabilizadora de mangues – será mantido, na prática, o regramento contido na Resolução Conama n. 303/2002, que considerava a restinga como APP em sua formação florestal e geológica.

---

o que não será objeto de análise neste trabalho, que tem por objetivo analisar a legislação revogada pela Lei federal n. 12.651, de 25.05.2012.

Manguezais

Conceitua-se o manguezal, para efeitos da Lei n. 12.651/2012, o ecossistema litorâneo que ocorre em terrenos baixos, sujeitos à ação das marés, formado por vasas lodosas recentes ou arenosas, às quais se associa, predominantemente, a vegetação natural conhecida como mangue, com influência fluviomarinha, típica de solos limosos de regiões estuarinas e com dispersão descontínua ao longo da costa brasileira, entre os estados do Amapá e de Santa Catarina (art. 3º, XIII da Lei n. 12.651/2012), o qual o mesmo diploma considera, em toda sua extensão, Área de Preservação Permanente (art. 3º, VII da Lei n. 12.651/2012).

A importância da proteção desses espaços já foi devidamente explorada pelo Tribunal de Justiça do Estado de São Paulo, em acórdão de relatoria do Desembargador Renato Nalini, ao transcrever parte do parecer técnico do biólogo Alexandre Rezende, que instruiu o laudo do perito judicial daqueles autos:

> Os manguezais desempenham importante papel como exportadores de matéria orgânica para os estuários, contribuindo para a produtividade primária na zona costeira.
> Por essa razão, constituem-se em ecossistemas complexos e dos mais férteis e diversificados do planeta. A sua biodiversidade faz com que essas áreas se constituam em grandes "berçários" naturais, tanto para as espécies típicas desses ambientes, como para animais, aves, peixes, moluscos e crustáceos, que aqui encontram as condições ideais para reprodução, eclosão, criadouro e abrigo, quer tenham valor ecológico ou econômico.
> Com relação à pesca, os manguezais produzem mais de 70% do alimento que o homem captura no mar. Por essa razão, a sua manutenção é vital para a subsistência das comunidades pesqueiras que vivem em seu entorno. No que tange à dinâmica dos solos, a vegetação dos manguezais serve para fixar os solos, impedindo a erosão e, ao mesmo tempo, estabilizando a linha de costa.
> As raízes do mangue funcionam como "filtros" na retenção dos sedimentos. Constituem ainda importante banco genético para a recuperação de áreas degradadas. [...]
> Qualquer interferência que mude as características físicas e químicas do ecossistema manguezal, como por exemplo o aterro, leva à morte das espécies da flora e fauna, por sufocamento das estruturas especializadas para as trocas gasosas, pelo aborto dos propágulos e inviabilidade de crescimento das plântu-

las e pela quebra da teia alimentar, incapacitandos tais espécies de se adaptarem "imediatamente" às novas condições do ambiente[19].

Enfatiza-se que, à semelhança APP de restinga em 300 metros, medidos a partir da linha da preamar máxima, esta espécie de área protegida não estava expressamente prevista no Código Florestal de 1965, tendo sido estabelecida a tutela jurídica respectiva pelo Conselho Nacional do Meio Ambiente,[20] por intermédio da Resolução n. 303/2002, art. 3º, X, razão pela qual sobre ela recaíam as mesmas discussões acerca da legalidade/constitucionalidade já apontadas no item anterior, atualmente descabidas em decorrência do que estabelece a Lei n. 12.651/2012, que elevou definitivamente os manguezais à categoria de Área de Preservação Permanente, com regime de intervenção muito rigoroso.

Bordas dos tabuleiros ou chapadas

Não houve nenhuma alteração com relação à legislação anterior, estando mantida a APP das "bordas dos tabuleiros ou chapadas, até a linha de ruptura do relevo, em faixa nunca inferior a 100 (cem) metros em projeções horizontais", a teor do disposto no 4º, VII da Lei n. 12.651/2012.

Topo de morros, montes, montanhas e serras

A proteção dos topos de morro, montes, montanhas e serras sempre mereceu especial atenção por causa dos desastres causados pela ocupação irregular dessas áreas, bem como pelas funções ambientais desempenhadas relacionadas ao amortecimento e à infiltração da água, seguido da lenta recarga dos aquíferos, fundamental para o surgimento das nascentes e, consequentemente, dos cursos d'água.

Estabelecia a Lei n. 4.771/65 que se consideram de preservação permanente as áreas situadas nos topo de morros, montes, montanhas e serras (art. 2º, *d*, da Lei n. 4.771/65).

---

[19] TJSP. Ap. n. 990.10.027467-8, j. 14.10. 2010.

[20] Referida APP de manguezal foi inicialmente estabelecida por meio da Resolução Conama n. 004, de 18.09.2005, o que não será objeto de análise neste trabalho, que tem por objetivo analisar a legislação revogada pela Lei federal n. 12.651, de 25.05.2012.

A regulamentação para incidência da norma estava inteiramente contida na Resolução Conama n. 303/2002, que definia ainda os conceitos de morro, montanha, bem como a base deles:

> Art. 2º Para os efeitos desta Resolução, são adotadas as seguintes definições: […]
> IV – morro: elevação do terreno com cota do topo em relação a base entre cinquenta e trezentos metros e encostas com declividade superior a trinta por cento (aproximadamente dezessete graus) na linha de maior declividade;
> V – montanha: elevação do terreno com cota em relação a base superior a trezentos metros;
> VI – base de morro ou montanha: plano horizontal definido por planície ou superfície de lençol d'água adjacente ou, nos relevos ondulados, pela cota da depressão mais baixa ao seu redor; […]
> Art. 3º Constitui Área de Preservação Permanente a área situada: […]
> V – no topo de morros e montanhas, em áreas delimitadas a partir da curva de nível correspondente a dois terços da altura mínima da elevação em relação a base; […]
> Parágrafo único. Na ocorrência de dois ou mais morros ou montanhas cujos cumes estejam separados entre si por distâncias inferiores a quinhentos metros, a Área de Preservação Permanente abrangerá o conjunto de morros ou montanhas, delimitada a partir da curva de nível correspondente a dois terços da altura em relação à base do morro ou montanha de menor altura do conjunto, aplicando-se o que segue:
> I – agrupam-se os morros ou montanhas cuja proximidade seja de até quinhentos metros entre seus topos;
> II – identifica-se o menor morro ou montanha;
> III – traça-se uma linha na curva de nível correspondente a dois terços deste; e
> IV – considera-se de preservação permanente toda a área acima deste nível.

Porém, não há como não mencionar que a aplicação dos parâmetros abarcados na Resolução Conama n. 303/2002, para delimitação da APP em comento, sempre foi alvo de muita controvérsia, tendo sido inclusive objeto de discussão para a revisão junto ao Conselho Nacional do Meio Ambiente, por meio do Processo n. 02000.001394/2010-29, sem finalização e veementemente atacado pelo Ministério Público do Estado de São Paulo no decorrer da instrução, ao que parece, com a publicação da Lei n. 12.651/2012, como será demonstrado, fadado à perda de seu objeto.

344 | DIREITO AMBIENTAL E SUSTENTABILIDADE

Feitas essas considerações necessárias, é fato que a Lei n. 12.651/2012 disciplinou completamente a matéria ao determinar que se consideram Área de Preservação Permanente os seguintes locais situados no topo de morros, montes, montanhas e serras:

> Art. 4º Considera-se Área de Preservação Permanente, em zonas rurais ou urbanas, para os efeitos desta Lei: [...]
> IX – no topo de morros, montes, montanhas e serras, com altura mínima de 100 (cem) metros e inclinação média maior que 25º, as áreas delimitadas a partir da curva de nível correspondente a 2/3 (dois terços) da altura mínima da elevação sempre em relação à base, sendo esta definida pelo plano horizontal determinado por planície ou espelho d'água adjacente ou, nos relevos ondulados, pela cota do ponto de sela mais próximo da elevação; [...]

Dessarte, em que pese não definir a nova lei o conceito de morro, monte, montanha e serra, ao contrário do que fez com a base – a maior celeuma para aplicação do regulamento –, restaram afastadas algumas definições e alguns conceitos estabelecidos pela Resolução Conama n. 303/2002, que dispõe sobre os parâmetros, definições e limites referentes às Áreas de Preservação Permanente previstas no Código Florestal, que somente se aplica, no caso concreto, a partir de então, no que não lhe for incompatível.

Ao final, ao proteger a Lei n. 12.651/2012, somente as áreas com altura mínima de 100 metros e inclinação média maior que 25º, quando antes a média era de 17º[21], é fato que uma variedade de topos de morros, montes, montanhas e serras deixaram de ser considerados APPs, remanescendo desprotegidos.

Área com altitude superior a 1.800 metros

Não houve qualquer alteração com relação à legislação anterior, estando mantidas a APP das "áreas em altitude superior a 1.800 (mil e oitocen-

---

[21] Resolução Conama n. 303, de 20 de março de 2002: "Art. 2º Para os efeitos desta Resolução, são adotadas as seguintes definições: [...]

IV – morro: elevação do terreno com cota do topo em relação a base entre cinquenta e trezentos metros e encostas com declividade superior a trinta por cento (aproximadamente dezessete graus) na linha de maior declividade; [...]".

tos) metros, qualquer que seja a vegetação", a teor do disposto no art. 4º, X, da Lei n. 12.651/2012.

Veredas

Diferentemente do conceito estabelecido anteriormente pelo art. 2º, III[22], da Resolução Conama n. 303/2002, a Lei n. 12.651/2012, conceitua a vereda como a área com fitofisionomia de savana, "encontrada em solos hidromórficos, usualmente com a palmeira arbórea Mauritia flexuosa – buriti emergente, sem formar dossel, em meio a agrupamentos de espécies arbustivo-herbáceas" (art. 3º, XII da Lei n. 12.651/2012), sendo que se caracteriza como APP na "faixa marginal, em projeção horizontal, com largura mínima de cinquenta metros, a partir do espaço permanentemente brejoso e encharcado" (art. 4º, XI da Lei n. 12.651/2012).

A mesma discussão acerca do estabelecimento de APP, não prevista no Código Florestal de 1965, já apontada no caso dos mangues, também recai sobre as veredas, por ter sido disciplinada anteriormente apenas pela Resolução Conama n. 303/2002, que considerava APP a área "em vereda e em faixa marginal, em projeção horizontal, com largura mínima de cinquenta metros, a partir do limite do espaço brejoso e encharcado" (art. 3º, IV da Resolução Conama n. 303/2002).

Vê-se que a partir da nova lei houve alteração no critério para demarcação do início da APP das veredas, que exige a presença de espaço *permanentemente* brejoso e encharcado, o que não o fazia o Conama, reduzindo a faixa protegida, que antes tinha início a partir da parte seca.

Em tempo, destaca-se que há ainda a previsão de hipóteses excepcionais de diminuição dos parâmetros das APPs das faixas marginais às veredas, em projeção horizontal, delimitadas a partir do espaço brejoso e encharcado, quando se tratar de áreas rurais, nas quais se desenvolvam atividades agrossilvipastoris, de ecoturismo e de turismo rural, desde que consolidadas até 22 de julho de 2008 (art. 61-A, § 7º, I e II, da Lei n. 12.651/2012), conforme segue na Tabela 11.6.

---

[22] "Art. 2º Para os efeitos desta Resolução, são adotadas as seguintes definições: [...]

III – vereda: espaço brejoso ou encharcado, que contém nascentes ou cabeceiras de cursos d'água, onde há ocorrência de solos hidromórficos, caracterizado predominantemente por renques de buritis do brejo (Mauritia flexuosa) e outras formas de vegetação típica; [...]."

Tabela 11.6 Parâmetros para recomposição no entorno das veredas, em áreas rurais com atividades consolidadas

Dimensão da propriedade	Obrigatoriedade de recomposição da APP	Dispositivo legal na Lei 12.651/2012
Até 4 (quatro) módulos fiscais	30 (trinta) metros	61-A, § 7º, I
Superior 4 (quatro) módulos fiscais	50 (cinquenta) metros	61-A, § 7º, II

Áreas de Preservação Permanente criadas por ato administrativo

Importante consignar que o Código Florestal de 1965, considerando a íntegra do texto com suas últimas alterações, estabelecia espécies de APP a serem objeto de declaração por ato do poder público (art. 3º).

A Lei n. 12.651/2012, disciplina, por seu turno, que se consideram de preservação permanente, quando declaradas de interesse social por ato do Chefe do Poder Executivo, as seguintes áreas (art. 6º da Lei n. 12.651/2012):

Art. 6º Consideram-se, ainda, de preservação permanente, quando declaradas de interesse social por ato do Chefe do Poder Executivo, as áreas cobertas com florestas ou outras formas de vegetação destinadas a uma ou mais das seguintes finalidades:

I – conter a erosão do solo e mitigar riscos de enchentes e deslizamentos de terra e de rocha;

II – proteger as restingas ou veredas;

III – proteger várzeas;

IV – abrigar exemplares da fauna ou da flora ameaçados de extinção;

V – proteger sítios de excepcional beleza ou de valor científico, cultural ou histórico;

VI – formar faixas de proteção ao longo de rodovias e ferrovias;

VII – assegurar condições de bem-estar público;

VIII – auxiliar a defesa do território nacional, a critério das autoridades militares.

IX – proteger áreas úmidas, especialmente as de importância internacional.

DA SUBSISTÊNCIA DAS ÁREAS DE PRESERVAÇÃO PERMANENTE ESTABELECIDAS PELO CONAMA

Algumas Áreas de Preservação Permanente, ainda que não previstas expressamente na Lei n. 12.651/2012, mas estabelecidas pelo Conama, nos parece que permanecem em vigor por não existir qualquer incompatibilidade entre seu conteúdo e a atual legislação.

Demonstrou-se, no início deste trabalho, a competência atribuída ao Conselho Nacional do Meio Ambiente, pela Lei da Política Nacional do Meio Ambiente, para, entre outros, "estabelecer normas, critérios e padrões relativos ao controle e à manutenção da qualidade do meio ambiente com vistas ao uso racional dos recursos ambientais, principalmente os hídricos" (art. 8º, VII, da Lei n. 6.938/81).

Neste caso, tem-se que a Resolução Conama n. 303/2002, ao regulamentar o Código Florestal de 1965, dispondo sobre parâmetros, definições e limites de Áreas de Preservação Permanente, foi plenamente recepcionada pela Lei n. 12.651/2012, naquilo em que houver harmonia, vejamos.

Da leitura da legislação revogada e da revogadora é factível a identidade expressa de dispositivos, especialmente dos espaços que foram eleitos à categoria de Área de Preservação Permanente.

A Resolução Conama n. 303/2002 propiciou a fiel execução da Lei n. 4.771/65, substituída na íntegra pela Lei n. 12.651/2012; ambas têm por objetivo tutelar bens jurídicos semelhantes, além do que não houve qualquer quebra temporal na proteção desses espaços.

Por outro lado, embora a Lei 12.651/2012 tenha revogado integralmente o Código Florestal de 1965, os instrumentos básicos de proteção lá previstos foram mantidos, ainda que dependentes da criação de institutos futuros para sua perfeita efetivação.

Entre os que defendem o aproveitamento dos regulamentos expedidos pelo Conama diante da publicação da nova lei (ainda não havia sido publicada a Lei n. 12.651/2012, quando da elaboração deste artigo), quando for o caso de compatibilidade, estão Matheus Jacob Fialdini e Alexandre Petry Helena (2012), Promotores de Justiça do Estado de São Paulo:

> O poder regulamentar é subjacente à lei e pressupõe a existência desta. Ao poder regulamentar não cabe contrariar a lei. Mas, não parece acertado concluir que uma norma regulamentar não possa ser aproveitada, porque revogada a

lei regulamentada por outra lei, ainda que esta última absorva aquela e haja compatibilidade entre a lei nova e norma regulamentar.

Pergunta-se: contrariariam as resoluções em apreço o Novo Código Florestal (ou seja, a lei), naqueles comandos regulamentares de dispositivos da Lei n. 4.771/1965 que fossem repetidos pelo Novo Código Florestal?

A resposta não poderia ser outra que não.

Por certo, não se pretende em absoluto fechar os olhos para a realidade – o que seria um grande absurdo – para fazer a afirmação cega de que a Lei n. 4.771/1965 e o Novo Código Florestal são, na verdade, uma só lei.

Ao contrário, são duas as leis, publicadas em tempo e condições totalmente diferentes.

Na lição do saudoso Miguel Reale (*Lições preliminares de direito*, 24 ed. São Paulo: Afiliada, 1999. p. 163), "Lei, no sentido técnico desta palavra, só existe quando a norma escrita é constitutiva de direito, ou, esclarecendo melhor, quando ela introduz algo de novo com caráter obrigatório no sistema jurídico em vigor, disciplinando comportamentos individuais ou atividade públicas".

A Lei, como vimos, cria direitos e obrigações. Daí, quando uma lei substitui outra, absorvendo partes dos comandos daquela substituída, irremediavelmente estamos diante de uma caso em que poderia facilmente concluir que a lei revogada, enquanto norma escrita com conteúdo que cria direito e obrigações matém-se, na verdade, vigente em parte (naquela parte absorvida pela nova lei), revestindo-se, tão somente, de nova roupagem, isto é, com nova numeração. [...]

Diferente não poderia ser a conclusão em relação às normas regulamentares destes mesmos comandos. Porque regulamentares de dispositivos que hão de ser repetidos no Novo Código Florestal, terão ampla aplicabilidade e orientarão a atuação do operador do Direito, evitando-se, aliás, que o julgador, por insuficiência normativa, tenha que se socorrer de canais subsidiários de interpretaçào e aplicação do Direito [...]

A par dessas considerações, é possível concluir que, ainda que não constem expressamente no texto da Lei n. 12.651/2012, subsistem no ordenamento jurídico vigente as seguintes Áreas de Preservação Permanente estabelecidas pelo Conama, nos moldes da sistemática anterior, por não haver qualquer incompatibilidade com a nova legislação:

a) *Restingas, na faixa de trezentos metros, medidos a partir da linha da preamar máxima.* A Lei n. 12.651/2012, manteve a APP das "restingas, como fixadoras de dunas ou estabilizadoras de mangues" (inciso VI do art. 4º da Lei n. 12.651/2012), por ela conceituada no inciso XVI do art. 3º.

b) *Linha de cumeada.* Consiste a linha de cumeada naquela "que une os pontos mais altos de uma sequência de morros ou de montanhas, constituindo-se no divisor de águas", que a Resolução n. 303/2002 convencionou delimitar que se considera APP "em área delimitada a partir da curva de nível correspondente a dois terços da altura, em relação à base, do pico mais baixo da cumeada, fixando-se a curva de nível para cada segmento da linha de cumeada equivalente a mil metros" (art. 2º, VII c.c. art. 3º, VI da Resolução n. 303/2002).

c) *Escarpas.* Estabeleceu o art. 3º, VIII da Resolução n. 303/2002 que constituem Área de Preservação Permanente os locais situados nas "escarpas e nas bordas dos tabuleiros e chapadas, a partir da linha de ruptura em faixa nunca inferior a cem metros em projeção horizontal no sentido do reverso da escarpa". Já a definição de escarpa é encontrada no art. 2º, VIII do mesmo regulamento:

Escarpa: rampa de terrenos com inclinação igual ou superior a 45º, que delimitam relevos de tabuleiros, chapadas e planalto, estando limitada no topo pela ruptura positiva de declividade (linha de escarpa) e no sopé por ruptura negativa de declividade, englobando os depósitos de colúvio que se localizam próximo ao sopé da escarpa;

d) *Dunas.* Instituiu a Resolução n. 303/2002 que se constituem Área de Preservação Permanente os locais situados em dunas, a teor do art. 3º, XI.

e) *Locais de refúgio ou reprodução de aves migratórias.* Instituiu a Resolução n. 303/2002 que se constituem Área de Preservação Permanente os locais de refúgio ou reprodução de aves migratórias, a teor do art. 3º, XIII.

f) *Locais de refúgio ou reprodução de exemplares da fauna ameaçadas de extinção que constem de lista elaborada pelo Poder Público Federal, Estadual ou Municipal.* Instituiu a Resolução n. 303/2002 que se constituem Área de Preservação Permanente os locais de refúgio ou reprodução de exemplares da fauna ameaçadas de extinção que constem de lista elaborada pelo poder público Federal, Estadual ou Municipal, a teor do art. 3º, XIV.

g) *Nas praias, em locais de nidificação e reprodução da fauna silvestre.* Instituiu a Resolução n. 303/2002 que se constituem Área de Preservação Permanente, nas praias, os locais de nidificação e reprodução da fauna silvestre, a teor do art. 3º, XV.

Entretanto, destaca-se, em tempo, que há autores que defendem, dentre ele Milaré (2014), que as Resoluções Conama n. 302 e 302, de 20/03/02, se prestavam especificamente a regulamentar a Lei n. 4.771/65, em particular as espécies de Área de Preservação Permanente sobre as quais a lei silenciava, a exemplo das restingas, topo de morro e reservatório artificiais.

Sendo assim, para este doutrinador, com a superveniência da Lei n. 12.651/2012, "que expressamente revogou o fundamento de validade da norma que deu ensejo ao nascimento das referidas Res. Conama 302 e 303/2002, perderam elas toda e qualquer eficácia, não mais subsistindo".

A SUPRESSÃO, PELA LEI N. 12.651/2012, DE ÁREAS DE PRESERVAÇÃO PERMANENTE DISCIPLINADAS PELO CÓDIGO FLORESTAL DE 1965

Com a edição da Lei n. 12.651/2012 restou demonstrado anteriormente que houve a perda expressiva da proteção de áreas sensíveis estabelecidas pela Lei n. 4.771/65, que deixaram de ser consideradas Áreas de Preservação Permanente ou tiveram a proteção reduzida, vejamos:

a) *Cursos d'água:* embora a legislação superveniente tenha mantido as faixas de preservação que devem ser observadas ao longo dos cursos d'água (art. 4º, I, *a* a *e*), esta somente tratou de salvaguardar os cursos d'água naturais perenes ou intermitentes, afastando a proteção aos efêmeros (transitórios) e aos originados de formações artificiais (criados pela ação humana), que deixaram de gerar APP, diferentemente do Código Florestal de 1965 ou da Resolução Conama n. 303/2002, cuja proteção se dirigia aos rios e a qualquer outro curso d'água, indistintamente, ou seja, natural ou não, perene, intermitente ou efêmero.

Muito se discute nessa espécie a respeito da alteração do critério do início da demarcação da área protegida – que tinha como ponto de partida o nível alcançado por ocasião da cheia sazonal do curso d'água e passou para a borda da calha do leito regular (calha por onde correm regularmente as águas do curso d'água durante o ano), conforme art. 4º, I da Lei n. 12.651/2012 –, o que reduziu em muito a faixa de APP a ser observada, propiciando, inclusive, a ocupação do leito maior, sujeito a inundações nos períodos das cheias.

b) *Lagos e lagoas naturais:* a partir da edição da Lei n. 12.651/2012, foi excluído o requisito consistente na necessidade da prévia classificação da área como urbana consolidada, contido na Resolução Conama n. 303/2002, para a demarcação da faixa de APP em metragem menor (30 metros). Desse modo, em determinadas situações, bastará que a área seja declarada urbana pelo Município para que a APP não se delimite em faixa de 100 metros, ocasionando considerável perda de área protegida. Ademais, há a previsão inovadora na Lei n. 12.651/2012, da dispensa de reserva de faixa de APP para as acumulações naturais de água com superfície inferior a 1 hectare, conforme se vislumbra no art. 4º, § 4º.

c) *Reservatórios artificiais:* a Resolução Conama n. 302/2002, voltava sua proteção para todo e qualquer reservatório artificial de água, o qual era conceituado juridicamente no art. 2º, I, como a "acumulação não natural de água destinada a quaisquer de seus múltiplos usos". Porém, o que se viu foi que a Lei n. 12.651/2012 afastou a proteção daqueles que não tenham origem em barramento ou represamento de cursos d'água naturais, qualquer que seja o seu tamanho (art. 4º, § 1º, da Lei n. 12.651/2012), além de desobrigar da observação de faixa de APP as acumulações artificiais de água com superfície inferior a um hectare, consoante art. 4º, § 4º. E mais, para reservatórios artificiais de água destinados à geração de energia ou abastecimento público, registrados ou que tiveram seus contratos de concessão ou autorização assinados anteriormente à Medida Provisória n. 2.166-67, de 24 de agosto de 2001, a faixa da Área de Preservação Permanente a ser obedecida passou a ser a distância entre o nível máximo operativo normal e a cota máxima *maximorum,* independente de em qual zona esteja situada (art. 62 da Lei n. 12.651/2012). Antes, o início da demarcação da APP se dava a partir do nível máximo de operação, o que, *contrario sensu*, implicava num ganho considerável de espaço protegido, diga-se, também sujeito a inundações.

d) *Nascentes e olhos-d'água intermitentes:* após conceituar a Lei n. 12.651/2012 a nascente como o "afloramento natural do lençol freático que apresenta perenidade e dá início a um curso d'água", e olho-d'água como o "afloramento natural do lençol freático, mesmo que intermitente" (art. 3º, XVII e XVIII, da Lei n. 12.651/2012), estabelece essa lei que se consideram Áreas de Preservação Permanente, em zonas rurais ou urbanas, "as áreas no entorno das nascentes e dos olhos-d'água perenes, qualquer que seja sua situação topográfica, no raio mínimo de cinquenta metros". Resta a conclusão de que somente estão protegidos os locais que apresentam fluxo de água contínuo ou que dão origem a um curso d'água. Tal situação, qual seja, de distinção dos institutos mencionados, presença obrigatória de perenidade e de necessariamente a obrigatoriedade de a nascente dar início a um curso d'água não estava presente no regime jurídico anterior. Isso porque o art. 2º, *c,* da Lei n. 4.771/65, c.c o art. 2º, II, da Resolução Conama n. 303, de 20 de março de 2002, tratava a nascente e o olho-d'água como sinônimos, caracterizando-os como o "local onde aflora naturalmente, mesmo que de forma intermitente, a água subterrânea". Portanto, restou definitivamente eliminada a APP no entorno das nascentes e dos olhos-d'água interminentes/temporários, assim como das nascentes que não dão origem a um curso d'água.

e) *Topo de morros, montes, montanhas e serras:* não obstante a Lei n. 4.771/65 estipular, no art. 2º, *d,* as Áreas de Preservação Permanente situadas nos topo de morros, montes, montanhas e serras, estas estavam regulamentadas na Resolução Conama n. 303/2002. Após a edição da Lei n. 12.651/2012, restou estabelecido que se consideram Área de Preservação Permanente os locais situados nos topos de morros, montes, montanhas e serras, com "altura mínima de cem metros e inclinação média maior que 25º, as áreas delimitadas a partir da curva de nível correspondente a 2/3 da altura mínima da elevação sempre em relação à base", sendo esta base "definida pelo plano horizontal determinado por planície ou espelho d'água adjacente ou, nos relevos ondulados, pela cota do ponto de sela mais próximo da elevação". Por consequência, alterada a definição do conceito de morro, que passa a ser a elevação altura mínima de 100 metros e inclinação média maior que 25°, quando antes (na definição anterior de morro, a diferença de altura era de cinquenta metros e a inclinação de 17°) uma variedade de topos de morros, montes, montanhas e serras deixaram de ser considerados APP, remanescendo desprotegidos.

f) *Veredas:* diferentemente do conceito prescrito anteriormente pelo art. 2°, III[23], da Resolução Conama n. 303/2002, a Lei n. 12.651/2012 delimita a APP das veredas na "faixa marginal, em projeção horizontal, com largura mínima de cinquenta metros, a partir do espaço permanentemente brejoso e encharcado" (art. 4°, XI, da Lei n. 12.651/2012). Com tal característica, tem-se alteração no critério para demarcação do início da APP das veredas, que exige a presença de espaço permanentemente brejoso e encharcado, o que não o fazia o Conama e resulta na diminuição da faixa protegida, antes iniciada a partir da parte seca.

CONSIDERAÇÕES FINAIS

Restou demonstrado que as recentes alterações inseridas na legislação brasileira, que tratam das Áreas de Preservação Permanente, alteraram substancialmente os parâmetros estabelecidos para a proteção desses espaços.

A comparação das espécies de Áreas de Preservação Permanente estabelecidas pela Lei n. 4.771/65 com as atualmente detalhadas pela Lei n. 12.651/2012, em conjunto com os regulamentos expedidos pelo Conselho Nacional do Meio Ambiente, comprovou a perda na proteção de determinadas Áreas de Preservação Permanente da Lei n. 4.771/65, a exemplo da dispensa de reserva de faixa de APP para as acumulações naturais de água com superfície inferior a um hectare e das áreas ao redor das nascentes e olhos-d'água, que, nos termos da Lei n. 12.651/2012, somente estão protegidas quando apresentarem fluxo de água contínuo ou originarem um curso d'água.

---

[23] "Art. 3° Constitui Área de Preservação Permanente a área situada: [...]

IV – em vereda e em faixa marginal, em projeção horizontal, com largura mínima de cinquenta metros, a partir do limite do espaço brejoso e encharcado; [...]."

Assim, é importante considerar que as inovações legislativas nem sempre correspondem à evolução da proteção ao meio ambiente, podendo, ao contrário, fragilizá-la ainda mais, tornando inevitável a degradação ambiental.

REFERÊNCIAS

ANTUNES, P.B. *Direito Ambiental.* 9.ed. Rio de Janeiro: Lumen Juris, 2006.

BORGES, L.A.C. *Aspectos Técnicos e Legais que Fundamentam o Estabelecimento das Áreas de Preservação Permanente.* Lavras, 2008. Tese (Doutorado). Universidade Federal de Lavras.

BRASIL. Decreto n. 6.514, de 22.07.2008: Dispõe sobre as infrações e sanções administrativas ao meio ambiente, estabelece o processo administrativo federal para apuração destas infrações, e dá outras providências. *Planalto.* Disponível em: https://www.planalto.gov.br/ccivil_03/_ato2007-2010/2008/decreto/d6514.htm. Acessado em: 14 jul. 2013.

_____. Decreto federal n. 23.793, de 23.01.1934: Aprova o Código Florestal que com este baixa. Diário Oficial da República Federativa do Brasil, Brasília, DF, 21 mar 1935. *Planalto.* Disponível em: TTP://www.planalto.gov.br/ccivil_03/decreto/1930-1949/D23793.htm. Acessado em: 04 set. 2012.

_____. Lei Complementar n. 140, de 8.12.2011: Fixa normas, nos termos dos incisos III, VI e VII do caput e do parágrafo único do art. 23 da Constituição Federal, para a cooperação entre a União, os Estados, o Distrito Federal e os Municípios nas ações administrativas decorrentes do exercício da competência comum relativas à proteção das paisagens naturais notáveis, à proteção do meio ambiente, ao combate à poluição em qualquer de suas formas e à preservação das florestas, da fauna e da flora; e altera a Lei no 6.938, de 31 de agosto de 1981. *Planalto.* Disponível em: http://www.planalto.gov.br/ccivil_03/leis/lcp/Lcp140.htm. Acessado em: 14 jul. 2013.

_____. Lei n. 4.771, de 15.09.1965: Institui o novo Código Florestal. Diário Oficial da República Federativa do Brasil, Brasília, DF, 19 set. 1995. *Planalto.* Disponível em: http://www.planalto.gov.br/ccivil_03/leis/L4771compilado.htm. Acessado em: 04 set. 2012.

_____. Lei n. 6.938, de 31.08.1981: Dispõe sobre a Política Nacional do Meio Ambiente, seus fins e mecanismos de formulação e aplicação, e dá outras providências. Diário Oficial da República Federativa do Brasil, Brasília, DF, 2 de set. 1981. *Planalto.* Disponível em: http://www.planalto.gov.br/ccivil_03/leis/L6938.htm. Acessado em: 04 set. 2012.

_____. Lei n. 9.605, de 12.02.1998: Dispõe sobre as sanções penais e administrativas derivadas de condutas e atividades lesivas ao meio ambiente, e dá outras providências. *Planalto.* Disponível em: http://www.planalto.gov.br/ccivil_03/leis/l9605.htm. Acessado em: 15 jul. 2013.

_____. Lei n. 12.651, de 25.05.2012: Dispõe sobre a proteção da vegetação nativa; altera as Leis nos 6.938, de 31 de agosto de 1981, 9.393, de 19 de dezembro de 1996, e 11.428, de 22 de dezembro de 2006; revoga as Leis nos 4.771, de 15 de setembro de 1965, e 7.754, de 14 de abril de 1989, e a Medida Provisória no 2.166-67, de 24 de agosto de 2001; e dá outras providências. *Planalto,* Brasília. Disponível em: http://www.planalto.gov.br/ccivil_03/_Ato2011-2014/2012/Lei/L12651.htm. Acessado em: 12 jan. 2013.

_____. Medida Provisória n.1.511, de 25.07.1996: Dá nova redação ao art. 44 da Lei 4.771, de 15 de setembro de 1965, e dispõe sobre a proibição do incremento da conversão de áreas florestais em áreas agrícolas na região Norte e na parte norte da região Centro-Oeste, e dá outras providências. *Planalto.* Disponível em: http://www.planalto.gov.br/ccivil_03/mpv/Antigas/1511.htm. Acessado em: 14 jun. 2013.

_____. Medida Provisória n. 2.166-67, de 24.08.2001: Altera os arts. 1º, 4º, 14, 16 e 44, e acresce dispositivos à Lei nº 4.771, de 15.09.1965, que institui o Código Florestal, bem como altera o art. 10 da Lei n. 9.393, de 19.12.1996, que dispõe sobre o Imposto sobre a Propriedade Territorial Rural – ITR, e dá outras providências. *Planalto.* Disponível em: http://www.planalto.gov.br/ccivil_03/mpv/2166-67.htm. Acessado em: 14 ago. 2013.

_____. Parecer Conama n. 3031: Propostas de Revisão do conteúdo da Resolução Conama 303/2002 no que se refere à Área de Preservação Permanente em restinga, topo de morro e margem de rio. *Ministério do Meio Ambiente.* Disponível em: http://www.mma.gov.br/port/conama/processos/19371341/Parecer_Conama_3031.pdf. Acessado em: 13 abr. 2013.

_____. Resolução Conama n. 302, de 20.03.2002: Dispõe sobre os parâmetros, definições e limites de Áreas de Preservação Permanente de reservatórios artificiais e o regime de uso do entorno. Diário Oficial da República Federativa do Brasil, Brasília, DF, 13 maio 2002. *Ministério do Meio Ambiente.* Disponível em: http://www.mma.gov.br/port/conama/res/res02/res30202.html. Acessado em: 04 set. 2012.

_____. Resolução Conama n. 303, de 20.03.2002: Dispõe sobre parâmetros, definições e limites de Áreas de Preservação Permanente. Diário Oficial da República Federativa do Brasil, Brasília, DF, 13 maio 2002. *Ministério do Meio Ambiente.* Disponível em: http://www.mma.gov.br/port/conama/legiabre.cfm?codlegi=299. Acessado em: 04 set. 2012.

_____. Resolução Conama n. 369, de 28.03.2006: Dispõe sobre os casos excepcionais, de utilidade pública, interesse social ou baixo impacto ambiental, que possibilitam a intervenção ou supressão de vegetação em Área de Preservação Permanente – APP. Diário Oficial da República Federativa do Brasil, Brasília, DF, 29 mar. 2002. *Ministério do Meio Ambiente.* Disponível em: http://www.mma.gov.br/port/conama/legiabre.cfm?codlegi=489. Acessado em: 04 set. 2012.

_____. STJ, 2ª T. AgReg no REsp n. 1183018/MG. Rel. Min. Eliana Calmon, j. 07.05 2013. *SuperiorTribunal de Justiça.* Disponível em: http://www.stj.jus.br/SCON/jurisprudencia/toc.jsp?tipo_visualizacao=null&livre=REsp+994.881%2FSC&b=ACOR&thesaurus=JURIDICO. Acessado em: 12 ago. 2013.

_____. STF; MS n. 22.164. Rel. Min. Celso de Mello, j. 30.10. 1995. *Supremo Tribunal Federal.* Disponível em: http://redir.stf.jus.br/paginadorpub/paginador.jsp?docTP=AC&docID=85691. Acessado em: 11 jun. 2013.

_____. STJ, 2ª T. REsp n. 176.753, j. 07.02. 2008. *Superior Tribunal de Justiça*, Brasília. Disponível em: https://ww2.stj.jus.br/revistaeletronica/ita.asp?registro=199800405950&dt_publicacao=11/11/2009. Acessado em: 22 fev. 2013.

_____. STJ, 1ª T. REsp n. 994881. Rel. Min. Benedito Gonçalves, j.16.12. 2008. *Superior Tribunal de Justiça*, Brasília. Disponível em: https://ww2.stj.jus.br/revistaeletronica/ita.asp?registro=200702363400&dt_publicacao=09/09/2009. Acessado em: 15 fev. 2013.

BULOS, U.L. *Curso de Direito Constitucional.* 2.ed. São Paulo: Saraiva, 2008.

CARVALHO, R.M.U. *Curso de Direito Administrativo.* 2.ed. Salvador: Juspodivm, 2009.

CRUZ, B.M. Parecer ADI 4.252. *Universidade Federal de São Carlos.* Disponível em: http://www.gpda.ufsc.br/wp-content/uploads/2012/12/Tribunal-Simulado-Dra.--Branca-Martins-Cruz.pdf. Acessado em: 25 jun. 2013.

FIORILLO, C.A.P. *Curso de Direito Ambiental Brasileiro.* 10.ed. São Paulo: Saraiva, 2009.

GASPARINI, D. *Direito Administrativo.* 13.ed. São Paulo: Saraiva, 2008.

GREENPEACE. Um grande brasileiro a serviço das florestas. *Greenpeace,* 26 mai. 2010. Disponível em: http://www.greenpeace.org/brasil/pt/Blog/um-grande-brasileiro-em-defesa-das-florestas/blog/11945. Acessado em: 15 mai. 2013.

[INPE] INSTITUTO NACIONAL DE PESQUISAS ESPACIAIS. *Prodes: taxas anuais.* Disponível em: http://www.obt.inpe.br/prodes/prodes_1988_2012.htm. Acessado em: 06 jun. 2013.

LECEY, E.; CAPPELLI, S. (Coords.). As Resoluções Conama e a reforma do Código Florestal. *Revista de Direito Ambiental,* ano 17, v. 66, p. 306, jun. 2012.

MEDEIROS, R.; IRVING, M.; GARAY, I. A proteção da natureza no Brasil: evolução e conflitos de um modelo em construção. *Revista de Desenvolvimento Econômico*, ano 6, n. 9, p. 83-93, jan. 2004.

MILARÉ, É. *Direito do Ambiente: A Gestão Ambiental em foco.* 7.ed. São Paulo: Revista dos Tribunais, 2011.

_____. *Direito do Ambiente.* 9.ed. São Paulo: Revista dos Tribunais, p. 1290, 2014.

RODRIGUES, M.A. *Elementos de Direito Ambiental: parte geral.* 2.ed. São Paulo: Revista dos Tribunais, 2005, p. 72.

SÃO PAULO. Decreto-lei n. 172, de 26.12.1969: Dispõe sobre a criação, como entidade autárquica, do Fomento Estadual de Saneamento Básico – "Fesb". *Assembleia Legislativa.* Disponível em: http://www.al.sp.gov.br/repositorio/legislacao/decreto%20lei/1969/decreto-lei%20n.172,%20de%2026.12.1969.htm. Acessado em: 15 set. 2012.

_____. Decreto-lei n. 232, de 17.04.1970: Dispõe sobre a criação, como entidade autárquica, da Superintendência de saneamento Ambiental – SUSAM. *Assembleia Legislativa.* Disponível em: http://www.al.sp.gov.br/repositorio/legislacao/decreto%20lei/1970/decreto-lei%20n.232,%20de%2017.04.1970.htm. Acessado em: 15 set. 2012.

_____. Lei n. 118, de 29.06.1973: Autoriza a constituição de uma sociedade por ações, sob a denominação de Cetesb – Companhia Estadual de Tecnologia de Saneamento Básico e de Controle de Poluição das Águas, e dá providências correlatas. *Assembleia Legislativa.* Disponível em: http://www.al.sp.gov.br/repositorio/legislacao/lei/1973/lei%20n.118,%20de%2029.06.1973.htm. Acessado em: 15 set. 2012.

SILVA, J.A. *Direito Ambiental Constitucional.* 4.ed. São Paulo: Malheiros, 2002.

SIRVINKAS, L.P. *Manual de Direito Ambiental.* São Paulo: Saraiva, 2012.

Arquivos Judiciais Como Patrimônio Histórico e Cultural do Brasil

12

Andréia Castro Dias
3ª Vara Federal, Subseção Judiciária, Rio Grande do Sul

INTRODUÇÃO

Antes mesmo de pensar que os Arquivos Judiciais interessam apenas às normas de Administração Judiciária, são eles, primeiramente, objeto de regulamentação e proteção afeta ao regime jurídico do direito ambiental, como bens culturais que são. Assim, este capítulo se apresenta com o propósito de efetuar o enquadramento dos Arquivos Judiciais como Patrimônio Histórico e Cultural do Brasil.

Para tanto, no primeiro capítulo abordar-se-á a tutela jurídica despendida ao meio ambiente, passando-se pela sua conceituação à luz da doutrina, das disposições constitucionais e legais, seu *status* de direito fundamental, sua correlação como direito humano e suas dimensões. Num segundo momento, dar-se-á especial enfoque ao meio ambiente cultural, sinalizando a inserção dos documentos de arquivos judiciais em seu contexto.

No segundo capítulo tratar-se-á especificamente dos Arquivos Judiciais, enfocando a proteção legal que lhe é endereçada. Nessa ocasião, levantar-se-á a problemática da tensão existente entre as normas de administração judiciária que possibilitam a eliminação de autos findos e a necessidade de sua preservação por encerrarem patrimônio cultural e histórico.

Finalmente, no terceiro capítulo será indicada a solução para o tensionamento observado no capítulo antecedente, abordando-se a gestão documental nos Arquivos Judiciais e os normativos editados pelas Cortes Superiores que lhes garantem aplicabilidade e proteção. Demonstrar-se-á que aqueles têm por base princípios de direito ambiental como o da prevenção, da precaução, da solidariedade e da equidade intergeracional, os quais visam a evitar dano ao meio ambiente cultural e permitir, por outro lado, a concretização de direito fundamental correlato, vale dizer, direito à informação também tutelado no artigo 5º da Magna Carta.

TUTELA DO DIREITO AMBIENTAL

Na atualidade, a preocupação com o meio ambiente é salutar. Ousa-se dizer que se encontra no centro das atenções da humanidade, visto que não será possível a manutenção da vida na Terra se não for formada e praticada uma consciência ecológico-ambiental de preservação do meio em que se vive, a fim de garantir o futuro sadio das próximas gerações.

Nesse espectro, desponta o direito ambiental como um ramo autônomo do Direito, com características peculiares e novas, mas que se relaciona profundamente com o direito constitucional, administrativo, penal e civil.

A temática proposta para este artigo passa, pois, pela contextualização do meio ambiente como objeto de proteção pelo Direito e, por conseguinte, do entendimento de que os Arquivos Judiciais são bens culturais e, portanto, se inserem no conceito de meio ambiente, estando sujeitos ao mesmo regime jurídico constitucional de tutela e proteção.

Da Conceituação de Meio Ambiente

A expressão "meio ambiente", conforme ensina Édis Milaré (2004), foi utilizada pela primeira vez pelo naturalista francês Geoffroy de Saint-Hilaire na obra *Éstudes progressives d'um naturaliste,* de 1835. Depois, foi utilizada por Augusto Comte na obra *Curso de Filosofia Positiva.* Note-se que o estudo do meio ambiente compreende o da ecologia, a qual é definida como o exame das relações dos organismos ou grupos de organismos com o seu ambiente, ou a ciência das inter-relações que ligam os organismos vivos ao seu ambiente (Freitas, 2005).

Entrementes, o conceito de meio ambiente não se resume à ecologia ou ao meio ambiente natural. A doutrina, de um modo geral, parte da *concepção holística ou unitária* à conceituação de meio ambiente, afirmando que este compreende *elementos artificiais, naturais e culturais*, cujo conjunto é essencial à sobrevivência adequada do homem neste planeta.

Segundo José Afonso da Silva (2000), o ambiente integra-se de um conjunto de elementos naturais e culturais, cuja interação constitui e condiciona o meio em que se vive. Daí a razão pela qual a expressão "meio ambiente" se manifesta mais rica de sentido (como conexão de valores), do que a simples palavra "ambiente". Esta exprime o conjunto de elementos; aquela expressa o resultado da interação desses elementos. O conceito de meio ambiente há de ser, pois, globalizante, abrangente de toda a natureza original e artificial, bem como os bens culturais correlatos, compreendendo, portanto, o solo, a água, o ar, a flora, as belezas naturais, o patrimônio histórico, artístico, turístico, paisagístico e arqueológico.

Por sua vez, o conceito legal de meio ambiente está inserto na Lei n. 6.938/81, que dispõe sobre a *Política Nacional do Meio Ambiente*. O legislador adotou a visão holística e, como diz Milaré (2004, p. 83-4), despreocupou-se dos rigores e controvérsias científicas, na medida em que definiu meio ambiente, no art. 3º, I, como: conjunto de condições, leis, influências e interações de ordem física, química e biológica, que permite, abriga e rege a vida em todas as suas formas. E continua o mesmo autor:

> Para o Direito brasileiro, portanto, são elementos do meio ambiente, além daqueles tradicionais, como o ar, a água e o solo, também a biosfera, esta com claro conteúdo relacional (e por isso mesmo flexível). Temos, em todos eles, a representação do meio ambiente natural. Além disso, vamos encontrar uma série de bens culturais e históricos que também se inserem entre os recursos ambientais, como meio ambiente artificial ou humano, integrado ou associado ao patrimônio natural. O Direito Ambiental se preocupa com todos esses bens, sejam eles naturais ou não. Abarca ele não só o meio ambiente natural, a saber, as condições físicas da terra, da água e do ar, mas também o meio ambiente humano, isto é, as condições produzidas pelo homem e que afetam sua existência no planeta.

362 | DIREITO AMBIENTAL E SUSTENTABILIDADE

Diz-se que o legislador adotou o conceito holístico de meio ambiente justamente por haver estabelecido que ele se relaciona com tudo que *permite, abriga e rege a vida em todas as suas formas*. Logo, evidente que se insere nesse contexto o *ambiente natural* (solo, água, ar, flora, fauna, vale dizer, os seres vivos e os meios em que vivem), o *ambiente cultural*, compreendido pelo patrimônio histórico, arqueológico, paisagístico, turístico e o *ambiente artificial* (espaço urbano – edificações, ruas, praças, áreas verdes, paisagens); até porque o homem é cultura e natureza e só se realiza em suas plenas potencialidades quando há equilíbrio entre essas dimensões (Marchesan, 2007).

Conferindo fundamento de validade e conformação constitucional ao conceito de meio ambiente inserto na Lei n. 6.938/81, a Constituição Federal de 1988 tratou a temática ambiental de forma integrada por meio da reserva dos capítulos III para a Cultura (art. 215 e 216) e VI para Meio Ambiente (art. 225),[1] elegendo, no art. 193, o trabalho como primado da ordem social e como objetivos o *bem-estar* e a justiça social.

De fato, é inegável que a referência a bem-estar remete à inserção do indivíduo em meio ambiente saudável, equilibrado e culturalmente protegido. Nessa senda, relembra-se que, desde seu preâmbulo, o espírito da nova Carta estava voltado para a instituição de um Estado Democrático destinado a assegurar o exercício dos direitos sociais e individuais, a liberdade, a segurança, o *bem-estar*, o desenvolvimento, a igualdade e a justiça como valores supremos de uma sociedade fraterna, pluralista e sem preconceitos. Portanto, a preocupação de bem-estar passa, repita-se, pela concretização de um meio ambiente saudável, plural, equilibrado e que interaja nas suas dimensões cultural, artificial e natural. Ana Maria Moreira Marchesan (2007, p. 89), com muita propriedade ensina:

> Dos conceitos presentes na legislação, doutrina e jurisprudência alienígena[2] e nacional é possível inferir uma tendência de síntese em relação à ontologia do

---

[1] O que será examinado oportunamente.

[2] Marchesan (2007), informa que, em suas pesquisas em países do ocidente, pôde perceber adesão à visão unitária do conceito de meio ambiente, no que destacou a Itália, França e Portugal, além da Convenção da ONU, de 16/11/1972, sobre A Salvaguarda do Patrimônio Mundial, Cultural e Natural, conhecida como Carta de Paris, quando foi adotada uma visão sistêmica de meio ambiente, na qual são tratados aspectos naturais, culturais e artificiais como parte de um todo. Refere, ainda, que no direito Espanhol predomina a visão jus ambientalista, a qual consagra apenas a sua dimensão natural, como ar, água, flora, fauna,

bem ambiental. *O patrimônio natural é indissociável da cultura, pois nele se assenta parte de nossa memória.* Historicamente, a forma como o homem moldou – e por vezes destruiu – a natureza é por si um vivo testemunho. Pinturas rupestres, monumentos naturais, paisagens constituem bens que revelam, na plenitude, a fusão entre cultura e natureza. A dimensão territorial alia-se à temporal para produzir um texto não escrito capaz de concretizar a transmissão cultural.

Por sua vez, Carlos Frederico Marés de Souza Filho (2011, p. 16), assevera:

> O patrimônio ambiental, natural e cultural, assim, é elemento fundamental da civilização e da cultura dos povos e a ameaça de seu desaparecimento é assustadora, porque ameaça de desaparecimento a própria sociedade. Enquanto o patrimônio natural é a garantia de sobrevivência física da humanidade, que necessita do ecossistema – ar, água, alimentos – para viver, o patrimônio cultural é a garantia da sobrevivência social dos povos, porque é produto e testemunho de sua vida. Um povo sem cultura ou dela afastado é como uma colmeia sem abelha rainha, um grupo sem norte, sem capacidade de escrever a própria história e, portanto, sem condições de traçar o rumo do seu destino.

Assim, para este artigo, as alusões a meio ambiente ou a direito ambiental devem ser compreendidas no seu conceito holístico.

O meio ambiente cultural e sua proteção legal e constitucional

O substantivo cultura possui vários significados, que vão desde a maneira de cultivar a terra, as plantas, criar animais até o conjunto dos conhecimentos adquiridos, a instrução, o saber das manifestações intelectuais, artísticas que caracteriza uma sociedade.[3] Como afirma Ana Maria Moreira Marchesan (2007), a cultura é tudo aquilo que é produzido pelo homem, mas também é um conjunto de entes que, embora não sejam fruto da cria-

---

solo, elementos inorgânicos da terra, ficando, pois, fora do conceito o âmbito cultural e artificial.

[3] Disponível em: http://www.dicionariodoaurelio.com/Cultura.html. Acessado em: mar. 2014

ção humana (paisagens naturais), são valorados pelo homem como bens culturais; tanto que é a capacidade de produzir cultura que distingue o homem de outros animais.

É do conceito sociológico que emerge a preocupação no tratamento da cultura fundada no respeito às diferenças, na pluralidade cultural, vale dizer, na tolerância com as diversas demonstrações de cultura que podem advir de uma mesma sociedade ou de sociedades diversas. Por sua vez, no âmbito do conceito axiológico de Direito, o meio ambiente cultural[4] é valorado como direito humano e direito fundamental dos indivíduos. Nesse passo, falando-se em proteção ao meio ambiente cultural, impende entendê-lo como patrimônio cultural – bem cultural (o qual será tratados neste artigo como sinônimo).

Nessa esteira, porquanto relevante, relembra-se que patrimônio é o conjunto de relações jurídicas que tem valor econômico para uma pessoa[5]. Contudo, quando se fala em patrimônio cultural, a expressão econômica é de somenos importância. Souza Filho (2011) ensina que, para que os bens culturais formem um patrimônio, eles não precisam ter valor econômico[6], tampouco o mesmo titular, visto que podem ser públicos ou privados, pertencentes a pessoas físicas ou jurídicas. Com isso, revela que o conceito de patrimônio cultural, genético, ambiental, florestal e até mesmo nacional são atécnicos, mas servem para identificar uma unidade jurídica protegida pelas mesmas condições. Dessarte, o que os une é o reconhecimento como reveladores de uma cultura determinada e integrante da cultura nacional.

Por outro lado, fundamental registrar que nem toda manifestação humana é cultura ou demanda proteção como patrimônio cultural. Nessa linha, faz-se uso novamente das lições de Souza Filho (2011, p. 21 e 22), o qual defende que a preservação do meio ambiente natural e cultural não pode ser integral, visto que isso redundaria no impedimento de qualquer intervenção modificativa do meio ambiente e manteria estático o processo cultural e de desenvolvimento da sociedade. E conclui:

> Preservar toda intervenção cultural humana na natureza ou toda manifestação cultural é um absurdo e uma contradição, porque à guisa de proteger as ma-

---

[4] O mesmo se aplica aos âmbitos natural ou físico e artificial de meio ambiente.

[5] Clóvis Beviláqua apud Souza Filho (2011, p. 47).

[6] E isso os difere do conceito de patrimônio para o direito civil para o qual são necessários direitos com valor econômico e que tenham todos uma titularidade subjetiva unipessoal.

nifestações passadas, se estaria impedindo que a cultura continuasse a se manifestar. Implicaria não admitir qualquer possibilidade de mudança, processo ou desenvolvimento. Assim como preservar intocado o meio ambiente natural seria matar a vida. Se fossem preservadas intactas todas as intervenções humanas, não haveria possibilidade de desenvolvimento social. (...) Por isso a preservação do meio ambiente natural e cultural é feita pela individualização de bens que, de uma ou outra forma, tornam-se imprescindíveis para a manutenção do equilíbrio ambiental ou sejam representativos, evocativos ou identificadores da história da sociedade humana e da cultura de um modo geral.

Marchesan (2007) constrói o conceito de patrimônio cultural como sendo o conjunto de bens, práticas sociais, criações materiais ou imateriais de determinada nação e que, por sua peculiar condição de estabelecer diálogos temporais e espaciais relacionados àquela cultura, servindo de testemunho e referência às gerações presentes e futuras, constitui valor de pertença pública, merecedora de proteção jurídica e fática por parte do Estado.

Não há como falar em proteção ao patrimônio cultural sem destacar a Carta de Atenas, assinada em 1933, no IV Congresso Internacional de Arquitetura Moderna realizado em Atenas, Grécia,[7] quando foram fixados princípios de planejamento das cidades e suas intervenções nos espaços urbanos; esses dispositivos encerram inegável proteção à cultura.

Ainda em âmbito internacional, registra-se a Organização das Nações Unidas para a Educação, a Ciência e a Cultura (Unesco), a qual tem por objeto a preservação da herança cultural da humanidade[8]. Na Convenção sobre Patrimônio Mundial Cultural e Natural promovida pela Unesco em 1972, estabeleceu-se a definição de patrimônio cultural como sendo *monumentos (obras arquitetônicas, esculturas e pinturas monumentais) e os elementos estruturais de caráter arqueológico que tenham valor para a História, a Arte e as ciências*. Nessa ocasião, foi elaborada uma lista sobre os Patrimônios da Humanidade (Silva e Silva, 2012).

No Brasil, lembra-se que o marco da proteção da defesa dos bens culturais no *meio intelectual* deu-se na Semana de Arte Moderna de 1922, cujo destaque é dado a Mario de Andrade, então diretor do Departamento de

---

[7] Disponível em: http://portal.iphan.gov.br/portal/baixaFcdAnexo.do?id=233. Acessado em: mar. 2014.

[8] O Brasil aderiu à Conferência Geral da Unesco em Paris em 1972, a qual foi ratificada no âmbito interno pelo Decreto 80.978/77.

Cultura e Recreação da Prefeitura de São Paulo, que visava à proteção do patrimônio cultural material e imaterial. No *âmbito legal*, as referências a patrimônio cultural despontam com a edição do Decreto n. 1.596, datado de 02.08.1922, o qual criou o Museu Histórico Nacional. Outro exemplo que merece registro é o Decreto n. 22.928, de 12.06.1933, que elevou a cidade de Ouro Preto, em Minas Gerais, a Monumento Nacional. Mais adiante, em 30 de novembro de 1937, foi editado o Decreto-Lei n. 25[9], que criou o Serviço do Patrimônio Histórico e Artístico Nacional (Sphan), com o objetivo de promover o tombamento, a conservação e a divulgação dos bens culturais. Outras leis e decretos foram publicados visando dar efetividade ao patrimônio histórico, artístico e cultural, como: Lei n. 3.924/61 (proíbe a exportação de bens culturais); Leis n. 4.845/65, 5.471/68 e 4.845/65 (proíbem a saída para o exterior de obras de arte e ofícios produzidos no Brasil, até o fim do período monárquico); Lei n. 5.471/68 (proíbe a exportação de bibliotecas e acervos documentais de autores e editores brasileiros ou sobre o Brasil, editados entre os séculos XVI a XIX); Lei ns. 7.347/85 (Ação Civil Pública); Lei n. 4.717/65 (Ação Popular); Decreto n. 3.551/2000 (que instituiu o registro dos bens culturais imateriais); só para citar alguns.

No *âmbito constitucional*[10], foi com a Constituição Federal de 1934 que se passou a tutelar expressamente os bens culturais (art. 10, III – proteção das belezas naturais e monumentos de valor histórico ou artístico; e Título V, quando se refere à proteção dos objetos de interesse histórico e patrimônio artístico do Brasil). Com a Constituição de 1937, a proteção do patrimônio cultural abrangeu os monumentos históricos, artísticos e naturais, as paisagens e os locais dotados de natureza (art. 134). Por sua vez, as Constituições de 1946 (art. 175), de 1967 (art. 172) e a EC n. 1/69 (art. 180), protegeram *os documentos, as obras e locais de valor histórico ou artístico, os monumentos e as paisagens naturais, as jazidas arqueológicas (estas previstas*

---

[9] Souza Filho (2011, ob. cit., p. 59), alerta que, embora seja um Decreto-Lei, "esta norma jurídica passou por todo o processo legislativo democrático da Constituição de 1934 e talvez tenha ganhado o apelido carinhoso no mundo jurídico de 'Lei de Tombamentos.' Dessa data em diante, a proteção aos bens culturais passou a fazer parte do sistema jurídico brasileiro, tendo sido a partir daí sempre aprimorada."

[10] No Brasil Império e na Primeira Constituição da República – em 1891 – as intervenções de proteção ao patrimônio cultural foram esparsas. Marchesan (2007, ob. cit., p. 50) pontua como uma delas a carta datada de 5/4/1742, de D. André de Melo e Castro, Vice-Rei do Estado do Brasil, buscando racional utilização das fortificações deixadas pelos holandeses em Pernambuco.

apenas nas duas últimas Constituições), colocando o amparo da cultura como dever do Estado.

Em 1988, quando promulgada a nova Constituição Federal, alargou-se a proteção ao patrimônio cultural, basta ver do conteúdo dos arts. 215 e 216, os quais serão transcritos no decorrer deste trabalho. Ademais, recentemente, em 2012, por meio da Emenda Constitucional n. 71 houve importante incremento à sua proteção ao ser criado o Sistema Nacional de Cultura, tendo por objetivo a promoção do desenvolvimento humano, social e econômico com pleno exercício dos direitos culturais (art. 216-A).

Souza Filho (2011) chama atenção ao fato de que a Magna Carta de 1988, no art. 216, além de declarar tombados os sítios e arquivos dos antigos quilombos (§ 5º), desvincula o conceito de patrimônio cultural brasileiro do tombamento, o que é mais efetivo e abrangente. Ademais, cria novas formas de proteção, como o inventário, o registro, a vigilância, sem prejuízo de outros modos de proteção a ser criados pelo Poder Público. Em razão dessa ampliação, facilmente se insere a proteção ao conteúdo dos Arquivos Judiciais como bens culturais, por retratarem a época em que os processos foram ajuizados e julgados, os valores então protegidos, os costumes, a linguagem jurídica, o cenário político, enfim, o contexto histórico da sociedade.

Discorrendo sobre a preservação da dimensão cultural do meio ambiente, Marchesan (2007, p. 111) refere que:

A partir do momento em que se visualiza ela como inserida no núcleo do bem jurídico ambiente e, como tal, essencial a uma vida provida de qualidade e que propicie ao cidadão o bem-estar a que faz referência o Preâmbulo de nosso Texto Excelso, não se apresenta desarrazoado afirmar haver *um direito fundamental à preservação do patrimônio cultural, direito esse que se envolve inclusive o direito a prestações em sentido estrito.* (original sem grifo)

Nesse sentido, como os direitos fundamentais possuem aplicabilidade imediata (art. 5º, parágrafo 1º da Constituição Federal)[11], mas também demandam prestações positivas por parte do Estado[12], destacam-se as disposições insertas na Constituição no Título III – Da Organização do Estado,

---

[11] Art. 5º (…) § 1º As normas definidoras dos direitos e garantias fundamentais têm aplicação imediata.

[12] O que se examinará em tópico específico.

as quais têm por finalidade promover políticas públicas, concretizando ditos direitos, do que se destacam as disposições do art. 23, III, IV, V, VI e VII[13]; art. 24, I, VI, VII, VIII e IX[14] e art. 30, I e IX[15]. Insere-se, ademais, no conceito de patrimônio cultural o patrimônio histórico, o qual se refere à herança composta de um complexo de bens históricos. Destaque-se, que os especialistas da área cada vez mais vêm adotando o conceito de patrimônio cultural inserindo neste o patrimônio histórico, por ser aquele mais abrangente (Silva e Silva, 2012).

A filósofa Marilena Chauí (2003, p. 53), abordando sobre aspectos essenciais à ideia de patrimônio cultural, arrola *os arquivos* como um destes, veja-se:

> Existem três aspectos essenciais à ideia de patrimônio: A) conjunto de monumentos, documentos e objetos constitutivos de memória coletiva; B) edificações cujo estilo desapareceu e cujos exemplares devem ser conservados a título de reminiscência do passado da coletividade e C) as instituições públicas encarregadas de zelar pelo que foi definido como patrimônio da coletividade: museus, bibliotecas, **arquivos,** centros de restauro e preservação de monumentos, documentos, edificações e objetos.

Destarte, cotejando-se todo o estudo supra, enfatiza-se que o *direito ao meio ambiente cultural e sua preservação*, assim como o *direito ao meio ambiente natural e artificial protegido e saudável* são "novos" direitos e se inserem, de modo específico, como *direitos de terceira dimensão*, estando

---

[13] Art. 23: a conservação do patrimônio público; a proteção dos documentos, das obras e outros bens de valor histórico, artístico e cultural, os monumentos, as paisagens naturais notáveis e os sítios arqueológicos; o impedimento à evasão, a destruição e a descaracterização de obras de arte e de outros bens de valor histórico, artístico ou cultural; proporcionar os meios de acesso à cultura, a educação e a ciência; proteger o meio ambiente e combater a poluição em qualquer de suas formas; e preservar as florestas, a fauna e a flora.

[14] Art. 24: direito urbanístico; florestas, caça, pesca, fauna, conservação da natureza, defesa do solo e dos recursos naturais, proteção do meio ambiente e controle da poluição; proteção ao patrimônio histórico, cultural, artístico, turístico e paisagístico; responsabilidade por dano ao meio ambiente, ao consumidor, a bens e direitos de valor artístico, estético, histórico, turístico e paisagístico; educação, cultura, ensino e desporto.

[15] Art. 30: I – legislar sobre assuntos de interesse local (portanto, a preservação dos bens culturais do município podem ser aí enquadrados); IX – promover a proteção do patrimônio histórico-cultural local, observada a legislação e a ação fiscalizadora federal e estadual. Aliás, grande parte da doutrina entende que o Município pode também legislar sobre o seu patrimônio histórico-cultural.

baseados na solidariedade social e fraternidade, justamente em razão da sua dimensão plural e coletiva. De fato,

> ainda que os chamados novos direitos nem sempre sejam inteiramente novos, na verdade, por vezes o 'novo' é o modo de obter direitos que não passam mais pelas vias tradicionais (legislativa e judicial), mas provêm de um processo de lutas específicas e conquistas coletivas plurais para serem reconhecidos pelo Estado ou pela ordem constituída. (Wolkmer, 2012, p. 35)

Nessa linha, impende destacar que a proteção constitucional ao direito ao meio ambiente aqui reproduzida ratifica a escolha doutrinária para a expressão das dimensões dos direitos fundamentais, porquanto do mesmo modo que se enquadra como direito do indivíduo frente ao Estado na efetivação da liberdade cultural e no desfrute do meio ambiente ecologicamente equilibrado, é direito social, porque a todos igualmente deve ser destinada a cultura, o acesso à história, à memória, à informação e ao meio ambiente, demandando a intervenção do poder público com políticas públicas que tenham por fim justamente atender aludidos direitos. Além disso, como direito transindividual que é, a sua proteção obriga a todos, não se constituindo em tarefa exclusiva do Estado; são direitos que perpassam a esfera privada e se subordinam a interesses da maioria em prol do bem-estar social, em virtude de a titularidade ser indefinida e indeterminada. Nesse sentido, José Rubens Morato Leite e Patryck de Araújo Ayala (apud Workmer e Leite, 2012, p. 227):

> [...] O exercício do próprio direito fundamental ao meio ambiente saudável pressupõe limitações em face do igual direito de todos. Diante da carência de suporte constitucional, o dever fundamental de proteção ambiental deve proporcionar a noção de responsabilidade-conduta, no sentido de que a comunidade deve usufruir o meio ambiente abstendo-se de qualquer comportamento que possa degradá-lo. Possibilita-se, como consequência, a manutenção das condições presentes para que todas as gerações possam igualmente delas desfrutar.

Veja-se que, além dos artigos já citados, também no art. 5º da Constituição Federal de 1988 há espaço à proteção do meio ambiente: natural, cultural (patrimônio histórico, artístico e cultural) e artificial; o que o reforça

DIREITO AMBIENTAL E SUSTENTABILIDADE

como direito fundamental do indivíduo, basta ver os incisos[16] LXXIII, VI, IX, XXVII, XXVIII e XXIX. Impende destacar, finalizando este capítulo, que o direito fundamental ao meio ambiente é destinatário da proteção inserta no art. 60, § 4º, IV[17] da CF, sendo considerado, pois, cláusula pétrea[18], não podendo ser objeto de emenda constitucional tendente a aboli-lo ou a diminuir-lhe a proteção (direito a proibição do retrocesso).

DOS ARQUIVOS

Considerações gerais sobre Arquivos

Ao se abordar o Arquivo, impende conceituar seu objeto, vale dizer, documento. Segundo o Dicionário Brasileiro de Terminologia Arquivística[19] lançado pelo Arquivo Nacional – Casa Civil da Presidência da República em 2005 –, **documento** corresponde a: "Unidade de registro de informações, qualquer que seja o suporte ou formato"[20].

Arquivo, por sua vez, agora conforme Dicionário do Aurélio[21] corresponde ao: "Conjunto de documentos, como papéis oficiais, impressos, ma-

---

[16] Respectivamente: qualquer cidadão é parte legítima para propor ação popular que vise a anular ato lesivo ao patrimônio público ou de entidade de que o Estado participe, à moralidade administrativa, ao meio ambiente e ao patrimônio histórico e cultural, ficando o autor, salvo comprovada má-fé, isento de custas judiciais e do ônus da sucumbência; a inviolabilidade da liberdade de consciência e de crença; a livre expressão da atividade intelectual, artística, científica e de comunicação, independentemente de censura ou licença; aos autores o direito exclusivo de utilização, publicação ou reprodução de suas obras; proteção às participações individuais em obras coletivas e à reprodução da imagem e voz humanas, inclusive nas atividades desportivas; protege os autores de inventos industriais privilégio temporário para sua utilização, bem como protege as criações industriais, a propriedade das marcas, os nomes de empresas e a outros signos distintivos.

[17] Art. 60, § 4º Não será objeto de deliberação a proposta de emenda tendente a abolir: (...) IV – os direitos e garantias individuais.

[18] Marchesan, 2007, ob. cit., p. 107.

[19] P. 72 e 74. Disponível em: http://www.arquivonacional.gov.br/Media/Dicion%20 Term%20Arquiv.pdf. Acessado em: mar. 2014.

[20] O mesmo dicionário conceitua Documento Digital como sendo o "Documento codificado em dígitos binários, acessível por meio de sistema computacional", e Documento Eletrônico como "Gênero documental integrado por documentos em meio eletrônico ou somente acessíveis por equipamentos eletrônicos, como cartões perfurados, disquetes e documentos digitais."

[21] Disponível em: http://www.dicionariodoaurelio.com. Acessado em: set. 2013.

nuscritos, cartas e fotografias sobre determinado assunto". De modo mais técnico, o Dicionário Brasileiro de Terminologia Arquivística (p. 26) conceitua arquivo pelo:

1. Conjunto de documentos produzidos e acumulados por uma entidade coletiva, pública ou privada, pessoa ou família, no desempenho de suas atividades, independentemente da natureza do suporte. 2. Instituição ou serviço que tem por finalidade a custódia, o processamento técnico, a conservação e o acesso (1) a documentos. 3. Instalações onde funcionam arquivos. 4. Móvel destinado à guarda de documentos.

A Convenção Universal sobre Arquivos aprovada na Assembleia Geral do Conselho Internacional de Arquivos realizada em 17.09.2010, durante a 42ª Citra, em Oslo[22], conceituou arquivo como instrumento de memória e patrimônio cultural, veja-se:

Arquivos registram decisões, ações e memórias. *Arquivos são um patrimônio [patrimônio] único e insubstituível transmitido de uma geração a outra.* Documentos de arquivo são geridos desde a criação para preservar seu valor e significado. Arquivos são fontes confiáveis de informação para ações administrativas responsáveis e transparentes. Desempenham um papel essencial no desenvolvimento das sociedades ao contribuir para a constituição e salvaguarda da memória individual e coletiva. *O livre acesso aos arquivos enriquece o conhecimento sobre a sociedade humana, promove a democracia, protege os direitos dos cidadãos e aumenta a qualidade de vida.* (original sem grifo)

Das definições supra, observa-se que a importância dos arquivos está no conteúdo que armazena. Com efeito, os documentos de arquivos são dotados de história; portanto patrimônio histórico e cultural. Maria Thétis Nunes (2008), no artigo A Importância dos Arquivos Judiciais para a Preservação da Memória Nacional,[23] relembra que:

O celeiro do pesquisador é o arquivo. Há anos passados, o arquivo era entendido como simples depósito de velhos papéis. O arquivista era a paciente pes-

---

[22] Disponível em: http://www.tjrj.jus.br/c/document_library/get_file?uuid=5009ed55-ca1e-424b-8d78-dc349c0f106&groupId=10136. Acessado em: mar. 2014.

[23] Disponível em: http://www2.cjf.jus.br/ojs2/index.php/revcej/article/view/911/1086/ (CEJ- 2008, p. 2 e 3). Acessado em: mar. 2014.

soa que recolhia esses velhos papéis e os conservava, salvando da destruição que, geralmente, os esperava. O desenvolvimento das comunicações, acontecido a partir dos meados do nosso século, tem mostrado a necessidade de valorizar os arquivos, e hoje eles se tornaram imprescindíveis, daí sua moderna conceituação: *unidade administrativa, cuja função é reunir, ordenar, selecionar, guardar e dispor, para uso, conjunto de documentos, segundo os princípios e técnicas arquivísticas*. Em decorrência, o arquivista será não apenas o conservador de velhos papéis, mas também o que orienta o pesquisador na busca de uma determinada documentação segundo os interesses de sua pesquisa. Ainda cabe-lhe administrar os documentos, acompanhando a seleção, a conservação, bem como a colocação apropriada que facilite o acesso ao público.

Em síntese, o *papel básico dos arquivos é recolher e conservar os documentos públicos após terem eles desempenhado a finalidade que os fizera surgir*. Arquivistas são os responsáveis pela passagem desses documentos de sua condição de "arsenal da administração" para a de "celeiro de história", na acepção do renomado arquivista francês Charles Braibant. (sem grifos no original)

Fazendo rápida digressão histórica e utilizando-se dos estudos de Maria Thétis Nunes (2008), registra-se que foi com a vinda da família imperial ao Brasil em 1808 que se enfatizou a importância à guarda dos documentos públicos, na medida em que trouxeram inúmeros documentos dos arquivos portugueses, os quais se encontram atualmente no Arquivo Nacional e na Biblioteca Nacional. A propósito, a primeira demonstração de preocupação com a organização de um arquivo pode ser visualizada no art. 70 da Carta Outorgada por Pedro I em 1824, após a dissolução da Assembleia Constituinte no ano anterior. Contudo, a instalação de um arquivo só aconteceu em 1838, por meio do Regulamento n. 2, assinado pelo Regente Pedro Araújo Lima e pelo Ministro Bernardo de Vasconcelos.

Na atualidade, foi editada a *Lei n. 8.159/91*,[24] regulamentando a *Política Nacional de Arquivos Públicos e Privados*. Em seu art. 1º, o diploma legal realça ser dever do poder público a gestão documental[25] e a proteção especial a documentos de arquivos, como instrumento de apoio à administra-

---

[24] Disponível em: http://www.planalto.gov.br/ccivil_03/leis/L8159.htm. Acessado em: mar. 2014.

[25] Art. 3º Considera-se gestão de documentos o conjunto de procedimentos e operações técnicas referentes à sua produção, tramitação, uso, avaliação e arquivamento em fase corrente e intermediária, visando à sua eliminação ou recolhimento para guarda permanente.

ção, à cultura, ao desenvolvimento científico e como elementos de prova e informação.

Por sua vez, o conceito legal de Arquivo está descrito no art. 2º: Consideram-se arquivos, para os fins desta Lei, os conjuntos de documentos produzidos e recebidos por órgãos públicos, instituições de caráter público e entidades privadas, em decorrência do exercício de atividades específicas, bem como por pessoa física, qualquer que seja o suporte da informação ou a natureza dos documentos.

Merece especial destaque o Capítulo II de referida lei, que trata dos Arquivos Públicos. Assim, no *art. 7º*, observa-se o seu conceito: *conjuntos de documentos produzidos e recebidos, no exercício de suas atividades, por órgãos públicos de âmbito federal, estadual, do Distrito Federal e municipal em decorrência de suas funções administrativas, legislativas e judiciárias;* no *art. 8º* sua classificação, como correntes[26], intermediários[27] e permanentes[28]; no *art. 9º*, a possibilidade de eliminação de documentos produzidos pelas instituições públicas e de caráter público, a qual somente poderá ser realizada mediante autorização da instituição arquivística pública, na sua específica esfera de competência; e no *art. 10*, o qual é enfático em dotar os documentos permanentes com as cláusulas de inalienabilidade e imprescritibilidade.

O capítulo III, versando sobre *Arquivos Privados*, os conceitua esses documentos como *conjuntos de documentos produzidos ou recebidos por pessoas físicas ou jurídicas, em decorrência de suas atividades.* Nota-se, aqui, a preocupação do legislador em alertar ao particular que os arquivos privados podem ser identificados pelo Poder Público como de interesse público e social, quando se caracterizarem como conjuntos de *fontes relevantes para a história e desenvolvimento científico nacional,* os quais não poderão ser alienados com dispersão ou perda da unidade documental, nem transferidos para o exterior[29]. Tudo isso porque os arquivos, ao fim e ao cabo, encerram natureza de patrimônio cultural (direito ambiental cultural) e, como tal, são protegidos.

---

[26] § 1º Consideram-se **documentos correntes** aqueles em curso ou que, mesmo sem movimentação, constituam objeto de consultas frequentes.

[27] § 2º Consideram-se **documentos intermediários** aqueles que, não sendo de uso corrente nos órgãos produtores, por razões de interesse administrativo, aguardam a sua eliminação ou recolhimento para guarda permanente.

[28] § 3º Consideram-se **permanentes os conjuntos de documentos de valor histórico, probatório e informativo que devem ser definitivamente preservados.**

[29] Arts. 12 a 16.

A mesma lei[30], no art. 26, criou o Conselho Nacional de Arquivos (Conarq), como órgão vinculado ao Arquivo Nacional, tendo por finalidade a definição da política nacional de arquivos. É, ademais, órgão central de um Sistema Nacional de Arquivos (Sinar)[31]. Nessa senda, ao Arquivo Nacional restou atribuída a competência para gestão e recolhimento dos documentos produzidos e recebidos pelo Poder Executivo Federal, além da sua preservação, podendo facultar o acesso aos documentos sob sua guarda e acompanhar e implementar a política nacional de arquivos. Frise-se que o Poder Legislativo possui seus arquivos (art. 19), a quem compete, de igual forma, a gestão e o recolhimento dos documentos produzidos e recebidos por referido Poder no exercício das suas funções, bem como preservar e facultar o acesso aos documentos sob sua guarda.

Na mesma linha, competem aos arquivos do Poder Judiciário Federal a gestão e o recolhimento dos documentos produzidos e recebidos no exercício de suas funções, tramitados em juízo e oriundos de cartórios e secretarias, bem como preservar e facultar o acesso aos documentos sob sua guarda (art. 20)[32].

Porquanto relevante, e explicando a importância de um documento de arquivo, ensina Bellotto (2002) que: "a interligação entre documento de arquivo e sociedade passa pela relação entre arquivo e governo, entre arquivos e patrimônio cultural/pesquisa histórica e entre arquivos e cidadania". E continua:

---

[30] Lei n. 8.159/91.

[31] Integram o Sinar, que tem como órgão central o Conarq, o Arquivo Nacional; os arquivos do Poder Executivo Federal; os arquivos do Poder Legislativo Federal; os arquivos do Poder Judiciário Federal; os arquivos estaduais dos Poderes Executivo, Legislativo e Judiciário; os arquivos do Distrito Federal dos Poderes Executivo, Legislativo e Judiciário; os arquivos municipais dos Poderes Executivo e Legislativo. O Decreto n. 7.430, de 17 de janeiro de 2011, efetuou a transferência do Arquivo Nacional e do Conselho Nacional de Arquivos – Conarq da Casa Civil da Presidência da República para o *Ministério da Justiça*. Já a Resolução n. 36, de 19 de dezembro de 2012, dispôs sobre a adoção das Diretrizes para a Gestão arquivística pelos órgãos e entidades integrantes do Sinar.

[32] A propósito, segundo art. 17: § 2º – São Arquivos Estaduais os arquivos do Poder Executivo, o arquivo do Poder Legislativo e o arquivo do Poder Judiciário. § 3º – São Arquivos do Distrito Federal o arquivo do Poder Executivo, o arquivo do Poder Legislativo e o arquivo do Poder Judiciário. § 4º – São Arquivos Municipais o arquivo do Poder Executivo e o arquivo do Poder Legislativo. § 5º – Os arquivos públicos dos Territórios são organizados de acordo com sua estrutura político-jurídica.

De instrumentos essenciais para funcionamento de uma entidade, sejam os atos dispositivos que o comandem, sejam os documentos comprobatórios que o provem, sejam os arquivos informativos que o acionem e movimentem, os documentos de arquivo, passada a utilização ligadas às razões estritas que o originaram, depois de criteriosamente avaliados e selecionados, serão preservados, em quantidades limitadas por essa seleção, para efeitos de pesquisa científica, herança cultural e testemunho social.

Com maestria, Ramón Alberch I Fuguras, citado por Belotto (2002), afirma:

O objetivo de organizar e conservar adequadamente os arquivos adquire toda a sua dimensão cidadã se assumirmos que estes centros colaboram muito diretamente para a ascensão, entre outros, *dos valores do patrimônio público, memória, identidade e conhecimento*, os quais, não por causalidade, se associam normalmente às finalidades irrenunciáveis do *moderno conceito de cultura. É evidente, portanto, a implicação direta e decisiva dos arquivos no fomento e difusão dos valores assumidos como fundamentais.* (original sem grifo)

Dos Arquivos Judiciais

O Poder Judiciário é repositório de documentos os quais se traduzem em história e memória tanto das pessoas que os buscam para resolução de seus conflitos, através do ajuizamento de ações, as quais, uma vez julgadas, formarão o acervo arquivístico da Justiça[33], quanto das próprias pessoas que atuam em nome do Poder Judiciário, ou seja, dos juízes, desembargadores, ministros, servidores, estagiários, advogados, os quais vivem a Instituição e a constroem diariamente por intermédio do seu trabalho. Note-se, ademais, que toda a informação registrada na documentação decorrente da atividade administrativa da Instituição também revela importante acervo de memória e, portanto, de cultura, devendo ser preservada na medida do possível.

Merece destaque, nesse contexto, que toda a documentação advinda do Judiciário encerra a época histórica em que foi produzida, facilitando-se, assim, o processo de entendimento da Instituição como um todo. Ademais, é

---

[33] Os processos transitados e julgados devem, posteriormente, passar pela gestão documental, a qual os direcionará à guarda permanente ou à eliminação; o que se examinará detalhadamente no terceiro capítulo deste artigo.

importante meio de estudo e pesquisa para a própria sociedade, a qual pode enxergar seu processo de desenvolvimento a partir do exame do tipo de ações que foram ajuizadas e julgadas em uma determinada época. Em outras palavras, as decisões judiciais encerram acontecimentos que vão muito além da própria decisão, na medida em que retratam fatos históricos, registram o comportamento social dos envolvidos no processo e da própria sociedade frente ao fato objeto da ação.

Nesse passo, a decisão judicial promove verdadeira regulação de comportamento, inclusive promovendo mudança de paradigma, tal como ocorreu, de modo exemplificativo, no julgamento proferido pela Suprema Corte sobre o conceito de união estável inserto na Constituição Federal, para nele incluir proteção às relações homoafetivas. Portanto, a documentação administrativa, os processos judiciais, as histórias das pessoas que compõem o Poder Judiciário, alinhada à das que buscam a prestação do seu serviço, formam a Memória da Instituição e a sua identidade, constituindo, por corolário lógico, patrimônio cultural que deve ser adequadamente preservado. Nesse sentido, correlacionando os documentos de arquivos com a Memória do Poder Judiciário, Marques (2007) preconiza:

> No Poder Judiciário a preservação da memória e o resgate da documentação histórica se tornaram uma preocupação recorrente nas últimas décadas do século XX. Profissionais das áreas de História, Arquivologia, Biblioteconomia, Museologia e Ciência da Informação desenvolvem diversos trabalhos de resgate da memória histórica nos tribunais. Esses trabalhos têm resultado em ações voltadas à recuperação, à conservação e, principalmente, à divulgação e ao acesso às informações relativas à memória da Justiça brasileira, inclusive na internet.

O mesmo autor (2005), em pesquisa efetuada juntos aos Tribunais Superiores, identificou como objetivos principais das Unidades de Informação do Poder Judiciário:

> a reunião, sistematização e divulgação do acervo histórico; adoção de políticas de preservação e tratamento do acervo documental; execução de políticas de memória institucional e de atividades culturais; execução de projetos de pesquisa sobre a História do Direito e do Judiciário.

ARQUIVOS JUDICIAIS COMO PATRIMÔNIO HISTÓRICO E CULTURAL DO BRASIL | 377

Assim, preservando-se o acervo judicial e administrativo inseridos nos Arquivos do Poder Judiciário estar-se-á promovendo a preservação do patrimônio histórico e cultural brasileiro e tal como ensina Costa (2005):

> A preservação *do patrimônio cultural representa a ligação intrínseca entre o passado e o presente*; representa o conhecimento daquilo que fomos, daquilo que somos e do que seremos; permite conhecer o nosso passado para compreender o presente e planejar o futuro; permite a possibilidade da não repetição dos mesmos erros e equívocos cometidos no passado; permite a elaboração de soluções e respostas, inquietações e perguntas que não querem calar. Todo o registro, qualquer que seja o seu suporte, expressa valores, experiências vividas, contradições, ambiguidades e significados; tem uma história, uma qualidade que o distingue dos demais, tornando-o único e insubstituível. Sua preservação é essencial para a manutenção e o aprofundamento dos elos que ligam o passado ao presente.

Maria Théis Nunes (2008) ressalta a importância do Arquivo Judiciário na sua colaboração em reconstituir o passado brasileiro e no desenvolvimento de sua estrutura sociopolítica e econômica. Com efeito, a reconstituição da história do país por meio da preservação dos arquivos judiciais é medida que redunda em proteção do patrimônio cultural brasileiro. As próprias expressões e vocabulários jurídicos usados pelas Cortes Nacionais encerram elementos de identidade cultural, como a origem da expressão "Vara", a qual, segundo Nunes (2008), era usada pelos juízes, como "insígnia em sinal da jurisdição, para que fossem reconhecidas e acatadas as suas ordens. A vara pintada de branco era privativa dos juízes letrados, e a de vermelho, dos juízes leigos".

A revelação dos Arquivos Judiciais como meio ambiente cultural – patrimônio cultural – também pode ser facilmente visualizada nos achados da Comissão Nacional da Verdade criada pela Lei n. 12.528, de 18 de novembro de 2011, no âmbito da Casa Civil da Presidência da República, a qual visa a examinar e esclarecer as graves violações de direitos humanos praticadas no período de 18 de setembro de 1946 a 05 de outubro de 1988[34].

Com efeito, o Poder Judiciário tem sido importante caminho para a descoberta dessas violações por meio do exame de ações judiciais arquiva-

---

[34] A finalidade principal da Comissão Nacional da Verdade é efetivar o direito à memória e à verdade histórica e promover a reconciliação nacional.

das. Nesse sentido, segue excerto de notícia oriunda do Tribunal de Justiça de Sergipe, datada de 27.02.2014[35]:

> O Arquivo do Judiciário do Tribunal de Justiça de Sergipe recebeu, através do Conselho Nacional de Justiça, solicitação da Comissão Nacional da Verdade para seleção de processos referentes a possíveis violações a Direitos Humanos que tramitaram no Judiciário estadual sergipano, no período entre 1946 e 1988. (...)
> De acordo com a Chefe da Divisão de Memória do Arquivo do Judiciário, Mayanna Scharff (...) "Apesar de trabalhoso, este é um serviço enriquecedor, *pois a partir da leitura dos processos descobrimos a história da nossa sociedade.* Além disso, podemos contribuir com as famílias que tiveram seus entes queridos envolvidos nesses processos", explicou a servidora. O Diretor do Arquivo Judiciário, Bruno Dantas Navarro, destacou que tal solicitação da Comissão da Verdade *só pôde ser atendida pelo trabalho eficiente de guarda e conservação, realizado pelo Arquivo ao longo desses anos*, através dos seus servidores. "Foram identificados processos de tortura, morte, desaparecimento e ocultação de cadáver, além de inquéritos policiais contra comunistas. A maioria dos processos judiciais selecionados são da década de 50". (...)

Ainda sobre essa temática, em palestra intitulada "A memória institucional como fonte de novos saberes", proferida no 3º Congresso Brasileiro de Arquivos do Poder Judiciário, no Superior Tribunal de Justiça, em 29.11.2013, o jurista Pedro Dallari, coordenador da Comissão Nacional da Verdade (CNV)[36] referiu:

> Todo o acervo documental e de multimídia resultante da conclusão dos trabalhos da CNV será encaminhado ao Arquivo Nacional para integrar o Projeto Memórias Reveladas. Se o trabalho de arquivamento dessa documentação dos procedimentos judiciais é de vital importância para a preservação da memória, nós somos a testemunha mais evidente de que isso é verdade.

Outra iniciativa nessa área que demanda destaque é a exposição de processos "Quero falar de uma coisa" promovida pela Justiça Federal do Rio

---

[35] Disponível em: http://agencia.tjse.jus.br/noticias/item/7761-arquivo-do-judiciario--seleciona-processos-para-a-comissao-da-verdade. Acessado em: mar. 2014.

[36] Disponível em: http://www.stj.jus.br/portal_stj/publicacao/engine.wsp?tmp.area=1378 Acessado em: mar. 2014.

Grande do Sul, entre 14 de março e 14 de abril de 2014, relativa à passagem de 50 anos desde a instauração do governo militar no Brasil, cujo acesso foi disponibilizado em formato físico e digitalizado. Na ocasião, foram descritos e catalogados os processos pelo núcleo de documentação da seção judiciária e entregues ao Conselho Nacional de Justiça, que repassou à Comissão Nacional da Verdade.

Da preservação dos Arquivos Judiciais X eliminação de autos-dano ambiental?

Dúvida corrente na administração judiciária centra-se na possibilidade, ou não, de eliminação dos documentos de Arquivo Judicial, em especial dos processos judiciais após seu trânsito em julgado. Assim, a pergunta que se apresenta é: dita eliminação integral configura dano ambiental? É necessária ampla e incondicional preservação ou é possível a utilização de técnicas de gestão documental com eliminação de processos que, depois de acurada análise, se verifique não necessitar preservação? Acrescente-se, ainda, a esse contexto, o fato de que os Arquivos Judiciais se encontram atualmente abarrotados de processos e grande parte deles mal acondicionados em salas sem controle de umidade e iluminação (solar e artificial), com crescimento de micro-organismos como bolor, bactérias, insetos e roedores, acelerando o processo de deterioração do papel e, por consequência, ocasionando a perda de patrimônio cultural.

De pronto, frise-se que seja para preservar a integralidade dos processos, seja pelo descarte do desnecessário, a otimização da preservação do patrimônio ambiental cultural dos Arquivos Judiciais demanda a utilização de instrumentos e tecnologias que proporcionem o acesso a essas informações anteriormente registradas, descritas e catalogadas, no que desponta a gestão documental; até porque só se pode preservar com racionalidade uma documentação organizada, ou, por outras palavras, somente se preserva o que se conhece, se descreve, cataloga e arquiva.

No mesmo sentido defende Nunes (2008, p. 2 e 3) quando ressalta a complexidade exigida na organização dos Arquivos Judiciais, diante da multiplicidade de fontes históricas existentes e do ciclo vital dos documentos essenciais para a preservação da memória nacional. E acrescenta:

Geralmente funcionam os chamados arquivos correntes, arquivos administrativos onde se encontram os documentos elaborados ou recebidos pelo órgão administrativo relativos às suas atividades imediatas, e que devem ser guardados, de forma orgânica e cumulada, à medida que são cumpridas as finalidades de sua tramitação. *Esses documentos que tiveram um objetivo prático para informar, justificar ou indeferir os processos em andamento, são, na realidade, os mesmos de que, posteriormente, pesquisadores e historiadores se utilizarão ao buscar dados referentes ao passado. Tornam-se arquivos históricos.* Localizadas essas fontes múltiplas e variadas, selecionados e catalogados seus documentos, constituem os arquivos permanentes ou históricos, "a matéria-prima da História".

(...) Mas é o historiador o maior beneficiário do arquivo judiciário, onde vai recolher dados para a história social, política e econômica do Brasil. *Sem incursão nos arquivos judiciários será impossível retratar a evolução social brasileira, seus conflitos, seus problemas.* Testamentos, inventários, processos criminais "revelando degradações ou paixões humanas"; a página negra da escravidão africana com seus horrores e crimes, a luta do escravo, individualmente ou nos quilombos e mocambos, demonstram os documentos, bem como a espoliação do índio pelo colonizador e sua resistência; a afirmação do patriarcalismo despótico dos donos do poder, a situação da mulher na sociedade patriarcal e suas tentativas de afirmação, a atuação da Igreja na vida social, a importância das irmandades religiosas, que os documentos nos revelam, representando o desejo, por parte do povo, de formar comunidades, de não se deixar reduzir a uma simples massa anônima e manipulada segundo os ditames da cultura dominante.

Pois bem, para responder à pergunta ora proposta, impende relembrar que à época da edição do Código de Processo Civil, em 1973, sua versão original previa o art. 1.215, possibilitando que os autos processuais fossem eliminados por incineração, destruição mecânica ou por outro meio adequado, findo o prazo de 5 (cinco) anos, contado da data do arquivamento. Veja-se que a possibilidade de eliminação era genérica, sem qualquer preocupação em efetuar-se estudo específico do conteúdo dos processos; bem como falava em incineração, processo usado para queima de lixo em fornos e usinas próprias. Logo, a ideia era que, passados cinco anos do arquivamento, qualquer processo poderia ser tratado, ao fim e ao cabo, como lixo.

Não obstante as críticas que lhe foram direcionadas, dito dispositivo acabou sendo aprovado e entrou em vigor em 01.01.1974. Vigeu até a edição da Lei n. 6.246, de 07.10.1975, a qual lhe suspendeu a vigência, nos seguintes termos: "Fica suspensa a vigência do art. 1.215 do Código de Processo Civil até que lei especial discipline a matéria nele contida".

Ressalte-se que em razão de ainda não ter sido publicada lei regulamentando a possibilidade de eliminação dos autos processuais findos[37], alguns Tribunais de Justiça Estadual, como Minas Gerais (Resolução n. 267/94) e São Paulo (Provimento n. 556/97), editaram normativos, regulamentando a forma como se daria a eliminação de autos findos, sob o fundamento de que a sua manutenção era custosa. Defenderam a legitimidade na edição de tais normativos, afirmando pertencerem ao gênero das normas administrativas de organização judiciária (art. 96 da CF). Na mesma linha, o Conselho da Justiça Federal, quando editou a Resolução n. 192/97, disciplinando a seleção, guarda e eliminação de documentos judiciais e processos findos da Justiça Federal de 1º e 2º graus.

Entretanto, no que toca ao Provimento n. 556/97 do TJSP, a Associação dos Advogados de São Paulo impetrou mandado de segurança coletivo contra o ato, arguindo violação aos arts. 22 e 133 da Constituição Federal e às Leis ns. 8.159/91 e 6.246/75. Num primeiro momento, o TJSP indeferiu a segurança pleiteada ao argumento de que o ato impetrado encerrava norma administrativa de organização judiciária e não padecia de qualquer inconstitucionalidade ou ilegalidade. Após, em recurso ordinário ao STJ, no RMS n. 11.824/SP, relator Min. Peçanha Martins, em decisão datada de 16.04.2002, trânsito em julgado em 27.05.2002, deu-se provimento ao apelo, reconhecendo a ilegalidade do ato impugnado[38].

Na mesma ocasião, o Procurador-Geral da República, atendendo a representação endereçada pelo Procurador-Geral de Justiça do Estado de São Paulo, propôs a ADI n. 1.919-8/SP[39]. Assim, em decisão publicada em *DJ*

---

[37] Em 20.02.1991 foi apresentado à Câmara dos Deputados o Projeto de Lei n. 2.161, de autoria do então Deputado José Luiz Cloret, dispondo sobre arquivamento e eliminação de autos judiciais. Dito projeto encontra-se ainda em discussão na Câmara dos Deputados.

[38] A Resolução n. 192/97, a qual acabou sendo sustada pela Resolução 202, de 12.12.1997, em razão das decisões no âmbito do STJ e STF até que fossem reformulados os estudos sobre a matéria.

[39] Em *DJ* 09.11.2001, o Min. Octavio Gallotti, em Medida Cautelar, deferiu pedido do Procurador-Geral da República e suspendeu o Provimento n. 556/97, até que fosse julgada a ADI n. 1.919-8/SP. Na ocasião, referiu que não verificava afronta aos arts. 22, I, e 48, ambos da CF, porque a norma impugnada refere-se à fase posterior ao julgamento do processo. Entretanto, concedeu a medida, por entender a relevância dos processos judiciais como prova utilizável em futura demanda.

01.08.2003, e de relatoria da Ministra Ellen Gracie, o Supremo Tribunal Federal entendeu que a Lei 8.159/91 dispôs sobre a política nacional de arquivos públicos e privados sem tratar, especificamente, como determina a Lei 6.246/75, sobre a eliminação de autos findos. Registrou, igualmente, que a matéria em questão não se insere na competência prevista no art. 22, I da CF/88, o qual está reservado tão somente às normas relativas às garantias do contraditório, do devido processo legal, dos poderes, direitos e ônus que constituem a relação processual. Todavia, em contrapartida, manifestou-se sobre a inconstitucionalidade de norma que autorize a destruição de processos judiciais arquivados, em razão do dever de preservação dos documentos de valor histórico e cultural, na forma dos arts. 215, *caput*, e 216, IV, da Constituição Federal e, ao fim e ao cabo, verificou no ato de eliminação de processos findos dano ao meio ambiente cultural. Veja-se excerto do voto (sem grifos no original):

> Acima do fundamento oferecido nesta ação direta, vislumbro, a ensejar a declaração de inconstitucionalidade do ato normativo analisado, a violação aos art. 215 e 216, ambos da CF, referentes à preservação do patrimônio cultural brasileiro.
>
> Já na ordem constitucional pretérita, *Pontes de Miranda enfatizava, ao comentar o art. 1215 do CPC, a inconstitucionalidade da destruição dos autos processuais judiciais arquivados, exatamente pelo alcance constitucional do dever de preservação dos documentos de valor histórico e cultural.*
>
> Da mesma forma, a Carta Maior de 1988, nos termos do art. 215, *caput*, impôs ao Estado o dever de garantir a todos o pleno exercício dos direitos culturais e *o acesso às fontes* da cultura nacional. Em se art. 216, IV, elege a Constituição, dentre os bens que integram o patrimônio cultural brasileiro, *os documentos dotados de valor histórico.*
>
> [...] Os *autos judiciais constituem acervo público que é fonte inesgotável de informação de pesquisa das relações sociais ao longo da história.* Resta claro, ainda, que os magistrados não possuem a formação acadêmica, técnica e especializada para apurar a existência de valor histórico contidos nos autos judiciais, uma vez que tais conhecimentos são comuns aos historiadores, arquivistas e bibliotecônomos. Interpretações apressadas e superficiais, mesmo em processos que, a princípio, não demonstrem relevância histórica, podem levar à destruição de valiosos dados para o Estado Brasileiro.

O resultado do julgamento da ADI n. 1.919-8/SP, porém, não foi pela inconstitucionalidade do Provimento n. 556/97 do CSM, mas sim pela sua extinção por perda do objeto, em razão, como dito anteriormente, do trânsito em julgado do acórdão da Segunda Turma do Superior Tribunal de Justiça que, ao julgar o Recurso Ordinário em Mandado de Segurança n. 11.824, de relatoria do Ministro Francisco Peçanha Martins, *DJ* 27.05.2002, concedeu a segurança para declarar a nulidade do provimento impugnado.

De qualquer modo, extrai-se do julgado da Suprema Corte ser fundamental que as normas que regulamentem o tratamento a ser dado aos autos findos respeite a natureza do direito em foco, ou seja, a natureza de direito ambiental cultural fortemente realçada pela Ministra Ellen Gracie no voto referido[40], o qual deve ser utilizado como norte em eventual conflito entre normativos que prevejam a eliminação aleatória dos processos transitados em julgado, o que será abordado no próximo capítulo, quando será efetivamente respondido o questionamento proposto neste tópico.

A GESTÃO DOCUMENTAL COMO INSTRUMENTO DE PRESERVAÇÃO DOS ARQUIVOS JUDICIAIS – PATRIMÔNIO CULTURAL

Conforme examinado no capítulo antecedente, a Lei n. 8.159/91 atribuiu ao Poder Judiciário[41] a competência para promover o acautelamento e a preservação dos Arquivos Judiciais por configurarem patrimônio cultural do Brasil. Nesse passo, repita-se, embora o STF, na ADI n. 1.919-8, tenha sinalizado que aludida lei não é a reclamada pela Lei n. 6.246/75[42], desvinculou a necessidade de edição de lei formal para tanto, o que possibilita que sejam editadas normas de organização judiciária para regrar a questão. Ademais, na regulamentação da matéria, deve-se ter presente que a Lei n. 9.605/98,

---

[40] O fato de ter sido julgada extinta por perda do objeto a ADI n. 1.919-8 não retira a força da fundamentação exarada pela Min. Ellen Gracie, que minuciosamente consagrou a proteção do direito ambiental aos arquivos judiciais.

[41] Veja-se que o art. 216, § 2º, atribuiu à administração pública, na forma da lei, a gestão da documentação governamental e as providências para franquear sua consulta a quantos dela necessitem. Nesse passo, cada esfera do poder, como já referido anteriormente, é competente para gerir seus arquivos.

[42] Sobre a eliminação de autos findos.

no seu art. 62, tipifica como crime contra o patrimônio cultural a destruição de arquivos[43].

Nesse diapasão, segundo já referido, desponta a gestão documental, a qual é imprescindível à preservação dos Arquivos Judiciais. Por gestão documental, entende-se o conjunto de procedimentos e operações técnicas referentes à sua produção, tramitação, publicação, acesso, uso, avaliação, arquivamento, eliminação e guarda nos arquivos corrente, intermediário e permanente[44].

Destaque-se que sobre os documentos dos *arquivos permanentes* é que pende a celeuma da sua preservação integral ou não. Ademais, atesta-se nessa tensão uma típica colisão de princípios e bens jurídicos constitucionalmente relevantes, vale dizer: preservação integral dos processos arquivados (como dá a entender o voto da Ministra Ellen Gracie abordado no capítulo anterior) ou a gestão desses processos, preservando-se apenas o que efetivamente possuam referências à identidade, à ação, à memória e a história dos diferentes grupos formadores da sociedade brasileira, dos quais se possam aperceber as formas de expressão e os modos de criar, fazer e viver de uma época; sempre relembrando, nessa ótica, que nem tudo é cultura.

Nesse passo, para resolução do suposto conflito, seja pelo legislador, seja pelo aplicador da lei, deve-se considerar que direito ao meio ambiente sadio e ecologicamente equilibrado (nele inserido o meio ambiente cultural) é princípio jurídico constitucional e, adotando a teoria de Robert Alexy (1997) sobre direitos fundamentais, se caracteriza como sendo direito fundamental do tipo norma-princípio.[45] A propósito, as normas tipo princípios são mandatos de otimização e entre eles não há antinomia, mas sim juízo

---

[43] Nesse ponto, o art. 62 da Lei n. 9.605/98 regulamenta o § 4º do art. 216, para o qual: "Os danos e ameaças ao patrimônio cultural serão punidos, na forma da lei".

[44] Conceito reproduzido do art. 3º da Lei n. 8.159/91 e também 3º da Resolução n. 23/2008 do CJF. Quanto às definições de corrente, intermediário e permanente, veja-se que o art. 7º da Resolução n. 23/2008 repete o art. 3º da Lei n. 8.159/91, afirmando: I – correntes: aqueles que estiverem em tramitação, ou que, mesmo sem movimentação, constituírem objeto de consultas frequentes; II – intermediários: aqueles que, por conservarem ainda algum interesse jurisdicional ou administrativo, mesmo não sendo de uso corrente pelas áreas emitentes, estiverem aguardando eliminação ou recolhimento para guarda permanente; III – *permanentes: aqueles de valor histórico, probatório e informativo, que devam ser definitivamente preservados no suporte em que foram criados.*

[45] A propósito, em contraposição às normas-princípios, lembra-se que normas tipo regras possuem caráter de definitividade; são normas de "tudo ou nada" e diante de uma antinomia jurídica uma sucumbe em favor da outra, restando aquela excluída do sistema jurídico.

de ponderação, devendo a solução ser buscada na *simultânea incidência dos princípios contrapostos*, no qual um terá precedência sobre o outro em cada caso concreto, mas sem afastamento do preterido. Portanto, os princípios são normas que determinam que algo seja realizado na maior medida do possível, de acordo com as possibilidades fáticas e jurídicas do caso (Alexy, 1997). Assim, diante da colisão de dois princípios constitucionalmente relevantes, dependendo do contexto fático e jurídico em que se basear o conflito, ora o primeiro, ora o segundo prevalecerá. Ademais, para resolução de cada impasse o *princípio da proporcionalidade*[46] deverá ser observado.

Dito isso, verifica-se de pronto que a solução do conflito ora proposto passará, necessariamente, pela aplicação dos normativos de gestão documental nos documentos do Poder Judiciário, no que encontram espaço legal e constitucional as Resoluções n. 23/2008[47] do Conselho da Justiça Federal e a Recomendação n. 37/2011 do Conselho Nacional de Justiça (CNJ)[48], as quais, sob a ótica do legislador, já efetuaram a ponderação sugerida,[49] mas demandam ainda, sob a esfera do aplicador, a necessária ponderação na catalogação dos demais processos que não se inserem entre os já selecionados como de guarda permanente em referidos normativos.

Nesse sentido, se apresenta o *art. 8º* da Resolução n. 23/2008 do CJF, em rol meramente exemplificativo, na medida em que também podem ser tidos como de guarda permanente os processos que decorram de indicação dos magistrados que neles tenham atuado, das partes ou de entidades de caráter histórico cultural e universitário[50]. São eles: A) os atos normativos: ato,

---

[46] Através de seus vetores: *necessidade* (a solução a ser dada deve basear-se em conflito real), *adequação* (aptidão das medidas a serem adotadas para atingir os objetivos pretendidos) e *proporcionalidade em sentido estrito* (balanceamento entre os meios e os fins, ou seja, rigorosa ponderação entre o significado da intervenção para o atingido e os objetivos perseguidos. Lição extraída da obra de Gilmar Ferreira Mendes, 1999)

[47] Em 22.12.1999, o Conselho da Justiça Federal editou as Resoluções ns. 217 e 359, esta última em 29.04.2004, as quais versavam sobre a necessidade da preservação dos documentos de valor histórico, probatório e informativo da Justiça Federal de 1º e 2º graus. Note-se que o *Conselho Nacional de Arquivos – Conarq, na Resolução n. 26, de 6 de maio de 2008,* havia fixado as diretrizes básicas de gestão de documentos a serem adotadas nos arquivos do Poder Judiciário, o que acabou por reforçar a edição da Resolução n. 23/2008.

[48] A qual servirá de base para a gestão documental de todo o Poder Judiciário Nacional.

[49] Por isso não são ilegais e inconstitucionais como as citadas no capítulo anterior, para o qual se remete o leitor, a fim de evitar tautologia.

[50] A Recomendação n. 46, de 17 de dezembro de 2013, do CNJ acrescentou essa possibilidade de participação da sociedade civil demonstrando aqui a aplicação do princípio da solidariedade, princípio fundante do direito ambiental.

regimento, resolução, portaria e outras normas expedidas; B) os atos de assentamento: ata, termo e outros registros oficiais sobre fatos ou ocorrências; C) os atos de ajuste: tratado, contrato, convênio e outros acordos em que a Justiça Federal for parte; D) o inteiro teor de sentenças, decisões terminativas, acórdãos e decisões recursais monocráticas; E) as ações criminais, as ações coletivas e as que versem sobre direito ambiental, desapropriações, privatizações, direitos indígenas, direitos humanos, tratados internacionais, opção de nacionalidade, naturalização, usucapião e as que constituírem precedentes de súmulas; F) as ações pertencentes ao período de 1890 a 1973; G) outros documentos classificados como de guarda permanente nos instrumentos previstos nas alíneas *c* e *d* do art. 5º desta resolução; H) outros documentos e processos administrativos ou judiciais classificados como de guarda permanente pelas Comissões Permanentes de Avaliação e Gestão Documental das instituições da Justiça Federal. Por sua vez a Recomendação n. 37/2011 do CNJ acrescenta como guarda permanente os processos em que são suscitados Incidente de Uniformização de Jurisprudência e Arguições de Inconstitucionalidade, bem como os que constituírem precedentes de Súmulas, Recurso Repetitivo e Repercussão Geral (item XIX).

De fato, infere-se dos artigos da Resolução n. 23/2008 do CJF e Recomendação n. 37/2011 do CNJ a concretização do *princípio da proporcionalidade*, quando impõe a preservação permanente, por exemplo, de todas as ações penais, bem como quando possibilita ao magistrado o registro do feito como de guarda permanente independentemente do seu objeto.

Verifica-se em ditas resoluções, outrossim, o respeito e a *aplicação de princípios de direito ambiental*, tais como o *da prevenção* (visa a evitar o dano ambiental, vale dizer, inibição de condutas que venham a causar danos – acautela perigo concreto – *dano aqui entendido como a eliminação irresponsável de processos judiciais*), da *precaução* (importa em antecipação ainda maior que o da prevenção, buscando cautelas relacionadas às atividades e aos comportamentos em relação aos quais a ciência ainda não detém informações a respeito das possíveis consequências nocivas da atividade – repele perigo abstrato – *aqui referido como a necessidade de alocação de espaços comprometidos com o bom acautelamento dos acervos*) e o *princípio da equidade intergeracional*, no sentido de que os acervos do Poder Judiciário são capazes de ligar historicamente as gerações pretéritas, presentes e futuras através da comunicação e conhecimento do contexto histórico em que estavam inseridos.

ARQUIVOS JUDICIAIS COMO PATRIMÔNIO HISTÓRICO E CULTURAL DO BRASIL | **387**

Observa-se, aliás, a adoção dos princípios supra nas justificativas usadas pelo CNJ[51] quando editou o Programa de Gestão Documental do Poder Judiciário[52], dentre as quais destacamos: assegurar a autenticidade, a integridade, a segurança, a preservação, o acesso de longo prazo dos documentos e processos diante das ameaças de degradação física e de rápida obsolescência tecnológica de hardware, software e formatos; assim como a necessidade de fomentar as atividades de preservação, pesquisa e divulgação da história do Poder Judiciário, bem como das informações de caráter histórico contidas nos acervos judiciais[53].

Nessa linha, repita-se, envoltos pela preocupação da **preservação** e da certeza de que os processos judiciais e a atividade em si do Poder Judiciário encerram patrimônio histórico e cultural, é que foi instituído o Programa Nacional de Gestão Documental e Memória do Poder Judiciário,[54] sob a sigla *Proname*, o qual busca "*aperfeiçoar as atividades das unidades arquivísticas do Poder Judiciário, permitindo agilizar o acesso à informação, viabilizar o exercício de direitos e deveres dos jurisdicionados e da Administração e preservar a documentação de valor permanente*"[55].

Logo, aplicando-se as técnicas de gestão documental aos Arquivos do Poder Judiciário, verifica-se que, finalizada a gestão, será possível eliminar os processos que não se insiram no conceito de bem cultural, o que não importará em dano ambiental. Além disso, essa conferência deve ser feita com muita responsabilidade através de equipe multidisciplinar composta de profissionais do Direito, da História, da Arquivologia e da Biblioteconomia. Note-se que os servidores e magistrados responsáveis pelos arquivos devem ter

---

[51] Disponível em: http://www.cnj.jus.br/atos-administrativos/atos-da-presidencia/322--recomendacoes-do-conselho/15447-recomendacao-n-37-de-15-de-agosto-de-2011. Acessado em: mar. 2014.

[52] Outras Resoluções no CNJ: Resolução n. 49/2007; Resolução n. 91/2009; Resolução n. 26/2008; Resolução n. 30/2009; Resolução n. 46/2007; Resolução n. 70/2009: Dispõe sobre o Planejamento e a Gestão Estratégica no âmbito do Poder Judiciário: Ação sugerida quanto para a Gestão Documental: fomentar política de gestão documental com foco na modernização de arquivos e na preservação da memória do Judiciário.

[53] Ver ainda a Portaria 616 de 10.09.2009. Disponível em: http://www.cnj.jus.br/atos--administrativos/atos-da-presidencia/322-recomendacoes-do-conselho/15447-recomendacao--n-37-de-15-de-agosto-de-2011. Através da Portaria 113, de 28.10.2011 foi lançado Manual de Gestão Documental do Poder Judiciário.

[54] Informação colhida no site http://www.cnj.jus.br. Acessado em: mar. 2014.

[55] Manual de Gestão Documental do Poder Judiciário (2011, p. 05). Disponível em: http://www2.cjf.jus.br/jspui/bitstream/handle/1234/46330/Manual_CNJ.pdf?sequence=1. Acessado em: mar. 2014.

essa consciência ambiental e guiar-se pelo espírito da preservação do bem cultural. Rechaçam-se, aqui, posturas preocupadas apenas com a eliminação em si, sob justificativa da abertura de espaço nos arquivos.

Dessarte, a documentação não eliminável integrará o acervo permanente da instituição, o qual encontrará abrigo nos Arquivos Judiciários[56] e/ou nos centros de documentação ou centros de memória. Com efeito, como salienta Marchesan (2007):

> a proteção jurídica há de recair justamente sobre os bens integrantes do patrimônio cultural, o qual, mesmo quando encarado na perspectiva aberta, não pode ser inchado a ponto de abarcar todo e qualquer bem dotado de algum valor cultural, ou seja, todos aqueles frutos da criação ou a especial valoração humana, pois isso provocaria uma incongruência também geradora de problemas.

Outros exemplos de concretização dos princípios da prevenção, da precaução, da solidariedade, da equidade intergeracional, da participação e da cidadania na Recomendação n. 37/2011 do CNJ estão no item III do Proname, quando recomenda: A) a manutenção dos documentos em ambiente físico ou eletrônico seguro e a implementação de estratégias de preservação desses documentos desde sua produção e pelo tempo de guarda que houver sido definido; B) a classificação, a avaliação e a descrição documental, mediante a utilização de normas, planos de classificação e tabelas de temporalidade documental padronizadas, *visando a preservar as informações indispensáveis à administração das instituições, à memória nacional e à garantia dos direitos individuais*; C) a padronização das espécies, tipos, classes, assuntos e registros de movimentação de documentos e processos; D) a adoção de critérios de transferência e de recolhimento dos documentos e processos das unidades administrativas e judiciais para a unidade de gestão documental; E) a orientação de magistrados e de servidores das instituições do Judiciário sobre os fundamentos e instrumentos do Proname; F) a adoção do Modelo de Requisitos para Sistemas Informatizados de Gestão de Processos e Documentos (MoReq-Jus); G) a constituição de unidades de gestão documental

---

[56] Recomendação n. 37/2011: II- A Gestão Documental no Poder Judiciário é o conjunto de procedimentos e operações técnicas referentes a produção, tramitação, uso, avaliação e arquivamento de documentos institucionais produzidos e recebidos pelas instituições do Judiciário no exercício das suas atividades, independentemente do suporte em que a informação se encontra registrada.

e de comissões permanentes de avaliação documental (CPADs) nas instituições do Poder Judiciário.

Todo esse aparato demonstra a preocupação com o acervo do Judiciário como bem/patrimônio cultural, concretizando os princípios de direito ambiental. Aliás, as próprias *tabelas de temporalidade de documentos* são instrumentos de gestão resultante da avaliação documental e que encerram aplicação do *princípio da precaução*. Ora, a identificação do valor dos documentos para definição de prazos de guarda e destinação deve ser realizada mediante parâmetros técnicos e jurídicos. Assim, a efetiva aplicação da tabela de temporalidade permitirá ao Judiciário preservar documentos que possuem valor probatório e informativo relevante e eliminar, com segurança, documentos desprovidos de valor, liberando espaço físico e racionalizando o acesso à informação.

De outro lado, o Proname, atentando, de certa forma, à preocupação exarada pela Ministra Ellen Graice em seu voto na ADI n. 1.919-8/SP, previu a possibilidade de instituição de Comissões Permanentes de Avaliação Documental nos Tribunais e nas suas unidades subordinadas, com a responsabilidade de: A) orientar e realizar o processo de análise e avaliação da documentação produzida e acumulada no seu âmbito de atuação; B) identificar, definir e zelar pela aplicação dos critérios de valor secundário (histórico, probatório, informativo etc.) dos documentos e processos; C) analisar e aprovar os editais de eliminação de documentos e processos da instituição, análise e aprovação que devem ser compostas, no mínimo, de servidores técnicos bacharéis em Arquivologia, História, Direito, e aqui acrescento, novamente, Biblioteconomia.

De qualquer modo, e mais uma vez constata-se a aplicação dos princípios da precaução e prevenção, o processo de gestão documental deverá preservar uma amostra estatística representativa do universo dos documentos, processos administrativos e dos autos judiciais findos destinados à eliminação, justamente em razão da importância histórica que possuem.

De outra banda, registre-se que o próprio procedimento de gestão deverá ser realizado através de critérios de responsabilidade social e de preservação ambiental (não poluição), por meio da reciclagem do material descartado, ficando autorizada sua destinação a programas de natureza social. Ademais, é imperioso que os administradores do Poder Judiciário destinem espaços adequados aos seus arquivos, de modo que não fiquem fadados à destruição pela passagem do tempo e por ambientes insalubres. Neste campo, pode-se dizer que *sobreleva o princípio do poluidor-pagador*, porquanto se deve executar a guarda e o descarte mediante condutas que não poluam o meio ambiente natural e cultural, sob pena de, em havendo desrespeito a tal comando, haver responsabilização da Administração Judiciária e de seu agente pelo flagrante dano ambiental.

Nesses termos, de tudo o que fora expendido, pode-se concluir que os processos judiciais e administrativos que compõem os Arquivos Judiciários devem ser preservados mediante ações administrativas que promovam a reserva de espaços adequados para seu armazenamento, vale dizer, quanto aos processos físicos, alocação de espaço com iluminação e refrigeração controlados; estantes e caixas compatíveis com o tamanho dos autos; utilização de técnicas de controle de umidade e dedetizações frequentes, a fim de afastar ácaros, traças e roedores; e, no que toca aos feitos eletrônicos, a reserva de ambiente virtual seguro que possibilite o acesso e a qualidade da informação lá contida de modo perpétuo, além de livre da ameaça de invasões por hackers. E, tratando-se dos processos em si, a proteção deve pautar-se na catalogação e descrição promovida pelas técnicas de gestão documental, a fim de que se conheça efetivamente cada processo arquivado e o contexto histórico em que foi ajuizado e julgado, o que, por outro lado, estará garantindo a eficácia ao direito de informação. A propósito, como ensina Barreto (1994):

> A informação sintoniza o mundo. E como onda ou partícula, participa na evolução e da revolução do homem em direção à sua história. Como elemento organizador, a informação referencia o homem ao seu destino; mesmo antes de seu nascimento, através de sua identidade genética, e durante sua existência pela sua competência em elaborar a informação para estabelecer a sua odisseia individual no espaço e no tempo.

Letícia Gorri Molina e Marta Lígia Pomim Valentim (2011, p. 263) alertam que "compreender a informação como recurso imprescindível é condição *sine qua non* à sobrevivência da sociedade".

Portanto, o resultado do processo de gestão documental nos autos findos, além de concretizar a proteção a bem cultural, confere aplicabilidade ao direito de informação que lhe é correlato, na medida em que a informação lá armazenada poderá ser compartilhada de modo claro, racional e eficiente com a sociedade, a qual é a verdadeira titular e destinatária desse patrimônio cultural; até porque dito acervo encerra instrumento de apoio à administração, à cultura, ao desenvolvimento científico, além de ser imprescindível como elementos de prova e informação.

CONSIDERAÇÕES FINAIS

No decorrer do presente capítulo, verificou-se que os normativos destinados à regulamentação dos Arquivos Judiciais, antes de versarem sobre normas de administração judiciária, contemplam verdadeira aplicação e concretização de normas de direito ambiental. Isso porque se defendeu que os arquivos judiciários se inserem no conceito de meio ambiente, na medida em que este é visto predominante na doutrina e legislação nacional de modo holístico, vale dizer, compreende o ambiente natural (solo, água, ar, flora, fauna, vale dizer, os seres vivos os meios em que vivem), o ambiente cultural, constituído pelo patrimônio histórico, arqueológico, paisagístico, turístico e pelo ambiente artificial (espaço urbano – edificações, ruas, praças, áreas verdes, paisagens). Especificamente sobre meio ambiente cultural, viu-se que os arquivos judiciais se traduzem como meio ambiente cultural, haja vista que cultura é tudo aquilo que é produzido pelo homem, mas também é um conjunto de entes que, embora não sejam fruto da criação humana (paisagens naturais), são valorados pelo homem como bens culturais. Atestou-se, outrossim, que o meio ambiente cultural é direito fundamental, concluindo-se que o direito ao meio ambiente cultural e sua preservação são "novos" direitos e se inserem, de modo específico, como direitos de terceira dimensão, estando baseados na solidariedade social e fraternidade, justamente em razão da sua dimensão plural e coletiva.

Demonstrando-se que os documentos de arquivo são patrimônio cultural, analisou-se o seu conceito legal e de suas espécies na Lei 8.159/1991, a qual versa sobre a política nacional de arquivos públicos e privados, assim como se destacou a Convenção Universal sobre Arquivos realizada em 17.09.2010, na Cidade de Oslo; extraindo de ambas que os arquivos, por registrarem ações, decisões e memórias são patrimônio cultural único e insubstituível, que se transmitem entre as gerações, promovendo a democracia e o resgate histórico da sociedade. Referindo-se aos arquivos judiciais, entendeu-se que a documentação advinda do Judiciário é patrimônio cultural, visto que encerra a época histórica em que foram produzidas, facilitando-se o processo de entendimento da instituição como um todo. Ademais, observou-se que os documentos dos arquivos judiciais são importante meio de estudo e pesquisa para a própria sociedade e o Estado, os quais podem enxergar seu processo de desenvolvimento a partir do exame dos tipos de ações que foram ajuizadas e julgadas numa determinada época.

Considerando a crescente política de eliminação de autos findos para abrir espaços nos prédios do Poder Judiciário, levantou-se o conflito existente entre os "preservacionistas", que defendem a preservação integral dos documentos dos arquivos judiciários, e os "eliminadores", que sustentam a necessidade da eliminação. Contextualizando esse debate com o arcabouço legislativo, relembrou-se que o art. 1.215 do CPC possibilitava a eliminação de autos findos passados meros cinco anos do seu arquivamento, sem sequer atentar à espécie ou matéria inserta no processo; disposição essa que acabou sendo posteriormente revogada, até porque não guardava qualquer preocupação com a ocorrência de dano ao meio ambiente cultural. Nesse ponto e diante do vácuo legislativo, foram apontadas algumas ações promovidas por Tribunais de Justiça estaduais e pelo Conselho da Justiça Federal, os quais editaram Resoluções autorizando a eliminação dos autos findos, as quais, contudo, foram rechaçadas pelo STJ, no RMS n. 11.824/SP, relator Min. Peçanha Martins e também pelo STF na ADI n. 1.919-8/SP, cuja relatoria ficou a cargo da Ministra Ellen Gracie, a qual proferiu o entendimento de que, não obstante a Lei n. 8.159/91 tenha disposto sobre a política nacional de arquivos públicos e privados, não tratou, especificamente, como determinava a Lei n. 6.246/75, sobre a eliminação de processos judiciais transitados em julgado, bem como que a matéria em questão não se insere na competência prevista no art. 22, I, da CF/88. De pronto e dando guarida à preservação, destacou a Min. Ellen em seu voto que haveria inconstitucionalidade em qualquer norma jurídica que autorizasse a destruição de processos judiciais arquivados, em razão do dever de preservação dos documentos de valor histórico e cultural, na forma dos arts. 215, *caput*, e 216, IV, da Constituição Federal. Observou-se, aqui, não obstante a extinção sem exame do mérito da ADI no STF, por perda do objeto, que a Corte Constitucional exarou o entendimento de que o conteúdo dos arquivos judiciais encerra patrimônio cultural.

Nesse passo e visando compor o conflito proposto no segundo capítulo entre a preservação integral e/ou eliminação dos autos findos objeto dos arquivos judiciais permanentes, elegeu-se a gestão documental como medida imprescindível e solucionadora da questão. Demonstrou-se que a Resolução n. 23/2008 do STJ e Recomendação n. 37/2011 do CNJ, as quais justamente versam sobre gestão documental no Poder Judiciário não são ilegais ou inconstitucionais, visto que na sua regulamentação observaram os princípios da proporcionalidade e os princípios de direito ambiental, tais como, o da prevenção, da precaução, da equidade intergeracional e da solidariedade, ao resguardar classes de processos que deverão ficar em guarda permanente, além de prever uma série de procedimentos técnicos para averiguação do passivo candidato ao descarte (os que não se inseririam no conceito de cultura). Ademais, defendeu-se que o próprio procedimento de gestão deverá ser realizado por critérios de responsabilidade social e de preservação ambiental (não poluição), por meio da reciclagem do material descartado, ficando autorizada sua destinação a programas de natureza social.

Destacou-se ser imperioso que os administradores do Poder Judiciário destinem espaços adequados aos seus arquivos, de modo que não fiquem fadados à destruição pela passagem do tempo e por ambientes insalubres. Nesse campo, enfatizou-se a incidência do princípio do poluidor-pagador, impondo a responsabilização da Administração Judiciária e de seu agente, nos casos de guarda e descarte promovidos mediante condutas que poluam o meio ambiente natural e cultural. Nesses termos, concluiu-se que os processos judiciais e administrativos que compõem os Arquivos Judiciários devem ser preservados mediante ações administrativas que promovam a reserva de espaços adequados para seu armazenamento. E, tratando-se dos processos em si, frisou-se que a proteção deve pautar-se na catalogação e descrição promovida pelas técnicas de gestão documental, a fim de que se conheça efetivamente cada processo arquivado e o contexto histórico em que foi ajuizado e julgado, o que estará concretizando a proteção do direito ambiental cultural e, por outro lado, estará garantindo a eficácia ao direito de informação que lhe é correlato.

REFERÊNCIAS

ABREU, R.; CHAGAS, M. *Memória e patrimônio – ensaios contemporâneos*. 2.ed. Rio de Janeiro: Lamparina, 2009.

ALBERCH I FUGULRAS, R. et al. *Archivos y cultura: manual de dinamización*. Espanha: Ediciones Treal, 2001, p. 27- 44.

ALLARI, D.A. *Direitos Humanos e Cidadania*. São Paulo: Moderna, 1998.

ALEXY, R. *El concepto y la validez del derecho*. 2.ed. Barcelona: Gedisa, 1997.

ANUÁRIO DA JUSTIÇA FEDERAL. *Entre o Cidadão e o Estado*. Consultor Jurídico, 2012.

BARRETO, A.A. A questão da informação. *Revista São Paulo em Perspectiva*. São Paulo, v. 8, n. 4, 1994. Disponível em: http://www.e-iasi.org/cinfor/quest/quest.htm. Acessado em: fev. 2013.

BELLOTTO, H.L. Documento de arquivo e sociedade. *Ciências e letras – Revista da Faculdade Porto-Alegrense de Educação*. Porto Alegre: Ciências e Letras, Fapa, 31. jan./jun. 2002.

BONAVIDES, P. *Curso de Direito Constitucional*. 7.ed. São Paulo: Malheiros, 1998.

CAMARGO, C.R. Os centros de documentação das universidades: tendências e perspectivas. In: SILVA, Z.L. *Arquivos, patrimônio e memória: trajetórias e perspectivas*. São Paulo: Unesp, 1999.

CAMARGO, A.M.A., BELLOTO, H.L. *Dicionário de terminologia arquivística*. São Paulo: Associação dos Arquivistas Brasileiros – Núcleo Regional de São Paulo, 1996.

CANOTILHO, J.J. *Direito Constitucional e Teoria da Constituição*. 7ª ed. Coimbra: Livraria Almedina, 2003.

CHAUÍ, M. Natureza, cultura e patrimônio histórico. In: LANNA, A.L.D. *Meio Ambiente: Patrimônio Cultural da USP*. São Paulo: Edusp, 2003.

CONSELHO NACIONAL DE ARQUIVOS. *Glossário de documentos arquivísticos digitais*. Rio de Janeiro: 2004, 17p.

COSTA, P.B. *Arquivo, informação e cidadania: a importância do resgate da memória judicial como exercício da cidadania – o caso do projeto de organização do acervo arquivístico da Seção Judiciária do Rio de Janeiro do TRF da 2ª Região*. Niterói, 2005. Disponível em: http://ndc.uff.br/trf/pedroartigo.pdf. Acessado em: mar. 2013.

DICIONÁRIO BRASILEIRO DE TERMINOLOGIA ARQUIVÍSTICA. Rio de Janeiro: Arquivo Nacional, 2005.

FONTANELLI, S.A. *Centro de memória e ciência da informação: uma interação necessária*. São Paulo, 2005. 105f. Trabalho de Conclusão de Curso. Universidade de São Paulo. Disponível em: http://rabci.org/rabci/sites/default/files/Fontanelli-Memoria.pdf. Acessado em: 05. abr. 2010. Acessado em: fev. 2013.

FREITAS, V.P. *Justiça Federal Histórico e Evolução no Brasil*. Curitiba: Afiliada, 2004.

_____. *A Constituição Federal e a Efetividade das Normas Ambientais*. 3.ed. São Paulo: Revista dos Tribunais, 2005.

LE GOFF, J. *História e memória*. Campinas: Unicamp, 1994.

LUÑO, A.P. *Derechos Humanos, Estado de Derecho y Constitución*. 5.ed. Madrid: Tecnos, 1995.

MARCHESAN, A.M.M. *A tutela do Patrimônio Cultural sob enfoque do Direito Ambiental*. Porto Alegre: Livraria do Advogado, 2007.

MARQUES, O.G. *Informação Histórica: Recuperação e Divulgação da Memória do Poder Judiciário Brasileiro*. Brasília, 2007. 133p. Dissertação (Pós-Graduação). Universidade de Brasília. Disponível em: http://repositorio.unb.br/bitstream/10482/1563/1/Dissertacao_Otacilio_Guedes_Marques.pdf. Acessado em: set. 2013.

_____. *A Concepção dos Centros de Memória do Poder Judiciário*. Brasília, 2005. 23p. Monografia (Biblioteconomia). Universidade de Brasília.

MENDES, G.F. *Direitos Fundamentais e o Controle da Constitucionalidade*, 2.ed. São Paulo: Celso Bastos, 1999.

MENDES, G.F.; COELHO, I.M.; BRANCO, P.G.G. *Hermenêutica Constitucional e Direitos Fundamentais*. Brasília: Brasília Jurídica, 2000.

MILARÉ, É. *Direito do Meio Ambiente – Doutrina, jurisprudência e glossário*, 3.ed. São Paulo: Editora Revista dos Tribunais, 2004.

MIRANDA, M.P.S. *Atuação do Ministério Público na Defesa do Patrimônio Arquivístico sob a Guarda do Poder Judiciário – O Problema da Eliminação e do Acesso aos Autos Processuais Findos*. Disponível em: http://jus.com.br/artigos/10597/a-atuacao-do-ministerio-publico-na-defesa-do-patrimonio-arquivistico-sob-a-guarda-do-poder-judiciario. Acessado em: mar. 2014.

MOLINA, L.G.; VALENTIM, M.L.P. Memória Organizacional, Memória Corporativa e Memória Institucional: Discussões Conceituais e Terminológicas. *Revista Edicic*, v. 1, n. 1, p. 262-276, jan./mar. 2011. Disponível em: http://www.edicic.org/revista/. Acessado em: set. 2013.

NUNES, M.T. A importância dos arquivos judiciais para a preservação da memória nacional. *Revista CEJ*, Brasília, v. 2, n. 5, mai./ago. 1988.

PALMA, V.E.G.S.F. *O inventário do Comendador Domingos Faustino Correa: realidade e mito*. Porto Alegre: JFRS, 2011.

RAMOS, A.C. *Teoria Geral dos Direitos Humanos na Ordem Internacional*. Rio de Janeiro: Renovar, 2005.

ROBREDO, J. *Da ciência da informação revisitada aos sistemas humanos de informação*. Brasília: Thesaurus, 2003.

RUEDA, V.M.S.; FREITAS, A.; VALLS, V.M. *Memória Institucional: uma revisão de literatura*. São Paulo, 2010. Trabalho de Conclusão de Curso. FESPSP. Disponível em: http://revista.crb8.org.br/index.php/crb8digital/article/viewFile/62/64. Acessado em: mar. 2014.

SARLET, I.W. *Eficácia dos Direitos Fundamentais*. Porto Alegre: Livraria do Advogado, 1998.

_____. *Dignidade da Pessoa Humana e Direitos Fundamentais*. 2.ed. Porto Alegre: Livraria do Advogado, 2002.

SLIWKA, I.S. *Considerações sobre a gestão documental dos autos findos*. Revista CEJ, Brasília, ano 15, p. 32-48, jul. 2011.

SILVA, J.A. *Direito Ambiental Constitucional*. 3.ed. São Paulo: Malheiros, 2000.

SILVA, K.V.; SILVA, M.H. *Dicionário de Conceitos Históricos*. 4.ed. São Paulo: Contexto, 2012.

SOUZA, N.O. In: FÉLIX, L.O. *Histórias de Vida: entrevista e depoimentos de magistrados gaúchos*. v. 1. Porto Alegre: TJRS, 1999.

SOUZA FILHO, F.N. *Bens Culturais e sua proteção jurídica*. 3.ed. Curitiba: Juruá, 2011.

TEDESCO, J.C. *Nas cercanias da memória: temporalidade, experiência e narração*. Passo Fundo: UPF; Caxias do Sul: EDUCS, 2004.

TESSITORE, V. *Como implantar centros de documentação*. São Paulo: Arquivo de Estado, Imprensa Oficial de São Paulo, 2003.

WOLKMER, A.C.; LEITE, J.R.M. *Os novos Direitos no Brasil: natureza e perspectivas – uma visão básica das novas conflituosidades jurídicas*. 2.ed. São Paulo: Saraiva, 2012.

Direito Sanitário e Meio Ambiente | **13**

Maria Luiza Machado Granziera
Universidade Católica de Santos

Sueli Gandolfi Dallari
Universidade de São Paulo

INTRODUÇÃO

Meio ambiente e saúde pública são dois temas indissociáveis. Durante muito tempo foi impossível descrever qualquer desses termos sem recorrer ao outro. Assim, para a Grécia clássica – na lição de Hipócrates –, o homem era saudável apenas quando apresentava adequado equilíbrio entre seus humores, o que implicava uma relação harmoniosa dele com a natureza. Do mesmo modo, nos dias de hoje a saúde do homem é argumento essencial para a proteção do meio ambiente.

Não há atividade que, ao causar dano, seja à saúde pública, seja ao meio ambiente, não prejudique o outro. A existência de um é a própria condição da existência do outro. A importância da proteção dos recursos ambientais em todos os aspectos das atividades humanas é bem conhecida; como exemplo, a disponibilidade hídrica é uma condição básica para a sobrevivência dos homens, dos animais e das plantas. A água, combinada com a terra, produz a vegetação que, por seu turno, é indispensável à manutenção da vida humana e animal (Caponera, 1992, p. 1).

A proteção à saúde e ao meio ambiente é um importante elemento para a estabilidade social e o desenvolvimento econômico. Qualquer comunidade, país ou civilização depende dessa proteção. A legislação brasileira, que nas últimas duas décadas introduziu novos princípios no campo dos interesses difusos, modernizando substancialmente o direito anterior, responde a essa necessidade. Cabe verificar quais os mecanismos formulados para que se alcancem os objetivos da lei.

O objetivo deste capítulo é indicar, no direito cogente, as convergências existentes entre a proteção à saúde e ao meio ambiente e as formas fixadas para a coordenação das respectivas ações na legislação em vigor.

O primeiro ponto a destacar consiste em um breve estudo dos princípios de direito que se aplicam ao meio ambiente, constando dos vários livros sobre a matéria, e que possuem forte repercussão na saúde. Trata-se, inicialmente, do direito humano a um meio ambiente saudável. Regras do direito internacional serviram para incorporar ao ordenamento interno esse conceito, consubstanciado no art. 225 da Constituição Federal (CF).

O princípio do desenvolvimento sustentável é talvez o conceito mais genuinamente protetor do ambiente – e da saúde, na medida em que visa a garantir que as próximas gerações possam utilizar os recursos ambientais para atender às suas necessidades. Para tanto, é necessário utilizar, hoje, cuidadosamente nossos recursos. Sendo um conceito abrangente, veremos a legislação sobre a sustentabilidade das cidades, em que várias são as diretrizes a seguir, de forma a manter salubres e protegidos os núcleos urbanos.

O direito à saúde, princípio consagrado pela CF, será abordado na mesma linha, qual seja, a da identificação dos princípios internacionalmente aceitos e adotados na legislação brasileira.

O princípio da prevenção, como essência da saúde pública e da proteção ao meio ambiente, e o princípio da precaução constituem uma complementação do desenvolvimento sustentável, pois tratam de restringir e mesmo de proibir que novos empreendimentos sejam implantados, na hipótese de tais empreendimentos oferecerem incerteza científica quanto aos riscos futuros ao ambiente ou à saúde das pessoas.

No que se refere às normas vigentes, é digno de nota que a Política Nacional do Meio Ambiente e o Sistema de Saúde possuem fortes conexões, demonstrando de forma nítida a correlação existente entre esses dois temas. Sendo políticas públicas, não basta que uma lei as crie: é necessário que muitas medidas sejam tomadas visando à sua implementação, objetivando sua efetividade.

É preciso que essa conexão não se limite ao direito cogente, mas à efetiva atuação do poder público na busca de soluções conjuntas para as questões ambientais e de saúde. A articulação institucional, dessa forma, é uma das condições necessárias para que as ações desenvolvidas tenham a necessária efetividade.

Outros temas serão abordados por terem repercussões no meio ambiente e na saúde pública: trata-se dos recursos hídricos e dos resíduos sólidos.

OS PRINCÍPIOS E O DIREITO

Por que falar em princípios? Qual sua importância? Os princípios regem o ordenamento jurídico de um país. São os princípios que fornecem a base para a criação das normas, ou seja, são a essência do Direito. Segundo Reale (1995, p. 299),

> toda forma de conhecimento filosófico ou científico implica a existência de princípios, isto é, de certos enunciados lógicos admitidos como condição ou base de validade das demais asserções que compõem dado campo do saber. Em seu entendimento, princípios gerais de direito são enunciações normativas de valor genérico, que condicionam e orientam a compreensão do ordenamento jurídico, quer para sua aplicação e integração, quer para a elaboração de novas normas.

É a partir dos princípios, bases em que se ancoram os institutos e as normas, que se identificam as diretrizes a adotar. Especialmente quando se trata de compreender a Constituição, documento político que transforma em lei os objetivos da sociedade, é indispensável o recurso ao exame dos princípios. A doutrina é pródiga em classificar, hierarquizando, os princípios que se encontram positivados no texto constitucional. Cumpre, todavia, dando consequência ao caráter político das constituições, reconhecer a primordial importância dos princípios que, ainda que não explicitados, dão um contorno lógico ao documento, porque refletem os valores que caracterizam uma dada sociedade, derivados de seu contexto político e social.

Entre os princípios positivados se impõe com frequência a solução do conflito que os envolve. Assim, a defesa do meio ambiente pode, em algumas situações, opor-se frontalmente à manutenção da livre-iniciativa – ambos os princípios abrigados na vigente Constituição brasileira. Exatamente porque se trata de princípios, a solução do conflito pode considerar a importância atribuída a cada um deles, sendo necessária a compatibilização entre eles. Não há, portanto, qualquer dúvida sobre a prioridade da análise principiológica quando se pretende a implementação constitucional.

Especialmente no que se refere à formulação e implementação de políticas públicas, quando mais se exige do administrador o preenchimento de conceitos jurídicos abertos, é necessário que se tenha clareza na distinção entre os princípios e diretrizes e as regras jurídicas. Trata-se de viabilizar a aplicação das normas que o povo fixou para a gestão da vida social, que têm um único e determinado sentido. Tais regras tanto podem estar contidas em princípios e diretrizes constitucionais como na norma jurídica positivada.

Já se observou que, dada a inexorabilidade da interpretação constitucional realizar-se por inteiro, o primeiro parâmetro para sua compreensão será, sem dúvida, a valoração dos princípios que informam a Constituição. Isso significa que é dado ao aplicador ou ao intérprete da norma escolher entre princípios expressos por termos imprecisos, aquele que é mais importante para a manutenção do sistema, decidindo, então, sobre a legalidade da regra de direito.

A assunção, pelo texto constitucional, dos resultados que se pretende alcançar com a implementação de políticas permite que se distingam algumas normas que possuem o caráter de diretrizes para a atuação e interpretação do Direito. É importante afastar delas qualquer confusão com as chamadas normas programáticas, que têm permitido a alguns caracterizá-las como simples expedientes travestidos de normas, das quais não se espera nenhum efeito jurídico.

As diretrizes constitucionais, que estabelecem obrigação de resultado, vinculam o aplicador ou intérprete, condicionando a legalidade da norma à submissão aos fins nelas declarados. Empregando com frequência conceitos abertos, especialmente porque devem ser aplicados a inúmeras situações de difícil determinação prévia, os termos que os expressam, conforme acolhidos na diretriz, exigem a consideração da realidade na qual a norma será efetivada para sua precisão.

Também a própria norma jurídica contém, em muitos casos, conceitos expressos por termos ambíguos ou imprecisos. Particularmente no que concerne à atividade administrativa de implementação de políticas públicas, dada a variabilidade, no tempo e no espaço, das necessidades coletivas, os conceitos abertos seduzem o legislador, por amoldarem-se à exigência de reação administrativa conveniente e oportuna àquelas necessidades. Torna-se, portanto, imprescindível reconhecer a discricionariedade na função administrativa para poder julgar a legalidade dos atos decorrentes da aplicação de conceitos vagos. A assunção do Estado Democrático de Direito, entretanto, vinculando a justiça à legalidade, permite concluir que a discricionariedade administrativa encontra-se limitada tanto pela lei como pela ideia de justiça.

Assim, o administrador está obrigado a interpretar o conceito adotado pela norma jurídica valorizando os princípios constitucionais, determinando as diretrizes aplicáveis ao caso e buscando na realidade os elementos que lhe permitirão precisar os termos que o exprimem. Somente então a ele poderá ser reconhecida a prerrogativa de decidir, entre duas ou mais soluções, consideradas juridicamente perfeitas, a que melhor atende às necessidades coletivas.

O DIREITO HUMANO A UM MEIO AMBIENTE SAUDÁVEL E O DESENVOLVIMENTO SUSTENTÁVEL

Entre as declarações internacionais que consagram, no plano internacional, o reconhecimento de um direito humano ao meio ambiente, ou a importância fundamental deste ao homem, destaca-se a Declaração de Estocolmo de 1972, cujo princípio primeiro estabelece que

o homem tem o direito fundamental à liberdade, à igualdade e ao desfrute de condições de vida adequadas, em um meio ambiente de qualidade tal que permita levar uma vida digna, gozar de bem-estar e é portador solene de obrigação de proteger e melhorar o meio ambiente, para as gerações presentes e futuras.

A Carta Africana de Direitos Humanos e dos Povos, declarada em Nairóbi, em 28 de junho de 1981, proclama, em seu art. 24, que "todos os povos têm direito a um meio ambiente satisfatório e global, propício ao seu desenvolvimento".

Segundo Michel Prieur (1996, p. 65), o direito ao meio ambiente, como direito humano, enseja alguma dificuldade em sua formulação concreta, pois a proteção ambiental concerne não só ao homem, mas a todos os seres vivos e à biosfera. Mais que um direito humano no sentido estrito, deve tratar-se de um direito da espécie que protege tanto o homem como o meio em que ele vive. De acordo com esse posicionamento, o homem faz parte do meio ambiente, integrando a natureza. Nesse sentido, a Conferência da Organização das Nações Unidas (ONU) sobre Meio Ambiente e Desenvolvimento, realizada no Rio de Janeiro em 1992 (Rio-92), parece ter colocado a questão com maior propriedade, fixando, em seu princípio primeiro, que "os seres humanos estão no centro das preocupações com o desenvolvimento sustentável. Têm direito a uma vida saudável e produtiva, em harmonia com a natureza".

No campo normativo brasileiro, o art. 225 da CF dispõe, em seu *caput*, que

> todos têm direito ao meio ambiente ecologicamente equilibrado, bem de uso comum do povo e essencial à sadia qualidade de vida, impondo-se ao Poder Público e à coletividade o dever de defendê-lo e preservá-lo para as presentes e futuras gerações.

Ficou assim transportado para a ordem constitucional brasileira o entendimento de que o meio ambiente equilibrado – e essa palavra possui uma conotação bastante abrangente, incluindo a saúde – constitui direito de todos e se trata de bem de uso comum do povo. Além disso, sua defesa e proteção, por conseguinte, compete ao poder público e à coletividade, ou seja, a todos cabe o direito de uso, assim como a responsabilidade pela proteção do meio ambiente. Destaca-se ainda a noção de *sadia qualidade de vida*. A condição imposta é que a proteção ambiental é essencial a fatores de qualidade de vida, destacando-se aí a própria saúde.

A Conferência de Paris, realizada em 1998, estabelece que

> os recursos hídricos são essenciais para a satisfação das atividades humanas, tanto as básicas como aquelas vinculadas à saúde, à produção de energia e alimentos, assim como à preservação dos ecossistemas e do desenvolvimento econômico em todas as suas fases: social, política etc.

Além disso, "é imprescindível que os países ribeirinhos compartilhem uma visão comum com miras ao aproveitamento, gestão e proteção eficazes das águas de curso sucessivo, de tipo doce e de natureza fronteiriça" (Freitas, 2000, p. 250).

A Conferência de Estocolmo sobre Meio Ambiente, realizada em 1972, estabeleceu em seus princípios o planejamento racional e a adoção, pelos Estados, de uma concepção integrada e coordenada do planejamento de seu desenvolvimento, para compatibilizar a necessidade de proteger e de melhorar o ambiente, no interesse de sua população. O princípio 13 preconizou que

> a fim de lograr um ordenamento mais racional dos recursos e, assim, melhorar as condições ambientais, os Estados deveriam adotar um enfoque integrado e coordenado da planificação de seu desenvolvimento, de modo a que fique assegurada a compatibilidade do desenvolvimento com a necessidade de proteger e melhorar o meio ambiente humano, em benefício da população.

Até então, no Brasil, assim como em todo o então chamado *Terceiro Mundo*, o desenvolvimento econômico constituía a grande promessa para tirar o país da situação de subdesenvolvimento e *alçá-lo* à categoria de Estado *em desenvolvimento*. Tinha, portanto, prioridade sobre qualquer outra preocupação que pudesse vir à baila, inclusive o meio ambiente ou a saúde pública. A Conferência da ONU de 1972 alterou essa ordem de ideias, pois mostrou ao mundo os efeitos do desenvolvimento e da industrialização sem um planejamento e uma cautela especial, na preservação dos recursos naturais, sem falar nos efeitos nocivos à saúde.

Posteriormente, o direcionamento de ações voltadas ao progresso das relações econômicas e as reflexões sobre os efeitos de tais atividades levaram os estudiosos ao conceito do desenvolvimento sustentável, em que se permite e se encoraja o desenvolvimento, desde que adequado a normas de proteção ambiental. No que se refere ao campo conceitual da expressão *desenvolvimento sustentável*, a Comissão Mundial sobre Meio Ambiente e Desenvolvimento, criada na ONU com o objetivo de propor novas medidas tendentes a combater a degradação ambiental e a melhoria das condições de vida das populações carentes, da qual resultou o Relatório Bruntland, convencionou denominar desenvolvimento sustentável da seguinte forma: "desenvolvimento sustentável é o desenvolvimento capaz de garantir as necessidades do presente sem comprometer a capacidade das gerações futuras de atender às suas necessidades" (Comissão Mundial sobre Meio Ambiente e Desenvolvimento, 1988, p. 46). A questão da saúde pública está implícita nesse conceito, na medida em que não haveria sentido excluir a proteção da saúde nas considerações sobre as gerações futuras.

Na Rio-92, a expressão *desenvolvimento sustentável* permeia todos os documentos correlatos, principalmente a Agenda 21. Repete-se várias vezes a expressão, o que enfatiza a ideia de que o desenvolvimento econômico deve, necessariamente, incluir a proteção ao meio ambiente, em todas as suas ações e atividades, para garantir a permanência do equilíbrio ecológico e da qualidade da vida humana, inclusive para as futuras gerações. Não se pode pensar em qualidade de vida humana que não preveja a proteção à saúde.

Em outras palavras, as atuais gerações utilizam os recursos naturais para atender às suas necessidades de sobrevivência, desenvolvimento, qualidade de vida e inclusive de saúde. Por acaso, as gerações que viveram a partir do final do século XIX até os dias de hoje foram as que mais utilizaram esses recursos, a ponto de expor as futuras gerações ao risco de não mais poderem utilizar o meio ambiente para satisfazer suas necessidades.

O princípio do desenvolvimento sustentável tem como objetivo exatamente garantir que todas as gerações, presente e futuras, possam utilizar e continuar utilizando os recursos naturais, de modo que suas necessidades não deixem de ser atendidas. Evidentemente, para que isso possa ocorrer, é preciso haver um uso racional de recursos, devidamente controlado, tomando-se algumas cautelas para evitar que a degradação, a poluição ou qualquer outro fator decorrente do uso do ambiente pelo homem, possa tornar inviável a continuidade da vida saudável no planeta, mantendo-se o equilíbrio ecológico e a qualidade da vida humana, em que se insere, sem sombra de dúvida, o direito à saúde.

Para assegurar o cumprimento desse princípio, deve haver um mecanismo institucional de controle das atividades, de modo que se possa aferir se as normas previstas na legislação em vigor, concernentes à proteção do meio ambiente, estão sendo corretamente observadas pelos empreendedores. Essa competência concerne às leis e ao exercício do poder de polícia, no que tange ao estabelecimento de regulamentos, normas e padrões ambientais a ser observados pelos empreendedores e pela administração pública na fiscalização e aplicação de penalidades, pois não basta que inicialmente se comprove a sustentabilidade de um empreendimento. É preciso que a sustentabilidade perdure ao longo de toda a atividade licenciada.

No que se refere à água, a Organização das Nações Unidas (ONU), em 28 de julho de 2010, aprovou a Resolução n. A/RES/64/292, que reconhece o acesso à água potável e ao saneamento básico como um direito de todo ser humano, por estar intrinsecamente ligado aos direitos à vida, à saúde, à alimentação e à habitação.

Ainda sobre esse tema, a Convenção de Paris, de 1998, estabelece ser "indispensável incentivar o conhecimento e a compreensão dos recursos hídricos em todos os níveis, a fim de melhorar o seu aproveitamento, gestão e proteção, promovendo sua utilização mais eficaz, equitativa e sustentável" (Freitas, 2000, p. 250).

Como se pode notar, a noção de desenvolvimento sustentável não dissocia a proteção ambiental da saúde, pois, ao ter como foco as futuras gerações, fica implícita a necessidade de manutenção da saúde para que estas possam existir e exercer as atividades necessárias à sua sobrevivência e ao seu desenvolvimento.

Essas noções têm a ver com os direitos difusos, inovação introduzida no direito brasileiro a partir dos anos de 1980. Trata-se dos "interesses ou direitos transindividuais, de natureza indivisível, de que sejam titulares pessoas indeterminadas e ligadas por circunstâncias de fato" (Código do Consumidor, art. 81).

Em outras palavras, difusos constituem os interesses ou direitos que dizem respeito a todos, sem que se possa definir individualmente as pessoas nem quantificar esse direito. A título de exemplo, a qualidade do ar é um direito difuso, pois interessa a todas as pessoas que o respiram e cuja manutenção da saúde depende, também, dessa qualidade.

No campo do direito urbanístico, o interesse difuso envolvido refere-se à qualidade do meio ambiente urbano, compreendendo regras de construção e de urbanização, recuperação de áreas verdes, proteção dos fundos de vale com vista a evitar inundações e seus efeitos danosos, a qualidade do ar, a manutenção dos ruídos em níveis não nocivos à saúde etc. São inúmeros campos que devem ser organizados para que haja qualidade de vida na cidade, o que constitui um direito difuso não apenas de quem mora, mas de todos os que por ali têm alguma espécie de atividade ou relação e, ainda, de todas as pessoas que possam um dia ali morar ou ter qualquer tipo de envolvimento.

O art. 2º do Estatuto da Cidade – Lei n. 10.257/2001 – dispõe que a política urbana tem por objetivo ordenar o pleno desenvolvimento das funções sociais da cidade e da propriedade urbana, mediante uma série de garantias, a seguir mencionadas.

A garantia do direito a cidades sustentáveis, entendendo-se isso como o direito à terra urbana, moradia, saneamento ambiental, infraestrutura urbana, transporte e serviços públicos, ao trabalho e ao lazer, para a presente e as futuras gerações, incorpora no ordenamento jurídico a noção de cidades sustentáveis (art. 2º, I). Conforme Medauar e Almeida (2002, p. 18), "por cidades sustentáveis pode-se entender aquelas em que o desenvolvimento urbano ocorre com ordenação, sem caos e destruição, sem degradação, possibilitando a vida urbana digna para todos". Essa dignidade inclui a manutenção de condições saudáveis de vida. O direito a cidades sustentáveis, por pertencer a todos, sem distinção, constitui um direito difuso.

Outra diretriz a ser seguida consiste na "gestão democrática por meio da participação da população e de associações representativas dos vários segmentos da comunidade na formulação, execução e acompanhamento de planos, programas e projetos de desenvolvimento urbano" (art. 2º, II). Trata-se de uma forma de controle a ser exercido pela população e pela sociedade organizada.

O inciso III do art. 2º cuida de importante tema no entendimento do interesse que envolve a vida urbana: é necessário que haja *"cooperação entre os governos, a iniciativa privada e os demais setores da sociedade no processo de urbanização, em atendimento ao interesse social;"*, ou seja, por ser do interesse de todos, todos devem participar dos processos que envolvem o desenvolvimento urbano.

Uma questão crucial que se enquadra nesse tema consiste na articulação institucional entre os vários órgãos, municipais, estaduais e federais, de alguma forma envolvidos com os problemas relacionados às cidades, como meio ambiente, saneamento, combate a enchentes, defesa civil, controle de vetores que transmitem doenças etc. A falta de cooperação e de articulação entre os órgãos dos três níveis de governo pode ser apontada como a maior causa da demora e mesmo da ausência de soluções desses problemas tão sérios, que atingem as populações, pondo em risco a sustentabilidade das cidades e muitas vezes a saúde da população.

O planejamento do desenvolvimento das cidades, da distribuição espacial da população e das atividades econômicas do município e do território sob sua área de influência, de modo a evitar e corrigir as distorções do crescimento urbano e seus efeitos negativos sobre o meio ambiente, refere-se à questão das cidades deterioradas em razão de uma urbanização muito acelerada, fruto do êxodo rural ocorrido a partir da segunda metade do século XX. Por falta de planejamento e também de controle, o crescimento das cidades, em nome de uma falsa ideia de *novas oportunidades*, tem tornado o espaço urbano um problema a mais a ser enfrentado pelas populações: moradia distante do trabalho, transporte público inseguro, falta de estrutura escolar para que as mães possam trabalhar em paz, insegurança, ocupações irregulares, ou seja, pior qualidade de vida, o que, em muitos casos, afeta a saúde e pode inviabilizar a sustentabilidade das cidades.

A complementar a ideia, o inciso V estabelece como diretriz para a sustentabilidade das cidades a "oferta de equipamentos urbanos e comunitários, transporte e serviços públicos adequados aos interesses e necessidades da população e às características locais". As condições ora descritas são condição essencial para que as pessoas possam viver na cidade, assegurada a sua saúde não apenas física, mas psicológica. Longas horas em transportes entre a casa e o trabalho, falta de saneamento, iluminação pública, pavimentação e também falta de segurança são incompatíveis com a noção de vida urbana saudável e sustentável.

Um ponto de destaque, nas diretrizes ora comentadas, consiste na diretriz (inciso VI) sobre ordenação e controle do uso do solo para evitar efeitos danosos, como a utilização inadequada dos imóveis urbanos, a proximidade de usos incompatíveis ou inconvenientes, o parcelamento do solo, a edificação ou o uso excessivo ou inadequado em relação à infraestrutura urbana, a deterioração de áreas urbanas, a poluição e a degradação ambiental.

A ordenação do solo consiste na disciplina que estabelece as regras para que o uso e a ocupação do solo ocorram de modo a que o meio ambiente urbano e a saúde da população, entre outros fatores, sejam preservados. Para tanto, é imprescindível que se promova a fiscalização desse uso, sendo a falta de exercício dessa atribuição estatal uma das principais causas da degradação das cidades no País.

O Estatuto da Cidade, art. 2º, VIII, determina a adoção de padrões de produção e consumo de bens e serviços e de expansão urbana compatíveis com os limites da sustentabilidade ambiental, social e econômica do município e do território sob sua influência, ou seja, é necessário que haja um planejamento sobre o crescimento das cidades, inclusive considerando-se a hipótese de controle desse crescimento. Aliás, o crescimento desmedido, *a todo custo*, tem sido ao longo do tempo uma imagem falsa e eleitoreira de desenvolvimento. O que se verifica é que as pessoas vivem mal em cidades mal planejadas, ou com planejamentos que não consideraram o fator *ser humano* como seu usuário.

A proteção, a preservação e a recuperação do meio ambiente natural e construído, do patrimônio cultural, artístico, paisagístico e arqueológico consistem em outra diretriz da política urbana (inciso XII) a destacar.

No que se refere à participação da população nas decisões sobre novos empreendimentos, o inciso XIII estabelece, como diretriz da política, a audiência do poder público municipal e da população interessada nos processos de implantação de empreendimentos ou atividades com efeitos potencialmente negativos sobre o meio ambiente natural ou construído, o conforto e a segurança da população.

Por último, o inciso XVII, incluído pela Lei n. 12.836/2013, prevê o estímulo à utilização, nos parcelamentos do solo e nas edificações urbanas, de sistemas operacionais, padrões construtivos e aportes tecnológicos que objetivem a redução de impactos ambientais e a economia de recursos naturais.

A legislação ambiental prevê a audiência pública durante o processo de licenciamento de atividades, incluindo-se o Estudo Prévio de Impacto Ambiental (Epia), no âmbito do Sistema de Meio Ambiente, do qual faz parte o município.

Como se vê, o princípio do desenvolvimento sustentável é abrangente e refere-se a muitas das atividades exercidas pelo homem. Apenas deve ser destacado que, diante do crescimento das cidades, em detrimento do campo, por uma série de razões que não cabe aqui comentar, a melhoria do meio ambiente urbano e a sustentabilidade das cidades tornaram-se uma necessidade imperativa nas decisões de governo. Todavia, não se pode deixar de lado a ideia de que à população cabe não apenas reivindicar melhorias junto aos governos, mas também atuar concretamente, por meio de associações de moradores e outros arranjos institucionais, visando à observância das normas que possam garantir a salubridade da vida urbana e a proteção do meio ambiente.

O DIREITO À SAÚDE

A saúde é indiretamente reconhecida como direito na Declaração Universal dos Direitos Humanos (ONU), em que é afirmada como decorrência do direito a um nível de vida adequado, capaz de assegurá-la ao indivíduo e à sua família (art. 25). Entretanto, o Pacto Internacional de Direitos Econômicos, Sociais e Culturais, que entrou em vigor em 3 de janeiro de 1976, dispõe que:

> Os Estados Partes no presente Pacto reconhecem o direito de toda a pessoa ao desfrute do mais alto nível possível de saúde física e mental.

[...] Entre as medidas que deverão adotar os Estados Partes no Pacto a fim de assegurar a plena efetividade desse direito, figuram as necessárias para:
– a redução da natimortalidade e da mortalidade infantil, e o desenvolvimento saudável das crianças;
– a melhoria em todos os seus aspectos da higiene do trabalho e do meio ambiente;
– a prevenção e o tratamento das enfermidades epidêmicas, endêmicas, profissionais e de outra natureza, e a luta contra elas;
– a criação de condições que assegurem a todos assistência médica e serviços médicos em caso de enfermidade (art. 12).

Pode-se verificar, portanto, que o conceito de saúde adotado nos documentos internacionais relativos aos direitos humanos é o mais amplo possível, abrangendo desde a típica face individual do direito subjetivo à assistência médica em caso de doença até a constatação da necessidade do direito do Estado ao desenvolvimento, personificada no direito a um nível de vida adequado à manutenção da dignidade humana. Isso sem esquecer do direito à igualdade implícito nas ações de saúde de caráter coletivo tendentes a prevenir e tratar epidemias ou endemias, por exemplo.

O Brasil já havia ratificado o Pacto de Direitos Econômicos, Sociais e Culturais quando elaborou a Constituição promulgada em 1988, isto é, o ambiente ideológico que cercou a redação da Constituição estava impregnado pelo reconhecimento da necessidade de declarar e assegurar os direitos fundamentais das pessoas e, também, de limitar juridicamente todos os poderes – inclusive o econômico – que pudessem vir a ameaçar a liberdade efetiva e a igualdade de possibilidades dos indivíduos (Dallari, 1985, p. 14).

Assim, é lógico compreender que a dignidade tenha sido afirmada como um dos fundamentos do Estado (CF, art. 1º, III) e que a prevalência dos direitos humanos seja um dos princípios que devem reger suas relações internacionais (CF, art. 4º, II). Nesse momento, foi igualmente lógico que a saúde aparecesse como um dos direitos sociais constitucionalmente reconhecidos (CF, art. 6º). E, mais ainda, que a Constituição tenha adotado a concepção maior do direito à saúde. De fato, ao afirmar que o direito de todos à saúde deve ser garantido mediante a adoção de políticas sociais e econômicas que visem à redução do risco de doenças e outros agravos à saúde, mas que visem, também, assegurar a todos, e em iguais condições, o acesso às ações e aos serviços necessários para a promoção, proteção e recuperação da saúde (CF, art. 196). Fica clara a compreensão do direito à saúde envolvendo, inevitavelmente, o reconhecimento do direito do Estado ao desenvolvimento que lhe permita ofertar um nível de vida adequado à existência de um povo saudável, assim como os serviços e as ações de saúde que supram as necessidades de todos os indivíduos.

Por sua vez, o caráter coletivo do direito à saúde, ressaltando o valor de igualdade, é constitucionalmente exemplificado nas atribuições do Sistema Único de Saúde enumeradas no art. 200 (controle e fiscalização de procedimentos, produtos e substâncias de interesse para a saúde; vigilância sanitária e epidemiológica; fiscalização e inspeção de alimentos, bebidas e águas para consumo humano, entre outras). Assim como fica claro o aspecto individual subjacente ao direito subjetivo à saúde quando se afirma que o atendimento, a que todos têm direito, deve ser integral, englobando tanto as atividades preventivas como os serviços assistenciais (CF, art. 198, II).

É princípio constitucional que dá unidade ao sistema e influi diretamente sobre o conceito de saúde e que – exatamente por exprimir os valores fundamentais dos constituintes – reflete a ideologia inspiradora da Constituição, a opção pelo "Estado Democrático, destinado a assegurar o exercício dos direitos sociais [...] o bem-estar [...] a igualdade" (CF, Preâmbulo). Alguns outros princípios – que interessam igualmente à saúde – foram positivados na Lei Magna, explicitando e tornando imediatamente exigíveis os valores por eles expressos.

É o caso da obrigação de que toda propriedade atenda à sua função social, a garantia de que todos os direitos e liberdades constitucionais serão sempre viabilizados e a segurança de que todos os direitos e garantias fundamentais terão aplicação imediata (CF, art. 5º, XXIII, LXXI e § 1º). Portanto, qualquer aplicador do conceito jurídico de saúde está constitucionalmente obrigado a precisá-lo, considerando a realização da função social da propriedade e a imediata exigência em todos os níveis do direito à saúde, definido como direito social (CF, art. 6º). Isso significa que ninguém – legislador ou administrador – pode alegar a ausência de norma regulamentadora para justificar a não aplicação imediata da garantia do direito à saúde.

Uma vez interpretados os princípios que tornam legal a determinação do conteúdo do conceito de saúde, devem-se examinar as diretrizes que, com igual consequência, orientarão a busca de uma definição operacional. Nessa esfera, procurando determinar os objetivos do sistema de seguridade social – construído na Constituição para assegurar o direito à saúde – a afirmação da "universalidade da cobertura e do atendimento [...] e do caráter democrático e descentralizado da administração, mediante gestão quadripartite, com participação dos trabalhadores, dos empregadores, dos aposentados e do Governo nos órgãos colegiados" (CF, art. 194, parágrafo único, I e VII, com redação dada pela EC n. 20/98), vincula o aplicador do conceito ao alcance de tais objetivos, sob pena de ilegalidade.

Especificamente com o caráter de regra jurídica, o conceito de saúde deve ser interpretado considerando que a legalidade obriga a organização das ações e serviços públicos destinados a garantir o direito à saúde – em condições de igualdade para todo o povo – a respeito das seguintes exigências: *descentralização* [...] *atendimento integral* [...] e *participação da comunidade* (CF, art. 198, I, II e III).

E, orientando o intérprete na implementação de todas as políticas de saúde que envolvam o Sistema Único de Saúde, é necessário lembrar que a Lei Orgânica de Saúde exige, também, desse mesmo sistema – com o caráter de norma geral, e por isso obrigando a todas as esferas de governo –, a defesa da integridade moral e física das pessoas, a preservação de sua autonomia, o respeito ao direito de obter informações sobre sua saúde e de ser tratadas sem qualquer tipo de privilégios ou preconceitos (Lei n. 8.080/90, art. 7º, III, IV e V).

O constituinte federal de 1988 contribuiu sobremaneira para a precisão do conceito de saúde, tendo em várias hipóteses elucidado seu conteúdo. Assim, saúde implica a definição de uma política pública que vise a seu cuidado, sua defesa e sua proteção (CF, arts. 23, II, e 24, XII), ou seja, reforça-se, como requisito da legalidade, a obrigação de prestar serviços de atendimento à população (CF, art. 30, VII) que incluam ações para promoção, proteção e recuperação da saúde. O educando também foi lembrado ao se esclarecer que o conteúdo do conceito constitucional de saúde deve garantir-lhe a assistência sanitária (CF, art. 208, VII, com redação dada pela EC n. 59/2009); como deve ser, igualmente, assegurado à criança, ao adolescente e ao jovem, com absoluta prioridade, o direito à saúde, que será promovido por programas de assistência integral à saúde, para o que é exigida a aplicação de um percentual dos recursos públicos destinados à saúde para a assistência materno-infantil (CF, art. 227, § 1º, I).

É necessário esclarecer que, ao reconhecer a saúde como direito social (CF, art. 6°) de todos os brasileiros e estrangeiros residentes no país (CF, art. 196, c/c art. 5°) e impor literalmente o *dever do Estado* de garanti-lo (CF, art. 196), a Constituição define obrigações para todos os níveis de governo da federação.

Assim, todos os princípios e diretrizes acima discutidos condicionam o aplicador constitucional, seja ele legislador, seja juiz, tanto em relação às competências postas para o governo federal, como relativamente ao poder/dever dos estados e, igualmente, em relação às competências dos municípios. As duas últimas esferas de poder mencionadas sujeitam-se também – além dos princípios estabelecidos na Constituição Federal e nas leis nacionais – àqueles princípios postos nas Constituições dos estados, obrigando ao próprio estado e a todos os seus municípios, ou nas Leis Orgânicas Municipais.

Prevenção: a essência da saúde pública e da preservação do meio ambiente

A evolução histórica mostra que o atual conceito de *saúde pública* começa a se delinear no Renascimento, correspondendo praticamente ao desenvolvimento do Estado Moderno. A reação coletiva à epidemia é a imagem mais marcante da Idade Média.

No Renascimento, um fato importante para a compreensão do conceito de saúde pública foi a preocupação das cidades em prestar cuidados aos doentes pobres em seus domicílios ou em hospitais, aumentando o poder das cidades em matéria de higiene. Por sua vez, novas concepções de saúde favorecem a limpeza e os exercícios corporais que evitam o recurso aos medicamentos (Montaigne), enquanto outras tendem a mecanizar o corpo, trabalhando com um conjunto de fatores que constituem a saúde (eliminação dos resíduos, apetite, facilidade de digestão).

E a valorização do exercício como elemento essencial para uma vida saudável encontra reforço no Romantismo, que estimula maior aproximação da natureza. Entretanto, a experiência das epidemias deixou sua marca, elaborando o conceito de perigo social, "usado mais como pretexto para um controle sobre as pessoas e não somente sobre as doenças do que para medidas específicas de prevenção" (Berlinger, 1988, p. 82). É nesse período que, na Alemanha, se define a ideia de polícia médica, em plena coerência com o cameralismo. Não tendo os alemães participado ativamente das grandes navegações e da colonização decorrente, o principal objetivo do mercantilismo foi aumentar a força interna do Estado – particularmente depois que o Império Germânico foi esfacelado nos Tratados de Paz da Westfália (1648) – para o que foi importante o conceito de polícia.

Concordando com a ideologia hegemônica na Alemanha no final do século XVII, que afirmava ser o crescimento populacional a manifestação primeira da prosperidade e bem-estar de um povo e que, portanto, um bom governo deve agir para proteger a saúde de seus súditos, Leibnitz sugeriu, em 1680, ao imperador Leopoldo I, a criação de um órgão administrativo encarregado dos assuntos de polícia, o que implicava a existência de um conselho de saúde. Logo após, em 1685, Frederico-Guilherme de Hohenzollern – o Grande Eleitor de Brandenburgo – cria, nos territórios que viriam a constituir o reino da Prússia, um *Collegium sanitatis*, definindo uma autoridade médica para supervisionar a saúde pública (Rosen, 1980, p. 151-3).

Nesse período pode-se observar, também, que o ensino do cameralismo na universidade – iniciado sob o reinado do então imperador Frederico Guilherme I –, favorecendo o desenvolvimento do ramo da administração pública conhecido como ciência da polícia, forneceu as bases para a definição da polícia médica, a ele estruturalmente vinculada. Assim, a teoria política do contratualista barão de Pufendorf – revelada no *Direito natural e direito das gentes*, de 1672 – além de insistir que "a força de um Estado consiste no valor e nas riquezas dos Cidadãos" (e que o soberano, portanto,) "[...] não deve nada negligenciar, para promover o cuidado e o aumento dos bens dos particulares" (Pufendorf, 1732, p. 34) dedica um capítulo aos "*deveres do homem com relação a ele mesmo, tanto para o que respeita ao cuidado de sua alma, quanto para aquilo que concerne ao cuidado de seu corpo e de sua vida*" (Pufendorf, 1732).

Nesse trecho ele afirma ser necessário "*trabalhar para ter a saúde com bom senso*", lembrando que a saúde encerra todos os outros bens (Pufendorf, 1732, p. 244). E seus seguidores, como von Justi, escrevendo no auge do despotismo esclarecido (exercido na Alemanha por Frederico II – 1740-1786), advogavam que o soberano fizesse todo o possível para prevenir as doenças contagiosas e para, em geral, diminuir as doenças entre os súditos. Para isso deveriam, empregando o aparato administrativo do Estado, estimular a prática da medicina, da cirurgia, do partejo, da farmácia e regulamentar o exercício dessas atividades para evitar abusos e o charlatanismo. Deveriam, também, promover a pureza da água e dos alimentos, assim como assegurar a higiene do meio, regulando, inclusive, as edificações em solo urbano (Rosen, 1980, p. 159).

Fica claro que a sistematização da polícia médica resulta, especialmente, da profunda influência exercida – durante todo o século XVIII – pela filosofia do Iluminismo, que considera a razão o único caminho para a sabedoria. Assim, ao não admitir as explicações sobrenaturais para os fenômenos naturais, o Iluminismo promove a ampla aceitação da obrigação do Estado de controlar o exercício das práticas médico-cirúrgicas e farmacêuticas, combatendo o charlatanismo.

Do mesmo modo, por buscar empregar o método científico na descrição das doenças e na determinação dos tratamentos, essa filosofia eleva o exercício das ciências médicas (como das demais profissões liberais) a uma condição de dignidade inimaginável na Idade Média, o que justifica plenamente a regulamentação estatal do ensino médico. E, também, ao advogar a possibilidade de planejamento da atividade estatal somada à exaltação crescente dos direitos naturais do homem – que permitiu consagrar mais atenção aos infortúnios das classes mais pobres –, o Iluminismo estimulou a drenagem de pântanos e a abertura de canais, favorecendo a prevenção de epidemias.

A noção contemporânea de saúde pública ganha maior nitidez de contorno no Estado liberal burguês do final do século XVIII. A assistência pública, envolvendo tanto a assistência social propriamente dita (fornecimento de alimentação e abrigo aos necessitados) como a assistência médica, continuou a ser considerada matéria dependente da solidariedade da vizinhança, na qual o Estado deveria se envolver apenas se a ação das comunidades locais fosse insuficiente.

Pode-se colocar nessa atuação subsidiária do Estado um primeiro germe do que viria a ser o serviço público de saúde. Entretanto, tomando-se o exemplo francês, verifica-se que a grande transição revolucionária – que passa tanto pela supremacia dos jacobinos como pela militarização napoleônica – retarda o início da instauração efetiva da assistência à saúde como objeto do serviço público, para o período conhecido como Restauração.

Por sua vez, a proteção da saúde é admitida no elenco das atividades do Estado liberal e recebe, portanto, um *status* constitucional. Isso significa que, apesar do empirismo que caracteriza a regulamentação das atividades de interesse para a proteção da saúde, as medidas de polícia administrativa relativas a tal proteção devem estar sob o manto da lei. Apareceram, assim, durante a Restauração (para ficar no exemplo francês) as primeiras leis que tratavam organicamente da higiene urbana, da noção de estabelecimento insalubre e do controle sanitário de fronteiras.

Não se pode ignorar, contudo, que tanto o controle do ensino e do exercício da medicina e da farmácia – profissões cuja regulamentação estatal era advogada há cerca de cinquenta anos – como a manutenção dos hospitais pelas comunas receberam acolhida constitucional, uma vez que o Estado liberal e burguês daquele final de século legislou sobre esses assuntos. Em suma, as atividades do Estado relacionadas com a vigilância sanitária, durante a implantação do liberalismo, eram em tudo coincidentes com os interesses da burguesia vitoriosa: valorizar sobremaneira o individualismo dominante, limitá-lo apenas naquilo estritamente necessário à preservação da segurança individual, com o mais absoluto respeito à lei – condição do Estado de Direito.

Entretanto, é apenas a partir da segunda metade do século XIX que a higiene se torna um saber social, que envolve toda a sociedade e faz da saúde pública uma prioridade política. São desse momento as primeiras tentativas de ligar a saúde à economia, reforçando a utilidade do investimento em saúde. Por outro lado, inúmeros trabalhos de pesquisa conformes ao paradigma científico vigente revelam claramente a relação direta existente entre a saúde e as condições de vida. Assim, proteger a saúde das camadas mais pobres e modificar-lhes os hábitos de higiene passa a ser um objetivo nacional, pois simultaneamente se estaria lutando contra a miséria que ameaça a ordem pública.

A ideia de prevenção encontra, então, ambiente propício à sua propagação. Inicialmente fomentada por associações, a prevenção se transforma em objetivo tanto político como social. Tratava-se de encontrar os sinais precursores da doença para evitá-la. Nesse sentido, a vacinação, descoberta de Pasteur, com o posterior isolamento do germe, provoca uma verdadeira revolução na prevenção de moléstias, pois proteger contra a infecção permite simplificar a precaução. São criados os Comitês de Vacinação e se verifica que, politicamente, o risco de contrair doenças se sobrepõe ao da própria moléstia, transformando-a de episódio individual em objetivo coletivo, principalmente pela disseminação dos meios estatísticos na avaliação da saúde.

O início do século XX encontra instaurada a proteção sanitária como política de governo. E são hierarquizadas três formas – hoje clássicas – de prevenção: a *primária*, que se preocupa com a eliminação das causas e condições de aparecimento das doenças, agindo sobre o ambiente (p.ex., segurança nas estradas, saneamento básico) ou sobre o comportamento individual (p.ex., exercício e dieta); a *secundária* ou prevenção específica, que busca impedir o aparecimento de doença determinada, por meio da vacinação, dos controles de saúde, da despistagem; e a *terciária*, que visa limitar a prevalência de incapacidades crônicas ou de recidivas.

O Estado do bem-estar social da segunda metade daquele século reforça a lógica econômica, especialmente em decorrência da evidente interdependência entre as condições de saúde e de trabalho, e se responsabiliza pela implementação da prevenção sanitária. Instituem-se, então, os sistemas de previdência social, que não se limitam a cuidar dos doentes, mas organizam a prevenção sanitária. Inicialmente eles pressupunham uma diferenciação entre a assistência social – destinada às classes mais desfavorecidas e baseada no princípio de solidariedade e, portanto, financiada por fundos públicos estatais – e a previdência social, um mecanismo assecuratório restrito aos trabalhadores.

Entretanto, exatamente porque a prevenção sanitária era um dos objetivos do desenvolvimento do Estado, logo se esclarece o conceito de seguridade social, que engloba os subsistemas de assistência, previdência e saúde públicas. Trata-se, portanto, de identificar a responsabilidade *a priori* do Estado. Assim, mesmo no que respeita aos estilos de vida, verifica-se um grande investimento estatal.

Os últimos anos do século XIX, contudo, revelam uma nova concepção da saúde pública, fortemente influenciada seja pelo relativo fracasso das políticas estatais de prevenção, que não conseguiram superar os limites impostos pela exclusão social, seja pela constatação – agora científica – da importância decisiva de comportamentos individuais no estado de saúde. Por sua vez, o predomínio da ideologia neoliberal provocou uma diminuição do papel do Estado na sociedade em favor dos grupos e associações e da própria responsabilidade individual.

A evolução da organização dos cuidados relativos à Aids – na grande maioria dos Estados contemporâneos – é um exemplo eloquente dessa nova concepção. Com efeito, prevaleceu a ideia de que a proteção contra a doença é responsabilidade individual e que os grupos – de doentes ou de portadores do vírus ou de familiares ou de amigos deles – devem organizar a prestação dos cuidados de saúde, ficando o Estado subsidiariamente responsável pelo controle da qualidade do sangue, fator importante na cadeia da causalidade, mas, certamente, não o único. Reforça-se, assim, o papel dos comportamentos individuais e não se questionam as estruturas econômicas e sociais subjacentes. De fato, o que se verifica, então, é que as estruturas estatais de prevenção sanitária passam a estabelecer suas prioridades, não mais em virtude dos dados epidemiológicos, mas, principalmente, em decorrência da análise econômica de custo–benefício. E isso, por vezes, acaba implicando a ausência de prevenção, elemento historicamente essencial ao conceito de saúde pública.

No plano da proteção ao meio ambiente, "a prevenção consiste em impedir a superveniência de danos ao meio ambiente por meio de medidas apropriadas, ditas preventivas, antes da elaboração de um plano ou da realização de uma obra ou atividade" (Prieur, 1996, p. 70). Constata-se que há correspondência entre os vocábulos prevenção e precaução. Todavia, a doutrina jurídica optou por distinguir o sentido desses termos, constituindo o princípio da precaução um estágio além da prevenção, na medida em que o primeiro tende à não realização do empreendimento, se houver risco de dano irreversível, e o segundo busca, ao menos em um primeiro momento, a compatibilização entre a atividade e a proteção ambiental. Pode ser mantida a distinção, por razões metodológicas. Havendo uma análise prévia dos impactos que um determinado empreendimento pode causar ao meio ambiente, é possível, por meio da adoção de medidas compensatórias e mitigadoras e mesmo da alteração do projeto em análise, se for o caso, assegurar a sua realização, garantindo-se os benefícios econômicos dele decorrentes sem causar dano ao meio ambiente e à saúde pública.

O reflexo mais evidente do princípio da prevenção, no campo normativo brasileiro, é o Epia. Ele foi fixado na Lei n. 6.938/81 como um dos instrumentos da Política Nacional do Meio Ambiente e posteriormente alçado à categoria de norma constitucional, no art. 225, IV, que dispõe sobre "exigir, na forma da lei, para instalação de obra ou atividade potencialmente causadora de significativa degradação do meio ambiente, Estudo Prévio de Impacto Ambiental, a que se dará publicidade". Segundo Paulo Afonso Leme Machado (2010, p. 71),

> A implementação do princípio da precaução não tem por finalidade imobilizar as atividades humanas. Não se trata da precaução que tudo impede ou que em tudo vê catástrofes ou males. O princípio da precaução visa à durabilidade da sadia qualidade de vida das gerações humanas e à continuidade da natureza existente no planeta.

Em outras palavras, visa a assegurar o desenvolvimento, prevenindo danos futuros, inclusive à saúde.

PRINCÍPIO DA PRECAUÇÃO

No início do século XXI, a resposta inovadora que se busca construir para preservar o planeta de ameaças reais ou mesmo do sentimento geral de medo em relação à defesa da saúde pública, da qualidade dos alimentos e do equilíbrio do meio ambiente chama-se *princípio de precaução*. Curiosamente, tal anseio une segmentos sociais até então afastados por posições ideológicas, econômicas e culturais que pareciam inconciliáveis.

Quer-se, ao mesmo tempo, preservar os benefícios resultantes do desenvolvimento científico e agir de modo a garantir a precaução no domínio da saúde pública e do ambiente. Pode-se afirmar que a convicção de que todos os homens têm um destino comum, pois todos *estão no mesmo barco*, tornou impossível a existência de riscos estritamente individuais. Para se avaliar o alcance da constatação de que o risco coletivo é de determinação cultural, recíproca e pública, basta lembrar que tal compreensão gerou a necessidade de uma nova teoria da justiça para dar forma política aos riscos sociais. Assim, apenas uma proteção eficaz contra as injustiças relativas à liberdade ou à igualdade pode garantir o sentido da justiça e o apego moral aos valores políticos, indispensáveis à ação após a descoberta do futuro comum (Worms, 1996).

O fenômeno social traduzido no princípio de precaução levou, igualmente, ao desenvolvimento de uma filosofia da precaução, construída a partir de uma história da prudência, que revela inicialmente o domínio do paradigma da responsabilidade, substituído – na passagem para o século XX – pelo da solidariedade. É a segurança – o novo paradigma, em fase de formação – que dá às obrigações morais a forma de ética e transforma o princípio de responsabilidade em precaução. Com efeito, a ideia moderna de responsabilidade buscava tornar o homem prudente, pois sancionava o comportamento contrário àquele que deveria e poderia ser previsto. Definia-se a noção de culpa, que articulava a sanção, a prevenção e a indenização. A responsabilidade era, sem dúvida, um excelente princípio regulador, que perdia sua eficácia perante a dúvida ou a incerteza – elementos cada vez mais frequentes na sociedade que se industrializava –, induzindo sua suplantação pelo princípio da solidariedade. Tratava-se, assim, de compensar o prejuízo decorrente dos acidentes que não se podiam prevenir. O motor principal dessa transformação foram os acidentes do trabalho e as aposentadorias.

A responsabilidade permanecia em ação no que respeitava ao comportamento imprudente, mas a solidariedade garantia a indenização nos casos em que – apesar de terem sido tomadas todas as precauções para evitá-los – os acidentes aconteciam. A sociedade passou a organizar, então, as formas de repartir os riscos considerados eminentemente sociais, chamando de responsável aquele que ela considerava justo que suportasse o prejuízo pecuniário, fosse ele o autor ou a vítima. Esse foi o clímax do seguro social, que – também, sem dúvida – influiu para uma diminuição na atenção dada ao comportamento individual imprudente.

O desenvolvimento social revela que, na base das sociedades securitárias do Estado de bem-estar, encontrava-se a crença em uma ciência capaz de sempre melhor controlar os riscos. Ora, é exatamente a constatação de que a própria evolução científica vem aumentando os riscos imprevisíveis que está provocando a afirmação do novo paradigma, o da segurança. Assim, num contexto de incertezas científicas e do risco da ocorrência de danos graves e irreversíveis, ele induz à formação do princípio de precaução.

É igualmente evidente que esse princípio pretende conter a inovação, reorientando o progresso científico ilimitado e revalorizando a busca dos verdadeiros responsáveis pelos comportamentos imprudentes. Assim, o princípio de precaução não se compraz apenas com a caracterização do dano a ser compensado, pois ele abriga a convicção de que existem comportamentos que devem ser proibidos, sancionados e punidos. A mudança é, portanto, significativa: não basta determinar o montante da indenização, pois existem danos que não têm preço.

A teoria que começa a ser construída, sobre o princípio de precaução, procura minimizar o argumento de que ele conduz à abstenção e, portanto, à estagnação do desenvolvimento científico. Afirma-se que, muito ao contrário, seu emprego deve implicar o aumento do investimento em ciência e tecnologia, uma vez que, em situações de risco potencial desconhecido, ele exige que se busque a solução que permita agir com segurança, ou seja, que se transforme o risco potencial, seja em risco conhecido, seja pelo menos em risco potencial fundado; pois, trata-se de fenômeno social que implica a radicalização da democracia: exige-se o direito de participar – possuindo todas as informações necessárias e indispensáveis – das grandes decisões públicas ou privadas que possam afetar a segurança das pessoas. A aplicação do princípio da precaução impõe uma obrigação de vigilância, tanto para preparar a decisão, como para acompanhar suas consequências. E, sobretudo, ela promove a responsabilidade política em seu grau mais elevado, uma vez que obriga à avaliação competente dos impactos econômicos e sociais decorrentes da decisão de agir ou se abster.

Talvez a maior contribuição trazida pelo princípio da precaução seja, contudo, duplamente jurídica. Com efeito, ao deixar claro que se trata de analisar um risco, isto é, a *possibilidade* de causar dano a alguém, ainda que sem culpa, a exigência de precaução obriga tomar em conta, seriamente, a instituição da perícia judicial, mas, também, extrajudicial. É conveniente observar que o risco está diretamente ligado à técnica, não ao indivíduo que dela se vale.

A complexidade dos saberes envolvidos na decisão de instituir a vacinação generalizada contra uma grave infecção viral de incidência crescente ou de retirar do mercado um produto suspeito de causar infecção e morte, com base apenas em informações epidemiológicas ainda não comprovadas laboratorialmente, por exemplo, requer a participação de peritos que não devem ser responsáveis pela decisão, mas de quem se exige o domínio sobre sua área de especialidade e que deverão responder – social e juridicamente – pelas informações prestadas.

E, em caso de se exigir a resposta judicial, o juiz deverá ser capaz de formar seu convencimento a partir da apreciação de relatórios periciais que traduzam a complexidade da pesquisa científica em informações que sejam compreensíveis para todos os interessados. Verifica-se, portanto, a necessidade de investimentos tanto na formação dos pesquisadores, que deverão dominar, também, as ciências sociais – na teoria e na prática – para serem capazes de comunicar à sociedade os resultados de seus experimentos, como das pessoas em geral, que necessitam conhecer as bases do trabalho científico para poderem escolher o grau de risco ao qual consideram aceitável submeter-se em nome do progresso.

Por sua vez, o reconhecimento judicial do princípio de precaução implica, igualmente, a indispensável atualização da filosofia do direito no que envolve a teoria da responsabilidade, pois, para ser identificado, o risco exige que seja afastada toda possibilidade de culpa do autor. De fato, a sociedade contemporânea tem sido colocada diante de um falso dilema no que respeita a tal princípio. Os governantes buscam explicar suas decisões contestadas por ausência de precaução com o argumento da fatalidade (ou da força maior, em termos jurídicos), e os governados, ainda quando têm seu prejuízo indenizado, procuram penalizar todos os responsáveis pelo *crime* de não terem agido com precaução.

Juridicamente, a aplicação do princípio de precaução nada mais é do que a exigência do comportamento prudente como condição para excluir a responsabilidade por culpa, o que exige a identificação do elemento voluntário na caracterização do ato. Entretanto, a evolução da teoria da responsabilidade – como já se observou – tem sido no sentido contrário, generalizando-se a chamada responsabilidade objetiva ou responsabilidade sem culpa, particularmente em relação às ações do Estado, o que permite, com maior facilidade, a obtenção de indenização, estimulando, por sua vez, a generalização do seguro. Deixando de analisar o comportamento que gerou o dano, desconhecendo, portanto, o homem (negligente ou imprudente) ou não verificando sua falta de conhecimento ou sua competência técnica insuficiente (imperícia), a responsabilidade por risco, todavia, não satisfaz o prejudicado que não aceita ser indenizado apenas, mas deseja a identificação do culpado. Tal comportamento social deve servir aos filósofos e teóricos do direito para lembrar que a responsabilidade se situa entre a retribuição e a imputação, ou seja, ela envolve tanto a indenização como a procura da verdade.

Para um profissional da saúde pública, a análise dos elementos que constituem o princípio de precaução traz à memória, portanto, os fundamentos de sua arte, pois agir em saúde pública significa conduzir uma ação política que, por sua vez, obriga à prudência. Assim, qualquer sanitarista em face de uma decisão deverá certificar-se do melhor estado da arte envolvido, empregando o conhecimento epidemiológico, e analisar as repercussões socioeconômicas e culturais do problema.

O uso da epidemiologia como instrumento de trabalho do sanitarista não prescinde do estabelecimento de um adequado e eficaz sistema de vigilância e de alerta, do mesmo modo que a compreensão do ambiente socioeconômico e cultural exige a participação ativa das pessoas para que se possa estabelecer a correta relação custo-benefício, indispensável à tomada de decisão em política de saúde. Verifica-se, portanto, que o novo *princípio de precaução* atualiza a tradicional *saúde pública*. Embora seja necessário e justo lembrar essa verdade, é importante reconhecer a capacidade política de que dispõe tal princípio, servindo mesmo para despertar os Estados para uma de suas missões essenciais e prioritárias: proteger e preservar a saúde pública.

O princípio da precaução apresenta-se, também, como o cerne do direito ambiental. São seus elementos que compõem exatamente o que se chama de proteção ao meio ambiente, para as atuais e futuras gerações. Segundo Derani (1997, p. 165),

> esse princípio indica uma atuação racional para com os bens ambientais, com a mais cuidadosa apreensão possível dos recursos naturais, [...] que vai além das simples medidas para afastar o perigo. Na verdade, é uma precaução contra o risco, que objetiva prevenir já uma suspeição de perigo ou garantir uma suficiente margem de segurança da linha do perigo.

Com o intuito de evitar desagradáveis surpresas em matéria de degradação ambiental e de risco de dano à saúde, vem o princípio da precaução determinar que, na dúvida, é melhor tomar providências drásticas, no sentido de evitar danos futuros, por ignorância das consequências que certos empreendimentos e substâncias podem causar.

De acordo com Prieur (1996, p. 144), "face à incerteza ou à controvérsia científica atual, é melhor tomar medidas de proteção severas do que nada fazer. É, em realidade, implementar o direito ao meio ambiente às futuras gerações". Estabelece o princípio 15 da Declaração do Rio de Janeiro que

> para proteger o meio ambiente, o princípio da precaução deve ser amplamente observado pelos Estados, de acordo com suas capacidades. Em caso de risco de danos graves ou irreversíveis, a ausência de certeza científica absoluta não deve servir de pretexto para procrastinar a adoção de medidas visando prevenir a degradação do meio ambiente.

Sobre o assunto, Machado (2004, p. 641), manifesta-se ainda no sentido de que

> não é preciso que se tenha prova científica absoluta de que ocorrerá dano ambiental, bastando o risco de que o dano seja irreversível para que não se deixem para depois as medidas efetivas de proteção ao ambiente. Existindo dúvida sobre a possibilidade futura de dano ao homem e ao meio ambiente, a solução deve ser favorável ao ambiente e não ao lucro imediato – por mais atraente que seja para as gerações presentes.

Na verdade, o risco existe em todas as atividades. O que varia é a probabilidade de ocorrência do dano. Havendo maior probabilidade, e de acordo com a natureza do dano em potencial, a atividade não deve ser licenciada.

SAÚDE E MEIO AMBIENTE NA CONSTITUIÇÃO FEDERAL: A POLÍTICA NACIONAL DO MEIO AMBIENTE E O SISTEMA ÚNICO DE SAÚDE

A relação do meio ambiente com a saúde fica claramente demonstrada na Constituição Federal. Em seu art. 225, é assegurado a todos o "direito ao Meio Ambiente ecologicamente equilibrado, bem de uso comum do povo e essencial à sadia qualidade de vida". Para assegurar a efetividade desse direito, o art. 225, § 1º, V, incumbe ao poder público "controlar a produção, a comercialização e o emprego de técnicas, métodos e substâncias que comportem risco para a vida, a qualidade de vida e o meio ambiente". O efetivo equilíbrio do meio ambiente, dessa forma, é requisito para a manutenção da saúde. Do mesmo modo, o art. 200, que trata do Sistema Único de Saúde, fixa-lhe competência para participar da formulação da política e da execução das ações de saneamento básico (inciso IV) e fiscalizar e inspecionar alimentos, compreendido o controle de seu teor nutricional, bem como bebidas e águas para o consumo humano (inciso VI). Em ambos os incisos, as atribuições do Sistema Único de Saúde reportam-se a questões ambientais. Cabe destacar ainda o contido no art. 200, VIII, que estabelece maior nitidez na relação em tela, pois dá competência ao Sistema Único de Saúde (SUS) para colaborar na proteção do meio ambiente, nele compreendido o do trabalho.

A Lei n. 6.938, de 31.08.1981, em seu art. 2º, dispõe que a Política Nacional do Meio Ambiente tem por objetivo a preservação, melhoria e recuperação da qualidade ambiental propícia à vida, visando assegurar, no país, condições de desenvolvimento socioeconômico, aos interesses da segurança nacional e à proteção da dignidade da vida humana.

A proteção da dignidade humana, inerente à Saúde Pública, é, pois, um dos objetivos da Política Nacional do Meio Ambiente. O art. 3º, III, define como poluição a degradação da qualidade ambiental resultante de atividades, entre outras condições, que, direta ou indiretamente, prejudiquem a saúde, a segurança e o bem-estar da população. A própria definição legal de poluição inclui o dano à saúde. Não poderia ser de outra forma, já que uma atividade nociva à saúde também afeta o meio ambiente. Há uma causa comum para o prejuízo de ambos. O art. 4º, I, dispõe que a Política Nacional do Meio Ambiente visará à "compatibilização do desenvolvimento econômico social com a preservação da qualidade do Meio Ambiente e do equilíbrio ecológico". A Saúde Pública é um dos fatores que podem aferir esse desenvolvimento.

O art. 3º da Lei n. 8.080/90, com redação dada pela Lei n. 12.864/2013, estabelece que os níveis de saúde expressam a organização social e econômica do país. São determinantes e condicionantes da saúde a alimentação, a moradia, o saneamento básico, o meio ambiente, o trabalho, a renda, a educação, a atividade física, o transporte, o lazer, o acesso aos bens e serviços essenciais, entre outros. Além disso, dizem respeito à saúde as ações que se destinam a garantir às pessoas e à coletividade condições de bem-estar físico, mental e social.

Clara fica a importância de se considerar o meio ambiente quando se trata de saúde; ele a determina e a condiciona. Conforme o art. 6º da Lei n. 8.080/90, inclui-se no campo de atuação do SUS a execução das ações de vigilância sanitária, sendo esta definida, no inciso IX, § 1º, como "um conjunto de ações capaz de eliminar, diminuir ou prevenir riscos à saúde e de intervir nos problemas sanitários decorrentes do meio ambiente, da produção e circulação de bens e da prestação de serviços de interesse da saúde". Logo, a vigilância sanitária é uma função que se relaciona com problemas provenientes, inclusive, do meio ambiente.

Também faz parte da atuação do SUS, conforme o art. 6º, IX, a "participação no controle e na fiscalização da produção, transporte, guarda e utilização de substâncias e produtos psicoativos, tóxicos e radioativos". No art. 7º, X, destaca-se um princípio que deve ser observado pelos agentes que integram o SUS: integração em nível executivo das ações de saúde, meio ambiente e saneamento básico. A integração da saúde com o meio ambiente manifesta-se como vontade do legislador. O art. 13 dispõe que a articulação das políticas e programas, a cargo das comissões intersetoriais, abrangerá, entre outras, o saneamento e o meio ambiente. Mais uma vez nota-se a inclusão do meio ambiente nas atividades do SUS. Isso também fica claro no art. 16, I, segundo o qual compete à direção nacional do SUS,

> participar na formulação e na implementação das políticas: a) de controle das agressões ao meio ambiente; b) de saneamento básico. O inciso IV fixa a competência para participar da definição de normas e mecanismos de controle, com órgãos afins, de agravo sobre o meio ambiente ou dele decorrentes, que tenham repercussão na saúde humana.
>
> Como se vê, é necessária a compatibilização das ações atinentes tanto à manutenção da saúde como à proteção do meio ambiente, como forma de assegurar o desenvolvimento sustentável, ou seja, a manutenção das atividades atualmente exercidas, para as futuras gerações.

RESÍDUOS SÓLIDOS

Um dos grandes problemas ambientais e de saúde no país consiste nos resíduos sólidos, que contaminam não só o solo como também os lençóis freáticos, potenciais fontes de abastecimento público e que vêm sofrendo riscos de degradação cada vez mais graves.

Resíduos sólidos é a denominação genérica de qualquer material, substância, objeto ou bem descartado, resultante de atividades humanas em sociedade, a cuja destinação final se procede, se propõe proceder ou se está obrigado a proceder, nos estados sólido ou semissólido, bem como gases contidos em recipientes e líquidos cujas particularidades tornem inviável o seu lançamento na rede pública de esgotos ou em corpos d'água, ou exijam para isso soluções técnica ou economicamente inviáveis em face da melhor tecnologia disponível (Lei n. 12.305/2010, art. 3º, XVI).

Como se vê, bem abrangente é o universo dos resíduos sólidos, passíveis de gerar dano não só ao meio ambiente, como também à saúde pública, enquadrando-se, portanto, na definição de poluição do art. 3º, III, da Política do Meio Ambiente, instituída pela Lei n. 6.938/81.

Com a edição da Lei n. 12.305, de 02.08.2010, que instituiu a Política Nacional de Resíduos Sólidos, essa matéria passou a ser inserida no contexto do desenvolvimento sustentável, sendo declarado o valor econômico e social dos resíduos sólidos. Em outras palavras, o lixo passou, juridicamente, a ser considerado um bem, adotando-se uma perspectiva de proteção ambiental.

Há que destacar a urgência, no país, do equacionamento dos lixões a céu aberto, no que concerne à limpeza urbana, cuja competência é basicamente municipal. Nos termos da Política Nacional de Resíduos Sólidos (Lei n. 12.305/2010), os lixões a céu aberto deveriam ser extintos até o ano de 2014. Nessa matéria, não basta que se proceda à coleta e afastamento do lixo: é preciso que esse resíduo seja adequadamente disposto em local previamente definido, ambientalmente correto, de forma que não cause dano à população sob nenhum aspecto.

OS RECURSOS HÍDRICOS COMO CONDICIONANTES DA SAÚDE PÚBLICA: CONSUMO HUMANO E SANEAMENTO BÁSICO

O consumo humano constitui o uso prioritário da água, pois relaciona-se diretamente com o direito à vida. O abastecimento de água potável insere-se no âmbito do saneamento básico, que deve ser entendido aqui como os serviços de água e esgoto, ou seja, "a solução dos problemas relacionados estritamente com o abastecimento de água e a disposição dos esgotos de uma comunidade" (Moreira, 1990, p. 182).

Trata-se do mais importante uso da água, principalmente pela prioridade que se dá ao abastecimento de água potável às populações, garantia da própria vida, além de sua interface com as questões ambientais e de saúde, provocadas pelo lançamento de esgotos *in natura* nos corpos hídricos, problema que assola grande parte dos municípios do país.

O abastecimento de água potável, por meio de canalização, é, hoje, um indicador de desenvolvimento de um país, principalmente pela estreita relação do abastecimento com a própria saúde pública.

Nos grandes centros urbanos, vultosos são os sistemas de captação, tratamento, adução e distribuição de água, assim como os de coleta, tratamento dos esgotos e disposição final dos lodos provenientes desse tratamento.

Se esses sistemas, cuja finalidade alcança a proteção da saúde pública, não estiverem implantados e organizados, podem causar sérios impactos na qualidade e na quantidade dos recursos hídricos. É dever do poder público garantir o abastecimento de água potável à população, que pode ser obtido dos rios, reservatórios ou dos aquíferos. A água que se deriva dos mananciais para o abastecimento público deve possuir condições tais que, mediante tratamento, em vários níveis, possa ser fornecida à população nos padrões legalmente estabelecidos de potabilidade, sem qualquer risco de contaminação.

É digno de nota que o fator *captação da água* encontra-se estreitamente ligado à ideia do *lançamento das águas servidas*. Parte da água captada é devolvida após o uso. Essa devolução implica a submissão da água servida a tratamento antes do lançamento, para que não prejudique a qualidade do corpo receptor e, consequentemente, não cause dano à saúde da comunidade.

Em rios que banham várias cidades, muitas vezes o ponto de captação de águas para o abastecimento de uma cidade localiza-se a jusante (rio abaixo) do ponto de despejo da cidade que se situa a montante (rio acima).

Se as águas servidas não são submetidas a tratamento antes de seu despejo, pode ficar seriamente comprometido o abastecimento da cidade que se encontra a jusante, pelo despejo dos esgotos provenientes daquela localizada rio acima, havendo risco de sérios danos à saúde.

CLASSIFICAÇÃO E ENQUADRAMENTO DOS CORPOS HÍDRICOS EM CLASSES, SEGUNDO OS USOS PREPONDERANTES DA ÁGUA

Há na legislação brasileira regras sobre a qualidade das águas, definindo-se os usos preponderantes mais adequados. Conforme pondera Despax (1980, p. 311), "deve ser considerado que o objeto de uma política de prevenção não pode ser a proibição de qualquer poluição, mas apenas a prevenção de certo grau, para manter a poluição em níveis razoáveis", ou seja, não se pretende que as águas retornem à pureza anterior ao aparecimento do homem, mas que os aspectos de quantidade e qualidade sejam mantidos para as atuais e futuras gerações.

Daí a introdução da classificação e do enquadramento dos corpos hídricos no ordenamento jurídico.

Em matéria de águas, classificar significa estabelecer níveis de qualidade para as águas – doces, salobras e salinas –, em face dos quais priorizam-se determinados tipos de uso mais ou menos exigentes.

A classificação das águas é regida pela Resolução Conama n. 357, de 18 de março de 2005, que, em seus *consideranda*, fornece importantes subsídios para o entendimento do conceito. Nos termos do art. 2º, X da citada Resolução, a classificação consiste na *qualificação das águas doces, salobras e salinas em função dos usos preponderantes (sistema de classes de qualidade) atuais e futuros.*

A classificação dos corpos hídricos refere-se às águas doces, salinas e salobras, sendo que o critério de distinção entre essas espécies do gênero água é a quantidade de sal nelas dissolvido. De acordo com o art. 2º, I, II e III, a salinidade das águas doces é igual ou inferior que 0,5%, das salobras varia entre 0,5 e 30% e a das salinas é igual ou superior a 30%. Neste texto, serão objeto de análise apenas as águas doces.

Um ponto a destacar é que a classificação refere-se às águas genericamente e não a corpos hídricos específicos. Apenas cuida-se de fixar níveis de qualidade em tese e, a partir dessa fixação, estabelecer os usos com eles compatíveis.

As águas doces se classificam, segundo seus usos preponderantes, sempre em função da qualidade estabelecida, nos termos do art. 4º da Resolução em análise, em:

- *Classe especial:* águas destinadas ao abastecimento para consumo humano, com desinfecção; à preservação do equilíbrio natural das comunidades aquáticas; e à preservação dos ambientes aquáticos em unidades de conservação de proteção integral.

- *Classe 1:* águas que podem ser destinadas ao abastecimento para consumo humano, após tratamento simplificado; à proteção das comunidades aquáticas; à recreação de contato primário, tais como natação, esqui aquático e mergulho, conforme Resolução Conama n. 274/2000; à irrigação de hortaliças que são consumidas cruas e de frutas que se desenvolvam rentes ao solo e que sejam ingeridas cruas sem remoção de película; e à proteção das comunidades aquáticas em terras indígenas.

- *Classe 2:* águas que podem ser destinadas ao abastecimento para consumo humano, após tratamento convencional; à proteção das comunidades aquáticas; à recreação de contato primário, tais como natação, esqui aquático e mergulho, conforme Resolução Conama n. 274, de 2000; à irrigação de hortaliças, plantas frutíferas e de parques, jardins, campos de esporte e lazer, com os quais o público possa vir a ter contato direto; à aquicultura e à atividade de pesca.

- *Classe 3:* águas que podem ser destinadas ao abastecimento para consumo humano, após tratamento convencional ou avançado; à irrigação de culturas arbóreas, cerealíferas e forrageiras; à pesca amadora; à recreação de contato secundário; e à dessedentação de animais.

- *Classe 4:* águas que podem ser destinadas à navegação e à harmonia paisagística.

Essa classificação possui um sentido de proteção, não da água propriamente, mas da saúde pública, pois é evidente a preocupação em segregar a água que pode ser utilizada para, por exemplo, irrigar hortaliças que se consomem cruas. Ou, ainda, a água que serve para abastecimento sem prévia desinfecção, sem é claro, expor a população a riscos de contaminação por vetores hídricos. Nota-se também uma preocupação com o fator econômico, em relação aos custos de desinfecção da água para abastecimento público.

No que se refere às águas doces, fica evidente que a qualidade da água se relaciona estreitamente com os usos mais próximos ao homem. Nos *consideranda* do diploma legal em tela verifica-se, entre outras, a preocupação com:

DIREITO SANITÁRIO E MEIO AMBIENTE | **429**

- A defesa dos níveis de qualidade da água, avaliados por condições e padrões específicos, de modo a assegurar seus usos preponderantes.

- O fato de que a saúde e o bem-estar humano, bem como o equilíbrio ecológico aquático, não devem ser afetados pela deterioração da qualidade das águas.

- O fato de que o controle da poluição está diretamente relacionado com a proteção da saúde, garantia do meio ambiente ecologicamente equilibrado e a melhoria da qualidade de vida, levando em conta os usos prioritários e classes de qualidade ambiental exigidos para determinado corpo de água.

Classificar é estabelecer níveis de qualidade para a água e fixar os usos compatíveis com tais níveis. Em um segundo passo, por meio do instituto do enquadramento dos corpos hídricos, aplicam-se, em corpos hídricos específicos ou em alguns de seus trechos, as classes de água ou níveis de qualidade fixados, determinando-se o uso ou a finalidade preponderante de cada um deles. É o enquadramento dos corpos hídricos em classes de usos preponderantes.

O art. 2º, XX, da Resolução Conama n. 357/2005 conceitua o enquadramento como o "estabelecimento de meta ou objetivo de qualidade da água (classe) a ser, obrigatoriamente, alcançado ou mantido em um segmento de corpo de água, de acordo com os usos preponderantes pretendidos ao longo do tempo". O enquadramento consiste em um dos instrumentos da Política Nacional de Recursos Hídricos, conforme dispõe a Lei n. 9.433/97, em seu art. 5º, II.

Nos *consideranda* da Resolução Conama n. 357/2005, menciona-se ainda que o enquadramento dos corpos d'água deve estar baseado não necessariamente em seu estado atual, mas nos níveis de qualidade que deveriam possuir para atender às necessidades da comunidade.

A importância do enquadramento refere-se, também, ao fato de ser, indiretamente, um mecanismo de controle do uso e ocupação do solo localizado na bacia hidrográfica. De fato, se um trecho de rio tem o enquadramento de Classe 1, fica restrita a implantação de empreendimentos cujos usos sejam incompatíveis com aqueles indicados para essa categoria, como a indústria que lança resíduos industriais em corpos hídricos, a menos que esteja dentro dos padrões estabelecidos para o lançamento, o que é discutido no processo administrativo de licenciamento ambiental.

430 | DIREITO AMBIENTAL E SUSTENTABILIDADE

Outra questão a colocar refere-se às competências: o município, por força da CF, em seus arts. 30, VIII, e 182, é a pessoa jurídica de direito público interno que estabelece, mediante lei municipal, as condições de ocupação do solo. Os instrumentos que regulam a ocupação do solo são o plano diretor e a lei de zoneamento.

Nesse sentido, cabe lembrar que a Lei n. 9.433/97 estabelece, em seu art. 31, que:

> Na implementação da Política Nacional de Recursos Hídricos, os Poderes Executivos do Distrito Federal e dos municípios promoverão a integração das políticas locais de saneamento básico, de uso, ocupação e conservação do solo e do meio ambiente com as políticas federal e estaduais de recursos hídricos.

Nos termos do art. 9º da Lei n. 9.433/97, é finalidade do enquadramento: "1. Assegurar às águas qualidade compatível com os usos mais exigentes a que forem destinadas; e 2. Diminuir os custos de combate à poluição das águas, mediante ações preventivas permanentes".

Como se pode notar, a norma jurídica sobre classificação e enquadramento consiste, em tese, em um mecanismo bastante eficiente para ordenar o uso da água. O ponto crucial sobre a classificação e o enquadramento dos rios é que o desrespeito às normas legais faz com que praticamente se desconheça a sistemática ora abordada, ignorando-se o enquadramento como fator de definição da qualidade da água de um corpo hídrico e, em consequência, dos usos preponderantes a que será submetido.

CONSIDERAÇÕES FINAIS

O ordenamento jurídico brasileiro é bastante claro, em suas diversas normas, sobre a indissociabilidade dos temas concernentes à saúde e ao meio ambiente. Tanto a Lei n. 6.938/81, que introduziu a Política Nacional do Meio Ambiente, como a Lei n. 8.080/90 (Lei da Saúde), e também a Lei n. 9.433/97 (Lei de Águas), dispõem sobre essa correlação. As normas reguladoras também dão continuidade a essa estreita relação.

Em outras palavras, o direito brasileiro fornece as necessárias ferramentas para que a administração pública, na condução de suas finalidades, possa promover a convergência desses temas, que devem ser conjuntamente considerados na tomada de decisões, seja sobre saúde, ambiente ou o Sistema de Gerenciamento de Recursos Hídricos. Todavia, não basta a existência da lei. Isso é apenas o início de um longo processo de implantação dessa norma, ou seja, de traduzir para o mundo real os preceitos definidos pelo Congresso Nacional, representando a comunidade. Nesse sentido, embora a regulamentação tanto da Lei Ambiental como da Lei da Saúde já esteja muito avançada, nota-se ainda uma lacuna: a articulação institucional.

É preciso que os vários órgãos – federais, estaduais e municipais – detentores de competências concernentes aos temas ora tratados, estejam dispostos a trocar informações e buscar soluções conjuntas, pois o que se nota é que muitos dos problemas deixam de ser resolvidos por falta justamente de um acordo prévio entre os órgãos envolvidos. É preciso lembrar que os órgãos e entidades públicas não podem estar isolados uns dos outros: eles compõem um todo, que vai muito além das competências de cada um deles e, portanto, devem estar em sintonia para que possam cooperar entre si, buscando alcançar os princípios previstos nas normas legais em vigor.

REFERÊNCIAS

ANTUNES, P.B. *Direito ambiental*. São Paulo: Atlas, 2013.

BERLINGUER, G. *A doença*. São Paulo: Cebes-Hucitec, 1988.

CAPONERA, V.D. *Principles of water law and administration*. Rotterdam: Balkema, 1992.

CHADWICK, E. *Rapport sur la condition sanitaire dês travailleurs en Grande-Bretagne*. Edinburgh: University Press, 1965.

COMISSÃO MUNDIAL SOBRE MEIO AMBIENTE E DESENVOLVIMENTO. *Nosso Futuro Comum*. Rio de Janeiro: FGV, 1988.

CUNHA, V. da. *A gestão da água*. Lisboa: Fundação Calouste Gulbenkian, 1980.

DALLARI, D.A. *Constituição e constituinte*. 3.ed. São Paulo: Saraiva, 1985.

DERANI, C. *Direito ambiental econômico*. São Paulo: Max Limonad, 1997.

DESPAX, M. *Droit de l'environnement*. Paris: Litec, 1980.

DI PIETRO, M.S.Z. *Da discricionaridade administrativa*. São Paulo: Fadusp, 1990.

DWORKIN, R. *A matter of principle*. Cambridge: Harvard University Press, 1985.

EWALD, F. Philosophie de la précaution. *L'Année sociologique*, v. 46, n. 2, p. 382-412, 1996.

FORGES, J.M.L. *L'intervention de l'Etat en matière sanitaire: quelques repères historiques*. Rapport Public. Paris: Conseil d'Etat (La documentation Française), 1998.

FREITAS, V.P. de (Coord.). *Águas: Aspectos jurídicos e ambientais*. Curitiba: Juruá, 2000. Anexo III.

GRANZIERA, M.L.M. *Direito Ambiental*. 3.ed. São Paulo: Atlas, 2014.

_____. *Direito de Águas*. 4.ed. São Paulo: Atlas, 2014.

GRAU, E.R. *Direito, conceitos e normas jurídicas*. São Paulo: RT, 1988.

KOURISKY, P.; VINEY, G. *Le principe de précaution*. Paris: Editions Odile Jacob, 2000.

LEAVELL, H.R.; CLARK, E.G. *Medicina preventiva*. São Paulo: Mcgraw-Hill do Brasil, 1976.

MACHADO, P.A.L. *Direito ambiental brasileiro*. 12.ed. São Paulo: Malheiros, 2004.

_____. *Direito ambiental brasileiro*. 18.ed. São Paulo: Malheiros, 2010.

MEDAUAR, O.; ALMEIDA, F.D.M. (Coord.). *Estatuto da Cidade: Lei 10.257, de 10.07.2001*. São Paulo: Revista dos Tribunais, 2002.

MONTAIGNE, M de. *Essais II*, 37, II, 2.

MOREIRA, I.V.D.R. de (Coord.). *Vocabulário básico de meio ambiente*. Rio de Janeiro: Petrobras, 1990.

MORELLE, A. *La défaite de la santé publique*. Paris: Flammarion, 1996.

PERELMAN, C. *La logica jurídica y nueva retorica*. Madri: Civitas, 1979.

PRIEUR, M. *Droit de L'Environnement*. Paris: Dalloz, 1996.

PUFENDORF, S. *Le droit de la nature et des gens*. L 6, cáp. IX. Trad. Jean Barbeyrac. 4.ed. Bâle, E & JR. Thourneisen, Frères; 1732, t.2.

REALE, M. *Lições preliminares de direito*. 22.ed. São Paulo: Saraiva, 1995.

ROSEN, G. *Da polícia médica à medicina social*. Rio de Janeiro: Graal, 1980.

SAMPAIO, R. S. R. *Direito Ambiental*. Rio de Janeiro: FGV, 2011.

SMALL, A.W. *The cameralists: the pioneers of German social polity*. Chicago: University of Chicago Press, 1909.

WORMS, F. Risques communs, protection publique et sentiment de justice. *L'Année sociologique*, v. 46, n. 2, p. 287-307, 1996.

Direito Tributário e Meio Ambiente | **14**

Denise Lucena Cavalcante
Procuradoria da Fazenda Nacional

INTRODUÇÃO

Esta obra é a comprovação de que o direito contemporâneo exige inovação e a intensa comunicação entre as diversas áreas. A questão ambiental é hoje o ponto central de discussão da ciência jurídica, afinal, disciplinar a conduta humana de forma sustentável para garantir o futuro das gerações é condição da própria existência. O papel da doutrina é fundamental para promover esse debate em torno do futuro da humanidade.

A busca de soluções para a avançada degradação ambiental é urgente. Não há mais como adiar o debate. Ele tem que acontecer e todas as ciências devem se unir em busca de soluções viáveis. A feição multidisciplinar do tema permite essa interação em torno de um saber ambiental, como defendido por Enrique Leff (2007), quando acentua a necessidade de todas as disciplinas internalizarem valores e princípios ecológicos que assegurem a inserção da sustentabilidade no processo de conhecimento.

Em tempos de muitas dificuldades todos os aliados são bem-vindos e essa aliança doutrinária está muito bem representada neste livro. São professores de diversas áreas trazendo aqui suas reflexões para o grande debate sobre o meio ambiente que transcende os limites do direito ambiental e alcança todas as áreas do conhecimento.

Adequando-nos ao tema central proposto nesta obra, direito ambiental e sustentabilidade, demonstraremos a seguir a importância de redirecionar as diretrizes do Sistema Tributário Nacional para as demandas ambientais contemporâneas.

TRIBUTAÇÃO SUSTENTÁVEL

O meio ambiente passa a ser paradigma obrigatório e o desenvolvimento econômico tem que seguir um modelo bem diverso do vigente na segunda metade do século XX, quando a meta de crescer a qualquer custo teve um preço alto e hoje tem que ser repensada. O desenvolvimento econômico tem que se adequar às limitações do ambiente material do homem[1].

Sustentabilidade é a palavra de ordem neste momento, sendo considerado por Juarez Freitas (2012) como princípio constitucional que requer eficácia direta e imediata dos imperativos do desenvolvimento.

Não se pode mais permitir que o crescimento econômico descontrolado das nações ponha em risco todo o planeta. Isso seria admitir um assassinato consensual das futuras gerações. O desenvolvimento sustentável não é tarefa simples e a assimilação das novas diretrizes ambientais exigidas pela

---

[1] Nicholas Georgescu-Roegen (2012) alerta: "Os autores do plano *Mudar ou desaparecer* ("A Blueprint for Survival", em *The Ecologist*, 1972, p. 13) manifestaram a esperança de que a economia e a ecologia terminassem por fundir-se. Já se pensou numa possibilidade semelhante para a biologia e para a física, com a maioria de seus protagonistas a conjeturar que, nessa fusão, a biologia absorveria a física, uma vez que o campo dos fenômenos que engloba é mais amplo do que o recoberto por esta. Por essa mesma razão, a economia deverá ser absorvida pela ecologia, pois o domínio dos fenômenos que esta abrange é maior do que o recoberto pela ciência econômica. Porque, como vimos nas duas seções precedentes, a atividade econômica de uma geração, seja ela qual for, não deixa de interferir na das gerações futuras: os recursos terrestres em energia e em materiais vão sendo irreversivelmente degradados, e os efeitos nocivos da poluição sobre o meio ambiente se acumulam. Por conseguinte, um dos principais problemas ecológicos da humanidade é o das relações entre a qualidade de vida de uma geração e a de outra e, mais particularmente, o da distribuição do dote da humanidade entre todas as gerações. A ciência econômica não pode nem mesmo sonhar em tratar tal problema. O seu objeto, como já foi amiúde explicado, é a gestão dos recursos escassos. Mas, para ser mais exato, deveríamos acrescentar que *essa gestão só diz respeito a uma geração*. E não poderia ser diferente".

era atual representa mudanças drásticas do comportamento de toda uma civilização.

O desenvolvimento acelerado e desgovernado nas últimas décadas trouxe como consequência a insegurança na preservação da raça humana diante dos desequilíbrios ambientais hoje predominantes. Vivemos na era da "sociedade de risco", como bem denominou Ulrich Beck (2010), na qual os processos de modernização, de um lado, distribuem riquezas e, de outra parte, repartem riscos: modernização como causa, dano como efeito colateral. Na âmbito econômico, Georgescu-Roegen (2012, p. 125) assim esclarece esse problema:

> Toda vez que produzimos um automóvel, destruímos irreversivelmente uma quantidade de baixa entropia que, de outra maneira, poderia ser usada para fabricar um arado ou uma enxada. Em outras palavras, toda vez que produzimos um automóvel, isso é feito ao preço de uma baixa no número de vidas humanas futuras. É possível que o desenvolvimento econômico fundamentado na abundância industrial seja benéfico para nós e para aqueles que puderem desfrutar dele num futuro próximo, mas não deixa de ser contrário ao interesse da espécie humana em sua totalidade se, pelo menos, seu interesse é durar o quanto lhe permita seu dote de baixa entropia. Por meio desse paradoxo do desenvolvimento econômico, podemos perceber o preço que o homem deve pagar pelo privilégio único, que é a sua capacidade de ultrapassar seus limites biológicos em sua luta pela vida.

O fato é que não queremos voltar ao arado e muito menos deixar de usufruir dos nossos velozes, confortáveis e poluentes automóveis. Esperamos que o gênio humano encontre um meio-termo capaz de garantir o conforto do progresso industrial e, ao mesmo tempo, não nos destruir. O progresso sustentável é o grande desafio e o desenvolvimento não precisa ser contraditório em relação à sustentabilidade. Ao contrário, a introdução da variável ambiental nas atividades econômicas pode conduzir a novos mercados e oportunidades. As diretrizes a serem impostas com fulcro no desenvolvimento sustentável não podem ser vistas como bloqueio ao crescimento econômico, mas sim como possibilidades de mercados diferenciados com a prevalência da empresa sustentável[2].

---

[2] Trennepohl (2010, p. 91) exalta o novo perfil da empresa sustentável: "Portanto, as empresas têm, cada vez com mais vigor, que adotar conceitos de sustentabilidade empresa-

Alguns setores já estão se adequando ao mercado verde. Como exemplos atuais, temos o setor da construção civil, ao adotar o *green building*; a linha automobilística, com a fabricação dos veículos não poluentes[3]; a área energética, quando inova na produção de energia limpa; o meio industrial na medida em que trata dos resíduos produzidos; a seção hoteleira quando incentiva o turismo sustentável; enfim, são todos exemplos contemporâneos que caracterizam uma nova prática empresarial.

Constatamos que o mercado começa a apontar mudanças, o que torna a interferência do Estado essencial nesta fase[4], exigindo cada vez mais uma harmonização das políticas fiscais com as políticas ambientais. Já passa da hora de os direitos tributário e o financeiro comunicarem-se com o direito ambiental ou, como já assinalamos, de a sustentabilidade financeira atuar em prol da sustentabilidade ambiental (Cavalcante, 2012).

Apesar da constatação de um novo mercado, não podemos ter a ingenuidade de acreditar que esse mercado incorporará, por si só, os danos ambientais. A regra empresarial ainda é a incorporação dos lucros e a sociabilização dos prejuízos. Diante desse comportamento, é imperioso que o Estado assuma seu papel de sujeito ativo nesta fase de transição para novos modelos da economia verde.

Da mesma forma, é preciso aliar os incentivos fiscais ao Sistema Tributário vigente e, simultaneamente, rediscutir os lucros privados que ensejam prejuízos globais, comportamento comum na gestão empresarial[5].

---

rial, no intento de atender às expectativas dos consumidores e de parte da população que não tem no Estado a prestação de seus serviços ambientalmente dirigidos. A empresa sustentável do início deste século é aquela que tem atuação proativa e atende não só aos requisitos estatais de funcionamento, mas, vai além, sobrepondo-se às exigências convencionais e inovando, participando do processo de sustentabilidade dos recursos naturais. Essa atitude de envidar esforços em políticas de responsabilidade agrega valor à marca e à empresa e faz com que sua aceitação social seja mais ampla, seguindo a orientação do mercado."

[3] Sobre esta questão no Brasil, ver: Cavalcante (2009).

[4] "Neste início do século XXI, como se mencionou anteriormente, delinearam-se novos papéis ao Estado e à sociedade, que vive um momento histórico marcado por diversas crises. Assim, cabe à racionalidade jurídica contemporânea ultrapassar o olhar técnico, dogmático e monodisciplinar próprio da modernidade, havendo necessidade de novos paradigmas que se indicam como novo caminho rumo a uma compreensão emancipatória, para a construção de uma sociedade segura da era do risco na transição paradigmática. Não obstante, essa nova compreensão do direito deve constituir direitos a ser fruídos na perspectiva emancipatória e coletiva, portanto, inapropriáveis individualmente" (Cruz, 2011, p. 193).

[5] Como ressalta José Carlos Barbieri (2013, p. 71): "Nas economias de mercado as decisões sobre o que, como, quanto e onde produzir são tomadas considerando os preços dos

É necessário um redirecionamento do Sistema Tributário Nacional para as atuais exigências ambientais. Não se trata, pois, meramente da criação de algo novo ou somente de instituir tributos ambientais, mas sim de uma adequação dos tributos já existentes à proteção do meio ambiente. Novas formas de tributação, paulatinamente, auferem espaço, inclusive com a propagação dos tributos incidentes sobre o uso excessivo de recursos naturais, a tributação incidente sobre o excesso de poluição, bem como a concessão de subsídios para as boas práticas ambientais, tratando a inovação como uma externalidade positiva que também deve ser mensurada.

Distinguimos aqui dois graves problemas ambientais nos quais a tributação ambiental deve intervir: I) a escassez dos recursos naturais; e II) a gestão dos resíduos. A tributação pode ser de muita ajuda na mudança de comportamento do mercado e da sociedade no tocante a essas questões.

No concernente à tributação incidente sobre os recursos naturais, a ideia central é de que haja um pagamento pelo uso desses recursos. A natureza passa a ter um preço. Este tema é bem defendido por Pavan Sukhdev[6], quan-

---

bens que serão produzidos e seus custos internos de produção e distribuição, como força de trabalho, matérias-primas, energia e depreciação dos equipamentos. Para o empresário, os custos incorridos pela empresa devem ser o mínimo possível para que ele possa maximizar os lucros. Além desses custos de produção e distribuição, as atividades produtivas geram outros custos que se não forem pagos pela empresa recaem sobre a sociedade, por isso são denominados custos externos ou sociais. Um desses custos refere-se à perda da qualidade do meio ambiente, seja decorrente do uso de recursos naturais, seja da poluição resultante de processos de produção, distribuição e utilização dos bens produzidos pela empresa. A poluição de um rio causada por um processo produtivo representa custos reais desse processo, porém, é a sociedade que paga por eles, constituindo-se, dessa forma, em custos externos à empresa poluidora".

[6] "A cobrança de impostos sobre a base de recursos de nossa economia predominantemente marrom – carvão, petróleo e muitos outros minerais – pode afastar o mercado desse modelo de crescimento dependente do uso intensivo de recursos naturais e direcioná-lo para indústrias inteligentes relacionadas a energia renovável, água limpa, novas e melhores matérias-primas e gestão de resíduos. A tributação dos recursos obrigaria uma reavaliação dos mesmos, o que nos permitiria gerir – e não apenas extrair – as riquezas naturais. A tributação dos recursos não somente reduziria a intensidade do consumo mas também produziria receitas e evitaria as despesas com os chamados 'subsídios perversos', além de gerar fundos extras que podem ser usados em áreas de grande prioridade, como educação e saúde. Ou, ainda, os impostos recolhidos poderiam ser usados para compensar os crescentes custos dos recursos naturais. Tal sistema de 'dupla tributação dos dividendos' se faz necessário agora mais do que nunca. [...] Para os governos, os esforços apontam para uma transformação do sistema de impostos, tirando o fardo da tributação dos lucros e direcionando-o ao uso dos recursos. Para as empresas, a ênfase fica na mais progressiva fonte de excedente do consumidor e de satisfação dos compradores: a inovação" (Sukhdev, 2013, p. 248-9).

438 DIREITO AMBIENTAL E SUSTENTABILIDADE

do propõe a redução dos impostos sobre os lucros, direcionando a tributação para o uso de recursos, representando, assim, uma transição da tributação sobre os males causados em vez do foco exclusivo sobre os bens produzidos.

A principal consequência da tributação sobre os recursos naturais deve ser o desestímulo à utilização dos recursos naturais esgotáveis, fazendo com que as empresas passem a buscar outras formas de atuação mediante o incentivo ao desenvolvimento de tecnologias inovadoras. Para isto, deve haver amplas políticas de inovação, principalmente na área da pesquisa.

Outro grave problema é em relação à gestão dos resíduos. Os instrumentos fiscais podem ser muito úteis no incentivo à adequação e à reutilização desses resíduos e, ainda, induzirem a mudança de comportamento atual da sociedade de hiperconsumo, decorrente da obsolescência programada.[7]

No Brasil, a Política Nacional dos Resíduos Sólidos (PNRS) trata expressamente da possibilidade de utilização de instrumentos econômicos e fiscais àqueles que atuarem em prol do desenvolvimento da adequada reutilização e reciclagem dos resíduos sólidos, assim estabelecendo.[8]

O lixo torna-se um produto de mercado, podendo ser vendido, comprado e transformado.[9] A gestão desse ciclo da transformação do lixo em produto deve ser avaliada, inclusive para efeitos fiscais.

Ronaldo Seroa da Motta (2006) parte de uma premissa muito útil, quando trata das propostas de instrumentos econômicos ambientais para a redução do lixo urbano, ressaltando que o objetivo da gestão de resíduos sólidos é racionalizar a geração e o tratamento do lixo, uma vez que a má

---

[7] "Com o advento da chamada *obsolescência programada* nos anos 1950 e com o maior acesso a matérias-primas virgens, a cadeia de produção/consumo tem no descarte o destino final dos bens produzidos. Importante salientar que muitos desses bens provêm de recursos naturais não renováveis ou de cara produção a partir de matéria-prima virgem. A economia de mercado globalizada e a superprodução de bens não duráveis aumentaram de tal forma a quantidade de resíduos sólidos descartados que a sua disposição final é um problema mundial. Esse problema tende a acentuar-se com o atual modelo de sociedade de hiperconsumo" (Altmann, 2012, p. 308).

[8] Art. 8º São instrumentos da Política Nacional de Resíduos Sólidos, entre outros: [...] IX – os incentivos fiscais, financeiros e creditícios (Lei n. 12.305/2010).

[9] Ressalta-se, inclusive, a transformação do lixo em energia, sendo estes projetos de grande relevância para o futuro. Sobre o tema ver: Henriques, Oliveira e Costa. Disponível em: http://www.ecoeco.org.br/conteudo/publicacoes/encontros/v_en/Mesa4/10.pdf. Acessado em: 30 jul. 2013.

disposição dos resíduos afeta os recursos ambientais (água, ar, solo e florestas). Tais instrumentos devem atuar no sentido de desestimular o excesso de geração de resíduos e induzir os agentes ao melhor tratamento destes.

Apresentaremos a seguir uma descrição geral de algumas medidas fiscais voltadas para a proteção ambiental introduzidas no Brasil.

APLICAÇÃO DA TRIBUTAÇÃO AMBIENTAL NO BRASIL

Como já ressaltamos, os reflexos de uma política fiscal bem coordenada por uma política ambiental podem ensejar excelentes resultados em prol do meio ambiente. Não se trata aqui de defender a introdução de novos tributos, aliás, isso nem seria bem-vindo para um país com acentuada carga tributária. A sugestão é utilizar os tributos e redirecioná-los às questões ambientais, como já ocorre nos exemplos indicados a seguir.

O Direito tem que se adaptar às transformações do mundo e esse novo papel do direito tributário é reflexo dessa necessária adaptação, comprovando assim que os tributos também são categorias históricas. Como bem afirmou Fritz Neumark (1994), tanto os fins da imposição como a estrutura dos sistemas fiscais, a técnica e mesmo a natureza dos tributos estão submetidos a intensas variações no tempo e no espaço. E, considerando os novos tempos, em que a crise ambiental é preocupação de todos, justificam-se cada vez mais as novas versões "verdes" dos tributos brasileiros.

Apesar da existência deste novo redirecionamento dos tributos para a questão ambiental, ainda não é possível dimensionar os resultados concretos no primeiro momento, sendo as mudanças, comumente, para médio e longo prazos, principalmente no que se refere à criação de estímulos que visam a propiciar uma mudança no comportamento do cidadão brasileiro.

No caso dos estímulos decorrentes de desonerações fiscais, observamos no Brasil uma prática inadequada, onde cada setor transfere a responsabilidade dos danos ambientais para o outro. O mercado anseia cada vez mais por incentivos fiscais, porém, não se dá conta de que, a cada incentivo fiscal concedido, outros custos surgem: quando alguém deixa de pagar, outro pagará. É preciso conceder incentivos com muito cuidado, sendo fundamental uma adequada análise técnica para justificar as desonerações, pois, caso contrário, só serão agravadas as divergências do sistema, que já se encontra repleto de contradições e incentivos desnecessários.

Na prática, veem-se casos nos quais o incentivo fiscal não reflete nenhum ganho ambiental, mas tão-somente lucro para o empreendedor. O produto final continua com o mesmo preço e, às vezes, até mais caro. É preciso que o poder público fique atento e evite que tais incentivos sejam simplesmente convertidos em lucro e, da mesma forma, impedir que o pagamento decorrente da compensação por danos ambientais seja embutido no preço para o consumidor final, pois, se assim ocorrer, não alcançará o fim almejado, qual seja, a proteção ambiental.

Muitas outras metas estão sendo implantadas no Brasil, de modo a integrar o país nas metas internacionais desse novo século, que deve ser marcado como a era da responsabilidade fiscoambiental, de sorte que as atividades estatais de arrecadação e as programações orçamentárias de despesa se voltem para ações econômicas que promovam o estímulo ao desenvolvimento econômico para resguardo do meio ambiente.

Gestão fiscal responsável, no Brasil, é um conceito que deve ser ajustado às necessidades ambientais contemporâneas, motivo pelo qual se propõe a alteração da Lei de Responsabilidade Fiscal – Lei Complementar n. 101/2000 – com vistas a incluir em seus princípios o critério ambiental como condição de boa gestão e, ainda, acrescentar em seu texto uma análise diferenciada para as renúncias de receita, quando decorrentes de medidas voltadas para a proteção ambiental.

A gestão fiscoambiental passa a ser tema relevante posto no âmbito contemporâneo, devendo, muito em breve, ser uma característica indispensável a todos os gestores públicos brasileiros, como está devidamente previsto no Projeto de Lei Complementar n. 493/2009[10], art. 2º, ao prever que em todos os contratos, compras, obras, serviços e aquisições governamentais deverá ser considerado o impacto ambiental.

Resta claro, também, que muitas das atuais leis que tenham por base a tributação ambiental não são definitivas; ao contrário, serão úteis somente enquanto perdurar a necessidade de sua adoção, principalmente quando se tratar de incentivo fiscal, que não poderá ser eterno. Em alguns casos, a eficiência da lei será inversamente proporcional a sua durabilidade.

Isso significa que a interferência do Estado passa gradualmente por diversas alterações, hoje incentivando determinadas condutas nas atividades

---

[10] Projeto em tramitação na Câmara dos Deputados, com a Comissão de Trabalho, de Administração e Serviço Público (CTASP) desde 17.03.2011.

econômicas[11] com redução ou extinção de tributos; em um futuro próximo, eliminando os incentivos que não forem mais necessários e, finalmente, chegando à fase em que as atividades prejudiciais ao meio ambiente sejam punidas. Portanto, o que se prevê é um caminho rápido que irá do prêmio à sanção, de acordo com o grau de consciência socioambiental de cada povo[12].

O papel dos governos locais é fundamental nessa transição, tanto nos investimentos públicos como na institucionalização de hábitos de consumo e de produção mais sustentáveis. Afinal, o governo tem que ser o primeiro a mudar.

No Brasil, seguindo essa diretriz, podemos indicar como bom exemplo a Lei n. 12.462, de 5 de agosto de 2011, que, ao instituir o Regime Diferenciado de Contratações Públicas (RDC), passou a exigir a obrigatoriedade de observância ao desenvolvimento nacional sustentável,[13] aplicável às licitações e contratos necessários à realização dos Jogos Olímpicos e Paralímpicos de 2016 e da Copa das Confederações da Federação Internacional de Futebol – Fifa 2013 e da Copa do Mundo – Fifa 2014[14].

---

[11] Sobre o tema ver: Sesma Sànchez, 2010.

[12] "Sem dúvida que o prêmio se encontra mais presente no Estado intervencionista e a sugestão, estanque, de força e coação, represália e punição, do Direito, não mais representa o único meio de orientação social. Norberto Bobbio, citado nos primeiros capítulos, distinguia ordenamento repressivo de ordenamento promocional. Para o primeiro, existiam três formas de impedir uma ação: A) torná-la impossível; B) torná-la difícil; e C) torná-la desvantajosa. No segundo caso, de um ordenamento promocional, as formas de impedir a ação eram: A) torná-la necessária; B) torná-la fácil; e C) torná-la vantajosa. É neste último exemplo que certamente são encontradas as leis de incentivos fiscais. Os contribuintes devem poder usar técnicas e meios para reduzir ou eliminar o encargo tributário. Mas para que isso aconteça o Poder Público tem que proporcionar caminhos, mais fáceis e vantajosos, para empregar a terminologia de Bobbio. [...] Os incentivos fiscais são tratamentos diferenciados para estimular condutas e nortear diretrizes políticas e econômicas. Representam supressão ou redução da carga tributária. A doutrina estrangeira reconhece serem mais eficazes os incentivos para o controle da poluição, enaltecendo a desoneração em detrimento da imposição tributária, pois a mudança de comportamentos se dá antes de qualquer evento danoso, enquanto a punição sempre ocorre posteriormente, depois do prejuízo já consumado" (Trennepohl, 2008, p. 110-1).

[13] Lei n. 12.462/2011: "Art. 3º As licitações e contratações realizadas em conformidade com o RDC deverão observar os princípios da legalidade, da impessoalidade, da moralidade, da igualdade, da publicidade, da eficiência, da probidade administrativa, da economicidade, do desenvolvimento nacional sustentável, da vinculação ao instrumento convocatório e do julgamento objetivo".

[14] Sobre esta questão comenta Juarez Freitas: "Força vestir, para tanto, nos certames licitatórios, as *lentes da sustentabilidade* social, ambiental, econômica, com todas as correlações éticas e jurídico-políticas. Não se trata de simples faculdade, tampouco de modismo

Outro exemplo interessante no Brasil é a Lei n. 12.512, de 14 de outubro de 2011, que introduz o lucro ambiental ao recompensar diretamente em dinheiro quem está protegendo o meio ambiente. O Programa de Apoio à Conservação Ambiental – Programa Bolsa Verde – previsto na lei citada, pretende levar às classes mais baixas uma forma de educação ambiental, pagando valores anuais e disponibilizando serviços de assistência técnica para as famílias que vivem em condições de extrema pobreza que desenvolvam atividades de conservação de recursos naturais no meio rural[15].

EXEMPLOS DE TRIBUTOS DIRECIONADOS À PROTEÇÃO AMBIENTAL

Analisando a aplicabilidade da tributação ambiental no contexto brasileiro, constatamos, em tese, que todas as espécies tributárias (taxas, impostos, contribuição de melhoria, empréstimos compulsórios e contribuições parafiscais) podem incluir em sua motivação o critério ambiental.

Não é do nosso conhecimento, até o presente momento, a existência de casos concretos relativos às contribuições de melhoria com caráter ambiental, mas há quem defenda essa possibilidade, como Paulo Henrique do Amaral (2007), em uma tese em que há a nossa concordância: "[...] Entretanto, a contribuição de melhoria poderá assumir natureza extrafiscal ao incenti-

---

passageiro, como costuma objetivar o conservadorismo redutor. Trata-se de assumir, vez por todas, que, em qualquer processo administrativo, o Estado tem de implementar políticas públicas, com o desempenho da *função indutora* de práticas sustentáveis, ao lado da *função isonômica* de oferecer igualação formal e substancial de oportunidades. Vale dizer; as licitações e as contratações públicas, nos próximos tempos, obrigatoriamente terão de ser examinadas num horizonte intertemporal dilatado, mais responsável e consequente (Licitações e sustentabilidade: ponderação obrigatória dos custos e benefícios sociais, ambientais e econômicos. *Revista Interesse Público*, Belo Horizonte: Fórum, ano 13, n. 70, nov./dez. 2011, p. 15).

[15] Lei n. 12.512/2011: "Art. 6º. A transferência de recursos financeiros do Programa de Apoio à Conservação Ambiental será realizada por meio de repasses trimestrais no valor de R$ 300,00 (trezentos reais), na forma do regulamento". O Decreto n. 8.121, de 16.10.2013 alterou a regulamentação deste artigo e aumentou os valores: "Art. 16. Constituem benefícios do Programa de Fomento às Atividades Produtivas Rurais recursos financeiros no valor de até R$ 2.400,00 (dois mil e quatrocentos reais) por família." § 1º. O Comitê Gestor definirá o número total de parcelas, que não excederá a três, e os valores de cada uma de acordo com as diferentes estratégias ou grupos sociais atendidos, observado o mínimo de duas parcelas, no prazo máximo de dois anos, contado da data de liberação da primeira parcela".

var o Poder Público a construir obras de natureza ambiental, não se podendo, assim, ignorar esta natureza dos tributos".

Da mesma forma, também será possível a instituição de empréstimos compulsórios ambientais,[16] considerando a possibilidade do art. 148, I, da CF/88, no tocante à necessidade de atender despesas extraordinárias no caso de calamidade pública. Ressaltamos, contudo, que, desde a Constituição de 1988, não tivemos no Brasil nenhum motivo que justificasse a instituição de empréstimos compulsórios.

Quanto às contribuições de intervenção no domínio econômico, inúmeras são as atividades econômicas que provocam agressões ambientais e que justificam a incidência de Cide ambiental com a finalidade de estimular comportamentos favoráveis ao meio ambiente. O exemplo mais elucidativo é a Cide-Combustível, instituída pela Lei n. 10.336/2001, incidente sobre a importação e a comercialização de petróleo e seus derivados, gás natural e seus derivados, e álcool etílico combustível, sendo parte da arrecadação destinada ao financiamento de projetos ambientais relacionados com a indústria do petróleo e do gás[17].

As taxas também exercem papel relevante na proteção ambiental. Conforme previsto no art. 77, do Código Tributário Nacional, tanto podem ser instituídas em decorrência de serviço público específico e divisível ou do exercício do poder de polícia. As taxas de polícia ambiental são bastante comuns. Para elucidar esse tópico, destacamos a taxa de licença ambiental cobrada pelos municípios para custear a atuação estatal em virtude da necessi-

---

[16] "No inc. I do art. 148 da CF/88 existe a previsão de instituir empréstimo compulsório para atender às despesas extraordinárias decorrentes de calamidade pública. Logo, podem ocorrer fatos, eventos ou desastres ecológicos que configurem calamidade pública, necessitando, para tanto, por parte da sociedade e do poder público, a adoção de medidas urgentes para neutralizar ou minimizar seus efeitos sobre a sociedade e sobre o meio ambiente. Interessante salientar que calamidade pública de natureza ambiental podem ser catástrofes provocadas por fatos ou agentes da natureza, tais como enchentes, inundações e queimadas descontroladas; desmoronamentos de encostas e morros; vendaval que destruam cidades inteiras etc." (Amaral, 2007).

[17] "Art. 1º [...]. § 1º O produto da arrecadação da Cide será destinado, na forma da lei orçamentária, ao:

I – pagamento de subsídios a preços ou transporte de álcool combustível, de gás natural e seus derivados e de derivados de petróleo; II – financiamento de projetos ambientais relacionados com a indústria do petróleo e do gás; e III – financiamento de programas de infraestrutura de transportes" (Lei n. 10.336/2001).

dade de impor restrições ou limitação a determinados interesses particulares em prol do meio ambiente e interesses públicos[18].

Em relação aos impostos, temos exemplos atuais de cobranças que, embora tenham sido originariamente instituídas com a finalidade ambiental, estão tendo reflexos positivos no atual contexto. Da mesma forma, também, existem no Brasil cobranças que têm na sua origem o caráter instrumental na indução de condutas voltadas para o meio ambiente. Seguem alguns exemplos que bem demonstram o contexto contemporâneo.

Imposto sobre Produtos Industrializados (IPI)

O Imposto sobre Produtos Industrializados, por previsão constitucional, é primordialmente um instrumento de política econômica e voltado para a proteção da indústria nacional. É um tributo de grande utilidade nas questões ambientais, considerando a sua adequação à técnica da seletividade, onde o grau de essencialidade do tributo poderá ser interpretado, também, doravante, pelo grau de benefícios ou prejuízos ambientais, adotando-se uma seletividade verde.

O IPI adota a diferenciação de alíquotas, considerando o meio ambiente em alguns casos específicos[19]. O Decreto n. 7.819/2012, por exemplo, ao regulamentar o regime automotivo brasileiro, conhecido como Inovar Auto, prevê a redução do IPI como incentivo às empresas que invistam em processos de fabricação e uso de componentes mais eficientes para reduzir o consumo de combustíveis e incentivando a propriedade de carros com preços menores, mais eficientes e com menor emissão de carbono.

Em relação ao IPI incidente sobre reciclagem, o Decreto n. 7.619/2011 regulamentou os arts. 5º e 6º, da Lei n. 12.375/2010, determinando que os estabelecimentos industriais farão jus, até 31 de dezembro de 2014, a crédi-

---

[18] Sobre o tema ver: Cavalcante (2013).

[19] "Em relação ao Imposto sobre Produtos Industrializados (IPI), o Dec.-lei 755/93 instituiu incentivos fiscais que poderão gerar consequências na proteção ambiental, pois estabelece diferentes alíquotas sobre veículos movidos a álcool. Este decreto-lei teve como objetivo principal incentivar o consumo de combustível limpo ou, no mínimo, menos poluente. Além disso, pode-se incluir ao lado do álcool o biodiesel, por ser um combustível mais puro, pois possui uma tributação mais vantajosa. O princípio da seletividade em razão da essencialidade do produto é aplicado ao IPI (inc. I do § 3º do art. 153 da CF/88), permitindo variação de alíquotas mais gravosas para produtos industrializados poluidores" (Amaral, 2007, p. 196).

to presumido do IPI na aquisição de resíduos sólidos a serem utilizados como matérias-primas ou produtos intermediários na fabricação de seus produtos. A medida, apesar de útil, ainda não satisfez totalmente o setor industrial, que questiona os elevados valores das alíquotas do IPI e a falta de identidade tributária para o produto reciclado, classificando-os, exemplificando o caso do reciclado plástico[20], na mesma posição da NCM/TIPI (39.01 – 39.15).

Já em relação ao Pis/Cofins, o legislador não permite tal benefício[21], estando prevista na Lei n. 11.196/2005[22] a restrição ao direito de usufruir os créditos decorrentes das aquisições de materiais reutilizáveis.

Imposto de Renda (IR)

O Imposto de Renda Ecológico vem ganhando espaço nas discussões nacionais. O Projeto de Lei n. 5.974/2005[23] prevê deduções do imposto de renda devido de valores doados para entidades sem fins lucrativos que tenham por objetivo a elaboração de projetos ambientais. Assim dispõe o Projeto:

---

[20] Ressalta-se que a NCM/TIPI define a alíquota zero para os desperdícios, resíduos e aparas de plásticos (39.15).

[21] Humberto Ávila (2009) critica este dispositivo legal: "Claro, se o Estado deve proteger o meio ambiente, e tratar distintamente os contribuintes que exercem atividades que causam menor impacto ambiental, ele não pode tratar de modo desfavorável os contribuintes que usam insumos recicláveis, no lugar daqueles extraídos da natureza, e causam impacto ambiental muito menor. A União Federal, ao vedar o direito aos créditos correspondentes às aquisições de materiais reutilizados, até diferenciou os contribuintes conforme o impacto ambiental dos produtos e de seus processos de elaboração. Fê-lo, porém, às avessas: quem causa mais impacto ambiental foi favorecido; quem provoca menos impacto ambiental foi prejudicado. Ao assim proceder, a União Federal andou, flagrantemente, na contramão constitucional".

[22] Assim dispõe o art. 47, da Lei n. 11.196/05: "Art. 47. Fica vedada a utilização do crédito de que tratam o inciso II do caput do art. 3º da Lei nº 10.637, de 30 de dezembro de 2002, e o inciso II do caput do art. 3º da Lei nº 10.833, de 29 de dezembro de 2003, nas aquisições de desperdícios, resíduos ou aparas de plástico, de papel ou cartão, de vidro, de ferro ou aço, de cobre, de níquel, de alumínio, de chumbo, de zinco e de estanho, classificados respectivamente nas posições 39.15, 47.07, 70.01, 72.04, 74.04, 75.03, 76.02, 78.02, 79.02 e 80.02 da Tabela de Incidência do Imposto sobre Produtos Industrializados – Tipi, e demais desperdícios e resíduos metálicos do Capítulo 81 da Tipi."

[23] O Projeto de Lei n. 5.974/2005 tramita sob o regime de urgência conforme desde 2008. Está na Câmara dos Deputados, pronto para pauta no plenário. Disponível em: http://www.camara.gov.br. Acessaso em: 10 jul. 2015.

Art. 1º As pessoas físicas e jurídicas poderão deduzir do imposto de renda devido, respectivamente, até 80% (oitenta por cento) e até 40% (quarenta por cento) dos valores efetivamente doados a entidades sem fins lucrativos, para aplicação em projetos destinados a promover o uso sustentável dos recursos naturais e a preservação do meio ambiente.

Imposto sobre a Propriedade Territorial Rural (ITR)

O ITR, por sua natureza, tem intensa conotação ambiental. A Lei n. 9.393/96, ao regulamentá-lo, leva em consideração fatores ambientais para definição da base de cálculo, excluindo da área tributável as zonas de preservação permanente e de reserva legal; de interesse ecológico para a proteção dos ecossistemas; as comprovadamente imprestáveis para qualquer exploração agrícola, pecuária, granjeira, aquícola ou florestal, declaradas de interesse ecológico mediante ato do órgão competente, federal ou estadual; as áreas sob regime de servidão florestal ou ambiental; cobertas por florestas nativas, primárias ou secundárias em estágio médio ou avançado de regeneração; alagadas para fins de constituição de reservatório de usinas hidrelétricas autorizadas pelo poder público.

A Lei n. 12.727/2012 também traz princípios relevantes que complementam as previsões da legislação do ITR, alterando dispositivos da Lei n. 12.651/2012, conhecida como novo Código Florestal[24], assim prevendo:

Art. 1º A Lei n. 12.651, de 25 de maio de 2012, passa a vigorar com as seguintes alterações:
Art. 1º-A. Esta Lei estabelece normas gerais sobre a proteção da vegetação, áreas de Preservação Permanente e as áreas de Reserva Legal; a exploração florestal,

---

[24] Celso Fiorillo (2013, p. 270) critica essa expressão: "Destarte a correta interpretação da Lei n. 12.651/2012, no que se refere ao tema preponderante abarcado pela norma, bem como os demais aspectos também observados, só pode ser realizada em face e a partir da Constituição Federal, a saber, do diploma normativo que traz unidade e ordenação à tutela jurídica da vegetação nativa, assim como dos demais bens ambientais em nosso país. Assim, não temos em nosso país, com o advento da Lei n. 12.651/2012, um novo Código Florestal. O que temos é uma nova norma jurídica que, associada às demais disposições normativas em vigor destinadas a tutelar os bens ambientais indicados na nova lei, será aplicada com base nos fundamentos constitucionais do direito ambiental constitucional, este, sim, o verdadeiro Código Florestal em nosso Estado Democrático de Direito."

o suprimento de matéria-prima florestal, o controle da origem dos produtos florestais e o controle e prevenção dos incêndios florestais, e prevê instrumentos econômicos e financeiros para o alcance de seus objetivos.

Parágrafo único. Tendo como objetivo o desenvolvimento sustentável, esta Lei atenderá aos seguintes princípios:

I – afirmação do compromisso soberano do Brasil com a preservação das suas florestas e demais formas de vegetação nativa, bem como da biodiversidade, do solo, dos recursos hídricos e da integridade do sistema climático, para o bem-estar das gerações presentes e futuras;

II – reafirmação da importância da função estratégica da atividade agropecuária e do papel das florestas e demais formas de vegetação nativa na sustentabilidade, no crescimento econômico, na melhoria da qualidade de vida da população brasileira e na presença do país nos mercados nacional e internacional de alimentos e bioenergia;

III – ação governamental de proteção e uso sustentável de florestas, consagrando o compromisso do país com a compatibilização e harmonização entre o uso produtivo da terra e a preservação da água, do solo e da vegetação;

IV – responsabilidade comum da União, Estados, Distrito Federal e Municípios, em colaboração com a sociedade civil, na criação de políticas para a preservação e restauração da vegetação nativa e de suas funções ecológicas e sociais nas áreas urbanas e rurais;

V – fomento à pesquisa científica e tecnológica na busca da inovação para o uso sustentável do solo e da água, a recuperação e a preservação das florestas e demais formas de vegetação nativa;

VI – criação e mobilização de incentivos econômicos para fomentar a preservação e a recuperação da vegetação nativa e para promover o desenvolvimento de atividades produtivas sustentáveis.

O Projeto de Lei n. 2.832/2008[25] prevê relevante alteração ao art. 3º, da Lei n. 9.393/96, com o objetivo de incluir, entre os casos de isenção da incidência do ITR, imóveis rurais cujas explorações econômicas atendam aos interesses da preservação ambiental.

---

[25] Este projeto encontra-se na Comissão de Finanças e Tributação desde 22.08.2012. Disponível em: http://www.camara.gov.br. Acessado em: 12 fev. 2014.

Imposto de Importação (II) e Imposto de Exportação (IE)

Os impostos aduaneiros (importação e exportação) também atuam como instrumentos fiscais em prol do meio ambiente, em especial em virtude do comércio internacional e da prevalência das normas transnacionais. Esses impostos devem estar de acordo com as diretrizes da Organização Mundial do Comércio (OMC).

A OMC tem um papel importante na questão ambiental, fazendo uma análise direta nas consequências econômicas advindas da internalização dos custos ambientais, deixando sempre claro em seus documentos que a mera adoção de medidas internas e isoladas por parte de cada país poderá ocasionar graves distorções no comércio internacional, inclusive, podendo ensejar falta de competitividade nos produtos e serviços produzidos nos parâmetros adequados às exigências ambientais ou, ainda, um protecionismo camuflado por uma pseudoproteção ambiental. É expresso nas diretrizes da OMC o fato de que o desenvolvimento sustentável e a proteção do meio ambiente são seus objetivos fundamentais[26].

A influência do comércio internacional no meio ambiente, e vice-versa, é cada vez mais discutida no âmbito da OMC, principalmente no caso da adoção de regras ambientais voltadas para a proteção do meio ambiente por determinados países, enquanto outros não as aplicam[27], ensejando os combatidos subsídios indevidos e o *dumping* ecológico[28].

---

[26] "O desenvolvimento sustentável e a proteção e preservação do meio ambiente são objetivos fundamentais da OMC. Estão consagrados no Acordo de Marrakech, estabelecendo como meta a redução dos obstáculos ao comércio e eliminação do trato discriminatório nas relações comerciais. Apesar de não existir nenhum acordo específico que trate do meio ambiente, os membros podem adotar, no marco das normas da OMC, medidas relacionadas com o comércio que tenham por objeto a proteção ambiental, sempre que se cumpra uma séria de condições para evitar o uso indevido dessas medidas com fins protecionistas."

Disponível em: http://www.wto.org/spanish/tratop_s/envir_s/envir_s.htm. Acessado em: 02 fev. 2014.

[27] O Gatt, no acordo sobre a implementação do artigo VI do Acordo Geral sobre Tarifas e Comércio (1994), assim dispõe: Artigo 2 – Determinação de Dumping. 1. Para as finalidades do presente Acordo, considera-se haver prática de dumping, isto é, oferta de um produto no comércio de outro país a preço inferior a seu valor normal, no caso de o preço de exportação do produto ser inferior àquele praticado, no curso normal das atividades comerciais, para o mesmo produto quando destinado ao consumo no país exportador.

[28] "Os que se opõem aos ajustes fiscais nas fronteiras alegam uma 'política fiscal de ingerência', típica dos países exportadores, chegando nestes casos, a falar de um 'imperialismo

Imposto sobre a Propriedade de Veículos Automotores (IPVA)

Considerando o elevado índice de poluição decorrente do setor de transportes no Brasil, que, apesar de sua dimensão de continente, pouca infraestrutura tem no âmbito do transporte coletivo ferroviário e fluvial, percebe-se que a maioria das medidas atualmente implantadas está voltada para o veículo particular.

Algumas medidas de incentivos fiscais já existem no âmbito da incidência do Imposto sobre a Propriedade de Veículos Automotores, que tem como fato gerador a propriedade de veículo automotor de qualquer espécie. Em relação a sua aplicação voltada à proteção ambiental, destaca-se, entre elas, o tratamento diferenciado pelos estados brasileiros em relação à tributação de veículos elétricos ou menos poluentes, representando esta redução de alíquota um estímulo à diminuição da poluição causada pela emissão de gases oriundos dos veículos tradicionais.

No caso da isenção para veículos elétricos, está em vigor em sete estados brasileiros[29] que concedem isenção total do imposto nesses casos: Ceará, Maranhão, Pernambuco, Piauí, Rio Grande do Norte, Rio Grande do Sul, Sergipe. Outros estados, como Rio de Janeiro[30] e São Paulo[31], aplicam uma alíquota reduzida para os veículos movidos a álcool, gás natural ou energia elétrica, contribuindo para diminuir a poluição.

Quanto aos veículos elétricos, a utilização no Brasil ainda é muito reduzida, principalmente pelo alto custo dos tributos incidentes quando esse tipo de

---

ecológico', em virtude de políticas fiscais agressivas (tratam-se dos países mais desenvolvidos do mundo, a União Européia, EUA, Japão, Canadá e Austrália, em particular) podendo disfarçar políticas protecionistas dos EUA contra produtos mais competitivos e sempre com a desculpa de que os países que não aplicam tributos ecológicos ou medidas similares, ou o fazem de forma menos exigente, incorrem em um verdadeiro dumping ecológico, aumentando a competitividade de suas empresas, sujeitas a menores custos fiscais." (Rodríguez Muñoz, 2006, tradução nossa).

[29] Ceará (Lei n. 12.023, art. 4º, IX); Maranhão (Lei n. 5.594, art. 9º, XI); Pernambuco (Lei n. 10.849, art. 5º, XI); Piauí (Lei n. 4.548, art. 5º, VII); Rio Grande do Norte (Lei n. 6.967, art. 8º, XI); Rio Grande do Sul (Lei n. 8.115, art. 4º, II); Sergipe (Lei n. 3.287, art. 4º, XI).

[30] Lei n. 2.877, de 22 de dezembro de 1997 – Rio de Janeiro.

[31] Lei n. 13.296, de 23 de dezembro de 2008 – São Paulo.

veículo ingressa no país[32], mas, mesmo assim, é importante estimular a sua utilização para induzir uma mudança futura no comportamento da população.

Medida interessante que merece destaque é a providência pioneira adotada em 2013 no Estado do Rio de Janeiro, denominada IPVA Verde.[33] Com a criação da Nota Verde para os carros novos mais eficientes no controle da emissão de gases, haverá desconto no pagamento do imposto devido (IPVA) de acordo com a classificação dos carros pelo Instituto Brasileiro do Meio Ambiente e Recursos Naturais Renováveis (Ibama), que beneficiará os carros menos poluentes. Os percentuais deverão variar de 10% a 20% para mais ou para menos no valor total do IPVA, dependendo da situação do automóvel.

Em relação aos incentivos na utilização de gás natural veicular (GNV), medidas inovadoras se alastram pelo país. Desde 2012, o Conselho Nacional de Política Fazendária (Confaz) prorrogou disposições de convênios que concediam benefícios, entre eles a isenção do Imposto sobre Circulação de Mercadorias e Serviços (ICMS) sobre parcela de serviço de transporte do gás natural. No Estado de Pernambuco, por exemplo, há a isenção de ICMS para os taxistas que utilizam gás natural.

ICMS ecológico

O ICMS ecológico[34], apesar da denominação, não se trata de um tributo, mas, sim, de uma técnica de repasse de receitas dos estados para os mu-

---

[32] "Embora os veículos elétricos possuam lugar significativo como um fator de redução de emissões de CO_2 no Brasil, o interesse na produção nacional de VEs ainda é modesto. Parte desse paradoxo reside no fato de os investimentos em tecnologia no país ainda não serem atrativos no cenário atual. Primeiramente, os gastos em pesquisa e desenvolvimento tecnológico (P&D) envolvem um processo caro e arriscado, exigindo profunda reflexão, e muitos fabricantes de automóveis no Brasil iniciaram seus projetos de P&D nos laboratórios das casas matrizes no exterior. Em segundo lugar, a carga tributária atual exige pesados investimentos que são também muito arriscados. Quando se trata da emergente tecnologia do VE, o problema é agravado ainda mais pelos custos de alta tecnologia e de tributação irracional, o que significa que o preço final de um VE produzido e comercializado no Brasil será muito maior do que um veículo movido a combustíveis fósseis e contando com a tecnologia mais antiga e de conhecimento mais tradicional e barato, ainda que os veículos a combustíveis movidos a combustíveis fósseis sejam menos eficientes e causem mais danos ambientais (Domingues, 2013).

[33] Disponível em: http://detran.blog.br/ipva-verde-como-funciona-valor.html. Acessado em: 24 jan. 2014.

[34] Sobre o tema ver: http://www.icmsecologico.org.br.

nicípios. É um instrumento de incentivo às gestões municipais que possibilitam a conservação ambiental.

Estudos doutrinários (Gabriel Filho, 2014) demonstram que o ICMS ecológico, como política pública com fundamento no federalismo fiscal, é utilizado com sucesso em vários estados brasileiros, como Paraná, São Paulo, Rio Grande do Sul, Minas Gerais, Rondônia, Mato Grosso, Mato Grosso do Sul, Rio de Janeiro, Pernambuco e Piauí.

A legislação brasileira definiu critérios baseados nas metas ambientais para definir o volume de repasse obrigatório do ICMS pertencente a cada município, nos termos previstos na Constituição Federal, art. 158, IV.[35]

Essa medida é de relevância no país para fomentar a gestão ambiental no âmbito municipal e beneficia vários municípios no Brasil.

Imposto sobre a Propriedade Territorial Urbana (IPTU)

O Imposto Predial e Territorial Urbano é tributo que permite visualizar bem os reflexos da tributação ambiental no Brasil. Por meio de medidas simples, os resultados positivos dos incentivos ecológicos já são visíveis em muitos municípios brasileiros.

O chamado IPTU Verde trata de benefícios fiscais concedidos à população, mediante a adoção dos princípios da sustentabilidade nas edificações. Muitas são as possibilidades de redução do impostos para aqueles contribuintes que adotem medidas "verdes" na utilização de sua propriedade urbana. Exemplos são muitos, como os destacados a seguir.

O Município de Guarulhos/SP, por intermédio da Lei n. 6.793/2011, elenca um rol de atividades que propiciam a redução de alíquotas, tais como: arborização – imóveis com uma ou mais árvores terão desconto de até 2%

---

[35] Constituição da República Federativa do Brasil: "Art. 158. Pertencem aos Municípios: I – [...]; IV – vinte e cinco por cento do produto da arrecadação do imposto do Estado sobre operações relativas à circulação de mercadorias e sobre prestações de serviços de transporte interestadual e intermunicipal e de comunicação. Parágrafo único. As parcelas de receita pertencentes aos Municípios, mencionadas no inciso IV, serão creditadas conforme os seguintes critérios: I – três quartos, no mínimo, na proporção do valor adicionado nas operações relativas à circulação de mercadorias e nas prestações de serviços, realizadas em seus territórios; II – até um quarto, de acordo com o que dispuser lei estadual ou, no caso dos Territórios, lei federal."

no valor anual do IPTU; sistema de captação de água de chuva – 3% de desconto; sistema de aquecimento hidráulico solar – 3% de desconto; sistema de aquecimento elétrico solar – 3% de desconto; construções com materiais sustentáveis – 3% de desconto; utilização de energia eólica – 5% de desconto etc.

Também o Município de Bocaina/SP (Lei n. 2.209/2008) concede desconto do IPTU para as propriedades que possuam lixeiras suspensas e árvores plantadas.

No Município de Fortaleza, os condomínios residenciais que promovam a reciclagem do lixo doméstico têm um desconto do IPTU.[36] É uma medida que deve estimular a educação ambiental no sentido de tratar os resíduos desde a sua origem.[37]

O Município de Porto Alegre, também, por meio da Lei Complementar n. 482/2002, prevê a isenção de IPTU para área urbana considerada de interesse ecológico.

Da mesma forma, no Município de Natal (Lei n. 301/2009) prevê-se a isenção de até 50% para propriedades que possuam vegetação arbórea de preservação permanente e integração do meio ambiente artificial e natural.

Imposto sobre a Transmissão de Bens Imóveis (ITBI)

O Imposto sobre a Transmissão de Bens Imóveis também começa a ter reflexos positivos nas questões ambientais. Alguns municípios brasileiros es-

---

[36] Lei Complementar n. 73, de 28 de dezembro de 2009: "Art. 2º Será concedido desconto de 5% (cinco por cento) no valor do IPTU, nos casos de imóveis que instituam separação de resíduos sólidos e que destinem sua coleta para associações e/ou cooperativas de catadores de lixo." Disponível em: http://www.sefin.fortaleza.ce.gov.br/legislacao/gerados/leis/LEI_N73_2009.pdf. Acessado em: 23 set. 2013).

[37] A doutrina espanhola também apresenta alguns exemplos: "Los entes locales que establezcan tasas de residuos, también deben valorar la posible inclusión en las respectivas ordenanzas fiscales de exenciones y/o bonificaciones, con el objetivo de incentivar buenas prácticas en la gestión de residuos. Así, por ejemplo, se podrían establecer bonificaciones parciales a la tasa de basuras para quienes manifestasen no querer recibir publicidad directa en sus buzones, para quien hiciesen un uso continuado de los puntos limpios o ecoparques, o para quienes optasen por hacer compostaje *in situ* de la fracción orgánica de sus residuos. En el caso de los establecimientos comerciales se podrían establecer bonificaciones para aquellos que dispusieran de envases retornables y productos naturales en sitios preferentes; que dispusieran de un espacio especial para el retorno de envaces y máquinas receptoras de envases retornables; que incorporasen sistemas de venta a granel o que perteneciesen a una *Red municipal de comercios por el medio ambiente* etc." (Ventosa, 2008).

tão analisando as hipóteses de adotar alíquotas diferenciadas nas operações referentes a áreas de preservação ambiental de reserva legal e mata ciliar, estimulando assim a preservação dos mananciais e das reservas legais.

Outra proposta interessante é a de considerar a inclusão do componente de impacto ambiental no cálculo do ITBI e também do IPTU.

O Rio de Janeiro, consoante o Decreto n. 35.745, de 06/06/2012, criou o Selo Qualiverde, que é uma certificação concedida pela Prefeitura da Cidade do Rio de Janeiro com o objetivo de incentivar empreendimentos que privilegiem ações e práticas sustentáveis destinadas à redução dos impactos ambientais. Como consequência dessas medidas, há previsão de projetos de lei que concedam benefícios fiscais para a construção de prédios verdes, com descontos de impostos sobre a propriedade urbana e sobre a transmissão de bens imóveis (IPTU e ITBI), além de redução de impostos sobre serviços (ISS) durante as obras.

Imposto sobre Serviços de Qualquer Natureza (ISS)

No Brasil prevalece ainda uma legislação muito confusa e que, por diversas vezes, atua em contradição relativamente a outros dispositivos normativos. A questão dos resíduos sólidos exemplifica bem essa falta de coerência.

Atualmente, não há uma política fiscal coerente em relação à atividade de reciclagem. Muitas dúvidas surgem no dia a dia, e dificultam as atividades empresariais nesse setor. Até mesmo a conceituação de reciclagem é motivo de polêmicas, não obstante o legislador já a tenha assim conceituado:

Art. 3º Para os efeitos desta Lei, entende-se por:
[...];
IV – reciclagem: processo de transformação dos resíduos sólidos que envolve a alteração de suas propriedades físicas, físico-químicas ou biológicas, com vistas à transformação em insumos ou novos produtos, observadas as condições e os padrões estabelecidos pelos órgãos competentes do Sisnama e, se couber, do SNVS e do Suasa.

Conforme essa transcrição, portanto, reciclagem é uma atividade de transformação de produto (partindo da premissa de que os resíduos sólidos sejam um bem econômico[38]), podendo ser, dependendo da atividade, um serviço ou um processo de industrialização, o que já propicia uma discussão doutrinária[39] e a dificuldade em determinados casos para identificar se haverá a incidência de ISS ou IPI.

Na legislação do ISS, a reciclagem está expressamente prevista na lista dos serviços da Lei Complementar n. 116/2003, no subitem 7.09, que inclui varrição, coleta, remoção, incineração, tratamento, reciclagem, separação e destinação final de lixo, rejeitos e outros resíduos quaisquer. Também se aplica o subitem 14.05, que inclui as atividades de restauração, recondicionamento, acondicionamento, pintura, beneficiamento, lavagem, secagem, tingimento, galvanoplastia, anodização, corte, recorte, polimento, plastificação e congêneres, de objetos quaisquer. Deverá ser observado, portanto, cada caso concreto e, principalmente, há que se verificar cada fase do processo de reciclagem, para saber se é o caso de prestação de serviço ou atividade de industrialização.

---

[38] A Lei n. 12.305/2010 reconhece expressamente que o "lixo" é um bem econômico, assim dispondo: "Art. 6º. São princípios da Política Nacional dos Resíduos Sólidos: [...]; VIII – o reconhecimento do resíduo sólido reutilizável e reciclável como um bem econômico e de valor social, gerador de trabalho e renda e promotor de cidadania."

[39] "[...] Li em jornal da capital cearense que, enquanto está poluindo e saindo dos carrinhos dos catadores e entrando nos depósitos dos atravessadores, o lixo não recolhe ICMS; mas, imediatamente depois de transformado em um produto novo, industrializado, seu reciclador é obrigado a emitir uma nota fiscal de entrada com alíquota de 17%. Parece que alguém faz papel de bobo nessa questão. Mesmo examinando com frequência e há muitos anos questões relacionadas ao ICMS, não nos tinha ocorrido ainda este interessante aspecto de sua não cumulatividade, que diz respeito ao lixo reciclado. Aspecto que pode suscitar sério questionamento em torno do alcance do princípio constitucional da não cumulatividade desse imposto, e em torno do tratamento favorecido que deve ser dispensado às atividades econômicas que colaboram na defesa do meio ambiente. No mínimo, aos que reciclam o lixo utilizando-o como matéria-prima em suas indústrias, em vez da cobrança do ICMS na condição de substituto dos catadores e atravessadores, quando da emissão de nota fiscal de entrada, aos que reciclam o lixo deve gravoso, como estímulo do Estado. De todo modo, enquanto esse tratamento mais adequado não vem, que pelo menos seja assegurado aos que reciclam lixo um crédito desse imposto, que corresponde ao que foi recolhido na anterior circulação econômica dos produtos em lixo transformados. A rigor, os que realizam essa atividade, indiscutivelmente benéfica ao meio ambiente, merecem tratamento tributário diferenciado, menos o direito ao crédito de ICMS, que é uma simples decorrência do princípio da não cumulatividade" (Machado, 2013).

CONSIDERAÇÕES FINAIS

Pelos exemplos aqui oferecidos, confirma-se que o direito tributário é um importante aliado à causa ambiental. A possibilidade de adaptação do sistema tributário para esse fim, tanto por meio da arrecadação dos tributos como por intermédio de medidas indutoras de comportamentos ambientalmente sustentáveis, pode produzir resultados muito positivos na gestão estatal.

Não é necessário criar tributos, mas, sim, adequar o sistema para o fim ambiental. Concorda-se, pois, com a afirmação de Tulio Rosembuj[40], no sentido de que os tributos ambientais não comportam, em regra, nenhuma atipicidade e seus elementos essenciais não são diferentes dos já conhecidos. A sua particularidade é a definição de seus objetivos, com vistas a fomentar a busca pelo equilíbrio ecológico, como por meio do incentivo à utilização de energia limpa, preservação e conservação dos recursos naturais, como água, ar, solo, e desestímulos à utilização e produção de produtos danosos ao meio ambiente etc.

A crescente remodelação ecológica do Sistema Tributário Nacional à causa ambiental possibilita a elaboração de diretrizes contemporâneas que muito favoreçem a melhoria do meio ambiente, adequando o Brasil ao contexto mundial, onde a atuação da tributação ambiental é bem avançada e tende, doravante, a ser a regra.

REFERÊNCIAS

ALTMANN, A. Pagamento por serviços ambientais urbanos como instrumento de incentivo para os catadores de materiais recicláveis no Brasil. In: *Revista de Direito Ambiental*. São Paulo, v. 68, p. 307-330, out./dez. 2012.

---

[40] "Aquelas figuras tributárias de natureza ambiental devem acompanhar todo o sistema tributário e, para isso, despojar-se de qualquer característica que defina sua pretendida atipicidade. Primeiramente porque o tributo ambiental não pode ser definido por sua finalidade que, como disse, é similar a todos os outros, se bem que acompanhado por um fundamento político, social e econômico que o justifica juridicamente. A finalidade extrafiscal é temporária, apenas uma questão de tempo, até que se institucionalize a consolidação (prevenção) necessária dada pela deterioração do bem ambiental, de forma permanente e sistemática: o bem-estar ecológico é uma peça-chave na sociedade do bem-estar, tanto que dele depende a superveniência do próprio ser humano e seu ambiente, onde o processo de prevenção pretende impedir a 'não reprodução' do ambiente" (Rosembuj, 2009, p. 76, tradução nossa).

AMARAL, P.H. *Direito tributário ambiental*. São Paulo: Revista dos Tribunais, 2007.

ÁVILA, H. Contribuições sobre o faturamento. Vedação do direito ao crédito na aquisição de insumos recicláveis. Exame da violação aos princípios da igualdade, da liberdade de profissão, da defesa do meio ambiente, da livre concorrência e da não cumulatividade. In: *Revista Dialética de Direito Tributário*. São Paulo, v. 170, 2009.

BARBIERI, J.C. *Gestão ambiental empresarial: conceitos, modelos e instrumentos*. 3.ed. São Paulo: Saraiva, 2013.

BECK, U. *Sociedade de risco: rumo a uma outra modernidade*. Trad. Sebastião Nascimento. São Paulo: Editora 34, 2010.

CAVALCANTE, D.L. Políticas públicas ambientais no setor automobilístico. In: SCAFF, F.F.; ATHIAS, J.A. *Direito tributário e econômico aplicado ao meio ambiente e à mineração*. São Paulo: Quartier Latin, 2009, p. 216-230.

_____. Sustentabilidade financeira em prol da sustentabilidade ambiental. In: Novos horizontes da tributação: um diálogo luso-brasileiro. *Cadernos IDEFF Internacional*, n. 2. Coimbra: Almedina, 2012, p. 95-208.

_____. Taxa de licença ambiental no âmbito da construção civil. In: CAVALCANTE, D.L. *Tributação ambiental: reflexos na construção civil*. Curitiba: CRV, 2013, p. 89-99.

CRUZ, P.M.; GLASENAPP, M.C. Estado e sociedade nos espaços da governança ambiental transnacional. *Revista de Direito Econômico e Socioambiental*, v. 2, n. 1, jan./jun. 2011. Paraná: Pontifícia Universidade Católica do Paraná/Editora Champagnat, p. 63-81.

DOMINGUES, J.M. et al. Eficiência energética, tributação e políticas públicas no Brasil: caso do veículo elétrico. In: CAVALLÉ, Á.U. *Políticas de protección ambiental en el siglo XXI: medidas tributarias, contaminanción ambiental y empresa*. Espanha: Bosch Fiscalidad, 2013, p. 111-137.

FIORILLO, C.A.P. *Curso de direito ambiental brasileiro*. 14.ed. São Paulo: Saraiva, 2013.

FREITAS, J. Licitações e sustentabilidade: ponderação obrigatória dos custos e benefícios sociais, ambientais e econômicos. In: *Revista Interesse Público*. Belo Horizonte: Fórum, ano 13, n. 70, p. 15-35, nov./dez., 2011.

_____. *Sustentabilidade: direito ao futuro*. Belo Horizonte: Fórum, 2012.

GABRIEL FILHO, P.S.M. *Curso de direito tributário ambiental*. Curitiba: CRV, 2014.

GEORGESCU-ROEGEN, N. *O decrescimento: entropia, ecologia e economia*. Trad. Maria José Perillo Isaac. São Paulo: Senac, 2012.

HENRIQUES, R.M.; OLIVEIRA, L.B.; COSTA, A.O. Geração de energia com resíduos sólidos urbanos: análise custo benefício. Disponível em: http://www.ecoeco.

org.br/conteudo/publicacoes/encontros/v_en/Mesa4/10.pdf. Acessado em: 30 jul. 2013.

LEFF, E. *Epistemologia ambiental*. Trad. Sandra Valenzuela. 4.ed. São Paulo: Cortez, 2007.

MACHADO, H.B. Reciclagem de lixo e tributação. Disponível em: http://www.hugomachado.adv.br. Acessado em: 23 set. 2013.

MOTTA, R.S. *Economia ambiental*. Rio de Janeiro: FGV, 2006.

NEUMARK, F. *Principios de la imposición*. Trad. Luis Gutiérrez Andrés. 2.ed. Madrid: Instituto de Estudios Fiscales, 1994.

RODRÍGUEZ MUÑOZ, J.M. Los tributos medioambientales en el sistema multilateral de comercio y su incidencia en la política fiscal ambiental de la Unión Europea. In: FALCÓN Y TELLA, R. *Estudios sobre la fiscalidad de la energía y desarrollo sostenible*. Madrid: Instituto de estudios fiscales, 2006.

ROSEMBUJ, T. *El impuesto ambiental*. Barcelona: El fisco, 2009.

SESMA SÁNCHEZ, B. Disposiciones generales de la ley general de subvenciones y de su reglamento. In: MARTÍNEZ GINER, L.A.; NAVARRO FAURE, A. *Régimen jurídico-financiero de las subvenciones públicas*. Valencia: Tirant lo Blanch, 2010.

SUKHDEV, P. *Corporação 2020: como transformar as empresas para o mundo de amanhã*. Trad. Isabel Murray. São Paulo: Abril, 2013.

TRENNEPOHL, T.D. *Incentivos fiscais no direito ambiental*. São Paulo: Saraiva, 2008.

_____. *Direito ambiental empresarial*. São Paulo: Saraiva, 2010.

VENTOSA, I.P. Fiscalidad ambiental e gestión de residuos. In: BECKER, F.; CAZORLA, L.M.; MARTINEZ-SIMANCAS, J. *Tratado de tributación medioambiental*. v. 2. Navarro: Aranzadi-Thomson, 2008.

Meio Ambiente e Saneamento Básico | 15

Maria Luiza Machado Granziera
Universidade Católica de Santos

Beatriz Granziera
Secretaria do Meio Ambiente do Estado de São Paulo

Lucas Queiroz Pires
Demarest Advogados

INTRODUÇÃO

O saneamento básico é matéria estreitamente relacionada com a saúde pública e o meio ambiente, com ênfase nos recursos hídricos, constituindo um forte indicador do desenvolvimento de um país. Muitas questões ligadas à saúde, à poluição e à degradação de recursos naturais estão associadas à falta de saneamento básico ou ao atendimento insuficiente desses serviços, o que compromete a qualidade de vida, sobretudo nas cidades.

Apesar de sua importância, somente em 2007 foram estabelecidas as Diretrizes Nacionais para o Saneamento Básico, pela Lei n. 11.445/2007, marco legal do saneamento no Brasil e base para a solução de muitos antigos problemas. Desde a edição da lei, os poderes públicos vêm se estruturando para adaptar-se às novas regras, mas os desafios políticos e institucionais não são poucos e o déficit de atendimento dos serviços ainda é muito grande.

Segundo dados do IBGE, apesar de ter havido um aumento no atendimento desses serviços nos últimos anos, ainda falta muito para que o atendimento seja universal, conforme mostram as Tabelas 15.1 e 15.2. Em 2007,

460 | DIREITO AMBIENTAL E SUSTENTABILIDADE

apenas 62,4% dos domicílios particulares permanentes possuíam serviço de saneamento básico considerado adequado[1]. As tabelas referidas indicam a evolução do número de municípios atendidos. Cabe mencionar que o atendimento desses serviços é bastante díspar nos diversos municípios brasileiros: se em grandes centros urbanos há serviços organizados de abastecimento de água, com sistema tarifário implantado, em outros municípios sequer há cobrança por esses serviços.

Tabela 15.1 Municípios total e com algum serviço de saneamento básico, por tipo de serviço, segundo as grandes regiões – 2000/2008

Brasil e Grandes Regiões	Total de Municípios		Rede Geral de Distribuição de Água		Rede Coletora de Esgoto		Manejo de Resíduos Sólidos		Manejo de Águas Pluviais	
	2000	2008	2000	2008	2000	2008	2000	2008	2000	2008
Brasil	5.507	5.564	5.391	5.531	2.877	3.069	5.475	5.562	4.327	5.256
Norte	449	449	422	442	32	60	445	449	222	403
Nordeste	1.787	1.793	1.722	1.772	767	819	1.769	1.792	1.227	1.615
Sudeste	1.666	1.668	1.666	1.668	1.547	1.586	1.666	1.667	1.468	1.643
Sul	1.159	1.118	1.142	1.185	451	472	1.149	1.188	1.094	1.172
Centro--Oeste	446	466	439	464	804	132	446	466	316	423

Fonte: IBGE (2014a).

---

[1] Entende-se por serviço de saneamento o conjunto de serviços simultâneos do domicílio, que compreendem o acesso à rede geral de abastecimento de água, com canalização interna; a ligação à rede geral de esgotamento sanitário e/ou rede pluvial; e a coleta de lixo diretamente no domicílio. Domicílio particular permanente é o domicílio particular destinado à habitação de uma pessoa ou de grupo de pessoas cujo relacionamento seja ditado por laços de parentesco, dependência doméstica ou, ainda, normas de convivência, localizado em casa, apartamento ou cômodo e destinado à moradia. Os indicadores de saneamento básico (abastecimento de água, canalização do esgoto, coleta de lixo) são a condição mínima necessária para a qualificação da moradia urbana como adequada. Disponível em: http://seriesestatisticas.ibge.gov.br/series.aspx?no=7&op=2&vcodigo=FED170&t=saneamento-adequado area-urbana. Acessado em: 14 nov. 2014.

Tabela 15.2 Saneamento básico no Brasil – 2009

Área	Domicílios Permanentes	Acesso ao Sistema de Abastecimento de Água (%)	Acesso ao Esgotamento Sanitário (%)
Urbana	49.882	93,1	58,8
Rural	8.764	32,8	5,4

Fonte: IBGE (2014b).

Em virtude da recente regulação do setor, há muitas questões relacionadas à implantação da política de saneamento que não foram suficientemente discutidas no âmbito interno e muito menos no âmbito internacional. Como exemplo, a sustentabilidade financeira dos serviços é um dos temas ainda não enfrentados. Além disso, verifica-se que as agências reguladoras limitam-se a regular os serviços de abastecimento de água e esgotamento sanitário, cabendo ainda organizar a regulação da limpeza urbana e da drenagem. Já no plano internacional, um ponto relevante a ser discutido consiste na inserção dos serviços de saneamento no mercado internacional, quando sua prestação é realizada por empresas estrangeiras, o que sujeita os contratos às regras da Organização Mundial do Comércio (OMC).

Dessa maneira, o presente artigo será estruturado de forma a apresentar, em primeiro lugar, as principais questões jurídicas relacionadas ao saneamento básico no país. Ao final, essa tema será abordado no contexto do mercado internacional de serviços, regulado pelos acordos da OMC.

ABRANGÊNCIA DOS SERVIÇOS

A Lei n. 11.445/2007 adotou um conceito bastante amplo de saneamento básico, considerando as infraestruturas e instalações operacionais de quatro categorias: I) abastecimento de água potável; II) esgotamento sanitário; III) limpeza urbana e manejo de resíduos sólidos; IV) drenagem e manejo das águas pluviais urbanas.

O abastecimento de água potável é constituído pelas atividades, infraestruturas e instalações necessárias ao abastecimento público de água potável, desde a captação até as ligações prediais e respectivos instrumentos de medição (Lei n. 11.445/2007, art. 3º, I, *a*). Isso significa a captação de água

DIREITO AMBIENTAL E SUSTENTABILIDADE

em um corpo hídrico superficial ou subterrâneo, o tratamento, a reservação e a adução até os pontos de ligação nos domicílios.

É dever do poder público garantir o abastecimento de água potável à população. Para tanto, são necessários mananciais protegidos e uma qualidade compatível com os padrões de potabilidade legalmente fixados[2]. O Decreto n. 5.440/2005 estabelece definições e procedimentos sobre o controle de qualidade da água de sistemas de abastecimento e institui mecanismos e instrumentos para a divulgação de informação ao consumidor sobre a qualidade da água para consumo humano, definindo os seguintes conceitos[3]:

1. **Água potável:** água para consumo humano cujos parâmetros microbiológicos, físicos, químicos e radioativos atendam ao padrão de potabilidade e que não ofereça riscos à saúde.

2. **Sistema de abastecimento de água para consumo humano:** instalação composta do conjunto de obras civis, materiais e equipamentos, destinada à produção e à distribuição canalizada de água potável para populações, sob a responsabilidade do poder público, mesmo que administrada em regime de concessão ou permissão.

3. **Solução alternativa de abastecimento de água para consumo humano:** toda modalidade de abastecimento coletivo de água distinta do sistema de abastecimento de água, incluindo, entre outras, fonte, poço comunitário, distribuição por veículo transportador, instalações condominiais horizontal e vertical.

4. **Controle da qualidade da água para consumo humano:** conjunto de atividades exercidas de forma contínua pelo(s) responsável(is) pela operação de sistema ou solução alternativa de abastecimento de água, destinadas a verificar se a água fornecida à população é potável, assegurando a manutenção desta condição.

5. **Vigilância da qualidade da água para consumo humano:** conjunto de ações adotadas continuamente pela autoridade de saúde pública, para

---

[2] O controle e a vigilância da qualidade da água para consumo humano e seu padrão de potabilidade são competência da União, vigorando a Portaria n. 2.914, de 14.12.2011, do Ministério da Saúde.

[3] Decreto n. 5.440/2005, Anexo – Regulamento Técnico sobre Mecanismos e Instrumentos para Divulgação de Informação ao Consumidor sobre a Qualidade da Água para Consumo Humano, art. 4º.

verificar se a água consumida pela população atende a essa norma e para avaliar os riscos que os sistemas e as soluções alternativas de abastecimento de água representam para a saúde humana.

O esgotamento sanitário constitui-se das atividades, infraestruturas e instalações operacionais de coleta, transporte, tratamento e disposição final adequados do esgoto, desde as ligações prediais até o seu lançamento final no meio ambiente (Lei n. 11.445/2007, art. 3º, I, *b*).

Os esgotos urbanos lançados *in natura,* principalmente em rios, causam a poluição das águas e comprometem o abastecimento das populações[4]. Para que essa água se torne potável, mais complexo e caro será o tratamento. Nesse sentido, a disponibilidade de água para o abastecimento público depende, entre outros fatores, do tratamento dos esgotos, questão que o país ainda não conseguiu equacionar. A Lei n. 11.445/2007 fornece instrumentos para modificar essa situação, tais como os planos de saneamento, entre outros instrumentos da política que serão tratados adiante. Mas ainda falta implementá-los.

O abastecimento de água e o esgotamento sanitário possuem um sistema de cobrança direta do usuário, por meio de tarifas e preços públicos, considerando a complexidade de sua prestação e o custo de suas obras,[5] além da manutenção do serviço. Daí a Lei de Saneamento determinar assim, que os serviços terão a sustentabilidade econômico-financeira assegurada (art. 29, I).

A lógica da cobrança direta do usuário é: se para garantir a eficiência dos serviços há um custo, os respectivos valores devem ser arcados, na medida do possível, pelo usuário. Tarifas e preços muito baixos, fora da realidade, podem parecer atraentes, mas a longo prazo provocam o sucateamento dos equipamentos e a falência dos serviços. Entretanto, nada impede que em localidades em que não haja capacidade de pagamento ou escala econômica suficiente para cobrir o custo integral dos serviços, ou ainda usuários com baixa capacidade de pagamento, possam ser adotados subsídios tarifários e também não tarifários (Lei n. 11.445/2007, art. 29, § 2º).

---

[4] Certamente, o índice de poluição que o lançamento de esgotos provoca no corpo receptor depende de outras condições, como a vazão do rio, o declive, a qualidade do corpo hídrico, a natureza dos dejetos etc.

[5] Estações de Tratamento de Água (ETA), Estações de Tratamento de Esgotos (ETE), redes, ligações, observância das normas e padrões de potabilidade.

A limpeza urbana e o manejo de resíduos sólidos, considerados pela Lei n. 11.445/2007 como elementos integrantes do saneamento básico, representam o conjunto de atividades, infraestruturas e instalações operacionais de coleta, transporte, transbordo, tratamento e destino final do lixo doméstico e do lixo originário da varrição e limpeza de logradouros e vias públicas (art. 3º, I, *c*).

Esse serviço é composto, assim, das seguintes atividades: I) coleta, transbordo e transporte do lixo doméstico e do lixo originário da varrição e limpeza de logradouros e vias públicas; II) triagem para fins de reúso ou reciclagem, de tratamento, inclusive por compostagem, e disposição final do lixo doméstico e do lixo originário da varrição e limpeza de logradouros e vias públicas; III) varrição, capina e poda de árvores em vias e logradouros públicos e outros eventuais serviços pertinentes à limpeza pública urbana (Lei n. 11.445/2007, art. 7º).

É função do poder público garantir a coleta, o transporte e o lançamento do lixo em aterros sanitários adequados, devidamente licenciados, que impeçam a percolação do chorume[6] em lençóis freáticos e a ocorrência de outros danos ao ambiente e à saúde das populações.

Assim como para os serviços de abastecimento de água e esgotamento sanitário, a Lei n. 11.445/2007 determina que a limpeza urbana e o manejo de resíduos sólidos urbanos terão a sustentabilidade econômico-financeira assegurada, sempre que possível, mediante remuneração pela cobrança de taxas ou tarifas e outros preços públicos, em conformidade com o regime de prestação do serviço ou de suas atividades (art. 29, II).

À limpeza urbana, além da Lei n. 11.445/2007, aplica-se a Política Nacional de Resíduos Sólidos, instituída pela Lei n. 12.305/2010, cujos dispositivos impactam os sistemas vigentes nos serviços, na medida em que estabelece, em seus objetivos, a não geração, a redução, a reutilização, a reciclagem e o tratamento dos resíduos sólidos, bem como a disposição final ambientalmente adequada dos rejeitos, o que por sua vez significa a distribuição ordenada de rejeitos em aterros, observando normas operacionais específicas de modo a evitar danos ou riscos à saúde pública e à segurança e a minimizar os impactos ambientais adversos (art. 3º,VIII).

As terminologias utilizadas nessas normas não coincidem. Como exemplo, nos termos da Lei n. 11.445/2007, a limpeza urbana e o manejo de re-

---

[6] Líquido de elevada acidez, resultante da decomposição de restos de matéria orgânica, muito comum nas lixeiras (Fornari Neto, 2001).

síduos sólidos consistem no conjunto de atividades, infraestruturas e instalações operacionais de coleta, transporte, transbordo, tratamento e destino final do lixo doméstico e do lixo originário da varrição e limpeza de logradouros e vias públicas (art. 3º, I, *c*). Ou seja, a norma utilizou as expressões lixo doméstico e lixo originário da varrição e limpeza de logradouros e vias públicas sem maiores detalhamentos.

Por outro lado, a Lei n. 12.305/2010 conceitua o resíduo sólido como o material, substância, objeto ou bem descartado resultante de atividades humanas em sociedade, a cuja destinação final se procede, se propõe proceder ou se está obrigado a proceder, nos estados sólido ou semissólido. Verifica-se que a palavra "lixo" não é utilizada. Apesar da terminologia não ser coincidente, entende-se que ambas as leis tratam de um mesmo objeto, porém sob óticas distintas.

Pode-se dizer, nesse passo, que a Lei n. 11.445/2007 trata das questões institucionais e contratuais relativas aos serviços de limpeza urbana, enquanto que a Lei n. 12.305/2010 aborda as obrigações e responsabilidades que envolvem todos os agentes relacionados com os resíduos.

A drenagem e o manejo das águas pluviais urbanas consistem no conjunto de atividades, infraestruturas e instalações operacionais de drenagem urbana de águas pluviais, de transporte, detenção ou retenção para o amortecimento de vazões de cheias, tratamento e disposição final das águas pluviais drenadas nas áreas urbanas (Lei n. 11.445/2007, art. 3º, I, *b*). Possuem uma forte relação com os demais serviços de saneamento básico, pois os danos causados por enchentes tornam-se mais ou menos graves proporcionalmente à eficiência dos outros serviços de saneamento. Águas poluídas por esgoto ou por lixo, na ocorrência de inundações, aumentam os riscos de doenças graves, piorando as condições ambientais e a qualidade de vida das pessoas e o próprio funcionamento das cidades.

Os serviços de drenagem, por serem em geral prestados diretamente pelo poder público, ainda não se inseriram no sistema contratual previsto na Lei n. 11.445/2007. Isso significa que as regras de planejamento, fixação de metas com aferição do respectivo cumprimento e a própria regulação ainda são incipientes. Aparentemente, a pouca importância conferida à drenagem decorre do fato de que os resultados da boa prestação do serviço só se verificam sazonalmente, na época das chuvas.

Todavia, considerando que as mudanças climáticas vêm tornando mais críticos os eventos hidrológicos, é necessário estabelecer estruturas institucionais compatíveis com os problemas relacionados às inundações. Trata-se de uma questão nevrálgica para o meio ambiente urbano, principalmente pelo fato de as águas dos rios urbanos estarem poluídas. Os danos causados pelas enchentes dos rios não se referem apenas à invasão das águas nas cidades, mas à contaminação que essas águas provocam. Os danos causados são graves e demandam uma aceleração na implementação da Lei n. 11.445/2007.

Como ponto positivo, a lei determina que os serviços de drenagem terão a sustentabilidade econômico-financeira assegurada, sempre que possível, pela cobrança dos serviços na forma de tributos, inclusive taxas, em conformidade com o regime de prestação do serviço ou de suas atividades (Lei n. 11.445/2007, art. 29, II).

O fato de a Lei n. 11.445/2007 abranger diversos temas referentes ao saneamento básico submete o gestor público a grandes desafios, como a compatibilização dessa norma com outras correlatas (Milaré, 2013), como a Lei n. 6.938/81, que instituiu a Política Nacional do Meio Ambiente, a Lei n. 9.433/97, que estabeleceu a Política Nacional de Recursos Hídricos e a Lei n. 12.305/2010, que instituiu a Política Nacional de Resíduos Sólidos.

Apesar de haver uma especificidade entre as políticas citadas, não é possível pensar na gestão do saneamento básico sem o devido diálogo entre as ações relacionadas ao meio ambiente, à gestão das águas e ao gerenciamento dos resíduos sólidos. A articulação institucional, nesse passo, é imprescindível para que as medidas de implementação das leis avancem de modo integrado na direção da melhoria da qualidade ambiental[7].

HISTÓRICO DO SANEAMENTO BÁSICO NO BRASIL

O primeiro modelo institucional de saneamento no Brasil (entendido até então como os serviços de água e esgoto), com garantia de financiamento, foi estabelecido pelo Plano Nacional de Saneamento (Planasa) de 1969 e se baseou na criação de sociedades de economia mista estaduais – companhias estaduais de saneamento. O financiamento desse modelo consistia no repasse de recursos financeiros pela Federação – Sistema Financeiro de Saneamento (SFS), gerido pelo Banco Nacional da Habitação (BNH) – aos es-

---

[7] Os recursos hídricos não fazem parte dos serviços públicos de saneamento básico, usuários da água. A utilização de recursos hídricos na prestação desses serviços, inclusive para disposição ou diluição de esgotos e outros resíduos líquidos, é sujeita à outorga de direito de uso.

tados. Além disso, cada estado deveria criar um Fundo de Financiamento para Águas e Esgotos (FAE).

Tinha-se aí um modelo de monopólio, no qual os estados, por meio de suas empresas de saneamento, prestariam esse serviço em todos os municípios, tanto os rentáveis como os deficitários, de modo a garantir a sustentabilidade econômica da empresa. Ou seja, o lucro obtido em um centro urbano mais rentável era aplicado em uma localidade deficitária, como forma de garantir o atendimento a todos. Esse mecanismo foi denominado subsídio cruzado. Assim, a única contabilidade a considerar era a do prestador do serviço – empresa estadual, independentemente de quais eram os municípios atendidos. Quanto mais adesões de municípios ao Planasa, maior o sucesso do modelo.

Eram celebrados contratos ou convênios entre os municípios e as companhias estaduais, delegando a prestação dos serviços de saneamento – água e o esgoto[8]. Ocorre que, na prática, os municípios, por razões políticas, institucionais ou financeiras, pouco ou nada influenciavam na prestação dos serviços em seu próprio território e a política de saneamento era praticamente formulada pelas empresas estatais. Não houve adesão maciça ao modelo, o que comprometeu seu equilíbrio financeiro.

Essa situação vigorou até meados da década de 1990, com a edição da Lei n. 8.987, de 15 janeiro de 1995, que instituiu a possibilidade de delegação de serviços públicos ao particular, estabelecendo-se novas regras para as concessões dos serviços e a necessidade de sua regulação. Na década de 1990, a estrutura do Planasa foi praticamente abandonada, sem que se aprovasse nenhuma política para o setor, apesar de várias tentativas, até o ano de 2007, com a publicação da Lei n. 11.445.

PRINCÍPIOS APLICÁVEIS AO SANEAMENTO BÁSICO

A Lei n. 11.445/2007, segundo seu art. 1º, estabelece as diretrizes nacionais para o saneamento básico e para a política federal de saneamento básico. Trata-se de norma geral, aplicável ao território nacional. Nas palavras de Édis Milaré (2013), "a diretriz para o saneamento básico e para sua políti-

---

[8] A Lei n. 11.445/2007 estendeu a abrangência do saneamento básico para a limpeza urbana e a drenagem.

ca federal pertence, obrigatoriamente, ao referido diploma legislativo, estando toda legislação, execução e soluções de conflitos, posteriores à sua vigência, vinculadas aos seus ditames". Nesse contexto, o art. 2º da lei estabelece os princípios que regem o saneamento e que devem, portanto, nortear as ações relacionadas aos serviços.

A universalização do acesso pode ser entendida como a ampliação progressiva do acesso de todos os domicílios (Lei n. 11.445/2007, art. 3º, III) ao saneamento básico, de modo que, conforme as metas estabelecidas, a totalidade da população tenha acesso a esse serviço. A integralidade constitui o conjunto de todas as atividades e componentes de cada um dos diversos serviços de saneamento básico – abastecimento de água potável, esgotamento sanitário, limpeza urbana e manejo de resíduos sólidos e drenagem e manejo das águas pluviais urbanas –, propiciando à população o acesso, em conformidade de suas necessidades, e maximizando a eficácia das ações e resultados (Lei n. 11.445/2007, art. 2º, II).

Além disso, o abastecimento de água, esgotamento sanitário, limpeza urbana e manejo dos resíduos sólidos devem ser realizados de formas adequadas à saúde pública e à proteção do meio ambiente. O mesmo se aplica no que se refere à disponibilidade, em todas as áreas urbanas, de serviços de drenagem e de manejo das águas pluviais adequados à saúde pública e à segurança da vida e do patrimônio público e privado. Ambas as regras aplicam-se à atuação dos poderes públicos, a quem compete a titularidade dos serviços.

Ainda, considerando as dimensões do país, bem como sua diversidade geográfica, econômica e demográfica, a adoção de métodos, técnicas e processos deve considerar as peculiaridades locais e regionais. Outro ponto fundamental para a eficiência e eficácia de uma política pública consiste na integração dos planos e programas setoriais, fazendo com que os recursos financeiros e humanos sejam utilizados da forma mais otimizada possível, evitando duplicidade de despesas e de soluções para problemas correspondentes. Nesse sentido, a Lei n. 11.445/2007 determina a articulação com as políticas de desenvolvimento urbano e regional, de habitação, de combate à pobreza e de sua erradicação, de proteção ambiental, de promoção da saúde e outras de relevante interesse social voltadas para a melhoria da qualidade de vida, para as quais o saneamento básico seja fator determinante.

O princípio da eficiência[9] na prestação do serviço de saneamento básico fundamenta-se no art. 37 da Constituição Federal, que norteia a Administração Pública. A Lei n. 11.445/2007 também estabelece como princípio fundamental a sustentabilidade econômica do saneamento. Essa é uma questão bastante controvertida, uma vez que por ser um serviço essencial, o saneamento deve ter uma qualidade mínima, o que gera um custo, onerando os usuários, o que nem sempre é politicamente conveniente para os governantes. A regulação dos serviços por agências executivas, responsáveis pela revisão das tarifas, afastou a ingerência política desse tema, e finalmente o financiamento dos serviços vem sendo tratado como uma questão técnica.

Na prestação dos serviços de saneamento é necessária a utilização de tecnologias apropriadas, considerando a capacidade de pagamento dos usuários e a adoção de soluções graduais e progressivas.

A transparência das ações, baseada em sistemas de informações e processos decisórios institucionalizados, permite o acesso à informação sobre o setor de saneamento à população. Cabe salientar que o art. 53 da Lei n. 11.445/2007 instituiu o Sistema Nacional de Informações (Sinisa) com o objetivo de: I) coletar e sistematizar dados relativos às condições da prestação dos serviços; II) disponibilizar estatísticas, indicadores e outras informações relevantes para a caracterização da demanda e da oferta de serviços públicos de saneamento básico; e III) permitir e facilitar o monitoramento e a avaliação da eficiência e da eficácia da prestação dos serviços de saneamento básico.

O controle social refere-se ao conjunto de mecanismos e procedimentos que garantem à sociedade informações, representações técnicas e participações nos processos de formulação de políticas, de planejamento e de avaliação relacionados aos serviços públicos de saneamento básico (Lei n. 11.445/2007, art. 3º, IV). De maneira geral, os poderes públicos deverão criar esses mecanismos de controle social como forma de garantir à sociedade informações, representações técnicas e a participação no processo de formulação de políticas, de planejamento e de avaliação relacionados aos serviços públicos de saneamento. Esse controle poderá ser feito por meio de conselhos municipais, estaduais e federal que terão caráter consultivo, mas que poderão exercer pressão sobre assuntos ligados ao setor, como, por exemplo, a fixação das tarifas e a qualidade dos serviços.

---

[9] Introduzido pela EC nº 19/98.

Segurança, qualidade e regularidade referem-se a uma prestação confiável dos serviços de saneamento, em que o usuário não sofra por interrupções ou má qualidade. A integração das infraestruturas e serviços com a gestão eficiente dos recursos hídricos é necessária na medida em que o setor do saneamento é um usuário de recursos hídricos, tanto pelo fornecimento de água em padrões de potabilidade como pela diluição de esgotos pelos corpos hídricos.

COMPETÊNCIAS E NATUREZA JURÍDICA DO SANEAMENTO

O saneamento é serviço público, ou seja, atividade sob a responsabilidade do poder público, com a finalidade de atender a uma necessidade de interesse geral. A essencialidade consiste no traço de distinção entre o serviço público e as outras atividades econômicas. A falta do serviço, a má prestação (qualitativa), ou, ainda, a prestação insuficiente (quantitativa) podem causar danos ao patrimônio, à saúde das pessoas e ao meio ambiente. São, pois, necessários para a sobrevivência do grupo social e do próprio estado.

Esse tema é tão fundamental que a Resolução da Assembleia Geral da ONU A/64/L.63/Rev.1, de jun./2010[10] declara o direito à água potável e ao saneamento como um direito humano, essencial para a completa satisfação da vida e de todos os direitos humanos. Para tanto, conclama os estados e as organizações internacionais a proverem em particular os países em desenvolvimento de recursos financeiros, capacidade construtiva e transferência de tecnologia, por meio da assistência e cooperação internacional.

Em relação às competências referentes ao tema, o art. 21, XX, da CF/88 confere à União a competência legislativa para instituir diretrizes voltadas para o desenvolvimento urbano, incluindo habitação, saneamento básico e transporte urbano. Paralelamente, o art. 24 estabelece a competência legislativa concorrente da União, estados e Distrito Federal para legislar sobre questões relacionadas ao saneamento, como a proteção da saúde, a defesa do solo e dos recursos naturais, a proteção do meio ambiente e o controle da poluição.

---

[10] Disponível em: http://www.un.org/en/ga/search/view_doc.asp?symbol=A/RES/64/292 Acessado em: 14 nov. 2014.

O art. 23, IX, da CF/88 estabelece ser competência administrativa comum da União, dos estados e dos municípios a promoção de programas de saneamento básico. O saneamento possui uma interface marcante com a saúde, cabendo ao Sistema Único de Saúde (SUS) participar da formulação da política e da execução das ações de saneamento básico (CF/88, art. 200, IV).

A TITULARIDADE DOS SERVIÇOS

A ADI-1842-RJ

Apesar de a Lei n. 11.445/2007 dedicar todo um capítulo para tratar do *Exercício da Titularidade*, não definiu claramente o titular dos serviços. A titularidade de um serviço público refere-se à identificação da pessoa jurídica de direito público (União, Estados, Distrito Federal ou Municípios) responsável, a quem competem todas as ações inerentes ao serviço, inclusive a decisão de prestá-lo diretamente ou por terceiros delegados, ou ainda adotar soluções compartilhadas, ensejando o planejamento, a regulamentação, a prestação do serviço e sua fiscalização, com os seguintes objetivos: cidade limpa, livre de enchentes, com esgotos coletados e tratados e água fornecida a todos, nos padrões legais de potabilidade.

A titularidade do serviço público de saneamento básico, especialmente nas regiões metropolitanas, aglomerações urbanas e microrregiões, foi por muito tempo objeto de discordância entre diversos setores. Basicamente, o conflito se colocava entre os municípios, por intermédio dos Departamentos de Água e Esgotos, autarquias e companhias municipais de saneamento, e os estados, no que se refere às companhias estaduais de saneamento.

De um lado, entendia-se que cada município, independentemente de sua localização, inclusive o pertencente a regiões metropolitanas, aglomerações urbanas e microrregiões, e de haver ou não ligação do sistema com outro município, é o titular dos serviços. Do outro lado, entendia-se que o estado é o titular de todo e qualquer serviço de saneamento, cujos equipamentos não estejam inteiramente contidos nos limites geográficos de um único município (Granziera, 2014).

A polêmica acima colocada, que atrasou a definição das Diretrizes para o Saneamento Básico no Brasil, decorre de uma interpretação da Constituição Federal, que indicou expressamente quais serviços estão sob a titularidade da União e dos estados, limitando-se a dispor que a organização e a prestação dos serviços públicos de *interesse local* cabe aos municípios, diretamente ou sob o regime da concessão ou permissão (CF/88, art. 30, V). Paralelamente, a Constituição transferiu aos estados a competência para instituir regiões metropolitanas, aglomerações urbanas e microrregiões, agrupando municípios limítrofes, para integrar a organização, o planejamento e a execução de funções públicas de interesse comum (CF/88, art. 25, § 3º).

A omissão da Lei n. 11.445/2007 deveu-se ao fato de haver pendências no Judiciário sobre essa matéria. O tema já havia sido objeto de apreciação no Estado de São Paulo, quando este intentou Ação Direta de Inconstitucionalidade 1096000300 – TJ/SP contra a Lei n. 13.670/03, do Município de São Paulo, que dispunha sobre os serviços públicos de abastecimento de água e esgotamento sanitário e instituía o Sistema Municipal de Regulação dos Serviços Públicos de Abastecimento de Água e Esgotamento Sanitário e o Plano Municipal de Saneamento, prevalecendo a seguinte posição:

> Ainda que o Município de São Paulo possa legislar sobre saneamento básico, considerando que, no caso, existe um interesse regional, não desponta interesse local exclusivo do Município da Capital que justifique a edição da lei inquinada. Se são de vários municípios os interesses na existência de um sistema de saneamento básico, essencial para a saúde das populações da região metropolitana, não há que restringir-se a competência tão somente ao Município de São Paulo, para legislar sobre o tema, que se insere no contexto maior da entidade regional, coordenada pelo Estado. (TJ/SP, 2014)

Mais recentemente, e após uma tramitação extremamente lenta, foi julgada pelo STF a ADI 1842-RJ, ajuizada pelo Partido Democrático Trabalhista (PDT) para questionar normas do Estado do Rio de Janeiro que tratam da criação da região metropolitana do Rio de Janeiro e da microrregião dos Lagos, transferindo do âmbito municipal para o estadual competências administrativas e normativas próprias dos municípios, relacionadas aos serviços, entre outros, de saneamento básico – água e esgoto (Lei estadual n. 2.869/97). Além da ADI 1842, outras três Ações Diretas de Inconstitucionalidade – 1826, 1843 e 1906 – também foram analisadas em conjunto, em razão da existência de conexão e continência entre elas.

Em março de 2013, o plenário do STF julgou parcialmente procedente a ADI 1842, sem definir especificamente a titularidade do saneamento básico, mas estabelecendo duas premissas básicas:

1) A autonomia **municipal deve ser preservada** – *A Constituição Federal conferiu ênfase à autonomia municipal ao mencionar os municípios como integrantes do sistema federativo (art. 1º da CF/1988) e ao fixá-la junto com os estados e o Distrito Federal (art. 18 da CF/1988). A essência da autonomia municipal contém primordialmente (I)* **autoadministração**, *que implica capacidade decisória quanto aos interesses locais, sem delegação ou aprovação hierárquica; e (II)* **autogoverno**, *que determina a eleição do chefe do Poder Executivo e dos representantes no Legislativo[11].*

2) Nas aglomerações **urbanas, não se pode assegurar preponderância de um ente sobre outro, mas deve haver cooperação para uma gestão eficiente** – *a criação, mediante lei complementar estadual, prevista no art. 25, § 3º, da Constituição, de regiões metropolitanas, de aglomerações urbanas e de microrregiões, não pode ocorrer mediante pura e simples transferência para o Estado de competências administrativas e normativas dos municípios interessados, já que isso comprometeria seriamente o núcleo central do sistema federativo, que é a autonomia dos municípios[12]. Para o adequado atendimento do interesse comum, a integração municipal do serviço de saneamento básico pode ocorrer tanto voluntariamente, por meio de gestão associada, empregando convênios de cooperação ou consórcios públicos, consoante o arts. 3º, II, e 24 da Lei Federal 11.445/2007 e o art. 241 da Constituição Federal, como compulsoriamente, nos termos em que prevista na lei complementar estadual que institui as aglomerações urbanas[13].*

Apesar de estabelecer tais premissas, a decisão ora discutida não determina como tais aglomerados urbanos devem ser configurados. Nesse sentido, cada ministro aponta uma alternativa, sem, no entanto, haver um consenso dos votos para se proferir a decisão. Como bem resume o voto do Ministro Teori Zavascki, no ADI n. 1.842/RJ:

> como é que deve ser estruturada, como deve ser formatada juridicamente uma região metropolitana? Quanto a esse ponto, não há nenhum voto que seja semelhante, que tenha dado uma solução uniforme. Os votos divergentes não

---

[11] ADI 1842-RJ, p. 2.
[12] ADI 1842-RJ, p. 269.
[13] ADI 1842-RJ, p. 2 e 3.

DIREITO AMBIENTAL E SUSTENTABILIDADE

trazem solução uniforme quanto ao sistema de gestão dessas regiões metropolitanas e microrregiões. Há voto sustentando que deve haver a participação colegiada dos municípios envolvidos – tese do Ministro Jobim -, mas também com a participação do Estado interessado – tese do Ministro Gilmar Mendes, de Vossa Excelência, e agora do Ministro Lewandowski. O Ministro Nelson Jobim discordou, porque entende que a participação do Estado não se impõe. Há entendimento que a gestão deve ser feita por uma nova entidade público-territorial-administrativa – estou lendo o voto de Vossa Excelência – de caráter intergovernamental, que nasce em consequência da criação da região metropolitana. Isso é expressão de Vossa Excelência, que agora o Ministro Ricardo acrescenta que deve ter ainda a participação de entidades da sociedade civil.

Parece mais lógica a posição de que, em uma região metropolitana, o Estado deve exercer um papel de articulador técnico e político, organizando os serviços públicos a serem prestados pelo conjunto de municípios que compõem esse espaço. Isso não significa, todavia, que as competências municipais se transfiram automaticamente para o Estado, nessas regiões.

Uma questão fundamental se coloca nesse ponto: como fica a responsabilidade pela qualidade dos serviços, que devem corresponder às metas fixadas tanto na regulação como no planejamento? Uma vez instituída a Região Metropolitana, faz parte das funções dos poderes públicos – Estado e Municípios –, em sua totalidade, trabalhar em conjunto no que tange à implementação dos serviços, para atingir os níveis de qualidade estabelecidos. Entretanto, é essencial que as funções de cada ator sejam bem definidas para assegurar uma prestação com qualidade.

A judicialização da controvérsia acerca da titularidade dos serviços de saneamento básico talvez não tenha sido a melhor estratégia a ser adotada, pois, embora todos os posicionamentos tenham fundamento, e muitos votos tenham sido proferidos como verdadeiras obras de doutrina, é preciso verificar as formas de estabelecer, dentro das possibilidades reais de cada local, como deve ser formatado o arranjo institucional adequado. E esse papel é do gestor público não do Poder Judiciário.

Exercício da titularidade

Como se disse, a Lei n. 11.445/2007 trata do exercício da titularidade, trazendo normas voltadas para estabelecer as obrigações e responsabilidades do titular, sem, no entanto, defini-lo. A titularidade refere-se ao planejamento dos serviços, à sua regulação, à prestação propriamente dita e à fiscalização.

Apesar de cada uma dessas atividades ser distinta das demais, todas se inter-relacionam e são obrigatórias para o titular, já que a Lei n. 11.445/2007 fixa expressamente as seguintes atribuições (art. 9º): I) elaborar os planos de saneamento básico, nos termos da Lei; II) prestar diretamente ou autorizar a delegação dos serviços e definir o ente responsável pela sua regulação e fiscalização, bem como os procedimentos de sua atuação; III) adotar parâmetros para a garantia do atendimento essencial à saúde pública, inclusive quanto ao volume mínimo *per capita* de água para abastecimento público, observadas as normas nacionais relativas à potabilidade da água; IV) fixar os direitos e os deveres dos usuários; V) estabelecer mecanismos de controle social; VI) estabelecer sistema de informações sobre os serviços, articulado com o Sistema Nacional de Informações em Saneamento; VII) intervir e retomar a operação dos serviços delegados, por indicação da entidade reguladora, nos casos e condições previstos em lei e nos documentos contratuais.

PLANEJAMENTO, PRESTAÇÃO, REGULAÇÃO E FISCALIZAÇÃO DO SERVIÇO DE SANEAMENTO BÁSICO

Uma das alterações mais significativas trazidas pela Lei n. 11.445/2007 foi a separação das funções de planejamento, regulação e prestação dos serviços de saneamento básico, podendo ser desempenhadas por atores diferentes: enquanto o planejamento fica a cargo do Município e é indelegável, a prestação pode ser realizada por um ente público municipal ou uma concessionária pública ou privada. A regulação e a fiscalização cabem a uma entidade independente, com autonomia administrativa, financeira e decisória.

Planejamento

A Lei n. 11.445/2007 determina que a prestação dos serviços públicos de saneamento básico observará o plano, que poderá ser específico para cada serviço (art. 19). A elaboração do plano é condição de validade dos novos contratos (art. 11, *caput*). Além disso, a alocação de recursos públicos federais e os financiamentos com recursos da União que podem ser destinados a programas nessa área deverão ser feitos em conformidade com os planos (art. 50, *caput*).

Planejar uma atividade, além de estabelecer um diagnóstico, consiste no estudo e na fixação das diretrizes e metas que deverão orientar uma determinada ação. A prestação dos serviços deve ser planejada de acordo com as características e necessidades de cada localidade, de modo a garantir a melhoria do serviço e, consequentemente, da qualidade ambiental e da saúde pública. Nesse sentido, é essencial que o princípio da eficiência seja observado[14], de forma a direcionar o uso dos recursos públicos de maneira racional. A Lei n. 11.445/2007 menciona expressamente os princípios da eficiência e da sustentabilidade econômica como fundamentos da prestação dos serviços de saneamento básico (art. 2º, VII).

O titular dos serviços deve formular a respectiva política pública de saneamento básico e, para tanto, elaborar os planos de saneamento básico (Lei n. 11.455/07, art. 9º, I). O conteúdo mínimo estabelecido para os planos de saneamento é bastante abrangente e não se limita a um diagnóstico e ao estabelecimento de um programa para o futuro. Evidentemente, é prevista a elaboração de um diagnóstico da situação e de seus impactos nas condições de vida, utilizando sistema de indicadores sanitários, epidemiológicos, ambientais e socioeconômicos e apontando as causas das deficiências detectadas (art. 19, I). É necessário o conhecimento da situação ambiental, de saúde pública, social e econômica do Município, verificando os impactos dos serviços de saneamento nesses indicadores.

A partir daí, cabe traçar no plano os objetivos e metas de curto, médio e longo prazos para a universalização[15], admitidas soluções graduais e progressivas, observando a compatibilidade com os demais planos setoriais. O princípio da universalização dos serviços é fundamental e consiste na ampliação progressiva do acesso de todos os domicílios ocupados ao saneamento básico (Lei n. 11.445/2007, art. 3º, III), de modo que, conforme as metas estabelecidas, a totalidade da população tenha acesso ao saneamento.

Uma vez fixados os objetivos e metas para a universalização dos serviços, cabe ao plano indicar programas, projetos e ações necessárias para atin-

---

[14] Previsto na CF/88, art. 37.

[15] A universalização do acesso aos serviços de saneamento consiste em um dos pilares da política nacional de saneamento, nos termos do art. 2º, I da Lei n. 11.445/2007.

gi-los, de modo compatível com os respectivos Planos Plurianuais e com outros planos governamentais, identificando possíveis fontes de financiamento.

Os planos de saneamento básico devem estar articulados com outros estudos que abranjam a mesma região. Os serviços serão prestados com base na articulação com as políticas de desenvolvimento urbano e regional, de habitação, de combate à pobreza e de sua erradicação, de proteção ambiental, de promoção da saúde e outras de relevante interesse social voltadas para a melhoria da qualidade de vida, para as quais o saneamento básico seja fator determinante (Lei n. 11.445/2007, art. 2º, VI). Essa articulação deve ser considerada na elaboração dos planos de saneamento, com vistas a integrar as decisões sobre vários temas que, na prática, incidem sobre um mesmo território.

Embora a lei não mencione expressamente, deve haver uma correspondência necessária do plano de saneamento com o Plano Diretor, instrumento básico da política de desenvolvimento urbano, objeto do art. 182 da Constituição[16].

Ainda na linha de projetos e ações a serem propostos, a lei prevê a indicação de ações para emergências e contingências. Merece destaque o item que prevê, como conteúdo mínimo dos planos, mecanismos e procedimentos para a avaliação sistemática da eficiência e eficácia das ações programadas (Lei n. 11.445/2007, art. 19, V). Trata-se de um avanço na legislação, pois fica estabelecido, desde logo, que o conteúdo do plano deve ser cumprido, com a indicação dos respectivos mecanismos de aferição. No próprio plano, dessa forma, são impostos os resultados a ser alcançados.

Tendo em vista a necessidade de correções e atualizações a ser feitas, em decorrência tanto do desenvolvimento das cidades como das questões técnicas surgidas durante a implantação do plano, estas devem ser revistas periodicamente, em prazo não superior a quatro anos, anteriormente à elaboração do Plano Plurianual (art. 19, § 4º).

No que se refere ao controle social, a lei determina a ampla divulgação das propostas dos planos de saneamento básico e dos estudos que as fundamentem, inclusive com a realização de audiências ou consultas públicas (art. 19, § 5º).

---

[16] CF/88, art. 182: A política de desenvolvimento urbano, executada pelo Poder Público municipal, conforme diretrizes gerais fixadas em lei, tem por objetivo ordenar o pleno desenvolvimento das funções sociais da cidade e garantir o bem-estar de seus habitantes.

O plano deverá, pois, ser editado pelos titulares dos serviços. A Lei n. 11.445/2007 ainda prevê em seu art. 52 a elaboração de um Plano Nacional, bem como Planos Regionais de Saneamento Básico. O Plano Nacional de Saneamento Básico (Plansab)[17] só foi publicado em dezembro de 2013 e, até essa data, poucos municípios haviam elaborado seus planos municipais.

O Plano Nacional de Saneamento Básico (Plansab) estabeleceu as diretrizes e metas de saneamento a serem adotadas no Brasil em um período de vinte anos, prevendo que a cobertura do abastecimento de água potável atinja, em vinte anos, 99% e, no esgotamento sanitário, 92%. Para os resíduos sólidos, o Plansab prevê a universalização da coleta na área urbana e a ausência de lixões ou vazadouros a céu aberto em todo o país. Note-se que a Lei n. 12.305/2010, que instituiu a Política Nacional de Resíduos Sólidos, já fazia a previsão de extinção de lixões a céu aberto, estabelecendo como meta o ano de 2014[18]. Quanto à drenagem urbana, o entendimento exarado no Plansab é que a adoção de estratégias e ações, preferencialmente compensatórias e não estruturais, possa reduzir os problemas advindos de inundações.

Um avanço que se observa no Plansab é o fato de que esse documento considera fundamental o estabelecimento de metas para a gestão institucional, enfatizando os aspectos de planejamento, fiscalização e regulação dos serviços e a existência de instâncias de participação e controle social.

Prestação regionalizada é aquela em que um único prestador atende a dois ou mais titulares (Lei n. 11.445/2007, art. 3, VI). Segundo a Lei n. 11.445/2007, os Planos Regionais de Saneamento Básico devem ser elaborados e executados em articulação com os estados, Distrito Federal e muni-

---

[17] Disponível em: http://www.cidades.gov.br/images/stories/ArquivosSNSA/Arquivos_PDF/plansab_06-12-2013.pdf. Acessado em: 07 nov. 2014.

[18] A título de informação, tentou-se a alteração dos prazos da Política Nacional de Resíduos Sólidos (Lei federal n. 12.305/2010), por meio de emenda à Medida Provisória n. 651/2014, o que foi vetado pela Presidência da República. A Lei Federal nº 13.043/2014, que previa essa prorrogação, teve o seu art. 107 vetado. (Art. 107. Os arts. 54 e 55 da Lei nº 12.305/2010 passam a vigorar com a seguinte redação: Art. 54. A disposição final ambientalmente adequada dos rejeitos deverá ser implantada em, no máximo, 8 anos após a data de publicação desta Lei, nos termos do plano estadual de resíduos sólidos e do plano municipal de gestão integrada de resíduos sólidos. Art. 55. O disposto nos arts. 16 e 18 entra em vigor 6 anos após a data de publicação desta Lei). Razões do veto: a prorrogação de prazos, da forma como prevista, contrariaria o interesse público, por adiar a consolidação de aspecto importante da Política Nacional de Resíduos Sólidos. Além disso, a imposição de veto decorre de acordo realizado no plenário do Senado Federal com as Lideranças Parlamentares, que se comprometeram a apresentar alternativa para a solução da questão.

cípios de regiões integradas ou quando houver participação de entidade federal na prestação desse serviço. É importante salientar que, embora o município seja um ente federado autônomo, a norma condiciona o planejamento municipal, ainda que no tocante ao saneamento, ao referido plano de caráter regional, qual seja, o da bacia hidrográfica em que se localiza o município (Granziera, 2014)[19]. Essa regra é de extrema importância, pois é por meio dela que se fundamenta a necessidade de os municípios considerarem, em seu planejamento, fatores que extrapolam seu território, como é o caso da bacia hidrográfica.

O serviço regionalizado de saneamento básico poderá obedecer a plano de saneamento básico elaborado para o conjunto de municípios atendidos (Lei n. 11.445/2007, art. 17), sendo que o plano municipal de saneamento básico deverá englobar integralmente o território do município (art. 19, § 8º).

Regulação e Fiscalização

Cabe ao titular dos serviços de saneamento básico a regulação da prestação, ou seja, a elaboração de normas que disciplinem esse serviço, determinando suas características, padrões de qualidade, direitos e obrigações dos usuários e dos responsáveis por sua oferta, fixação e revisão do valor de tarifas e outros preços públicos (Decreto n. 6.017/2005, art. 2º, XI), de modo a garantir uma prestação adequada às necessidades locais. Uma vez estabelecidas tais normas, faz parte das obrigações a cargo do titular a fiscalização de seu cumprimento pelo prestador dos serviços.

Os objetivos da regulação são definidos pelo art. 22 da Lei n. 11.445/2007: I) estabelecer padrões e normas para a adequada prestação dos serviços e para a satisfação dos usuários; II) garantir o cumprimento das condições e metas estabelecidas; III) prevenir e reprimir o abuso do poder econômico, ressalvada a competência dos órgãos integrantes do sistema nacional de defesa da concorrência; IV) definir tarifas que assegurem tanto o equilíbrio econômico e financeiro dos contratos como a modicidade tarifária, mediante meca-

---

[19] Esse entendimento baseia-se no art. 19, §3º, da Lei n. 11.445/2007, que prevê que os planos de saneamento básico deverão ser compatíveis com os planos das bacias hidrográficas em que estiverem inseridos.

nismos que induzam a eficiência e eficácia dos serviços e que permitam a apropriação social dos ganhos de produtividade.

Esses objetivos dizem respeito à regulação dos serviços, na medida em que tratam da fixação de padrões e normas relativas à adequada prestação dos serviços[20]. Mas também tratam de temas correlatos ao planejamento, como a garantia do cumprimento das metas estabelecidas, que deverão ser abrangidas pelos planos municipais (Lei n. 11.445/2007, art. 19, II).

Verifica-se, assim, que o planejamento e a regulação encontram-se estreitamente relacionados. Segundo o art. 8º da Lei n. 11.445/2007, a regulação e fiscalização dos serviços de saneamento básico poderão ser delegados a terceiros. A lógica dessa possibilidade é estabelecer uma distinção entre a figura do prestador e a do regulador dos serviços, para que haja mais eficiência, transparência, liberdade e controle, embora ambas as atividades se reportem ao titular.

A regulação, portanto, não pode tratar apenas de normas operacionais (relação entre o prestador e o usuário), ou seja, sobre os pontos de entrega de água e coleta de esgoto, os hidrômetros, sobre a fatura e cobrança das tarifas etc., devendo regular também a relação entre o titular e o prestador desses serviços, uma vez que cabe às agências reguladoras garantir o cumprimento das condições e metas estabelecidas pela plano (Lei n. 11.445/2007, art. 22, II).

Além dos temas mencionados acima, a regulação também deve tratar sobre o controle econômico-financeiro dos contratos de prestação de serviços regulados, buscando-se a modicidade das tarifas, eficiência e eficácia dos serviços e ainda a apropriação social dos ganhos da produtividade.

Destaca-se a obrigação de o titular estabelecer mecanismos de controle social, ou seja, o conjunto de mecanismos e procedimentos que garantem à sociedade informações, representações técnicas e participações nos processos de formulação de políticas, de planejamento e de avaliação relacionados aos serviços públicos de saneamento básico (art. 3º, IV). Esse conjunto de ações e procedimentos necessários para garantir à sociedade informação e participação nos processos decisórios deve ser providenciado pelo titular que incorporará, na medida do possível, as informações e manifestações coletadas.

---

[20] Segundo o art. 6º, § 1º da Lei n. 9.897/95, serviço adequado é o que satisfaz às condições de regularidade, continuidade, eficiência, segurança, atualidade, generalidade, cortesia na sua prestação e modicidade das tarifas.

Na prestação regionalizada, as atividades de regulação e fiscalização poderão ser exercidas: I) por órgão ou entidade de ente da Federação a que o titular tenha delegado o exercício dessas competências por meio de convênio de cooperação entre entes da Federação, obedecido o disposto no art. 241 da Constituição Federal; e II) por consórcio público de direito público integrado pelos titulares dos serviços (art. 15). E, no exercício das atividades de planejamento dos serviços, o titular poderá receber cooperação técnica do respectivo estado e basear-se em estudos fornecidos pelos prestadores (art. 15, parágrafo único).

A entidade de regulação, na prestação regionalizada, deverá instituir regras e critérios de estruturação de sistema contábil e do respectivo plano de contas, de modo a garantir que a apropriação e a distribuição de custos dos serviços estejam em conformidade com as diretrizes estabelecidas na Lei (art. 18, parágrafo único).

O SANEAMENTO BÁSICO E A ORGANIZAÇÃO MUNDIAL DO COMÉRCIO (OMC)

O presente artigo abordou, até aqui, as principais características da Política Nacional de Saneamento Básico, instituída pela Lei n. 11.445/2007, no âmbito do direito interno. Conforme exposto, uma dessas característica é o fato de que a delegação da prestação desses serviços a empresas públicas ou privadas, controladas por capital nacional ou estrangeiro, é possível, mas está sujeita ao controle do Estado, a partir de uma regulamentação estruturada pela Lei de Saneamento e pela Lei n. 8.987/95, que dispõe sobre o regime de concessão e permissão da prestação de serviços públicos previsto no art. 175 da Constituição Federal.

Uma regulamentação interna consistente, por parte do titular, é fundamental quando se trata da delegação de serviços essenciais[21], tendo em vista a necessidade de garantir seu atendimento a todos.

Delegar a prestação de serviços públicos sem a devida regulamentação pode ser catastrófico. Experiências envolvendo a privatização dos serviços de distribuição de água e a abertura desse setor a grupos multinacionais, em Buenos Aires, na Argentina (Water & Economic Justice, 2013), e em Cocha-

---

[21] Conforme já tratado, os serviços de saneamento básico estão fortemente relacionados à saúde pública, ao meio ambiente e ao bem-estar da população.

bamba, na Bolívia (Shaffer, 2014), mostram que os poderes públicos devem estar preparados para lidar com esse modelo, na formulação de suas políticas públicas. Em ambos os casos mencionados, a estrutura regulatória não foi capaz de garantir que as empresas concessionárias buscassem a universalização e/ou não cobraram taxas abusivas, o que culminou na intervenção e retomada do serviço pelo Estado, que foi obrigado a arcar com indenizações milionárias (Economic Drivers for Water Financiatization, 2013) por quebra contratual. Tendo em vista sua relevância, essas experiências serão detalhadas a seguir.

No Brasil, há exemplos de empresas privadas prestando serviços de saneamento básico[22]. Entretanto, ao contrário de Cochabamba e Buenos Aires, a atuação dessas empresas é controlada por uma regulamentação bastante sólida, inclusive de caráter social, buscando a universalização dos serviços e a modicidade das tarifas. Nesse sentido, tais exemplos não se aplicariam à realidade nacional. Entretanto, eles podem servir de base para uma outra discussão, muito pouco difundida no Brasil: a inserção dos serviços de saneamento básico no mercado internacional de serviços, cujo controle está sujeito às regras da Organização Mundial do Comércio (OMC).

Isso porque a prestação de serviços de saneamento básico por empresas multinacionais configura-se como comércio internacional de serviços, sujeitando-se à normativa específica da OMC, sobretudo ao Acordo Geral sobre o Comércio de Serviços (Gats), resultado das negociações da Rodada Uruguai.

O Gats é considerado um dos Acordos mais importantes da OMC, tendo entrado em vigor em janeiro de 1995. Enquanto o Acordo Geral sobre Tarifas e Comércio (Gatt) delimita as regras multilaterais para o comércio de bens e mercadorias, o Gats regula o comércio multilateral de serviços. Por ser um acordo multilateral, todos os Membros da OMC (atualmente 159 países) estão automaticamente sujeitos às suas regras.

Apesar de todos os membros estarem sujeitos às regras do Gats, esse acordo somente se aplica àqueles serviços especificamente indicados pelos membros para integrar o Acordo, dependendo de seus interesses regionais. A inclusão de serviços no Gats é feita por meio de Listas de Compromisso, nas quais os membros indicam exatamente os serviços que desejam incluir

---

[22] Por exemplo, a Foz do Brasil, empresa da Odebrecht Ambiental, presta serviços de água e esgoto em mais de 160 municípios brasileiros, atuando através de parcerias com o poder público. Disponível em: http://www.foz.com.br/quem-somos/. Acessado em: 14 nov. 2014.

(*built in agenda*). Os serviços que não estiverem incluídos nessas listas não estarão, portanto, sujeitos às regras do Gats.

A rigor, o Brasil não incluiu nenhum serviço de saneamento básico no escopo do Gats e, portanto, atualmente, esse acordo não se aplica em âmbito nacional. Assim, a princípio, não teria por que falar sobre essa questão. Entretanto, há uma forte pressão política, principalmente por parte de países desenvolvidos, para que o mercado dos chamados *serviços ambientais*, dentre os quais se incluem os serviços de abastecimento de água e esgotamento sanitário, seja aberto, razão pela qual a discussão do tema se torna relevante, especialmente para cenários futuros.

O conflito: experiências na América Latina com a prestação de serviços por entidades estrangeiras

Na Argentina, a empresa pública *Obras Sanitárias de la Nación* (OSN) foi criada como forma de controlar a febre amarela e outras doenças epidêmicas da região no início do século XX. Ao longo dos anos 80, devido aos reduzidos investimentos em infraestrutura, essa empresa passou a enfrentar sérios problemas, como perdas em seu sistema em razão de redes de distribuição danificadas, gerando frequentes cortes de água. Além disso, grande parte da população de Buenos Aires não dispunha de acesso à rede de água (Economic Drivers for Water Financiatization, 2013).

Esses fatores explicitavam a necessidade de novos investimentos, o que incentivou a abertura dos serviços para a iniciativa privada. Em 1993, foi assinado um contrato de concessão de trinta anos com o consórcio Águas Argentinas, uma subsidiária da companhia francesa Suez, para prestar serviços em toda Buenos Aires e mais quatorze províncias vizinhas, comprometendo-se a investir e reduzir o valor das tarifas cobradas.

Ocorre que o contrato de concessão continha cláusula de reajuste vinculado à variação do dólar. Oito meses após o início da vigência do contrato, a Águas Argentinas solicitou autorização para reajustar as tarifas, alegando prejuízos operacionais. O referido reajuste foi concedido, exigindo-se em contrapartida que a empresa realizasse investimentos referentes à distribuição de águas para atender a situações de emergência de algumas áreas. Em 1996, porém, foi constatado que a Águas Argentinas havia investido 300 milhões de pesos a menos em expansão da rede de distribuição de água do que o previsto (Celli Junior, 2009).

Sob a administração da Águas Argentinas, as tarifas cobradas dos usuários sofreram aumentos entre 175 e 475%, em relação às tarifas cobradas pelas Obras Sanitarias de la Nación. Além disso, a qualidade da água entregue ao usuário final era comprometida pela falta de investimentos, causando o aumento de uma série de doenças (Economic Drivers for Water Financiatization, 2013).

No final dos anos 90, tendo em vista a crise econômica por que passava a Argentina, o governo editou uma lei de emergência congelando todas as tarifas de serviços públicos. A Águas Argentinas, alegando que a medida violava o contrato de concessão, submeteu a questão ao International Center for Settlement of Investment Disputes (ICSID), um tribunal de arbitragem instituído para solucionar disputas sobre investimentos, criado no âmbito do Banco Mundial.

Em março de 2006, o Presidente Nestor Kirchner editou um decreto rescindindo o contrato de concessão, sob o argumento de que a empresa não havia cumprido as obrigações contratuais de investimento em infraestrutura e melhoria da qualidade dos serviços. Nesse contexto, a empresa entrou com uma ação contra o Governo da Argentina exigindo USD 1,8 bilhão no ICSID. Em agosto de 2010, o ICSID proferiu decisão favorável à empresa.

O caso da Argentina é emblemático no sentido de exemplificar os riscos em privatizar serviços públicos sem que haja estrutura normativa que dê suporte à complexidade desse modelo. Alcázar, Abdala e Shirley (2000) argumentam que o sistema regulatório pouco estruturado do país, combinado à falta de transparência nas informações do setor e a falhas no contrato de concessão contribuíram para que a empresa agisse sem observar princípios básicos na prestação dos serviços, o que culminou com sua rescisão e enorme prejuízo para a população e o governo argentino.

Outro exemplo de privatização dos serviços de abastecimento de água, envolvendo a regulação internacional ocorreu em Cochabamba, na Bolívia. Em 1999 o governo da Bolívia firmou um contrato de concessão de serviços de saneamento básico em Cochabamba com a empresa Águas Del *Tunari*, um consórcio multinacional liderado pela International Water Ltd., por um prazo de quarenta anos. Na época, o Governo da Bolívia já havia regulamentado setores como eletricidade, telecomunicações e saneamento básico, estabelecendo uma entidade reguladora (Sirese). Tal entidade era operada pelo Governo Federal e envolveu pouca colaboração dos governos em âmbito municipal (titulares dos serviços) (Shaffer, 2002).

Considerando que a Águas del Tunari deveria recuperar seu investimento e operar com margem de lucro, o efeito imediato da concessão foi um drástico aumento das tarifas pagas pelos usuários. O reajuste máximo das tarifas, que deveria ser de 35% (e de 10% para os segmentos mais pobres da população), atingiu um aumento de 50% e, em casos extremos, de 200%, impedindo o acesso à água potável pela maior parte da população, ocorrência que resultou na eclosão de protestos violentos, obrigando o governo a rescindir contrato e retomar os serviços (Celli Junior, 2009).

Em novembro de 2001, a empresa apresentou reclamação perante o International Center for Settlement of Investments Dispute (ICSID), buscando compensação de perdas e danos pelos investimentos realizados em infraestrutura em Cochabamba.

O Gats e os serviços de água e esgoto

Os exemplos acima citados evidenciam que, para viabilizar a participação de agentes privados, inclusive estrangeiros, no setor de saneamento básico, deve haver uma estruturada regulação nacional, específica e preparada para assegurar a universalização do acesso, a equidade social, a eficiência etc. que, conforme já mencionado, são princípios norteadores do saneamento básico, nos termos da Lei n. 11.445/2007.

Duas questões devem ser aqui consideradas. I) No âmbito interno, a necessidade de uma regulação consistente, de modo a garantir o atendimento da população, com base em princípios voltados para universalização e para a modicidade das tarifas. II) No âmbito internacional, a necessidade de uma regulamentação preparada para lidar com organismos e tribunais internacionais, no caso de delegação dos serviços a empresas multinacionais.

Essa segunda questão é nevrálgica pois, a partir do momento em que empresas multinacionais passam a prestar serviços de saneamento, consequentemente, esses serviços, objeto de uma política pública nacional, passam a se sujeitar também à normativa específica da OMC, inclusive o Gats, se o país tiver incluído esses serviços em seu escopo.

Conforme mencionado, o Brasil não possui nenhum compromisso com serviços de saneamento básico no âmbito do Gats. Entretanto, a seguir, esse acordo será detalhado, como forma de analisar as políticas públicas brasileiras diante desse possível cenário futuro.

O setor de serviços é de fundamental importância para o comércio internacional, representando, inclusive, mais de 60% do PIB no Brasil na década de 1990, de acordo com o secretariado da OMC. Tendo em vista a importância desse setor, o Gats busca facilitar o comércio de serviços entre os países membros da OMC. Trata-se de um acordo em constante processo de negociação, sobretudo em vista de seu compromisso de liberalização (Celli Junior, 2009), ou seja, a eliminação de barreiras comerciais para a prestação dos serviços por um outro país membro da OMC. Para estabelecer um mercado internacional mais aberto e mais competitivo para o setor de serviços, pode ser necessária a remoção de barreiras e obstáculos ao acesso ao mercado, bem como um regime de livre concorrência.

Na prática, isso poderia levar até mesmo a alterações ou substituições de um sistema normativo, com um novo conjunto de regras (Celli Junior, 2009). Essa liberalização também está expressa na Parte IV do Gats, que delimita que os membros devem realizar sucessivas rodadas de negociação de forma a aumentar progressivamente a liberalização no comércio de serviços. A ideia é reduzir ou eliminar os efeitos adversos de certas medidas no comércio de serviços, para permitir um efetivo acesso ao mercado, com uma base mutuamente vantajosa e assegurando um equilíbrio geral de direitos e obrigações (Gats, 2014, art. XIX).

Importante salientar que o Gats aplica-se tanto a serviços regulados somente pelas leis de mercado (serviços de audiovisual, por exemplo) como a serviços públicos essenciais, como os de saneamento básico. O cenário atual indica, no entanto, que os países-membros, especialmente os países em desenvolvimento, têm sido relutantes em incluir serviços públicos no Gats.

Nesse contexto, e como forma de acelerar o processo, a Comunidade Europeia apresentou proposta, nos anos 2000, de classificação de diversos *serviços ambientais* para serem incluídos nas Listas de Compromissos dos países membros, entre eles a distribuição de água e o esgotamento sanitário[23]. Essas propostas produziram diferentes reações no âmbito da OMC: enquanto alguns entenderam que essa seria uma oportunidade para os países em desenvolvimento terem acesso a novas tecnologias, outros entenderam que tal inclusão poderia fragilizar as normas nacionais relativas ao controle desses serviços essenciais.

---

[23] S/CSS/W/38. COMMUNICATION FROM THE EUROPEAN COMMUNITIES AND THEIR MEMBER STATES1/2. GATS 2000: Environmental Services. Disponível em: http://i-tip.wto.org/services/SearchResultGats.aspx. Acessado em: 14 nov. 2014.

A base dos argumentos contrários é que a liberalização pode limitar a autonomia legislativa ou de regulação interna de um país-membro, no caso das obrigações do Gats requererem a abolição ou alteração de certas regras e normas para a sua aplicação, em vista do nível de liberalização mais alto das negociações multilaterais do comércio de serviços, em comparação às políticas nacionais (Celli Junior, 2009). Essa relação entre a liberalização do comércio de serviços e a regulação nacional é provavelmente a questão mais importante que permeia as negociações do comércio de serviços (Krajewski, 2003).

É imperativo destacar o reconhecimento no próprio preâmbulo do Gats sobre o direito dos países membros regularem e implementarem novas regulações sobre a prestação de serviços dentro do seu território, de forma a atingir os seus objetivos políticos nacionais, sobretudo em vista das particularidades e necessidades específicas dos países em desenvolvimento para exercer esse direito. Entretanto, na prática, a regulação nacional estaria sujeita à jurisdição da OMC em uma eventual disputa.

Apesar de o Brasil não ter incluído em sua Lista de Compromissos[24] nenhum compromisso de liberalização referente a *serviços ambientais*, diante do constante processo de negociação e de verdadeira pressão política no âmbito da OMC para que os países membros venham a liberalizar os seus serviços, não se pode deixar de lado a possibilidade de que serviços como abastecimento de água e esgotamento sanitário venham a ser incluídos na agenda e possivelmente liberalizados.

O Gats como mais um elemento a ser considerado no futuro das políticas públicas

Como verificado, a regulação nacional brasileira em serviços de saneamento como abastecimento de água e esgotamento sanitário é detalhada em termos de garantir acesso universal, apesar dos aspectos comerciais que circundam esses serviços, no que se refere à sustentabilidade econômico-financeira preconizada pela Lei de Saneamento. Além disso, há regras específicas sobre a delegação desses serviços a terceiros, incluindo a necessidade de contrato, com a possibilidade de o titular intervir e retomar as operações, nos

---

[24] Disponível em: http://i-tip.wto.org/services/SearchResultGats.aspx. Acessado em: 14 nov. 2014.

casos em que o prestador de serviços não cumprir as obrigações (seja no sentido de garantir a universalização do serviço, seja na cobrança de tarifas abusivas aos usuários).

Por fim, depreende-se que, a despeito de o Brasil não ter incluído a categoria *serviços ambientais* em sua Lista de Compromisso do Gats, há pressão política para que os membros o façam, a exemplo da proposta da Comunidade Europeia e da própria Declaração de Doha. Assim, dados os inevitáveis aspectos comerciais desses serviços, bem como a possibilidade de eles virem a ser prestados por empresas estrangeiras, a aplicação do Gats sobre esses serviços é praticamente certa. Portanto, é necessário haver coerência e harmonização das políticas nacionais com as normas do Gats e os potenciais compromissos que venham a ser assumidos pelo Governo Brasileiro.

CONSIDERAÇÕES FINAIS

As Diretrizes Nacionais para o Saneamento Básico, introduzidas no país pela Lei n. 11.445/2007, constituem o marco legal do saneamento no Brasil. Essa norma é dotada da estrutura necessária para que, finalmente, os poderes públicos municipais possam avançar no equacionamento de problemas antigos, como a poluição das águas pela falta de tratamento dos esgotos domésticos e pelas falhas na prestação dos serviços de limpeza urbana; a contaminação do solo, pela disposição incorreta dos resíduos sólidos; os eventos indesejáveis causados pelas inundações, pela falta de drenagem adequada. Sem mencionar os graves problemas sociais relacionados aos catadores de lixo, quando inexistir aterro sanitário.

Nesse sentido, cabe destacar os planos de saneamento básico como instrumentos estratégicos para promover essa mudança de paradigma, pois a lei determina que o acesso aos recursos públicos federais e aos financiamentos com recursos da União ocorrerá em conformidade com esses planos. A partir da aprovação de um plano de saneamento básico, os municípios passam a ter a ideia concreta do conjunto de ações a ser desenvolvidas e implementadas em curto, médio e longo prazos, os projetos necessários para essa implementação e os respectivos custos.

Em um primeiro momento, a elaboração deve ser acompanhada pela população em oficinas específicas, em que os responsáveis esclarecerão os passos a serem dados e poderão, também, tomar conhecimento de fatos relativos ao saneamento básico, por intermédio das pessoas que habitam a localidade. Essa participação inicial confere maior legitimidade ao plano. Em um segundo momento, caberá o controle social na implementação do plano, em que invariavelmente deverão ser priorizadas algumas ações em detrimento de outras, a ser executadas posteriormente. A participação, dessa forma, é imprescindível nas ações de saneamento básico, já que se trata de matéria estreitamente ligada ao cotidiano das pessoas.

O município, de acordo com o acórdão do STF proferido na ADI 1842, caracteriza-se como o titular dos serviços de saneamento básico sendo que em regiões metropolitanas devem-se buscar soluções coordenadas, com a presença do Estado, quando for o caso. Além disso, a União e os Estados priorizam o financiamento para projetos de iniciativa consorciada ou compartilhada entre municípios. Nesse sentido, o Plano Nacional de Saneamento Básico (Plansab) estabelece, como critérios de seleção e hierarquização das demandas, *os programas e projetos apresentados por consórcio público, por esquema de parcerias entre entes federados ou outros arranjos institucionais que demonstrem ganhos de escala na gestão e/ou na prestação do serviço.*

Um ponto importante a mencionar refere-se à regulação dos serviços, destacando-se os seguintes objetivos: I) o estabelecimento de padrões e normas sobre a prestação dos serviços; II) a garantia do cumprimento das metas fixadas; III) fixação de tarifas mediante mecanismos que induzam a eficiência e eficácia dos serviços e que permitam a apropriação social dos ganhos de produtividade.

A lei estabeleceu ainda, de forma clara e objetiva, mecanismos de financiamento para a prestação dos serviços, como forma de garantir a eficiência e a necessária melhoria na qualidade ambiental e da saúde pública.

A possibilidade de delegar a regulação e a fiscalização dos serviços de saneamento básico a terceiros objetiva estabelecer uma distinção entre a figura do prestador e a do regulador dos serviços, para que haja mais eficiência e transparência, embora ambas as atividades se reportem ao titular.

Estabelecido o marco regulatório, é necessário transformar a letra da lei em fato social, garantindo a toda a população o acesso aos serviços de saneamento básico. Esse é um grande desafio, pois certamente vai obrigar os executivos municipais a se debruçar sobre o tema e implementar, junto com a população, as melhores soluções para o meio ambiente urbano.

Resta ainda lembrar da questão relativa à OMC, em que é necessário ficar atento às movimentações diplomáticas, para evitar que os poderes concedentes venham a perder uma parte de suas competências em função de acordos internacionais que não são favoráveis ao país.

REFERÊNCIAS

ALCÁZAR, L.; ABDALA, M.A.; SHIRLEY, M.M. *The Buenos Aires Water Concession. Policy Research Working Paper 2311.* Washington, D.C.: The World Bank, 2000.

ALVES, A.C. *Saneamento básico. Concessões, permissões e convênios públicos.* São Paulo: Edipro, 1998.

ANTUNES, P.B. *Direito ambiental.* 15.ed. São Paulo: Atlas, 2013.

BUCCI, M.P.D. *Direito administrativo e políticas públicas.* São Paulo: Saraiva, 2002.

CARVALHO, V.M. *O direito do saneamento básico.* São Paulo: Quartier Latin, 2010.

CELLI JUNIOR, U. *Comércio de serviços na OMC: liberalização, condições e desafios.* Curitiba: Juruá, 2009.

_____. *Os acordos de serviços (Gats) e de investimentos (Trim) na OMC: espaço para políticas de desenvolvimento.* Disponível em: http://www.usp.br/prolam/downloads/gats.pdf. Acessado em: 14 nov. 2014.

ECONOMIC DRIVERS FOR WATER FINANCIALIZATION. Friends of the Earth International. Novembro 2013, p. 41. Disponível em: http://www.foei.org/en/resources/publications/pdfs/2013/Economic%20drivers%20of%20water%20financialization.pdf/view. Acessado em: 14 nov.2014

FORNARI NETO, E. *Dicionário prático de ecologia.* São Paulo: Aquariana, 2001.

[GATS] Facts and fictions. Disponível em: http://www.wto.org/english/tratop_e/serv_e/gats_factfiction1_e.htm. Acessado em: 14 nov. 2014.

GERENT, J. REI, F. Organização Mundial do Comércio e as questões ambientais. In: FIGUEIREDO, G.J.P.; RODRIGUES, M.A. *Revista de Direitos Difusos,* ano 12, v. 57-8, p. 185-213, 2012.

GRANZIERA, M.L.M. *Direito ambiental.* 3.ed. São Paulo: Atlas, 2014.

[IBGE] INSTITUTO BRASILEIRO DE GEOGRAFIA E ESTATÍSTICA. Disponível em: http://www.ibge.gov.br/home/estatistica/populacao/condicaodevida/pnsb2008/defaulttabzip_gest_mun_sb.shtm Acessado em: 14 nov. 2014a.

_____. Disponível em: http://seriesestatisticas.ibge.gov.br/lista_tema.aspx?op= 2&no=7. Acessado em: 14 nov. 2014.

MACHADO, P.A.L. *Direito ambiental brasileiro.* 18.ed. São Paulo: Malheiros, 2010.

MILARÉ, E. *Direito do ambiente.* 8.ed. São Paulo: Revista dos Tribunais, 2013.

PHILIPPI JUNIOR, A.; GALVÃO JUNIOR, A.C. *Gestão do saneamento básico – abastecimento de água e esgotamento sanitário.* Barueri: Manole, 2012.

PUPO, R.L. Acordo Geral sobre o Comércio de Serviços – Gats. In: CELLI JUNIOR, U. *Comércio de serviços na OMC.* Curitiba: Juruá, 2010.

SHAFFER, G. *Transnational Legal Process and State Change: Opportunities and Constraints*. University of Minnesota Law School. Disponível em: http://papers.ssrn.com/sol3/papers.cfm?abstract_id=1928720. Acessado em 14 nov. 2014.

_____. *Transnational Legal Ordering and State Change*. Cambridge Studies in Law and Society, 2002.

THORSTENSEN, V.; OLIVEIRA, L.M. *Releitura dos Acordos da OMC como interpretados pelo órgão de apelação: efeitos na aplicação das regras do comércio internacional*. Escola de Economia de São Paulo da FGV. Disponível em: http://ccgi.fgv.br/sites/ccgi.fgv.br/files/file/Publicacoes/00%20Capa%20e%20Introducao%20-%20Projeto%20Releitura.pdf. Acessado em: 14 nov. 2014.

TJ/SP. ADI 1096000300. Rel. Des. Walter de Almeida Guilherme. Disponível em: http://esaj.tjsp.jus.br/cjsg/getArquivo.do?cdAcordao=1501449. Acessado em 14 nov. 2014.

TÜRK, E., KRAJEWSKI, M. *The right to water and trade in services: assessing the impact of Gats negotiations on water regulation*. Disponível em: http://www.ciel.org/Publications/GATS_WaterHR_28Oct03.pdf. Acessado em: 14 nov. 2014

WATER & ECONOMIC JUSTICE. *Economic Drivers of Water Financialization*. Penguin, Friends of the Earth International, nov. 2013.

Direito Ambiental e Energia | 16

Fabricio Dorado Soler
Ordem dos Advogados do Brasil, São Paulo

INTRODUÇÃO

Este capítulo tem por finalidade apresentar de forma objetiva uma síntese das principais matérias, tópicos e/ou temas que perpassam os procedimentos de licenciamento ambiental de empreendimentos do setor elétrico, notadamente de aproveitamentos hidroelétricos. Para tanto, far-se-á alusão a termo de referência emitido pelo Instituto Brasileiro do Meio Ambiente e dos Recursos Naturais Renováveis (Ibama) para elaboração de Estudo de Impacto Ambiental (EIA) e de respectivo Relatório de Impacto Ambiental (Rima), que, em geral, requerem a apresentação de coletânea dos instrumentos legais e normativos aplicáveis a essa tipologia de empreendimento (usina hidrelétrica), em âmbitos federal, estadual e municipal, bem como a correspondente análise das implicações jurídico-ambientais.

PLANEJAMENTO DO SETOR ELÉTRICO

O Governo Federal brasileiro, por intermédio do Ministério de Minas e Energia (MME), órgão responsável pela concepção e implementação de políticas para o setor energético, em consonância com as diretrizes do Conselho Nacional de Políticas Energéticas (CNPE), realiza o planejamento do setor, com visão de longo prazo, ao priorizar a realização de estudos do setor elétrico, com destaque para o Plano Nacional de Energia 2030 (PNE-2030) e o Plano Decenal de Expansão de Energia Elétrica (PDE).

A Política Energética Nacional, cuja responsabilidade de implementação é atribuída ao MME, encontra-se regulamentada pela Lei federal n. 9.478/97[1], cujos objetivos englobam, dentre outros, a preservação do interesse nacional; a promoção do desenvolvimento, da ampliação do mercado de trabalho e da valorização dos recursos energéticos; proteção do meio ambiente e conservação de energia; e identificação das soluções mais adequadas para o suprimento de energia elétrica nas diversas regiões do país.

Em consonância com a Política Energética Nacional e os contornos técnicos do planejamento do setor elétrico brasileiro, o PNE-2030 e o PDE-2021[2] orientam ações e decisões relacionadas ao equacionamento do equilíbrio entre as projeções de crescimento econômico e a expansão da hidroeletricidade em bases técnica, econômica e ambientalmente sustentáveis.

O PNE-2030 é instrumento fundamental para o planejamento de longo prazo do setor elétrico brasileiro, orientando tendências estratégicas e balizando as alternativas de expansão do sistema para as próximas décadas. Esse Plano considera a energia hidráulica muito importante para o atendimento da demanda energética do país, estimando o potencial de geração hídrica em 260 mil MW. Já o PDE é relevante por orientar as decisões relacionadas ao equilíbrio e ao crescimento econômico do país, incorporando uma visão integrada do aumento da demanda e da oferta de recursos energéticos no período decenal, definindo um cenário de referência, com o intuito de sinalizar e orientar as decisões dos agentes no mercado de energia, para

---

[1] Posteriormente alterada pela Lei federal n. 9.986/2000, Lei federal n. 9.990/2000, Lei federal n. 10.202/2001, Lei federal n. 10.261/2001, Lei federal n. 10.453/2002, Lei federal n. 10.848/2004, Lei federal n. 10.871/2004, Lei federal n. 11.097/2005, Lei federal n. 11.540/2007, Lei federal n. 11.909/2009, Lei federal n. 11.921/2009, Lei federal n. 12.114/2009, Lei federal n. 12.351/2010 e Lei federal n. 12.490/2011.

[2] Empresa de Pesquisa Energética – EPE, Ministério de Minas e Energia – MME. Disponível em: http://www.epe.gov.br/PDEE/20130326_1.pdf. Acessado em: 03 jul. 2015.

assegurar o incremento equilibrado da oferta energética, com sustentabilidade técnica, econômica e ambiental.

PROGRAMA DE ACELERAÇÃO DO CRESCIMENTO (PAC)

O PAC é um programa de desenvolvimento do Governo Federal brasileiro elaborado para promover a aceleração do crescimento econômico, o aumento do emprego e a melhoria das condições de vida da população brasileira. O programa consiste em um conjunto de medidas destinadas a incentivar o investimento privado, aumentar o investimento público em infraestrutura e remover obstáculos (burocráticos, administrativos, normativos, jurídicos e legislativos) ao crescimento do país. Esse programa depende da participação do Poder Executivo, do Poder Legislativo, dos trabalhadores e dos empresários.

O PAC foi instituído pelo Decreto federal n. 6.025/2007[3], o qual prevê, em seu art. 1º, que é programa constituído de medidas de estímulo ao investimento privado, à ampliação dos investimentos públicos em infraestrutura e voltadas à melhoria da qualidade do gasto público e ao controle da expansão dos gastos correntes no âmbito da Administração Pública Federal.

A segunda versão do programa, denominada PAC2, prevê investimentos necessários em energia no Brasil para impulsionar e sustentar o crescimento do país, com o intuito de manter a matriz energética limpa e renovável, explorando fundamentalmente o potencial hídrico brasileiro[4].

Avaliação Ambiental Integrada (AAI)

De acordo com a Empresa de Pesquisa Energética, a Avaliação Ambiental Integrada (AAI) de aproveitamentos hidrelétricos situados em bacias hidrográficas tem como objetivo avaliar a situação ambiental da bacia com esses empreendimentos implantados e os potenciais barramentos, conside-

---

[3] Posteriormente alterado pelos Decretos federais n. 6.394/2008, n. 6.459/2008, n. 7.462/2011 e n. 7.470/2011.

[4] Informação obtida no PAC 2. 1º Balanço Eixo Energia. Disponível em: http://www.pac.gov.br/pub/up/pac/11/PAC11_Energia.pdf . Acessado em 03 jul. 2015.

rando seus efeitos cumulativos e sinérgicos sobre os recursos naturais e as populações humanas, e os usos atuais e potenciais dos recursos hídricos no horizonte presente e futuro de planejamento[5].

Insta ressaltar que os objetivos específicos das AAI implicam: avaliar a situação ambiental das bacias; desenvolver quadro de sustentabilidade, tendo como foco os recursos hídricos e a sua utilização para a geração de energia; delimitar as áreas de fragilidades e de restrições ambientais; indicar conflitos frente aos diferentes usos do solo e dos recursos hídricos das bacias, proporcionando uma visão abrangente das situações ambientais decorrentes da implantação dos empreendimentos hidrelétricos e das potencialidades advindas desses aproveitamentos; propor diretrizes ambientais para os projetos de geração de energia elétrica, visando a alcançar o desenvolvimento sustentável das bacias de forma a promover a melhor conservação de seus recursos naturais; subsidiar estudos ambientais nas bacias hidrográficas; estabelecer diretrizes para reduzir riscos e incertezas para o desenvolvimento socioambiental e para o aproveitamento energético das bacias.

Apesar de elogiáveis objetivos, a AAI não dispõe de instrumento legal que a regulamente, não havendo, por consequência, obrigatoriedade de sua elaboração prévia ou mesmo posterior ao licenciamento ambiental de qualquer usina hidrelétrica[6].

---

[5] Definição da EPE, disponível em: http://www.epe.gov.br/MeioAmbiente/Paginas/AAI/MeioAmbiente_13.aspx?CategoriaID=101. Acessado em: 03 jul. 2015.

[6] Apesar das definições doutrinárias da AAI, nem ela nem a AAE (Avaliação Ambiental Estratégica) dispõem de legislação federal instituindo tais instrumentos como obrigatórios para os processos de licenciamento ambiental. A Lei federal n. 6.938/81 e as Resoluções Conama n. 01/86 e n. 237/97 não apresentam a AAI, tampouco a AAE, como etapa, fase, parte do procedimento administrativo de licenciamento. Além da não obrigatoriedade, inexiste ainda regulamento que estabeleça quais seriam os critérios necessários para tais avaliações, impossibilitando, desta forma, a sua execução. Conclui-se que todos os aspectos relevantes à AAI e à AAE foram, por ora, normatizados. Tanto é que se faz menção ao Projeto de Lei n. 4.996/2013, que altera a Lei n. 6.938/81, tornando a Avaliação Ambiental Estratégica (AAE) um dos instrumentos da Política Nacional de Meio Ambiente. O referido projeto da AAE foi apensado ao PL 261/2011. Conforme último andamento em 28/05/2015, no âmbito da Comissão de Constituição e Justiça e de Cidadania (CCJC), o projeto dispõe de Parecer do Relator, Dep. José Fogaça (PMDB-RS), pela constitucionalidade, juridicidade e técnica legislativa e, no mérito, pela aprovação deste (261/2011) e pela rejeição do PL 4996/2013, apensado.

LICENCIAMENTO AMBIENTAL

A Constituição Federal de 1988 assegura a todos o direito ao meio ambiente ecologicamente equilibrado, cabendo ao poder público e à coletividade o dever de defendê-lo e preservá-lo para as presentes e futuras gerações (art. 225, *caput*). Para tanto, o poder público poderá utilizar-se de estudo prévio de impacto ambiental, ao que deverá ser dada publicidade, para instalação de obras ou atividades potencialmente causadoras de significativa degradação ambiental, nos termos do art. 225, §1º, IV da Constituição Federal.

Com efeito, a Política Nacional do Meio Ambiente (PNMA), instituída pela Lei federal n. 6.938/81, objetiva a preservação, melhoria e recuperação da qualidade ambiental, visando a assegurar condições ao desenvolvimento socioeconômico do Brasil, aos interesses de segurança nacional e à proteção da dignidade da vida humana (art. 2º, *caput*, da Lei federal n. 6.938/81). A implementação da PNMA ocorre por meio de instrumentos, dentre os quais merecem destaque o licenciamento ambiental e a avaliação de impactos ambientais (art. 9º da mesma lei).

A construção, instalação, ampliação e o funcionamento de estabelecimentos e atividades utilizadoras de recursos ambientais, efetiva e potencialmente poluidores ou capazes, sob qualquer forma, de causar degradação ambiental, dependerá de prévio licenciamento ambiental (art. 10, *caput*, da Lei federal n. 6.938/81, conforme redação alterada pela Lei Complementar n. 140/2011).

Nesse sentido, a Lei Complementar n. 140/2011 fixa normas para a cooperação entre a União, os Estados e os Municípios nas ações administrativas decorrentes do exercício da competência comum relativas à proteção das paisagens naturais notáveis, à proteção do meio ambiente, ao combate à poluição em qualquer de suas formas e à preservação das florestas, da fauna e da flora, prevendo, por sua vez, que é ação administrativa da União, por intermédio do Ibama[7], promover o licenciamento ambiental de aproveitamentos hidrelétricos de significativo impacto.

---

[7] Insta ressaltar que o art. 13 da Lei Complementar n. 140/2011 estabelece que os empreendimentos serão licenciados ou autorizados, ambientalmente, por um único ente federativo, cabendo aos demais entes federativos interessados se manifestar de maneira não vinculante, respeitados os prazos e procedimentos do licenciamento ambiental.

Estudo de Impacto Ambiental (EIA) e Relatório de Impacto Ambiental (Rima)

A Resolução Conama n. 01/86, que dispõe sobre os critérios básicos e as diretrizes gerais para o Estudo de Impacto Ambiental (EIA), e o Relatório de Impacto Ambiental (Rima), determinam que dependerá da elaboração de EIA/Rima, a ser submetido à aprovação do órgão competente, o licenciamento de atividades modificadoras do meio ambiente, como:

> VII – Obras hidráulicas para exploração de recursos hídricos, tais como: barragem para fins hidrelétricos, acima de 10MW, de saneamento ou de irrigação, abertura de canais para navegação, drenagem e irrigação, retificação de cursos d'água, abertura de barras e embocaduras, transposição de bacias, diques; [...] Xl – Usinas de geração de eletricidade, qualquer que seja a fonte de energia primária, acima de 10MW.

O EIA deverá obedecer às diretrizes gerais, como contemplar as alternativas tecnológicas e locacionais; avaliar os impactos ambientais da instalação e desenvolvimento da atividade; definir as áreas diretamente e indiretamente afetadas pelos impactos ocasionados pela atividade; e considerar a compatibilidade do projeto com os planos e programas governamentais. O Rima, por sua vez, deverá refletir as conclusões do EIA de forma objetiva e acessível, inclusive por meio de mapas, cartas, quadros, gráficos e demais técnicas de comunicação visual, proporcionando o entendimento das vantagens e desvantagens do aproveitamento hidrelétrico.

Das Etapas do Procedimento de Licenciamento

Diante da necessidade de regras gerais para o licenciamento ambiental de obras de grande porte, especialmente aquelas nas quais a União tem interesse relevante, como a geração de energia elétrica, o Conama editou a Resolução n. 06/87. Outros aspectos relacionados ao procedimento de licenciamento ambiental estão regulamentados pela Resolução Conama n. 237/97 e pela prevalente Lei Complementar n. 140/2011.

Com o intuito de organizar os procedimentos de licenciamento ambiental federal e garantir maior qualidade, agilidade e transparência, foi editada a Instrução Normativa Ibama n. 184/2008, que prevê as seguintes etapas: (I) instauração do processo; (II) licenciamento prévio; (III) licenciamento de instalação; e (IV) licenciamento de operação (art. 2º).

Complementarmente, vale observar a Portaria Interministerial n. 419/2011, que regulamenta a atuação da Fundação Nacional do Índio (Funai), da Fundação Cultural Palmares (FCP), do Instituto do Patrimônio Histórico e Artístico Nacional (Iphan) e do Ministério da Saúde, incumbidos da elaboração de parecer em processo de licenciamento ambiental de competência federal, a cargo do Ibama.

Tendo em vista que esta obra coletiva compreende capítulos específicos destinados ao licenciamento ambiental, limitar-se-á a observar que o empreendedor deverá elaborar os seguintes documentos para subsidiar a emissão da licença de operação (LO): Relatório Final da Implantação dos Programas Ambientais; Relatório Final das Atividades de Supressão de Vegetação; e Plano Ambiental de Conservação e Uso do Entorno do Reservatório (Pacuera).

Audiência Pública e Participação Popular

A Constituição Federal Brasileira de 1988 dispõe, no art. 225, , § 1º, IV, que para assegurar o direito ao meio ambiente ecologicamente equilibrado o poder público está incumbido de exigir estudo de impacto ambiental para instalação de obra potencialmente causadora de degradação do meio ambiente, ao qual se dará publicidade.

Nesse sentido, a Resolução Conama n. 01/86, a qual trata de critérios básicos e diretrizes gerais para EIA/Rima, dispõe que o Relatório de Impacto Ambiental deverá ser acessível ao público, bem como que o Ibama deverá promover a realização de audiência pública para informar a população acerca do projeto, seus impactos ambientais, e discutir o Rima. A audiência encontra-se disciplinada na Resolução Conama n. 09/87 e "tem por finalidade expor aos interessados o conteúdo do produto em análise e do seu referido Rima, dirimindo dúvidas e recolhendo dos presentes as críticas e sugestões a respeito" (art. 1º).

RECURSOS MINERAIS

Nos termos do art. 176 da Constituição Federal, as jazidas, em lavra ou não, e demais recursos minerais constituem propriedade distinta do solo, para efeito de exploração do aproveitamento, e pertencem à União, garantindo-se ao concessionário a propriedade do direito de lavra.

Compete ao Departamento Nacional de Produção Mineral (DNPM), autarquia federal vinculada ao MME, promover o planejamento e o fomento da exploração mineral e do aproveitamento dos recursos minerais, bem como assegurar, controlar e fiscalizar o exercício das atividades de mineração em todo o país, nos termos do Decreto-lei n. 227/1967 (Código de Mineração). Em síntese, o aproveitamento das jazidas depende de Alvará de Pesquisa emitido pelo DNPM e de Portaria de Lavra outorgada pelo MME.

Cumpre ressaltar que, de acordo com o art. 42 do Código de Mineração, a autorização de lavra deverá ser recusada se esta for considerada prejudicial ao bem público ou comprometer interesses que superem a utilidade da exploração industrial, posto que, da mesma forma que o Estado constituiu o particular no direito de lavrar sua jazida, ele pode o desconstituir.

Contudo, nas hipóteses de conflito entre as atividades de exploração de recursos minerais e de geração de energia elétrica, exigir-se-á o atendimento, no caso concreto, de dois requisitos cumulativos e sucessivos, quais sejam: (a) a incompatibilidade entre as atividades; e (b) superação da utilidade do aproveitamento mineral na área pelo interesse envolvido no projeto energético. Apesar de não constar expressamente a necessidade de provar a incompatibilidade entre as atividades minerária e energética, esta é relevante, uma vez que somente haverá conflito entre tais se a coexistência de ambas for efetivamente inviável. Caso contrário, o interesse público impõe a manutenção das duas atividades, ou seja, o desenvolvimento de ambos os setores de forma sustentada.

MUDANÇAS CLIMÁTICAS

A Convenção-Quadro das Nações Unidas sobre Mudança do Clima tem por objetivo final alcançar a estabilização das concentrações de gases de efeito estufa na atmosfera em nível que impeça uma interferência perigosa causada pelas atividades humanas no sistema climático.

Para tanto, o Brasil aprovou seu Plano Nacional de Mudança do Clima, que prevê, como uma das estratégias para a redução das emissões de gases de efeito estufa no setor de energia, o aumento da participação das fontes renováveis e energias limpas, como é o caso de aproveitamentos hidrelétricos.

Por meio da Lei federal n. 12.187/2009 institui-se a Política Nacional de Mudança do Clima (PNMC), estabelecendo que o país deverá adotar como compromisso nacional voluntário ações de mitigação das emissões de gases de efeito estufa, com o objetivo de reduzir entre 36,1% e 38,9% suas emissões projetadas, até 2020 (art. 12, *caput*).

Outrossim, o Ibama editou a Instrução Normativa n. 12/2010, prevendo que o instituto deverá avaliar, no processo de licenciamento de atividades capazes de emitir gases de efeito estufa, as medidas propostas com o objetivo de mitigar eventuais impactos.

RECURSOS HÍDRICOS

A Constituição Federal determina, no art. 20, III e VIII, que são bens da União os rios e quaisquer correntes de água em terrenos de seu domínio, ou que banhem mais de um Estado, bem como os potenciais de energia hidráulica. Entre os bens do Estado, destacam-se as águas superficiais ou subterrâneas, fluentes, emergentes e em depósito, ressalvadas, neste caso, as decorrentes de obras da União (art. 26, I, CF).

Compete à União, segundo o art. 21, XII, *b*, da Constituição, explorar diretamente ou mediante autorização, concessão ou permissão os serviços e instalações de energia elétrica e o aproveitamento energético dos cursos de água, em articulação com os Estados onde se situam os potenciais hidroenergéticos.

O Código de Águas, instituído pelo Decreto federal n. 24.643/34, determina que o aproveitamento das quedas de água e de outras fontes de energia hidráulica, quer de domínio público, quer de domínio particular, deverá ocorrer pelo regime de autorizações e concessões (art. 139).

A Lei federal n. 9.433/97 instituiu a Política Nacional de Recursos Hídricos (PNRH), importante marco na gestão dos recursos hídricos no Brasil, e estabeleceu os seguintes instrumentos para sua implementação: os Planos de Recursos Hídricos; o enquadramento dos corpos de água em classes; a outorga dos direitos de uso de recursos hídricos; a cobrança pelo uso de recursos hídricos; a compensação a Municípios; e o Sistema de Informações sobre Recursos Hídricos.

Com efeito, o Conselho Nacional de Recursos Hídricos (CNRH), por meio da Resolução n. 32/2003, instituiu a Divisão Hidrográfica Nacional com a finalidade de orientar, fundamentar e implantar o Plano Nacional de Recursos Hídricos. A Resolução CNRH n. 109/2010, por sua vez, define as Unidades de Gestão de Recursos Hídricos (UGRHs) de Bacias Hidrográficas de rios de domínio da União, visando orientar a priorização na implantação de comitês de bacia e a implementação dos instrumentos da PNRH.

Outrossim, a Agência Nacional de Águas (ANA), criada pela Lei federal n. 9.984/2000, é autarquia vinculada ao Ministério do Meio Ambiente (MMA), com a finalidade de implementar, em sua esfera de atribuições, a PNRH. Para licitar a concessão ou autorizar o uso de potencial de energia hidráulica em corpo de água de domínio da União, a Agência Nacional de Energia Elétrica (Aneel) deverá promover junto à ANA prévia obtenção de declaração de reserva de disponibilidade hídrica (art. 7º).

Os procedimentos referentes à emissão de declaração de reserva de disponibilidade hídrica e de outorga de direito de uso de recursos hídricos, para uso de potencial de energia hidráulica superior a 1 MW, em corpo de água de domínio da União, são tratados pela Resolução ANA n. 131/2003.

A classificação e as diretrizes ambientais para o enquadramento dos corpos de água superficiais, bem como o estabelecimento de condições e padrões de lançamento de efluentes, são regulamentados pela Resolução Conama n. 357/2005[8].

Monitoramento dos Recursos Hídricos

Considerando a necessidade de dados consubstanciados sobre os regimes de operação dos reservatórios de aproveitamento hidrelétricos e a importância da qualidade e da disponibilidade de dados para definição do aproveitamento ótimo do potencial hidráulico, bem como para operação do parque hidrelétrico do Sistema Interligado Nacional, foi editada a Resolução Conjunta ANA/Aneel n. 03/2010. Ela estabelece as condições e os pro-

---

[8] Tal Resolução teve o § 4º, II, e o § 5º, Tabela X, ambos do art. 34, alterados pela Resolução Conama n. 397/2008.

cedimentos a serem observados pelos concessionários e autorizados de geração de energia hidrelétrica para a instalação, operação e manutenção de estações hidrométricas visando ao monitoramento pluviométrico, linimétrico, fluviométrico, sedimentométrico e de qualidade da água associado a aproveitamentos hidrelétricos.

Vale mencionar que as declarações de reserva de disponibilidade hídrica e as outorgas de direito de uso de recursos hídricos para aproveitamento de potenciais hidrelétricos emitidas pela ANA incluirão condicionante específica de cumprimento das obrigações referentes a instalação, operação e manutenção de estações hidrométricas.

Lei de Segurança de Barragens

A Lei federal n. 12.334/2010 institui a Política Nacional de Segurança de Barragens (PNSB), aplicável a barragens destinadas à acumulação de água para quaisquer usos, tendo por fundamentos: a consideração da barragem nas suas fases de planejamento, projeto, construção, primeiro enchimento e primeiro vertimento, operação, desativação e de usos futuros; a informação e o estímulo à população a participar, direta ou indiretamente, das ações preventivas e emergenciais; responsabilidade legal do empreendedor pela segurança da barragem, cabendo-lhe o desenvolvimento de ações para garanti-la; e a sustentabilidade e o alcance dos potenciais efeitos sociais e ambientais da barragem.

A fiscalização da segurança de barragens caberá, sem prejuízo das ações fiscalizatórias dos órgãos ambientais integrantes do Sisnama, à entidade que concedeu ou autorizou o uso do potencial hidráulico, quando se tratar de uso preponderante para fins de geração hidrelétrica. Vale mencionar que as barragens serão classificadas pelos agentes fiscalizadores, por categoria de risco, por dano potencial associado e pelo seu volume, com base em critérios gerais a ser oportunamente estabelecidos pelo CNRH.

Nesse sentido, a Resolução ANA n. 742/2011 estabelece a periodicidade, a qualificação da equipe responsável, o conteúdo mínimo e o nível de detalhamento das Inspeções de Segurança Regulares das Barragens Fiscalizadas pela ANA, para avaliar as condições físicas das partes integrantes da barragem visando a identificar e monitorar anomalias que afetem potencialmente a sua segurança.

Adicionalmente, a Resolução CNRH n. 143/2012 trata de critérios gerais de classificação de barragens por categoria de risco, dano potencial associado e pelo volume do reservatório, enquanto que a Resolução CNRH n. 144/2012 estabelece diretrizes para implementação da Política Nacional de Segurança de Barragens, aplicação de seus instrumentos e atuação do Sistema Nacional de Informações sobre Segurança de Barragens.

Efluentes

Os efluentes de qualquer fonte poluidora somente poderão ser lançados, direta ou indiretamente, nos corpos de água após o devido tratamento e desde que obedeçam às condições, aos padrões e às exigências dispostos na Resolução Conama n. 357/2005[9], parcialmente alterada e complementada pela Resolução Conama n. 430/2011.

Os responsáveis pelas fontes poluidoras dos recursos hídricos deverão realizar o automonitoramento para controle e acompanhamento periódico dos efluentes lançados nos corpos hídricos.

Compensação Financeira pela Geração Hidrelétrica

A Constituição Federal Brasileira de 1988 estabelece que os potenciais de energia hidráulica são bens da União e assegura, nos termos do art. 20, §1º, aos Estados e aos Municípios, bem como aos órgãos da administração direta da União, participação no resultado da exploração de recursos hídricos para fins de geração de energia elétrica ou compensação financeira por essa exploração.

O aproveitamento de recursos hídricos, para fins de geração de energia elétrica, enseja compensação financeira aos Estados e Municípios, que deverá ser calculada, distribuída e aplicada na forma estabelecida na Lei federal n. 7.990/89[10]. Quando o aproveitamento do potencial hidráulico atingir mais de um Município, a distribuição dos percentuais da compensação fi-

---

[9] Alterada pelas Resoluções Conama n. 370/2006, n. 397/2008 e n. 410/2009.
[10] Referida lei foi posteriormente alterada pela Lei federal n. 8.001/90, Lei federal n. 9.433/97, Lei federal n. 9.648/98, Lei federal n. 9.993/2000 e Lei federal n. 10.195/2001.

nanceira deverá ser feita proporcionalmente, levando-se em consideração as áreas inundadas e outros parâmetros de interesse público regional ou local (art. 5º, *caput*).

O pagamento das compensações financeiras deverá ser efetuado mensalmente, diretamente aos beneficiários, mediante depósito em contas específicas de titularidade dos mesmos até o último dia útil do segundo mês subsequente ao do fato gerador. Ressalta-se, oportunamente, que é vedado, aos beneficiários das compensações, aplicá-las em pagamento de dívidas e no quadro permanente de pessoal (art. 26 do Decreto federal n. 01/91).

A compensação financeira pela utilização de recursos hídricos de que trata a Lei federal n. 7.990/89 será de 6,75% sobre o valor da energia elétrica produzida, a ser paga pelo titular de concessão ou autorização para exploração de potencial hidráulico aos estados e aos municípios em cujos territórios se localizarem instalações destinadas à produção de energia elétrica, ou que tenham áreas invadidas por águas dos respectivos reservatórios, e a órgãos da administração direta da União[11].

O art. 17, § 1º, da Lei federal n. 9.648/98, dispõe que 6,0% serão distribuídos entre os Estados, Municípios e órgãos da administração direta da União; e 0,75% será destinado ao MMA, para aplicação na implementação da PNRH e do Sistema Nacional de Gerenciamento de Recursos Hídricos.

Importante destacar que essa parcela de 0,75% constitui pagamento pelo uso de recursos hídricos[12] e será aplicada nos termos do art. 22 da Lei federal n. 9.433/97, ou seja, os valores arrecadados com a cobrança pelo uso de recursos hídricos deverão ser aplicados prioritariamente nas bacias hidrográficas em que foram gerados e serão utilizados no financiamento de estudos, programas, projetos e obras incluídos nos Planos de Recursos Hídricos e no pagamento de despesas de implantação e custeio administrativo dos órgãos e entidades integrantes do Sistema Nacional de Gerenciamento de Recursos Hídricos.

---

[11] Art. 17, *caput,* da Lei federal n. 9.648/98, altera dispositivos das Leis federais n. 3.890-A/61, n. 8.666/93, n. 8.987/95, n. 9.074/95, n. 9.427/96, e autoriza o Poder Executivo a promover a reestruturação das Centrais Elétricas Brasileiras e de suas subsidiárias e dá outras providências.

[12] Decreto Federal n. 7.402/2010 dispõe sobre a parcela referida no inciso II do § 1º do art. 17 da Lei n. 9.648/98, paga por titular de concessão ou autorização para exploração de potencial hidráulico.

ÁREA DE PRESERVAÇÃO PERMANENTE (APP)

A Lei federal n. 12.651/2012 (novo Código Florestal) estabelece normas gerais sobre a proteção da vegetação, Áreas de Preservação Permanente (APP) e áreas de Reserva Legal; a exploração florestal, o suprimento de matéria-prima florestal, o controle da origem dos produtos florestais e o controle e prevenção dos incêndios florestais; e prevê instrumentos econômicos e financeiros para o alcance de seus objetivos, bem como revoga expressamente a Lei n. 4.771/65 (antigo Código Florestal).

O art. 5º, *caput*, do novo Código Florestal dispõe que na implantação de reservatório d'água artificial destinado a geração de energia é obrigatória a aquisição, desapropriação ou instituição de servidão administrativa pelo empreendedor das APPs criadas em seu entorno, conforme estabelecido no licenciamento ambiental, observando-se a faixa mínima de 30 metros e máxima de 100 metros em área rural, e a faixa mínima de 15 metros e máxima de 30 metros em área urbana.

Na implantação de reservatório d'água artificial, o empreendedor, no âmbito do licenciamento ambiental, deverá elaborar Plano Ambiental de Conservação e Uso do Entorno do Reservatório (Pacuera), em conformidade com termo de referência expedido pelo órgão competente do Sistema Nacional do Meio Ambiente (Sisnama), não podendo o uso exceder a 10% do total da APP.

Oportuno destacar que a intervenção ou a supressão de vegetação nativa em APP somente ocorrerá nas hipóteses de utilidade pública (por exemplo: infraestrutura – energia), de interesse social ou de baixo impacto ambiental.

A Lei federal n. 12.651/2012 criou o Cadastro Ambiental Rural (CAR), registro público eletrônico de âmbito nacional, obrigatório para todos os imóveis rurais, com a finalidade de integrar as informações ambientais das propriedades e posses rurais, compondo base de dados para controle, monitoramento, planejamento ambiental e econômico e combate ao desmatamento.

A União e os Estados deverão implantar Programas de Regularização Ambiental (PRAs) de posses e propriedades rurais, com o objetivo de adequá-las aos termos dessa lei. Na regulamentação dos PRAs, a União estabelecerá normas de caráter geral, incumbindo-se aos Estados o detalhamento por meio da edição de normas de caráter específico, em razão de suas peculiaridades territoriais, climáticas, históricas, culturais, econômicas e sociais.

RESERVA LEGAL (RL)

Conforme mencionado no subtítulo anterior (APP), a Lei federal n. 12.651/2012, estabelece normas gerais sobre a proteção da vegetação, APP e Reserva Legal, sendo esta definida como área localizada no interior de uma propriedade ou posse rural, com a função de assegurar o uso econômico de modo sustentável dos recursos naturais do imóvel rural, auxiliar a conservação e a reabilitação dos processos ecológicos e promover a conservação da biodiversidade, bem como o abrigo e a proteção de fauna silvestre e da flora nativa.

Todo imóvel rural deve manter área com cobertura de vegetação nativa, a título de Reserva Legal, sem prejuízo da aplicação das normas sobre as APPs, observados os seguintes percentuais mínimos em relação à área do imóvel: (I) localizado na Amazônia Legal: a) 80% no imóvel situado em área de florestas; b) 35% no imóvel situado em área de cerrado; e c) 20% no imóvel situado em área de campos gerais; (II) localizado nas demais regiões do país: 20%.

Contudo, insta ressaltar que de acordo com o art. 12, § 7º do novo Código Florestal, não será exigida Reserva Legal relativa às áreas adquiridas ou desapropriadas por detentor de concessão, permissão ou autorização para exploração de potencial de energia hidráulica, nas quais funcionem empreendimentos de geração de energia elétrica, subestações, linhas de transmissão e de distribuição de energia elétrica[13].

UNIDADES DE CONSERVAÇÃO (UC)

A Constituição Federal Brasileira dispõe que todos têm direito ao meio ambiente ecologicamente equilibrado, bem de uso comum do povo e essencial à sadia qualidade de vida, e que, para assegurar esse direito, incumbe ao

---

[13] Lei federal n. 12.651/2012: "Art. 12. Todo imóvel rural deve manter área com cobertura de vegetação nativa, a título de Reserva Legal, sem prejuízo da aplicação das normas sobre as Áreas de Preservação Permanente, observados os seguintes percentuais mínimos em relação à área do imóvel, excetuados os casos previstos no art. 68 desta Lei: § 7º: Não será exigido Reserva Legal relativa às áreas adquiridas ou desapropriadas por detentor de concessão, permissão ou autorização para exploração de potencial de energia hidráulica, nas quais funcionem empreendimentos de geração de energia elétrica, subestações ou sejam instaladas linhas de transmissão e de distribuição de energia elétrica."

poder público definir, em todas as unidades da Federação, espaços territoriais e seus componentes a ser especialmente protegidos, vedada qualquer utilização que comprometa a integridade dos atributos que justifiquem sua proteção (art. 225, § 1º).

A Lei federal n. 9.985/2000 regulamentou mencionado dispositivo constitucional e instituiu o Sistema Nacional de Unidades de Conservação da Natureza (SNUC), estabelecendo critérios e normas para criação, implantação e gestão das UCs. A execução das ações desse Sistema, a implantação, o gerenciamento, a proteção, a fiscalização e o monitoramento das UCs instituídas pela União estão a cargo do Instituto Chico Mendes, criado pela Lei federal n. 11.516/2007.

As UCs integrantes do SNUC dividem-se em dois grupos, cada qual com características específicas: Unidades de Proteção Integral e Unidades de Uso Sustentável. O objetivo básico das Unidades de Proteção Integral é preservar a natureza, sendo admitido apenas o uso indireto dos seus recursos naturais. Já as de Uso Sustentável visam compatibilizar a conservação da natureza com o uso sustentável de parcela dos seus recursos naturais (art. 7º, §§ 1º e 2º, da Lei 9.985/2000).

O grupo das Unidades de Proteção Integral é composto das seguintes categorias de UCs: (I) Estação Ecológica; (II) Reserva Biológica; (III) Parque Nacional; (IV) Monumento Natural; e (V) Refúgio de Vida Silvestre. Por sua vez, o grupo das Unidades de Uso Sustentável é composto das seguintes categorias: (I) Área de Proteção Ambiental (APA); (II) Área de Relevante Interesse Ecológico; (III) Floresta Nacional; (IV) Reserva Extrativista; (V) Reserva de Fauna; (VI) Reserva de Desenvolvimento Sustentável; e (VII) Reserva Particular do Patrimônio Natural (RPPN).

O Decreto federal n. 7.154/2010 sistematiza e regulamenta a atuação de órgãos públicos federais, estabelecendo procedimentos a ser observados para autorizar e realizar estudos de aproveitamento de potenciais de energia hidráulica e sistemas de transmissão e distribuição de energia elétrica no interior de unidades de conservação, bem como para autorizar a instalação de sistemas de transmissão e distribuição de energia elétrica em unidades de conservação de uso sustentável.

A Instrução Normativa ICMBio n. 5/2009, estabelece os procedimentos para a análise dos pedidos e concessão de autorização[14] pelo Instituto

---

[14] Instrução Normativa ICMBIO n. 05/09, art. 2º, inciso I: "Autorização para o Licenciamento Ambiental: ato administrativo pelo qual o Instituto Chico Mendes autoriza o ór-

Chico Mendes para o licenciamento ambiental de empreendimentos ou atividades que afetem UCs federais, suas zonas de amortecimento ou áreas circundantes. Vale ressaltar que referida autorização restringe-se à análise de impactos ambientais potenciais ou efetivos sobre as UCs federais, sem prejuízo das demais análises e avaliações de competência do órgão ambiental licenciador (art. 1º, parágrafo único).

Tendo em vista a necessidade de regulamentação dos procedimentos de licenciamento ambiental de empreendimentos de significativo impacto ambiental que afetem as UCs ou suas Zonas de Amortecimentos (ZAs), foi editada a Resolução Conama n. 428/2010.

ÁREAS PRIORITÁRIAS PARA CONSERVAÇÃO, UTILIZAÇÃO SUSTENTÁVEL E REPARTIÇÃO DE BENEFÍCIOS DA BIODIVERSIDADE BRASILEIRA

O Decreto Federal n. 5.092/2004 define regras para identificação de Áreas Prioritárias para Conservação, Utilização Sustentável e Repartição de Benefícios da Biodiversidade, no âmbito das atribuições do Ministério do Meio Ambiente.

Tais áreas, de acordo com o Decreto, devem ser instituídas por portaria ministerial (art. 1º), levando em consideração os seguintes conjuntos de bioma: (I) Amazônia, (II) Cerrado e Pantanal, (III) Caatinga, (IV) Mata Atlântica e Campos Sulinos e (V) Zona Costeira e Marinha (art. 2º).

Nesse sentido, foi editada a Portaria MMA n. 09/2007, a qual reconhece como áreas prioritárias para a conservação, utilização sustentável e repartição de benefícios da biodiversidade brasileira aquelas discriminadas no Mapa das Áreas Prioritárias para a Conservação, Utilização Sustentável e Repartição de Benefícios da Biodiversidade Brasileira[15].

Importante salientar que os espaços territoriais não incluídos na lista de áreas prioritárias não são, necessariamente, desprovidos de importância

---

gão ambiental competente a proceder ao licenciamento ambiental de empreendimentos e atividades que afetem as unidades de conservação federais, suas zonas de amortecimento ou áreas circundantes".

[15] Disponível em: http://www.mma.gov.br/biodiversidade/projetos-sobre-a-biodiverida-de/projeto-de-conserva%C3%A7%C3%A3o-e-utiliza%C3%A7%C3%A3o-sustent%C3%A1vel--da-diversidade-biol%C3%B3gica-brasileira-probio-i/%C3%A1reas-priorit%C3%A1rias. Acessado em: 03 jul. 2015.

biológica (art.1º da Portaria MMA n. 09/2007). Cumpre ressaltar também o fato de o disposto na Portaria MMA n. 09/2007 não ensejar qualquer tipo de restrição adicional à legislação vigente (art. 4º).

ZONEAMENTO ECOLÓGICO-ECONÔMICO DA AMAZÔNIA LEGAL

A Política Nacional do Meio Ambiente prevê, como um de seus instrumentos de implementação, o zoneamento ambiental (art. 9º, II, da Lei federal n. 6.938/81). O Decreto Federal n. 4.297/2002 regulamenta esse instrumento e estabelece critérios para o Zoneamento Ecológico-Econômico no Brasil (ZEE), ferramenta de organização do território a ser seguida na implantação de planos, obras e atividades públicas e privadas, que deverá estabelecer medidas e padrões de proteção ambiental destinados a assegurar a qualidade ambiental, dos recursos hídricos e do solo, e a conservação da biodiversidade, garantindo o desenvolvimento sustentável e a melhoria das condições de vida da população.

Em linhas gerais, o ZEE objetiva organizar, de forma vinculada, as decisões dos agentes públicos e privados quanto a planos, programas, projetos e atividades que, direta ou indiretamente, utilizem recursos naturais, assegurando, desse modo, a plena manutenção do capital e dos serviços ambientais dos ecossistemas (art. 3º, *caput*, do Decreto federal n. 4.297/2002).

Em dezembro de 2010, entrou em vigor o Decreto Federal n. 7.378, que aprova o Macrozoneamento Ecológico-Econômico (MacroZEE) da Amazônia Legal como instrumento de orientação para a formulação e espacialização das políticas públicas de desenvolvimento, ordenamento territorial e meio ambiente, assim como para as decisões dos agentes privados.

O MacroZEE da Amazônia Legal tem por objetivo assegurar a sustentabilidade do desenvolvimento regional, por meio de estratégias produtivas e de gestão ambiental e territorial, em conformidade com a diversidade ecológica, econômica, cultural e social da Amazônia. Referido instrumento será articulado com os processos e instrumentos de planejamento estaduais, em especial com os Zoneamentos Ecológicos-Econômicos (arts. 2º e 3º do Decreto n. 7.378/2010).

O Macrozoneamento está interligado com outras ações relacionadas à Amazônia, no geral referenciadas no Plano Amazônia Sustentável (PAS), tais como o Plano de Prevenção e Controle do Desmatamento da Amazônia, a

Política Nacional de Ordenamento Territorial (PNOT), as Políticas de Desenvolvimento Regional (PNDR) e de Defesa (PND), o Plano Nacional sobre Mudança do Clima, o Programa Territórios da Cidadania, os Planos de Desenvolvimento Regionais – a exemplo dos Planos Marajó, BR-163, Xingu e Sudoeste da Amazônia –, o Programa de Regularização Fundiária da Amazônia Legal (Terra Legal), a Lei de Gestão de Florestas Públicas (Lei federal n. 11.284/2006), o Programa de Manejo Florestal Comunitário e Familiar (Decreto federal n. 6.874/2009), o Plano Regional de Desenvolvimento da Amazônia (PRDA), o Plano de Ação para Prevenção e Controle do Desmatamento e das Queimadas no Cerrado (PPCerrado).

COMPENSAÇÃO AMBIENTAL (CA)

A Lei federal n. 9.985/2000, que instituiu o Sistema Nacional de Unidades de Conservação (SNUC), estabelece que, nos casos de licenciamento ambiental de empreendimentos de significativo impacto ambiental, com fundamento no EIA/Rima, o empreendedor deverá apoiar a implantação e manutenção de Unidade de Conservação do grupo de proteção integral (art. 36).

O Decreto Federal n. 4.340/2002, que regulamenta a Lei do SNUC, determina que para os fins de fixação da compensação ambiental, o Ibama deverá considerar, exclusivamente, os impactos negativos sobre o meio ambiente. O valor da Compensação Ambiental (CA) deverá ser calculado pelo produto do Grau de Impacto (GI), o qual pode atingir percentuais que variam de 0 a 0,5%, com o Valor de Referência (VR)[16].

Ressalta-se que não deverão ser incluídos no VR e, portanto, no cálculo da compensação, os investimentos referentes aos planos, projetos e programas exigidos no procedimento de licenciamento ambiental para mitigação de impactos, bem como os encargos e custos incidentes sobre o financiamento do empreendimento, inclusive os relativos às garantias, e os custos com apólices e prêmios de seguros pessoais e reais[17].

De acordo com o art. 33, do Decreto federal n. 4.340/2002, a aplicação dos recursos da compensação ambiental nas unidades de conservação existen-

---

[16] Art. 31-A do Decreto Federal n. 4.340/2002, alterado pelo Decreto Federal n. 6.848/2009.

[17] Art. 31, § 3º, do Decreto Federal n. 4.340/2002, alterado pelo Decreto Federal n. 6.848/2009, combinado com o art. 31-A desse mesmo Decreto.

tes ou a serem criadas deve obedecer à seguinte ordem de prioridade: regularização fundiária e demarcação das terras; elaboração, revisão ou implantação de plano de manejo; aquisição de bens e serviços necessários à implantação, gestão, monitoramento e proteção da unidade, compreendendo sua área de amortecimento; desenvolvimento de estudos necessários à criação de nova unidade de conservação; e desenvolvimento de pesquisas necessárias para o manejo da unidade de conservação e área de amortecimento.

Oportuno mencionar que a Portaria Conjunta MMA/Ibama/ICMBio n. 225/2011, instituiu o Comitê de Compensação Ambiental Federal (CCAF), cujas responsabilidades são deliberar sobre a divisão e a finalidade dos recursos oriundos da compensação ambiental federal para as unidades de conservação beneficiadas ou a ser criadas, inclusive as atividades necessárias ao fortalecimento do SNUC. Outrossim, a Instrução Normativa Ibama n. 08/2011 regula, no âmbito do Instituto, os procedimentos para o cálculo e a indicação da proposta de UCs a ser beneficiadas pelos recursos da compensação.

FLORA

O Ibama, por intermédio da Instrução Normativa n. 154/2007, instituiu o Sistema de Autorização e Informação em Biodiversidade (SISBIo), com objetivo de fixar normas sobre a realização de atividades com finalidade científica ou didática no território nacional, na plataforma continental e na zona econômica exclusiva.

O Ministério do Meio Ambiente, por intermédio da Instrução Normativa MMA n. 06/2008, reconhece as espécies da flora brasileira ameaçadas de extinção e as com deficiência de dados e, por meio da IN MMA n. 5/2008, publicou as listas das espécies da Convenção sobre o Comércio Internacional de Espécies da Flora e Fauna Selvagens em Perigo de Extinção – CITES.

Já a Portaria Conjunta MMA/ICMBio n. 316/2009 trata da aplicação de instrumentos de implementação da Política Nacional da Biodiversidade voltados para a conservação e recuperação de espécies ameaçadas de extinção.

Florestas, Reflorestamento e Reposição Florestal

A Lei federal n. 3.824/60 determina a obrigatoriedade de destocamento e a consequente limpeza das bacias hidráulicas, dos açudes, represas ou lagos artificiais, construídos pela União, Estados e Municípios ou por empresas privadas concessionárias.

As florestas existentes no território nacional e as demais formas de vegetação, reconhecidas de utilidade às terras que revestem, são bens de interesse comum à coletividade, podendo-se exercer os direitos de propriedade, com as limitações que a legislação estabelece. Em regra, a aprovação é emitida pelo órgão ambiental estadual competente do Sisnama. Entretanto, em alguns casos, como nos empreendimentos potencialmente causadores de impacto ambiental nacional ou regional, tal aval deverá ser dado pelo Ibama, conforme a Resolução Conama n. 378/2006.

Considerando a necessidade de regulamentar os procedimentos relativos às autorizações de supressão de vegetação em empreendimentos de interesse público e a necessidade de garantir o controle da exploração e comercialização da matéria-prima florestal efetivamente explorada nos empreendimentos licenciados pelo Ibama, foi editada a Instrução Normativa n. 06/2009, com o intuito de disciplinar os procedimentos relacionados à emissão de Autorização de Supressão de Vegetação (ASV) e as respectivas Autorizações de Utilização de Matéria-Prima Florestal (AUMPF).

O MMA, por meio da Instrução Normativa n. 03/2002, define procedimentos de conversão de uso do solo por intermédio de autorizações de desmatamento nos imóveis e propriedades rurais na Amazônia Legal para projetos de assentamento público e privado.

Ainda no tema florestas, cabe destacar a publicação do Decreto federal n. 6.321/2007, que dispõe sobre as ações relativas à prevenção, ao monitoramento e ao controle de desmatamento no Bioma Amazônia. Por fim, a Lei federal n. 12.854/2013 fomenta e incentiva ações que promovam a recuperação florestal e a implantação de sistemas agroflorestais em áreas rurais desapropriadas pelo poder público e em áreas degradadas em posse de agricultores familiares assentados, de quilombolas e de indígenas.

FAUNA

A Lei federal n. 5.197/67 dispõe que os animais de quaisquer espécies, em qualquer fase do seu desenvolvimento e que vivem naturalmente fora do cativeiro, constituindo a fauna silvestre, bem como seus ninhos, abrigos e criadouros naturais, são propriedades do Estado, sendo proibida sua utilização, perseguição, destruição, caça ou apanha[18].

O Ministério do Meio Ambiente, por meio da Instrução Normativa MMA n. 3/2003, reconheceu a lista oficial de espécies da fauna brasileira ameaçada de extinção e, por intermédio da IN n. 05/2004, as espécies ameaçadas de extinção, espécies sobre-explotadas ou ameaçadas de sobre-explotação, os invertebrados aquáticos e peixes. Ainda no que tange às listas, cumpre mencionar a IN MMA n. 05/2008 que publicou as listas das espécies da Cites.

Com efeito, por meio da Portaria MMA n. 53/2008, instituiu-se o Sistema Nacional de Gestão da Fauna Silvestre (Sisfauna), e, por intermédio da IN n. 154/2007, o Ibama instituiu o Sistema de Autorização e Informação em Biodiversidade (Sisbio) e seu respectivo Comitê de Assessoramento Técnico (Cat-Sisbio).

No âmbito do procedimento de licenciamento ambiental, importa ressaltar que, por meio da Instrução Normativa n. 146/2007 e da Portaria Normativa n. 10/2009, o Ibama estabelece critérios para procedimentos relativos ao manejo de fauna silvestre (levantamento, monitoramento, salvamento, resgate e destinação) em áreas de influência de empreendimentos potencialmente causadores de impactos à fauna sujeitos ao licenciamento ambiental.

Recentemente, o Instituto Chico Mendes editou a Instrução Normativa ICMBio n. 34/2013, disciplinando as diretrizes e os procedimentos para a Avaliação do Estado de Conservação das Espécies da Fauna Brasileira, a utilização do sistema Espécies e a publicação dos resultados, e criando a Série Fauna Brasileira.

SAÚDE PÚBLICA

Em todo o território nacional, as ações e serviços de saúde, executados isolada ou conjuntamente, em caráter permanente ou eventual, por pessoas naturais ou jurídicas de direito público ou privado, são tratados pela Lei federal n. 8.080/1990[19].

---

[18] Referida Lei foi posteriormente alterada pelas Leis Federais n. 7.584/87, n. 7.653/88, n. 7.679/88, n. 9.111/95 e n. 9.985/2000.

[19] Esta Lei foi posteriormente alterada pela Lei federal n. 9.836/1999, Lei federal n. 10.424/2002 e Lei federal n. 11.108/2005.

A Resolução Conama n. 286/2001, por sua vez, dispõe sobre o licenciamento ambiental de empreendimentos nas regiões endêmicas de malária, em virtude da necessidade de se evitar a potencialização dos fatores de risco para ocorrência de casos de malária nessas áreas, decorrentes de ações e obras de projetos.

Para tanto, a Portaria da Secretaria de Vigilância em Saúde n. 47/2006 dispõe sobre a Avaliação do Potencial Malarígeno (APM) e o Atestado de Condição Sanitária (ATCS), específicos para os projetos de assentamento de reforma agrária e para outros empreendimentos, nas regiões endêmicas de malária.

RESÍDUOS SÓLIDOS

A Política Nacional de Resíduos Sólidos (PNRS), instituída por meio da Lei federal n. 12.305/2010, dispõe sobre princípios, objetivos e instrumentos, bem como sobre as diretrizes relativas à gestão integrada e ao gerenciamento de resíduos sólidos, incluídos os perigosos, às responsabilidades dos geradores e do poder público e aos instrumentos econômicos aplicáveis.

No que tange aos resíduos oriundos da construção civil, vale mencionar a Resolução Conama n. 307/2002, que estabelece diretrizes, critérios e procedimentos para a gestão dos resíduos da construção civil e disciplina ações necessárias de forma a minimizar os impactos ambientais.

Cumpre observar, ainda, que a Resolução Conama n. 313/2002 estabelece que as concessionárias de energia elétrica e empresas que possuam materiais e equipamentos contendo Bifenilas Policloradas (PCBs) deverão apresentar ao órgão estadual de meio ambiente o inventário desses estoques, na forma e prazo a ser definidos pelo Ibama (art. 3º).

EDUCAÇÃO AMBIENTAL

A Lei federal n. 9.795/99, que dispõe sobre a educação ambiental e institui a Política Nacional de Educação Ambiental, define educação ambiental como processos por meio dos quais o indivíduo e a coletividade constroem valores sociais, conhecimentos, habilidades, atitudes e competências voltadas para a conservação do meio ambiente, bem de uso comum do povo, essencial à sadia qualidade de vida e sua sustentabilidade (art. 1º). A Política Nacional de Educação Ambiental é regulamentada pelo Decreto federal n. 4.281/2002.

Com o intuito de estabelecer diretrizes para conteúdos e procedimentos em ações, projetos, campanhas e programas de informação, comunicação e educação ambiental, no âmbito da educação formal e não formal, realizados por instituições públicas, privadas e da sociedade civil, foi editada a Resolução Conama n. 422/2010.

Patrimônio Histórico, Artístico, Cultural e Arqueológico

A Constituição Federal brasileira declara que os sítios arqueológicos e pré-históricos são bens da União (art. 20, X). Constituem patrimônio cultural brasileiro os bens de natureza material e imaterial, tomados individualmente ou em conjunto, portadores de referência à identidade, à ação, à memória dos diferentes grupos formadores da sociedade brasileira, nos quais se incluem: as formas de expressão; os modos de criar, fazer e viver; as criações científicas, artísticas e tecnológicas; as obras, objetos, documentos, edificações e demais espaços destinados às manifestações artístico-culturais; os conjuntos urbanos e sítios de valor histórico, paisagístico, artístico, arqueológico, paleontológico, ecológico e científico (art. 216, X, CF).

O Decreto-lei federal n. 25/37, que organiza a proteção do patrimônio histórico e artístico nacional, define-os como o conjunto de bens móveis ou imóveis existentes no país e cuja conservação seja de interesse público, quer por sua vinculação a fatos memoráveis da história do Brasil, quer por seu excepcional valor arqueológico ou etnográfico, bibliográfico ou artístico.

Ressalta-se que o Iphan, por meio da Portaria n. 230/2002, orienta quanto aos estudos arqueológicos na elaboração de EIA/Rima, prevendo o seu art. 1º que, na fase de obtenção da Licença Prévia, deverá ser identificada a contextualização arqueológica e etno-histórica da área de influência do empreendimento, por meio de levantamento exaustivo de dados secundários e levantamento arqueológico de campo.

Os procedimentos a serem observados para a concessão de autorização para realização de intervenções em bens edificados tombados e nas respectivas áreas de entorno encontram-se discriminados na Portaria Iphan n. 420/2010.

Com relação aos procedimentos para apuração de infrações administrativas por condutas e atividades lesivas ao patrimônio cultural edificado, à imposição de sanções, aos meios de defesa, ao sistema recursal e à forma de cobrança de débitos decorrentes das infrações, deverão ser observados os dispositivos da Portaria Iphan n. 187/2010.

Patrimônio Espeleológico

A Constituição Federal brasileira classifica as cavidades naturais subterrâneas como bens da União (art. 20, X), as quais são protegidas pelo Decreto federal n. 99.556/90, alterado pelo Decreto federal n. 6.640/2008. De acordo com esse decreto, as cavidades naturais subterrâneas deverão ser protegidas de modo a permitir estudos e pesquisas de ordem técnico-científica, bem como atividades de cunho espeleológico, étnico-cultural, turístico, recreativo e educativo[20].

No tocante ao processo de licenciamento ambiental, o órgão ambiental competente poderá classificar o grau de relevância da cavidade natural subterrânea observando os critérios estabelecidos pelo Ministério do Meio Ambiente por meio da Instrução Normativa MMA n. 02/2009. No caso de impactos negativos irreversíveis em cavidades naturais subterrâneas, a compensação ambiental (art. 36 da Lei n. 9.985/2000) deverá ser prioritariamente destinada à criação e à implementação de unidade de conservação em área de interesse espeleológico, quando possível na região do empreendimento.

O Ministério do Meio Ambiente, por meio da Portaria MMA n. 358/2009, instituiu o Programa Nacional de Conservação do Patrimônio Espeleológico, que tem como objetivo desenvolver estratégia nacional de conservação e uso sustentável do patrimônio espeleológico brasileiro, cabendo ao ICMBio sua coordenação.

Já a Instrução Normativa ICMBio n. 30/2012 estabelece procedimentos administrativos e técnicos para a execução de compensação espeleológica.

---

[20] Art. 1º do Decreto federal n. 99.556/90, alterado pelo Decreto Federal n. 6.640/2008. De acordo com o parágrafo único desse mesmo dispositivo, "entende-se por cavidade natural subterrânea todo e qualquer espaço subterrâneo acessível pelo ser humano, com ou sem abertura identificada, popularmente conhecido como caverna, gruta, lapa, toca, abismo, furna ou buraco, incluindo seu ambiente, conteúdo mineral e hídrico, a fauna e a flora ali encontrados e o corpo rochoso onde os mesmos se inserem, desde que tenham sido formados por processos naturais, independentemente de suas dimensões ou tipo de rocha encaixante".

DESAPROPRIAÇÃO E DECLARAÇÃO DE UTILIDADE PÚBLICA

A Constituição Federal assegura a todos o direito de propriedade (art. 5º, *caput*, e XII), a qual deve atender a sua função social (arts. 5º, XIII; 170, III; 182, § 2º; 184, *caput* e 186). O proprietário tem a faculdade de usar a coisa, gozar e dispor dela (art. 1.228, do Código Civil), devendo exercer seu direito em consonância com as suas finalidades econômicas, sociais e ambientais e de modo a não prejudicar outrem (art. 1.228, §§ 1º e 2º, do Código Civil).

O art. 5º, XXIV, da Constituição Federal, por sua vez, prevê a possibilidade de desapropriação por necessidade ou utilidade pública, ou por interesse social, mediante justa e prévia indenização em dinheiro, entendimento repetido no art. 1.228, § 3º, do Código Civil. A desapropriação por utilidade pública é regulada pelo Decreto-lei federal n. 3.365/41, cujo art. 2º dispõe sobre a possibilidade de todos os bens poderem ser desapropriados pela União, Estados e Municípios, mediante declaração de utilidade pública.

Os procedimentos gerais para requerimento de declaração de utilidade pública, para fins de desapropriação ou instituição de servidão administrativa, de áreas de terras necessárias à implantação de instalações de geração, transmissão ou distribuição de energia elétrica, por concessionários, permissionários ou autorizados, encontram-se regulamentados pela Resolução Normativa Aneel n. 279/2007.

Atendidos os requisitos estabelecidos nessa Resolução, a Declaração de Utilidade Pública (DUP), para fins de desapropriação, será expedida pela Aneel a partir da data em que, tecnicamente, em face do estágio de desenvolvimento do projeto básico ou executivo do empreendimento, for possível a identificação e delimitação das áreas de terras destinadas à implantação, pelo concessionário, permissionário ou autorizado, das instalações necessárias à exploração dos serviços de energia elétrica (art. 9º da Resolução Normativa Aneel n. 279/2007).

Adicionalmente, a Resolução Normativa Aneel n. 501/2012 estabelece os procedimentos para o mapeamento dos bens imóveis e das áreas vinculados à concessão de usinas hidrelétricas.

CADASTRO SOCIOECONÔMICO

O Decreto federal n. 7.342/2010 instituiu o cadastro socioeconômico como instrumento de identificação, qualificação e registro público da população atingida por empreendimentos de geração de energia hidrelétrica, além de criar o Comitê Interministerial de Cadastramento Socioeconômico, no âmbito do Ministério de Minas e Energia.

Esse cadastro deverá contemplar os integrantes de populações sujeitos aos seguintes impactos: perda de propriedade ou da posse de imóvel localizado no polígono do empreendimento; perda da capacidade produtiva das terras de parcela remanescente de imóvel, limítrofes com o polígono do empreendimento e por ele parcialmente atingido; perda de áreas de exercício da atividade pesqueira e dos recursos pesqueiros, inviabilizando a atividade extrativa ou produtiva; perda de fontes de renda e trabalho das quais os atingidos dependam economicamente, em virtude da ruptura de vínculo com áreas do polígono do empreendimento; prejuízos comprovados às atividades produtivas locais, com inviabilização de estabelecimento; inviabilização do acesso ou de atividade de manejo dos recursos naturais e pesqueiros, localizados nas áreas do polígono do empreendimento, incluindo as terras de domínio público e uso coletivo, afetando a renda, a subsistência e o modo de vida de populações; e prejuízos comprovados às atividades produtivas locais a jusante e a montante do reservatório, afetando a renda, a subsistência e o modo de vida de populações.

A Portaria Interministerial MME/MMA/Mapa/MDA/MPA n. 340/2012 estabelece competências e procedimentos para a execução do Cadastro Socioeconômico para fins de identificação, quantificação, qualificação e registro público da população atingida por empreendimentos de geração de energia hidrelétricos.

O responsável pelo empreendimento deverá arcar com os custos inerentes à realização do Cadastro Socioeconômico. O vencedor do Leilão, autorizado ou concessionário deverá ressarcir os custos de realização do Cadastro. A Aneel incluirá nos Contratos de Concessão de Uso do Bem Público e nos Editais de Leilão cláusula específica sobre a responsabilidade do concessionário ante o Cadastro Socioeconômico da população atingida pelo Aproveitamento Hidelétrico (AHE).

Com efeito, visando situar, informar e orientar os empreendedores e os agentes públicos responsáveis quanto às novas regras e procedimentos relativos à execução do Cadastro, o MME, em parceria com o Instituto Interamericano de Cooperação Agrícola (Iica), elaborou o Manual de Procedimentos e Rotinas Administrativas do Cadastro Socioeconômico da População Atingida por Empreendimentos de Geração de Energia Hidrelétrica,[21] que compreende um conjunto de orientações e esclarecimentos técnicos visando ao planejamento, gerenciamento e execução das atividades relativas ao cadastramento.

COMUNIDADES TRADICIONAIS

A Lei federal n. 6.040/2007, que institui a Política Nacional de Desenvolvimento Sustentável dos Povos e Comunidades Tradicionais (PNPCT), conceitua povos e comunidades tradicionais como grupos culturalmente diferenciados e que se reconhecem como tais, que possuem formas próprias de organização social, que ocupam e usam territórios e recursos naturais como condição para sua reprodução cultural, social, religiosa, ancestral e econômica, utilizando conhecimentos, inovações e práticas gerados e transmitidos pela tradição.

As ações e atividades voltadas para o alcance dos objetivos da PNPCT deverão ocorrer de forma intersetorial, integrada, coordenada e sistemática. O objetivo principal dessa política é promover o desenvolvimento sustentável dos Povos e Comunidades Tradicionais, com ênfase no reconhecimento, fortalecimento e garantia dos seus direitos territoriais, sociais, ambientais, econômicos e culturais, com respeito e valorização a sua identidade, suas formas de organização e suas instituições.

A Secretaria do Patrimônio da União, por meio da Portaria SPU n. 89, de 15 de abril de 2010, disciplina a utilização e o aproveitamento dos imóveis da União em favor das comunidades tradicionais, com o objetivo de possibilitar a ordenação do uso racional e sustentável dos recursos naturais disponíveis na orla marítima e fluvial, voltados para a subsistência dessa população, mediante a outorga de Termo de Autorização de Uso Sustentável (Taus), a ser conferida em caráter transitório e precário pelos Superintendentes do Patrimônio da União.

---

[21] Ministério de Minas e Energia. Instituto Interamericano de Cooperação para a Agricultura. Manual de Procedimentos e Rotinas Administrativas do Cadastro Socioeconômico da População Atingida por Empreendimentos de Geração de Energia Hidrelétrica. Brasília, DF. 2012. Disponível em: http://www.abce.org.br/downloads/Manual-CSE2-revisado-final.pdf. Acessado em: 08 jun. 2015.

COMUNIDADES QUILOMBOLAS

A Fundação Cultural Palmares (FCP), vinculada ao Ministério da Cultura, criada pela Lei federal n. 7.668/88, tem por finalidade promover a preservação dos valores culturais, sociais e econômicos decorrentes da influência negra na formação da sociedade brasileira.

A FCP, por meio da Portaria n. 98, de 26 de novembro de 2007, instituiu o Cadastro Geral de Remanescentes das Comunidades dos Quilombos da Fundação Cultural Palmares, também autodenominadas Terras de Preto, Comunidades Negras, Mocambos, Quilombos, entre outras denominações congêneres.

Adicionalmente, a Portaria Interministerial n. 429/2013 institui Grupo de Trabalho (GTI) com a finalidade de elaborar proposta para a regulamentação ambiental em territórios quilombolas estabelecida na Lei n. 12.651/2012, no que concerne ao Cadastro Ambiental Rural e para a instituição do Plano Nacional de Gestão Territorial e Ambiental para esses territórios.

QUESTÕES INDÍGENAS

As terras tradicionalmente ocupadas pelos índios são bens da União, nos termos da Constituição Federal (art. 20, XI). Esta reconhece aos índios sua organização social, costumes, línguas, crenças e tradições, e os direitos originários sobre as terras que tradicionalmente ocupam, competindo à União demarcá-las, proteger e fazer respeitar todos os seus bens (art. 231, *caput*, da CF).

A Constituição considera terras tradicionais as ocupadas pelos índios e por eles habitadas em caráter permanente, as utilizadas para suas atividades produtivas, as imprescindíveis à preservação dos recursos ambientais necessários a seu bem-estar e as necessárias à sua reprodução física e cultural, segundo seus usos, costumes e tradições. Ademais, as terras tradicionalmente ocupadas pelos índios, além de ser inalienáveis e indisponíveis, e os direitos sobre elas, imprescritíveis (art. 231, § 4º, da CF), destinam-se à posse permanente deles, cabendo-lhes o usufruto exclusivo das riquezas do solo, dos rios e dos lagos nelas existentes (art. 231, §§ 1º e 2º).

Ainda de acordo com a Constituição Federal de 1988, art. 49, compete exclusivamente ao Congresso Nacional autorizar a exploração e o aproveitamento de recursos hídricos em terras indígenas, entendimento reiterado no Capítulo VIII da CF/88 ao dispor sobre os índios.

Nos termos do art. 176 da Constituição Federal, os potenciais de energia hidráulica constituem propriedade distinta daquela do solo, para efeito de exploração ou aproveitamento, e pertencem à União, garantindo-se ao concessionário a propriedade do produto de lavra.

O aproveitamento desses potenciais poderá ser efetuado mediante autorização ou concessão da União, no interesse nacional, por brasileiros ou empresa constituída sob as leis brasileiras, com sede e administração no país, na forma da lei, que estabelecerá as condições específicas quando essas atividades se desenvolverem em faixa de fronteira ou terras indígenas (art. 176, § 1º).

A Fundação Nacional do Índio (Funai), instituída pela Lei federal n. 5.371/67, é o órgão federal responsável por estabelecer diretrizes e garantir o cumprimento da política indigenista, baseada na garantia à posse permanente das terras que habitam e ao usufruto exclusivo dos recursos naturais e de todas as utilidades nela existentes, exercitando o poder de polícia nas áreas reservadas e nas matérias atinentes à proteção do índio.

A situação jurídica dos índios ou silvícolas e das comunidades indígenas, com o propósito de preservar a sua cultura e integrá-los, progressiva e harmoniosamente, à comunhão nacional, é regulamentada pelo Estatuto do Índio, instituído pela Lei federal n. 6.001/73.

A União poderá intervir em área indígena para a realização de obras públicas que interessem ao desenvolvimento nacional (art. 20, § 1º, *d*, da Lei federal n. 6.001/73), entre outros motivos. O ato de intervenção dar-se-á por meio de decreto do Presidente da República e terá a assistência direta da Funai, sendo a comunidade indígena removida integralmente ressarcida dos prejuízos decorrentes da remoção.

As terras indígenas de que tratam a Lei federal n. 6.001/73 e a Constituição Federal deverão ser administrativamente demarcadas por iniciativa e sob a orientação da Funai, conforme dispõe o Decreto Federal n. 1.775/96.

Outrossim, o Decreto Federal n. 5.051/2004 promulga a Convenção n. 169 da Organização Internacional do Trabalho (OIT) sobre Povos Indígenas e Tribais, adotada em Genebra, em 27 de junho de 1989.

O Decreto Federal n. 7.747/2012 institui a Política Nacional de Gestão Ambiental em Terras Indígenas (PNgati), com o objetivo de garantir e promover a proteção, a recuperação, a conservação e o uso sustentável dos recursos naturais das terras e territórios indígenas, assegurando a integridade do patrimônio indígena, a melhoria das atuais e futuras gerações dos povos indígenas e respeitando sua autonomia sociocultural, nos termos da legislação vigente.

Ademais, a Portaria Interministerial dos Ministérios da Saúde e da Justiça MS/MJ n. 171/2013, instituiu o Grupo de Trabalho com a finalidade de elaborar diretrizes e estratégias de ações em saúde para Povos Indígenas Isolados e de Recente Contato, bem como Plano de Contingência da Saúde para Situações de Contato com Povos Isolados e Surtos Epidêmicos em Grupos de Recente Contato.

Vale mencionar, ainda, que a Portaria Funai n. 1.682/2011 estabelece diretrizes e critérios que devem ser observados na concepção e execução das ações de vigilância territorial e ambiental de terras indígenas, bem como de localização e monitoramento de referências de povos indígenas isolados.

No início de 2012, foi publicada a Instrução Normativa Funai n. 01/2012, alterada pela Instrução Normativa Funai n. 04/2012, estabelecendo normas sobre a participação da Funai no processo de licenciamento ambiental de empreendimentos ou atividades potencial e efetivamente causadoras de impactos ambientais e socioculturais que afetem terras e povos indígenas.

Importante destacar a publicação da Portaria da Advocacia Geral da União (AGU) n. 303/2012[22], que fixou a interpretação das salvaguardas às

---

[22] (I) o usufruto das riquezas do solo, dos rios e dos lagos existentes nas terras indígenas (art. 231, § 2º, da Constituição Federal) pode ser relativizado sempre que houver, como dispõe o art. 231, 6º, da Constituição, relevante interesse público da União, na forma de lei complementar. (II) o usufruto dos índios não abrange o aproveitamento de recursos hídricos e potenciais energéticos, que dependerá sempre de autorização do Congresso Nacional. (III) o usufruto dos índios não abrange a pesquisa e lavra das riquezas minerais, que dependerá sempre de autorização do Congresso Nacional assegurando-lhes a participação nos resultados da lavra, na forma da Lei. (IV) o usufruto dos índios não abrange a garimpagem nem a faiscação, devendo, se for o caso, ser obtida a permissão de lavra garimpeira. (V) o usufruto dos índios não se sobrepõe ao interesse da política de defesa nacional; a instalação de bases, unidades e postos militares e demais intervenções militares, a expansão estratégica da malha viária, a exploração de alternativas energéticas de cunho estratégico e o resguardo das riquezas de cunho estratégico, a critério dos órgãos competentes (Ministério da Defesa e Conselho de Defesa Nacional), serão implementados independentemente de consulta às comunidades indígenas envolvidas ou à Funai. (VI) a atuação das Forças Armadas e da Polícia Federal na área indígena, no âmbito de suas atribuições, fica assegurada e se dará independentemente de consulta às comunidades indígenas envolvidas ou à Funai. (VII) o usufruto dos índios não impede a instalação, pela União Federal, de equipamentos públicos, redes de comunicação, estradas e vias de transporte, além das construções necessárias à prestação de serviços públicos pela União, especialmente os de saúde e educação. (VIII) o usufruto dos índios na área afetada por unidades de conservação fica sob a responsabilidade do Instituto Chico Mendes de Conservação da Biodiversidade. (IX) o Instituto Chico Mendes de Conservação da Biodiversidade responderá pela administração da área da unidade de conservação também afetada pela terra indígena com a participação das comunidades indígenas, que deverão ser ouvidas, levando-se em conta os usos, tradições e costumes dos indíge-

terras indígenas, a ser uniformemente seguida pelos órgãos jurídicos da Administração Pública Federal direta e indireta, determinando que se observe o decidido pelo Supremo Tribunal Federal na Pet. 3.888-Roraima. Em decorrência da repercussão dessa publicação, a AGU editou a Portaria n. 415/2012, determinando que a Portaria n. 303/2012 deverá entrar em vigor no dia seguinte ao da publicação do acordo nos embargos declaratórios, a ser proferido na mencionada Pet. 3388-RR que tramite no STF.

Cumpre mencionar, ainda, a Portaria Interministerial MMA/MJ/MC/MS n. 419/2011, que regulamenta a atuação da Funai, da Fundação Palmares, do Iphan e do Ministério da Saúde, incumbidos da elaboração de parecer em processo de licenciamento ambiental a cargo do Ibama, a quem compete, por sua vez, no início do procedimento, solicitar informações sobre possíveis interferências em terras indígenas.

De acordo com o art. 3º, § 2º, I dessa Portaria, presume-se a interferência quando a atividade ou o empreendimento submetido ao licenciamento ambiental localizar-se em terra indígena TI ou apresentar elementos que

---

nas, podendo para tanto contar com a consultoria da Funai. (X) o trânsito de visitantes e pesquisadores não índios deve ser admitido na área afetada à unidade de conservação nos horários e condições estipulados pelo Instituto Chico Mendes de Conservação da Biodiversidade. (XI) devem ser admitidos o ingresso, o trânsito e a permanência de não-índios no restante da área da terra indígena, observadas as condições estabelecidas pela Funai. (XII) o ingresso, o trânsito e a permanência de não índios não pode ser objeto de cobrança de quaisquer tarifas ou quantias de qualquer natureza por parte das comunidades indígenas. (XIII) a cobrança de tarifas ou quantias de qualquer natureza também não poderá incidir ou ser exigida em troca da utilização das estradas, equipamentos públicos, linhas de transmissão de energia ou de quaisquer outros equipamentos e instalações colocadas a serviço do público, tenham sido excluídos expressamente da homologação, ou não. (XIV) as terras indígenas não poderão ser objeto de arrendamento ou de qualquer ato ou negócio jurídico que restrinja o pleno exercício do usufruto e da posse direta pela comunidade indígena ou pelos índios (art. 231, § 2º, Constituição Federal c/c art. 18, caput, Lei n. 6.001/73). (XV) é vedada, nas terras indígenas, a qualquer pessoa estranha aos grupos tribais ou comunidades indígenas, a prática de caça, pesca ou coleta de frutos, assim como de atividade agropecuária ou extrativa (art. 231, § 2º, Constituição Federal, c/c art. 18, § 1º, Lei n. 6.001/73). (XVI) as terras sob ocupação e posse dos grupos e das comunidades indígenas, o usufruto exclusivo das riquezas naturais e das utilidades existentes nas terras ocupadas, observado o disposto nos arts. 49, XVI e 231, § 3º, da CR/88, bem como a renda indígena (art. 43 da Lei n. 6.001/73), gozam de plena imunidade tributária, não cabendo a cobrança de quaisquer impostos, taxas ou contribuições sobre uns e ou outros. (XVII) é vedada a ampliação da terra indígena já demarcada. (XVIII) os direitos dos índios relacionados às suas terras são imprescritíveis e estas são inalienáveis e indisponíveis (art. 231, § 4º, CR/88). (XIX) é assegurada a participação dos entes federados no procedimento administrativo de demarcação das terras indígenas, encravadas em seus territórios, observada a fase em que se encontrar o procedimento.

possam gerar dano socioambiental direto no interior das terras indígenas, respeitada distância limite de 40 quilômetros ou reservatório acrescido de 20 quilômetros a jusante, quando a usina hidrelétrica estiver localizada na Amazônia Legal.

CONSIDERAÇÕES FINAIS

Diante de todo exposto, é possível depreender que o licenciamento ambiental de empreendimentos do setor elétrico, notadamente de usinas hidroelétricas, é extremamente complexo e demanda uma análise coordenada, sistêmica, multidisciplinar e conjuntural sob todos os aspectos, no caso, jurídicos, técnicos, ambientais, econômicos, institucionais, tecnológicos, políticos, sociais, entre outros.

Assim, neste capítulo, o desafio foi apontar de forma sintetizada os principais instrumentos legais e normativos que subsidiam o Estudo de Impacto Ambiental de um aproveitamento hidrelétrico, com destaque para as seguintes matérias, tópicos e/ou temas que perpassam o licenciamento: planejamento do setor elétrico, PAC, AAI, EIA/Rima, audiência pública, recursos minerais, mudanças climáticas, recursos hídricos, Lei de Segurança de Barragens, compensação financeira pela geração hidrelétrica, APP, reserva legal, unidade de conservação, compensação ambiental, ZEE da Amazônia Legal, Áreas Prioritárias para Conservação, Utilização Sustentável e Repartição de Benefícios da Biodiversidade Brasileira, flora, fauna, saúde pública, resíduos sólidos, educação ambiental, patrimônio histórico, artístico, cultural e arqueológico, patrimônio espeleológico, desapropriação e declaração de utilidade pública, cadastro socioeconômico, comunidades tradicionais e quilombolas, e questões indígenas.

REFERÊNCIAS

BRASIL. Ministério de Minas e Energia e Empresa de Pesquisa Energética. Plano Decenal de Expansão de Energia 2019. Brasília, DF, 2010. Disponível em: http://www.epe.gov.br/PDEE/Forms/EPEEstudo.aspx. Acessado em: 10 dez. 2013.

_____. Plano Decenal de Expansão de Energia 2021. Brasília, DF, 2012. Disponível em: http://www.epe.gov.br/PDEE/20120924_1.pdf. Acessado em: 27 fev. 2013.

_____. Plano Nacional de Energia 2030: Geração Hidrelétrica. Brasília, DF, 2007. Disponível em: http://www.epe.gov.br/PNE/20080512_3.pdf. Acessado em: 10 dez. 2013.

BRASIL. Ministério do Planejamento. Programa de Aceleração do Crescimento: PAC 2. Brasília, DF, 2011. Disponível em: http://www.pac.gov.br/obra/8396. Acessado em: 10 dez. 2013.

_____. Plano de Aceleração do Crescimento: PAC 2, 1º Balanço Eixo Energia. Disponível em: http://www.pac.gov.br/pub/up/relatorio/49d8db11c7ce9549ca01e831 e502d23e.pdf. Brasília, DF, 2011. Acessado em: 10 dez. 2013.

BRASIL. Ministério do Meio Ambiente, Secretaria de Biodiversidade e Florestas. Mapa das Áreas Prioritárias para a Conservação, Utilização Sustentável e Repartição de Benefícios da Biodiversidade Brasileira: Atualização – Portaria MMA n. 9, de 23 de janeiro de 2007. Brasília, DF, 2007. Disponível em: http://www.mma.gov. br/estruturas/chm/_arquivos/biodiversidade31.pdf. Acessado em: 10 dez. 2013.

_____. Plano Estratégico Nacional de Áreas Protegidas. Brasília, DF, 2006. Disponível em: http://www.mma.gov.br/estruturas/205/_arquivos/planonacionaareas-protegidas_205.pdf. Acessado em: 10 dez. 2013.

_____. Secretaria Executiva de Biodiversidade e Florestas. Programa Áreas Protegidas da Amazônia ARPA – FASE II. Brasília, DF, 2009. Disponível em: http://www. mma.gov.br/estruturas/sbf_arpa2008/_arquivos/docgoverno_arpa_versaoconsultapublica_154.pdf. Acessado em: 10 dez. 2013.

_____. Ministério de Minas e Energia e Instituto Interamericano de Cooperação para a Agricultura. Manual de Procedimentos e Rotinas Administrativas do Cadastro Socioeconômico da População Atingida por Empreendimentos de Geração de Energia Hidrelétrica. Brasília, DF, 2012. Disponível em: http://www.abce.org.br/ downloads/Manual-CSE2-revisado-final.pdf. Acessado em: 18 fev. 2015.

_____. Ministério do Meio Ambiente. Plano Amazônia Sustentável: Diretrizes para o Desenvolvimento Sustentável da Amazônia Brasileira. Brasília, DF, 2008. Disponível em: http://www.sae.gov.br/site/wp-content/uploads/PAS.pdf Acessado em: 18 fev. 2015.

_____. Governo Federal, Comitê Interministerial sobre Mudança do Clima. Plano Nacional sobre Mudança do Clima. Brasília, DF, 2008. Disponível em: http:// www.dialogue4s.de/_media/Brazil_National_Climate_Change_Plan.pdf. Acessado em: 10 dez. 2013.

_____. Governo Federal, Grupo Permanente de Trabalho Interministerial para a Redução dos Índices de Desmatamento da Amazônia Legal. Plano de Ação para a Prevenção e Controle do Desmatamento na Amazônia Legal. Brasília, DF, 2004. Disponível em: http://www.fundoamazonia.gov.br/FundoAmazonia/export/sites/default/site_pt/Galerias/Arquivos/Publicacoes/PPCDAM.pdf. Acessado em: 10 dez. 2013.

Adaptação a Questões Climáticas: Conceitos, Métodos Introdutórios e Utilização das Normas Jurídicas

17

Aline Matulja
Universidade de São Paulo

Vladimir Passos de Freitas
Pontifícia Universidade Católica do Paraná

INTRODUÇÃO

As mudanças climáticas e suas consequências são pauta de discussões internacionais desde 1990, quando criada a Convenção das Nações Unidas sobre Mudanças Climáticas (UNFCCC), tratado internacional para redução do aquecimento global e enfrentamento de suas consequências. Desde então, grande volume de produção científica tem apresentado abordagens para quantificação de seus impactos à economia, saúde, produção de alimentos, migração de população e biodiversidade, alertando a sociedade para um panorama de catástrofes e algumas oportunidades benéficas para o futuro.

Embora tais estimativas não representem a realidade, em razão da complexidade do sistema terrestre e espacial, o paradigma da precaução para o enfrentamento dos possíveis impactos tem norteado a adoção de políticas de adaptação. O Brasil aprovou em 2009 sua Política Nacional sobre Mudança do Clima (PNMC) (Lei federal n. 12.187/2009), que tem a adaptação como um de seus objetivos.

A ideia primordial do conceito de adaptação, segundo Satterthwaite et al. (2007), é de que alterações no clima global já se manifestam e serão agravadas, independentemente de terem ou não origem antrópica. A adaptação concentra seus esforços na redução de vulnerabilidades atuais e projetadas, aumentando a capacidade de resposta às alterações do clima em escala global ou local.

A aplicação desse conceito no âmbito de políticas públicas implica ampla discussão entre Poder Público, instituições científicas, população e outros atores, gerando caminhos criativos e cooperativos para os problemas, desde a identificação das vulnerabilidades até a adoção de medidas efetivas de adaptação (Ravetz, 2004; Giatti, 2009).

Este capítulo se destina a gestores públicos, lideranças da sociedade civil organizada, tomadores de decisão de empresas privadas, pesquisadores e aqueles que deparem com o desafio de elaborar planos de adaptação a mudanças do clima ou outros estudos correlatos. Para isso, serão abordados alguns conceitos que auxiliam a construção cognitiva dos passos a ser seguidos, uma vez que os métodos disponíveis devem ser adaptados caso a caso, de acordo com o escopo, a abrangência e os objetivos da iniciativa. Em seguida, um estudo de caso ilustrará um diagnóstico de adaptação de escopo urbano, abrangência local e objetivo de pesquisa científica.

Agradecemos àqueles que contribuíram à reflexão e discussão que geraram este capítulo de forma interdisciplinar. Os professores Arlindo Philippi Junior e Maria do Carmo Sobral ofereceram a densidade de sua experiência, aportando elementos científicos aplicados da gestão ambiental. Professor Leandro Luiz Giatti provocou reflexões metodológicas para atualização do pesquisar em saúde pública, ao que a abordagem complexa é inerente. O ambiente de pesquisa era composto de grupo heterogêneo de pesquisadores da rede Siades, incluindo advogados, biólogos, urbanistas, psicólogos e engenheiros que, além de seus conhecimentos especializados, traziam às reuniões a disposição em estabelecer um domínio linguístico comum.

DO ESCOPO, ABRANGÊNCIA E OBJETIVOS DE UM ESTUDO DE ADAPTAÇÃO

O primeiro passo para um estudo aplicado de adaptação é o delineamento mínimo de seu escopo, abrangência e objetivos, a fim de nortear a seleção de disciplinas e atores imprescindíveis à discussão, ao nível de detalhamento e também às finalidades pretendidas.

A definição do escopo do Plano de Adaptação, dessa forma, pode reunir diversas especialidades e pontos de vista. Quanto mais complexa a rede de pensadores que discute origens e relações entre os problemas abordados, mais implicado com a realidade multidimensional e multirreferencial estará o Plano de Adaptação, conforme nos indicam os estudos sobre complexidade e interdisciplinaridade de Morin (2009), Alvarenga et al. (2011), Raynault e Zanoni (2011), entre outros. Como exemplos de escopos pode-se ter a configuração de riscos em um tecido urbano ou a produção agrícola no meio rural em um bioma em transformação.

A ideia de abrangência está relacionada com o alcance geográfico das ações pretendidas. Quanto menor a abrangência geográfica, maior a profundidade e o detalhamento a que se chega, como quantas famílias vivem sob risco de deslizamentos ou períodos de estiagem. Por outro lado, uma abrangência mais extensa, ao nível de uma nação, por exemplo, pode melhor atuar em diretrizes macro, como é o caso das políticas de migração ou comércio exterior.

Os objetivos definidos oferecem o grau de comprometimento da análise com a transformação da realidade. O objetivo científico pode gerar um conhecimento novo, que poderá ser replicado para a compreensão dos fenômenos ligados à adaptação, assim como recomendar diretrizes e participar de sua implementação. O objetivo da gestão pública pode estabelecer políticas e acordos para as mudanças necessárias, associando-a inclusive a metas concretas e recursos financeiros necessários. Finalmente, o objetivo de análise jurídica diz respeito às formas cabíveis de provocação do Poder Judiciário para a implementação de políticas públicas, caso se omita o Poder Executivo.

É possível, e até mesmo esperado, que as definições iniciais se ajustem ao longo dos estudos, uma vez que as questões de saúde ambiental, suas origens e relações se tornam mais claras aos envolvidos.

RISCOS E VULNERABILIDADES

A adaptação foi definida pelo Painel Intergovernamental de Mudanças Climáticas (IPCC) (2007) como o ajuste em sistemas naturais ou humanos em resposta a estímulos climáticos ou seus efeitos (atuais ou esperados), que amenizam seus danos ou exploram suas oportunidades benéficas.

O conceito de adaptação possui teor preventivo que o aproxima dos desafios do campo de conhecimento em saúde pública. Segundo Ebi e Semenza (2008), a adaptação pode contemplar os três níveis de prevenção:

Primário: reduzindo exposição ao fator climático (p. ex., com o redesenho de cidades).
Secundário: prevenindo emergência ou reemergência de doenças (p. ex., as doenças infecciosas e parasitárias).
Terciário: minimizando o sofrimento causado pelos danos quando ocorrerem.

Outro elo importante do conceito de adaptação com a saúde, mais especificamente com o campo da saúde ambiental, é o reconhecimento da existência de incertezas sobre relações causais que configuram os riscos e que, portanto, orientam a pesquisa e as intervenções pelo paradigma da precaução, de modo que não se submetam populações à espera por comprovações (Giatti, 2009). Compreendendo que a ciência reduz seu alcance ao fechar-se no diálogo restrito aos seus tradicionais pares, uma maneira de considerar o saber extracientífico é ampliar a comunidade de pares para grupos não incluídos, realizando uma ciência aberta e mais democrática. Vantagens disso se refletem na emergência de caminhos criativos para os problemas identificados, ou mesmo a emergência de relações causais possíveis desconhecidas a priori (Ravetz, 2004; Giatti, 2009).

Em síntese, um plano de adaptação é um conjunto de ações para o ajuste do sistema (que pode ser uma cidade, um bairro, uma atividade econômica, ou mesmo uma instituição), visando a reduzir os fatores de vulnerabilidade e assim elevar a capacidade de resposta aos riscos, que possam gerar perturbações à qualidade de vida da população, à produção ou à própria existência do sistema.

As ações de um plano de adaptação se dirigem a um conjunto caótico de vulnerabilidades, e sua efetividade em longo prazo se consolida à medida que as causas essenciais das vulnerabilidades são tratadas.

O conceito de vulnerabilidade reúne aspectos que tornam áreas, cidades, grupos ou indivíduos particularmente suscetíveis aos danos resultantes dos perigos (Gasper et al., 2011). Pode depender de fatores como densidade populacional, nível de desenvolvimento econômico, disponibilidade de alimentos, condições ambientais, estado de saúde da população, entre outros aspectos (Corvalan, 2003). Assim, vulnerabilidade é o conjunto dinâmico, resultado de interações complexas envolvendo processos físicos e

ADAPTAÇÃO A QUESTÕES CLIMÁTICAS | **531**

sociais que compõem a disponibilidade em oferecer respostas aos perigos e riscos (Marandola, 2009; Confalonieri et al., 2009; Few, 2007).

Por exemplo, quando uma comunidade se organiza para se retirar do foco causador de danos, como um furacão, os danos do desastre são reduzidos. Essa comunidade foi capaz de diminuir seu risco, uma vez que previu a ocorrência do perigo e tomou uma atitude e é, portanto, menos vulnerável (Tominaga, 2009).

Assim, o conceito de adaptação às mudanças climáticas pressupõe identificar em quais dimensões a sociedade deve programar estratégias que a tornem menos vulnerável. Em outras palavras, a partir do conhecimento sobre a vulnerabilidade é que se pode iniciar a identificação de possíveis caminhos à adaptação.

GOVERNANÇA E CAPACIDADE ADAPTATIVA

A adaptação não ocorre de maneira instantânea ou espontânea em um sistema. Em primeiro lugar, o sistema deve estar preparado, ou melhor, deve aumentar sua capacidade adaptativa. Isso inclui conhecimento, engajamento, capacidade institucional, recursos tecnológicos e financeiros, entre outros requisitos que caracterizam a governança do sistema (Satterthwaite et al., 2007). Assim, um sistema com alta capacidade adaptativa teria governança suficiente para operacionalizar as ações de adaptação.

Tomando-se como exemplo um sistema urbano vulnerável a questões climáticas, fica claro que o tema de adaptação é relevante às políticas públicas, planejamento e gestão, uma vez que visa reduzir fatores de vulnerabilidade e melhorar a qualidade de vida da população. Ribeiro (2011) diagnostica a situação atual, concluindo:

> Se é verdade, portanto, que essas catástrofes são geradas por incidentes climáticos fora do comum, os seus efeitos resultam de um padrão muito comum de gestão das nossas cidades, onde o planejamento, a regulação e a rotina das ações são substituídos por um padrão de operações por exceções, com os órgãos da administração pública fragilizados. Nesse quadro de gestão urbana, os previsíveis problemas causados pelos igualmente previsíveis eventos climáticos somente podem ser respondidos por ações emergenciais, o que contribui decisivamente para a reprodução da precariedade das nossas improvisadas cidades. Estamos diante dos resultados de uma catastrófica gestão urbana.

Essa descrição demonstra que a falta de planejamento (ou implementação de planos existentes) e a baixa capacidade institucional do sistema de gestão urbana culmina na produção de desastres que poderiam ser evitados ou reduzidos.

O momento do desastre, além de evidenciar vulnerabilidades da população, pode explicitar a vulnerabilidade da governança local, em que uma ruptura pode instalar-se de forma tão drástica quanto mais frágil for a relação de confiança entre Poder Público e populações vulneráveis, em razão da ausência de mecanismos de transparência que legitimem a ação das instituições perante situações de risco. Esta é a principal conclusão da pesquisa sobre governança de riscos de Marchi e Ravetz (1999), que analisou três casos de riscos e desastres. Sistemas de informações sobre os riscos acessíveis ao público e periodicidade no diálogo entre governo e cidadãos sobre as ações de redução de riscos e proteção civil são caminhos para o fortalecimento da relação de confiança.

A inserção de uma agenda de adaptação deve ampliar a efetividade de políticas públicas atuais de saúde e ambiente que não apresentam resultados (Bush et al., 2011), já que falhas em planejamento e gestão urbanos nem sempre estão associadas à ausência de políticas públicas, mas às dificuldades de implementação, desde fragilidades estruturantes, como quantidade e qualidade do quadro de funcionários, passando pela fragmentação setorial, até problemas na interação entre níveis de gestão, entre instituições e a sociedade civil organizada.

Trata-se de um problema de governança, mencionado por diversos autores como fator determinante da capacidade adaptativa, apesar de atribuírem diferentes conceitos ao termo. Para Cissé et al. (2011), que estudou cidades no continente africano, governança local simplesmente traduz o modelo político de cada cidade em que se tem um governante eleito ou nomeado. Costello et al. (2009) dão à governança sentido de ampliação da democracia, redução das desigualdades e conexão entre os níveis de gestão local e global.

Brooks et al. (2005), incluiu em seu modelo de análise algumas variáveis da governança, entre as quais se destacam: eficácia das políticas e dos governos; controle da corrupção; capacidade de oferecer serviços; disposição para investir na adaptação; estabilidade política; qualidade regulatória; e participação social na tomada de decisão.

A integração entre políticas públicas é central nas estratégias de governança de Goater et al. (2011), visando garantir o abastecimento de água potável em situações de estresse climático na Austrália. O estudo de Sharma e

Tomar (2010) aprofundou esse sentido, indicando ser a intersetorialidade o condicionante da governança urbana local no tocante à adaptação. Seus resultados, a partir da análise de ações setoriais para redução de desastres em cidades indianas, propõem que a adaptação seja o *mainstream* (corrente principal) do planejamento urbano, exigindo a formação de parcerias entre diversos setores, como saúde, saneamento, habitação e outros.

No Brasil, a adaptação é objetivo da Política Nacional sobre Mudança do Clima (PNMC), aprovada em dezembro de 2009, seguindo a lógica das discussões internacionais. Em seu art. 2º, adaptação resume-se a:

> Art. 2º [...] iniciativas e medidas para reduzir a vulnerabilidade dos sistemas naturais e humanos frente aos efeitos atuais e esperados da mudança do clima.

Essa definição está de acordo, de forma simplista, com a literatura estudada, contanto que estejam incluídos em "mudanças do clima" os efeitos indiretamente relacionados ao clima. As enchentes, por exemplo, possuem origens naturais, mas também antrópicas relativas ao ambiente construído e ao desmatamento.

Em seu art. 11, a PNMC coloca a natureza transversal da adaptação às políticas setoriais:

> Art. 11. Os princípios, objetivos, diretrizes e instrumentos das políticas públicas e programas governamentais deverão compatibilizar-se com os princípios, objetivos, diretrizes e instrumentos desta Política Nacional sobre Mudança do Clima.

Do objetivo da adaptação expresso nessa lei destacam-se, também, a importância de participação social das populações vulneráveis e a cooperação entre os entes da federação:

> V – à implementação de medidas para promover a adaptação à mudança do clima pelas 3 (três) esferas da Federação, com a participação e a colaboração dos agentes econômicos e sociais interessados ou beneficiários, em particular aqueles especialmente vulneráveis aos seus efeitos adversos. (Brasil, 2009, art. 4º).

Dessa forma, a PNMC se propõe aos desafios de governança encontrados na literatura. Entretanto, a adaptação exige um sistema institucional que coloque a redução de riscos decorrentes de questões climáticas no centro de seu desenvolvimento econômico e social (Costello et al., 2009) e, portanto, implica outras políticas públicas. Tominaga (2009, p. 160) resgata alguns instrumentos que poderiam contribuir para a redução de riscos para o caso de desastres:

> [...] a maior parte dos desastres decorrentes de fenômenos naturais pode ser reduzida, minimizada ou até mesmo evitada, se forem adotadas medidas de prevenção e de disciplinamento do uso e ocupação do solo. Os instrumentos legais para as ações de planejamento são os Planos Diretores Municipais, os Zoneamentos Ecológico-Econômicos (ZEEs), as Áreas de Proteção Permanentes (APPs), o Conama e outros. Os mapas de suscetibilidade, de perigo e de risco são os instrumentos técnicos que fornecem subsídios a essas ações.

Ao analisar a saúde ambiental em áreas de pobreza extrema, Razzolini e Günther (2008, p. 21) concluem:

> O caminho para reverter esse cenário é a implementação integrada de políticas públicas de gestão, que envolvam ações conjuntas e ajustadas nos setores de desenvolvimento urbano, habitação, saneamento e saúde e que visem à promoção e à proteção da saúde da população local e ao enfrentamento da complexidade de fatores que evidenciam sua vulnerabilidade.

Além da integração de políticas públicas, outros fatores contribuem para a formação da capacidade adaptativa de um sistema governamental ou não, local ou em outras escalas. O capital social comunitário, as condições socioeconômicas, a infraestrutura e a responsabilidade de governos e instituições são alguns fatores levantados por Ebi e Semenza, 2008.

O IPCC (2001) identificou oito classes gerais de determinantes da capacidade adaptativa, a saber:

- As opções tecnológicas.

- Os recursos.

- A estrutura institucional de tomada de decisão.

- O estoque de capital humano.

- O estoque de capital social, incluindo a definição dos direitos de propriedade.

- A gestão compartilhada de riscos.
- A gestão e a credibilidade das informações fornecidas pelos tomadores de decisão.
- A percepção de riscos e exposição da população.

Em uma aproximação temporal, Satterthwaite et al. (2007) define que a capacidade adaptativa de um sistema pode ter ênfase anterior ou posterior aos desastres. As ações de adaptação pré-desastre devem reduzir as vulnerabilidades onde é possível, por exemplo, melhorando o sistema de drenagem urbana, aprimorando as habitações ou transferindo a população de áreas perigosas. Já as ações pós-desastre enfocam não somente o apoio à reconstrução, mas também a promoção de medidas para a redução de riscos a perigos futuros. O mesmo autor coloca, ainda, que a capacidade adaptativa depende de três atitudes ainda raras:

- Participação da sociedade, principalmente das populações mais vulneráveis.
- Integração da gestão de riscos no planejamento urbano.
- Integração entre setores da gestão pública, como água, habitação e transporte.

ESTUDO DE CASO: CAPACIDADE ADAPTATIVA NO BIOMA MATA ATLÂNTICA

A síntese conceitual sobre vulnerabilidade, adaptação e capacidade adaptativa apresentada forma a base para o desenvolvimento e a aplicação do modelo de análise para municípios do bioma Mata Atlântica que será apresentado a seguir.

O escopo foi o tecido urbano, em especial o relativo à habitação em áreas de risco a movimentos de massa (rastejos, escorregamentos e quedas de blocos, principalmente) e inundações induzidos por ocorrência de chuva. A abrangência local (municipal) determinou os atores envolvidos e o nível de agregação dos indicadores escolhidos. O objetivo deste estudo foi científico, dentro do campo de conhecimento em Saúde Pública com concentração em Saúde Ambiental, dentro da linha de pesquisa em Política, Planejamento e Gestão[1].

Metodologia para análise das vulnerabilidades

A metodologia utilizada é composta de um mosaico de metodologias levantadas em bibliografias nacionais e internacionais e adaptadas para o estudo.

Para a análise das vulnerabilidades, adotou-se a lógica da matriz FPSEEA, que se propõe a analisar as causalidades de agravos de saúde ambiental desde suas forças motrizes até os efeitos para a saúde humana. A matriz, composta de diversos indicadores em cadeia, foi desenvolvida principalmente no âmbito de uma parceria entre a Organização Mundial da Saúde (OMS), o Programa das Nações Unidas para o Meio Ambiente (Pnuma) e a Agência de Proteção Ambiental dos EUA (US-EPA) (Briggs, 2004). Desde então, tem sido aplicada em projetos acadêmicos de escala regional na Mata Atlântica e em biomas da Amazônia (Freitas e Giatti, 2009), e também em uma iniciativa do governo brasileiro, em nível nacional, com o objetivo de promover a coordenação entre as agências governamentais em torno de questões relacionadas à saúde ambiental, que exigem abordagem intersetorial para superá-la.

Os seis níveis da cadeia de indicadores são: (F) Forças Motrizes: condições sociodemográficas que influenciam a gênese do problema ambiental; (P) Pressão: primeiras consequências das forças motrizes que promovem pressões ao meio ambiente; (S) Situação: mudanças no ambiente resultantes de pressões; (E1) Exposição: intersecção entre a saúde humana e os riscos presentes no ambiente modificado; (E2) Efeitos: indicam os efeitos na saúde resultantes das exposições; e (A) Ações: indica respostas à vulnerabilidade em saúde ambiental ou à adaptação, que podem ser dirigidas a mitigar cada um dos níveis da cadeia de vulnerabilidades (Freitas e Giatti, 2009; Briggs, 2004).

---

[1] O estudo de caso apresentado foi objeto da dissertação de mestrado da autora intitulado "Capacidade adaptativa no bioma Mata Atlântica: estudo de caso do município de São Sebastião, Litoral Norte de São Paulo", apresentada ao Programa de Pós Graduação em Saúde Pública, sob orientação de Arlindo Philippi Jr.

Um conjunto de onze indicadores foi selecionado para analisar a vulnerabilidade relacionada a fatores socioeconômicos, de uso do solo, habitação, saneamento, defesa civil e saúde. As fontes pesquisadas foram bancos de informações oficiais como IBGE e Datasus, bem como dados secundários coletados junto à municipalidade, como ocorrências registradas pela Defesa Civil, a Vigilância Epidemiológica e o Mapeamento de Risco Geológico. Foi empregado processamento de imagens de satélite para determinar áreas ambientalmente frágeis segundo topografia e hidrografia do município.

Metodologia para análise da capacidade adaptativa

Para análise da capacidade adaptativa do município frente às vulnerabilidades levantadas, procedimentos qualitativos de pesquisa foram empregados envolvendo entrevistas com gestores municipais e observação participante.

A abordagem qualitativa teve enfoque em cinco setores da administração pública: uso e ocupação do solo, habitação, saneamento, defesa civil e saúde. Investigou-se a estrutura e a dinâmica municipal referentes à Política Pública, ao Planejamento e à Gestão em cada um desses setores.

Com relação à Política Pública, verificou-se a adequação ou atualização de lei municipal em relação aos marcos regulatórios estadual e/ou federal. No âmbito do Planejamento, levantou-se a existência de instrumento oficial de planejamento e adequação quanto ao seu período de vigência. Já sobre o Sistema de Gestão dos setores, levantou-se:

- Capacidade institucional da estrutura municipal.

- Existência e qualidade do sistema de informações (coleta, periodicidade e disponibilização de informações).

- Os mecanismos de gestão intersetorial das vulnerabilidades.

- Mecanismos de gestão interinstitucional das vulnerabilidades junto às esferas estadual e federal.

- Mecanismos de participação social/protagonismo das comunidades vulneráveis em iniciativas individuais ou coletivas.

- Recursos disponíveis à adaptação no orçamento anual municipal dos setores.

Para análise das informações, os quesitos levantados foram submetidos a uma escala de pontuação, indicando seu estágio de desenvolvimento do menos satisfatório ao mais satisfatório.

Vulnerabilidades em Saúde Ambiental em São Sebastião

O município de São Sebastião, localizado na latitude 23º 48' sul, no Litoral Norte do Estado de São Paulo, é um exemplo representativo do bioma Mata Atlântica, seja por suas características ambientais, seja por sua dinâmica de crescimento urbano.

Sua precipitação média anual varia em torno de 2.000 e 2.500 milímetros, e é derramada especialmente no verão e na primavera, combinando chuvas convectivas e frontais, também influenciadas pelo efeito orográfico promovido pelas escarpas de 800 metros da Serra do Mar.

Se o bioma Mata Atlântica é o berço da urbanização no Brasil, São Sebastião ajudou a escrever essa história, porque, assim como outras cidades costeiras, estabeleceu contato entre a colônia e Portugal (Ressurreição, 2002). Especialmente nas últimas três décadas, o município, que por um longo período esteve em isolamento, teve sua economia reaquecida em razão do petróleo, do turismo e de vocações portuárias.

Tal prosperidade atraiu, desde 1980, principalmente, migrantes de unidades da Federação com vistas a melhores condições de vida. A taxa geométrica de crescimento populacional (F1) foi de 2,48% por ano entre 2000 e 2010, 1,4% acima da taxa do Estado de São Paulo, compreendendo cerca de 73 mil pessoas. No entanto, a natural falta de espaço adequado para a urbanização (limitada a 20% da área total) somada às exigências do turismo pelas melhores localidades, resulta em elevado preço das terras regulares para ocupação. Como resultado, a cidade cresce em direção a terrenos de mais de 17º de declividade ou em distâncias menores de 30 metros de cursos d'água, ou ainda áreas protegidas. Na década de 2000, a ocupação inadequada em áreas com essas características, que chamamos nesse trabalho de áreas ambientalmente frágeis, aumentou 53%, atingindo 18% da expansão urbana (P1).

Essa dinâmica resulta em um contingente de 17% da população vivendo em áreas de risco mapeadas (S1), delimitadas por meio de parâmetros geológicos pelo Instituto Geológico de São Paulo. A maioria das áreas de risco está em áreas ambientalmente frágeis.

Os registros de desastres validam o indicador de uso do solo como um fator de vulnerabilidade: 87% dos registros de desastres ocorreram em áreas ambientalmente frágeis e/ou áreas de risco mapeadas, enquanto apenas 13% dos registros referem-se a áreas sem restrições, adequadas para a urbanização.

Os fatores ambientais interagem com fatores sociais e amplificam os riscos de movimentos de massa e inundações em São Sebastião, de maneira não uniforme entre os bairros.

A desigualdade social intraurbana é força motriz da exposição da população de baixa renda aos desastres: 64% dos registros de desastres ocorreram em setores censitários com concentração de população que vive abaixo da linha de indigência, com renda mensal per capita inferior a 70 reais[2]. Destes, 94% dos registros referem-se a ocorrências em áreas ambientalmente sensíveis e/ou áreas de risco, possivelmente únicas áreas acessíveis ao poder aquisitivo dessa população. É importante ressaltar que esse extrato social (indigentes) é um indicador da distribuição espacial da pobreza na cidade, uma vez que esses setores também concentram famílias com renda per capita mensal acima de 70 reais, mas ainda sem poder de compra, em locais mais seguros ou com habitações com estrutura adequada para as condições de risco geotécnico.

Outra desigualdade intraurbana demonstrada na análise de indicadores está na cadeia de pressão ambiental, mais especificamente na prestação de serviços de saneamento. É sabido que o lançamento de água em terrenos íngremes pode aumentar o risco de movimentos de massas (Tominaga et al., 2009). Foi apurado que 26 dos 34 registros de movimento de massa em assentamentos precários ocorreram em setores censitários com insuficiências no abastecimento de água e/ou coleta de esgoto (indicadores P2 e P3). No entanto, há também a ocorrência de movimentos de massa em bairros com melhores condições sociais, também com déficit de serviços de saneamento, mas em menor número (sete entre quinze ocorrências).

A falta de melhores condições de saneamento também é um fator de vulnerabilidade da cadeia de exposição humana aos problemas de saúde, particularmente pelo contato humano com as águas da inundação. Das inundações registradas, 95% ocorreram em locais onde serviços públicos

---

[2] Dados de renda extraídos do Censo do IBGE 2010.

de coleta de esgoto são ausentes ou têm baixa cobertura. As maiores taxas de doenças diarreicas agudas por 1.000 habitantes (EF3) foram encontradas em áreas que registraram mais casos de inundação e que também têm baixa cobertura de coleta de esgoto.

Capacidade Adaptativa de São Sebastião

O município de São Sebastião convive com barreiras e potencialidades ao avanço da capacidade adaptativa nos setores mais relevantes da gestão de vulnerabilidades a movimentos de massa e inundações.

Todos os setores obtiveram pontuações totais medianas, com exceção do setor de saúde, que se apresentou mais avançado em sua capacidade adaptativa. As piores pontuações pertencem ao setores de saneamento e defesa civil. A baixa pontuação para saneamento reflete os impasses enfrentados para a universalização dos serviços (baixo orçamento, organização, capacidade técnica instalada etc.), cuja superação melhoraria a qualidade de vida da população. A baixa pontuação para defesa civil denota sua baixa capacidade institucional para o trato das questões de redução de risco e integração com demais setores.

A área da saúde, que possui maior nota no critério de orçamento anual, também obteve destaque na pontuação total em razão, sobretudo, de suas articulações com as esferas estadual e federal, bem como pela capacidade institucional e ativa participação da sociedade civil organizada. Entretanto, o contraste entre a saúde e os demais setores consolida a conclusão de que São Sebastião ainda concentra esforços nos efeitos das vulnerabilidades e não em suas forças motrizes e pressões ambientais.

No entanto, enquanto estratégia de redução dos fatores de vulnerabilidade a movimentos de massa e inundações, a adaptação exige mais do que o sucesso isolado dos setores; exige uma sinergia entre suas políticas. Em outras palavras, a adaptação demanda o ajuste de seu sistema de governança, colocando a redução das vulnerabilidades atuais e futuras como pré-requisito central de seu desenvolvimento econômico e social.

A avaliação geral da capacidade adaptativa no município recebeu pontuação igual a 7 em uma escala variando de -120 a 120, ou seja, encontra-se "na metade da trajetória à capacidade adaptativa", segundo os critérios de análise. O alcance da capacidade adaptativa desejada permitiria, portanto, que os setores da gestão pública exercessem a plenitude de suas funções de

ADAPTAÇÃO A QUESTÕES CLIMÁTICAS | **541**

maneira integrada e equilibrada. Nesse sentido, a capacidade institucional desses setores, em qualidade e quantidade de funcionários e equipamentos adequados é fundamental. Entretanto, esse critério obteve baixa pontuação em São Sebastião. Isso decorre do baixo orçamento anual das áreas de uso e ocupação do solo, habitação, saneamento e defesa civil.

Por meio dessa análise, fica explícita a importância de instrumentos de planejamento que orientem o direcionamento dos recursos para essas áreas, reduzindo a dependência da "vontade política" de investir e suas variações de acordo com os períodos de gestão. A década de 2000 apresenta especial oportunidade de desenvolvimento de Planos nos municípios brasileiros, impulsionados sobretudo por políticas nacionais. Exemplos disso são as exigências legais para elaboração do Plano Diretor, Plano Local de Habitação de Interesse Social e o Plano Municipal de Saneamento Básico. A integração intersetorial, que obteve pontuação mediana nesse estudo de caso, é imperativa para que se estabeleça a coerência e a complementaridade dos Planos supracitados.

Nesse contexto, é imediatamente necessário o fortalecimento dos mecanismos de participação e controle social, a fim de que os programas e metas para a redução dos fatores de vulnerabilidade sejam considerados e priorizados nos planejamentos do município. Conforme observado, a participação social praticada em São Sebastião inclui de maneira insatisfatória a população vulnerável, que fica à margem dos processos decisórios e não está preparada, do ponto de vista dos meios de que dispõe, para argumentar e influir na agenda da gestão pública, conforme ilustra o depoimento de uma moradora de área inundável e desprovida de saneamento, já decretada Zonas Especiais de Interesse Social (Zeis): "a gente reclama ao nosso prefeito que melhore essa estrada. É só o que a gente pede."

As ações de educação ambiental do município, se valorizadas e continuadas, representam potencialidade que, em médio e longo prazos, qualificarão a participação cidadã de comunidades vulneráveis e, consequentemente, promoverão o aumento da capacidade adaptativa em bases comunitárias. Foram identificadas, por meio da observação participante, associações de bairro e escolas engajadas com questões ambientais em áreas de risco que, pela pertinência e qualidade ao tema dessa pesquisa, merecem destaque.

As iniciativas de sucesso nas parcerias intersetoriais e interinstitucionais da gestão pública levantadas neste estudo de caso demonstram que há, tanto no corpo técnico quanto nos instrumentos e instituições da gestão pública, estímulos para a governança.

Por um lado, é certo que o envolvimento dos atores faz emergir tensões sociais relativas à diversidade de interesses que atuam sobre as vulnerabilidades de São Sebastião. O interesse econômico da especulação imobiliária é oposto ao interesse social da população de habitar locais dignos próximos a seu trabalho e a seus laços afetivos. Ambos frequentemente se opõem ao interesse ambiental de proteção das encostas e recursos hídricos.

No entanto, há pontos de convergência entre esses e outros interesses que podem surtir efeitos positivos na redução das vulnerabilidades, gerando novos padrões de gestão do território urbano, a partir do objetivo de qualidade de vida, bem-estar e saúde que atrai e mantém a população em São Sebastião.

A governança para adaptação, em seu sentido amplo de integração de políticas públicas e aprofundamento da democracia, configura uma oportunidade de valorização e respeito aos limites do suporte biogeofísico das cidades, imperativo em tempos de intensa transição urbana no bioma Mata Atlântica.

ASPECTOS JURÍDICOS RELACIONADOS COM A QUESTÃO CLIMÁTICA

A questão da mudança do clima é pouco estudada e avaliada do ponto de vista do Direito. São praticamente inexistentes as pesquisas jurídicas relacionadas à matéria. Certamente porque a quase totalidade das normas que acabam refletindo no fator clima são as que já protegem, originariamente, o meio ambiente. Portanto, o que acaba sendo estudado são as normas ambientais em geral e não as relacionadas com o câmbio climático, muito embora alguns o vejam como uma subespecialidade jurídica do Direito Ambiental (Clabot, 2007, p. 23).

Pode-se afirmar que no Brasil, antes mesmo da adesão a Acordos Internacionais, alguns textos legislativos revelavam preocupação com as consequências das mudanças climáticas. Assim, Bortolozzi e Freitas elencam como exemplos: Programa Nacional do Álcool (Proálcool), em 1975; Programa Nacional de Combate ao Desperdício de Energia Elétrica (Procel), em 1985; Programa de Qualidade do Ar (Proar), em 1989; Programa de Racionalização do Uso de Derivados de Petróleo e Gás Natural (Conpet), em 1991; Programa de Redução das Emissões Veiculares (Proconve), em 1993; criação do Fórum Brasileiro de Mudanças Climáticas pelo Decreto n. 3.515, de 20 de junho de 2000; Lei n. 10.438, de 26 de abril de 2002, que criou o Programa de Incentivo às Fontes Alternativas de Energia Elétrica (Proinfa) (Bortolozzi e Freitas, 2010, p. 52).

No entanto, o passo mais significativo do ingresso do assunto na pauta jurídica deu-se em 1992, quando o Brasil firmou a Convenção-Quadro das Nações Unidas sobre Mudança do Clima, em Montreal, na qual as partes se comprometeram, até o ano 2000, a retornar aos níveis de emissões de CO_2 praticados em 1992. A ela se seguiu, no ano de 1997, o Protocolo de Quioto à Convenção-Quadro, no qual o Brasil assumiu o compromisso de reduzir as emissões coletivas de seus gases de efeito estufa em pelo menos 5,2%, se comparados aos níveis de 1990, para o período de 2008 a 2012.

Os tratados internacionais são formas de uniformização das leis nacionais e, para analisar a relevância de tais pactos, ninguém melhor que Guido Soares, que observa:

> Os Estados-partes traçam grandes molduras normativas, de direitos e deveres entre eles, de natureza vaga e que, por sua natureza, pedem uma regulamentação mais pormenorizada. Para tanto, instituem, ao mesmo tempo, reuniões periódicas e regulares, de um órgão composto de representantes dos Estados-partes, a Conferência das Partes, COP, com poderes delegados de complementar e expedir normas de especificação, órgão este auxiliado por outros órgãos subsidiários, técnicos e científicos, previstos no tratado-quadro, compostos de representantes de cientistas e técnicos de todos ou de alguns dos Estados-partes. O conjunto normativo que se forma, dos dispositivos do tratado-quadro e das decisões das Conferências das Partes, as COPs, deve formar um sistema harmônico, entre os mesmos Estados-partes submetidos a todas elas. (Soares, 2002, v. 1., p. 63)

Tratados são de difícil aplicação prática, porque são genéricos. Essa é a única forma de alcançar a adesão de países com interesses diversos, por vezes antagônicos. Por exemplo, o art. 4º, e, II, da Convenção sobre Mudança do Clima, dispõe que é dever de cada parte identificar suas políticas e práticas. Evidentemente, essa abertura à autonomia de cada aderente pode resultar em um não cumprimento do ajustado.

No Brasil, para que os pactos de mudanças climáticas não fossem simbólicos, foi editada, em âmbito nacional, a Lei n. 12.187, de 19.12.2009, que trata da Política Nacional de Mudanças Climáticas. No seu art. 3º, a Lei da PNMC estabelece que as ações dela decorrentes serão executadas sob a responsabilidade dos entes políticos e dos órgãos da administração pública, sublinhando, no inciso V, que devem integrar-se às ações promovidas no âmbito estadual e municipal por entidades públicas e privadas para o enfrentamento das alterações climáticas em âmbito nacional. Mais adiante estão explicitadas as metas da PNMC.

> Art. 4º A Política Nacional sobre Mudança do Clima – PNMC visará:
> I – à compatibilização do desenvolvimento econômico-social com a proteção do sistema climático;
> II – à redução das emissões antrópicas de gases de efeito estufa em relação às suas diferentes fontes;
> III – (*vetado*);
> IV – ao fortalecimento das remoções antrópicas por sumidouros de gases de efeito estufa no território nacional;
> V – à implementação de medidas para promover a adaptação à mudança do clima pelas 3 (três) esferas da Federação, com a participação e a colaboração dos agentes econômicos e sociais interessados ou beneficiários, em particular aqueles especialmente vulneráveis aos seus efeitos adversos;
> VI – à preservação, à conservação e à recuperação dos recursos ambientais, com particular atenção aos grandes biomas naturais tidos como Patrimônio Nacional;
> VII – à consolidação e à expansão das áreas legalmente protegidas e ao incentivo aos reflorestamentos e à recomposição da cobertura vegetal em áreas degradadas;
> VIII – ao estímulo ao desenvolvimento do Mercado Brasileiro de Redução de Emissões – MBRE.

O art. 12 da Lei da PNMC estabelece que "o País adotará, como compromisso nacional voluntário, ações de mitigação das emissões de gases de efeito estufa, com vistas a reduzir entre 36,1% e 38,9% suas emissões projetadas até 2020". Referido diploma foi regulamentado pelo Decreto n. 7.390/2010, que no art. 6º estabelece as ações para a mitigação das emissões, para que o cumprimento voluntário seja alcançado até o ano de 2020. Por exemplo, o § 1º, VIII, prevê a expansão do plantio de florestas em 3 milhões de hectares.

Os estados da Federação também devem editar suas leis respectivas. O Amazonas foi pioneiro ao tornar pública, em 05.06.2007, a Lei n. 3.135, que trata da Política Estadual sobre Mudanças Climáticas, Conservação Ambiental e Desenvolvimento Sustentável do Amazonas, Programa Bolsa Floresta.

O Estado de São Paulo, em 09.11.2009, promulgou a Lei n. 13.798, que trata da Política Estadual de Mudanças Climáticas. Anterior e mais completa que a lei federal, a lei paulista inova ao dispor sobre a obrigatoriedade de comunicações quinzenais sobre a situação climática (art. 7º); avaliação ambiental estratégica (art. 8º); e a criação de um Registro Público de Emissões (art. 9º). Merece, contudo, registro especial a Seção XI, que assim dispõe:

> Do Licenciamento, Prevenção e Controle de Impactos Ambientais
> Art. 15. O licenciamento ambiental de empreendimentos e suas bases de dados deverão incorporar a finalidade climática, compatibilizando-se com a Comunicação Estadual, a Avaliação Ambiental Estratégica e o Registro Público de Emissões.
> § 1º A redução na emissão de gases de efeito estufa deverá ser integrada ao controle da poluição atmosférica e ao gerenciamento da qualidade do ar e das águas, instrumentos pelos quais o Poder Público impõe limites para a emissão de contaminantes locais.
> § 2º O Poder Público orientará a sociedade sobre os fins desta lei por meio de outros instrumentos normativos, normas técnicas e manuais de boas práticas.

Como se vê, trata-se de controle dos impactos do licenciamento ambiental sobre as mudanças climáticas, ou seja, uma via de controle preventivo de alta eficácia. Finalmente, digno de registro especial é o art. 33, que fixa prazos para o próprio Estado adequar-se às metas propostas. Assim, por exemplo, o plano de transporte sustentável deve ser elaborado em um ano, conforme o inciso VII.

Os demais estados, sucessivamente, criaram suas leis, com especificidades para as suas situações peculiares. Por exemplo, o Paraná editou a Lei n. 17.133, de 25.04.2012. No presente momento, apenas Roraima, Mato Grosso do Sul, Rio Grande do Norte, Alagoas e Sergipe não possuem lei própria, ou pelo menos Decreto, tratando da matéria[3].

Os municípios, por sua vez, também promulgaram leis adequadas às suas peculiaridades. O primeiro deles foi Palmas/TO, por meio da Lei n. 1.182/2003. São Paulo/SP foi o segundo, com a Lei n. 14.933/2009. Em seguida Manaus/AM, Belo Horizonte/MG e Rio de Janeiro/RJ.

O município de São Paulo, por sua dimensão econômica e populacional, merece especial referência. A Lei paulistana n. 14.933/2009 estabeleceu

---

[3] Disponível em: http://www.senado.gov.br/comissoes/CMMC/Livro_legislacao_ambiental_Completo_Final_17_09_2013.pdf. Acessado em: 28 dez. 2013.

as regras no âmbito de suas atribuições, não só explicitando os princípios (art. 2º), como adotando estratégias de mitigação e adaptação (art. 6º). Por exemplo, determinou a implementação de Programa de Inspeção e Manutenção Veicular para toda a frota de veículos automotores, inclusive motocicletas (art. 6º, IV, c).

No âmbito dos instrumentos econômicos, o art. 36 da lei paulista prevê o pagamento por serviços ambientais, e o art. 37, a incorporação de critérios ambientais nas licitações e contratos administrativos, iniciativas válidas para que, aliadas a outras de prevenção e de repressão, se alcance a proteção do meio ambiente e a mitigação do câmbio climático.

Finalmente, merece registro a iniciativa do Conselho Nacional de Justiça (CNJ), a respeito dos desastres ambientais que vêm se sucedendo em razão do câmbio climático. Esse órgão, de gestão do Poder Judiciário nacional, decidiu editar a Resolução n. 40, de 13.06.2012, na qual recomenda aos Tribunais do país a tomada de medidas preventivas para atenuar os efeitos de ocorrências de natureza grave. Vejamos alguns dos principais dispositivos:

Art. 1º Fica recomendado aos Tribunais de Justiça dos Estados que elaborem plano de ação para os casos de situações de emergência e estado de calamidade decretados pelo Poder competente, com as seguintes sugestões: [...] XII – elaboração de protocolo de apreciação de pedidos de autorização para sepultamento que preveja medidas para solução de dificuldades enfrentadas em outras situações de desastre ambiental, como: (I) falta de vagas em sepulturas, por conta do grande número de óbitos, indicando a conveniência de autorizar exumações em prazo inferior ao determinado na legislação; e (II) inviabilidade prática de se fazer o reconhecimento pleno dos corpos, levando a situações de risco à saúde pública pela impossibilidade de armazenar devida e condignamente os corpos insepultos, o que ensejou o reconhecimento simplificado de corpos; XIII – previsão da instalação de posto da Vara da Infância e Juventude no local de acolhimento das vítimas, preferencialmente com composição multidisciplinar (Juiz, servidores, psicólogos, assistentes sociais e Conselho Tutelar) com o objetivo de (I) realizar o diagnóstico da situação das crianças e dos adolescentes; (II) lavrar termos de entrega aos genitores desprovidos de documentação e termos de guarda provisório a familiares (inclusive família extensa), sempre com base em outros elementos que comprovem o vínculo e com o devido cuidado contra adoções fraudulentas; e (III) decidir sobre outras situações que envolvam menores em situação de risco como, por exemplo, sua remoção compulsória de áreas de alto risco.

O Tribunal de Justiça do Rio de Janeiro (TJRJ), logo após a Recomendação do CNJ, baixou o Ato Normativo n. 17/2012, por meio do qual criou um Gabinete de Crise junto à Presidência da Corte, para o fim de enfrentar desastres ambientais. No ato administrativo, apontou soluções a ser tomadas pelo Juiz Gestor, por exemplo, elaborar protocolo de apresentação de pedidos de autorização para sepultamento de corpos das vítimas (item VII).

A via judicial no caso de omissão do Poder Executivo

Embora com bons propósitos, o fato é que o Poder Público, nas três esferas, pode, com ou sem razão, omitir-se nas medidas acautelatórias do câmbio climático e isso pode suscitar a intervenção do Poder Judiciário. Registre-se que não se trata de intromissão do Poder Judiciário na esfera de atribuições do Poder Executivo, mas, simplesmente, de análise do cumprimento da Constituição, de Tratados Internacionais e da Legislação, tarefa essa inafastável do Poder Judiciário.

Por exemplo, a Lei n. 12.187/2009, art. 4º, VI, estabelece como meta da União a preservação, a conservação e a recuperação dos recursos ambientais, com particular atenção aos grandes biomas naturais tidos como Patrimônio Nacional. Suponha-se que o cerrado, bioma expressamente previsto como Patrimônio Nacional no art. 225, § 4º da Carta Magna, esteja sofrendo toda espécie de ataques pelos que exploram determinada monocultura. Nada impede que, se provocado por meio de ação própria, o Poder Judiciário venha a ordenar que se faça ou se deixe de fazer algo para minorar a agressão ao referido bioma. Lembre-se que o art. 5º, XXXV, da Constituição (CF) afirma que a lei não excluirá da apreciação do Poder Judiciário lesão ou ameaça a direito.

Registre-se que a doutrina tradicional de Direito Administrativo, que só admitia a intervenção do Judiciário em caso de ilegalidade, está superada na atual fase de desenvolvimento de nossas instituições. Por isso, sem hesitação, a jurisprudência permite que o Judiciário analise, inclusive, a oportunidade de determinadas políticas públicas. Cite-se, a título de exemplo, precedente do Supremo Tribunal Federal (STF):

> Direito administrativo. Segurança pública. Implementação de Políticas Públicas. Princípio da separação de Poderes. Ofensa não configurada. Acórdão

recorrido publicado em 04.11.2004. O Poder Judiciário, em situações excepcionais, pode determinar que a administração pública adote medidas assecuratórias de direitos constitucionalmente reconhecidos como essenciais, sem que isso configure violação do princípio da separação de poderes. Precedentes. Agravo regimental conhecido e não provido. (STF, RE n. 628.159/MA, 1ª T., rel. Min. Rosa Weber, j. 25.06.2013)

A legitimidade para reivindicar a intervenção do Poder Judiciário

A atividade administrativa eficiente é a grande via para o combate às ações ou omissões que possam levar às mudanças climáticas, seja preventivamente, por meio da adoção de políticas públicas eficientes, seja de forma repressiva pelos órgãos da administração ambiental.

Porém, se a realidade for outra, nada impede que o Poder Judiciário seja provocado para impor à administração pública, ou seja, ao Poder Executivo, medidas que o obriguem a adotar as providências necessárias.

No Brasil, o Ministério Público é o grande protagonista na área, atuando há décadas. Com efeito, foi a antiga Lei n. 6.938/81, que trata da Política Nacional do Meio Ambiente, que lhe atribuiu, no art. 14, § 1º, legitimidade para a propositura de ações coletivas na defesa do meio ambiente.

Posteriormente, a Lei n. 7.347/85, art. 5º, alargou o rol de possíveis autores, nele incluindo as associações criadas há pelo menos um ano e com finalidade de proteção ao meio ambiente, a União, os Estados, o Distrito Federal, os Municípios, autarquias, empresas públicas, fundações públicas e sociedades de economia mista.

As associações, que acabaram sendo informalmente conhecidas por Organizações não Governamentais (ONGs), são as autênticas representantes da sociedade civil. Com foco na matéria em estudo, afirma Furriela que:

> Um segmento bastante relevante no combate às mudanças climáticas globais são os movimentos sociais e as Organizações Não Governamentais (ONGs). Há muitas ONGs ao redor do mundo que acompanham a discussão das mudanças climáticas e têm feito enorme pressão sobre os países e as Nações Unidas para que se adote um regime legal eficaz para a contenção do problema das mudanças climáticas. (Furriela, 2004, p.33)

As pessoas jurídicas de direito público que detêm legitimidade ativa (por exemplo, Ibama) não costumam ingressar em juízo, simplesmente porque podem agir diretamente na esfera administrativa. São praticamente inexistentes ações civis públicas em que elas figurem como autoras. Finalmente, registre-se que a Defensoria Pública também detém poderes para propor ações coletivas ou individuais de natureza ambiental, poder que recebeu por força da Lei n. 11.448, de 2007. Contudo, ainda não está consolidada a atuação deste importante órgão, quiçá porque o Ministério Público é o protagonista, ocupando o espaço de forma quase integral.

As decisões judiciais em matéria de mudanças climáticas

As legislações federal, estadual e municipal relacionadas com mudanças climáticas, como visto, apresentam normas programáticas e metas a serem atingidas. Por exemplo, não existe na Lei da PNMC dispositivo que proíba determinada atividade, a fim de que resulte na queda de emissões de gases de efeito estufa. E não existe, da mesma forma, previsão de sanções para esta ou aquela conduta. Tal fato, evidentemente, dificulta a ação dos órgãos ambientais quando necessitam agir no combate às ações ou omissões nocivas ao meio ambiente, que tenham por consequência alterações do clima. Assim, eventual lavratura de auto de infração acabará tendo por fundamento algum dispositivo genérico de proteção ambiental, como o art. 70 da Lei n. 9.605, de 12.02.1998, que diz:

Art. 70. Considera-se infração administrativa ambiental toda ação ou omissão que viole as regras jurídicas de uso, gozo, promoção, proteção e recuperação do meio ambiente.

§ 1º São autoridades competentes para lavrar auto de infração ambiental e instaurar processo administrativo os funcionários de órgãos ambientais integrantes do Sistema Nacional de Meio Ambiente – Sisnama, designados para as atividades de fiscalização, bem como os agentes das Capitanias dos Portos, do Ministério da Marinha.

§ 2º Qualquer pessoa, constatando infração ambiental, poderá dirigir representação às autoridades relacionadas no parágrafo anterior, para efeito do exercício do seu poder de polícia.

§ 3º A autoridade ambiental que tiver conhecimento de infração ambiental é obrigada a promover a sua apuração imediata, mediante processo administrativo próprio, sob pena de corresponsabilidade.

§ 4º As infrações ambientais são apuradas em processo administrativo próprio, assegurado o direito de ampla defesa e o contraditório, observadas as disposições desta Lei.

Não é diferente na acusação por crimes ambientais. A inexistência de qualquer previsão legal para conduta que influencie o câmbio climático não terá tratamento especial ou específico, simplesmente porque não há lei para tanto. Suponha-se que determinado proprietário rural promova desmatamento de área de preservação permanente, sem licença da autoridade competente. Ele incidirá no art. 40 da Lei n. 9.605/98, tal qual outro agente cuja conduta não alcance tal gravidade.

No entanto, não se suponha que o Poder Judiciário está alheio ao problema. Na verdade, mesmo inexistindo autuações administrativas com base em dispositivo legal explícito, e nem mesmo ações de natureza civil ou penal fundamentadas em efeitos sobre mudanças climáticas, há acórdãos, especialmente do Superior Tribunal de Justiça, que fazem referência ao assunto. Essas menções nem sempre são sobre o fundo da discussão posta em juízo, mas apenas referências incidentais. Todavia, elas têm o mérito de chamar a atenção para o assunto, o que é muito importante. Vejamos algumas:

Processual civil e ambiental. Natureza jurídica dos manguezais e marismas. Terrenos de marinha. Área de preservação permanente. Aterro ilegal de lixo. Dano ambiental. Responsabilidade civil objetiva. Obrigação *propter rem*. Nexo de causalidade. Ausência de prequestionamento. Papel do juiz na implementação da legislação ambiental. Ativismo judicial. *Mudanças climáticas*. Desafetação ou desclassificação jurídica tácita. Súmula 282/STF. Violação do art. 397 do Código de Processo Civil (CPC) não configurada. Art. 14, § 1º, da Lei n. 6.938/81.

9. É dever de todos, proprietários ou não, zelar pela preservação dos manguezais, necessidade cada vez maior, sobretudo em época de mudanças climáticas e aumento do nível do mar. Destruí-los para uso econômico direto, sob o permanente incentivo do lucro fácil e de benefícios de curto prazo, drená-los ou aterrá-los para a especulação imobiliária ou exploração do solo, ou transformá-los em depósito de lixo caracterizam ofensa grave ao meio ambiente ecologicamente equilibrado e ao bem-estar da coletividade, comportamento que

deve ser pronta e energicamente coibido e apenado pela Administração e pelo Judiciário. (STJ, REsp n. 650.728/SC, 2ª.T., rel. Herman Benjamin, j. 23.10.2007, grifo nosso).

Administrativo. Poço artesiano irregular. Fiscalização. Objetivos e princípios da lei da Política Nacional de Recursos Hídricos (Lei n. 9.433/97). Competência comum do Município. 9. Três são os objetivos dorsais da Lei n. 9.4433/97, todos eles com repercussão na solução da presente demanda: a preservação da disponibilidade quantitativa e qualitativa de água, para as presentes e futuras gerações; a sustentabilidade dos usos da água, admitidos somente os de cunho racional; e a proteção das pessoas e do meio ambiente contra os eventos hidrológicos críticos, desiderato que ganha maior dimensão em época de mudanças climáticas. 11. As águas subterrâneas são "recurso ambiental", nos exatos termos do art. 3º, V, da Lei da Política Nacional do Meio Ambiente (Lei n. 6.938/81), o que obriga o intérprete, na solução de litígios associados à gestão de recursos hídricos, a fazer uma leitura conjunta dos dois textos legais, em genuíno exercício de diálogo das fontes. (STJ, REsp n. 994.120/RS, 2ª T., rel. Herman Benjamin, j. 25.8.2009)

Processual civil e ambiental. Embargos de divergência. Queimada da palha de cana-de-açúcar. Proibição. Aplicação do art. 27 do Código Florestal. 1. "Segundo a disposição do art. 27 da Lei n. 4.771/85, é proibido o uso de fogo nas florestas e nas demais formas de vegetação, as quais abrangem todas as espécies, independentemente de serem culturas permanentes ou renováveis. Isso ainda vem corroborado no parágrafo único do mencionado artigo, que ressalva a possibilidade de se obter permissão do Poder Público para a prática de queimadas em atividades agropastoris, se as peculiaridades regionais assim indicarem" (REsp n. 439.456/SP, 2ª T., rel. Min. João Otávio de Noronha, DJ 26.03.2007). Indispensável considerar que "[as] queimadas, sobretudo nas atividades agroindustriais ou agrícolas organizadas ou empresariais, são incompatíveis com os objetivos de proteção do meio ambiente estabelecidos na Constituição Federal e nas normas ambientais infraconstitucionais. *Em época de mudanças climáticas, qualquer exceção a essa proibição geral, além de prevista expressamente em lei federal, deve ser interpretada restritivamente pelo administrador e juiz*" (REsp n. 100.0731, 2ª T., rel. Min. Herman Benjamin, DJ 08.09.2009). 2. Assim, a palha da cana-de-açúcar está sujeita ao regime do art. 27 e seu parágrafo do Código Florestal, razão pela qual sua queimada somente é admitida mediante prévia autorização dos órgãos ambientais competentes, nos termos do parágrafo único do mesmo artigo e do disposto no Decreto n. 2.661/98, sem prejuízo de outras exigências constitucionais e legais inerentes à tutela ambiental, bem como da responsabilidade civil por eventuais danos de qualquer natureza causados ao meio ambiente e a terceiros. 3. Embargos de Divergência improvidos. (grifo nosso). (STJ, Emb. Div. no REsp n. 418.565/SP, 1ª. Seção, rel. Min. Teori Zavaski, j. 29.09.2010)

Adicional de insalubridade. Trabalhador rural. Exposição a calor excessivo em ambiente externo. Consoante os arts. 189, 190 e 195, o adicional de insalubridade é devido quando o trabalhador presta o labor em condições nocivas à saúde, exposto a agentes danosos em limites acima dos toleráveis pelo organismo humano. A insalubridade deve ser constatada por perícia técnica. No caso concreto, o perito considerou ultrapassados os limites de tolerância para a exposição ao calor no ambiente de trabalho do Reclamante, nos termos do Anexo 3 da NR 15 da Portaria n. 3.214/78 do Ministério do Trabalho e Emprego. De fato, essa norma, ao fixar os limites de tolerância para exposição ao calor, prevê a hipótese de trabalho em ambientes externos com carga solar. Ora, a Lei estabelece a obrigatoriedade de nomeação de perito para apuração da insalubridade (§ 2º do art. 195 da CLT), justamente por competir ao técnico definir sobre a carga térmica recebida pelo trabalhador e o efeito danoso à saúde humana. Assim, concluindo o perito que o Reclamante laborava em condições prejudiciais à sua saúde, exposto a sobrecarga solar, este dado não é passível de ser revisto em grau de recurso extraordinário. Ressalte-se que a OJ n. 173 da SBDI-1/TST é inaplicável ao caso vertente, diante da específica referência, no corpo dessa orientação jurisprudencial, de ser indevido o adicional de insalubridade na falta de previsão legal. Na hipótese analisada, o perito enquadrou a situação fática vivenciada pelo Reclamante na norma regulamentadora dos limites de tolerância para a exposição ao calor, com a conclusão de se submeter o obreiro a fator de insalubridade (calor excessivo). *Não fosse isso, são notórias as recentes e, por vezes, drásticas mudanças climáticas havidas, mutações que devem conduzir a uma reflexão da atual abordagem sobre os malefícios causados pela exposição ao sol.* Portanto, não se trata da consideração isolada de o empregado laborar em atividade a céu aberto, mas da efetiva constatação de trabalho em condições maléficas à saúde do empregado e da inserção objetiva da hipótese na NR 15, Anexo 3, da Portaria/MTE/3.214/78. Em síntese, pacificou a jurisprudência não caber adicional de insalubridade ao trabalhador em atividade a céu aberto, por exposição a raios solares, em face da ausência de previsão legal (OJ n. 173 e OJ n. 04, I, SBDI-1/TST). Contudo, ultrapassados os níveis de tolerância a calor independentemente da causa do malefício, externa ou interna, conforme Anexo 3 da NR 15 da Portaria MTE n. 3.214/1978, cabe o respectivo adicional de insalubridade, se apurado o excesso por meio de perícia técnica (OJ n. 04, I, SBDI-1/TST). Recurso de revista não conhecido. (TST, Emb. Decl. em RR n. 104600-35.2008.5.09.0093, 6ª T., rel. Maurício Delgado, j. 26.10.2011, grifo nosso)

A necessidade de intensificar a intervenção na área jurídica

A busca do Poder Judiciário para a implementação de políticas públicas ou sanção de eventuais infratores deve ser reservada para hipóteses em que outra solução não seja possível. O ideal é que o Poder Executivo promova as medidas necessárias de combate ao câmbio climático por meio de seus órgãos ambientais específicos ou de outros que, mesmo não tendo finalidade de proteção do meio ambiente, acabam tendo um papel relevante (por exemplo, Agência Nacional de Vigilância Sanitária – Anvisa). No entanto, cumpre mencionar algumas vias em que o direito pode auxiliar na implementação de medidas de mitigação.

Ação prévia do Ministério Público

Em determinadas circunstâncias, é possível que a questão venha a ser solucionada no âmbito do Ministério Público, antes da propositura de ação judicial, mediante a celebração de um Termo de Ajustamento de Conduta (TAC). Em oportuno estudo sobre o papel do órgão diante da mudança climática, Sílvia Cappelli ensina que:

> Alguns exemplos que clamam pelo aprimoramento da atuação ministerial inserindo a mudança climática poderiam ser citados: (A) com relação aos resíduos sólidos: exigência de tratamento do metano nos aterros sanitários, fiscalização da legislação dos Estados ou dos Municípios com relação à coleta seletiva de lixo, fiscalização da atuação pública e privada quanto à obrigação de reciclagem, fomento à redução, reaproveitamento e reciclagem; (B) com relação ao tratamento de esgotos: propor que nos licenciamentos ambientais seja exigido, de acordo com o estado da arte, tratamento mais eficiente; (C) com relação à construção civil: propor discussões com os municípios para que a legislação urbano-ambiental contemple construções sustentáveis, com o reapro-

veitamento do uso da água, adequada posição solar, imposição de taxas de impermeabilização do solo, uso de madeira certificada (a exemplo do que já ocorre na legislação municipal da capital de São Paulo); (D) estimular uma boa governança ambiental, sobretudo no que concerne à implementação de instrumentos de planejamento, como o plano de gerenciamento costeiro combinado com os planos diretores (exemplo elevação do nível do mar), diagnóstico e adoção de medidas para evitar o surgimento ou ampliação de áreas de desertificação. Também pode o Ministério Público estimular o debate sobre questões a serem priorizadas no planejamento ambiental, como matriz energética limpa (PCHs, energia eólica etc.). (Capelli, 2011, p. 635)

Esses exemplos, evidentemente, podem ser aplicados também pelos órgãos ambientais quando celebrarem Termos de Ajustamento de Conduta com empreendedores em situação irregular. Se inviável o acordo para pôr fim ao conflito, resta a via judicial. Vejamos as hipóteses:

Instrumentos econômicos

Os instrumentos econômicos de persuasão à tomada de medidas destinadas a diminuir a emissão de gases de efeito estufa, com a consequente influência na mudança do clima, é uma alternativa a mais a ser utilizada. Não nos reportaremos ao uso do Mecanismo de Desenvolvimento Limpo (MDL), porque esta é uma via que foge das iniciativas dos atores nacionais, algo que se encaminha fora de nossas instâncias administrativas e judiciais. Aqui se lembrarão os meios postos à disposição do poder público para influenciar e estimular a adoção de práticas que se revelem úteis. Leis que incentivem tais práticas com isenções fiscais, pagamento por serviços ambientais, pagamento de mensalidades a proprietários ou possuidores que mantenham áreas florestais intactas, são medidas a serem incentivadas. Nesse particular, a iniciativa é do Poder Executivo, com o respaldo do Poder Legislativo. Todavia, nos municípios de porte médio ou pequeno, a ação do Promotor de Justiça, emitindo recomendações e expondo pessoalmente as vantagens da adoção de tais medidas, será decisiva.

Ação individual para a defesa das florestas

O art. 2º da Lei n. 12.651, de 25.05.2012 (Código Florestal), considera as florestas bens de interesse comum a todos os habitantes do país, ou seja, não apenas do proprietário do imóvel. Essa previsão, que já existia no art. 1º do Código Florestal de 1965, dá legitimidade a autores individuais para propor ação defendendo-as. Aproveitando a menção feita ao município de São Sebastião/SP (item "Capacidade Adaptativa de São Sebastião"), imagine-se que o Poder Público queira implementar obra destinada ao serviço público de transporte (por exemplo, abrir uma rodovia), invocando o permissivo da utilidade pública previsto na Lei da Mata Atlântica (Lei n. 11.428/2006, art. 3º, VII, *b*), sendo certo que em alguns trechos a rodovia afetará floresta localizada em área de preservação permanente. Tal iniciativa, por seu vulto, certamente contribuirá para o lançamento de carbono na atmosfera ($CO2$), aumentando o seu aquecimento. Um cidadão residente em local diverso, mesmo sendo em outro estado, poderá ingressar com ação judicial de rito ordinário, baseada no art. 282 do CPC, com pedido de obrigação de fazer ou de não fazer (arts. 632 e 642), inclusive podendo requerer a antecipação da tutela, na forma do art. 273 do referido diploma legal.

Ação Civil Pública

A Ação Civil Pública é a via processual mais útil e efetiva na busca da proteção do meio ambiente. Todavia, nem todos podem ingressar em Juízo por meio dessa ação de natureza coletiva e que visa à proteção de bens difusos. A legitimidade, prevista no art. 5º da Lei n. 7.347/85, conforme exposto no item "A via judicial no caso de omissão do Poder Executivo", limita-se apenas a alguns entes, entre os quais se sobressai o Ministério Público e as associações. O pedido poderá ser preventivo ou repressivo. A prevenção será justificada no caso de omissão do Poder Executivo em implementar medidas necessárias ao combate às mudanças climáticas e à vulnerabilidade de populações carentes, que é uma mera consequência daquela. Por sua vez, um pedido de sanção pressupõe um dano ambiental consumado e, nele, se tentará a recomposição da área degradada aliada a uma indenização. Vejamos um exemplo em que o Poder Judiciário poderá ser provocado para impor limites ao risco ou à ação que possa afetar o clima. Suponha-se que o Município de São Paulo, que está obrigado pelo art. 37 da Lei n. 14.933/2009 a incorporar critérios ambientais nas licitações e contratos administrativos, omita-se na observância desta regra e adquira mobiliário com madeira não reciclada, aumentando o consumo de madeira nativa. Tal conduta poderá ensejar Ação Civil Pública, inclusive com pedido de anulação da licitação realizada.

Ação Popular

As ações, via de regra, são propostas pelo Ministério Público ou por associações. Contudo, nada impede que o cidadão, sozinho, ingresse em Juízo. Evidentemente, será mais árdua a batalha judicial, porque ele não terá a força institucional que detém o Ministério Público nem o apoio da sociedade das ONGs. O cidadão tem a seu dispor a Ação Popular, prevista no art. 5º, LLXXIII, da Constituição, que expressamente se refere à proteção do meio ambiente. A ação popular é regulada pela Lei n. 4.717/65, uma vez que ela exige uma ação ou omissão do Poder Público. Caso seja abandonada pelo autor popular, hipótese não rara, terá prosseguimento por meio do agente do Ministério Público. Vejamos um exemplo.

Paula Lavratti e Vanêsca Buzelato Prestes, em estudo sobre meios de mitigar as consequências de mudanças climáticas, observam que "a queima de resíduos a céu aberto, especialmente daqueles de natureza orgânica, sem qualquer controle, resulta na emissão de, pelo menos, dióxido de carbono para a atmosfera" (Lavratti e Prestes, 2011, p.913). Mais adiante, observam que a maioria absoluta dos estados tem leis proibindo a queima de resíduos a céu aberto, inclusive mencionando a Lei estadual n. 1.117/94, do Acre. Pois bem, se no território daquele estado da região Norte tal procedimento estiver sendo adotado, com conivência ou omissão das autoridades locais, um cidadão poderá intentar ação popular, visando a impedir sua continuidade.

Licenciamento Ambiental

A licença ambiental é um dos mais efetivos instrumentos preventivos do dano ambiental. Introduzida no Brasil pelo art. 9º, IV, da Lei n. 6.938/81, ela vem sendo exigida através dos anos e regulamentada por leis (por exemplo, Lei Complementar n. 140/2011) e atos administrativos (como a Res. Conama n. 237/97). Evidentemente, não há previsão na absoluta maioria das normas existentes para que, nos estudos de impacto ambiental que lastreiam a concessão da licença, seja avaliado o risco potencial do empreendimento, sob o ponto de vista de sua influência na mudança do clima. Há, contudo, expressa previsão no art. 15 da Lei paulista n. 13.798, de 09.11.2009.

Pois bem, imagine-se que uma ONG de um estado do Centro-Oeste tome conhecimento de que em cidade do Estado de Santa Catarina um grande empreendimento de criação de porcos originará a liberação de metano, sabidamente um gerador de gás que gera graves consequências para o efeito estufa. Poderá a associação reivindicar em Juízo, por meio de Medida Cautelar Inominada, com pedido de liminar (CPC, arts. 796 e 804), que a autoridade ambiental exija que o estudo de impacto ambiental leve em consideração não apenas as exigências de praxe (por exemplo, a proteção das águas superficiais), mas também tudo o que possa ser feito para diminuir o risco de câmbio climático.

Ações penais e câmbio climático

Em caso de oferecimento de denúncia por crime ambiental, nos casos mais graves o Ministério Público poderá requisitar que a perícia elucide se o dano ambiental ou mesmo o risco podem resultar em mudança climática. Em caso positivo, o fato deve ser mencionado explicitamente na denúncia, não apenas para expor ao juiz a gravidade da ocorrência, como para fundamentar pedido de agravamento da pena que vier a ser imposta, por força do art. 15, II, *c*, da Lei n. 9.605/98[4].

CONSIDERAÇÕES FINAIS

A PNMC apresenta seus reflexos sobre discussões a respeito dos efeitos futuros que a intensificação de eventos extremos de chuva, alterações nas variações de temperatura e outras mudanças podem ter sobre os territórios.

A análise das vulnerabilidades atuais de determinada população pode gerar iniciativas de adaptação com maior comprometimento à realidade e auxiliar na identificação das questões que podem ser agravadas, tanto por mudanças no clima como pelas ações antrópicas de degradação ambiental.

A metodologia empregada apresenta como vantagem a possibilidade de construção coletiva da matriz de indicadores e discussão sobre a inter-relação entre os fatores de vulnerabilidade. Uma comissão no âmbito municipal, formada por gestores dos diversos setores e representantes da sociedade civil, pode partir dos critérios propostos para análise da capacidade adaptativa e formular uma estratégia integrada de governança para melho-

---

[4] Art. 15, II, *c*: "afetando ou expondo a perigo, de maneira grave, a saúde pública ou o meio ambiente".

rar cada um dos itens insatisfatórios, estabelecendo metas e novos mecanismos, como um painel intersetorial de monitoramento das vulnerabilidades. Já em uma abrangência em escala ainda mais local, como no âmbito de um bairro especialmente vulnerável, a metodologia pode aplicar-se à governança comunitária, identificando ações que aumentem sua capacidade adaptativa, como o estabelecimento de uma rede de voluntários para atuar em situações de alerta, sensibilização para monitoramento de residências em áreas de risco e a atuação da escola na educação ambiental.

Com relação à pesquisa científica, a metodologia tem, ainda, possibilidade de emprego por meio da pesquisa-ação ou outras estratégias em que o pesquisador interaja no contexto pesquisado, incluindo outros pares na discussão, visando a conhecer o saber de comunidades vulneráveis, bem como estimular o desenvolvimento de estratégias de governança local para responder aos problemas. Métodos qualitativos de vanguarda, como Pesquisa-Ação--Formação desenvolvido por Alvarenga et al. (2011) e o Modelo Peds, de Silva (1998) podem, além de enriquecer os resultados, configurar, na pesquisa em si, um esforço maior na direção do aumento da capacidade adaptativa.

Finalmente, como *ultima ratio*, a omissão do poder público na implementação de políticas públicas de prevenção e enfrentamento de situações de risco decorrentes de mudanças climáticas pode ser suprida por utilização das normas jurídicas vigentes, recorrendo-se ao Poder Judiciário, que poderá obrigar o órgão público renitente a tomar as medidas cabíveis, sob pena de multa diária, que poderá, inclusive, recair sobre a pessoa física do administrador responsável.

REFERÊNCIAS

ALVARENGA, A.T. et al. Histórico, fundamentos filosóficos e teórico-metodológicos da interdisciplinaridade. In: PHILIPPI JR, A.; SILVA NETO, A.J. (Orgs.). *Interdisciplinaridade em ciência tecnologia & inovação*. Barueri: Manole, 2011.

BORTOLOZZI, M.L.; FREITAS, V.P. Constitucionalidade e reflexos das iniciativas legislativas do Estado e do Município de São Paulo relativas às mudanças climáticas. In: PRESTES, V.; LAVRATTI, P. (Org.). *Direito e mudanças climáticas: Inovações legislativas em matéria de mudanças climáticas*. São Paulo: Instituto O Direito por um Planeta Verde, 2010.

BRASIL. Lei n. 12187, de 29 de dezembro de 2009. Institui a Política Nacional sobre Mudança do Clima – PNMC e dá outras providências. *Diário Oficial da União*, Brasília, 30 dez. 2009 – edição extra.

BRIGGS, D. *Environmental health indicators: framework and methodologies*. Geneva: WHO, 2004.

BROOKS, N.; ADGER, W.N.; KELLY, P.M. The determinants of vulnerability and adaptive capacity at the national level and the implications for adaptation. *Global Environmental Change-Human and Policy Dimensions*, v. 15, n. 2, p. 151-63, jul. 2005. Disponível em: http://www.sciencedirect.com/science/article/pii/S0959378004000913. Acessado em: 28 fev. 2015.

BUSH, K.F. et al. Impacts of Climate Change on Public Health in India: Future Research Directions. *Environmental Health Perspectives*, v. 119, n.6, p. 765-70, jun. 2011. Disponível em: http://www.ncbi.nlm.nih.gov/pmc/articles/PMC3114809. Acessado em: 28 fev. 2015.

CAPPELLI, S. Reflexões sobre o papel do Ministério Público frente à mudança climática. In: MILARÉ, É.; MACHADO, P.A.L. (Coords.). *Doutrinas Essenciais. Direito Ambiental*, v. 6. São Paulo: Revista dos Tribunais, 2011.

CISSÉ, G. et al. Ecohealth and Climate Change: Adaptation to Flooding Events in Riverside Secondary Cities, West Africa. *Local Sustainability*, 2011, v. 1, parte 2, p. 55-67. Disponível em: http://link.springer.com/chapter/10.1007%2F978-94-007-0785-6_6. Acessado em: 28 fev. 2015.

CLABOT, D.B. *Derecho del cambio climático*. Buenos Aires: Ad Hoc, 2007.

CONFALONIERI et al. Public health vulnerability to climate change in Brazil. *Climate Research*, v.40, n. 2-3, p.175-86, 2009. Disponível em: http://www.int-res.com/articles/cr_oa/c040p175.pdf. Acessado em: 28 fev. 2015.

CORVALAN, C. et al. Conclusions and recommendations for action. In: MCMICHAEL, A., et al. (eds.), *Climate Change and Human Health: Risks and Responses. World Health Organization*, Geneva, 2003, p. 267-83. Disponível em: http://www.who.int/globalchange/publications/climatechangechap13.pdf. Acessado em: 28 fev. 2015.

COSTELLO, A. et al. Managing the health effects of climate change. *Lancet*, v. 373, n. 9.676, p. 1.693-1.733, mai. 2009. Disponível em: http://www.ucl.ac.uk/global-health/project-pages/lancet1/ucl-lancet-climate-change.pdf. Acessado em: 28 fev. 2015.

EBI, K.L.; SEMENZA, J.C. Community-Based Adaptation to the Health Impacts of Climate Change. *American Journal of Preventive Medicine*, v. 35, n. 5, p. 501-7, nov. 2008. Disponível em: http://www.theresourceinnovationgroup.org/storage/ebi_semenza.pdf. Acessado em: 28 fev. 2015.

FEW, R. Health and climatic hazards: Framing social research on vulnerability, response and adaptation. *Global Environmental Change-Human and Policy Dimensions*, v. 17, n. 2, p. 281-95, maio 2007. Disponível em: http://www.sciencedirect.com/science/article/pii/S0959378006000859. Acessado em: 28 fev. 2015.

FURRIELA, R.B. *Introdução à mudança climática global*. Brasília: Ipam, 2004.

FREITAS, C.M. de; GIATTI, L.L. Indicadores de sustentabilidade ambiental e de saúde na Amazônia Legal, Brasil. *Cad. Saúde Pública*, v. 25, n. 6, p. 1251-66, 2009. Disponível em: http://area.icict.fiocruz.br/handle/icict/1883.

GASPER, R.; BLOHM, A.; RUTH, M. Social and economic impacts of climate change on the urban environment. *Current Opinion in Environmental Sustainability*, v. 3, n. 3, p. 150-57, jun. 2011. Disponível em: http://www.sciencedirect.com/science/article/pii/S187734351000148X. Acessado em: 28 fev. 2015.

GIATTI, L.L. Fundamentos das relações entre saúde e ambiente. In: _____. *Fundamentos de Saúde Ambiental*. Manaus: Editora da Universidade Federal do Amazonas, 2009, p. 9-23.

GOATER, S. et al. Strategies to Strengthen Public Health Inputs to Water Policy in Response to Climate Change: An Australian Perspective. *Asia-Pacific Journal of Public Health*, v. 23, n. 2, p. 80S-90S, mar. 2011. Disponível em: http://www.ncbi.nlm.nih.gov/pubmed/21447545. Acessado em: 28 fev. 2015.

[IPCC] INTERGOVERNMENTAL PANEL ON CLIMATE CHANGE. Climate Change 2001. Impacts, Adaptation and Vulnerability. Contribution of Working Group II to the Third Assessment Report of the Intergovernmental Panel on Climate Change. *Report*. Disponível em: www.ipcc.ch/pdf/climate-changes-2001/synthesis-spm/synthesis-spm-en.pdf. Acessado em: 23 fev. 2015.

_____. Climate Change 2007. Impacts, Adaptation and Vulnerability. Contribution of Working Group II to the Fourth Assessment Report of the Intergovernmental Panel on Climate Change. *Report*. Disponível em: www.ipcc.ch/ipccreports/ar4-wg2.htm. Acessado em: 23 fev. 2015.

LAVRATTI, P.; PRESTES, V.B. Possibilidades e potencialidades de mitigação para as mudanças climáticas. In: MILARÉ, É.; MACHADO, P.A.L. (Coords.). Doutrinas Essenciais. *Direito Ambiental*, v. 2. São Paulo: Revista dos Tribunais, 2011.

MARANDOLA JR., E. Tangenciando a vulnerabilidade. In: HOGAN, D.J.; MARANDOLA JR., E. (Coord.). *População e mudança climática: dimensões humanas das mudanças ambientais globais*. 1.ed. Campinas: Nepo/UNFPA, 2009, v.1, p.29-52.

MARCHI, B.; RAVETZ, J.R. Risk management and governance: a post-normal science approach. *Futures*, n. 31, p. 743-57, 1999.

MORIN E. *A cabeça bem feita: reformar a reforma, reformar o pensamento*. 16.ed. Rio de Janeiro: Bertrand Brasil, 2009.

RAVETZ, J. The post-normal science of precaution. *Futures*, Guildford, v. 36, p. 347-57, 2004.

RAYNAULT, C.; ZANONI, M. Reflexões sobre princípios de uma prática interdisciplinar na pesquisa e no ensino superior. In: PHILIPPI JR, A.; SILVA NETO, A.J. (Orgs.). *Interdisciplinaridade em ciência tecnologia & inovação*. Barueri: Manole, 2011.

RAZZOLINI, M.T.P.; GÜNTHER, W.M.R. Impactos na saúde das deficiências de acesso a água. *Saude soc.* São Paulo, v. 17, n. 1, mar. 2008, p. 21-32. Disponível em: www.scielo.br/scielo.php?pid=S0104-12902008000100003&script=sci_arttext. Acessado em: 23 fev. 2015.

RESSURREIÇÃO, R.D. *São Sebastião: transformações de um povo caiçara*. São Paulo: Humanitas, 2002.

RIBEIRO, L.C.Q. *Desastres urbanos: que lição tirar? Observatório das Metrópoles*. Rio de Janeiro, 2011. Disponível em: http://observatoriodasmetropoles.net/index.php?option=com_content&view=article&id=1555&catid=34&Itemid=88%E2%8C%A9=pt. Acessado em: 23 fev. 2015.

SATTERTHWAITE, D. et al. *Adapting to Climate Change in Urban Areas: the Possibilities and Constraints in Low-and-Middle-Income Nations*. Londres: IIED Working Paper, IIED, 2007, 107p.

SHARMA, D.; TOMAR, S. Mainstreaming climate change adaptation in Indian cities. *Environment and Urbanization*, v. 22, n. 2, p. 451-65, out. 2010. Disponível em: http://eau.sagepub.com/content/22/2/451. Acessado em: 28 fev. 2015.

SILVA, D.J. *Uma abordagem cognitiva ao planejamento estratégico do desenvolvimento sustentável*. 240p. Tese (Doutorado em Engenharia de Produção) – Departamento de Engenharia de Produção, Universidade Federal de Santa Catarina. Florianópolis, 1998.

SOARES, G.S. *Curso de direito internacional público*. São Paulo: Atlas, v.1, 2002.

TOMINAGA L.K. et al. (Orgs). *Desastres naturais: conhecer para prevenir*. São Paulo: Instituto Geológico, 2009.

Análise da Função Socioambiental dos Contratos de Consumo

18

Antônio Carlos Efing
Pontifícia Universidade Católica do Paraná

Silvio Alexandre Fazolli
Pontifícia Universidade Católica do Paraná

INTRODUÇÃO

Premida pelos efeitos da crise ambiental indiscutivelmente instaurada e reconhecendo o absoluto fracasso de suas tentativas emancipatórias, a humanidade inicia um complexo processo de reaproximação da natureza, no qual a gestão econômica de interesses (públicos e privados) passa a ser condicionada por critérios de sustentabilidade. O atingimento das metas dessa nova "economia verde", contudo, carece de atuações inter e multidisciplinares, com vistas a reorganizar a vida humana no planeta, de forma a contornar tendências predatórias inatas.

Dentre os instrumentos aptos a auxiliar tal tarefa, elege-se, neste estudo, o direito contratual, focado nas relações de consumo, como fio condutor das discussões que se pretende estabelecer no presente ensaio. Isso porque, o denominado "contrato de consumo", de aplicação massificada, apresenta-se como difusor de escopos egoísticos, pautados pela aquisição desmensurada de produtos e serviços, geradores de resíduos poluentes.

Padecendo de problemas éticos que antecedem a própria celebração do contrato e estendem-se para além da sua conclusão, os contratantes, por vezes inconscientemente, vêm se afastando do novo enfoque desenvolvimentista, trazido pelos arts. 3º, II, 170, V e VI, e 225, todos da Constituição Federal Brasileira, que prega a subjugação da atividade econômica pelo indispensável respeito aos interesses ambientais e consumeristas.

Visando a distorcer o caráter exclusivamente especulativo de sua atividade, o setor produtivo, inclusive apoiado por políticas públicas de fomento, reinventa necessidades e, por falaciosas estatísticas de convencimento, pretende demonstrar crescimento econômico pelo acesso da população aos bens produzidos e ofertados pelo mercado, tudo conforme os interesses dominantes naquela sociedade de consumo, descuidando-se do incentivo e da educação para o consumo consciente.

Como reflexo da crise ética constatada na comercialização de produtos e serviços, acabou-se por institucionalizar o consumo perdulário, caracterizador da "sociedade do ter" e fonte maior de poluição, ante o despreparo estatal – bem como da população em geral – para lidar com os resíduos oriundos do ciclo de vida dos produtos, desde a obtenção da matéria-prima e demais insumos de produção, até a disposição final do que já fora consumido e dos resíduos gerados com embalagens etc.

Na ânsia de aumentar ao máximo os lucros obtidos, o mercado molda o *homo consumens*[1] e estabelece a mesma justificativa aparente para comercialização de produtos diversos: "promessa de felicidade", supostamente proporcionada por facilidades e desfrutes, em sua maioria, alheios à natureza humana. Sob a falsa campanha de combater a escassez de alimentos e a crise energética, transgenia e radioatividade já são elementos comuns em diversos processos produtivos, sem maiores preocupações em relação aos riscos (concretos e abstratos) decorrentes de tal subversão da natureza.

A degradação ambiental resultante dessas e outras técnicas acabam por gerar externalidades ambientais negativas, capazes de comprometer três dos quatro elementos apontados pelos gregos como garantia de sobrevivência do homem (terra, ar e água), culminando na prematura extinção de espé-

---

[1] *"Os membros da sociedade de consumidores são eles próprios mercadorias de consumo*, e é a qualidade de uma mercadoria de consumo que os torna membros autênticos desta sociedade. Tornar-se e continuar sendo uma mercadoria vendável é o mais poderoso motivo de preocupação do consumidor, mesmo que em geral latente e quase nunca consciente" (Bauman, 2008, p. 76).

cies animais e vegetais e o consequente comprometimento da vida humana na Terra.

No limiar da crise que se apresenta como verdadeiro *armagedom* para a modernidade, oportuna a revisitação e desconstrução de dogmas jurídicos, ligados à liberdade contratual do *pacta sunt servanda*, substituindo-se, pois, o individualismo pelo solidarismo, o consumo desregrado pela aquisição crítica e refletida (consciente), a depredação pela preservação de todas as espécies.

Nesse viés de diálogo e interação, propõe-se o estudo dos contratos que fomentam a sociedade de consumo, para que obtenham a eficiência jurídica esperada na contenção dos efeitos ambientalmente incorretos e, por conseguinte, nocivos ao próprio homem, eliminando todos os excessos que levam ao consumismo caótico e à escassez ou mau uso dos recursos naturais.

GÊNESE E EVOLUÇÃO DO DIREITO CONTRATUAL

Desde o seu surgimento sobre a Terra, o homem vem, insistentemente, buscando maneiras de se atingir o convívio social harmônico, garantindo-se, assim, a perpetuação da espécie. Esse era o objetivo inicial, traçado pelas civilizações pré-históricas, ao elencarem a vida em sociedade como condição de sobrevivência em face de um ambiente hostil (Beccaria, 2002, p. 25). Sem maiores conotações políticas, sob um enfoque utilitarista (Bergel, 2001, p. 23), o indivíduo primitivo intencionava, apenas, obter alimento e forrar-se às emboscadas do inimigo.

Em que pese o consenso em torno das facilidades proporcionadas pela socialização, várias especulações filosóficas foram intentadas no sentido de averiguar o verdadeiro "rival" do homem na luta pela sobrevivência, partindo do inter-relacionamento natural pregado por Aristóteles, à fuga do próprio homem (*homo homini lupus*) evidenciada pela doutrina hobbesiana (Hobbes, 2002, p. 95-110 e 127-31, *passim*) – hipóteses que influenciaram sobremaneira a construção dos alicerces ideológicos sob os quais restou fundado o ordenamento jurídico.

Com o modelo de vida adotado (em sociedade), surgiram preocupações antes inexistentes, relacionadas à ocupação de áreas e individualização de instrumentos de caça e pesca. A garantia de aquisição e manutenção do que hoje se denomina "propriedade", ostentada pela atuação da força física exercida pelo indivíduo diante dos demais membros do grupo, teve de ser conformada em mecanismos ditos civilizados, tudo de acordo com o pacto para convivência coletiva.

Ao menos sob o aspecto formal, um dos maiores objetivos da sociedade organizada é a superação da chamada "lei do mais forte", onde a liberdade daquele que possui maior predisposição para a apropriação irrestrita do objeto pleiteado cede espaço à norma de conduta, imposta coativamente pela coletividade, através de instrumentos artificialmente criados para tal desiderato, dentre os quais vale destacar: Direito; Moral; Ética e Religião. A cooperação obtida, segundo John Rawls (2003, p. 6-11), é movida por uma aceitação tácita de regras capazes de proporcionar vantagens para todo grupo e, reciprocamente, para cada um de seus integrantes.

Nesse interregno, que antecede a criação do Estado, com seu respectivo aparato legislativo, cultiva-se a ideia de obrigatoriedade das convenções privadas, conhecida pelo brocardo *pacta sunt servanda*, no intuito de assegurar conquistas individuais, consubstanciadas em objetos e utilidades, aos quais passou a se atribuir a denominação comum de "bens jurídicos".

Como resposta aos anseios sociais então emergentes, surge o instrumento contratual, venerado pelos civilistas clássicos como a primeira das leis e alicerce de todas as relações privadas, assumindo papel importante para o desenvolvimento econômico da sociedade, até os seus dias atuais. Por meio da composição de vontades livres, assim assegurada pelo Direito interno de cada país, viabilizou-se o comércio, e, com ele, a transferência válida da propriedade sobre bens móveis e imóveis, além de prerrogativas de natureza incorpórea, como os direitos autorais.

Símbolo da liberdade individual em relação ao Estado e a terceiros, o contrato ratificou sua importância pelo marco da revolução burguesa operada na França do final do século XVIII, positivando-se, no início do século XIX, por meio do Código Napoleônico (Lopes, 1991, p. 15), de onde se disseminou para praticamente todos os ordenamentos jurídicos dos povos ocidentais. A rigidez contratual e sua garantia de cumprimento foram enaltecidas e se tornaram referência de segurança jurídica, sem maiores preocupações com as possíveis consequências nocivas ao corpo social.

No Direito brasileiro, a propósito, obteve-se a superação do paradigma indenizatório para o qual eram canalizadas todas as hipóteses de descumprimento contratual relacionadas às obrigações de fazer e não fazer. Com a edição das Leis n. 8.952/94, 10.444/2002 e 11.232/2005, consolidou-se a meta da tutela específica das obrigações, por meio da atribuição, ao magistrado, de amplos poderes no que se refere à imposição de medidas coercitivas que

ANÁLISE DA FUNÇÃO SOCIOAMBIENTAL DOS CONTRATOS DE CONSUMO | **567**

assegurem o cumprimento do avençado ou a obtenção do resultado prático equivalente.

Paralelamente a essas inovações jurídicas, lastreadas na seara processual, o contrato é reinventado sob a óptica do direito material, na medida em que reconhece a desigualdade entre os contratantes e passa a admitir a flexibilização da força obrigatória do pacto para melhor atender à simetria esperada entre as partes. Nesse contexto, surge a legislação consumerista de referência (Lei n. 8.078/90), de inspiração constitucional (CF, arts. 5º, XXXII e 170, V, ADCT, art. 48, dentre outros), apregoando a intervenção estatal inclusive nas contratações privadas, para evitar abusos e práticas capazes de afrontar a ideia central de dignidade da pessoa humana (CF, art. 1º, III).

A partir desse momento histórico, reconhecendo a existência de uma categoria diferenciada de contratante, vulnerável frente a fornecedores (CDC, art. 4º, I), o ordenamento interno proporciona outros critérios interpretativos ao magistrado, na apreciação de casos concretos, em perfeita sintonia com a máxima da igualdade jurídica (CF, art. 5º, *caput*, e CPC, art. 125, I), objetivando proteger o destinatário final de produtos e serviços dos abusos praticados pelo mercado, que há muito já havia institucionalizado a política da conhecida "Lei de Gerson".

Os avanços alçados a partir da legislação especial, na proteção daqueles que, na qualidade de consumidores, apresentavam-se em situação de fragilidade frente ao outro polo contratual, acabaram por ser inseridos no bojo do Código Civil brasileiro, publicado em janeiro de 2002, trazendo a boa-fé entre os contratantes e a função social do instrumento negocial como princípios fundantes do novo direito contratual. Os benefícios são sentidos não somente pelas partes diretamente envolvidas na contratação, mas surtindo ainda efeitos para toda a sociedade ante a positivação do solidarismo,[2] indispensável para a construção de valores coletivos.

Trata-se, em realidade, de cláusula geral que ultrapassa a vontade das partes e aproxima-se de uma necessária consideração de sua função socioambiental, conforme expõe Antonio Carlos Efing (2011, p. 248-9):

---

[2] Sobre a "solidariedade contratual", ver: Cabral (2011, p. 353-4). No mesmo sentido, discorrendo sobre a convergência do direito público e do direito privado, resultando na criação de um "direito privado solidário", ver: Marques e Miragem (2012, p. 210).

No relacionamento entre fornecedores e consumidores, o solidarismo (resultado das condutas de boa-fé, transparência, informação etc.) deverá produzir relações jurídicas de consumo mais equilibradas e sustentáveis, impondo-se não somente uma nova conduta social (onde a competição e a acumulação de bens e riquezas não seja o objetivo principal), mas uma conduta fundada no bem-estar de todos e na saudável relação das pessoas com o meio ambiente, preservando-se assim as condições de subsistência das gerações futuras. Neste cenário, o consumo consciente é indispensável para que se alcance a *função socioambiental* dos contratos de consumo.

Assim, na ânsia de melhor atender aos interesses da coletividade, a interpretação do princípio da função socioambiental dos contratos é ampliada, de modo a viabilizar a intervenção do Estado para evitar que os contratantes, de alguma forma, comprometam as expectativas da sociedade, causando, por exemplo, prejuízos ao equilíbrio ambiental.

Antes de adentrar as implicações ambientais causadas pelos contratos de consumo, passa-se a discorrer sobre o papel desempenhado pelas "cláusulas gerais" na atual conjuntura do direito contratual, e as novas possibilidades de atuação do magistrado, na proteção dos interesses comuns.

RELATIVIZAÇÃO DA FORÇA VINCULANTE DOS CONTRATOS: O PAPEL DAS CLÁUSULAS GERAIS

Com o surgimento dos novos interesses juridicamente defensáveis, aqui referenciados pelo direito do consumidor e pelo direito ambiental, a disciplina jurídica ligada à formação dos contratos, que atribuía inescusável força cogente à conjunção de vontades, assim considerada a partir da formulação e aceitação de proposta válida (Miragem, 2010, p. 160) – respeitando os clássicos requisitos dos negócios jurídicos (CC, art. 104) –, é tomada por necessário subjetivismo quando da exigibilidade da avença. Em certos casos, obrigar o cumprimento do contrato, nos moldes em que fora celebrado, acaba por trazer malefícios individuais e/ou coletivos que superam as vantagens do tradicional conceito de segurança jurídica, que há muito se espraiou pelos ordenamentos jurídicos ocidentais e que se acreditava indissociável do preceito do *pacta sunt servanda*.

Para melhor atender às metas programáticas, estatuídas pela Constituição Federal de 1988 em proteção aos direitos e garantias individuais mais

ANÁLISE DA FUNÇÃO SOCIOAMBIENTAL DOS CONTRATOS DE CONSUMO | **569**

intimamente ligados à dignidade humana, o Código Civil vigente traz institutos protecionistas – alguns inclusive que já haviam sido rechaçados pelo Código Civil de 1916, por incompatibilidade com o espírito individualista deste diploma – como, por exemplo, a possibilidade de rescisão/revisão contratual por lesão (art. 157) ou onerosidade excessiva (art. 156).

Da mesma forma, é possível ao contratante lesado se escusar do cumprimento do acordo, mediante a demonstração de que a parte adversa atentou contra os princípios da boa-fé (art. 422) e da função social dos contratos (art. 421), classificados como verdadeiras "cláusulas gerais"[3], por permitirem que se procedam a ajustes subjetivos ao caso concreto. No que tange aos princípios enfocados neste parágrafo, pela pertinência com o tema proposto por este capítulo, dedicado à análise ambiental dos contratos de consumo, algumas ponderações merecem ser feitas.

Primeiramente, destaque-se a superação da "regra da esperteza", que privilegiava o contratante malicioso, capaz de ocultar defeitos e fantasiar características, visando a assumir posição de melhor proveito face à outra parte, ou mesmo em prejuízo aos interesses da sociedade. Aliás, a "boa-fé" trazida pela norma codificada, ao contrário do que possa decorrer de uma interpretação literal de seu texto (art. 422), deve ser guardada não somente na contratação e no cumprimento do contrato, mas, ainda, nos momentos que antecedem a pactuação (tratativas preliminares) e sucedem o término de seus efeitos (pós-contrato).

A boa-fé, como princípio do direito contratual, seguindo tendência iniciada pelo Código alemão, importa na atribuição de alguns deveres secundários aos contratantes, todos marcados pela bilateralidade. Em se tratando, todavia, de aplicação restrita às relações de consumo (CDC, arts. 4º, III, e 51, IV), alguns desses deveres podem ser excepcionados para o contratante mais fraco (diga-se, a parte que padece de *déficit informacional* = consumidor). É o que ocorre, por exemplo, com o dever de informação, imputado pelo Código de Defesa do Consumidor somente ao fornecedor (Marques, 2006, p. 71). Não significa que, com isso, esteja o consumidor autorizado a

---

[3] O termo "cláusula geral", no contexto enfocado, não indica, pois, disposição contratual, mas tão somente a existência de preceito amplo, capaz de comportar interpretações variadas, consoante as diversidades apresentadas pelo caso concreto. Assim, não deve ser confundido com a expressão "condições gerais do contrato", que enfocam, na fase pré-contratual, termos e condições, previamente elaborados e indistintamente oferecidos a todos, nas contratações em massa (Marques, 2006, p. 68).

faltar com a verdade ou se utilizar de artimanhas para auferir benefício indevido.

Já a função social dos contratos fora herdada de instituto homônimo, criado pela Constituição mexicana de 1917 e reproduzido pela Carta de Weimar de 1919 (Fiorillo, 2004, p. 31), para combater os abusos da propriedade privada. Sendo o contrato mecanismo natural de transmissão da propriedade, nada mais lógico que aquele compartilhasse da função social recentemente incorporada por esta, tudo para melhor servir à população e às metas encampadas pelo Estado interventor, assim conformado para contornar as crises econômicas, oriundas da extrema concentração de riquezas iniciadas com o século XX. Para os contratos, a função social veio em boa hora, municiando o magistrado ou julgador dos poderes necessários para intervir na salvaguarda de interesses individuais e coletivos, escudando-os de percalços econômicos e ambientais, considerando-se, pois, o maior potencial danoso da contratação em massa.

Os institutos jurídicos referenciados acima são marcados pelo traço comum da subjetividade atribuída ao magistrado para interpretar e solucionar casos concretos, sem as cômodas – mas, por vezes, desastrosas – coordenadas trazidas pelas leis escritas. Por tal razão, são chamados de "cláusulas gerais" ou "cláusulas abertas", justamente por permitirem que o juiz, quando do exercício da subsunção do fato à norma, possa realizar a vontade concreta da lei, segundo ideário de justiça enaltecido pelo constituinte.

Habituado a seguir fielmente e apenas aquilo que expressamente determinou o legislador, o juiz se vê diante de uma nova realidade jurídica, na qual assume importante papel performático, em superação ao modelo legalista fechado, implementado pela tradição da *civil law*. Esta novel desenvoltura do Poder Judiciário, integrado ao Estado Social e Democrático de Direito, prima pela superação de dogmas ultrapassados, incompatíveis com a sociedade que se quer efetivar.

Com efeito, não se pretende transformar o juiz na figura de um "justiceiro" e, muito menos, lhe desvincular do cumprimento das regras escritas. Quer-se, tão somente, um magistrado participativo, humano, capaz de buscar soluções que melhor atendam aos interesses dos litigantes e da sociedade como um todo, efetivando adágios principiológicos, que se encontravam inertes pelo codicismo conservador, de inspiração napoleônica.

Com base nas cláusulas gerais, o magistrado é convocado a intervir mesmo em casos onde inexista solução previamente eleita pela lei, assumindo posicionamento suplementar à figura do legislador, promovendo, ao mesmo tempo, a integração do ordenamento e a pacificação social almejada.

O CONSUMO E A CRISE SOCIOAMBIENTAL NA AMÉRICA LATINA

Retirado do estado natural, o homem moderno se apresenta ávido à aquisição desmensurada de bens e serviços, na sua maioria inservíveis a seus propósitos pessoais ou profissionais, representando, tão somente, conquistas de prazer efêmero, embasado na promessa de felicidade corporificada em desejos artificialmente incutidos por modismos e propagandas, em verdadeiro hedonismo de consumo (Efing e Freitas, 2012, p. 131). Mais do que o sentimento de bem-estar, consumir vem representando uma forma de não exclusão[4].

Entre os grandes malefícios da "sociedade de consumo", já institucionalizada globalmente e de difícil – senão impossível – superação, encontram-se os riscos à sustentabilidade do planeta, considerando-se, principalmente, a proximidade da saturação de sua capacidade de regeneração dos recursos naturais degradados pela intensificação do processo produtivo.

Somente a partir da recente noção acerca da finitude dos elementos que compõem o espaço pleonasticamente denominado "meio ambiente" (Freitas, 2002, p. 17) e a total dependência, para com este, da preservação da vida humana, é que se tornou corrente a ideia preservacionista global em torno de um "bem jurídico ambiental" (Fazolli, 2009, p. 32), não mais amoldável aos rígidos limites políticos e jurisdicionais do Estado de Direito.

Nesta era de transferência de valores, a sociedade do "ser" vem sendo substituída por um padrão social calcado na ideia do "ter"[5]. A felicidade, como fruto da realização pessoal e profissional, só é atingida por meio da aquisição de bens de consumo, de utilização limitada por uma obsolescência programada (Efing, 2011, p. 131), ditada pelos interesses do mercado fornecedor.

---

[4] "Bombardeados de todos os lados por sugestões de que precisam se equipar com um ou outro produto fornecido pelas lojas se quiserem ter a capacidade de alcançar e manter a posição social que desejam, desempenhar suas obrigações sociais e proteger a autoestima – assim como serem vistos e reconhecidos por fazerem tudo isso –, consumidores de ambos os sexos, todas as idades e posições sociais irão sentir-se inadequados, deficientes e abaixo do padrão a não ser que respondam com muita prontidão a esses apelos" (Bauman, 2008, p. 74).

[5] Sobre a necessária "repersonalização" do direito, promovendo o resgate dos valores humanos, ver: Fachin (2003, p. 78).

A caracterização feita anteriormente, acerca do perfil da atual sociedade de consumo, apresenta-se como uma tendência global, aplicável, inclusive, aos países latino-americanos em desenvolvimento (ou subdesenvolvidos, como eram classificados), onde o modelo de produção estabelecido, em total desarmonia com os valores de suas populações[6] – cultural e multietnicamente formadas –, vem provocando prejuízos socioambientais irreparáveis.

Marcados pela mesma identidade colonizatória (de exploração), e com diversos projetos para a efetivação de um mercado econômico comum, os países da América Latina vivenciam o antagonismo da conclusão de seus processos de industrialização, com vistas à salvaguarda da economia com a continuidade do consumo (Moreira, 2011, p. 174) e a preservação dos recursos naturais – estes indispensáveis para a manutenção da vida humana, mas desprestigiados pela ética de mercado. Neste cenário de inconteste insubsistência, almeja-se a construção do Estado de Direito Ambiental (Leite e Belchior, 2012, p. 19), com a árdua tarefa de promover a integração entre economia e meio ambiente, fazendo com que se estabeleçam padrões sustentáveis de consumo, com preocupações voltadas tanto para a produção como para o pós-consumo ambientalmente corretos.

Também pela comunidade internacional, diversos são os esforços para a preservação do ambiente e das características civilizatórias, no estabelecimento de um limite desenvolvimentista latino-americano, consoante se infere dos estudos desenvolvidos e retratados por relatórios conjuntos de Cepal, Ipea e PNUD, indicando a existência de "grupos altamente vulneráveis", dentre os quais se destacam as populações indígenas do Brasil, Peru, Equador, Guatemala e Bolívia, integrantes de um genuíno "fosso" (Sen e Kliksberg, 2010, p. 186) de discriminação, ocasionado pela cultura dominante.

Por critério de similitude desenvolvimentista, e pela característica transfronteiriça dos danos ocasionados ao meio ambiente, acredita-se na possível e necessária adoção de *parâmetros ambientais* comuns para América Latina, em especial entre Brasil, Argentina, Chile e México, vez que estes representam cerca de 70% da indústria latino-americana, detendo 65,1% de sua população (Bielschowsky, 2000, p. 356).

---

[6] "A 'sociedade de consumidores', em outras palavras, representa o tipo de sociedade que promove, encoraja ou reforça a escolha de um estilo de vida e uma estratégia existencial consumista, e rejeita todas as opções culturais alternativas. Uma sociedade em que se adaptar aos receitos da cultura de consumo e segui-los estritamente é, para todos os fins e propósitos práticos, a única escolha aprovada de maneira incondicional" (Bauman, 2008, p. 71).

Ocorre que, principalmente para os países do Cone Sul, apresenta-se como inviável – ao menos em um futuro próximo – a formulação de um *padrão de consumo*, o que se considera tendo em vista as diversidades sociais e econômicas que heterogenizam suas populações, essencialmente multiculturais e pluralistas, separadas por abismos econômicos. Importante, pois, regulamentar o modelo de produção dos entes internacionais latino-americanos, cuja integração econômica se pretende, de forma a respeitar um conteúdo ambiental mínimo às necessidades humanas. Ao assim proceder, ter-se-á o fortalecimento do consumidor na qualidade de agente social e econômico, estabilizando a economia e, ao mesmo tempo, preservando a atuação ética esperada do mercado.

CONSUMO CONSCIENTE: O NOVO DESAFIO GLOBAL

Conforme já visto anteriormente, os estímulos à criação de novas necessidades, quase sempre relacionadas à obsolescência programada de bens de consumo, acabam por ocasionar problemas ambientais, devido à falta de políticas públicas educacionais, capazes de transformar consumidores em "agentes de controle crítico" (Efing, 2011, p. 125). Em especial na fase da pré-contratação, levado por imagens e situações criadas pela mídia e pela publicidade para justificar a necessidade de aquisição do produto, o consumidor tem seus valores alterados para aceitar e praticar, de forma descomedida, o consumo de bens e serviços.

As discussões sobre consumo perdulário como uma das principais fontes primárias da poluição foram estabelecidas pela comunidade global por ocasião da Rio-92, restando consignado, no Capítulo 4 do documento final assinado pelos países participantes (Agenda 21), novas diretrizes para a fixação de padrões sustentáveis de consumo (Comparato, 2008, p. 438).

Em setembro de 2000, contando com a participação de 189 países, a ONU promoveu, em Nova York, a "Cúpula do Milênio", elegendo a preocupação com o consumo consciente como um dos oito objetivos do milênio para o resguardo da vida na Terra[7]. Diante dos fatos constatados pelo levanta-

---

[7] Relatório brasileiro de acompanhamento das metas assumidas. Disponível em: http://www.pnud.org.br/Docs/1_RelatorioNacionalAcompanhamentoODM.pdf. Acessado em: 15 jan. 2014.

mento mundial, tal qual a hipótese de Gaia, formulada por James Lovelock (2006), equiparou-se a espécie humana a um "microrganismo patogênico" (Lovelock, 2006, p. 153), responsável pelas endemias advindas ao planeta.

No ano de 2002, estabeleceu-se, em Joanesburgo, a Cúpula Mundial sobre Desenvolvimento Sustentável, a partir da qual os participantes identificaram as principais atitudes a ser adotadas pelos países-membros, no período de dez anos (*10 Years Framework Program*), para a fixação de novos padrões de produção e consumo, mais condizentes com o futuro esperado pela população do planeta[8].

Em 2003, Produção e Consumo Sustentáveis – PCS foram os lemas estabelecidos pelo Processo de Marrakesh que, partindo da estipulação de quatro fases iniciais, concita os países signatários a integrar um plano de ação para a concretização no novo marco kuhniano para o consumo (Sen e Kliksberg, 2010, p. 155). Em auxílio ao plano de atividades iniciado na cidade de Marrocos, o Programa das Nações Unidas para o Meio Ambiente – PNUMA, acabou por sistematizar metodologias para a efetivação do PCS (*10-Year Framework of Programmes on SCP – 10YFP*)[9].

Também o documento A/CONF 216/5[10], feito por representantes brasileiros e homologado pelo art. 226 da carta "O Futuro que Queremos", produzido pela RIO + 20, recomenda aos países membros (embora afirme não ser obrigatória), a adoção de políticas de integração de produção e consumo sustentáveis[11] (item 2, subitem "I"; e item 3, subitem "d" – diretamente voltados para a questão do "consumo consciente").

Dessa maneira, mostra-se ser noção corrente a pretensa implementação de "políticas públicas globais" em prol do "consumo consciente" com vistas ao controle da poluição, fundadas em bases teóricas sólidas, corroboradas pela "ética do futuro" preconizada por Hans Jonas (Ost, 1997, p. 318), fruto de diversas discussões pela comunidade internacional, cuja promoção

---

[8] Disponível em: http://www.mma.gov.br/responsabilidade-socioambiental/producao--e-consumo-sustentavel/plano-nacional/processo-de-marrakesh. Acessado em: 15 jan. 2014.

[9] Idem.

[10] Documento anexo à Carta de 18 de junho 2012 a partir do Representante Permanente do Brasil junto às Nações Unidas dirigida ao Secretário-Geral da Conferência das Nações Unidas sobre Desenvolvimento Sustentável (Tradução livre). Disponível em: http://www.unep.org/rio20/portals/24180/Docs/a-conf.216-5_english.pdf. Acessado em: 16 nov. 2012.

[11] *A 10-Year Framework of Programmes on Sustainable Consumption and Production Patterns.*

depende da adesão voluntária dos países integrantes da ONU, por meio da criação de normas programáticas e outras atuações governamentais.

A população necessita de um norte traçado principalmente pela conscientização de consumidores e fornecedores, então comprometidos com a "ética do desenvolvimento" (Sen e Kliksberg, 2010) capaz de resguardar a função socioambiental dos contratos de consumo (Efing, 2011, p. 249).

IMPLICAÇÕES AMBIENTAIS E MECANISMOS DE ENFRENTAMENTO DOS PROBLEMAS NA FASE DO PÓS-CONSUMO NO BRASIL

A insustentabilidade ambiental de uma determinada cadeia de consumo é geralmente agravada na fase do pós-consumo, na qual o potencial econômico do contrato de consumo já se encontra praticamente exaurido e, na maioria das vezes, incapaz de fomentar interesses por parte da economia tradicional.

Na tentativa de conter os empecilhos à sustentabilidade, prevista constitucionalmente como fator de limite ao desenvolvimento econômico (CF, art. 170, VI), em continuidade à Política Nacional do Meio Ambiente, estabelecida a partir da Lei n. 6.938/81, o legislador brasileiro, por meio da edição da Lei n. 12.305, de 2 de agosto de 2010, instituiu a Política Nacional de Resíduos Sólidos, estendendo a responsabilidade de fornecedores (bem como de consumidores) para além do término da contratação acerca do produto ou serviço. Com tal instrumento, viabilizou-se, ainda mais, a atuação positiva do Estado na busca pela contenção dos excessos praticados pelo consumo desenfreado, no que se refere à educação ambiental, à destinação final ambientalmente adequada dos resíduos, ou na responsabilização de todos os envolvidos no ciclo de vida do produto.

As externalidades ambientais negativas de tal processo (produção e consumo), ao contrário do que determina o bom senso e as normativas específicas, acabam sendo internalizadas pela coletividade de consumidores, entre os quais se enquadram os próprios fornecedores, enquanto agentes sociais utilizadores de bens e serviços disponibilizados no mercado.

Nesse interregno, indaga-se: sendo a sociedade brasileira essencialmente pluralista e multiculturalista, poder-se-ia falar na instituição e condução, pelo Estado, de padrões sustentáveis de produção e consumo, tal como preconizado pelo art. 3º, XIII, da Lei 12.305/2010[12]? Os direitos básicos enunciados pelo art. 6º da Lei 8.078/90 (Código de Defesa do Consumidor) ofereceriam proteção suficiente na fase do pós-consumo, dada a responsabilidade compartilhada trazida pelo art. 3º, XVII, da Lei 12.305/2010[13]?

No enfrentamento destas e outras questões relacionadas aos contratos de consumo, focando-se na suplementação do sistema de regras pela densificação principiológica (Carvalho Neto e Scotti, 2011, p. 63), indispensável à complexa solução dos impasses jurídicos contemporâneos, e tendo como pano de fundo as questões de pós-consumo, passa-se à abordagem dos principais instrumentos albergados pela Lei n. 12.305/2010, para fazer frente ao caos ambiental instaurado.

LOGÍSTICA REVERSA

Por definição legal (art. 3º, XII, da Lei 12.305/2010), a logística reversa é trazida como

> instrumento de desenvolvimento econômico e social caracterizado por um conjunto de ações, procedimentos e meios destinados a viabilizar a coleta e a restituição dos resíduos sólidos ao setor empresarial, para reaproveitamento, em seu ciclo ou em outros ciclos produtivos, ou outra destinação final ambientalmente adequada.

Trata-se, pois, de previsão normativa aberta, estabelecendo a obrigatoriedade de o setor produtivo promover a internalização das externalidades ambientais negativas, oriundas de sua atividade econômica. O processo envolve não só o recebimento de embalagens e materiais por parte de fabri-

---

[12] Art. 3º Para os efeitos desta Lei, entende-se por: [...]

XIII – padrões sustentáveis de produção e consumo: produção e consumo de bens e serviços de forma a atender às necessidades das atuais gerações e permitir melhores condições de vida, sem comprometer a qualidade ambiental e o atendimento das necessidades das gerações futuras.

[13] XVII – responsabilidade compartilhada pelo ciclo de vida dos produtos: conjunto de atribuições individualizadas e encadeadas dos fabricantes, importadores, distribuidores e comerciantes, dos consumidores e dos titulares dos serviços públicos de limpeza urbana e de manejo dos resíduos sólidos, para minimizar o volume de resíduos sólidos e rejeitos gerados, bem como para reduzir os impactos causados à saúde humana e à qualidade ambiental decorrentes do ciclo de vida dos produtos, nos termos desta Lei.

cantes e revendedores, como a "destinação"[14] (art. 3º, inc. VII) e "disposição"[15] (inciso VIII) final ambientalmente adequadas deles.

A ideia central é que fornecedores de matéria prima, fabricantes e revendedores, assumam o ônus econômico com o processamento do material de descarte denominado "resíduo sólido"[16], minimizando-se os impactos ambientais.

À primeira vista, pelas leis de mercado tradicionalmente praticadas, a implementação de tal política acabaria se revertendo no aumento de custos e, consequentemente, na majoração dos valores de produtos repassados ao consumidor final. Nesse sentido, o grande desafio, encampado pelo princípio do poluidor pagador enquanto pilar do direito ambiental, é fazer com que os custos com as medidas e cuidados a serem tomados para garantir a sustentabilidade do negócio fiquem adstritos à esfera econômica do fornecedor, contrariando o que comumente se pratica, de acordo com a teoria do *risco proveito* (Miragem, 2010, p. 354 e 355).

O que se busca não é a estagnação do setor produtivo, mas que este faça por conformar as leis de mercado às novas e urgentes necessidades ambientais, pela investigação e pelo desenvolvimento de técnicas ambientalmente eficientes, capazes de conciliar a minimização dos prejuízos ao ambiente com a otimização de recursos e custos.

A tarefa atribuída ao setor produtivo não é – diferentemente do que possa parecer – homérica. Ao contrário, pode apresentar-se como demasiadamente simples, se os fornecedores conseguirem canalizar parte da atividade inventiva utilizada no convencimento de consumidores (publicidades,

---

[14] Art. 3º, VII – destinação final ambientalmente adequada: destinação de resíduos que inclui a reutilização, a reciclagem, a compostagem, a recuperação e o aproveitamento energético ou outras destinações admitidas pelos órgãos competentes do Sisnama, do SNVS e do Suasa, entre elas a disposição final, observando normas operacionais específicas de modo a evitar danos ou riscos à saúde pública e à segurança e a minimizar os impactos ambientais adversos.

[15] Art. 3º, VIII – disposição final ambientalmente adequada: distribuição ordenada de rejeitos em aterros, observando normas operacionais específicas de modo a evitar danos ou riscos à saúde pública e à segurança e a minimizar os impactos ambientais adversos.

[16] Art. 3º, XVI – resíduos sólidos: material, substância, objeto ou bem descartado resultante de atividades humanas em sociedade, a cuja destinação final se procede, se propõe proceder ou se está obrigado a proceder, nos estados sólido ou semissólido, bem como gases contidos em recipientes e líquidos cujas particularidades tornem inviável o seu lançamento na rede pública de esgotos ou em corpos d'água, ou exijam para isso soluções técnica ou economicamente inviáveis em face da melhor tecnologia disponível.

campanhas de marketing etc.)[17], para reinventar o sistema de produção, utilizando-se de materiais recicláveis ou biodegradáveis, energias renováveis, tudo em conformidade com a "gestão integrada de resíduos sólidos",[18] além do respeito às leis trabalhistas e aos interesses do consumidor.

Recepcionada pelo ordenamento constitucional vigente e em conformidade com a Lei da Política Nacional do Meio Ambiente, a Resolução Conama n. 416, de 30 de setembro de 2009, já havia encampado a meta da logística reversa, determinando que todos os envolvidos no processo de fabricação e importação de pneus (novos e usados) fossem responsáveis pelo recolhimento e pela destinação ambientalmente adequada das carcaças, evitando-se, pois, a transferência de passivos ambientais entre países e o locupletamento irresponsável de fornecedores.

Aliás, a importação de pneus usados é tema que, segundo o julgamento histórico dado por meio da Ação de Descumprimento de Preceito Fundamental n. 101, não se coaduna com os princípios constitucionais do desenvolvimento sustentável e da equidade e responsabilidade intergeracional, vez que:

> [...] a) os elementos que compõem o pneu, dando-lhe durabilidade, são responsáveis pela demora na sua decomposição quando descartado em aterros; b) a dificuldade de seu armazenamento impele a sua queima, o que libera substâncias tóxicas e cancerígenas no ar; c) quando compactados inteiros, os pneus tendem a voltar à sua forma original e retornam à superfície, ocupando espaços que são escassos e de grande valia, em especial nas grandes cidades; d) pneus inservíveis e descartados a céu aberto são criadouros de insetos e outros transmissores de doenças; e) o alto índice calorífico dos pneus, interessante para as indústrias cimenteiras, que, quando queimados a céu aberto, se tornam focos de incêndio difíceis de extinguir, podendo durar dias, meses e até anos; f) o Brasil produz pneus usados em quantitativo suficiente para abastecer as fábricas de remoldagem de pneus, do que decorre não faltar matéria-prima a impedir a atividade econômica. [...] (STF, ADPF n. 101, Tribunal Pleno, rel. Min. Cármen Lúcia, j. 24.06.2009, *DJe* 01.06.2012, publ. 04.06.2012).

---

[17] Sobre o desenvolvimento da atividade publicitária enquanto principal elemento da formação da sociedade de consumo, ver: Miragem (2010, p. 167-8).

[18] Art. 3º, inc. XI – gestão integrada de resíduos sólidos: conjunto de ações voltadas para a busca de soluções para os resíduos sólidos, de forma a considerar as dimensões política, econômica, ambiental, cultural e social, com controle social e sob a premissa do desenvolvimento sustentável.

Ainda sobre o tema, retratando a legalidade e a constitucionalidade da Resolução Conama n. 416/2009, mesmo antes do advento da Lei da Política Nacional de Resíduos Sólidos, a qual passou a contar com previsão legislativa expressa acerca da logística reversa, se posicionou o Tribunal Regional Federal da 5ª Região:

Direito constitucional e administrativo. Resolução n. 416 do Conama. Sistema da "logística reversa". Legalidade e constitucionalidade. Lei n. 6.938/81. Lei n. 12.305/2010. Decreto n. 7.404/2010. Apelações providas. 1. Apelações interpostas pela União e pelo Ibama contra a sentença que julgou procedente a pretensão da autora, que reconheceu a esta o direito ao não cumprimento da Resolução n. 416/2009 do Conama, sob a alegação de vícios formais e materiais. 2. A Resolução n. 416/2009 do Conama não padece de vício formal, já que dispôs sobre a prevenção à degradação ambiental causada por pneus inservíveis e a sua destinação ambientalmente adequada, apresentando-se como norma compatível e necessária para a preservação do meio ambiente ecologicamente equilibrado e essencial à qualidade de vida, nos termos conferidos pela Lei n. 6.938/81. 3. O Superior Tribunal de Justiça, julgando questão ambiental, reconheceu possuir o Conama autorização legal para editar resoluções, que consistem em normas de caráter geral, às quais devem estar vinculadas as normas estaduais e municipais, nos termos do art. 24, VI e §§ 1º e 4º, da Constituição Federal e do art. 6º, incisos IV e V, e §§ 1º e 2º, da Lei n. 6.938/81. Precedente: STJ, REsp n. 199800835121, 2ª T., rel. Franciulli Netto, *DJ* 01.07.2002. 4. O Supremo Tribunal Federal, analisando a questão do impacto que a destinação inadequada dos pneus inservíveis causam à natureza, em Arguição de Descumprimento de Preceito Fundamental, decidiu que a ponderação dos princípios constitucionais revela que a importação de pneus usados ou remoldados afronta os preceitos constitucionais da saúde e do meio ambiente ecologicamente equilibrado e, especificamente, os princípios que se expressam nos arts. 170, I e VI, e seu parágrafo único, 196 e 225, todos da CF (STF, ADPF n. 101/DF, rel. Min. Cármen Lúcia, j. 24.6.2009). 5. A jurisprudência pátria já analisou por diversas vezes a questão referente à proibição da importação de pneus usados e ao condicionamento da importação de pneumáticos proporcional ao número de bens inservíveis a serem destruídos pela empresa (previsto pelas Resoluções ns. 23/96 e 235/98 do Conama), havendo vários precedentes no sentido de considerar que tais medidas encontram respaldo nos preceitos constitucionais da saúde e do meio ambiente ecologicamente equilibrado, inclusive levando-se em consideração a ponderação entre as exigências para a preservação da saúde e do meio ambiente e o livre exercício da atividade econômica. 6. A questão da proibição da importação de pneus usados (já pacificada na jurisprudência) e a questão da obrigação imposta aos fabricantes e importadores de pneus novos de, para cada pneu novo comercializado, comprovar a destinação adequada a um pneu inservível (ora enfrentada) dizem respeito à mesma problemática, a saber, o impacto que a matéria-prima utilizada nos pneus causa no meio ambiente, bem como à constitucionalidade das resoluções do órgão ambiental editadas para evitar que pneus inservíveis tenham destinação inadequada, devendo a ambas ser aplicada a mesma interpretação jurídica. 7. A obrigação da "logística reversa", implementada por resolução (Resolução Conama n. 416/2009), criada com amparo em lei (Lei n. 6.938/81), consagrada por lei posterior (Lei n. 12.305/2010) e regulamentada por ato normativo (Decreto n. 7.404/2010), não ofende a razoabilidade e não possui vícios de legalidade ou constitucionalidade. 8. A Resolução n. 416, de 2009, do Conama encontra-se em consonância com os princípios da legalidade (por ter seu âmbito de validade no art. 8º, VII, da Lei n. 6.938/81 e na Lei n. 12.305/2010, que previu a obrigação da "logística reversa"), da tipicidade (por ter as sanções administrativas da resolução seu âmbito de validade no Decreto n. 6.514/2008), da isonomia (por ser a responsabilidade dos fabricantes e importadores de pneus proporcional ao prejuízo ambiental causado) e da livre iniciativa (por ter a ordem constitucional reservado à defesa do meio ambiente um mesmo lugar de destaque). 9. Apelações providas para reformar a sentença recorrida e julgar improcedente a pretensão autoral (TRF5, AC – Ap. Cível n. 534735, 2.ª T., rel. Des. Walter Nunes da Silva Júnior, j. 27.03.2012, *DJe* 02.04.2012, p. 243).

Pela mesma lógica jurídica, e diante da solidariedade entre os integrantes da cadeia de consumo, o Tribunal de Justiça do Estado do Paraná deliberou como lícita a condenação do fabricante de garrafas do tipo PET, entendendo por "injusta" a responsabilização do estado ou da população de consumidores:

Ação Civil Pública. Dano ambiental. Lixo resultante de embalagens plásticas tipo PET (polietileno tereftalato). Empresa engarrafadora de refrigerantes. Responsabilidade objetiva pela poluição do meio ambiente. Acolhimento do pedido. Obrigações de fazer. Condenação da requerida sob pena de multa. Inteligência do 225 da Constituição Federal, Lei n. 7.347/85, arts. 1º e 4º da Lei estadual n. 12.943/99, 3º e 14, § 1º, da Lei n. 6.938/81. Sentença parcialmente reformada. Apelo provido em parte. 1. Se os avanços tecnológicos induzem ao crescente emprego de vasilhames de matéria plástica tipo PET (polietileno tereftalato), propiciando que os fabricantes que delas se utilizam aumentem lu-

ANÁLISE DA FUNÇÃO SOCIOAMBIENTAL DOS CONTRATOS DE CONSUMO | **581**

cros e reduzam custos, não é justo que a responsabilidade pelo crescimento exponencial do volume do lixo resultante seja transferida apenas para o governo ou a população. 2. A chamada responsabilidade pós-consumo no caso de produtos de alto poder poluente, como as embalagens plásticas, envolve o fabricante de refrigerantes que delas se utiliza, em ação civil pública, pelos danos ambientais decorrentes. Esta responsabilidade é objetiva nos termos da Lei n. 7.347/85, arts. 1º e 4º da Lei Estadual n. 12.943/99, e arts. 3º e 14, § 1º, da Lei n. 6.938/81, e implica a sua condenação nas obrigações de fazer, a saber: adoção de providências em relação a destinação final e ambientalmente adequada das embalagens plásticas de seus produtos, e destinação de parte dos seus gastos com publicidade em educação ambiental, sob pena de multa (TJPR, Ap. Cível 118652-1, 8ª Câmara Cível, rel. Ivan Bortoleto, j. 05.08.2002, v.u.).[19]

Considerando os riscos ofertados ao meio ambiente pelo descarte inapropriado e pelas dificuldades de aplicação da logística reversa, também as embalagens à base de poliestireno expandido (EPS), popularmente conhecido como "isopor", estão sendo banidas de grandes empresas de *fast foods* e setores de hortifrutigranjeiros.

Na contratação referente à aquisição de aparelhos eletroeletrônicos, não existe qualquer informação ou esclarecimento por parte dos fornecedores, sobre a responsabilidade deles em receber o descarte final desses produtos, após o exaurimento do seu ciclo de vida, deixando o problema ambiental nas mãos do consumidor, que acaba se vendo obrigado a promover o depósito inadequado do lixo eletrônico[20].

---

[19] O julgado em referência foi objeto de análise mais aprofundada em obra coletiva coordenada pelo Prof. Vladimir Passos de Freitas, contendo comentários a diversos julgamentos históricos para o Direito Ambiental Brasileiro, em capítulo de autoria de Márcia Dieguez Leuzinger, acerca da responsabilidade no pós-consumo (Leuzinger, 2010, p. 123-36).

[20] "Há uma série de componentes químicos que são utilizados na fabricação de produtos eletrônicos. São cerca de 700 substâncias altamente tóxicas como: cádmio, chumbo, mercúrio, arsênico, níquel, dioxinas, BFR (*brominated flame retardants* – retardantes de chama à base de bromo), cloro, PVC (cloreto de polivinilo), dentre outros, cujos descartes causam danos irreparáveis ao meio ambiente, com a contaminação do solo, da água e, consequentemente, dos alimentos e da saúde humana, podendo afetar o sistema nervoso, causar edemas pulmonares, osteoporose, câncer etc. Para ter uma ideia do problema, de acordo com o Programa da ONU para o Meio Ambiente (Pnuma), são descartados 1,5 milhão a 1,9 milhão de computadores, TVs, gravadores, monitores, telefones celulares e outros equipamentos, numa produção anual total de lixo eletrônico de aproximadamente 50 milhões de toneladas. Apenas 5% do lixo gerado chega ao setor de reciclagem organizado. Aproximadamente 5,2 milhões de pessoas, sendo 4 milhões de crianças, morrem por ano de doenças relacionadas com

A mesma regra de desinformação pode ser aplicada ao cotidiano da maioria das contratações que envolvem relações de consumo. Das embalagens tóxicas de agrotóxico aos restos de produtos aparentemente inertes, como óleo de cozinha, fraldas, pilhas e outros utensílios comumente adquiridos em supermercados que deveriam receber "todos" os resíduos referentes aos produtos que comercializa e, a partir daí, atribuir a tais dejetos a destinação adequada, ainda que fosse o envio a outros fornecedores, que lhe antecederam na cadeia de consumo, até que se chegasse ao fabricante e/ou outros encarregados de promover a "destinação" ou "disposição final ambientalmente adequadas".

RESPONSABILIDADE COMPARTILHADA PELO CICLO DE VIDA DOS PRODUTOS

Conforme já aventado, além dos contratantes finais (fornecedor e consumidor), o ciclo de vida do produto pode albergar vários intermediários no processo de extração de matéria-prima, fabricação, distribuição, revendas etc.

Com a Lei n. 12.305/2010 (art. 3º, XVII), instituiu-se a responsabilidade compartilhada pelo ciclo de vida dos produtos, por meio da qual estabeleceu-se um

> conjunto de atribuições individualizadas e encadeadas dos fabricantes, importadores, distribuidores e comerciantes, dos consumidores e dos titulares dos serviços públicos de limpeza urbana e de manejo dos resíduos sólidos, para minimizar o volume de resíduos sólidos e rejeitos gerados, bem como para reduzir os impactos causados à saúde humana e à qualidade ambiental decorrentes do ciclo de vida dos produtos, nos termos desta Lei.

A intenção da lei foi promover a criação de um sistema de responsabilidade civil próprio, flexibilizando a Teoria da Causalidade Adequada eleita pelo Código Civil como elemento caracterizador do nexo causal, para permitir que qualquer integrante da cadeia de consumo possa ser demandado por danos advindos ao meio ambiente, pelo descarte inadequado de resíduos.

Aliada ao sistema de responsabilidade civil objetiva e solidária (Lemos, 2010, p. 160) em matéria ambiental (Código Civil, art. 942, última parte

---

o lixo, especialmente nos países em desenvolvimento, onde metade da população urbana não tem serviços de despejo de lixo sólido" (Efing e Freitas, 2012, p. 228).

combinado com a Lei n. 6.938/81, art. 3º, IV[21]), bem como à fragilização do nexo de causalidade pela aplicação da Teoria do Risco Integral, o sistema, recém-criado, mostra-se promissor. Suas principais falhas talvez residam na falta de fiscalização administrativa e de cumprimento de decisões judiciais. A responsabilidade compartilhada pelo ciclo de vida dos produtos é capaz de alcançar, inclusive, a Administração Pública, em casos de degradação ambiental pelo depósito irregular de resíduos sólidos urbanos a céu aberto, em lixões. Nesta seara, o Eg. Tribunal Regional Federal da 5ª Região[22], deliberou pela condenação dos municípios de São Miguel de Taipu e Pilar, face ao desrespeito à legislação e demais normativas infralegais, que dispõem sobre as normas para implementação, individual ou conjunta entre municípios, de aterros sanitários.

Em caso similar ao acima retratado, o Tribunal de Justiça do Estado do Paraná manteve multa fixada em desfavor de agente político encarregado da Administração Municipal, pela falta de deliberações e providências para assegurar a correta disposição de resíduos sólidos urbanos, entendendo-o, pois, como integrante do sistema de responsabilidade compartilhada implantado pela Lei n. 12.305/2010.

Julgando pela improcedência de Ação Direta de Inconstitucionalidade de Lei Municipal[23], o Eg. Tribunal de Justiça do Estado de São Paulo declarou a validade de normativa editada pelo Município de Jundiaí, que, pelo interesse local, determinava a obrigatoriedade de que farmácias e drogarias instalem coletores para medicamentos inservíveis (Lei Municipal n. 7.982, de 26.12.2012).

Também não nos parece justificativa para escusa do cumprimento de obrigações ambientais, pelos membros integrantes da cadeia de consumo, o fato de o dano respectivo somente ter sido constatado após a conclusão da relação negocial, com a evolução do conhecimento científico capaz de identificar o problema. Trata-se de excludente tratada sob a rubrica de Teoria do Risco do Desenvolvimento, cogitada para o ordenamento pátrio, pela adoção, por este, de um sistema de "responsabilidade mitigada" (Efing, 2011,

---

[21] Art. 3º Para os fins previstos nesta Lei, entende-se por: [...]

IV – poluidor, a pessoa física ou jurídica, de direito público ou privado, responsável, direta ou indiretamente, por atividade causadora de degradação ambiental.

[22] TRF5, Ap. Cível n. 528749, 1ª T., rel. Des. Francisco Cavalcanti, j. 26.04.2012, *DJe* 04.05.2012.

[23] TJSP, ADI n. 0038909-63.2013.8.26.0000, Órgão Especial, rel. Des. Cauduro Padin, j. 31.07.2013.

p. 179), que possibilita a isenção de responsabilidade ao fornecedor, em certos casos eleitos pela norma. Assim, pela impossibilidade científica da identificação do dano, no momento da contratação com o consumidor, o fornecedor teria sua responsabilidade excluída, por similitude às hipóteses de caso fortuito ou de força maior trazidas pelo Código de Defesa do Consumidor.

A matéria é polêmica e tem obtido significativa aceitação para a exclusão da responsabilidade de fornecedores, face à relativa imprevisibilidade dos riscos futuros, conforme relata Bruno Miragem (2010, p. 390), embora conclua com razão o referido autor, pela inviabilidade de tal teoria por deixar ao consumidor, parte prejudicada pelo acidente de consumo, o pesado fardo de suportar, com exclusividade, os danos descobertos após a conclusão do contrato de consumo (Miragem, 2010, p. 392).

Ademais, vale ressaltar que o *risco do desenvolvimento* não foi expressamente albergado pelos dispositivos consumeristas que tratam das excludentes de ilicitude (arts. 12, § 3º, e 14, § 3º, do CDC), razão pela qual não se permitiria uma interpretação extensiva, em prejuízo ao ambiente e à universalidade de consumidores.

Em que pese o avanço legislativo e consequentes benefícios ambientais, tem-se que o sistema da responsabilidade compartilhada pelo ciclo de vida dos produtos pode acabar por onerar a parte mais fraca da relação contratual de consumo, na medida em que insere o consumidor no quadro de corresponsáveis solidários pelo descarte inadequado de resíduos sólidos.

Não se questionando o intuito benéfico ao meio ambiente, acredita-se que o texto legal deve ser interpretado no sentido de resguardar ao consumidor – nos casos em que não se constate relação de causalidade direta e adequada entre a conduta deste e o dano ambiental verificado – a posição de responsável subsidiário, como forma de compensar a vulnerabilidade que sua posição contratual lhe impinge face a fornecedores e outros integrantes da cadeia de consumo.

CONSIDERAÇÕES FINAIS

Indissociável do modo de vida assumido pelo homem contemporâneo, o contrato de consumo não atua somente no interesse das partes envolvidas, mas desempenha significativo papel em prol do estabelecimento de hábitos sustentáveis. Sua eficiência, todavia, está intimamente ligada à educação ambiental dos contratantes, assim verificada pelo cumprimento das

ANÁLISE DA FUNÇÃO SOCIOAMBIENTAL DOS CONTRATOS DE CONSUMO | 585

normas e princípios de regência em todas as fases da pactuação, incluindo-se as negociações preliminares que antecedem a formação do contrato, até as obrigações implícitas referentes aos resíduos sólidos auferidos ao final do processo produtivo.

Na fase do pós-consumo, quando são sentidos os efeitos práticos da aquisição perdulária e da produção e demais práticas irresponsáveis por parte do mercado, o direito brasileiro – em especial com a edição da Lei n. 12.305/2010 – passou a contar com os institutos da logística reversa e da responsabilidade compartilhada pelo ciclo de vida dos produtos. Embora a aplicação de tais mecanismos se mostre extremamente promissora, acredita-se que tal "pedagogia fóbica" ainda se mostre distante da solução esperada, representando, pois, meros paliativos ao grande problema enfrentado pela humanidade, cuja verdadeira solução ainda ficará a cargo de atitudes sustentáveis voluntárias, intimamente ligadas à noção já referenciada de educação ambiental e para o consumo (consciente).

Em juízo, a correção de desvios contratuais, capazes de ocasionar distúrbios ao ambiente, poderá ser feita pelo magistrado ou julgador valendo-se da utilização de cláusulas gerais (especialmente a função social e a boa-fé), que permitem interpretações e subjetivismos, necessários ao desenvolvimento sustentável, com vistas ao melhor atendimento das situações individuais e coletivas oriundas do contrato de consumo.

Em meio a catástrofes ambientais sinalizando o fim dos tempos, o homem se vê impelido a promover a salvaguarda de sua espécie, pelo que se mostram indispensáveis significativas alterações em seus hábitos de produção e consumo conscientes. Vive-se uma época de reinvenção de valores, em que a ética passa a ser elemento indispensável ao restabelecimento das expectativas de futuro. Ser ético é, pois, questão de sobrevivência!

Pelo novo paradigma do cuidado, assim abordado por Leonardo Boff, até o momento, o homem se valeu das mais diversas alternativas para não se render aos dispêndios clamados pela natureza; resta o alerta: "Desta vez, ou cuidamos ou morremos" (Boff, 2010).

REFERÊNCIAS

BAUMAN, Z. *Vida para o consumo: a transformação das pessoas em mercadorias.* Trad. Carlos Alberto Medeiros. Rio de Janeiro: Zahar, 2008.

BECCARIA, C. *Dos delitos e das penas*. Trad. Vicente Sabino Júnior. São Paulo: CD Livraria Editora e Distribuidora, 2002.

BERGEL, J. *Teoria geral do direito*. São Paulo: Martins Fontes, 2001.

BIELSCHOWSKY, R. O mercado comum latino-americano. In: _____. *50 anos de Pensamento na Cepal*. Trad. Vera Ribeiro. v. 1. Rio de Janeiro: Record, 2000.

BOFF, L. *Ética e moral: a busca dos fundamentos*. Petrópolis: Vozes, 2010.

CABRAL, M.M. A tridimensionalidade da boa-fé objetiva no Direito brasileiro: premissas básicas para a construção de uma nova teoria contratual. In: PAULA, F.P.C.; MENEZES, I.P.; CAMPELLO, N.C.B. *Direito das obrigações: reflexões no direito material e processual: obra em homenagem a "Jones Figueirêdo Alves"*. Rio de Janeiro: Forense, 2011, p. 347-368.

CARVALHO NETO, M.; SCOTTI, G. *Os Direitos fundamentais e a (in)certeza do direito: a produtividade das tensões principiológicas e a superação do sistema de regras*. Belo Horizonte: Editora Fórum, 2011.

COMPARATO, F.K. *Afirmação histórica dos direitos humanos*. São Paulo: Saraiva, 2008.

EFING, A.C. *Fundamentos do direito das relações de consumo: consumo e sustentabilidade*. 3.ed. Curitiba: Juruá, 2011.

EFING, A.C.; FREITAS, C.O.A. *Direito e questões tecnológicas aplicados no desenvolvimento social*. v. 2. Curitiba: Juruá, 2012.

FACHIN, L.E. *Teoria Crítica do Direito Civil à luz do novo Código Civil Brasileiro*. 2.ed. Rio de Janeiro, 2003.

FAZOLLI, S.A. *Bem jurídico ambiental: por uma tutela coletiva diferenciada*. Porto Alegre: Verbo Jurídico, 2009.

FIORILLO, C.A.P. *Princípios do processo ambiental*. São Paulo: Saraiva, 2004.

FREITAS, V.P. *A Constituição Federal e a efetividade das normas ambientais*. 2.ed. São Paulo: Revista dos Tribunais, 2002.

HOBBES, T. *Leviatã, ou matéria, forma e poder de um estado eclesiástico e civil*. Trad. Alex Marins. São Paulo: Martin Claret, 2002.

LEITE, J.R.M.; BELCHIOR, G.P.N. In: FERREIRA, H.S.; FERREIRA, M.L.P.C. *Dano ambiental na sociedade de risco: uma noção introdutória*. São Paulo: Saraiva, 2012.

LEMOS, P.F.I. *Direito ambiental: responsabilidade civil proteção ao meio ambiente*. 3.ed. São Paulo: Revista dos Tribunais, 2010.

LEUZINGER, M.D.L. et. al. *Julgamentos históricos do direito ambiental*. Campinas: Milennium, 2010.

LOPES, M.M.S. *Curso de direito civil brasileiro – vol. III: fontes das obrigações: contratos*. 4.ed. Rio de Janeiro: Freitas Bastos, 1991.

LOVELOCK, J. *Gaia: cura para um planeta doente*. São Paulo: Cultrix, 2006.

MARQUES, C.L. *Contratos no Código de Defesa do Consumidor: o novo regime das relações contratuais*. 5.ed. São Paulo: Revista dos Tribunais, 2006.

MARQUES, C.L.; MIRAGEM, B. *O novo direito privado e proteção dos vulneráveis*. São Paulo: Revista dos Tribunais, 2012.

MIRAGEM, B. *Curso de direito do consumidor*. 2.ed. São Paulo: Revista dos Tribunais, 2010.

MOREIRA, D.A. Responsabilidade ambiental pós-consumo. *Revista de Direito Ambiental*. v. 63, p. 158-179, jul./ago. 2011.

OST, F. *A natureza à margem da lei: a ecologia à prova do direito*. Lisboa: Piaget, 1997.

RAWLS, J. *Justiça como equidade – uma reformulação*. São Paulo: Martins Fontes, 2003.

SEN, A.; KLIKSBERG, B. *As pessoas em primeiro lugar: a ética do desenvolvimento e os problemas do mundo globalizado*. Trad. Bernardo Ajzemberg, Carlos Eduardo Lins da Silva. São Paulo: Companhia das Letras, 2010.

Direito Urbanístico e sua Interface com o Direito Ambiental[1]

19

Flávio Ahmed
Ordem dos Advogados do Brasil, Rio de Janeiro

INTRODUÇÃO

O presente trabalho procura investigar as relações entre o direito urbanístico e o direito ambiental a partir de suas semelhanças e algumas de suas diferenças.

A tarefa se reveste da maior importância, já que 85% da população brasileira reside em cidades, campo de incidência direta do direito urbanístico e do direito ambiental brasileiros, notadamente, quanto a este último, na dimensão relacionada à tutela do meio ambiente artificial.

A busca do campo epistemológico desses ramos do Direito mostrar-se-á necessária não apenas por uma questão de ordem dogmática, mas, sobretudo, para a verificação da medida em que a especificidade de cada um poderá lançar luzes sobre a busca de efetividade dos seus respectivos cam-

---

[1] Dedico este artigo a Ricardo Pereira Lira e Ronaldo do Livramento Coutinho, mestres do Direito da Cidade.

pos de abrangência que se revelam essenciais para a sadia qualidade de vida do homem no ambiente urbano.

O direito como instrumento à melhoria da qualidade de vida nas cidades é o que se busca fundamentalmente com a interseção que se propõe aqui abordar.

E, para tanto, uma perspectiva ambiental como matriz para a análise da disciplina reitora do uso e disciplina do solo, a partir daquilo que vem definido juridicamente como poluição, para que possamos verificar em que medida esses dois direitos podem dotar de concretude as normas relacionadas ao direito da cidade.

Mas para a compreensão de todos esses conceitos e definições será necessário, em primeiro lugar, definir o campo de incidência do direito urbanístico e ambiental, para, depois, enfrentarmos suas interseções e o que podem contribuir para e melhoria da vida nas cidades.

Só aí, então, será possível avançar para encontrar, no âmbito do território, a aplicação das normas relacionadas ao direito ambiental e ao urbanístico, estabelecendo suas interseções a fim de que sirvam como meio de qualificação da cidadania e da dignidade da pessoa humana nas cidades, e da implementação do catálogo de direitos que sobre ela se estabeleceu.

CONSIDERAÇÕES INTRODUTÓRIAS SOBRE O CAMPO DE INCIDÊNCIA DO DIREITO URBANÍSTICO

Uma análise da interface entre o direito urbanístico e ambiental passa necessariamente por uma investigação preliminar acerca da autonomia destes dois ramos do direito e pela definição dos seus respectivos estatutos epistemológicos. A tarefa é árdua, conforme será visto e, de certo modo, tentar tornar estanques o âmbito de suas respectivas abrangências consiste em adotar uma postura teórica que vai em sentido oposto ao que reclama a teoria do Direito e, notadamente, aquilo que os mais avançados teóricos das duas disciplinas apontam como sendo o norte destes direitos, que é a busca pela efetividade.

Contudo, não enfrentar o desafio de delimitar os objetos e definir a característica de ambos, bem como de seus contornos teóricos, consiste em relegar para um segundo plano a tarefa que nos foi delegada, passando a confiar nas semelhanças entre as duas disciplinas, como que por anulando-as, e se verá o porquê.

Daí a necessidade de uma investigação preliminar sobre as características do direito urbanístico, o que será, em um primeiro momento, aqui realizada. José Afonso da Silva (2008, p. 37), afirma que o direito urbanístico manifesta-se sobre duas perspectivas, sendo:

(a) o direito urbanístico objetivo, que consiste no conjunto de normas jurídicas reguladoras da atividade do Poder Público destinada a ordenar os espaços habitáveis – o que equivale dizer: conjunto de normas jurídicas reguladoras da atividade urbanística; (b) o direito urbanístico como ciência, que busca o conhecimento sistematizado daquelas normas e princípios reguladores da atividade urbanística.

Em seguida, assinala que as normas urbanísticas não teriam ainda adquirido unidade substancial e, portanto, não formariam um conjunto legislativo coerente e sistematizado. Nesta acepção, conforme sublinha, a conexão entre as normas possui índole material em função do objeto regulado (Silva, 2008).

Em que pese refutar a perspectiva reducionista de que o direito urbanístico consistiria em ramo do direito administrativo, assinalou o mestre por ocasião de sua obra de referência que só recentemente suas normas começaram a desenvolver-se em torno do objeto específico que é "a ordenação dos espaços habitáveis ou sistematização do território" (Silva, 2008).

Para ele, trata-se de um conjunto de normas que compreende normas gerais de competência da União, consubstanciadas no Estatuto da Cidade, normas suplementares de cada Estado e normas municipais, com mais unidade substancial. De todo modo, assinala ser "prudente considerá-lo como *disciplina de síntese, ou ramo multidisciplinar do Direito*, que aos poucos vai configurando suas próprias instituições" (Silva, 2008)

Em sentido oposto, Luigi Bonizzato (2010), evocando o caráter dirigista da Constituição de1988, lembra que nela há menção a um direito denominado urbanístico e que o fato, embora não suficiente para transformação em um direito autônomo, é um importante passo nesse sentido assinalando, igualmente, que:

o direito urbanístico nada mais é que o ramo autônomo do direito que tem por objetivo regular as condutas humanas, mais precisamente ligadas ao desenvolvimento urbano, à ocupação do solo, à ordenação do território e ao bem estar social.

Esse direito terá por objetivo regular o desenvolvimento urbano em uma perspectiva positiva, de forma que o planejamento urbano resulte em bem-estar e qualidade de vida para as pessoas e versará sobre o desenvolvimento urbano negativo, resultado dos processos de desenvolvimento indesejado, dos problemas na estrutura urbana, déficit de direitos sociais, das liberdades fundamentais e da falta de alcance dos objetivos da República (Bonizzato, 2010).

O direito urbanístico tradicional posto, nesta perspectiva, alarga seu espectro, já que, como assinala Bonizzato, direciona-se para a qualidade de vida.

E, nesse diapasão, assinala Rosângela Lunardelli Cavallazzi (2011, p. 49) que:

> o direito urbanístico mantém estreita relação com inúmeras áreas do conhecimento, tanto no campo jurídico, e aqui podemos indicar, tangenciando, praticamente todos os ramos do Direito, porém, sem dúvida, as intersecções mais relevantes, no âmbito do Direito, dizem respeito ao direito administrativo, direito ambiental, direito civil e direito constitucional, quanto no ampliado campo das Ciências Sociais Aplicadas.

Antes, porém, de aprofundar o viés da qualidade de vida – que direcionará de forma indelével a abordagem para as interfaces com o direito ambiental – uma breve digressão se faz necessária quanto ao aspecto da interdisciplinaridade e especialização na teoria do Direito.

Tércio Sampaio Ferraz Junior (2001) destaca que a ciência e o amplo alcance de suas peculiaridades exigem a especialização. No âmbito do Direito, especializar e delimitar se revela fundamental para que o entendimento se formule de maneira diferenciada, dotando a ciência social aplicada de que consiste o Direito de eficácia e efetividade, sobretudo no momento da aplicação da norma.

Delimitar não significa compartimentalizar. A delimitação e a busca de um estatuto epistemológico de uma determinada disciplina visa, portanto, alargar o seu espectro para se que busque a concretização da norma.

A interdisciplinaridade não se limita aí aos campos do Direito e nem se confunde com multidisciplinaridade; nesta, temos um aspecto quantitativo, numérico; naquela, temos a adequada percepção da realidade a partir da correlação de diversos ramos do conhecimento de forma articulada. É disso que fala Aguiar Coimbra (2000, p. 57-8) quando define interdisciplinaridade:

O *interdisciplinar* consiste num tema, objeto ou abordagem em que duas ou mais disciplinas *intencionalmente* estabelecem nexos e vínculos entre si para alcançar um conhecimento mais abrangente, ao mesmo tempo diversificado e unificado. Verifica-se, nesses casos, a busca de um entendimento comum (ou simplesmente partilhado) e o envolvimento direto dos interlocutores. Cada disciplina, ciência ou técnica mantém a sua própria identidade, conserva sua metodologia e observa os limites dos seus respectivos campos. É essencial na interdisciplinaridade que a ciência e o cientista continuem a ser o que são, porém intercambiando hipóteses, elaborações e conclusões.

Citando Édis e Lucas Milaré (2013, p. 304), de cuja passagem acima foi extraída,

a multidisciplinaridade tem apenas uma conotação aritmética: tantos profissionais desta ou daquela área, que trabalham justapostos sem maiores interferências recíprocas. Já a interdisciplinaridade apresenta uma questão de método, decorrente da própria Filosofia das Ciências, buscando uma compreensão mútua dos vários pontos de vista e enriquecendo, assim, a compreensão do próprio objeto do conhecimento.

Na obra acima citada assinalam ainda os referidos estudiosos do Direito Ambiental que

o ordenamento jurídico precisa ser revisto e aperfeiçoado. Os itens contemplados na atual legislação mostram-se insuficientes. Que ele incorpore as experiências do passado (ao menos em suas propostas) e atualize metas e métodos do presente. Esse ordenamento, embora jurídico, não é assunto exclusivo de advogados e juristas. Um trabalho interdisciplinar é indispensável, inadiável. No campo do Urbanismo, da Arquitetura, da Sociologia Urbana, da Psicologia Social, da Economia Urbana, dos movimentos sociais, da Saúde Pública, da cultura e da arte, dos movimentos sociais, encontram-se valores autênticos que podem ser proveitosamente combinados numa ação conjunta.

594 | DIREITO AMBIENTAL E SUSTENTABILIDADE

O Direito Urbanístico, interdisciplinar por sua natureza, pode enriquecer-se e tornar-se um dínamo para conduzir a melhoria das nossas cidades. (p. 318)

Exatamente essa via foi explorada por meio daquilo que se convencionou denominar de direito da cidade, objeto de um programa específico de pós-graduação (mestrado e doutorado) criado no ano de 1991, na Universidade Estadual do Rio de Janeiro (Uerj), sob a coordenação do professor Ricardo Cesar Pereira Lira, livre docente e professor emérito daquela Universidade.

Sintetizando esses postulados, após discorrer sobre as relações entre urbanismo e direito urbanístico, Rosângela Cavallazzi (2011, p. 50) assevera que

situado no espaço conceitual, o direito à cidade, cujo sentido teremos a oportunidade de redefinir continuamente no campo do direito urbanístico, determina a estreita relação com a tutela constitucional, totalmente vinculada à eficácia social do Estatuto da Cidade.

E prossegue asseverando que

consideramos o direito à cidade, expressão do direito à dignidade da pessoa humana, o núcleo de um sistema composto de um feixe de direitos que inclui o direito à moradia (...) à educação, ao trabalho, saúde, aos serviços públicos – implícito o saneamento – ao lazer, à segurança, ao transporte público, à preservação do patrimônio cultural, histórico e paisagístico, ao meio ambiente natural e construído equilibrado – implícita a garantia do direito às cidades sustentáveis como direito humano na categoria dos interesses difusos.

Ricardo Lira (2011), por sua vez, voltando os olhos para o direito da cidade ratifica que o direito contemporâneo "não é apenas um singelo instrumento de composição de conflitos intersubjetivos, mas um significativo e relevante instrumento de transformação social", sendo a nova configuração do direito urbanístico essencial para atingir tal desiderato. Alguns autores identificam o surgimento do direito à cidade como a pedra de toque da autonomia do direito urbanístico, como é o caso de Nelson Saule Júnior para quem "o posicionamento do direito urbanístico brasileiro ter se constituído como um ramo do direito autônomo tem como fundamento a necessidade da existência de um conjunto de normas jurídicas voltadas para a proteção e promoção do direito à cidade reconhecido no Estatuto da Cidade como um direito fundamental emergente.

Tecidas todas essas considerações introdutórias sobre esse direito que vai ganhando autonomia e ao mesmo tempo sendo repaginado, verifica-se que ele se direciona sob o aspecto da qualidade de vida no âmbito daquilo que são as cidades. Vem a tratar do ordenamento urbano, sim, do território, mas não só, epistolado pelos ditames constitucionais, direciona-se para um fim: concretude e justiça social.

Nesse particular, deita raízes sobre a questão do território das cidades. Portanto, é na urbe que o direito urbanístico vai ganhando essa reconfiguração, em uma urbe não matizada exclusivamente sobre regras ditadas pelo direito administrativo clássico como requisito de ordem, contudo direcionado para a concretude de direitos sociais e para a dignidade da pessoa humana como fundamento do Estado Democrático de Direito.

E aí não se pode prosseguir o presente trabalho sem antes se delimitar o escopo do direito ambiental para que se estabeleça essa breve discussão conceitual que, se incapaz de apresentar uma solução específica, lançando mão de diversas categorias utilizadas pela mais variada doutrina, visa a trazer algumas luzes para o que se busca no Direito brasileiro: efetividade, eficácia e solidariedade.

O DIREITO AMBIENTAL: SUA AUTONOMIA E OBJETO

O objeto de tutela do direito ambiental é o que vem definido como meio ambiente, assim compreendido como o "conjunto de condições, leis, influência e interações de ordem física, química e biológica, que permite, abriga e rege a vida em todas as suas formas"[2].

O meio ambiente constitui-se em macro bem jurídico. A sua concepção, como decorrência da dicção do referido art. 3º, I, da Lei n. 6.938/81 pressupõe um caráter holístico, onde se apresenta não apenas como o conjunto de recursos naturais, contudo resultado de um conjunto de interações, relações, de modo que afirma José Afonso da Silva (2013, p. 20) que "o *ambiente* integra-se, realmente, de um conjunto de elementos naturais e culturais, cuja interação constitui e condiciona o meio em que se vive".

---

[2] Art. 3º, inciso I, da Lei nº 6.938/81.

596 | DIREITO AMBIENTAL E SUSTENTABILIDADE

Há, pois, um sentido de completude, de inter-relação e de interação presentes de forma indissociável não só do ponto de vista conceitual, mas jurídico, de maneira que não se pode destacar nem as partes do todo nem as dimensões da unitariedade que se almeja proteger através da lei. E é por isso que o constitucionalista prossegue assinalando que a palavra ambiente expressa o resultado da interação dos elementos que o integram, de forma que:

> o conceito de meio ambiente há de ser pois, globalizante, abrangente de toda a Natureza original e artificial, bem como os bens culturais correlatos, compreendendo, portanto, o solo, a água, o ar, a flora, as belezas naturais, o patrimônio histórico, artístico turístico, paisagístico e arqueológico. (Silva, 2013, p. 20)

De modo que falarmos de direito ao meio ambiente no âmbito das cidades é tentar compreender as dimensões que se articulam de modo sistêmico em prol da dignidade da pessoa humana.

Portanto, não são objetos dissociados dignos de proteção, mas um conjunto sobre o qual se projeta uma só proteção, cujo fundamento é o princípio da dignidade humana e cujo vetor hermenêutico vem pautado pela qualidade de vida.

A questão, objeto dessa importante visão doutrinária, acabou sendo pacificada quando o STF reconheceu a tese que vinha sendo então sustentada pela doutrina acima citada, o que ocorreu com o julgamento da Adin n. 3540-1, da relatoria do Ministro Celso de Mello[3].

---

[3] Meio Ambiente. Direito à preservação de sua integridade (CF, art. 225). Prerrogativa qualificada por seu caráter de metaindividualidade. Direito de terceira geração (ou de novíssima dimensão) que consagra o postulado da solidariedade. Necessidade de impedir que a transgressão a esse direito faça irromper, no seio da coletividade, conflitos intergeneracionais. Espaços territoriais especialmente protegidos (CF, art. 225, § 1º, III). Alteração e supressão do regime jurídico a eles pertinente. Medidas sujeitas ao princípio constitucional da reserva de lei. Supressão de vegetação em área de preservação permanente. Possibilidade de a Administração Pública, cumpridas as exigências legais, autorizar, licenciar ou permitir obras e/ou atividades nos espaços territoriais protegidos, desde que respeitada, quanto a estes, a integridade dos atributos justificadores do regime de proteção especial – relações entre economia (CF, art. 3º, II, c/c art. 170, VI) e ecologia (CF, art. 225). Colisão de direitos fundamentais. Critérios de superação desse estado de tensão entre valores constitucionais relevantes. Os direitos básicos da pessoa humana e as sucessivas gerações (fases ou dimensões) de direitos (*RTJ* 164/158, 160-161). A questão da precedência do direito à preservação do meio ambiente: uma limitação constitucional explícita à atividade econômica (CF, art. 170, VI). Decisão não referendada – consequente indeferimento do pedido de medida cautelar. A preservação da inte-

Ou seja, o meio ambiente como macro bem possui várias dimensões, sendo uma delas o meio ambiente artificial.

Antes de adentrar a abordagem relacionada a cidades e meio ambiente, dogmaticamente impende salientar aqui as bens lançadas linhas de Nelson Nery Jr. (2009, p. 209) sobre a autonomia do direito ambiental, quando afirma que

> podem ser identificados quatro atributos que fazem do direito ambiental um ramo próprio e autônomo do Direito, desvinculado, pois da exclusividade que tem sido pretendida pelo direito administrativo: objeto específico, finalidade própria, estrutura coerente e técnica original.

---

gridade do meio ambiente: expressão constitucional de um direito fundamental que assiste à generalidade das pessoas.

Todos têm direito ao meio ambiente ecologicamente equilibrado. Trata-se de um típico direito de terceira geração (ou de novíssima dimensão), que assiste a todo o gênero humano (*RTJ* 158/205-206). Incumbe, ao Estado e à própria coletividade, a especial obrigação de defender e preservar, em benefício das presentes e futuras gerações, esse direito de titularidade coletiva e de caráter transindividual (*RTJ* 164/158-161). O adimplemento desse encargo, que é irrenunciável, representa a garantia de que não se instaurarão, no seio da coletividade, os graves conflitos intergeracionais marcados pelo desrespeito ao dever de solidariedade, que a todos se impõe, na proteção desse bem essencial de uso comum das pessoas em geral. Doutrina.

A atividade econômica não pode ser exercida em desarmonia com os princípios destinados a tornar efetiva a proteção ao meio ambiente.

A incolumidade do meio ambiente não pode ser comprometida por interesses empresariais nem ficar dependente de motivações de índole meramente econômica, ainda mais se se tiver presente que a atividade econômica, considerada a disciplina constitucional que a rege, está subordinada, dentre outros princípios gerais, àquele que privilegia a "defesa do meio ambiente" (CF, art. 170, VI), que traduz conceito amplo e abrangente das noções de meio ambiente natural, de meio ambiente cultural, de meio ambiente artificial (espaço urbano) e de meio ambiente laboral. Doutrina. Os instrumentos jurídicos de caráter legal e de natureza constitucional objetivam viabilizar a tutela efetiva do meio ambiente, para que não se alterem as propriedades e os atributos que lhe são inerentes, o que provocaria inaceitável comprometimento da saúde, segurança, cultura, trabalho e bem-estar da população, além de causar graves danos ecológicos ao patrimônio ambiental, considerado este em seu aspecto físico ou natural. A questão do desenvolvimento nacional (CF, art. 3º, II) e a necessidade de preservação da integridade do meio ambiente (CF, art. 225): o princípio do desenvolvimento sustentável como fator de obtenção do justo equilíbrio entre as exigências da economia e as da ecologia [...] (STF, ADI 3540-1. rel. Min. Celso de Mello. j. 01.09.2005.) Grifo nosso.

DIREITO AMBIENTAL E SUSTENTABILIDADE

Sublinha ainda o mestre a relação óbvia que essa disciplina autônoma mantém com outros ramos do Direito, notadamente com o direito urbanístico:

> O direito ambiental tem pontos de tangência com o direito constitucional, direito internacional, direitos humanos, direito tributário, direito administrativo, direito civil, direito penal, direito urbanístico, direito processual civil, direito processual penal, direito econômico, direito das relações de consumo, direito da concorrência etc. Como ele integra o que os alemães chamam de direito técnico (*Technikretcht*), ou direito técnico de segurança (*technisches Siecherheitsrecht*), seu relacionamento com as demais ciências é indiscutível. Daí a pertinência do estudo sistemático do direito ambiental, que tem principiologia toda própria, que deve ser examinado e investigado com essa autonomia relativamente aos ramos tradicionais do Direito. Isso evidentemente não impede que o direito ambiental seja analisado nas peculiaridades que existem em cada um desses ramos, pois o civilista pode examinar os aspectos civis do direito ambiental (vizinhança, propriedade, posse reparação do dano), assim como o tributarista pode investigar os aspectos do direito ambiental tributário, como ocorre com o IPTU progressivo- sanção do Estatuto da Cidade. Da mesma forma, o processualista pode estudar o direito ambiental sob a perspectiva de sua defesa em Juízo (ação civil pública, ação popular ambiental, mandado de segurança coletivo etc.). No direito administrativo poder-se-ia estudar a parte administrativa (licenças, sanções administrativas etc.) e urbanística do direito ambiental.

Mas é em razão de sua dimensão relacionada às cidades que meio ambiente urbano, ou construído, ou artificial estabelecerá a interface indissociável com o Direito que trata da ordem nas cidades.

Ora, Celso Fiorillo (2008, p. 30-1) com propriedade assinala que:

> Com a edição da Constituição Federal de 1988, fundamentada em sistema econômico capitalista que necessariamente tem seus limites impostos pela dignidade da pessoa humana (art. 1°, III e IV), a cidade – e suas duas realidades, a saber, os estabelecimentos regulares e os estabelecimentos irregulares – *passa a ter natureza jurídica ambiental, ou seja, a partir de 1988 a Cidade deixa de ser observada a partir de regramentos adaptados tão-somente aos bens privados ou públicos, e passa a ser disciplinada em face da estrutura jurídica do bem ambiental (art. 225 da CF) de forma mediata e de forma imediata em decorrência das determinações constitucionais emanadas dos arts. 182 e 183 da Carta Magna*

(meio ambiente artificial). Portanto, a cidade a partir da Constituição Federal de 1988 passa a obedecer à denominada ordem urbanista dentro de parâmetros jurídicos adaptados ao final de século XX e início do século XXI.

Sob o pálio dessa visão assinale-se ainda que as cidades, detentoras desse estatuto jurídico ambiental, passam a ser observadas não apenas em razão do seu território, mas também de sua disciplina e estrutura econômica, pelos bens e serviços que criam e em razão das relações que vêm a fundamentar os direitos sociais e o que se denomina como piso vital mínimo (Fiorillo, 2008)[4].

Por certo que, em razão da sua natureza jurídica de bem ambiental, sobre a qual se estabelece um direito, que é o direito às cidades sustentáveis, o regramento ambiental, que é o de combate à poluição, sob todas as suas formas, coexistirá com toda a disciplina de uso e controle de ocupação do solo. Nesse sentido manifesta-se Toshio Mukai (2006, p. 71), para quem:

É do âmbito de preocupação de abrangência do direito urbanístico o disciplinar, convenientemente, visando a um ambiente sadio, todas as ações humanas relacionadas com o uso do solo. Assim, exemplificadamente, a legislação que cuida do zoneamento industrial visa, através da disciplina do uso do solo, a evitar ou minimizar a poluição atmosférica em doses anormais; a legislação de proteção aos mananciais visa, através de restrições profundas ao uso do solo, a manter as fontes de alimentação de água potável para as cidades; e a legislação de zoneamento e parcelamento do solo, contém, normalmente, dispositivos que visam, de um lado, à segregação de atividades que seriam, por natureza, prejudiciais, se indiscriminadamente misturadas em determinadas zonas (p. ex.: atividade industrial ao lado de residências), e, de outro, à densificação através de loteamentos, em áreas que por seu interesse especial e ecológico de-

---

[4] Afirma o autor que "Além disso, a cidade, em decorrência de sua natureza jurídica ambiental, passa a ser observada não só em função de seu território, mas também em face de sua estrutura econômica. Todas as cidades no Brasil estão diretamente relacionadas à sua estrutura econômica. Ou seja, existem em decorrência dos produtos e serviços que criam, destinados a satisfazer às necessidades do consumo interno (em seu território) e externo (fora de seu território), o que representa acrescentar ao novo conceito jurídico constitucional do que significa uma cidade as relações econômica de consumo (art. 170 a 192 da Constituição Federal), assim como as relações sociais que fundamentam juridicamente o Piso Vital Mínimo (art. 6º da Constituição Federal), destacando-se as relações laborais (arts. 7º a 8º da Carta Magna) que ocorrem no território da mesma."

vam ser preservadas da urbanização intensiva. São alguns poucos exemplos que demonstram a íntima ligação entre o urbanismo e o meio ambiente.

Evidencia-se, em regra, que os institutos do direito urbanístico se configuram em importante instrumento de regência não apenas para o ordenamento e para a efetivação de direitos constitucionais como moradia e saúde, mas, sobretudo, para que tal ordenamento se projete matizado por uma perspectiva ambiental, a saber: de modo a resguardar a qualidade de vida no âmbito das cidades, no plano jurídico-normativo da dimensão artificial do meio ambiente, bem jurídico constitucionalmente protegido.

Essa interpretação do Direito, conforme o direito ambiental, vem bem assinalada por Augusto Werneck (2011) quando afirma que "toda a matéria de regência do direito administrativo está jungida a um pressuposto de controle ambiental que não se dá apenas no plano das regras e, por isso, da estrita legalidade, mas que se revela, antes, na aplicação do princípio constitucional ao meio ambiente no próprio direito administrativo."

Portanto, a concretização jurídica das normas de uso do espaço urbano está condicionada ao seu pressuposto ambiental.

O ESPECTRO CITADINO E O CAMPO DE INCIDÊNCIA DOS DIREITOS URBANÍSTICO E AMBIENTAL

Mirar a paisagem e os fenômenos urbanos consiste em enxergá-los sob o viés do direito ambiental. Se a cidade é um bem jurídico protegido sobre o qual se exerce um direito, que é o direito das cidades sustentáveis, aí consagrado pelo extenso catálogo elencado no art. 2º da Lei do Meio Ambiente Artificial (Lei n. 10.257/2001), mister aqui, para efeito do melhor enfoque do objeto do presente trabalho, investigar quando as cidades não possuem sustentabilidade do ponto de vista ambiental, e quando urbanismo e meio ambiente andarão de mãos dadas.

Nesse sentido as palavras de Gilberto e Vladimir Passos de Freitas (2012, p. 271 e 272) quando sublinham:

> os grandes centros, em sua maioria, cresceram sem uma planificação mais séria, com reduzidas áreas verdes e total desprezo pelas consequências de tal conduta no homem. As cidades litorâneas receberam, e recebem em alguns casos,

DIREITO URBANÍSTICO E SUA INTERFACE COM O DIREITO AMBIENTAL | **601**

grandes edifícios sem a necessária estrutura e até mesmo sistema de esgoto. Cidades serranas veem condomínios em total desacordo com o local. Tudo é feito em nome de um discutível progresso e com o inconfessado objetivo do lucro a qualquer custo.

Ora, a investigação passa pela distribuição espacial desordenada e, necessariamente, pela verificação dos vários itens que atentam contra o meio ambiente ecologicamente equilibrado no âmbito das cidades, ou seja, pela verificação dos diversos tipos de poluição.

Com efeito, conforme leciona Consuelo Yoshida (2001, p. 71):

> Na previsão das diretrizes e dos instrumentos da política urbana está bem evidenciada a ênfase na prevenção dos problemas urbanísticos e ambientais nas cidades.
>
> Assim, *a ordenação e controle do uso do solo* devem ser conduzidos de forma *a evitar*, entre outros problemas, a deterioração das áreas urbanizadas, *a poluição e a degradação ambientais.*(art. 2º, VI, *f* e *g*)

Referindo-se aí expressamente à ordenação do solo, assinala-se que o que se pretende é evitar a poluição, que consiste no ato ilícito que conspurca o bem ambiental, evitar a poluição de um modo geral.

E a poluição é o grande problema das cidades: poluição sonora, atmosférica, das águas, do solo, poluição visual, do espectro eletromagnético. Ou seja, tudo aquilo que, conspurcando o meio ambiente, colide com a qualidade de vida nas cidades.

E aí o déficit brasileiro é enorme. Em que pese a Constituição e o Estatuto da Cidade assegurarem condições mínimas de saneamento, habitação, saúde, essa não é a regra.

Quanto ao saneamento, o quadro das cidades brasileiras é caótico: apenas 28,5% dos municípios tratam o esgoto de forma adequada. Apenas a Região Sudeste registrava uma elevada presença de municípios com rede coletora (95,1%). Em todas as demais, menos da metade dos municípios a possuíam, sendo, segundo Dante Pauli (2013, p. 19), presidente da Associação Brasileira de Engenharia, "observada na Região Norte, seguida pela Região Nordeste (45,7%), Sul (39,7%), Centro Oeste (28,3%) e Norte (13,4%)". O dado mais alarmante é apontado quando o assunto é esgoto tratado: apenas 28,5% dos municípios brasileiros promoveram algum tipo de tratamento no seu esgoto e até mesmo na Região Sudeste o índice de tratamento é de apenas 48,4%.

O mesmo se dá com relação à questão do lixo e dos resíduos sólidos, poluentes por definição. Segundo Denise Setsuko Okada (2011, p. 239), dados fornecidos pelo IBGE indicam que "dos 55,7 milhões de domicílios no país, 7 milhões não possuem sistema de coleta de lixo, sendo que do total de Resíduos Sólidos Urbanos coletados em 2009, 43,2 % tinham destino inadequado, ou seja, eram destinados a lixões, sendo que mais da metade dos municípios brasileiros (3.427 do total de 5.565) não tem destinação do lixo urbano". Metais pesados que compõem esse lixo e chorume, dentre tantas outras substâncias maléficas à saúde, percolam no solo gerando áreas contaminadas, conspurcam o lençol freático, destroem mangues, deteriorando sobremaneira a qualidade de vida, principalmente em áreas mais carentes, onde geralmente são localizados os vazadouros ilegais.

A poluição sonora é outra vilã. Líder das queixas nas grandes cidades, representa um problema ambiental sério. O barulho é a principal causa de perda de audição e ele provém de inúmeras fontes: fábricas, veículos, sirenes, dispositivos musicais portáteis, alarmes de carro, equipamentos, que não observam regras de colocação (ares-condicionados, máquinas etc.).

Segundo Agrício Crespo, Presidente da Associação Brasileira de Otorrinolaringologia, o barulho provoca depressão, fadiga e estresse, que decorrem da exposição frequente a ruídos, sendo o primeiro sinal de perda auditiva o zumbido que afeta, no Brasil, 30 milhões de pessoas (Brody, 2013).

O aumento da poluição sonora – não obstante possuirmos padrão para emissão de ruídos – é constante. No Rio de Janeiro, em 2011, foram 4.634 queixas feitas à central de atendimento da prefeitura. Em 2012, o número subiu para 5.696, sendo certo que grande parte das queixas provém da poluição causada pelo comércio informal e da ocupação irregular de áreas públicas (Rocha, 2013). Segundo o registro da Polícia Militar do Rio, nos primeiros meses do ano de 2012 foram 68.389 reclamações por barulho, percentual 43,32 % maior que o do ano anterior (Candida, 2012).

Destaque-se que os centros e cultos evangélicos têm gerado não só problemas viários sérios como principalmente poluição sonora, sendo objeto de frequentes demandas judiciais[5].

---

[5] Para tanto, ver: *Revista de Direito Ambiental* nº 61, ano 16, janeiro-março 2011, São Paulo: RT, 2011, p. 434-443, onde consta o acórdão do TJDF no Agravo n. 2010.00.013618-9, 6ª T. Rel. Des. Jair Soares, *DJe* 11.11.2010, onde se lê que "o direito ao sossego, a todos asse-

Com efeito, o exercício do poder de polícia ambiental da autoridade municipal e critérios de zoneamento urbano adequados representariam uma forma de reprimir e elidir esse mal crescente nas cidades, que é causa de surdez nas pessoas e indiscutível deterioração da qualidade de vida decorrente do aumento do índice de poluição sonora e do estresse.

A poluição atmosférica é outra grande vilã. Segundo o pneumologista Hermano Castro, pesquisador da Fiocruz (Fundação Oswaldo Cruz) são vários poluentes que contribuem para a poluição atmosférica, com diferentes efeitos sobre o organismo humano: o monóxido de carbono (CO), proveniente da combustão de processos industriais, veículos e cigarros, causa baixa oxigenação no sangue e problemas cardiovasculares, podendo a pessoa apresentar dor de cabeça, fadiga, náusea vômito, palidez irritabilidade, alterando o comportamento humano e, em alguns casos, em grandes concentrações e em lugares fechados, ser letal; o dióxido de nitrogênio (NO_2), cujas fontes são veículos, combustão de gás de cozinha e fumo de cigarro, age nos pulmões provocando lesões atacando as células respiratórias, ocasionando bronquites, enfisema pulmonar, broncopneumonias químicas e insuficiência respiratória; o ozônio (O_3), cujas fontes são as emissões industriais de veículos, combustão de gás de cozinha e fumo de cigarro, causa o envelhecimento precoce, agrava a asma, reduz a reação a infecções, e provoca irritações nos olhos, nariz e garganta; o material particulado (poeira), gerado por veículos a diesel, indústrias, construção civil e ruas sem calçamento, penetra no corpo pela via respiratória até os pulmões (as menores), sendo responsável por inflamações e, em alguns casos, câncer; o dióxido de enxofre (SO2), gerado por indústrias e veículos a diesel, provoca danos aos pulmões, como bronquite e lesões e, dependendo da dose, pode ocasionar a morte; e os hidrocarbonetos oriundos da queima de combustíveis fósseis e de biomassa, resíduos urbanos e industriais e descarte de petróleo, provocam câncer e alterações no DNA da célula, podendo a exposição crônica causar leucemia (Castro, 2012).

Estudos da Coppe (UFRJ) no ano de 2012 demonstravam que, em uma cidade como Rio de Janeiro, o vilão das emissões dos gases de efeito estufa eram os veículos automotores (33%), seguidos pela emissão de gases provenientes de lixões (23%) e, em terceiro lugar, a indústria (13%).

---

gurado impede [...] que o uso de propriedade vizinha, ainda que seja no exercício da liberdade de culto, incomode e traga transtorno ao morador de área residencial".

Com relação ao tráfego urbano, tem-se que a frota veicular brasileira aumentou 123% em dez anos, se considerado o período de 2003 a 2013, ao passo que a população no mesmo período cresceu 11%. Doze mil veículos por dia são despejados nas ruas brasileiras. A reboque, inúmeros problemas como estresse, poluição sonora, atmosférica e mortes decorrentes de acidentes. Em 2011, segundos dados do DataSus (sistema de informação do Ministério da Saúde), 43.256 perderam a vida em colisões, o que representa um aumento de 31% de mortes, desde 2003 (Castro, 2013). Segundo o mesmo sistema, em 2012, o custo decorrente de 159.251 internações causadas por acidentes de veículos chegou a 211 milhões de reais. Só entre janeiro de agosto de 2013, 102.146 pessoas foram parar no hospital devido a acidentes de trânsito (Castro e Lins, 2013).

O trânsito e a poluição causada pelos veículos e a falta de efetividade das normas ambientais protetivas nesta seara, decorrentes da falta de articulação dos diversos entes da federação, foram objeto da análise de Vladimir Passos de Freitas (2009), o qual, de forma contundente, reclama uma ação do Poder Público.

Segundo o médico patologista Paulo Saldiva, do laboratório de poluição atmosférica da USP, hoje "90% da poluição vem de veículos que circulam nas ruas" e São Paulo, por exemplo, "tem 7 milhões de veículos e nossos estudos mostram que as ruas só comportam 800 mil circulando ao mesmo tempo. Em horário fora do *rush* 1,5 milhão circulam. Nos horários de pico, são 3 milhões."

A consequência disso é que, como adverte o estudioso Paulo Saldiva apud Costa (2012, p. 45),

> um habitante de uma cidade como o Rio tem 16% a mais de risco de ter câncer de pulmão; 8% dos casos de infarto do miocárdio são atribuíveis à poluição; 10% das pneumonias em crianças e idosos são causadas pelo mesmo problema.(...) Além dos males cardiovasculares e respiratórios já conhecidos, estamos olhando – e comprovando – impacto da poluição na pele, nos olhos, no sistema reprodutivo e endócrino.

Portanto, enfrentar esses problemas de poluição – causa da deterioração da qualidade de vida – vai muito além de exigir a observância dos padrões de qualidade de gases e sons emitidos por veículos e indústrias. Consiste em adotar políticas públicas, com observância de determinados diplomas que trazem imperativos para eliminação de tais problemas.

As recentes leis consistentes na Política Nacional de Mobilidade Urbana (Lei n. 12.587/2012) e a Política Nacional de Resíduos Sólidos (Lei n. 12.305/2010) configuram estatutos importantes no sentido de banir os lixões e de implementação de um modelo de transporte mais sustentável. No que se refere ao transporte urbano, vale destacar os instrumentos de gestão previstos na Lei, estabelecidos no art. 23, dentre eles:

> I – restrição e controle de acesso e circulação, permanente ou temporário, de veículos motorizados em locais e horários predeterminados; II – estipulação de padrões de emissão de poluentes para locais e horários determinados, podendo condicionar o acesso e a circulação aos espaços urbanos sob controle; (...) VII – monitoramento e controle das emissões dos gases de efeito local e de efeito estufa dos modos de transporte motorizado, facultando a restrição de acesso a determinadas vias em razão da criticidade dos índices de emissões de poluição.

A adoção de áreas verdes revela-se, outrossim, fundamental para diminuir tais impactos já que conforme assinala Paulo Saldiva, em entrevista a Mariana Costa (2012),

> a qualidade do ar em São Paulo e no Rio é muito parecida, o que é diretamente proporcional ao aumento de veículos circulando. Mas no Rio, quem mora entre o mar e o morro ainda está respirando um ar legal. Quem no entanto mora longe, no subúrbio, na Baixada Fluminense, tem risco semelhante ao paulistano.

A afirmação do patologista sobre o quadro do Rio de Janeiro traz uma conclusão evidente: o problema da poluição é também um problema de distribuição de renda. Não fosse assim, cidades ricas do mundo viveriam um problema de poluição crônica, o que não é verdade. E, para tanto, convém aqui lembrar as lições de Ronaldo Coutinho (2011, p. 119):

> O caráter planetário da economia de mercado consumou a divisão internacional do trabalho e os compromissos urbano-ambientais dessa divisão não podem ser analisados separadamente, isto é, ela incorpora compromissos que são, necessariamente, *desiguais e combinados*.
> O predomínio do privado sobre o coletivo, do artificial sobre o natural, do tempo sobre o espaço, do mundial sobre o local, induziu recolocações e concentrações desigualmente integradas dos recursos, técnicas e diretrizes voltadas para a apropriação do espaço e do meio ambiente. Em consequência, os

riscos que mediatizam a relação do capital com o meio ambiente são desigualmente distribuídos e, nesta divisão desigual, os maiores ônus recaem sobre os segmentos periféricos do sistema.

Essa desigualdade reflete em todos os setores da sociedade e em todos os campos do meio ambiente. Adotando como referência a questão das mudanças climáticas, é sobre a população mais pobre, que mora em encostas e beira de rios, que seus efeitos se farão sentir de maneira mais catastrófica. E, nesse sentido, a importância da recém-editada Política Nacional de Proteção e Defesa Civil (Lei n. 12.608/2012), que institui critério para ocupação de áreas de risco, através do mapeamento geológico como critério de elaboração do Plano Diretor das cidades[6].

Daí a necessidade de os instrumentos urbanísticos e ambientais serem utilizados de forma a propiciar a melhor gestão das cidades, como bem de uso comum do povo. Essa cidade, sobre a qual se exerce um direito, deve ser gerida de forma democrática, conforme previsto no art. 43[7] do Estatuto da Cidade, já que bem de uso comum do povo.

INSTRUMENTOS URBANÍSTICOS E AMBIENTAIS

São vários, portanto, os instrumentos que propiciarão a gestão democrática e a implementação da qualidade de vida no âmbito das cidades.

---

[6] O art. 23 da Lei 12.608/2012 afirma que "é vedada a concessão de licença ou alvará de construção em áreas de risco indicadas como não edificáveis no Plano Diretor ou legislação dele derivada". A referida lei altera ainda o Estatuto da Cidade, incluindo os arts. 42-A e 42-B no mesmo, fazendo constar que "a identificação e o mapeamento de áreas de risco levarão em conta as cartas geotécnicas" (§ 1º) e "o conteúdo do plano diretor deverá ser compatível com as disposições insertas nos planos de recursos hídricos, formulados consoante a Lei n. 9.433, de 8 de janeiro de 1997 (§ 2º)." E ainda a Lei de parcelamento do solo incluindo nesta no art. 12 parágrafos em que dispõe "nos Municípios inseridos no cadastro nacional de municípios com áreas suscetíveis à ocorrência de deslizamentos de grande impacto, inundações bruscas ou processos geológicos ou hidrológicos correlatos, a aprovação do projeto de que trata o *caput* ficará vinculada ao atendimento dos requisitos constantes da carta geotécnica de aptidão à urbanização" (§ 2º) e "é vedada a aprovação de projeto de loteamento e desmembramento em áreas de risco definidas como não edificáveis, no plano diretor ou em legislação dele derivada" (§ 3º).

[7] Art. 43. Para garantir a gestão democrática da cidade, deverão ser utilizados, entre outros, os seguintes instrumentos: I – órgãos colegiados de política urbana, nos níveis nacional, estadual e municipal; II – debates, audiências e consultas públicas; III – conferências sobre assuntos de interesse urbano, nos níveis nacional, estadual e municipal; IV – iniciativa popular de projeto de lei e de planos, programas e projetos de desenvolvimento urbano.

O presente trabalho não permite uma análise de cada um deles. Contudo, a referência exemplificativa exige aqui não o esgotamento da utilização ambiental dos instrumentos urbanísticos, mas como forma de visualização da mesma.

Com efeito, identificamos no Estatuto da Cidade aqueles que mais se relacionam com a preservação ambiental, sendo, conforme art. 4º, I: planejamento municipal, em especial o Plano Diretor, a disciplina do parcelamento, do uso e da ocupação do solo e o zoneamento ambiental; no âmbito dos institutos jurídicos e políticos, citados no inciso V do mesmo artigo, as limitações administrativas, tombamento de imóveis ou de mobiliário urbano, instituição de unidades de conservação; e, por óbvio, instrumentos por excelência, que são o Estudo Prévio de Impacto Ambiental (EIA) e Estudo Prévio de Impacto De Vizinhança (EIV), capitulados no inciso VI. A lei também contempla instrumento tributários (inciso IV) cuja utilização poderá obedecer a critérios ambientais.

Todos esses instrumentos trazem um projeto de configuração e de reordenação do espaço urbano matizado pela técnica da qualidade de vida e da garantia das cidades sustentáveis. Dissociá-los desse projeto representa incorrer em falha teórica não admitida nos dias de hoje em que, sendo as cidades o local onde aproximadamente 85% da população brasileira reside, falar em meio ambiente significa falar necessariamente de cidades.

Assim, no que diz respeito à ocupação do espaço urbano e à questão do planejamento, discorrer sobre eles representa enfrentar as questões ambientais na sua perspectiva urbanística.

A ideia de zoneamento está prevista na Lei n. 6.938/81, que instituiu a Política Nacional de Meio Ambiente, cujo art. 1º, V, e art. 9º, II, contemplam o zoneamento ambiental como instrumento dessa política.

E assevera Toshio Mukai (2010) que "o advento do denominado zoneamento ambiental não ilide e nem substitui o zoneamento urbano" sendo certo que o zoneamento ambiental tem a ver com restrições de ordem ambiental em todo o território urbano (além do rural). Por isso esse zoneamento deve se preocupar com o objetivo de que em cada zona (comercial, residencial, mista ou industrial) sejam previstas restrições de fazer ou de não fazer de cunho ambiental, levando em conta as peculiaridades próprias de cada área.

O planejamento é um importante instrumento de gestão e o Plano Diretor, de enorme importância, já que nele é estabelecido o macrozoneamento, consistindo o mesmo em definir zonas para ocupação do solo urbano. Não

608 DIREITO AMBIENTAL E SUSTENTABILIDADE

obstante o próprio Plano Diretor estabeleça prioridades[8], não é só ele que assim o faz. Estabelecem-se diretrizes, mas a ocupação do solo urbano se dá segundo o microzoneamento urbano consubstanciado na lei de zoneamento e uso do solo, que também deverá ser perpassado por critérios ambientais.

Segundo Victor Carvalho Pinto (2005, p. 211):

> os planos definem uma afetação para cada parte de cidade, mediante a delimitação de zonas e o estabelecimento dos usos permitidos e de índices quantitativos serem respeitados por qualquer edificação que nelas se construa. Esses índices variam no espaço, uma vez que dependem da localização do imóvel, definida pela zona em que se situa. Variam também no tempo, uma vez que o plano deve ser alterado periodicamente, para acompanhar o dinamismo da própria cidade.

Em obra considerada pioneira sobre direito ambiental brasileiro, Diogo Figueiredo Moreira Neto (1977)[9] já destacava a importância do zoneamento, sublinhando seu especial significado ao consignar que "não é mais que uma divisão física do solo em microrregiões ou zonas em que se promovem usos uniformes; há, para tanto, indicação de certos usos, exclusão de outros e tolerância de alguns. A exclusão pode ser absoluta ou relativa".

Outro não é o posicionamento de Paulo Affonso Leme Machado (1987), para quem "o zoneamento veio dar um novo enfoque ao critério de generalidade das restrições à propriedade", segundo a qual "conforme a zona em que a propriedade está situada, a limitação pode ser diferente", apontando duas situações em que a propriedade passa a sofrer os ônus em benefício da sociedade: "quando a propriedade vinculada está situada num contexto de outros bens vinculados ou limitados" ou; "quando a propriedade é escolhida individualmente para ser vinculada".

Se é certo que nos primórdios da vida nas cidades a ocupação do solo era realizada mediante critérios exclusivamente práticos e culturais, já que

---

[8] Isso porque o próprio plano pode prever o zoneamento especial, criando áreas e zonas de uso especial, de acordo com especificidades locais (Saule Jr, 2007).

[9] Nessa obra, vale sublinhar, o referido autor sublinhava a interface entre o Direito Urbanístico e o Direito Ecológico, *verbis*: "Se a Ecologia é gênero do qual o urbanismo é espécie, a dimensão social do problema ecológico levar-nos-á, pelos mesmos motivos, à formulação de seu disciplinamento em termos jurídicos, ou seja, à fronteira interdisciplinar entre a Ecologia e o Direito – o Direito Ecológico, no qual se insere, na fronteira entre o Urbanismo e o Direito, o Direito Urbanístico", p. 54.

as cidades se estabeleciam às margens de ferrovias, estradas e iam se expandindo gradativamente, seu crescimento desordenado impôs o estabelecimento de regras com vistas à ocupação do território, uma ocupação balizada por critérios ambientais.

Como assevera Marcelo Lopes de Souza (2008), "o zoneamento é considerado, normalmente, o instrumento de planejamento urbano por excelência" e "de um simples instrumento de planejamento, acabou, indubitavelmente, transmutando-se muitas vezes em atividade de planejar".

Na referida obra, o autor consigna que a visão funcional do zoneamento como instrumento de segregação e uso do solo foi se modificando, apontando para uma visão de zoneamento de prioridades ou includente e hoje visa a contemporizar as duas visões: a funcional, de uso do solo, com a includente (Souza, 2008).

Assim, o zoneamento em seu aspecto macro pode e deve constar da Lei do Plano Diretor, mas pode se instrumentalizar por meio de outras leis, como a lei de zoneamento urbano e uso do solo, como nos projetos de estruturação urbana (Peus) e ainda em leis especiais, que criam Unidades de Conservação preservando áreas verdes essenciais não apenas do ponto de vista do Direito do Clima (Lei n. 12.187/2009), mas da erosão do solo e da proteção paisagística com a qual se evita a poluição visual.

Assevere-se que inúmeras leis recentemente editadas exigem que seus planos municipais sejam observados nos Planos Diretores respectivos, como é o caso da Política Nacional de Proteção Civil (Lei n. 12.608/2012), da Política Nacional de Mobilidade Urbana (Lei n. 12.587/2012), e da de Recursos Hídricos[10] (Lei n. 9.433/97), de forma que o Plano Diretor das Cidades, editado decenalmente, contemple normas relativas a tais matérias. Outras Políticas Nacionais setoriais, conquanto não contenham normas exigindo que constem dos Planos Diretores das Cidades, exigem planos municipais, como é o caso da Política de Resíduos Sólidos (Lei n. 12.305/2010), ou ainda a de Gerenciamento Costeiro (Lei n. 7.661/88), sendo de se exigir a participação da população para sua elaboração.

Com efeito, o Plano Diretor, portanto, deve contemplar aspectos macros para exatamente fornecer essa visão de conjunto, que será explicitada pela lei

---

[10] Por força da Lei n. 12.608/2012, que incluiu os arts. 42-A e 42-B no Estatuto da Cidade, o mesmo passou a constar com a exigência de que "o conteúdo do Plano Diretor deverá ser compatível com as disposições insertas nos planos de recursos hídricos, formulados consoante a Lei n. 9.433, de 8 de janeiro de 1997" (§ 2º).

de zoneamento, onde se permitirá contemplar as vocações espaciais específicas. E via de regra é o Plano Diretor instrumento político (embora também técnico) por excelência, porque exige audiências públicas para sua confecção e deverá contar com a participação popular substantiva na sua elaboração, conforme salientamos anteriormente (Ahmed, 2013).

O Plano, contudo, não descarta outros importantes instrumentos urbanísticos ambientais como os instrumentos tributários e econômicos, que contemplam desde a redução de alíquotas de impostos para a prática de atividades econômicas mais benéficas ao meio ambiente, como outros instrumentos importantes, como é o caso do Estudo de Impacto Ambiental (EIA) e do Estudo de Impacto de Vizinhança (EIV).

Estes últimos se revelam de suma importância quando o tema é direito urbanístico e ambiental.

O exemplo fornecido por Victor Carvalho Pinto (2005, p. 260-1) traz uma luz sobre o tema, *verbis:*

> Muitas atividades urbanas estão sujeitas a um licenciamento ambiental, que se superpõe ao licenciamento urbanístico. São atividades potencialmente degradadoras do meio ambiente, cuja execução é condicionada à elaboração e à divulgação de Estudos de Impacto Ambiental. Estes institutos foram criados pela Lei 6.938/1981, que dispõe sobre a Política Nacional do Meio Ambiente, e incorporado são capítulo sobre o Meio Ambiente da Constituição de 1988. O Licenciamento ambiental é feito por órgãos estaduais integrantes do Sistema Nacional de Meio Ambiente.
>
> Embora leis de trânsito e meio ambiente preservem a intervenção dos respectivos órgãos setoriais apenas no momento do licenciamento dos projetos urbanísticos, é preciso que o parecer desses órgãos seja igualmente solicitado quando da elaboração do plano diretor. Ao programar uma obra pública, ou definir índices urbanísticos, o órgão encarregado da elaboração do plano diretor deverá solicitar o parecer dos órgãos de engenharia de tráfego e de licenciamento ambiental, em todos os casos previstos na respectiva legislação setorial. Caso contrário, um projeto adequado a suas normas poderá ser indeferido por um desses órgãos setoriais, o que causaria insegurança jurídica para a iniciativa privada e tumulto no processo de planejamento.

No que diz respeito ao EIV, contemplado nos arts. 36 a 38 do Estatuto da Cidade[11], relaciona-se diretamente com a preocupação de que determinadas atividades que possam causar impactos devam contemplá-los de forma a ser mitigado ou evitado. Possui relação estreita com a visão de qualidade de vida nas cidades e o conceito de vizinhança nele expressado não guarda relação com a percepção vetusta e privatista do Código Civil, mas com sua nova dimensão, a saber:

> Ao exame atento do escopo da norma, pode verificar-se que a lei disse menos do que queria (*'lex dixit minus quam voluit'*). A razão é simples: a qualidade de vida a ser tutelada não é somente a dos vizinhos residentes, mas a de outros que, mesmo não sendo moradores, estão localizados nas proximidades da obra. (Carvalho Filho, 2005, p. 248).

Conforme destaca Rogério Rocco (2009, p. 114),

> por impacto de vizinhança podemos entender as diversas alterações de um ambiente especificado, *mas dinâmico* – que irá variar de dimensão com o alcance da atividade impactante – e que comprometem não mais apenas o uso das propriedades vizinhas, mas também e acima de tudo o direito à cidade sustentável.

De modo que,

> temos no Estudo de Impacto de Vizinhança um instituto de natureza híbrida, que incide como limitação administrativa, ao mesmo tempo em que se caracteriza como direito subjetivo ao exercício da cidadania para a gestão da sus-

---

[11] Art. 36. Lei municipal definirá os empreendimentos e atividades privados ou públicos em área urbana que dependerão de elaboração de estudo prévio de impacto de vizinhança (EIV) para obter as licenças ou autorizações de construção, ampliação ou funcionamento a cargo do Poder Público municipal. Art. 37. O EIV será executado de forma a contemplar os efeitos positivos e negativos do empreendimento ou atividade quanto à qualidade de vida da população residente na área e suas proximidades, incluindo a análise, no mínimo, das seguintes questões: I – adensamento populacional; II – equipamentos urbanos e comunitários; III – uso e ocupação do solo; IV – valorização imobiliária; V – geração de tráfego e demanda por transporte público; VI – ventilação e iluminação; VII – paisagem urbana e patrimônio natural e cultural. Parágrafo único. Dar-se-á publicidade aos documentos integrantes do EIV, que ficarão disponíveis para consulta, no órgão competente do Poder Público municipal, por qualquer interessado.

tentabilidade das cidades – como devidamente assegurado pelo princípio constitucional da função social da propriedade (Rocco, 2009, p. 40).

Como preceitua o art. 37, do Estatuto da Cidade, o EIV destina-se a contemplar os efeitos positivos e negativos do empreendimento na área ou proximidades da população residente visando à preservação da qualidade de vida.

A percepção vem bem capturada em José dos Santos Carvalho Filho (2003, p. 618), para quem a norma em questão "impõe obrigação de suportar a determinados proprietários, para o fim de ser preservada a ordem urbanística", ordem esta que por certo não se limita aos conceitos clássicos do direito público tradicional, já que atribui ao cidadão, em uma visão do direito ambiental, o próprio direito à cidade, na perspectiva da sustentabilidade, como item essencial à sadia qualidade de vida. Cidade como bem ambiental é o que se objetiva proteger através de mais esse instrumento jurídico fundamental na perspectiva de um Estado de Direito Ambiental.

Como foi dito, o presente trabalho não se destina a uma abordagem completa, mas enunciativa das inúmeras interfaces existentes entre esse dois ramos do Direito que se tornam alavanca para a cidadania e para a retomada do espaço público como espaço da qualidade de vida.

Dito isto, saliente-se que a ideia de qualidade de vida vem assentada não apenas sobre um direito à vida saudável, mas a uma vida com qualidade e aí, nesta seara, lazer, cultura e saúde aliados a tudo quanto foi aqui dito formam o amplo espectro sobre o qual se projeta o ordenamento jurídico.

Os instrumentos para tanto se encontram à disposição do administrador e do cidadão e contemplam o tombamento (previsto no Decreto Lei n. 25/37, citado no Estatuto da Cidade e em sede constitucional), o registro de bens culturais imateriais, o licenciamento ambiental, que pode (e deve) contemplar todos os aspectos ambientais (inclusive paisagísticos) nos licenciamentos e prevenir todos os tipos de poluição, bem como o extenso aparato normativo consistente em: leis que combatem a poluição visual (como as leis locais de n. 14.233/2006, de São Paulo, a Lei Cidade Limpa, que veda os *outdoors*), poluição hídrica (Lei n. 9.433/97, acrescida de inúmeras leis estaduais e municipais), regulam o saneamento básico (Lei n. 11.445/2007), poluição atmosférica por veículos (Lei n. 8.753/93), sem contar o extenso aparato normativo que instrumentaliza a proteção processual do meio ambiente e reprime criminal e administrativamente as condutas que lesionam o meio ambiente urbano, como a Lei da Ação Civil Pública (Lei n. 7.347/85, art. 1º, V) e a Lei de Crimes Ambientais (Lei n. 9.605/98) que capitula os crimes contra o ordenamento urbano nos seus arts. 62 a 65 e as correlatas infrações administrativas.

Resta, contudo, em um cenário de degradação permanente, do desenvolvimento a todo custo, a mobilização da sociedade para que os anseios de preservação ambiental capitulados na constitucional se tornem realidade, o que é realizado, sem dúvida com a conscientização de direitos que, antes de ser estanques, completam-se e traduzem, sobretudo, os anseios por uma sociedade mais justa, mais fraterna, mais solidária.

CONSIDERAÇÕES FINAIS

Em que pese o direito urbanístico se relacionar diretamente ao uso do solo na cidade, vem sofrendo constantes influxos do direito ambiental e do que se convencionou designar como direito ambiental das cidades.

É no foco da análise do espectro citadino e da qualidade de vida no ambiente urbano que a convergência das duas disciplinas (direito ambiental e urbanístico) pode contribuir para o enfrentamento dos problemas relacionados à poluição em todos os níveis, que encontra seu nicho nas cidades e que se apresenta como causa da deterioração da qualidade de vida.

O enfrentamento do tema vai muito além de exigir a observância dos padrões de qualidade ambientais por aqueles que deterioram a vida de um modo geral, consistindo, outrossim, na implementação efetiva de políticas públicas, já instituídas em lei e de pouco resultado, dotando-as de mecanismos de informação e participação efetiva da população.

Tivemos a oportunidade de discorrer sobre algumas dessas políticas e sua exigência de cumprimento, bem como destacamos alguns dos instrumentos de que dispomos para que as tornemos efetivas.

Nenhum desígnio legal será alcançado pela letra fria da lei e se não enfrentarmos, outrossim, certos cânceres que maculam a sociedade brasileira; se não alargarmos o espectro de incidência e de efetividade da lei. Um deles é a pobreza, eis que, como vimos, o problema da poluição é também um problema de distribuição de renda. Indivíduos mais pobres possuem um déficit de qualidade de vida e de direitos, entre eles, o direito ao ambiente urbano qualificado ambientalmente.

Como asseverou Milton Santos (2002, p. 80),

promulgada a lei, o discurso da cidadania todavia continua, no objetivo de alargar as conquistas. A lei não esgota o direito. A lei é apenas o direito positivo, fruto de um equilíbrio de interesses e de poder. Daí ser legítima a procura de um novo equilíbrio, isto é, de um novo direito.

E ao discorrer sobre cidadania, afirma que sua luta

não se esgota na confecção de uma lei ou da Constituição porque a lei é apenas uma concreção, um momento finito de um debate filosófico sempre inacabado. Assim como o indivíduo deve estar sempre vigiando a si mesmo para não se enredar pela alienação circundante, assim o cidadão, a partir das conquistas obtidas, tem de permanecer alerta para garantir e ampliar sua cidadania.

Há de ser, portanto, implementada a luta diária por justiça e temos instrumentos e mecanismos aptos a alcançar tal desiderato.

Identificamos, para tanto, como o Estatuto da Cidade e os instrumentos urbanísticos nele previstos se revestem de perspectivas ambientais e como o planejamento municipal, a disciplina do parcelamento, do uso e da ocupação do solo e o zoneamento ambiental são fundamentais para a efetividade do direito ao ambiente sadio e ecologicamente equilibrado.

Todos os instrumentos referidos foram contemplados sob o viés do modelo de reordenação do espaço urbano matizado pela técnica da qualidade de vida e da garantia das cidades sustentáveis.

E todos esses instrumentos devem sofrer os balizamentos das políticas setoriais ambientais, insculpidas em lei, e que qualificam a vida nas cidades, a saber: Política Nacional de Mudanças Climáticas (Lei n. 12.187/2009), Política Nacional de Proteção Civil (Lei n. 12.608/2012), Política Nacional de Mobilidade Urbana (Lei n. 12.587/2012), Recursos Hídricos (Lei n. 9.433/97), Política de Resíduos Sólidos (Lei n. 12.305/2010), Gerenciamento Costeiro (Lei n. 7.661/88), entre outras, de modo a contemplar o projeto da cidadania ambiental concebido de forma holística no ordenamento jurídico constitucional brasileiro, visando à qualidade de vida e à participação de todos.

Tudo isso a convergir para a percepção de que o direito à cidade e ao meio ambiente urbano é de todos e que a ordem jurídica se reveste de instrumento fundamental para alicerçar os projetos decisórios como resultados de projetos coletivos e de interesse de toda a sociedade e não de grupos de interesse.

REFERÊNCIAS

AHMED, F. *Direitos culturais e cidadania ambiental no cotidiano das cidades*. Rio de Janeiro: Lumen Juris, 2013.

AHMED, F.; COUTINHO, R. *Cidades sustentáveis no Brasil e sua tutela jurídica*. Rio de Janeiro: Lumen Juris Editora, 2009.

_____. *Cidade, direito e meio ambiente: perspectivas críticas*. Rio de Janeiro: Lumen Juris, 2012.

BONIZZATO, L. *A constituição urbanística e elementos para a elaboração de uma teoria do direito constitucional urbanístico*. Rio de Janeiro: Lumen Juris, 2010.

BRODY, J. População mais surda a cada dia. *O Globo*, Rio de Janeiro, 26 mar. 2013, p. 44.

CANDIDA, S. Barulho lidera as queixas direcionadas ao 190. *O Globo*, Rio de Janeiro, 05 ago. 2012, p. 24.

CARVALHO FILHO, J.S. *Comentários ao Estatuto da Cidade*. Rio de Janeiro: Lumen Juris, 2005.

_____. *Manual de direito administrativo*, 10.ed. Rio de Janeiro: Lumen Juris, 2003.

CAVALLAZZI, R.L. O estatuto epistemológico do direito urbanístico brasileiro: possibilidades e obstáculos na tutela do direito à cidade. In: COUTINHO, R.; BONIZZATO, L. *Direito da cidade – novas concepções sobre as relações jurídicas no espaço social urbano*. 2.ed. Rio de Janeiro: Lumen Juris, 2011.

CASTRO, H. Mudança de hábito combate inimigo invisível. *O Globo*, Rio de Janeiro, 17 jun. 2012, p. 46.

CASTRO, J. Crescimento sem freio – Frota aumenta 123% em 10 anos e chega a 80 milhões de veículos, com problemas a reboque. *O Globo*, Rio de Janeiro, 01 dez. 2013, p. 3.

CASTRO, J.; LINS, L. Gastos com vítimas de acidentes sobe 45% – No ano passado Ministério da Saúde desembolsou 211 milhões com internações. *O Globo*, Rio de Janeiro, 01 dez. 2013, p. 6.

COIMBRA, J.A.A. Considerações sobre a interdisciplinaridade. In: PHILIPPI JR. A.; TUCCI, C.E.M.; HOGAN, D.J. *Interdisciplinaridade em ciências ambientais*. São Paulo: Signus Editora, 2000.

COSTA, M. Entrevista com Paulo Saldiva. Poluição, a doença das cidades. *O Globo*, Rio de Janeiro, 17 jun. 2012, p. 45.

COUTINHO, R.; BONIZZATO, L. *Direito da cidade – novas concepções sobre as relações jurídicas no espaço social urbano*. 2.ed. Rio de Janeiro: Lumen Juris, 2011.

COUTINHO, R. A urbanização da pobreza e a lógica do capital. In: COUTINHO, R.; AHMED, F. *Cidade, direito e meio ambiente; perspectivas críticas*. Rio de Janeiro: Lumen Juris, 2011.

FERRAZ JÚNIOR, T.S. *Introdução ao estudo do direito*. 3.ed. São Paulo: Atlas. 2001.

FIORILLO, C.A.P. *Estatuto da Cidade comentado*. 3.ed. São Paulo: Saraiva, 2008.

FREITAS, V.P. Tráfego de veículos e poluição: assunto ainda estranho ao direito ambiental. In: *Revista de Direito da Associação dos Procuradores do Novo Estado do Rio de Janeiro*. v. 21. Rio de Janeiro: Lumen Juris, 2009.

FREITAS, V.P.; FREITAS, G.P. *Crimes contra a natureza*. 9.ed. São Paulo: Revista dos Tribunais, 2012.

LIRA, R.P. Direito urbanístico, Estatuto da Cidade e regularização fundiária. In: COUTINHO, R.; BONIZZATO, L. *Direito da cidade – novas concepções sobre as relações jurídicas no espaço social urbano*. 2.ed. Rio de Janeiro: Lumen Juris, 2011.

_____. *Elementos de direito urbanístico*. Rio de Janeiro: Renovar, 1997.

MACHADO, P.A.L. *Ação civil pública e tombamento*. 2.ed. São Paulo: Revista dos Tribunais, 1987.

MILARÉ, E.; MILARÉ, L.T. Interdisciplinaridade no ordenamento urbano. In: YOSHIDA, C.; AHMED, F.; CAVALCA, R. *Temas fundamentais de direitos difusos e coletivos: desafios e perspectivas*. Rio de Janeiro: Lumen Juris, 2013.

MOREIRA NETO, D.F. *Introdução ao direito ecológico e urbanístico*, 2.ed. Rio de Janeiro: Forense, 1977.

MUKAI, T. *Direito ambiental municipal – abordagens teóricas e práticas*. Belo Horizonte: Fórum, 2010.

_____. *Direito urbano e ambiental*. 3.ed. Belo Horizonte: Fórum, 2006.

NERY JR., N. Autonomia do direito ambiental. In: NERY JR., Nelson et al. *Políticas públicas ambientais – estudos em homenagem ao Professor Michel Prieur*. São Paulo: Revista dos Tribunais, 2009.

OKADA, D.S. Resíduos sólidos – novas perspectivas que se impõem. In: COUTINHO, R.; AHMED, F. *Cidade, direito e meio ambiente; perspectivas críticas*. Rio de Janeiro: Lumen Juris, 2011.

PAULI, D.R. Emergência sanitária. *O Globo*, Rio de Janeiro, 24 fev. 2013, p. 19.

PINTO, V.C. *Direito urbanístico – Plano Diretor e direito de propriedade*. São Paulo: Revista dos Tribunais, 2005.

ROCCO, R. *Estudo de impacto de vizinhança; instrumento de garantia do direito às cidades sustentáveis*, 2.ed. Rio de Janeiro: Lumen Juris, 2009.

ROCHA, C. Por que não te calas? A difícil rotina dos cariocas que enfrentam uma batalha diária contra os incômodos urbanos. *O Globo*, Rio de Janeiro, 08 abr. 2013, p. 7.

SANTOS, M. *O Espaço do cidadão*, 6.ed. São Paulo: Studio Nobel, 2002.

SAULE JR, N. et al. Plano Diretor do Município de São Gabriel da Cachoeira – aspectos relevantes da leitura jurídica. In: SAULE JR, N. *Direito Urbanístico – Vias Jurídicas das Políticas Urbanas*. Porto Alegre: Sérgio Antonio Fabris Editor, 2007.

SAULE JR., N. A relevância do direito à cidade na construção de cidades justas, democráticas e sustentáveis. In: SAULE JR., N. *Direito urbanístico – vias jurídicas das políticas urbanas*. Porto Alegre: Sérgio Antonio Fabris Editor, 2007.

SILVA, J.A.S. *Direito ambiental constitucional*. 10.ed. São Paulo: Malheiros, 2013.

_____. *Direito urbanístico brasileiro*. 5.ed. São Paulo: Malheiros, 2008.

SOUZA, M.L. *Mudar a cidade – uma introdução crítica ao planejamento e à gestão urbanos*. 5.ed. Rio de Janeiro: Bertrand Brasil, 2008.

WERNECK, A. Direito administrativo, direito constitucional e direito ambiental. In: COUTINHO, R.; AHMED, F. *Cidade, direito e meio ambiente: perspectivas críticas*. Rio de Janeiro: Lumen Juris, 2011.

YOSHIDA, C.Y.M. *Poluição em face das cidades no direito ambiental brasileiro: a relação entre degradação social e degradação ambiental*. São Paulo, 2001. 372p. Tese (Doutorado). Pontifícia Universidade Católica.

YOSHIDA, C.Y.M. et al. *Temas fundamentais de direitos difusos e coletivos: desafios e perspectivas*. Rio de Janeiro: Lumen Juris, 2013.

Pagamento por Serviços Ambientais | **20**

Ana Maria de Oliveira Nusdeo
Universidade de São Paulo

INTRODUÇÃO

O pagamento por serviços ambientais é um tema novo dentro do direito ambiental, já que passou a ser discutido, regularmente, há pouco mais de uma década. Ao lado dos debates acadêmicos, relacionados ao seu conceito e abrangência e, sobretudo, às melhores alternativas para sua implantação, o número de experiências de pagamento por serviços ambientais no Brasil teve um crescimento expressivo nos últimos cinco anos. Desse modo, os debates teóricos sobre esse instrumento desenvolvem-se pontuados pelos fatores e resultados da experiência dos programas e projetos específicos.

O objetivo deste capítulo é introduzir o leitor no tema do pagamento por serviços ambientais, que exige a compreensão conceitual desse instrumento novo nas políticas e no direito ambiental. Serão analisadas, assim, as discussões relativas à conveniência da ampliação dos instrumentos de incentivo na proteção ambiental, que resultam na formulação da ideia de se pagar pelos serviços ambientais. A seguir, abordar-se-ão seu conceito e elementos centrais; as categorias de serviços ambientais que são objeto de tran-

DIREITO AMBIENTAL E SUSTENTABILIDADE

sações; quais as partes e os diferentes tipos de transações, que variam conforme o grau de participação do poder público. Será feita, então, uma breve análise de como as experiências de pagamento por serviços ambientais vêm evoluindo no Brasil, fundamental para uma compreensão do quadro que se coloca. Por fim, serão discutidas algumas questões jurídicas controvertidas relacionadas ao pagamento por serviços ambientais.

ANTECEDENTES E O DEBATE SOBRE OS INSTRUMENTOS ECONÔMICOS

A evolução do direito ambiental, desde o surgimento das primeiras normas voltadas para a proteção a recursos naturais específicos e para o combate à poluição, até a etapa atual, foi notável. Conta-se com um vasto conjunto de leis e normas emanadas do Poder Executivo, fundamentadas em dispositivos constitucionais e na incorporação na prática de interpretação e aplicação delas de princípios próprios ao campo do direito ambiental. Ao longo dessa evolução, desenvolveu-se um importante debate sobre o controle do comportamento em relação ao meio ambiente a partir das estratégias de repressão, reparação, prevenção e, por fim, incentivos. Nesse contexto, surgem propostas de inserção de instrumentos econômicos nas políticas ambientais e, consequentemente, nas normas de direito ambiental.

As críticas ao fato de utilizar a legislação ambiental apenas técnicas de repressão às práticas lesivas ao meio ambiente têm início na metade da década de 1970, nos Estados Unidos, com a defesa da criação de incentivos para a proteção do meio ambiente ou da redução dos custos dessa proteção e do cumprimento de metas impostas pela lei.

Em síntese apertada, alegava-se que as normas impositivas dos chamados instrumentos de comando e controle exigem um intenso sistema de fiscalização, pois pode ser mais vantajoso para os agentes o descumprimento das normas se a probabilidade de punição for pequena; depende de informações provenientes do próprio setor regulado no tocante, por exemplo, às possibilidades técnicas e econômicas de reduzir o impacto da produção e, sobretudo, caracteriza-se pela inflexibilidade, pois todos os produtores em um setor são submetidos às mesmas regras, mas alguns podem ter extrema dificuldade em cumpri-las, ao passo que outros poderiam ter um desempenho ambiental – por exemplo, poluir menos – ainda melhor do que o exigido pela legislação (Anderson et al., 1977; Ackerman e Steward, 1987).

Trata-se de críticas voltadas, sobretudo, para o controle da poluição do ar. As propostas para combatê-las, por sua vez, privilegiam a eficiência e flexibilidade de mecanismos de mercado, para que as empresas possam ter incentivos a reduzir suas emissões de poluentes, mas adequando os esforços para tanto às suas condições e custos. A ideia, então, é simples. Empresas que têm custos menores para reduzir emissões e conseguem, portanto, reduzi-las para além de certas metas, podem obter créditos, e as que têm dificuldades em reduzir suas emissões podem comprar esses créditos. A partir daí as propostas e experiências de mercados de emissão de poluentes ou de cotas diversas, relacionadas ao uso de recursos naturais foram adquirindo mais sofisticação, especificamente para lidar com a questão de como definir os limites totais de poluição ou uso do recurso natural por todos os participantes de um mercado ou sistema e de como alocar as quotas individuais entre os agentes (distribuição, leilões etc.).

As críticas às experiências de mecanismos de mercado implantadas são várias: tendência à liberação de muitas licenças de poluição e, em consequência, pouco efeito ambiental da política ou programa (McAllister, 2009); tendência à manutenção de unidades muito poluentes que afetam desfavoravelmente sua vizinhança, formadas por grupos mais vulneráveis e críticas, de um modo geral (Chinn, 1999), à mercantilização da questão ambiental, por si mesma e em decorrência dos fatores referidos (Winter, 2010).

Ao lado dessas propostas de implantação de tipos de mercados, surgiram discussões sobre técnicas de incentivos relacionadas à redução do custo da produção ambiental ou aumento do custo de práticas e produtos mais impactantes. Os debates mais importantes nesse caso referem-se à imposição ou isenção de taxas ou tributos como técnica de indução de comportamentos. Essas propostas também são objeto de críticas, relacionadas à viabilidade jurídica da imposição de taxas e tributos com base em elementos ambientais e na inconveniência da implantação de subsídios de modo geral.

Há, assim, na evolução dos debates e discussões, dois grupos de instrumentos econômicos: os precificados, consistentes naqueles que alteram, para cima ou para baixo, o preço de certos produtos ou processos, e os de mercado, que estabelecem possibilidades de transação em torno dos recursos naturais, incluindo o ar (Motta, 2000, e Nusdeo, 2006).

Um dos fundamentos dos instrumentos econômicos é dado pela análise econômica quando aborda a problemática ambiental. Essa análise refere-se aos custos sociais gerados pelos impactos ambientais, tais como a poluição e o desgaste de recursos naturais. Esses custos recaem não sobre os agentes ou unidades de produção que os geram, mas sobre terceiros, que podem ser uma pessoa ou grupos de pessoas. Trata-se das chamadas externalidades, entendidas como custos ou benefícios cujos ônus ou vantagens recaem sobre terceiros que não os geraram. Vale dizer, são ações de uma ou mais pessoas que afetam outras que não são compensadas por esse dano nem recompensam pelos benefícios (Handley, 2007).

O problema das externalidades fundamenta soluções que se baseiam no princípio do poluidor-pagador. Esse preceitua que os custos de reparação ou mitigação de um dano ou impacto devem recair sobre aquele(s) que causa(m) tal dano ou impacto. Nos sistemas de mercado, aquele que emite mais deve pagar por mais cotas, ao passo que no caso dos instrumentos precificados os agentes que causam maior impacto sofrem taxações ou imposições tributárias. Os que geram externalidades positivas, ou benefícios sociais, como a redução de impacto na produção ou a conservação ou preservação de áreas ecologicamente ricas, por sua vez, recebem benefícios, na forma de isenções tributárias ou, por que não, pagamentos em circunstâncias definidas.

Tendo essas discussões como horizonte, o pagamento por serviços ambientais tem um contexto peculiar ao tema da proteção florestal. Trata-se da dificuldade de criar mais áreas protegidas, ou de implementar medidas restritivas à atuação dos habitantes das áreas protegidas já existentes e ao insucesso de experiências de projetos integrados de conservação e desenvolvimento (ICDPs) implantadas em alguns países tropicais (Wunder, 2005) a partir dos anos 90. Esses últimos, assim como a proposta do pagamento por serviços ambientais, têm grande ênfase no bem-estar da população que habita áreas florestais ou mantém com elas vínculos próximos.

Diante dessas circunstâncias, as críticas direcionadas aos mecanismos de mercado utilizados nas questões ambientais, descritas anteriormente, não são facilmente aplicáveis ao pagamento por serviços ambientais, em razão das peculiaridades da proteção florestal e dos provedores de serviços ambientais. Porém, as transações nas quais os pagamentos são realizados podem se estruturar em esquemas mais próximos de um mercado, conforme se verá abaixo. Aí, há riscos como a exclusão de provedores mais pobres ou um enfraquecimento da "integridade ambiental", vale dizer, da efetiva contribuição à preservação ambiental (Voigt, 2007-2008). No entanto, as experiências que vêm se desenvolvendo têm mostrado a fidelidade à preocupação com os provedores e com os ganhos ambientais dos programas nos quais os pagamentos são inseridos, conforme será analisado adiante.

DEFINIÇÕES RELACIONADAS AO PAGAMENTO POR SERVIÇOS AMBIENTAIS

A compreensão do que vem a ser pagamento por serviços ambientais exige entender, em primeiro lugar, o que são esses serviços. Uma das primeiras abordagens sobre a importância e o valor que teriam para o suporte da vida no planeta foi feita por Robert Constanza et al. (1997), que definiram serviços ecossistêmicos como "fluxo de materiais, energia e informação que provêm dos estoques de capital natural e são combinados ao capital de serviços humanos para produzir bem-estar aos seres humanos". Outra contribuição importante para a compreensão de como os ecossistemas exercem as funções que produzem esse bem-estar consta no Relatório do Comitê do Meio Ambiente, produzido em 2005, sobre os objetivos acordados na Cúpula do Milênio, em 2000. O destaque do relatório é a descrição dos serviços ecossistêmicos em quatro categorias: suporte, que inclui a ciclagem de nutrientes e a formação do solo; provisão, que se refere ao fornecimento de alimentos, água fresca, fibras e combustíveis aos seres humanos; regulação, relacionada à regulação do clima, das inundações e das pragas, assim como da purificação da água; e, finalmente, os serviços culturais, que incluem elementos estéticos, espirituais, educacionais e recreacionais. Todos eles são relacionados, no relatório, com aspectos do bem-estar humano (Hassan et al., 2005).

Apesar de a definição referir-se a "serviços ecossistêmicos", termo preferido por certos autores, tem-se difundido no Brasil, seja na literatura, seja em instrumentos legais, o termo pagamento por serviços ambientais, o qual é utilizado neste trabalho.

A noção de pagamento por serviços ambientais, por sua vez, chega a ser simples e até autoexplicativa, já que consiste em "transações entre duas ou mais partes envolvendo a remuneração àqueles que promovem a conservação, recomposição, incremento ou manejo de áreas de vegetação considerada apta a fornecer serviços ambientais" (Nusdeo, 2012, p. 69). Remuneram-se agentes como proprietários, posseiros ou ocupantes legítimos de certas áreas – considerados provedores dos serviços ambientais – por práticas de conservação, recuperação, regeneração, manejo do uso dos recursos naturais e abstenção de uso de técnicas impactantes tais como o emprego do fogo ou agrotóxicos.

Apesar da simplicidade da definição, há elementos importantes que devem estar presentes nos esquemas em que os pagamentos se realizam, pois, do contrário, podem virar transações para transferência de renda e não mais pagamento por serviços ambientais. Dentre esses, o principal é a condicionalidade, vale dizer, os pagamentos devem ser condicionados à efetiva adoção da conduta definida como apta para produzir o serviço ambiental. A esse propósito, uma referência obrigatória são os cinco critérios estabelecidos por Sven Wunder (2005) definidores do "princípio do pagamento por serviços ambientais":

1) Voluntariedade da transação. Esse critério dá ensejo a discussões quanto à possibilidade de práticas exigidas por leis e regulamentos serem remuneradas. Essa questão será aprofundada adiante, mas adianta-se que nas experiências de implantação de projetos de pagamento por serviços ambientais têm-se aceitado pagamentos em situações em que há exigência legal da conduta. A interpretação a ser dada a esse critério é no sentido de haver a opção, pelo provedor do serviço, de vincular-se ou não ao esquema de pagamento.

2) Definição precisa do serviço. Isso se dá pela descrição da conduta tida como necessária para que o serviço seja prestado (não desmatar, deixar a vegetação regenerar, não usar agrotóxicos etc.).

3) Existência de um ou mais adquirentes do serviço. Com efeito, embora os serviços ambientais beneficiem grandes grupos sociais, deve haver algum beneficiário, ou mais de um, mesmo que um órgão público, que figure nas transações como adquirente.

4) Definição do(s) provedor(es) do serviço, o que é evidente.

5) Condicionalidade, vale dizer, o pagamento não deve ser feito se as condutas especificadas não forem adotadas.

Trata-se de um instrumento econômico, pois existe o estabelecimento de um mecanismo de incentivo, voltado a induzir comportamentos desejados. Por outro lado, fala-se no princípio do protetor-recebedor como fundamento dos pagamentos por serviços ambientais. Esse princípio é definido de maneira oposta ao princípio do poluidor-pagador. Se esse último propõe que aquele que gera um dano ao meio ambiente deve repará-lo ou mitigá-lo, depois ou mesmo antes da ocorrência do dano, o protetor-recebedor defende uma compensação àqueles que, com certas condutas, ajudam a natureza a desempenhar os serviços ecossistêmicos (Nusdeo, 2012; Born e Talocchi, 2002).

CATEGORIAS DE SERVIÇOS AMBIENTAIS OBJETOS DE REMUNERAÇÃO

A definição de serviços ecossistêmicos e das suas funções dá conta da grande inter-relação entre os fatores ambientais no desempenho das funções de suporte, regulação, provisão e aspectos culturais dos serviços. Mas para que esquemas de pagamentos possam ser realizados, é necessária a definição de condutas precisas que propiciem à natureza prestar os serviços. Para que isso seja possível, costuma-se definir serviços ambientais específicos que decorrem mais diretamente das ações que podem ensejar os pagamentos.

Os pagamentos vêm sendo estruturados predominantemente para quatro tipos de serviços, transacionados em separado ou em conjunto. Esses serviços são: a conservação da biodiversidade; a proteção de recursos hídricos; o sequestro e estocagem de carbono e a beleza cênica (Wunder, 2005; Landell, Mills e Porras, 2002; Nusdeo, 2012 e 2013).

Dada a inter-relação entre os serviços e o fato de que determinadas condutas são aptas a promover mais de um deles, é possível que os serviços sejam remunerados em seu conjunto, de acordo com as transações nas quais os pagamentos se estruturem.

Conservação da biodiversidade

A conservação da biodiversidade refere-se à preservação de áreas ricas em diversidade biológica. Essa diz respeito à variabilidade de organismos vivos, dentro das espécies, entre espécies e entre ecossistemas[1]. A biodiversidade desempenha importantes funções de regulação, tais como controle de pragas, produção de águas, estabilidade climática e polinização, servindo de base para outros serviços ambientais mais específicos, que eventualmente podem ser remunerados em transações específicas (água e sequestro de carbono, por exemplo).

Um elemento central nessas funções de regulação desempenhadas pela biodiversidade é o fato de promover a resiliência das espécies a pragas e ou-

---

[1] Cf. Artigo 2º da Convenção da Biodiversidade. São Paulo (Estado). Convenção da Biodiversidade. Secretaria do Meio Ambiente. Entendendo o meio ambiente, 1997, v. 2.

tros choques externos, pois alguns indivíduos, dentre as espécies, serão mais resistentes a eles.

Há também a provisão de fármacos, alimentos e fibras. Quanto maior a variabilidade genética, maiores as possibilidades de descoberta de novas sementes para alimentação, remédios, fibras e até cosméticos, que podem ser lucrativamente explorados. Há muitos usos da biodiversidade ainda por conhecer, pois nem sobre a diversidade de espécies, vale dizer, todas as espécies presentemente existentes, há conhecimento suficiente.

Preservar a diversidade biológica significa, portanto, conservar remanescentes de ecossistemas e de vegetação *in situ*, em espaços cuja dimensão seja suficiente para a existência e reprodução das espécies. A excessiva fragmentação de espaços preservados não permite a sobrevivência de muitas espécies. Além da conservação dos remanescentes, é importante manter a sua conectividade. A legislação ambiental contempla espaços de conectividade entre espaços protegidos, tais como os corredores ecológicos, que consistem em áreas de extensões significativas de ecossistemas aptas à conservação da biodiversidade. Esses corredores são formados por unidades de conservação, terras indígenas e áreas de interstício.

Os esquemas de pagamento por serviços ambientais relacionados à biodiversidade voltam-se, portanto, à sua preservação, replantio ou regeneração. Algumas vezes se acrescenta a exigência de abstenção de outras condutas prejudiciais à biodiversidade, tais como o uso do fogo e de agrotóxicos. Os esquemas podem ser públicos ou privados.

Nos esquemas públicos, simplesmente se remunera um proprietário ou posseiro da terra para preservar uma porcentagem da área, ou manejá-la conforme certas regras, podendo incluir a abstenção das práticas prejudiciais previstas. Esquemas privados, embora voltados para os mesmos fins, podem ser mais variados na sua estrutura. Diferentes experiências mostram a existência de servidões de conservação ou arrendamento de áreas para preservação ou práticas de manejo para conservação de habitats ou de espécies.

Além de esquemas de pagamento para a conservação da biodiversidade, pode haver contratações para acesso e exploração da diversidade genética, na forma da bioprospecção. Esses contratos tendem a ser privados, vale dizer, entre o fornecedor dos recursos genéticos e aquele que pretende explorá-lo. Mesmo assim, tais contratos são fortemente regulados por normas legais nos países onde os recursos genéticos se encontram.

Proteção aos recursos hídricos

As florestas e a vegetação de modo geral trazem comprovados benefícios à produção hídrica, na medida em que aumentam a absorção de água e reduzem o risco de enchentes, previnem a erosão do solo e a sedimentação dos cursos d´água que esta erosão acarreta, além de promoverem a recarga de lençóis freáticos. As matas ciliares ainda filtram contaminantes e mantêm o equilíbrio químico da água. Finalmente, as florestas, e a vegetação de modo geral, influenciam os níveis de precipitação em escala regional (Scheer et al., 2004).

Os chamados "Pagamento por serviços ambientais – água" são implantados num contexto de "stress hídrico", vale dizer, situação em que há uma combinação de aumento populacional com a degradação ambiental, comprometendo os recursos hídricos utilizados para abastecimento humano em grandes centros. Os órgãos vinculados aos recursos hídricos percebem então a possibilidade de obtenção de bons resultados em decorrência da recuperação e preservação de matas ciliares, reservas legais e vegetações em torno de nascente, que passam a ser objeto de pagamentos. Outras práticas para reduzir a erosão do solo e a sedimentação dos cursos d´água podem ser adotadas, ou, ainda, o manejo de atividades pecuárias para evitar contaminação dos recursos hídricos. Embora sejam mais frequentes esquemas públicos, em razão dos motivos expostos, há transações privadas nesse serviço ambiental. Um exemplo interessante é o da empresa fornecedora de água mineral, Perrier-Vitel, que será analisado a seguir.

Sequestro e estocagem de carbono

O sequestro e a estocagem de carbono guardam relação com a estabilidade climática. Isso porque o desmatamento é uma das causas para o lançamento desses gases. As florestas constituem, assim, um estoque armazenado de carbono que deve ser conservado. Já o crescimento da vegetação, por meio, por exemplo, do replantio florestal, permite a absorção – ou sequestro – de carbono da atmosfera. O pagamento por esse serviço permite àqueles que mantêm áreas florestais serem remunerados e pode envolver esquemas entre países, nos quais aqueles que conservam florestas venham a receber recursos de países com maiores níveis de emissão de carbono.

Nesse âmbito internacional, a figura criada é a da redução das emissões provenientes do desmatamento e degradação (Redd +). O sinal positivo refere-se ao incremento do estoque de carbono nas áreas inseridas em projetos. Apesar da importância da manutenção de estoques florestais e do fato de Acordos das Conferências das partes na Convenção de Mudanças Climáticas, como o Acordo de Cancun de 2010, ressaltarem a sua importância, ainda não há um sistema global de Redd + no regime internacional de combate às mudanças climáticas, apenas projetos pontuais.

A par da conservação, o plantio absorve carbono da atmosfera e, por essa razão, já estava incluído no sistema de combate às mudanças climáticas[2].

Os serviços ambientais de sequestro e estocagem de carbono podem ser remunerados por meio de diferentes esquemas. Com a demora na inclusão do Redd + no sistema internacional de combate às mudanças climáticas, desenvolveu-se, ainda que de forma superficial, um mercado voluntário, para empresas e até pessoas físicas que desejam neutralizar emissões de carbono. Assim, nesses mercados, remuneram-se projetos de conservação e/ou recuperação de florestas desenvolvidos de acordo com determinadas metodologias. Mas há também programas de pagamentos governamentais, ou que pagam certo valor pelo hectare preservado e são concebidos supondo também certas metodologias de cálculo do desmatamento evitado.

Beleza cênica

A beleza cênica tem a ver com a beleza da paisagem. O serviço ambiental em questão é, então, a preservação de cenários naturais belos, por meio da conservação de áreas naturais, podendo estar ou não associadas ao acesso a essas áreas conservadas. Mas pode haver outros contratos relacionados ao desfrute dessa beleza ou ao ecoturismo de modo geral. Alguns esquemas de pagamentos procuram associar ambos, qualificando os provedores do serviço ambiental para fornecer também serviços de hospedagem, passeios e atividades culturais no local e, com isso, incrementar sua renda por meio de atividades sustentáveis (Nusdeo, 2012, p. 49 e 50).

---

[2] Disciplinadas, mais exatamente, pela Decisão n. 11 da COP 7/2001.

AGENTES E TIPOS DE TRANSAÇÕES

Conforme analisado até aqui, o pagamento por serviços ambientais tem como critérios definidores a existência de um ou mais compradores e de um ou mais provedores do serviço, sendo essas duas partes essenciais para que uma transação se estabeleça.

Além desses, porém, outros agentes podem participar dos esquemas de pagamentos. São os intermediários privados e o poder público.

Os primeiros são empresas, consultores independentes ou até organizações não governamentais que atuam na estruturação de projetos e comercialização de créditos eventualmente associados aos serviços. A razão de existirem é a dificuldade de aproximar provedores e compradores, o que, à exceção de situações de vizinhança, não é trivial. Esses intermediários acabam tendo também um papel importante na própria formatação dos esquemas de pagamentos. Como exemplo, podemos pensar em empresas que desenvolvem metodologias para a aferição quantitativa do sequestro e estocagem de carbono de uma prática. Organizações não governamentais têm se destacado nesse papel de estruturação de projetos, realização dos pagamentos e busca de financiadores para viabilizá-los. Estudo realizado pelo Ministério do Meio Ambiente em 2011 descreve 33 projetos de pagamento por serviços de carbono na região do Bioma Mata Atlântica e apresenta importante retrato dos arranjos institucionais e esquemas que vêm sendo utilizados. A maior parte dos responsáveis pelos projetos são organizações não governamentais, havendo também alguns proprietários que estruturaram os esquemas e algumas empresas (May, 2011).

O Poder Público, por sua vez, pode adotar tanto a função de comprador quanto a de regulador.

Em programas públicos, o Poder Público encarrega-se de definir os tipos de serviços e provedores que farão jus ao recebimento do pagamento e os promove, com meios de custeio próprios, e, eventualmente, com a complementação de doações. Esquemas públicos têm se proliferado intensamente no Brasil, sobretudo com a criação de programas estaduais e municipais. Alguns exemplos são o Bolsa Floresta, no Estado do Amazonas, os projetos Mina d'Água e de Pagamento por Serviços Ambientais para as Reservas Particulares do Patrimônio Natural – Crédito Ambiental Paulista, no estado de São Paulo.

Há um importante papel a ser desempenhado pelo poder público também como regulador dos esquemas e transações entre partes privadas. Isso inclui a definição de conceitos e categorias de serviços a serem transacionados pelos particulares, a remoção de empecilhos legais eventualmente existentes, a criação de incentivos para áreas prioritárias e até mesmo a criação de mercados para certas transações (Nusdeo, 2012).

No tocante aos tipos de transação, é interessante a categorização de Fernando Veiga Neto, (2008), tomando por critério o grau de intervenção estatal nas transações e identificando três espécies de transações, de acordo com esse critério.

Na primeira delas, não há intervenção estatal. Assim, as negociações e transações se dão entre compradores interessados no serviço de conservação de certas áreas, ou na abstenção de práticas que gerem efeitos ambientais danosos em áreas especificamente delimitadas que remuneram os detentores de sua posse como provedores do serviço.

Importante exemplo relatado na literatura é o dos contratos entre a produtora europeia de águas minerais Perrier-Vittel, que estabeleceu contratos com proprietários rurais situados nas suas áreas de captação. Esses praticavam atividade pecuária que causava infiltração de agrotóxicos e dejetos. Partiu da empresa a iniciativa de oferecer pagamento a esses vizinhos para que adotassem o reflorestamento de áreas sujeitas a maior infiltração de agrotóxicos e ao acúmulo de dejetos e a construção de instalações mais modernas para a criação de animais (Salzman, 2005). Outras situações que se encaixam na primeira categoria são aquelas de projetos de pagamento por serviços ambientais coordenados por organizações não governamentais, que elegem beneficiários para os pagamentos, conforme referido acima.

Na segunda categoria, situam-se os mecanismos de troca entre agentes determinados a partir de padrões estabelecidos por uma autoridade reguladora. Pode-se falar aí em "mercados".

Esses mercados dependem de uma regulamentação na qual os agentes tenham obrigações relacionadas à conservação, podendo transacioná-la entre si. No direito brasileiro, a figura das cotas de reserva ambiental (CRA), criadas pelo art. 44 da Lei n. 12.651/2012, permite que proprietários de áreas rurais sem reserva legal, ou com área insuficiente, possam adquirir essas cotas, títulos representativos de áreas preservadas além da exigência legal. Se considerar-se que a exigência legal de reservas legais visa à produção de serviços ambientais, tem-se um exemplo concreto de mercado em serviços ambientais.

Mercados podem ser fomentados também entre agentes atuantes em setores diferentes. Assim, empresas de setores industriais ou energéticos de alto impacto podem ser obrigadas a compensar seus impactos, ou mais precisamente suas emissões de gases poluentes e/ou de efeito estufa. Essa compensação pode ser feita por meio de créditos relacionados a projetos que sequestrem ou estoquem carbono. A previsão de um Mercado Brasileiro de Redução de Emissões (MBRE) para negociação de emissões de gases de efeito estufa evitadas, pela Lei n. 12.187/2009, pode ser um espaço para isso se levadas adiante as metas de redução dos diversos setores econômicos. No âmbito internacional, caso aprovado e implantado o Redd+ como um mercado de compensação de emissões, haveria um grande mercado de pagamento por serviços ambientais.

À terceira categoria, finalmente, pertencem as transações realizadas no âmbito de programas governamentais. Nesse caso, programas criados por órgãos públicos definem quem serão os provedores do serviço elegíveis, as condições que deverão satisfazer, os critérios de pagamento, entre outros aspectos. O pagamento é feito pelo órgão, embora a composição das fontes orçamentárias possa incluir tanto fundos públicos quanto doações privadas para financiamento do programa. Conforme já referido, esses programas têm crescido muito no Brasil, sobretudo por meio de iniciativas estaduais e municipais.

EXPERIÊNCIAS E EVOLUÇÃO

O estudo do tema aponta o pioneirismo do programa nacional de pagamentos por serviços ambientais da Costa Rica. Ele foi criado a partir da Lei n. 7.575/96 que criou a possibilidade e definições necessárias ao início de um programa público de pagamentos, com abrangência nacional. Os serviços contemplados na lei são a mitigação de gases de efeito estufa, por meio de práticas de fixação, redução, sequestro, armazenamento e absorção; proteção da água; proteção da biodiversidade e da beleza cênica.[3] De acordo com Carlos Peralta (2013), sua finalidade era tríplice: "1). Deter os altos índices de desmatamento existentes no país; 2). Aumentar a cobertura florestal; e 3). Reconhecer o valor dos serviços florestais, incentivando a cidada-

---

[3] Artigo 3º, *k*, da Lei n. 7575/96, disponível em: http://www.acto.go.cr/descargas/Ley7575. pdf. Acessado em: 06 out. 2010.

nia ecológica". Tendo quase duas décadas de existência, conseguiu reverter, já nos primeiros anos de sua criação, a tendência de perda de cobertura vegetal por que passava o país nos anos 90. Assim, essa passou de 21% em 1987 para 52,38% em 2012 (Peralta, 2012).

No Brasil, as experiências de que se tem notícia começam na segunda metade dos anos 2000. Assim, em 2006, foram realizados projetos-pilotos do Programa de Desenvolvimento Socioambiental da Produção Familiar (Proambiente). O aspecto mais interessante desse projeto era sua origem, em debates e pressões de movimentos populares amazônicos, instituições universitárias e setores da sociedade civil na região amazônica, questionando a ênfase em produtividade colocada nos programas de crédito rural concedidos aos agricultores familiares no norte, que inviabilizavam práticas conservacionistas. As propostas enfatizavam o potencial de prestação de serviços ambientais pela agricultura familiar, tais como a manutenção de várias culturas, além da conservação da vegetação e do solo.

As práticas consideradas adequadas no projeto eram a recuperação de áreas de preservação permanente e reserva legal, o desmatamento evitado e a abstenção no uso do fogo. Além de pagamento, haveria também fornecimento de assistência técnica.

Foram implantados onze projetos-pilotos, sendo que desses, apenas cinco tiveram o pagamento pelos serviços, tendo todos recebido assistência técnica. Depois disso, os pagamentos foram suspensos pelo governo (Hercowitz et al., 2009, e Nusdeo, 2012). Debate-se ainda uma reestruturação do programa, incluindo a previsão de fontes de custeio mais estáveis.

Ainda no eixo amazônico, uma experiência de estruturação duradoura foi criada a partir de 2007. Trata-se do Bolsa Floresta, criado pela Lei n. 3.135/2007, que instituiu a Política Estadual de Mudanças Climáticas no Amazonas, a qual contempla mecanismos de Redução de Emissões do Desmatamento (RED) e implantação de instrumentos econômicos, de modo geral, para o seu financiamento. A lei autorizou, ainda, a criação de uma fundação privada, sem fins lucrativos, com composição mista entre membros representantes do Poder Público e do setor privado. Trata-se da Fundação Amazônia Sustentável, criada em 2008 para a gestão do Bolsa Floresta.

Os provedores de serviços ambientais contemplados pelo Bolsa Floresta são famílias em grupos identificados como populações tradicionais que moram em unidades de conservação, recompensando-as pela preservação e valorizando a "floresta em pé". Como é sabido, várias categorias de unidades de conservação têm por objetivo conciliar a conservação com o uso sustentável da terra e recursos naturais, permitindo a existência de população residente. Há muitas reservas de desenvolvimento sustentável, uma dessas categorias no estado do Amazonas.

O Bolsa Floresta contempla quatro categorias de pagamentos: Bolsa Floresta Familiar; Bolsa Floresta Social; Bolsa Floresta Associação e Bolsa Floresta Renda[4].

O Bolsa Floresta familiar consiste no pagamento de R$50,00 (cinquenta reais) para as mulheres das famílias residentes nas unidades de conservação que aderirem ao programa. Essa adesão requer a assinatura de um termo de compromisso no qual se comprometem a restringir suas roças ao mesmo tamanho ou inferior ao do início da adesão ao programa, a manter seus filhos matriculados e com frequência na escola e participarem da associação dos moradores da comunidade.

O Bolsa Floresta Social objetiva a realização de investimentos nas unidades de conservação cujos moradores participem do Bolsa Floresta. Esses investimentos destinam-se a promover melhorias na educação, na saúde, no transporte e na comunicação, a exemplo da construção de escolas, aquisição de rádios e ambulâncias etc.

O Bolsa Floresta Associação é pago às associações de moradores anualmente, devendo a Assembleia deliberar sobre o seu gasto.

O Bolsa Floresta Renda visa a apoiar o desenvolvimento de atividades econômicas sustentáveis pelas comunidades que residem nas unidades de conservação, como comercialização de castanhas, peixes etc.

Sendo assim desenhado, o Bolsa Floresta tem o mérito de ser um projeto abrangente, dado o seu âmbito estadual e a existência de grande número de projetos dentro de diferentes reservas, voltado para provedores de serviços ambientais de baixa renda e capacidade de inserção sustentável em mercados. É objeto de críticas, porém, no tocante ao baixo valor e ineficiência do pagamento familiar, uma vez que para usar os recursos os provedores devem se deslocar a centros comerciais tendo um custo igual ou superior ao do benefício. Além disso, a participação, prevista como um elemento central do programa, não chega a ter a qualidade necessária para empoderar os provedores no tocante à estruturação dos projetos, dos benefícios e condicionantes, apresentando falhas pontuais até mesmo na definição dos gastos do Bolsa Floresta Social (Gebara, 2013).

---

[4] Disponível em: http://fas-amazonas.org/pbf/. Acessado em: 30 jan. 2014.

No estado de São Paulo, até o momento, existem dois programas públicos estaduais, que são o Projeto Mina d'Água e o Pagamento por Serviços Ambientais para as Reservas Particulares do Patrimônio Natural.

O primeiro é voltado para áreas localizadas em mananciais de abastecimento público e contempla ações voltadas para a proteção de nascentes, tais como a eliminação de fatores de degradação, como presença de animais, fogo e focos de erosão; as práticas que favoreçam a regeneração natural da vegetação; o plantio de mudas de espécies nativas de ocorrência regional; o monitoramento e vigilância.[5] Sua execução se dá por meio de convênios com municípios, que selecionam os provedores dos serviços dentre os produtores rurais de áreas prioritárias, com preferência aos agricultores familiares.

O segundo volta-se para a promoção da conservação e restauração de processos ecológicos nessas reservas particulares, a fim de manter ou ampliar seu potencial de fornecimento de serviços ecossistêmicos. As reservas particulares de patrimônio cultural, como é sabido, constituem uma categoria de unidade de conservação particular[6], vale dizer, instituída e mantida, com perpetuidade, pelos seus proprietários.

A escolha das reservas particulares cujos proprietários farão jus ao pagamento é definida de acordo com critérios previstos em editais, que devem priorizar: A) sua localização em áreas prioritárias para a criação de unidades de conservação de proteção integral ou para conectividade entre fragmentos florestais, a partir dos mapas elaborados pelo projeto "biota-Fapesp" ou outros estudos; B) a área percentual da propriedade total que foi convertida em reserva particular de patrimônio natural; e C) a localização indicada para conservação ambiental em Zoneamentos Econômico-Ecológicos, Zoneamento Municipais, Planos Diretores ou Planos de Bacia[7].

As condutas a que se obrigam os proprietários são definidas em um Plano de Ação, aprovado pela Fundação Florestal e podem ser a conservação de remanescentes de vegetação nativa, o plantio de mudas de espécies nativas e ações que favoreçam a regeneração da vegetação, manejo de remanescentes florestais e de corredores de biodiversidade, existentes no interior das reservas, para controle de espécies competidoras, como as espécies invaso-

---

[5] Artigo 2º da Resolução SMA n. 123/2010.
[6] Artigo 22 da Lei n. 9.985/2000.
[7] Artigo 3º da Resolução SMA n. 89/2013.

ras, e monitoramento e vigilância para conservação desses remanescentes florestais e corredores[8].

Um elemento interessante desses programas paulistas é a existência de fórmula para o estabelecimento dos valores pagos, determinada de acordo com a contribuição da conduta definida como adequada à prestação do serviço, que se relaciona à relevância da área e ao seu grau de ameaça, no caso do Pagamento por Serviços Ambientais para as Reservas Particulares do Patrimônio Natural. No caso do Mina d'Água, a fórmula para a definição do valor inclui o fator de importância da nascente e o fator de proteção, que se refere ao estágio de regeneração da vegetação e do grau de eliminação de focos de dano, como presença de animais e de fogo[9].

Estudo publicado pelo Instituto Imazon e pela Fundação Getulio Vargas em 2012 verificou a existência de nove programas públicos estaduais, em oito Estados até o encerramento da pesquisa (Santos et al., 2012). Outro levantamento importante está no estudo realizado pelo Ministério do Meio Ambiente em 2011, que analisa tanto os programas públicos como também os projetos privados de pagamento por serviços ambientais no Bioma Mata Atlântica (Guedes e Seehusen, 2011). São trabalhos indispensáveis para uma compreensão mais profunda dos rumos do desenvolvimento da experiência brasileira no pagamento por serviços ambientais.

Em linhas gerais, pode-se comentar que as experiências de pagamento por serviços ambientais, seja em programas públicos, seja em programas privados, cresceu vertiginosamente num período inferior a uma década, que vai desde o meio dos anos 2000 até agora. Nota-se também um protagonismo dos estados e municípios na implantação de programas públicos. Na esfera federal existe um programa denominado Bolsa Verde que não se destacou ainda, seja em termos de abrangência territorial, seja de relevância no papel de criação de incentivos de conservação.

QUESTÕES JURÍDICAS CONTROVERTIDAS

Como um instrumento de política ambiental que é, o pagamento por serviços ambientais expressa-se juridicamente em todas as experiências de implantação. Programas públicos têm base legal, a fim de que os pagamen-

---

[8] Artigo 6º da Resolução SMA n. 89/2013.
[9] Anexo 3 da Resolução SMA n. 123/2010.

tos sejam regularmente realizados, são regulamentados por decretos, resoluções ou portarias e, sempre, materializam-se em alguma forma contratual, mesmo que um termo de compromisso[10]. Programas privados também são estruturados por meio de contratos. Em todos os casos as cláusulas devem dar conta da definição precisa dos elementos centrais à transação, que correspondem, em boa medida, às condições definidas por Sven Wunder, citadas acima: definição das condutas aptas à prestação dos serviços; das partes; do valor a ser pago; do monitoramento do cumprimento das obrigações pelo provedor relacionadas, além de outras cláusulas contratuais elementares, como a previsão de seu prazo, sua rescisão, e solução de eventual controvérsia. Embora importante, essas questões não serão objeto de aprofundamento neste trabalho. Este item será dedicado a duas questões principais: possibilidade de realização de pagamentos para condutas obrigatórias, tais como a recomposição de matas ciliares e reservas legais e a titularidade dos serviços ambientais prestados em terras indígenas[11].

Pagamento para cumprimento de dever legal

O pagamento por serviços ambientais, a exemplo de mecanismos como o de projetos de crédito de carbono, pressupõe que o provedor do serviço adote condutas que não seriam adotadas na falta do projeto/transação. Essa ideia traduz-se no conceito de adicionalidade[12]. Para que pagar por algo que se teria de qualquer modo?

A questão se torna mais complexa, porém, diante do contexto fático da inefetividade de certas normas ambientais, que resultam em situações nas quais o serviço ecossistêmico resultante da conduta exigida pela legislação não é fornecido em razão do seu descumprimento. Deve-se lembrar que a expressiva inefetividade do Código Florestal de 1965 (Lei n. 4.771) foi um

---

[10] Para um aprofundamento dos aspectos contratuais dos esquemas de pagamento por serviços ambientais, cf. Nusdeo (2013).

[11] Tive a oportunidade de aprofundar esses temas, assim como o dos aspectos dos contratos nos esquemas de pagamento por serviços ambientais em Nusdeo (2012 e 2013).

[12] Há uma definição de adicionalidade para projetos de crédito de carbono no artigo 43 do Anexo à Decisão 17 da Conferência das partes no Protocolo de Kyoto de 2001: "capacidade de uma ação específica, no caso um projeto, de reduzir as emissões antrópicas de gases de efeito estufa por fontes para níveis inferiores aos que teriam ocorrido na ausência da atividade de projeto proposta". Disponível em: http://www.mct.gov.br/upd_blob/0012/12919. pdf. Acessado em: 31 jan. 2014.

dos fatores determinantes de sua revogação pelo Código Florestal de 2012 (Lei n. 12.651/2012). Essa última lei reduziu os deveres legais de preservação previstos no código anterior, estabelecido pela Lei n. 4.771/65. Assim como o anterior, o atual Código estabelece duas espécies de espaços protegidos: as áreas de preservação permanente e as reservas legais. Entre as alterações, destaca-se a criação da figura das "áreas de ocupação consolidada", relativas a áreas que deveriam ser preservadas (áreas de preservação permanente ou reservas legais), mas não foram. Se essa supressão ilegal de vegetação deu-se até a data de 22 de julho de 2008, os proprietários ficam obrigados à recuperação das áreas degradadas sob regras mais brandas do que as exigidas, pelo novo Código, como regra geral.

No tocante ao tema do pagamento por serviços ambientais, o novo Código dispõe expressamente sobre a possibilidade de sua instituição para manutenção de áreas de preservação permanente e de reserva legal[13].

Alguns projetos permitiam esse pagamento já antes da edição do Código. Pode-se tomar o exemplo do projeto conservador de águas, desenvolvido no Município de Extrema, no Estado de Minas Gerais, no qual há exigência de regularização da reserva legal para inscrição no programa, sendo que os hectares correspondentes à reserva preservados fazem jus ao pagamento[14].

Uma análise mais aprofundada dessa tensão entre dever legal e inefetividade pode abordar a questão sob o ângulo dos objetivos promocionais do instrumento do pagamento por serviços ambientais. Esses podem se realizar por meio de sanções positivas, vale dizer, aquelas que estabelecem um benefício e não um gravame como decorrência da conduta descrita na norma.

Norberto Bobbio aponta que, assim como as sanções negativas têm caráter retributivo, atingindo à "própria ação não conforme" ou reparadoras, voltada para a aplicação de "um remédio às consequências da ação desconforme", as sanções positivas podem ensejar prêmios retributivos, expressivos de uma reação favorável a determinado comportamento, e sanções positivas compensatórias dos "esforços dos agentes pelas dificuldades enfrentadas ou pelas despesas assumidas ao proporcionar à sociedade uma vantagem" (Bobbio, 2007). Assim, na medida em que as práticas de preservação

---

[13] Art. 41, I, h.

[14] Cf. Projeto conservador de Águas. Disponível em: http://www.ana.gov.br/Produagua/ LinkClick. aspx?fileticket=jbxNg9pqtE4%3d&tabid=708&mid=1516. Acessado em: 02 out. 2010.

e recuperação de áreas protegidas podem implicar esforço e despesas pelo proprietário ou posseiro, o pagamento poderia ser justificado (Nusdeo, 2012, p. 155 e 156).

Há aí uma tensão entre uma compensação razoável por ônus significativo na adoção da ação e a função social da propriedade, que fundamenta o dever legal de manter áreas de preservação permanente e reservas legais. Por isso, a razoabilidade do pagamento se coloca apenas diante da verificação de um ônus substancial, relacionado, por exemplo, ao tamanho da propriedade e da área disponível para a realização de atividades produtivas, ou ao investimento que deve ser feito em recuperação. Embora alguma compensação pelo ônus de certas ações exigidas pela lei possam ser razoáveis, não deve haver um esvaziamento da função social da propriedade. Nesse sentido, seria importante regulamentação que definisse um máximo de pagamento possível no caso de cumprimento de dever legal, definido por valor financeiro ou por hectare, ou ainda pela proporção da área a ser preservada/recuperada. Outra medida interessante é atrelar o pagamento a ações adicionais às já exigidas em lei, como o aumento do estoque de carbono das áreas protegidas ou, ainda, a eliminação de técnicas danosas na propriedade ou posse, a exemplo do uso de agrotóxicos, plantio de transgênicos ou uso do fogo (Nusdeo, 2013, p. 32).

Contratos com comunidades indígenas

Têm surgido experiências nas quais comunidades indígenas se envolvem em mercados de serviços ambientais, mais exatamente os de crédito de carbono, relacionados ao desmatamento evitado.

Essas experiências trouxeram à baila algumas controvérsias. Em primeiro lugar, se é possível, e em que termos, comunidades indígenas firmarem contratos para receberem por serviços ambientais. Em segundo lugar, se a propriedade dos créditos gerados em mercados de Redd+ nas terras indígenas seria de titularidade dos índios ou da União Federal.

A possibilidade de prover serviços ambientais depende da adequação aos seus usos e costume das condutas a que a comunidade venha a se obrigar em um esquema de pagamentos. Essas condutas devem também ser compatíveis com as atividades imprescindíveis à preservação dos recursos ambientais necessários ao seu bem-estar e à sua sobrevivência. As práticas adequadas ao provimento de um serviço ambiental seriam relativas ou à preservação de florestas, para fins relacionados à biodiversidade ou ao sequestro de carbono ou preservação de um cenário belo. Podem referir-se também a reflorestamento ou, ainda, práticas de manejo do uso do solo de modo a compatibilizar atividades produtivas de subsistência e conservação. Todas elas parecem ser compatíveis e adequadas aos objetivos de assegurar a preservação dos recursos naturais, bem como os usos e costumes indígenas.

Porém, aponta-se a necessidade de protagonismo das comunidades indígenas nas atividades, de acordo com o art. 231 da Constituição e com a Convenção 169 da OIT. O referido artigo constitucional ressalta controlarem os indígenas suas instituições, modos de vida e desenvolvimento econômico, além de manterem sua autodeterminação. Seu § 6º declara nulos e extintos atos que tenham por objeto a ocupação, o domínio e a posse das terras indígenas ou, ainda, a exploração das suas riquezas naturais. Por essa razão, os indígenas devem ser diretamente responsáveis pelas práticas tendentes ao fornecimento do serviço ambiental. Não devem ser terceiros a fazê-lo, sob o risco de incidência na cláusula constitucional de nulidade. Essa proibição deve ser interpretada com razoabilidade, não se estendendo a parcerias para capacitação para o provimento dos serviços, ou arranjos para compra de créditos certificados em nome da comunidade (Valle e Yamada, 2010, e Nusdeo, 2013).

No tocante à titularidade, deve-se interpretar o art. 20, XI, da Constituição que atribui à União Federal o domínio das terras indígenas. Pertenceriam à União também os créditos relativos a serviços prestados em área de seu domínio?

O art. 231, § 2º, dispõe sobre a posse permanente dos índios sobre suas terras e estabelece o usufruto exclusivo das riquezas do solo, dos rios e dos lagos nelas existentes. Nesse parágrafo constitucional há a atribuição dos direitos de usufruto sobre as florestas. Embora as terras indígenas sejam de domínio da União, esse domínio caracteriza-se como nuapropriedade ao excluir os direitos de usufruto. Reforça esse entendimento o § 3º, que trata do aproveitamento dos recursos hídricos e das riquezas minerais, estabelecendo a participação da comunidade indígena nos resultados da lavra. Trata-se de regra especial, excepcionando a regra geral do art. 176, § 2º, que atribui esse direito de participação ao proprietário do solo. O art. 231 reforça, portanto, a caracterização da União como nuaproprietária das terras indígenas, sendo os índios os detentores de todos os direitos de usufrutuários, desde que exercidos dentro das finalidades estabelecidas pela Constituição (utilização para suas atividades produtivas, preservação dos recursos am bientais necessários a seu bem-estar e sua reprodução física e cultural, segundo seus usos, costumes e tradições). Essas finalidades resultam em limites, que impossibilitam as atividades que as contrariem (Valle e Yamada, 2010, e Nusdeo, 2013). Note-se ser essa titularidade dos créditos de natureza coletiva, como são os direitos indígenas sobre suas terras.

CONSIDERAÇÕES FINAIS

Este capítulo analisou o surgimento do pagamento por serviços ambientais como um instrumento econômico voltado para a indução de práticas de preservação e conservação de ecossistemas. O pagamento por serviços ambientais é uma resposta a várias discussões relacionadas para a efetividade das normas ambientais: a conveniência de se ampliar os mecanismos de indução da preservação; a valorização dos agentes que habitam áreas ecossistemicamente ricas e o insucesso de outras experiências de integração de conservação e atividades sustentáveis.

Trata-se de instrumento de política ambiental que pode ser implantado por meio de projetos pontuais que não requerem orçamento elevado. Por esse motivo, as experiências de projetos públicos e privados vêm crescendo intensamente nos diferentes países e, especialmente, no Brasil.

O objetivo primordial do trabalho foi a discussão dos principais conceitos e categorias por meio dos quais esse instrumento vem se desenvolvendo, de modo a possibilitar ao leitor saber o que é pagamento por serviços ambientais, quais serviços são transacionáveis, quem participa das transações e como essas se estruturam. Essas noções são necessárias para entender as experiências que vêm surgindo no país, algumas das quais analisadas neste texto.

Além disso, trata-se de um instrumento muito novo. Basta afirmar-se a ausência de uma lei federal que o regulamente e defina conceitos essenciais a ele relativos. As reflexões acerca do potencial do pagamento por serviços ambientais, dos contextos em que são mais ou menos indicados, dos critérios que devem ser adotados para a definição do valor, do prazo ideal de duração dos esquemas, entre outras questões, dependerão de estudos aprofundados acerca das experiências de implantação que vêm sendo feitas. Por outro lado, é necessário o equacionamento de questões controversas, que poderiam tornar-se empecilhos à sua implantação. Dentro do escopo do presente trabalho, procurou-se analisar duas entre essas questões controversas: o pagamento para cumprimento de dever legal e a possibilidade de contratos por serviços fornecidos em terras indígenas.

REFERÊNCIAS

ACKERMAN, B.; STEWARD, R. Reforming environmental law. In: REVESZ, R. *Foundations of Environmental Law.* New York: Oxford University Press, 1987.

ANDERSON et al. Environmental improvement through economic incentives. In: FINDLEY, R.; FARBER, D.R.; FREEMAN, J. *Cases and Materials on environmental law.* St. Paul: West Publishing, 2003.

BOBBIO, N. *Da estrutura à função. Novos estudos de teoria do direito.* Barueri: Manole, 2007.

BORN, R.H.; TALOCCHI, S. Compensações por serviços ambientais: sustentabilidade ambiental com inclusão social. In: _____. *Proteção do capital social e ecológico por meio da compensação por serviços ambientais.* São Paulo: Peirópolis, 2002.

CHINN, L. Can the market be fair and efficient? An environmental justice critique of emissions trading. *Ecology law quarterly,* 1999.

CONSTANZA, R. et al. The value of the world's ecosystem services and natural capital. In: *Nature,* v.387, edição 6630, 1997.

GEBARA. Importance of local participation in achieving equity in benefit-sharing mechanisms for REDD+: a case study from the Juma Sustainable Development Reserve. *International Journal of the Commons,* Indiana, EUA: maio 2013. Disponível em: http://www.thecommonsjournal.org/index.php/ijc/article/view/301/328. Acessado em: 06 ago. 2013

GUEDES, F.B.; SEEHUSEN, S.E. *Pagamentos por serviços ambientais na Mata Atlântica: lições aprendidas e desafios.* Brasília: MMA, 2011.

HANDLEY, N. et al. *Environmental economics in theory and practice.* 2.ed. New York: Palgrave Macmillian, 2007.

HASSAN, R. et al. *Ecosystems and human well-being: current state and trends: findings of the Condition and Trends.* Working Group, p. 27. 2005. Disponível em: http://www.millenniumassessment.org/documents/document.765.aspx.pdf . Acessado em: 19 fev. 2013.

HERCOWITZ, M. et al. Estudo de casos sobre serviços ambientais. NOVION, H.; VALLE, R. *É pagando que se preserva? Subsídios para uma política de compensação por serviços ambientais.* São Paulo: Instituto Socioambiental, Documentos ISA n. 10, 2009.

LANDELL MILLS, N.; PORRAS, I.T. Silver bullet or fools' gold? A global review of markets for forest environmental services and their impact on the poor. *International Institute for Environment and Development*, mar. 2002. Disponível em: http://www.iied.org/pubs/pdfs/9066IIED.pdf. Acessado em: 18 mar. 2008.

MAY, P. Iniciativas de carbono florestal na Mata Atlântica. In: GUEDES, F.B.; SEEHUSEN, S.E. *Pagamentos por serviços ambientais na Mata Atlântica: lições aprendidas e desafios*. Brasília: MMA, 2011, p. 55-122.

MCALLISTER, L.K. The overallocation problem in cap and-trade: movingtoward stringency. *Columbia Journal of Environmental Law*. v. 34, 2009.

MILLENIUM ECOSYSTEM ASSESSMENT. Living beyond our means. Natural assets and human well being, seção 1.7, 2005. Disponível em: http://www.millenniumassessment.org/documents/document.356.aspx.pdf. Acessado em: 28 abr. 2013.

MOTTA, R.S. Instrumentos econômicos e política ambiental. *Revista de Direito Ambiental*, n. 20, out./dez. 2000.

NUSDEO, A.M. O. O uso de instrumentos econômicos nas normas de direito ambiental. *Revista da Faculdade de Direito*, Universidade de São Paulo, v. 101, 2006.

_____. *Pagamentos por serviços ambientais. Sustentabilidade e disciplina jurídica*. São Paulo: Atlas, 2012.

_____. Pagamento por serviços ambientais: do debate de política ambiental à implementação jurídica. In: LAVRATTI, P.; TEJEIRO, G. *Direito e mudanças climáticas: pagamento por serviços ambientais: fundamentos e principais aspectos jurídicos*. São Paulo: Instituto o Direito por um Planeta Verde, 2013.

PERALTA, C.E. O pagamento por serviços ambientais como instrumento para orientar a sustentabilidade ambiental. A experiência da Costa Rica. In: LAVRATTI, P.; TEJEIRO, G. *Direito e mudanças climáticas: pagamento por serviços ambientais: experiências locais e latino-americanas*. São Paulo: Instituto o Direito por um Planeta Verde, 2013.

SALZMAN, J. Creating markets for ecosystem services: Notes from the field. *New York University Law Review*, v. 80, 2005.

SANTOS, P. et al. *Marco regulatório sobre pagamento por serviços ambientais no Brasil*. Belém: Imazon/FGV/CVces, 2012.

SCHEER, S. et al. For services rendered. The current status and future potential of markets for the ecosystem services provided by tropical forests. *Itto Technical Series*, n. 21, 2004.

VALLE, R.S.T.; YAMADA, E. *Desmatamento evitado (REDD) e Terras indígenas: experiências, desafios e oportunidades no contexto amazônico*. Instituto Socioambiental (ISA), set. 2010.

VEIGA NETO, F.C. A construção de serviços ambientais e suas implicações para o desenvolvimento no Brasil. Rio de Janeiro, 2008. 286p. Tese (Doutorado). Universidade Federal do Rio de Janeiro, Instituto de Ciências Humanas e Sociais.

VOIGT, C. Is the clean development mechanism sustainable? Some critical aspects. *Sustainable Development Law and Policy*, v. 8, 2007-2008.

WINTER, G. The climate is no commodity: Taking stock of the emissions trading system. *Journal of Environmental Law*, Oxford, v. 22, n. 1, p. 1-25, 2010.

WUNDER, S. Payments for environmental services: Some nuts and bolts. *Occasional paper*, n. 42, 2005. Jakarta: Center for International Forestry Research (Cifor). Disponível em: http://www.cifor.cgiar.org/publications/pdf_files/OccPapers/OP-42.pdf. Acessado em: 26 maio 2010.

Considerações sobre o Crime Ambiental Organizado

21

Rafaela Santos Martins da Rosa
4ª Vara Federal de Criciúma/SC

INTRODUÇÃO

Uma observação mais detida da doutrina e da jurisprudência brasileiras atinentes ao direito penal ambiental evidencia que as discussões centrais sobre este ramo do direito penal ainda se concentram no exame da delinquência ambiental com o viés do ilícito (e assim da Teoria do Delito correspondente) como uma ação individual clássica. Mesmo quando trabalhada a autoria coletiva dos crimes ambientais, os esforços veem-se concentrados no aprofundamento teórico de embasamentos hábeis a justificar, com legitimidade constitucional material, a conduta e a responsabilidade da pessoa jurídica[1]. No Brasil, recentemente, o Supremo Tribunal Federal começa a encaminhar o tema, tendo a Primeira Turma admitido, por exemplo, ao apreciar o Recurso Extraordinário n. 548.181, que a responsabilização pe-

---

[1] Ver, como exemplo, a *Teoria Construtivista de Autorresponsabilidade das Pessoas Jurídicas por Crimes Ambientais*, de autoria de Carlos Gómez-Jara Diés (2013).

nal da pessoa jurídica por crime ambiental independe da concomitante responsabilização, pela mesma ação, de uma pessoa física.

De qualquer forma, percebe-se certa ausência de reflexões mais pormenorizadas especificamente quanto à possibilidade de o crime ambiental ser hoje deliberadamente cometido, e em larga escala, como se verdadeiro negócio lícito o fosse.

Desde o advento da legislação penal ambiental unificada brasileira, após a Constituição Federal de 1988, notadamente com a edição da Lei n. 9.605/98, constata-se que muito pouco se evoluiu na forma de estudar e, consequentemente, investigar, processar e julgar essa espécie de delinquência.

Veja-se o pensamento externado por Edis Milaré (1999, p. 99), por exemplo, ao escrever, à época, sobre a então nova tutela penal do ambiente, quando esclarecia que: "A atividade do infrator ambiental não se volta para o crime como um fim em si mesmo, mas, ao contrário, a conduta delitiva ocorre como resultado de um atuar em tese até positivo e benéfico para a sociedade, que é a produção de bens. O crime ecológico nasce, pois, de um excesso, como um resíduo patológico da atividade produtiva.

Na mesma linha, acrescia Gilberto Passos de Freitas (1998, p. 152) que: "Os crimes ambientais são cometidos por pessoas que não oferecem nenhuma periculosidade ao meio social, e que foram levadas a praticar a infração penal por circunstâncias do meio onde vivem, dos costumes".

A delinquência ambiental, portanto, foi originalmente concebida pela doutrina em geral como reflexo do próprio incremento da atividade produtiva, como uma externalidade inerente ao modelo de desenvolvimento adotado. O enfoque dado à autoria do crime ambiental, da mesma forma, dividiu-se então entre a conduta do pequeno infrator, quando questionável sua ciência sobre a ilicitude do ato, e as ações das pessoas jurídicas, daí derivando as discussões relacionadas à capacidade dos entes coletivos de responderem penalmente por suas condutas.

Atualmente, o que se observa é um quadro que se poderia denominar de estagnação[2] na abordagem teórica da criminalidade ambiental. Por evidente, uma série de fatores contribui para tanto, tais como: A) a ausência de

---

[2] "O Direito tem que ter no questionamento, hoje em dia na globalização, a capacidade de se institucionalizar rapidamente, porque não temos mais aquela longa duração para criar os institutos. E ter a capacidade de, uma vez institucionalizados, admitir a desinstitucionalização e novamente uma outra reinstitucionalização. O Direito tem que ter a capacidade de construir, reconstruir e desconstruir o tempo e a si próprio" (Severo Rocha, 2006, p. 177-99).

consenso quanto à delimitação do bem jurídico objeto de tutela pelo direito penal ambiental[3]. Não há consenso nem mesmo se este deve ter guarida no texto constitucional[4]; B) o fato de o direito penal ambiental ser reiteradamente alocado entre os exemplos de administrativização[5] do direito penal, ou ser utilizado como caso ilustrativo da necessidade de retorno a um direito penal "mínimo"[6]; C) a circunstância de as normas penais ambientais serem acusadas – com alguma razão – de abusar de tipos abstratos e de normas penais em branco, de legalidade então questionável.

Dado esse cenário, é evidente que vários temas carecem de estudo e de aprofundamento teórico, com reflexões imprescindíveis para a construção de um direito penal ambiental legitimado constitucionalmente e, mais do que isso, adequado e eficaz à proteção do equilíbrio ambiental, conforme preconiza o art. 225 da Carta Maior.

Neste espaço, contudo, quer-se refletir especificamente sobre a premente necessidade de ampliar o próprio horizonte de investigação, no plano fático, da criminalidade ambiental.

Isso porque, por mais penoso que seja, urge uma tomada de consciência de que os homens, voluntariamente, hoje consideram os bens e valores ambientais como coisas, os mercantilizam, e assim percebem que o crime ambiental, também refletindo a forma de relação que caracteriza a sociedade global capitalista e consumista, está ocorrendo com uma dinâmica de execução bastante similar à do tráfico de drogas ou de armas, por exemplo[7].

---

[3] Conforme lição de Luiz Régis Prado (2005, p. 120), quanto ao assunto, "convém observar que o mais importante aqui não é a questão da existência ou não do conceito de bem jurídico coletivo ou difuso, mas sim sua exata delimitação (o mais exata possível) de seu conteúdo substancial. Ou seja: a fixação de critérios específicos que permitam individualizá-lo de forma clara, determinada e objetiva, sem transgredir nenhum dos princípios fundamentais do Direito Penal".

[4] Sabe-se da existência de críticas à concepção constitucionalista de bem jurídico. Faria Costa (2004) questiona, por exemplo, embora reconheça a Constituição como quadro referencial, o apego demasiado do arrimo constitucional na eleição de bens jurídicos, que poderia revelar uma limitação inaceitável sempre que a Constituição deixasse de estar exatamente coincidente com o espírito dos tempos.

[5] "Uma das características marcantes do produto legislativo brasileiro dos últimos vinte anos (1990-2010) consiste na administrativização do Direito Penal, ou seja, na transformação de infrações administrativas em infrações penais. Essa marca do Direito Penal Brasileiro está mais do que evidente na lei ambiental que, propositadamente, sob o impulso do populismo penal, confundiu o direito administrativo com o direito penal" (Gomes e Maciel, 2011, p. 20).

[6] Sobre o tema, confira a excelente obra de Silva Sanchez (2011).

[7] Zaffaroni é categórico ao afirmar que: "Os mais graves crimes ecológicos são cometidos pelo próprio poder econômico planetarizado da globalização. Nada há o que detenha a

E não se estranha, portanto, que os recursos oriundos dos crimes ambientais atualmente sejam tão expressivos, que sua falta na economia regular já seja sentida e mensurada, servindo como referência, inclusive, para pedidos de investimentos dos organismos policiais internacionais[8] em prol da persecução de crimes ambientais transnacionais.

O que se pretende, portanto, é incentivar a necessária aproximação do estudo, tanto no âmbito da dogmática penal, quanto por ocasião da aplicação do direito, da criminalidade ambiental com a criminalidade organizada.

Nota-se que, enquanto cresce a percepção por parte dos organismos policiais (internacionais[9] e internos) e da própria Administração Pública, no sentido de compreender a delinquência ambiental como delinquência cujos crimes são passíveis de ser cometidos por estruturas em tudo idênticas à das organizações criminosas, a doutrina penal ainda resiste em esmiuçar e debater a criminalidade organizada ambiental.

Em regra, no estudo geral das organizações criminosas como modalidade de autoria delitiva, aparecem citados como exemplos, mas sem maiores digressões, crimes como o tráfico de espécies da fauna silvestre, e o desmatamento em larga escala[10].

---

destruição acelerada das condições de vida planetária. A Conferência Rio 92 o demonstra, não tendo passado de uma expressão de boa vontade. O poder econômico encontra-se em mãos de pessoas que não têm outra alternativa que procurar maiores rendas no menor tempo, porque do contrário perdem a clientela que busca essas rendas e que se desloca a outros operadores. Um dos maiores custos dessa rentabilidade é a degradação progressiva e ilimitada do meio ambiente. Os próprios operadores ocupam-se de acalmar a opinião *contratando* cientistas que subestimam os efeitos da depredação descontrolada, enquanto desaparecem espécies, avança a desertificação, reduzem-se os bosques, diminui a camada de ozônio e aumenta a temperatura média do planeta e a frequência das catástrofes climáticas" (Zaffaroni, 2001, p. 149).

[8] A Polícia Internacional (http://www.interpol.int), organização internacional voltada para o apoio na persecução de crimes transnacionais, mantida e financiada pelo pagamento de contribuições de seus países-membros, dedica quadro de pessoal próprio à investigação da delinquência ambiental e, reiteradamente, em seus documentos, apresenta estimativas dos prejuízos econômicos oriundos da criminalidade ambiental.

[9] No âmbito da Interpol, em 2010, houve o reconhecimento, mediante Resolução firmada durante a 79ª Reunião de sua Assembleia Geral, de que a delinquência contra o meio ambiente é transnacional e se relaciona diretamente com a delinquência organizada, comumente implicando no cometimento de outros delitos associados, como a corrupção, a lavagem de dinheiro e o homicídio.

[10] Por todos, ver: Baltazar Junior (2010).

Assim, e com o propósito de delimitar os contornos do fenômeno – a criminalidade ambiental organizada –, o presente escrito se apresenta. A intenção é demonstrar, de início e a partir de hipótese concreta, que foge um pouco dos exemplos usualmente trabalhados pela doutrina a forma como tem se materializado diuturnamente, e em número cada vez maior de países, a prática de crimes ambientais por estruturas criminosas complexas, de predominante dimensão transfronteiriça. O passo seguinte será verificar quais são as características apresentadas por tais estruturas, e perquirir se guardam relação de similitude com grupos criminosos organizados já descortinados pela doutrina para outras espécies de delitos (como o tráfico de drogas, de armas, de pessoas etc.), de forma a permitir que a autoria dos crimes ambientais com tais características igualmente possa ser considerada atribuível, ao menos no plano fático, a um ente coletivo criminoso organizado. Por fim, é imprescindível examinar os diplomas legislativos que abordam, tanto no âmbito do direito penal internacional quanto no direito penal pátrio o tema, a fim de confirmar a possibilidade – pela norma – de enquadramento e, portanto, tipificação dessas estruturas no conceito de organização ou grupo criminoso organizado e, assim, na condição de autoras de um crime ambiental[11].

FINNING – EXEMPLO DE CRIME AMBIENTAL COMETIDO POR ESTRUTURA DELITIVA COMPLEXA

Quando o tema em discussão envolve os crimes contra a fauna, encontram-se na doutrina e em julgados discussões sobre a desnecessidade de imposição de sanção penal a condutas supostamente de ínfima lesão, como a prática de maus-tratos a animais, assim como a reiterada aplicação do prin-

---

[11] Conforme pontuou José Paulo Baltazar Júnior (2010, p. 214-5): "*É preciso responder à questão sobre a existência de organizações criminosas no Brasil, até para que não se faça uma política criminal sob não saber* (Kriminalpolitik unter Nichtwissen), criticada por Hassemer, com acerto, pois sem que se tenha conhecimento prévio das relações sociais incluindo sua legitimidade empírica, não é possível legislar. Aliás, o Estado tem o dever de informar-se sobre as condições fáticas do fenômeno, seja para implementar medidas concretas de proteção, se o perigo for real, seja para informar e esclarecer a população sobre seus reais contornos, se o perigo for meramente imaginário [...]*".

cípio da insignificância aos crimes de pesca, quando apreendidas quantidades inexpressivas de pescados ou de petrechos próprios à atividade.

Mas nada ou quase nada é dito sobre, por exemplo, a absurda e cruel prática de *finning*[12] ao redor do mundo e, especialmente, na costa brasileira.

Há pouco mais de cinco anos, na cidade de Rio Grande, litoral sul do estado do Rio Grande do Sul, registrou-se a apreensão, na sede de uma pequena empresa pesqueira, de inacreditáveis 3,3 toneladas de barbatanas de tubarão[13], acomodadas em um depósito com ambiente refrigerado.

Instaurada investigação mais detalhada[14] para apurar o fato, acabou-se identificando que o material apreendido seria levado até os portos brasileiros de Belém/PA, de Itajaí/SC e de Santos/SP, mediante engenhosa ação coordenada de empresas de fachada, registradas como transportadoras de cargas e de gêneros alimentícios. A empresa proprietária do depósito autuado, registrada como pesqueira, não dispunha de patrimônio compatível com os recursos – humanos e logísticos – necessários para, sozinha, gerir toda a cadeia delitiva descortinada. Dados resultantes do levantamento das movimentações bancárias das empresas envolvidas revelavam que, em volume de exportações, tais empresas haviam remetido a países como China e Japão quantidade superior ao valor exportado, no mesmo período, por gigantes como a fabricante de pneus Pirelli & C. S. p. A. O destino final das barbatanas seria a China e a região administrativa especial de Hong Kong, país apreciador do que é considerado artigo de luxo, qual seja a sopa de barbatana, uma iguaria culinária com indicação de poderes afrodisíacos.

Levantamento atual indica que as barbatanas chegam a ser comercializadas por até 750 dólares americanos o quilo, e também são utilizadas na

---

[12] A Instrução Normativa Interministerial MPA/MMA (Ministério da Pesca e da Aquicultura e Ministério do Meio Ambiente) n. 14, editada em 26 de novembro de 2012, traz, em seu art. 2º, inciso III, uma definição de finning: Art. 2º Para os efeitos desta instrução normativa, ficam estabelecidas as seguintes definições: III – Finning: capturar tubarões e raias e aproveitar apenas as barbatanas, que são removidas, descartando o restante do animal.

[13] São inúmeros os casos concretos já noticiados no Brasil. Disponíveis em: http://www.espacoecologiconoar.com.br/index.php?option=com_content&task=view&id=7163&Itemid=1; http://zerohora.clicrbs.com.br/rs/geral/noticia/2013/01/manifestacao-no-centro-de--porto-alegre-alerta-contra-a-pesca-de-tubarao-no-litoral-gaucho-4007964.html; http://g1.globo.com/pa/para/noticia/2012/05/ibama-apreende-toneladas-de-barbatanas-de-tubarao-ilegais-no-pa.html. Acessados em: 19 maio 2013.

[14] Matéria sobre o caso comentado foi realizada pelo Canal Justiça, sendo possível a consulta pelo site eletrônico da Sea Sheperd. Disponível em: http://seashepherd.org.br/tubaroes/. Acessado em: 07 jun. 2013.

produção de cosméticos e de medicamentos, sendo que o preço tende a subir à medida que diminuem as reservas nos oceanos. O crime de pesca revela que pode, assim, ser algo muito além de um singelo crime de pesca. E mais: o caso concreto ocorrido em Rio Grande, após breve pesquisa de notícias relacionadas à apreensão de barbatanas na costa brasileira, revela-se não ser um exemplo isolado[15]; pelo contrário, trata-se de comércio ilegal em franca expansão.

A propósito, escolhe-se a pesca de barbatanas de tubarão e de raias como exemplo de crime ambiental que pode assumir contornos mais complexos para execução e delimitação da autoria justamente pelo simbolismo que tal conduta representa. A pesca de barbatanas de tubarão e de raias não é uma pesca de subsistência. É uma pesca motivada pela ganância e realizada com extrema crueldade[16]. As barbatanas são extraídas desses animais, os quais, ainda vivos, em sua maioria, são devolvidos ao mar, quando acabam morrendo pela inaptidão para flutuação e, assim, sobrevivência sem suas barbatanas. O valor de mercado das barbatanas é o que realmente motiva o cometimento desse crime.

---

[15] "Natal (24/10/2012) – A Superintendência Estadual do Ibama no Rio Grande do Norte apreendeu, no último domingo (21) um quantitativo de 5.385 kg de barbatanas de tubarão, onde foi lavrado um auto de infração no valor de R$ 137 mil. Essa ação merece uma atenção especial do Ibama/RN, uma vez que o instituto, no final de 2011, já tinha efetuado outra operação em conjunto com a Receita Federal e o Ministério da Agricultura, com autuação e apreensão de barbatanas, em um lote de 6.387 kg". Disponível em: http://www.ibama.gov.br/publicadas/ibama-apreende-mais-de-5-toneladas-de-barbatanas-de-tubarao-no--rn. Acessado em: 19 maio 2013.

[16] Em 06 de novembro de 2013, a Interpol publicou um alerta sobre novo método detectado para a prática de *finning* com tentativa de burla à legislação, a partir de um caso concreto ocorrido na Costa Rica. Eis o teor do comunicado de imprensa: "LYON, França – Um alerta para um método de remoção das barbatanas de tubarão que visa evitar a detecção de práticas ilegais foi distribuído a todos os 190 países membros da Interpol depois de um caso ser identificado pelas autoridades da Costa Rica. Um aviso roxo da Interpol circulou para relatar um modo de técnica em que apenas uma banda de pele para manter a aleta ligada à coluna é mantida e o restante do corpo do tubarão é devolvido ao mar. Este método destina-se a contornar a legislação que proíbe a remoção das barbatanas, que afirma que as barbatanas de tubarão devem ser 'naturalmente ligadas' ao corpo [...] O aviso roxo foi emitido sob a égide do Projeto Escala da Interpol, uma iniciativa global para detectar, reprimir e combater o crime da pesca, que estima-se custar à economia global até US$ 23 bilhões a cada ano e está ligado a outras formas de criminalidade organizada e transnacional incluindo corrupção, lavagem de dinheiro, falsificação de documentos, tráfico humano e de drogas". Notícia extraída do site da Interpol. Disponível em: http://www.interpol.int. Acessado em: 07 jan. 2014.

DIREITO AMBIENTAL E SUSTENTABILIDADE

A prática cometida com esses animais deriva, portanto, de motivação econômica. O valor obtido com o quilo da carne de tubarões e de raias é ínfimo quando comparado ao conseguido com suas barbatanas, de forma que, considerando a capacidade de armazenagem das próprias embarcações pesqueiras, não se justifica, economicamente, abater e estocar os animais inteiros.

Sobre o *finning*, a Organização para a Alimentação e Agricultura da ONU (FAO) estima que os homens matem cerca de 150 milhões de tubarões e de raias a cada ano (são mais de 410 mil tubarões e raias abatidos todos os dias), principalmente por suas barbatanas. Segundo dados apurados pela FAO, ao longo dos últimos 100 anos, 90% dos tubarões do mundo desapareceram, principalmente por causa da sobrepesca.

Quanto à situação legal da conduta, no plano internacional, além de outras Convenções[17], deve-se ter presente e invocar o conteúdo da Cites, Convenção sobre o Comércio Internacional de Espécies da Fauna e da Flora Silvestres, a qual, especificamente em seu art. VIII, I, *a*, estabelece que, entre as medidas a serem tomadas pelos Estados-Partes, como forma de assegurar a aplicação dos dispositivos da Convenção, esteja compreendida a fixação de sanções penais que atinjam tanto o comércio quanto a destruição de espécies da flora e da fauna, ou ambos.

Cientes da escalada crescente do *finning*, na última reunião trienal da Cites, realizada em abril de 2013, em Bangcoc, na Tailândia, cinco espécies de tubarão, sendo três espécies de tubarão-martelo, tubarão-martelo-recortado (*Sphyrna lewini*), tubarão-martelo-gigante (*Sphyrna mokarran*) e tubarão-martelo (*Sphyrna zygaena*), bem como o tubarão-de-pontas-brancas (*Carcharhinus longimanus*) e o tubarão-sardo (*Lamna nasus*), e duas de raia-manta foram incluídas no chamado Anexo 2 da Convenção, o que significa que seu comércio terá de obedecer às regras internacionais de conservação e sustentabilidade, para evitar que elas entrem em risco imediato de extinção.

Internamente, observa-se que o Brasil ratificou a Cites, estando, portanto, compromissado pela execução de seu conteúdo. Nesse sentido, vigem os dispositivos correspondentes ao tema na Lei n. 9.605/98. Especificamente quanto à pesca de cetáceos, a vedação decorre dos termos da Lei n. 7.643/87, art. 2º.

---

[17] O Brasil, por exemplo, é também signatário da Convenção para a Proteção da Flora, da Fauna e das Belezas Cênicas Naturais dos Países da América (ratificada pelo Decreto Legislativo n. 3, de 1948, em vigor no Brasil desde 26 de novembro de 1965, promulgado pelo Decreto n. 58.054, de 23 de março de 1966), e da Convenção sobre Diversidade Biológica CDB (ratificada pelo Brasil por meio do Decreto Legislativo nº 2, de 8 de fevereiro de 1994).

A Lei n. 9.605/98, em seu art. 34, tipifica o crime de pesca, e o art. 36 traz o conceito legal de pesca. Conforme se extrai do conteúdo do art. 34, sua incidência depende de norma administrativa complementar que especifique as espécies cuja pesca é proibida, bem assim os lugares, métodos e quantidades vedados.

A norma administrativa que veda em definitivo a prática de *finning* no país e que, portanto, atualmente complementa o teor do art. 34, I e III, é bem recente (até novembro de 2012 era permitida a pesca de barbatanas, exigindo-se apenas uma relação percentual entre o peso das carcaças e daquelas). Mais precisamente, data de um ano. Resulta, em grande medida, do esforço concertado de instituições da sociedade civil em sensibilizar o Legislativo quanto à situação alarmante da pesca predatória de tubarões e raias no país[18].

Quase que simultaneamente à atualização da Cites[19], para inclusão de espécies de tubarões e raias no rol dos seres ameaçados de extinção, os Ministérios da Pesca (MPA) e do Meio Ambiente (MMA) do Brasil publicaram na segunda quinzena de abril de 2013 duas instruções normativas (INI-1 e INI-2) proibindo a pesca de raias-mantas e de tubarões da espécie galha-branca-oceânico em águas brasileiras, assim como a comercialização dessas espécies em território brasileiro – mesmo que tenham sido pescadas fora do país.

Por fim, a instrução normativa interministerial MPA/MMA n. 14, de 26 de novembro de 2012, dispõe sobre as normas e procedimentos para o desembarque, o transporte, o armazenamento e a comercialização de tubarões e raias. O art. 3º finalmente decretou: fica proibida a prática de *finning*

---

[18] Em 09 de julho de 2012, por exemplo, foi realizada audiência pública na Comissão de Direitos Humanos e Legislação Participativa (CDH) do Senado. Na oportunidade, o Instituto Sea Shepherd, divisão Brasil, foi representado por seu diretor geral, Sr. Wendell Estol. Em sua manifestação, Estol apresentou números a respeito da pesca predatória, e ressaltou:

"Não temos o objetivo de combater o pescador artesanal ou as empresas pesqueiras que cumprem as leis de proteção ambiental. Buscamos a condenação de criminosos que degradam nosso ecossistema visando somente ao lucro. Muitos desses crimes são praticados por multinacionais que contratam nossa força de trabalho, na maioria pescadores humildes, para a pesca de arrasto, proibida por lei, prática do *finning*, entre outras atividades de degradação ambiental".

[19] Proposta para incluir o tubarão oceânico no Apêndice II da Cites: http://www.cites. org/eng/cop/16/prop/E-CoP16-Prop-42.pdf; Proposta para incluir três espécies de tubarão--martelo no Apêndice II da Cites: http://www.cites.org/eng/cop/16/prop/E-oP16-Prop-44. pdf; Proposta para incluir as raias mantas no Apêndice II da Cites: http://www.cites.org/eng/ cop/16/prop/E-CoP16-Prop-46.pdf.

no Brasil. E o art. 5º da IN remete o descumprimento de suas determinações ao disposto na Lei n. 9.605/98.

Assim, com a edição da Instrução Normativa n. 14/2012, norma que complementa o teor do art. 34 e incisos, da Lei n. 9.605/98, a prática do *finning* no país passa finalmente, sem exceções, a ser considerada uma atividade criminosa.

Cumpre examinar, então, se este crime ambiental, assim como tantos outros exemplos possíveis de ser aqui arrolados e trabalhados (desmatamento em larga escala, biopirataria, tráfico de resíduos perigosos etc.), pelas características apresentadas na forma de sua execução em concreto, possibilita o enquadramento e a atribuição da autoria a uma organização criminosa.

AS CARACTERÍSTICAS OBSERVADAS NO CASO CONCRETO E AS SEMELHANÇAS COM OS PARADIGMAS ASSOCIATIVOS JÁ DESCORTINADOS PARA O CRIME ORGANIZADO

A análise da forma de execução do delito exemplificado indica algumas características, também presentes em outras modalidades de crimes ambientais, e que podem ser assim delineadas:

Autoria coletiva

O delito em comento aponta para a participação de uma pluridade de agentes, e o intermédio da ação de pessoas jurídicas, catalisadoras da força de trabalho criminoso.

Empresas são usualmente constituídas de forma regular ou de fachada nos países fornecedores e receptores dos objetos delitivos (Brasil e China e/ou a região de Hong Kong, na hipótese das barbatanas, por exemplo). Tais pessoas jurídicas costumam ter sede/matriz fictícia em um terceiro ou quarto país e, muitas vezes, constam em seu quadro social, na qualidade de sócios, pessoas usualmente nominadas como "laranjas", utilizadas como escudo pelos reais gestores do empreendimento criminoso. Como atividades econômicas, essas empresas informam às autoridades administrativas o exercício de comércio regular. No tráfego transnacional ilícito de resíduos perigosos, por exemplo, em vez de resíduos proibidos por legislação vigente, costuma ser descrita em suas razões sociais atividade de comércio lícito, como a importação e a exportação de componentes plásticos, ou, para a hipótese de *finning*, o comércio de pescados (e não apenas pedaços – barbatanas – de espécimes de pescado).

Embora parte dos verbos típicos definidos comumente nas normas penais internas, tais como importar/exportar/comercializar os objetos ilícitos, tendam a ser praticados pelas e em nome das pessoas jurídicas, a execução material dos atos delitivos que viabilizam esse comércio usualmente são realizadas por pessoas físicas, das quais também se extraem algumas características comuns.

As pessoas que realizam verbos também típicos penalmente, como pescar espécimes de espécies cuja captura é proibida, como parte de um *iter criminis* que irá se esgotar após a comercialização desses objetos, normalmente em outro Estado, são pessoas, em regra, de baixíssima instrução, que realizam tal atividade como meio de sobrevivência e que, em muitos casos, acreditam tratar-se de conduta lícita. Não são informadas sobre a destinação final do objeto de seus trabalhos, e não mantêm qualquer espécie de comunicação com as pessoas jurídicas que efetivamente negociam o fruto de suas atividades.

Essas pessoas, na maioria das situações, sequer são funcionários das pessoas jurídicas importadoras/exportadoras/comercializadoras. Quando são funcionários (a maioria sem vínculo empregatício regular) o são de pessoas (físicas e jurídicas) intermediárias da estrutura criminosa, situação, por exemplo, dos proprietários de pequenas embarcações pesqueiras, em relação a seus tripulantes.

Diferentemente do que ocorre com outras espécies delitivas (tráfico de drogas, armas e munições e de pessoas, por exemplo), os objetos dos crimes ambientais, ainda que cometidos por estruturas organizadas, não são, isoladamente considerados, ilícitos. O corte de madeira, por exemplo, não foi, em absoluto, vedado por qualquer legislação de que se tenha conhecimento, assim como seu beneficiamento pela indústria e revenda ao consumidor final. Idêntico raciocínio aplica-se à pesca em geral (não especificamente ao *finning*) e ao comércio de pescados, e mesmo à produção de resíduos. As vedações são pontuais (em área de preservação permanente, em época determinada, em tamanho específico, mediante o uso de petrechos determinados, nas importações e exportações etc.) e, usualmente, disciplinadas em normas expedidas pela Administração, que complementam o conteúdo da norma penal. Tal circunstância é fundamental a ser destacada, na medida em que traz consequências sobre a forma de articulação e de execução dos delitos.

É dizer, a engrenagem criminosa, no que diz com os crimes ambientais, muitas vezes apresenta tal peculiaridade. Consequentemente, resulta de todo pertinente atender ao pleito constante da Convenção de Palermo, no sentido de tipificar autonomamente o ato de participar de um grupo criminoso, na medida em que, para este crime, há imperioso requisito legal de ciência (dolo – direto ou eventual) quanto à adesão a um projeto delitivo, muitas vezes ausente entre os executores finais dos crimes ambientais mais complexos, aqueles que representam a mão de obra efetiva indispensável à consecução dos delitos. A rigor, no caso da delinquência ambiental organizada, esse requisito acabará então diferenciando (e excluindo) da responsabilidade penal pelo delito de organização tais pessoas.

No cômputo numérico exigido para fins de identificação de um grupo como uma organização criminosa, assim como sucede com o delito de associação criminosa, essas pessoas – executoras – devem ser computadas caracterizando-se a estrutura, como um todo, como uma organização criminosa. Individualmente, contudo, há de ser avaliada, caso a caso, a ciência de cada membro sobre a totalidade do empreendimento delitivo que integrara.

Ora, considerando-se os fins almejados pela tutela penal, de pouco ou nenhum sentido resulta, para usar expressão de Hassemer, processar os "peixes pequenos", peças facilmente substituíveis na engrenagem criminosa. Deles não se extrairá qualquer patrimônio compatível com o vulto desses empreendimentos delitivos. A reprimenda penal nesses casos, que deveria visar ao desmonte da estrutura que possibilita a consecução dos delitos (com a apreensão e o perdimento dos bens, o confisco para ulterior destinação a finalidades ambientais lícitas e sustentáveis, em paralelo com as reprimendas de caráter pessoal), resultaria totalmente comprometida. É por isso que, durante toda a atividade persecutória, e mesmo no curso do processamento dos infratores, não se pode perder de vista essa realidade.

Estabilidade da estrutura

O que se verifica, portanto, é que a estrutura de suporte à manutenção da prática do crime ambiental ilustrado sobressai aos indivíduos eventualmente responsáveis pelos atos de execução material. Pescadores se revezam, são substituídos por outros, tudo a assegurar a permanência da atividade delitiva.

A visão, então, é de que a organização está acima dos seus membros individuais, tanto no sentido de percepção de que a primeira tem a capacidade de sobreviver, em suas operações, à duração do apoio dos últimos, quanto no da compreensão de que a liderança poderá sofrer mudanças de mãos ao longo do tempo e de que os integrantes do grupo que atuam podem garantir a continuidade deste[20].

No caso dos crimes ambientais, percebe-se que convivem estruturas baseadas em pessoas jurídicas, com o vínculo que delas decorre entre os funcionários e seus administradores/gestores, servindo de base à comunicação – tomada de decisões pelo cometimento de ilícito, articulação da forma de consecução etc. – e estruturas baseadas em pessoas jurídicas que terceirizam – a autônomos, sem vínculos – parcela essencial de suas atividades, necessárias ao objetivo final do ente coletivo. São pescadores simples, por exemplo, de nacionalidade distinta da empresa pesqueira, localizados em outros países, que executam a pesca, ao fim, por esta encomendada.

Propósito de lucro

O exemplo procura ilustrar o meio ambiente mercantilizado. A intenção é que perceba que os crimes ambientais também são cometidos como verdadeiro negócio, e a escolha pelo ilícito ambiental pode resultar de uma consciente opção de mercado por parte de pessoas e de empresas.

Transnacionalidade

O art. 3º da Convenção das Nações Unidas sobre o Crime Organizado Transnacional (detalhada no capítulo 3, item XX) qualifica como delito transnacional a infração que: A) for cometida em mais de um Estado; B) for cometida num só Estado, mas uma parte substancial de sua preparação, pla-

---

[20] "[...] uma coletividade contínua, estruturada, de pessoas que utilizam a criminalidade, e violência e uma disposição para corromper, a fim de obter e manter poder e lucro", características apontadas como essenciais pela Comissão Presidencial Americana, que pesquisou o crime organizado. (President's Comission on Organized Crime, 1986. The impact: Organized crime today. Washington D.C.: Government Printing Office, p. 25-32, apud Ferro, 2011, p. 689).

nejamento, direção e controle tenha lugar em outro Estado; C) for cometida num só Estado, mas envolva a participação de um grupo criminoso organizado que pratique atividades criminosas em mais de um Estado; ou D) for cometida num só Estado, mas produz efeitos substanciais noutro Estado.

Tal característica se explica em função dos objetos dos delitos, dos bens envolvidos com a transação criminosa e da relação de mercado que se estabelece entre os fornecedores de matéria-prima e os consumidores finais.

Na hipótese de crimes contra a flora e a fauna – como a exploração e o tráfico madeireiro e o caso ilustrado da pesca de tubarão e de raias para extração das barbatanas –, a transnacionalidade poderá estar presente, uma vez que parcela significativa da demanda pelo consumo desses bens se dá entre países não produtores, ou com suas reservas já esgotadas.

A transnacionalidade poderá ser majorada também em face da necessidade de migração dos criminosos de acordo com a demanda, influenciada pelas pontuais eficiências das atividades de fiscalização, assim como face ao implemento de medidas de cunho legislativo, que forçam os infratores a procurar novas áreas por explorar. Também por isso o pleito, sempre reiterado, de exigência de harmonização legislativa entre os Estados no trato da matéria[21]. Enquanto o rigor de um país for compensado pelo abrandamento de outro, não haverá horizonte final para esses delitos[22].

Ademais, a transnacionalidade dos delitos evidencia a necessidade de haver, no mínimo, a cooperação judiciária entre os Estados envolvidos com os ilícitos. A transnacionalidade da delinquência – que não se resume aos

---

[21] "O problema ambiental ultrapassa fronteiras. As soluções devem ser integradas, sob pena de atos praticados num país virem a atingir outro, ou mesmo a ocasionar danos nos dois. Essas hipóteses não são mero exercício de futurologia, mas sim situações que já vêm ocorrendo" (Freitas, 2011, p. 348).

[22] No mesmo sentido, embora abordando especificamente o cenário europeu, Mário Ferreira Monte (2009, p. 208) pontua que: "Ora, transpondo o problema para o espaço europeu, o que temos é todo um conjunto de condições que são, em princípio, favoráveis a tais tipos de criminalidade. Desde logo, um espaço tão amplo, com inúmeras fronteiras de entrada, mas sem barreiras internas divisórias, é um espaço potencialmente favorável ao desenvolvimento de certos tipos de criminalidade como os que estão enunciados no catálogo do n.º 2 do artigo 83. São atividades perigosas, complexas, que estão subjacentes a tal tipo de criminalidade e que podem encontrar alguma facilidade de execução num espaço como o europeu, se não existirem medidas preventivas e repressivas eficazes mas, ao mesmo tempo, harmonizadas. Se todos os Estados punirem determinada conduta ou previrem regras para o reconhecimento de decisões judiciais, mas um não o fizer do mesmo modo, esse Estado pode comprometer todo o sucesso no combate a certo tipo de criminalidade, porque pode, desde logo, ser uma plataforma de ação dessas atividades ilícitas que garante certa impunidade".

CONSIDERAÇÕES SOBRE O CRIME AMBIENTAL ORGANIZADO | **659**

crimes ambientais – indica, a rigor, a insuficiência/falência do modelo de responsabilidade penal exclusivamente vinculado aos regimes penais dos Estados soberanos.

Destarte, as semelhanças e características observadas na forma de cometimento de determinados crimes ambientais permitem analisar a possibilidade de enquadramento desses delitos nos modelos ou paradigmas[23] já delineados pela doutrina para as organizações criminosas.

É dizer, impõe-se perquirir quanto à possibilidade de responder-se afirmativamente sobre se a tais ações criminosas é correto agregar o adjetivo "organizado".

Nesse sentido, percebe-se, a rigor, que as formas de cometimento dos crimes ambientais com tal dimensão, com uma ou outra particularidade, não diferem substancialmente das estruturas presentes em organizações criminosas voltadas para a prática de outras espécies de delitos, como o tráfico de drogas, de armas e de pessoas[24].

Portanto, ainda que, infelizmente, não abordando em específico os crimes ambientais, mas sim outras modalidades delitivas, a doutrina penal que se empenha no estudo do fenômeno da criminalidade organizada, pode-se dizer, já identificou, ao longo dos anos, diferentes formas de arranjo entre os membros de um grupo de pessoas que comete delitos, para o qual se almeja a qualificação de grupo organizado.

O cotejo entre os paradigmas evidencia, inclusive, a extrema dificuldade de um único tipo penal pretender definir realidades fáticas tão complexas e intercambiantes, como o são os modelos ou paradigmas criminais associativos[25].

---

[23] A terminologia "modelos" ou "paradigmas" é adotada por distintos autores. Ana Luiza Almeida Ferro e Enrique Anarte Borralo, por exemplo, utilizam-se da expressão *modelos*, ao passo que José Paulo Baltazar Júnior refere-se a *paradigmas* (Ferre Olivé e Anarte Borralo, 1999, p. 152).

[24] José Paulo Baltazar Júnior (2010), por exemplo, distingue as características essenciais das organizações criminosas (a pluralidade de agentes, a estabilidade ou permanência, a finalidade de lucro e a organização) das características não essenciais (a hierarquia, a divisão de trabalho, a compartimentalização, conexões com o Estado, violência, exploração de mercados ilícitos ou exploração ilícita de mercados lícitos, monopólio ou cartel, controle territorial, uso de meios tecnológicos sofisticados, transnacionalidade e obstrução à Justiça).

[25] José Paulo Baltazar Júnior (2010) ressalta que a dificuldade de conceituação do crime organizado é também acentuada por uma verdadeira obsessão, que perdurou durante muito tempo, em relação ao paradigma mafioso, não sendo levados em consideração os diferentes paradigmas de organizações criminosas. Conclui, como Anarte Borrallo, que não se podem reduzir as diversas formas de manifestação do fenômeno a um só modelo.

Inobstante, é cediço que ao menos quatro modelos ou paradigmas de organização criminosa já foram descortinados (Baltazar Junior, 2010), quais sejam o mafioso[26], as redes criminosas, o modelo endógeno (com participação do setor público) e o modelo empresarial. E percebe-se que os crimes ambientais certamente possuem a capacidade de se articular sob quaisquer desses paradigmas, quando não se verifica o entrelaçamento dos modelos.

Comumente, contudo, verifica-se que os crimes ambientais com tal dimensão são estruturados e cometidos como se verdadeiro negócio lícito fossem. Os recursos naturais, em tais casos, foram simplesmente coisificados, avaliados, assim como são avaliados os riscos do empreendimento criminoso. Enquanto o ilícito ambiental for a opção mais lucrativa, e de menor risco, não há limite para essa delinquência.

No campo da dogmática penal, portanto, é preciso ter-se ciência dessa realidade. Ademais, revela-se evidente a necessidade de que o tipo penal que se refira ao crime organizado permita a inclusão dos crimes ambientais e igualmente seja hábil – e aí está a maior dificuldade – a delimitar os contornos do fenômeno.

O CENÁRIO NORMATIVO DO CRIME AMBIENTAL ORGANIZADO

Pois bem, tendo-se presente a complexidade a que já chega a autoria e a dinâmica de execução de determinados crimes ambientais, com todos os contornos que identificam tais delitos como também espécie de delinquência organizada, é necessário examinar, e a isso se propõe esta derradeira parte do texto, a regulação normativa que trata do tema, é dizer, perscrutar os diplomas legislativos, tanto em sede de direito penal internacional quanto no direito penal brasileiro, com o foco na percepção da forma pela qual atualmente é disciplinada a matéria. O objetivo aqui é justamente analisar se as legislações em vigor já tipificam especificamente crimes ambientais como crimes passíveis de ser cometidos por organizações criminosas, de modo a legitimar o desenvolvimento de investigações e de ações penais correlatas, propiciando a responsabilização criminal dos autores de tais delitos.

---

[26] Como exemplo, consultar as seguintes obras: Pallegrini e Costa Junior (1999); Abadinsky (2003); Cervini (1997); Falcone e Padovanu (2003).

Legislação de Direito Internacional Penal

No âmbito internacional, pode-se falar em consenso no que respeita ao marco do surgimento de uma moldura conceitual abrangente para a formulação e estruturação do direito internacional do meio ambiente enquanto ramo próprio de estudo, qual seja a Declaração de Estocolmo, firmada em 1972. Foi a Convenção de Estocolmo a responsável por enunciar os princípios adotados pelo direito internacional do meio ambiente, e é a partir dela que se deu a criação de agências ambientais internacionais (a exemplo do Pnuma, das Nações Unidas) fomentadoras de produção normativa voltada para a tutela ambiental, seguindo-se a realização de conferências que culminaram com a aprovação de convenções/tratados destinados a proteger diferentes parcelas dos recursos naturais (Wold et al., 2003)[27].

No âmbito do direito internacional do meio ambiente, portanto, são inúmeros os tratados internacionais[28] já firmados pelos Estados ao longo dos últimos quarenta anos. Em seus textos, além da reafirmação da principiologia inaugurada em Estocolmo, regras são entabuladas para disciplinar as práticas ambientais internacionais e, em muitos deles, há regulação específica de responsabilidade (civil e administrativa) por danos ambientais.

Não há, entretanto, a tipificação direta de crimes ambientais em tais convenções. Sucede, quando muito, a determinação aos Estados signatários de que, em seus sistemas legais internos, sejam estabelecidos tipos penais voltados para a proteção ambiental. É dizer, a transnacionalidade potencial

---

[27] Consoante esclarece o Embaixador Geraldo Eulálio do Nascimento e Silva (2002, p. 5), na obra *Direito Ambiental Internacional*: "O direito ambiental internacional trata dos direitos e das obrigações dos Estados e das organizações governamentais internacionais, bem como dos indivíduos na defesa do meio ambiente, ao passo que a doutrina tem tendência a formular regras a respeito, e de maneira rígida; a atual prática dos Estados nos Tratados firmados é no sentido contrário, visto que neles as regras consignadas tendem a ser do tipo *soft-law*."

[28] A referência a todos os Tratados Internacionais já celebrados em matéria ambiental é praticamente inviável. O mesmo tema pode resultar em diversas pactuações, assim como sucede com a proteção da atmosfera. Há a Convenção de Genebra, de 1979, sobre a poluição atmosférica transfronteiriça a longa distância, assim como a Convenção de Viena, de 22 de março de 1985, para a proteção da camada de ozônio, ao passo que o Protocolo de Montreal, de 16 de setembro de 1987 e emenda de junho de 1990, é especificamente relativo a substâncias que diminuem a camada de ozônio. Sem falar na Convenção Marco sobre Mudança Climática, assinada por ocasião da Convenção Rio 92, e seu mais importante Protocolo, o Protocolo de Kyoto, celebrado em 1997, como componente da própria Convenção.

do crime ambiental ainda não encontra previsão normativa de ordem transnacional – a rigor, nem sequer de ordem internacional.

Assim comportam-se, por exemplo, a Convenção sobre o Comércio Internacional de Espécies da Flora e Fauna Selvagens em Perigo de Extinção, a Cites, e a Convenção da Basileia, responsável por regular o movimento transfronteiriço de resíduos.

O que se pode perquirir, de momento, portanto, em termos de ordem normativa internacional, é quanto à existência de responsabilização por crimes ambientais praticados por organizações criminosas no plano do direito internacional penal, este sim reconhecido como ramo das ciências jurídicas que trata dos assuntos criminais na ordem mundial, jurisdição e competência para o julgamento e a aplicação de sanções por órgãos vinculados à justiça internacional devidamente reconhecida.

Convenção de Palermo

A Convenção das Nações Unidas contra o Crime Organizado Transnacional foi firmada em dezembro de 2000, na cidade de Palermo, Itália. Sua entrada em vigor no Brasil ocorreu em 28 de fevereiro de 2004, por força do Decreto Legislativo n. 231, de 29 de maio de 2003, e do Decreto n. 5.015, de 12 de março de 2004.

A Convenção de Palermo é um compromisso assumido pelos Estados signatários no sentido de promover a cooperação para prevenção e combate mais eficaz da criminalidade organizada transnacional. A Convenção, importante elucidar, não institui uma instância internacional de julgamento, e tampouco cria diretamente tipos penais. O texto da Convenção simplesmente determina que os Estados Partes adotem as medidas legislativas internas próprias de modo a tipificarem em seus ordenamentos os delitos nela enumerados.

O art. 2º, *a*, da Convenção, traz um conceito de grupo criminoso organizado, e delimita dois conjuntos de crimes, (A) as infrações graves, e (B) as enunciadas na Convenção, que deverão ser tipificadas internamente pelos Estados-Partes, como delitos passíveis de ser cometidos pelo grupo criminoso organizado na forma em que definido por seu texto.

No primeiro conjunto de crimes (as infrações graves), esclarece a Convenção que considerará infração grave o delito cuja pena privativa de liberdade máxima não seja inferior a quatro anos.

No segundo conjunto de crimes (os enunciados na Convenção) constam os arts. 5, 6, 8 e 23, e são eles: a participação em um grupo criminoso organizado, a lavagem de dinheiro ou produto do crime, a corrupção e a obstrução da justiça.

Com relação aos delitos previstos nos arts. 5, 6, 8 e 23, embora a Convenção de Palermo refira no art. 3, item 1, parte final, a necessidade da presença do caráter transnacional do(s) delito(s) para aplicação do regramento da Convenção, o item 2 do art. 34 do mesmo diploma refere que a aplicação da Convenção, no caso dos crimes nela enumerados, independerá do caráter transnacional dos delitos, devendo, assim, cada Estado-Parte da Convenção incorporar a tipificação de tais crimes a seu direito interno (Baltazar Junior, 2010).

Por outro lado, com relação ao primeiro conjunto de crimes cuja prática por grupo criminoso organizado enseja a aplicação da Convenção (os crimes graves, com pena máxima superior a quatro anos de prisão), não há exceção ao disposto na parte final do item 1, do art. 3, de forma que, quanto a estes, o requisito da transnacionalidade mantém-se hígido. É dizer, para crimes que as legislações nacionais determinem penas máximas iguais ou superiores a quatro anos, verificada a prática por grupo criminoso organizado, apenas se houver o caráter transnacional na(s) infração(ões) é que os dispositivos da Convenção de Palermo poderão ser aplicados.

A Convenção assegura que, uma vez reconhecida sua aplicabilidade a determinado delito, seu conteúdo poderá ser aplicado tanto na fase investigatória quanto no curso da ação penal correspondente.

Em seu texto, então, a Convenção conceitua o que entende por grupo criminoso organizado, nos seguintes termos:

"Grupo criminoso organizado" – grupo estruturado de três ou mais pessoas, existente há algum tempo e atuando concertadamente com o propósito de cometer uma ou mais infrações graves ou enunciadas na presente Convenção, com a intenção de obter, direta ou indiretamente, um benefício econômico ou outro benefício material.

No item "c" do mesmo dispositivo, a Convenção elucida o que entende por "grupo estruturado": grupo formado de maneira não fortuita para a prática imediata de uma infração, ainda que os seus membros não tenham funções formalmente definidas, que não haja continuidade na sua composição e que não disponha de uma estrutura elaborada.

Assim, nos termos da Convenção, só pode ser considerado grupo criminoso organizado (organização criminosa), aquele formado por pessoas que se reúnem, com os requisitos ali delineados, para praticar: 1) crimes graves, interpretados pela Convenção como crimes com pena igual ou superior a quatro anos de prisão ou 2) os crimes nela enunciados (participação em grupo criminoso, lavagem de dinheiro, corrupção e obstrução da justiça).

A Convenção, ao que tudo indica, na busca de um consenso mínimo em torno da caracterização de fenômeno tão abrangente e complexo como são as organizações criminosas, estabelece um denominador comum[29]. Os motivos para tal opção legislativa são vários, já apontados pela doutrina[30], mas aqui importa pontuar que, da forma como redigido, o grupo criminoso típico para a convenção de Palermo parece não refletir todas as nuances que subjazem as organizações criminosas, apontadas no item precedente.

Acredita-se que se deixou de enfocar aquilo que talvez seja realmente o diferencial qualitativo das organizações como fenômeno criminológico: a complexidade da estrutura delitiva, que permite o funcionamento de um esquema criminoso como verdadeiro empreendimento autônomo, nos quais as pessoas envolvidas no *iter criminis* assumam funções como de ferramentas de uma engrenagem, facilmente substituíveis, podendo tais pessoas, inclusive, desconhecer o caráter ilícito de suas condutas (o que comumente ocorre em sede de crimes ambientais).

Deve-se ter presente, contudo, que o conceito de organização criminosa adotado em Palermo é uma baliza mínima, segundo ela própria esclarece, em seu art. 11, que regula os processos judiciais, julgamento e sanções, item 6.

Ademais, a Convenção de Palermo, em seu art. 10, prevê a possibilidade de responsabilidade penal das pessoas jurídicas, dispondo sobre a exigência

---

[29] "Outra questão que merece ser considerada diz respeito às dificuldades nas quais se esbarra para tornar concreto legislativamente o conceito de 'organização criminosa'. O que se verifica é uma opção por tipos penais abertos, muito próximos à definição de crime habitual ou da formação de quadrilha. No entanto, diante de uma figura delitiva tal, verifica-se a implementação de um modelo de transferência de responsabilidade de um coletivo a cada um dos membros da organização criminosa, o que se afasta dos critérios de imputação individual de responsabilidade vigentes no Direito Penal" (Callegari, 2011, p. 737).

[30] Para James Finckenauer (2005), a Convenção de Palermo é um exemplo da dificuldade em definir crime organizado. A busca por um consenso na definição provou ser uma das questões mais difíceis para os negociadores, e o que resultou foi uma definição muito ampla, algo como o menor denominador comum. De acordo com Feldens (2007, p. 13-4), este fato se deve à dificuldade em "um documento internacional dessa índole traçar, com maior especificidade, linhas conceituais que servissem a acomodar as diversas – e distintas – peculiaridades de cada um dos Estados-parte comprometidos com sua subscrição".

de sua incriminação como partícipes dos crimes graves, e como autores dos crimes nela enunciados.

No intuito de ligar a Convenção de Palermo à proteção do meio ambiente, em 2007, o Escritório das Nações Unidas sobre Drogas e Crimes (UNODC) editou a Resolução n. 16[31], na qual todos os Estados-Membros foram encorajados a aplicar os dispositivos da Convenção de Palermo para prevenção e combate ao tráfico ilícito internacional de produtos florestais, a fauna silvestre e outros recursos biológicos das florestas.

Não obstante, pode-se dizer que o quadro legislativo atual, em sede de direito internacional penal, é de carência de previsão normativa concernente à delinquência organizada ambiental em particular[32]. Não há Corte Internacional habilitada para o processo e julgamento de ações envolvendo a matéria[33], e a Convenção que trata especificamente do crime organizado transnacional não faz referência direta aos crimes ambientais como hábeis a ser considerados os crimes fins almejados por uma associação criminosa organizada. A aplicação de seus dispositivos fica dependendo das legislações penais internas de cada país signatário, no sentido de reputarem (na previsão de sanções penais com patamares máximos iguais ou superiores a qua-

---

[31] O inteiro teor da Resolução pode ser consultado pelo endereço eletrônico: http://www.unodc.org/documents/Wildlife/CCPCJ-resolution-16-1.pdf. Acessado em: 12 jun. 2013.

[32] Preocupados com este cenário – o vazio legal no plano do Direito Penal Internacional para o crime ambiental organizado –, Yury Fedotov, diretor-executivo do UNODC, e John E. Scanlon, secretário-geral da Cites, autoridades que integram a atual Comissão sobre Prevenção ao Crime e Justiça Criminal (CCPCJ) das Nações Unidas, em encontro realizado em Viena, em abril de 2013, abertamente pediram aos países membros da Cites que reconheçam a vida selvagem e os crimes florestais como uma forma grave de criminalidade organizada, e que reforcem as sanções contra organizações criminosas que lucram com o comércio ilegal. Fedotov e Scanlon apelaram a uma maior ratificação e melhor aplicação das duas Convenções fundamentais que, segundo eles, oferecem, coordenados, respostas globais para esses crimes, ou seja, a Cites e a Convenção das Nações Unidas contra o Crime Organizado Transnacional. Fedotov destacou também a importância de tornar crimes contra a fauna e a flora puníveis com pena de prisão de quatro anos ou mais nas legislações nacionais – um movimento que garanta que a Convenção contra o Crime Organizado Transnacional possa ser usada para combater criminosos dentro dessa matéria. Notícia extraída do site da Cites. Disponível em: http://www.cites.org. Acessado em: 19 maio 2013.

[33] O Tribunal Penal Internacional, conforme o Estatuto de Roma, que o regula, tem competência para o julgamento apenas dos delitos ali elencados (crime de genocídio, crimes contra a humanidade, crimes de guerra e o crime de agressão). No âmbito do TPI, até o momento, não se reconhece a proteção do meio ambiente como proteção à humanidade, tampouco associa-se a ideia de proteção da sustentabilidade dos recursos naturais como forma de tutela dos direitos humanos.

DIREITO AMBIENTAL E SUSTENTABILIDADE

tro anos de prisão) como crimes graves os delitos ambientais, permitindo então o enquadramento de seus responsáveis como membros de um grupo criminoso organizado.

Legislação Brasileira

Lei n. 9.605/98

A Lei n. 9.605/98, que regula a maioria dos crimes ambientais[34], conquanto estabeleça a responsabilidade penal das pessoas jurídicas que porventura cometam crimes ambientais (art. 3º), reconhecendo ser independente e autônoma à responsabilização dos gestores da pessoa jurídica (art. 3º, parágrafo único), não traz, em seus dispositivos, alusão específica à possibilidade de cometimento de delitos ambientais por grupos criminosos organizados especialmente constituídos para tal finalidade.

Demais disso, os patamares de penas fixados para a maioria dos delitos ambientais permitem o enquadramento dos crimes ambientais ou em crimes de menor potencial ofensivo[35] (admitindo transação ou suspensão condicional do processo) ou em crimes de médio potencial ofensivo[36] (admitindo suspensão condicional do processo). A rigor, desconsideradas as causas de aumento (que na realidade não configuram tipos penais), somente os delitos tipificados pelos arts. 41, *caput*, 50-A e 69-A, *caput* da Lei n. 9.605/98 não admitem transação ou suspensão condicional do processo.

Os quantitativos de pena fixados pela Lei n. 9.605/98 refletem o baixo grau de reprovabilidade social que a delinquência ambiental ainda ostenta.

---

[34] Persistem, reconheça-se, algumas leis dispersas que tipificam delitos ambientais (como ocorre com a Lei n. 8.176/91, que trata do crime de usurpação do patrimônio da União, e que não foi revogada pela Lei n. 9.605/98 – STF, HC 89.878, rel. Min. Eros Grau, Segunda Turma, *DJe* 14.05.2010), mas o Brasil, seguindo tendência internacional, possui uma lei central disciplinando os crimes contra o meio ambiente.

[35] Crimes de menor potencial ofensivo: Crimes com penas privativas de liberdade máxima em abstrato de até dois anos, admitindo transação penal (art. 76 da Lei n. 9.099/95), com aplicação de medidas alternativas. Podem não implicar denúncia e, por conseguinte, instauração de processo criminal: arts. 29, 31, 32, 44, 45, 46, 48, 49, 50, 51, 52, 55, 60, 64, 65.

[36] Crimes de médio potencial ofensivo: Crimes com penas mínimas cominadas não superiores a um ano, admitindo suspensão do processo (art. 89 da Lei n. 9.099/95): arts. 29, 30, 31, 32, 33, 34, 35, 38, 38-A, 39, 40, 42, 44, 45, 46, 48, 49, 50, 51, 52, 54, 55, 56, 60, 61, 62, 63, 64, 65, 66, 67, 68 e 69.

Contudo, entende-se que não haveria reparos a fazer na legislação nesse aspecto, uma vez que pensada como reprimenda aos crimes ambientais individuais ou, no máximo, aos delitos cometidos isoladamente por uma pessoa jurídica, no exercício de sua atividade econômica regular. Em tais casos, as sanções legais previstas se mostrariam consentâneas com os objetivos almejados pela responsabilização penal.

Contudo, não se pode ignorar a prática de crimes ambientais por estruturas em tudo idênticas às organizações criminosas voltadas para o cometimento de outros delitos.

Nesse sentido, atualmente, a possibilidade, no Brasil, de tipificar determinada conduta como crime ambiental cometido por organização criminosa depende da conjugação dos crimes insertos na Lei n. 9.605/98 com outro diploma legal, precisamente a recém-vigente Lei n. 12.850/2013.

Leis ns. 12.694/2012[37] e 12.850/2013

Antes da entrada em vigor da Lei n. 12.694, que ocorreu em outubro de 2012, havia verdadeira celeuma doutrinária[38] – que se refletia na jurisprudência[39] – sobre a incorporação da Convenção de Palermo (e, portanto, do conceito de organização criminosa nela constante) e sua aplicabilidade direta na ordem normativa interna. Embora o Brasil tivesse feito alusão ao termo "organizações criminosas" em outros diplomas legais – casos das Leis n. 9.034/95 e 9.613/98 –, ainda não havia uma lei ordinária interna que conceituasse o termo organização criminosa, ou mesmo que tipificasse o crime de participação em grupo criminoso organizado, conforme requerido pela Convenção de Palermo (art. 5º).

Acredita-se, contudo, que essa discussão atualmente é inócua, na medida em que a Lei n. 12.694/2012 e, posteriormente, a Lei n. 12.850/2013, trouxeram, a contar de suas vigências, definição em lei ordinária brasileira para o que seja organização criminosa. O Eg. Superior Tribunal de Justiça,

---

[37] A Lei n. 12.694/2012 não foi editada para regular por completo o tema das organizações criminosas. Seu objetivo é bem mais restrito, tratando, precipuamente, conforme ela própria refere, de dispor sobre o processo e o julgamento colegiado em primeiro grau de jurisdição de crimes praticados por organizações criminosas.

[38] Análise da confusão terminológica e de uma suposta inexistência de um conceito legal de organização criminosa no direito positivo brasileiro pode ser conferida em Estellita (2009).

[39] STF, HC 96007/SP, rel. Min. Marco Aurélio, j. 12.6.2012. Em sentido contrário, STJ, HC 171.912/SP, 5ª T., rel. Min. Gilson Dipp, j. 13/09/2011.

inclusive, já se pronunciou de forma favorável à aplicabilidade do conceito de organização criminosa constante na Lei n. 12.694/12 (STJ, HC 175.693/ AL, 5ª T., rel. Min. Marco Aurélio Bellizze, j. 26.02.2013, *DJe* 04.03.2013).

Os dispositivos das Leis n. 12.694/2012 e 12.850/2013, contudo, conceituaram de forma distinta o que seja uma organização criminosa. Considerando, porém, que a lei posterior, no caso a 12.850/2013, regulou de forma mais completa a matéria, sendo criada especificamente para tratar do tema das organizações criminosas, acredita-se que o conceito a ser adotado no país para grupo criminoso organizado seja o preconizado pela novel legislação.

Assim, segundo art. 1º, § 1º: "Considera-se organização criminosa a associação de 4 (quatro) ou mais pessoas estruturalmente ordenada e caracterizada pela divisão de tarefas, ainda que informalmente, com objetivo de obter, direta ou indiretamente, vantagem de qualquer natureza, mediante a prática de infrações penais cujas penas máximas sejam superiores a 4 (quatro) anos, ou que sejam de caráter transnacional".

Note-se que, de acordo com a novel Lei n. 12.850/2013, em duas hipóteses o grupo criminoso com as características descritas no tipo poderá ser considerado organização criminosa: A) se reunido para a prática de crimes cuja pena máxima seja igual ou superior a 4 (quatro) anos – quaisquer crimes –; B) se reunido para a prática de crimes de caráter transnacional.

Para o atendimento do primeiro item, quantitativo de pena, como requisito ao reconhecimento de um grupo criminoso organizado na condição de autor do ilícito – tanto pela Convenção de Palermo quanto pela Lei n. 12.850/2013 –, são considerados como tais apenas os seguintes delitos previstos na Lei n. 9.605/98: os arts. 35 (pesca mediante explosivos ou substâncias tóxicas), art. 40 (dano às Unidades de Conservação), art. 41 (incêndio em mata ou floresta), art. 50-A (desmatamento de florestas públicas ou de áreas devolutas), art. 54, *caput* (poluição dolosa), art. 56 (produção, comercialização ou guarda de substâncias tóxicas), art. 61 (disseminação de doença ou praga) e o art. 69-A (falsificação de documento relacionado ao pedido de licenciamento ambiental).

Veja-se que a pesca com o uso de explosivos ou de substância tóxica é o único crime contra a fauna que, em tese, pode suscitar a incidência do dispositivo. Todos os demais delitos contra a fauna (incluindo a biopirataria[40],

---

[40] Análise sobre o que vem a ser biopirataria e seus efeitos na sociedade globalizada, com exemplos de casos concretos envolvendo produtos genuinamente brasileiros (açaí, cupuaçu,

por ora enquadrada no crime do art. 29, da Lei n. 9.605/98, na falta de tipo mais específico[41]), ainda que cometido por grupo criminoso organizado, se somente interna (em território nacional) a prática do ilícito, não caracterizaria o conceito legal de grupo criminoso organizado.

A absoluta maioria dos crimes ambientais previstos na Lei n. 9.605/98 não é, portanto, considerada crime grave, nos moldes da Convenção de Palermo, e tampouco nos termos da Lei n. 12.850/2013, de forma que não há previsão legal que tipifique sua prática por meio de organização criminosa, quando ausente o elemento de transnacionalidade.

Felizmente, o art. 1º, da Lei n. 12.850/2013, estabelece, como segundo item ao possível reconhecimento de um grupo criminoso organizado, a reunião de pessoas, com os caracteres delimitados, para o cometimento de crimes de dimensão transnacional. Nesse caso, o artigo não fez nenhuma exigência de apenamento mínimo para o delito a ser praticado, de forma que todos os crimes ambientais transnacionais, quando cometidos por estruturas criminosas que atendam aos ditames do art. 1º, poderão ser considerados crimes ambientais perpetrados por organizações criminosas.

Comemora-se a previsão legal para as condutas trabalhadas a título de exemplos, mas não se deixa de perceber a contradição da Lei n. 12.850/2013, ao não admitir a extensão do conceito de organização criminosa para os crimes ambientais de abrangência meramente interna.

Ora, assim como uma organização criminosa pode estar atuando para remeter madeira desmatada da região amazônica a países europeus ou à China, idêntica conduta pode estar sendo praticada para fornecer madeira à indústria moveleira da Serra Gaúcha por exemplo e, sem qualquer lógica, tal estrutura delituosa, pela leitura da Lei n. 12.850/2013, ausente a transnacionalidade, não poderia ser considerada uma organização criminosa.

---

andiroba, copaíba etc.) que estão sendo patenteados e explorados por outros países, pode ser vista em: Gonçalves (2011).

[41] "A biopirataria pode ser conceituada como a exploração, manipulação, exportação de recursos biológicos, com fins comerciais, em contrariedade às normas da Convenção sobre Diversidade Biológica, de 1992, promulgada pelo Decreto nº 2.519, de 16.03.1998. Tem ínsita a ideia de contrabando de espécimes da flora e da fauna com apropriação de seus princípios ativos e monopolização desse conhecimento por meio do sistema de patentes, na esteira das leis de direito de propriedade intelectual do Gatt e da Organização Mundial do Comércio (OMC). Aliás, é primordial que haja gestões junto à OMC para inclusão de critérios condicionantes da concessão de patentes, obtidas por meio de bioprospecção, baseada na legalidade do acesso ao patrimônio biológico" (Carneiro, R.G. Disponível em: http://www.cjf. jus.br/caju/amb3.pdf. Acessado em: 27 fev. 2012).

Na redação original do Projeto de Lei n. 150/06, que resultou na Lei n. 12.850/2013, havia um rol de crimes que permitiam a caracterização de uma organização criminosa. Os crimes ambientais constavam no aludido rol. O dispositivo foi criticado pela doutrina (Baltazar Junior, 2010) e por membros do Judiciário, inclusive durante audiências realizadas no curso da tramitação do Projeto. Assim, houve alteração da redação do dispositivo, que passou a estabelecer apenas o critério limitativo de aplicação do tipo de organização criminosa com base na duração máxima da pena.

De outra parte, embora o § 2º do mesmo artigo refira que a lei igualmente se aplica aos crimes previstos em tratado ou convenção internacional, quando transnacionais, com relação aos crimes ambientais, como se viu, não há avença internacional que diretamente crie delitos penais ambientais. A tipificação penal depende de lei penal interna de cada signatário.

O art. 2º, por sua vez, finalmente tipifica de forma autônoma a ação de tomar parte em organização criminosa.

Com relação aos crimes ambientais organizados – a vigência da Lei n. 12.850/2013, embora tenha o mérito de atender ao pleito da Convenção de Palermo, no sentido de tipificar como delito a ação de tomar parte em organização criminosa, além de reunir em um único diploma legislativo a regulação procedimental da matéria, especificamente com relação aos crimes ambientais –, a opção legislativa por um conceito de organização criminosa que exige, para os delitos de dimensão apenas interna, a prática de crimes com pena máxima igual ou superior a 4 (quatro) anos de prisão, acaba excluindo parcela significativa dos crimes elencados na Lei n. 9.605/98, a exemplo da quase totalidade dos crimes contra a fauna, os quais, como se viu, também estão sendo cometidos por estruturas criminosas que apresentam as características exigidas pela legislação para se enquadrarem no conceito de organizações criminosas.

Não se pode, ademais, perder de vista a relevância que a possibilidade de tipificação como organização criminosa tem para a fase persecutória, para os meios de prova admitidos, e também para o próprio processo penal. As ferramentas previstas na Lei n. 12.850/2013 resultam da própria experiência prática já verificada, a qual demonstra o caráter essencial destas na promoção do desmantelamento efetivo de uma estrutura criminosa complexa[42].

---

[42] "No âmbito do crime organizado há acentuadas dificuldades probatórias. Algumas decorrem do fato em si de serem os delitos cometidos por uma pluralidade de agentes e por meio de uma organização, o que traz dificuldades na comprovação da autoria. Além disso,

De outra parte, consoante pontuou Salise Monteiro Sanchotene (2013, s/p): "É certo que cada país deve tomar iniciativas legislativas no âmbito penal tendo por fundamento o fenômeno social e a realidade sócio-política expressa naquele dado momento histórico".

No caso da legislação brasileira, conquanto a Lei n. 12.850/2013 passe a melhor regular o tema das organizações criminosas, deve-se ressaltar a permanência de lacuna legal para a hipótese de cometimento de determinados crimes ambientais por associação criminosa organizada de atuação restrita ao território nacional, fenômeno criminológico igualmente relevante.

CONSIDERAÇÕES FINAIS

Neste capítulo, procurou-se demonstrar que uma análise contextualizada da criminalidade ambiental pressupõe a superação do paradigma clássico do delito como ação de um indivíduo isolado, ou mesmo de uma pessoa jurídica que, no curso de sua atividade produtiva regular, acaba incorrendo na prática de um crime ambiental.

Pressupõe, igualmente, a atenção para o fato de que a transnacionalização, da mesma forma que a dinâmica das relações sociais e econômicas ditadas pelo capitalismo globalizado, impõe ser aferida também no âmbito dos crimes ambientais. Ao meio ambiente foi colado o selo do "valor de mercado". Nesse sentido, o exemplo concreto trabalhado clama por um "abrir de olhos", para que se perceba como estão sendo cometidos os crimes ambientais de maior ofensividade, magnitude e transcendência.

Esta abertura de perspectiva é um esforço que deve ser exigido de todos, desde a Administração (normatizadora, fiscalizadora e sancionadora), passando por aqueles que operam o Direito aplicável nesses casos, e culminando com a própria dogmática penal que se dedica ao estudo do tema. Enquanto tais profissionais, num ciclo de desconhecimento, continuarem, por exemplo, tratando o crime de pesca como delito de somenos importância e abrangência (como regra geral que não comporta exceções), dificilmente se atingirá a responsabilização dos autores dos mais graves delitos ambientais.

---

como os delitos são cometidos de forma profissional e visando ao lucro, os agentes preocupam-se antecipadamente em evitar sua descoberta e em destruir e dificultar o acesso às evidências, além de criar dados falsos, engendrar álibis, fabricar autores e induzir falsas confissões" (Baltazar Junior, 2010, p. 169).

No cenário dos crimes ambientais, viu-se que podem atuar estruturas delitivas extremamente complexas e intercambiantes, que conjugam técnica a esforços de uma mão de obra muitas vezes alheia ao caráter ilícito das condutas que desempenham. As características identificadas no modo de execução de crimes como a prática do corte de barbatanas de tubarões e raias evidencia que os crimes ambientais podem operar também mediante os modelos ou paradigmas já delineados pela doutrina penal para a criminalidade organizada que atua em outras espécies de delito (mafioso, rede, endógeno e empresarial).

No plano fático, portanto, não restam dúvidas quanto à existência e à prática de crimes ambientais por grupos criminosos organizados.

De outra parte, a possibilidade de nominar um grupo de pessoas (reunido ou não em uma empresa) que atua no cometimento de crimes ambientais como uma organização criminosa, também por força do princípio da legalidade penal, depende da forma como os marcos normativos, em distintas esferas, estão regulando a matéria. E o cenário normativo atual, tanto no âmbito do direito penal internacional quanto no direito penal interno, como visto, infelizmente, ainda regula de forma precária a matéria.

REFERÊNCIAS

ABADINSKY, H. *Organized Crime*. 7.ed. California: Wadsworth, 2003.

ALMEIDA FERRO, A.L. Os modelos estruturais do crime organizado. In: DOTTI, R.A.; PRADO, L.R. *Direito Penal Econômico e da Empresa. Vol. VI – Direito Penal Empresarial. Crime Organizado. Extradição e Terrorismo.* São Paulo: Revista dos Tribunais, 2011.

BALTAZAR JÚNIOR, J.P. *Crime Organizado e Proibição de Insuficiência.* Porto Alegre: Livraria do Advogado, 2010.

BRASIL, STF, HC n. 96.007, 1ª T., rel. Min. Marco Aurélio, j. 12.06.2012.

CALLEGARI, A.L. Crime Organizado: Conceito e possibilidade de tipificação diante do contexto de expansão do Direito Penal. In: DOTTI, R.A.; PRADO, L.R. *Direito Penal Econômico e da Empresa. Vol. VI – Direito Penal Empresarial. Crime Organizado. Extradição e Terrorismo.* São Paulo: Revista dos Tribunais, 2011.

CARNEIRO, R.G. O Controle da Biopirataria no Brasil. Disponível em: http://www.cjf.jus.br/caju/amb3.pdf. Acessado em: 27 fev. 2012.

CERVINI, R. Aproximación conceptual y enfoque analítico del crimen organizado. In: GOMES, L.F. *Crime Organizado: enfoques criminológico, jurídico (Lei n. 9.034/95) e político criminal.* 2.ed. São Paulo: Revista dos Tribunais, 1997.

[CITES] CONVENTION ON INTERNATIONAL TRADE IN ENDANGERED SPECIES OF WILD FAUNA AND FLORA. Disponível em: http://www.cites.org. Acessado em: 3 mar. 2015.

CLIC RBS. *Manifestação no centro de Porto Alegre alerta contra a pesca de tubarão no litoral gaúcho.* Portal de Notícias Clic RBS, 11 jan. 2013. Disponível em: http://zerohora.clicrbs.com.br/rs/geral/noticia/2013/01/manifestacao-no-centro-de-porto-alegre-alerta-contra-a-pesca-de-tubarao-no-litoral-gaucho-4007964.html. Acessado em 19 maio 2013.

ESPAÇO ECOLÓGICO NO AR. Disponível em: http://www.espacoecologiconoar.com.br/index.php?option=com_content&task=view&id=7163&Itemid=1. Acessado em: 19 maio 2013.

FALCONE, G.; PADOVANI, M. *Cosa di cosa nostra.* 13.ed. Milão: BUR, 2003.

FARIA COSTA, J.F. *Direito Penal Especial – contributo a uma sistematização dos problemas "especiais" da Parte Especial.* Coimbra: Coimbra Editora, 2004.

FELDENS, L. Organizações criminosas como critério determinante de competência jurisdicional: problemas à vista. *Boletim IBCCRIM,* São Paulo, ano 14, n. 170, jan. 2007.

FINCKENAUER, J.O. Problems of definition: what is organized crime? *Trends in Organized Crime.* v. 8, n. 3, outono 2005.

FREITAS, G.P. Do crime de poluição. In: FREITAS, V.P. *Direito Ambiental em evolução.* Curitiba: Juruá, 1998.

FREITAS, V.P. Mercosul e Meio Ambiente. In: MILARÉ, É.; LEME MACHADO, P.A. *Direito ambiental: direito ambiental internacional e temas atuais – Coleção Doutrinas Essenciais.* v. 6. São Paulo: Revista dos Tribunais, 2011.

G1. *Ibama apreende toneladas de barbatanas de tubarão ilegais no PA.* G1, 04 maio 2012. Disponível em: http://g1.globo.com/pa/para/noticia/2012/05/ibama-apreende-toneladas-de-barbatanas-de-tubarao-ilegais-no-pa.html. Acessado em: 19 maio 2013.

GÓMEZ-JARA DIÉS, C. *A Responsabilidade Penal da Pessoa Jurídica e o Dano Ambiental. A aplicação do modelo construtivista de autorresponsabilidade à Lei n. 9.605/98.* Trad. Cristina Reindolff da Motta. Porto Alegre: Livraria do Advogado, 2013.

GOMES, L.F.; MACIEL, S. Crimes Ambientais: Comentários à Lei nº 9.605/98 (arts. 1º a 69-A e 77 a 82). In: MAZZUOLI, V.O.; AYALA, P.A. *Direito Internacional Ambiental.* São Paulo: Revista dos Tribunais, 2011.

GONÇALVES, A.B. Biopirataria – A Grave Problemática das Patentes. In: MILARÉ, E.; LEME MACHADO, P.A. *Direito Ambiental: direito ambiental internacional e temas atuais – Coleção Doutrinas Essenciais.* v. 6. São Paulo: Revista dos Tribunais, 2011.

HASSEMER, W. *Perspectivas de uma Política Criminal*. Tradução de Cezar Roberto Bitencourt. In: Revista Brasileira de Ciências Criminais, São Paulo, v. 8, out. de 1994, p. 41.

[IBAMA] INSTITUTO BRASILEIRO DO MEIO AMBIENTE E DOS RECURSOS NATURAIS RENOVÁVEIS. Disponível em: http://www.ibama.gov.br/. Acessado em: 03 mar. 2015.

[INTERPOL] ORGANIZAÇÃO INTERNACIONAL DE POLICIA CRIMINAL. Disponível em: www.interpol.int. Acessado em: 3 mar. 2015.

MILARÉ, E. A nova tutela penal do ambiente. *Revista de Direito Ambiental*, ano 4, n. 16 (out.-dez. 1999).

MONTE, M.F. *O Direito Penal Europeu. De "Roma" a "Lisboa", subsídios para sua legitimação*. Lisboa: Quid Juris – Sociedade Editora Ltda., 2009.

NASCIMENTO E SILVA, G.E. *Direito Ambiental Internacional*. 2.ed. Rio de Janeiro: Thex, 2002.

FERRE OLIVÉ, J.C.; ANARTE BORRALO, E. *Delincuencia Organizada. Aspectos penales, Procesales y Criminológicos*. Huelva: Universidade de Huelva. Fundación El Monte, 1999, p. 152.

PALLEGRINI, A., COSTA JÚNIOR, P.J. *Criminalidade Organizada*. São Paulo: Jurídica Brasileira, 1999.

PRADO, L.R. *Crimes contra o ambiente*. 2.ed. São Paulo: Revista dos Tribunais, 2001.

_____. *Direito penal do ambiente. Meio ambiente. Patrimônio cultural. Ordenação do território. Biossegurança (com a análise da Lei 11.105/2005)*. São Paulo: Revista dos Tribunais, 2005.

SANCHOTENE, S.M. Aspectos comuns entre o crime praticado por milícias no Brasil e o tipo mafioso na Itália. *Revista de Doutrina da 4ª Região*. Porto Alegre, n. 53, abr. 2013. Disponível em: http://www.revistadoutrina.trf4.jus.br/artigos/edicao053/Salise_Sanchotene.html. Acessado em: 20 jun. 2013.

SEA SHEPERD. Disponível em: http://seashepherd.org.br/tubaroes/. Acessado em: 03 mar. 2015.

SEVERO ROCHA, L. Tempo e Constituição. *Revista Direitos Culturais*. v.1, n.1 Santo Ângelo: Ediuri, dez. 2006.

SILVA SANCHÉZ, J.M. *A Expansão do Direito Penal*. 2.ed. Trad. Luiz Otávio de Oliveira Rocha. São Paulo: Revista dos Tribunais, 2011.

ZAFFARONI, E.R. La globalización y lãs actuales orientaciones de la política criminal. In: COPETTI, A. *Criminalidade Moderna e Reformas Penais, Estudos em homenagem ao professor Luiz Luisi*. Porto Alegre: Livraria do Advogado, 2001.

WOLD, C.; LEITE SAMPAIO, J.A.; NARDY, A. *Princípios de Direito Ambiental – Na dimensão internacional e comparada*. Belo Horizonte: Del Rey, 2003.

Licenciamento Ambiental: Uma Análise Constitucional | **22**

Curt Trennepohl
Trennepohl Consultoria Ambiental

Terence Trennepohl
Harvard University

INTRODUÇÃO: O HOMEM E O MEIO AMBIENTE

Os mais remotos antepassados do homem moderno, nos primórdios de sua existência, eram poucos e viviam em estado quase selvagem vagando pela África, expandindo-se depois pela Europa e pelo Oriente Médio, conforme registram os estudos de nossa história ancestral.

Eram nômades e viviam praticamente da caça, de frutos e de bulbos e raízes que encontravam na natureza. Quando os elementos naturais necessários para sua sobrevivência rareavam num determinado sítio, deslocavam--se instintivamente para outro, permitindo, mesmo sem saber, que a natureza se regenerasse sem grandes alterações.

Pode-se facilmente imaginar que determinado sítio ocupado por um grupo de humanos, após ser abandonado por se terem tornado insuficientes os animais ou os vegetais que lhes serviam de alimentos, readquiria suas características originais em pouco tempo, com os animais se reproduzindo novamente até atingir a população ideal, a vegetação se recompondo naturalmente e os próprios vestígios do homem se reduzindo a alguns sinais de fogueiras, inscrições rupestres nas cavernas ou fragmentos de utensílios de barro ou de osso deixados para trás.

Existia um equilíbrio ambiental perfeito, com o homem integrado à natureza, dela retirando o que necessitava para sobreviver sem exaurir totalmente seus recursos e permitindo que se regenerassem quando se tornavam escassos.

O que deve merecer uma reflexão mais profunda de nossa parte é que esses primeiros humanos eram extremamente atrasados em relação a nós, homens modernos. Não tinham a mínima noção de onde viviam, num contexto global, nem sabiam absolutamente nada do planeta onde estavam. No entanto, não exauriam totalmente os recursos naturais de nenhum sítio, interagindo com o ambiente na exata medida em que este lhes podia prover a subsistência.

Evidentemente que esse comportamento e essas atitudes eram instintivas, sem nenhuma preocupação ambiental, que somente surgiu milhares de anos depois. No entanto, o instinto natural de hominídeos com inteligência pouco mais desenvolvida que a de um macaco permitia uma vida muito mais salutar do que a que temos hoje, em termos de equilíbrio ambiental.

Com o passar do tempo, os humanos deixaram de migrar com a mesma celeridade que marcou o começo de sua história. Com a invenção de armas (lanças, arcos e flechas, machados etc.), tornaram-se caçadores mais eficientes e já não precisavam seguir apenas determinadas espécies de animais de menor porte, passando a enfrentar aqueles que antes não conseguiam abater ou que temiam.

Se foi porque não queriam mais deixar os mais fracos e mais velhos para trás ou apenas para se tornar mais fortes e menos expostos aos predadores em terreno desconhecido, a verdade é que os homens começaram a se agrupar e a se fixar moradia por muito mais tempo num mesmo sítio.

Os povos que começaram a desenvolver atividades agrícolas, que lhes permitiam armazenar alimentos para os rigorosos invernos, fixando-se nos sítios mais propícios para essas práticas, tiveram mais sucesso no processo evolutivo do que aqueles que insistiram nas tradições ancestrais de caçadores e coletores. Os primeiros são os nossos antepassados, enquanto os demais desapareceram no inexorável caminho da história humana.

Essa decisão de abandonar a vida nômade, que, por um lado contribuiu para aprimorar o ser humano em vários sentidos, principalmente na formação dos princípios de sociedade e das regras de convivência, ao mesmo tempo, representou um problema sério no que se referia à exaustão dos recursos naturais nas áreas próximas ao aglomerado humano. Mais gente por mais tempo em um mesmo lugar demandava mais caça e mais vegetais retirados da mesma área ou produzidos nas proximidades para garantir a sua manutenção.

A par do maior desgaste dos estoques naturais, a concentração humana exigia que a disponibilidade de alimentos acompanhasse o crescimento da população, o que resultou no aumento das áreas cultivadas na mesma medida que a população crescia, pois agora, longe dos perigos e dos rigores de uma tribo de caçadores (muitas vezes eles mesmos, à caça de predadores e sujeitos a invernos inclementes), a tendência de viver mais e se reproduzir com mais eficiência permitia um crescimento constante de pessoas nas comunidades.

O primeiro momento marcante na relação do homem com o meio ambiente, na ótica que interessa ao presente trabalho, ocorreu quando o homem deixou de vagar em busca dos alimentos disponíveis na natureza e se estabeleceu em determinados sítios, trocando a atividade de coletor errante dos elementos naturais necessários para a sobrevivência pela de produtor dos bens de consumo de que a coletividade estabelecida necessitava.

Durante alguns milhares de anos o ser humano se dedicou a essa vida, diferente, mas ainda harmoniosa com a natureza. Seus aglomerados urbanos não eram dotados de muitos elementos estranhos ao meio circundante, as moradias eram simples e sem maiores necessidades e as atividades humanas representavam uma intervenção mínima no equilíbrio ambiental, embora já bem mais significativa do que aquela que caracterizara a existência perambulante de antanho. Se existia uma maior substituição de vegetação nativa por áreas cultivadas, mais concentração de lixo e dejetos e mais exploração continuada dos recursos naturais nas mesmas áreas, é certo que a natureza sempre teve uma capacidade inacreditável de se adaptar às situações adversas que lhe eram impostas.

Ocorreu, então, outro momento de extrema importância na relação homem-meio ambiente: a revolução industrial. O homem passou a produzir bens de consumo em grande escala e a natureza passou a ser uma fornecedora dos insumos necessários para isso. Quando não era exaurida diretamente pela extração dos insumos, sofria os reflexos das atividades produtivas, como a poluição da água, do ar e dos solos.

Cada vez havia mais pessoas e necessidade de mais alimentos para mantê-las. Primeiro com rudimentares máquinas a vapor, depois, com energia elétrica e o mundo de possibilidades de produção decorrentes dessas inovações, o homem passou a superar um limite a cada dia.

Com o desenvolvimento dos motores de combustão interna, as embarcações deixaram de navegar somente em busca de territórios desconhecidos e passaram a transportar milhões de toneladas de produtos ou insumos ao redor do planeta. As estradas cortaram todos os continentes, ligando quem tinha alguma coisa para vender com quem queria comprar alguma coisa. Com a propulsão a jato, os aviões permitiram viajar ao redor do planeta em menos horas do que um homem dorme entre um dia de trabalho e outro.

A comunicação se tornou instantânea, mesmo a milhares de quilômetros de distância. O homem rompeu a fronteira do espaço. A evolução da medicina prolongou a expectativa da vida humana além do dobro, e a engenharia genética, a cada dia, acena com possibilidades de recomposição de órgãos que quase permitem pensar na imortalidade.

Mais gente nasce a cada dia, menos gente morre das doenças que assolaram nossos antepassados, as facilidades e o conforto da vida moderna atingiram um estágio inimaginável para nossos antepassados recentes.

A constante abertura de novas fronteiras agrícolas, a modificação genética de vegetais e até a manipulação dos genes de animais procuram acompanhar o constante aumento de demanda por alimentos.

O homem levou dezenas de milhares de anos coletando e caçando, vagando de um lugar para outro. Depois se estabeleceu e levou apenas alguns milhares de anos produzindo o essencial para sua subsistência. A revolução industrial aconteceu há apenas algumas centenas de anos. O primeiro avião havia alçado voo há algumas décadas quando um veículo espacial pousou na lua.

Se nossos antepassados nômades não sabiam que seu modo de utilizar o que a natureza lhes proporcionava era ecologicamente correto; se os seus sucessores sedentários não sabiam que, ao se fixar em comunidades, estavam dando uma guinada na relação com o meio ambiente; se os precursores da Revolução Industrial e do desenvolvimento tecnológico pensavam que os recursos naturais eram infindáveis e jamais seriam exauridos; se todos eles, enfim, não tinham a exata noção do que representava a relação do homem com o meio ambiente, na última metade do século XX começaram a se elevar vozes alertando para a necessidade de ordenar essa relação que estava ameaçando o futuro da espécie humana.

A falta de água por causa da destruição das matas e da morte dos rios, a perda da diversidade biológica decorrente da substituição das florestas pela monocultura de alimentos, a poluição do ar, do solo e das águas pelos processos industriais, pelas atividades agrícolas e pelo comportamento da humanidade passaram a ser preocupações cada vez mais presentes e, consequentemente, exigiram cada vez mais a emissão de normas e a adoção de políticas públicas para tentar diminuir ou reverter o desequilíbrio ambiental.

Ultimamente tem merecido grande destaque nos meios de comunicação o fato de que o aquecimento global está aumentando a temperatura média anual do planeta, que as geleiras localizadas nos polos estão derretendo, que o nível do mar deverá subir muito nas próximas décadas, que as secas ou enchentes sazonais em determinadas regiões se tornarão mais frequentes e avassaladoras por causa do efeito estufa, causado pelo lançamento de poluentes no ar (Trennepohl, 2008).

O clima afeta todo o planeta e a constatação de sua rápida mudança torna palpável a possibilidade de danos irreparáveis que atingirão todos os povos de todos os cantos da Terra, onde milhões de pessoas já estão, literalmente, morrendo de fome e já é aceita sem maiores discussões a previsão de que quase um terço da população mundial não terá acesso à água necessária para sobreviver nas próximas décadas.

Já não se trata mais somente de salvar uma espécie ameaçada; agora é a espécie dominante, o *Homo sapiens*, que está na linha da ameaça. E o homem precisa pôr toda a sua capacidade criativa em ação e, principalmente, agir em conjunto como espécie intelectualmente evoluída, para tentar reverter, ou pelo menos frear, o processo de destruição de seu único habitat possível e da própria existência.

A PERCEPÇÃO DO PROBLEMA E A BUSCA POR SOLUÇÕES

No final do século XVIII, Thomas Malthus (1798) previu que a população cresceria em proporção geométrica e a produção de alimentos somente poderia crescer em proporção aritmética. Preconizou, destarte, que logo não seria possível produzir alimentos suficientes para toda a humanidade.

A consciência de que a busca desenfreada pelo crescimento econômico e a demanda cada vez mais intensa por bens de consumo estavam levando o mundo à exaustão dos recursos naturais e a um colapso nas perspectivas para o futuro da humanidade motivou alguns chefes de estado, líderes políticos, industriais, banqueiros e expoentes do mundo acadêmico a se reunir, em abril de 1968, em um pequeno vilarejo próximo a Roma, na Itália. Esse encontro ficou conhecido mundialmente como Reunião do Clube de Roma.

A finalidade da reunião era analisar e discutir alternativas de ações de longo prazo que deveriam ser tentadas em âmbito global, ultrapassando o pensamento estritamente nacional ou regional que costuma nortear as políticas públicas.

Em 1971, o Clube de Roma tornou público o seu primeiro relatório, intitulado "Limites para o crescimento", que causou grande impacto em todo o mundo, pois concluía que era necessário desacelerar o crescimento para evitar o declínio[1].

O diagnóstico do Clube de Roma (*The limits to growth*) concluiu, em síntese, que a degradação ambiental era resultado do descontrolado crescimento populacional e da demanda de recursos da Terra causada por esse crescimento, apontando como solução possível para minimizar os efeitos negativos dessa prática consumir menos ou não consumir determinados produtos para diminuir a produção (Randers, Meadows e Meadows, 1972).

Em 1972, foi realizada em Estocolmo, na Suécia, a Conferência das Nações Unidas sobre o Meio Ambiente Humano, o primeiro encontro mundial para discutir a questão ambiental, com a participação de 113 países, inclusive o Brasil, em que as discussões foram pautadas pela relação entre o meio ambiente e o desenvolvimento, surgindo o conceito de *ecodesenvolvimento* e, mais importante, resultando na criação do Programa das Nações Unidas para o Meio Ambiente (Pnuma)[2].

O termo ecodesenvolvimento foi cunhado pelo canadense Maurice Strong, primeiro dirigente do Pnuma e, posteriormente, Ignacy Sachs popularizou o conceito de uma política socialmente includente, capaz de aca-

---

[1] "Caso as presentes tendências de crescimento da população mundial, industrialização, poluição, produção de comida, e uso de recursos naturais não se alterarem, os limites para o crescimento no planeta serão atingidos em algum ponto nos próximos 100 anos. O resultado mais provável será um rápido e descontrolado declínio tanto em termos de população como capacidade industrial" (Conclusão do Relatório do Clube de Roma, 1972).

[2] O Pnuma, estabelecido durante a Conferência de Estocolmo, em 1972, tem sede no Quênia (United Nations Environment Programme – Nairobi, Kenya: http://www.unep.org) e atua através de seis escritórios regionais. O escritório da América Latina e Caribe está localizado no México (Programa de las Naciones Unidas para el Medio Ambiente – Oficina Regional para América Latina y el Caribe – http://www.pnuma.org) e o Brasil possui, desde 2004, um escritório do Programa, em Brasília. (http://www.onu-brasil.org.br).

bar com a exclusão social por meio da distribuição de riquezas e da conservação e garantia dos recursos naturais para esta e as futuras gerações. O problema do crescimento não pode ser tratado apenas sob a ótica quantitativa, isto é, a opção não se resume a crescer ou não crescer, mas sim a como crescer, à qualidade desse crescimento.

A expressão *ecodesenvolvimento* foi, aos poucos, caindo em desuso, mas o conceito, hoje mais conhecido como *desenvolvimento sustentável*, é um dos pilares sobre os quais se tenta ordenar a questão ambiental global[3].

A humanidade, no seu processo de novas descobertas a cada dia e de evolução tecnológica cada vez mais rápida – com a demanda cada vez maior de fontes de energia, de combustíveis, de produção de bens de consumo, de expansão das áreas para a agricultura e para a pecuária – está se aproximando de um momento crucial, que poderá determinar um novo salto na evolução ou simplesmente o fim da sua história.

A falta de água por causa da destruição das matas e da morte dos rios; a perda da diversidade biológica pela substituição das florestas pela monocultura intensiva; a poluição do ar, do solo e das águas pelos processos industriais, pelas atividades agrícolas e pelo comportamento da humanidade; e, principalmente, o aquecimento global. Estes são os grandes desafios do homem neste início do século XXI.

Durante a Conferência de Estocolmo, em 1972, chegou-se a uma conclusão completamente diferente daquela do Clube de Roma. A solução não era produzir menos, mas produzir melhor. Era necessário produzir sem desperdício, racionalizando a utilização dos recursos naturais e gerando menos resíduos sólidos, efluentes líquidos e emissões gasosas. Em última análise, era preciso produzir de forma mais limpa. Para tanto, seria imprescindível que a imposição de medidas restritivas do desenvolvimento desordenado para que se desse lugar ao incentivo ao desenvolvimento sustentável.

Em 1983, as Nações Unidas criaram a Comissão Mundial para o Meio Ambiente e o Desenvolvimento (Nations World Commission on Environment *and Development* – WCED), com o objetivo de examinar as questões críticas no aspecto ambiental global e apresentar propostas realistas e exequíveis para enfrentá-las, principalmente no que dizia respeito às formas de cooperação internacional. As conclusões dessa Comissão serviriam de tema

---

[3] O termo *desenvolvimento sustentável* foi empregado pela primeira vez num documento elaborado em 1980 pela União Internacional para a Conservação da Natureza (UICN).

principal para a Conferência das Nações Unidas para o Meio Ambiente e o Desenvolvimento, realizada no Rio de Janeiro em 1992.

Esta Comissão, que ficou conhecida como Comissão Brundtland, por ter sido presidida pela primeira-ministra da Noruega, Bro Harlem Brundtland, apresentou em 1987 seu relatório, que se tornou mundialmente conhecido como "Nosso futuro comum" (*Our common future*), em que concluiu que o crescimento econômico deveria ser integrado com a proteção ambiental e a equidade social, na mesma linha do *ecodesenvolvimento* apregado por Ignacy Sachs desde os anos 1970[4].

A humanidade tem a capacidade de tornar o desenvolvimento sustentável – de assegurar que ele atenda às necessidades do presente sem comprometer a capacidade das futuras gerações de atender às próprias necessidades (Conclusão do Relatório da Comissão Brundtland).

Entre 3 e 14 de junho de 1992, aconteceu a Conferência das Nações Unidas sobre Meio Ambiente e Desenvolvimento no Rio de Janeiro, a primeira cúpula internacional de grande magnitude depois do fim da Guerra Fria, com a presença de delegações nacionais de 175 países[5].

Ao contrário da Conferência de Estocolmo, em 1972, em que os blocos alinhados Norte/Sul e Leste/Oeste disputavam palmo a palmo a hegemonia política mundial e, por conseguinte, divergiam abertamente quanto a quaisquer iniciativas que implicassem envolvimento conjunto, mesmo por uma causa de extrema importância, na Cúpula do Rio a cooperação entre as nações prevaleceu sobre os conflitos ideológicos.

O resultado da Eco 92 foi muito além dos compromissos internacionais assumidos e assinados no evento. Viu-se que existe a possibilidade real de cooperação e de ações conjuntas entre todos os povos na busca de soluções para as questões ambientais que afetam a humanidade como um todo. Entre os acordos internacionais de parceria global, assinados naquela ocasião, encontram-se a Declaração do Rio e a Agenda 21.

A Declaração do Rio sobre Meio Ambiente e Desenvolvimento proclamou 27 (vinte e sete) princípios, dentre os quais se destaca o reconhecimento, pelos países desenvolvidos, da "responsabilidade que lhes cabe na busca internacional do desenvolvimento sustentável, tendo em vista as pressões exercidas por suas sociedades sobre o meio ambiente global e as tecnologias

---

[4] Comissão Mundial sobre Meio Ambiente e Desenvolvimento (1991).

[5] Esta reunião – *United Nations Conference on Environment and Development* – tornou-se conhecida internacionalmente como *Earth Summit* e, entre nós, como Rio 92 ou Eco 92.

e recursos financeiros que controlam". Dessa forma, concordaram que os estados têm responsabilidades comuns, porém diferenciadas conforme seu estágio de desenvolvimento.

Mais ainda, convencionou-se que "os estados devem cooperar na promoção de um sistema econômico internacional aberto e favorável, propício ao crescimento econômico e ao desenvolvimento sustentável em todos os países, de forma a possibilitar o tratamento mais adequado dos problemas da degradação ambiental".

Por último, a Declaração do Rio consignou que "as autoridades nacionais devem procurar promover a internacionalização dos custos ambientais e o uso de instrumentos econômicos, tendo em vista a abordagem segundo a qual o poluidor deve, em princípio, arcar com o custo da poluição, com a devida atenção ao interesse público e sem provocar distorções no comércio e nos investimentos internacionais".

Em 2012 aconteceu a Conferência das Nações Unidas sobre o Desenvolvimento Sustentável, a Rio+20, que lançou os Objetivos de Desenvolvimento Sustentável. A declaração final do encontro reafirma a necessidade de inclusão social e preservação ambiental no processo de desenvolvimento. O documento foi adotado oficialmente por 190 países e os 25 temas abordados pelo documento não tratam somente de meio ambiente *stricto sensu*, mas também de erradicação da pobreza, segurança alimentar, água, energia, saúde, emprego, oceanos, mudanças climáticas, consumo e produção sustentáveis.

AS NORMAS DE PROTEÇÃO DOS RECURSOS NATURAIS

A história aponta registros da preocupação com o uso de recursos naturais desde épocas remotas. Na China, durante a dinastia Chow (1122 a.C – 255 a.C), a ordem imperial recomendava a conservação das florestas. Na dinastia Tang (220-265), houve forte incremento no reflorestamento de áreas desmatadas e, na dinastia Sung (420-589), a própria casa imperial divulgou métodos de silvicultura.

Segundo Juraci Perez Magalhães (2002, p. 2):

> Em outros povos da Antiguidade encontramos, igualmente, referências à proteção ambiental. No século IV AC, na Grécia, Platão lembrava o papel prepon-

derante das florestas como reguladores do ciclo da água e defensoras dos solos contra a erosão. Em Roma, Cícero considerava inimigos do estado os que abatiam as florestas da Macedônia. Nessas civilizações havia leis de proteção à natureza. A famosa Lei das XII Tábuas (450 AC), por exemplo, já continha disposições para prevenir a devastação das florestas. Sabe-se também que o imperador hindu Asoka, em 242 AC, promulgou decreto de proteção aos animais terrestres, peixes e florestas. O Gran Senhor Mongol Kubli Kan, citado por Marco Polo, proibia a caça durante o período de reprodução das aves e dos mamíferos.

Na Europa, a madeira era tão escassa nos séculos XVII e XVIII, que em Douai, no norte da França, os pobres alugavam caixões para o sepultamento de seus familiares, devolvendo-os após as cerimônias fúnebres.

Em 1669, na França, Jean Baptiste Colbert, ministro de Luís XIV, promulgou o Decreto das Águas e Florestas, estabelecendo castigos severos para quem incendiasse florestas ou madeira, sanções que foram agravadas em 1714 para a pena de morte. A preocupação é perfeitamente compreensível. Não só a madeira era o único combustível disponível para o aquecimento e o cozimento dos alimentos, como a maioria dos aglomerados urbanos se situava nas margens dos bosques, pelo que um incêndio florestal podia pôr em risco toda a comunidade. As preocupações não tinham nenhuma intenção de preservar equilíbrio ambiental, vale dizer, não eram ecológicas, mas econômicas[6].

No Brasil, inicialmente sujeito às leis ultramarinas, as normas que se referem aos recursos naturais seguiram essas tendências, razão pela qual também não podem ser encaradas genericamente como normas ambientais pelo simples fato de se referirem a elementos da natureza, pois, embora muitas delas apresentem caráter protecionista, a finalidade não apresenta nenhuma preocupação com o meio ambiente.

Na época do descobrimento do Brasil, encontravam-se em vigor em Portugal as Ordenações Afonsinas, que consideravam crime de injúria ao Rei, desde 1393, o corte deliberado de árvores frutíferas. Mais antigo ainda

---

[6] O termo ecologia teria sido utilizado pela primeira vez por Ernest Haeckel, em 1866, para definir a ciência que estuda a interação entre os organismos e o meio. Outras fontes, no entanto, citam que o termo apareceu pela primeira vez no título de um tratado de Geobotânica escrito por Eugen Warming, professor de Botânica da Universidade de Copenhagen, em 1895.

era um dispositivo de 1326, que equiparava o furto de aves silvestres soltas na natureza a qualquer outro furto de bens do dono da propriedade[7].

Evidentemente, nesses casos, a preocupação com as árvores era motivada pela grande necessidade de madeira para atender à expansão ultramarina de Portugal, enquanto a proibição do furto de aves se revestia da preocupação com a propriedade material[8].

Seguiram-se as Ordenações Manuelinas, que vigoraram de 1521 até 1603. Eram, também, normas eminentemente voltadas à defesa dos interesses da realeza, em que os recursos naturais eram tratados como propriedade da Coroa Portuguesa e não como elementos ambientais.

As Ordenações Filipinas, de 1603, traziam penas severas para quem cortasse árvores frutíferas, como esta inserta no Livro 5, Título 75:

> O que cortar Arvore de fructo, em qualquer parte que estiver, pagará a estimação della ao seu dono em tresdobro. E se o dano, que asi fizer nas Arvores, for de valia de quatro mil réis, será açoutado, e degredado quatro anos para África. E se for valia de trinta cruzados, e dahi para cima, será degredado sempre para o Brazil.

As normas protecionistas, como a proibição da caça de coelhos no período da cria, a proteção às colmeias de abelhas melíponas, a determinação de que o pau-brasil fosse extraído com o menor prejuízo para a terra, não se preocupavam com o aspecto ambiental, mas com o valor econômico desses produtos.

O próprio Regimento do Pau-Brasil, de 12.12.1605, saudado como a primeira Lei Florestal do Brasil, trata a referida árvore como um insumo, um bem de produção, não como um elemento natural. Concordamos que o citado Regimento teve importante papel na política florestal brasileira, mas não com uma visão eminentemente ambiental[9].

---

[7] As Ordenações Afonsinas, editadas em 1446, não representavam propriamente uma codificação do direito, mas uma compilação da legislação vigente desde Afonso II até Afonso V, que tinha como base a legislação feudal ou costumeira, o direito romano e o direito canônico, tendo vigorado no Brasil, por sua situação de Colônia de Portugal, até 1521, quando foram publicadas as Ordenações Manuelinas.

[8] Este sentido de propriedade sobre a fauna influenciou a legislação brasileira até recentemente, consistindo, ainda hoje, motivo de controvérsia o Art. 1º da Lei n. 5.197/67, que trata do assunto.

[9] Aliás, como se verá adiante, a Lei n. 4.771/65 (Código Florestal) também tem uma conotação mais econômica do que ambiental.

Nem mesmo a criação do Jardim Botânico do Rio de Janeiro, por Decreto de D. João VI, em 13.06.1808, não tinha ainda uma intenção ambiental, embora inegável o papel que este importante instituto de pesquisa desempenha hoje na questão ambiental brasileira. O Jardim da Aclimação, denominação original do Jardim Botânico, foi criado para propiciar a aclimatação de mudas de especiarias trazidas das Índias Orientais, como o próprio nome indica[10].

Portanto, é romântica a visão de que o Jardim Botânico tenha sido a primeira unidade de conservação ambiental no Brasil, pois a motivação de D. João VI não tinha essa conotação.

É importante atentar para as iniciativas de D. João VI, datadas de 1818, em que determinava *"interromper a devastação florestal nas nascentes próximas da cidade e plantar árvores junto às nascentes de alguns rios"*, no bairro conhecido como "Tijuca Imperial", pois esses cursos d'água destinavam-se a garantir o abastecimento de água ao Rio de Janeiro, severamente ameaçado em razão dos desmatamentos. Essas foram, no nosso entendimento, as primeiras ordens de motivação eminentemente ecológica emitidas no Brasil, embora não tenham sido cumpridas, pois o desmatamento da serra da Tijuca continuou para a instalação de fazendas de café, chácaras e casas de veraneio.

Com as severas secas que assolaram o Rio de Janeiro entre 1821 e 1844, o governo imperial admitiu a necessidade de desapropriação de terras para reflorestar o entorno das nascentes, o que veio a ser concretizado somente em 11 de dezembro de 1861, quando D. Pedro II publicou o Decreto Imperial 577 com as *"Instruções provisórias para o plantio e conservação das Florestas da Tijuca e das Paineiras"*.

O pioneirismo desse instrumento como norma eminentemente ambiental está caracterizado na sua motivação, qual seja, "salvar os mananciais do Rio de Janeiro", utilizando plantas nativas "colligidas nas matas das Paineiras", devendo os Administradores "impedir a danificação das árvores, devendo prender e remeter à autoridade policial mais vizinha para ser processada a pessoa que for encontrada em flagrante delito" e ainda "não admitindo dentro das últimas indivíduo algum que não esteja competen-

---

[10] A informação se encontra no site oficial do Instituto de Pesquisas Jardim Botânico do Rio de Janeiro. Disponível em: http://www.jbrj.gov.br.

temente autorizado com a necessária portaria de licença, quer seja ou não para caçar"[11].

Não havia nenhuma intenção econômica imediata no plantio de árvores nativas, sem considerar seu valor como matéria-prima ou insumo na produção. Buscava-se, apenas, a manutenção de um recurso natural – a água, por meio da recuperação de outro recurso natural destruído –, a floresta.

As normas brasileiras que dispõem sobre as atividades que, de alguma forma, são lesivas ao meio ambiente podem ser divididas em três fases muito claras: a que buscava a proteção dos bens da Coroa Portuguesa, a que tinha como objetivo proteger os recursos naturais como insumos no processo produtivo e a que busca, efetivamente, proteger o meio ambiente.

Embora alguns doutrinadores citem o Regimento do Pau-Brasil como a primeira norma ambiental brasileira, entendemos que a menor preocupação daquela era com o meio ambiente, destinando-se, unicamente, a proteger os interesses econômicos da Coroa.

As Constituições brasileiras demonstram claramente a postura do país em relação ao meio ambiente. A Carta Política do Império estabelecia apenas a possibilidade de a legislação ordinária impor limitações a atividades que pudessem causar danos aos costumes públicos, à segurança e à saúde dos cidadãos.

---

[11] Decreto Imperial 577, de 11.12.1861, de D. Pedro II (também chamado de Decisão ou Portaria 577): Sua Majestade o Imperador há por bem aprovar as seguintes instruções provisórias para o plantio e conservação das florestas da Tijuca e das Paineiras:

1º – Nos terrenos nacionaes sitos na Tijuca e Paineiras, estabeler-se-ha uma plantação regular de arvoredos do paiz.

2º – Esta plantação se fará especialmente nos claros das florestas existentes nos ditos lugares pelo systema de mudas, devendo-se estabelecer, nos pontos que forem escolhidos, sementeiras ou viveiros de novas plantas.

3º – A plantação se fará em linhas rectas parallelas ás das outras. O trabalho começará nas margens das nascentes para um e outro lado, com a distancia de 25 palmos entre uma e outras arvores.

4º – As mudas que se entregarem não terão menos de três annos, nem mais de quinze de idade, e poderão ser colligidas nas matas das Paineiras, devendo a plantação ter lugar na estação própria.

8º – Aos Administradores, feitores e serventes das florestas, incumbe impedir a danificação das árvores, devendo prender e remeter á autoridade policial mais vizinha para ser processada a pessoa que for encontrada em flagrante delito.

9º – Empregarão todo o zelo na conservação das estradas que atravessam ou atravessarem as florestas; não admitindo dentro das últimas indivíduo algum que não esteja competentemente autorizado com a necessária portaria de licença, quer seja ou não para caçar, e inspecionando-as de modo que não sirvam de asilo a malfeitores.

A primeira Constituição republicana, de 24.02.1891, na declaração dos direitos individuais, omitiu até mesmo aquela restrição imposta às atividades que pudessem representar riscos para a saúde pública.

Na Constituição de 16.07.1934, aparecem as primeiras disposições constitucionais que poderiam resultar em normas infraconstitucionais com conotação ambiental, não fossem motivadas pela visão dos recursos naturais como insumos de produção ou pela finalidade estratégica dos bens naturais, demonstrando que a principal preocupação dos constituintes era com a economia e com a soberania e a defesa nacional, mesmo no que trata dos recursos naturais.

A Constituição de 10.11.1937 não trouxe nenhuma inovação no que respeita aos recursos naturais e sua utilização, uma vez que sua preocupação dominante era de cunho político/ideológico. Assim também a Constituição Federal de 18 de setembro de 1946, que se manteve no mesmo diapasão, apenas submetendo o uso da propriedade ao interesse coletivo e condicionando as limitações impostas pelo poder público à prévia indenização.

A Constituição de 24.01.1967, atípica pela situação política do país na época, também foi omissa na preocupação com o meio ambiente.

Somente com a Constituição atualmente em vigor o meio ambiente mereceu destaque, com um capítulo específico dedicado à matéria, tanto que foi aclamada como uma das mais modernas do mundo pela sua preocupação com a questão ambiental (Krell, 2008).

Na legislação ordinária, a situação não foi muito diferente. A Lei n. 4.771, de 15.07.1965 (Código Florestal Brasileiro), embora apresentando um inegável avanço ao prever a preservação da vegetação situada ao longo dos cursos d'água, nos topos de morros e montanhas, nas bordas de tabuleiros ou chapadas e nas encostas, demonstra que a preocupação mais acentuada era com a erosão das terras – e o consequente prejuízo para as atividades produtivas.

Conforme já manifestamos anteriormente, a preocupação principal do Código Florestal continuava sendo os insumos de produção:

> Excetuando-se os poucos dispositivos que tratam da vegetação de preservação permanente, a maior parte da lei trata da utilização dos recursos florestais de forma racional, com a finalidade de garantir as atividades econômicas para as quais servem de insumo.
>
> As disposições sobre o uso e aproveitamento dos produtos florestais, inclusive do carvão, são bem mais claras e objetivas que aquelas destinadas à preser-

vação ambiental sem fins econômicos, a ponto de permitir o uso de fogo, em práticas agropastoris nas florestas e demais formas de vegetação, se peculiaridades locais ou regionais justificarem essa prática, que sem dúvida traz consequências nefastas para o meio ambiente. (Trennepohl, 2006)

A Lei n. 5.197, de 3.01.1967, que dispunha sobre a proteção à fauna, ficou tristemente conhecida como "Lei da Caça", pois sua intenção maior era regular o exercício da caça, chegando ao ponto de determinar ao poder público estimular a formação e o funcionamento de clubes e sociedades amadoristas de caça e de tiro ao voo, atividade que classificava como "esporte" e, indo mais longe, estabeleceu que o poder público deveria criar parques de caça federais, estaduais e municipais, com fins recreativos, educativos e turísticos.

No caso da pesca, o Decreto-lei n. 221, de 28.02.1967, é uma norma totalmente voltada para o ordenamento da atividade pesqueira sob o enfoque da produção, e suas disposições que proíbem a prática em lugares e épocas interditadas pelo órgão competente têm como objetivo a manutenção dos estoques, não a preservação ambiental.

Os recursos hídricos, regulados pelo vetusto Decreto n. 24.643, de 10.07.1934, conhecido como "Código das Águas", não tinham melhor sorte, pois a norma, já nas justificativas introdutórias, declarava que sua motivação era permitir ao poder público controlar e incentivar o aproveitamento industrial das águas, deixando claro que não existia preocupação ambiental nessa norma.

O divisor de águas na legislação brasileira foi a Lei n. 6.938, de 31.08.1981, que instituiu a Política Nacional do Meio Ambiente. Embora, no que respeita a sanções aplicáveis pelo desrespeito às normas de proteção dos recursos naturais fosse bastante tímida, era uma lei claramente ambiental, preocupada com os recursos naturais como integrantes de um complexo sistema de vida, afastando-se da visão antropocêntrica dominante até então[12].

---

[12] A Lei n. 6.938, 31.08.1981, estabelecia no Art. 14 que o não cumprimento das medidas necessárias à preservação ou correção dos inconvenientes causados pela degradação da qualidade ambiental sujeitava os transgressores à multa simples ou diária correspondente no mínimo a 10 (dez) e no máximo a 1.000 (mil) Obrigações Reajustáveis do Tesouro Nacional (ORTNs), algo entre R$ 49,60 e R$ 4.960,00, respectivamente, em valores atuais.

OS INSTRUMENTOS DA POLÍTICA NACIONAL DO MEIO AMBIENTE

A Lei n. 6.938, de 31.08.1981, anterior à Constituição Federal de 1988, instituiu a Política Nacional do Meio Ambiente, tendo por objetivo a preservação, melhoria e recuperação da qualidade ambiental propícia à vida, visando assegurar, no país, condições ao desenvolvimento socioeconômico, aos interesses da segurança nacional e à proteção da dignidade da vida humana, segundo expresso em seu art. 2º.

Uma das principais preocupações do novo regramento era a compatibilização do desenvolvimento econômico-social com a preservação da qualidade do meio ambiente e do equilíbrio ecológico.

Para a consecução dos seus objetivos, a Lei n. 6.938/81 elegeu os seguintes instrumentos:

Art. 9º São instrumentos da Política Nacional do Meio Ambiente:

I – o estabelecimento de padrões da qualidade ambiental;

II – o zoneamento ambiental;

III – a avaliação de impactos ambientais;

IV – o licenciamento e a revisão de atividades efetiva ou potencialmente poluidoras;

V – os incentivos a produção e instalação de equipamentos e a criação ou absorção de tecnologia, voltados para a melhoria da qualidade ambiental;

VI – a criação de espaços territoriais especialmente protegidos pelo Poder Público Federal, Estadual e Municipal, tais como Áreas de Proteção Ambiental, de Relevante Interesse Ecológico e Reservas Extrativistas;

VII – o Sistema Nacional de Informações sobre o Meio Ambiente;

VIII – o Cadastro Técnico Federal de Atividades e Instrumentos de Defesa Ambiental;

IX – as penalidades disciplinares ou compensatórias ao não cumprimento das medidas necessárias à preservação ou correção da degradação ambiental.

X – a instituição do Relatório de Qualidade do Meio Ambiente, a ser divulgado anualmente pelo Instituto Brasileiro do Meio Ambiente e dos Recursos Naturais Renováveis – Ibama;

XI – a garantia da prestação de informações relativas ao Meio Ambiente, obrigando-se o Poder Público a produzi-las, quando inexistentes;

XII – o Cadastro Técnico Federal de Atividades Potencialmente Poluidoras e/ou Utilizadoras dos Recursos Ambientais.

De forma categórica, a nova ordem impunha a obrigatoriedade do prévio licenciamento ambiental para obras ou atividades que utilizassem recursos naturais ou fossem capazes de alterar suas características:

> Art. 10. A construção, instalação, ampliação e funcionamento de estabelecimentos e atividades utilizadoras de recursos ambientais, considerados efetiva e potencialmente poluidores, bem como os capazes, sob qualquer forma, de causar degradação ambiental, dependerão de prévio licenciamento de órgão estadual competente, integrante do Sistema Nacional do Meio Ambiente – Sisnama, e do Instituto Brasileiro do Meio Ambiente e dos Recursos Naturais Renováveis – Ibama, em caráter supletivo, sem prejuízo de outras licenças exigíveis.

A Lei Complementar n. 140/2011 alterou a redação do *caput*, que passou a viger com o seguinte teor:

> Art. 10. A construção, instalação, ampliação e funcionamento de estabelecimentos e atividades utilizadoras de recursos ambientais, efetiva ou potencialmente poluidores ou capazes, sob qualquer forma, de causar degradação ambiental, dependerão de prévio licenciamento ambiental.

A principal alteração na Lei n. 6.938/81 foi a revogação dos §§ 2º, 3º e 4º, do referido art. 10, por afastar o critério da abrangência do impacto e substituí-lo pelo critério da localização como fator determinante da competência para o licenciamento ambiental.

O PROCESSO DE LICENCIAMENTO

A submissão de certas atividades à aprovação prévia do estado é presença constante na legislação que trata do meio ambiente. Algumas dessas, por utilizarem diretamente recursos naturais; outras, por alterarem suas características e, outras ainda, por oferecerem risco potencial ao equilíbrio ambiental imprescindível à qualidade de vida do homem (Ayala, 2004).

Como o meio ambiente ecologicamente equilibrado é um direito inalienável da coletividade, incumbe ao poder público ordenar e controlar as atividades que possam afetar esse equilíbrio, em atendimento ao comando do art. 225 da Constituição Federal (Machado, 2006).

A Lei n. 6.938/81 elencou, entre os instrumentos disponíveis para a consecução desse objetivo, o licenciamento de atividades potencialmente poluidoras. Importante que se observe que poluição, na definição do art. 3º deste mesmo diploma legal, significa a degradação da qualidade ambiental que possa resultar em prejuízo à saúde, ao bem-estar da população, às atividades sociais e econômicas, à biota, às condições estéticas e sanitárias do meio ambiente, bem como o lançamento de matérias ou energia em desacordo com os padrões ambientais estabelecidos.

Vale dizer, todas as atividades humanas das quais resulte alguma modificação adversa que possa causar prejuízo imediato ou em consequência das quais exista risco de ocorrência futura estão sujeitas ao controle dos órgãos competentes, conforme disposto nas normas correspondentes (Benjamin, 2007).

Por se tratar da expressão mais usual e conhecida, optamos por utilizar licenciamento ambiental ao longo deste capítulo para definir o processo de concordância do poder público com as obras ou atividades condicionadas à aprovação do estado, embora, em muitas hipóteses, não se trate de uma licença na concepção administrativista da palavra, mas de autorização, conforme veremos adiante.

Ao tempo que representa um dos mais importantes instrumentos para a garantia da qualidade de vida das presentes e futuras gerações, o licenciamento ambiental é, também, um dos maiores pontos de discordância e polêmica, em função de uma injustificável omissão legislativa.

A Constituição Federal de 1988 estabelece, em seu art. 225, que a defesa do meio ambiente ecologicamente equilibrado incumbe ao poder público, indistintamente. E, no seu art. 23, ao definir as competências comuns dos entes federados, dentre as quais se destaca a proteção do meio ambiente, o combate à poluição, a preservação das florestas, da fauna e da flora, dispôs que Lei Complementar deveria fixar as normas para a cooperação entre a União, os estados, o Distrito Federal e os Municípios.

Infelizmente, somente em dezembro de 2011 foi editada essa Lei Complementar e, até então, tentou-se preenchê-la com leis ordinárias, decretos, resoluções e até portarias. Se, por um lado, esses atos eram capazes de estabelecer quais as atividades sujeitas ao licenciamento, os tipos de licenças ou autorização e as exigências para sua concessão, eram totalmente ineficazes para definir inquestionavelmente quem era a autoridade competente para emiti-las.

Os conflitos de competência decorrentes da falta de definição das áreas de atuação dos diferentes entes da federação – por Lei Complementar, conforme exigência expressa da Constituição Federal – levou a frequentes desentendimentos entre órgãos ambientais integrantes do Sisnama, pondo em risco a efetiva implantação desse sistema. Pior ainda, levou os administrados a uma situação de insegurança jurídica inaceitável, com lesões ao seu patrimônio e desestímulo ao investimento[13].

Encontramos, na obra de Patrícia Azevedo da Silveira (2003), uma definição que bem representava a zona cinzenta em que se inseria a matéria no nosso ordenamento jurídico: "Não há nada difícil e pouco tratado em matéria de Direito Ambiental como a divisão de competências em matéria administrativa".

Tornou-se comum o embargo de atividades, licenciadas por um integrante do Sisnama, por outro órgão, que se entendia competente para tanto. De igual sorte, tornaram-se corriqueiras as invasões em áreas de competência claramente demarcadas por normas que permaneciam em pleno vigor após a Constituição de 1988 e somente poderiam ser afastadas pela edição da Lei Complementar requerida pela Lei Maior.

O assunto foi muito bem observado por Vladimir Passos de Freitas (2005, p. 79):

> Há – é inegável – disputa de poder entre órgãos ambientais, fazendo com que, normalmente, mais de um atribua a si mesmo competência legislativa e material. Há, também, uma controvérsia histórica que jamais desaparecerá: o poder central está distante e desconhece os problemas locais; o poder local está mais próximo dos fatos, porém, é influenciado e envolvido nos próprios interesses.

Na verdade, era possível observar dois tipos de conflito de competência entre os órgãos dos diferentes níveis da Federação, no exercício da competência comum, que podemos definir como conflito de competência negativo e conflito de competência positivo.

Tratando-se de atuação que pudesse gerar desgaste político, como autuações, embargos de obras ou interdições de atividades, era comum que se invocasse a falta de definição explícita da competência no sistema jurídico para afastar uma eventual responsabilização por omissão ou conivência.

---

[13] Sistema Nacional do Meio Ambiente (Sisnama), composto dos órgãos e entidades da União, dos estados, do Distrito Federal, dos Territórios e dos Municípios, bem como as funções instituídas pelo poder público, responsáveis pela proteção e melhoria da qualidade ambiental (Lei n. 6.938/81, art. 6º).

Por outro lado, tratando-se de atuação da qual pudessem resultar ganhos de imagem junto à opinião pública ou mesmo ganhos econômicos, órgãos de diferentes níveis buscavam avocar a competência. Nesse último caso, inseria-se, normalmente, o licenciamento ambiental pelo fato de o Município e o estado estarem sempre dispostos a trazer para sua seara investimentos e empreendimentos que resultem em geração de empregos e renda e, também, pela previsão das compensações resultantes do licenciamento dos empreendimentos de maior porte.

Daniel Roberto Fink et al. (2004) comentam um dos motivos dos conflitos que costumavam surgir na definição da competência para o licenciamento: "Isto porque a experiência mostra que todos querem licenciar determinados empreendimentos. Outros, ninguém se habilita. Politicamente, por vezes, uma atividade é interessante. Outras representam um ônus sem retorno".

Mais recentemente, têm sido foco dos noticiários as obras do Programa de Aceleração do Crescimento (PAC). Diante da urgência emprestada a algumas dessas obras, a demora na emissão das licenças pelo órgão ambiental federal – Ibama – tem merecido muitas críticas, às vezes infundadas, pelo fato de os estudos necessários à avaliação dos impactos ambientais estarem incompletos ou errados.

Em muitos casos, as discordâncias e os conflitos sobre a competência para o exercício desse poder de polícia desaguavam no Poder Judiciário, o que era igualmente indesejável, pois remetia a este último a função de suprir uma deficiência legislativa. Ademais, tampouco nessa seara existia unanimidade. A diversidade de entendimentos sobre o fator determinante da competência para o licenciamento ambiental se refletia, também, nas decisões dos Tribunais. Conforme pode ser visto nos seguintes acórdãos, alguns julgadores acatavam o critério da abrangência do impacto, outros optavam pelo critério geográfico, enquanto outros, ainda, escolhiam o critério da dominialidade ou o da segurança nacional.

O Tribunal Regional Federal da 1ª Região, ao julgar agravo de instrumento, em 2005, adotou a premissa da abrangência do impacto como determinante da competência para o licenciamento, manifestando que, "sendo o impacto da obra meramente local, é razoável que o órgão estadual do meio ambiente conduza o processo de licenciamento"[14].

---

[14] TRF 1, AI n. 200501000378659, 6ª T., rel. Min. Maria Isabel Gallotti Rodrigues, j. 28.11.2005.

O mesmo TRF, ao julgar agravo de instrumento em 2001, havia decidido pela dominialidade como fator de definir a competência, ao dizer que é "imprescindível a intervenção do Ibama nos licenciamentos e estudos prévios relativos a empreendimentos e atividades com significativo impacto ambiental, de âmbito nacional ou regional, que afetarem terras indígenas ou bem de domínio da União"[15].

O Tribunal Regional Federal da 4ª Região, no julgamento de apelação cível em 2005, esposou a tese da magnitude do dano como elemento que es-

---

Processual civil. Agravo de instrumento. Estudo de impacto ambiental para licenciamento de obra de hidrelétrica. Competência. Órgão estadual. Impacto local.

1. Estando em curso procedimento de licenciamento ambiental, no tocante ao empreendimento da Usina Hidrelétrica de Dardanelos, não fica caracterizado possível dano ao meio ambiente, tendo em vista que a obra não pode ser iniciada antes da conclusão do estudo e da expedição de licença.

2. Sendo o impacto da obra meramente local, conforme reconhecido pelo próprio Ibama, é razoável que o órgão estadual do meio ambiente conduza o processo de licenciamento.

3. Agravo de Instrumento ao qual se dá provimento.

[15] TRF 1, AI n. 200101000306075, 6ª T., rel. Alexandre Machado Vasconcelos (convocado), j. 17.09.2001.

Constitucional. Administrativo. Processual civil. Ação civil pública. Decisão concessiva de provimento liminar. Agravo de instrumento: reexame dos pressupostos da liminar. Agravo regimental: não cabimento. Construção de usina hidrelétrica em rio de domínio da união e que atravessa áreas de terras indígenas. Estudo de impacto ambiental e relatório de impacto ambiental. Licenciamento ambiental:

Competência do Ibama. Dispensa de licitação: requisitos (art. 24 da Lei n. 8.666/93). Aproveitamento de recursos hídricos em terras indígenas: necessidade de prévia autorização do Congresso Nacional.

1. Não cabe agravo regimental da decisão que confere ou nega efeito suspensivo em agravo de instrumento (art. 293, § 3º, do RI/TRF – 1ª Região).

2. O objeto do agravo de instrumento, interposto contra decisão concessiva de provimento liminar, cinge-se ao reexame dos pressupostos para a sua concessão: *fumus boni juris* e *periculum in mora*.

3. É imprescindível a intervenção do Ibama nos licenciamentos e estudos prévios relativos a empreendimentos e atividades com significativo impacto ambiental, de âmbito nacional ou regional, que afetarem terras indígenas ou bem de domínio da União (art. 10, *caput* e § 4º, da Lei n. 6.938/81 c/c art. 4º, I, da Resolução n. 237/97 do Conama).

4. A dispensa de licitação prevista no Art. 24, XIII, da Lei n. 8.666/93 requer que a contratada detenha inquestionável reputação ético-profissional.

5. O aproveitamento de recursos hídricos em terras indígenas somente pode ser efetivado por meio de prévia autorização do Congresso Nacional, na forma prevista no art. 231, § 3º, da Constituição Federal. Essa autorização deve anteceder, inclusive, aos estudos de impacto ambiental, sob pena de dispêndios indevidos de recursos públicos.

6. Agravo regimental não conhecido.

7. Agravo de instrumento a que se nega provimento.

tabelece a competência para o licenciamento, rechaçando expressamente o princípio da dominialidade, decidindo que "o fato de o bem afetado pertencer à União não implica a necessidade de licenciamento ou fiscalização ser realizado pelo órgão federal competente. O que interessa, segundo a lei, é a magnitude do dano"[16].

É importante notar outra passagem da decisão vista acima, do mesmo TRF, ao se referir à polêmica norma infralegal emanada do Conselho Nacional do Meio Ambiente, pois afirma que

> não se vislumbra inconstitucionalidade impingida na Resolução 237 do Conama, tendo-se em vista que foi expedida em harmonia com a Constituição da República e com a legislação federal, sendo, portanto, meio legislativo idôneo para esmiuçar e regulamentar o comando legal que, por sua natureza geral, não se ocupa de questões específicas e particulares.

Em outra decisão, originada por apelação em mandado de segurança, em 2001, o Tribunal fulmina a norma do Conselho Nacional do Meio Ambiente, afirmando que "a Resolução Conama n. 237/97, que introduziu a municipalização do procedimento de licenciamento, é eivada de inconstitucionalidade, posto que exclui a competência da União nessa espécie de procedimento"[17].

---

[16] TRF 4, Ap. Cível n. 200272080031198, 4ª T., rel. Des. Valdemar Capeletti, j. 27.07.2005 Administrativo. Ação civil pública. Obras de dragagem e bota-fora da foz do Rio Camboriú. Licenciamento e fiscalização.

1. O fato de o bem afetado pertencer à União não implica a necessidade de o licenciamento ou fiscalização ser realizado pelo órgão federal competente. O que interessa, segundo a lei, é a magnitude do dano (§ 4º, do Art. 10, da Lei n. 6.938/81).

2. O licenciamento deferido pela Fatma, órgão estadual de controle ambiental, não exclui a possibilidade de que o Ibama, no exercício da competência prevista no art. 23, VI, da CF/88, impeça a realização da obra, uma vez constatada a degradação ao meio ambiente.

3. Não se vislumbra inconstitucionalidade impingida na Resolução n. 237 do Conama, tendo-se em vista que foi expedida em harmonia com a Constituição da República e com a legislação federal, sendo, portanto, meio legislativo idôneo para esmiuçar e regulamentar o comando legal que, por sua natureza geral, não se ocupa de questões específicas e particulares.

[17] TRF 4, Ap. Cível em MS n. 200004011184978, 3ª T., rel. Des. Luiza Dias Cassales, j. 09.10.2001.

Administrativo. Mandado de segurança. Autuação por desmatamento. Competência do Ibama. Art. 23, inciso VI, da Constituição Federal. Lei n. 6.938/81. Resolução Conama 237/97. Inconstitucionalidade.

1. Competência do Ibama em se tratando de licenciamento ambiental.

Ainda o TRF da 4ª Região, no julgamento de outra apelação cível, em 2002, adotou um entendimento de que dois fatores, concomitantemente, o interesse nacional e a dominialidade, configurados pela localização da área em Zona Costeira e pelo fato de os terrenos de marinha representarem bens da União, afastavam a competência do órgão ambiental estadual, atraindo-a para o órgão federal. Segundo o julgamento, o órgão estadual não teria

> competência para autorizar construção situada em terreno de marinha, Zona Costeira, esta considerada como patrimônio nacional pela Carta Magna, visto tratar-se de bem da União, configurando interesse nacional, ultrapassando a competência do órgão estadual[18].

O Tribunal Regional Federal da 1ª Região, ao julgar agravo de instrumento em 2003, embora tenha decidido pelo princípio da abrangência do

---

2. A Resolução Conama n. 237/97, que introduziu a municipalização do procedimento de licenciamento, é eivada de inconstitucionalidade, posto que exclui a competência da União nessa espécie de procedimento.

3. A Lei n. 6.938/81, adequada com a nossa Carta constitucional, rege a competência do Ibama.

[18] TRF 4, Ap. Cível n. 199804010096842, 4ª T, rel. Des. Joel Ilan Paciornik, j. 18.12.2002. Administrativo. Ambiental. Ação civil pública promovida pela União. Construção de hotel. Município de Porto Belo. Zona de promontório. Área de preservação permanente. *Non aedificandi*. Licença nula. Descumprimento da legislação ambiental. Inexistência de avaliação ambiental. Princípio da prevenção. Desfazimento da obra.

1. O empreendimento está localizado em área de promontório, considerada de preservação permanente pela legislação estadual (Lei n. 5.793/80 e Decreto n. 14.250/81) e pela legislação municipal (Lei Municipal n. 426/84), e, por consequência, área *non aedificandi*, razão pela qual a licença concedida pela Fatma é nula, visto que não respeitou critério fundamental, a localização do empreendimento.

2. A Fatma não possuía competência para autorizar construção situada em terreno de marinha, Zona Costeira, esta considerada como patrimônio nacional pela Carta Magna, visto tratar-se de bem da União, configurando interesse nacional, ultrapassando a competência do órgão estadual.

3. Ante o princípio da prevenção, torna-se imperiosa a adoção de alguma espécie de avaliação prévia ambiental.

4. Os interesses econômicos de uma determinada região devem estar alinhados ao respeito à natureza e aos ecossistemas, pois o que se busca é um desenvolvimento econômico vinculado ao equilíbrio ecológico.

5. Um meio ambiente sadio e ecologicamente equilibrado representa um bem e interesse transindividual, garantido constitucionalmente a todos, estando acima de interesses privados.

6. Apelos providos.

impacto como responsável pelo estabelecimento da competência para o licenciamento, consignou o entendimento de que a possibilidade de influência sobre Unidade de Conservação administrada pelo órgão federal "torna imprescindível a participação do Ibama em todas as fases do processo de licenciamento, como um dos órgãos licenciadores"[19].

O Superior Tribunal de Justiça, julgando recurso especial em 2004, decidiu pelo interesse preponderante como elemento que determina a competência para o licenciamento e, em clara rejeição da Resolução Conama n. 237/97, afirmou que "existem atividades e obras que terão importância ao mesmo tempo para a Nação e para os estados e, nesse caso, pode até haver duplicidade de licenciamento"[20].

---

[19] TRF 1, AI n. 200001001367046, 5ª T., rel. Des. Selene Maria de Almeida, j. 24.11.2003. Ambiental. Agravo de instrumento. Ação civil pública. Implantação de usina hidrelétrica. Licença prévia. Competência. Risco de danos significativos ao meio ambiente. Equilíbrio ecológico do Parque Nacional das Emas. Participação do Ibama no licenciamento. Imprescindibilidade. Possibilidade de perda do financiamento obtido. Interesse público. Prevalência. Princípio da precaução. Presença dos requisitos necessários à concessão da liminar.

1. O Art. 10, § 4º da Lei n. 6.983/81 atribuiu competência ao Ibama para o licenciamento de empreendimentos que envolvam a utilização de recursos naturais e que sejam potencialmente causadores de significativos danos ao meio ambiente, de âmbito regional ou nacional. No caso, trata-se de empreendimento de impacto regional, pois visa ao abastecimento de energia a toda a região Sudeste e integrará o sistema Sul-Sudeste do país.

2. A implantação de usina hidrelétrica em área que poderá influenciar diretamente no equilíbrio ecológico do Parque Nacional das Emas, em razão de sua proximidade, torna imprescindível a participação do Ibama em todas as fases do processo de licenciamento, como um dos órgãos licenciadores, devendo submeter-se ao seu crivo o EIA/Rima, bem como os demais estudos ambientais referentes ao empreendimento.

3. A alegação da possibilidade de perda do financiamento obtido pela agravante, em razão da suspensão dos efeitos da licença prévia determinada pelo juízo *a quo*, não deve prevalecer sobre o melhor interesse público que norteia a atividade do Poder Público em matéria ambiental.

4. O princípio da precaução recomenda, no presente caso, a participação do Ibama no processo de licenciamento, visando a coibir a ocorrência de danos ambientais irreparáveis no Parque Nacional das Emas.

5. Presentes os requisitos necessários à concessão da liminar na ação civil pública, consubstanciados na plausibilidade do direito invocado pelos autores e no fundado receio de dano irreparável, a manutenção da decisão recorrida é medida que se impõe.

6. Agravo de instrumento improvido.

[20] STJ, REsp n. 200301597545, 1ª T., rel. Min. José Delgado, j. 17.02.2004. Administrativo e ambiental. Ação civil pública. Desassoreamento do Rio Itajaí-Açu. Licenciamento. Competência do Ibama. Interesse nacional.

1. Existem atividades e obras que terão importância ao mesmo tempo para a Nação e para os estados e, nesse caso, pode até haver duplicidade de licenciamento.

O fato de um empreendimento ou atividade estar em processo de licenciamento em um determinado órgão ambiental não afasta o poder de polícia dos demais. Assim, caso se comprove que um órgão licenciador é inepto ou permanece inerte ou omisso, a qualquer tempo, outro pode exercer a fiscalização sobre a atividade ou obra (não sobre o órgão em questão), autuando e promovendo a apuração da infração por meio do processo administrativo próprio.

O Tribunal Regional Federal da 1ª Região, julgando apelação em mandado de segurança, em 2004, decidiu que

> o fato de o pedido de licenciamento ambiental estar em trâmite junto à Secretaria do Meio Ambiente do Distrito Federal – Semarh não retira a competência do Ibama para exercer o seu poder de polícia sobre atividades potencialmente poluidoras[21].

2. O confronto entre o direito ao desenvolvimento e os princípios do direito ambiental deve receber solução em prol do último, haja vista a finalidade que este tem de preservar a qualidade da vida humana na face da terra. O seu objetivo central é proteger patrimônio pertencente às presentes e futuras gerações.

3. Não merece relevo a discussão sobre ser o Rio Itajaí-Açu estadual ou federal. A conservação do meio ambiente não se prende a situações geográficas ou referências históricas, extrapolando os limites impostos pelo homem. A natureza desconhece fronteiras políticas. Os bens ambientais são transnacionais. A preocupação que motiva a presente causa não é unicamente o rio, mas, principalmente, o mar territorial afetado. O impacto será considerável sobre o ecossistema marinho, o qual receberá milhões de toneladas de detritos.

4. Está diretamente afetada pelas obras de dragagem do Rio Itajaí-Açu toda a zona costeira e o mar territorial, impondo-se a participação do Ibama e a necessidade de prévios EIA/Rima. A atividade do órgão estadual, *in casu*, a Fatma, é supletiva. Somente o estudo e o acompanhamento aprofundado da questão, através dos órgãos ambientais públicos e privados, poderão aferir quais os contornos do impacto causado pelas dragagens no rio, pelo depósito dos detritos no mar, bem como sobre as correntes marítimas, sobre a orla litorânea, sobre os mangues, sobre as praias, e, enfim, sobre o homem que vive e depende do rio, do mar e do mangue nessa região.

5. Recursos especiais improvidos.

[21] TRF 1., Ap. em MS n. 200334000003628, 5ª T., rel. Des. Selene Maria de Almeida, j. 13.12.2004.

Mandado de segurança. Posto revendedor de derivados de petróleo. Autuação e interdição pelo Ibama por ausência de licenciamento ambiental. Competência supletiva do Ibama. Leis ns. 6.938/ 81 e 9.605/98. Irregularidades. Prova pré-constituída. Ausência de direito líquido e certo.

1. A Lei n. 6.938/81 confere competência supletiva ao Ibama para fiscalizar as atividades consideradas potencial e efetivamente poluidoras e a Lei n. 9.605/98 estabelece sua competência para autuar a instaurar processo administrativo contra condutas lesivas ao meio ambiente.

Merece atenção, também, a competência supletiva, prevista em vários diplomas legais, que não deve ser encarada como a possibilidade de um órgão ambiental avocar o licenciamento de determinada atividade ou obra em detrimento da atuação de outro, afastando o primeiro do processo. O órgão ambiental federal em relação aos órgãos estaduais ou municipais ou vice-versa podem atuar supletivamente quando comprovarem interesse no evento. Essa atuação supletiva não deve ser entendida como competência substitutiva, pois os Tribunais têm decidido que, ocorrendo essa hipótese, deve ser estabelecida uma atuação conjunta. Nesse sentido, o Tribunal Regional Federal da 1ª Região, em 2004, julgando agravo de instrumento, confirmou que o órgão ambiental estadual se abstivesse de conceder licença "até eventual manifestação positiva" do órgão que detém a competência supletiva[22].

Nas decisões apresentadas fica claro que não existia uniformidade no entendimento do Poder Judiciário sobre qual o elemento que determina a competência para licenciar, no que se refere ao meio ambiente, às obras, em-

---

2. O fato de o pedido de licenciamento ambiental estar em trâmite junto à Secretaria do Meio Ambiente do Distrito Federal – Semarh não retira a competência do Ibama para exercer o seu poder de polícia sobre atividades potencialmente poluidoras.

3. A atuação supletiva do Ibama, apesar de a lei não indicar os seus parâmetros, deverá ocorrer, principalmente, em duas situações: se o órgão estadual ambiental for inepto ou se o órgão permanecer inerte ou omisso.

4. Diante da farta prova produzida pelo Ibama, não refutada pela recorrente, que não logrou trazer prova pré-constituída capaz de neutralizar a força probante dos laudos produzidos pelo órgão público, dúvida não há quanto à conduta lesiva ao meio ambiente.

5. Apelação improvida.

[22] TRF 1, AI n. 200201000443450, 5ª T., rel. Des. Selene Maria de Almeida, j. 05.11.2004. Processual civil. Administrativo. Ambiental. Polo de agricultura. Competência supletiva do Ibama para participar do processo de licenciamento e implantação do empreendimento. Acórdão do TRF/1ª Região. Decisão que suspendeu as licenças concedidas pelo Naturatins até manifestação positiva do Ibama. Legalidade. Plausibilidade do direito invocado. Ausência.

1. O TRF/1ª Região, no julgamento do agravo de instrumento n. 2002.01.00.014292-3/TO (*DJ* 03.12.2003), determinou a manutenção do Ibama em atuação supletiva com o Instituto Natureza do Tocantins (Naturatins) no processo de licenciamento e implantação do Polo de Fruticultura Irrigada São João, situado no Rio Tocantins, no município de Porto Nacional/TO.

2. Não merece reforma a decisão que determinou ao Naturatins que se abstenha de conceder a licença de instalação ao referido empreendimento, bem como suspendeu as licenças já concedidas, até eventual manifestação positiva do Ibama, órgão que detém a competência supletiva para participar do processo de licenciamento, conforme decidido, o que afasta a plausibilidade do direito invocado.

3. Agravo de instrumento do estado do Tocantins e do Naturatins improvido.

preendimentos ou atividades sujeitas a essa anuência do poder público. Com o advento da Lei Complementar n. 140/2011, espera-se que boa parte dessas incertezas jurídicas sejam afastadas.

Em alguns casos, parece claro que a própria Constituição Federal de 1988 já havia afastado as dúvidas sobre a competência para licenciar as atividades – enquanto ausente a Lei Complementar. Embora somente o art. 225 faça referência específica ao meio ambiente, o art. 23 declara como competência comum dos entes federados a sua proteção. Assim, na ocorrência de casos como aqueles do art. 21 – que estabelece ser de competência da União dispor sobre os serviços e instalações de energia elétrica e aproveitamento energético dos cursos de água, a navegação aérea, aeroespacial e a infraestrutura aeroportuária e os portos marítimos, fluviais e lacustres –, parece-nos inquestionável que era do ente federal a competência para gerenciar essas atividades, em todos os sentidos, inclusive ambiental.

No caso de licenciamento de terminais portuários, a Portaria Interministerial MMA/SEP/PR n. 425, de 26 de outubro de 2011, instituiu o Programa Federal de Apoio à Regularização e Gestão Ambiental Portuária, tratando da regularização de portos já em funcionamento sem as devidas licenças. Este regramento não foi prejudicado pelo advento das competências estabelecidas pela Lei Complementar, uma vez que se destina apenas a portos já implantados e em operação, excetuadas as obras de ampliação e atividades de dragagem.

A Lei Complementar n. 140/2011 trouxe outra importante inovação no que se refere à competência para o licenciamento. Até seu advento, entendia-se que a competência para licenciar as atividades cuja regulação era de competência privativa da União – previstas no art. 22 da Constituição, entre as quais a navegação lacustre, fluvial, marítima, as jazidas, minas e outros recursos minerais, as que envolvem populações indígenas e as atividades nucleares de qualquer natureza – era de competência da União. No entanto, o art. 7º, XIV, excluiu da competência da União o licenciamento, os empreendimentos elétricos, portos, as jazidas, minas e outros recursos minerais (exceto radiativos), adotando o critério da localização, independentemente do fato de serem regulados privativamente e concedidos pela União.

O art. 7º, parágrafo único, da Lei Complementar n. 140/2011 estabelece que os empreendimentos localizados em áreas que compreendam faixas terrestres e marítimas somente serão de competência exclusiva da União quando atenderem a pressupostos estabelecidos em ato do poder público, considerando os critérios de porte, potencial poluidor e natureza.

Afora os casos em que a própria Lei Maior já estabelecia a preferência de determinado ente federado, outros indicadores eram utilizados, muitas vezes equivocadamente, para definir a competência, o que motivava consistentes argumentos contrários ou favoráveis. Entre estes fatores determinantes da competência, certamente o mais contestado pelos órgãos ambientais estaduais e municipais era o da dominialidade, segundo o qual todas as atividades capazes de causar alterações adversas nos bens da União, definidos pelo art. 20 da Constituição Federal, entre estes o mar territorial, os terrenos de marinha e seus acrescidos, os potenciais de energia hidráulica e os recursos minerais, deveriam ser licenciadas pelo órgão federal de meio ambiente.

Celso Antonio Pacheco Fiorillo (2003, p. 57), comentando o domínio dos bens estabelecido pela Constituição, ensina:

> Dessa forma, temos que a Constituição Federal, ao outorgar o domínio de alguns bens à União ou aos estados, não nos permite concluir que tenha atribuído a eles a titularidade de bens ambientais. Significa dizer tão-somente que a União ou o estado (dependendo do bem) serão seus gestores, de forma que toda vez que alguém quiser explorar algum dos aludidos bens deverá ser autorizado pelo respectivo ente federado, porquanto este será o ente responsável pela "administração" do bem e pelo dever de prezar pela sua preservação.

Contrapondo-se a essa corrente que defendia o estabelecimento da competência através da dominialidade, era forte o argumento de que não seria possível – nem lógico – que o órgão federal se incumbisse de licenciar todas as intervenções nos terrenos de marinha, em um país com quase 9 mil quilômetros de litoral.

Patrícia Azevedo da Silveira (2003, p. 136) entende que

> a atribuição de competência deve, na verdade, transcender a interpretação gramatical ou a definição tipológica apresentada pelo legislador e atender ao peso do interesse predominante (nacional, regional ou local), somado à possibilidade de execução,

para, logo em seguida, vincular a preponderância do interesse à dominialidade, ao afirmar "que nos casos de licenciamento ambiental a competência para tal ato deve repousar precipuamente na análise do domínio".

Uma das correntes doutrinárias mais difundidas defendia a tese de que a competência para o licenciamento decorria da preponderância dos interesses (ambientais) envolvidos. Embora fosse o entendimento mais aceito e utilizado, igualmente deixava margens a questionamentos, eis que o art. 225, § 4º, da Constituição declara a Floresta Amazônica brasileira, a Mata Atlântica, a Serra do Mar, o Pantanal Mato-Grossense e a Zona Costeira como sendo patrimônio nacional, deixando claro que o interesse nesses recursos naturais extrapola os limites dos estados em que estão situados[23].

A competência para o licenciamento ambiental é, certamente, um dos assuntos mais palpitantes do direito ambiental brasileiro, pois a falta de precisa regulamentação permite diferentes interpretações e aplicações, levando aos conflitos que se tornaram constantes na sua aplicação prática pelos órgãos ambientais integrantes do Sistema Nacional do Meio Ambiente. Nesse sentido, a recente Lei Complementar n. 140/2011 está longe de afastar todas as dúvidas e controvérsias, mesmo porque muitos de seus dispositivos ainda dependem de regulamentação.

Em cada caso, no entanto, até que se estabeleça, definitivamente e de forma insofismável, o papel de cada integrante do Sisnama no licenciamento ambiental, os casos de conflito devem ser analisados à luz das disposições constitucionais, da legislação ordinária existente, da analogia, dos princípios gerais do Direito e da jurisprudência já firmada pelo Poder Judiciário.

CONCEITO DE LICENÇAS AMBIENTAIS

A legislação ambiental, exceto em raras oportunidades, quando emprega o termo anuência, geralmente utiliza a expressão licença para definir o ato formal que manifesta a concordância do poder público com determinada obra ou atividade.

Inicialmente, é necessário diferenciar o licenciamento ambiental da licença administrativa *lato sensu*, pelas marcantes diferenças que existem entre permissão, licença e autorização como atos administrativos individuais e licenciamento ambiental como um processo.

Segundo Hely Lopes Meirelles (1999, p. 170), permissão é

---

[23] Cabe à União a matéria de interesse nacional, aos estados a de interesse regional e aos Municípios a de interesse local.

o ato administrativo negocial, discricionário e precário, pelo qual o poder público faculta ao particular a execução de serviços de interesse coletivo, ou o uso especial de bens públicos, a título gratuito ou remunerado, nas condições estabelecidas pela Administração.

Por sua vez, licença é

o ato administrativo vinculado e definitivo pelo qual o poder público, verificando que o interessado atendeu a todas as exigências legais, faculta-lhe o desempenho de atividades ou a realização de fatos materiais antes vedados ao particular, como o exercício de uma profissão, a construção de um edifício em terreno próprio.

Por último, autorização é "o ato administrativo discricionário e precário pelo qual o poder público torna possível ao pretendente a realização de certa atividade, serviço, ou utilização de determinados bens particulares ou públicos, de seu exclusivo ou predominante interesse, que a lei condiciona à aquiescência prévia da Administração, tais como o uso especial de bem público, o porte de arma, o trânsito por determinados locais etc.".
Maria Sylvia Zanella di Pietro (2005, p. 218) define a autorização como

ato administrativo unilateral, discricionário e precário pelo qual a Administração faculta ao particular o uso de bem público (autorização de uso), ou a prestação de serviço público (autorização de serviço público), ou o desempenho de atividade material, ou a prática de ato que, sem esse consentimento, seriam legalmente proibidos (autorização como ato de polícia).

Já a licença é definida pela autora como "ato administrativo unilateral e vinculado pelo qual a Administração faculta àquele que preencha os requisitos legais o exercício de uma atividade".

Portanto, de forma bastante simplificada, no direito administrativo a licença é concedida para o interessado que cumpre todas as exigências previstas em lei para a realização de determinada atividade, tratando-se de ato vinculado, afastada a discricionariedade por parte do administrador. Cumpridas todas as exigências legais, o poder público não pode se negar a conceder a licença administrativa, que gera direitos ao seu detentor, inclusive indenização no caso de revogação ou cancelamento indevido durante o prazo de vigência.

Paulo de Bessa Antunes (2006, p. 128) explica que "a licença administrativa possui caráter de definitividade, só podendo ser revogada por interesse público ou por violação das normas legais, mediante indenização". Já o licenciamento ambiental apresenta diferenças marcantes, a começar pela discricionariedade. Celso Antonio Pacheco Fiorillo (2003, p. 66) ensina que "a licença ambiental deixa de ser um ato vinculado para ser um ato com discricionariedade *sui generis*", citando, como exemplo, que um estudo de impacto ambiental pode apontar um empreendimento como desfavorável e, ainda assim, a autoridade competente proceder ao licenciamento, ou vice-versa.

A própria Constituição Federal de 1988 demonstra a impropriedade terminológica do termo licença, pois, no art. 170, que trata do exercício das atividades econômicas, emprega o termo autorização.

O licenciamento ambiental tem caráter preventivo, para evitar ou minimizar os danos ao meio ambiente. Segundo Toshio Mukai (1994, p. 80), "o controle administrativo preventivo das atividades e empreendimentos que possam causar danos ao meio ambiente deve ser efetuado por meio de autorizações", excetuando-se a anuência para construir, em que a concordância do poder público é representada pela licença e a utilização de bens de domínio público, como os recursos hídricos, em que o instrumento adequado é a concessão administrativa ou a permissão de uso.

Diz o mesmo autor, ainda, que,

> quando a Lei n. 6.938/81 prevê que o licenciamento ambiental e a revisão do licenciamento de atividade efetiva ou potencialmente poluidora são instrumentos da Política Nacional do Meio Ambiente, após a Constituição de 1988, por força de seu art. 225, *caput*, não resta dúvida nenhuma de que tais expressões devem ser entendidas como sinônimos de autorizações, atos administrativos precários e discricionários.

Não obstante, clara a diferença conforme se tratar de matéria ambiental ou administrativa, em alguns aspectos a licença ambiental guarda semelhanças com a licença administrativa. Na hipótese da superveniência de norma que impeça a continuidade de atividade regularmente aprovada, sem possibilidade de adequação às novas regras, a suspensão ou revogação da licença ambiental ou a negativa de sua renovação obrigam à indenização do favorecido. No caso de uma indústria, por exemplo, devidamente aprovada pelo órgão competente para se instalar em local onde não existe restrição para a atividade, em sobrevindo alteração na legislação de ocupação do solo que proíba seu funcionamento, é-lhe devida a indenização decorrente da interrupção de suas atividades.

Como bem observa Antonio Herman Benjamin (2007), essa garantia não deve ser encarada como um direito adquirido de poluir.

A edição de regras mais restritivas, por exemplo, de emissão de poluentes, obriga o licenciado a adequar suas atividades aos novos limites estabelecidos, sob pena de suspensão da atividade sem direito a indenização. Igualmente não deve ser confundida com a suspensão de atividades por imposição de penalidade ou pelo descumprimento de condicionantes constantes do licenciamento.

Portanto, a maior parte das manifestações de concordância do poder público, em matéria ambiental, representa uma autorização, não uma licença, na concepção consagrada pelo direito administrativo.

TIPOS DE LICENÇAS AMBIENTAIS

São várias as modalidades de licenças ambientais, algumas com a liturgia para a sua emissão perfeitamente estabelecida, outras sem nenhuma regulamentação quanto aos procedimentos que a antecedem.

A Lei n. 6.938/81 estabelecia, em seu art. 10, que dependiam de prévio licenciamento ambiental

> a construção, instalação, ampliação e funcionamento de estabelecimentos e atividades utilizadoras de recursos ambientais, considerados efetiva e potencialmente poluidores, bem como os capazes, sob qualquer forma, de causar degradação ambiental.

A nova redação do precitado dispositivo, por força da Lei Complementar n. 140/2011, pouco alterou o caput, revogando, no entanto, os §§ 2º, 3º e 4º, que tratavam da competência.

A exigência do licenciamento prévio não encontra nenhuma restrição em sede constitucional. No entanto, a disposição final do art. 10, de que este licenciamento seria procedido "pelo órgão estadual competente, integrante do Sistema Nacional do Meio Ambiente – Sisnama, e do Instituto Brasileiro do Meio Ambiente e dos Recursos Naturais Renováveis – Ibama, em caráter supletivo", embora tivesse sua redação dada pela Lei n. 7.804/89, posterior à Constituição Federal, era questionável, por conflitar com esta última. Considerando que o estatuto jurídico fundamental exigiu, no art. 23, parágrafo único, que seria uma Lei Complementar o instrumento competente para fixar normas para a cooperação entre a União, os estados, o Distrito Federal e os municípios, a lei ordinária extrapolou sua função, definindo uma das formas de cooperação entre os entes federados, como seja, a competência para o licenciamento ambiental (Milaré, 2004).

Felizmente a Lei Complementar n. 140/2011 afastou essa discussão que tantos problemas causou ao meio ambiente e ao desenvolvimento econômico do país.

A Resolução n. 237, de 19.12.1997, do Conselho Nacional do Meio Ambiente – Conama, estabelece, no art. 8º, os tipos de licenças expedidas pelo poder público:

a) **Licença Prévia (LP)** – concedida na fase preliminar do planejamento do empreendimento ou atividade aprovando sua localização e concepção, atestando a viabilidade ambiental e estabelecendo os requisitos básicos e condicionantes a ser atendidos nas próximas fases de sua implementação.

b) **Licença de Instalação (LI)** – autoriza a instalação do empreendimento ou atividade de acordo com as especificações constantes dos planos, programas e projetos aprovados, incluindo as medidas de controle ambiental e demais condicionantes, da qual constituem motivo determinante.

c) **Licença de Operação (LO)** – autoriza a operação da atividade ou empreendimento, após a verificação do efetivo cumprimento do que consta das licenças anteriores, com as medidas de controle ambiental e condicionantes determinadas para a operação.

De igual sorte, não se vê nenhum questionamento acerca dos tipos de licenças estabelecidos pela resolução do órgão consultivo e deliberativo do Sisnama.

No entanto, a repartição de competência que a Resolução definia nos arts. 4º, 5º e 6º, alvo de severas críticas por sua afronta à Constituição, tendo em vista que conferia poderes ao município para o licenciamento ambiental, além de restringir o procedimento a apenas um nível de competência (federal, estadual ou municipal), foi revogada automaticamente pela nova Lei Complementar, que estabeleceu novas regras.

Normalmente, as licenças prévia, de instalação e de operação integram um processo, são precedidas de estudos de impactos ambientais e outorgadas em etapas. Além desses três tipos de licença ambientais existem algumas outras, menos conhecidas, mas não de menor importância, que abordaremos ao longo deste trabalho.

DEFINIÇÃO DE COMPETÊNCIAS PARA LICENCIAR

Até o advento da Lei Complementar n. 140/2011, por falta de regulamentação do art. 23 da Constituição Federal para definir de quem era a competência para o licenciamento ambiental, diversas correntes doutrinárias se firmaram na tentativa de estabelecer os critérios para definir, em cada caso, qual a autoridade competente para emitir a anuência do estado.

As próprias normas eram contraditórias, como já visto. Algumas utilizavam a localização do empreendimento ou da atividade como critério para definir a competência. Outras, a abrangência do seu impacto. A Resolução Conama n. 237/97 utilizava vários critérios, ao mesmo tempo. No art. 4º, dizia que era competência do Ibama o licenciamento de empreendimentos e atividades localizados no mar territorial ou na plataforma continental (critério geográfico). Depois, estabelecia, ainda como competência do órgão federal, o licenciamento de atividades cujos impactos ambientais diretos ultrapassem os limites territoriais do país de um ou mais estados (critério da abrangência do impacto), em unidades de conservação do domínio da União (critério da dominialidade) e, por fim, atividades que envolvessem energia nuclear ou empreendimentos militares (critério da especificidade ou da segurança nacional).

Parece claro que cada um desses critérios, adotados individualmente, tinha vantagens e desvantagens. Portanto, parecia muito mais claro que todos eles devessem ser subjugados por um critério mais abrangente: o da prevalência do interesse. Assim, o licenciamento para a construção de uma base naval (segurança nacional), localizada no mar territorial (geográfico), com impacto sobre um bem da União (dominialidade) e não restritos a uma determinada unidade da federação (abrangência do impacto), devia ser do órgão federal de meio ambiente. Estão presentes unicamente elementos de interesse predominante da União.

LICENCIAMENTO AMBIENTAL: UMA ANÁLISE CONSTITUCIONAL | 709

Na mesma hipótese acima, em se tratando do licenciamento de um empreendimento particular, como no caso da marina de um clube náutico, afastado o critério da segurança nacional, persistiria a competência federal pela presença dos outros fatores, como a dominialidade, a localização no mar territorial e o impacto além dos limites do estado-Membro. Aí estão presentes interesses particulares e da União, parecendo-nos inquestionável que os últimos se sobrepõem aos primeiros.

Ou ainda, como no caso da instalação de determinado empreendimento turístico particular, em terreno de marinha, afastaria a competência da União por estar fora da área geográfica indicada expressamente, com impacto ambiental localizado e adstrito ao seu entorno imediato? Estão presentes, neste caso, interesses particulares (atividade econômica), da União (alteração adversa de um bem da União) e, possivelmente, do estado (geração de receitas) e do Município (geração de empregos). Pelo critério da dominialidade, a competência seria do órgão federal; pela abrangência do impacto, a competência seria do órgão estadual e, pelo interesse local, poderia o órgão municipal efetuar o procedimento de licenciamento. Poderia ser questionado, neste caso, até que ponto o Município poderia conceder autorização para que características inerentes ao bem da União fossem alteradas, quiçá adversamente, pela construção em terreno de marinha.

Em qualquer caso, a competência para o licenciamento ambiental deveria ser estabelecida a partir da prevalência do interesse, sendo evidente que o interesse nacional se sobrepõe ao interesse dos estados, e o interesse destes últimos sobre o dos Municípios. No entanto, a Lei Complementar n. 140/2011 deixou de lado o critério da prevalência do interesse e, com raras exceções previstas no art. 7º, passou a utilizar somente o critério da localização da obra ou atividade.

Com a atual legislação, a abrangência do impacto e o interesse nacional foram suplantados pela simples localização do empreendimento, o que poderá trazer sérios riscos para o desenvolvimento do país. Apenas para exemplificar, a maior parte das usinas hidrelétricas de grande porte cuja construção está prevista para os próximos dez anos e que são fundamentais para o desenvolvimento nacional serão licenciadas pelos órgãos estaduais de meio ambiente, em muitos casos com carência de funcionários capacitados e, sempre, sob estreita vigilância do Ministério Público, permitindo prever sérias dificuldades e atrasos.

Importa salientar que, nos casos em que se conclui pela competência da União para o licenciamento ambiental, não significa que esta deva, obrigatoriamente, ser exercida pelo órgão federal de meio ambiente. No entanto, a delegação de competência aos órgãos estaduais deve ser precedida de exigências e parâmetros mínimos, funcionando como termos de referência, visando garantir a prevalência do interesse nacional. Esta é a única maneira de evitar que elementos econômicos ou políticos se sobreponham à cautela e à precaução, necessárias para garantir o meio ambiente ecologicamente equilibrado para as futuras gerações.

De igual forma, os órgãos estaduais de meio ambiente poderão utilizar os "instrumentos de cooperação institucional" previstos no art. 4º da Lei Complementar n. 140/2011, notadamente a "delegação da execução de ações administrativas de um ente federado a outro", prevista no inciso VI do referido artigo, para remeter o licenciamento de empreendimentos de grande porte para o órgão federal. Isso poderá solucionar algumas questões como falta de estrutura ou de equipes técnicas habilitadas, restando porém a questão política envolvida, pois a delegação é facultativa e eventuais diferenças de orientação política podem, simplesmente, impedir a realização de obras de interesse nacional.

PRAZOS PARA O LICENCIAMENTO E SUA VALIDADE

O licenciamento ambiental deve ser prévio, conforme expressa disposição do art. 10 da Lei n. 6.938/81, isto é, anterior à construção, instalação, ampliação ou funcionamento. Essa exigência foi mantida com a nova redação dada ao dispositivo pela Lei Complementar n. 140/2011.

Conforme constantemente noticiado na imprensa, os órgãos ambientais são acusados de retardar o início de obras ou a implantação de empreendimentos em razão da demora na emissão das licenças ambientais. Ocorre que muitas obras dependem de análises bastante minudentes das implicações de sua realização sobre os recursos naturais, sendo necessários estudos e análises antes do seu licenciamento.

A Resolução Conama n. 237, de 19 de dezembro de 1997, que estabelece procedimentos e critérios para o licenciamento ambiental, dispõe no art. 14 que o órgão ambiental competente pode estabelecer prazos diferenciados para a análise de cada modalidade de licença em função das peculiaridades da atividade ou empreendimento, fixando, no entanto, o limite de seis meses para o deferimento ou indeferimento do pedido. Esse prazo é dilatado para doze meses nas hipóteses em que o objeto do licenciamento depender da elaboração de Estudo de Impacto Ambiental e/ou realização de audiência pública.

Em 2011 o Ministério do Meio Ambiente expediu diversas Portarias, algumas isoladamente e outras em conjunto com outros Ministérios, estabelecendo procedimentos para o licenciamento de sistemas de transmissão de energia elétrica, de licenciamento e regularização de rodovias federais, de exploração e produção de petróleo e gás e de regularização e gestão de terminais portuários, além de definir a participação dos entes envolvidos no licenciamento ambiental federal.

- Portaria Interministerial n. 419, de 26 de outubro de 2011, do Ministério do Meio Ambiente, Ministério da Justiça e Ministério da Saúde, regulamentando a atuação da Fundação Nacional do Índio (Funai), da Fundação Cultural Palmares, do Instituto do Patrimônio Histórico e Artístico Nacional (Iphan) e do Ministério da Saúde, posteriormente revogada pela Portaria Interministerial n. 60, de 24 de março de 2015.

- Portaria n. 420, de 26 de outubro de 2011, do Ministério do Meio Ambiente, dispondo sobre procedimentos a ser aplicados pelo Ibama na regularização e no licenciamento ambiental de rodovias federais.

- Portaria n. 421, de 26 de outubro de 2011, do Ministério do Meio Ambiente, dispondo sobre o licenciamento e a regularização ambiental de sistemas de transmissão de energia elétrica.

- Portaria n. 422, de 26 de outubro de 2011, do Ministério do Meio Ambiente, dispondo sobre o licenciamento de atividades e empreendimentos de exploração e produção de petróleo e gás natural no ambiente marinho e em zona de transição terra-mar.

- Portaria Interministerial n. 423, de 26 de outubro de 2011, do Ministério do Meio Ambiente e do Ministério dos Transportes, instituindo o Programa de Rodovias Federais Ambientalmente Sustentáveis para a regularização ambiental das rodovias federais.

- Portaria Interministerial MMA/SEP/PR n. 425, de 26 de outubro de 2011, do Ministério do Meio Ambiente e da Secretaria dos Portos da Presidência da República, instituindo o Programa federal de Apoio à Regularização e Gestão Ambiental – PRGAP de portos e terminais portuários marítimos.

A Lei Complementar n. 140/2011, em seu art. 14, estabelece que os órgãos licenciadores devem observar os prazos estabelecidos para tramitação dos processos de licenciamento, convalidando os atos ministeriais acima no que se refere aos prazos.

Pelas importantes contribuições no estabelecimento de prazos e procedimentos, esses atos normativos constituem um avanço no licenciamento ambiental, valendo consignar que diversos prazos foram estabelecidos para os órgãos que efetuam do processo de licenciamento ou participam dele.

É importante observar que esses prazos são suspensos no caso de necessidade de estudos complementares ou esclarecimentos a ser prestados pelo empreendedor ou pelos responsáveis pela elaboração dos estudos ambientais. É nessa complementação que reside a razão da demora no licenciamento de muitos empreendimentos de significativo impacto ambiental. No entanto, a Lei Complementar n. 140/2011, no art. 14, § 1º, estabelece que pedidos de complementação serão solicitadas somente uma vez.

A mesma Resolução do Conama disciplina, no art. 18, que o órgão licenciador estabelecerá os prazos de validade para cada tipo de licença ambiental, que deverá constar no documento emitido, fixando, no entanto, os prazos mínimos e máximos de sua vigência:

a) **Licença Prévia (LP)** – Validade, no mínimo, do prazo estabelecido pelo cronograma de elaboração dos planos, programas e projetos relativos ao empreendimento ou atividade, não podendo ser superior a 5 (cinco) anos.

b) **Licença de Instalação (LI)** – Validade, no mínimo, do prazo estabelecido pelo cronograma de instalação do empreendimento ou atividade, não podendo ser superior a 6 (seis) anos.

c) **Licença de Operação (LO)** – Deverá considerar os planos de controle ambiental e será de, no mínimo, 4 (quatro) anos e, no máximo, de 10 (dez) anos.

É importante observar que o § 4º, do art. 18, da Resolução do Conama n. 237/97, já previa que o pedido de renovação da Licença de Operação apresentado com antecedência mínima de 120 (cento e vinte) dias da expiração do seu prazo de validade, implicava a prorrogação automática da licença vincenda até a manifestação definitiva do órgão ambiental competente. Vale dizer que, protocolizado o pedido de renovação da licença no prazo estabelecido, mesmo que sejam feitas exigências complementares, a autorização para a operação mantém sua eficácia até sua renovação ou indeferimento do pedido. Essa disposição foi mantida pelo art. 14, § 4º, da Lei Complementar n. 140/2011, medida de extrema importância diante da natural demora dos órgãos licenciadores na tramitação dos processos.

A ANUÊNCIA PARA O LICENCIAMENTO

A anuência dos órgãos responsáveis pela proteção de áreas ou recursos específicos sempre foi um elemento de controvérsias e reclamações por parte dos órgãos licenciadores e, também, dos empreendedores.

No processo de licenciamento ambiental, o órgão licenciador deve ouvir a Funai (quando o empreendimento impactar terras indígenas), a Fundação Cultural Palmares (quando afetar comunidades quilombolas), o Iphan (quando afetar bens culturais acautelados) e o Ministério da Saúde (quando localizado em áreas endêmicas de malária).

A Portaria Interministerial n. 419, de 26 de outubro de 2011, dos Ministérios do Meio Ambiente, da Justiça, da Cultura e da Saúde, aos quais os referidos órgãos estão subordinados, definia as respectivas atuações na esfera federal (quando o Ibama era competente para o licenciamento), sendo importante observar que a Lei Complementar n. 140/11 revogou algumas de suas disposições.

Atualmente vigora a Portaria Interministerial n. 60, de 24 de março de 2015, que define as hipóteses em que a Fundação Nacional do Índio (Funai), a Fundação Cultural Palmares (FCP), o Instituto do Patrimônio Histórico e Artístico Nacional (Iphan) e o Ministério da Saúde serão ouvidos nos processos de licenciamento ambiental de competência do Instituto Brasileiro do Meio Ambiente e dos Recursos Naturais Renováveis (Ibama) (art. 3, § 2º):

I - em terra indígena, quando a atividade ou o empreendimento submetido ao licenciamento ambiental localizar-se em terra indígena ou apresentar elementos que possam ocasionar impacto socioambiental direto na terra indígena, respeitados os limites do Anexo I;

II - em terra quilombola, quando a atividade ou o empreendimento submetido ao licenciamento ambiental localizar-se em terra quilombola ou apresentar elementos que possam ocasionar impacto socioambiental direto na terra quilombola, respeitados os limites do Anexo I;

III - quando a área de influência direta da atividade ou o empreendimento submetido ao licenciamento ambiental localizar-se em área onde foi constatada a ocorrência dos bens culturais acautelados referidos no inciso II do caput do art. 2; e

IV - quando a atividade ou o empreendimento localizar-se em municípios pertencentes às áreas de risco ou endêmicas para malária.

A Portaria Interministerial n. 60/2015 estabelece, em síntese, que o Ibama encaminhe para a direção do setor responsável pelo licenciamento ambiental do órgão ou entidade envolvido, no prazo de até dez dias consecutivos, contado da data do requerimento de licenciamento ambiental, a solicitação de manifestação e disponibilizará a Ficha de Caracterização da Atividade (FCA) em seu site. Depois disso, os órgãos e entidades envolvidos deverão manifestar-se ao Ibama em 15 consecutivos, contados da data do recebimento da solicitação de manifestação. Em casos excepcionais (e mediante requerimento justificado do órgão ou entidade) o Ibama poderá prorrogar em até dez dias o prazo para a entrega dessa manifestação. Expirados os prazos estabelecidos nos §§ 2 e 3, o Termo de Referência (TR) será considerado finalizado e será dado prosseguimento ao procedimento de licenciamento ambiental.

É importante observar que os órgãos envolvidos não são órgãos de licenciamento ambiental, pois, ao contrário do que consta da Instrução Normativa n. 1, de 09.01.2012 da Funai, nenhum deles é integrante do Sisnama, criado pela Lei n. 6.938, de 31.08.1981.

Esta Instrução Normativa foi publicada pela Funai para estabelecer normas sobre a participação do órgão indigenista no processo de licenciamento mas, equivocadamente, extrapola e conflita com a Portaria Interministerial n. 60/2015, por estabelecer um licenciamento ambiental paralelo, o que é vedado pelo art. 13, *caput* e § 1º, da Lei Complementar n. 140/2011.

A Portaria Interministerial não incluiu o Instituto Chico Mendes de Conservação da Biodiversidade (ICMBio) entre os órgãos intervenientes, possivelmente porque a Lei n. 9.985, de 18.07.2000, que cria o Sistema Nacional de Unidades de Conservação (SNUC), já estabelece a necessidade de anuência desse órgão.

O Instituto Chico Mendes regulamentou a anuência para obras ou atividades que afetam Unidades de Conservação Federais através da Instrução Normativa n. 05, de 02 de setembro de 2009.

CONSIDERAÇÕES FINAIS

Embora inegável a importância dos demais instrumentos da Política Nacional do Meio Ambiente, o licenciamento ambiental se consolidou como um dos mais eficazes na defesa dos recursos naturais e do equilíbrio ecológico, não obstante uma série de fragilidades que ainda precisam ser corrigidas, conforme demonstramos neste capítulo.

A falta de definição clara da competência para o licenciamento sempre foi um dos grandes entraves para a aplicação correta da norma. Prevista no art. 23 da Constituição Federal, a repartição de competência dependia, conforme expresso no próprio texto constitucional, de regulamentação por Lei Complementar.

Na falta de regulamentação, buscou-se fixar a "a cooperação entre a União e os estados, o Distrito Federal e os Municípios" prevista no art. 23, parágrafo único, por meio de normas do Conama, principalmente a Resolução n. 237, de 19.12.1997:

Art. 4º Compete ao Instituto Brasileiro do Meio Ambiente e dos Recursos Naturais Renováveis – Ibama, órgão executor do Sisnama, o licenciamento ambiental, a que se refere o art. 10 da Lei n. 6.938, de 31 de agosto de 1981, de empreendimentos e atividades com significativo impacto ambiental de âmbito nacional ou regional, a saber
I – localizadas ou desenvolvidas conjuntamente no Brasil e em país limítrofe, no mar territorial; na plataforma continental; na zona econômica exclusiva; em terras indígenas ou em unidades de conservação do domínio da União;
II – localizadas ou desenvolvidas em dois ou mais estados;
III – cujos impactos ambientais diretos ultrapassem os limites territoriais do país ou de um ou mais estados;
IV – destinados a pesquisar, lavar, produzir, beneficiar, transportar, armazenar e dispor material radioativo, em qualquer estágio, ou que utilizem energia nuclear em qualquer de suas formas e aplicações, mediante parecer da Comissão Nacional de Energia Nuclear (Cnen).
V – bases ou empreendimentos militares, quando couber, observada a legislação específica.
Parágrafo 1º – O Ibama fará o licenciamento de que trata este artigo após considerar o exame técnico procedido pelos órgãos ambientais dos estados e Municípios em que se localizar a atividade ou empreendimento, bem como, quando couber, o parecer dos demais órgãos competentes da União, dos estados, do Distrito Federal e dos Municípios, envolvidos no procedimento de licenciamento.

Parágrafo 2º – O Ibama – ressalvada sua competência supletiva, poderá delegar aos estados o licenciamento de atividade com significativo impacto ambiental de âmbito regional, uniformizando, quando possível, as exigências.

Art. 5º Compete ao órgão ambiental estadual ou do Distrito Federal o licenciamento ambiental dos empreendimentos e atividades

I – localizados ou desenvolvidos em mais de um Município ou em unidades de conservação de domínio estadual ou do Distrito Federal;

II – localizados ou desenvolvidos nas florestas e demais formas de vegetação natural de preservação permanente relacionados no art. 2º da Lei n. 4.771, de 15 de setembro de 1965, e em todas as que assim forem consideradas por normas federais, estaduais ou municipais;

III – cujos impactos ambientais diretos ultrapassem os limites territoriais de um ou mais Municípios;

IV – delegados pela União aos estados ou ao Distrito Federal, por instrumento legal ou convênio.

Parágrafo único – O órgão estadual ou do Distrito Federal fará o licenciamento de que trata este artigo após considerar o exame técnico procedido pelos órgãos ambientais dos Municípios em que se localizar a atividade ou empreendimento, bem como, quando couber, o parecer dos demais órgãos competentes da União, dos estados, do Distrito Federal e dos Municípios, envolvidos no procedimento de licenciamento.

Art. 6º Compete ao órgão ambiental municipal, ouvidos os órgãos competentes da União, dos estados e do Distrito Federal, quando couber, o licenciamento ambiental de empreendimentos e atividades de impacto ambiental local e daquelas que lhe forem delegadas pelo estado por instrumento legal ou convênio.

Esse dispositivo foi duramente criticado por aqueles que consideravam inadequada a fixação da competência pelo colegiado ambiental, uma vez que a Constituição determinara que isso deveria advir de Lei Complementar.

Portanto, a Lei Complementar n. 140/2011 não inovou, definindo (e mantendo) o licenciamento ambiental como

o procedimento administrativo destinado a licenciar atividades ou empreendimentos utilizadores de recursos ambientais, efetiva ou potencialmente poluidores ou capazes, sob qualquer forma, de causar degradação ambiental (art. 2º, I).

REFERÊNCIAS

ANTUNES, P.B. *Direito ambiental.* 9.ed. Rio de Janeiro: Lumen Juris, 2006.

AYALA, P.A. A proteção jurídica das futuras gerações na sociedade de risco global: o direito ao futuro na ordem constitucional brasileira. In: FERREIRA, H.S.; LEITE, J.R.M. *estado de direito ambiental: tendências, aspectos constitucionais e diagnósticos.* Rio de Janeiro: Forense Universitária, 2004.

BENJAMIN, A.H. Direito constitucional ambiental brasileiro. In: CANOTILHO, J.J.G.; LEITE, J.R.M. *Direito constitucional ambiental brasileiro.* São Paulo: Saraiva, 2007.

COMISSÃO MUNDIAL SOBRE MEIO AMBIENTE E DESENVOLVIMENTO. *Nosso futuro comum.* Rio de Janeiro: Editora Fundação Getulio Vargas, 1991.

FINK, D.R.; ALONSO JR, H.; DAWALIBI, M. *Aspectos jurídicos do licenciamento ambiental.* 3.ed. Rio de Janeiro: Forense Universitária, 2004.

FIORILLO, C.A.P. *Curso de direito ambiental brasileiro.* 4.ed. São Paulo: Saraiva, 2003.

FREITAS, V.P. *A Constituição Federal e a efetividade das normas ambientais.* 3.ed. São Paulo: RT, 2005.

KRELL, A.J. *Desenvolvimento sustentável às avessas nas praias de Maceió – AL: a liberação de espigões pelo novo código de urbanismo e edificações.* Maceió: Edufal, 2008.

MAGALHÃES, J.P. *A evolução do direito ambiental no Brasil.* 2.ed. São Paulo: Juarez de Oliveira, 2002.

MALTHUS, T.R. *An Essay on the principle of population, as it affects the future improvement of society: with remarks on the speculations of Mr. Godwin, M. Condorcet and other writers.* Londres: Joseph Johnson, 1978.

MACHADO, P.A.L. *Direito ambiental brasileiro.* 14.ed. São Paulo: Malheiros, 2006.

MEIRELLES, H.L. *Direito administrativo brasileiro.* 24.ed. São Paulo: Malheiros, 1999.

MILARÉ, E. *Direito do ambiente.* São Paulo: RT, 2004.

MUKAI, T. *Direito ambiental sistematizado.* 2.ed. Rio de Janeiro: Forense Universitária, 1994.

PIETRO, M.S.Z. *Direito administrativo.* 18.ed. São Paulo: Atlas, 2005.

RANDERS, J.; MEADOWS, D.H.; MEADOWS, D. *Limits to growth.* Londres: Chelsea Green Pub Co., 1972.

SILVEIRA, P.A. *Competência ambiental.* Curitiba: Juruá, 2003.

TRENNEPOHL, C. *Infrações contra o meio ambiente.* Belo Horizonte: Fórum, 2006.

TRENNEPOHL, N. *Seguro ambiental.* Salvador: JusPodivm, 2008.

Recursos Hídricos | 23

Luciana Cordeiro de Souza
Unicamp, estado de São Paulo

Alexandre Martins Fernandes
Unesp, estado de São Paulo

INTRODUÇÃO

A Terra tem dois terços de sua superfície ocupados por água, sendo que 97,5% desse total é de água salgada e, dos 2,5% restantes que representam a água doce, apenas 0,007% estão disponíveis para o uso humano (IHP-IV/ Unesco, 1998).

No amplo contexto social, econômico e ambiental do século XXI, a chamada "crise da água" encontra-se associada tanto ao aumento da demanda de água para abastecimento e desenvolvimento econômico e social quanto ao problema da falta de articulação e falta de ações consistentes na governabilidade dos recursos hídricos e na sustentabilidade ambiental (Tundisi, 2008). Esse cenário tem induzido uma série de medidas governamentais e sociais, objetivando viabilizar a continuidade das diversas atividades públicas e privadas, principalmente aquelas relacionadas com a qualidade de vida da população (Machado, 2001).

A primeira questão a ser enfrentada é identificar o que vem a ser recurso hídrico, pois muitos não fazem distinção entre água e recurso hídrico, tratando-os como sinônimos. Afirma Rebouças (2002a, p. 1):

> O termo *água* refere-se, regra geral, ao elemento natural desvinculado de qualquer uso ou utilização. Por sua vez, o termo *recurso hídrico* é a consideração da água como bem econômico, passível de utilização para tal fim. Entretanto, deve-se ressaltar que toda água da Terra não é, necessariamente, um recurso hídrico, na medida em que seu uso ou utilização nem sempre tem viabilidade econômica.

E é a partir dessa conceituação que a Lei da Política Nacional de Recursos Hídricos apresenta seus fundamentos.

O Brasil possuí cerca de 13,7% de toda a água doce do planeta, distribuídas irregularmente na superfície e no subsolo do vasto território nacional, que necessitam de cuidado e de um maior conhecimento técnico das características de suas inúmeras fontes, pois estamos a comprometer essa imensa riqueza hídrica (ANA, 2011).

Nesse contexto, o presente trabalho visa a descortinar o cenário da água, suas características técnicas como disponibilidade, quantidade, qualidade, bem como apresentar os diplomas legais existentes no território nacional relativos aos recursos hídricos.

A ÁGUA NA TERRA

A Terra é o único lugar conhecido do universo onde a água existe simultaneamente nos três estados: líquido, sólido e gasoso. Essa água tem origem nos primórdios da Terra, onde as erupções vulcânicas associadas à Tectônica de Placas lançaram grande quantidade de gases na atmosfera (O, H, CO_2, N_2, SO_2 e CO). Em virtude das condições de pressão e temperatura da atmosfera, a água surge inicialmente na forma de vapor, pela combinação entre o hidrogênio e o oxigênio, formando a molécula de água. Com o passar do tempo, ocorre a diminuição da temperatura do planeta e o vapor atmosférico começa a se condensar na forma de gotas em suspensão, as nuvens, que, pela ação da gravidade, precipitam. Estima-se que a água na forma líquida no planeta tenha surgido há aproximadamente 3,8 bilhões de anos, baseando-se na ocorrência de erosão de rochas e no surgimento dos depósitos sedimentares. A vida surge há 3,5 bilhões de anos, nos oceanos primitivos. Muito se diz: água é vida, mas, no início, vida é água.

Com o passar do tempo, as condições climáticas da Terra (pressão e temperatura) permitem a acumulação progressiva da água na superfície (líquida e sólida), simultaneamente à formação de vapor (evaporação e transpiração dos organismos vivos), condensação e precipitação. Essa permanente transformação e movimentação da água representa, de forma sucinta, o chamado ciclo hidrológico, no qual a água – líquida ou sólida – é transformada em vapor pela energia solar que atinge a superfície da Terra – oceanos, mares, continentes e ilhas – e pela transpiração dos organismos vivos; esse vapor sobe à atmosfera e esfria progressivamente, dando origem às nuvens. Essas massas de água voltam a cair na Terra sob a ação da gravidade, na forma de chuva, neblina e neve, principalmente, sobre os oceanos e nas terras emersas, onde escoa pela superfície ou pelo subsolo até atingir novamente os oceanos. Manoel Filho (2000, p. 13) assim ensina:

> Quase toda a água subterrânea existente na Terra tem origem no ciclo hidrológico, isto é, sistema pelo qual a natureza faz a água circular do oceano para a atmosfera e daí para os continentes, de onde retorna, superficial e subterraneamente, ao oceano. Esse ciclo é governado, no solo e subsolo, pela ação da gravidade, bem como pelo tipo e densidade da cobertura vegetal e na atmosfera e superfícies líquidas (rios, lagos, mares e oceanos) pelos elementos e fatores climáticos, como temperatura do ar, ventos umidade relativa do ar (função do déficit de pressão de vapor) e insolação (função da radiação solar), que são os responsáveis pelos processos de circulação da água dos oceanos para a atmosfera, em uma dada latitude terrestre.

Desde os anos 1960 muitos autores avaliaram os volumes de água que circulam pelo ciclo hidrológico, porém, há muitas divergências nos resultados apresentados em função das metodologias utilizadas. A quantidade total de água na Terra tem sido considerada praticamente constante nos últimos 500 milhões de anos, com um volume estimado de 1.386 milhões de quilômetros cúbicos, sendo que 1 quilômetro cúbico corresponde a 1 bilhão de metros cúbicos de água. Segundo o International Hydrological Programme (IHP-Ivunesco, 1998), desse total, 97,5% formam os oceanos e mares, e somente 2,5% são de água doce. Apesar de ainda representar um grande volume (35 milhões de quilômetros cúbicos), boa parte dessa água doce se encontra armazenada nas calotas polares, geleiras e neves eternas nas montanhas mais altas do planeta (68,9%). As águas subterrâneas doces formam o segundo maior reservatório, armazenando 29,9% do total; a umidade do solo e as águas dos pântanos representam cerca de 0,9%. Por fim, os rios e lagos armazenam não mais que 0,3%.

Tão importante quanto conhecer os volumes totais armazenados é entender sua dinâmica, conceitualmente conhecida como Tempo de Residência (quociente entre o volume estocado e sua taxa de recarga ou perda anual). Seguindo o ciclo da água, estudos indicam que no maior reservatório de água do planeta, os oceanos e mares, o tempo de residência varia entre 20 e 30 mil anos. Já o tempo que a água leva para subir à atmosfera e retornar à superfície da Terra varia de 5 a 12 dias. O maior reservatório de água doce na superfície, as calotas polares e geleiras, apresenta um tempo de renovação bastante longo, da ordem de 30 mil anos. Os principais reservatórios utilizados pela humanidade para abastecimento apresentam tempos de residência distintos: nos rios a renovação é relativamente rápida, com tempo de residência de 18 a 20 dias (média mundial), enquanto que, para os aquíferos, esse tempo se mostra variável, desde alguns anos nos aquíferos rasos a períodos de várias dezenas a milhares de anos nos confinados e/ou muito profundos (Rebouças, 2002a).

Quando pensamos no uso da água pelo homem, os volumes presentes nos rios e lagos, cerca de 200 mil quilômetros cúbicos, seriam suficientes para abastecer 6 bilhões de habitantes por um prazo de 30 a 40 anos. Indo um pouco além, os volumes renovados pelo ciclo da água nos rios disponibilizam 41 mil quilômetros cúbicos por ano, cerca de dez vezes mais que a demanda mundial estimada para o ano 2000. Nesse sentido, pode-se dizer que não há escassez de água em termos globais, pois há de 6 a 7 vezes mais água doce do que a quantidade mínima per capita considerada pela ONU como razoável (1.000 metros cúbicos por habitante por dia). O problema não está na quantidade e sim na sua distribuição espacial, que se traduz na baixa relação entre a densidade de população e a disposição dos potenciais de água doce pelo planeta.

Desde os primórdios de nossa história, a humanidade vem modificando o ciclo hidrológico com a construção de aquedutos e sistemas de abastecimento para disponibilizar água onde ela se faz necessária, bem como com a construção de barragens e açudes para aumentar suas reservas. Além das águas superficiais, o homem se apropriou das águas subterrâneas para atender a suas necessidades. Os povos primitivos captavam a água subterrânea diante da escassez ou irregularidade das chuvas nas regiões que habitavam e as obras de captação não passavam de simples buracos de água, como faziam os animais (Rebouças, 2002b).

A água subterrânea é aquela que se encontra no subsolo da superfície da Terra e ocorre em duas zonas distintas. A primeira é denominada zona insaturada e se caracteriza por apresentar água e ar preenchendo os poros do solo. Estende-se desde a superfície até profundidades que podem ir de menos de 1 metro até centenas de metros. A fração que infiltra na camada superficial vai constituir a umidade do solo, suporte fundamental da biomassa vegetal da Terra, e o excedente que infiltra e percola em profundidade alimenta a umidade do subsolo. A zona insaturada solo/subsolo é onde ocorrem os processos de filtração e biogeoquímicos de interação água/rocha que proporcionam a depuração da parcela de água que percola mais profundamente e vai alimentar a zona saturada. A zona saturada ocorre logo abaixo e contém somente água nos poros do solo (Rebouças, 2002b, Tundisi, 2003).

O limite entre as zonas insaturada e saturada é denominado superfície freática, que acompanha aproximadamente as irregularidades da superfície do terreno, e sua profundidade se dá em função da quantidade de recarga e dos materiais do solo e subsolo. Quando o nível freático intercepta a superfície do terreno, aflora água e gera as nascentes, córregos ou rios (Karmann, 2003). As regiões onde a precipitação que atinge a superfície terrestre consegue percolar através da zona insaturada para a zona saturada são denominadas áreas de recarga dos aquíferos.

Da mesma forma que acontece com as águas superficiais, a distribuição das águas subterrâneas é variável e dependente do ciclo hidrológico. Embora armazenadas nos poros e fissuras das rochas, as águas subterrâneas são aproximadamente 100 vezes mais abundantes que as águas superficiais e representam um volume aproximado de 10 milhões de quilômetros cúbicos, constituindo importantes reservas de água no planeta (Abas, 2012).

As águas subterrâneas têm usos generalizados (doméstico, agrícola e industrial) em decorrência de sua disponibilidade, próximo ao local de utilização e de sua qualidade, uma vez que podem estar livres de patógenos e contaminantes. O uso intensivo está associado à falsa impressão de disponibilidade permanente, mas é fato que em muitos lugares o uso excessivo desse recurso (superexploração) tem secado os poços de bombeamento, em função do rebaixamento do nível freático (Tundisi, 2003).

ÁGUAS SUPERFICIAIS NO BRASIL

O Brasil, o quinto maior país do mundo em superfície, possui cerca de 13,7% de toda a água doce do planeta, distribuída de forma irregular tanto na superfície quanto no subsolo. Dadas as suas dimensões continentais, o país encontra-se política e geograficamente dividido em cinco regiões distintas, que possuem traços comuns no que se refere aos aspectos físicos, humanos, econômicos e culturais, e os limites de cada região – Norte, Nordeste, Sudeste, Sul e Centro-Oeste – coincidem sempre com as fronteiras dos estados que as compõem.

O exame conjunto da distribuição da água nas cinco regiões geográficas, considerando a área territorial, a população e a disponibilidade hídrica, apontadas na Tabela 23.1 (Rebouças, 2002a), permite realçar as grandes disparidades regionais, em termos de disponibilidade hídrica superficial. Enquanto a região Amazônica detém 68% dos recursos hídricos superficiais em uma área equivalente a 45% do território nacional, ocupada apenas por 7% da população brasileira, em outras regiões tais proporções se invertem, como no Sudeste, que concentra 42% da população em apenas 11% do território nacional e dispõe de apenas 6% dos recursos hídricos.

Tabela 23.1 Distribuição da água nas cinco regiões geográficas, considerando a área territorial, a população e a disponibilidade hídrica

Regiões Brasileiras	Área Territorial (%)	População (%)	Disponibilidade Hídrica (%)
Região Amazônica (Norte)	45,3	6,98	68,5
Região Centro-Oeste	18,8	6,41	15,7
Região Sul	6,8	15,5	6,5
Região Sudeste	10,8	42,21	6,0
Região Nordeste	18,3	28,9	3,3

Fonte: Rebouças (2002a).

Não obstante a divisão territorial concebida pelo IBGE em cinco grandes regiões geográficas, a Lei da Política Nacional de Recursos Hídricos – Lei

n. 9.433/97 –, buscando diminuir esse desequilíbrio e proporcionar uma gestão descentralizada que ofereça para todos o acesso à água, definiu uma outra divisão territorial, diversa das regiões citadas no quadro, contemplando Grandes Regiões Hidrográficas no país, por meio do Plano Nacional de Recursos Hídricos (PNRH), apoiando-se em uma metodologia que proporciona o referenciamento de bases de dados para a sistematização e o compartilhamento de informações. Essa divisão hidrográfica nacional foi instituída pela Resolução do Conselho Nacional de Recursos Hídricos (CNRH) n. 32, de 15 de outubro de 2003, e com referência a essa base físico-territorial, apresenta 12 (doze) regiões hidrográficas: Amazônica, Tocantins/Araguaia, Atlântico Nordeste Ocidental, Parnaíba, Atlântico Nordeste Oriental, São Francisco, Atlântico Leste, Atlântico Sudeste, Paraná, Paraguai, Uruguai e Atlântico Sul.

A ideia de abundância sustentou durante muito tempo em nosso país a cultura do desperdício da água disponível, a não realização dos investimentos necessários para seu uso e proteção e a pequena valorização econômica associada à água. A partir da metade do século passado, nosso problema foi agravado pela combinação do crescimento das demandas localizadas com a degradação da qualidade das águas, associada aos processos desordenados de industrialização do país e de adensamento populacional em grandes centros urbanos.

De acordo com a ANA (2011), essa situação se modificou substancialmente nos últimos trinta anos, com a evolução dos padrões demográficos e do tipo de crescimento econômico observado no Brasil. A pressão sobre os recursos hídricos aumentou, provocando situações de escassez de água ou de conflitos entre usuários em várias regiões do país. No mesmo período, houve progressiva piora das condições de qualidade dos corpos de água que atravessam as cidades e regiões com intensas atividades industriais, agropecuárias e de mineração. Assim, em situações onde não havia restrições de natureza quantitativa, a piora na qualidade da água tem inviabilizado seu uso em determinados fins. Esta é a situação nos grandes centros urbanos brasileiros em diferentes regiões do país.

ÁGUAS SUBTERRÂNEAS NO BRASIL

O Brasil em sua grandeza hídrica, além de possuir o rio mais caudaloso da Terra, o Amazonas, tem os dois maiores reservatórios de água subterrânea do planeta. O Aquífero Sistema Alter do Chão é o maior em volume de água e o Sistema Aquífero Guarani, o mais extenso.

Para facilitar o estudo das águas subterrâneas no território brasileiro, a exemplo do que é feito com as águas superficiais, foram criadas regiões homogêneas a partir da combinação de fatores geológicos, geomorfológicos e climáticos que configuram as 10 (dez) Províncias Hidrogeológicas do Brasil, a saber: Escudo Setentrional, Escudo Central, São Francisco, Escudo Oriental, Escudo Meridional, Centro Oeste, Amazonas, Paraíba, Paraná e Costeira. É importante destacar que os limites dessas províncias não coincidem necessariamente com os das bacias hidrográficas. Essas províncias são regiões onde os sistemas aquíferos apresentam condições semelhantes de armazenamento, circulação e qualidade de água (MMA, 2001).

O Aquífero Alter do Chão, localizado na Província Hidrogeológica do Amazonas, é exclusivamente brasileiro e abrange parte dos territórios dos estados do Amazonas, Pará e Amapá. O principal uso para as águas do Sistema Aquífero Alter do Chão é o abastecimento público. Os grandes volumes de água armazenada e características hidrogeológicas favoráveis a sua exploração constituem um potencial importante para o desenvolvimento da região.

O volume dos espaços porosos do espesso pacote de rochas sedimentares da Formação Alter do Chão permite o armazenamento de grande quantidade de água. Por intermédio dos cálculos da reserva reguladora e da reserva permanente, Tancredi (1996) estimou as reservas totais do aquífero Alter do Chão em 86,78 x 10^9 metros cúbicos (CPRM, 2012).

Destaque maior é dado ao Sistema Aquífero Guarani (SAG), o maior aquífero em extensão territorial do planeta, que ocupa 1.200.000 quilômetros quadrados da região Sudeste da América do Sul, entre as coordenadas 12º e 35º de latitude sul e 47º e 65º de longitude oeste. Esse imenso reservatório de água subterrânea está localizado sob o território de quatro países sul-americanos, quais sejam, Argentina, Brasil, Paraguai e Uruguai, sendo que sua maior porção encontra-se no território brasileiro (840.000 quilômetros quadrados). No Brasil, situa-se na Província Hidrogeológica do Paraná e está distribuído sob o território de oito estados: Goiás, Mato Grosso, Mato Grosso do Sul, Minas Gerais, São Paulo, Paraná, Santa Catarina e Rio Grande do Sul (OEA, 2009). Tecnicamente, o SAG é caracterizado como um pacote de camadas arenosas que se depositaram na bacia sedimentar do Paraná ao longo do Mesozoico, nos períodos Triássico, Jurássico e Cretáceo Inferior – entre 200 e 132 milhões de anos – constituído pelas formações geológicas Piramboia e Botucatu (Rocha, 1997).

A importância do Sistema Aquífero Guarani se traduz na vantagem de oferecer água de boa qualidade aos consumos doméstico e industrial e à irrigação, principalmente. Além disso, em relação a captação, transporte e tratamento da água extraída dos rios, o custo da sua utilização é, regra geral, mais baixo, pois a água pode ser captada no local da própria demanda e não necessita ser previamente tratada para consumo doméstico, industrial ou agrícola. Rebouças e Amore (2002, p. 107) destacam que:

> Embora a água subterrânea do SAG já fosse captada por meio de fontes e poços escavados desde os primórdios do Período Colonial (1500 – 1822), sua importância econômica só foi reconhecida na década de 1950, especialmente nos estados de São Paulo e Rio Grande do Sul – Brasil (até hoje os maiores usuários das águas subterrâneas na Bacia do Paraná). Na década de 1970 foram iniciados os estudos preliminares que levaram à caracterização do seu grande potencial de água subterrânea.

O Brasil possui uma imensa quantidade de água subterrânea de excelente qualidade. Por não dispor de dados suficientes e de um controle adequado para sua utilização, a realidade se configura em um quadro de uso irregular dessas águas, superexploração em algumas regiões, desperdício em outras, milhares de poços irregulares e uma constatação reiterada de casos de poluição e de contaminação desses recursos (Souza, 2009). Apesar da evolução quanto ao uso e à proteção das águas subterrâneas, a forma como a "Carta das águas doces no Brasil[1]" trata o assunto ainda se mostra atual:

> As águas subterrâneas, notável patrimônio nacional que vem sendo rapidamente apropriado pelos setores econômicos dominantes, ainda estão desprotegidas jurídica e institucionalmente, tanto no nível federal, quanto no estadual e no municipal. Devido à falta de fiscalização e controle, poços mal construídos ou abandonados, sem nenhuma medida de proteção, constituem os principais focos de poluição do manancial subterrâneo no meio urbano, enquanto que, no meio rural, os riscos são gerados, principalmente, pelo uso intensivo e desordenado de insumos químicos na agricultura. (Rebouças, 2002a, p. 35)

---

[1] Documento resultante do seminário "A evolução dos mananciais das grandes cidades brasileiras" e do workshop "Águas doces brasileiras", patrocinados pela Abes – Seção São Paulo – e Sabesp, no período de 27 janeiro a 03 março de 1997, e contribuição para a Rio+5 (Rio de Janeiro, 13 a 19 de março de 1997) (Rebouças, 2002a).

DA LEGISLAÇÃO DE RECURSOS HÍDRICOS

Ao analisarmos os aspectos legais que envolvem o tema em estudo, nosso ponto de partida será o Texto Constitucional.

A Constituição Federal

Nossa Carta Maior ao conferir *status* constitucional ao meio ambiente, tutelou-o em toda a sua amplitude por meio do art. 225, contemplando todos os recursos naturais, dos quais destacamos a água que se encontra explícita e implicitamente protegida em diversos dispositivos, desde a dignidade da pessoa humana, princípio do Estado Democrático de Direito, passando pelas competências dos entes federados até alcançar o citado artigo.

A água doce é um direito fundamental (art. 5º, CF), recurso natural vital, mais precisamente à vida digna e saudável (arts. 1º, III, 6º e 225, CF).

E para efetiva proteção deste bem ambiental, o art.225, § 3º, instituiu a responsabilidade constitucional ambiental, evidenciada pela tríplice responsabilidade do poluidor, concomitantemente nos campos dos direitos penal, civil e administrativa, quer se trate de pessoa física quer jurídica, de direito público ou privado.

Natureza jurídica da água

A Constituição Federal de 1988 põe fim à dicotomia entre bem público e bem privado, ao consagrar os bens difusos, pois, em conformidade com citado art. 225, todos os componentes do meio ambiente são tidos como bens de uso comum do povo, consagrando-se os bens ambientais.

Dessa forma, a natureza jurídica do bem ambiental é de bem difuso, um bem protegido por um direito que visa assegurar um interesse transindividual, de natureza indivisível, de que sejam titulares pessoas indeterminadas e ligadas por circunstâncias de fato (Piva, 2000).

Assim, a água doce, onde quer que se encontre (superfície ou subsolo), em razão do ciclo hidrológico, é um bem difuso, portanto, não é passível de apropriação ou transformação em mercadoria.

Competência constitucional sobre águas

Conforme Silva (1999), competências são as diversas modalidades de poder de que se servem os órgãos ou entidades estatais para realizar suas funções.

A Constituição Federal tratou da competência sobre as águas em diferentes dispositivos, permitindo interpretações variadas sobre o tema.

Primeiramente, o legislador constituinte atribuiu à União competência privativa para legislar sobre águas, *in verbis*:

> Art. 22. Compete privativamente à União legislar sobre:
> (...)
> IV – *águas*, energia, informática, telecomunicações e radiodifusão. (Grifo nosso)

Verificamos que o termo *águas* foi empregado de forma genérica, sem especificar tipo ou modalidade.

Ainda no art. 22, parágrafo único, há a previsão da possibilidade de vir a ser editada lei complementar que poderá autorizar os Estados a legislar sobre questões específicas das matérias relacionadas nesse artigo, como as águas.

Mais à frente, no art. 24, VI, ao enumerar as competências concorrentes da União, dos Estados e do Distrito Federal, o legislador constituinte atribui-lhes esta competência para legislar sobre meio ambiente (sendo a água um recurso natural, restou compreendida no inciso). No inciso VIII deste mesmo artigo, restou determinada a competência concorrente da União, Estados e Distrito Federal para legislar sobre a responsabilidade por dano ao meio ambiente, o que engloba os aspectos de poluição da qualidade da água.

Assim, a competência para legislar sobre normas gerais é atribuída à União, cabendo aos Estados e ao Distrito Federal legislar complementarmente e, ao Município, suplementarmente, com base no art. 30, II, da Constituição Federal.

Legislar sobre as águas significa instituir normas sobre a sua qualidade e quantidade, e estabelecer regras de como as águas serão tratadas, partilhadas e utilizadas. Não se compreenderia que a Constituição fizesse referência às águas somente como um elemento da natureza que devesse ficar nos rios e nos lagos. Há uma ampla abrangência do poder normativo da União, que deve ser utilizado para que as legislações estaduais não criem normas discriminatórias ou que estimulem políticas diferentes e até antagônicas sobre o uso das águas (Machado, 2002).

Outrossim, o art. 21, XIX especifica a competência da União para instituir sistema nacional de gerenciamento de recursos hídricos e definir critérios de outorga de direitos de seu uso, *in verbis,*

> Art. 21. Compete à União:
> (...)
> XIX – instituir sistema nacional de gerenciamento de recursos hídricos e definir critérios de outorga de direitos de seu uso;

Porém, no tocante às águas subterrâneas, o art. 26, I, enumera esta fonte hídrica como um dos bens dos Estados, no sentido de conferir atribuição constitucional a estes para gerir e legislar sobre o uso e a proteção dos aquíferos.

E, no tocante às competências comuns a todos os entes políticos, o Constituinte não distinguiu os entes federativos, não há supremacia de uns sobre os outros para atuar na proteção e preservação do meio ambiente (art. 23, VI), e neste encontram-se inseridas também as águas.

Código das Águas

O Decreto n. 26.643/34, conhecido como Código das Águas, revogou em parte o disposto no Código Civil de 1916, classificando as águas em públicas (seriam as chamadas de uso comum e dominicais), comuns e particulares.

Esse diploma representou um marco na legislação brasileira e, apesar de considerado obsoleto em alguns aspectos relativos à proteção das águas, estava adequado aos interesses e às necessidades da época de sua criação. Apesar de o Decreto n. 63.529/68 autorizar a instituição de uma comissão para rever e atualizar o Código das Águas, tal procedimento ainda não foi realizado.

Embora esse diploma legal vigore até a presente data, diante do atual texto constitucional, alguns de seus dispositivos carecem de constitucionalidade, como o art. 8º, que trata das águas particulares; os arts. 102 a 108, que disciplinam sobre as águas pluviais; e os arts. 96 a 101, que dispõem sobre as águas subterrâneas, todos com predomínio da água como bem privado.

Lei da Política Nacional de Recursos Hídricos

A Lei federal n. 9.433/97 ao regulamentar o art. 21, XIX, da Constituição Federal, instituiu a Política Nacional de Recursos Hídricos e criou o Sistema Nacional de Gerenciamento de Recursos Hídricos objetivando a gestão de nossas águas doces, notadamente superficiais. Essa lei se caracteriza pela descentralização de ações e por proclamar princípios básicos e modernos na gestão de seus recursos hídricos.

Fundamentos da Política Nacional de Recursos Hídricos

Os fundamentos dessa Política Nacional encontram-se insculpidos no art. 1º e seus incisos, *in verbis*:

> Art. 1º A Política Nacional de Recursos Hídricos baseia-se nos seguintes fundamentos:
> I – a água é um bem de domínio público;
> II – a água é um recurso natural limitado, dotado de valor econômico;
> III – em situações de escassez, o uso prioritário dos recursos hídricos é o consumo humano e a dessedentação de animais;
> IV – a gestão dos recursos hídricos deve sempre proporcionar o uso múltiplo das águas;
> V – a bacia hidrográfica é a unidade territorial para implementação da Política Nacional de Recursos Hídricos e atuação do Sistema Nacional de Gerenciamento de Recursos Hídricos;
> VI – a gestão dos recursos hídricos deve ser descentralizada e contar com a participação do Poder Público, dos usuários e das comunidades.

A dominialidade pública da água afirmada no inciso I supracitado não transforma o poder público federal e/ou estadual em proprietário da água, mas torna-o gestor desse bem, no interesse de todos. Dessa forma, para não afirmarmos a inconstitucionalidade presente nesse inciso, destacamos que houve uma impropriedade técnica em sua construção, uma vez que a água é um bem de uso comum do povo, ou seja, bem ambiental de natureza difusa (Souza, 2004).

Machado (1999, p. 352) ressalta a importância da conceituação da água como bem de uso comum do povo:

O uso da água não pode ser apropriado por uma só pessoa física ou jurídica, com exclusão absoluta dos outros usuários em potencial; o uso da água não pode significar a poluição ou a agressão desse bem; o uso da água não pode esgotar o próprio bem utilizado e a concessão ou a autorização (ou qualquer tipo de outorga) do uso da água deve ser motivada ou fundamentada pelo gestor público.

Ao declarar que a água é um recurso natural limitado, dotado de valor econômico, destaca-se que neste inciso o legislador estabelece diferenciação entre água e recurso hídrico, conferindo à água o título de recurso hídrico. Ainda, percebemos que o legislador declara a finitude e a vulnerabilidade do bem ambiental água, ao reconhecer seu valor econômico, para, além de servir como indutor ao uso racional e adequado, possibilitar a cobrança pelo seu uso. Essa declaração, constante do art. 1º, II, torna-se apropriada na medida em que a distribuição da água no território nacional se mostra desigual e irregular, apresentando quadros de estresse e de escassez.

Por isso, a priorização dos recursos hídricos ao consumo humano e a dessedentação de animais em situações de escassez. No inciso III temos o reconhecimento da água para o seu uso mais nobre. Segundo estudos (Rebouças, 2002a), menos de 500 m³/hab/ano já significa escassez de água, e, dessa forma, deve ser priorizado o seu uso para o consumo humano e dos animais, apesar de o inciso IV evidenciar que a gestão dos recursos hídricos deve sempre proporcionar o uso múltiplo das águas.

O uso múltiplo das águas coloca todas as categorias usuárias em igualdade de condições ao acesso a esse recurso natural. No Brasil, tradicionalmente, o setor elétrico atuava como o único agente do processo de gestão dos recursos hídricos superficiais, ilustrando a clara assimetria de tratamento conferida pelo poder central, durante a primeira metade do século, o que favorecia esse setor em detrimento das demais categorias usuárias da água (Setti et al., 2001).

Diversos são os usos que podemos atribuir à água, e a gestão a ser proporcionada deve contemplar os mais diversos usos, tais como o abastecimento humano, dessedentação animal, irrigação agrícola, hidroeletricidade, abastecimento industrial, recreação, turismo, navegação, pesca e aquicultura.

Para que a gestão proposta na Lei n. 9433/97 se efetive, dadas as dimensões continentais do território brasileiro, aliadas às diferentes características geográficas, climáticas e disponibilidade hídrica, a bacia hidrográfica é apontada como a unidade territorial para implementação dessa Política Nacional.

Conceitualmente, bacia hidrográfica é o conjunto das terras drenadas por um rio principal e seus afluentes. Tendo-se os limites da bacia como o que define o perímetro da área a ser planejada, fica mais fácil fazer-se o confronto entre as disponibilidades e as demandas, essenciais para o estabelecimento do balanço hídrico.

Por fim, a gestão dos recursos hídricos deve ser descentralizada e contar com a participação do Poder Público, dos usuários e das comunidades. A gestão descentralizada vem significar o que pode ser decidido no âmbito dos governos regionais, e mesmo locais, onde os conflitos pela água se instalam. E a gestão participativa constitui um método que enseja aos usuários, à sociedade civil organizada, às ONGs e aos outros agentes interessados a possibilidade de influenciar no processo de tomada de decisão. Todos os segmentos da sociedade se tornam partícipes nesse processo, assumindo seu papel de protagonistas, conforme disciplina o art. 225, *caput*, da CF.

Referidos fundamentos se constituem verdadeiros princípios dessa Política, pilares de sustentação a embasar a gestão dos recursos hídricos.

Objetivos e diretrizes da Política Nacional de Recursos Hídricos

Os objetivos almejados pela Política Nacional se traduzem em assegurar à atual e às futuras gerações a necessária disponibilidade de água, em padrões de qualidade adequados aos respectivos usos; a utilização racional e integrada dos recursos hídricos, incluindo o transporte aquaviário, com vistas ao desenvolvimento sustentável; e a prevenção e a defesa contra eventos hidrológicos críticos de origem natural ou decorrentes do uso inadequado dos recursos naturais.

Para alcançar esses objetivos, diversas são as diretrizes gerais de ação para sua implementação, como a gestão sistemática dos recursos hídricos, sem dissociação dos aspectos de quantidade e qualidade; a adequação da gestão de recursos hídricos às diversidades físicas, bióticas, demográficas, econômicas, sociais e culturais das diversas regiões do país; a integração da gestão de recursos hídricos com a ambiental; a articulação do planejamento de recursos hídricos com o dos setores usuários e com os planejamentos regional, estadual e nacional; a articulação da gestão de recursos hídricos com a do uso do solo; e a integração da gestão das bacias hidrográficas com a dos sistemas estuarinos e zonas costeiras. Para tanto, a União articular-se-á com os estados tendo em vista o gerenciamento dos recursos hídricos de interesse comum.

Instrumentos da Política Nacional de Recursos Hídricos

Para a consecução dos objetivos e diretrizes dessa lei, o art. 5º estabelece seus instrumentos. Considerando os aspectos mais relevantes, podem ser destacados:

Os Planos de Recursos Hídricos

Trata-se de verdadeiros planos diretores de longo prazo que visam a orientar a implementação da Política Nacional de Recursos Hídricos e o gerenciamento dos recursos hídricos.

O Plano Nacional de Recursos Hídricos é um processo que deve ser conduzido de forma progressiva, em fases de gradativo aperfeiçoamento, devendo oferecer subsídios para defesa e prevenção contra eventos hidrológicos. Tecnicamente, são documentos programáticos para o setor no espaço de cada bacia hidrográfica. Trata-se de trabalho de profundidade, não só de atualização das informações regionais que influenciam a tomada de decisão na região da bacia hidrográfica, mas também de definição, clara, da repartição das vazões entre os usuários (Setti et al., 2001), sendo que o conteúdo e a abrangência do Plano estão descritos na lei.

Importante salientar que nos Planos das Bacias Hidrográficas devem estar contempladas as águas superficiais e subterrâneas, bem como, na região costeira, esses planos devem estar associados aos Planos de Gerenciamento Costeiro.

O enquadramento dos corpos d'água em classes, segundo os usos preponderantes da água

O enquadramento dos corpos de água em classes visa assegurar às águas qualidade compatível com os usos mais exigentes a que elas forem destinadas e diminuir os custos de combate à poluição das águas, mediante ações preventivas permanentes.

A Lei n. 9.433/97 estabelece que o enquadramento em classes deve ser regulamentado por lei. Entretanto, o Conselho Nacional de Meio Ambiente (Conama) vem respondendo por essa atribuição através de suas resoluções. Para as águas superficiais, a Resolução Conama n. 357/2005 dispõe sobre a classificação dos corpos de água e diretrizes ambientais para o seu enquadramento, bem como estabelece as condições e padrões de lançamento de efluentes. E a Resolução Conama n. 396/2008 dispõe sobre a classificação e as diretrizes ambientais para o enquadramento das águas subterrâneas. Outrossim, no que tange à qualidade da água, os parâmetros encontram-se estabelecidos no Portaria n. 2.914, de 12.12.2011, do Ministério da Saúde.

A outorga dos direitos de uso de recursos hídricos

A outorga de direito de uso dos recursos hídricos é o instrumento pelo qual o usuário recebe autorização, concessão ou permissão para fazer uso da água. A outorga não implica a alienação parcial das águas, que são inalienáveis, mas o simples direito de seu uso.

A outorga de direito, juntamente como a cobrança pelo uso da água, constitui relevante elemento para o controle do uso dos recursos hídricos, contribuindo também para a disciplina desse uso (Setti et al., 2001).

O regime de outorga de direitos de uso de recursos hídricos tem como objetivos assegurar o controle quantitativo e qualitativo dos usos da água e o efetivo exercício dos direitos de acesso à água, e está condicionado às prioridades de uso estabelecidas nos Planos de Recursos Hídricos de cada bacia hidrográfica, devendo respeitar a classe em que o corpo hídrico está enquadrado e preservar o uso múltiplo desse recurso.

Os usos de recursos hídricos sujeitos a outorga pelo Poder Público são disciplinados pela Lei n. 9.433/97. São eles: a derivação ou captação de parcela da água existente em um corpo de água para consumo final, inclusive abastecimento público, ou insumo de processo produtivo; a extração de água de aquífero subterrâneo para consumo final ou insumo de processo produtivo; o lançamento em corpo de água de esgotos e demais resíduos líquidos ou gasosos, tratados ou não, com o fim de sua diluição, transporte ou disposição final; o aproveitamento dos potenciais hidrelétricos; além de outros usos que alterem o regime, a quantidade ou a qualidade da água existente em um corpo de água. Para fins de geração de energia elétrica, a outorga e a utilização dos recursos hídricos estão subordinadas ao Plano Nacional de Recursos Hídricos e devem obedecer ao disciplinado na legislação setorial específica.

Sabiamente, a referida lei prevê que o uso de recursos hídricos para a satisfação das necessidades de pequenos núcleos populacionais, distribuídos no meio rural, as derivações, captações e os lançamentos considerados insignificantes e as acumulações de volumes de água consideradas insignificantes independem de outorga pelo Poder Público.

736 | DIREITO AMBIENTAL E SUSTENTABILIDADE

A efetivação da outorga dar-se-á por ato da autoridade competente do Poder Executivo federal, dos Estados ou do Distrito Federal, podendo o Poder Executivo federal delegar aos Estados e ao Distrito Federal competência para conceder outorga de direito de uso de recurso hídrico de domínio da União. Toda outorga de direitos de uso de recursos hídricos far-se-á por prazo não excedente a 35 anos, renovável.

Outrossim, por ser a outorga um direito de uso de recursos hídricos, esta poderá ser suspensa parcial ou totalmente, em definitivo ou por prazo determinado, nas seguintes circunstâncias: não cumprimento pelo outorgado dos termos da outorga; ausência de uso por três anos consecutivos; necessidade premente de água para atender a situações de calamidade, inclusive as decorrentes de condições climáticas adversas; necessidade de prevenir ou reverter grave degradação ambiental; necessidade de atender a usos prioritários, de interesse coletivo, para os quais não se disponha de fontes alternativas; necessidade de serem mantidas as características de navegabilidade do corpo de água.

Cobrança pelo uso da água

Trata-se de instrumento essencial previsto no art. 5º, IV, para criar as condições de equidade entre as forças de oferta (disponibilidade de água) e de demanda, promovendo a harmonia entre os diversos usuários. Ao mesmo tempo, esse instrumento visa promover a redistribuição dos custos sociais e a melhoria da qualidade dos efluentes lançados (Setti et al., 2001). De acordo com art. 19 da Política Nacional de Recursos Hídricos, a cobrança pelo uso de recursos hídricos tem por objetivos: reconhecer a água como bem econômico e dar ao usuário uma indicação de seu real valor; incentivar a racionalização do uso da água; e obter recursos financeiros para o financiamento dos programas e intervenções contemplados nos planos de recursos hídricos.

A cobrança incidirá sobre todos aqueles usuários que, de alguma forma, alteram o regime, na quantidade e na qualidade da água existente em um corpo hídrico, quer seja superficial quer seja subterrâneo, e encontra-se intimamente atrelada à outorga. O art. 20 da referida lei, prescreve que todos os usuários sujeitos à outorga serão cobrados, tendo por base de cálculo para a cobrança a vazão outorgada. Exceção recai sobre os usos considerados insignificantes, conforme definido pelo comitê da respectiva bacia ou região hidrográfica. A integração entre a cobrança e a outorga apresenta diversas vantagens, como a facilidade de controle, a colaboração dos usuários na fiscalização e a facilidade de aceitação da cobrança pelos usuários.

Para a fixação dos valores a serem cobrados pelo uso dos recursos hídricos, devem ser observados o volume retirado nas derivações, captações e extrações de água, e seu regime de variação; e, nos lançamentos de esgotos e demais resíduos líquidos ou gasosos, o volume lançado e seu regime de variação e as características físico-químicas, biológicas e de toxicidade do afluente.

Os recursos arrecadados com a cobrança serão aplicados prioritariamente na bacia hidrográfica em que foram gerados para a implementação de estudos, projetos e obras estruturais e não estruturais contidas no programa de investimento do respectivo Plano de Recursos Hídricos, fomentado, promovendo o desenvolvimento econômico-social sustentável e melhorias no bem-estar da população da bacia.

O Sistema de Informações sobre Recursos Hídricos

O Sistema de Informações sobre Recursos Hídricos destina-se a coletar, organizar, criticar e difundir a base de dados relativa aos recursos hídricos, seus usos, o balanço hídrico de cada manancial e de cada bacia, provendo os gestores, os usuários, a sociedade civil e outros segmentos interessados das condições para opinar no processo decisório ou mesmo para tomar suas decisões (Setti et al., 2001).

Os princípios básicos que norteiam o funcionamento deste Sistema são a descentralização da obtenção e produção de dados e informações; a coordenação unificada do sistema; e o acesso aos dados e informações garantido a toda a sociedade.

O Sistema Nacional de Gerenciamento de Recursos Hídricos

O Sistema Nacional de Gerenciamento de Recursos Hídricos, criado pela Lei n. 9.433/97, em seu art. 32, estabeleceu um arranjo institucional para a gestão compartilhada do uso dos recursos hídricos no país e tem por objetivos coordenar a gestão integrada das águas; arbitrar administrativamente os conflitos relacionados com os recursos hídricos; implementar a Política Nacional de Recursos Hídricos; planejar, regular e controlar o uso, a preservação e a recuperação dos recursos hídricos; e promover a cobrança pelo uso desses recursos. Esse arranjo institucional prevê a participação de um conjunto de órgãos e entidades das esferas federal e estadual que atuam na gestão dos recursos hídricos, responsáveis pela formulação da política e pela implementação dos instrumentos de política (Figura 23.1). Apesar de a gestão das águas ocorrer de forma descentralizada, ela não é antagônica e descoordenada, uma vez que há laços de hierarquia e cooperação entre os membros que compõem o Sistema.

Figura 23.1 Sistema Nacional de Gerenciamento de Recursos Hídricos

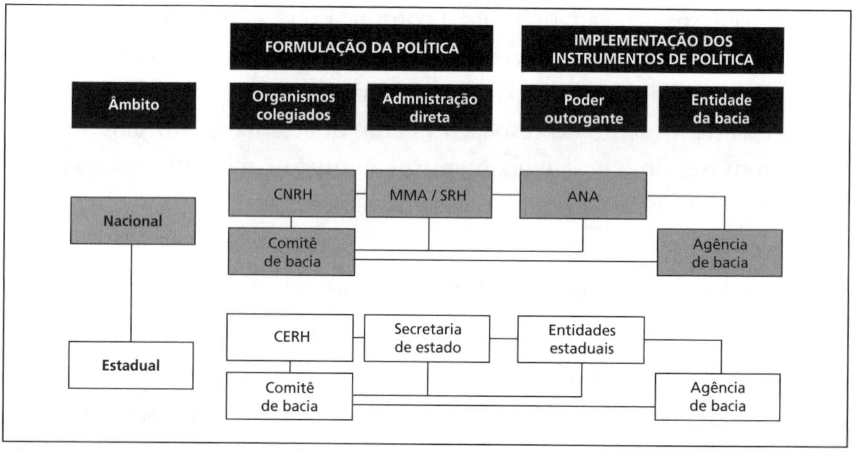

Fonte: MMA (2001).

De forma sucinta, cabe ao Conselho Nacional de Recursos Hídricos[2] e aos conselhos estaduais subsidiar a formulação da Política de Recursos Hídricos e dirimir conflitos; a Secretaria de Recursos Hídricos do Ministério do Meio Ambiente (MMA/SRH) é responsável por formular a Política Nacional de Recursos Hídricos e subsidiar a formulação do Orçamento da União; a Agência Nacional de Águas (ANA) tem a incumbência de implementar o Sistema Nacional de Recursos Hídricos, outorgar e fiscalizar o uso

---

[2] O Conselho Nacional de Recursos Hídricos desenvolve atividades desde junho de 1998, ocupando a instância mais alta na hierarquia do Sistema Nacional de Gerenciamento de Recursos Hídricos, instituído pela Lei n. 9.433/97. É um colegiado que desenvolve regras de mediação entre os diversos usuários da água sendo, assim, um dos grandes responsáveis pela implementação da gestão dos recursos hídricos no país. Por articular a integração das políticas públicas no Brasil é reconhecido pela sociedade como orientador para um diálogo transparente no processo de decisões no campo da legislação de recursos hídricos.

de recursos hídricos de domínio da União. Outorgar e fiscalizar o uso de recursos hídricos de domínio do estado são responsabilidades do órgão estadual; o Comitê de Bacia Hidrográfica, tipo de organização inteiramente novo na administração de bens que conta com a participação dos usuários, prefeituras, sociedade civil organizada e demais níveis de governo (estaduais e federal), destina-se a agir como fórum de decisão de cada bacia hidrográfica e tem o papel de decidir sobre o Plano de Recursos Hídricos (quando, quanto e para que cobrar pelo uso de recursos hídricos); e a Agência de Águas, organismo que atua como secretaria executiva do Comitê de Bacia Hidrográfica, com competências em sua área de atuação como manutenção do balanço da disponibilidade de recursos hídricos e do cadastro de usuários, efetuar a cobrança pelo uso da água e gerir os recursos arrecadados, e elabora o Plano de Recursos Hídricos para apreciação do Comitê; pode-se dizer que é o escritório técnico do Comitê de Bacia.

Código Civil

O Código Civil brasileiro, Lei n. 10.406/2002, "nasceu velho", pois ao tratar dos temas como bens públicos, direitos de vizinhança, águas e direito de construir apenas se limitou a repetir os preceitos do Código Civil de 1916, sem que houvesse a recepção do texto constitucional de 1988, que instituiu no art. 225, *caput*, os bens de uso comum do povo como bens difusos e nestes encontra-se inserido o bem ambiental água. Tampouco observou toda a evolução legislativa sobre o tema água, notadamente sua finitude, impossibilitando, de forma absoluta, a sua apropriação pelo particular.

No capítulo da Propriedade, embora inaugure uma notória preocupação com o meio ambiente, no tocante à água, os arts. 1.288 a 1.296 padecem de inconstitucionalidade, pois não assimilaram o entendimento constitucional de que o meio ambiente é bem de uso comum do povo, bem difuso, motivo pelo qual a água não pode ser tratada como bem de natureza jurídica diversa.

Neste sentido, Fiorillo (2003, p. 407) alerta:

"[...] [é de se] causar estranheza o 'retorno' do tratamento da água na 'evolução legislativa', superadas as visões do Código Civil de 1916 e do Código de Águas (Decreto n. 26.643/34), para o 'Direito Civil das Coisas', desconsiderando inclusive a importância desse precioso bem ambiental inclusive como produto em face das relações jurídicas de consumo existentes em países de estrutura jurídica capitalista como o Brasil (art. 3º, § 1º, da Lei n. 8.078/90)." [...] Como bem ambiental, definido pelo art. 225 da Constituição Federal, a água desde 1988 deixou, portanto, de ser considerada bem público, sendo incompatíveis com a Carta Magna os artigos 99, inciso I, e 100 do novo Código Civil.

O art. 1.290, ao disciplinar sobre a propriedade da nascente ou do solo onde caem as águas pluviais como parte integrante do patrimônio particular do dono da terra, descaracteriza a natureza jurídica deste bem ambiental, tendo em vista que estas águas compõem o ciclo hidrológico, pois as águas pluviais ao infiltrarem no solo recarregam os aquíferos, os quais auxiliam no abastecimento dos mananciais superficiais, sendo que as nascentes correspondem à saturação de água do solo, gerando áreas de descarga de aquíferos. Corroborando, Fiorillo (2003, p. 406) afirma que:

> O art. 1.290 do novo Código Civil trata da exótica e inconstitucional figura do 'proprietário de nascente', copiando o art. 565 do Código Civil de 1916, que adotava entendimento, combinado posteriormente com o Código de Águas (Decreto n. 26.643/34), que a fonte ou nascente (nascentes, para os efeitos legais da época, como as águas que surgem naturalmente ou por indústria humana, e correm dentro de um só prédio particular, e ainda que o transponham, quando elas não tenham sido abandonadas pelo proprietário do mesmo) fazia parte do terreno em que brotava e, por isso, seria também de propriedade do dono do terreno em que estava localizada, assim como a água na extensão em que o atravessava. O art. 1.290 do novo Código Civil, ao adotar o entendimento de que a fonte é propriedade do dono do prédio, autorizando o mesmo a gozar e dispor da água da maneira mais absoluta, viola a Constituição Federal.

Legislando sobre águas subterrâneas

Quanto a um conceito a ser adotado sobre águas subterrâneas, não encontramos nos livros de geologia ou hidrogeologia uma definição precisa.

Na legislação do estado de São Paulo, em sua Lei n. 6.134/88, art. 1º, parágrafo único, destacamos um conceito simples que vai defini-las adequadamente:

> São consideradas águas subterrâneas as águas que corram natural ou artificialmente no subsolo, *de forma suscetível de extração e utilização pelo homem.* (Grifo nosso)

Esta definição também foi adotada pela Resolução CNRH n. 15 de 2001, no seu art. 1º, I, bem como pela Instrução Normativa do Ministério de Meio Ambiente n. 4/2000, em seu art. 2º, II.

Interessante anotar que, ao conceituar as águas subterrâneas, a lei paulista o faz com um olhar voltado para os recursos hídricos ao considerar seu uso. Em termos mais técnicos, Aldo da Cunha Rebouças (2002b, p. 126-7) assim as define:

> Embora toda a água situada abaixo da superfície da Terra seja evidentemente subterrânea, na hidrogeologia a denominação água subterrânea é atribuída apenas à água que circula na zona saturada, isto é, na zona situada abaixo da superfície freática.

As águas subterrâneas, conforme já exposto, são consideradas bens dos Estados-membros, ou seja, sua *gestão*[3] deve ser feita pelo Estado-membro, a quem competirá legislar para sua gestão e proteção.

Sobre o fato de a gerência das águas subterrâneas pertencer aos Estados-membros, conforme ditame constitucional, em 21.11.2000 foi apresentada a PEC n. 43/2000, no sentido de que os recursos hídricos subterrâneos que extravasam as fronteiras territoriais dos Estados-membros ou que se estendam em território estrangeiro passem a ser gerenciados pela União, tal como já ocorre com as águas superficiais. No entanto, depois de tramitar por quase dez anos no Congresso Nacional, a referida PEC foi definitivamente arquivada em 30.08.2010.

Na grande maioria dos Estados, há parcos dispositivos legais para definir a exploração e a proteção das águas subterrâneas; somente os Estados de São Paulo, Pernambuco[4], Pará[5], Goiás[6], Minas Gerais[7], Distrito Federal[8], Rio

---

[3] Ressalta-se que usamos a palavra "gestão" do bem e não dominialidade das águas subterrâneas, vez que não concordamos com a expressão domínio por indicar propriedade; por ser esse um recurso ambiental, tem natureza jurídica difusa.

[4] Lei n. 11.427/97, regulamentada pelo Decreto n. 20.423/98.

[5] Lei n. 6.105/98, regulamentada pelo Decreto n. 3.060/98.

[6] Lei n. 13.771/2000.

[7] Lei n. 13.583/2000.

[8] Lei n. 55/89, Decreto n. 22.018/2001, c/c Lei n. 2.725/2001, regulamentada pelo Decreto n. 22.358/2001.

DIREITO AMBIENTAL E SUSTENTABILIDADE

Grande do Sul[9], Mato Grosso[10], Piauí[11] e Paraná[12] possuem instrumentos legais no tocante à utilização dos recursos hídricos subterrâneos.

Vale destaque para o Estado de São Paulo, que foi pioneiro em legislar sobre a preservação das águas subterrâneas com a Lei n. 6.134, de 02.06.1988, regulamentada pelo Decreto de n. 32.955, de 07.02.1991, bem como para a Política Estadual de Recursos Hídricos – Lei n. 7.663, de 30 de dezembro de 1991, que tem seus arts. 9º a 13 o disciplinando sobre a outorga de direitos de uso dos recursos hídricos subterrâneos, regulamentado pelo Decreto n. 41.258, de 31.10.1996. Outrossim, a Deliberação Conjunta do CRH n. 52, de 15 de abril de 2005, fixa diretrizes e procedimentos para a definição de áreas de restrição e controle da captação e uso das águas subterrâneas em áreas críticas do Estado.

Como vimos, as ditas "águas invisíveis" necessitam de um olhar da lei para proteção dos aquíferos espalhados ao longo de todo o território brasileiro, porque possuem áreas vulneráveis à poluição e contaminação antrópicas, que podem, além de comprometer sua qualidade, impedir seu uso.

Dessa forma, o legislar sobre águas subterrâneas contempla também um legislar sobre o solo de forma diferenciada nessas áreas vulneráveis para que essa proteção seja efetivada.

PROPOSTA LEGAL DE PROTEÇÃO PARA OS AQUÍFEROS BRASILEIROS

Por isso, acreditamos que somente a partir de uma mudança de paradigmas no uso e ordenação do solo, com vistas ao potencial hidrogeológico, será possível que nossos aquíferos alcancem um *status* de proteção que promova as "águas invisíveis" a "águas visíveis" dentro do ordenamento legal.

---

[9] Lei n. 10.350/94, regulamentada pelo Decreto n. 42.407/2002.

[10] Decreto n. 1.291/2000, regulamenta o inciso VI do art. 2º da Lei n. 7.153/99, que altera o § 4º do art. 1º da Lei n. 7.083/98, que se refere aos poços tubulares, c.c Lei n. 6.945/97, que se refere à Política Estadual de Recursos Hídricos.

[11] Nos arts. 50 a 63 da Lei n. 5.165/2000, refere-se à Política Estadual de Recursos Hídricos.

[12] A Portaria Sudersa n. 05/96, refere-se ao controle de águas subterrâneas profundas para fins de uso e consumo humano. A Lei Estadual de Política de Recursos Hídricos incluiu um capítulo sobre águas subterrâneas, e o Decreto 4646/2001 oferece o detalhamento do uso da água superficial e subterrânea.

Nossa proposta consiste na criação do Zoneamento Especial Ambiental (ZEA) aliando-se ferramentas ambientais e urbanísticas para proteção das áreas de recarga e descarga dos aquíferos, tidas como áreas vulneráveis, para que, por meio deste zoneamento, se dê o uso e ocupação do solo nessas áreas de maneira distinta, em cada município no território brasileiro.

A água deve ser tida como vetor de planejamento municipal, ou seja, todos os esforços devem ser enveredados no sentido de buscar planejar a cidade, seu solo urbano e rural, para a proteção das áreas consideradas fundamentais para a preservação e conservação das águas subterrâneas (Souza, 2005).

O uso do solo de forma gerenciada e adequada pelos municípios é a melhor forma de proteger os aquíferos. Segundo recomendam os estudos técnicos, a ocupação do solo deve se dar com relação ao aquífero, referente à zona do perímetro de proteção, que diz respeito à sua área de vulnerabilidade. É preciso reorientar a maneira pela qual se dá a ocupação do solo com relação às atividades existentes (comércio, indústria, residência etc.), principalmente, priorizando a eliminação ou a não ocupação de atividades que representam maior impacto ambiental, com propensão de contaminação do solo e das águas subterrâneas. Isso pode se dar de forma a orientar ou reorientar o Plano Diretor do município a fim de possibilitar a efetiva prevenção ambiental.

Há necessidade também de uma análise do ecossistema para preservação, proteção e conservação das águas subterrâneas. Devemos sempre levar em conta a interdependência e a indissociabilidade existente entre os recursos hídricos subterrâneos e superficiais. A heterogeneidade é o elemento mais importante da hidrogeologia. Na natureza não existe homogeneidade (Souza, 2005).

A chave é ordenar o uso do solo a fim de garantir a qualidade das águas subterrâneas, e, para tanto, devemos mudar o paradigma ao ordenar o uso do solo, fazendo-o a partir do seu subsolo, da presença de água subterrânea (Souza, 2009).

CONSIDERAÇÕES FINAIS

As águas visíveis e invisíveis são partes integrantes do ciclo hidrológico, e, ao serem passíveis de utilização com finalidade econômica, recebem a denominação de recursos hídricos. No entanto, cabe destacar que, onde quer que se encontrem, são bens ambientais. E, tendo em vista a disponibilidade espacial e distribuição populacional desigual no território brasileiro, associada à perda de qualidade, tem se tornando um recurso escasso.

No Brasil, desde o início do século XX, implementou-se o legislar sobre as águas e, a partir da Constituição Federal de 1988, com a Política Nacional de Recursos Hídricos, evidenciou-se a valoração econômica da água, fundamento desta Política, possibilitando a implementação de seus instrumentos de gestão.

Porém, apesar dos diversos estudos técnicos e legislações existentes, urge a intensificação dos instrumentos existentes e de medidas outras a serem criadas e/ou adotadas para a prevenção dos danos e impactos ambientais oriundos das atividades antrópicas que comprometem a qualidade das águas superficiais e subterrâneas, afetando sobremaneira a quantidade disponível aos usos múltiplos, notadamente ao consumo humano.

Assim, tendo em vista o grande potencial hidrogeológico brasileiro a ser protegido, lançamos a proposta do ZEA como forma de efetivarmos o princípio da prevenção em cada município brasileiro detentor dessa riqueza hídrica subterrânea.

REFERÊNCIAS

[ABAS] ASSOCIAÇÃO BRASILEIRA DE ÁGUAS SUBTERRÂNEAS. Disponível em: http://www.abas.org/educação.php Acessado em: 31 jul. 2014.

[ANA] AGÊNCIA NACIONAL DE ÁGUAS. Disponível em: http://www.ana.gov.br Acessado em: 08 abr. 2011.

BRASIL. Decreto n. 26.643/34 – Código das Águas. Disponível em: http://www.planalto.gov.br/ccivil_03/decreto/D24643.htm. Acessado em: 29 jul. 2014.

_____. Lei n. 10.406/02 – Código Civil. Disponível em: http://www.planalto.gov.br/ccivil_03/leis/2002/l10406.htm. Acessado em: 29 jul. 2014.

_____. Lei n. 9.433/97 – Lei da Política Nacional de Recursos Hídricos. Disponível em: http://www.planalto.gov.br/ccivil_03/leis/L9433.htm. Acessado em: 29 jul. 2014.

CPRM. Projeto Rede Integrada de Monitoramento das Águas Subterrâneas: relatório diagnóstico Aquífero Alter do Chão, Bacia Sedimentar do Amazonas. Homero Reis de Melo Junior, Maria Antonieta Alcântara Mourão (Coord.) Belo Horizonte: CPRM – Serviço Geológico do Brasil, 2012.

FIORILLO, C.A.P. Águas no novo Código Civil (Lei n. 10.406/2002). In: BENJA-MIN, A.H. *Direito, Água e Vida*. São Paulo: Imprensa Oficial, 2003.

[IHP] INTERNATIONAL HYDROLOGICAL PROGRAMME. *Unesco – World water resources at the beginning of 21th Century*. Cambridge: Cambridge University Press, 1998.

KARMANN, I. Ciclo da água, água subterrânea e sua ação geológica. In: TEIXEI-RA, W. et al. *Decifrando a Terra*. São Paulo: Oficina de Textos 2000, 2003.

MACHADO, C.J.S. Experiências internacionais de gestão de águas interiores: uma análise comparada com o arcabouço jurídico brasileiro. *Revista Forense Eletrônica (Suplemento)*. Rio de Janeiro, v. 356, ago. 2001.

MACHADO. P.A.L. *Direito Ambiental Brasileiro*. 7.ed. São Paulo: Malheiros, 1999.

_____. *Recursos hídricos: direito brasileiro e internacional*. São Paulo: Malheiros, 2002.

MANOEL FILHO, J. Ocorrência das águas subterrâneas. In: FEITOSA, F.A.C.; _____. *Hidrogeologia – conceitos e aplicações*. 2.ed. Fortaleza: CPRM/REFO, LA-BHID-UFPE, 2000.

[MMA] MINISTÉRIO DO MEIO AMBIENTE. Águas subterrâneas: programa de águas subterrâneas. Brasília, 2001.

[OEA] ORGANIZAÇÃO DOS ESTADOS AMERICANOS. Aquífero Guarani: programa estratégico de ação = Acuífero Guaraní: programa estatégico de acción – Ed. bilíngue. Brasil; Argentina; Paraguai; Uruguai: OEA, 2009. 424p.

PIVA, R. *Bem Ambiental*. São Paulo: Max Limonad, 2000.

REBOUÇAS, A.C. Água doce no mundo e no Brasil. In: REBOUÇAS, A.C.; BRA-GA, B.; TUNDISI, J.G. *Águas doces do Brasil – capital ecológico, uso e conservação*. 2.ed. São Paulo: Escrituras, 2002a.

_____. Águas subterrâneas. In: REBOUÇAS, A.C.; BRAGA, B.; TUNDISI, J.G. *Águas doces do Brasil – capital ecológico, uso e conservação*. 2.ed. São Paulo: Escrituras, 2002b.

REBOUÇAS, A.C.; AMORE, L. O Sistema Aquífero Guarani – SAG. *Revista Águas Subterrâneas*, v. 16, p. 103-110, mai. 2002.

ROCHA, G.A. *O grande manancial do Cone Sul*. 1997. Disponível em: http://www.scielo.br. Acessado em: 14 jul. 2014.

SÃO PAULO. Lei n. 6.134/88 – Dispõe sobre a preservação dos depósitos naturais de águas subterrâneas do Estado de São Paulo. Disponível em: http://www.al.sp.gov.br/norma/?id=25548, Acessado em: 29 jul. 2014.

SETTI, Arnaldo et al. *Introdução ao gerenciamento de recursos hídricos*. Brasília: Aneel/ANA, 2001.

SILVA, J. A. *Curso de direito constitucional positivo*. São Paulo: Malheiros, 1999.

SOUZA, L. C.; FERNANDES, A.M. Proteção das matas ciliares. In: SILVA, S.T. et al. *Código Florestal: desafios e perspectivas*. São Paulo: Fiuza, 2010.

SOUZA, L C. *Águas e sua proteção*. Curitiba: Juruá, 2004.

_____. *Mudanças de paradigmas no uso e ordenação do solo em face da necessária proteção da qualidade das águas subterrâneas*. São Paulo, 2005. 370p. Tese (Doutorado). Pontifícia Universidade Católica de São Paulo.

_____. Águas doces do Brasil no início do século XXI. In: LECEY, E.; CAPELLI, S. *Revista de Direito Ambiental*. São Paulo: RT, ano 17, n. 68, out./dez. 2012, p. 257-276.

_____. *Águas subterrâneas e a legislação brasileira*. Curitiba: Juruá, 2009.

_____. Lacunas da percepção: um olhar na paisagem. *Revista da Faculdade de Direito Padre Anchieta*, Jundiaí, São Paulo, ano 7, n. 11, mai. 2006, p. 87-102.

TUNDISI, J.G. *Água no século XXI: enfrentando a escassez*. São Carlos: RiMa, 2003.

_____. *Recursos hídricos no futuro: problemas e soluções*. Estudos Avançados. v. 22, n. 63, p. 7-16, 2008.

Conflitos Socioambientais no Brasil: uma Reflexão sobre a Possibilidade Transformativa dos Procedimentos Multiatores

24

Luís Fernando Bravo de Barros
Universidade de Innsbruck

Ana Luiza Silva Spínola
Universidade de São Paulo

INTRODUÇÃO

No Brasil, diversas intervenções, ou projetos de intervenção no ecossistema, tanto pelo Estado quanto pela iniciativa privada, têm revelado conflitos socioambientais com profundos impactos a recursos naturais, ao equilíbrio ambiental e ao bem-estar da população. Senão detidas a um impasse, muitas dessas situações são impelidas ou embargadas por força de decisões judiciais e/ou de órgãos públicos. Frequentemente não são dadas oportunidades para que todos os atores sejam ouvidos e devidamente considerados, principalmente aqueles mais vulneráveis, antes da tomada de decisão pela autoridade competente. Os aspectos sociais, políticos e ambientais subjacentes a tais conflitos, geralmente judicializados, são raramente abordados de uma maneira autêntica, holística e inclusiva, consequentemente contribuindo à inquietação social e ao escalamento do cenário conflitivo.

O presente ensaio apresenta e propõe a infraestrutura dos procedimentos multiatores como uma plataforma adequada para a transformação de conflitos socioambientais na realidade brasileira, atendo-se a tal possibilidade nas questões judicializadas por meio de ações civis públicas.

Identificado o procedimento multiatores como uma ferramenta de transformação de conflitos, tendemos a considerá-lo uma via credível para tratar de conflitos socioambientais no Brasil.

MÉTODOS, MATERIAIS E REFERENCIAIS TEÓRICOS

A pesquisa baseou-se na análise documental e bibliográfica, tanto nacional como especialmente estrangeira, relacionada a *Estudos de Paz*, disciplina bastante nova no Brasil mas já avançada em países como Alemanha, Suíça e Estados Unidos. Foram analisadas produções acadêmicas relacionando as fontes de conflito social a questões ambientais. Grande parte da pesquisa física foi realizada na biblioteca da Swisspeace Academy (antiga World Peace Academy), vinculada ao Centro de Estudos Avançados da Universidade da Basileia, na Suíça. Fontes de notícia disponíveis na rede mundial de computadores foram utilizadas.

Sem pressupor uma necessária homogeneidade conceitual no âmbito dos *Estudos de Paz*, tampouco no que tange aos pontos de vista desses grandiosos acadêmicos, o presente trabalho tem como principais referenciais teóricos relacionados à transformação do conflito Johan Galtung,[1] John Paul Lederach[2] e Wolfgang Dietrich.[3] Para a conceituação e o embasamento teórico de procedimentos multiatores, foi utilizada a doutrina de Minu Hemmati[4].

---

[1] Johan Galtung, fundador, em 1959, do International Peace Research Institute em Oslo, é considerado por muitos o pai dos Estudos de Paz, como uma esfera de estudos autônoma na área das Ciências Sociais, principalmente na Europa. Professor visitante em diversas universidades pelo mundo, aos 83 anos ainda atua como mediador de conflitos internacionais.

[2] John Paul Lederach, professor titular do Instituto Internacional Joan B. Kroc para Estudos de Paz, da Universidade de Notre Dame, Indiana, EUA. Um dos principais disseminadores do conceito de Transformação de Conflito. Atua como facilitador para construção de paz em diversas áreas de conflito pelo mundo.

[3] Wolfgang Dietrich, titular da cadeira da Unesco em Estudos de Paz na Universidade de Innsbruck, Áustria; diretor, na mesma instituição, do curso de pós-graduação em Desenvolvimento, Segurança e Transformação de Conflito Internacional. Idealizador do conceito de Paz Transracional (Dietrich, 2013).

[4] Formada na área de psicologia, Minu Hemmati é, desde o final da década de 1990, uma das maiores especialistas no mundo sobre procedimentos multiatores, como facilitadora e acadêmica. Professora visitante em diversas universidades internacionais, tem atuado como consultora de programas da ONU em questões ambientais.

As teorias de *Estudos de Paz*, tratadas em sua maioria em material estrangeiro, desafiam todo e qualquer tradutor[5] a trazer para a língua pátria termos largamente utilizados e conhecidos na literatura internacional, da forma mais acurada e fiel possível. Nesse sentido, os autores tomaram o cuidado de explicar, ao longo do texto, alguns termos essenciais para o entendimento da matéria. Por exemplo, a razão pela qual se optou pela tradução de *multistakeholder process* para procedimentos multiatores encontra-se explicitada em um subitem próprio.

Entretanto, entende-se por bem explicar, neste momento, um termo de especial relevância trazido neste artigo, mas ainda estranho ao vernáculo, tanto inglês quanto português. O termo "elicitive" que, em português, significaria "elicitivo". Em se tratando de construção de paz, este termo foi forjado por Lederach (2012) num contexto de metodologias mais adequadas para a transformação de conflitos. O verbo "elicitar", ou "eliciar", faz parte do nosso vernáculo, e significa "conseguir obter resposta ou reação de" (Aulete e Valente, s/d). No presente artigo, utiliza-se fielmente o adjetivo *elicitivo*, assim como utilizado por Lederach (2012), significando que, nos exemplos utilizados, as soluções/transformações obtidas *não* foram impostas por uma terceira parte externa ao conflito, mas oriundas genuína e autenticamente das próprias partes envolvidas, possivelmente com a assistência de um facilitador.

DEFININDO CONFLITO

Nas palavras de Johan Galtung (2007, p. 15) "um conflito não transformado é um importante belógeno" [ou *agente bélico*]. Em um de seus "diagnósticos",[6] Galtung relaciona as causas da violência ao impedimento, por parte de "outro", para obtenção de algo querido por alguém. Impedimento, ou resistência, que leva à frustração e à polarização, degenerando, por fim, em violência[7]. Geralmente a violência ocorre porque as partes almejam objetivos incompatíveis (Galtung, 2007). Considerando uma abordagem com

---

[5] Todas as traduções, tanto do inglês como do espanhol, foram livremente feitas pelos autores do presente capítulo. Ambos se responsabilizam inteiramente por qualquer eventual distorção de significado, conforme expresso nos originais.

[6] O tal "diagnóstico" é feito por intermédio de sua famosa analogia entre diagnose médica e análise de conflitos (Galtung, 2007).

[7] Jean-Marie Muller (2007) considera violência o potencial "destrutivo" do conflito.

base na teoria da *transformação de conflitos*[8]; conflito não deveria ser conceituado como sinônimo[9] de violência[10].

Bush, Folger e Noce (2010), acadêmicos estadunidenses pioneiros na concepção de Mediação Transformativa, abordagem qualitativa entre conflito e seu reflexo na própria inter-relação humana, conceituam conflito como uma crise de interação. Tida como um círculo vicioso que se retroalimenta por atos oriundos de uma sensação de fraqueza e desconexão, essa crise poderia ser transformada em uma relação construtiva por intermédio do empoderamento e reconhecimento recíproco.

Em essência, a transformação deveria ocorrer por intermédio da atividade das partes em melhorar o canal de comunicação entre elas[11]. Dialogando com Thania Paffenholz, eles admitem o *potencial criativo inerente ao próprio cenário conflitivo:*

> *jamais deveríamos nos esquecer que, em última instância, serão os atores pertencentes às áreas de conflito que efetivamente determinarão as regras de transformação do conflito. São eles os únicos agentes que poderão construir uma paz sustentável* (Paffenholz apud Bush et al., 2010, cap. 21, p. 406, grifo nosso).

Tal concepção de extrema relevância está em consonância com o aspecto metacomunicacional dos procedimentos multiatores (Hemmati, 2002).

Segundo Lederach (2012), esse intrínseco potencial criativo e construtivo, como caminho para a eliciação de consenso, é o aspecto apreciado pela abordagem transformativa[12]. Nesse mesmo sentido, Galtung (2007, p. 19) aduz que: "Contradições e conflitos deveriam ser bem-vindos, e não evita-

---

[8] Abordagem compatível ao que Galtung considera "abordagem de paz" ("*peace approach*"), em vez de "abordagem de segurança" ("*security approach*") (Galtung, 2007).

[9] Vale destacar que uma das fontes de referência do presente capítulo, uma publicação do United Nations Environment Programme intitulada "From conflict to peacebuilding: the role of natural resources and the environment", estabelece, desde o início, para os propósitos daquele trabalho, que "[...] o termo 'conflito' é entendido como meio violento de conflito" (Unep, 2009, p. 07).

[10] Com base nos estudos da Relações Internacionais, como explicado por Galtung, uma "[...] orientação de um padrão de abordagem Anglo-Americano [...]. Que equivale *esforço pela paz a esforço pelo controle da violência*, um reducionismo comportamental facilmente transformado num desastre político" (Galtung, 2007, p. 22).

[11] Canal pelo qual os objetivos últimos podem ser alcançados de forma consensual (Bush et al., 2010).

[12] Para além das noções tradicionais de *resolução* e de *gestão* de conflitos (Lederach, 2012).

dos. São desafios para expandir nossos espaços, permitindo um aparelhamento criativo de tais espaços com realidades novas e tangíveis. Conflito = crise + oportunidade".

Minu Hemmati adota o entendimento de Smith e Mackie acerca de conflito: "incompatibilidade de objetivos entre duas ou mais partes" (Smith e Mackie apud Hemmati, 2002, p. 15 e 16).

Transformações ocorrem naquele *espaço* provido para que o conflito seja transcendido e novas realidades sejam criadas como resultado de um esforço comum dos atores envolvidos (Lederach, 2005; Galtung, 2007). Referidas transformações podem ser apenas eliciadas, ou seja, não impostas.

Tal *espaço* pode ser gerado pela metodologia de procedimentos multiatores.

Minu Hemmati (2002, p. 23) assere que procedimentos multiatores "[...] visam criar espaço onde a comunicação pode ocorrer de forma a auxiliar [...] que acordos sejam trazidos à tona para que ações concretas possam promover mudanças".

Verifica-se que a técnica trazida pela escola transformativa de como lidar com conflitos vai ao encontro do que a metodologia dos procedimentos multiatores tem a oferecer como uma plataforma[13] para envolver diversos atores de modo, tanto quanto possível, criativo e colaborativo, com o fim de obter respostas urgentes sem desconsiderar a complexidade de todo o cenário, sustentavelmente tratando das questões socioambientais por meio de um método elicitivo (ou não impositivo).

PROCEDIMENTOS MULTIATORES: TRANSFORMANDO CONFLITOS SOCIOAMBIENTAIS

É possível que o termo conflito socioambiental possa ser tido como uma porta de entrada demasiadamente ampliada e dificulte uma abordagem efetiva de transformação de conflito[14].

---

[13] "[...] plataformas de transformação", segundo John Paul Lederach (2012).

[14] Stephan Libiszewiski menciona que: "[...] se fôssemos examinar todos esses estágios de conflito teríamos que escrever um tratado tão volumoso quanto a história das guerras por recursos [*naturais*]" (Libiszewiski, 1992-1995, p. 03).

752 | DIREITO AMBIENTAL E SUSTENTABILIDADE

Libiszewiski (1992-1995, p. 3) delineia a definição de conflito ambiental com base na degradação do meio ambiente como uma "interferência desestabilizante no equilíbrio do ecossistema" por atividades humanas, considerando-a elemento-chave para a causa de conflitos ambientais.[15] Uma afirmação atraente, na medida em que ele foca a inter-relação entre o humano e o ambiente englobados pelo ecossistema, aparentemente como uma biosfera autopoiética.

Uma especificação tão extrema de conflito ambiental, exclusivamente subordinada à degradação ambiental como sua causa, pode, porém, desconsiderar situações de conflito não necessariamente relacionadas à degradação, deixando de "[...] considerar outros fatores promotores de conflito" (Ellingsen e Hauge, 2001, p. 37). Tanja Ellingsen e Wenche Hauge, por exemplo, optaram por resgatar concepções relacionadas à escassez de recursos, baseados em três dimensões que podem levar ao conflito, quais sejam: "escassez induzida pela oferta, escassez induzida pela demanda, e escassez estrutural" (Ellingsen e Hauge, 2001, p. 38). É pertinente considerar a distribuição desigual de recursos, sob a dimensão da escassez estrutural[16], como causa de conflitos na medida em que tais recursos "[...] concentram-se nas mãos de algumas poucas pessoas enquanto o restante da população sofre com a falta" (Ellingsen e Hauge, 2001, p. 38). Uma realidade que é presente em inúmeras situações de conflito socioambiental no Brasil.

Roger Sidaway (2005, p. 257) afirma que "[...] não é possível identificar categorias mutuamente excludentes de conflito, no esforço de se identificar formar apropriadas de resolução de conflitos". Sem embargo, o autor assevera que "[...] no cerne de um conflito há uma intensa competição por recursos e por influência, entre as partes com opiniões opostas, sobre como o mundo deveria ser".

Sem oferecer uma definição fechada, Eduardo Jorge Sobrinho fala em situações socioambientais que podem configurar "[...] conflitos que se potencializam pela escassez ou desigual distribuição dos recursos naturais, como, também, pelo valor simbólico a eles atribuídos pelos diferentes grupos da sociedade" (Sobrinho apud Granja e Besen, 2012, p. 5).

---

[15] Contudo, como fenômenos naturais, nem todas degradações ambientais, não vão, automaticamente, ensejar conflitos, Libiszewiski (1992-1995, p. 12) destaca que "[...] alterações ambientais devem se traduzir em algum tipo de fenômeno social [...]", para que possam ser sociologicamente consideras causas de um conflito.

[16] Com a qual relacionamos o conceito de violência estrutural trazido por Galtung (2007).

A diversidade de conceitos e teorias demonstra a dificuldade, senão impossibilidade, de estabelecer uma definição rígida, no tocante à sua causação, sobre o que deveria ser considerado conflito socioambiental. Isso em virtude da multiplicidade de questões em torno do aspecto ambiental: por exemplo, econômica, cultural, estrutural, étnica, política etc.[17] Por mais óbvio que, a essa altura, possa parecer, o Programa das Nações Unidas para o Meio Ambiente (Pnuma) também reconhece que "a relação entre recursos naturais, o meio ambiente e conflitos, é, portanto, complexa e multidimensional" (Unep, 2009, p. 9).

Optou-se neste ensaio, pela não definição rígida e "enquadrada" do significado de conflito socioambiental, sendo certo que, independentemente da sua causa (degradação de recursos, escassez de recursos etc.), é possível que as partes optem pela transformação do conflito por meio da utilização dos procedimentos multiatores.

Opção pelo termo procedimentos multiatores

Guiamo-nos, principalmente, pelo trabalho desenvolvido por Minu Hemmati (Hemmati, 2002; Desa, 2007), focado numa ferramenta inclusiva, polimorfa e polivalente[18], baseada na interação dos atores por intermédio do diálogo, especialmente direcionada a conflitos ambientais:

> Processos multiatores abrangem uma gama variada de estruturas e de níveis de comprometimento. Eles podem incluir diálogos ou avançar para procedimentos que incluam construção de consenso, tomadas de decisão e implementação. (Hemmati, 2002, p. 19)

Hemmati (2002) considera os procedimentos multiatores um método desenvolvido historicamente em interação direta com a evolução do conceito de sustentabilidade ambiental no cenário internacional.

---

[17] O escrito de Ashley Roque "Kachin conflict: utilizing environmental peace building tools for sustainable peace" (O conflito de Kachin: a utilização de ferramentais ambientais de construção de paz por uma paz sustentável) claramente expõe a íntima relação entre questões ambientais e questões de natureza étnica e de identidade na região de Kachin, em Myanmar (Roque, 2013).

[18] Uma *infraestrutura universal e flexível*, nas palavras de Hemmati (Hemmati, 2002, p. 02).

Identificamo-nos, assim, com essa ênfase pelo cuidado da qualidade da comunicação, independentemente do atingimento de objetivos preestabelecidos como condicionante a um juízo positivo de um procedimento bem-sucedido. Da mesma forma, com a íntima pertinência dessa plataforma ao sistema de governança global para a proteção do meio ambiente (Dodds apud Hemmati, 2002).

No Brasil, a gramática de procedimentos multiatores não é inédita. Entretanto, ainda que no âmbito da resolução de conflitos socioambientais, seu potencial tem sido explorado mormente em relação ao caráter da aprendizagem social, de acordo com o pouco desvelado pela presente pesquisa.

Felipe Souza e Luiz Beduschi Filho, com base no trabalho do acadêmico holandês Jeroen F. Warner, adotam o conceito de "plataformas multiatores" como meio de aprendizagem social na gestão de unidades de conservação, a possuir "[...] grande potencial de fortalecer a governança local e contribuir para que as UCs alcancem seus objetivos ecológicos e sociais" (Souza e Beduschi Filho, 2010, p. 14). Ambos os autores conceituaram tais plataformas como "[...] processos nos quais vários atores se propõem, por meio do diálogo, a resolver suas diferenças" (Souza e Beduschi Filho, 2010, p. 03), em afinidade com a ideia básica carreada no presente ensaio. Aparentemente, Filipe Oliveira e Paulo Sinisgalli seguem na mesma esteira, focados especificamente, porém, em experiências com o Conselho Gestor da APA Embu Verde, no Estado de São Paulo (Oliveira e Sinisgalli, 2010). Centrados na ideia de democracia deliberativa, os autores também se apoiam nos estudos de Jeroen F. Warner ao conceituar plataformas multiatores (Oliveira e Sinisgalli, 2010).

Acerca de um complexo cenário interativo encabeçado por uma empresa multinacional com o objetivo de fomentar "agricultura social e ambientalmente sustentável", Márcia D'Angelo e Janette Brunstein, alicerçadas numa análise voltada à aprendizagem social, falam em "Negócios Sustentáveis em Contextos de Múltiplos Atores Sociais" (D'Angelo e Brunstein, 2013).

Ana Sílvia Ipiranga et al. (2013) objetivou tratar das "práticas de aprendizagem social subjacentes ao processo de negociação em uma organização multiatores de caráter socioambiental" atendo-se ao "Conselho Estadual do Meio Ambiente do Estado do Ceará (Coema)" se escorando, dentre outros, no trabalho de Minu Hemmati (Ipiranga, 2013, p. 133).

Quanto ao pioneirismo dos autores mencionados, vale destacar a ênfase dada ao aspecto negocial e preventivo das plataformas multiatores na construção de políticas públicas de meio ambiente[19], com base no princípio da participação popular na gestão ambiental.

Possível admitir a pluralidade de termos em torno do tema sem, necessariamente, significar desprezo à figura dessa prática de comunicação, construção e transformação. Em verdade, no curso da presente pesquisa, nos deparamos, na literatura internacional, com uma diversa gama terminológica em torno dessa mesma ferramenta dialógico-colaborativa, por exemplo: "[...] comprometimento multiatores" (IFC, 2007, Sheldon et al., 2013), "governança multiatores" (Bahati *et al.*, 2008), "[...] diálogo democrático" (Cuentas e Méndez, 2013), "resolução[20] de disputa multiatores" (Ali et al., 2011).

De fato, não se pretende, aqui, impor uma suposta pureza epistemológica exclusivista, senão humildemente contribuir ao amadurecimento da prática, ainda em sua infância na realidade brasileira.

Traduzimos do inglês "*multi-stakeholder process*". Optamos pelo termo procedimento exatamente para nos desapegarmos da prática da estrutura da lide judicial associada à concepção de conflito como pretensão resistida, tão afeita à palavra "processo".

A palavra "ator" deve ser entendida como "parte interessada", para mais fielmente correferir-se ao termo "stakeholder". Mais especificamente, "[...] pessoas que influenciam, ou podem influenciar, o desfecho, assim como aqueles atingidos por tal desfecho" (Hemmati, 2002, p. 1).

O perfil elicitivo dos procedimentos multiatores

A metodologia dos procedimentos multiatores, conforme conceituada por Hemmati (2002, p. 19), aborda conflitos socioambientais como uma oportunidade de transformação consensual:

[...] procedimentos que objetivam reunir os principais atores numa estrutura para uma nova forma de comunicação, de busca por pontos sobre os quais deliberar (e, possivelmente, de como promover a deliberação) em torno de uma questão específica [...]

---

[19] "Desenvolvimento informativo de políticas públicas", conforme definido por Hemmati (2002, p. 97).

[20] Ainda que procuremos deixar claro, ao longo deste ensaio, nosso distanciamento do paradigma de "resolução de conflito", em afinidade com o paradigma de "transformação de conflito".

A questão ambiental, ainda que considerada a mais imediata e, talvez, a mais relevante, é um dos diversos aspectos que geralmente constituem determinado conflito[21].

Questões ambientais são como que onipresentes[22], ainda que o nível de influência possa variar entre o núcleo[23] e a superfície[24] da realidade conflituosa[25]. Qualquer característica mais prevalente de um conflito socioambiental pode ser considerada uma janela de oportunidade que serve para, abrangendo todos os aspectos relevantes, tocar o cerne da questão de uma maneira transformativa de modo a evitar uma mera transposição do conflito[26] e, assim, prover desenvolvimento sustentável[27].

Esta janela de oportunidade pode constituir um ponto de entrada muito especial no tocante a questões de relevância ambiental. O Pnuma reconhece que "o meio ambiente pode ser uma plataforma efetiva ou um catalisador em benefício do diálogo, da construção de confiança, da investigação de interesses compartilhados e da expansão da cooperação" (Unep, 2009, p. 22).

No tocante a essa qualidade de vislumbrar o ponto de tensão mais urgente como uma janela, Lederach (2012, p. 64) discorre que

> tal habilidade de ver o conflito em si e também através dele, nos permite desenvolver um processo orientado para a mudança, capaz de responder ao conteúdo imediato e também de abordar o contexto mais amplo que deu origem àquele.

Essa habilidade constitui uma dentre as cinco capacidades pessoais que um facilitador em construção de paz deve dominar para eliciar a transfor-

---

[21] Sem menoscabar a crítica importância da identificação do tema nodular "como o primeiro estágio substancial de um procedimento multiatores" (Hemmati, 2002, p. 215).

[22] Vide a noção de "acoplamento estrutural" oferecida por Maturana e Varela (2011).

[23] Lederach (2012) se refere a esse aspecto mais profundo do conflito como o epicentro.

[24] Vide Ashley Roque (2013).

[25] "Conflitos ambientais se manifestam como conflitos políticos, sociais, econômicos, étnicos, religiosos, ideológicos ou territoriais, ou como conflitos em torno de recursos ou interesses nacionais, ou qualquer outro tipo de conflito. São conflitos tradicionais induzidos por uma degradação ambiental!" (Libiszewiski, 1992-1995, p. 11).

[26] Dietrich (2013, p. 09) desenvolveu a noção de "transposição de conflito" como algo que "[...] altera tal dissonância [social] para uma tonalidade social diferente, [...], aliviando um ponto de tensão específico criando uma ilusão de mudança".

[27] Procuramos, aqui, dialogar com a noção de desenvolvimento sustentável de Sarkis et al.: "Assim, sustentabilidade é uma condição de equilíbrio ideal, enquanto que desenvolvimento sustentável é um caminho que leva dos insustentáveis sistemas técnico-sociais de hoje em direção a tal equilíbrio" (Sarkis et al., 2010, p. 02).

mação do conflito: todas elas[28] em harmonia com o espírito dos procedimentos multiatores, conforme explorado por Minu Hemmati (2002).

Um elenco de valores fundamentais oferece as diretrizes e os princípios essenciais dos procedimentos multiatores, expondo a especial pertinência de tal metodologia ao tratamento de conflitos socioambientais[29]: "desenvolvimento sustentável, boa governança; democracia; participação; comprometimento; equidade e justiça; união e diversidade; liderança; credibilidade e opinião pública" (Hemmati, 2002).

Hemmati tem desenvolvimento sustentável[30] como o substrato ideológico do *processo multiatores*. Um ideal que "[...] requer um procedimento dialógico e de construção de consenso entre todos os atores como parceiros que, juntos, definem o problema, estabelecem as soluções possíveis, colaboram para implementá-las, e monitoram e avaliam os resultados" (Hemmati, 2002, p. 39). Talvez, a mola propulsora mesma dos procedimentos multiatores.

Tal repertório, claramente, dispõe aspectos reciprocamente interdependentes a formar um ciclo virtuoso para a promoção da mudança necessária para a transformação do conflito: uma plataforma de transformação por excelência – para dialogar com Lederach (2012).

No âmbito da *praxis*, Hemmati vislumbra um conjunto de conceitos e estratégias que servem de norte para a obtenção de resultados tangíveis em um procedimento multiatores bem-sucedido: "sucesso (econômico); aprendizado;[31] parceria; colaboração e solidariedade; transparência; acesso à informação e consentimento informado; inclusão; legitimação; responsabilização; responsabilidade; e regras básicas de comunicação entre os atores" (Hemmati, 2002, p. 39).

---

[28] As demais capacidades são: "capacidade de ver a situação para além da urgente necessidade por uma definição imediata do problema e uma solução rápida; capacidade de compatibilizar diversas noções de tempo; capacidade de promover contradições, opostos, dilemas, e paradoxos, em escolhas; capacidade de sentir-se confortável entre as fundamentais complexidades dos conflitos; e capacidade de perceber necessidade de identidade por detrás de questões aparentes" (Lederach apud Dietrich, 2013, p. 12).

[29] Por nós entendido como uma plataforma de transformação de conflitos.

[30] "Trazido à tona pela Comissão Brundtland (1987) e incorporado, pela comunidade internacional, à Declaração do Rio e à Agenda 21 (1992)" (Hemmati, 2002, p. 39). Conceito tido por alguns como gasto, contudo ainda utilizado como aspecto central de qualquer política pública no afã de obter credibilidade e ser levada a sério ambientalmente.

[31] Conforme supramencionado, aparentemente, a pedra de toque das correntes de estudo sobre procedimentos multiatores mais em voga no Brasil (Souza e Beduschi Filho, 2010; Oliveira e Sinisgalli, 2010; D'Angelo e Brunstein, 2013; Ipiranga et al., 2013).

CONFLITOS SOCIOAMBIENTAIS NO BRASIL

Fazendo um breve resgate histórico, sem considerar o genocídio indígena por armas e por doenças (Ribeiro, 1995), o Brasil, como a maioria das colônias europeias na América Latina (Galeano, 2004), serviu como fonte de recursos naturais ao mercantilismo predatório da metrópole (Peixoto, 1944; Ribeiro, 1995; Borges et al., 2009). Ciclos econômicos, principalmente da cana-de-açúcar, de minérios, de tabaco, de cacau, de algodão, de café e de borracha[32] promoveram um extenso esgotamento ambiental (Peixoto, 1944). O século XX testemunhou uma "urbanização caótica"[33] no Brasil e um aguçado interesse pelo território amazônico, assim como áreas interioranas pouco exploradas, sob o incentivo de políticas públicas nacionais durante a gestões de Getulio Vargas, nos anos 1930 (Pereira, 2013), de Juscelino Kubitschek, de 1956 a 1961, com o programa "50 anos em 5"[34], e durante o Regime Militar, entre 1964 e 1985, pela famosa ideologia "Milagre Econômico"[35]; sob o lema do "desenvolvimento a qualquer custo"[36]. A transição do Regime Militar para a democracia viu uma política pública, ainda vigente, de estabilização econômica em grande parte baseada no consumo por um perfil neoliberal (Skidmore, 1999).

Em um território tão extenso, com uma vasta faixa litorânea, contendo a maior parte da Floresta Amazônica, a maior fonte renovável de água doce do mundo, a maior biodiversidade do planeta, tamanha abundância de recursos minerais[37], uma grande população indígena, o Brasil historica-

---

[32] Roberto Simonsen, em meados da década de 1930, estimou o total econômico de três séculos de exploração colonial no Brasil como sendo, aproximadamente, de meio bilhão de libras esterlinas (Simonsen apud Peixoto, 1944).

[33] Conceito preferido por Darcy Ribeiro (1995).

[34] Que, entre outras coisas, promoveu a construção de Brasília, projetada por Oscar Niemeyer, no meio do Cerrado brasileiro (Skidmore, 1999).

[35] Formalmente intitulado Plano Nacional de Desenvolvimento, dividido em três estágios, de 1972 a 1974, de 1975 a 1979, e de 1980 a 1985, o primeiro especialmente ofensivo ao meio ambiente, sendo a Floresta Amazônica sua mais infame vítima (Borges et al., 2009; Rodrigues, 2007).

[36] Uma iniciativa política que o Brasil, ao lado de outras nações tidas, na época, como subdesenvolvidas, como China e Índia, defendeu na Primeira Conferência Mundial sobre o Homem e o Meio Ambiente, promovida pela ONU em 1972 na cidade de Estocolmo (Barros, 2007; Borges et al., 2009).

[37] De acordo com dados de 2012, quanto à produção mundial de minerais, o Brasil é número 1 em nióbio e número 2 em manganês, bauxita e minério de ferro. Do total brasileiro de exportação mineral, 80,1% é de minério de ferro, seguido por barras de ouro, com 6,05% (Ibram, 2012).

mente se estabeleceu e se sustenta por uma matriz econômica excessivamente dependente da exportação de *commodities* minerais e agropecuários[38]. Além do mais, o Governo Federal tem divulgado seu plano de desenvolvimento econômico, atualmente baseado no Programa de Aceleração do Crescimento (PAC)[39], dependente do incremento[40] da produção hidrelétrica[41]. Essa aparente incompatibilidade entre crescimento econômico e desenvolvimento sustentável, em uma atmosfera social profundamente afetada pela desigualdade da distribuição de renda[42] e de terra[43], tem, em grande parte, alimentado os conflitos socioambientais no Brasil (Sousa, 2004).

A Constituição Federal brasileira e a Ação Civil Pública

Especialmente durante os anos 1980[44], pressões domésticas e externas, organizações não governamentais[45], nacionais e internacionais inclusive, in-

---

[38] Dez dos quinze produtos mais exportados do Brasil, no primeiro semestre de 2013, podem ser considerados commodities, compondo, apenas esses dez produtos, 64% do total das exportações: complexo soja, minério, petróleo e combustíveis, carnes, produtos metalúrgicos, açúcar e etanol, papel e celulose, café, metais e pedras preciosas, fumo e sucedâneos (Brasil, 2013).

[39] Programa em vigor desde o primeiro mandato do ex-presidente Luiz Inácio Lula da Silva, em 2001. Disponível em: http://www.pac.gov.br/sobre-o-pac. Acessado em: 20 jan. 2014.

[40] Conforme expresso pela atual gestão Dilma Rousseff. Disponível em: http://www.brasil.gov.br/infraestrutura/2011/12/potencial-hidreletrico-brasileiro-esta-entre-os-cinco-maiores-do-mundo. Acessado em: 20 jan. 2014.

[41] Supostamente, o Brasil utiliza 25% do seu potencial hidrelétrico total estimado em 1.500 Twh/ano, o quarto maior do mundo. Disponível em: http://www.iea.org/publications/freepublications/publication/Hydropower_Essentials.pdf. Acessado em: 20 jan. 2014.

[42] Com um coeficiente Gini de 54,69, o Brasil ocupava o 13º lugar no ranking das nações com a distribuição de renda mais desigual, com base em dados do ano de 2009. Disponível em: http://www.gfmag.com/tools/global-database/economic-data/11944-wealth-distribution-income-inequality.html#axzz2r9SyAztg. Acessado em: 20 jan. 2014.

[43] A título exemplificativo, com foco nas áreas urbanas, em 2010 haviam 11,4 milhões de pessoas vivendo em aglomerados subnormais no Brasil, grande parte em favelas (Nadalin et al., 2013).

[44] Borges et al. (2009) consideram essa década o período de consolidação do Direito Ambiental no Brasil. A Lei Federal 6.938/81, dispondo sobre a Política Nacional de Meio Ambiente, como a legislação pioneira. Referido texto legal criou o Sistema Nacional de Meio Ambiente (Sisnama) composto por diversos órgãos administrativos inseridos no âmbito do Poder Executivo, inclusive o Conselho Nacional do Meio Ambiente (Conama).

[45] A Eco-92, um episódio especial a demonstrar, de maneira inédita, o Fórum Global de ONGs como uma arena aberta para o debate e a promoção de programas de políticas ambientais (Sousa, 2004; Santos e Mascarello, 2012).

fluenciaram um movimento de modernização do ordenamento brasileiro relacionado à proteção do meio ambiente. Esse padrão nas políticas públicas nacionais ensejou a criação de uma série de textos de lei, programas governamentais e órgãos e entidades públicas especializados[46], nos níveis federal, estadual e municipal.

O texto da Constituição Federal de 1988[47] também foi substancialmente influenciado por essa tendência, proclamando, em seu art. 225, o direito de todos ao meio ambiente ecologicamente equilibrado, como um bem de uso comum do povo e essencial à sadia qualidade de vida, cabendo tanto ao poder público quanto à coletividade a obrigação de defendê-lo e preservá-lo para as gerações presentes e futuras.

A ação civil pública pode ser destacada como um dos principais, se não o principal, procedimento judicial para a proteção do meio ambiente originariamente trazida ao ordenamento por força da Lei federal n. 7.347/85. O direito ao meio ambiente ecologicamente equilibrado é um direito transindividual[48], qual seja um dos objetos que a ação civil pública visa proteger. Conforme determinado tanto pela Carta Magna,[49] quanto pela referida lei ordinária[50], o Ministério Público é uma das instituições legitimadas para ajuizar tal espécie de ação sendo, atualmente, a protagonista[51] à luz de tal prerrogativa.

---

[46] No âmbito federal, duas importantes inovações da época: a criação do Instituto Brasileiro do Meio Ambiente e dos Recursos Naturais Renováveis (Ibama), pela Lei Federal 7.735/89 e, em 1990, a Secretaria Especial do Meio Ambiente que, posteriormente, se tornou o Ministério do Meio Ambiente por força da Lei Federal 8.490/92 (Borges et al., 2009).

[47] Que acabou por recepcionar ao novel ordenamento as normas de proteção ao meio ambiente mencionadas no presente trabalho.

[48] "[...] significando que não pertence a apenas uma pessoa, senão a todo o grupo social" (Bernardina de Pinho, 2008, p. 749).

[49] Art. 129, III, da Constituição Federal (Brasil, 2011).

[50] Art. 5°, I, da Lei Federal n. 7.347/85 (Brasil, 1985).

[51] Órgão predominante na função de proteção ao meio ambiente em geral, especialmente após a Constituição de 1988, a exaltar e empoderar o Ministério Público não apenas como parte, mas ampliando os deveres de *custus legis* (Mcallister apud Crawford, 2009). Fato é que, hodiernamente, para muito além da tradicional função acusatória na persecução penal, a fisiologia do Ministério Público vem se alterando de acordo com a fluidez histórica do estado liberal para o estado social, conforme apontado por Gustavo Tepedino (2000). De acordo com dados de 2005, 95% das ações civis públicas eram ajuizadas pelos ministérios públicos Brasil afora (Cambi, 2005). Dados mais recentes apontam que 97% das ações civis públicas ajuizadas pelo Ministério Público são de fundo ambiental (Mcallister apud Pereira, 2013).

Em termos jurídicos, os resultados de tutela atinentes ao procedimento da ação civil pública são comuns aos do processo civil tradicional[52]. No desiderato de se obter a reparação do dano e/ou sua equivalente compensação: a imposição do pagamento de uma indenização e/ou de uma obrigação de fazer, ou de não fazer, diante da determinação de uma correlata responsabilização passiva[53].

A estrutura instrumental da ação civil pública está, ainda, enraizada na processualística civil clássica[54] e seu sistema adversarial baseado na confrontação de interesses. Uma abordagem ao conflito que, geralmente, se restringe à superfície da divergência sem atingir seu âmago e, procedimentalmente, não considera o envolvimento direto de todos os atores[55]. Adstrito a uma imposição do Poder Judiciário, o padrão de estabelecimento de responsabilidade civil, ainda que objetiva, baseia-se, usualmente, na atribuição de culpa, com um rol extremamente limitado de possibilidades de solução[56]. No geral, uma metodologia não muito transformativa, conforme considerado por Andrew F. Acland, no tocante a conflitos ambientais: "um dos efeitos lamentáveis de um procedimento adversarial é a exacerbação do medo enquanto pouco é feito para assegurar às pessoas que suas necessidades serão satisfeitas" (Acland apud Sidaway, 2005, p. 38).

---

[52] Uma dificuldade de transição percebida por Gustavo Tepedino (2000, p. 116 e 117), ao observar, no âmbito dessa novel processualística em torno de direitos "coletivos e extra-patrimoniais", a inevitável influência de um padrão exclusivamente baseado na "patrimonialidade" e no "individualismo".

[53] Sob esse viés procedimental, tem-se viável a obtenção de medidas protetivas, por intermédio de decisões liminares, a, de imediato, suspender, ou terminar, qualquer tipo de atividade, *prima facie*, ofensiva ao meio ambiente (Lemos et al., 2013).

[54] Sem aqui menoscabar os benefícios da inovação em torno da tutela judicial, a direitos difusos e coletivos, na seara ambiental. Nesse diapasão, conforme sublinhado por Sarlet e Fensterseifer (2011, p. 24), o fato de que o Poder Judiciário "tem atuado cada vez mais como um agente privilegiado na esfera da proteção ambiental".

[55] Exemplos cada vez mais frequentes apontam para uma constante, ainda mais lenta, transmutação acerca de como transformar conflitos socioambientais de forma genuína.

[56] Conforme já mencionado, uma determinação judicial de pagamento de uma indenização e/ou de uma obrigação de fazer ou de não fazer. Uma situação que pode levar a um cenário de incomensurabilidade ao se tentar aferir com exatidão valores indenizatórios, na medida em que diversos aspectos da biosfera dos quais ela depende são inestimáveis. Libiszewiski (1992-1995, p. 5) ressalta: "comida, água potável, ar limpo e condições climáticas que propiciam a vida não são meramente fontes de riqueza, sob o ponto de vista estritamente econômico, senão pré-requisitos biológicos para a vida".

Exemplos correntes: possibilidades de transformação

Ainda que não frequentemente violentos[57], conflitos socioambientais no Brasil podem ser considerados comuns. Oportuno trazer à baila, ainda que brevemente, duas situações de conflito socioambiental de grande escala e cercadas de controvérsias, para as quais se sugere a pertinência de procedimentos multiatores para a transformação do conflito, sob o ensejo da ação civil pública.

Belo Monte

Uma situação que envolve muita polêmica, objetada por múltiplas ações civis públicas e atingida por algumas decisões judiciais, pode ser considerada um exemplo de conflito socioambiental sob impasse: a construção da usina hidrelétrica de Belo Monte, no estado do Pará.

A promoção de um amplo programa para a construção de usinas hidrelétricas, com a finalidade de atender à urgente demanda por energia[58], tem se baseado, principalmente, na premissa de que o Brasil possui uma hidrografia propícia para a geração de energia hidrelétrica, considerada uma alternativa "verde" na medida em que depende de uma fonte renovável e deixa um baixo rastro de gases de efeito estufa (Pereira, 2013).

---

[57] Entretanto, não são poucos os exemplos de violência. Há, no Brasil, uma tensão constante, interpoladamente, nas fronteiras entre terras indígenas, garimpos (legais e ilegais), atividades madeireiras (legais e ilegais), rotas do tráfico de drogas, e o agronegócio. Entre os mais notórios exemplos na história recente do país, tem-se o assassinato da ativista ambiental irmã Dorothy Stang, em 2005; do seringueiro e líder da não violência Chico Mendes, em 1988; e de dezenove protestantes membros do Movimento dos Trabalhadores sem Terra (MTST), durante uma operação policial de contenção, na cidade de Eldorado do Carajás, no Pará, em 1996. O homicídio de dois muito importantes ambientalistas, também no Estado do Pará, em 2011, o casal José Cláudio Ribeiro da Silva e Maria do Espírito Santo, revelou a situação vulnerável de pessoas que levantam suas vozes para manifestar nas fronteiras dos conflitos ambientais brasileiros, especialmente líderes indígenas, pescadores comunitários, agricultores de subsistência, trabalhadores rurais e ambientalistas. Disponível em: http://horizontegeografico.com.br/exibirMateria/1958/25-anos-apos-a-morte-de-chico-mendes-centenas-de-ativistas-ainda-perdem-suas. Acessado em: 20 jan. 2014.

[58] Em virtude de um programa de governo desenvolvimentista a priorizar o crescimento econômico principalmente pela ampliação da exportação de commodities, da produção industrial e do incentivo ao consumo (Pereira, 2013).

O alagamento de um trecho do Rio Xingu, conforme projetado pela construção da barragem, resultaria no desalojamento de colonos ribeirinhos e de tribos indígenas, afetando, também, o curso do rio, e o ciclo natural de cheias e vazantes, e, por consequência, comunidades, economicamente subsistentes, residentes ao longo da margem[59].

Com base no burburinho popular e na frustração expressa pelas comunidades mais diretamente afetadas pelo projeto da usina, Ana Pereira (2013, p. 10 e 11) ressalta os três principais estágios na concepção e desenvolvimento de um projeto de usina hidrelétrica no Brasil:

> [...] este artigo desagrega o arranjo político-institucional existente para construção de hidrelétricas no Brasil em três fases: a fase do setor elétrico, a do Congresso Nacional e a do setor ambiental. [...] quando a fase do setor ambiental é iniciada, o processo decisório já se encontra em uma fase bastante avançada.

Considerações em torno da decisão para a aprovação do projeto jamais extravasaram a arena política. Apenas aspectos isolados relacionados ao desalojamento de pessoas foram expostos ao escrutínio público: definitivamente não o melhor exemplo para lidar com as comunidades vulneráveis afetadas de uma forma sincera e inclusiva, especialmente considerando os impactos de tão colossal projeto.

Ubiratan Cazetta (2011), Procurador Federal da República no Estado do Pará, no ano 2011, ofereceu sua impressão quanto às impropriedades relacionadas à implementação do projeto da usina, assim como às mais relevantes questões ambientais em jogo:

> Uma junção de fatores e talvez o principal seja o açodamento em iniciar uma obra de grande vulto, sem que os seus danos estejam corretamente dimensionados. Mas também podemos enumerar outras falhas graves: falta de implementação e definição concreta, com prazos, cronograma e fluxo orçamentário das medidas destinadas a mitigar os danos decorrentes do fluxo migratório; realização de audiências públicas como mero cumprimento de formalidade; falta de oitiva das comunidades indígenas afetadas.

---

[59] Um panorama resumido pode ser visto em: http://planetasustentavel.abril.com.br/noticia/ambiente/qual-sera-impacto-ecologico-usina-belo-monte-630640.shtml. Acessado em: 15 fev. 2014.

O Ministério Público ajuizou, desde 2001, vinte ações[60], em sua maioria ações civis públicas buscando suspender o andamento do projeto da usina. Algumas decisões liminares, reconhecendo irregularidades formais no procedimento de aprovação do projeto, determinaram a suspensão do empreendimento, mas foram posteriormente cassadas por instâncias superiores após a atuação da Advocacia-Geral da União (AGU).

Mesmo diante de tamanha insegurança jurídica, a construção da usina segue adiante. Aproximadamente 34% do projeto original já foi construído (Medeiros, 2014). Os focos de conflito têm escalado[61]. As comunidades mais ambientalmente vulneráveis aos efeitos da usina, especialmente povos indígenas, têm reclamado do fato de nunca terem sido ouvidas ou consultadas antes da autorização oficial para que a obra começasse (Pereira, 2013).

Transposição do Rio São Francisco

A transposição do São Francisco consiste em um projeto de engenharia gigantesco para desviar o curso original do rio[62], com a finalidade de melhorar, social e economicamente, a vida de comunidades na região, incrustada na Caatinga, historicamente afetada por intensas secas. Trata-se de um projeto vigorosamente promovido pela gestão Lula, em 2004, para o alívio de populações há tanto tempo desamparadas (Henkes, 2013).

Também, é um projeto cercado por polêmicas antes mesmo de seu início. Inúmeras ações ajuizadas por diversas partes buscando anular as licenças ambientais prévias expedidas pelos órgãos federais competentes, a autorizar o início das obras, chegaram até a Suprema Corte (Henkes, 2013). Algumas das questões ventiladas: não promoção, de maneira adequada, de

---

[60] Referimo-nos tanto a ações estaduais quanto federais. Enquanto a matéria jornalística de Étore Medeiros (2014) fala no número de vinte, a quantidade de ações informadas no artigo de Ana Pereira (2013) é de dezesseis.

[61] No mês de junho de 2013 indígenas da etnia Mundukuru ocuparam a sede da Funai, em Brasília, por três dias. O índio Josias Manhuay se expressou à imprensa: "O governo não quer consulta prévia sobre a construção das hidrelétricas. Por enquanto, nossa luta está só no começo. Vamos continuar. Se for preciso, vamos voltar a Brasília. A nossa luta já se mostrou. Já fizemos manifestação, já tentamos dialogar com o governo, mas ele não quer conversar com a gente". Disponível em: http://g1.globo.com/politica/noticia/2013/06/indios--mundurukus-desocupam-sede-da-funai-em-brasilia.html. Acessado em: 15 fev. 2014.

[62] O Rio São Francisco tem 2.863 quilômetros de extensão. Disponível em: http://www.sfrancisco.bio.br/arquivos/SilvaP001.pdf. Acessado em: 20 jan. 2014.

audiências públicas; ausência do consentimento expresso das comunidades afetadas, assim como de populações indígenas (Henkes, 2013).

O Supremo Tribunal Federal concedeu liminares entendendo pela higidez das licenças prévias concedidas para o início do empreendimento. Contudo, até agora, mesmo sem decisões definitivas (há, ainda, vários processos relacionados ao tema aguardando julgamento), o Governo Federal deu sinal verde para que as obras começassem[63]. A construção está em andamento, contudo muito atrás do cronograma original[64], com partes do projeto interrompidas em razão de suspeitas de irregularidades nos contratos públicos. Ademais, estimativas indicam que o valor do orçamento original dobrou de 4 para 8 bilhões de reais (Henkes, 2013).

Tal sensação de incerteza tem enaltecido conflitos regionais em torno de interesses econômicos e ambientais[65] envolvendo comunidades que dependem do rio para sua sobrevivência, ambientalistas, governos estaduais e Governo Federal, as empresas empreiteiras responsáveis e os funcionários nos canteiros de obras (Henkes, 2013).

Em favor dos processos multiatores no cenário brasileiro: a ação civil pública como possível porta de entrada

Em novembro de 2010 o Conselho Nacional de Justiça[66] aprovou a Resolução n. 125, uma "[...] política pública de tratamento adequado dos problemas jurídicos e dos conflitos de interesses", para o estabelecimento em escala nacional, para além da opção jurisdicional, de "*outros mecanismos de solução de conflitos*, em especial dos consensuais, como a mediação e a conciliação" (Azevedo, 2013, p. 319, grifo nosso).

---

[63] Desconsiderando o recomendado nos julgados de primeiro grau para a promoção de audiências públicas para a exposição dos conteúdos dos EIA-Rima iniciais, concluído pelas agências especializadas (Henkes, 2013).

[64] Há, pelo menos, um atraso de dois anos para a conclusão da primeira parte do projeto (Henkes, 2013).

[65] Conforme sumarizado por Silviane Henkes (2013): "a) o crescimento da agricultura irrigada na bacia; b) retirada de água da bacia por transposição; c) a revitalização da navegação fluvial; d) aumento da demanda energética; e) as demandas ecológicas e as vazões remanescentes na foz".

[66] Art. 103-A, da Constituição Federal (Brasil, p. 1413, 2011).

Ainda que declaradamente inspirada nas figuras da conciliação e mediação, a Resolução claramente dispõe que tal política pública[67] deveria, também, considerar "*práticas autocompositivas inominadas* e outros métodos consensuais de solução de conflitos" (Azevedo, 2013, p. 320, grifo nosso).

O art. 1º da referida Resolução exprime uma mensagem muito significativa a definir a política pública nela contida: "[...] assegurar a todos o direito à solução dos conflitos por meios adequados à sua natureza e peculiaridade" (Azevedo, 2013, p. 320).

A predileção pela solução consensual de conflitos, evidenciada no novel Código de Processo Civil (aprovado Lei Federal nº 13.105, de 16 de março de 2015) aponta para uma gradual metamorfose na direção de uma cultura disseminada de transformação de conflitos, não obstante o ainda protagonismo do Poder Judiciário.

Nesse sentido, os parágrafos 2º e 3º, do artigo 3º, do novo Codex procedimental são explícitos:

> Art. 3º. [...] § 2º O Estado promoverá, sempre que possível, a solução consensual dos conflitos.
>
> § 3º A conciliação, a mediação e outros métodos de solução consensual de conflitos deverão ser estimulados por juízes, advogados, defensores públicos e membros do Ministério Público, inclusive no curso do processo judicial. (Brasil, 2015)

Consoante tal estrutura jurídica, permite-se conceber, no Brasil, uma possível porta de entrada para procedimentos multiatores em conflitos socioambientais judicializados: diante de uma determinação judicial no contexto de uma ação civil pública movida pelo Ministério Público[68], talvez, até mesmo, por provocação do próprio *Parquet*. Em situação análoga, apontando para a conveniência da adoção de mecanismos consensuais de resolução de conflitos, o Ministro do STF Luiz Fux, relator da Ação Civil Pública Originária (ACO) 2536, determinou a realização de audiência de mediação, facilitada pelo próprio Ministro no dia 27 de novembro de 2014, para a promoção de um diálogo entre as partes interessadas no abastecimento de água

---

[67] A saber, conforme estampado no título do Capítulo I da Resolução 125, "Política Pública de tratamento adequado dos conflitos de interesses" (Azevedo, 2013, p. 320).

[68] Ainda que com foco na atuação do Ministério Público, não se pretende, aqui, afastar tal possibilidade quando do ajuizamento de ações civis públicas de fundo ambiental por qualquer outra parte legitimada, por lei, nos termos do rol do art. 5º, da Lei n. 7.347/85.

do Sistema Cantareira: consensualmente as partes "se comprometeram a dar prosseguimento à busca de uma solução conjunta" (STF, 2014).

Aliás, em face do inolvidável protagonismo do Ministério Público brasileiro para a proteção do meio ambiente, em especial na realidade da ação civil pública, a figura do Termo de Ajustamento de Conduta (TAC) poderia, também, servir como canal de acesso a um procedimento multiatores.

É um prospecto desafiador. O número de atores envolvidos, conforme exposto nos exemplos supra, pode ser algo intimidante. Vale dizer que procedimentos multiatores não se reduzem à opção da mediação[69], impondo-se a necessidade de um facilitador, ou equipe de facilitadores mais familiarizados com o verdadeiro espírito e gama de possibilidades oferecidos pela metodologia do *procedimento*. Geralmente, quando do ajuizamento de uma ação civil pública, é grande a probabilidade de que o conflito esteja escalado, qualquer que seja o conflito socioambiental: as partes podem se sentir distantes umas das outras, pode haver uma sensação de desconfiança no ar. Conforme sobriamente considerado por Hemmati (2002, p. 20),

> [...] quando o conflito está escalado a ponto de inviabilizar o diálogo, ou quando as questões estão ainda muito dispersas e intangíveis para a consideração de resultados concretos, procedimentos multiatores não deveriam ser levados em consideração como a ferramenta mais adequada.

Contudo, a experiência tem mostrado que o uso de tal procedimento (Desa, 2007), mesmo em situações complicadíssimas[70], pode proporcionar saídas produtivas e transformativas. Qualquer chance genuína para a instalação de um procedimento multiatores, como aqui considerada pela via de uma ação civil pública, deve ser considerada seriamente[71].

---

[69] Procedimentos multiatores podem variar "[...] de procedimentos informativos a mecanismos de monitoramento e de implementação, incluindo construção de consenso, deliberações em grupo, e ações conjuntas" (Hemmati, 2002, p. 9).

[70] Para dialogar com a noção de Balint et al. (2011) de "wicked environmental problems" (problemas ambientais complicadíssimos), considerando quão desafiador um cenário de conflito socioambiental pode se tornar.

[71] Algumas vezes, o simples fato de se reunir as pessoas interessadas pode proporcionar um efeito positivo, na medida em que os atores envolvidos possam, pelo menos, melhor entender um ao outro, suas posições e pontos de vista, no que Hemmati (2002) denomina "abertura do espaço para interação".

Um dos aspectos convincentes dos procedimentos multiatores é o potencial de se elicitar transformação de um ambiente de diversidade[72]. Quebrando-se as barreiras da estereotipagem, num cenário composto de atores com diametrais diferenças de interesses, aparentemente, inconciliáveis, como nas situações de Belo Monte e da Transposição do São Francisco[73], abre-se espaço para infinitas possibilidades: no concernente a como se tratar as questões [metacomunicação] e a como obter mudanças concretas. A estimulação do diálogo[74] talvez seja o mais valioso aspecto oferecido pelos procedimentos multiatores: "diálogo é a fundação para a busca de soluções consensuais que integra diversas visões e gera o comprometimento necessário para a implementação" (Hemmati, 2002, p. 6).

O ambiente hermético e adversarial de procedimentos judiciais não costuma oportunizar o aspecto criativo da diversidade (Enyati apud Hemmati, 2002), e uma decisão judicial final dificilmente a transformação, se não funcionar, de forma oposta, como um elemento para inflamar o cerne do conflito. Talvez, contudo, esse entorno, ou momento mais formalizado do procedimento judicial possa servir como um espaço seguro para um primeiro passo no sentido da instauração de um procedimento multiatores.

Mesmo que alheio à metodologia dos procedimentos multiatores, oportuno mencionar exemplo de decisão judicial a permitir um envolvimento mais abrangente e interativo de partes interessadas no desfecho da causa *sub judice*, possivelmente revelando um crescente reconhecimento da importância, na construção de paz por intermédio de conflitos socioambientais, da participação de todos os atores (pelo menos tantos quanto possível) na estruturação de uma decisão final, para além da mera imposição judicial.

---

[72] Tratando do epicentro do conflito, para dialogar com Lederach (2012): "Criativamente se emprega a energia emergente do epicentro do conflito no que eu, portanto, chamo de 'transformação', ao invés de 'resolução'" (Dietrich, 2013, p. 08).

[73] Por exemplo: diversas agências estatais, nos níveis federal e estadual; grupos comunitários; organizações da sociedade civil, nacionais e internacionais; empreendedores relacionados aos projetos e seus funcionários etc. (Pimentel, 2012, Pereira, 2013, Henkes, 2013).

[74] Pela importância em descrever um genuíno canal de comunicação, a permitir uma clara troca de ideias na busca de nutrir um ambiente de entendimento e, possivelmente, de colaboração, Minu Hemmati (2002, p. 15) entende especialmente importante diferenciar diálogo de debate e de discussão, na medida em que "[…] tais termos são usados indistintamente". Conforme colocado pela autora "para a abordagem de procedimentos multiatores, […], engajar-se num diálogo com o propósito de entendimento entre os atores é essencial, enquanto que discussão e debate referem-se à especificação de divergências e a argumentação de quem está certo ou errado".

Ação Civil Pública n. 2003.61.00.025724-4, ajuizada pelo Ministério Público Federal perante a 22ª Vara Federal da Seção Judiciária de São Paulo: seu objeto referia-se a questão de competência para o licenciamento ambiental do empreendimento Rodoanel Mário Covas, no Estado de São Paulo, se de responsabilidade de órgãos federais ou estaduais, ou de ambos. Em 9 de março de 2005, a Sexta Turma do Tribunal Regional Federal da 3ª Região acordou por homologar composição entre as partes, entabulada pelo Ministério Público Federal, para admitir a realização de licenciamento ambiental complexo, integradas as competências nos diversos níveis da Administração Pública, conforme voto da lavra da Desembargadora Federal Consuelo Yoshida[75] (Brasil, 2005).

Na medida em que grande parte do esforço empreendido no ajuizamento das ações civis públicas tratadas nos exemplos de Belo Monte e da transposição do São Francisco busca satisfazer o direito das comunidades mais afetadas em serem devidamente ouvidas[76] sobre a implementação dos projetos com tamanho impacto ambiental, parece-nos ainda mais pertinente a tentativa de se promover um procedimento multiatores para fomentar o empoderamento dos atores mais vulneráveis por intermédio de uma, há muito esperada, inclusão e coesão social[77] em uma atmosfera provida de transparência (Hemmati, 2002). O deflagrar de uma plataforma para deliberação colaborativa pode advir, elicitando comprometimento e responsabilidade em relação ao procedimento: a partir daí, a concepção de mudanças necessárias seria algo atingível.

---

[75] Ainda que principalmente enaltecendo o aspecto da celeridade processual, oportuno colacionar excerto da Desembargadora Federal Relatora a reconhecer a proficuidade resultante da comunicação direta entre as partes do conflito: "O consenso a que chegaram os atores envolvidos (entes públicos, órgãos de controle de diferentes níveis federativos, Ministério Público e empreendedor), e que será objeto de homologação por este colegiado, representa uma demonstração inequívoca de que, com o empenho, a determinação e a colaboração de todos, é possível abreviar-se e agilizar-se, sobremaneira, o final do processo, no interesse e em benefício dos próprios jurisdicionados, através de soluções arquitetadas de comum acordo, que alcancem o resultado prático equivalente àquele objetivado pela pretensão inicialmente deduzida em juízo" (Brasil, 2005).

[76] A principal razão para a judicialização do conflito, no caso de Belo Monte, no entendimento de Ana Pereira (Pereira, 2013).

[77] "Uma sociedade socialmente coesa é aquela na qual todos os grupos têm a sensação de pertencimento, de participação, de inclusão, de reconhecimento e de legitimidade" (Desa, 2007, p. 2).

DIREITO AMBIENTAL E SUSTENTABILIDADE

O ensinamento de Galtung serve como alento diante de cenários possivelmente desencorajantes: "'objetivos incompatíveis' não implica 'atores incompatíveis'" (Galtung, 2007, p. 22).

Bons exemplos da utilização de procedimentos multiatores em conflitos socioambientais

Dois exemplos podem ilustrar quão profícuo e benfazejo um procedimento multiatores pode ser a um complexo cenário de conflito socioambiental exacerbado. Demonstram, igualmente, a necessidade de um árduo empenho por parte de todos os atores, sobretudo na busca pelo estabelecimento de uma plataforma dialógica. Ao invés da obtenção de um resultado pronto oriundo de uma concatenação linear, característico a um processo judicial, tem-se um sofisticado e multifacetado fluxo de transformação do conflito ao longo de uma construção colaborativa, marcado pela criatividade evocada para atender às pautas subjacentes à faixada da questão ambiental patente.

Em ambos os casos nota-se a imprescindibilidade da transparência e da participação para o êxito da empreitada multiatores.

"Procedimento multiatores é sobre criar um espaço onde o diálogo pode acontecer [...]" (Hemmati, 2002, p. 212). Nos presentes exemplos, o desenvolvimento de tal espaço deu azo à eliciação de soluções, a partir de todos os atores envolvidos no conflito. Por intermédio de um gradual amadurecimento, o cenário de desconfiança foi se diluindo para dar lugar a uma plataforma segura, alicerce para uma comunicação transparente e participativa. Desde o como comunicar-se, passando pela definição de prioridades, estabelecimento de objetivos até a implementação do construído consensualmente, percebe-se a emersão e valorização de pontos comuns aos participantes, antes obscurecidos pelos ânimos exasperados. As diferenças não desapareceram simplesmente, senão serviram como força propulsora para um aprendizado compartilhado.

É possível identificar, especialmente no caso de Cajamarca, aspectos da infraestrutura sugerida por Hemmati para a boa fluência de um procedimento multiatores, composta, principalmente, de cinco passos escalonados: "contextualização, enquadramento, inserções, diálogos/encontros e produtos" (Hemmati, 2002). Passos esses que devem ser, constantemente, entremeados de uma especial atenção à "metacomunicação, à relação com os atores não participantes, e à relação com o público em geral" (Hemmati, 2002).

Cidade de Cajamarca, Peru

O Peru é um país cuja matriz econômica é muito dependente da atividade mineradora. Em 2000, a empresa concessionária para a exploração da mina de ouro de Yanacocha, na cidade de Cajamarca, provocou um derramamento de 151 quilogramas de mercúrio líquido ao longo de um trecho de 41 quilômetros de estrada. Diversas pequenas comunidades foram afetadas, especialmente a municipalidade de Choropampa: além de um grave passivo ambiental, a contaminação do solo e de cursos d'água afetou a saúde de muitos moradores (Ali et al., 2011).

Tal incidente deflagrou diversos pontos de insatisfação na população da região de Cajamarca em torno de inúmeros outros aspectos, latentes desde antanho, relacionados à exploração mineraria em Yanacocha, a perfazer um conflito com uma pauta inesperadamente complexa: a crescente improdutividade das propriedades familiares e descaracterização da cultura comunitária local em virtude do inchaço populacional promovido pelo empreendimento, a iniquidade na distribuição dos lucros resultantes da prospecção de ouro e, sobretudo, a inexistência de um canal de diálogo para a oitiva da coletividade diretamente afetada. Reflexos claros, dentre outros, da falta de transparência e comunicação por parte do empreendimento minerário (Rodríguez et al., 2005).

Uma mobilização comunitária submeteu uma reclamação formal à Compliance Advisory/Ombudsman (CAO)[78] da International Finance Corporation (IFC), um dos acionistas da mineradora, que, por sua vez, empenhou-se em promover mudanças para amainar os ânimos (Ali et al., 2011).

Concebeu-se, desde meados de 2001, um procedimento multiatores, promovido pela CAO da IFC denominado "Mesa",[79] desenvolvido em três estágios, descritos por Ali et al. (2011, p. 197) como "[...] fase exploratória, período de desenvolvimento e fase de 'consolidação'".

Primeiro passo (fase exploratória): a população da comunidade diretamente afetada foi abordada para se "[...] determinar se havia disposição, por parte dos indivíduos e grupos envolvidos, em iniciar um procedimento de diálogo e discussão com vistas à identificação de opções para uma resolução" (Ali et al., 2011, p. 197). Diante da reação positiva dos entrevistados,

---

[78] Em tradução livre, Assessoria de Implementação/Ombudsman da Corporação (IFC, 2007, p. 74).

[79] "Mesa de Diálogo y Consenso" (CAO apud Ali et al., 2011, p. 196).

772 | DIREITO AMBIENTAL E SUSTENTABILIDADE

três encontros foram designados: um para a constatação da abrangência das questões, outro para a consideração das alternativas para resolução e construção de consenso, e um terceiro para examinar as possibilidades de seguir adiante (Ali et al., 2011). Um primeiro passo visando à "[...] criação tanto de um ambiente consultivo, quanto de uma identidade compartilhada, assim como o início de um processo em grupo por meio do qual o 'capital relacional' poderia ser construído" (Ali et al., 2011, p. 200).

Uma ampla pauta ambiental foi estabelecida, da necessidade de se capacitar os membros da comunidade em técnicas de comunicação e *know-how* de gestão ambiental à promoção de níveis ótimos de qualidade de ar e água às comunidades locais[80]. Eleita a "Mesa", entre as opções de plataforma comunicacional consideradas, foram oferecidos workshops de treinamento em técnicas de diálogo a cinquenta representantes[81], escolhidos pela própria "Mesa", já a estimular um ambiente colaborativo e participativo.[82] Por último, três grupos de trabalho (divididos pelos seguintes temas: "água", "desenvolvimento" e "outros assuntos comunitários envolvendo recursos naturais"), foram compostos por membros conforme suas áreas de interesse, visando ao aprofundamento do tema, intragrupos, e compartilhamento intergrupos (Ali et al., 2011).

Segundo passo (período de desenvolvimento): "[...] a Mesa estabeleceu um comitê coordenador, deu continuidade aos programas de capacitação e iniciou os trabalhos técnicos" (Ali et al., 2011, p. 200).

Terceiro passo (fase de consolidação da "Mesa"), iniciadas as seguintes atividades: "workshops de capacitação; sessões anuais de planejamento; atendimento de reclamações (como pagamentos pela mineradora); estudo da qualidade da água, fiscalização da coleta de dados por parte dos monitores comunitários (Veedores); e um estudo sobre a vida aquática [nos rios locais]" (Ali et al., 2011, p. 201).

No contexto do conflito socioambiental de Cajamarca, a "Mesa" buscou se estabelecer como um espaço de interação entre "[...] o Estado, a sociedade civil e o setor privado", sendo composta "de representantes de mais de 52 organizações [...]" (Ali et al., 2011, p. 201-202). Mesmo assim, nem

---

[80] Ali et al. (2011) indicam uma agenda com aproximadamente doze pontos principais.

[81] Na busca pelo estabelecimento de um ambiente o mais igualitário possível, no tocante a gênero, foi priorizada a escolha de representantes do sexo feminino (Ali et al., 2011).

[82] Ali e Davies (apud Ali et al., 2011, p. 198) relatam que "indivíduos das áreas rurais disseram que essa foi a primeira vez em suas vidas em que foi dada a eles a oportunidade de participar, de igual para igual, de atividades com pessoas da cidade".

todas as dificuldades foram superadas: importantes organizações, governamentais e não governamentais, não tomaram parte no procedimento; extremamente dependente da CAO, a sustentabilidade da gestão da plataforma pela comunidade se vê ameaçada na medida em que a empresa fomentadora decida interromper seu financiamento; nem todos os problemas foram resolvidos, por exemplo, pedidos de compensação continuam a surgir (IFC, 2007, Ali et al., 2011).

Entretanto, os impactos benéficos da "Mesa" para a transformação do conflito são inestimáveis. Construiu-se, naquela comunidade, uma "cultura de diálogo" (IFC, 2007, p. 74). Os cursos de capacitação promovidos ao longo do procedimento incentivaram a participação coletiva e acuraram a habilidade de governança comunitária num espaço positivamente afetado pela transparência e abertura das atividades, corroborado pela presença de canais de mídia (Ali et al., 2011).

O exemplo peruano da "Mesa" demonstra como é possível transformar um complicado ambiente conflituoso numa plataforma virtuosa de aprendizado e diálogo, "[...] um espaço seguro para o tratamento de questões críticas e desafiadoras [...]" caracterizado como "[...] uma mistura entre um fórum para o diálogo da sociedade civil e um mecanismo para o provimento de informações técnicas objetivas sobre assuntos atinentes à relação entre (a mineradora) Yanacocha e (a cidade de) Cajamarca" (Ali et al., 2011, p. 204-205).

A mesma plataforma erigida para atender às mais urgentes e imediatas demandas socioambientais do conflito (como compensação pelo, e remediação do passivo ambiental) figurou como um canal seguro de diálogo inter-relacional, servindo para o enfrentamento de questões mais profundas, de longo prazo (por exemplo, participação da comunidade nas decisões da mineradora, métodos de controle da qualidade do meio ambiente). Em suma, um "[...] grupo de diálogo que conseguiu alcançar inúmeras realizações nas esferas ambiental, social e econômica" (Ali e Davies apud Ali et al., 2011, p. 205).

Lago Sihwa, Coreia do Sul

O maior lago artificial na região metropolitana da Coreia do Sul, estabelecido pelo bloqueio de parte de uma baía litorânea, em 1994, para abastecer demandas de irrigação e de expansão metropolitana, foi arruinado pelo

774 | DIREITO AMBIENTAL E SUSTENTABILIDADE

despejo de efluentes domésticos e industriais: durante o último quartel do século XX, num cenário social também emergente de décadas de autoritarismo, a agenda ambiental não era prioridade a uma administração pública fortemente dedicada a crescimento econômico (Kim, 2011). Em 1997, o "[...] Lago Sihwa foi literalmente condenado à morte, tido como um símbolo de desastre ambiental na Coreia" (Kim, 2011, p. 8).

Além da água do lago extremamente poluída, havia uma situação de poluição aérea em virtude do mau cheiro da emissão de chaminés industriais na área ao redor. Buscando aumentar a oxigenação do reservatório, parte da barragem foi levantada para permitir uma vasão ao mar: tal manobra promoveu grande mortandade na baía próxima, em fazendas de frutos do mar inclusive. Terrenos em torno do lago eram objeto de especulação imobiliária como resultado de programas governamentais de desenvolvimento industrial, portuário ou agrário. Adicionalmente, um sítio arqueológico foi localizado na região por uma coalisão da sociedade civil que propugnava pela construção de um parque (Kim, 2011). Percebe-se quão multifacetado foi tal conflito socioambiental.

Em 2000, a Administração Pública coreana tentou promover um programa de gestão desse cenário, decidindo pela implantação de um projeto com objetivos industriais e turísticos, denominado "Sihwa MTV".[83] Isso, entretanto, sem consultar a principal voz da sociedade civil militante na questão, a "Coalisão Civil Lago Sihwa": obviamente, essa sequência de fatos levou a um acirramento da situação, caracterizada, então, por uma grande desconfiança entre os atores envolvidos (Kim, 2011).

A administração pública passou a se sentir muito pressionada pela Coalisão Civil, a basear seu reclamo especialmente na questão da poluição da água, apoiada por grande parte da população e por importantes canais da imprensa. A eleição do presidente Roh Moo-hyun, em 2003, trouxe uma filosofia política inovadora, baseada em um "governo participativo". Isso ensejou uma proposta, por parte da nova gestão, para um trabalho de gerenciamento ambiental em conjunto com a sociedade civil da região, liderada, no caso do Lago Sihwa, pela indigitada Coalisão[84]. Em 16 de janeiro

---

[83] MTV como acrônimo do inglês Multi Techno Valley (Kim, 2011).

[84] Conforme observado por Kim (2011, p. 18 e 19), a demonstrar a necessidade por empoderamento pelos atores locais, no presente cenário "[...] a Coalisão, cujos membros se baseiam em organizações civis locais e regionais, quis deixar os membros das principais, e relativamente grandes, ONGs ambientais, com sedes localizadas na capital Seul, fora do Comitê Sihwa".

de 2004 iniciou-se um procedimento multiatores denominado "Comitê Sihwa de Desenvolvimento Sustentável" (Kim, 2011).

Com 38 membros, entre representantes dos diversos escalões do governo, da sociedade civil e de corporações públicas, o Comitê foi criado sem a ajuda de um facilitador, ou mediador. Três subgrupos de trabalho foram estabelecidos: "qualidade do ar, água e ecossistema, e planejamento de desenvolvimento regional" (Kim, 2011, p. 16).

A extrema desconfiança da Coalisão Civil em face do governo foi superada, gradualmente, diante do cumprimento de cada pequena promessa. Da mesma forma, no dia a dia do Comitê, buscou-se implementar, de imediato, cada pequeno resultado de consenso. Dois aspectos interessantes: deliberou-se que a cogitação de soluções para a situação começaria do zero, para todos os envolvidos, e que os trabalhos seriam acompanhados pela imprensa e detalhadamente veiculados em um site da internet próprio, para que o funcionamento do Comitê passasse pelo crivo da opinião pública (Kim, 2011).

Significativa a regra de que todos os membros do Comitê participassem, alternadamente, de cada um dos grupos de trabalho, sendo que todas as propostas e decisões eram discutidas em plenário para ser aprovadas apenas mediante consenso geral.

Condizente com o aspecto transformativo dos procedimentos multiatores, também relevante na fisiologia do indigitado Comitê, a prática do "Aprendizado sem criticismo": membros do comitê se comprometiam a escutar com atenção, em sessões independentes, aos prós e aos contras em torno de um determinado tema, "[...] quando concedido todo o tempo de uma sessão a especialistas com pontos de vista divergentes, o auditório não deveria criticá-los, senão escutar e perguntar por esclarecimentos" (Kim, 2011, p. 20).

Estabelecido como um procedimento *ad-hoc*, o Comitê foi instituído em caráter permanente, desde 2008, por decisão do governo central coreano, para, dentre outras coisas, melhor consultar a população da região do Lago Sihwa com a criação de um novo subgrupo de trabalho: "Comitê Especial de Consulta Pública" (Kim, 2011).

Os resultados práticos para a melhora do meio ambiente foram inúmeros: a qualidade da água no lago melhorou consideravelmente, consequentemente trazendo um fluxo de aves migratórias à região; o mau cheiro diminuiu acentuadamente; estima-se que a poluição do ar no complexo industrial de Sihwa tenha diminuído à metade (Kim, 2011).

Um protótipo a demonstrar como a participação e a transparência podem transformar a impotência de um impasse, num conflito socioambiental, em eficácia legitimada para a implementação de políticas públicas. Como ilustrado por Dong-Young Kim (2011, p. 27), "[...] levou quase dez anos para que os atores, percebendo quão dispendiosas, e ineficientes, a formas convencionais por disputa de poder, tentassem uma abordagem diferente nesse caso".

CONSIDERAÇÕES FINAIS

Conflitos socioambientais no Brasil se encontram em variados níveis de intensidade[85]. Situações extremamente complexas parecem ter alcançado um impasse. Em tais cenários conflitivos, violências estruturais e culturais parecem extremos mais frequentes do que sua expressão física.

Procedimentos multiatores têm se desenvolvido, conforme apreendido dos estudos de Minu Hemmati (Hemmati, 2002; Desa, 2007), como uma metodologia feita sob medida para se lidar com conflitos socioambientais, idealmente em situações de negociação e planejamento, de maneira mais preventiva. Ainda que o empreendimento de um procedimento multiatores dependa essencialmente da vontade das partes em se reunir para o estabelecimento de um canal claro de comunicação, tal premissa não deveria peremptoriamente repelir a possibilidade da utilização do procedimento em conflitos mais escalados, como aqueles objetados em uma ação judicial ou até manchados por algum tipo de violência, seja física, estrutural, cultural, considerando-os como inacessíveis aos inestimáveis benefícios de um procedimento multiatores.

Os princípios exaltadamente sustentados pela metodologia do procedimento multiatores podem ser atingidos e respeitados em uma plataforma estável de diálogo exatamente por intermédio de uma questão ambiental como porta de entrada[86].

O Brasil terá de, coletivamente, chegar a um ponto de equilíbrio no atinente à sua tendência cultural de desenvolvimento baseado em crescimento econômico, um triunfo político-social que dificilmente será obtido por meio exclusivo de um ambiente adversarial de litígio judicial. O procedimento mul-

---

[85] Levando-se em consideração a tabela de escala de conflitos concebida por Johan Galtung (2007).

[86] Como igualmente sugerido por Ashley Roque (2013) para a situação na região de Kachin em Burma/Myanmar.

tiatores é uma ferramenta oportuna para levar a cabo essa transformação coletiva. Com todo o seu potencial natural, parece-nos ser uma oportunidade de ouro para o Brasil fortalecer seu projeto de sustentabilidade de uma forma criativa e inclusiva, alicerçado na transparência e na participação como valores norteadores do caminho à construção de paz estratégica ambiental, servindo como um exemplo positivo e produtivo ao mundo.

REFERÊNCIAS

ALI, S.; DAVIS, W.E.; LEE, J. Multi-Stakeholder Dispute Resolution: Building Social Capital Through Access to Justice at the Community Level. In: *Pepperdine Dispute Resolution Law Journal*, v. 11, n. 2, art. 1, p. 181-206, 2011.

AULETE, F.J.C.; VALENTE, A.L.S. *Dicionário Contemporâneo da Língua Portuguesa Caldas Aulete.* Lexikon, s/d. Versão digital.

AZEVEDO, A. G. *Manual de Mediação Judicial.* 4.ed. Brasília: Ministério da Justiça e Programa das Nações Unidas para o Desenvolvimento (Pnud), 2013.

BAHATI, J.B.; BANANA, A.Y.; GOMBYA-SSEMBAJJWE, W. Multi-Stakeholder Governance in Land and Forestry in Uganda: Conflict Mitigation, Scale, Knowledge and Collective Action. In: *Governing Shared Resources: Connecting Local Experience to Global Challenges.* Biennial Conference of the International Association for the Study of Commons, 12, 2008, Cheltenham, Inglaterra. Disponível em: http://dlc.dlib.indiana.edu/dlc/handle/10535/2208. Acessado em: 20 fev. 2014.

BALINT, P.J. et al. *Wicked environmental problems: managing uncertainty and conflict.* Washington: Island Press, 2011.

BARROS, A.T. Visões do paraíso: o discurso oficial brasileiro sobre ecologia e a exaltação das belezas naturais da Amazônia. In: *Latinoamérica: Revista de estúdios latino-americanos*, México, n. 44, p. 129-156, jan. 2007.

BERNARDINA DE PINHO, H.D. The Role of the Department of Public Prosecutions in Protecting the Environment Under Brazilian Law: The Case of "Favelas" in the City of Rio de Janeiro. In: *Georgia State University Law Review*, v. 24, n. 3, art. 4, p. 735-778, 2008.

BORGES, L.A.C.B.; REZENDE, J.L.P.; PEREIRA, J.A.A. Evolução da legislação ambiental no Brasil. In: *Revista em Agronegócios e Meio Ambiente*, Brasília, v. 2, n. 3, p. 447-466, set./dez. 2009.

BRASIL. Tribunal Regional Federal da 3ª Região – 6ª T. Constitucional. Direito ambiental. Ação civil pública. Rodoanel Mário Covas (trechos norte, sul e leste) (…).

Ap. em ACP n. 2003.61.00.025724-4; AC 990253, rel. Des. Federal Consuelo Yoshida. *DJU* 22.03. 2005.

_____. Lei n. 7.347, de 24 de julho de 1985. Disciplina a ação civil pública de responsabilidade por danos causados ao meio ambiente, ao consumidor, a bens e direitos de valor artístico, estético, histórico, turístico e paisagístico e dá outras providências. Disponível em: http://www.planalto.gov.br/ccivil_03/leis/l7347orig.htm. Acessado em: 20 jan. 2014.

_____. *A Constituição e o Supremo*. 4.ed. Brasília: Supremo Tribunal Federal, 2011.

_____. *Balança Comercial Brasileira – dados consolidados*. Brasília: Ministério do Desenvolvimento, Indústria e Comércio Exterior, 2013.

_____. Lei n. 13.105 de 16 de março de 2015. Código de Processo Civil. Publicado no Diário Oficial da União em 17 de março de 2015. Disponível em: http://www.planalto.gov.br/ccivil_03/_Ato2015-2018/2015/Lei/L13105.htm. Acessado em: 19 ago. 2015.

BUSH, R.A.B.; FOLGER, J.P.; NOCE, D.J. *Transformative Mediation: a sourcebook*. Eagle View: Institute for the Study of Conflict Transformation, 2010. Formato digital Epub.

CAMBI, E. *Ação Civil Pública – 20 anos – Novos desafios*. Academia Brasileira de Direito Processual Civil, Porto Alegre, 2005. Disponível em: http://www.abdpc.org.br/abdpc/artigos/Eduardo%20Cambi%20-%20formatado.pdf. Acessado em: 20 jan. 2014.

CAZETTA, U. Entrevista com o Procurador-chefe da República no Pará, Ubiratan Cazetta. *Abrampa Online*, out. 2011. Publicação Eletrônica. Disponível em: http://www.abrampa.org.br/abrampaonline/edicao_atual.php?idOnlineEdicao=5&idOnlineArtigo=7. Acessado em: 20 jan. 2014.

CRAWFORD, C. Defending Public Prosecutors and Defining Brazil's Environmental 'Public Interest': a Review of Lesley McAllister's Making Law Matter: Environmental Protection and Legal Institutions in Brazil. In: *George Washington International Law Review*, v. 40, p. 619, 2008-2009.

CUENTAS, M.A.C.; MÉNDEZ, A.L. *Practical Guide on Democratic Dialogue*. Panama City; Washington D.C.: Crisis Prevention and Recovery Practice Area of the UNDP Regional Centre for Latin America and the Caribbean and the Department of Sustainable Democracy and Special Missions (DSDSM) of the Secretariat for Political Affairs of the GS/OAS, 2013.

[DESA] DEPARTMENT OF ECONOMIC AND SOCIAL AFFAIRS OF THE UNITED NATIONS SECRETARIAT. *Participatory Dialogue: Towards a Stable, Safe and Just Society for All*. Nova York: United Nations Publication, 2007.

D'ANGELO, M.J.; BRUNSTEIN, J. Aprendizagem social para a sustentabilidade: um estudo sobre negócios sustentáveis em contextos de múltiplos atores sociais, relações e interesses. In: *Encontro da Associação Nacional de Pesquisa e Pós-Graduação em Administração*, 37, Rio de Janeiro, 2013. Disponível em: http://www.anpad.org.br/diversos/trabalhos/EnANPAD/enanpad_2013/04%20-%20EOR/PDF%20EOR%20--%20Tema%202/2013_EnANPAD_EOR1333.pdf. Acessado em: 20 fev. 2014.

DIETRICH, W. *Elicitive Conflict Transformation and the Transrational Shift in Peace Politics.* New York: Palgrave Macmillan, 2013.

ELLINGSEN, T.; HAUGE, W. Causal pathways to conflict. In: DIEHL, P.P., GLEDITSCH, N.P. *Environmental Conflict.* Boulder: Westview Press, 2001.

GALEANO, E. *Las venas abiertas de América Latina.* 72.ed. México: Siglo Veintiuno Editores, 2004.

GALTUNG, J. Peace by peaceful conflict transformation – the TRANSCEND approach. In: GALTUNG, J.; WEBEL, C. *Handbook of Peace and Conflict Studies.* Londres: Routledge, 2007.

GRANJA, S.I.B.; BESEN, G.R. *Manual de mediação de conflitos socioambientais.* São Paulo: 5 Elementos Instituto de Educação e Pesquisa Ambiental; Umapaz – Universidade Aberta do Meio Ambiente e da Cultura de Paz, 2012.

HEMMATI, M. et al. *Multi-stakeholder Processes for Governance and Sustainability: Beyond Deadlock and Conflict.* Nova York: Earthscan, 2002. Formato digital Amazon Kindle.

HENKES, S.L. *Os conflitos socioambientais e a tomada de decisão: um estudo de caso da transposição do Rio São Francisco.* In: II Congresso Internacional Interdisciplinar em Sociais e Humanidades (Coninter). 8-11 out. 2013, Belo Horizonte. *Anais...* Belo Horizonte, 2013. Disponível em: http://www.2coninter.com.br/artigos/pdf/360.pdf. Acessado em: 20 jan. 2014.

[IBRAM] INSTITUTO BRASILEIRO DE MINERAÇÃO. *Informações e análises da economia mineral Brasileira.* Brasília: Ibram, 2012.

[IFC] INTERNATIONAL FINANCE CORPORATION. *Stakeholder Engagement: a Good Practice Handbook for Companies Doing Business in Emerging Markets.* Washington: International Finance Corporation, 2007.

IPIRANGA, A.S.R. et al. A aprendizagem social subjacente às práticas de negociação: uma abordagem das questões socioambientais em uma organização multiatores. In: *Revista de Administração Pública*, Rio de Janeiro, v. 48, n. 1, p. 131-8, jan./fev. 2014.

KIM, D. Transformation from Conflict to Collaboration through Multistakeholder Process: Shihwa Sustainable Development Committee in Korea. In: *KDI School Working Paper Series, Working Paper 11-09.* Seoul: KDI School of Public Policy and

Management, 2011. Disponível em: http://ssrn.com/abstract=1975574. Acessado em: 20 fev. 2014

LEDERACH, J.P. The moral imagination: the art and soul of building peace. Oxford: Oxford University Press, 2005.

_____. *Transformação de conflitos*. São Paulo: Palas Athena, 2012.

LEMOS, E.C. et al. A ação civil pública na proteção ambiental: análise de efetividade, procedimento e eficácia na proteção do direito transindividual a um meio ambiente equilibrado. In: *Revista Agrogeoambiental,* Pouso Alegre, Edição Especial n. 1, p. 19-23, ago. 2013.

LIBISZEWISKI, S. What is an environmental conflict? In: BÄCHLER, G.; SPILLMANN, K.R. Environment and Conflicts Project (Encop). *Occasional Papers.* Zurich/Berne: Center for Security Studies, ETH Zurich/Swiss Peace Foundation, 1992-1995.

MATURANA, H.R.; VARELA, F.J. *A árvore do conhecimento: as bases biológicas da compreensão humana.* 9.ed. São Paulo: Palas Athena, 2011.

MEDEIROS, E. Conflitos agravam impasse nas obras da Usina Hidrelétrica de Belo Monte. *Correio Brasiliense*, 01 jan. 2014. Disponível em: http://www.correiobrazi-liense.com.br/app/noticia/brasil/2014/01/01/interna_brasil,405886/conflitos-agravam-impasse-nas-obras-da-usina-hidreletrica-de-belo-monte.shtml. Acessado em: 20 jan. 2014.

MULLER, J.M. *O princípio da não violência: uma trajetória teórica.* São Paulo: Palas Athena, 2007.

NADALIN, V.G. et al Caracterização e evolução dos aglomerados subnormais (2000-2010): em busca de um retrato mais preciso da precariedade urbana e habitacional em metrópoles brasileiras. In: BOUERI, R.; COSTA, M.A. (Eds.). *Brasil em desenvolvimento 2013: estado, planejamento e políticas públicas.* Brasília: Instituto de Pesquisa Econômica Aplicada (Ipea), 2013.

OLIVEIRA, F.A.; SINISGALLI, P.A.A. Plataformas multiatores e Aprendizagem Social: uma gestão ambiental efetiva na APA Municipal Embu Verde. Embu, São Paulo. In: *Encontro Nacional da Anppas,* 5, out. 2010, Florianópolis, Brasil. Disponível em: http://www.anppas.org.br/encontro5/cd/artigos/GT12-166-416-20100903200250.pdf. Acessado em: 14 fev. 2014

PEIXOTO, A. *História do Brasil.* 2.ed. São Paulo: Companhia Editora Nacional, 1944. Transcrição para a versão digital: Ebooks Brasil.

PEREIRA, A.K. Desenvolvimentismo, conflito e conciliação de interesses na política de construção de hidrelétricas na Amazônia brasileira. In: *Texto para discussão,* n. 1884, out. 2013. Brasília/Rio de Janeiro: Instituto de Pesquisa Econômica Aplicada (Ipea), 2013.

PIMENTEL, T.T.B.C *O enfrentamento político dos conflitos socioambientais decorrentes da implantação de usinas hidrelétricas.* Brasília, 2012. 90p. Dissertação (Mestrado em Planejamento e Gestão Ambiental). Programa de Planejamento e Gestão Ambiental, Universidade Católica de Brasília.

RIBEIRO, D. *O povo brasileiro: a formação e o sentido do Brasil.* 2.ed. São Paulo: Companhia das Letras, 1995.

RODRIGUES, G. *Walking the forest with Chico Mendes: struggle for justice in the Amazon.* Austin: University of Texas Press, 2007.

RODRÍGUEZ, M.; ARENSBERG, W.; ARIZA, R.; ROIG, J. *Report of the independent evaluation of the Mesa de Diálogo y Consenso CAO-Cajamarca.* 2005. Disponível em: http://www.cao-ombudsman.org/cases/document-links/documents/MESA_Evaluation_Report_Final_English.pdf. Acessado em: 20 fev. 2014.

ROQUE, A. *Kachin Conflict: Utilizing Environmental Peace Building Tools for Sustainable Peace.* Basel, 2013. 58p. Thesis (Master of Advanced Studies). Advanced Study Centre at the University of Basel, World Peace Academy.

SANTOS, C.F.; MASCARELLO, M.A. *Meio ambiente: uma análise sobre as posturas e políticas externa e interna do governo brasileiro.* 2012. Disponível em: http://www2.ufpel.edu.br/ifisp/ppgs/eics/dvd/documentos/gts_llleics/gt11/gt11caio.pdf. Acessado em: 20 jan. 2014.

SARLET, I.W.; FENSTERSEIFER, T. O papel do poder judiciário brasileiro na tutela e efetivação dos direitos (e deveres) socioambientais. In: SILVA, V.P., SARLET, I. W. *Direito público sem fronteiras.* Lisboa: Instituto de Ciências Jurídico-Políticas, 2011. Disponível em: http://www.icjp.pt/sites/default/files/media/ebook_dp_completo2_isbn.pdf. Acessado em: 14 fev. 2014

SARKIS, J.; CORDERO, J.J.; BRUST, D.V. Facilitating Sustainable Innovation through Collaboration. In: SARKIS, J.; CORDERO, J.J.; BRUST, D.V. *Facilitating Sustainable Innovation through Collaboration.* Nova York: Springer, 2010.

SHELDON, C.G. et al. *Innovative Approaches for Multi-Stakeholder Engagement in the Extractive Industries.* Extractive Industries for Development Series n. 29. Washington D.C.: The World Bank, 2013.

SIDAWAY, R. *Resolving Environmental Disputes: from Conflict to Consensus.* Sterling Earthscan, 2005.

SKIDMORE, T.E. *Brazil: five centuries of change.* Nova York: Oxford University Press, 1999.

SOUSA, A.C.A. *A evolução da política ambiental no Brasil do Século XX.* 2004. Disponível em: http://www.geoplan.net.br/material_didatico/A%20evolu%C3%A7%C3%A3o%20da%20pol%C3%ADtica%20ambiental%20no%20Brasil%20do%20s%C3%A9culo%20XX.pdf. Acessado em: 20 jan. 2014.

SOUZA, F.A.Z.; BEDUSCHI FILHO, L.C. Aprendizagem social em plataformas multiatores: um olhar para os conselhos gestores de unidades de conservação. In: *Encontro Nacional da Anppas*, 5, out. 2010, Florianópolis. Disponível em: http://www.anppas.org.br/encontro5/cd/artigos/GT5-363-616-20100903180656.pdf. Acessado em: 14 fev. 2014.

[STF] SUPREMO TRIBUNAL FEDERAL. *Sistema Cantareira: Estados envolvidos participam de audiência de mediação no STF.* Notícias STF. 27 de novembro de 2014. Disponível em: http://www.stf.jus.br/portal/cms/verNoticiaDetalhe.asp?idConteudo=280678. Acessado em: 22 fev. 2015.

TEPEDINO, G.J.M. A questão ambiental, o Ministério Público e as ações civis públicas. In: *Scientia Iuris*, Londrina, v. 4, p. 114-150, 2000.

[UNEP] UNITED NATIONS ENVIRONMENT PROGRAMME. *From Conflict to Peacebuilding: the Role of Natural Resources and the Environment.* Nairobi: Unep, 2009.

PARTE III

Responsabilidades em Matéria Ambiental e Tutela Processual

Capítulo 25
Reparação do Dano Moral Ambiental na Perspectiva da Jurisprudência Mais Recente do STJ: Consolidação de um Direito Pós-Moderno
José Rubens Morato Leite e Maria Leonor Paes Cavalcanti Ferreira

Capítulo 26
Direito Ambiental Penal: Conflito Aparente de Normas e Concurso de Crimes
Gilberto Passos de Freitas

Capítulo 27
Responsabilidade Administrativa
Daniela Dutra Soares e Marcelo Bentes Alves Baptista

Capítulo 28
Tutela Processual do Ambiente: Papel da Ação Civil Pública Como Instrumento Preventivo/Reparatório da Danosidade Ambiental
Édis Milaré

Capítulo 29
Responsabilidades Civis Solidária e Compartilhada na Gestão Público-privada da Sustentabilidade
Consuelo Y. Moromizato Yoshida

Reparação do Dano Moral Ambiental na Perspectiva da Jurisprudência Mais Recente do STJ: Consolidação de um Direito Pós-Moderno[1]

José Rubens Morato Leite
Universidade Federal de Santa Catarina

Maria Leonor Paes Cavalcanti Ferreira
Universidade Federal de Santa Catarina

INTRODUÇÃO

Recentemente, o prevalecimento de uma excelente hermenêutica no Superior Tribunal de Justiça no que se refere ao dano moral ambiental trouxe a perspectiva da possibilidade de se efetivar o princípio da reparação integral dos danos ambientais. Bons ares, portanto, emergiram, na medida em que a interpretação agora privilegiada se revela mais adequada para a proteção dos bens difusos. Essa nova compreensão, que tardou a chegar, não se esqueceu da sanção civil para a lesão ambiental. Muito pelo contrário, logrou em detalhá-la e abarcá-la na maior integralidade possível.

---

[1] O presente capítulo foi apresentado pelo Professor José Rubens Morato Leite inicialmente na X Jornada Luso-Brasileira de Direito do Ambiente, ocorrida em outubro de 2013, em Portugal. Posteriormente, foi reformulado para incluir as contribuições da Professora Maria Leonor Paes Cavalcanti Ferreira.

Infelizmente, houve uma demora de muitos anos para que essa nova interpretação viesse a ter sua eficácia compreendida pelos magistrados e operadores jurídicos como um todo. Isso vale também para outras temáticas da juridicidade da danosidade ambiental, tais como a complexidade de sua causalidade, a transdisciplinaridade de sua abordagem, a transtemporalidade dos seus efeitos contaminantes, o significado do bem ambiental e a operacionalidade e efetividade do direito ambiental frente ao direito tradicional, de caráter interindividual.

Por intermédio dessa nova hermenêutica jurídica ambiental, o STJ deu um encaminhamento com maior sensibilidade aos precedentes desconformes com a juridicidade do dano ambiental, os quais prevaleceram por um bom período não só na jurisprudência brasileira, mas também na dogmática defendida por vários operadores jurídicos.

Enaltecem-se, assim, os seguintes acórdãos do STJ: (1) o REsp. n. 1.367.923-RJ, publicado em 06.09.2013; (2) o REsp n. 1.198.727/MG, publicado em 9.05.2013; (3) o REsp. 1.145.083/MG, publicado em 4.09.2012; e (4) o REsp. n. 1.180.078/MG, publicado em 28.02.2012. Trata-se de jurisprudência pós-moderna que contribui para a efetividade da juridicidade do dano moral ambiental e que será a seguir examinada.

Antes disso, torna-se necessário esclarecer que, durante muitos anos, não foi plausível, de acordo com a posição inicial firmada pelo Superior Tribunal de Justiça em 2006, que a sociedade fosse ressarcida pelo dano ambiental moral que lhe fora ocasionado, o que impossibilitou, portanto, a integralidade de sua reparação, apesar de todo amparo e fundamentação legal e doutrinária existente. Na ocasião, quando do julgamento do Resp. n. 598.281/MG, o STJ entendeu que era necessária a vinculação do dano moral ambiental à noção de dor, de sofrimento psíquico, de caráter individual e que existia incompatibilidade com a noção de indeterminabilidade do sujeito passivo (indivisibilidade da ofensa e da reparação).

Em virtude desse posicionamento inicialmente firmado, o que se observa é que a coletividade difusa não somente foi prejudicada, obstando-se suas vias de ressarcimento, como também se deu aso à continuidade das ações negativas pelos detratores do bem ambiental. É necessário lembrar que a lesão ambiental está ligada à dignidade do ser humano, seja ela coletiva, seja individual, e, simultaneamente ao valor intrínseco da natureza, não se olvidando da evidente dimensão social.

Recorde-se que quando se impossibilita a indenização pelo dano moral ambiental, recusa-se a aplicar o princípio da reparação integral, contribuindo-se para um cenário em que os riscos e prejuízos são socializados, enquanto os lucros são privatizados pelos agentes econômicos. Esses, por sua vez, acabam por ser estimulados a continuar lesando o meio ambiente, pois a degradação se torna economicamente vantajosa, o que vai de encontro aos princípios de Direito Ambiental, em especial ao princípio do poluidor-pagador, considerando-se também a sua vertente preventiva e pedagógica.

Deve-se destacar que quando se busca dar fundamento jurídico ao dano extrapatrimonial ou moral ambiental coletivo, o argumento de fundo não é apenas o sentimento de dor física ou o caráter de sofrimento psíquico; tal espécie de dano pode também se configurar a partir de uma ameaça ou menosprezo à vida coletiva saudável, do bem-estar em relação à personalidade difusa, na perspectiva da visão integrativa entre o ser humano e a natureza.

Nesse artigo, pretende-se examinar alguns dos acórdãos publicados pelo Superior Tribunal de Justiça em 2012 e 2013, no que se refere à reparação integral do dano ambiental. Para isso, antes de examiná-los, far-se-á uma breve síntese acerca dos elementos da juridicidade do dano ambiental.

PRINCIPAIS ELEMENTOS DA JURIDICIDADE DO DANO AMBIENTAL

Antes da análise dos principais elementos da juridicidade do dano ambiental, convém fazer uma breve análise da crise ambiental atualmente vivenciada.

Durante o século passado, propagou-se a crença de que a ciência seria capaz de desenvolver antídotos para todos os males da modernidade, inclusive aqueles decorrentes do uso irracional dos recursos naturais. Com isso, se o progresso provocasse graves disfuncionalidades, estariam na própria tecnologia os meios capazes de remediá-las.

Ademais, as sociedades industriais por mais de um século viram a natureza tanto como uma rica reserva de recursos quanto como um depósito para o lixo produzido pela exploração dos recursos. Nesse sentido, a natureza parecia ser dotada de uma capacidade quase sem limites para assimilar e purificar os resíduos produzidos pelo homem (Sadeleer, 2008).

A crença exacerbada na eficiência da técnica científica durante o século XX pode ser entendida como uma das causas da crise ecológica. Isto porque os pressupostos metodológicos da ciência moderna são identificados com o paradigma cartesiano segundo o qual a natureza deveria ser colocada a serviço do homem.

A partir desse paradigma, que conduziu o desenvolvimento dos países industrializados, o homem destruiu e modificou os ambientes naturais em um ritmo sem precedentes. No entanto, tal modelo é posto em cheque diante da degradação ambiental: surge a necessidade de tutelar a natureza, sob pena de comprometimento da vida na Terra.

Degradado um ecossistema, mesmo com todo o conhecimento técnico-científico disponível na atualidade, dificilmente esta unidade da natureza poderá ser restaurada de forma a voltar a ser o que era antes da degradação. Isso porque a complexidade das relações naturais é tamanha que a variação provocada em apenas um de seus elementos produz reações sobre as quais o homem não possui controle. Dessa forma, a palavra-chave das nossas relações com a natureza não pode ser o domínio possessivo, mas a responsabilidade (Bourg, 1997).

O Direito não poderia, então, ficar alheio à necessidade de responsabilizar aquele que causou danos à natureza. Dessa maneira, medidas precaucionais e preventivas, tais como o licenciamento ambiental e o estudo de impacto ambiental, foram formas encontradas pela sociedade e expressadas por meio do Direito para conter a destruição do meio ambiente. A função do direito ambiental deslocou-se então de um sistema no qual prevalecia um direito fundamentado na reparação de danos constatáveis, mesmo que esses nem sempre pudessem ser devidamente reparáveis, para um direito fundamentado na existência de riscos produzidos, de modo que o aparato político-normativo passou a primar por priorizar a prevenção da degradação do ambiente e da saúde humana (Benjamin, 2001).

No entanto, sabe-se que os instrumentos de prevenção e precaução não têm sido implementados de forma eficiente, o que faz com que a reparação do dano, *ultima ratio* do sistema jurídico, passe a ser comumente utilizada.

Assim, quando instrumentos preventivos falham ou deixam de ser adotados, surge a necessidade de punir o responsável pelos efeitos nocivos causados. Por isso, o ordenamento jurídico brasileiro prevê mecanismos de responsabilização por cometimento de dano ambiental, nas esferas civil, penal e administrativa, de forma concomitante e independente.

No que tange à responsabilidade civil ambiental, sabe-se que esta é dotada de peculiaridades próprias. Assim, antes de iniciar o exame exaustivo dos recentes acórdãos do Superior Tribunal de Justiça referentes à reparação integral do dano ambiental, com especial destaque para o dano moral ambiental, torna-se fundamental ressaltar e repisar alguns elementos da juridicidade do dano ambiental:

(1) A responsabilidade civil na matéria é objetiva e solidária (REsp. n. 826976/PR, rel. Min. Castro Meira; REsp. n. 263.383, rel. Min. João Otávio de Noronha; REsp. n. 1.090.968/SP, rel. Min. Luiz Fux). Visa, assim, à reparação o mais integral possível do dano, incluindo danos patrimoniais e extrapatrimoniais. Destaca-se que a jurisprudência dominante prevê a imprescritibilidade da lesão ambiental (REsp. n. 647.493/SC, rel. Min. João Otávio de Noronha; REsp. n. 1.120.117/AC, rel. Min. Eliana Calmon; REsp. n. 1.247.140/PR, rel. Min. Mauro Campbell) e um afrouxamento da prova, possibilitando, inclusive, a inversão do ônus face ao princípio da precaução (REsp. n. 972.902/RS, rel. Min. Eliana Calmon).

(2) Encontra seu fundamento legal no art. 225, § 3º, e no art. 5º, IX e X, da *Constituição Federal* de 1988; no art. 14, parágrafo único e demais, da Lei n. 6.938/81, que institui a *Política Nacional do Meio Ambiente*; e nos vários artigos da Lei n. 7.347/85, a qual disciplina a *Ação Civil Pública*, em especial o art. 1º da lei em questão, que, em razão da alteração introduzida pela Lei n. 8.884/94, passou a prever expressamente a viabilidade de condenação em danos morais nas ações civis públicas.

(3) O valor intrínseco da natureza, o valor social e o coletivo *lato sensu* constituem as dimensões da reparação do dano moral ou extrapatrimonial ambiental.

(4) Vigoram na hermenêutica do direito ambiental princípios estruturantes que trazem um linguagem específica e diferente dos vários ramos tradicionais do Direito, com vistas a confirmar a sua especificidade (Sadeleer, 2008). Assim, esses princípios objetivam trazer mais eficácia e concretude ao direito ao meio ambiente ecologicamente, considerando que esse direito também foi conferido às futuras gerações.

(5) A Constituição Federal de 1988 não restringiu a possibilidade do dano moral à esfera individual e fortaleceu o direito ao meio ambiente eco-

logicamente equilibrado como um direito fundamental de todos, conforme art. 225, *caput*, conjugado com a leitura do art. 5º, § 2º.

(6) Na perspectiva da jurisprudência dominante, é possível cumular a obrigação de fazer, de não fazer e de indenizar (REsp n. 117894/MG, rel. Min. Mauro Marques; REsp n. 625249/PR, rel. Min. Luiz Fux). Conforme ensina o Ministro Herman Benjamin, a cumulação de obrigação de fazer, não fazer e pagar não configura *bis in idem*, porquanto a indenização põe o foco em parcela do dano que, embora causado pelo mesmo comportamento do agente, apresenta efeitos deletérios, de cunho futuro, irreparáveis ou intangíveis (REsp n. 1.198.727/MG).

(7) A prioridade da recuperação *in natura* do bem degradado não equivale à impossibilidade de cumulação simultânea dos deveres de repristinação natural (obrigação de fazer), compensação ambiental e indenização em dinheiro (obrigação de dar), e abstenção de uso e nova lesão (obrigação de não fazer) (REsp n. 1.198.727/MG, rel. Min. Ministro Herman Benjamin).

(8) As obrigações ambientais possuem caráter *propter rem*. Dessa forma, aderem ao bem e não a seu eventual titular. Daí, conforme as palavras do Ministro Herman Benjamin, "a irrelevância da identidade do dono – ontem, hoje ou amanhã –, exceto para fins de imposição de sanção administrativa e penal" (EREsp n. 218.781/PR, rel. Min. Herman Benjamin).

(9) Conforme entendimento pacificado no Superior Tribunal de Justiça, não há direito adquirido a poluir ou degradar o meio ambiente (REsp n. 1.222.723/SC, rel. Min. Mauro Campbell). Da mesma forma, Mazzili (1997) leciona que, "em matéria ambiental, não existe direito adquirido a poluir, pois o meio ambiente é patrimônio não só das gerações atuais como também das futuras".

(10) O conceito de poluidor é amplo, seguindo o disposto no art. 3º, IV da Lei da Política Nacional do Meio Ambiente, que considera este como a "pessoa física ou jurídica, de direito público ou privado, responsável, direta ou indiretamente, por atividade causadora de degradação ambiental". Nesse sentido, o Superior Tribunal de Justiça já consignou que: "Para o fim de apuração do nexo de causalidade no dano ambiental, equiparam-se quem faz, quem não faz quando deveria fazer, quem deixa fazer, quem não se importa que façam, quem financia para que

façam, e quem se beneficia quando outros fazem" (REsp n. 650.728/ SC, rel. Min. Herman Benjamin).

(11) Por fim, enaltece-se que a responsabilidade civil ambiental também exerce a importante função dissuasória.

Realçadas essas particularidades da responsabilização civil ambiental, passa-se, no próximo item, a apresentar de maneira sintética alguns acórdãos específicos sobre o tema.

SÍNTESE DOS ACÓRDÃOS SOBRE DANO AMBIENTAL DO STJ

Na esteira dessas considerações iniciais, examinar-se-á, nesse momento, quatro recentes acórdãos do Superior Tribunal de Justiça com o intuito de expor um panorama geral das lides que possibilite, em um segundo momento, o exame sistêmico e mais aprofundado das mesmas.

No que tange ao caso mais atual, isto é, ao REsp n. 1.367.923-RJ, de relatoria do Ministro Humberto Martins, destaca-se que este foi julgado pela Segunda Turma do Tribunal e publicado em 06 de setembro de 2013. Trata-se de Recurso Especial interposto por Brasilit Indústria e Comércio Ltda. e Outros contra o Ministério Público do Rio de Janeiro.

O acórdão em questão, do Superior Tribunal de Justiça, recebeu a ementa que segue:

Administrativo e processual civil. Violação do art. 535 do CPC. Omissão inexistente. Ação civil pública. Dano ambiental. *Condenação a dano extrapatrimonial ou dano moral coletivo. Possibilidade. Princípio in dubio pro natura.*

1. Não há violação do art. 535 do CPC quando a prestação jurisdicional é dada na medida da pretensão deduzida, com enfrentamento e resolução das questões abordadas no recurso.

2. A *Segunda Turma recentemente pronunciou-se no sentido de que, ainda que de forma reflexa, a degradação ao meio ambiente dá ensejo ao dano moral coletivo.*

3. Haveria contra sensu *jurídico na admissão de ressarcimento por lesão a dano moral individual sem que se pudesse dar à coletividade o mesmo tratamento, afinal, se a honra de cada um dos indivíduos deste mesmo grupo é afetada, os danos são passíveis de indenização.*

4. As *normas ambientais devem atender aos fins sociais a que se destinam, ou seja, necessária a interpretação e a integração de acordo com o princípio hermenêutico* in dubio pro natura.
Recurso especial *improvido*. (Brasil, 2013a, grifo nosso)

Os recorrentes pautaram-se no fundamento da inexistência do dano ambiental, caracterizando-o como condição *sine qua non* para dar direito à indenização.

Assevera-se que o Recurso Especial foi improvido no mérito e manteve a condenação da decisão do acordão do Tribunal de Justiça do Estado do Rio de Janeiro, a qual impôs uma indenização por danos extrapatrimoniais coletivos ambientais no montante fixo de R$ 500.000,00 (quinhentos mil reais).

O relator ponderou na ementa que haveria um contrassenso jurídico em admitir o dano ricochete individual e não indenizar a coletividade pela lesão ambiental, ressaltando que as normas ambientais devem atender aos fins sociais a que se destinam, valendo-se da hermenêutica jurídica ambiental e em especial do princípio *in dubio pro natura,* nos termos da citada ementa.

Pontua-se que, na exordial, o Ministério Público do Estado do Rio de Janeiro requisitou que a recorrente, Brasilit, fosse condenada a remover os produtos confeccionados de amianto do pátio de sua empresa, bem como a se abster de continuar depositando novos dejetos naquele local e a indenizar os danos ambientais irreparáveis, especificamente os danos morais ambientais.

O produto estocado e confeccionado pela recorrente contém *amianto*, substância altamente nociva que pode ser fator determinante de gravíssimas doenças, dentre as quais se destaca a *asbestose*, que provoca o endurecimento dos tecidos pulmonares, podendo atingir a coletividade difusa e em especial os trabalhadores envolvidos na cadeia de produção.

Já no âmbito do *segundo acórdão* a ser resumido, o REsp n. 1.198.727/ MG, relatado pelo Ministro Herman Benjamim e publicado em 09.05.2013, destaca-se que este recurso foi parcialmente provido para reconhecer a possibilidade, em tese, de cumulação da indenização pecuniária com as obrigações de fazer voltadas à recomposição *in natura* do bem lesado, devolvendo-se os autos ao Tribunal para a verificação da existência de dano indenizável, na hipótese, e fixação do *quantum* devido, nos termos da seguinte ementa:

Administrativo. Ambiental. Ação civil pública. Desmatamento de vegetação nativa (cerrado) sem autorização da autoridade ambiental. Danos causados à biota. Interpretação dos arts. 4º, VII, e 14, § 1º, da Lei n. 6.938/1981, e do art. 3º da Lei n. 7.347/85. Princípios da reparação integral, do poluidor-pagador e do usuário-pagador. *Possibilidade de cumulação de obrigação de fazer (reparação da área degradada) e de pagar quantia certa (indenização).* Reductio ad pristinum statum. *Dano ambiental intermediário, residual e moral coletivo.* Art. 5º da Lei de Introdução ao Código Civil. *Interpretação in dubio pro natura da norma ambiental.* (Brasil, 2013b)

Aduz-se que este Recurso Especial trata, na origem, de uma ação civil pública proposta pelo Ministério Público do Estado de Minas Gerais com o intuito de requerer a responsabilização civil por danos ambientais diante do desmatamento de vegetação nativa do bioma cerrado.

O juiz de primeira instância considerou o dano provado, condenando o réu a sua reparação, e julgando improcedente o pedido indenizatório referente ao dano ambiental pretérito e residual.

Em outra perspectiva, já em sede de Recurso Especial, o Ministro Herman Benjamin manifestou o seu entendimento acerca da pertinência da viabilização, no plano da eficácia da prestação jurisdicional e diante da legislação que ampara os direitos difusos e os sujeitos vulneráveis, de uma hermenêutica jurídica-ambiental fundada nos princípios do *in dubio pro natura*, do poluidor-pagador e da reparação integral, em matéria de dano ambiental. Nessa esfera, torna-se possível falar então da cumulação de obrigação de fazer, de não fazer e de indenizar. Dessa forma, conclui o relator que:

A recusa de aplicação ou aplicação parcial dos princípios do poluidor-pagador e da reparação *in integrum* arrisca projetar, moral e socialmente, a nociva impressão de que o ilícito ambiental compensa. Daí a resposta administrativa e judicial não passar de aceitável e gerenciável 'risco ou custo do negócio', acarretando o enfraquecimento do caráter dissuasório da proteção legal, verdadeiro estímulo para que outros, inspirados no exemplo de impunidade de fato, mesmo que não de direito, do infrator premiado, imitem ou repitam seu comportamento deletério. (Brasil, 2013b)

O Ministro ainda acrescentou que "a responsabilidade civil ambiental deve ser compreendida o mais amplamente possível, de modo que a condenação a recuperar a área prejudicada não exclua o dever de indenizar – juízos retrospectivo e prospectivo" (Brasil, 2013b).

Igualmente, asseverou que a cumulação de obrigação de fazer, não fazer e de indenizar está firmada no STJ, citando inúmeros e reiterados precedentes jurisprudenciais que remontam ao ano de 2006.

794 DIREITO AMBIENTAL E SUSTENTABILIDADE

Com relação ao *terceiro acórdão* examinado, também de relatoria do Ministro Herman Benjamim, este é bem similar ao anterior. Trata-se do REsp n. 1.145.083/MG, publicado em 4 de setembro de 2012, o qual possui a seguinte ementa reduzida:

> Administrativo. Ambiental. Ação civil pública. Desmatamento em área de preservação permanente (mata ciliar). Danos causados ao meio ambiente. Bioma do cerrado. Arts. 4º, VII, e 14, § 1º, da Lei n. 6.938/1981, e art. 3º da Lei n. 7.347/1985. Princípios do poluidor-pagador e da reparação integral. *Reductio ad pristinum statum*. Função de prevenção especial e geral da responsabilidade civil. *Cumulação de obrigação de fazer (restauração da área degradada) e de pagar quantia certa (indenização). Possibilidade. Dano ambiental remanescente ou reflexo.* Art. 5º da Lei de Introdução às Normas do Direito Brasileiro. Interpretação *in dubio pro natura* [...]. (Brasil, 2012a)

O referido recurso diz respeito a uma ação civil pública movida pelo Ministério Público de Minas Gerais, objetivando a responsabilização integral por dano ambiental em propriedade rural, concernente ao desmatamento de mata nativa do bioma cerrado, na cidade de Mariana.

O juiz de primeiro grau julgou parcialmente procedente o pedido, condenando o réu ao replantio da área degradada e à interrupção do desmatamento, deixando de condená-lo à indenização do dano. Houve, assim, apelação do autor face ao pedido de pagamento de indenização negado pelo TJ/MG, com base na impossibilidade de cumulação do pedido de reflorestamento com a indenização.

Em sede de Recurso Especial, em mais uma belíssima lição, o Ministro Herman Benjamin adentrou novos detalhamentos acerca da responsabilidade integral; da possibilidade de cumulação da obrigação de fazer, não fazer e de indenização; da hermenêutica jurídica ambiental; da maior integralidade possível da sanção civil; e de vários elementos da juridicidade do dano ambiental.

O STJ decidiu, assim, pela procedência parcial do recurso, não dando amparo à visão restritiva da indenização adotada pelo TJ/MG, mas, sim, à ideia de não se excluir o dever de indenizar, em um juízo amplo retrospectivo e prospectivo, pois a responsabilidade civil também possui uma função dissuasória.

Por fim, destaca-se a ementa resumida do *quarto e último acórdão*, referente ao REsp. n. 1.180.078/MG, também de relatoria do Ministro Herman Benjamin e oriunda da Segunda Turma do STJ, conforme segue abaixo:

> Ambiental. Desmatamento. Cumulação de fazer (reparação da área degradada) e de pagar quantia certa (indenização). Possibilidade. Interpretação da norma ambiental [...]. (Brasil, 2012b)

Tal recurso cuida, na origem, de uma ação civil pública promovida pelo MP/MG em face do desmatamento de mata nativa, com pedido de obrigação de fazer (reflorestamento), de não fazer (não mais interferir sobre a área) e de indenização.

Conforme consta do voto do relator, na decisão de primeiro grau, o juízo julgou procedente parcialmente o pedido, condenando o réu a:

> [...] abster-se de efetuar qualquer intervenção na área, salvo aqueles referentes à sua manutenção e cuidados, e executar medidas compensatórias consistentes no isolamento da área, com cerca de arame farpado, com fincas a impedir a entrada de animais domésticos, permitindo o processo de regeneração, além da averbação da reserva legal da propriedade, caso ainda não tenha assim procedido. (Brasil, 2012b)

Com a interposição de recurso, o TJ/MG manteve a decisão de primeiro grau, afastando a cumulação da reparação *in natura* com indenização pelo dano ambiental.

Nesse sentido, já na perspectiva do REsp n. 1.180.078, entendeu o relator, com muita propriedade, que

> Convém frisar *que os deveres de indenização e recuperação ambientais não são "pena", mas providências ressarcitórias de natureza civil que buscam, simultânea e complementarmente, a restauração do* status quo *ante a biota afetada e a reversão à coletividade dos benefícios econômicos auferidos com a utilização ilegal e individual de bem* que, nos termos do art. 225 da Constituição, é "de uso comum do povo". (Brasil, 2012b, grifo nosso)

Ademais, o Ministro acrescentou que:

A reparação ambiental deve ser feita da forma mais completa possível, de modo que a condenação *a recuperar a área lesionada não exclui o dever de indenizar, sobretudo pelo dano que permanece entre a sua ocorrência e o pleno restabelecimento do meio ambiente afetado (= dano interino ou intermediário), bem como pelo dano moral coletivo e pelo dano residual (= degradação ambiental que subsiste, não obstante todos os esforços de restauração).* (Brasil, 2012b, grifo nosso)

Infere-se que o Recurso Especial foi julgado parcialmente procedente a fim de reconhecer a possibilidade, em tese, de cumulação de indenização pecuniária com as obrigações de fazer voltadas à recomposição *in natura*, com a devolução dos autos ao Tribunal de origem para a verificação, na hipótese, de dano indenizável e fixação do *quantum debeatur*.

UMA ANÁLISE SISTÊMICA DA JURISPRUDÊNCIA

Diante de todo o exposto, é possível afirmar que, apesar da demora, houve gradualmente uma grande evolução e uma melhor compreensão da linguagem própria da juridicidade do dano ambiental, bem como das novas funções da responsabilidade civil, no século XXI, as quais ainda carecem de novas e adequadas hermenêuticas. O Direito, assim, necessita ser dinâmico, sob pena de se tornar arcaico, moroso e ineficaz.

Na realidade, seguindo os ensinamentos de Bahia (2012), os princípios que estruturam a responsabilidade civil ambiental – os princípios da dignidade da pessoa humana e da proteção da sadia qualidade de vida, da solidariedade social e da solidariedade diacrônica com as futuras gerações, da prevenção e da precaução, do poluidor-pagador e do usuário-pagador e da reparação integral – geram uma função renovada para a responsabilidade civil ambiental, na medida em que lhe impõem uma

orientação marcadamente preventiva e precaucional, atribuindo-lhe também uma feição claramente solidarista, que tenta impedir a proliferação de situações de irressarcimento e pretende que a reparação seja processada da maneira mais completa possível.

Destaca-se, no âmbito do dano moral ambiental, que, desde muito tempo, há um suporte normativo específico, que carecia de um avanço ético e cultural que pudesse entendê-lo e repensá-lo em sua linguagem própria, de princípios, e de uma maior sensibilidade face às normas, ao direito ambiental e às especificidades da *juridicidade* da danosidade ambiental.

Dessa maneira, verifica-se no exame sistêmico da jurisprudência evolutiva que, no princípio, tinha-se uma visão restrita entendendo que não caberia o dano moral coletivo ambiental, pois este era relacionado à noção de dor, de sofrimento psíquico, de caráter individual (Leite, Ferreira e Matwijkow, 2011).

A esse respeito, lembre-se do voto-vista vencedor do Ministro Teori Zavascki no REsp n. 598.281-MG do STJ. Em seu voto, o Ministro destacou que:

> O dano ambiental ou ecológico pode, em tese, acarretar também dano moral – como, por exemplo, na hipótese de destruição de árvore plantada por antepassado de determinado indivíduo, para quem a planta teria, por essa razão, grande valor afetivo. Todavia, a vítima do dano moral é, necessariamente, uma pessoa. *Não parece ser compatível com o dano moral a ideia da "transindividualidade" (= da indeterminabilidade do sujeito passivo e da indivisibilidade da ofensa e da reparação) da lesão. É que o dano moral envolve, necessariamente, dor, sentimento, lesão psíquica, afetando "a parte sensitiva do ser humano, como a intimidade, a vida privada, a honra e a imagem das pessoas"* (Clayton Reis, *Os Novos Rumos da Indenização do Dano Moral*, Rio de Janeiro: Forense, 2002, p. 236), "tudo aquilo que molesta gravemente a alma humana, ferindo-lhe gravemente os valores fundamentais inerentes à sua personalidade ou reconhecidos pela sociedade em que está integrado" (Yussef Said Cahali, *Dano Moral*, 2ª ed., São Paulo: RT, 1998, p. 20, apud Clayton Reis, op. cit., p. 237). Nesse sentido é a lição de Rui Stoco, em seu Tratado de Responsabilidade Civil, 6ª ed., São Paulo: RT. (Brasil, 2006, grifo nosso)

Assevera-se, dessa forma, que se saiu de uma visão restritiva de interpretação do dano moral, como esta mencionada, a qual permaneceu como precedente dominante por um longo período, para uma nova visão de ampla e integral reparabilidade da danosidade ambiental.

Essa nova perspectiva remete a um excelente patamar de conteúdo hermenêutico, que modificou a compreensão da juridicidade ambiental como da água para o vinho, nos termos do ditado popular. Isto é, da não reparação do dano moral coletivo para uma melhor compreensão de seus componentes ecológicos, éticos e suas funções no âmbito da responsabilidade civil ambiental.

Tal mudança de hermenêutica fica bem evidenciada no excelente diagnóstico realizado pelo Ministro Herman Benjamim no REsp n. 1.198.727-

MG, já resumido, sobre os juízos retrospectivo e prospectivo da danosidade ambiental e seus elementos:

> A cumulação *de obrigação de fazer, não fazer e pagar não configura* bis in idem, *porquanto a indenização, em vez de considerar lesão específica logicamente restaurada ou a ser restaurada, põe o foco em parcela do dano que, embora causada pelo mesmo comportamento pretérito do agente, apresenta efeitos deletérios de cunho futuro, irreparável ou intangível.* Essa degradação transitória, remanescente ou reflexa do meio ambiente inclui: *a) o prejuízo ecológico que medeia, temporalmente, o instante da ação ou omissão danosa e o pleno restabelecimento ou recomposição da biota,* vale dizer, o hiato passadiço de deterioração, total ou parcial, na fruição do bem de uso comum do povo (= dano interino ou intermediário), algo frequente na hipótese, p. ex., em que o comando judicial, restritivamente, se satisfaz com a exclusiva regeneração natural e a perder de vista da flora ilegalmente suprimida, *b) a ruína ambiental que subsista ou perdure, não obstante todos os esforços de restauração (= dano residual ou permanente),* e *c) o dano moral coletivo.* (Brasil, 2013a, grifo nosso)

Nesse ponto, convém lembrar os ensinamentos de Steigledere (2010) sobre o tema. Segundo a autora, o ponto de partida para o cabimento da cumulação de pedidos, do ponto de vista material, é o reconhecimento de que o direito ao ambiente ecologicamente equilibrado, expresso no art. 225 da Constituição Federal de 1988, é um "direito fundamental que instituiu um dever de preventividade, impondo ao Estado e aos particulares o dever de impedir a ocorrência de danos ambientais, como forma de garantir a proteção do meio ambiente para as presentes e futuras gerações".

A autora destaca ainda que a cumulação entre as obrigações de fazer e a indenização por danos irreversíveis apoia-se em premissas distintas e ampara-se no princípio da reparação integral do meio ambiente, não havendo, portanto, *bis in idem*. Exemplifica, ensinando que as obrigações de não fazer (cessar a emissão de efluentes sanitários no rio, cessar a emissão de material particulado para a atmosfera) e de fazer (implantar sistema de controle antipoluentes, adequar-se aos níveis de emissão de particulados sólidos compatíveis com sua localização urbana, adequar o tratamento de efluentes líquidos, recuperar as lesões ambientais causadas) objetivam atender aos princípios da prevenção e do poluidor-pagador, buscando adequar totalmente a atividade lesiva às normas ambientais. Já, de acordo com a autora, a obrigação de pagar quantia corresponde aos danos ambientais já causados, mas insuscetíveis de serem recuperados por via específica e *in natura*, ou seja, são danos irreversíveis (Steigleder, 2010).

Além disso, deve-se lembrar ainda que o Ministro Herman Benjamin destacou que também deve ser ressarcido ao patrimônio público e à coletividade o proveito econômico do agente com atividade ou empreendimento degradador, a mais-valia ecológica ilícita que auferiram, citando o exemplo da madeira ou minério retirado irregularmente da área degradada.

É possível afirmar que o conteúdo dessa classificação elaborada pelo Ministro Herman Benjamin transcende a visão estática da norma e promove um amplo diálogo com a natureza e com os reflexos dessa lesividade coletiva, difusa, e não somente individual. Cabe falar assim que a juridicidade da lesividade ambiental, no que tange à indenização, é multifacetária e ampla, dando ensejo, de forma concomitante, à reparação difusa, coletiva *lato senso*, e reflexa nos interesses individuais e individuais homogêneos, pessoais, incidentes sobre elementos patrimoniais e extrapatrimoniais ou morais. Resulta, portanto, dessa classificação, uma visão transdisciplinar, ampla, ambivalente, transtemporal e própria da hermenêutica jurídica ambiental.

Ocorre que, para julgar as lides que tangenciam essa questão, torna-se necessária a formação de juízes com ampla capacidade de compreender esse diálogo abrangente e indispensável à especificidade do bem ambiental. Felizmente, na esteira desses julgados, observa-se que a nova jurisprudência traz esse adequado entendimento.

Na perspectiva do conteúdo classificatório acima mencionado, enquadra-se o caso de repercussão da Brasilit (REsp. n. 1.367.923/RJ), uma vez que neste foi imposta a máxima da integralidade, sem visualização do dano concreto, no âmbito do dano ambiental eventual e reflexo.

Restou claro nesse julgado que a principiologia do direito ambiental implica a necessidade de o intérprete repensar as funções da responsabilidade civil na ótica da juridicidade ambiental. Entre tais funções, é possível citar a dissuasória, a pedagógica e a de desestímulo ao agente lesante. Por meio dessa visão, obsta-se que a prática de atos contrários ao bem ambiental possa valer a pena face ao lucro do agente, hipótese que ensejaria perda da qualidade ambiental da coletividade difusa, mormente em relação à personalidade difusa.

O relator Ministro Humberto Martins foi sensível e integrou um viés mais sociológico ao seu julgado, privilegiando a parte mais vulnerável e implicando, novamente, um viés transdisciplinar e ético em relação à coletividade, face à diminuição de qualidade de vida consistente no depósito ilegal de amianto, o qual deixou a coletividade completamente desamparada e desassistida em vista da possibilidade de ter como consequência uma doença grave e nefasta como a *asbestose*.

O Ministro Humberto Martins, no final da referida ementa, destacou que as normas ambientais devem atender aos fins sociais que se destinam, sendo necessária a interpretação e a integração de acordo com o princípio hermenêutico *in dubio pro natura*. A respeito desse princípio, convém lembrar que, conforme ensina Sadeleer (2008), o direito humano à proteção do meio ambiente pode reforçar o dever das autoridades públicas de errar para o lado da cautela através da garantia de uma maior proteção dos interesses ambientais. A respeito do tema, o autor ainda destaca que a liberdade de ação dos Tribunais não desparecerá; na verdade ela será suportada pelo balanceamento dos interesses em jogo.

É possível observar que a decisão acima mencionada é paradigmática no sentido de que o agente econômico poluidor deve indenizar o impacto causado, pois a atividade econômica está sujeita à função social, que inclui a ambiental, evitando-se ceder uma espécie de mais-valia ecológica a quem ameaçou ou produziu perda de sustentabilidade de vida à coletividade, na conformidade com apreciação sistêmica da Constituição Federal, especialmente no seu art. 170 e incisos, que regulam a livre iniciativa e condicionam esta à defesa do meio ambiente e à função social da propriedade, bem como do art. 225, parágrafos e incisos.

Por último, salienta-se que a nova jurisprudência sobre a juridicidade do dano ambiental, capitaneada pelo Ministro Herman Benjamim, investigou bem e captou, com maestria, a hermenêutica principiológica do direito ambiental nesta seara. O ministro menciona expressamente que nesta temática vigora a necessidade de uma interpretação sistemática de acordo com os princípios do poluidor-pagador, prevenção, reparação integral do dano ambiental e do *in dubio pro natura*.

Salientou, assim, no REsp n. 1.198.727/MG, que:

> A recusa de aplicação ou aplicação parcial dos princípios do poluidor-pagador e da reparação *in integrum* arrisca projetar, moral e socialmente, a nociva impressão de que o ilícito ambiental compensa, daí a resposta administrativa e judicial não passar de aceitável e gerenciável "risco ou custo do negócio", acarretando o enfraquecimento do caráter dissuasório da proteção legal, um verdadeiro estímulo para que outros, inspirados no exemplo de impunidade de

fato, mesmo que não de direito, do infrator premiado, imitem ou repitam seu comportamento deletério. (Brasil, 2013a)

E acrescentou, lecionando sobre a temática principiológica:

Não bastassem todos esses argumentos, ao juiz, diante das normas de Direito Ambiental, recheadas que são de conteúdo ético intergeracional atrelado às presentes e futuras gerações, incumbe levar em conta o comando do art. 5º da Lei de Introdução ao Código Civil, que dispõe que, ao aplicar a lei, deve-se atender "aos fins sociais a que ela se dirige e às exigências do bem comum". Corolário dessa regra é a constatação de que, em caso de dúvida ou outra anomalia técnico-redacional, a norma ambiental demanda interpretação e integração de acordo com o princípio hermenêutico *in dubio pro natura*. Assim é precisamente porque, convém lembrar, toda a legislação de amparo dos sujeitos vulneráveis e dos interesses difusos e coletivos há sempre de ser compreendida da maneira que lhes seja mais proveitosa e melhor possa viabilizar, na perspectiva dos resultados práticos, a prestação jurisdicional e a *ratio essendi* da norma. (Brasil, 2013a)

Percebe-se que a linguagem hermenêutica principiológica do direito ambiental deduzida por Herman Benjamim possui contornos próprios, sendo complexa e ampla.

Ademais, aliado ao que foi exposto, é possível destacar que no debate das questões ambientais incidem as funções importantes da precaução e da prevenção, corolário central da proteção ambiental, bem como o princípio da equidade intergeracional. Tal reflexão é importante uma vez que, quando atingimos o bem ambiental, estamos ignorando a precaução, a prevenção e a máxima da prudência. Ou seja, ao falarmos de dano moral ou extrapatrimonial difuso ambiental, estamos atingindo o direito da natureza e conjuntamente o direito da personalidade difusa, intergeracional, socialmente evidente.

Conforme foi observado nas decisões acima analisadas, os princípios do direito ambiental têm sido aplicados e têm promovido verdadeiras reformas na compreensão das normas, bem como alertado para a necessidade de mudanças, liberando o Superior Tribunal de Justiça das restrições impostas por uma leitura excessivamente literal dos textos. Dessa forma, conforme assevera Sadeleer (2008), os princípios têm colocado a lei em movimento de maneira que eles simbolizam a sútil transição do direito moderno para o direito pós-moderno. Ao diferenciar o Direito moderno do Direito pós-moderno, o autor assevera que enquanto aquele tem sido representado por um sistema feito por regras abstratas e gerais, que é completo e coerente, este é caracterizado por sua abertura para outras esferas, como a econômica, a ética e a política, uma vez que em muitos casos as realidades legais e econômico-sociais são interdependentes. Nesse caso, os princípios exercem fundamental importância, pois, por exemplo, o princípio da precaução traz a ética para o jogo ao defender o interesse das futuras gerações (Sadeleer, 2008).

No caso brasileiro, é possível afirmar que o Superior Tribunal de Justiça tem contribuído significativamente para a efetivação de um Direito pós--moderno, cuja característica marcante é o papel de destaque dos princípios de direito ambiental como operacionalizadores desse direito e a emergência de uma nova geração de direitos humanos, entre eles o direito humano à proteção do meio ambiente (Sadeleer, 2008).

CONSIDERAÇÕES FINAIS

Os operadores do direito ambiental agradecem a evolução jurisprudencial, uma vez que esta é respaldada por um viés contemporâneo ligado a uma sociedade que necessita enfrentar a crise ambiental, a sociedade de risco. Nesse sentido, mister se faz o aprimoramento do sistema de gestão de risco e o Judiciário, por meio especialmente do Superior Tribunal de Justiça, vem buscando atender aos novos anseios da sociedade que clama por uma verdadeira justiça ambiental.

Sabe-se que a transição para um sistema mais adequado para o século XXI, em face da inequidade ambiental, é lenta. Ainda assim, é possível ver uma luz no fim do túnel nessa nova jurisprudência sobre danosidade, especificamente em vista do dano extrapatrimonial ambiental.

Recentemente, também, além de importantes julgados do Superior Tribunal de Justiça, convém lembrar que há evolução inclusive nas normas que versam sobre o tema. Lembre-se, por exemplo, da nova Constituição Equatoriana de 2008, que avançou ao delinear em seus dispositivos um Regime do Bem Viver, o qual procura inserir um arrojado sistema biocêntrico no ordenamento jurídico daquele país, interligando a população indígena, a madre tierra e a crise ambiental. É de se ressaltar também que há nesse texto constitucional um capítulo inteiro ligado à Gestão de Riscos Ambientais (arts. 389/390), Mudanças Climáticas (art. 414) e especificamente, o que nos interessa neste estudo, a toda a tutela da juridicidade do dano ambiental. Estão constitucionalizados e, portanto, são de vigência automática e imediata no Equador: a responsabilidade objetiva face ao dano ambiental, a restauração integral do ecossistema e a indenização às pessoas e às comunidades afetadas (art. 396, § 2º). Igualmente, são constitucionalizadas a imprescritibilidade do dano ambiental (art. 396, § 4º) e a carga probatória sobre o dano ambiental que recairá sobre o gestor da atividade ou o demandado (art. 397, § 1º).

Enfim, nessa perspectiva, assevera-se que o importante neste momento de crise ambiental e transição é a contínua investigação dos sintomas da juridicidade ambiental. Nesse sentido, esta nova jurisprudência do STJ e a Constituição Equatoriana avançam no caminho de promover um melhor aperfeiçoamento jurídico para o século XXI.

A análise demonstrou que sensibilidade ambiental é importante, bem como conhecimento e capacitação para a temática, e que os juristas da área do ambiente devem continuar na busca do aperfeiçoamento da norma e de sua aplicação, à procura dos desafios impostos pela complexidade específica dos problemas ambientais. Temos de sair do Direito no livro ou no papel para o Direito posto, dinâmico e em ação, capaz de oferecer as respostas adequadas às consequências geradas pela crise ambiental contemporânea. Nesse sentido, pode-se dizer que o Superior Tribunal de Justiça vem contribuindo para a concretização dos princípios de direito ambiental e, portanto, participando efetivamente da construção e consolidação de um direito pós-moderno, mais apto a dar respostas adequadas aos desafios impostos pela sociedade de risco.

REFERÊNCIAS

BAHIA, C.M. *Nexo de causalidade em face do risco e do dano ao meio ambiente: Elementos para um novo tratamento da causalidade no sistema brasileiro de responsabilidade civil ambiental.* Florianópolis, 2012. Disponível em: http://www.planetaverde.org/arquivos/biblioteca/arquivo_20131127215831_7077.pdf. Acessado em: 13 jan. 2014.

BENJAMIN, A.H.V.; SICOLI, J.C.M. *O futuro do controle da poluição e da implementação ambiental.* In: 5º Congresso Internacional de Direito Ambiental. 2001, São Paulo. *Anais...* São Paulo, Imesp, 2001.

BOURG, D. *Natureza e técnica. Ensaios sobre a Ideia de Progresso.* Lisboa: Instituto Piaget, 1997.

BRASIL. STJ. REsp n. 598.281-MG. Recorrente: Ministério Público do Estado de Minas Gerais. Recorrido: Município de Uberlândia. Rel. Min. Luiz Fux, j. 02.05.2006. Disponível em: https://ww2.stj.jus.br/revistaeletronica/Abre_Documento.asp?sLin k=ATC&sSeq=1298448&sReg=200301786299&sData=20060601&sTipo=3&form ato=PDF. Acessado em: 06 out. 2013.

_____. STJ. REsp n. 1.145.083-MG. Recorrente: Ministério Público do Estado de Minas Gerais. Recorrido: José Ilário Galdino. Rel. Min. Herman Benjamin, j. 04.09.2012a. Disponível em: https://ww2.stj.jus.br/revistaeletronica/Abre_Documento.asp?sLin k=ATC&sSeq=9934259&sReg=200901152629&sData=20120904&sTipo=51&form ato=PDF. Acessado em: 04 out. 2013.

_____. STJ. REsp n. 1.180.078-MG. Recorrente: Ministério Público do Estado de Minas Gerais. Recorrido: Rubens de Castro Maia. Rel. Min. Herman Benjamin, j. 28.02.2012b. Disponível em: https://ww2.stj.jus.br/revistaeletronica/Abre_Docu-mento.asp?sLink=ATC&sSeq=30378345&sReg=201100864536&sData=20130906 &sTipo=91&formato=PDF. Acessado em: 04 out. 2013.

_____. STJ. REsp n. 1.198.727-MG. Recorrente: Ministério Público do Estado de Mi-nas Gerais. Recorrido: Pedro Paulo Pereira. Rel. Min. Herman Benjamin, j. 0905.2013a. Disponível em: https://ww2.stj.jus.br/revistaeletronica/Abre_Documento.asp?sLink =ATC&sSeq=30378345&sReg=201100864536&sData=20130906&sTipo=91&form ato=PDF. Acessado em: 04 out. 2013.

_____. STJ. REsp n. 1.367.923-RJ/Recorrente: Brasilit Indústria e Comércio LTDA e outros. Recorrido: Ministério Público do Estado do Rio de Janeiro. Rel. Min. Her-man Benjamin, j. 06.09. 2013b. Disponível em: https://ww2.stj.jus.br/revistaeletro-nica/Abre_Documento.asp?sLink=ATC&sSeq=22644056&sReg=201001113499&s Data=20130509&sTipo=51&formato=PDF. Acessado em: 04 out. 2013.

LEITE, J.R.M.; FERREIRA, M.L.P.C.; MATWIJKOW, R.A. O dano extrapatrimonial ambiental e o posicionamento do Superior Tribunal de Justiça. Direito e Ambien-te. *Revista do Ilda,* série 1, n. 2 e 3. Lisboa: Universidade Lusíada, 2011.

MAZZILI, H.N. *A defesa dos interesses difusos em juízo.* São Paulo: Saraiva, 1997.

SADELEER, N. *Environmental principles. From political slogans to legal rules.* Nova York: Oxford University Press, 2008.

STEIGLEDERL, A.M. Reparação e indenização cumulativas do dano ambiental. In: FREITAS, V.P. *Julgamentos históricos do direito ambiental.* Campinas: Millenium, 2010.

Direito Ambiental Penal: Conflito Aparente de Normas e Concurso de Crimes

26

Gilberto Passos de Freitas
Universidade Católica de Santos

INTRODUÇÃO

A Lei n. 9.605, de 12 de fevereiro de 1998, conhecida como Lei dos Crimes Ambientais, um dos marcos do direito ambiental brasileiro, dando efetividade ao estabelecido na Constituição Federal de 1988, quanto à criminalização de algumas condutas ofensivas ao meio ambiente e disciplinando a responsabilização penal da pessoa jurídica, ainda teve o mérito de promover a codificação dos vários tipos penais ambientais encontrados nos mais diversos diplomas, como o Código Penal (CP), Lei das Contravenções Penais (LCP), Código Florestal, Código de Pesca e a Lei de Proteção à Fauna.

Entretanto, como nem todos os crimes contra o meio ambiente previstos em outras leis foram abrangidos pelo novo diploma (ver art. 1º da Lei n. 7.643/87; arts. 15 e 16 da Lei n. 7.802/89) e como alguns tipos nele previstos atingem mais de um bem jurídico, no caso flora, fauna, água, ar e solo, algumas condutas podem ser enquadradas em mais de uma norma penal, surgindo o que a doutrina denomina *conflito aparente de normas, concurso aparente de normas* ou ainda *concurso aparente de tipos*, circunstância que tem provocado algumas controvérsias que acabam por prejudicar a aplicação da lei penal.

Assim, o objetivo deste trabalho será analisar a figura do conflito aparente de normas e a problemática relacionada com os critérios utilizados para solucionar tal conflito, tendo por base os crimes contra o meio ambiente.

Tendo em vista esta circunstância, parece-nos de rigor tecer algumas considerações a respeito da importância da proteção penal do meio ambiente e sobre algumas características do tipo penal ambiental.

De outra parte, também faremos algumas observações a respeito do concurso de crimes, pois, conforme ensina Marques (1954, p. 336), à teoria do concurso de crimes liga-se o problema do concurso de normas, que se refere a um só comportamento humano.

Finalmente, com o objetivo de contribuir para o debate sobre assuntos tão significativos, apresentaremos a posição da doutrina e da jurisprudência a respeito do conflito aparente de normas e concurso de crimes, entre alguns tipos da Lei n. 9.605/98 e de outros diplomas.

DA PROTEÇÃO PENAL DO MEIO AMBIENTE

Destinando-se o direito penal à proteção de bens jurídicos que interessam à coletividade, não há dúvida de que o meio ambiente ecologicamente equilibrado e essencial à qualidade de vida é merecedor da proteção penal.

De fato, conforme proclamado no art. 1º da Declaração de Estocolmo de 1972:

> O homem é ao mesmo tempo obra e construtor do meio ambiente que o cerca, o qual lhe dá sustento material e lhe oferece oportunidade para desenvolver-se intelectual, moral, social e espiritualmente. Em larga e tortuosa evolução da raça humana neste planeta chegou-se a uma etapa em que, graças à rápida aceleração da ciência e da tecnologia, o homem adquiriu o poder de transformar, de inúmeras maneiras, e em uma escala sem precedentes, tudo que o cerca. Os dois aspectos do meio ambiente humano, o natural e o artificial são essenciais para o bem-estar do homem e para o gozo dos direitos fundamentais, inclusive o direito à vida mesma.

Aliás, a Constituição Federal de 1988, ao estabelecer no § 3º do art. 225 que "as condutas e atividades consideradas lesivas ao meio ambiente sujei-

DIREITO AMBIENTAL PENAL: CONFLITO APARENTE DE NORMAS E CONCURSO DE CRIMES | **807**

tarão os infratores, pessoas físicas ou jurídicas, a sanções penais [...]", não deixou nenhuma dúvida a respeito da importância e da necessidade da tutela penal do meio ambiente.

Outrossim, não é demais lembrar que o direito a um meio ambiente sadio e ecologicamente equilibrado está consagrado como um direito fundamental. Conforme mencionado anteriormente,

> [...] a Constituição brasileira de 1988 consagrou o meio ambiente como um verdadeiro direito de natureza análogo aos direitos individuais. Um direito fundamental de todos ao meio ambiente ecologicamente equilibrado pelo que, na dicção de Antônio Herman V. Benjamin, deve o bem ambiental ser considerado como o suporte da vida humana. O direito a um ambiente ecologicamente equilibrado, conforme anota Luiz Roberto Gomes, é um direito humano fundamental, na medida em que dele depende a qualidade do bem jurídico maior, qual seja, a vida humana. (Freitas, 2005, p.111)

Um novo direito penal?

Os riscos fazem parte do convívio em uma sociedade. Entretanto, com os avanços da sociedade moderna e as novas tecnologias, passaram a surgir novos riscos cujos efeitos, fugindo do controle, levaram o Direito a adotar novas diretrizes.

Diante da indeterminação de suas causas e consequências, conforme observa Machado (2007, p. 41),

> os novos riscos fogem à aplicação das regras secundárias do cálculo, da estatística e da monetarização. Em outras palavras, em contraste com os riscos conhecidos da era industrial, os novos riscos não são delimitáveis nem no tempo nem no espaço, não podem ser tratados segundo as regras estabelecidas da causalidade e da culpa e, além disso, dificilmente podem ser compensados ou indenizados, porque o desastre atinge dimensões tão grandes que nenhuma companhia de seguros seria capaz de arcar com o custo indenizatório.

Tais circunstâncias refletem profundamente no direito penal pois, segundo Gomes (2002, p. 23), "no tempo do Direito Penal tradicional falava-se em ofensa aos direitos subjetivos do indivíduo; evolui-se depois para a admissibilidade também dos direitos coletivos e dos bens supraindividuais.

DIREITO AMBIENTAL E SUSTENTABILIDADE

Agora já se propugna pelo reconhecimento de bens jurídicos universais ou planetários".

No mesmo sentido a lição de D'Ávila (2001, s/p), para o qual

> o direito penal liberal elaborado tendo por base o paradigmático delito de homicídio doloso, no qual há marcante clareza na determinação dos sujeitos ativo e passivo, bem como do resultado e de seu nexo de causalidade, defronta-se com delitos em que o sujeito ativo diluiu-se em uma organização criminosa, em que o sujeito passivo é difuso, o bem jurídico coletivo, e o resultado de difícil apreciação. Sem falar, obviamente, do aspecto transnacional destes novos delitos, em que tanto a ação como o resultado normalmente ultrapassam os limites do Estado Nação, necessitando, por conseguinte, da cooperação internacional para elaboração de propostas que ambicionem uma parcela qualquer de eficácia.

A estrutura do tipo penal ambiental

Essa criminalidade moderna, como visto anteriormente, não pode ser tratada de igual forma como ocorre com o crime tradicional. Deve ser vista com outros olhos.

Realmente, considerando a natureza do bem protegido, supraindividual, difuso, transfronteiriço, alguns tipos penais nem sempre apresentam uma descrição detalhada da conduta, conforme impõe o princípio da tipicidade. Todavia, segundo Freitas (2005, p. 116), na esteira de respeitável corrente doutrinária, "[...] num domínio tão mutável como o do ambiente, em que são pensáveis inúmeras atividades desaconselhadas e inúmeros resultados lesivos", nem sempre se mostra possível a descrição precisa do ato ilícito. Daí a utilização de tipos penais abertos.

De outra parte, uma vez que o direito ambiental tem como um dos objetivos principais a prevenção do dano, deve-se dar especial atenção à antecipação da tutela penal. Conforme já afirmamos:

> em face das peculiaridades próprias do tipo penal ambiental, bem como à necessidade de adequar-se a legislação criminal aos princípios gerais do direito ambiental, entre eles o da prevenção, mostra-se de todo justificada a existência de dispositivos em que a punição independe do dano efetivo, bastando o simples perigo (Freitas e Freitas, 2012, p. 40).

Daí o recurso aos crimes de perigo abstrato. Aliás, levando-se em conta que o objetivo fundamental do direito ambiental é a prevenção do dano, tem a doutrina consagrando esta modalidade, considerando ser ela a que melhor tutela o bem jurídico protegido. Dias (2007, p. 309 e 310), após afirmar que tem sido questionada a constitucionalidade dos crimes de perigo abstrato, observa que

> a doutrina maioritária e o TC pronunciam-se todavia, com razão, pela sua não inconstitucionalidade quando visarem à proteção de bens jurídicos de grande importância, quando for possível identificar claramente o bem jurídico tutelado e a conduta típica for descrita de uma forma tanto quanto possível, precisa e minuciosa.

Além disso, deve-se dar atenção aos crimes omissivos e culposos, pois é sabido que grande parte das ofensas ao meio ambiente ocorre por omissão ou culpa, principalmente na modalidade negligência do agente.

Por outro lado, não procedem as críticas feitas à circunstância do direito ambiental penal ter se valido, com alguma frequência, da norma penal em branco. A adoção de tal técnica em matéria ambiental não só é perfeitamente justificável como necessária, considerando a natureza do bem protegido que, muitas vezes, necessita de uma determinação técnica, por exemplo, o estabelecimento de padrões de qualidade.

Finalmente, não podemos deixar de mencionar a responsabilização penal da pessoa jurídica, pois está provado que os maiores danos ao meio ambiente são cometidos pela empresa. Como bem observa Machado (2013, p. 832), "o crime ambiental é principalmente corporativo".

DO CONFLITO APARENTE DE NORMAS

Para cada ação criminosa há um tipo adequado. Esta é a regra. Todavia, pode ocorrer que uma ou mais normas incidam sobre uma mesma conduta.

Como não é possível a aplicação de mais de uma norma, cumpre aos operadores do direito, valendo-se de princípios e da interpretação jurídica, atribuir ao agente a tipificação correta.

Com relação aos crimes ambientais, consideram-se as peculiaridades do bem jurídico protegido. O meio ambiente natural, por exemplo, é formado pelo conjunto e interação dos elementos bióticos e abióticos e, além dos tipos penais da Lei n. 9.605/98, outros estão previstos nos mais diversos diplomas (Código Penal, Lei das Contravenções Penais, Código Florestal, Código de Minas, Leis sobre Agrotóxicos, Cetáceos, Parcelamento do Solo Urbano, Atividades Nucleares, entre outros); é comum a ocorrência de conflitos quanto à norma a ser aplicada.

Daí a importância da discussão do tema.

Nomenclatura

A doutrina tem dado diversas denominações a esse problema, como "conflito aparente de normas", "concurso aparente de normas", "concurso aparente de disposições penais", "concurso fictício de leis", "concurso aparente de normas coexistentes" e "concurso aparente de tipos", parecendo-nos que esta última seria a mais adequada.

Embora a expressão mais utilizada pela doutrina seja "conflito aparente de normas ou de leis", parece-nos que o mais correto é falar-se em concurso e não em conflito, pois, conforme ensina Bruno (1967, p. 274), "um sistema jurídico é um todo unitariamente ordenado, onde um contraste entre duas disposições se presume inadmissível".

Ademais, na precisa asserção de Santoro Filho (2003, p. 183),

a expressão "leis" é demasiadamente ampla e presta-se a muitos equívocos, pois parece exigir que o fato *sub judice* esteja contemplado em duas leis diversas, quando a verdade é que os dois ou mais tipos nos quais a conduta apareça descrita podem formar parte – e assim ocorre ordinariamente com os artigos da Parte Especial do Código Penal – de um mesmo corpo geral. A palavra normas, por sua parte, não é de todo apropriada em razão do que existem normas legais que não contêm modelos de comportamento e a respeito dos quais, em consequência, não caberia o fenômeno que nos ocupa.

Aliás, na própria Lei dos Crimes Ambientais encontramos tipos que somente aparentemente tratam de uma mesma conduta.

No mesmo sentido a lição de Mestieri (1971, p. 205), para quem

é absolutamente impróprio falar-se em concurso aparente de delitos ou em concurso de leis (*Gesetzkonkurrenz*). A hipótese é apenas de concurso aparente de tipos penais, o qual exame mais detido logra resolver sem dificuldades, possibilitando a integração correta.

Entretanto, como a doutrina majoritariamente acolhe a denominação "conflito aparente de normas", parece-nos que será mais conveniente a sua adoção neste trabalho.

Conceito e elementos

O conflito aparente de normas, como observado, ocorre quando um fato é previsto em dois ou mais tipos.

Para Mestieri (1971, p. 204), o concurso aparente de tipos

consiste na existência de dois ou mais tipos penais que aparentemente permitem a integração da matéria. Mas exame acurado acaba por descartar uma a uma das possíveis integrações até surgir a verdadeira, seja em se dando a absorção de uma figura pela outra, seja por progressão, seja por alguma particular especificação.

No dizer de Marques (1954, p. 336-7), que fala em concurso aparente de normas, o conflito aparente de normas

tem lugar sempre que uma conduta delituosa pode enquadrar-se em diversas disposições da lei penal. Diz-se, porém, que esse conflito é tão-só aparente porque se duas ou mais disposições se mostram aplicáveis a um dado caso, só uma dessas normas, na realidade, é que o disciplina. A espécie delituosa, em tal hipótese, é subsumível em diversas regras preceptivas ou descrições abstratas da lei: enquadra-se, portanto, em várias normas, das quais uma apenas encontra aplicação.

Outrossim, para que se possa falar em conflito aparente de normas, é necessária a presença de certos elementos que, segundo a doutrina, são:

*   Unidade do fato, ou seja, a conduta do agente somente incide em uma infração penal.
*   Pluralidade de normas, isto é, a existência de mais de uma norma enquadrando a mesma conduta.

- Aparente incidência em todas elas, o que significa dizer que ela é somente aparente e não real.
- Aplicação apenas de uma das normas.

Critérios para a solução ou princípios regentes do conflito aparente de normas

A sede natural para o tratamento desse problema, ou seja, do conflito aparente de normas, conforme preleciona Dotti (2012, p. 373), "é o da teoria da lei penal e, especialmente, o da aplicação da lei penal".

Para a solução de tal conflito, a doutrina apresenta alguns princípios, como o da especialidade, da subsidiariedade e da consunção. Alguns autores também apontam o princípio da alternatividade.

A lei em vigor não prevê nenhuma disposição legal para a solução do conflito aparente de normas.

O Anteprojeto do Código Penal de 1969[1], no Título I, da Parte Geral, ao tratar da aplicação da Lei Penal, dispôs que:

> Art. 5º Quando a um mesmo fato podem ser aplicadas duas ou mais normas penais, atende-se ao seguinte, a fim de que só uma pena seja imposta:
> *a) a norma especial exclui a norma geral;*
> *b) a norma relativa a um crime que passa a ser elemento constitutivo ou qualificativo de outro, é excluída pela norma atinente a este;*
> *c) a norma incriminadora de um fato que é meio necessário ou normal fase de preparação ou exclusão de a outro crime, é excluída pela norma a este relativa.*
> Parágrafo único. A norma penal que prevê vários fatos, alternativamente, como modalidade de um mesmo crime, só é aplicável uma vez, ainda quando os ditos fatos são praticados, pelo mesmo agente, sucessivamente.

De se notar que o anteprojeto de Reforma do Código Penal, em tramitação no Congresso Nacional[2], trata expressamente da matéria, assim dispondo:

---

[1] Comissão presidida pelo Ministro Nelson Hungria.
[2] Apresentado pela Comissão de Juristas criada nos termos do RQS n. 756, de 2011.

DIREITO AMBIENTAL PENAL: CONFLITO APARENTE DE NORMAS E CONCURSO DE CRIMES

Conflito de normas
Art. 12. Na aplicação da lei penal o juiz observará os seguintes critérios, sem prejuízo das regras relativas ao concurso de crimes:
§ 1º Quando um fato aparentemente se subsume a mais de um tipo penal, é afastada a incidência:
a) do tipo penal genérico pelo tipo penal específico;
b) dos tipos penais que constituem ou qualificam outro tipo.
Consunção criminosa
§ 2º Não incide o tipo penal meio ou menos grave quando estes integram a fase de preparação ou execução de um tipo penal fim ou de um tipo penal mais grave.
§ 3º Não incide o tipo penal relativo a fato posterior quando se esgota a *ofensividade ao bem jurídico tutelado pelo tipo penal anterior mais gravoso.*
Crime de conteúdo variado
§ 4º Salvo disposições em contrário, o tipo penal constituído por várias condutas, alternativamente, só incidirá sobre uma delas, ainda que outras sejam praticadas sucessivamente pelo mesmo agente e no mesmo contexto fático.

Da leitura do dispositivo acima transcrito, observa-se que a Comissão fala em "conflito de normas" e transportou para a Lei Penal alguns elementos que caracterizam a ocorrência do conflito.

Princípio da especialidade

Segundo este princípio, aceito por todos os doutrinadores, a norma de natureza específica será aplicada em prejuízo da norma de ordem geral. Este princípio está previsto no art. 12 do Código Penal (CP), que reza: "As regras gerais deste Código aplicam-se aos fatos incriminados por lei especial, se esta não dispuser de modo diverso".
Como bem assenta Pedroso (2008, p. 674):

Há relação de especialidade entre tipos legais delitivos sempre que um deles, comparado com outro, contiver os mesmos elementos descritivos e circunstâncias essenciais, com a adição, porém, de outras características, chamadas elementos especializantes. Estabelece-se, de tal arte, a correlação entre tipo geral e tipo especial, apresentando este todas as propriedades daquele, contudo com acréscimos especiais. O tipo especial, por conseguinte, preenche integralmente o tipo geral, com a exigência, porém, de outras particularidades neces-

814 | DIREITO AMBIENTAL E SUSTENTABILIDADE

sárias à configuração jurídica do crime. Assim, quem perpetra o tipo especial incide igualmente no tipo geral. Nessa conjuntura, para impedir o *bis in idem*, o tipo especial deve prevalecer e predominar sobre o geral, afastando a sua incidência para o caso.

Outra não é a lição de Ramos (1986, p. 263), para quem o princípio da especialidade

> *Tiene preferência la figura delictiva que, siendo* más específica (todo *su âmbito está comprendido en outra figura más general, a modo de círculo concêntrico, abarcando un conjunto de hipotéticas conductas* más *reducido y particular que el de la norma básica), comprenda la conducta* básica y *los acidentes especificantes del caso que se trata de calificar conforme (mejor disconforme) a una norma penal.*

Em suma, norma especial é aquela que possui todos os elementos da norma geral e outros mais, que são os denominados especializantes, que podem representar um *minus* ou um *plus*, observando-se que, como a lei especial exclui a lei geral, ela deve precedê-la. É o que diz o brocardo jurídico *lex specialis derrogat generali*.

Princípio da subsidiariedade

No princípio da subsidiariedade, o tipo principal exclui o subsidiário, ou seja, a norma menos grave (subsidiária) é abrangida pela mais grave (principal).

A subsidiariedade, segundo a doutrina, pode ser formal ou expressa e material ou tácita. A formal ou expressa, como o nome diz, vem expressa na lei, é aquela em que o tipo fala "se o fato não constitui elemento do crime mais grave. Por sua vez, a material ou tácita ocorrerá quando o fato previsto na norma menos grave atua como elemento constitutivo, circunstância qualificadora ou causa de aumento de pena de uma norma mais grave.

Tomando como exemplo, os crimes de dano em floresta (art. 38) e incêndio em floresta (art. 41), ambos previstos na Lei n. 9.605/98, temos que o primeiro é subsidiário do segundo.

Este princípio não se confunde com o da especialidade, embora sejam parecidos. Neste último, a norma especial é aplicada, mesmo sendo menos grave que a geral. No princípio da subsidiariedade, a norma subsidiária é sempre excluída pela norma mais grave.

Princípio da consunção ou da absorção

O princípio da consunção ou da absorção é aquele em que o fato descrito no tipo penal constitui, no ato preparatório, meio necessário ou fase normal do outro crime, ou a norma mais ampla, que absorve a menos ampla.

Cumpre observar, entretanto, que a questão relacionada com a gravidade do crime absorvido, em alguns casos, não vem sendo obstáculo para o reconhecimento do princípio da consunção ou da absorção. Conforme se vê da Súmula n. 17 do STJ, o crime de estelionato (art. 171 do CP), cuja pena é de 1 a 5 anos, absorve o de falsidade documental (art. 297 do CP), cuja pena é de 2 a 6 anos.

Daí a observação de Bitencourt (2012, p. 251-2):

> Não é por conseguinte, a diferença dos bens jurídicos tutelados, e tampouco a disparidade de sanções cominadas, mas a razoável inserção na linha causal do crime final, com esgotamento do dano social no último e desejado crime, que faz as condutas ser tidas como única (consunção) e punindo-se somente o crime último da cadeia causal, que efetivamente orientou a conduta do agente.

No que tange aos crimes ambientais, casos tem ocorrido, como a falsificação de licenças de recebimento, aquisição, venda, depósito, transporte e guarda de madeira, lenha, carvão e outros produtos de origem vegetal a que se refere o art. 46 da Lei n. 9.605/98.

Conforme entendemos, não sendo falso o meio para ultimar a infração penal ambiental, não vemos como possa esta absorver o crime de falsidade. Ademais, considerando a diversidade de bens jurídicos tutelados e que o crime de falsidade é mais grave que a infração ambiental, que inclusive é considerada de menor potencial ofensivo, não vemos como se falar em absorção[3].

---

[3] A esse respeito a jurisprudência vem se orientando no sentido de que: "A aplicação do princípio da consunção pressupõe a existência de um delito como fase de preparação ou execução de outro mais grave, impondo sua absorção. Desse modo, não se pode admitir que o crime de falsidade ideológica, cuja pena abstrata varia de 1 (um) a 5 (cinco) anos de reclusão (documento público), seja absorvido pelo crime do art. 46, parágrafo único, da Lei n.

DIREITO AMBIENTAL E SUSTENTABILIDADE

De outra parte, no dizer de Jiménez de Asúa, citado por Damásio de Jesus (2012, p. 113),

> a consunção ou absorção se dá: a) quando as disposições se relacionam de imperfeição a perfeição (atos preparatórios puníveis, tentativa – consumação: b) de auxílio a conduta direta (partícipe – autor); c) de *minus a plus* (crimes progressivos); d) de meio a fim (crimes complexos); e) de parte a todo (consunção de atos anteriores e posteriores – antefato e *post factum* impuníveis.

Aliás, este princípio, na lição de Santos (2012, p. 236),

> está imerso em controvérsia irreversível e a tendência parece ser sua própria *consunção* por outros critérios, especialmente pelo critério da *especialidade* e pelo antefato e pós-fato copunidos: a literatura oscila entre posições de *aceitação* reticente e de *rejeição* absoluta do critério da *consunção*, no conflito *aparente* de leis penais.

Observa-se, finalmente, que o critério da consunção é dividido nos seguintes subcritérios: crime progressivo, progressão criminosa, *antefactum* não punível e *post factum* não punível.

Crime progressivo e progressão criminosa

Quando uma conduta é consumida por outra, constituindo-se na etapa de um crime, ocorre o que a doutrina denomina de crime progressivo. O crime progressivo, no dizer de Pimentel (1969, p. 16),

---

9.605/98, cuja pena varia de 6 (seis) meses a 1 (um) ano de detenção" (STJ, REsp n. 896.312/PA, rel. Min. Arnaldo Esteves de Lima, *DJU* 01.10.2007, p.364). No mesmo sentido, "Os órgãos julgadores integrantes da 2ª Seção desta Corte consolidaram entendimento no sentido de que os crimes de falsidade ideológica ou material são absorvidos pelos crimes ambientais. Reexaminando a matéria como relator, convenci-me de que tal entendimento é insustentável por implicar o reconhecimento da absorção de crime mais grave pelo mais leve" (TRF-1, Ap. crim. n. 2006.39.00.007320-4/PA, rel. Des. Fed. Mario Cesar Pinheiro, *DJF1* 11.04.2008, p.72). "Não há falar-se em absorção, quando como consta da denúncia, diversos são os fatos, e mais grave o delito que o magistrado entendeu absorvido" (TRF-1, Ap. crim. n. 2006.39.00.007072/PA, rel. Des. Hilton Queiroz, *DJF* 12.03.2008, p.09).

apresenta-se como uma sucessão de crimes autônomos, em que se passa de uma figura menos grave para outra de maior gravidade, ficando absorvido no crime *majus* o crime *minus*. Afinal será punido somente o crime configurado no ultimo estágio. Não há um concurso de crimes, mas uma sucessão de delitos cada vez mais graves, considerando-se somente a última lesão jurídica.

Como se verifica, no crime progressivo o agente pratica uma sequência de atos em busca de um fim. Exemplo clássico é aquele em que o agente desfere vários golpes com a intenção de matar a vítima. Os atos são vários, mas a ação é uma.

Na progressão criminosa, conforme ensina Estefam (2010, p. 155), "o agente inicia o *iter criminis* com o objetivo de provocar determinada lesão a um bem jurídico; após conseguir seu intento, muda de ideia e busca provocar um grau maior de violação ao mesmo bem jurídico."

Em suma, a diferença entre crime progressivo e progressão criminosa está no fato de que, no primeiro, o agente, desde o início, tem a intenção de cometer o crime mais grave e, na progressão criminosa, o agente inicia o *iter criminis* com um objetivo e, posteriormente, após alcançá-lo, delibera cometer um crime mais grave.

Antefato e pós-fato não puníveis

São espécies de progressão criminosa o antefato (*ante factum*) e o pós-fato (*post factum*) impuníveis. O primeiro ocorre quando um delito menos grave se constitui fase normal de preparação ou execução de um delito mais grave. No segundo, o novo fato é uma consequência normal do anterior.

Segundo prelecionam Mirabete e Fabbrini (2008, p. 123):

No antefato não punível a primeira infração é menos grave que a segunda (exemplos: a falsidade ideológica praticada para o crime de bigamia); porte de arma para o homicídio etc. No pós-fato não punível a primeira infração é mais grave ou da mesma gravidade que a segunda (exemplos: o furto da coisa e sua posterior destruição, que é o crime de dano; a falsificação do documento e o uso do documento falso; a falsificação da moeda e sua introdução no meio circulante). Em todas essas hipóteses, o autor desses fatos típicos deve ser punido somente pelo crime mais grave. Indispensável, entretanto, que os fatos estejam sempre em um mesmo contexto, isto é, que um seja praticado para o cometimento ou em decorrência do outro. Diz-se que a não punição do ante ou pós-fato se dá pelo conflito aparente de normas (absorção), mas na verdade deriva de medidas de equidade e política criminal.

A figura do pós-fato impunível, relacionada com os crimes contra o meio ambiente, foi reconhecida pelo TRF-4, cuja ementa é a seguinte:

> Embargos infringentes. Crime ambiental. Supressão de vegetação em área de preservação permanente. Impedimento à regeneração. Arts. 40 e 48 da Lei n. 9.605/98. Conduta prevista no art. 64 da Lei n. 9.605/98. Prescrição em abstrato. 1.Verificada que a supressão de vegetação de área de preservação permanente e o impedimento à sua regeneração estão compreendidos na fase executória (*iter crimins*) do tipo penal previsto no art. 64 da Lei Ambiental (construção em solo não edificável), resta caracterizado o pós-fato impunível, ficando por eles absorvidos[4].

Princípio da alternatividade

Quando a norma penal descreve mais de uma modalidade de realização típica, diz-se que o crime é de conteúdo múltiplo ou variado, ou plurinuclear, sendo que o agente responderá por um só delito.

Por exemplo, temos na Lei n. 9.605/98 o art. 29 (adquirir, manter em cativeiro, vender ovos da fauna silvestre) e o art. 42 (fabricar, transportar ou vender os mesmos balões). Nesses casos, o agente estará praticando mais de uma conduta, mas terá cometido um único crime.

Este princípio da alternatividade, no dizer de Estefam (2010, p. 155), "tem lugar nas infrações penais de ação múltipla ou conteúdo variado, que são aqueles tipos penais que possuem diversos núcleos (verbos), separados pela conjunção alternativa 'ou'".

A alternatividade ocorreria quando dois tipos contêm elementos incompatíveis entre si, que se excluiriam. Uma vez que o conflito de leis ocorre quando há compatibilidade entre elas, não há falar em conflito aparente.

Daí grande parte da doutrina falar que não se trata de um princípio que solucione o conflito aparente de normas ou concurso aparente de normas, uma vez que haveria apenas uma norma.

---

[4] TRF-4, Emb. Infringentes e de Nulidade n. 11630/SC, rel. Des. Fed. Luiz Fernando Wok Penteado, j. 15.10.2009.

COTEJO ENTRE CRIMES DA LEI N. 9.605/98 E CRIMES PREVISTOS EM OUTROS DIPLOMAS

Conforme afirmamos de início, na área do direito penal ambiental é grande a discussão em torno do conflito aparente de normas. Com o intuito de contribuir para a busca de uma solução, entendemos oportuno apresentar um cotejo entre alguns crimes previstos na Lei dos Crimes Ambientais.

Crimes contra a fauna

Art. 30 da Lei n. 9.605/98 e art. 334 do Código Penal

Reza o art. 30 da Lei n. 9.605/98: "Exportar para o exterior peles e couros de anfíbios e répteis em bruto, sem a autorização da autoridade ambiental competente". Por sua vez, dispõe o art. 334 do Código Penal: "Importar ou exportar mercadoria proibida ou iludir, no todo ou em parte, o pagamento de direito ou imposto devido, pela entrada, pela saída ou pelo consumo da mercadoria".

Como os bens protegidos são distintos, respectivamente meio ambiente e Fisco, não há falar em concurso aparente de crimes, ocorrendo no caso o concurso de crime formal.

Conforme anotam Costa Neto, Bello Filho e Costa (2011, p. 206):

[...] a conduta tipificada no art. 30 da Lei n. 9.605/98 não absorve o descaminho, não se cogitando conflito aparente de normas sanável pelo princípio da especialidade. Isso porque o bem jurídico tutelado na norma penal ambiental em tela é a fauna, e não o Fisco. Ademais, a ausência de outorga da autorização ambiental competente (elemento normativo do tipo) não produz reflexos no âmbito fiscal, sendo incapaz, por si só, de ensejar a caracterização de descaminho. Vale dizer, o fato de não haver autorização do órgão/entidade ambiental para exportar peles e couros de anfíbios e répteis em bruto não identifica tal conduta com a descrição típica do descaminho, o qual, como dito, implica lesão ao Fisco. Assim, considerando que os objetos jurídicos são distintos, a hipótese pode configurar concurso formal de crimes (art. 30 da Lei n. 9.605/98, e art. 334, CP).

Art. 31 da Lei n. 9.605/98 e art. 334 do Código Penal

Assim como mencionado no item anterior, em sendo distintos os bens tutelados pelos arts. 31 da Lei n. 9.605/98 e 334 do Código Penal, estamos diante de um concurso formal de crimes.

Realmente, enquanto o delito descrito no art. 31 (Introduzir espécime animal no País, sem parecer técnico oficial favorável e licença expedida por autoridade competente) protege o meio ambiente, o crime previsto no art. 334 do Código Penal tutela o interesse na Fazenda Nacional.

Art. 32 da Lei n. 9.605/98 e art. 64 da Lei das Contravenções Penais

O art. 32 da Lei n. 9.605/98, cujo tipo é "praticar ato de abuso, maus--tratos, ferir ou mutilar animais silvestres, domésticos ou domesticados, nativos ou exóticos", por vezes é confrontado com o art. 64 da Lei das Contravenções Penais (LCP).

Aliás, a respeito existe certa controvérsia acerca da revogação do art. 64 da LCP. Para Gomes e Maciel (2011, p. 154), o art. 32 e o § 1º revogaram tacitamente o art. 64, *caput* e §§ 1º e 2º da Lei das Contravenções Penais. Por sua vez, Nucci (2007, p. 514) e Sirvinskas (2004, p. 136) sustentam que mencionada infração contravencional não foi revogada.

A nosso ver, razão assiste aos primeiros autores, pois como o art. 32 fala em praticar ato de abuso, maus-tratos e também se refere expressamente aos animais domésticos, entendemos que ocorreu a revogação do citado art. 64 da LCP, que por sua vez fala em "tratar animal com crueldade ou submetê--lo a trabalho excessivo", que na verdade caracteriza maus-tratos.

Art. 32 da Lei n. 9.605/98 e art. 1º da Lei n. 7.643/87

O art. 32 da Lei dos Crimes Ambientais protege a fauna silvestre, doméstica ou domesticada, nativa ou exótica contra atos de abuso, maus-tratos e crueldade.

Por outro lado, a Lei n. 7.347/87 proíbe a pesca ou qualquer forma de molestamento intencional de toda espécie de cetáceos. Esse diploma foi editado com a finalidade de proteger tal espécie que, na década de 1980, vinha sofrendo séria ameaça de extinção por força da pesca predatória, que, inclusive, não só molestava os animais, como causava indiscutível maus-tratos. Em face do princípio da especialidade, entendemos que o crime descrito no art. 1º da Lei n. 7.643/87 prevalece sobre o art. 32 da Lei n. 9.605/98, que trata especificamente da pesca e do molestamento de cetáceos, enquanto o art. 32 se refere a animais silvestres, domésticos e domesticados, nativos e exóticos.

Arts. 33 e 54 da Lei n. 9.605/98

O *caput* do art. 33 da Lei n. 9.605/98, ao dispor: "Provocar, pela emissão de efluentes a carreação de materiais, o perecimento de espécimes da fauna aquática existentes em rios, lagos, açudes, lagoas, baías ou águas jurisdicionais brasileiras", pode ser confundido com o art. 54 do mesmo diploma, que reza: "Causar poluição de qualquer natureza em níveis tais que resultem ou possam resultar em danos à saúde humana, ou que provoquem a mortandade de animais, ou a destruição significativa da flora".

No caso, há um conflito aparente de normas, que deve ser solucionado pelo princípio da especialidade. Como o art. 33 se refere apenas à fauna aquática e o art. 54 diz respeito à saúde humana, fauna em geral e flora, se o dano ocorre apenas com relação à fauna aquática, o que nos parece muito difícil, configura-se o crime descrito no art. 33.

Aliás, a respeito do citado art. 33, conforme bem anotam Gomes e Maciel (2011, p. 165), trata-se de

> uma falha do legislador, que elaborou dois tipos penais praticamente idênticos, sendo difícil a distinção. É que provocar o perecimento da fauna aquática pela emissão de efluentes ou materiais poluentes em águas brasileiras (art. 33, *caput*) é exatamente o mesmo que causar poluição hídrica que resulte na mortandade de animais (art. 54).

Art. 34 da Lei n. 9.605/98 e art. 155 do Código Penal

Tem surgido certa controvérsia a respeito da ocorrência de eventual conflito entre o art. 34 da Lei n. 9.605/98, que revogou o art. 27, § 3º, da Lei n. 5.197/67, que tratava da pesca predatória, e o art. 155 do CP, no caso em que o agente, usando de aparelhos ou petrechos proibidos (inciso II do art. 34), pescasse em criadouro particular, sem autorização do proprietário.

Neste caso, por força do princípio da consunção, o crime contra o patrimônio prevalece sobre o crime ambiental.

Art. 35 da Lei n. 9.605/98 e o art. 251 do Código Penal

Ainda relacionado com a fauna aquática, temos um possível conflito entre o crime previsto no art. 35, que consiste na pesca com o emprego de explosivos, e o crime de explosão descrito no art. 251 do Código Penal.

Enquanto o art. 35 fala em: "Pescar mediante a utilização de: I – explosivo ou substâncias que, em contato com a água, produzam efeito semelhante; II – substância tóxica, ou outro meio proibido pela autoridade competente", o art. 251 dispõe: "Expor a perigo a vida, a integridade física ou o patrimônio de outrem, mediante explosão, arremesso ou simples colocação de engenho de dinamite ou de substância de efeitos análogos".

Como os bens protegidos são distintos, não há falar em conflito entre os dois tipos penais. O agente responderá pelos dois delitos, em concurso formal.

Crimes contra a flora

Arts. 38, 38-A, 50 e 50-A, todos da Lei n. 9.605/98

Os crimes descritos nos arts. 38, 38-A, 50 e 50-A da Lei n. 9.605/98 têm como objeto jurídico, respectivamente, a proteção de:

- Floresta de preservação permanente, mesmo que em formação.
- Vegetação primária ou secundária do Bioma Mata Atlântica.
- Florestas nativas ou plantadas ou vegetação fixadora de dunas e mangues.
- Floresta plantada ou nativa, em terras de domínio público ou devolutas que, por apresentarem certas semelhanças, têm dado causa a controvérsias sobre qual norma deve ser aplicada.

De outra parte, como pela descrição dos tipos acima citados, que se referem a destruir ou danificar floresta de preservação permanente (art. 38), destruir ou danificar floresta nativa ou plantada e "vegetação fixadora de dunas e mangues" (art. 50) e desmatar, explorar ou degradar "floresta plantada ou nativa em terras de domínio público ou devolutas" (art. 50-A), a impressão é a de que eles estão protegendo um mesmo bem jurídico.

Entretanto, não é o que ocorre. Enquanto no art. 38 o objeto material da conduta delitiva são as florestas de preservação permanente, no art. 50 a tutela penal recai sobre outras florestas que não de preservação permanente, ou seja, as florestas nativas ou plantadas e demais espécies de vegetação. No art. 50-A, objetos materiais são essas duas últimas florestas, mas situadas em terras do domínio público ou devolutas.

Art. 38 da Lei n. 9.605/98 e art. 155 do Código Penal

O art. 38 da Lei n. 9.605/98 pune aquele que destrói e danifica floresta nativa considerada de preservação permanente sem permissão legal.

Se o agente, sem autorização legal, ingressa em propriedade alheia localizada em área de preservação permanente e dali retira espécies da flora existente, como palmitos, deverá responder também pelo crime de furto.

A nosso ver, se o dano provocado na floresta de preservação permanente foi para a prática da subtração, o delito patrimonial absorve o crime de dano.

Entretanto, cumpre observar que o extinto Tribunal de Alçada Criminal de São Paulo entendeu que, no caso, ocorreu um concurso entre o crime ambiental e o crime de furto[5].

Art. 39 da Lei n. 9.605/98 e art. 155 do Código Penal

Pune o art. 39 da Lei n. 9.605/98 a conduta consistente em cortar árvores nas florestas consideradas de preservação permanente, sem permissão da autoridade competente.

Como os acessórios do imóvel, uma vez mobilizados, constituem objeto do crime de furto, uma árvore cortada implicará a configuração de tal delito. As árvores são bens acessórios e, por isso, nos termos do art. 1.229 do Código Civil, pertencem ao dono do imóvel.

---

[5] "Configura os crimes do art. 155, § 4º, IV, do CP, c/c o art. 38, *caput*, da Lei n. 9.605/98 a conduta de agentes que invadem a propriedade alheia situada em área de preservação permanente e retiram 600 unidades de palmito *in natura*, danificando-a" (Ap. crim. n. 1.353.273/0).

Daí a indagação se ocorreria o concurso de crimes entre a figura do art. 39 e o art. 155 do CP ou estaríamos diante de um conflito aparente de normas.

Enfim, se o agente, com a intenção de subtrair, corta árvore em floresta de preservação permanente para se apoderar da madeira, comete o crime de furto, previsto no art. 155 do CP e não descrito no art. 39 da Lei n. 9.605/98, aplicando-se, para a hipótese, o princípio da consunção, uma vez que o corte de árvore constituiu meio de execução do crime patrimonial.

Art. 41 da Lei n. 9.605/98 e art. 250, § 1º, II do Código Penal

O tipo do art. 41 é "provocar incêndio em mata ou floresta", enquanto o do art. 250, § 1º, II, *h*, do CP é: "Art. 250. [...] Causar incêndio, expondo a perigo a vida, a integridade física ou o patrimônio de outrem; § 1º [...] II [...] *h*: em lavoura, pastagem, mata ou floresta".

No que diz respeito a incêndio em mata ou floresta, temos que o art. 250, § 1º, II, *h*, do CP, por força do princípio da especialidade, aplica-se ao art. 41 da Lei n. 9.605/98.

Caso o incêndio ocorra em lavoura ou pastagem, o delito a ser atribuído ao agente será o previsto no art. 250, § 1º, do CP, uma vez que o art. 41 da Lei n. 9.605/98, conforme anotado, somente se refere a mata ou floresta.

Arts. 41, 42 e 54 da Lei n. 9.605/98 e art. 250 do Código Penal

O art. 42 da Lei n. 9.605/98 dispõe: "Fabricar, vender, transportar ou soltar balões que possam provocar incêndios nas florestas e demais formas de vegetação, em áreas urbanas ou qualquer tipo de assentamento humano".

O crime em questão se consuma com a prática de qualquer das condutas descritas no tipo, não sendo necessária a ocorrência de incêndio para sua configuração.

Caso contrário, ocorrendo incêndio que atinja uma floresta, haverá conflito aparente de normas entre este crime e o especificado no art. 41, ambos da Lei n. 9.605/98, que será resolvido pelo princípio da consunção, ficando o crime do art. 42 absorvido pela figura do art. 41.

De outra parte, como o incêndio, em regra, provoca poluição do ar, pode-se falar no crime previsto no art. 54, § 2º, III, da Lei n. 9.605/98.

DIREITO AMBIENTAL PENAL: CONFLITO APARENTE DE NORMAS E CONCURSO DE CRIMES

A questão foi muito bem colocada por Costa Neto, Bello Filho e Costa (2011, p. 323), para os quais:

> Considerando que nenhum desses tipos mencionados encontra-se tácita ou expressamente revogado, parece que o conflito resolve-se primeiramente mediante a detecção do elemento subjetivo. Nessa linha, se a intenção for atear fogo em floresta ou mata, ter-se-á aplicação do art. 41 desta Lei, afastando-se a incidência do art. 250, que é norma genérica. A poluição definida no art. 54, § 2º, III, surgirá como ilícito cometido em concurso formal – art. 70, CP – vez que a ação de causar incêndio em mata causa poluição, conforme conceituação da Lei n. 6.938/81, tipificada no art. 54 da Lei n. 9.605/98. Assim, pode haver delito de poluição em concurso formal, seja com o delito de incêndio – art. 250 do CP –, seja em concurso formal com o crime de incêndio em mata ou floresta – art. 41 da Lei n. 9.605/81.

Finalmente, no caso de incêndio provocado por balão, se este ocorrer nas demais formas de vegetação, áreas urbanas ou assentamentos humanos, haverá concurso entre o art. 42 da Lei n. 9.605/98 e o art. 250 do Código Penal.

Arts. 44 e 55 da Lei n. 9.605/98 e art. 2º da Lei n. 8.176/91

O art. 44 da Lei n. 9.605/98 pune aquele que "extrair de florestas de domínio público ou consideradas de preservação permanente, sem prévia autorização, pedra, areia, cal ou qualquer espécie de minerais", e revogou o art. 26 do Código Florestal.

Embora o art. 44 guarde certa semelhança com o art. 55 do mesmo diploma, que fala em "executar pesquisa, lavra ou extração de recursos minerais sem a competente autorização, permissão, concessão ou licença ou em desacordo com a obtida", com ele não se confunde.

O art. 44 somente se configurará quando a extração ocorrer em florestas de domínio público ou de preservação permanente.

Por outro lado, conforme temos sustentado em comentários ao art. 44 da Lei n. 9.605/98: "Não raramente o crime em tela virá acompanhado do delito do art. 2º da Lei n. 8.176/91, que trata de usurpação de bem da União. Nesta hipótese, dar-se-á o concurso formal de crimes (art. 70 do CP)" (Freitas e Freitas, 2012, p. 176).

No âmbito jurisprudencial, já se decidiu que:

Penal. Crime contra o meio ambiente. Art. 55 da Lei n. 9.605/98. Extração de substâncias minerais sem a competente autorização, permissão, concessão ou licença. Usurpação do patrimônio da União. Art. 2º da Lei n. 8.176/91. Extração de recursos minerais sem autorização legal. Concurso formal. Manutenção da condenação imposta na sentença. 1. A conduta de explorar recursos minerais sem a respectiva autorização pode configurar crime contra a natureza, pela degradação ao meio ambiente (art. 55 da Lei n. 9.605/98), e também, crime contra o patrimônio da União, em face da usurpação do bem público (art. 2º da Lei n. 8.176/91). Assim, tratando-se de tipos penais que tutelam objetos jurídicos diversos, não há falar em conflito aparente de normas. Precedentes da Quarta Seção deste Regional. 2. Sentença condenatória que se mantém, porquanto plenamente demonstradas a materialidade e a autoria delitivas, assim como evidenciado o elemento subjetivo do tipo em questão[6].

Apelação criminal. Extração de recursos minerais sem a devida autorização. Areia. Bem da União. Autoria e materialidade comprovadas. Concurso formal. Artigo 2º da Lei n. 8.176/91 e 55 da Lei n. 9.605/98. Não tendo sido apresentada qualquer documentação indicando licença para a atividade de mineração no local e no período mencionados na exordial, forçoso reconhecer a incidência dos tipos penais albergados nos artigos 2º da Lei n. 8.176/91 e 55 da Lei n. 9.605/98. Autoria e materialidade comprovadas. Consolidado o concurso formal, na modalidade "impróprio", uma vez que, com uma única ação, os réus usurparam o patrimônio da União, atingindo a ordem econômica, e impingiram dano ao meio ambiente.Apelação parcialmente provida[7].

Arts. 45 e 39 da Lei n. 9.605/98

O tipo do art. 45 da Lei n. 9.605/98 pune aquele que "cortar ou transformar em carvão madeira de lei, assim classificada por ato do Poder Público, para fins industriais, energéticos ou para qualquer outra exploração, econômica ou não, em desacordo com as determinações legais".

Se for cortada uma espécie de madeira de lei que se encontra em floresta de preservação permanente, portanto, protegida pelo art. 39 do mesmo diploma, o agente deverá responder pelos dois delitos?

---

[6] TRF-4, Ap. crim. n. 2006.72.15.005235-0/SC rel. Des. Tadaqui Hirose, j. 05.04.2011.
[7] TRF-4, Ap. crim. n. 2004.04.01.044271-0/PR, 7ª T, rel. Des. Fatima Labarrete, j. 22.11.2005.

Para Gomes e Maciel (2011, p. 203), estamos diante de um conflito aparente de normas que deverá ser resolvido pelo "princípio da consunção". Segundo prelecionam citados autores:

> O princípio da especialidade não pode resolver essa indagação, tendo em vista que ambos os tipos penais contêm um elemento especializante: no art. 39 o corte deve ocorrer em "floresta de preservação permanente", enquanto no art. 45 o corte pode ocorrer em qualquer lugar (qualquer floresta ou espécie de vegetação); por outro lado, neste art. 45 o objeto material é madeira de lei, enquanto no art. 39 pode ser qualquer madeira. Cremos que deve incidir, no caso, o princípio da consunção, aplicando-se este delito do art. 45 (mais grave), com a absorção do delito menos grave do art. 39. (Gomes e Maciel, 2011, p. 203)

Art. 46 da Lei n. 9.605/98 e art. 299 do Código Penal

Prática comum relacionada com o comércio ilegal de madeira é a falsificação de licenças para transporte, recebimento ou aquisição, para fins comerciais, de madeira, lenha, carvão ou outros produtos de origem vegetal (art. 46).

Como a falsificação de tal documento configura o crime do art. 299 do CP, surge a questão: deve o agente responder pelo crime ambiental e pelo de falsidade?

A doutrina é controversa. Para determinada corrente doutrinária o crime de falsidade, por força do princípio da consunção ou da absorção, é absorvido pela figura do delito ambiental, pois o objetivo do agente era utilizar a licença falsa para transportar a madeira.

Entretanto, outra corrente entende que não se pode falar em absorção pela falsidade ou pelo uso de documento falso, considerando a diversidade de bens jurídicos tutelados (Gomes e Maciel, 2011)

Por outro lado, conforme anotam Delmanto, Delmanto Junior e Delmanto (2006, p. 489),

> se aquele que vende, expõe a venda, transporta, tem em depósito ou guarda a madeira, lenha ou carvão ou outros produtos de origem vegetal for a mesma pessoa que tiver praticado as condutas previstas nos arts. 38, 39, 40, 44 e 45, não poderá haver concurso de crimes, sob pena de *bis in idem*, devendo o agente responder pelos delitos antecedentes, configurando-se as condutas descritas no parágrafo único deste art. 46 mero exaurimento.

Arts. 48 e 64 da Lei n. 9.605/98

Questão bastante controvertida, relativa à norma a ser aplicada, ou seja, entre as descritas nos arts. 48 e 64 da Lei n. 9.605/98, é a que se refere à construção em solo não edificável, que impede ou dificulta a regeneração natural de florestas ou demais formas de vegetação.

O tipo do crime descrito no art. 48 da Lei n. 9.605/98 consiste em: "Impedir ou dificultar a regeneração natural de florestas e demais formas de vegetação", enquanto o art. 64 do mesmo diploma fala em:

> Promover construção em solo não edificável ou no seu entorno, assim considerado em razão de seu valor paisagístico, ecológico, artístico, turístico, histórico, cultural, religioso, arqueológico, etnográfico ou monumental, sem autorização da autoridade competente ou em desacordo com a concedida.

Para determinada corrente, com a qual estamos de acordo, não há falar em concurso aparente de tipos, uma vez que a conduta descrita no art. 64, "construir" não tem a mesma conotação que "impedir ou dificultar" prevista no art. 48, tanto que a primeira é tratada na Seção IV, que dispõe a respeito dos crimes contra o ordenamento urbano e o patrimônio cultural, enquanto a segunda é tratada na Seção II, que trata dos crimes contra a flora[8].

Todavia, em posição oposta, há quem sustente que a conduta descrita no art. 48 da Lei n. 9.605/98 (impedir ou dificultar a regeneração natural de floresta e demais formas de vegetação), encontra-se absorvida pela conduta praticada anteriormente pelo réu, consistente em "promover a construção em local não edificável" (art. 64 da Lei n. 9.605/98).

Conforme decisão do TRF da 4ª Região,

> ao manter a construção em local não edificável, é lógico que a vegetação nativa ficou impedida de se recuperar. Desse modo, mesmo se subsumindo na conduta tipificada no art. 48 da lei ambiental, o fato em questão não pode ser pu-

---

[8] Conforme decidiu o Superior Tribunal de Justiça, em decisão perfeitamente aplicável ao caso: "Vislumbra-se a existência de três condutas distintas, três ações autônomas de destruir a vegetação nativa, de construir em solo não edificável e de impedir a regeneração natural da vegetação, através das quais três crimes diferentes foram praticados, deve ser reconhecida a hipótese de concurso material descrita no art. 69 do CP, em que é prevista a cumulatividade de penas" (REsp n. 846.453/SC, 5ª T., rel. Min. Gilson Dipp, j. 19.04.2007, *DJ* 04.06.2007, p. 419).

DIREITO AMBIENTAL PENAL: CONFLITO APARENTE DE NORMAS E CONCURSO DE CRIMES | **829**

nido por si só, uma vez que se trata de consequência natural do ato de construir, tipificado no art. 64 daquela lei. O exame dos acontecimentos demonstra que a intenção do embargante (ponto central para análise da tipicidade), voltava--se à realização da construção mencionada). Apesar de ter o MPF enquadrado o fato na descrição típica do art. 48 daquele Diploma Legal (impedimento à regeneração da flora), tal conduta não pode ser punida de maneira autônoma, porquanto constitui mero exaurimento do primeiro fato típico (construção em solo não edificável), restando também por ele absorvida. Evidente que a impossibilidade de recuperação da cobertura vegetal no local é consequência natural e necessária da edificação. Plenamente caracterizado, assim, o que a doutrina denomina "progressão criminosa", porquanto houve pluralidade de eventos todos encadeados numa sequência causal e submetidos a um mesmo contexto fático, devendo ser aplicado o princípio da consunção, restando as condutas enquadradas nos arts. 40 e 48 absorvidas pela do art. 64 da Lei Ambiental[9].

Em que pesem as respeitáveis opiniões em contrário, a nosso ver, razão assiste à primeira corrente ao afastar o concurso aparente de tipos. Realmente, além da diversidade de bens protegidos e das condutas incriminadas, pois a matéria é tratada em seções diferenciadas da Lei dos Crimes Ambientais, a avaliação da culpabilidade ocorre em bases distintas nos dois tipos penais.

Arts. 50 e 64 da Lei n. 9.605/98

Comete o crime descrito no art. 50 da Lei n. 9.605/98 aquele que destrói ou danifica florestas nativas ou plantadas ou vegetação fixadora de dunas, protetora de mangues, objeto especial de preservação.

Por sua vez, incide nas penas do art. 64 do mesmo Diploma aquele que promove construção em solo não edificável ou no seu entorno, assim considerado em razão de seu valor paisagístico, ecológico, artístico, turístico, histórico, cultural, religioso, arqueológico, etnográfico ou monumental, sem autorização da autoridade competente ou em desacordo com a autorização concedida.

---

[9] TRF-4, Emb. Infringentes n. 2005.72.00.011630. Na mesma linha: TRF-4, Rec. em sentido estrito n. 2005.72.00.007719-0, 8ª T., rel. Des. Federal Elcio Pinheiro de Castro.

DIREITO AMBIENTAL E SUSTENTABILIDADE

Vale ressaltar que a matéria foi bem analisada no acórdão do TRF da 4ª Região, relatado pelo Des. Federal Élcio Pinheiro de Castro, cuja ementa é a seguinte:

> Recurso em sentido estrito. Crimes ambientais. Arts. 48 e 64 da Lei n. 9.605/98. Art. 69 do Código Penal. Inaplicabilidade. Concurso aparente de normas. Princípio da consunção. 1. A ré foi denunciada porque, em tese, destruiu vegetação local fixadora de dunas – art. 50 da Lei n. 9.605/98 – a fim de promover aterro, construção de muro e cultivo de plantas exóticas (art. 64). Mantendo a construção no local, impediu a flora nativa de recuperar-se (art. 48). 2. Na hipótese, fica plenamente caracterizado o que a doutrina denomina como "progressão criminosa", porquanto houve pluralidade de condutas. Em que pese o enquadramento do fato (impedimento à regeneração) na descrição típica do art. 48, tal prática não pode ser punida de maneira autônoma, porquanto constitui mero exaurimento do primeiro fato típico (art. 64 – construção em solo não edificável) restando por ele absorvido. Evidente que a impossibilidade de recuperação da cobertura vegetal do local é consequência natural e necessária da edificação. 4. Aplicável o princípio da consunção, enquadrando-se o delito no art. 48 da Lei n. 9.605/98 absorvido pelo art. 64 daquele diploma. 5. No caso concreto, o terreno que suportou a construção – área de mangue e restinga do Balneário de Capri – inclui-se no conceito de "solo não edificável pelo seu relevante valor ecológico", definido no Código Florestal (Lei n. 4.771/65) como área de preservação permanente, revelando-se aplicável à espécie o art. 64[10].

Art. 51 e arts. 38, 39 e 40 da Lei n. 9.605/98

A conduta delituosa descrita no art. 51 da Lei n. 9.605/98 consiste em: "Comercializar motosserra ou utilizá-la em florestas e nas demais formas de vegetação, sem licença ou registro da autoridade competente".

Se o agente, utilizando motosserra sem licença ou registro da autoridade competente, destruir ou danificar floresta de preservação permanente, cortar árvores em floresta considerada de preservação permanente ou causar dano direto ou indireto às Unidades de Conservação e às áreas de que trata o art. 27 do Dec. n. 99.274/90, incidirá, também, nos tipos descritos nos arts. 38, 39 e 40 da citada Lei em concurso formal ou ocorrerá um concurso aparente de tipos?

---

[10] TRF-4, Recurso em sentido estrito n. 2005.72.01.001241-6/SC, *DJU* 08.02.2006.

Diante do princípio da consunção, os delitos previstos nos arts. 38, 39 e 40 da citada Lei absorvem o descrito no art. 51. A utilização de motosserra para danificar ou cortar árvore em floresta de preservação permanente ou dano direto ou indireto em Unidades de Conservação constitui meio para a execução de tais infrações.

O crime do previsto no art. 51 ocorrerá no caso em que a motosserra seja utilizada em outras formas de vegetação.

Art. 52 da Lei n. 9.605/98 e art. 14 da Lei n. 10.826/2003 (porte de arma)

Na dicção do art. 52 da Lei n. 9.605/98, configura crime contra a flora "penetrar em Unidades de Conservação conduzindo substâncias ou instrumentos próprios para caça ou para exploração de produtos florestais, sem licença da autoridade *competente*".

Questão que tem sido objeto de alguma discussão é a concernente ao ingresso do agente em Unidades de Conservação portando arma de fogo sem estar legalmente autorizado, que caracteriza o crime descrito no art. 14 da Lei n. 10.826/2003.

A discussão gira em torno de saber se ocorre concurso formal ou material, ou se o porte ilegal de arma de fogo é absorvido pelo crime ambiental.

Considerando que os bens protegidos são distintos, entendemos que haverá concurso material, pois, enquanto o crime descrito no art. 52 protege o meio ambiente, o crime de porte ilegal de arma protege a incolumidade pública.

Por outro lado, se o agente ingressa em uma unidade de conservação para caçar e ali abate espécimes da fauna silvestre, não se pode falar em concurso de crimes, aplicando-se apenas a norma descrita no art. 29 da Lei dos Crimes Ambientais.

No dizer de Costa Neto, Bello Filho e Costa (2011, p. 292),

aplica-se o princípio da subsidiariedade, havendo punição somente pelo crime do art. 29, já que a entrada na unidade terá servido apenas para a execução de infração mais grave, que era a finalidade íntima do agente. Necessário é observar, porém, que, nas palavras de Heleno Claudio Fragoso, a "relação de subsidiariedade se determina com critérios de valoração jurídica", cumprindo identificar "na violação da norma principal uma ofensa que esgota o desvalor jurídico do fato.

Crimes de poluição

Art. 54 da Lei n. 9.605/98, outros crimes da mesma Lei e de outros diplomas

O *caput* do art. 54 da Lei n. 9.605/98 dispõe: "Causar poluição de qualquer natureza, em níveis tais que resultem ou possam resultar em danos à saúde humana, ou que provoquem a mortandade de animais ou a destruição significativa da flora".

A simples leitura do dispositivo supra acena para a possibilidade de conflitos entre ele e outros crimes previstos na Lei n. 9.605/98 e em outros diplomas, na medida em que se refere a danos provocados à saúde humana, à fauna e à flora e pode ser aumentada com as circunstancias qualificadoras previstas no § 2º do citado art. 54.

Art. 54 da Lei n. 9.605/98 e art. 42 da Lei das Contravenções Penais

Quando se fala em poluição sonora, questão que tem sido objeto de alguma discussão é a relacionada com a revogação ou não do art. 42 da LCP e o art. 54 da Lei n. 9.605/98.

A nosso ver, não houve a revogação da contravenção prevista no art. 42 da respectiva lei pelo tipo penal descrito no art. 54 da Lei n. 9.605/98, uma vez que os bens jurídicos tutelados são distintos.

Realmente, enquanto na figura contravencional o bem tutelado é o sossego e a tranquilidade do cidadão, o crime do art. 54 tutela a saúde e a vida humana.

Assim, estará configurada a contravenção se o ruído ou barulho apenas perturbar o sossego alheio. Configura-se o crime na hipótese em que ocorra ofensa à saúde e à integridade física ou psíquica do homem.

Aliás, o STJ, ao se pronunciar sobre o tema e diante do art. 54 da Lei n. 9.605/98, deixou claro que a poluição sonora não é expressamente excluída do tipo legal, conforme consta o voto da Ministra Laurita Vaz:

[...] os fatos imputados ao Paciente, em tese, encontram adequação típica, porquanto o réu é acusado de causar poluição em níveis tais que resultem ou possam resultar em danos à saúde humana, nos exatos termos do art. 54, *caput*, da Lei n. 9.605/98. Afinal, a poluição sonora não é expressamente excluída do tipo legal, que tipifica danos ao meio ambiente 'de qualquer natureza' que tragam risco à saúde humana[11].

Art. 54 da Lei n. 9.605/98 e arts. 270 e 271 do Código Penal

O art. 54 da Lei n. 9.605/98 fala em causar poluição hídrica (inciso III), enquanto o art. 270 do CP fala em envenenamento de água potável e o art. 271 em corrupção de água potável.

No caso de poluição de água potável, em face do princípio da especialidade, o art. 270 do CP deve prevalecer, uma vez que estamos diante de uma poluição específica, ou seja, de água potável.

Entretanto, assim não entendem Fuhrer e Fuhrer (2007, p. 741), para os quais "a conduta de poluir água potável, de uso comum ou particular, tornando-a nociva à saúde, agora é tratada no art. 54 da Lei dos Crimes Ambientais".

Todavia, quanto ao crime descrito no art. 271 do CP, razão assiste aos autores acima citados, quando afirmam que ele não pode prevalecer sobre o crime do art. 54 da Lei n. 9.605/98. O art. 271 do CP foi revogado pelo art. 54 da Lei n. 9.605/98.

Art. 54 da Lei n. 9.605/98 e os arts. 252 do CP e 38 da LCP

Causar poluição atmosférica, com a emissão de gás ou fumaça em níveis que resultem ou possam resultar em danos à saúde humana ou que provoquem a mortandade de animais ou destruição significativa da flora, configura o crime do art. 54 da Lei n. 9.605/98.

De outra parte, o art. 252 do CP prevê o crime de perigo para a vida, integridade física ou patrimônio de outrem o uso de gás tóxico ou asfixiante.

Por sua vez, constitui contravenção penal prevista no art. 38 da respectiva Lei a emissão de fumaça, vapor ou gás que possa ofender ou molestar alguém.

---

[11] STF, *HC* n. 159.329/MA, 5ª T., j. 27.09.2011.

Pela leitura dos dispositivos citados, verifica-se que não se fala em concurso aparente de tipos.

Em primeiro lugar, não há como confundir o crime de poluição que, conforme assinalado, alcança todas as formas de poluição, com o crime do art. 252 do CP, que tem natureza especial. Ademais, enquanto o dolo do primeiro consiste em ofender o meio ambiente, o do segundo objetiva a incolumidade pública.

Em segundo lugar, no que se refere ao possível conflito do art. 54 com a contravenção do art. 38, enquanto o primeiro fala em danos à saúde humana, mortandade de animais e destruição significativa da flora, a figura contravencional fala em ofender ou molestar alguém por força da poluição. A questão, neste caso, está no grau ou intensidade da lesão.

Por fim, não há como afirmar que citada infração contravencional tenha sido revogada pelo crime de poluição.

Art. 55 da Lei n. 9.605/98 e art. 2º da Lei n. 8.176/91

Entre as controvérsias existentes a respeito da ocorrência ou não do conflito aparente de normas, uma das mais discutidas é a relacionada com os crimes previstos no art. 55 da Lei n. 9.605/98, que diz respeito a pesquisa, lavra ou extração de recursos minerais, sem autorização legal ou em desacordo com a obtida, e o crime descrito no art. 2º da Lei n. 8.176/91, que se refere à exploração de matéria-prima pertencente à União Federal sem autorização legal ou em desacordo com as obrigações impostas na autorização.

A jurisprudência se firmou no sentido de que não há se falar em conflito aparente de normas, uma vez que os tipos penais apontados tutelam bens jurídicos distintos. O art. 55 da Lei n. 9.605/98 prevê um crime contra o meio ambiente, enquanto o descrito no art. 2º da Lei n. 8.176/91, um crime contra a ordem econômica.

Realmente, como os delitos acima citados dispõem sobre bens jurídicos distintos, não se fala em aplicação do princípio da especialidade. A hipótese, pois, é de concurso formal entre os mencionados delitos[12].

---

[12] Conforme entendimento do STF: "Os arts. 2º da Lei n. 8.176/91 e 55 da Lei n. 9.605/98 tutelam bens distintos: o primeiro visa resguardar o patrimônio da União; o segundo protege o meio ambiente" (*HC* n. 89.878, rel. Min. Eros Grau, *DJe* 14.05.2010). No mesmo sentido vem se orientando o STJ (*HC* n. 36.624/SP, rel. Min. Felix Fischer, j. 02.09.2004; *HC* n.

DIREITO AMBIENTAL PENAL: CONFLITO APARENTE DE NORMAS E CONCURSO DE CRIMES

Art. 56 da Lei n. 9.605/98 e arts. 15 e 16 da Lei n. 7.802/89

Segundo reza o art. 56 da Lei n. 9.605/98:

> produzir, processar, embalar, importar, exportar, comercializar, fornecer, transportar, armazenar, guardar, ter em depósito ou usar produto ou substância tóxica, perigosa ou nociva à saúde humana ou ao meio ambiente, em desacordo com as exigências estabelecidas em leis ou seus regulamentos. Pena – reclusão, de 1 (um) a 4 (quatro) anos, e multa. § 1º. Nas mesmas penas incorre quem: I – abandona os produtos ou substâncias referidos no *caput* ou os utiliza em desacordo com as normas ambientais ou de segurança. II – manipula, acondiciona, armazena, coleta, transporta, reutiliza, recicla ou dá destinação final a resíduos perigosos de forma diversa da estabelecida em lei ou regulamento.

Por sua vez, dispõe o art. 15 da Lei n. 7.802/89, com a redação dada pela Lei n. 9.974/2000, que:

> Aquele que produzir, comercializar, transportar, aplicar, prestar serviço, der destinação a resíduos e embalagens vazias de agrotóxicos, seus componentes e afins, descumprindo as exigências estabelecidas na legislação pertinente estará sujeito à pena de reclusão, de 2 (dois) a 4 (quatro) anos, além de multa.

A doutrina é controversa acerca da revogação ou não deste último dispositivo. Para Milaré (2013, p. 955), Sirvinskas (2004, p. 205), e Machado (2013, p. 689), o art. 15 da Lei n. 7.802/89 foi tacitamente revogado pelo art. 56 da Lei n. 9.605/98.

Em posição contrária, temos sustentado que o art. 15 da Lei n. 7.802/89 não foi revogado pelo art. 56 da Lei dos Crimes Ambientais.

Conforme Freitas e Freitas (2012, p. 242):

> Muito embora a redação desse tipo penal se assemelhe à do art. 15 da Lei n. 7.802/89, na redação antiga ou na que lhe foi dada pela Lei n. 9.974, de 06.06.2000, nele não há qualquer menção expressa a agrotóxicos, seus componentes ou afins. Ora, a conclusão a que se chega é a de que o art. 15 da Lei n.

547.047/SP, rel. Min. Gilson Dipp, j. 07.10.2003; REsp n. 942.326/MS, rel. Min. Arnaldo Esteves de Lima, j. 10.09.2004; REsp n. 646.869/SP, rel. José Arnaldo da Fonseca, j. 18.11.2004; REsp n. 815.071/BA, rel. Min. Gilson Dipp, j. 22.05.2006; RHC n. 16.801/SP, rel. Helio Quaglia Barbosa, j. 20.10.2005).

7.802/89 foi preservado. E tanto isso é verdade que a Lei n. 9.605/89, não faz qualquer menção, explícita ou implicitamente, ao outro crime da Lei n. 7.802/1989, ou seja, à conduta prevista no art. 16 para aqueles que deixam de promover medidas necessárias à proteção da saúde ou do meio ambiente. Não será demais lembrar que a Lei n. 7.802/89 é especial, pois cuida apenas de agrotóxicos e, por isso, não pode ser considerada revogada pelo art. 56 da Lei n. 9.605/98, regra geral.

No mesmo sentido, o entendimento de Nucci (2007, p. 840), Machado (2013, p. 782) e Vaz (2012, p. 413).

Outrossim, embora com outros argumentos, mas também entendendo que o art. 15 da Lei n. 7.802/89 não foi revogado, se posicionam Delmanto, Delmanto Junior e Delmanto (2006), Gomes e Maciel (2011).

Para esses autores,

> o art. 15 da Lei n. 7.802/89 foi tacitamente revogado pelo art. 56 da Lei n. 9.605/98, pois os agrotóxicos se incluem entre as substâncias tóxicas, perigosas ou nocivas previstas no tipo penal da Lei Penal Ambiental. Com a Lei n. 9.974/2000, porém, o art. 56 foi tacitamente derrogado na parte em que se aplicava aos agrotóxicos, voltando então a viver o mencionado art. 15, com a nova redação recebida. Assim, o art. 15 da Lei n. 8.702/89 nos parece em vigor, devendo ser aplicado nos casos especificados de condutas envolvendo agrotóxicos. A pena, porém, deverá ser a prevista no art. 56 da Lei 9.6095/98, para não se ofender o princípio da proporcionalidade. (Gomes e Maciel, 2011, p. 246)

Art. 56, § 2º da Lei n. 9.605/98 e arts. 20, 22, 24 e 25 da Lei n. 6.453/77

O art. 56 da Lei dos Crimes Ambientais, conforme anteriormente mencionado, tem por objetivo proteger o meio ambiente e a saúde humana, em face de utilização, exploração, manuseio de produtos ou substâncias tóxicas ou perigosas.

O § 2º do art. 56 prevê aumento da pena quando se tratar de produto ou substância nuclear ou radioativa, matéria disciplinada pela Lei n. 6.453/77, que nos arts. 19 a 27 tratam especificamente da responsabilidade penal por atos relacionados com atividades nucleares.

Como a Lei n. 9.605/98 também tratou da matéria no citado art. 56, temos que os tipos descritos nos arts. 20, 22 e parte do art. 25 do diploma supramencionado foram revogados pelo parágrafo único do art. 56.[13]

Arts. 60 e 54 da Lei n. 9.605/98

O art. 60 da Lei n. 9.605/98 tipifica como crime construir, reformar, ampliar, instalar ou fazer funcionar, em qualquer parte do território nacional, estabelecimentos, obras ou serviços potencialmente poluidores, sem licença ou autorização dos órgãos ambientais competentes, ou contrariando as normas legais e regulamentares pertinentes.

Questão que tem sido levantada diz respeito à realização de uma das condutas previstas no tipo, ou seja, construção, reforma, ampliação ou instalação de estabelecimento sem licença do órgão competente, que venha causar poluição, provocando danos à saúde humana, o que configuraria o crime descrito no art. 54 do mesmo diploma.

Neste caso, a questão é se o autor deverá responder pelos dois crimes, em concurso formal ou somente pelo crime de poluição, que absorveria o delito do art. 60.

Por força do princípio da consunção ou da absorção, entendemos que o agente responderá somente pelo crime de poluição, uma vez que o crime previsto no art. 60 acima citado constitui meio necessário para o cometimento do crime de poluição.

Crimes contra o ordenamento urbano e o patrimônio cultural

Arts. 62 e 40 da Lei n. 9.605/98

Hipótese bastante interessante de conflito ou concurso aparente de tipos foi levantada por Costa Neto, Bello Filho e Costa (2011, p. 374-5), a qual, pela sua completude, merece ser transcrita:

---

[13] A respeito confira-se Freitas e Freitas (2012, p. 226); Milaré (2013 p. 995); Delmanto, Delmanto Júnior e Delmanto (2006, p. 515); Gomes e Maciel (2011, p. 248).

É possível que um bem protegido sob a óptica de seu valor cultural também seja tutelado em face de outro critério axiológico. Tal situação pode ocorrer, por exemplo, quando o Poder Público realiza o tombamento de uma unidade de conservação (*v. g.* um parque nacional). A destruição de um parque nacional que, concomitantemente, seja alvo de tombamento constitui crime contra a flora (art. 40) ou crime contra o patrimônio cultural (art. 62)? Há conflito aparente de normas ou, ao revés, trata-se de concurso de crimes? [...]

Os regimes de especial proteção ambiental buscam garantir o equilíbrio ecológico, com a proteção, inclusive, da fauna que ali mantém seu habitat. À luz do tombamento, o enfoque é diverso. A tutela do bem, nesse caso, pode decorrer de seu valor histórico ou paisagístico, independentemente do estrito aspecto ecológico.

De afastar-se, a nosso sentir, a hipótese de conflito aparente de normas. De fato, não há relação de subsidiariedade entre as normas que definem os dois crimes, nem expressa, nem tácita. A destruição de um bem cultural não se afigura elemento ou circunstância legal de destruição de uma unidade de conservação ambiental ou vice-versa. Não há, ademais, como estabelecer patamares diversos para a gravidade do fato ilícito. Isso torna incogitável o princípio da subsidiariedade.

Tampouco parece ser invocável o princípio da especialidade, uma vez que uma das normas penais incriminadora não é especial em relação à outra.

Finalmente, é de se rejeitar a aplicação do princípio da consunção, porquanto um dos crimes não se apresenta como meio necessário à execução do outro. [...]

Pode-se afirmar, dessarte, que o ato de causar dano a uma unidade de conservação que também é objeto de tombamento constitui, a um só tempo, lesão ao patrimônio natural e ao bem culturalmente considerado. Uma só ação; dois crimes. Concurso formal, pois, a atrair a aplicação da regra do art. 70 do Código Penal.

Arts. 62, I e 65, parágrafo único, ambos da Lei n. 9.605/98

A Lei dos Crimes Ambientais, ao tratar dos Crimes contra o Ordenamento Urbano e o Patrimônio Cultural, descreve no art. 62 o crime de "Destruir, inutilizar ou deteriorar: I – bem especialmente protegido por lei, ato administrativo ou decisão judicial".

Por sua vez, o parágrafo único do art. 65, da mesma Lei, pune a pichação ou outro meio de conspurcação "realizado em monumento ou coisa tombada em virtude do seu valor artístico, arqueológico ou histórico".

Como os bens protegidos pelos dois dispositivos acima citados são os mesmos, ou seja, bem especialmente protegido por lei, ato administrativo ou decisão judicial (art. 62, I) e monumento ou coisa tombada (art. 65) e as condutas alcançam os mesmos objetivos, pois, a pichação ou outro meio de conspurcação podem provocar a destruição, inutilização ou deterioração do bem, surge a controvérsia.

Qual crime deve ser imputado àquele que, pichando uma coisa tombada, destruí-la, inutilizá-la ou deteriorá-la? Por força do princípio da especialização, temos que o agente deverá responder pelo crime previsto no inciso I do art. 62 da Lei n. 9.605/98.

Todavia, se a pichação apenas conspurcar o bem protegido, deverá responder pelo crime previsto no parágrafo único do art. 6º. Conforme Freitas e Freitas (2012, p. 278):

Pichar é o ato de escrever ou desenhar *slogans*, nomes, propagandas, mensagens, por vezes com fins políticos ou sociais, em muros, paredes, edifícios, construções enfim. [...] Conspurcar é sujar, manchar. O tipo penal usa a expressão "ou por outro meio conspurcar", o que significa macular por qualquer forma, inclusive outras além de pichar ou grafitar.

CRIMES CONTRA A ADMINISTRAÇÃO DA JUSTIÇA

Art. 69 da Lei n. 9.605/98, arts. 329 do CP e 10 da Lei n. 7.347/85

A Lei dos Crimes Ambientais, no art. 69, criminaliza a conduta daquele que cria obstáculos à ação fiscalizadora do poder público no trato das questões ambientais.

Esta figura guarda certa semelhança com a descrita no art. 329 do CP, que trata do crime de resistência, mas com ela não se confunde, pois enquanto ela exige, para sua caracterização, que haja violência ou grave ameaça, no crime previsto no art. 69 a resistência é passiva.

Assim, se o agente simplesmente obsta ou dificulta a ação fiscalizadora do poder público, responderá pelo crime do art. 69 da Lei dos Crimes Ambientais.

Caso use de violência ou grave ameaça, responderá pelo crime do art. 69 da lei acima citada, em concurso com os crimes de ameaça (art. 147 do CP), homicídio ou lesão corporal (arts. 121 e 129 do CP).

DIREITO AMBIENTAL E SUSTENTABILIDADE

Por fim, não se deve confundir o crime do art. 69 da Lei n. 9.605/98 com o previsto no art. 10 da Lei da Ação Civil Pública. Este delito consiste na conduta de recusar, retardar ou omitir dados técnicos indispensáveis à propositura da ação civil pública, requisitados pelo Ministério Público.

Art. 69 da Lei n. 9.605/98 e arts. 344 e 347 do Código Penal

A Lei dos Crimes Ambientais, em seu art. 69, reza: "Obstar ou dificultar a ação fiscalizadora do Poder Público no trato das questões ambientais".

O dispositivo em questão tem sido confrontado com os crimes descritos nos arts. 344 (coação no curso do processo) e 347 (fraude processual), ambos do CP.

Realmente, aquele que usa de violência ou grave ameaça contra autoridade, parte ou qualquer outra pessoa que funciona ou é chamada a intervir em processo administrativo, no caso ambiental, com o fim de favorecer interesse próprio ou alheio, vai dificultar a ação fiscalizadora do poder público. Assim, estamos diante de um conflito que, por força do princípio da especialidade, fará prevalecer o art. 69 da Lei Especial.

O mesmo ocorrerá no caso em que o agente, em procedimento administrativo, altera o local em que ocorreu um dano ambiental, dificultando a atuação de perito ou fiscais da administração. Aqui, também, por força do princípio da especialidade, prevalecerá o art. 69.

Art. 69-A da Lei n. 9.605/98 e arts. 297, 298, 299, 304 e 342 do CP

Reza o art. 69-A ser atividade criminosa aquela de: "Elaborar ou apresentar no licenciamento, concessão florestal ou qualquer outro procedimento administrativo, estudo, laudo ou relatório ambiental total ou parcialmente falso ou enganoso, inclusive por omissão".

Trata-se de crime contra a administração ambiental, que se configura com a elaboração ou apresentação no licenciamento, concessão ou qualquer procedimento administrativo de estudo, laudo ou relatório ambiental total ou parcialmente falso ou enganoso.

Poder-se-ia falar em conflito com os crimes de falsidade documental e de falsa perícia, previstos nos arts. 297, 298, 299, 304 e 342 do Código Penal.

Entretanto, por força do princípio da especialidade, a figura do art. 69-A da Lei n. 9.605/98 prevalece sobre tais delitos.

Conflito do crime de desobediência do art. 10 da Lei n. 7.347/85 com outras figuras penais

A menção ao crime de desobediência previsto no art. 10 da Lei da Ação Civil Pública, neste trabalho, se deve ao fato de ele estar muito relacionado ao meio ambiente, ou melhor, às ações civis públicas ambientais.

Pelo fato de o referido delito apresentar algumas semelhanças com outros tipos penais, dando causa a possível concurso de tipos, como os crimes previstos nos arts. 319 e 330 do CP e art. 1º, XV, do Decreto-lei n. 201/67, entendemos oportuno fazer uma observação a respeito.

Por um lado, esse delito não se confunde com o crime de prevaricação (CP art. 319), pois, enquanto esse delito diz respeito ao servidor público que retarda ou deixa de praticar, indevidamente, ato de ofício, movido o agente por interesse ou sentimentos próprios, o crime do art. 10 da Lei n. 7.347/85 independe de tais circunstâncias.

Por outro lado, o crime de desobediência à ordem legal de funcionário público (CP art. 330), em se tratando de questão relacionada com a recusa, retardamento ou omissão de fornecimento de dados técnicos indispensáveis para a propositura de ação civil pública requisitados pelo Ministério Público, por força do princípio da especialidade é absorvido pelo art. 10 da Lei da Ação Civil Pública.

Por fim, o mesmo ocorre com relação ao crime previsto no inciso XV do art. 1º do Decreto-lei n. 201/67, que consiste em "deixar de fornecer certidões de atos ou contratos municipais dentro do prazo estabelecido em lei".

Conflitos entre circunstâncias agravantes e causas de aumento de pena

A Lei n. 9.605/98 trata da aplicação da pena no Capítulo II e, no art. 15, elenca as circunstâncias agravantes. Na Seção II, que trata dos crimes contra a flora, prevê em seu art. 53 as causas de aumento de pena, sendo que algumas delas também são previstas como circunstâncias agravantes.

E, como não se mostra possível aplicar as duas majorantes, algumas considerações a respeito devem ser feitas. Em primeiro lugar, parece-nos oportuno apresentar os conceitos de agravantes e causas de aumento de pena. Agravantes, no dizer de Nucci (2007, p. 779), "são circunstâncias legais, de caráter objetivo ou subjetivo, que servem para expressar maior culpabilidade, sem qualquer ligação direta com o tipo penal incriminador, devendo o juiz elevar a pena dentro dos limites mínimo e máximo, abstrata ou previamente estabelecidos pela lei". Ainda, causas de aumento de pena "são circunstâncias legais vinculadas à tipicidade, que provocam aumentos obrigatórios, em quantidade previamente estabelecida pela lei, a aplicar na terceira fase da fixação da pena privativa de liberdade" (Nucci, 2007, p. 835).

No caso, o art. 53 do citado diploma prevê causas de aumento de pena para os crimes contra a flora. Entre elas, algumas, como as descritas no inciso II, *c* (contra espécies raras ou ameaçadas de extinção, ainda que a ameaça ocorra somente no local da infração), *d* (em época de seca ou inundação), *e* (durante à noite, em domingo ou feriado).

Por sua vez, as mesmas causas também estão previstas como agravantes genéricas, no mencionado art. 15, II, a saber: *h* (domingos e feriados), *i* (à noite), *j* (em época de seca ou inundações) e *q* (atingindo espécies ameaçadas, listadas em relatórios oficiais das autoridades competentes).

Como não é possível aplicar as duas majorantes, por força do princípio da especialidade, prevalecem as causas de aumento de pena previstas no art. 53.

Art. 15, II, e art. 40

O crime descrito no art. 40 da Lei dos Crimes Ambientais consiste em: "Causar dano direto ou indireto às Unidades de Conservação e às áreas de que trata o art. 27 do Decreto n. 99.274, de 6 de junho de 1990, independentemente de sua localização".

O art. 15, II, *e*, do mesmo diploma, estabelece que

São circunstâncias que agravam a pena, quando não constituem ou qualificam o crime: II – ter o agente cometido a infração: [...] *e)* atingindo áreas de unidade de conservação ou áreas sujeitas, por ato do Poder Público, a regime especial de uso.

Como o crime do art. 40 pune aquele que causar dano direto ou indireto às Unidades de Conservação e a citada agravante fala em "atingir", como bem observam Gomes e Maciel (2011. p. 74), "o agente não poderá ser punido por causar dano a uma Unidade de Conservação e ter a pena agravada porque esse dano atingiu a Unidade de Conservação".

DO CONCURSO DE CRIMES

O concurso de crimes ocorre quando o agente (pessoa física ou jurídica) pratica, em uma mesma oportunidade ou em oportunidades diversas, dois ou mais crimes ambientais, que podem se dar entre crimes dolosos e culposos, consumados e tentados, omissivos e comissivos.

Conforme anotamos de início, o concurso de crimes distingue-se do conflito aparente de normas, uma vez que o primeiro está ligado à teoria das penas, enquanto o segundo à teoria da tipicidade.

Como bem observa Barros (2006, p. 536),

> no concurso de crimes o agente viola mais de uma norma penal, ou então, sucessivamente, a mesma norma. No conflito aparente, o agente viola apenas uma norma, porque as outras estão subordinadas ao preceito de fato violado, de modo que a eficácia de uma norma exclui a eficácia simultânea da outra.

Três são as formas de concurso de crimes previstas no Código Penal: *a)* concurso material ou real (art. 69); *b)* concurso formal ou ideal (art. 70); *c)* crime continuado (art. 71).

Concurso material

Quando mais de uma conduta se enquadra em um mesmo dispositivo ou em diversos dispositivos penais, provocando várias lesões jurídicas e atingindo um ou diferentes sujeitos passivos, estamos diante de um concurso material de crimes, disciplinado no art. 69 do Código Penal.

O concurso material, que à evidência aplica-se aos crimes ambientais, segundo a doutrina, classifica-se em homogêneo e heterogêneo.

Aliás, em relação aos crimes ambientais, podemos citar decisão do STJ, cuja ementa é a seguinte:

Vislumbrando-se a existência de três condutas distintas, três ações autônomas de destruir vegetação nativa, de construir em solo não edificável e de impedir a regeneração natural da vegetação, por meio das quais três crimes diferentes foram praticados, deve ser reconhecida a hipótese de concurso material descrita no art. 69 do Código Penal, no qual é prevista a cumulatividade das penas[14].

Concurso formal

Ocorre o concurso formal quando o agente, mediante uma só ação ou omissão, pratica dois ou mais crimes, idênticos ou não (CP, art. 70).

O concurso formal é classificado em *perfeito* quando o resultado deriva de um único desígnio, e é *imperfeito* quando deriva de desígnios autônomos, no que se refere aos crimes ambientais, objeto de análise na sequência.

Crime continuado

Ocorre o crime continuado quando o agente, mediante duas ou mais condutas (ação ou omissão), pratica dois ou mais crimes da mesma espécie e, pelas condições de tempo, lugar, maneira de execução e outras semelhantes, devem os subsequentes ser havidos como continuação do primeiro (CP, art. 71).

Os requisitos para o reconhecimento da continuidade delitiva são:

- Crimes da mesma espécie que, segundo entendimento majoritário, são os previstos no mesmo tipo penal (simples, qualificado ou privilegiado).
- Condições semelhantes de tempo, cujo prazo, segundo a jurisprudência pacificada, é de 30 dias entre um crime e outro.
- Condições de lugar, que se refere à proximidade geográfica.
- Modo de execução que, segundo a jurisprudência, diz respeito ao *modus operandi*, os instrumentos utilizados para a prática delitiva, a alternância de comparsas etc.

Com relação aos crimes ambientais, a observância de tais critérios deve ser verificada caso a caso, considerando que alguns deles, como o das con-

---

[14] STJ, REsp n. 846.453/SC, 5ª T. rel. Min. Gilson Dipp, j. 19.04.2007, *DJ* 04.06.2007, p. 419.

DIREITO AMBIENTAL PENAL: CONFLITO APARENTE DE NORMAS E CONCURSO DE CRIMES | **845**

dições de lugar em alguns ilícitos ambientais, como os contra a flora ou fauna, que ocorrem na zona rural, onde as distâncias são consideráveis, a proximidade geográfica tem outra conotação.

Também não se deve confundir continuidade delitiva com habitualidade. Aliás, a respeito da habitualidade delitiva relacionada com crime ambiental, decidiu o TJSC que,

> embora referidas infrações sejam da mesma espécie, tenham sido cometidas nas mesmas condições de espaço e maneira, e executadas em datas próximas – 25.07.2002 e 12.08.2002 –, o conjunto probatório demonstra que a apelante é contumaz na prática de crimes (fls. 108/109), circunstância que impede o reconhecimento da continuidade delitiva, em face da habitualidade criminosa, devendo prevalecer o concurso material proclamado no veredicto.

A seguir, transcreve decisão do STJ, cuja ementa é a seguinte:

> Crime continuado. Almejado reconhecimento entre os delitos capitulados no art. 46 da Lei dos Crimes Ambientais. Inviabilidade, em face da caracterização da habitualidade delitiva. Recurso desprovido:
> A habitualidade é incompatível com a continuidade delitiva. A primeira recrudesce, a segunda ameniza o tratamento penal. Em outras palavras, a culpabilidade (no sentido de reprovabilidade) é mais intensa na habitualidade do que na continuidade. Em sendo assim, jurídico-penalmente, são situações distintas. Não podem, outrossim, conduzir ao mesmo tratamento. O crime continuado favorece o delinquente. A habitualidade impõe reprovação maior, de que a pena é expressão, finalidade (CP, art. 59, *in fine*) estabelecida segundo seja necessária e suficiente para reprovação e prevenção do crime. Na continuidade, há sucessão circunstancial de crime. Há habitualidade, sucessão planejada, indiciária do *modus vivendi* do agente. Seria contraditório, instituto que recomenda pena menor ser aplicado à hipótese que reclama sanção mais severa. Conclusão coerente com interpretação sistemática das normas do Código Penal (STJ, REsp n. 21.111.0, rel. Vicente Cernicchiaro, *DJU* 22.11.93, p.24.980)[15].

---

[15] TJSC, Ap. crim. n. 2008.01.7585-4/Rio do Campo, rel. Des. Sergio Paladino, j. 20.05.2008.

Concurso de crimes. Transação penal e suspensão condicional do processo

Questão que tem sido objeto de discussão é a que diz respeito ao cabimento da transação penal nos crimes de menor potencial ofensivo, nas hipóteses de concurso material, formal e crimes continuados.

Para Fernandes et al. (1999, p. 79), somente será possível a transação nos casos em que as penas máximas estabelecidas para cada delito não excedam a dois anos. Em sentido contrário, outros entendem que, no caso de concurso material, formal ou crime continuado, se as penas analisadas em conjunto excederem dois anos, não será admitida a transação.

A nosso ver, em que pesem as respeitáveis opiniões em contrário, entendemos que razão assiste a esta última orientação, adotando a posição de Nucci (2007, p. 670), para o qual:

> Aquele que comete vários crimes punidos com pena máxima de dois anos, em concurso material, não pode seguir ao JECRIM para empreender inúmeras transações, uma para cada delito. Seria a consagração da falta de lógica, pois, caso condenado, utilizada, por exemplo, a somatória da pena mínima, ele pode atingir montantes elevados, que obriguem, inclusive, o magistrado a impor o regime fechado. Portanto, nada há nesse cenário, de menor potencial ofensivo. Cuidando-se de concurso formal e crime continuado, deve-se analisar a pena máxima com o aumento máximo previsto para cada uma dessas formas de concurso (metade para o concurso formal; dois terços para o crime continuado simples; o triplo para o crime continuado qualificado).

O mesmo entendimento se aplica à Suspensão Condicional de Processo, cumprindo ressaltar que a matéria encontra-se sumulada pelo Supremo Tribunal Federal, Súmula n. 723, que reza: "Não se admite a suspensão condicional do processo por crime continuado, se a soma da pena mínima da infração mais grave com o aumento mínimo de um sexto for superior a dois anos".

CONCURSO DE CRIMES E CRIMES AMBIENTAIS

Em matéria ambiental, com certa frequência deparamos com o concurso de crimes, nas formas já citadas. Em alguns casos, por força das peculia-

DIREITO AMBIENTAL PENAL: CONFLITO APARENTE DE NORMAS E CONCURSO DE CRIMES | **847**

ridades dos crimes ambientais, tem surgido alguma dúvida a respeito da modalidade do concurso. Daí apresentarmos alguns casos e o entendimento da doutrina e da jurisprudência a respeito.

Concurso material

Concurso entre o crime do art. 60 da Lei n. 9.605/98 e o art. 333 do CP

O agente que pratica um crime ambiental e oferece ou promete vantagem indevida a funcionário público, para determiná-lo a praticar, omitir ou retardar ato de ofício, incidirá nas penas do art. 333 do CP, em concurso material com o crime ambiental que houver cometido e que deu motivo para oferecer ou prometer a vantagem indevida.

A respeito, decidiu o TJRS que comete os delitos previstos no art. 60 da Lei n. 9.605/98, e art. 333 do Código Penal, o agente que faz funcionar, em sua propriedade, matadouro clandestino potencialmente poluidor, sem licença dos órgãos competentes e em desacordo com as normas pertinentes, oferecendo dinheiro a fiscal do meio ambiente para que este deixasse de atuá-lo em razão disso[16].

Concurso do crime previsto no art. 46, parágrafo único da Lei n. 9.605/98 e 304 do Código Penal

A utilização de documento falsificado para burlar a fiscalização ambiental relacionada com a licença para aquisição de madeira, lenha etc. tem dado margem a alguma discussão a respeito da ocorrência ou não de concurso entre os crimes previstos no art. 46, parágrafo único da Lei n. 9.605/98 e o art. 304 do CP.

A matéria foi apreciada pelo TRF da 1ª Região, cuja ementa é a seguinte:

Penal. Processo Penal. Recurso em sentido estrito. Crime Ambiental. Lei n. 9.605/98, arts. 46, parágrafo único e 69. Uso de documento falso. Art. 304 do

---

[16] TJRS, Ap. crim. n. 70.008.516.270, 4ª Câm. Crim., rel. Des. Constantino Azevedo, j. 17.06.2004.

CP. Competência. Justiça Federal. 1. Segundo a acusação o empresário individual, detentor de plano de manejo florestal aprovado junto ao Ibama, vendeu madeira sem a necessária licença outorgada pela autoridade competente e, para ocultar o delito e, ao mesmo tempo, burlar a atividade fiscalizatória da Autarquia, o denunciado teria utilizado ATFPs materialmente falsificada, o que enseja a competência da Justiça Federal. 2. Inocorrência, em princípio, de falsificação grosseira nas ATFPs, considerando que o Laudo de Exame Documentoscópico (fls. 36/37), elaborado por Perito Criminal Federal, concluiu ser a falsificação capaz de iludir o homem comum em várias situações do cotidiano. 3. A jurisprudência desta Corte, com base em precedentes do colendo Superior Tribunal de Justiça e do egrégio Supremo Tribunal Federal, tem consolidado entendimento no sentido de que a Justiça Federal somente é competente para processar e julgar os crimes ambientais em que o interesse da União for direto e específico, bem como nos casos em que o crime ambiental, de competência estadual, for conexo com o crime federal (Súmula 122 do STJ). 4. No caso dos autos, há não só suposta prática de crime de comércio e transporte de madeira, sem a devida autorização do Ibama, mas também de uso de ATPFs falsificadas, razão pela qual está caracterizado o interesse direto e específico da União. 5. Recurso provido declarando-se competente a Justiça Federal para o processo e julgamento da causa[17].

Concurso entre o art. 29 da Lei n. 9.605/98 e art. 14 da Lei n. 10.826/2003 (Porte ilegal de arma de fogo de uso permitido)

O emprego ilegal de arma de fogo para matar espécimes da fauna silvestre, nativos ou em rota migratória sem a devida permissão, licença ou autorização da autoridade competente, ou em desacordo com a obtida, caracteriza os crimes do art. 14 da Lei n. 10.826/2003 e 29 da Lei dos Crimes Ambientais.

A doutrina é controversa acerca de qual figura do concurso de crimes deverá ser reconhecida, ou seja, concurso formal ou material.

Para Gomes e Maciel (2011, p. 143), estaria configurado o concurso material "por se tratar de infrações com momentos consumativos e objetividade jurídica diferentes". A nosso ver, a conduta constituirá concurso formal de delitos (art. 70).

---

[17] TRF-1, Rec. em sentido estrito n. 200639000052231, 4ª T., j. 24.03.2009, *DJF* 17.04.2009.

DIREITO AMBIENTAL PENAL: CONFLITO APARENTE DE NORMAS E CONCURSO DE CRIMES | **849**

Conforme Freitas e Freitas (2012, p. 100), o agente surpreendido praticando caça com arma de fogo sem possuir a necessária autorização responderá pelos crimes do art. 29 da Lei n. 9.605/98 e art. 10 da Lei n. 10.826/2003, aplicada a regra do art. 70 do CP.

Concurso formal

Concurso formal entre o crime do art. 29, § 1°, III e o do art. 32, ambos da Lei n. 9.605/98

O art. 29, § 1o, III da Lei n. 9.605/98 pune a conduta daquele que guarda, tem em cativeiro ou depósito, utiliza ou transporta, espécimes da fauna silvestre, nativa ou em rota migratória, sem licença ou autoridade competente.

Por sua vez, o art. 32 do mesmo diploma trata do crime de maus-tratos de animais silvestres, domésticos ou domesticados, nativos ou exóticos.

A guarda ou transporte de animais da fauna silvestre, sem os devidos cuidados ou em condições inadequadas, em muitos casos pode caracterizar maus-tratos, circunstância que faz surgir controvérsia a respeito do crime a ser reconhecido.

Na hipótese, deve ser reconhecido o concurso formal, respondendo o agente pelas duas figuras mencionadas[18].

Concurso formal entre os crimes dos arts. 34 e 35 da Lei n. 9.605/98

Pescar em período proibido ou em lugares interditados por órgão competente caracteriza o crime descrito no *caput* do art. 34 da Lei dos Crimes Ambientais.

Outrossim, pescar mediante utilização de explosivos ou substâncias tóxicas que, em contato com a água, produzam efeitos semelhante, caracteriza o delito previsto no art. 35 do mesmo diploma.

---

[18] Nesse sentido decidiu o TRF-4 na Ap. crim. n. 2005.71.00.035894-2, rel. Des. Néfi Cordeiro.

Assim, o agente que pesca em lugar proibido ou interditado usando explosivos responderá pelos dois delitos, em concurso formal.

Concurso entre o crime de poluição e os de lesão corporal grave e homicídio

A Lei n. 9.605/98, Seção III, Capítulo V, art. 58, prevê uma causa de aumento de pena com relação aos crimes dolosos (arts. 54, 55 e 56), no crime de poluição dolosa previsto no art. 54 do mesmo Diploma, no § 2º, e o crime do art. 56, no § 3º, prevê algumas causas de aumento de pena.

Algumas indagações têm surgido quanto à possibilidade de a causa de aumento prevista no art. 58 incidir sobre as qualificadoras descritas no § 2º do art. 54.

Entretanto, a diferença entre o tipo qualificado e a causa de aumento mencionada, conforme bem anotam Costa Neto, Bello Filho e Costa (2011, p. 293),

> [...] foi o próprio legislador que estabeleceu a diferença, quando fixou a pena máxima e mínima para o delito de poluição qualificada e, diferentemente, atribuiu um percentual de aumento da pena em concreto, quando tratou das causas de aumento do art. 58.

Assim, a causa de aumento incidirá sobre a qualificadora.

Tomando como exemplo o inciso II do art. 58, se, por força da poluição da água (art. 54, § 2º, III), ocorrer lesão corporal de natureza grave em outrem, a pena será aumentada de 1/3 até 1/2 e no dobro, no caso de a lesão corporal ocorrer por culpa do agente. Trata-se de crime *pretederdoloso*. Caso o agente tenha provocado a poluição com a intenção de lesionar gravemente a vítima ou causar a sua morte, responderá por tal crime em concurso formal com o de lesão corporal grave ou homicídio.

Concurso formal entre o crime de poluição e o de incêndio em mata ou floresta (Lei n. 9.605/98, arts. 41 e 54)

Hipótese que tem dado margem a alguma discussão é aquela em que o agente, além de provocar incêndio em mata ou floresta, infringindo o art. 41 da Lei n. 9.605/98, por meio do seu comportamento, causa poluição atmosférica em níveis tais que resulte ou possa resultar em danos à saúde humana, circunstância que configuraria, também, o crime descrito no art. 54 da mesma Lei.

No caso, o agente responderá pelos dois delitos, aplicando-se a regra do concurso formal de infrações.

Concurso entre os delitos do art. 30 da Lei n. 9.605/98 e o art. 334 do CP

O art. 30 da Lei n. 9.605/98 trata do crime de "exportar para o exterior peles e couros de animais anfíbios e répteis em bruto, sem autorização da autoridade ambiental competente". Por outro lado, o art. 334 do Código Penal fala em "[...] exportar mercadoria proibida".

Como os dois dispositivos falam em exportar, controvérsias têm surgido a respeito de qual dispositivo deverá ser aplicado.

Preliminarmente, cumpre assinalar que não há erro no art. 30 quando fala em "exportar para o exterior", pois exportar é mandar transportar para fora do país, estado ou município.

Por outro lado, não se pode falar em relação de especialidade entre o art. 30 da Lei n. 9.605/98 e o art. 334 do CP, uma vez que tutelam bens jurídicos distintos, ou seja, o primeiro protege o meio ambiente e o segundo, a administração pública. Assim, estará configurado o concurso formal de delitos.

Concurso formal entre o crime do art. 55 da Lei n. 9.605/98 e o art. 2º da Lei n. 8.176/91

A extração de recursos minerais sem autorização legal dá causa a um conflito entre o art. 55 da Lei dos Crimes Ambientais, que pune o agente que executar pesquisa, lavra ou extração de recursos minerais sem a competente autorização, permissão, concessão ou licença ou em desacordo com a obtida e o art. 2º da Lei n. 8.176/91, que afirma constituir crime contra o patrimônio, na modalidade usurpação, explorar matéria-prima pertencente à União sem autorização legal.

Silva, com muita propriedade, esclarece a divergência, ao afirmar:

O bem jurídico tutelado pelo *caput* da Lei n. 9.605/98 é o meio ambiente, especificamente na necessidade de se protegê-lo contra a poluição decorrente da mineração levada a efeito ao arrepio do devido controle administrativo ambiental feito por meio das licenças ambientais. É preciso enfatizar, contudo, que o art. 55, *caput*, da Lei n. 9.605/98 não tem como objeto de tutela o *domínio* da União sobre os recursos minerais. Do ponto de vista dominial, a tutela penal é concedida pelo art. 2º, *caput*, da Lei n. 8.176/91: [...] Assim, por exemplo, a mesma conduta de extração de recursos minerais que, além de não estar obrigada pelas competentes licenças ambientais, ressentir-se do devido título autorizativo em sentido amplo do Departamento Nacional de Produção Mineral (DNPM) ou do Ministério de Estados das Minas e Energia, acarretará também a incidência do art. 2º, *caput*, da Lei n. 8.176/91, uma vez que estaria usurpando matéria-prima pertencente à União, situação que culminará pelo reconhecimento de concurso formal na espécie (art. 70 do Código Penal), sendo pacífica a jurisprudência do Superior Tribunal de Justiça nesse sentido. (Silva, 2010, p. 384-5)

Realmente, a jurisprudência consolidou-se no sentido de que

Não existe conflito aparente de normas entre o delito previsto no art. 55 da Lei n. 9.605/98, que objetiva proteger o meio ambiente, e o crime do art. 2º da Lei n. 8.176/91, que defende a ordem econômica, pois tutelam bens jurídicos distintos, existindo na verdade concurso formal[19].

Concurso formal entre o crime do art. 65 da Lei n. 9.605/98 e crime contra a honra

Interessante hipótese de concurso formal é apresentada por Gomes e Maciel (2011), que diz respeito ao crime ambiental descrito no art. 65 (pichação) e crime contra a honra.

Segundo observam,

Se a pichação ou conspurcação consistir em sinais ou escritos ofensivos à honra de alguém, haverá concurso formal entre o delito ambiental e o crime contra a honra. Também poderá haver concurso deste crime com o delito do art. 147 do CP, se os escritos consistirem em ameaça de mal grave e injusto a alguém. (Gomes e Maciel, 2011, p. 268)

---

[19] STJ, REsp n. 922.588/BA, rel. Min. Laurita Vaz, 5ª T., j. 27.09.2007, *DJ* 29.10.2007, p. 305.

CONSIDERAÇÕES FINAIS

Quando se fala em crimes contra o meio ambiente, as questões que envolvem o concurso aparente de tipos ou conflito aparente de normas e o concurso de crimes têm dado margem a algumas controvérsias que merecem especial atenção.

Neste trabalho, procuramos reafirmar a importância da proteção penal do meio ambiente, considerando que o direito a uma qualidade de vida sadia e um meio ambiente ecologicamente equilibrado é reconhecido como um direito fundamental.

Por outro lado, tentamos trazer alguns subsídios para discutir questões relacionadas com o conflito aparente de normas e o concurso de crimes diante dos crimes ambientais, no sentido de contribuir para uma discussão mais profunda a respeito dos citados temas e para a consolidação do direito ambiental.

REFERÊNCIAS

BARROS, F.A.M. *Direito penal: parte geral*. São Paulo: Saraiva, 2006.

BITENCOURT, C.R. *Tratado de direito penal: parte geral*. 17.ed. São Paulo: Saraiva, 2012.

BRUNO, A. *Direito penal: parte geral*. t.I Rio de Janeiro: Forense, 1967.

COSTA NETO, N.D.C.; BELLO FILHO, N.B.; COSTA, F.D.C. *Crimes e infrações administrativas ambientais*. 3.ed. Belo Horizonte: Del Rey, 2011.

DAMASIO DE JESUS. Direito Penal. v. I. 33.ed. São Paulo: Saraiva, 2012.

D'ÁVILA, F.R. *A crise da modernidade e as suas consequências no paradigma penal. Um breve excurso sobre o direito penal do risco*. São Paulo, encarte da Associação Internacional de Direito Penal (AIDP), Grupo Brasileiro, do Boletim IBCCRIM, São Paulo, v. 98, 2001.

DELMANTO, R.; DELMANTO JÚNIOR, R.; DELMANTO, F.M.A. *Leis penais especiais comentadas*. Rio de Janeiro: Renovar, 2006.

DIAS, J.F. *Direito Penal*. Parte Geral. 1.ed, t.I. São Paulo: Revista dos Tribunais, 2007.

_____. O direito penal entre a sociedade industrial e a sociedade do risco. *Revista Brasileira de Ciências Criminais*, ano 9, jan.-mar./2001, v.33, p.38-65.

DOTTI, R.A. *Curso de direito penal: parte geral*. 4.ed. São Paulo: Revista dos Tribunais, 2012.

ESTEFAM, A. *Direito penal: parte geral*. São Paulo: Saraiva, 2010.

FERNANDES, A.S. et al. *Juizados especiais criminais*. São Paulo: Revista dos Tribunais, 1999.

FREITAS, G.P. *Ilícito penal ambiental e reparação do dano*. São Paulo: Revista dos Tribunais, 2005.

FREITAS, V.P.; FREITAS, G.P. *Crimes contra a natureza*. São Paulo: Revista dos Tribunais, 2012.

FUHRER, M.R.E.; FUHRER, C.A. *Código penal comentado*. São Paulo: Malheiros, 2007.

GOMES, L.F. *O direito penal na era da globalização*. São Paulo: Revista dos Tribunais, 2002.

GOMES, L.F.; MACIEL, S. *Crimes ambientais: Comentários à Lei n. 9.605/98 (arts. 1º a 69-A e 77 a 82)*. 1.ed. São Paulo: Revista dos Tribunais, 2011.

JESUS, D.E. *Direito penal: parte geral*. 33.ed. São Paulo: Saraiva, 2012.

MACHADO, M.R.A. *Sociedade de risco e direito penal: uma avaliação das novas tendências político-criminais*. São Paulo: IBCCRIM, 2007.

MACHADO, P.A.L. *Direito ambiental brasileiro*. São Paulo: Malheiros Editores, 2013.

MARQUES, J.F. *Curso de direito penal*. São Paulo: Saraiva, 1954.

MESTIERI, J. *Teoria elementar do direito criminal*. Rio de Janeiro: Edição do autor. Composto e Impresso por Sedegra-Sociedade Editora e Gráfica Ltda., 1971.

MILARÉ, É. *Direito do ambiente*. São Paulo: Revista dos Tribunais, 2013.

MIRABETE, J.F.; FABBRINI, R.N. *Manual de direito penal: parte geral*. 24.ed. São Paulo: Atlas, 2008.

NUCCI, G.S. *Leis penais e processuais penais comentadas*. São Paulo: Revista dos Tribunais, 2007.

PEDROSO, F.A. Direito Penal. Parte Geral. v. 1 São Paulo: Método, 2008.

PIMENTEL, M.P. *Do crime continuado*. São Paulo: Revista dos Tribunais, 1969.

RAMOS, L.R. *Compéndio de derecho penal*. Parte general. Madrid: Triuvium, 1986.

RODRIGUEZ RAMOS, L. *Compendio de derecho penal: parte general*. Madrid: Editorial Dykinson, 1986.

SANTORO FILHO, A.C. *Fundamentos de direito penal*. São Paulo: Malheiros, 2003.

SANTOS, J.C. *Manual de direito penal: parte geral*. Curitiba: ICPC, 2012.

SILVA, M.C. Do crime ambiental de pesquisa, de lavra e de extração de recursos minerais. In: BALTAZAR JÚNIOR, J.P.; SILVA, F.Q. (Orgs.). *Crimes ambientais*. Porto Alegre: Verbo Jurídico, 2010.

SIRVINSKAS, L.P. *Tutela penal do meio ambiente*. São Paulo: Saraiva, 2004.

VAZ, P.A.B. *Crimes de agrotóxicos*. In: BALTAZAR JÚNIOR, J.P.; SILVA, F.Q. (Orgs.). *Crimes ambientais* – Estudos em homenagem ao Des. Vladimir Passos de Freitas. Porto Alegre: Verbo Jurídico, 2012.

Responsabilidade Administrativa | **27**

Daniela Dutra Soares
Cetesb, estado de São Paulo

Marcela Bentes Alves Baptista
Cetesb, estado de São Paulo

INTRODUÇÃO

Estamos diante de um momento crítico na história da Terra, numa época em que a humanidade deve escolher o seu futuro. À medida que o mundo se torna cada vez mais interdependente e frágil, o futuro enfrenta, ao mesmo tempo, grandes perigos e grandes promessas. Para seguir adiante, devemos reconhecer que, no meio da uma magnífica diversidade de culturas e formas de vida, somos uma família humana e uma comunidade terrestre com um destino comum. Devemos somar forças para gerar uma sociedade sustentável global baseada no respeito pela natureza, nos direitos humanos universais, na justiça econômica e numa cultura da paz. Para chegar a esse propósito, é imperativo que nós, os povos da Terra, declaremos nossa responsabilidade uns para com os outros, com a grande comunidade da vida, e com as futuras gerações. (Carta da Terra)

É com esse olhar no futuro apresentado na Carta da Terra[1] – documento internacional de lei branca (*soft law*), de referência para o desenvolvimen-

---

[1] Disponível em: http://www.cartadaterrabrasil.org/prt/text.html. Acessado em: 22 jan. 2014.

to de políticas, legislação, padrões e acordos internacionais – que parte este capítulo para tratar do tema da responsabilidade administrativa em matéria ambiental.

Felizmente, cumpre notar que o trato conferido pela ordem fundante ao meio ambiente mereceu densa modificação. A Constituição Federal de 1988 avançou muito ao contemplar a natureza. Seu art. 225 erigiu o meio ambiente como bem da vida, essencial às presentes e futuras gerações. Esse avanço expressivo consiste em dizer com José Renato Nalini (2008, p. A2) que

> o constituinte teve coragem ao explicitar na Carta Política o primeiro direito intergeracional no sistema pátrio. Os viventes são responsáveis pelo uso racional dos recursos naturais, a fim de que possam deles fruir os nascituros. Aqueles que ainda não nasceram são igualmente titulares desse direito fundamental.

Com efeito, dessa opção do constituinte deriva outra ordem de consequências no âmbito do direito. Além da categoria de bem da vida essencial e destinado a todas as gerações do porvir, a preservação do meio ambiente "é princípio e é valor" (Nalini, 2008). Como valor, passa a ser critério de interpretação para o operador do direito.

Claro, de nada adiantaria essa proteção constitucional conferida às futuras e atuais gerações se não existissem instrumentos legais destinados a dar efetividade ao novo paradigma, sob pena de o direito ao meio ambiente ecologicamente equilibrado se revelar tão valioso quanto um vintém de cobre[2].

Nesse contexto de potencialidades e desafios, o tema da responsabilidade ganha centralidade no direito ambiental, direito este que deve estar articulado por um projeto nacional de desenvolvimento sustentável[3] orientado por uma visão de futuro que mobilize a sociedade em uma direção convergente, em busca do combate ao que Leonardo Boff (2003) denominou de "princípio da autodestruição"[4].

---

[2] Palavra derivada de *vinteno*, através do fenômeno linguístico da contração. Vintena era a vigésima parte de algo, assim como as palavras novena e dezena. Nesse sentido foi usada para designar uma antiga moeda brasileira de 20 réis, correspondendo à vigésima parte do cruzado (moeda de ouro com valor de face de 400 réis). In: *Dicionário eletrônico Houaiss da língua portuguesa* 3.0.

[3] Sobre desenvolvimento sustentável, ver: Freitas (2012).

[4] "Nas últimas décadas, temos construído o princípio da autodestruição. A atividade humana irresponsável, em face da máquina de morte que criou, pode produzir danos irre-

RESPONSABILIDADE ADMINISTRATIVA | **857**

Pretende-se mostrar, neste capítulo, inicialmente, o conceito de responsabilidade administrativa ambiental, suas principais características e a diferenciação entre esta e as responsabilidades civil e penal, na seara do direito ambiental. É realizado o cotejo dos principais aspectos da sanção pela prática do ilícito administrativo-ambiental, examinando-se seu fundamento jurídico. Pretende-se, ainda, abordar a questão da objetividade versus subjetividade da responsabilidade administrativa ambiental, isto é, a discussão sobre a necessidade ou não de comprovação de culpa ou dolo do infrator para que seja possível a sua responsabilização na esfera administrativa. Promove-se, por fim, uma incursão nas causas excludentes da responsabilidade administrativa ambiental e propõe-se um olhar mais atento e rigoroso sobre a admissão dessas excludentes, tendo em vista que o principal objetivo do arcabouço jurídico ambiental é a proteção do meio ambiente.

De referir que a palavra responsabilidade provém do latim *respondere*, que representa a necessidade de se responsabilizar alguém pelos próprios atos.

Sob o enfoque da ética

> [...] A responsabilidade mostra o caráter ético da pessoa. Ela escuta o apelo da realidade ecoando em sua consciência. Ele dá uma resposta a esse apelo, resposta sempre qualificada, seja de maneira negativa, seja positiva, seja de qualquer outra forma. Dessa capacidade de resposta (*responsum*) nasce a responsabilidade, o dever de responder e de atender aos apelos da realidade captados pela consciência (Boff, 2003, p. 93).

Sob o enfoque do direito, a questão é transposta para a dimensão externa, caracterizando-se por uma imposição legal de reparar qualquer dano ou perda ou satisfazer a eles. Nessa perspectiva, a responsabilização é

> a situação de quem, tendo em vista uma norma qualquer, se vê exposto às consequências desagradáveis decorrentes dessa violação, traduzidas em medidas que a autoridade encarregada de zelar pela observação do preceito lhe imponha, providências essas que podem, ou não, estar previstas (Stocco, 2004, p. 118).

---

paráveis à biosfera e destruir as condições de vida dos seres humanos. Numa palavra, vivemos sob uma grave ameaça de desequilíbrio ecológico que poderá afetar a Terra como sistema integrador de sistemas".

A responsabilidade jurídica se divide em responsabilidade civil e penal. A responsabilidade civil pressupõe a defesa de interesses privados ou não, garantindo à sociedade reparação à violação do seu direito; a responsabilidade penal pressupõe a defesa do interesse público e objetiva inibir a prática de crimes e de restabelecer um equilíbrio social desfeito.

A responsabilidade administrativa, por seu turno, decorre da prática de qualquer espécie de infração administrativa. Ensina Bandeira de Mello (2006) que a razão pela qual a lei qualifica certos comportamentos como infrações administrativas, e prevê sanções para quem nelas incorra, é a de desestimular a prática daquelas condutas censuradas ou constranger o cumprimento das obrigatórias. Assim, o objetivo da composição das figuras infracionais e da correlata penalização é intimidar eventuais infratores, para que não pratiquem os comportamentos proibidos ou para induzir os administrados a atuar na conformidade de regra que lhes demanda comportamento positivo. Logo, quando uma sanção administrativa é aplicada, o que se pretende com isso é tanto despertar em quem a sofreu um estímulo para que não reincida, quanto cumprir uma função exemplar na sociedade.

Embora a Carta de 1988 tenha encampado notáveis progressos em matéria normativa, a Lei federal n. 6.938/81, que estabeleceu a Política Nacional do Meio Ambiente, desde logo consagrava a "manutenção do equilíbrio ecológico, considerando o meio ambiente como um patrimônio público a ser necessariamente assegurado e protegido, tendo em vista o uso coletivo" (art. 2º, I). Também assim já previa o art. 14, § 1º:

> Art. 14 – Sem prejuízo das penalidades definidas pela legislação federal, estadual e municipal, o não cumprimento das medidas necessárias a preservação ou correção dos inconvenientes e danos causados pela degradação da qualidade ambiental sujeitará os transgressores:
> [...]
> § 1º – Sem obstar a aplicação das penalidades previstas neste artigo, é o poluidor obrigado, independentemente da existência de culpa, a indenizar ou reparar os danos causados ao meio ambiente e terceiros afetados por sua atividade. O Ministério Público da União e dos Estados terá legitimidade para propor ação de responsabilidade civil e criminal, por danos causados ao meio ambiente.

Isso quer dizer que tais esferas de responsabilização são independentes e se sujeitam a regimes jurídicos próprios, com normas e princípios diversamente aplicados, de modo que não se pode confundir a responsabilização administrativa, objeto do poder de polícia ambiental, com as consequências penais, que podem ou não advir da mesma conduta. De igual forma, é distinto da responsabilização administrativa o dever de reparação decorrente da responsabilidade civil.

Para ilustrar, a liberação de óleo combustível no solo e em corpo d'água, em razão de tombamento de caminhão transportador no curso da rodovia, com ruptura do tanque, acarreta a responsabilidade ambiental com imposição de sanção administrativa (multa) pelo ente fiscalizador, acompanhada de exigências técnicas para compelir o responsável a tomar providências tendentes a cessar os riscos e corrigir os danos causados ao meio ambiente; o mesmo fato – derramamento de óleo –, que acaba por atingir o corpo d'água, ocasionando mortandade de peixes, pode levar à propositura de ação civil pública visando à condenação do responsável ao custeio de medidas tendentes à recuperação do bem ambiental e pagamento de indenização pelos eventuais danos irreparáveis causados ao meio ambiente, sendo os valores destinados ao fundo de que trata o art. 13 da Lei n. 7.347, de 24.07.1985[5]. Ainda, o eventual oferecimento de denúncia em razão do preenchimento de tipo penal, pode levar à condenação do responsável ao cumprimento de pena privativa de liberdade, além do pagamento de multa (sanção penal).

Por outras palavras, um mesmo fato pode originar sanções de naturezas distintas, e a cada uma corresponde um tipo de responsabilidade: civil, administrativa e penal, submetendo-se o responsável aos princípios e às regras inerentes a cada um desses regimes.

NOÇÃO E FUNDAMENTO JURÍDICO

De acordo com os ensinamentos de Hely Lopes Meirelles (2011), a responsabilidade administrativa fundamenta-se na capacidade que têm as pessoas jurídicas de direito público de impor condutas aos administrados. Esse poder administrativo é inerente à Administração de todas as entidades es-

---

[5] Lei federal n. 7.347/85. "Art. 13. Havendo condenação em dinheiro, a indenização pelo dano causado reverterá a um fundo gerido por um Conselho Federal ou por Conselhos Estaduais de que participarão necessariamente o Ministério Público e representantes da comunidade, sendo seus recursos destinados à reconstituição dos bens lesados".

860 | DIREITO AMBIENTAL E SUSTENTABILIDADE

tatais – União, estados, Distrito Federal e municípios –, nos limites das respectivas competências materiais[6].

Sublinhe-se que o poder de polícia ambiental é conferido ao Estado por força do dispositivo constitucional inscrito no art. 225, §§ 1º e 3º, que assim estabelece:

> Art. 225. Todos têm direito ao meio ambiente ecologicamente equilibrado, bem de uso comum do povo e essencial à sadia qualidade de vida, impondo-se ao Poder Público e à coletividade o dever de defendê-lo e preservá-lo para as presentes e futuras gerações.
>
> § 1º Para assegurar a efetividade desse direito, incumbe ao Poder Público:
>
> I – preservar e restaurar os processos ecológicos essenciais e prover o manejo ecológico das espécies e ecossistemas;
>
> II – preservar a diversidade e a integridade do patrimônio genético do País e fiscalizar as entidades dedicadas à pesquisa e manipulação de material genético;
>
> III – definir, em todas as unidades da Federação, espaços territoriais e seus componentes a serem especialmente protegidos, sendo a alteração e a supressão permitidas somente através de lei, vedada qualquer utilização que comprometa a integridade dos atributos que justifiquem sua proteção;
>
> IV – exigir, na forma da lei, para instalação de obra ou atividade potencialmente causadora de significativa degradação do meio ambiente, estudo prévio de impacto ambiental, a que se dará publicidade;
>
> V – controlar a produção, a comercialização e o emprego de técnicas, métodos e substâncias que comportem risco para a vida, a qualidade de vida e o meio ambiente;
>
> VI – promover a educação ambiental em todos os níveis de ensino e a conscientização pública para a preservação do meio ambiente;
>
> VII – proteger a fauna e a flora, vedadas, na forma da lei, as práticas que coloquem em risco sua função ecológica, provoquem a extinção de espécies ou submetam os animais a crueldade. (...)
>
> § 3º As condutas e atividades consideradas lesivas ao meio ambiente sujeitarão os infratores, pessoas físicas ou jurídicas, a sanções penais e administrativas, independentemente da obrigação de reparar os danos causados.

Logo, o Poder Constituinte originário outorgou à coletividade o direito fundamental a um meio ambiente ecologicamente equilibrado, sendo cer-

---

[6] Meirelles (2011): "Temos, então: 1) a competência material: a) exclusiva: da União (art. 21), dos Estados, que se extrai de seus poderes remanescentes do art. 25, § 1º, e dos Municípios (art. 30, III a VIII); b) comum: da União, Estados, Distrito Federal e Municípios (art. 23)".

to afirmar que, para preservar a efetividade desse direito, concedeu ao poder público o poder-dever de fiscalizar a conduta daqueles que se apresentem como potenciais ou efetivos poluidores, inclusive, para atender à competência disposta no art. 23, III, VI e VII, da Constituição Federal de 1988.

Registre-se, outrossim, que os atos de fiscalização decorrentes do poder de polícia desfrutam de presunção de legitimidade e veracidade, elemento que torna operativa a consecução dessas atribuições. A presunção a que nos referimos é – nas palavras de Celso Antônio Bandeira de Mello (2006, p. 13) – "a qualidade, que reveste tais atos, de se presumirem verdadeiros e conformes o Direito, até prova em contrário".

Certamente que essa presunção *juris tantum* perdura até ser questionada em juízo, mas questionada com subsídio em provas. Há, portanto, um exercício de desconstrução que cabe ao insurgente levar adiante.

CONCEITO E ASPECTOS NUCLEARES

Em sinergia com os dispositivos constitucionais citados, a Lei n. 9.605, de 12.02.1998, previu, no seu capítulo VI, as infrações administrativas, considerando-as "toda ação ou omissão que viole as regras jurídicas de uso, gozo, promoção, proteção e recuperação do meio ambiente" (art. 70).

Embora conhecida unicamente como "Lei de Crimes Ambientais", é certo que a Lei federal n. 9.605/98 dispôs também sobre infração administrativa ambiental, dando concretude ao poder de polícia ambiental.

A partir da leitura do art. 70 da Lei de Crimes Ambientais, supracitado, é possível extrair o pressuposto para a configuração da responsabilidade administrativa, qual seja, praticar conduta ilícita, em dissonância com o ordenamento legal. Essa é a principal diferença da responsabilidade administrativa para a civil, já que, nesta última, não é necessário que a conduta seja ilícita, bastando a verificação de dano ao meio ambiente.

Seguindo esse entendimento, acentua Édis Milaré (2007, p. 837):

> Refletindo mais detidamente sobre a matéria, concluímos que a essência da infração ambiental não é o dano em si, mas sim o comportamento em desobediência a uma norma jurídica de tutela do ambiente. Se não há conduta contrária à legislação posta, não se pode falar em infração administrativa.

Contudo, se, para a configuração da responsabilidade administrativa, exige-se a prática de conduta ilícita, sublinhe-se que, em termos ambientais, a mera probabilidade de degradação é protegida por lei, consoante a aplicação dos princípios norteadores da prevenção e da precaução. Por outras palavras, a infração às regras administrativas ambientais não denota apenas e tão somente o dano efetivo, sendo punido o agente da mesma forma por sua conduta potencialmente nefasta ao meio ambiente.

A título de exemplo, pode-se mencionar o caso de sanção administrativa aplicada em razão de transbordamento do poço de bombeamento de uma estação de tratamento de efluentes, ocorrido devido ao fato de um dos emissários estar desativado para conserto, sobrecarregando o outro. Operando em sobrecarga, o poço de bombeamento vem a transbordar por não ter capacidade para descartar todo o contingente. Constatado pelo agente fiscalizador o transbordamento para corpo d'água cuja classificação não permite o lançamento de efluentes, não há que se exigir, para a caracterização da materialidade da infração, a produção de análise química destinada à constatação efetiva da poluição das águas em razão da emissão de efluentes. Quer dizer, a conduta ilegal resta perfeitamente configurada, pelo simples lançamento não permitido em corpo d'água, do qual possa vir a resultar dano à saúde humana[7].

Outro importante ensinamento a respeito das disposições da Lei n. 6.938/81 está na constatação de que tais regras se aplicam à transgressão a qualquer norma legal disciplinadora da preservação ou recuperação ambiental, mesmo quando não esteja, na lei ou regulamento específico, consignada sanção para o caso. Não obstante, leis especiais podem também estabelecer sanções administrativas para as infrações às suas normas e, neste caso, prevalecem as sanções nelas prescritas (Silva, 2011).

Consigne-se que os funcionários de órgãos ambientais integrantes do Sistema Nacional do Meio Ambiente (Sisnama)[8], designados para as atividades de fiscalização, bem como os agentes das Capitanias dos Portos do

---

[7] Vide art. 61 do Decreto n. 6.514/2008, que regulamenta a Lei n. 6.938/98.

[8] Lei federal n. 6.938/81. "Art. 6º Os órgãos e entidades da União, dos Estados, do Distrito Federal, dos Territórios e dos Municípios, bem como as fundações instituídas pelo Poder Público, responsáveis pela proteção e melhoria da qualidade ambiental, constituirão o Sistema Nacional do Meio Ambiente (Sisnama), assim estruturado:

I – órgão superior: o Conselho de Governo, com a função de assessorar o Presidente da República na formulação da política nacional e nas diretrizes governamentais para o meio ambiente e os recursos ambientais;

II – órgão consultivo e deliberativo: o Conselho Nacional do Meio Ambiente (Conama), com a finalidade de assessorar, estudar e propor ao Conselho de Governo, diretrizes de políticas governamentais para o meio ambiente e os recursos naturais e deliberar, no âmbi-

Ministério da Marinha, são autoridades competentes para lavrar auto de infração ambiental e instaurar processo administrativo (art. 70, § 1º, da Lei n. 9.605/98). Assim, são autoridades incumbidas de exercer o poder de polícia ambiental aquelas às quais a Constituição ou a lei tenham conferido tal atribuição[9].

Vale notar que o poder de polícia tem como característica, entre outras, a autoexecutoriedade, segundo a qual é permitido à Administração aplicar a sanção de forma imediata, inclusive mediante o uso da força, se necessária. Nas palavras de Celso Antonio Bandeira de Mello (2006), a autoexecutoriedade pode ser definida como "qualidade pela qual o Poder Público pode compelir materialmente o administrado, sem precisão de buscar previamente as vias judiciais, ao cumprimento da obrigação que impôs e exigiu."

Não obstante, convém grifar: a sanção decorrente de infração administrativa ambiental cometida configura-se com a simples lavratura do auto de infração, mas somente se pode considerar validamente aplicada após a instauração e a instrução de um processo administrativo, em atenção ao princípio do devido processo legal (art. 5º, LV, da CF/88).

Nesse enfoque, deve ser oportunizado, no curso do processo instaurado, o exercício do direito à ampla defesa e ao contraditório. Naturalmente, somente se afastadas as razões apresentadas pelo autuado e após a ciência acerca da decisão irrecorrível é que a sanção administrativa poderá ser con-

---

to de sua competência, sobre normas e padrões compatíveis com o meio ambiente ecologicamente equilibrado e essencial à sadia qualidade de vida;

III – órgão central: a Secretaria do Meio Ambiente da Presidência da República, com a finalidade de planejar, coordenar, supervisionar e controlar, como órgão federal, a política nacional e as diretrizes governamentais fixadas para o meio ambiente;

IV – órgãos executores: o Instituto Brasileiro do Meio Ambiente e dos Recursos Naturais Renováveis (Ibama) e o Instituto Chico Mendes de Conservação da Biodiversidade – Instituto Chico Mendes, com a finalidade de executar e fazer executar a política e as diretrizes governamentais fixadas para o meio ambiente, de acordo com as respectivas competências;

V – órgãos seccionais: os órgãos ou entidades estaduais responsáveis pela execução de programas, projetos e pelo controle e fiscalização de atividades capazes de provocar a degradação ambiental;

VI – Órgãos Locais: os órgãos ou entidades municipais, responsáveis pelo controle e fiscalização dessas atividades, nas suas respectivas jurisdições; [...]"

[9] No caso do estado de São Paulo, por exemplo, a Companhia Ambiental do Estado de São Paulo (Cetesb) é o órgão ao qual se incumbe, entre outras atribuições, o exercício do poder de polícia administrativa para o controle da poluição em todo o território do estado. Assim o estabelecem as Leis estaduais n. 118, de 29.06.1973, e n. 997, de 31.05.1976, cujo Regulamento foi aprovado pelo Decreto estadual n. 8.468/76.

864 | DIREITO AMBIENTAL E SUSTENTABILIDADE

siderada validamente aplicada. Tratando-se de multa simples ou diária, poderá o débito ser inscrito na dívida ativa da União, dos Estados ou dos Municípios, conforme o ente aplicador da sanção[10].

SANÇÕES ADMINISTRATIVAS

As penalidades administrativas aplicáveis em função da prática de infrações ambientais estão elencadas no art. 72 da Lei n. 9.605/98, sendo estas: advertência (I); multa simples (II); multa diária (III); apreensão dos animais, produtos e subprodutos da fauna e da flora, instrumentos, petrechos, equipamentos ou veículos de qualquer natureza utilizados na infração (IV); destruição ou inutilização do produto (V); suspensão de venda e fabricação do produto (VI); embargo de obra ou atividade (VI); demolição de obra (VII); suspensão parcial ou total de atividades (VIII) e restritiva de direitos (XI).

Regulamentando a Lei n. 6.938/81, o Decreto n. 6.514, de 22 de julho de 2008, dispõe sobre as condutas infracionais, descrevendo-as e prevendo a aplicação de sanções ao responsável pelas ações e omissões ali previstas.

Costumam alegar os infratores autuados que deve haver, necessariamente, uma progressão gradativa nas sanções estabelecidas pela lei, ou seja, a multa somente seria aplicada depois de advertido o autuado. Tal entendimento decorre da errônea interpretação do art. 72, § 3º, da Lei n. 9.605/98. Este estabelece que

> a multa simples será aplicada sempre que o agente, por negligência ou dolo: (I) – advertido por irregularidades que tenham sido praticadas, deixar de saná-las, no prazo assinalado por órgão competente do Sisnama ou pela Capitania dos Portos, do Ministério da Marinha; (II) – opuser embaraço à fiscalização dos órgãos do Sisnama ou da Capitania dos Portos, do Ministério da Marinha.

Cumpre advertir contra tal falácia. A fim de que se alcance a realização máxima da *mens legis*, o § 3º citado deve ser lido juntamente com o art. 5º do aludido Decreto n. 6.514/2008, que estabelece: "A sanção de advertência

---

[10] A Lei federal n 9.784, de 22.01.1999, regula o processo administrativo no âmbito da Administração Pública Federal, cujo teor normativo se aplica subsidiariamente ao processo das infrações ambientais, conforme se depreende da redação do seu art. 69: "Os processos administrativos específicos continuarão a reger-se por lei própria, aplicando-se-lhes apenas subsidiariamente os preceitos desta Lei".

poderá ser aplicada, mediante a lavratura de auto de infração, para as infrações administrativas de menor lesividade ao meio ambiente, garantidos a ampla defesa e o contraditório." Vale notar que são consideradas

> infrações administrativas de menor lesividade ao meio ambiente aquelas em que a multa máxima cominada não ultrapasse o valor de R$ 1.000,00 (mil reais), ou que, no caso de multa por unidade de medida, a multa aplicável não exceda o valor referido (art. 5º, § 1º, do Decreto n. 6.514/2008).

Desse modo, a correta interpretação a ser dada ao dispositivo é a seguinte: poderá ser aplicada a sanção de advertência exclusivamente quando se tratar de infrações em que a multa máxima aplicável ou cominada por unidade de medida não ultrapasse o limite fixado no Decreto. Trata-se da aplicação do Princípio da Proporcionalidade[11], segundo o qual a sanção deve ser adequada, necessária e proporcional (em sentido estrito) à gravidade da infração cometida.

De mais a mais, a advertência deve ser obrigatoriamente substituída por multa quando aquela for aplicada em função de irregularidades que possam ser sanadas e o autuado deixar transcorrer o prazo fixado para tanto sem tomar as medidas que lhe foram determinadas (art. 5º, §§ 2º ao 4º, do Decreto n. 6.514/2008).

Para acrescentar, também não poderá ser aplicada a advertência, mesmo que o valor da multa aplicável não ultrapasse R$ 1.000,00 (mil reais), caso qualquer outra sanção tenha sido aplicada para o infrator no período de três anos contados do julgamento da defesa da autuação anterior (art. 7º do Decreto n. 6.514/2008).

Em síntese, apenas se cogita da pena mais branda para as condutas que causem ou passam causar menor impacto ao meio ambiente, sem prejuízo da necessária formalização da autuação e garantia do contraditório e da ampla defesa.

OBJETIVIDADE *VERSUS* SUBJETIVIDADE

Ao longo do tempo a legislação ordinária tratou de indicar que a responsabilidade civil ambiental tem natureza objetiva, ou seja, aquela que pres-

---

[11] Sobre Princípio da Proporcionalidade, ver: Araújo (2002).

cinde da comprovação de culpa ou dolo para caracterizar a conduta infracional ambiental. Tal entendimento foi amplamente difundido a partir da promulgação da Lei federal n. 6.938/81, que instituiu a Política Nacional do Meio Ambiente, notadamente em razão de a redação do art. 14, § 1º, deste diploma legal prever que o poluidor é obrigado a indenizar ou reparar os danos causados ao meio ambiente e a terceiros, afetados por sua atividade, "independentemente da existência de culpa".

Como já mencionado, a Constituição Federal de 1988 recepcionou os dispositivos da Política Nacional do Meio Ambiente e, apresentando um caráter amplamente protetivo deste bem difuso, estabeleceu em seu art. 225, § 3º, que "as condutas e atividades consideradas lesivas ao meio ambiente sujeitarão os infratores, pessoas físicas ou jurídicas, a sanções penais e administrativas, independentemente da obrigação de reparar os danos causados".

Por ter deixado de estabelecer a objetividade ou a subjetividade da responsabilidade administrativa ambiental, a Constituição Federal relegou, mais uma vez, à legislação ordinária o encargo de definir o critério para a responsabilização do causador do dano ambiental (seja ele efetivo ou potencial), no que tange à imposição das sanções administrativas.

A Lei n. 9.605/98, entretanto, não tratou expressamente da natureza jurídica da responsabilidade administrativa ambiental.

Tendo em vista que nem a Constituição Federal de 1988, nem as normas infraconstitucionais enfrentaram diretamente a questão da objetividade ou subjetividade da responsabilidade administrativa ambiental, diversos doutrinadores passaram a se manifestar sobre a necessidade (ou não) de se exigir a comprovação de dolo ou culpa para a imputação da responsabilidade pelas infrações administrativas ambientais.

A par da polêmica discussão sobre a exigência de comprovação do elemento subjetivo para a caracterização da responsabilidade administrativa (lembrando que a responsabilidade civil ambiental é, indiscutivelmente, objetiva), torna-se absolutamente essencial fazer uma incursão sobre os preceitos normativos referentes às infrações administrativas e as suas sanções. A intenção é alcançar o principal objetivo do arcabouço jurídico ambiental, que é a efetiva proteção do meio ambiente.

Neste aspecto, pioneiro a tratar da natureza da multa administrativa, Hely Lopes Meirelles (2007) já lecionava que a "a multa administrativa é de natureza objetiva e se torna devida independentemente da ocorrência de culpa ou dolo do infrator".

Sob a ótica de Paulo Affonso Leme Machado (2010, p. 331):

> Das dez sanções previstas no art. 72 da Lei n. 9.605 (incs. I a XI), somente a multa simples utilizará o critério da responsabilidade com culpa; e as outras nove sanções, inclusive a multa diária, irão utilizar o critério da responsabilidade sem culpa ou objetiva, continuando a seguir o sistema da Lei n. 6.938/81, onde não há necessidade de ser aferidos o dolo e a negligência do infrator submetido ao processo.

Revela-se salutar o posicionamento do ilustre doutrinador quanto a este enfoque, na medida em que, tendo participado da estruturação do Projeto da Lei n. 6.938/81, foi responsável pela redação do art. 14, § 1º, que instituiu a responsabilidade objetiva ambiental para a reparação dos danos causados ao meio ambiente.

Nessa esteira de raciocínio, vale ressaltar que, no âmbito da competência legislativa concorrente para a proteção do meio ambiente e controle da poluição (art. 24, VI), limita-se a União ao estabelecimento de normas gerais sobre a matéria (§ 1º). Em outras palavras, compete aos Estados, prioristicamente, a elaboração de normas visando à proteção do meio ambiente e ao controle da poluição em seus territórios, sendo certo que, no caso de ser instituída a objetividade das infrações e sanções administrativas no âmbito estadual, nenhuma ilegalidade ou inconstitucionalidade poderá ser suscitada ante o expresso permissivo constitucional[12].

Por outro lado, Édis Milaré (2007) tem posicionamento contrário à aplicação pura e simples da teoria da responsabilidade objetiva para a configuração do ilícito administrativo e respectiva sanção. Segundo o autor, "tanto a responsabilidade administrativa como a penal caracterizam-se por sua natureza eminentemente repressiva, o que as distingue da responsabilidade civil – em sua essência, de índole reparatória." E segue defendendo que

> para a aplicação de uma penalidade, seja de natureza penal ou administrativa, é preciso que se configure uma conduta, omissiva ou comissiva, que, de qualquer forma, concorra com a prática da infração, na letra dos arts. 13, *caput* e § 2º, e 29 do Código Penal e do art. 2º da Lei n. 9.605/98.

---

[12] Inevitável citar o exemplo da Lei Paulista n. 997/76, que em seu art. 7º, parágrafo único, dispõe que "responderá pela infração quem por qualquer modo a cometer, concorrer para a sua prática ou dela se beneficiar".

Comungando de tal posicionamento, Eduardo Fortunato Bim (2010, p. 33), Procurador Federal, defende que

> para ser possível a aplicação da pena administrativa, a semelhança do que ocorre na seara penal, é necessário haver negligência, imprudência, imperícia ou dolo; sem alguns desses elementos, não se justifica a punição administrativa, ainda que seja na seara ambiental.

Com o devido respeito, não nos parece que esse seja o melhor entendimento sobre a questão, especialmente se considerarmos o caráter nitidamente protetivo conferido pela Constituição Federal e pela Política Nacional do Meio Ambiente à saúde e à integridade do bem difuso aqui tratado.

É que, ao aproximar a responsabilidade ambiental administrativa da imputação penal, exigindo o elemento subjetivo para a caracterização do ilícito administrativo e, consequentemente, para a aplicação de sanções administrativas, inequivocamente se está a afastar o espírito das leis ambientais.

Não podemos olvidar que a responsabilidade criminal, por expressa disposição constitucional, necessariamente deve obediência ao princípio do *in dubio pro reo*, atribuindo o ônus da comprovação da prática do crime ao Estado, que deverá reunir provas de que o agente agiu deliberadamente (ou, no mínimo, negligentemente) para o cometimento da infração, possibilitando, assim, responsabilização pelo ilícito.

Já na esfera da responsabilidade administrativa, convém notar a proeminência do princípio *in dubio pro nature*, também denominado de *in dubio pro ambiente*, notadamente na condição de vetor de inspiração da construção de uma hermenêutica ambiental. Como assevera Paulo José Leite Farias (1999, p. 356),

> o princípio *in dubio pro natura* deve constituir um princípio inspirador da interpretação. Isto significa que, nos casos em que não for possível uma interpretação unívoca, a escolha deve recair sobre a interpretação mais favorável ao meio ambiente.

Mas não é só. Com efeito, tanto a infração administrativa quanto a penal devem ter previsão legal anterior à prática do ilícito, em respeito ao princípio constitucional da legalidade (art. 5º, II, da CF). No entanto, quando deparamos com a tipicidade em uma e em outra esfera de responsabilização, é indene de dúvida que o princípio da tipicidade (reflexo do princípio da legalidade) é bastante relativizado na esfera administrativa, tendo em vista a absoluta impossibilidade de se prever de forma expressa e objetiva todos as condutas ofensivas do meio ambiente que podem levar à responsabilização.

Atribuir ao poder público o encargo de provar a culpa ou o dolo do infrator para a imposição de sanções administrativas (vale aqui ressaltar novamente que o Estado, utilizando o seu poder de polícia, tem a prerrogativa de defender o meio ambiente em nome da coletividade), significa fragilizar a proteção do meio ambiente em todos os seus aspectos, além de afrontar diretamente a sistemática adotada pela Lei da Política Nacional do Meio Ambiente.

Diante de tais distinções, parece-nos absolutamente temerário exigir a prova do elemento subjetivo (dolo ou culpa) para a punição administrativa.

De referir, ainda, que não faria sentido algum atribuir à responsabilidade pela indenização ou reparação dos danos ambientais (civil) um caráter objetivo e exigir que a imposição de sanções administrativas siga caminho inverso.

Isso não implica afirmar, por outro lado, que a Administração Pública esteja isenta de indicar a existência do nexo de causalidade para a imposição de penalidades. No entanto, consideramos que a prática de uma conduta que esteja prevista na lei ambiental como infração administrativa ambiental, por si só, é passível de punição pelo poder público, não cabendo a este verificar e analisar se o infrator teve ou não a intenção de cometer o ilícito, ou se lhe era possível evitar o resultado danoso.

Em outras palavras, a mera constatação da infração impõe a atuação estatal, independentemente da indagação de existência de culpa ou dolo do poluidor. A proteção do meio ambiente não comporta tais ilações. O nexo de causalidade indispensável à imposição da sanção administrativa é uma decorrência lógica da constatação da infração pela autoridade ambiental, o que, de forma alguma, impõe a prova de dolo ou culpa por parte da Administração Pública.

Arriscamos dizer que a exigência de comprovação de dolo ou culpa para a imposição de sanções administrativas é totalmente contrária aos preceitos normativos existentes no nosso ordenamento jurídico ambiental.

Explica-se: a coletividade como um todo é a vítima dos prejuízos ambientais ocasionados por determinada ação ou atividade poluidora. O poder público, enquanto guardião do meio ambiente, representa essa comunidade fragilizada pela ação do homem, impondo-lhe adotar todas as medidas necessárias para a proteção e a devida restauração do ambiente degradado, incluindo-se aí as sanções administrativas.

A vítima, no caso, é a sociedade exposta a toda sorte de ações degradadoras do meio ambiente, cabendo ao poder público impor ao poluidor a reprimenda necessária aos males causados. Por isso, exigir que a Administração envide esforços para buscar a culpa do infrator significa o mesmo que impor à vítima do dano (no caso, a sociedade) a obrigação de provar a intenção do agente para, somente então, aplicar a sanção pertinente, o que não condiz com o caráter eminentemente protetor conferido pela Magna Carta, muito menos com aquele olhar para o futuro que deve permear todo o debate sobre a responsabilidade administrativa em matéria ambiental.

Há precedente do Superior Tribunal de Justiça neste sentido:

> Administrativo. Dano ambiental. Sanção administrativa. Imposição de multa. Ação anulatória de débito fiscal. Derramamento de óleo de embarcação estrangeira contratada pela Petrobras. Competência dos órgãos estaduais de proteção do meio ambiente para impor sanções. Responsabilidade objetiva. Legitimidade da exação.
> [...]
> A aplicação de multa, na hipótese de dano ambiental, consoante é sabido, decorre do poder de polícia – mecanismo de frenagem de que dispõe a Administração Pública para conter ou coibir atividades dos particulares que se revelarem nocivas, inconvenientes ao bem-estar social, ao desenvolvimento e à segurança nacional, como sói acontecer na degradação ambiental.
> Mister ressaltar-se que a multa administrativa, no caso de dano ambiental, encontra fundamento na Lei nº 6.938/81, sem prejuízo de ser fato gerador objetivo quanto à responsabilidade, o que a torna devida, independentemente da ocorrência de culpa ou dolo do infrator no seu atuar.
> *In casu*, consoante asseverou o r. juízo monocrático, em razão da definição de constituir-se o poluidor "a pessoa física ou jurídica, de direito público ou privado, responsável direta ou indiretamente por atividade de degradação ambiental (art. 3º, inciso IV, da Lei n. 6.938/81) o tão-só risco da atividade desempenhada pela Petrobras em causar danos ambientais consubstancia o nexo causal de sua responsabilidade, independentemente de o derramamento de óleo ter ocorrido por culpa da embarcação contratada.

Resta evidente, portanto, que também para a imposição de sanções administrativas dispensa-se a comprovação do elemento volitivo do infrato. Trata-se de uma decorrência lógica do Princípio do Poluidor Pagador[13], segun-

---

[13] Também denominado "princípio da responsabilidade". Cf. Derani (2008).

do o qual aquele que detém o controle de alguma atividade poluidora deve arcar com os custos e os malefícios que essa produção provoca na coletividade, cabendo-lhe adotar as cautelas necessárias para evitar ou minimizar tais danos, independentemente da comprovação da culpa em sentido amplo.

Sublinhe-se, ainda, que em termos ambientais, a responsabilidade não é apenas objetiva, como também solidária, respondendo aquele que efetivamente motivou os danos, como também quem se beneficiou da conduta. Neste sentido, vale citar paradigmática decisão do Colendo Superior Tribunal de Justiça, da lavra do i. Ministro Herman Benjamin:

> Para o fim de apuração do nexo de causalidade no dano ambiental, equipararam-se quem faz, quem não faz quando deveria fazer, quem deixa fazer, quem não se importa que façam, quem financia para que façam, e quem se beneficia quando outros fazem.

Em arremate, na esteira da responsabilidade civil pela reparação do dano ambiental, também a responsabilidade administrativa deve ser encarada pelo caráter da objetividade, seguindo-se a sistemática imposta pela Lei n. 6.938/81, bem como pela Constituição Federal de 1988.

CAUSAS EXCLUDENTES DA RESPONSABILIDADE ADMINISTRATIVA AMBIENTAL: UM REGIME JURÍDICO PECULIAR

Na seara ambiental, a questão das excludentes de responsabilidade ganha importante relevo diante da independência entre as três esferas de responsabilização: civil, administrativa e penal.

Não se discute que a responsabilidade civil, diante do seu caráter objetivo, rechaça a invocação do caso fortuito, de força maior ou fato de terceiro, quando a existência comprovada do dano ambiental exige a sua reparação, seja *in natura*, seja em caráter indenizatório.

O problema reside na possibilidade de se afirmar categoricamente que a responsabilidade administrativa também rechaça a invocação das excludentes acima tratadas, mormente se considerarmos que esse tipo de responsabilização autoriza o poder público a impor sanções diante da constatação de uma infração ambiental.

A questão é bem controvertida. Entendemos, todavia, que há uma gradação de intensidade entre as responsabilidades administrativa e civil. Nesta, adota-se a Teoria do Risco Integral, a qual não admite as excludentes de responsabilidade, tais como força maior, caso fortuito ou fato de terceiro. A responsabilidade ambiental administrativa, noutro giro, baseia-se na Teoria do Risco Criado, que admite a incidência de excludentes, mas exige do administrado – ante a presunção de legitimidade dos atos administrativos – que demonstre que seu comportamento não contribuiu para a ocorrência da infração (culpa concorrente).

De acordo com a Teoria do Risco Criado é responsável quem, em função dos riscos ou perigos de sua atividade, incorra em ação ou omissão cuja consequência se enquadra como ilícito administrativo ambiental, ainda que tenha sido diligente para evitar o dano. Essa teoria admite a responsabilidade independentemente de culpa ou de decisão da empresa, bastando a comprovação do dano (efetivo ou potencial) e do nexo de causalidade, mas sustenta que não se poderia imputar a responsabilidade quando o dano resulta da conduta ou ação de terceiro, vítima ou não, ou de outras excludentes de responsabilidade, tais como o caso fortuito ou força maior.

Claro, cabe à defesa provar os fatos que extingam ou modifiquem a pretensão punitiva estatal. Se o autuado, em sua defesa, alega ter agido acobertado por uma excludente de responsabilidade, a ele compete a prova cabal da excludente. Ainda, a demonstração deve ser realizada de plano e por meio de documentos, não havendo possibilidade para posterior dilação probatória.

A título de exemplo, imaginemos a seguinte situação: o órgão ambiental recebe uma denúncia de que ocorreu contaminação das águas da represa situada no interior da propriedade de uma usina de açúcar e álcool. Após coletar amostras da água da represa, resta confirmado a ocorrência de contaminação por material orgânico (adubo), proveniente da lavoura de cana-de-açúcar. Estabelecido o nexo causal entre a atividade e o dano, o órgão ambiental então autua a usina por ter promovido a contaminação das águas da represa e causado inconvenientes ao bem-estar e à saúde pública.

A empresa, então, se defende da autuação, alegando que as fortes chuvas ocorridas na noite anterior teriam carreado o material orgânico da sua lavoura, não obstante a adoção das medidas necessárias para conter a enxurrada. Alega que, muito embora tenha construído barreiras naturais no entorno da lavoura, as fortes chuvas (que não eram esperadas para aquele período do ano, geralmente seco) acabaram por transportar aquela carga orgânica para a represa e, assim, afirma a ocorrência de força maior para se eximir da responsabilidade administrativa ambiental.

No caso em questão, ainda que seja possível comprovar que a precipitação pluviométrica foi, de fato, muito superior à esperada para aquele determinado período do dano, a proximidade da lavoura em relação à represa natural indicou que nem mesmo a adoção de certas cautelas foi suficiente para evitar o dano. Não por acaso, a forte precipitação pluviométrica não teria causado quaisquer danos se a cana-de-açúcar estivesse sendo cultivada a uma distância suficientemente segura da área a ser protegida, cautela esta que não foi observada no caso descrito.

Nessa ótica, não basta simplesmente alegar causas de isenção da responsabilidade ambiental. No caso citado, o infrator criou o risco com sua atividade, causando dano efetivo ao meio ambiente, pois contribuiu para a ocorrência da infração ao cultivar cana-de-açúcar a uma distância não segura em relação à represa.

Decerto, há que se ter em mente que o denominado "fato necessário" (aquele que vem à tona independentemente da vontade do agente) carrega em si uma mescla de imprevisão e inevitabilidade. Porém, quando o tema é a proteção do meio ambiente, a invocação pura e simples das excludentes não encontra guarida tão facilmente. Conforme já bem disse Paulo Affonso Leme Machado (2010, p. 379), "o possível responsável pelos danos ambientais diante dos fatos da Natureza e de fatos de terceiro deve considerar, pelo menos, um duplo posicionamento psicológico: prever a ocorrência desses fatos e prever seus prováveis efeitos".

Dessa forma, forçoso concluir que as excludentes de responsabilidade, embora admissíveis na esfera da responsabilização administrativa, não são de aplicação automática e requerem uma análise cuidadosa do fato e dos efeitos dele decorrentes, a fim de aferir em que medida o agente, por ação ou omissão, contribuiu para a ocorrência da infração, considerados os riscos ou perigos da atividade por ele exercida.

Nesse sentir, é possível afirmar que a responsabilidade ambiental administrativa se insere em uma posição a responsabilidade civil objetiva e a responsabilidade penal subjetiva. Assemelha-se e distingue-se de ambas.

CONSIDERAÇÕES FINAIS

A responsabilidade administrativa ambiental, em síntese conclusiva, decorre da prática de qualquer comportamento qualificado pela lei como infração administrativa, estando previstas sanções para quem nela incorra. O objetivo é, portanto, intimidar eventuais infratores para que não pratiquem os comportamentos proibidos ou para induzir os administrados a atuar na conformidade de regra que lhes demanda comportamento positivo.

As esferas de responsabilização são independentes e distintas, além de estar sujeitas a regimes jurídicos próprios, razão pela qual não há que se confundir a responsabilização administrativa, objeto do poder de polícia ambiental, com a responsabilização na esfera penal ou, ainda, com o dever de reparação decorrente da responsabilidade civil.

Em resumo, a sanção pela prática de ilícito administrativo-ambiental é imposta pelo Estado, no exercício do seu poder de polícia. É o auto de infração – lavrado por agente capaz e com o formalismo estabelecido em lei – que representa o resultado do exercício deste poder e goza da presunção de veracidade e legitimidade. Essa presunção perdura até ser desconstruída com alicerce na prova em contrário.

O poder de polícia tem ainda como característica a autoexecutoriedade, atributo que faz com que alguns atos administrativos possam ser executados sem uma ordem judicial prévia.

As penalidades administrativas aplicáveis em razão da prática de infrações ambientais estão elencadas nos incisos I a XI do art. 72 da Lei n. 9.605/98 e o Decreto n. 6.514/2008, que regulamenta a Lei n. 6.938/81, dispõe sobre as condutas infracionais, descrevendo-as e prevendo a aplicação de sanções ao responsável pelas ações e omissões lá previstas.

Deve-se observar que a sanção deve ser adequada, necessária e proporcional à gravidade da infração cometida, em estrita observância ao princípio da proporcionalidade. Bem por isso, a sanção de advertência deve ser aplicada exclusivamente quando se tratar de infrações em que a multa máxima aplicável ou cominada, por unidade de medida, não ultrapasse o limite fixado no Decreto n. 6.514/2008.

A par dos respeitáveis entendimentos em contrário, compreendemos que a responsabilidade administrativa deve ser encarada sob o enfoque da objetividade, nos mesmos moldes da sistemática imposta pela Lei n. 6.938/81 à responsabilidade civil pela reparação do dano ambiental. Desse modo, também para a imposição de sanções administrativas deve-se dispensar a comprovação do elemento volitivo do infrator. Trata-se de uma decorrência lógica do Princípio do Poluidor Pagador, segundo o qual aquele que detém o controle de alguma atividade poluidora deve arcar com os custos e os malefícios que essa produção provoca na coletividade, cabendo-lhe adotar as cautelas necessárias para evitar ou minimizar tais danos, independentemente da comprovação da culpa em sentido amplo.

Como quer que seja, uma coisa parece ser inevitável: a hermenêutica de nosso direito positivo orienta-se por determinados princípios fundamentais dentre os quais destaca-se o direito ao pleno desenvolvimento humano, como pressuposto do exercício, e, principalmente, fruição de todos os demais direitos fundamentais, o que somente pode se dar num ambiente natural, cultural e artificial que propicie as necessárias condições para tanto. Desse modo, qualquer contribuição doutrinária que conduza à conclusão de que a responsabilidade administrativa é de natureza subjetiva, por mais impecável que seja do ponto de vista técnico, certamente estará comprometida em sua base, por não colocar em primeiro plano os fundamentos principiológicos do nosso ordenamento constitucional.

Enfim, essa responsabilidade, além de objetiva, é solidária. E a pura e simples admissão de causas excludentes de responsabilidade, sem se aferir com bastante cautela o comportamento do administrado, fragiliza a proteção ambiental e enfraquece o dever de responsabilidade que todos temos uns para com os outros, com a grande comunidade da vida, e com as futuras gerações, como mencionado no Preâmbulo da Carta da Terra.

REFERÊNCIAS

ARAÚJO, F.F. *Princípio da proporcionalidade: significado e aplicação prática*. Campinas: Copola, 2002.

BIM, E.F. O mito da responsabilidade objetiva no direito ambiental sancionador: imprescindibilidade da culpa nas infrações ambientais. *Revista de Direito Ambiental*, v. 57, ano 15, jan./mar. 2010, p. 33-70.

BOFF, L. *Ethos Mundial: um consenso mínimo entre os humanos*. Rio de Janeiro: Sextante, 2003.

BRASIL. Lei n. 7.347, de 24 de julho de 1985. Disciplina a ação civil pública de responsabilidade por danos causados ao meio ambiente, ao consumidor, a bens e direitos de valor artístico, estético, histórico, turístico e paisagístico e dá outras providências. Publicado no Diário Oficial da União de 25.07.1985.

_____. Lei n. 6.938 de 31 de agosto de 1981. Dispõe sobre a Política Nacional do Meio Ambiente, seus fins e mecanismos de formulação e aplicação, e dá outras providências. Publicado no Diário Oficial da União de 02.09.1981.

_____. Decreto n. 6.514, de 22 de julho de 2008. Dispõe sobre as infrações e sanções administrativas ao meio ambiente, estabelece o processo administrativo federal para apuração dessas infrações, e dá outras providências. Publicado no Diário Oficial da União de 23.07.2008.

_____. Lei n. 9.784, de 22 de janeiro de 1999. Regula o processo administrativo no âmbito da Administração Pública Federal. Publicado no Diário Oficial da União de 01.02.1999 e Retificado no Diário Oficial da União de 11.03.1999

_____. Lei n. 997 de 31 de maio de 1976. Dispõe sobre o controle de Poluição do Meio Ambiente. Diário Oficial do Estado de São Paulo. 1º de junho de 1976.

DERANI, C. *Direito ambiental econômico*. 3.ed. São Paulo: Saraiva, 2008.

FARIAS, P.J.L. *Competência federativa e proteção ambiental*. Porto Alegre: Sergio Antonio Fabris Editor, 1999.

FREITAS, J. *Sustentabilidade: direito ao futuro*. 2.ed. Belo Horizonte: Fórum, 2012.

MACHADO, P.A.L. *Direito ambiental brasileiro*. 18.ed. São Paulo: Malheiros, 2010.

MEIRELLES, H.L. *Direito administrativo brasileiro*. 33.ed. São Paulo: Malheiros, 2011.

MELLO, C.A.B. *Curso de direito administrativo*. 21.ed. São Paulo: Malheiros, 2006.

MILARÉ, E. *Direito do ambiente: doutrina, jurisprudência, glossário*. 5.ed. São Paulo: Revista dos Tribunais, 2007.

NALINI, J.R. Repensar a compensação ambiental. *O Estado de São Paulo*: 30 set. 2008, Espaço Aberto, p. A2. São Paulo.

_____. O juiz e a Constituição ecológica. In: *Juízes doutrinadores – doutrina da Câmara Ambiental do Tribunal de Justiça do Estado de São Paulo*. Campinas: Millennium, 2008.

SILVA, J.A. *Direito ambiental constitucional*. 9.ed. São Paulo: Malheiros, 2011.

STOCCO, R. *Tratado de responsabilidade civil*. 6.ed. São Paulo: RT, 2004.

Tutela Processual do Ambiente: Papel da Ação Civil Pública como Instrumento Preventivo/ Reparatório da Danosidade Ambiental

28

Édis Milaré
Milaré Advogados

INTRODUÇÃO

A ordem econômica brasileira, "fundada na valorização do trabalho humano e na livre iniciativa", adota, entre seus princípios, a "defesa do meio ambiente", nos termos do art. 170, *caput* e VI, da CF/88.

Para corrigir e/ou coibir eventuais ameaças ou lesões à higidez ambiental, o art. 225, § 3º, da CF/88 prevê que "as condutas e atividades consideradas lesivas ao meio ambiente sujeitarão os infratores, pessoas físicas ou jurídicas, a sanções penais e administrativas, independentemente da obrigação de reparar os danos causados". É dizer, a sua defesa desenvolve-se simultaneamente a partir de ações de índole preventiva, reparatória e repressiva.

De fato, para a implementação da Política Nacional do Meio Ambiente, o legislador elencou, ao lado de alguns instrumentos de cunho *preventivo* (por exemplo, o estabelecimento de padrões de qualidade ambiental, a avaliação de impactos ambientais e o licenciamento ambiental, previstos, respectivamente, no art. 9º, I, III e IV, da Lei n. 6.938/81), as "penalidades disciplinares ou compensatórias ao não cumprimento das medidas necessárias à preservação ou à correção da degradação ambiental" (art. 9º, IX), de índole eminentemente *repressiva*. Não olvidou, por outro lado, da *reparação* do dano ambiental; é a manifestação mais evidente do princípio do poluidor-pagador (art. 4º, VII), embora este também alcance medidas de cunho preventivo e repressivo, assim como os custos correspondentes à própria utilização dos recursos naturais.

Neste sentido e para fins puramente didáticos, é próprio dizer que a repressão – enquanto manifestação do *ius puniendi* do estado –, colimada, fundamentalmente, pelas esferas de responsabilidade administrativa e penal, aparta-se da ação reparatória, objeto da esfera de responsabilidade civil, de interesse para o presente trabalho.

Está a se falar, portanto, na materialização do princípio da responsabilização integral do degradador, que o sujeita, cumulativamente, a sanções repressivas e reparatórias. Deveras, os atos atentatórios ao ambiente têm (ou podem ter) repercussão jurídica tripla, já que ofendem o ordenamento de três maneiras distintas. Nesse sentido, uma contaminação do solo, por exemplo, pode deflagrar a imposição de *sanções administrativas* (pagamento de multa de R$ 5.000,00 a R$ 50.000.000,00, com base no art. 61, *caput*, do Decreto n. 6.514/2008), *sanções criminais* (condenação à pena de reclusão, de um a cinco anos, com base no art. 54, § 2º, V, da Lei n. 9.605/98) e *sanções civis* (cumprimento de obrigações de não fazer, impondo-se a cessação da atividade poluidora; de fazer, consistente na remediação do solo, para a integral reparação do dano; ou, se irreversível a contaminação, pagamento de indenização em pecúnia), como mostra a Figura 28.1.

Neste trabalho, à falta de espaço, nosso foco cingir-se-á aos insumos que a processualística, por meio da Ação Civil Pública, pode oferecer à sustentabilidade, certo que o planeta Terra – que abriga e perpetua a vida –, com toda a sua pujança, não tem elementos e forças para defender-se. Ele precisa da nossa tutela: aliás, essa tutela será a garantia da nossa própria tutela. É aí que se fundamenta o direito do ambiente e, em particular, a Ação Civil Pública relacionada aos danos e riscos ambientais e à sua reparação ou prevenção. Ela é, a bem ver, uma forma eloquente e eficaz de responsabilidade compartilhada e solidária.

Se a Ação Civil Pública não é solução cabalística para a problemática enorme e multifacetada que o meio ambiente planetário nos desvenda, ela é, sem dúvida, um instrumento valioso para a tomada de posição de todos os legitimados – do Ministério Público e dos agentes governamentais até as

Figura 28.1 Esferas de responsabilidade ambiental

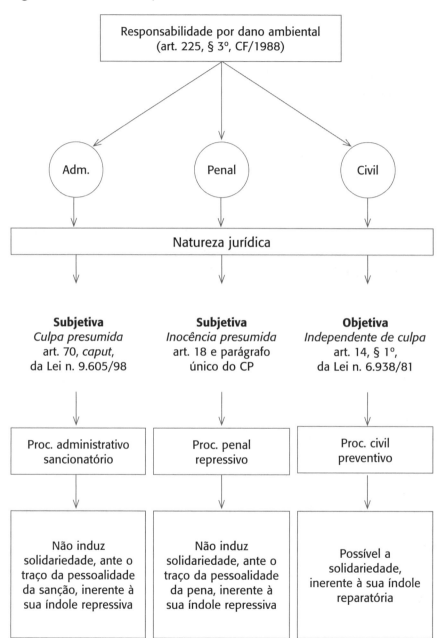

associações cidadãs – que preencham os requisitos mínimos para empreendê-la.

É o que veremos nas próximas páginas.

A AÇÃO CIVIL PÚBLICA E A DEFESA DO MEIO AMBIENTE

A Lei n. 6.938/81, ao definir a *Política Nacional do Meio Ambiente* e conceder legitimação ao Ministério Público para a ação de responsabilidade civil em face do poluidor por "danos causados ao meio ambiente" (art. 14, § 1º), estabeleceu, pela primeira vez em nosso país, uma situação concreta de *ação civil pública* assecuratória da higidez ambiental.

E o fez com a certeza de que nenhum outro interesse tem difusão maior do que o meio ambiente, que, como é curial, pertence a todos em geral e a ninguém em particular; sua proteção a todos aproveita, e sua postergação a todos em conjunto prejudica. É verdadeira *res communis omnium* (Ferraz, 1979).

Se a origem da ação civil pública ambiental está na Lei n. 6.938/81, de caráter eminentemente material, seu perfil definitivo e acabado ocorre com a Lei n. 7.347/85, de cunho processual.

A Lei n. 7.347/85 significou, sem dúvida, uma *revolução* na ordem jurídica brasileira, já que o processo judicial deixou de ser visto como mero instrumento de defesa de interesses individuais, para servir de efetivo mecanismo de participação da sociedade na tutela de situações fático-jurídicas de diferente natureza, vale dizer, daqueles conflitos que envolvem interesses supraindividuais – difusos, coletivos e individuais homogêneos.

Sem outra pretensão, a não ser dar uma visão panorâmica e prática da repercussão da Lei n. 7.347/1985 na proteção do meio ambiente, assinalaremos, a seguir, alguns pontos que nos parecem mais importantes para o perfeito encaminhamento da ação civil pública ambiental.

Objeto da ação

Objeto da ação vem a ser o *pedido* de providência jurisdicional que se formula para a proteção de determinado bem da vida.

O art. 3º da Lei n. 7.347/85, que só previa ações condenatórias (ao pagamento em dinheiro ou às obrigações de fazer ou não fazer), ficou ampliado a todas as espécies de ações capazes, no caso, de propiciar adequada e efetiva defesa do ambiente, no teor do art. 83 do CDC[1], aplicável à Lei da Ação Civil Pública (por força do art. 21 da Lei n. 7.347/85).

Como dito, na letra do referido art. 3º da Lei n. 7.347/85, a ação civil pública pode ter por objeto a condenação em dinheiro ou o cumprimento de obrigação de fazer ou não fazer.

O pedido de condenação em dinheiro pressupõe a ocorrência de dano ao ambiente, e só faz sentido quando a reconstituição do bem ambiental não seja viável, fática ou tecnicamente. Na condenação em pecúnia, a aferição do *quantum debeatur* indenizatório é matéria inçada de dificuldades, pois nem sempre é possível, no estágio atual do conhecimento, o cálculo da totalidade do dano. Quanto vale, por exemplo, uma floresta nativa que sucumbiu sob a violência do corte raso?

A regra, portanto, consiste em buscar-se, por todos os meios razoáveis, ir além da ressarcibilidade em sequência ao dano, garantindo-se, ao contrário, a fruição do bem ambiental. Assim, se a ação visar à condenação em obrigação de fazer (por exemplo, plantar árvores em áreas de preservação permanente; realizar reformas necessárias à conservação de bem tombado) ou de não fazer (por exemplo, parar a exploração de recursos naturais em unidades de conservação; estancar o lançamento de efluentes industriais em um rio), o juiz determinará o cumprimento da prestação da atividade devida ou a cessação da atividade nociva.

Tal não ocorrendo espontaneamente, a decisão judicial caminhará para uma execução específica, levando aos resultados buscados pela decisão judicial e resistidos pelo réu. Pode o juiz, porém, discricionariamente, substituir a execução específica pela imposição de multa diária, se esta for suficiente ou compatível, ainda que não pedida pelo autor, afastando-se, assim, na execução, do estrito princípio da demanda (art. 11 da Lei n. 7.347/85).

Anote-se que, malgrado o emprego da disjuntiva *ou* no texto do art. 3º da Lei n. 7.347/85, a sugerir pedidos alternativos, nada obsta, diante do caso concreto, pleiteie o autor o cumprimento de obrigação de fazer ou não fazer cumulado com o pedido indenizatório. Aliás, como o dano ambiental

---

[1] Art. 83 da Lei n. 8.078/90: "Para a defesa dos direitos e interesses protegidos por este Código são admissíveis todas as espécies de ações capazes de propiciar sua adequada e efetiva tutela".

DIREITO AMBIENTAL E SUSTENTABILIDADE

usualmente projeta efeitos a longo termo, há que se perseguir, por igual, na ação civil pública tendente a conjurá-lo, um duplo objetivo: estancar o fato gerador (por meio do cumprimento de obrigação de fazer ou não fazer) e imputar ao poluidor o ressarcimento monetário pelos estragos verificados (pedido indenizatório).

Legitimação ativa

O instituto da legitimação ativa sobre a matéria é previsto no art. 5º da Lei 7.347/85, com a nova redação determinada pelas Leis n. 11.448/2007 e n. 13.004/2014, que assim dispõe:

> Art. 5º Têm legitimidade para propor a ação principal e a ação cautelar:
> I – o Ministério Público;
> II – a Defensoria Pública;
> III – a União, os estados, o Distrito Federal e os Municípios;
> IV – a autarquia, empresa pública, fundação ou sociedade de economia mista;
> V – a associação que, concomitantemente:
> *a*) esteja constituída há pelo menos 1 (um) ano nos termos da lei civil;
> *b*) inclua, entre suas finalidades institucionais, a proteção ao patrimônio público e social, ao meio ambiente, ao consumidor, à ordem econômica, à livre concorrência, aos direitos de grupos raciais, étnicos ou religiosos ou ao patrimônio artístico, estético, histórico, turístico e paisagístico.

Parte a lei do princípio de que, nos casos em que há um titular de direitos subjetivos perfeitamente identificado, está ele legitimado processualmente para defender, em juízo, aquilo que é seu. Sim, pois o regime democrático, que supõe uma comunidade de seres humanos livres, deixa ao indivíduo, primeira e precipuamente, a resistência na defesa dos seus direitos. A cada um se facultam os meios de atuação e proteção dos próprios direitos[2].

Mas, diante de interesses ou direitos não individualizados, impessoais, supraindividuais – difusos ou coletivos – não se encontrava claramente alguém capaz de, em seu próprio nome, defendê-los, mormente em face do

---

[2] CPC, art. 3º: "Para propor ou contestar ação é necessário ter interesse e legitimidade". É dizer: para propor ação o autor deve revestir-se da condição de titular do direito material a ser discutido em juízo e demonstrar a necessidade de socorrer-se do judiciário para tanto.

óbice presente no art. 6º do CPC, que somente confere legitimidade para agir ao titular do direito ameaçado ou violado.

Nesses casos, particularmente no que se refere à tutela do meio ambiente, a liberalização dos mecanismos de legitimação *ad causam* foi uma das grandes inovações introduzidas pela Lei n. 7.347/85, que rompeu com o princípio tradicional da obrigatória coincidência entre os sujeitos da relação jurídico-material controvertida e os sujeitos do processo. De fato, além de conferi-la ao Ministério Público (que já a tinha desde a Lei n. 6.938/81), estendeu-a também a outras entidades públicas e privadas, entre as quais merece relevo lembrar as associações que tenham um mínimo de representatividade.

Essa legitimação é *concorrente* e *disjuntiva*, no sentido de que todos estão autorizados para a promoção da demanda e cada um pode agir isoladamente, sozinho, sem que seja necessária a anuência ou autorização dos demais. É o que, de resto, decorre do preceito insculpido no art. 129, § 1º, da Constituição da República, segundo o qual "a legitimação do Ministério Público para as ações civis previstas neste artigo não impede a de terceiros, nas mesmas hipóteses, segundo o disposto nesta Constituição e na lei".

Legitimação passiva

A lei considera *poluidora* a pessoa física ou jurídica, de direito público ou privado, responsável, direta ou indiretamente, por atividade causadora de degradação ambiental (art. 3º, IV, da Lei n. 6.938/81).

Logo, qualquer pessoa física ou jurídica, inclusive a Administração Pública, que venha a infringir normas de direito material protetoras do meio ambiente, pode ser parte passiva da ação ambiental.

O Poder Público poderá *sempre* figurar no polo passivo de *qualquer* demanda dirigida à reparação do meio ambiente, forte no preceptivo constitucional que lhe impôs o dever de preservá-lo e defendê-lo para as presentes e futuras gerações (art. 225, *caput*, da CF/88). Se ele não for responsável por ter ocasionado diretamente o dano, por intermédio de um de seus agentes, o será ao menos solidariamente, por omissão no dever de fiscalizar e impedir que tais danos aconteçam. Em tal conjuntura, poderá voltar-se regressivamente contra o agente que, por culpa, deu causa à danosidade ambiental, ou contra o direto causador do dano.

Litisconsórcio

Segundo a formulação clássica, o litisconsórcio qualifica-se como *ativo* (vários autores e apenas um réu), *passivo* (um autor e vários réus) ou *misto* (vários autores e vários réus)[3].

A Lei n. 7.347/85, no afã de fortalecer o mais possível a defesa dos interesses transindividuais, não apenas reconheceu a legitimação concorrente, como também facultou aos colegitimados, na relação processual, a união de forças para tão importante desiderato (art. 5º, §§ 2º e 5º).

Com efeito, o art. 5º, § 2º, da Lei n. 7.347/85 alude ao litisconsórcio ativo, reunindo dois ou mais colegitimados para o exercício da ação. Cuida-se, no caso, de litisconsórcio *facultativo* e *unitário*, já que nenhuma das partes pode recusar a presença de outra no mesmo polo processual, por terem a mesma causa de pedir e o mesmo pedido, e igualmente porque a sentença de mérito abrangerá todos os litisconsortes, não sendo lícito ao juiz decidir a lide de forma diferente para eles (art. 47 do CPC).

De igual modo, pode abrir-se ensejo ao litisconsórcio passivo, em ordem a figurar como réus na ação civil pública – em razão dos danos causados – tanto o responsável direto quanto o indireto.[4] Em regra, o litisconsórcio assim formado será de natureza *facultativa,* dado que, em decorrência da responsabilidade solidária vigorante em matéria reparatória ambiental, a juízo do autor da demanda, pode ser chamado para o polo passivo apenas um, alguns ou todos os responsáveis pela danosidade ambiental. Quem ficar de fora pode ser chamado, por via de regresso, a honrar a parcela de sua responsabilidade adimplida pelo(s) acionado(s).

Nada obstante tal entendimento, apoiado por iterativa jurisprudência do STJ[5], obtempera Marcelo Buzaglo Dantas (2010) não se poder descartar peremptoriamente a configuração do litisconsórcio *necessário*, tal qual se dá, por exemplo, quando, a par dos malefícios da fonte poluidora, também se

---

[3] Arts. 46 a 49 do CPC.

[4] Sobre a matéria, em conhecidíssimo aresto, decidiu o STJ: "A ação civil pública pode ser proposta contra o responsável direto, contra o responsável indireto ou contra ambos, pelos danos causados ao meio ambiente. Trata-se de caso de responsabilidade solidária, ensejadora do litisconsórcio facultativo (art. 46, I, do CPC) e não do litisconsórcio necessário (art. 47 do CPC)" (STJ, 2ª T., REsp n. 37.354-9/SP. Rel. Min. Antonio de Pádua Ribeiro, *DJ* 18.09.1995).

[5] Por exemplo: STJ, 1ª T., REsp n. 884.150/MT. Rel. Min. Luiz Fux, *DJe* 07.08.2008; 2ª T. REsp n. 1.079.713/SC. Rel. Min. Herman Benjamin, *DJe* 31.08.2009.

questione a higidez do ato que ensejou o seu funcionamento. Basta pensar, diz ele, em uma ação civil pública cujo objeto se consubstancia na obtenção da tutela específica da obrigação de não fazer, consistente na paralisação de uma atividade licenciada pelo órgão ambiental competente. Parece óbvio que a demanda há de contemplar um pedido de anulação do ato administrativo respectivo, o que enseja a necessidade de citação do órgão público integrante do Sisnama que expediu referida autorização, sob pena de nulidade do feito (art. 47, parágrafo único, do CPC). É que, caso tal não ocorra e a sentença porventura venha a julgar procedente o pedido, a licença outorgada pelo órgão ambiental será atingida pelo ato jurisdicional sem que este tenha tido a oportunidade de vir a juízo defender a legitimidade de seu ato. Nesse caso haveria, de uma só vez, ofensa aos princípios constitucionais do devido processo legal e do contraditório e ampla defesa (art. 5º, LIV e LV, da CF/88), bem como ao disposto no art. 472, 1ª parte, do CPC, segundo o qual "a sentença faz coisa julgada às partes entre as quais é dada, não beneficiando, nem prejudicando terceiro".

Deveras, nesses e em todos os casos em que a ação difusa evidenciar interesses de particulares que podem ter sua esfera jurídico-patrimonial atingida pelos efeitos da sentença, impõe-se, sob pena de inexistência do ato jurisdicional em relação a eles, a formação do litisconsórcio passivo necessário.

Litisconsórcio ministerial

O Ministério Público, como instituição nacional una e indivisível (art. 127, § 1º, da CF), tem legitimidade ativa para ajuizar as ações pertinentes ao acautelamento dos direitos e interesses relacionados com o meio ambiente, independentemente de sua atuação na União ou nos estados. Daí a expressa previsão legal do litisconsórcio facultativo entre os Ministérios Públicos da União e dos estados (art. 5º, § 5º, da Lei n. 7.347/85, acrescentado pelo art. 113 do CDC). Quer dizer, o Ministério Público estadual pode demandar na Justiça Federal, facultada igual iniciativa ao Ministério Público Federal, a propositura de ação civil pública na Justiça Estadual.

De fato, como bem assinala Kazuo Watanabe (1999),

desde que a defesa dos interesses e direitos difusos e coletivos esteja dentro das atribuições que a lei confere a um órgão do Ministério Público, a este é dado atuar em qualquer das Justiças, até mesmo em atuação conjunta com outro

886 | DIREITO AMBIENTAL E SUSTENTABILIDADE

órgão do Ministério Público igualmente contemplado com a mesma atribuição. A alusão ao *litisconsórcio* é feita, precisamente, para consagrar a possibilidade dessa atuação conjunta, com o que se evitarão discussões doutrinárias estéreis a respeito do tema e, mais do que isso, um inútil e absurdo conflito de atribuições, que não raro revela muito mais uma disputa de vaidades do que defesa efetiva da atribuição privativa de um órgão do Ministério Público.

A ideia do litisconsórcio entre ministérios públicos para a tutela do ambiente foi lançada em trabalho pioneiro que elaboramos em parceria com Antonio Augusto Mello de Camargo Ferraz e Hugo Nigro Mazzilli (1985), no VI Congresso Nacional do Ministério Público, em 1985. Nesse evento preconizávamos:

> Deve-se ensejar tanto ao Ministério Público Federal como ao Estadual a possibilidade de intervir, na qualidade de assistente litisconsorcial, na ação proposta pelo outro, para que, na tutela do ambiente, sejam consideradas e harmonizadas as necessidades nacionais e as peculiaridades regionais. A possibilidade de intervenção simultânea dos dois órgãos atende à necessidade de somar forças em defesa do meio ambiente e seria sob todos os aspectos proveitosa: a conjugação de esforços aumentaria em muito a eficiência da ação do Ministério Público e estabeleceria entre os dois setores da Instituição, até hoje estanques, um fecundo entrosamento.

Nesse particular, e atentos a que o dano ambiental nem sempre se circunscreve ao território de uma única unidade federativa, podendo, ao contrário, projetar efeitos (diretos ou indiretos) de largo espectro, nada obsta a formação de litisconsórcio também entre os Ministérios Públicos dos estados atingidos. Qual o impedimento, por exemplo, de o Ministério Público paulista ajuizar, em colaboração com seu congênere do estado do Mato Grosso do Sul, ação civil pública por dano ambiental decorrente de irregular funcionamento da Usina Hidrelétrica de Porto Primavera, situada na confluência dos dois estados?

Assistência

Os colegitimados à ação civil pública que quiserem participar do processo intentado por outro aparecerão na relação processual na qualidade de *assistentes litisconsorciais,* dado inadmitir-se, em nosso sistema, a constituição superveniente de litisconsórcio facultativo unitário.[6]

O particular não pode ingressar na ação civil pública como *assistente simples* (ou adesivo), na medida em que pessoalmente não será prejudicado em seu direito. Nem mesmo como *assistente litisconsorcial,* já que, por não figurar entre os legitimados à propositura da ação civil pública, não poderia participar de um litisconsórcio facultativo unitário. A propósito, Rodolfo de Camargo Mancuso (2011) entende faltar-lhe interesse processual, certo de que "o objeto judicializado não lhe pertine individualmente, nem poderá, em execução, ser 'fracionado' para que lhe seja atribuída sua 'quota-parte', como se dá no pleito envolvendo interesses *individuais homogêneos* – art. 97 do CDC".

Registre-se, no entanto, não estar o particular impedido de agir em defesa do meio ambiente, com arrimo na legislação de regramento da ação popular (Lei n. 4.717/65), mais ainda após a Constituição de 1988, que expressamente previu a hipótese (art. 5º, LXXIII, da CF).

Interesse processual

Com relação ao interesse processual, que deve estar presente para que se possa propor e ver julgada a ação ambiental, está ele, no caso do Ministério Público, implícito na legitimidade concedida pela lei para a defesa, perante o Judiciário, dos interesses indisponíveis da sociedade.

Com efeito, como a participação do Ministério Público no processo é *sempre* ditada pelo interesse público, está implícita, na legitimidade concedida pela lei, a existência do interesse processual, isto é, a necessidade, em nome do interesse público, de pedir a tutela jurisdicional (Ferraz, Milaré, Nery Junior, 1984).

Para os demais legitimados isso não acontece, devendo, em cada caso, ser demonstrado o interesse específico de cada um deles na defesa de determinado bem sob ameaça de agressão ou que esteja sendo violado.

Quanto às associações, esse interesse para agir tem clara vinculação com os objetivos estatutários da entidade. Já na hipótese dos órgãos públicos e outros legitimados de caráter público, haveria, *in casu,* uma espécie de "in-

---

[6] Art. 54 do CPC e Nery Junior e Nery (2014).

teresse para agir institucionalmente determinado", ou seja, o interesse decorre da vocação institucional do legitimado potencial.

Nessa linha de raciocínio, parece claro que o estado de São Paulo não tem por que propor demanda ambiental em relação a um dano circunscrito a Minas Gerais. Por igual, também parece evidente inexistir interesse da Petrobras, por exemplo – como sociedade de economia mista e, portanto, tecnicamente legitimada para a ação ambiental (art. 5º, IV, da Lei n. 7.347/85) –, para promover qualquer medida judicial tendente a conjurar ameaça de dano ao Rio Tietê. Visível, entretanto, seu interesse na hipótese de dano ambiental causado por petroleiro pertencente a terceiros em área de sua atuação institucional e que prejudique, direta ou indiretamente, o exercício de suas missões originais.

Competência

A ação civil pública em defesa do ambiente deve ser aforada no lugar onde ocorreu ou deva ocorrer o dano, segundo se extrai da interpretação conjugada dos arts. 2º da Lei n. 7.347/85 e 93, I, da Lei n. 8.078/90.

Insta observar, no entanto, que o correto encaminhamento da ação ambiental não pode se adstringir apenas à questão da *competência de foro*, mas deve ter presentes também as regras definidoras da *competência de jurisdição*, muitas delas disciplinadas nas reformas constitucional e legal operadas sobre a matéria depois da Lei da Ação Civil Pública de 1985.[7]

Competência de foro

Foro competente vem a ser "a circunscrição territorial judiciária em que a causa deve ser processada" (Carneiro, 1989), chamada *comarca*, nas Justiças Estaduais, e *seção judiciária*, na Justiça Federal (Mirra, 2001).

Como dito, é da Lei n. 7.347/85, art. 2º, que "as ações previstas nesta Lei serão propostas no foro do local onde ocorrer o dano, cujo juízo terá competência funcional para processar e julgar a causa".

Por trás da regra do local do dano identificamos, como seu fundamento, a busca da eficiência da implementação ambiental. Não só os implementadores situados na área da danosidade têm, como regra, uma adequação

---

[7] Vide arts. 102, I, *f,* 109, I, III, XI e §§ 3º e 4º, da CF; art. 93, I e II, da Lei n. 8.078/90.

psicológica mais acertada ("o que os olhos não veem o coração não sente", diz o adágio popular), como os elementos probatórios são mais facilmente recolhidos e utilizados.

Estabeleceu-se, a bem ver, uma regra de competência *territorial funcional*, no sentido

de deixar claro que qualquer outro foro é incompetente de maneira absoluta, porque uma das características da chamada competência funcional é exatamente esta: quando um órgão tem competência funcional, nenhum outro órgão pode tornar-se competente, isto é, todos os outros órgãos são absolutamente incompetentes (Moreira, 2000).

Em verdade, o legislador juntou dois critérios determinadores de competência que, normalmente, aparecem separados:

um – *do local do fato* – conduz à chamada competência 'relativa', *prorrogável*, porque fundada no critério *território*, estabelecida alguma vez em função do interesse das partes; outro – *da competência funcional* – leva à chamada competência 'absoluta', improrrogável e inderrogável, porque firmada em razões de ordem pública, onde se prioriza a higidez do *próprio processo* (Mancuso, 2011).

Competência de jurisdição

A jurisdição, como expressão do poder estatal, é uma só e não comporta, em princípio, divisões. No entanto, com vistas à melhor atuação da função jurisdicional e divisão racional do trabalho, foram instituídos organismos distintos, entregando-se a cada um deles um setor da grande "massa de causas" que precisam ser processadas no país (Cintra, Grinover, Dinamarco, 2000). Distingue-se, então, a *Justiça comum* (estadual e federal) da *Justiça especial* (do Trabalho, Eleitoral, Militar).

Cumpre, assim, no encaminhamento da demanda, bater na porta da Justiça certa,[8] de modo a se evitar os conhecidos incidentes e conflitos que tanto procrastinam a prestação jurisdicional.

---

[8] Adiante-se, de logo, que as ações coletivas não são admissíveis nos Juizados Especiais Cíveis, segundo Enunciado n. 32 do Fórum Permanente de Juízes Coordenadores dos Juizados Especiais Cíveis e Criminais do Brasil (*DOE Just.* 13.12.2002, Caderno 1, p. 1).

À Justiça Federal estão afetas as causas arroladas no art. 109 da CF, ficando para a Justiça dos estados aquelas não atribuídas de maneira expressa à primeira ou aos órgãos das justiças especiais.

Portanto, aos juízes federais compete processar e julgar:

(I) "As causas em que a União, entidade autárquica ou empresa pública federal forem interessadas na condição de autoras, rés, assistentes ou oponentes" (art. 109, I, da CF).

O *interesse* a que se refere a Constituição para firmar a competência da Justiça Federal há de se revelar qualificado, não bastando de modo algum a mera alegação de um interesse vago ou indeterminado. É preciso, numa palavra, que o interesse daquelas entidades as coloque na posição de *autoras, rés, assistentes* ou *oponentes* (Moreira, 2000, Mazzilli, 2012)[9]. Assim, por exemplo, como bem lembra Hamilton Alonso Jr., a simples titularidade do imóvel onde se deu o dano ambiental "não gera o interesse jurídico previsto no art. 109, I, da CF, pois o interesse que se visa a tutelar com a ação civil pública é o patrimônio comum de todos (art. 225 da CF) e não o patrimônio da pessoa jurídica de direito público".

(II) As demandas ambientais envolvendo controvérsias decorrentes de tratado ou contrato da União com estado estrangeiro ou organismo internacional (art. 109, III, da CF).

(III) Aquelas que veiculem disputas sobre direitos globais dos indígenas (art. 109, XI, da CF).

Registre-se, a propósito da matéria, o comando inserto no art. 102, I, *f*, da CF, no teor do qual as causas e os conflitos entre a União e os estados, a União e o Distrito Federal, ou entre uns e outros, inclusive as respectivas entidades da administração indireta, que a competência para processar e julgar a ação civil pública fica a cargo do STF. Assim, obras hidráulicas para exploração de recursos hídricos (por exemplo, a construção de barragens, abertura de canais, retificação de cursos de água, abertura de barras e em-

---

[9] Advirta-se que, por não previstas no dispositivo, as sociedades de economia mista federais e as fundações públicas que não ostentam natureza autárquica têm seus litígios veiculados na Justiça Estadual (Súmulas ns. 251, 508, 517 e 556 do STF).

bocaduras etc.) na área de influência do Rio Paraguai, no estado do Mato Grosso, podem afetar a região pantaneira do vizinho abaixo, o estado de Mato Grosso do Sul, e ensejar a intermediação do Supremo Tribunal Federal para a composição de eventual disputa entre eles.

Valor da causa

Como é sabido, toda causa deve ter um valor cifrado em moeda, por força do que dispõe o art. 258 do CPC. À sua vez, o art. 259 do CPC estabelece que o valor da causa obedece ao critério do proveito econômico da demanda e deve ser fixado pelo autor, prestando-se a determinar a competência (art. 91 do CPC), o procedimento a ser observado (art. 275, I, do CPC), as custas processuais (art. 19 do CPC) e os honorários de advogado pela sucumbência (art. 20 do CPC).

O mesmo critério é adotado quando se trata de ação civil pública.

Aliás, como bem lembra Eduardo Henrique de Oliveira Yoshikawa (2008), admitindo a ação civil pública a formulação de pedido de condenação ao pagamento de quantia em dinheiro ou ao cumprimento de obrigação de fazer ou não fazer, o valor da respectiva causa há de obedecer, conforme o caso, ao inc. I ou ao inc. V do citado art. 259 do CPC, ou, eventualmente, a ambos, em caso de cumulação.

Entretanto, como já expusemos alhures, em alguns casos é extremamente difícil ou mesmo impossível estimar-se, logo nos primeiros passos de uma ação civil pública ambiental, o valor total do dano a ser reparado ou indenizado, ou da obrigação de fazer ou não fazer que se pretende impor ao réu. Isso porque o meio ambiente, além de ser um bem essencialmente difuso, possui em si valores intangíveis e imponderáveis que escapam às valorações econômicas e financeiras, revestindo-se de uma dimensão simbólica e quase sacral.

Nas causas cíveis em geral, quando não houver possibilidade de mensuração imediata do proveito econômico envolvido na demanda, o valor dado à causa deverá ser meramente indicativo para fins de alçada, de forma que não seja atingida quantia exorbitante. Essa é a orientação jurisprudencial adotada na generalidade das demandas[10], inclusive as ambientais, por determinação do art. 19 da Lei n. 7.347/85, que autoriza a aplicação subsi-

---

[10] Confira-se: TJRS, 6ª Câm. Civ., AgIn 70022228639. Rel. Des. Ubirajara Mach de Oliveira, *DJ* 24.01.2008; TJSP, 16ª Câm. de Direito Privado. AgIn 7117089100. Rel. Des. Candi-

892 DIREITO AMBIENTAL E SUSTENTABILIDADE

diária do Código de Processo Civil à ação civil pública, naquilo que não a contrarie.

Assim, à vista da impossibilidade de se mensurarem economicamente o meio ambiente ou os efetivos e potenciais danos ambientais, deve-se sempre atribuir às ações civis públicas ambientais um valor apenas simbólico, limitado a estimativa plausível, em homenagem ao princípio da razoabilidade, que orienta o direito processual civil.

Convém, por fim, lembrar que, por se tratar de matéria de ordem pública, pode o magistrado, de ofício, fixar o valor da demanda quando a quantia atribuída pela parte autora não encontrar correlação com o proveito econômico da causa[11].

Distribuição do ônus da prova

A distribuição do ônus da prova nas lides ambientais, por não contar com regra própria na lei de regência, obedece, forte no princípio da subsidiariedade (art. 19 da Lei n. 7.347/85), à disciplina do art. 333 do CPC, segundo o qual "o ônus da prova incumbe: I – ao autor, quanto ao fato constitutivo do seu direito; II – ao réu, quanto à existência de fato impeditivo, modificativo ou extintivo do direito do autor". Vale dizer, cada litigante tem o ônus de provar os pressupostos fáticos do direito que pretende seja aplicado pelo juiz na solução do litígio.

Trata-se, a bem ver, de norma erigida à luz de um processo concebido sob a ótica dos direitos privados e da igualdade formal, que não se ajusta bem à realidade de relações de massa, discutidas em sede de ação civil pública.

Daí que, por se tratar de regra geral, a disciplina do Código de Processo Civil sobre a distribuição do ônus da prova está sujeita a exceções.

Uma delas vamos encontrar na Lei n. 8.078/90, que, seguindo a tendência do moderno processo civil, estabeleceu, entre outros direitos básicos do consumidor,

---

do Pedro Alem Júnior, *DJ* 14.05.2007; TRF-4ª Reg, 4ª T. AgIn 2003.04.01.058318-0/PR. Rel. Des. Valdemar Capeletti, *DJU* 12.01.2005.

[11] Vide, neste sentido, STJ, 3ª T. REsp. 55.288/GO, Rel. Min. Castro Filho, *DJ* 13.10.2002.

a facilitação da defesa de seus direitos, inclusive com a inversão do ônus da prova, a seu favor, no processo civil, quando, a critério do juiz, for verossímil a alegação ou quando for ele hipossuficiente, segundo as regras ordinárias de experiência (art. 6º, VIII).

Indaga-se, então, se esta regra especial do Código de Defesa do Consumidor também não se aplicaria em matéria ambiental, dada a inter-relação entre a Lei n. 7.347/85 e o Título III da Lei n. 8.078/90, diplomas esses que, em consonância com a Constituição Federal de 1988, criaram um microssistema processual especificamente destinado à tutela dos interesses difusos, coletivos e individuais homogêneos.

A questão não é pacífica.

Contra a inversão do ônus da prova militam consideráveis argumentos:

O primeiro deles é textual e decorre da própria redação do art. 21 da Lei n. 7.347/85, que se refere apenas aos dispositivos do Título III da Lei n. 8.078/90, deixando de incluir o art. 6º, VIII, do CDC. Essa constatação, por si só, é suficiente para que tal dispositivo não seja aplicado às ações civis públicas ambientais[12], por força do princípio da legalidade e pelas regras do direito positivo.

O segundo baseia-se no fato de que a inversão do ônus da prova constitui um gravame para o réu. Sendo assim, a regra do art. 6º, VIII, do CDC não pode ser aplicada extensiva ou analogicamente às ações civis públicas que não envolvam relações de consumo, dado que é vedada a interpretação analógica ensejadora de restrição a direitos.

Outro importante argumento está relacionado à influência que o direito material consumerista exerce sobre as regras processuais do Código de Defesa do Consumidor, que se destinam a reequilibrar a relação entre consumidor e fornecedor[13]. Com efeito, a inversão do ônus da prova é um dos mecanismos que revelam a nítida aproximação entre os direitos material e processual nas relações de consumo, "na medida em que esta [a inversão] faz com que os recursos da tutela jurisdicional sejam compatíveis com o direito material discutido no processo" (Ribeiro, 2004). Nessa esteira, partindo do pressuposto de que a inversão do ônus da prova encontra sua justificativa na

---

[12] Nesse sentido, ver: Grinover (1993).

[13] Tanto que a inversão do ônus da prova vem disciplinada no art. 6º do CDC, que trata dos direitos básicos do consumidor, e não no Título III, que dispõe sobre a defesa do consumidor em juízo.

relação (material) de consumo, pode-se concluir que a "regra dispondo sobre a inversão do ônus da prova é norma de direito processual-material, incluindo-se entre aquelas normas do processo que são diretamente relacionadas e influenciadas pelos elementos e pela disciplina da relação jurídica material respectiva e que, como tais, não podem ser dissociadas do direito substancial debatido no processo" (Ribeiro, 2005). Assim, a inversão do ônus da prova constitui mecanismo de facilitação da defesa do consumidor em juízo, tendo em vista as peculiaridades da relação entre este e o fornecedor, não se podendo estender um elemento da relação jurídica material de consumo a todas as outras demandas coletivas, em que se discutem outros direitos substanciais. Realmente, as demais relações jurídicas tuteladas pela Lei n. 7.347/85 não se caracterizam necessariamente por um desequilíbrio entre os litigantes a ser restabelecido – em que pese a relevância do bem jurídico em jogo. Tampouco, a dificuldade probatória de uma das partes corresponde à facilidade da outra. Há casos em que a prova é de difícil produção para ambas as partes. Nessa hipótese, impor ao réu o ônus da prova, sem que haja previsão expressa de lei, e sem que a relação de direito material assim o requeira, é atentatório do princípio da isonomia (afinal, se não há desigualdade a reequilibrar, a inversão do ônus da prova é que causará um desequilíbrio e, por conseguinte, uma desigualdade).

A seu turno, a justificar a inversão do ônus da prova, alinham-se também importantes razões:

A primeira se vale de uma interpretação sistemática, ontológica e teleológica, no sentido de que o art. 21 da Lei n. 7.347/85, quando se referiu ao Título III da Lei n. 8.078/90, disse menos do que queria (*lex minus dixit quam voluit*), pois, em verdade, queria dizer que se aplicam à LACP as "normas processuais" do CDC, o que abrange a regra relativa à inversão do ônus da prova, que tem caráter nitidamente processual.

A segunda está relacionada ao princípio da precaução, norteador do Direito Ambiental, segundo o qual a ausência de certeza científica absoluta não deve servir de pretexto para procrastinar a adoção de medidas efetivas visando evitar a degradação do meio ambiente[14]. Com base nesse princípio, o critério da certeza é substituído pelo critério da probabilidade, com vistas a resguardar, o máximo possível, a integridade do ambiente, eximindo o autor da ação civil pública ambiental de provar o receio de dano. Aqui, conforme já tivemos oportunidade de sustentar, a incerteza científica milita em

---

[14] Nesse sentido, ver: Guetta (2013).

favor do ambiente, carregando-se ao interessado o ônus de provar que as intervenções pretendidas não trarão consequências indesejadas ao meio considerado.

Do exposto, duas conclusões podem ser extraídas sobre a inversão do ônus da prova em matéria ambiental: a primeira condiz com a inexistência de disposição expressa de lei que a sustente, tratando-se de um gravame para o réu; a segunda, diz que é necessário e premente que a lei discipline o assunto, tendo em vista a relevância do interesse em jogo.

Considerando-se que a qualidade de vida das presentes e futuras gerações depende, inquestionavelmente, do equilíbrio ecológico e da integridade do ambiente, dúvida não há que a sua proteção é um meio de garantir a própria existência da espécie humana. Ora, seguindo esse raciocínio, é de se admitir que são bem-vindos todos os instrumentos que possam auxiliar na defesa do meio ambiente, inclusive a inversão do ônus da prova, como mecanismo facilitador de sua proteção.

Todavia, por mais justificável que seja do ponto de vista filosófico a inversão do ônus da prova em favor da defesa dos valores ambientais, não se pode aplaudir irrestritamente qualquer violência aos cânones do estado de Direito.

Sim, porque os cidadãos têm direitos e eles precisam ser respeitados.

Como visto, é princípio jurídico assente não se poder socorrer de analogia quando esta leve à restrição de direitos. Atualmente, a inversão do ônus da prova em matéria ambiental, segundo a rigorosa dicção do art. 21 da Lei n. 7.347/1985, violenta postulados básicos, como o devido processo legal e a isonomia das partes.

Para que se resguarde o estado de Direito, de um lado, e se assegure a defesa do meio ambiente, de outro, a inversão do ônus da prova, no caso, está a desafiar regra legal expressa, a exemplo do que fez o Código de Defesa do Consumidor nas relações de consumo.

Até porque, conforme também já salientamos alhures, o Direito Ambiental não pode contentar-se em ser um "meio direito", valendo-se sempre do adjutório dos outros ramos da Ciência Jurídica para poder sustentar-se. Assim, não surpreenderá que o caminho a prosseguir conduza e justifique a instituição legal de um sistema assentado na inversão do ônus da prova, à semelhança do que já ocorre entre nós em tema de relações de consumo[15].

---

[15] Comungam desse sentir, entre outros: Ferraz (1979), Sampaio (1998) e Leite e Ayala (2010).

DIREITO AMBIENTAL E SUSTENTABILIDADE

Esse é o repto que urge ser enfrentado pelos nossos legisladores e tribunais, ante a certeza de que "em todos os casos duvidosos, que são mais numerosos do que se pensa, sucumbe a parte a quem toca a obrigação de provar" (Dias,1983).

Desistência ou abandono da ação

Estabelece o § 3º do art. 5º da Lei n. 7.347/85[16] que, "em caso de desistência infundada ou abandono da ação por associação legitimada, o Ministério Público ou outro legitimado assumirá a titularidade ativa".

A desistência, na expressiva palavra de Nelson Nery Jr. (1999), "é a revogação do requerimento de prestação da tutela jurisdicional feito de modo privativo pelo autor depois de ajuizada a ação". Depende de manifestação expressa e fundamentada do autor.

O abandono, que se caracteriza pela negligência na condução do processo, ocorre nos casos previstos em lei (art. 267, II e III, do CPC) e independe da manifestação de vontade do autor.

O controle da desistência da ação é ato do juiz: antes da citação, não depende da concordância do réu; depois da citação só será homologada com a sua anuência (art. 267, § 4º, do CPC, c/c o art. 19 da Lei n. 7.347/85). Em caso de revelia, mesmo sem anuência da parte contrária, pode o autor desistir da ação. Homologada, ocorre a extinção do processo sem resolução do mérito (art. 267, VIII, do CPC), a ensejar a repropositura da demanda, havendo provas novas.

A lei fala de abandono ou desistência da ação por "associação legitimada", na suposição preconceituosa de que apenas em relação a elas é que existirá tal possibilidade, quando, em verdade, isso poderá ocorrer com qualquer das outras entidades legitimadas, inclusive com o Ministério Público.

Superior, nesse passo, é a solução alvitrada pela Lei n. 7.853/89 que, ao tratar da ação civil pública para tutela dos interesses difusos e coletivos ligados às pessoas portadoras de deficiência, enfatizou: "Em caso de desistência ou abandono da ação, qualquer dos colegitimados pode assumir a titularidade ativa" (art. 3º, § 6º, da Lei n. 7.853/89). Em primeiro lugar, porque elimina qualquer dúvida quanto à possibilidade de desistência ou abandono da ação por qualquer dos colegitimados, uma vez que, não sendo titula-

---

[16] Segundo a redação que lhe deu o art. 112 do CDC.

res do direito material que defendem, estão em idêntica situação processual e, portanto, em absoluto pé de igualdade. Ao admitir-se a possibilidade para um, não há como negá-la para os demais. De fato, sobre inexistir vedação legal para tanto, tal circunstância pode ocorrer em favor do interesse público: perda do objeto, ação mal proposta ou malparada (visando à desistência, nesse caso, uma eventual repropositura, com renovação, ampliação ou modificação do pedido, com melhor indicação da causa de pedir ou com inclusão de outros legitimados passivos), propositura por erro ou por engano (Mazzilli, 2012). Afinal, o que se veda "é a renúncia ao direito ou reconhecimento do pedido – que envolvem o direito material – e não a renúncia a faculdades meramente processuais, que deixam incólume o direito material" (Nery Junior e Nery, 1993). Em segundo lugar, porque permite um juízo de valor ou a aferição da razoabilidade tanto da desistência (é fundada?) quanto do abandono (é justificado?), a possibilitar a assunção da ação por outro colegitimado.

Diante disso, cabe então indagar se o Ministério Público, como parece indicar a Lei, estaria obrigado a assumir a titularidade ativa da demanda, em caso de abandono ou desistência por parte dos demais legitimados.

Por coerência e lógica, entendemos que o mesmo princípio a ser observado no *ajuizamento* (obrigatoriedade mitigada) deve imperar no *prosseguimento* da demanda. Realmente, importaria em verdadeiro absurdo o fato de o órgão ministerial não ser obrigado a *propor* a ação (art. 9º, *caput*, da Lei n. 7.347/85), mas ver-se impelido a *assumir* seu controle, quando esta é ajuizada e se torna objeto de imediata desistência por associação (ou qualquer outro legitimado), por mais desarrazoada e sem fundamento que seja (Mazzilli, 2012).

De tal arte, o "assumirá", constante do § 3º do art. 5º da Lei n. 7.347/85 sob comentário, deve ser lido como "poderá assumir".

Desistindo da ação o Ministério Público, ou recusando-se a assumi-la em caso de desistência por parte de um dos colegitimados ativos, tem-se entendido, por analogia ao sistema de controle da não propositura da ação (art. 9º e seus parágrafos da Lei n. 7.347/85), ser exigível do órgão ministerial colher a ratificação do Órgão Superior de Revisão, que designará, caso discorde dos posicionamentos adotados, outro membro do *Parquet* para oficiar no feito. É que, dizem, se para o menos (não propositura da ação, com arquivamento do inquérito ou de peças informativas) exige a lei a homologação do Órgão Superior, com maior razão há que buscá-la para o mais (desistência ou recusa de assunção de demanda já proposta) (Mazzilli, 2012).

DIREITO AMBIENTAL E SUSTENTABILIDADE

Tal alvitre, segundo nos parece, pode ensejar ranhura no princípio do *promotor natural*, pois, de acordo com a hermenêutica, é de se desconsiderar toda interpretação analógica que possa representar restrição de direito.

Quid inde, e se o juiz não concordar com a desistência da ação civil pública pelo Ministério Público?

Alternativa não restará senão a interposição de recurso à Superior Instância do Judiciário, já que a solução alvitrada no sentido de se submeter a questão à Instância Revisional do Ministério Público implicaria indébita intromissão de órgão da administração na seara jurisdicional.

Transação

O compromisso de ajustamento de conduta, previsto no § 6º do art. 5º da Lei n. 7.347/85, com desenganada natureza jurídica de transação híbrida, pode não só evitar a propositura de ação civil pública, como também pôr-lhe fim (ação em andamento).

De fato, admitindo a lei que se tome extrajudicialmente do causador do dano o compromisso de ajustar sua conduta, sob cominações, nada impede, por igual, que sobrevenha transação judicial nessas mesmas hipóteses, caso o acionado espontaneamente assuma em juízo uma obrigação de fazer ou não fazer, em troca da extinção do processo de conhecimento (nesse caso, desaparecerá o interesse de agir, com a homologação da transação, que será título executivo judicial) (Mazzilli, 2012).

A transação judicial tanto pode dar-se *no processo* como em *procedimento avulso* levado à homologação judicial, observados todos os requisitos de validade exigidos para o ajuste extrajudicial. Assim:

A) Indispensabilidade de cabal esclarecimento dos fatos, de modo a ser possível a identificação das obrigações a serem estipuladas, já que desfrutarão de eficácia de título executivo judicial.

B) Necessidade da integral reparação do dano, em razão da natureza indisponível do direito violado; "a esfera passível de ajuste fica circunscrita à forma de cumprimento da obrigação pelo responsável, isto é, ao modo, tempo, lugar e outros aspectos pertinentes" (Vieira, 2002)[17].

---

[17] No ponto, como bem apreendeu Rodolfo de Camargo Mancuso (2011): "A 'transação' possível é aquela feita ao pressuposto de que o núcleo essencial do interesse metaindi-

C) Obrigatoriedade da estipulação de cominações para a hipótese de inadimplemento, em valor suficiente e necessário para coibir o descumprimento da medida pactuada.

D) Anuência do Ministério Público, na condição de *custos legis*, nas demandas ambientais interpostas pelos colegitimados.

ANTECIPAÇÃO DA TUTELA

Como acentuam Nelson Nery Jr. e Rosa Nery (2014),

> a tutela antecipada dos efeitos da sentença de mérito não é tutela cautelar, porque não se limita a assegurar o resultado prático do processo, nem a assegurar a viabilidade da realização do direito afirmado pelo autor, mas tem por objetivo conceder, de forma antecipada, o próprio provimento jurisdicional pleiteado ou seus efeitos.

E concluem:

> Além de ser medida distinta das cautelares, a tutela antecipatória também não se confunde com o julgamento antecipado da lide (art. 330 do CPC). Neste, o juiz julga o próprio mérito da causa, de forma definitiva, proferindo sentença de extinção do processo com apreciação da lide (art. 269 do CPC). Nos casos do art. 273 do CPC, o juiz antecipa os efeitos da sentença de mérito, por meio de decisão interlocutória, provisória, prosseguindo-se no processo. No julgamento antecipado da lide há sentença de mérito, impugnável por apelação e sujeita à coisa julgada material; na tutela concedida antecipadamente há decisão interlocutória, impugnável por agravo e não está sujeita à coisa julgada material.

Observe-se que, em se tratando de processos coletivos, o instituto ganha ainda mais relevância, já que imprescindível para o alcance, pela coletividade, da tutela jurisdicional efetiva, segundo critérios de adequação e tempestividade. E se a regulação da vida em sociedade está a depender das ações coletivas, garantir a produção de um resultado justo e efetivo, muitas

---

vidual venha resguardado, ou seja, que o *resultado prático* alcançado coincida ou fique o mais próximo possível daquele que seria obtido com o cumprimento da sentença judicial".

vezes obtido por meio de decisões antecipatórias, é medida que se impõe. No caso específico das ações civis públicas ambientais, dadas as características da indisponibilidade e da impossibilidade ou dificuldade de reparação que marcam o respectivo bem da vida, o que se percebe da prática forense é que muitas vezes a concessão da tutela antecipada se mostra como a única medida apta a garantir que o processo possa produzir os resultados almejados pela tutela material[18].

Diferentemente do que ocorre no âmbito do processo civil ortodoxo, em que a tutela antecipada se fulcra no mencionado art. 273 do CPC, em sede de processos coletivos, a ação civil pública de natureza ambiental tem o seu fundamento principal no art. 84, § 3º, do CDC, segundo o qual, "sendo relevante o fundamento da demanda e havendo justificado receio de ineficácia do provimento final, é lícito ao juiz conceder a tutela liminarmente ou após justificação prévia, citado o réu". Este, portanto o dispositivo legal que deve servir de norte para a apreciação de pleitos de tutela antecipada em ações coletivas.

Na realidade, como bem observa Mauricio Guetta (2012) em trabalho monográfico sobre o tema, após analisar o instituto à luz do Microssistema de Processos Coletivos e da aplicação subsidiária do Código de Processo Civil, "o regramento jurídico aplicável à tutela antecipada em sede de ação civil pública ambiental encontra lugar no art. 12 da Lei n. 7.347/85, no art. 84, § 3º, da Lei n. 8.078/90, bem como no art. 273, II e §§ 1º, 2º, 3º, 4º, 5º, 6º e 7º, e no art. 461-A e seus §§ 1º, 2º e 3º, todos do CPC, além das disposições relacionadas à efetivação do provimento antecipatório".

São dois, portanto, os pressupostos autorizadores para a concessão de tutela antecipada em ações civis públicas ambientais: (I) relevância da fundamentação e (II) *periculum in mora*.

O primeiro deles, *a relevância da fundamentação*, consiste na autorização conferida pelo legislador para que o magistrado, diante da necessidade de decidir imediatamente, aprecie as alegações do autor sob a ótica da probabilidade, e não da certeza (relativa), que marca o grau de cognição jurisdicional presente no momento da prolação da sentença.

O segundo pressuposto, *o justificado receio de ineficácia do provimento final*, comumente chamado de *periculum in mora*, estará presente quando a parte demonstrar, diante dos fatos e provas apresentados, que a proteção do direito material objeto da demanda não pode aguardar o desenvolvimento

---

[18] Nesse sentido, ver: Mirra (2011).

de todo o trâmite processual até a prolação da sentença. Dessa forma, para a sua demonstração, deve o autor convencer o magistrado de que a tutela antecipada é medida imprescindível para evitar a ocorrência de danos, ou até mesmo a dispersão dos efeitos do fato, ato ou atividade danosa.

Aliás, sobre a preocupação preventiva da Lei da Ação Civil Pública, Barbosa Moreira (2000), com a peculiar elegância, disse:

> Quando se fala, no art. 1º, em responsabilidade por danos, poderia parecer à primeira vista que se trata aqui apenas de procurar o ressarcimento de algum dano já causado. Mas não é disso só que se trata – e até diria que não é disso principalmente que se trata – porque estes interesses, entre outras características, têm a de que, as mais das vezes, precisam ser protegidos antes de consumada a lesão. Isto fica muito nítido no que tange ao meio ambiente (...). De modo que a tutela desse tipo de interesses tem de ser essencialmente, primariamente, de natureza preventiva. Ela tem que acudir antes que a ameaça se converta em realidade e só secundariamente, subsidiariamente, quando não for possível isto, então sim, vamos pensar em uma espécie da ficha de consolação, que é a condenação pecuniária".

Ainda sobre a matéria, convém ter presentes as ponderações de Antonio Raphael Silva Salvador (1997), quando averba:

> Possíveis as liminares, temos a certeza de que os nossos juízes irão delas cuidar com a maior atenção, compreendendo que sua concessão deve ser feita quando evidente o *periculum in mora*, mas perigo real, que não pode ser maior do que o perigo resultante de liminares que suspendam atuações regulares do Poder Público, de liminares que tragam danos maiores do que aqueles que se pretende evitar.

Lembre-se, todavia, que o juiz, ao apreciar a presença daqueles requisitos, deverá sopesar o *periculum in mora* de cada parte, avaliando pela *proporcionalidade* o direito que merece tutela e proteção.

Quando da apreciação de pleitos antecipatórios, além de verificar a presença dos referidos pressupostos processuais, deve o julgador ponderar se a medida requerida tem caráter irreversível, fato este que, se constatado, pode vir a impedir o seu deferimento, dependendo do caso concreto. Pense-se, por exemplo, em demanda com pedido de tutela antecipada consistente na demolição de obras iniciadas sem a devida licença de instalação. Nesse caso, ainda que as obras não disponham de licença ambiental (e, por vezes, a instalação independerá mesmo de licença – como ocorre com os edifícios residenciais), uma decisão determinando a demolição delas seria irreversível e, por essa razão, recomenda o bom senso que o juiz não deva determinar a demolição desde logo. Quando muito, convencido da verossimilhança das alegações e do perigo de dano, poderia conceder a tutela antecipada, determinando a sua suspensão.

Ao conceder a tutela antecipatória, deverá o juiz motivar adequadamente sua decisão,[19] indicando, *quantum satis*, o porquê da relevância da fundamentação e do justificado receio de ineficácia do provimento final, sob pena de nulidade da decisão. Com efeito, se a falta de motivação em decisões antecipatórias proferidas em processos de natureza individual deve ser amplamente combatida, como previsto pelo art. 165 do CPC, em ações coletivas ambientais a inobservância do referido princípio constitucional "mostra-se ainda mais grave, uma vez que afeta toda a coletividade, titular do bem ambiental, e desconsidera a multiplicidade de interesses envolvidos na lide, inclusive sob a perspectiva de que as lides coletivas ambientais geralmente têm grande repercussão na sociedade" (Guetta, 2012).

No que tange à concessão de medidas antecipatórias de tutela contra atos do Poder Público, cumpre lembrar que a Lei n. 8.437/92, pelo seu art. 2º, exige a audiência prévia do representante judicial da pessoa jurídica-ré, tendo ela um prazo de 72 horas para emitir seu pronunciamento. É evidente que tal prazo só é concebível naquelas hipóteses em que a falta da cautela não ponha em risco bens ambientais irreparáveis. Entendimento diverso implicaria contrariar o disposto nos arts. 5º e 225 da CF. Assim, por exemplo, ainda é cabível a liminar sem prévia manifestação da pessoa jurídica de direito público quando está ela prestes a efetuar desmatamento; quando está em vias de demolição de prédio de valor histórico; quando está pondo em risco a saúde humana.

Vale referir que a concessão da tutela antecipada tem lugar em qualquer fase do processo, seja liminarmente, hipótese resguardada pelo art. 12 da Lei n. 7.347/85, seja durante a fase instrutória, na sentença ou em fase recursal.

A decisão concessiva ou denegatória da antecipação de tutela, por ser interlocutória, comporta agravo de instrumento (art. 12, *caput*, da Lei n. 7.347/85), já que a ação civil pública está sujeita ao sistema recursal comum

---

[19] A necessidade de motivação das decisões do Judiciário vem também expressa no art. 93, IX e X, da CF.

(Mazzilli, 2012), que será interposto diretamente ao tribunal competente, no prazo de dez dias, podendo o relator atribuir-lhe efeito suspensivo ou antecipar os efeitos da tutela recursal, desde que relevante a fundamentação e se da decisão agravada puder resultar lesão grave e de difícil reparação (arts. 527, II c/c o 558 do CPC).

É certo que o próprio juiz *a quo*, ao tomar conhecimento do agravo no tríduo a que se refere o art. 526 do CPC, poderá proferir juízo de retratação da decisão agravada. Isso, entretanto, não é comum, na medida em que o deferimento da liminar pressupõe reconhecimento da urgência de salvaguarda imediata do interesse coletivo, além de não ser frequente a hipótese de a parte apresentar argumentação forte o suficiente para convencer o magistrado da necessidade de revogação da decisão que foi por ele proferida.

Além do agravo, previu-se também, contra a concessão da liminar, o *pedido de suspensão* de sua execução, "a requerimento de pessoa jurídica de direito público interessada, e para evitar grave lesão à ordem, à saúde, à segurança e à economia pública", a ser apreciado pelo presidente do tribunal a que competir o conhecimento da matéria[20] (art. 12, § 1º, da Lei n. 7.347/85). Da decisão proferida nesses casos, concedendo ou negando a suspensão, cabe agravo regimental para uma das turmas julgadoras, no prazo de cinco dias da publicação do ato.

No ponto, importa observar que apesar de a lei só considerar legitimadas para a medida as pessoas jurídicas de direito público, o evoluir doutrinário e jurisprudencial vem adotando uma interpretação ampliativa, admitindo que também pessoas jurídicas de direito privado concessionárias de serviço público, ou que o executem sob autorização ou permissão, sejam autorizadas à interposição do pedido.

É o que se colhe de Hely Lopes Meirelles (2013, p. 103), quando assere:

> o dispositivo deve ser interpretado de forma extensiva, no sentido de que não só a entidade pública como também o órgão interessado tem legitimidade para pleitear a suspensão da liminar, e ainda as pessoas e órgãos de direito privado passíveis da segurança e que suportarem os seus efeitos. A lei há que ser interpretada racionalmente, para a concepção dos fins a que se destina.

---

[20] O interesse processual no pedido de suspensão da liminar está na demonstração de que, caso seja cumprida, a liminar ocasionará grave lesão à ordem, à saúde, à segurança e à economia pública, competindo ao requerente da suspensão o ônus da prova. Cabe a suspensão sempre que o cumprimento imediato do julgado ou da liminar puder ferir ou ameaçar os interesses superiores legalmente protegidos (*RTJ* 118/861).

Essa é a linha referendada pelo próprio STF (SL 111/DF, SL 251/SP, SL 274/PR), o STJ (SL 196/RJ, SL 221/RJ) e os tribunais ordinários, conforme se pode depreender do seguinte excerto:

> Inicialmente, anoto que são partes legítimas para pleitear suspensão de liminar ou de sentença proferidas contra o Poder Público e seus agentes, o Ministério Público ou a pessoa jurídica de direito público interessada. Todavia, a jurisprudência dos tribunais superiores tem admitido, também, o ajuizamento da excepcional medida por entidades de direito privada, desde que no exercício de atividade delegada da Administração Pública e na defesa do interesse público. É o caso destes autos. Reconheço a legitimidade ativa das requerentes, e analiso o pedido (STJ, SLS 000221, Min. Edson Vidigal).

Como se vê, a antecipação da tutela é um mecanismo condizente com a realidade atual do sistema processual brasileiro e, mais que isso, um importantíssimo instrumento na proteção efetiva no meio ambiente, largamente utilizado em ações civis públicas ambientais.

Multas

Inovação importante da Lei n. 7.347/85, com evidente marca de originalidade, foi a possibilidade conferida ao juiz de impor multa diária ao réu, independentemente de requerimento do autor, em substituição à execução específica da obrigação de fazer ou não fazer (art. 11).

Essas multas de ofício, com natureza jurídica de *astreintes* – verdadeira exceção ao princípio da adstrição do juiz ao pedido da parte –, são impostas na sentença e têm por finalidade intimidar ou constranger o demandado a cumprir a obrigação específica.

Nos termos do art. 645 do CPC, aqui aplicável (art. 19 da Lei n. 7.347/85), a multa será devida por motivo do atraso no cumprimento da obrigação, cabendo ao juiz especificar a data a partir da qual ela será devida.

Não ostenta, a bem ver, caráter ressarcitório, mas puramente coercitivo, "pois nas obrigações de fazer ou não fazer normalmente mais interessa o cumprimento da obrigação pelo próprio devedor que o correspondente econômico"[21].

---

[21] Súmula de Entendimento n. 23, Aviso n. 140/2004, Conselho Superior do Ministério Público do estado de São Paulo. *DOE* 02.07.2004, p. 78.

Os valores correspondentes à aplicação das *astreintes* devem ser destinados ao Fundo a que se refere o art. 13 da Lei n. 7.347/85.

Como bem anota José Marcelo Menezes Vigliar (2002),

há que se distinguir essa multa de caráter sancionatório daquela fixada *initio litis*, como medida cautelar, quando um dos legitimados, em sede de cautelar, postula a imposição de multa caso a ofensa ao interesse transindividual considerado naquela demanda não cesse. Trata-se da *multa liminar*, imposta ainda em sede de antecipação do mérito, como medida cautelar e, assim, diante de uma cognição parcial que o juiz faz.

Essa multa, cominada liminarmente, só será exigível após o trânsito em julgado da decisão favorável ao autor, mas será devida desde o dia em que se houver configurado o descumprimento (art. 12, § 2º, da Lei n. 7.347/85).

Tratando-se de modalidades distintas de multas, não há que se falar em compensação entre elas.

Prescrição

O Direito enxerga o dano ambiental sob dois aspectos distintos:

(A) O *dano ambiental coletivo* ou *dano ambiental propriamente dito*, causado ao meio ambiente globalmente considerado, em sua concepção difusa, como patrimônio coletivo.

(B) O *dano ambiental individual* ou *dano ambiental pessoal*, sofrido pelas pessoas e seus bens.

Assim é porque um mesmo fato pode ensejar ofensa a interesses difusos e individuais, como ocorre, por exemplo, com a contaminação de um curso de água por carreação de produto químico nocivo. Ao lado do dano ecológico puro ou coletivo identificado, poderão coexistir danos individuais em relação aos proprietários ribeirinhos que tenham suportado a perda de criações ou se privado do uso comum da água.

No primeiro caso, ou seja, de ação civil pública veiculadora de pretensão reparatória do dano ambiental coletivo, não conta nosso ordenamento com disciplina específica em matéria prescricional. Tudo conduz, portanto, à conclusão de que se inscreve no rol das ações imprescritíveis. De fato, o estabelecimento de um prazo para o ajuizamento de ação tendente à composição da lesão ambiental resulta por completo inadequado. É que a lentidão com que surgem e se manifestam as consequências da contaminação pode chegar a vários anos, circunstância totalmente incompatível com o sistema clássico de prescrição.

A doutrina tradicional repete, uníssona, que só a pretensão envolvendo direitos patrimoniais de titulares determinados é que está sujeita à prescrição.

De fato, como os direitos difusos não têm titular determinável, "não seria correto transportar-se para o sistema da indenização dos danos causados ao meio ambiente o sistema individualístico do Código Civil" (Nery Junior e Nery, 1984), sob pena de sacrificar-se toda a coletividade, sua titular.

Ora, a ação civil pública é instrumento para tutela jurisdicional de bens-interesses de natureza pública, insuscetíveis de apreciação econômica, e que têm por marca característica básica a indisponibilidade. Versa, portanto, sobre direitos não patrimoniais, direitos sem conteúdo pecuniário.

Qual, por exemplo, o valor do ar que respiro? Da praça onde se deleitam os idosos e brincam as crianças? Do manancial que abastece minha cidade?

Ademais, como observa Antonio Cabanillas Sanchez (2011),

> partindo da existência de direito a um ambiente ecologicamente equilibrado para o *desenvolvimento da pessoa*, que se conecta com o direito à saúde, à própria vida e à integridade física, *pode sustentar-se a imprescritibilidade da ação para exigir responsabilidade* por uma agressão ao meio ambiente que implica sua degradação, na medida em que o dano ambiental é diretamente um dano à saúde coletiva. Há que levar em conta que a saúde, a vida, a integridade física se inserem no marco dos bens e direitos da personalidade, e estes são imprescritíveis.

É claro que o direito ao meio ambiente ecologicamente equilibrado não é um direito patrimonial, muito embora seja passível de valoração, para efeito indenizatório. Cuida-se de um direito fundamental e indisponível do ser humano. Julgada procedente ação civil pública por dano a ele perpetrado, o montante de eventual indenização que vier a ser apurado não reverterá em patrimônio algum. Nem o estado nem qualquer das inúmeras vítimas da degradação ambiental experimentarão acréscimo pecuniário com a reparação financeira do dano. O montante apurado, recolhido ao Fundo a que se refere o art. 13 da Lei n. 7.347/85, reverterá necessariamente em cuidado do meio ambiente ferido. Em última análise, reverterá para toda a comunidade, sendo este, exatamente, o elemento que caracteriza sua difusão.

Em resumo, não estamos diante de direito patrimonial quando se fala de tutela do meio ambiente difusamente considerado. As pretensões veiculadas na ação civil pública se relacionam com a defesa de um direito fundamental, indisponível, do ser humano; logo, inatingível pela prescrição.

No segundo caso, ou seja, no de dano reflexo ou infligido ao microbem ambiental, aí, sim, estarão definidas as regras de prescrição pelos ditames do Código Civil (art. 206, § 3º, V), pois tem titulares determinados (Leite e Ayala, 2010).

Ônus da sucumbência e da litigância de má-fé

Há que se distinguir *ônus da sucumbência* (despesas pagas pela parte vencida na demanda) de *ônus por litigância de má-fé* (indenização decorrente da qualificação da parte como *improbus litigator*, independentemente do resultado da demanda).

Com referência aos ônus da sucumbência, estabelece o art. 18 da Lei n. 7.347/85: "Nas ações de que trata esta Lei, não haverá adiantamento de custas, emolumentos, honorários periciais e quaisquer outras despesas, nem condenação da associação autora, salvo comprovada má-fé, em honorários de advogado, custas e despesas processuais".

No sistema do Código de Processo Civil, como se sabe, é regra geral que cabe às partes prover as despesas dos atos que realizam ou requerem no processo, antecipando-lhes o pagamento, até a plena satisfação da pretensão deduzida em juízo[22]. No desfecho da ação, a parte vencida reembolsará a parte vencedora das despesas em que tiver incorrido (art. 20, *caput*, do CPC).

Diverso o sistema da Lei n. 7.347/85, que, com o claro propósito de estimular o exercício de ações veiculadoras de pretensões sociais relevantes, libera os legitimados do adiantamento de quaisquer despesas processuais. Ficam todas para o final, e serão pagas pelo vencido.

As despesas processuais, no sentido amplo que lhe dá o legislador (art. 20, § 2º, do CPC e art. 18 da Lei n. 7.347/85), compreendem todos os gas-

---

[22] Art. 19, *caput*, do CPC. Atente-se, no entanto, que as despesas relativas a atos processuais requeridos pelo Ministério Público e pela Fazenda Pública são pagas ao final pelo vencido (art. 27 do CPC).

tos necessários para que o processo atinja seu escopo de pacificação social, tais como as custas, a indenização de viagem, diária de testemunha, honorários periciais, emolumentos, despesas do oficial de justiça etc.

Como dito, para a associação autora, salvo comprovada má-fé, não existe, mesmo vencida, qualquer condenação em honorários de advogado e despesas processuais.

E para os demais legitimados, como o Ministério Público, por exemplo?

Parece-nos que a incidência da norma é para todos, isto é, não há que se falar em honorários, custas e despesas processuais, exceto, é claro, no caso de comprovada má-fé do autor.

No caso do Ministério Público, em particular, está imune porque, em primeiro lugar, milita a seu favor uma presunção de boa-fé. Em segundo lugar, porque ele atua em nome da coletividade. Submetê-lo à espada da sucumbência processual, no caso, seria cercear a sua atuação e a da própria função jurisdicional. Nem a ele, nem ao estado, já que "não atua em nome deste, nem o representa; volta-se, ao revés, em direção a interesses da sociedade, esta, sim, o alvo de proteção do *Parquet*" (Carvalho Filho, 2007). E o interesse social recomenda incentivar e não estorvar essas ações.

De outra parte, os ônus por litigância de má-fé estão previstos no art. 17 da Lei n. 7.347/85, com a nova redação que lhe deu o art. 115 da Lei n. 8.078/90, objeto de retificação publicada no *DOU* de 10.01.2007, segundo o qual,

> em caso de litigância de má-fé, a associação autora e os diretores responsáveis pela propositura da ação serão solidariamente condenados em honorários advocatícios e ao décuplo das custas, sem prejuízo da responsabilidade por perdas e danos.

A condenação como litigante de má-fé não alcança apenas, como poderia sugerir uma leitura desavisada desse dispositivo, a associação autora, mas qualquer dos legitimados que ajam com intuito emulativo ou escuso, pena de ofensa ao princípio constitucional da isonomia[23]. É que a presunção de legitimidade dos atos praticados pelos entes que integram o Poder Público se qualifica como de natureza relativa, passível de desnaturação quando, *in extremis*, reste comprovada a intenção do agente oficial de prejudicar terceiro.

---

[23] Nesse entender: Salvador (1997), Nery Junior e Nery (2014).

Recursos

À míngua de disciplina própria na lei de regência, aplica-se à ação civil pública ambiental, por força do princípio da subsidiariedade (art. 19 da Lei n. 7.347/85), o sistema recursal do Código de Processo Civil.

Efeitos

No teor do art. 14 da Lei n. 7.347/85, "o juiz poderá conferir efeito suspensivo aos recursos, para evitar dano irreparável à parte". Diante dessa disposição, verifica-se que, em matéria de ação civil pública, os recursos possuem efeito meramente devolutivo, podendo ser-lhes atribuído efeito suspensivo se a eventual execução provisória do julgado ensejar dano irreparável ou irreversível à parte.

Desse modo, ao contrário do que ocorre com o sistema recursal disciplinado pelo processo civil ortodoxo, no qual a regra geral é a da atribuição de duplo efeito – devolutivo e suspensivo – aos recursos (salvo quando o próprio Código de Processo Civil estabelece de forma diversa), a regra contida no art. 14 da Lei n. 7.347/85 objetiva que toda decisão proferida em sede de ação civil pública possa produzir efeitos imediatamente, privilegiando-se, portanto, a efetividade da jurisdição civil coletiva.

Por sua vez, o poder-dever do magistrado de acrescentar efeito suspensivo aos recursos em ação civil pública constitui o meio do qual o legislador se valeu para evitar que a eventual execução provisória do julgado possa resultar em dano irreparável à parte e, portanto, em perda de objeto da demanda, preservando as garantias constitucionais do acesso à justiça, do devido processo legal e da ampla defesa. Afinal, como é notório e intuitivo, a tutela jurisdicional tardia não é tutela.

Não obstante o vocábulo "poderá" presente no aludido dispositivo, é certo que a atribuição de efeito suspensivo ao recurso constitui dever do magistrado quando verificada a presença do pressuposto do dano irreparável à parte. No ponto, como bem anotam Nelson Nery Jr. e Rosa Nery (2014), "o escopo da norma é evitar que o direito pereça, de sorte que o juiz deve agir para que esse objetivo seja alcançado, conferindo ou não efeito suspensivo ao recurso, de acordo com a situação fática e as peculiaridades do caso concreto". Ou, como também preleciona Lúcia Valle Figueiredo (1984), "dian-

DIREITO AMBIENTAL E SUSTENTABILIDADE

te do caso concreto, a faculdade *in abstracto* contida na norma (art. 14 da Lei n. 7.347/1985: 'O juiz *poderá...*') converte-se ou não em *deverá*".

Desistência ou renúncia

Qualquer das partes, inclusive o Ministério Público, pode, na ação civil pública, desistir do recurso interposto ou renunciar a futura interposição, por aplicação subsidiária dos arts. 502 e 503 do CPC, permitida pelo art. 19 da Lei. n. 7.347/85, "pois estaremos, em um e outro caso, sempre diante de atitudes de desprendimento de institutos processuais" (Nery Junior, 1984), e não do direito material em lide[24]. Todavia, vale a advertência de Mancuso segundo a qual,

> tratando-se de ação cujo objeto é de natureza pública, a parte deve previamente ponderar sobre as consequências da desistência ou da renúncia (...), cabendo assim proceder apenas quando convicta de que o julgado está bem posto e não comporta ou não carece de revisão em 2º grau (Mancuso, 2012).

Reexame necessário

Como é cediço, o reexame necessário ou *ex officio* não é propriamente um recurso. Na verdade, trata-se de uma providência imposta por lei, em casos excepcionais, para que a decisão de primeiro grau seja revista obrigatoriamente por motivo de interesse de ordem pública. Segundo Nelson Nery Jr. e Rosa Nery (2014),

> somente as sentenças de mérito estão sujeitas à remessa necessária [...]. As sentenças de extinção do processo sem julgamento do mérito (art. 267 do CPC), bem como todas as decisões provisórias, não definitivas, como é o caso das liminares e das tutelas antecipadas, não são atingidas pela remessa necessária. Assim, liminares concedidas em mandado de segurança, ação popular, ação civil pública etc., bem como tutelas antecipadas concedidas contra o poder público, devem ser executadas independentemente de reexame necessário.

---

[24] Sem correlação, portanto, com o processo penal, que veda a desistência de recurso interposto pelo Ministério Público (art. 576 do CPP).

Indaga-se, ante o silêncio da Lei n. 7.347/85, quanto à possibilidade de se aplicar o art. 475 do CPC ou o art. 19 da Lei n. 4.717/65 às sentenças proferidas na ação civil pública.

Ora, a Lei n. 7.347/85, com os olhos postos na máxima efetividade da prestação jurisdicional para a salvaguarda dos sensíveis valores por ela tutelados, inverteu a lógica do tradicional reexame necessário, que obsta a eficácia da sentença prolatada na hipótese prevista pelo art. 475 do CPC até a sua confirmação pelo Tribunal. Sim, porque, como adverte Paulo Henrique dos Santos Lucon,

> o processo, como método de solução dos conflitos, é dinâmico e, como consequência, encontra no fator tempo um de seus elementos característicos e naturais. Por isso, quando se pensa em efetividade, tem-se em mente um processo que cumpra o papel que lhe é destinado, qual seja, conceder a tutela a quem tiver razão, no menor tempo possível. Portanto, há uma estreita relação com a efetividade da tutela jurisdicional e a duração temporal do processo, que afeta diretamente os interesses em jogo. (Gozzoli et al., 2010)

Daí o descabimento, a nosso ver, da aplicação do disposto no art. 475 do CPC à ação civil pública ambiental, na linha do preconizado pela procuradora da República Geisa de Assis Rodrigues, para quem,

> tratando-se de recursos, a regra geral, em sede de ação civil pública, é a sua recepção somente no efeito devolutivo, por conta do art. 14 da Lei n. 7.347/85, o que encontra razão de ser no cuidado de se evitar o perecimento do direito discutido. Neste contexto, a adoção do regime necessário pró-Fazenda pode comprometer totalmente tal sistemática, uma vez que o reexame necessário é condição de eficácia da sentença[25].

Se é certo que o reexame necessário previsto no art. 475 do CPC não se aplica às ações civis públicas de natureza ambiental, no que tange ao art. 19 da Lei n. 4.717/1965, o STJ vem reconhecendo a sua aplicação analógica a elas, diante das funções assemelhadas a que se destinam essas ações coletivas – proteção do patrimônio público em sentido lato – e do microssistema processual da tutela coletiva, de maneira que, ao seu juízo, as sentenças de

---

[25] *Jornal Carta Forense*, out. 2012, p. B12.

DIREITO AMBIENTAL E SUSTENTABILIDADE

carência de ação ou de improcedência proferidas em ação civil pública devem se sujeitar indistintamente à remessa necessária.

Coisa julgada

No processo civil tradicional, onde a tarefa da ordem jurídica visa a harmonizar, basicamente, conflitos interindividuais, ou entre grupos bem delimitados e restritos de pessoas, a sentença faz coisa julgada às partes entre as quais é dada, não beneficiando nem prejudicando terceiros (art. 472 do CPC.).

Esse expediente processual, todavia, não se ajusta e não satisfaz de modo pleno às necessidades exigidas à tutela de interesses situados em plano superior aos meramente individuais, como é o caso da defesa do meio ambiente, onde, em regra, lesada é a coletividade. Nesse sentido, por cuidar a ação civil pública ambiental da tutela de interesses supraindividuais, a sentença nela proferida projeta efeitos em relação a todos.

Diz, com efeito, o art. 16 da Lei n. 7.347/85 que

> a sentença civil fará coisa julgada *erga omnes* (...), exceto se o pedido for julgado improcedente por insuficiência de provas, hipótese em que qualquer legitimado poderá intentar outra ação com idêntico fundamento, valendo-se de nova prova.

É o que se chama coisa julgada *secundum eventum litis*.

Como lembra Ada Pellegrini Grinover, aqui se adotou o sistema da Lei da Ação Popular, segundo o qual a sentença faz coisa julgada com relação a todos, sendo o pedido acolhido ou rejeitado pelo mérito. Entretanto, quando a demanda for desacolhida por insuficiência de provas, a ação pode ser renovada, mesmo que com idêntico fundamento, desde que baseada em provas novas. Uma tal solução, já experimentada em mais de 40 anos de prática de ação popular, visa evitar o conluio e os riscos da formação de uma coisa julgada negativa, com eficácia *erga omnes*[26].

O sistema de coisa julgada da Lei n. 7.347/85 precisa ser conjugado com as inovações trazidas pelo Código de Defesa do Consumidor, especialmente por meio de seu art. 103,[27] que contém, de fato, "toda a disciplina da coisa jul-

---

[26] Ada Pellegrini Grinover. Proteção ao meio ambiente e ao consumidor. *O Estado de S. Paulo*, 01.12.1985, p. 71.

[27] O Código de Defesa do Consumidor também aqui inovou: "Art. 103. Nas ações coletivas de que trata este Código, a sentença fará coisa julgada: I – *erga omnes*, exceto se o pe-

TUTELA PROCESSUAL DO AMBIENTE: O PAPEL DA AÇÃO CIVIL PÚBLICA | **913**

gada nas ações coletivas, não só definindo os limites subjetivos da *res judicata*, mas também ampliando o objeto do processo da ação coletiva, mediante a aplicação, *in utilibus*, do julgado coletivo às ações individuais" (Grinover, 1999).

Não obstante a propositura ou eventual julgamento da ação civil pública ambiental, é importante frisar que o lesado pelos danos *individualmente* sofridos pode demandar a correspondente indenização, seja com base na própria Lei n. 6.938/81,[28] seja ainda com fundamento no Código Civil (arts. 186, 1.277 e 1.280). Essa, de resto, a regra do art. 103, § 3º, do CDC, aqui aplicável (art. 21 da Lei n. 7.347/85).

Questão que pode causar ainda alguma perplexidade é a que se refere à extensão da coisa julgada, ou seja, à eficácia das decisões proferidas na ação civil pública ambiental, em razão de acréscimo introduzido pela Lei n. 9.494/97 ao art. 16 da Lei n. 7.347/85, tendente a impedir a coisa julgada de abrangência regional ou nacional nas ações coletivas.

Com efeito, a Medida Provisória n. 1.570/97, transformada na Lei n. 9.494/97, modificou o texto do art. 16, que ficou assim redigido: "A sentença civil fará coisa julgada *erga omnes, nos limites da competência territorial do órgão prolator* [...]" (grifo nosso).

No entanto, como desde logo ponderou Ada Pellegrini Grinover (2009),

o indigitado dispositivo da Medida Provisória tentou (sem êxito) limitar a competência, mas em lugar algum aludiu ao *objeto do processo*. Ora, o âmbito

---

dido for julgado improcedente por insuficiência de provas, hipótese em que qualquer legitimado poderá intentar outra ação, com idêntico fundamento, valendo-se de nova prova, na hipótese do inc. I do parágrafo único do art. 81; II – *ultra partes*, mas limitadamente ao grupo, categoria ou classe, salvo improcedência por insuficiência de provas, nos termos do inciso anterior, quando se tratar da hipótese prevista no inc. II do parágrafo único do art. 81; III – *erga omnes*, apenas no caso de procedência do pedido, para beneficiar todas as vítimas e seus sucessores, na hipótese do inc. III do parágrafo único do art. 81. § 1º Os efeitos da coisa julgada previstos nos incs. I e II não prejudicarão interesses e direitos individuais dos integrantes da coletividade, do grupo, categoria ou classe. § 2º Na hipótese prevista no inc. III, em caso de improcedência do pedido, os interessados que não tiverem intervindo no processo como litisconsortes poderão propor ação de indenização a título individual. § 3º Os efeitos da coisa julgada de que cuida o art. 16, combinado com o art. 13 da Lei n. 7.347/85, não prejudicarão as ações de indenização por danos pessoalmente sofridos, propostas individualmente ou na forma prevista neste Código, mas, se procedente o pedido, beneficiarão as vítimas e seus sucessores, que poderão proceder à liquidação e à execução, nos termos dos arts. 96 a 99. (...)."
[28] O art. 14, § 1º, da Lei n. 6.938/81 menciona, expressamente, "danos causados ao meio ambiente e a *terceiros*" (grifo nosso).

da abrangência da coisa julgada é determinado pelo pedido e não pela competência. Esta nada mais é do que a relação de adequação entre o processo e o juiz, nenhuma influência tendo sobre o objeto do processo. Se o pedido é amplo (de âmbito nacional), não será por intermédio de tentativas de restrições da competência que o mesmo poderá ficar limitado.

Os efeitos de uma decisão, como é curial, não se confundem com a fatia de competência do juízo que a proferiu, pois não é razoável pensar-se, por exemplo, que o comando judicial proibitivo de emanações tóxicas pudesse ficar restrito apenas a uma região. Vale dizer, o enxerto revelou-se totalmente ineficaz.

Por igual, Nelson Nery Jr. e Rosa Nery (2014) mostram, com eloquência ímpar, a erronia incorrida pelo legislador, que confunde *limites subjetivos da coisa julgada* com *jurisdição* e *competência*, que nada têm a ver com o tema, como se, exemplificam, a sentença de divórcio proferida por juiz de São Paulo não pudesse valer no Rio de Janeiro, e nesta última comarca o casal continuasse casado! O que importa é quem foi atingido pela coisa julgada material. E completam os ilustres juristas:

> Confundir jurisdição e competência com limites subjetivos da coisa julgada é, no mínimo, desconhecer a ciência do Direito. Portanto, se o juiz que proferiu a sentença na ação coletiva *tout court*, quer verse sobre direitos difusos, quer coletivos ou individuais homogêneos, for competente, sua sentença produzirá efeitos *erga omnes* ou *ultra partes*, conforme o caso (v. art. 103 do CDC), em todo o território nacional.

Bem por isso, o novo enunciado do dispositivo, pela inaceitável tentativa de manipulação do Poder Judiciário e potencial comprometimento da normalidade jurídica, não podia mesmo ser aceito, como acabou reconhecendo a Corte Especial do STJ, em julgamento submetido ao rito dos recursos repetitivos, nos autos do REsp n. 1.243.887/PR, rel. Min. Luis Felipe Salomão, ao entendimento de que os efeitos e a eficácia da sentença genérica proferida em ação civil coletiva não estão circunscritos a lindes geográficos, mas aos limites objetivos e subjetivos do que foi decidido, levando-se em conta, para tanto, a extensão do dano e a qualidade dos interesses metaindividuais postos em juízo[29].

Execução do julgado

No sistema tradicional anterior, acolhida a pretensão do autor – por meio de sentença que obrigasse o réu a uma prestação de dar, fazer ou não fazer –, nascia uma nova ação (ação executiva ou executória), por meio da qual podia a sanção devida ser aplicada ao condenado.

Hoje, dito modelo, fincado na dicotomia do processo de conhecimento e execução, sofreu profunda alteração, diante da atual estrutura procedimental inserida em nosso Código de Processo Civil pelas Leis n. 10.444/2002 e n. 11.232/2005, de modo a que medidas destinadas a produzir efeitos de fato, outrora próprias da execução, passassem a ser apenas uma fase do processo de cognição.

Portanto, em uma visão de sistema,

> tem-se que o processo cognitivo não mais se exaure com a sentença, mas, ao revés, prossegue seu curso com a liquidação do *decisum* e o procedimento de sua execução. Assim, o processo de conhecimento, agora unificado, passa a compor-se de duas fases: uma de *cognição* e outra de *execução* (*cumprimento da sentença*) (Carvalho Filho, 2007).

Esse novo microssistema, pelo princípio da subsidiariedade (art. 19 da Lei. n. 7.347/85), aplica-se normalmente à ação civil pública[30].

---

[29] Julgado em 19.10.2011, *DJe* 12.12.2011. No aresto, enfatiza o Ministro relator: "A bem da verdade, o art. 16 da LACP baralha conceitos heterogêneos – como coisa julgada e competência territorial – e induz a interpretação, para os mais apressados, no sentido de que os 'efeitos' ou a 'eficácia' da sentença podem ser limitados territorialmente, quando se sabe, a mais não poder, que coisa julgada – a despeito da atecnia do art. 467 do CPC – não é 'efeito' ou 'eficácia' da sentença, mas *qualidade* que a ela se agrega de modo a torná-la 'imutável e indiscutível'. É certo também que a competência territorial limita o exercício da jurisdição e não os efeitos ou a eficácia da sentença, os quais, como é de conhecimento comum, correlacionam-se com os 'limites da lide e das questões decididas' (art. 468 do CPC) e com as que o poderiam ter sido (art. 474 do CPC) – *tantum judicatum, quantum disputatum vel disputari debebat*".

[30] Vide, a propósito, instigante artigo de Hamilton Alonso Jr., versando sobre "O julgado coletivo e a fase de execução: alguns avanços necessários", inserto em *A ação civil pública após 25 anos* cit., p. 295-303.

Nesta seara, ante o esmaecimento do binômio *conhecimento/execução*, indaga-se: como conjurar o possível tumulto resultante de pedidos cumulativos – por exemplo, condenação ao pagamento de indenização e ao cumprimento de obrigação de fazer –, em que ambas as execuções, de naturezas distintas, são promovidas dentro do mesmo processo?

Com precisão, responde José dos Santos Carvalho Filho (2007):

> Em nosso entender, porém, nada impede seja uma delas processada em autos apartados (note-se: autos apartados relativos ao mesmo processo; apenas há a separação material das peças que formalizam os procedimentos). Inexiste norma proibitiva a respeito. Ao contrário, o que se nota é que as providências que levam à satisfação do credor na execução para cumprimento de obrigação de fazer ou de não fazer (art. 461 do CPC) e de entrega de coisa (art. 461-A do CPC) são de natureza diversa daquelas relativas ao cumprimento de obrigação pecuniária (arts. 475-A a 475-R do CPC). A formação de autos apartados para uma das execuções evitaria o tumulto processual que fatalmente ocorrerá no caso de cúmulo de procedimentos executórios diversos. E, afinal, a maior celeridade das execuções contribui naturalmente para a observância ao *princípio da efetividade* no processo, que, como é sabido, busca seu efetivo resultado prático.

Sobre a *legitimação executória*, estabeleceu a Lei da Ação Civil Pública, em seu art. 15, que, "decorridos 60 (sessenta) dias do trânsito em julgado da sentença condenatória, sem que a associação autora lhe promova a execução, deverá fazê-lo o Ministério Público, facultada igual iniciativa aos demais legitimados".

Em princípio, portanto, cabe à parte que teve sua pretensão acolhida promover o cumprimento da sentença (Lei n. 11.232/2005), sem embargo de, excepcionalmente, poder também iniciá-la qualquer colegitimado que não tenha no processo figurado como autor, uma vez que o título executivo não é exclusivo de ninguém, mas de interesse para toda a coletividade.

Bem por isso, por veicular a ação de tutela do ambiente interesse vital para a comunidade, há que se entender que a inércia de qualquer colegitimado que se tenha sagrado vencedor na demanda – e não apenas a da "associação autora", como está na lei – autoriza os demais a precipitar a execução. No caso, à evidência, disse a lei menos do que queria (*lex minus dixit quam voluit*)[31]. Observe-se apenas que, enquanto para uns dos colegitima-

---

[31] Nesse sentido, ver: Mazzilli (2012), Nery Junior e Nery (2014). Em sentido contrário, José dos Santos Carvalho Filho (2007) sustenta que, por ser *natural*, e não especial, a legiti-

dos à ACP a movimentação no sentido de deflagrar a execução da sentença condenatória encerra mera *faculdade*, para o Ministério Público é dever funcional, verdadeiro *munus*, sem qualquer possibilidade de juízo de valor sobre a conveniência e oportunidade. É que, em matéria executória, não mais se discute o direito, já declarado concretamente. O princípio da obrigatoriedade, então, incide em sua plenitude.

CONSIDERAÇÕES FINAIS

Autorizadas vozes têm reiteradamente realçado os frutos da Lei n. 7.347/85, certamente um dos instrumentos legais mais celebrados e invocados desde que se restabeleceu o estado de Direito com a restauração da democracia no Brasil.

Mais uma vez deve ser ressaltado o acerto da sua promulgação em tempos pré-constitucionais, quando o país não havia ainda se libertado do chamado "entulho autoritário", fardo pesadíssimo herdado de decênios em que não apenas interesses difusos, coletivos ou transindividuais eram desconsiderados ou minimizados, mas, dolorosamente, nem os interesses individuais – tão presentes em uma sociedade de feitio liberal – eram levados na devida conta. Por aí se há de creditar ao instituto da ação civil pública o mérito de ter operado uma pacífica revolução no ordenamento jurídico brasileiro, no nascedouro mesmo desses novos tempos democráticos que, por felicidade, vêm se aprimorando.

Entretanto, não se pode esquecer que, por entre os inúmeros e variados segmentos da sociedade civil, sempre haverá a defesa de interesses oligárquicos e escusos que, por definição, opõem-se frontalmente, embora de forma sub-reptícia, aos interesses da comunidade ou da coletividade. Isso acontece, de maneira teimosa e desafiadora, nas investidas contra o patrimônio ambiental nacional. Os agentes sociais implicados nesse processo, que em última análise são atores antissociais, muito dificilmente se conformarão com a tutela jurisdicional exercida pela ação civil pública.

Em contrapartida, cumpre reconhecer que o recurso indiscriminado e mal fundamentado aos instrumentos da ação civil pública pode desfigurar, também ele, a verdadeira imagem da tutela jurisdicional dos interesses pe-

---

mação, "se o autor da ação for outro legitimado que não uma associação, somente ele terá legitimação, originária ou superveniente, para instaurar a execução".

los quais essa medida é invocada. Neste caso, parece oportuno recordar que, se por um lado a lei não pode ser ignorada, por outro a sua aplicação não pode ser banalizada por iniciativas infundadas e motivos arbitrários, juridicamente inconsistentes ou socialmente sectários, como, por vezes, tem sucedido. A ação civil pública é instrumento do direito e da Justiça em favor da coletividade – não pode servir a caprichos e idiossincrasias pessoais de quem a move.

Por derradeiro, é importante realçar que a ação civil pública, embora se insira na tutela jurisdicional de direitos, tem também, em última análise, um papel de prevenção. À parte o aspecto formalmente judicial, ela traz em seu bojo procedimentos de caráter preventivo que interessam à coletividade. Este lado social e pedagógico da ação civil pública é tanto mais valioso quanto mais crescentes são as intervenções do homem (indivíduos e grupos) na ordem social e na ordem econômica – essas intervenções, além de crescentes, são muito significativas na alteração do mundo físico e na convivência da família humana.

Isso faz crer e desejar que a tutela dos direitos e interesses transindividuais transformem nosso país em algo muito melhor do que foi concebido, ou seja, em uma sociedade aberta, consciente, progressista e verdadeiramente justa. Depois de quase três décadas de vida e atuação efetiva, a ação civil pública espera por estudos inovadores, por novas práticas processuais, pela aplicação onde se fizer necessária. *Duc in altum!* É preciso levar a embarcação ao alto-mar, ir longe e fundo, na medida das nossas esperanças e aspirações, porque o mundo em que vivemos – e que ajudamos a construir – é um desafio crescente que não podemos ignorar.

REFERÊNCIAS

ALONSO JUNIOR, H. O julgado coletivo e a fase de execução: alguns avanços necessários. In: MILARÉ, E. (Coord.). *A ação civil pública após 25 anos* . São Paulo: RT, 2010.

CARNEIRO, A. G. *Jurisdição e competência*. 3.ed. São Paulo: Saraiva, 1989.

CARVALHO FILHO, J.S. *Ação civil pública: comentários por artigo*. 6.ed. Rio de Janeiro: Lumen Juris, 2007.

CINTRA, A.C.A.; GRINOVER, A.P.; DINAMARCO, C.R. *Teoria geral do processo*. 16.ed. São Paulo: Malheiros, 2000.

DANTAS, M.B. Atualidades sobre a ação civil pública ambiental. In: MILARÉ, É. (Coord.). *A ação civil pública após 25 anos*. São Paulo: RT, 2010.

DIAS, J.A. *Da responsabilidade civil*. 7.ed. Rio de Janeiro: Forense, 1983.

FERRAZ, A.A.M.C.; MAZZILLI, H.N.; MILARÉ, É. *O Ministério Público e a questão ambiental na Constituição*. In: VI Congresso Nacional do Ministério Público. 1985, São Paulo. *Anais...* São Paulo: *Revista Justitia*, v. 131-A, p. 53, 1985.

FERRAZ, A.A.M.C.; MILARÉ, É.; NERY JUNIOR, N. *A ação civil pública e a tutela jurisdicional dos interesses difusos*. São Paulo: Saraiva, 1984.

FERRAZ, S. Responsabilidade civil por dano ecológico. *Revista de Direito Público*, v. 49 e 50, p. 35. São Paulo, 1979.

FIGUEIREDO, L.V. Ação civil pública: considerações sobre a discricionariedade na outorga e no pedido de suspensão da liminar, na concessão de efeito suspensivo aos recursos e na tutela antecipatória. In: MILARÉ, E. *Ação civil pública: Lei n. 7.347/85 – Reminiscências e reflexões após dez anos de aplicação*. São Paulo: RT, 1995.

GOZZOLI, M.C. et al. *Em defesa de um novo sistema de processos coletivos: estudos em homenagem a Ada Pellegrini Grinover*. São Paulo: Saraiva, 2010.

GRINOVER, A.P. Ações ambientais de hoje e amanhã. In: BENJAMIN, A.H.V. *Dano ambiental: prevenção, reparação e repressão*. São Paulo: RT, 1993.

_____. A ação civil pública refém do autoritarismo. In: *O processo: estudos e pareceres*. 2.ed. São Paulo: DPJ, 2009.

_____. Proteção ao meio ambiente e ao consumidor. In: *O Estado de S. Paulo*, 01 dez. 1985, p. 71.

_____. et al. *Código Brasileiro de Defesa do Consumidor comentado pelos autores do anteprojeto*. 6.ed. Rio de Janeiro: Forense Universitária, 1999.

GUETTA, M. O ônus da prova na ação civil pública ambiental: proposta de sistematização. In: ROSSI, F. et al. *Aspectos controvertidos do Direito Ambiental: tutela material e tutela processual*. Belo Horizonte: Fórum, 2013.

_____. *A antecipação de tutela na ação civil pública ambiental*. São Paulo, 2012. Dissertação (Mestrado em Direito). PUC.

LEITE, J.R.M.; AYALA, P.A. *Dano ambiental: do individual ao coletivo extrapatrimonial. Teoria e prática*. 3.ed. São Paulo: RT, 2010.

MANCUSO, R.C. *Ação civil pública em defesa do meio ambiente, do patrimônio cultural e dos consumidores*. 12.ed. São Paulo: RT, 2011.

MAZZILI, H.N. *A defesa dos interesses difusos em juízo: meio ambiente, consumidor e outros interesses*. 25.ed. São Paulo: Saraiva, 2012.

MEIRELLES, H.L. *Mandado de segurança e ações constitucionais*. 34.ed. São Paulo: Malheiros, 2013, p. 103.

DIREITO AMBIENTAL E SUSTENTABILIDADE

MIRRA, A.L.V. Ação civil pública em defesa do meio ambiente: a questão da competência jurisdicional. In: MILARÉ, É. *Ação civil pública: Lei 7.347/85 – 15 anos*. São Paulo: RT, 2001.

_____. *Participação, processo civil e defesa do meio ambiente*. São Paulo: Letras Jurídicas, 2011.

MOREIRA, J.C.B. Ação civil pública. *Revista Trimestral de Direito Público*. 3.ed. São Paulo: Malheiros, 2000.

NERY JUNIOR, N. Responsabilidade civil por dano ecológico e ação civil pública. In: *Justitia*. v. 126. São Paulo: Ministério Público de São Paulo, 1984, p. 187.

_____. et al. *Código Brasileiro de Defesa do Consumidor comentado pelos autores do anteprojeto*. 6.ed. Rio de Janeiro: Forense Universitária, 1999.

NERY JUNIOR, N.; NERY, R. *Código de Processo Civil comentado*. 14.ed. São Paulo: RT, 2014.

_____. Responsabilidade civil, meio ambiente e ação coletiva ambiental. In: BENJAMIN, A.H.V. *Dano ambiental: prevenção, reparação e repressão*. São Paulo: RT, 1993.

RIBEIRO, D.O. *Inversão do ônus da prova no Código de Defesa do Consumidor*. São Paulo, 2005. Dissertação de mestrado. Faculdade de Direito da Universidade de São Paulo.

SAMPAIO, F.J.M. *Responsabilidade civil e reparação de danos ao meio ambiente*. Rio de Janeiro: Lumen Juris, 1998.

SALVADOR, A.R.S. *Aspectos processuais da ação civil pública*. São Paulo: Oliveira Mendes, 1997.

SANCHEZ, A.C. In: LEITE, JR.M.; AYALA, P.A. *Dano ambiental: do individual ao coletivo extrapatrimonial. Teoria e prática*. 4.ed. São Paulo: RT, 2011.

VIEIRA, F.G. A transação na esfera da tutela dos interesses difusos e coletivos: compromisso de ajustamento de conduta. In: MILARÉ, É. (Coord.) *Ação Civil Pública: Lei 7.347/85 – 15 anos*. 2.ed, São Paulo: RT, 2002.

VIGLIAR, J.M.M. *Ação civil pública ou ação coletiva?* MILARÉ, É. (Coord.). *Ação Civil Pública: Lei 7.347/85 – 15 anos*. 2.ed., São Paulo: RT, 2002.

YOSHIKAWA, E.H.O. *Valor da causa*. São Paulo: Dialética, 2008.

WATANABE, K. et al. *Código Brasileiro de Defesa do Consumidor comentado pelos autores do anteprojeto*. 6.ed. Rio de Janeiro: Forense Universitária, 1999.

Responsabilidades Civis Solidária e Compartilhada na Gestão Público--Privada da Sustentabilidade

29

Consuelo Y. Moromizato Yoshida
Tribunal Regional Federal, 3ª Região

A REALIDADE DOS PASSIVOS E DOS ATIVOS AMBIENTAIS NO BRASIL. TRANSIÇÃO DA LÓGICA DO DESCUMPRIMENTO PARA A LÓGICA DO CUMPRIMENTO DAS NORMAS AMBIENTAIS

O olhar retrospectivo da realidade ambiental brasileira encontra passivos ambientais e sociais (desmatamento ilegal, áreas degradadas e contaminadas, ocupações e atividades irregulares) em grande escala, nas zonas rural e urbana, que precisam ser adequadamente regularizados e reparados sob as perspectivas da prevenção, mitigação e adaptação às mudanças climáticas.

Sob o olhar prospectivo, há necessidade premente de avançar na construção da sustentabilidade das cadeias econômicas (do financiamento à produção e consumo) e em direção à Economia Verde propugnada pela Conferência Rio+20, cuidando-se de evitar novos passivos ambientais e sociais, de proteger e conservar o valioso ativo ambiental ainda existente entre nós e os serviços ecossistêmicos correlatos para a manutenção do equilíbrio ecológico do meio ambiente.

A proposta de uma eficiente gestão público-privada da sustentabilidade diante desses dois olhares simultâneos, retrospectivo e prospectivo, da realidade ambiental nacional, é de integração 1) dos clássicos instrumentos de comando e controle e do avançado sistema da tríplice responsabilidade ambiental (civil, administrativa e penal) de viés reparatório-repressivo, e de utilização predominante na realidade atual diante dos passivos ambientais e sociais que se acumulam e que urgem ser reparados e regularizados; 2) com a variada gama de instrumentos preventivos cuja regulamentação e implementação são mais complexas e tardias, todavia fundamentais para se evoluir da ótica corretivo-repressiva para a ótica preventiva e do estímulo à observância das normas e exigências ambientais. São os instrumentos: a) de planejamento, gestão e gerenciamento ambientais; b) tributários e econômico-financeiros; c) de participação efetiva, mobilização e auto-organização sociais; d) o sistema da responsabilidade compartilhada na perspectiva da abordagem setorial e em cadeia, com a integração dos atores estatais e privados (poderes públicos, órgãos de comando e controle, Ministério Público de diferentes níveis federativos, agentes financeiros, setores de produção e de consumo, organizações sociais e consumidores).

Delimitando-se a abordagem aos sistemas de responsabilidade civil ambiental adotados entre nós, cabe indagar, por um lado, qual o sistema de responsabilidade civil que se mostra mais eficiente e prioritário para a regularização e reparação dos passivos ambientais e sociais, em um cenário em que prevalece a lógica do descumprimento das normas ambientais e, por outro, qual o sistema de responsabilidade civil capaz de potencializar os resultados e contribuir para a implementação mais célere da sustentabilidade das cadeias econômicas de produção e consumo, num cenário promissor de uma Economia Verde, em que deverá prevalecer, como regra, o viés preventivo e a lógica do cumprimento das normas ambientais.

O avançado e consolidado sistema legal reparatório-repressivo brasileiro. A responsabilidade civil objetiva e solidária como instrumento prioritário para a reparação dos passivos socioambientais

No Direito brasileiro e no âmbito da proteção estatal, a Política Nacional do Meio Ambiente – PNMA (Lei n. 6.938/81) e a Constituição Federal de 1988 (CF/88) são fundamentais para a institucionalização e a consolidação do sistema de comando e controle preventivo e repressivo, até hoje predominante entre nós, sendo intrincados e complexos os problemas e desafios enfrentados para o funcionamento eficiente, na estrutura federativa brasileira, do Sistema Nacional de Meio Ambiente (Sisnama).

A PNMA e a Constituição vigente também são marcos históricos na estruturação e consolidação do clássico sistema da tríplice responsabilidade ambiental (CF, art. 225, § 3º), abrangente da responsabilidade civil objetiva e solidária (PNMA, art. 14, § 1º; CF, art. 225, *caput*) e das responsabilidades administrativa e penal (CF, art. 225, § 3º; Lei n. 9.605/98 e Dec. n. 6.514/2008). Agrega-se a esse sistema a responsabilidade por improbidade administrativa (CF, art. 37, § 6º; Lei n. 8.429/92).

Com efeito, o Brasil tem um sistema legal reparatório-repressivo avançado e aperfeiçoado de responsabilidade civil ambiental para os danos ambientais e a terceiros causados pelos poluidores diretos e indiretos, inaugurado pela PNMA, alcançando, a partir da CF/88, além dos danos materiais, os *danos morais* (ao meio ambiente e a terceiros) (Leite, 2003).

Há previsão expressa no direito ambiental pátrio de que, no campo civil, a responsabilidade pela reparação desses danos é *objetiva* (independente de culpa) e *solidária*[1].

Sem dúvida, esse avançado sistema de responsabilidade civil objetiva e solidária revela-se o mais apropriado e eficiente para solucionar o grave problema dos passivos ambientais e sociais nas zonas rural e urbana, e nesse contexto é de utilização prioritária.

A responsabilidade objetiva possibilita a responsabilização dos poluidores diretos e indiretos pelos danos causados independentemente de culpa, e a solidariedade passiva consiste em benefício e facilidade instituídos em favor do credor (no caso a sociedade e os terceiros lesados pelos danos ambientais e sociais), pois possibilita imputar a um só coobrigado (geralmente o de maior capacidade econômica) a responsabilidade pela totalidade da obrigação de regularizar e reparar tais passivos decorrentes do descumprimento, por qualquer dos coobrigados, das normas e exigências ambientais e sociais. Resta para o devedor solidário que arcar com a reparação dos passivos a via do regresso e da responsabilidade subjetiva para reaver dos demais codevedores a respectiva cota-parte.

---

[1] Lei n. 6.938/81, art. 14, § 1º c/c CF, art. 225, *caput*. Ver, entre outros, Steigleder (2004); Destefenni (2005); Almeida (2005); Machado (2011, p. 363); Milaré (2009, p. 952).

Na atual ordem constitucional, restou também expressamente consignado que são independentes as esferas das responsabilidades civil, administrativa e penal, fazendo-se referência específica ao *infrator* como *pessoa física e jurídica, de direito público e privado* (CF, art. 225, §3º), o qual responde na forma da Lei n. 9.605/98 e do Decreto n. 6.514/2008 nas esferas penal e administrativa, respectivamente[2].

Considerando-se os termos abrangentes da definição legal de poluidor adotado pela PNMA[3], tem nela respaldo a interpretação e aplicação ampliativas do conceito de poluidor (direto e indireto) e, consequentemente, do nexo de causalidade. Neste particular é bem ilustrativa a exegese defendida pelo atual Ministro do Superior Tribunal de Justiça (STJ), Antonio Herman Benjamin, em artigo doutrinário e no comentado voto proferido no REsp n. 650.728/SC, de sua relatoria.

Para Benjamin, o vocábulo *poluidor* é amplo, incluindo aqueles que diretamente causam o dano ambiental (p. ex., fazendeiro, industrial, madeireiro, minerador, especulador) e também aqueles que contribuem indiretamente (p. ex., banco, órgão público licenciador, engenheiro, arquiteto, incorporador, corretor, transportador, entre outros) (Benjamin, 1998, p.37). No comentado voto no REsp n. 650.728/SC consta da respectiva ementa do acórdão:

> [...] 12. As obrigações ambientais derivadas do depósito ilegal de lixo ou resíduos no solo são de natureza *propter rem*, o que significa dizer que aderem ao título e se transferem ao futuro proprietário, prescindindo-se de debate sobre a boa ou má-fé do adquirente, pois não se está no âmbito da responsabilidade subjetiva, baseada em culpa. 13. Para o fim de apuração do nexo de causalidade no dano ambiental, equiparam-se quem faz, quem não faz quando deveria fazer, quem deixa fazer, quem não se importa que façam, quem financia para que façam, e quem se beneficia quando outros fazem. 14. Constatado o nexo causal entre a ação e a omissão das recorrentes com o dano ambiental em questão, surge, objetivamente, o dever de promover a recuperação da área afetada e indenizar eventuais danos remanescentes, na forma do art. 14, § 1º, da Lei n. 6.938/81.

---

[2] Passos de Freitas (2001 e 2010); Costa Neto (2000); Lecey (1998); Milaré (2009, p. 876).

[3] Art. 3º [...] IV – *poluidor, a pessoa física ou jurídica, de direito público ou privado, responsável, direta ou indiretamente, por atividade causadora de degradação ambiental;*

Não se pode negar o efeito pedagógico de posicionamentos como estes, notadamente ao exemplificar a ampla gama de possíveis responsáveis.

A responsabilidade civil ambiental das instituições financeiras sob a ótica corretivo--repressiva. A observância do dever de diligência e suas implicações

Muito se tem discutido acerca da responsabilidade civil das instituições financeiras por danos ambientais em face do Direito brasileiro, analisando--se a aplicabilidade *in casu* da responsabilidade objetiva e solidária, a amplitude do conceito de poluidor, a caracterização e a extensão do nexo de causalidade e as excludentes e atenuantes desse nexo[4].

As instituições financeiras podem estar sujeitas a diferentes modalidades de riscos ambientais: ao *risco direto*, que está associado às suas próprias instalações, uso de papéis, equipamentos, energia. Neste caso, essas instituições respondem diretamente como poluidoras, com aplicabilidade o princípio poluidor-pagador: elas devem internalizar os custos relativos ao controle da poluição. Na hipótese de *risco indireto*, o risco ambiental afeta a empresa em relação à qual as instituições em análise são intermediadoras financeiras, via operações de créditos, ou detentoras de ativos financeiros. Esta é a hipótese controversa de possibilidade de responsabilização da instituição financeira na condição de poluidora indireta por força da operação de crédito. O *risco de reputação*, por sua vez, é decorrente da pressão da opinião pública, de investidores e organizações não governamentais para adoção, pelas mesmas instituições, de políticas de financiamento e investimento ambientalmente corretas, sob pena de prejuízo à sua reputação (Blank, 2009, p. 267).

A transcrição a seguir sintetiza as preocupações e a discussão em torno da responsabilidade civil das instituições financeiras diante das questões ambientais à luz da legislação ambiental brasileira:

---

[4] Ver, a respeito, Raslan (2012); Zambão (2010); Blank (2009). Disponível em: http://www.seer.furg.br/remea/article/view/2827; Grizzi et al. (2003); Machado (2011); Santilli (2001); Steigleder (2007).

Por conta das crescentes preocupações com as questões ambientais, os bancos estão se transformando em fiscais indiretos do cumprimento da lei e verdadeiros agentes de divulgação da legislação e das boas práticas de proteção ao meio ambiente, até porque, antes de concederem financiamentos, especialmente aqueles destinados a investimentos, têm exigido a apresentação dos respectivos comprovantes de regularidade de atuação perante os órgãos ambientais. [...]

A legislação brasileira contempla a responsabilidade solidária de todos aqueles que, de algum modo, participaram ou concorreram, direta ou indiretamente, para a prática do dano ambiental. Contudo, a análise não é simples, já que, se o financiador exigiu da empresa todos os requisitos necessários para conceder o crédito, inclusive aqueles de ordem ambiental (licença prévia, licença de instalação e licença de funcionamento), além da declaração dos órgãos responsáveis, atestando que a empresa está em situação regular perante o ambiente, dificilmente será responsabilizado por eventual dano causado pela empresa financiada.

De acordo com Andreola (2008, p. 70), decorre do interesse do próprio banco verificar a regularidade da atividade da empresa antes de deferir qualquer assistência creditícia. No entanto, não se pode exigir do banco um controle técnico acerca dos índices de poluição ou sobre a regularidade das licenças expedidas pelos órgãos técnicos competentes. De qualquer forma, os bancos devem ampliar significativamente a análise das atividades empresariais, sob a ótica ambiental, e incluir em suas análises de risco de crédito o aspecto ambiental, isto é, o risco ambiental. Dessa forma, é necessário verificar as reais condições de funcionamento da empresa pretendente do crédito, com uma visão criativa e restritiva, especialmente nos casos de utilização de produtos nocivos ao meio ambiente. [...] As atividades próprias das instituições financeiras apresentam pouco risco de causar dano ao meio ambiente. Mas a legislação ambiental considera como responsáveis os causadores do dano, incluindo as instituições financeiras. A exposição maior dessas diz respeito às atividades das empresas com as quais mantêm relações negociais, acarretando a responsabilidade por via indireta.

Tosini (2006, p. 87) identifica seis formas de exposição das instituições ao risco ambiental, com impacto sobre o risco legal, a saber, a responsabilidade das instituições financeiras como poluidoras indiretas no financiamento de projetos de investimento ou responsabilidade solidária; a responsabilidade ambiental das instituições financeiras públicas em projetos de investimento; a responsabilidade das instituições financeiras em financiamentos de atividades ou projetos na área de biotecnologia; a responsabilidade das instituições financeiras como proprietárias de imóveis, contaminados ou em desacordo com a legislação ambiental, oferecidos em garantia de empréstimos; a responsabilidade das instituições financeiras como novas proprietárias de imóveis tombados; e a responsabilidade das instituições financeiras em financiamento imobiliário em áreas contaminadas. (Blank, 2009, p. 268-72)

Destarte, a legislação brasileira, ao contemplar a definição ampla de poluidor (direto e indireto), dá amparo à responsabilidade civil objetiva e solidária das instituições financeiras em decorrência da concessão de crédito a atividade causadora de danos ambientais. No entanto, deve ser objeto de análise, em face de cada caso concreto, a eventual exclusão ou atenuação do nexo de causalidade, considerando-se, entre outras hipóteses, o cumprimento do dever de diligência que lhes é imposto pelo art. 12 da Lei n. 6.938/81, que aperfeiçoa a disciplina embrionária do art. 12 da Lei n. 6.803/80.

Embora ambas as disposições legais se refiram à atuação preventiva das instituições de crédito oficiais e às operações de financiamento e incentivos governamentais, é salutar, pelas razões apontadas, interpretá-las ampliativamente para alcançarem também as instituições privadas, como o fazem Paulo Affonso Leme Machado (2011, p. 363) e Annelise Steigleder (2007, p. 110), destacando esta última o descumprimento do dever legal e suas consequências.

Vale mencionar, a propósito, o seguinte precedente jurisprudencial:

Processual civil e ambiental. Agravo de instrumento. Pretendida indenização por danos ambientais em propriedade privada na ação principal. Legitimidade passiva do DNPM, Ibama, Estado de Minas Gerais (Copam), FEAM, IGAM e BNDES. O estado responde civilmente por ato omissivo do qual resulte lesão ambiental em propriedade de terceiro. [...] 6. Quanto ao BNDES, o simples fato de ser ele a instituição financeira incumbida de financiar a atividade mineradora da CMM, em princípio, por si só, não o legitima para figurar no polo passivo da demanda. Todavia, se vier a ficar comprovado, no curso da ação ordinária, que a referida empresa pública, mesmo ciente da ocorrência dos danos ambientais que se mostram sérios e graves e que refletem significativa degradação do meio ambiente, ou ciente do início da ocorrência deles, houver liberado parcelas intermediárias ou finais dos recursos para o projeto de exploração minerária da dita empresa, aí sim, caber-lhe-á responder solidariamente com as demais entidades-rés pelos danos ocasionados no imóvel de que se trata, por força da norma inscrita no art. 225, *caput*, § 1º, e respectivos incisos, notadamente os incisos IV, V e VII, da Lei Maior. 7. Agravo de instrumento provido (AI n. 2002.01.00.036329-1/MG, rel. Des. Fed. Fagundes de Deus, j. 15.12.2003).

A GESTÃO PÚBLICO-PRIVADA DA SUSTENTABILIDADE NA ORDEM CONSTITUCIONAL VIGENTE ALÉM DO COMANDO E CONTROLE ESTATAIS E DA ÓTICA CORRETIVO-REPRESSIVA

É propósito desta análise destacar que a gestão público-privada da sustentabilidade proposta pela ordem constitucional vigente vai além do comando e controle estatais e da ótica corretivo-repressiva que inaugurou o combate à poluição e à contaminação do ambiente a partir da década de 1970, cujos marcos representativos são a Conferência de Estocolmo (1972) e, no Brasil, a instituição da Política Nacional de Meio Ambiente – PNMA (Lei n. 6.938/81).

Não se pode perder de vista que a abordagem da questão ambiental evoluiu da ótica corretivo-repressiva para as óticas preventiva e integradora em prol do desenvolvimento sustentável (Sousa, s/d); que a CF/88 atribui ao poder público e à coletividade a gestão integrada e compartilhada das questões socioambientais (art. 225); e que o Estado Democrático de Direito brasileiro, delineado pela mesma Constituição, tem um perfil híbrido. Nele convivem o intervencionismo típico do Estado social, para a concreção da ampla gama de direitos sociais e da ordem social, na qual está inserido o capítulo do meio ambiente (art. 225), com o regime de mercado, característico da economia capitalista em um Estado neoliberal, delimitado pelos parâmetros constitucionais da ordem econômica (art. 170 e segs.).

Interessante estudo sobre a evolução das pesquisas em gestão ambiental na Universidade de São Paulo (Uehara et al., s/d) revela que, entre o início da década de 1980 e o fim da década de 1990, prevaleceu a formação de grupos de pesquisa com enfoque predominante no setor privado, coincidindo com o período das conferências mundiais da indústria sobre gestão ambiental (1984; 1991) e a criação da ISO 14.000.

Já a partir de 1999 surgem grupos voltados para o setor público, concomitantemente ao surgimento de Políticas Nacionais (Recursos Hídricos, 1997; Crimes Ambientais, 1998; Educação Ambiental, 1999; Unidades de

Conservação, 2000; Desenvolvimento Urbano, 2001; Saneamento Ambiental, 2007) e programas federais como o Programa de Apoio ao Desenvolvimento da Ciência e Tecnologia que incentivou a formulação e o desenvolvimento de projetos de pesquisas interdisciplinares (Philippi Jr et al., 2000). É nesse contexto que são formados os grupos da Faculdade de Saúde Pública (FSP) majoritariamente voltados para o setor público. Atualmente existe certa equidade entre o número de grupos que dirigem pesquisas voltadas para os setores público e privado.

O novo cenário que se descortina é o da *construção da sustentabilidade em cadeia*, alcançando os setores público e privado e buscando incentivar a disseminação da cultura do cumprimento das normas ambientais positivadas no Direito brasileiro, de cunho obrigatório (normas de ordem pública), bem como dos compromissos voluntariamente assumidos pelos diferentes atores interessados.

Nas atuações da Administração Ambiental, do Ministério Público e do Poder Judiciário ganham espaço a celebração e o cumprimento adequados do Termo de Compromisso Ambiental (TCA), Termo de Ajustamento de Conduta (TAC) e acordos judiciais, respectivamente, abrangendo os setores público e privado, conforme o caso. Entre os agentes financeiros e econômicos surgem instrumentos "além do comando e controle estatais", cujas celebração e implementação adequadas são movidas pelas vantagens econômicas (Avaliação Custo-Benefício – ACB) e pela lógica do mercado. São exemplos a adoção das políticas de responsabilidade socioambiental corporativa, dos sistemas de gestão ambiental (ISO 14.000, Produção Mais Limpa, entre outras), os protocolos ambientais e, mais recentemente, os acordos setoriais previstos pela Política Nacional de Resíduos Sólidos – PNRS (Lei n. 12.305/2010).

É certo que o tradicional sistema de responsabilidade reparatório-repressiva tem função preventiva, a fim de desestimular a prática de novos danos e infrações; todavia depende da atuação estatal (Órgãos do Sisnama, Poder Judiciário, Ministério Público) e ocorre após já consumado ou iniciado o dano. Ademais, a extensão territorial e diversidades regionais e locais dificultam o funcionamento satisfatório da legislação concorrente (CF, arts. 24 e 30) e das ações administrativas decorrentes da competência comum (CF, art. 23), só recentemente disciplinadas pela LC n. 140/2011 no tocante à matéria ambiental.

930 | DIREITO AMBIENTAL E SUSTENTABILIDADE

Ampliação da participação proativa de todos os segmentos da sociedade. Mobilização e auto-organização sociais

Além da atuação estatal, é preciso ampliar a participação proativa de todos os segmentos da sociedade no processo de gestão público-privada da sustentabilidade augurado pela ordem constitucional vigente. Embora indispensável, não é suficiente a atuação do Ministério Público e das organizações não governamentais (ONG) na defesa dos interesses da coletividade. É preciso também fomentar a mobilização e o envolvimento dos agentes financeiros, econômicos, sociais e dos consumidores, organizados por setores de atividades e em cadeia, para potencialização dos resultados.

Os agentes financiadores e os consumidores são os elos inicial e final da cadeia e têm papel fundamental na indução de comportamentos pautados pelos critérios de sustentabilidade, como exigência crescente do mercado e da sociedade contemporânea. No Brasil, as atenções se voltam para a conscientização do consumidor, e as políticas e programas para o desenvolvimento do *consumo consciente ou responsável* estão ainda em fase incipiente e são de evolução complexa.

A atuação proativa e preventiva das instituições financeiras nas operações de crédito e financiamento

As instituições financeiras, principais agentes financiadores do processo produtivo, cumprem um papel decisivo na prevenção do dano ambiental, já vislumbrado pela PNMA; e na indução da observância e implementação das políticas ambientais pelos agentes privados (PNMC, PNRS, Novo Código Florestal).

Seria reduzir indevidamente a relevância da contribuição das instituições financeiras na construção da sustentabilidade das cadeias de produção e consumo e na estruturação dos pilares da Economia Verde se as discussões se restringirem à responsabilidade ambiental dessas instituições sob o clássico viés reparatório-repressivo.

Com efeito, como prescreve o art. 12 da PNMA em relação às instituições de crédito oficiais e às operações de financiamento e incentivos governamentais – previsão que comporta interpretação extensível às instituições financeiras privadas e respectivas operações de crédito, financiamento e incentivos, como já examinado (item 3.2, *retro*):

> Art. 12. As entidades e órgãos de financiamento e incentivos governamentais condicionarão a aprovação de projetos habilitados a esses benefícios ao licenciamento ambiental, na forma desta lei, e ao cumprimento das normas, dos critérios e dos padrões exigidos pelo Conama. Parágrafo único. As entidades e órgãos referidos no *caput* deste artigo deverão fazer constar dos projetos a realização de obras e aquisição de equipamentos destinados ao controle de degradação ambiental e a melhoria da qualidade do meio ambiente.

O momento da concessão do crédito, financiamento e incentivos é estratégico para as instituições financeiras exigirem, como condição para aprovação dos respectivos projetos, a adequada implementação das avaliações de impacto e do licenciamento ambiental, o respeito às normas de padrões ambientais, entre outros clássicos instrumentos de comando e controle preventivos contemplados na PNMA. Ademais,

> A recomendação expressa na Lei da Política Nacional do Meio Ambiente (art. 12 da Lei n. 6.938/81) deixa margem de opção às instituições financiadoras na prevenção ambiental quanto à indicação de obras e equipamentos que constem ou devam constar no projeto de financiamento. Desse modo, a tarefa de controle pode ser feita também pelas instituições financeiras, mas é tarefa primordial dos órgãos públicos ambientais federais, estaduais e municipais. Segundo Machado (2007, p. 338-9) os financiadores, por previsão legal, não podem continuar na alocação de recursos financeiros caso o ente filiado não cumpra o cronograma da implementação das obras e da instalação dos equipamentos destinados à melhoria da qualidade ambiental. [...] Segundo Machado (2005, p. 321) o dinheiro dos bancos deve financiar apenas projetos que estejam adequados às normas legais vigentes, inclusive aquelas protetoras do meio ambiente. O ideário está centrado no cumprimento integral das disposições e exigências contidas na legislação em vigor, de modo a evitar que o financiador possa ser responsabilizado por futuro dano ambiental causado pela empresa financiada. Sugere-se que os financiadores foquem mais suas atitudes na prevenção ambiental ao analisar as propostas de financiamentos. Todavia, diante das dificuldades enfrentadas pelos bancos para a sua execução, entende-se que somente nas empresas que possuem a norma ISO 14000, exibida a partir do final do século XX como a resolução da incógnita ecológica,

poder-se-á, efetivamente, exercer a função de controle preventivo da adequação dos projetos às normas ambientais. (Blank, 2011, p. 268 a 272)

As diligências preventivas das instituições financeiras acabam por induzir a conduta dos agentes privados à observância e execução das políticas ambientais, existindo expressa menção nesse sentido na PNMC em relação às instituições financeiras oficiais: as instituições financeiras oficiais disponibilizarão linhas de crédito e financiamento específicas para desenvolver ações e atividades que atendam aos objetivos desta Lei e voltadas para induzir a conduta dos agentes privados à observância e execução da PNMC, no âmbito de suas ações e responsabilidades sociais (art. 8º da Lei n. 12.187/2009).

A parte final da disposição deixa claro que a indução dos comportamentos dos agentes privados é circunscrita ao *âmbito de suas ações e responsabilidades sociais,* evidenciando a caracterização da responsabilidade compartilhada como *conjunto de atribuições individualizadas e encadeadas* de cada um dos elos que compõem a cadeia econômica de produção e consumo respectiva.

Não destoa dessa diretriz indutora da observância e cumprimento das políticas ambientais a disposição transitória inserida no novo Código Florestal pela Lei n. 12.651/2012, art. 78-A:

> Art. 78-A. Após cinco anos da data da publicação desta lei, as instituições financeiras só concederão crédito agrícola, em qualquer de suas modalidades, para proprietários de imóveis rurais que estejam inscritos no Cadastro Ambiental Rural (CAR) e que comprovem sua regularidade nos termos desta lei. (Incluído pela Medida Provisória n. 571, de 2012).

Transição do predomínio do sistema de comando e controle estatal e de cunho corretivo-repressivo. A PNRS como marco legal[5]

A PNRS significa um marco fundamental na transição do predomínio do sistema de comando e controle estatal, notadamente de cunho correti-

---

[5] Cf, de nossa autoria, "Competência e as diretrizes da PNRS: conflitos e critérios de harmonização entre as demais legislações e normas" (Jardim, Yoshida e Machado Filho, 2012) (ver item "A atuação proativa e preventiva das instituições financeiras nas operações de crédito e financiamento: relevância na prevenção do dano ambiental (art. 12 da PNMA) e na indução da observância e execução das políticas ambientais (PNMC, PNRS, Novo Código Florestal")).

vo-repressivo. Ela prioriza e compartilha com todos, poder público das diferentes esferas, setor econômico e segmentos sociais como os catadores de produtos e embalagens recicláveis, a responsabilidade pela gestão integrada e pelo gerenciamento ambientalmente adequado dos resíduos sólidos, e se utiliza, para tanto, de instrumentos "além do comando e controle", como os acordos setoriais, as diversas modalidades de planos, os instrumentos econômicos.

Institui um modelo participativo ímpar de implementação da responsabilidade compartilhada no sistema de logística reversa, priorizando os acordos setoriais e, sucessivamente, os termos de compromisso e os regulamentos.

A PNRS deixa claro esta estratégia desafiante de conduzir a transição do controle social passivo para o controle social ativo[6], muito mais eficaz para incentivar e promover a inadiável transformação dos padrões insustentáveis para padrões sustentáveis de produção e consumo, baseando-se na cooperação, participação e mobilização sociais e na almejada construção da consciência e da cidadania ambientais.

A RESPONSABILIDADE COMPARTILHADA NA CONSTRUÇÃO DA SUSTENTABILIDADE DA CADEIA DE PRODUÇÃO E CONSUMO: INTEGRAÇÃO DOS ATORES ESTATAIS E PRIVADOS. A POTENCIALIZAÇÃO DOS RESULTADOS

O sistema da responsabilidade compartilhada, de operacionalização mais complexa, se mostra indispensável quando se pretende evoluir, como já destacado, da ótica corretivo-repressiva para a ótica preventiva e de estímulo à observância das normas e exigências ambientais.

---

[6] No Estado contemporâneo, segundo Norberto Bobbio, é cada vez mais frequente o uso de técnicas de estímulo de comportamentos, de sorte que junto à concepção tradicional do Direito como *ordenamento protetivo-repressivo*, forma-se uma nova concepção do ordenamento jurídico, como *ordenamento com função promocional*. Há, com isso, uma verdadeira mudança no modo de realizar o controle social: passa-se de um *controle passivo*, que se preocupa mais em desfavorecer as ações nocivas do que favorecer as ações vantajosas, a um *controle ativo*, que se preocupa em favorecer as ações vantajosas, mais do que desfavorecer as ações nocivas (Bobbio, 1980, p. 367 e segs.)

934 | DIREITO AMBIENTAL E SUSTENTABILIDADE

Este sistema de responsabilidade compartilhada tem seus resultados potencializados quando empregado na perspectiva da abordagem setorial e em cadeia, com a integração dos atores estatais (poder público, órgãos de comando e controle, Ministério Público) e privados (agentes financeiros e econômicos, organizações sociais e consumidores).

Este novo paradigma de gestão integrada público-privada em cadeia, no trato das questões econômico-financeiras, ambientais e sociais, pressupõe a mobilização e a integração de todos para desempenharem, cada qual, o papel e as funções que lhes competem, sem se substituírem mutuamente e sem fazerem as vezes um do outro.

Para tanto, é essencial a definição dos deveres, obrigações e ônus comuns e específicos que incumbem a cada um desses atores públicos e privados que integram a cadeia setorial, para o regular funcionamento e operacionalização da *responsabilidade compartilhada* entre todos.

A responsabilidade compartilhada pelo ciclo de vida dos produtos na PNRS

Com propriedade, a PNRS define a responsabilidade compartilhada pelo ciclo de vida dos produtos como o conjunto de atribuições individualizadas e encadeadas dos fabricantes, importadores, distribuidores e comerciantes, dos consumidores e dos titulares dos serviços públicos de limpeza urbana e de manejo dos resíduos sólidos, para minimizar o volume de resíduos sólidos e rejeitos gerados, bem como para reduzir os impactos causados à saúde humana e à qualidade ambiental decorrentes do ciclo de vida dos produtos (Lei n. 12.305/2010, art. 3º, XVII).

São objetivos alvissareiros da responsabilidade compartilhada pelo ciclo de vida do produto (art. 30, parágrafo único da PNRS):

I – compatibilizar interesses entre os agentes econômicos e sociais e os processos de gestão empresarial e mercadológica com os de gestão ambiental, desenvolvendo estratégias sustentáveis;

II – promover o aproveitamento de resíduos sólidos, direcionando-os para a sua cadeia produtiva ou para outras cadeias produtivas;

III – reduzir a geração de resíduos sólidos, o desperdício de materiais, a poluição e os danos ambientais;

RESPONSABILIDADES CIVIS SOLIDÁRIA E COMPARTILHADA NA GESTÃO PÚBLICO-PRIVADA | **935**

IV – incentivar a utilização de insumos de menor agressividade ao meio ambiente e de maior sustentabilidade;

V – estimular o desenvolvimento de mercado, a produção e o consumo de produtos derivados de materiais reciclados e recicláveis;

VI – propiciar que as atividades produtivas alcancem eficiência e sustentabilidade;

VII – incentivar as boas práticas de responsabilidade socioambiental.

Nas disposições subsequentes, a PNRS passa a arrolar as atribuições individualizadas e encadeadas que competem aos diversos responsáveis (fabricantes, importadores, distribuidores e comerciantes, consumidores e titulares dos serviços públicos de limpeza urbana e de manejo dos resíduos sólidos).

A responsabilidade dos fabricantes, importadores, distribuidores e comerciantes, com vistas a fortalecer a responsabilidade compartilhada e seus objetivos, e sem prejuízo das obrigações estabelecidas no plano de gerenciamento de resíduos sólidos, abrange (art. 31):

I – investimento no desenvolvimento, na fabricação e na colocação no mercado de produtos:

a) que sejam aptos, após o uso pelo consumidor, à reutilização, à reciclagem ou a outra forma de destinação ambientalmente adequada;

b) cuja fabricação e uso gerem a menor quantidade de resíduos sólidos possível;

II – divulgação de informações relativas às formas de evitar, reciclar e eliminar os resíduos sólidos associados a seus respectivos produtos;

III – recolhimento dos produtos e dos resíduos remanescentes após o uso, assim como sua subsequente destinação final ambientalmente adequada, no caso de produtos objetos de sistema de logística reversa na forma do art. 33;

IV – compromisso de, quando firmados acordos ou termos de compromisso com o Município, participar das ações previstas no plano municipal de gestão integrada de resíduos sólidos, no caso de produtos ainda não inclusos no sistema de logística reversa.

Quanto às embalagens, que devem ser fabricadas com materiais que propiciem a reutilização ou a reciclagem, são responsáveis pelo atendimento das exigências da PNRS quem manufatura embalagens ou fornece materiais para a fabricação de embalagens; quem põe em circulação embalagens, materiais para a fabricação de embalagens ou produtos embalados, em qualquer fase da cadeia de comércio.

Cabe a eles assegurar que as embalagens sejam (art. 32, §§ 1º e 3º):

I – restritas em volume e peso às dimensões requeridas à proteção do conteúdo e à comercialização do produto;
II – projetadas de forma a serem reutilizadas de maneira tecnicamente viável e compatível com as exigências aplicáveis ao produto que contêm;
III – recicladas, se a reutilização não for possível.

Os fabricantes, importadores, distribuidores e comerciantes dos seguintes produtos são obrigados a estruturar e implementar sistemas de logística reversa (art. 33):

I – agrotóxicos, seus resíduos e embalagens, assim como outros produtos cuja embalagem, após o uso, constitua resíduo perigoso, observadas as regras de gerenciamento de resíduos perigosos previstas em lei ou regulamento, em normas estabelecidas pelos órgãos do Sisnama, do SNVS e do Suasa, ou em normas técnicas;
II – pilhas e baterias;
III – pneus;
IV – óleos lubrificantes, seus resíduos e embalagens;
V – lâmpadas fluorescentes, de vapor de sódio e mercúrio e de luz mista;
VI – produtos eletroeletrônicos e seus componentes.

Também são abrangidos os produtos comercializados em embalagens plásticas, metálicas ou de vidro e demais produtos e embalagens, considerando, prioritariamente, o grau e a extensão do impacto à saúde pública e ao meio ambiente dos resíduos gerados, conforme disposto em regulamento, acordos setoriais ou termos de compromisso (§ 1º).

Aos fabricantes, importadores, distribuidores e comerciantes dos produtos relacionados incumbe-lhes tomar todas as medidas necessárias para assegurar a implementação e operacionalização do sistema de logística reversa sob seu encargo, entre as quais (§ 3º):

I – implantar procedimentos de compra de produtos ou embalagens usados;
II – disponibilizar postos de entrega de resíduos reutilizáveis e recicláveis;
III – atuar em parceria com cooperativas ou outras formas de associação de catadores de materiais reutilizáveis e recicláveis.

Os consumidores deverão efetuar a devolução, após o uso, aos comerciantes ou distribuidores, dos produtos ou embalagens objeto de logística reversa, e estes deverão efetuar a devolução aos fabricantes ou aos importadores (§§ 4º e 5º). Estes, por sua vez, darão destinação ambientalmente adequada aos produtos e às embalagens reunidos ou devolvidos, sendo o rejeito encaminhado para a disposição final ambientalmente adequada, na forma estabelecida pelo órgão competente do Sisnama e, se houver, pelo plano municipal de gestão integrada de resíduos sólidos (§ 6º).

Se o titular do serviço público de limpeza urbana e de manejo de resíduos sólidos encarregar-se de atividades de responsabilidade dos fabricantes, importadores, distribuidores e comerciantes nos sistemas de logística reversa, as ações do poder público serão devidamente remuneradas, na forma previamente acordada entre as partes (§ 7º).

Com exceção dos consumidores, todos os participantes dos sistemas de logística reversa manterão atualizadas e disponíveis ao órgão municipal competente e a outras autoridades informações completas sobre a realização das ações sob sua responsabilidade (§ 8º).

Sempre que estabelecido sistema de coleta seletiva pelo plano municipal de gestão integrada de resíduos sólidos, os consumidores são obrigados a (art. 35):

I – acondicionar adequadamente e de forma diferenciada os resíduos sólidos gerados;

II – disponibilizar adequadamente os resíduos sólidos reutilizáveis e recicláveis para coleta ou devolução.

O poder público municipal pode instituir incentivos econômicos aos consumidores que participam do sistema de coleta seletiva (parágrafo único).

Cabe ao titular dos serviços públicos de limpeza urbana e de manejo de resíduos sólidos, observando, se houver, o plano municipal de gestão integrada de resíduos sólidos (art. 36):

I – adotar procedimentos para reaproveitar os resíduos sólidos reutilizáveis e recicláveis oriundos dos serviços públicos de limpeza urbana e de manejo de resíduos sólidos;

II – estabelecer sistema de coleta seletiva;

III – articular com os agentes econômicos e sociais medidas para viabilizar o retorno ao ciclo produtivo dos resíduos sólidos reutilizáveis e recicláveis oriundos dos serviços de limpeza urbana e de manejo de resíduos sólidos;

IV – realizar as atividades definidas por acordo setorial ou termo de compromisso na forma do § 7º do art. 33, mediante a devida remuneração pelo setor empresarial;

V – implantar sistema de compostagem para resíduos sólidos orgânicos e articular com os agentes econômicos e sociais formas de utilização do composto produzido;

VI – dar disposição final ambientalmente adequada aos resíduos e rejeitos oriundos dos serviços públicos de limpeza urbana e de manejo de resíduos sólidos.

Para cumprimento dessas exigências, o titular dos serviços públicos de limpeza urbana e de manejo de resíduos sólidos priorizará a organização e o funcionamento de cooperativas ou de outras formas de associação de catadores de materiais reutilizáveis e recicláveis formadas por pessoas físicas de baixa renda, bem como sua contratação, dispensada a licitação (§§ 1º e 2º).

A integração da responsabilidade compartilhada com a responsabilidade solidária. A previsão na PNRS

Como visto, o avançado e consolidado sistema de responsabilidade civil objetiva e solidária no Direito brasileiro revela-se o mais apropriado e eficiente para solucionar o grave problema dos passivos ambientais e sociais nas zonas rural e urbana, e é de utilização prioritária neste contexto.

Já a nova perspectiva de abordagem setorial e em cadeia da responsabilidade socioambiental compartilhada entre os agentes estatais, financeiros, econômicos, sociais e consumidores é fundamental para a cessação e prevenção de novos passivos ambientais, e para avançar no processo de transição da lógica do descumprimento para a lógica do cumprimento das exigências normativas e das práticas ambientais sustentáveis incorporadas e disseminadas cada vez mais por políticas, planos, programas e projetos do poder público e da iniciativa privada.

Se o funcionamento da responsabilidade compartilhada entre os elos da cadeia de produção e consumo for exitoso, a utilização da responsabilidade solidária fica afastada.

Diversamente, se a responsabilidade compartilhada não funcionar adequadamente, e resultar em passivos ambientais e sociais, aplica-se a responsabilidade solidária, adequada e prioritária para a reparação e solução desses passivos.

À medida que se firmam e se consolidam a educação, a informação, a participação, a mobilização e o controle sociais, haverá reflexos positivos na observância e na implementação exitosa da *responsabilidade compartilhada* dos elos da cadeia de sustentabilidade.

Com isso, os instrumentos de auto-organização, autogestão e autocontrole sociais ganham efetividade, eficiência e operacionalidade, e a consequência será tornar cada vez mais despicienda a atuação do sistema de comando e controle e o sistema da tríplice responsabilidade ambiental reparatório-repressiva.

Na disciplina da PNRS, caberá ao poder público atuar, subsidiariamente, com vistas a minimizar ou cessar o dano, logo que tomar conhecimento de evento lesivo ao meio ambiente ou à saúde pública relacionado ao gerenciamento de resíduos sólidos. Os responsáveis pelo dano deverão ressarcir integralmente o poder público pelos gastos decorrentes das ações empreendidas (art. 29, *caput* e parágrafo único).

Nas disposições transitórias e finais (arts. 51 a 53), é feita expressa referência à aplicação das responsabilidades civil objetiva, administrativa e penal ambientais, introduzindo inclusive disposições específicas na Lei n. 9.605/98.

EXPERIÊNCIAS PIONEIRAS E EXITOSAS NO COMBATE AO DESMATAMENTO ILEGAL: A CONJUGAÇÃO DA ATUAÇÃO REPRESSIVA E PREVENTIVA

As experiências pioneiras e exitosas ocorrem no campo do agronegócio voltado para os mercados externo e interno (soja, carne bovina, madeira) e envolvem a construção de um grande *pacto da sustentabilidade em cadeia,* com resultados frutuosos no combate ao desmatamento ilegal, regularização e reparação dos passivos ambientais (espaços e áreas protegidas), erradicação dos passivos sociais (exploração de trabalho infantil, trabalho análogo à escravidão, trabalho degradante), mediante participação efetiva e proativa dos atores públicos e privados.

Para a contenção e a reversão drástica do desmatamento ilegal na Amazônia, que atingiu seu ápice em 2005, novos cenários e experiências exitosas despontaram e estão se multiplicando. Um conjunto de providências planejadas, com envolvimento dos Poderes Públicos federal, estadual e municipal, setores econômico e financeiro e organizações não governamentais tem se mostrado muito eficaz. São mencionados como exemplos pioneiros e de resultados profícuos: na esfera do governo federal o PPCDAm, o PAS e o Fundo Amazônia; o reforço das "Operações Boi Pirata" 1 e 2 e a "Operação Disparada" realizadas pela Coordenação Geral de Fiscalização (CGFIS) do Ibama; os processos judiciais e o TAC 01/2009 ("TAC da Cane"), resultados da atuação conjunta do Ministério Público Federal e do Ibama; o Projeto "Municípios Verdes", iniciado com as experiências inovadoras dos municípios de Lucas do Rio Verde/MT e Paragominas/PA.

As iniciativas exitosas na esfera do governo federal no combate ao desmatamento ilegal na Amazônia

O Plano de Ação para a Prevenção e Controle do Desmatamento na Amazônia Legal (PPCDAm) – lançado em 2004 como resposta governamental às crescentes taxas de desmatamento na Amazônia – tem como objetivo promover a redução das taxas de desmatamento por meio de um conjunto de ações integradas de ordenamento territorial e fundiário, monitoramento e controle ambiental, fomento a atividades produtivas sustentáveis, envolvendo parcerias entre órgãos federais, governos estaduais, prefeituras, entidades da sociedade civil e o setor privado.

O PPCDAm envolveu, originariamente, iniciativas de treze ministérios, sob a coordenação da Casa Civil da Presidência da República, organizadas em três principais estratégias de implementação: ordenamento fundiário e territorial; monitoramento e controle ambiental; e fomento a atividades produtivas sustentáveis.

O referido Plano passou por um processo de avaliação e revisão, fazendo-se necessária sua atualização diante das mudanças ocorridas na dinâmi-

RESPONSABILIDADES CIVIS SOLIDÁRIA E COMPARTILHADA NA GESTÃO PÚBLICO-PRIVADA | **941**

ca do desmatamento, do amadurecimento das ações e êxitos já alcançados nos primeiros quatro anos, dando origem ao PPCDAm – 2ª fase (2009 a 2011).

O Plano Amazônia Sustentável (PAS)[7] compreende um conjunto de objetivos e diretrizes estratégicas, elaborados a partir de um diagnóstico atualizado da Amazônia contemporânea e de seus desafios, e visa orientar para um novo modelo de desenvolvimento, no qual as soluções econômicas sejam ambientalmente sustentáveis. Como pacto formado entre os governos estaduais e federais, seu principal objetivo é constituir-se como *locus* institucional capaz de dar respostas de longo prazo aos desafios da região. As diretrizes estratégicas para o desenvolvimento sustentável da Amazônia brasileira estão agrupadas em quatro eixos temáticos: Ordenamento Territorial e Gestão Ambiental; Produção Sustentável com Inovação e Competitividade; Infraestrutura para o Desenvolvimento; e Inclusão Social e Cidadania.

O Fundo Amazônia, a seu turno, tem por finalidade captar doações para investimentos não reembolsáveis em ações de prevenção, monitoramento e combate ao desmatamento, e de promoção da conservação e do uso sustentável das florestas no Bioma Amazônia, nos termos do Decreto n. 6.527/2008.

O Fundo apoia projetos nas áreas de gestão de florestas públicas e áreas protegidas; controle, monitoramento e fiscalização ambiental; manejo florestal sustentável; atividades econômicas desenvolvidas a partir do uso sustentável da floresta; zoneamento ecológico e econômico, ordenamento territorial e regularização fundiária; conservação e uso sustentável da biodiversidade; e recuperação de áreas desmatadas.

Além da redução das emissões de gases de efeito estufa, as áreas temáticas propostas para apoio pelo Fundo Amazônia podem ser coordenadas de forma a contribuir para a obtenção de resultados significativos na implementação de seus objetivos de prevenção, monitoramento e combate ao desmatamento e de promoção da conservação e do uso sustentável das florestas no Bioma Amazônia.

O Fundo é gerido pelo Banco Nacional de Desenvolvimento Econômico e Social – BNDES, que também se incumbe da captação de recursos, da contratação e do monitoramento dos projetos e ações apoiados. Ele segue as orientações do PAS, baseando seus investimentos nas metas de redução do

---

[7] Disponível em: www.fundoamazonia.gov.br/FundoAmazonia/export/sites/default/site_pt/Galerias/Arquivos/Publicacoes/plano_amazonia_sustentavel.pdf. Acesso em: 20 jan. 2014.

desmatamento na Amazônia, em sintonia com as estratégias do PPCDAm. Os recursos que integram o patrimônio do Fundo são provenientes de doações e remunerações líquidas da aplicação de suas disponibilidades. Pode utilizar até 20% dos seus recursos para apoiar o desenvolvimento de sistemas de monitoramento e controle do desmatamento em outros biomas brasileiros e em outros países tropicais.

Reforço da atuação repressiva do Ibama: "Operações Boi Pirata" I e II e a atual "Operação Disparada"

Uma forte atuação repressiva e de impacto caracterizou as "Operações Boi Pirata" I e II e a atual "Operação Disparada", realizadas pela Coordenação Geral de Fiscalização (CGFIS) do Ibama.

As operações têm o objetivo de combater o desmate ilegal na Amazônia e cumprir as metas do Plano de Prevenção e Combate ao desmatamento da Amazônia (PPCDAm) e do Plano Nacional sobre Mudança Climática (PNMC). A intenção é reduzir o desmatamento em 80% até 2020.

Tendo em vista os bons resultados da "Operação Boi Pirata I", de 2008, que apreendeu e leiloou gado criado em Terra do Meio, região de São Felix do Xingu, no Estado do Pará, foi deflagrada a "Operação Boi Pirata II"[8], no sudoeste do Pará, em Novo Progresso, município de maior desmatamento do país. A operação visou coibir a atividade pecuária em áreas protegidas da região amazônica.

Segundo Bruno Barbosa, chefe da CGFIS, a Operação Boi Pirata de 2008 foi determinante para as atuais reduções do desmatamento, "atingimos os menores índices dos últimos vinte anos, agora, com a Boi Pirata II, vamos focar a região de Novo Progresso, que foi a única onde o desmatamento cresceu, sem, no entanto, nos descuidarmos das demais regiões amazônicas". O Ibama está criando estratégias para atuar simultaneamente com grandes efetivos em vários pontos da Amazônia Legal. O Decreto n. 6.514/2008 dá poderes ao Ibama para apreender gado em área embargada por crime ambiental.

---

[8] Disponível em: http://www.ibama.gov.br/noticias-2009/ibama-deflagra-operacao-boi-pirata-ii. Acessado em: 15 jul. 2015.

RESPONSABILIDADES CIVIS SOLIDÁRIA E COMPARTILHADA NA GESTÃO PÚBLICO-PRIVADA | **943**

Para a segunda fase da "Operação Boi Pirata II" a CGFIS, além de contar com o apoio da Força Aérea Brasileira – FAB, diligenciou a montagem de uma estrutura com mais de 115 homens do Ibama, da Polícia Militar do Estado do Pará, da Força Nacional de Segurança Pública, da Polícia Federal, da Polícia Rodoviária Federal, 25 veículos próprios para o relevo da região, um helicóptero e um caminhão tanque para abastecimento da aeronave.

Após oito meses de fiscalização intensa em Novo Progresso/PA, o Ibama encerrou a "Operação Boi Pirata II"[9]. Como marco do término dos trabalhos, 1.000 (mil) cabeças de gado que eram criadas irregularmente na Floresta Nacional (Flona) do Jamanxim, e em outras localidades embargadas pela fiscalização, foram retiradas do município, que figura no topo da lista das 43 cidades brasileiras que mais desmatam a Amazônia.

Em sintonia com a linha geral das normas ambientais brasileiras, Leslie Tavares, coordenadora operacional da "Operação Boi Pirata II", salientou que com o plano de manejo e conservação e a certificação de madeira, a atividade madeireira na Amazônia poderá ser executada por empresas legalizadas, o que garantirá empregos, direitos trabalhistas e previdenciários e o movimento da economia local. Geralmente, as pessoas que extraem madeira de forma irregular desmatam a área e depois vão embora, em busca de novas áreas para desmatar, e isso não garante emprego a ninguém.

Iniciando nova operação, denominada "Operação Disparada"[10], agentes do Ibama apreenderam cerca de 4,5 mil cabeças de gado nas regiões de Sinop/MT, Lábrea/AM, Novo Progresso, São Félix do Xingu e Redenção/PA. A apreensão faz parte da "Operação Disparada" de combate ao desmatamento ilegal, realizada simultaneamente nos estados do Pará, Mato Grosso e Amazonas.

Os alvos são frentes de pecuária ilegal, considerado o principal vetor do desmatamento na Amazônia, que afeta áreas protegidas, terras públicas, propriedades privadas ou mesmo terras indígenas invadidas. Durante a operação, os fiscais voltam às propriedades particulares notificadas no início do ano para verificar se os embargos das áreas desmatadas ilegalmente estão sendo respeitados e, em caso de descumprimento, apreendem gado, veículos e

---

[9] "Ibama encerra Operação Boi Pirata 2". Disponível em: http://noticias.terra.com.br/brasil/noticias/0,,OI4231556-EI306,00-Ibama+encerra+Operacao+Boi+Pirata.html. Acesso em: 20 jan. 2014.

[10] "'Boi Pirata' – Operação contra desmatamento apreende 2 mil gados no Amazonas". Disponível em: http://vasosdopurus.wordpress.com/2011/04/06/boi-pirata-operacao-contra-desmatamento-apreende-2-mil-gados-no-amazonas/. Acesso em: 20 jan. 2014.

944 | DIREITO AMBIENTAL E SUSTENTABILIDADE

equipamentos utilizados pelos infratores. A fiscalização do Ibama conta com o apoio da Procuradoria Federal Especializada junto à autarquia e da Advocacia Geral da União para contestar eventuais ações propostas pelos infratores. O site do Ibama exibe uma página com informações sobre áreas embargadas, que é permanentemente atualizada para consulta do mercado.

A clássica atuação institucional reparatório--repressiva do Ministério Público. Os processos judiciais e a celebração do TAC n. 01/2009

Um levantamento inédito, feito pelo MPF e pelo Ibama[11], conseguiu rastrear as empresas da cadeia da pecuária que contribuem para a devastação na Amazônia. Pela primeira vez, por meio de pesquisa nos registros de compra e venda de bois, foi possível comprovar quem comercializa os rebanhos criados em áreas desmatadas ilegalmente.

O trabalho mapeia desde a fazenda que engorda o gado em pastagens ilegais, passando pelo frigorífico que abate, processa e revende subprodutos bovinos, chegando até as indústrias de materiais de limpeza, de calçados, de couros, de laticínios e supermercados que utilizam e comercializam os bois oriundos da devastação.

Como primeiro resultado, o MPF iniciou 21 processos judiciais contra fazendas e frigoríficos, pedindo o pagamento de R$ 2,1 bilhões em indenizações pelos danos ambientais à sociedade brasileira. Além disso, 69 empresas que compraram os subprodutos dos frigoríficos receberam notificações, em que são informadas oficialmente da compra de insumos obtidos com desmatamento ilegal na Amazônia. A partir da notificação, devem parar a aquisição desse tipo de produto ou passarão à condição de corresponsáveis pelos danos ambientais.

Entre as empresas notificadas figuraram varejistas de grande porte. Entre os frigoríficos processados está um dos maiores do Brasil, que comprou gado de fazendas multadas pelo Ibama e uma que se localiza dentro de uma reserva indígena. Entre as fazendas irregulares, nove pertencem à Agropecuária Santa Bárbara. Dos 21 imóveis irregulares, sete foram embargados e deveriam ter pa-

---

[11] "MPF e Ibama processam empresas que lucram com os bois da devastação". Disponível em: www.prpa.mpf.gov.br/news/2009/noticias/mpf-e-ibama-processam-empresas-que--lucram-com-os-bois-da-devastacao/. Acesso: 20 jan. 2014.

ralisado completamente suas atividades no momento do embargo. As outras fazendas somavam multas por crime ambiental. Os bois continuaram pastando mesmo com a interferência das autoridades, devastando uma área total de 157 mil hectares, o equivalente a todo o município de São Paulo.

É o caso, por exemplo, da fazenda Espírito Santo, em Xinguara, sudeste do Pará, palco de recente conflito agrário. A propriedade sofreu fiscalização porque mais de 76% de sua área foi desmatada ilegalmente. Mesmo assim, a Espírito Santo conseguiu vender grandes quantidades de gado bovino para os frigoríficos Bertin, Bracol e Redenção.

Por terem comprado bois criados ilegalmente, às custas de devastação florestal, os frigoríficos também são réus na ação. "Sabemos que a principal fonte impulsionadora do desmatamento na Amazônia é a criação de pastos. Por isso, queremos a aplicação da lei para que todas as empresas que participam dessa cadeia econômica de devastação paguem pelos danos ambientais", disse o Procurador da República Daniel César Avelino Azeredo, responsável pelos processos.

As indenizações poderiam alcançar valores elevados. No caso da fazenda Espírito Santo, por exemplo, os proprietários e os frigoríficos poderiam ter de pagar o total de mais de R$ 142 milhões, valor calculado com base nas perdas ambientais provocadas pela derrubada da mata. O MPF pleiteou que os rebanhos fossem confiscados para garantir o pagamento das indenizações. A maior indenização refere-se ao caso da fazenda Rio Vermelho, em Sapucaia, que poderia ter de pagar mais de R$ 375 milhões.

É tradicional a atuação institucional repressiva do Ministério Público, mormente num contexto histórico de não conformidade às exigências legais ambientais e de incremento da degradação, da poluição e da contaminação sob todas as formas.

Todavia, para promover a evolução na postura e atitude das organizações econômicas, notadamente das grandes corporações, do patamar da "não conformidade" e da "atuação reativa", para novos patamares de observância e de atuação conforme às normas ambientais ("em transição/adaptativa", "proativa", "responsável e sustentável")[12], sucessivamente, surge com maior pertinência a mobilização e a proatividade do Ministério Público na construção de consensos, por meio do Termo de Ajustamento de Conduta (TAC), sendo exemplo histórico o TAC n. 01/2009 (Inquérito Civil Público n. 1.23.000.000573/2008-49), firmado pelo Ministério Público Federal do

---

[12] Cf. Braga (2004).

DIREITO AMBIENTAL E SUSTENTABILIDADE

Pará e o Ibama[13], e considerado marco no direito ambiental brasileiro no que se refere à responsabilidade da cadeia de produção e consumo organizada setorialmente (no caso, "cadeia da pecuária"), incluindo as instituições financeiras e consumidores.

A iniciativa expôs um novo horizonte da responsabilização civil ambiental da cadeia produtiva e de consumo, mostrando a possibilidade de estreitamento dos laços de responsabilidade compartilhada e solidária, conforme o caso, entre produtores, compradores, grandes distribuidores de carne bovina, derivados, fábricas de calçados, artigos em couro, assim como instituições financeiras (Pacheco, s/d).

Repercussões salutares se multiplicaram a partir do referido TAC. Com efeito, em 15 de janeiro de 2010, no Município de São Paulo, foi sancionada a Lei n. 15.120, de 14.01.2010, que proíbe a compra de carne proveniente do desmatamento na Amazônia, em terras indígenas ou que tenha origem no trabalho escravo e infantil[14].

Em 7 de dezembro de 2009, a Associação Brasileira de Supermercados (Abras) lançou o "Programa Abras de Certificação de Produção Responsável na Cadeia Bovina". A cartilha visa estimular melhorias no aspecto ambiental, social e sanitário, em evidente resposta ao constrangimento moral e à pressão trazidos pelo TAC n. 01/2009[15].

Projeto "Municípios Verdes": as experiências pioneiras de Lucas do Rio Verde/MT e Paragominas/PA

Entre 2007 e 2008, o governo federal lançou uma série de medidas que foram decisivas no combate ao desmatamento na Amazônia. Entre essas medidas, o Decreto n. 6.321 foi o ponto de partida para as ações que desembocaram na maior operação conjunta para viabilização de um novo modelo de desenvolvimento na região. Este decreto e seus atos administrativos mu-

---

[13] Disponível em: www.prpa.mpf.gov.br/news/2009/noticias/mpf-e-ibama-processam--empresas-que-lucram-com-os-bois-da-devastacao/. Acesso: 20 jan. 2014.

[14] Disponível em: www.camara.sp.gov.br/index.php?option=com_content&view=article&id=1973:kassab-aprova-lei-contra-carne-produzida-em-area-de--desmatamento&catid=41:projetos-sancionados&Itemid=98. Acesso em: 20 jan. 2014

[15] Disponível em: http://pt.slideshare.net/mrcavalcanti/programa-abras-producao-responsavel-carne-bovina. Acesso em: 20 jan. 2014.

nicipalizaram o combate ao desmatamento, restringiram o crédito a produtores irregulares, responsabilizaram toda a cadeia produtiva por desmatamentos ilegais e disponibilizaram à sociedade a lista dos infratores e dos municípios críticos do desmatamento.

As ações de fiscalização concentraram-se mais fortemente nos municípios críticos do desmatamento, que até 2010 já somavam 43. Eles sofreram maiores restrições para acessar crédito e seus produtores e empresas tiveram sua imagem comercial denegrida. Isto levou alguns municípios a buscar um novo modelo de desenvolvimento. Lucas do Rio Verde, no Mato Grosso (2006), e Paragominas, no Pará (2008), foram os primeiros municípios a implantar o projeto "Município Verde". Esta iniciativa rendeu ao município de Paragominas o título de primeira cidade a sair da lista "vermelha". Mas além de cumprir os requisitos para sair da lista, Paragominas foi mais adiante e implantou mudanças em sua base produtiva. Paragominas tornou-se um exemplo para outros municípios da Amazônia. Sua experiência no processo de transição de um modelo baseado em atividades predatórias para o modelo sustentável pode ajudar outros municípios que desejam mudar, mas não sabem como fazê-lo.

Pensando em estimular um maior número de municípios verdes na Amazônia, foi produzido o guia "Municípios verdes: caminhos para a sustentabilidade" (Guimarães et al., 2011, p. 156), que mostra um dos caminhos para esta transição. Ele é destinado principalmente aos gestores locais, como prefeitos e secretários municipais e lideranças do setor produtivo.

O guia foi elaborado a partir de entrevistas com líderes do terceiro setor que participaram do projeto "Município Verde" em Paragominas, gerentes de bancos na Amazônia e funcionários ligados à temática de crédito rural do Banco Central (Bacen) em Brasília. Foram examinados documentos relacionados ao projeto de Paragominas (pactos, termos, decretos municipais, relatório de ações etc.), assim como leis, decretos, resoluções, instruções normativas pertinentes ao tema e consultado o coordenador de meio ambiente do município de Paragominas, além de lideranças locais do setor agropecuário.

CONSIDERAÇÕES FINAIS

A gestão público-privada da sustentabilidade proposta pela ordem constitucional vigente vai além do comando e controle estatais, mediante ampliação da participação proativa de todos os segmentos da sociedade, mobilização e mecanismos de auto-organização e controle sociais.

E vai alem da ótica corretivo-repressiva que inaugurou o combate à poluição e à contaminação do ambiente a partir da década de 1970, cujos marcos representativos são a Conferência de Estocolmo (1972) e, entre nós, a instituição da Política Nacional de Meio Ambiente – PNMA (Lei n. 6.938/81).

Para uma eficiente gestão público-privada da sustentabilidade, deve ser levada em consideração simultaneamente a dupla visão, retrospectiva e prospectiva, da complexa realidade brasileira.

De um lado, a lamentável realidade dos passivos ambientais e sociais que se acumulam e que urgem ser reparados e regularizados adequadamente, bem como desestimulada a formação de novos passivos, mediante utilização prioritária dos clássicos instrumentos de comando e controle e do avançado sistema da tríplice responsabilidade ambiental (civil, administrativa e penal) de viés reparatório-repressivo.

A responsabilidade civil objetiva e solidária é prioritária nesse contexto, sendo aplicável aos poluidores diretos e indiretos, entre os quais figuram as instituições financeiras, passíveis de ser responsabilizadas em face de danos ambientais decorrentes da concessão do crédito sem observância do dever de diligência que lhes é imposto desde a Lei n. 6.938/81 (art. 12).

De outro lado, a alvissareira realidade dos ativos ambientais ainda preservados, cuja conservação ecológica urge ser estimulada, mediante utilização integrada da gama variada de instrumentos preventivos, de regulamentação e implementação complexas e demoradas, mas fundamentais para a evolução da ótica corretivo-repressiva para a ótica preventiva e de estímulo à observância das normas e exigências ambientais.

São os instrumentos (a) de planejamento, gestão e gerenciamento ambientais; (b) tributários e econômico-financeiros; (c) de participação efetiva, mobilização e auto-organização sociais; (d) o sistema da responsabilidade compartilhada na perspectiva da abordagem setorial e em cadeia, com a participação efetiva dos atores estatais e privados (poderes públicos, órgãos de comando e controle, Ministério Público de diferentes níveis federativos, agentes financeiros, setores de produção e de consumo, organizações sociais e consumidores).

Merece ser destacada a relevância da atuação proativa das instituições financeiras no momento da concessão do crédito, para a prevenção do dano ambiental (art. 12 da PNMA) e indução da observância e execução das políticas ambientais (PNMC, PNRS, Novo Código Florestal). A Política Nacional de Resíduos Sólidos – PNRS (Lei n. 12.305/2010) constitui marco histórico fundamental na transição da lógica do descumprimento para a lógica do cumprimento e observância das normas e exigências ambientais; na valorização da participação efetiva dos diferentes segmentos sociais, dos mecanismos de auto-organização e controle sociais; no prestígio da responsabilidade compartilhada pelo ciclo de vida dos produtos, com a previsão detalhada das atribuições individualizadas e encadeadas de todos os elos que integram o processo da logística reversa.

Na lógica do cumprimento e observância das normas ambientais ganha proeminência a responsabilidade compartilhada na construção da sustentabilidade da cadeia de produção e consumo, com integração dos atores estatais e privados e potencialização dos resultados.

Se a implementação da responsabilidade compartilhada entre os elos da cadeia de produção e consumo for exitosa, fica afastada a necessidade de utilização da responsabilidade solidária por passivos ambientais e sociais.

Diversamente, se a responsabilidade compartilhada não for adequadamente implementada e resultar em passivos ambientais e sociais, aplica-se a responsabilidade solidária, adequada e prioritária para a reparação e solução desses passivos.

À medida que se firmam e se consolidam a educação, a informação, a participação, a mobilização e o controle sociais, haverá reflexos positivos na observância e na implementação efetivas da responsabilidade compartilhada dos elos da cadeia de sustentabilidade.

Com isso, os instrumentos de auto-organização, de autogestão e autocontrole sociais ganham efetividade, eficiência e operacionalidade. A consequência será tornar cada vez mais despicienda a atuação do sistema de comando e controle e o sistema da tríplice responsabilidade ambiental reparatório-repressiva.

Experiências pioneiras e exitosas no combate ao desmatamento ilegal na Amazônia, que atingiu seu ápice em 2005, despontaram e se multiplicaram. Consistem em um conjunto de providências planejadas, com envolvimento dos poderes públicos federal, estadual e municipal, setores econômico e financeiro, organizações não governamentais; na esfera do governo federal, o PPCDAm, o PAS e o Fundo Amazônia; o reforço das "Operações Boi Pirata" 1 e 2 e a "Operação Disparada" realizadas pela Coordenação Geral de Fiscalização (CGFIS) do Ibama; os processos judiciais e o TAC n.

01/2009 ("TAC da Cane"), resultados da atuação conjunta do Ministério Público Federal e do Ibama; o Projeto "Municípios Verdes", iniciado com as experiências inovadoras dos municípios de Lucas do Rio Verde/MT e Paragominas/PA.

REFERÊNCIAS

ALMEIDA, Marcos Alberto de. *Reparação do dano em face da tríplice responsabilidade ambiental: administrativa, penal e civil.* Dissertação de mestrado. PUC/SP, 2005.

BENJAMIN, Antonio Herman. Responsabilidade pelo dano ambiental. *Revista de Direito Ambiental.* São Paulo: Revista dos Tribunais, n. 9, jan./mar. 1998, p. 37.

BLANK, Dionis Mauri Penning; BRAUNER, Maria Claudia Crespo. A responsabilidade civil ambiental das instituições bancárias pelo risco ambiental produzido por empresas financiadas. *Rev. eletrônica Mestr. Educ. Ambient.* v. 22, jan.-jul. 2009. Disponível em: http://www.seer.furg.br/remea/article/view/2827. Acesso em: 20 jan. 2014.

BOBBIO, Norberto. *Contribución a la teoria del Derecho.* Madrid: Ed. Fernando Torres, 1980, p. 367 e segs.

BRAGA, João Damásio. Legislação, energia e meio ambiente: evolução histórica e seus reflexos na gestão ambiental. Apresentação na 4ª reunião do Comitê Jurídico Tributário da ABCE, novembro 2004. Disponível em www.slideshare.net/bilibiowebsite/apresentacao-joao-damasio-braga-painel-meio-ambiente. Acesso em: 20 jan. 2014.

COSTA NETO, Nicolao Dino de Castro et al. *Crimes e infrações administrativas ambientais: comentários à lei n. 9.605/98.* Brasília: Brasília Jurídica, 2000.

DESTEFENNI, Marcos. *A responsabilidade civil ambiental e as formas de reparação do dano ambiental: aspectos teóricos e práticos.* Campinas: Bookseller, 2005.

GRIZZI, A. L. et al. *Responsabilidade civil ambiental dos financiadores.* Rio de Janeiro: Lumen Juris, 2003.

GUIMARÃES, J. et al. Municípios Verdes: Caminhos Para a Sustentabilidade, 2011, p. 156. Belém, Imazon. Disponível em www.imazon.org.br/publicacoes/livros/municipios-verdes-caminhos-para-a-sustentabilidade. Acesso em: 20 jan. 2014.

JARDIM, A.; YOSHIDA, C.; MACHADO FILHO, J.V. (Eds.). *Política nacional, gestão e gerenciamento de resíduos sólidos,* 2012, p. 3-38.

LECEY, Eládio. A proteção do meio ambiente e a responsabilidade penal da pessoa jurídica. In: PASSOS DE FREITAS, Vladimir (Org.). *Direito ambiental em evolução.* Curitiba: Juruá, 1998.

LEITE, José Rubens Morato. *Dano ambiental: do individual ao coletivo extrapatrimonial.* 2.ed. rev., atual. e ampl. São Paulo: Revista dos Tribunais, 2003.

MACHADO, Paulo Affonso Leme. *Direito Ambiental Brasileiro.* 19.ed. São Paulo: Malheiros, 2011.

MILARÉ, Edis. *Direito do ambiente.* 6.ed. rev., atual. e ampl. São Paulo: Revista dos Tribunais, 2009.

PACHECO, Cristiano de Souza Lima. Responsabilidade civil ambiental, cadeia produtiva rural e sustentabilidade: um desafio para o século XXI. Disponível em: http://cristianopacheco.com/wp-content/uploads/2012/01/Artigo-Cristiano-Pacheco-Resp.-Civil-sustentabilidade-e-cadeia-produtiva-10.01.12.pdf. Acesso em: 20 jan. 2014.

PASSOS DE FREITAS, Vladimir. *Direito administrativo e meio ambiente.* 4.ed. Curitiba: Juruá, 2010.

PASSOS DE FREITAS, Vladimir e PASSOS DE FREITAS, Gilberto. *Crimes contra a natureza.* 7.ed. São Paulo: RT, 2001.

PHILIPPI Jr, A. et al. *Interdisciplinaridade em Ciências Ambientais.* São Paulo: Signus, 2000.

RASLAN, Alexandre Lima. *Responsabilidade civil ambiental do financiador.* Porto Alegre: Livraria do Advogado, 2012.

SANTILLI, Juliana. A corresponsabilidade das instituições financeiras por danos ambientais e o licenciamento ambiental. *Revista de Direito Ambiental.* São Paulo, Revista dos Tribunais, jan./mar. 2001.

SOUSA, Ana Cristina Augusto de. A evolução da política ambiental no Brasil do século XX. Disponível em: www.achegas.net/numero/vinteeseis/ana_sousa_26.htm. Acesso em: 20 jan. 2014.

STEIGLEDER, Annelise Monteiro. *Responsabilidade civil ambiental: as dimensões do dano ambiental no direito brasileiro.* Porto Alegre: Livraria do Advogado, 2004.

_____. Responsabilidade civil das instituições financeiras por danos ambientais. *Revista Jurídica do Ministério Público do Estado do Mato Grosso.* Cuiabá: Entrelinhas, n. 2, jan./jul. 2007.

UEHARA, T. H. K. et al. Pesquisas em gestão ambiental: análise de sua evolução na Universidade de São Paulo. Disponível em: www.scielo.br/pdf/asoc/v13n1/v13n1a11. Acesso em: 27 jan. 2014.

YOSHIDA, Consuelo. Competência e as diretrizes da PNRS: conflitos e critérios de harmonização entre as demais legislações e normas. In: JARDIM, Arnaldo; YOSHIDA, Consuelo; MACHADO FILHO, José Valverde (Eds.). *Política nacional, gestão e gerenciamento de resíduos sólidos.* São Paulo: Manole, 2012, p. 3-38.

ZAMBÃO, Bianca. Brazil's Launch of Lender Environmental Liability as a Tool to Manage Environmental Impacts, 18 INT'L & COMP. L. REV., Issue I, 51-105 (Fall 2010).

Sites

"Boi Pirata" – Operação contra desmatamento apreende 2 mil gados no Amazonas. Disponível em: http://vasosdopurus.wordpress.com/2011/04/06/boi-pirata-opera-cao-contra-desmatamento-apreende-2-mil-gados-no-amazonas/. Acesso em: 20 jan.2014

"Ibama deflagra Operação Boi Pirata II no Pará". Disponível em: http://notapajos.globo.com/lernoticias.asp?id=28390. Acesso em: 20 jan. 2014.

"Ibama encerra Operação Boi Pirata 2". Disponível em: http://noticias.terra.com.br/brasil/noticias/0,,OI4231556-EI306,00-Ibama+encerra+Operacao+Boi+Pirata.html. Acesso em: 20 jan. 2014.

"Kassab aprova lei contra carne produzida em área de desmatamento". Disponível em: www.camara.sp.gov.br/index.php?option=com_content&view=article&id=1973:kassab-aprova-lei-contra-carne-produzida-em-area-de-desma-tamento&catid=41:projetos-sancionados&Itemid=98. Acesso em: 20 jan. 2014.

"MPF e Ibama processam empresas que lucram com os bois da devastação". Disponível em: www.prpa.mpf.gov.br/news/2009/noticias/mpf-e-ibama-processam-em-presas-que-lucram-com-os-bois-da-devastacao/. Acesso: 20 jan. 2014.

"Plano Amazônia Sustentável". Disponível em: www.fundoamazonia.gov.br/FundoAmazonia/export/sites/default/site_pt/Galerias/Arquivos/Publicacoes/plano_amazonia_sustentavel.pdf. Acesso em: 20 jan. 2014.

"Programa Produção Responsável Carne Bovina". Disponível em: http://pt.slideshare.net/mrcavalcanti/programa-abras-producao-responsavel-carne-bovina. Acesso em: 20 jan. 2014.

PARTE IV

Aplicação Prática do Direito Ambiental: Visão Institucional

Capítulo 30
Direito Ambiental Sob a Perspectiva do
Poder Executivo
Henrique Varejão de Andrade

Capítulo 31
Papel do Poder Judiciário nos Conflitos Ambientais
Zenildo Bodnar

Capítulo 32
Poder Legislativo e Meio Ambiente
Arnaldo Jardim e José Valverde Machado Filho

Capítulo 33
Atuação do Ministério Público com Vistas à Prevenção
e à Reparação dos Danos Ambientais
Annelise Monteiro Steigleder

Capítulo 34
Defensoria Pública e Proteção Ambiental
Tiago Fensterseifer

Capítulo 35
Agências Reguladoras e Desenvolvimento Sustentável
Fernando Quadros da Silva

Capítulo 36
Polícia Ambiental
Marcelo Robis Francisco Nassaro

Capítulo 37
Advocacia Ambiental: Profissão e
Exercício de Militância
Lina Pimentel Garcia

Direito Ambiental sob a Perspectiva do Poder Executivo | **30**

Henrique Varejão de Andrade
Instituto Federal de Educação, Ciência e Tecnologia de Pernambuco

INTRODUÇÃO: UMA VISÃO GERAL DO DIREITO AMBIENTAL COMO UM INSTRUMENTO DE GESTÃO

Sabe-se que, em um Estado Democrático de Direito, o exercício da prerrogativa de administrar pelo Poder Executivo não constitui uma realidade em si mesma; muito ao contrário, cabe aos órgãos que compõem o Poder Executivo a prerrogativa – e o desafio – de concretizarem em atos administrativos os objetivos e valores básicos que a sociedade se autoestabeleceu por meio do poder constituinte originário e ramificou por meio do exercício do poder legiferante.

Visto sob a ótica do Poder Executivo, o direito ambiental pouco difere da realidade obtida a partir das clássicas lições de Teoria Geral do Estado: o povo brasileiro se autoestabeleceu limitações quanto ao uso dos recursos naturais, em uma perspectiva de sustentabilidade e perenidade para as atuais e futuras gerações, atribuindo uma série de obrigações a uma minoria (aqueles que se valem dos recursos naturais para finalidade privatística) como garantia ao direito de uma maioria (as populações que dependem de um ambiente equilibrado para seu bem-estar e da suficiência dos recursos naturais para sua subsistência), conferindo a um tutor (o poder público) instrumentos para implementar concretamente essa vontade, e o investindo de meios (medidas administrativas e sanções) para atingir o cumprimento coercitivo por parte daqueles que se negam a atender a tais valores espontaneamente.

É dentro dessa perspectiva que se poderia afirmar que o direito ambiental é, para o Poder Executivo, o conjunto dos instrumentos de controle ambiental legalmente estabelecidos, a serem válida e suficientemente exercidos com a finalidade precípua de operar a gestão do bem jurídico meio ambiente. O produtor rural que observa as limitações administrativas relacionadas à manutenção da reserva legal e da área de preservação permanente cumpre obrigações que limitam seu livre arbítrio, assim como o criador amadorista de passeriformes, o empresário que licencia suas atividades potencialmente poluidoras ou a indústria que registra seus agrotóxicos. Mas o cumprimento individual dessas diversas prescrições tutela apenas o microbem ambiental, visto sob uma perspectiva dos recursos naturais especificamente atingidos por uma atividade potencialmente poluidora particular. É o exercício, com efetividade pelo Estado, da gestão do macrobem ambiental, por meio da soma de todos esses instrumentos, assegurando a observância das prescrições legais por uma parcela majoritária dos administrados, que assegura uma tutela ambiental eficiente dos recursos naturais do país, visto que o meio ambiente não respeita fronteiras geográficas, políticas ou socioeconômicas.

A gestão ambiental tampouco se opera adequadamente se não houver regras jurídicas claras para os administrados, com mecanismos eficientes de dissuasão, comando e controle, bem como uma melhoria na qualidade e no alcance dos programas de educação ambiental dirigidos à sociedade em geral. Mas a clareza das regras e a existência de instrumentos de controle em potencial não são suficientes se inexistirem carreiras fortes de Estado que apliquem as regras com uniformidade, impessoalidade e razoabilidade. É dizer: um bom sistema jurídico ambiental é aquele que é claro, razoavelmente compreendido, suficientemente coercitivo para assegurar o monitoramento eficaz das condutas e a aplicação das sanções cabíveis aos transgressores, bem como aplicado de forma uniforme por agentes capacitados.

O grande desafio dos órgãos do Poder Executivo reside em assegurar o cumprimento, pela maioria, das obrigações e limitações trazidas pelo direito ambiental, com todas as dificuldades subjacentes em uma sociedade complexa e com múltiplos interesses envolvidos. E, sem que essas obrigações sejam observadas pela maioria dos indivíduos, cessam-se as razões técnicas que justificaram as restrições legais ao uso dos recursos naturais, falhando, por assim dizer, o modelo de gestão do macrobem ambiental implementado pelo Estado em atendimento ao comando constitucional que lhe é dirigido.

A gestão do macrobem ambiental, na prática, é extremamente complexa. Diferentemente de outras atividades socioeconômicas juridicamente relevantes, as atividades de interesse da tutela ambiental ocorrem em sua maioria no campo, onde as dinâmicas são distintas, as distâncias, superlativas, e a presença do Estado está longe de ser suficiente e efetiva. O Brasil é um país com dimensões continentais, de economia eminentemente primária, com cerca de 5,6 milhões de imóveis rurais, segundo dados do Incra, e com a maior biodiversidade do mundo. Ainda que os instrumentos de controle ambiental existam e sejam bem construídos juridicamente, o volume de atividades ambientalmente relevantes é gigantesco e a logística para sua realização, dificílima.

A única saída que resta aos órgãos públicos para cumprir o mandato que lhes foi conferido pela sociedade é tornar céleres, objetivos e eficientes os procedimentos de controle ambiental preventivo – licenciamento, autorizações e registros – e melhor subsidiar o exercício dos procedimentos repressivos de ilícitos, por meio do aperfeiçoamento dos instrumentos de inteligência, monitoramento, repressão e auditoria ambientais. Consoante se mostrará mais à frente, a atuação da fiscalização no varejo cederá cada vez mais espaço a instrumentos dissuasórios para regularização das cadeias produtivas, tal como feito, por exemplo, há algumas décadas pelo Fisco por meio dos regimes de substituição e diferimento.

Posta nesses termos a concepção básica do direito ambiental para o Poder Executivo e apresentada a necessidade de que os instrumentos de controle permitam ao final a operacionalização de uma adequada gestão ambiental do território, procurar-se-á detalhar abaixo a visão dos órgãos ambientais sobre os principais instrumentos de controle ambiental existentes na legislação brasileira: o licenciamento e a fiscalização ambientais.

O LICENCIAMENTO AMBIENTAL COMO INSTRUMENTO PREVENTIVO DE CONTROLE AMBIENTAL

Os instrumentos de controle preventivo do direito ambiental – dos quais o licenciamento ambiental constitui exemplo clássico – concretizam juridicamente o popular jargão "mais vale prevenir do que remediar". Há atividades e empreendimentos cuja natureza, porte e potencial poluidor já anteveem, pela simples decorrência de sua realização, a ocorrência de modificações negativas à qualidade do micro ou do macroambiente. Não se necessita realizar uma atividade sabidamente danosa para, apenas tardiamente, buscar remediar danos causados por uma implantação à revelia de análises e estudos de impactos ambientais.

Por outro lado, a legislação brasileira não possui nenhuma regra que blinde em absoluto o meio ambiente da ocorrência de danos em razão da realização de atividades humanas, seja porque essa blindagem é empiricamente impossível, seja porque o direito a um meio ambiente ecologicamente equilibrado, ao centrar-se no bem-estar do homem, encontra-se em situação de equivalência axiológica com os direitos ao desenvolvimento e à dignidade da pessoa humana.

Ante essa constatação inexorável, apresenta-se ao licenciamento ambiental o papel não de impedir a ocorrência de quaisquer tipos de dano ambiental, mas de figurar como o fiel da balança entre os ganhos decorrentes da realização de determinado projeto e eventuais perdas decorrentes dos impactos ambientais por ele causados, perdas essas evitadas, minimizadas ou compensadas por condicionantes impostas ao empreendedor com base em estudos científicos que venham a antever cenários. Ou seja, um determinado empreendimento pode possuir um impacto ambiental significativo – como uma grande usina hidrelétrica ou uma rodovia – ou mesmo um alto risco ambiental – como uma usina eletronuclear – mas sua realização não é aprioristicamente vedada pela legislação; caberá ao órgão licenciador exigir do empreendedor a realização de estudos capazes de antever os possíveis impactos decorrentes daquela atividade ou empreendimento, bem como de subsidiar a eleição de medidas para evitar, mitigar ou compensar esses impactos, a fim de contribuir para uma decisão clara, técnica e pública acerca da pertinência de implementação, ou não, daquele empreendimento.

É da própria essência do licenciamento ambiental a existência de uma parcela de discricionariedade técnica atribuída ao órgão licenciador. Negá-la é negar o óbvio e diminuir a própria importância da avaliação de impactos ambientais. Se por um lado a análise do projeto e dos possíveis impactos dele decorrentes constitui obrigação legal dos agentes públicos responsáveis pela condução do licenciamento, há outras matérias sobre as quais recai inegável discricionariedade técnica, a exemplo da definição do termo de referência para a realização dos estudos ambientais, das medidas de mitigação e compensação dos impactos e, sobretudo, do juízo final de viabilidade do empreendimento.

Naturalmente, essa discricionariedade atribuída ao agente público não significa arbitrariedade ou subjetividade imotivada; caber-lhe-á sempre justificar e motivar os atos administrativos que venha a praticar no procedimento, de modo a permitir à sociedade um controle finalístico ou de razoabilidade/proporcionalidade, considerando que o órgão competente do Poder Executivo não é administrador de um direito seu, mas tutor de um direito difuso.

É comum haver certa incompreensão quanto aos limites da discricionariedade técnica atribuída aos agentes públicos, com a frequente propositura de ações judiciais para revisão de atos dessa natureza com base em visões igualmente discricionárias, que contrariam o princípio da deferência que milita em prol de atos públicos de alta complexidade técnica. Em situações em que não há propriamente um erro técnico ou administrativo do órgão, surge, dessa litigiosidade exacerbada, uma série de dificuldades operacionais tanto para o órgão licenciador quanto para o empreendedor, minando a segurança jurídica para a realização de investimentos públicos e privados no desenvolvimento do país, aumentando assim o chamado "custo Brasil", e, muitas vezes, agravando danos ambientais dos projetos sob licenciamento em razão da interrupção de programas ambientais em curso.

A materialização de dificuldades dessa natureza reside na comum litigância entre órgãos licenciadores e órgãos de controle – em especial, mas não exclusivamente, o Ministério Público – em relação a boa parte dos processos de licenciamento ambiental de grandes empreendimentos. Pode-se dizer que há dois grandes pontos de discussão nessas ações judiciais: *(I)* discordância quanto à metodologia e às medidas de controle eleitas pelo órgão licenciador para determinado empreendimento, por meio da revisão técnica ampla de todo o licenciamento ambiental, subsidiada por pareceres técnicos produzidos por seus órgãos internos de análises e perícias ou mesmo pela academia; *(II)* supervalorização de discussões relacionadas à definição do ente competente para a promoção do licenciamento ambiental, pela compreensão das regras de divisão de competências de forma distinta daquela prevista na legislação posta, quase sempre buscando a caracterização de uma competência licenciatória federal.

Independentemente dos motivos e prerrogativas que justificam a atuação dos órgãos de controle de forma contundente e impositiva quanto ao mérito administrativo no licenciamento ambiental, é induvidoso que, quando se questiona repetidamente, em lides compostas por órgãos do próprio Estado, atos sujeitos a discricionariedade técnica e se discutem os critérios objetivos de delimitação de competência entre os entes federativos por meio de controle difuso, acaba-se contribuindo para que os empreendimentos do país percam em segurança jurídica, por não se saber com clareza que regras devem ser cumpridas e a quem se deve dirigir os pedidos de licença. Nessas discussões *inter partes*, em que se busca frequentemente afastar critérios já expressamente definidos na legislação, acabam ocorrendo situações teratológicas para os órgãos licenciadores, que se veem condenados, em ações distintas, a licenciar determinadas atividades em um estado "x" e a não licenciá-las no estado "y"; a realizar estudos absolutamente distintos para o licenciamento da mesma atividade, em ações individuais; ou mesmo a não expedir uma licença para determinada atividade e, em caso idêntico, a expedi-la sob pena de multa.

Ao Poder Executivo não interessa um licenciamento ambiental imune ao controle interno e externo; interessa apenas que haja uma regra clara a ser cumprida, e que essa regra seja razoavelmente seguida pelos demais órgãos de controle do próprio Estado, de modo a se permitir uma avaliação efetiva dos processos de licenciamento sob o aspecto material.

Uma boa contribuição para esse desiderato surgiu com a edição da Lei Complementar n. 140/2011, que promoveu uma definição mais clara e um rearranjo, entre os entes federativos, das diversas competências relacionadas à proteção do meio ambiente, entre elas o licenciamento ambiental.

Desde a edição da Lei n. 7.804/89, que rompeu com a concentração do licenciamento ambiental nas atribuições dos estados e atribuiu ao Ibama competência para promover o licenciamento ambiental de atividades de significativo impacto ambiental de âmbito nacional ou regional (redação dada ao art. 10 da Lei n. 6.938/81) e a Resolução Conama n. 237/97, em seu art. 4º, procurou detalhar essas situações cuja magnitude e abrangência dos impactos justificaria a competência licenciatória federal, iniciou-se um momento em que os licenciamentos ambientais foram invariavelmente conduzidos ao Poder Judiciário. Isso porque a delimitação da competência licenciatória federal, por parte desses diplomas, partiu de conceitos eminentemente subjetivos – de abrangência e magnitude de impactos – que não se mostravam minimamente capazes de oferecer uma resposta segura acerca de quem seria o órgão competente para licenciar determinada atividade ou empreendimento.

É dizer: se o meio ambiente não respeita fronteiras geográficas ou políticas, que alterações ambientais seriam suficientes para caracterizar um impacto ambiental em dois ou mais estados da federação, de modo a justificar a condução do licenciamento pelo órgão federal? O que se considera, concretamente, como uma atividade de impacto ambiental significativo? Ou melhor: que contribuições as ciências empíricas poderiam dar ao Direito para que, a partir da construção de um conceito jurídico minimamente seguro de impacto ambiental, se implementasse de modo irrefutável o princípio da prevalência do interesse e não adviesse uma federalização completa da competência para o licenciamento ambiental, contrariando uma diretriz constitucional de que a competência administrativa para a proteção do meio ambiente é comum? Não se conseguiu achar uma resposta segura para quaisquer desses questionamentos nos 22 anos que os critérios de abrangência e magnitude de impacto presidiram a delimitação das competências entre os entes federativos para a realização do licenciamento ambiental.

Em 2011, editou-se a Lei Complementar n. 140, cujo objetivo básico era disciplinar, entre os entes federativos, o exercício das diversas competências administrativas relacionadas à proteção do meio ambiente, em especial aquelas relacionadas ao licenciamento e à fiscalização ambientais. No que se refere ao licenciamento ambiental, a lei complementar teve dois pontos principais de abordagem: *(I)* o rearranjo dos critérios de delimitação de competências com base em elementos objetivos, praticamente suprimindo os critérios anteriores de magnitude e abrangência de impactos ambientais; e *(II)* a definição de instrumentos de cooperação por meio de ações subsidiárias e supletivas, permitindo a delegação parcial ou total de competências de um ente a outro.

Quanto ao primeiro ponto, a delimitação da competência federal para o licenciamento ambiental não mais perquire o alcance dos impactos ambientais causados pelo empreendimento – ou seja, a denominada área de influência direta (AID) – mas a sua localização propriamente dita, ou seja, a chamada área diretamente afetada (ADA). Esse novo critério, somado àqueles outros trazidos pelos art. 7º, IX e parágrafo único, da Lei Complementar n. 140/2011, relacionados a bens jurídicos específicos que justificariam uma atuação federal por força de normas constitucionais – como atividades realizadas no mar, em áreas protegidas federais e de naturezas nuclear e militar –, tem a potencialidade de praticamente eliminar discussões judiciais relacionadas à competência licenciatória.

Essa objetivação plena dos critérios de delimitação de competências para a promoção do licenciamento ambiental, entretanto, só ocorrerá efetivamente quando o Poder Executivo federal editar o Decreto de que trata do art. 7º, XIV, *h*, e parágrafo único, da Lei Complementar n. 140/2011, para, lançando em bases concretas o critério da prevalência do interesse, eleger as tipologias de atividades e empreendimentos cujo porte, potencial poluidor e natureza justifiquem a condução do licenciamento na esfera federal.

Ora. Independentemente de opinião de alguns no sentido de que o critério eleito pelo legislador não foi o ideal sob a perspectiva da prevalência do interesse, é induvidoso que a definição de critérios objetivos agrega segurança jurídica a todos os atores do procedimento e reconduz o controle sobre o licenciamento ambiental para aquilo que realmente importa: o mérito.

Arremata-se, então, que o primeiro grande mérito da Lei Complementar n. 140/2011 no que se refere ao licenciamento ambiental foi tornar a regra de delimitação de competências clara.

O segundo ponto acima indicado, que também representa importante avanço da Lei Complementar n. 140/2011 no que se refere ao licenciamento ambiental, foi tornar as competências administrativas relativas.

Essa relativização da competência licenciatória dá-se, especificamente, por meio da instituição de critérios *ex lege* e voluntários para transferência a determinado ente de competência inicialmente atribuída a outro, seja por ausência de corpo técnico capacitado para desempenhar a função, seja por inépcia em licenciamento ambiental em curso (transferências de competência *ex lege*), seja ainda por interesse recíproco entre os entes federativos em promover a delegação do licenciamento ambiental (delegação de competência).

Além dessas situações de tradicional mudança na titularidade da condução do processo de licenciamento, a Lei Complementar n. 140/2011 também reconhece a figura do apoio subsidiário entre os entes federativos, reafirmando aí a organicidade do Sisnama e a indivisibilidade do meio ambiente, ainda que sujeito à tutela de órgãos distintos; esse apoio subsidiário vai desde a capacitação geral dos agentes ambientais de determinado ente federativo por outro para operar instrumentos técnicos e jurídicos dispostos na legislação ambiental até o apoio na realização de vistorias e análises técnicas para um processo de licenciamento em particular.

Pois bem. Enquanto as hipóteses de prestação de apoio subsidiário e de delegação de competência devem ser incentivadas para otimizar os recursos materiais e humanos postos à disposição dos órgãos que compõem o Sisnama, respeitados os requisitos legais para tanto, as transferências de competência *ex lege* devem ser utilizadas com toda a parcimônia, sob pena de ameaça à quebra do equilíbrio da carteira de licenciamentos já sob os cuidados do órgão que venha a receber novos processos por transferência e, por via reflexa, uma quebra do pacto federativo.

Para melhor ilustrar essa preocupação, elaboremos um exemplo hipotético. Imaginemos que a atividade de produção rural é considerada atividade sujeita a licenciamento ambiental no estado da federação "x", e que há 50 mil propriedades nesse estado que requereram licença para a prática de atividade agrícola nos últimos dois anos, sem que o órgão ambiental estadual tenha conseguido tramitar os pedidos e ofertar as respostas cabíveis aos administrados, expedindo ou não as licenças requeridas. Caso se venha a entender que essa situação caracterizaria inépcia para fins de transferência *ex lege* de competência licenciatória, esses 50 mil processos seriam enviados ao Ibama, na qualidade de órgão licenciador federal, para tramitação. Ocorre que o Ibama não licencia propriedades rurais, não possui corpo técnico habilitado a tanto e administra uma carteira com tipologias que justificam particularmente uma atuação federal, como grandes hidrelétricas, portos, rodovias e ferrovias. A adoção da linha de raciocínio que apoiaria o envio desses processos ao Ibama não faria tramitar os processos de licenciamento rural mais rapidamente do que o estado e comprometeria, ainda, a condução de licenciamentos estratégicos para o país, tornando-se, pois, inepto também em relação a eles, sendo que não haveria a quem transferir esses licenciamentos, visto que a lei não oferece solução para a eventual inépcia do órgão federal.

Como se visualiza da exemplificação acima, a utilização de hipótese de transferência *ex lege* do licenciamento não pode ser visualizada sob o enfoque apenas do empreendimento sob licenciamento ou mesmo do órgão supostamente incapacitado, devendo ser precedida de uma análise também da real condição do órgão que se pretende assuma a condução do procedimento. O risco de não se adotar essa cautela é instituir uma panaceia federativa entre os órgãos licenciadores, sem que isso resolva minimamente os motivos que justificaram a concepção de uma regra de transferência de competências por inépcia: a eficiência administrativa.

A FISCALIZAÇÃO AMBIENTAL

Desafio da fiscalização ambiental e delimitação de competências entre os entes

Não representa maior novidade atribuir, às atividades de fiscalização ambiental realizadas pelos órgãos do Poder Executivo, a alcunha de "agenda cinza" de meio ambiente. Essa denominação se contrapõe à chamada "agenda verde", que inclui as atividades de conservação da biodiversidade e socioambientalismo, bem como às atividades de desenvolvimento sustentável por meio do poder de polícia preventivo, como é o caso do licenciamento ambiental, notoriamente mais simpáticas à opinião pública. Diga-se, pois, que a fiscalização acaba por fazer o trabalho último e penoso de aplicar punições para manter hígido o sistema de gestão do macrobem, buscando assegurar que a maioria dos administrados atenda às prescrições gerais para a proteção do meio ambiente.

O primeiro desafio da fiscalização ambiental é, como já acima dito, lidar com milhões de situações de potencial desconformidade com a legislação, número este bem superior à estrutura material e humana existente para fazer frente aos ilícitos. Mas não é só isso: o *status* da questão ambiental no Brasil não decorre apenas do frequente desinteresse do setor produtivo de limitar seus lucros para garantir perenidade dos recursos naturais, senão igualmente da ineficiência histórica da própria máquina estatal para assegurar uma real coercibilidade do subsistema jurídico-ambiental e do baixo grau de instrução da população brasileira em geral. Essa constatação é deveras importante não apenas para que não se atribua injustamente os papéis de heróis e vilões aos atores responsáveis pela eterna dicotomia desenvolvimento x preservação, mas também para compreender o porquê de alguns institutos jurídico-ambientais – como a reserva legal e a área de preservação permanente – terem precisado regredir sob uma perspectiva meramente formal para buscar uma progressão em uma perspectiva de observância concreta.

Assim como ocorre para o licenciamento ambiental, a Lei Complementar n. 140/2011 também teve um papel decisivo ao promover um rearranjo no exercício de competências fiscalizatórias para a proteção ambiental. O traço peculiar do rearranjo das atividades repressivas de fiscalização foi que, constitucionalmente, tal competência é comum, de modo que os critérios de prevalência e supletividade trazidos pelo art. 17 não têm por finalidade recuar a proteção ambiental, mas apenas dar foco à atuação fiscalizatória dos entes e evitar a dupla fiscalização da atividade ou empreendimento. E não poderia ser de outra forma, na medida em que tanto trabalho há para fazer e o desafio se tornará tão mais factível quão mais unidos estejam os órgãos fiscalizadores em prol do objetivo comum de observância das prescrições legais.

O critério para a caracterização da competência fiscalizatória prevalente é o prévio licenciamento da atividade ou empreendimento por determinado ente federativo, que é, assim, convocado em caráter preferencial para promover a fiscalização dos termos da licença que haja expedido. Como já dito acima, a licença ambiental contém parcela inequivocamente discricionária, e atribuir a competência fiscalizatória a quem haja licenciado o empreendimento é medida racional e lógica, pois terá melhores condições técnicas de aferir o cumprimento das condicionantes por si impostas. Pode-se dizer, pois, que a fiscalização de um empreendimento licenciado é *sui generis*, assemelhando-se à ideia de auditoria ambiental.

Diferentemente, em relação àquelas atividades que não foram previamente sujeitas a licenciamento ambiental, seja por serem ilícitas de *per se* ou pelo fato de o empreendedor ter descumprido a obrigação legal de submetê-la a licenciamento ou autorização, prevalece aí a competência fiscalizatória comum, pois não haverá falar-se em fiscalização de licença expedida, mas de ato ilícito. Assim, o critério para resolver eventuais conflitos positivos – registre-se, bastante raros – é temporal, prevalecendo o poder de polícia exercido em primeiro lugar, ressalvada a norma contida no art. 76 da Lei n. 9.605/98, que prevê que o pagamento de multa aplicada pelos estados ou pelo Distrito Federal substitui aquela aplicada pelo órgão ambiental federal.

De toda sorte, é válido reafirmar que os critérios de prevalência se prestam a conferir foco ao planejamento dos órgãos ambientais e, em especial, para resolver conflitos positivos de atuação, mesmo porque a arrecadação de multas pelos órgãos ambientais dá-se pela exclusiva finalidade de garantir a dissuasão necessária a assegurar o cumprimento da legislação ambiental.

A sedimentação desse entendimento em jurisprudência é de crucial importância para assegurar harmonia e efetividade ao sistema de fiscalização de ilícitos ambientais pós-Lei Complementar n. 140/2011, blindando-o de eventuais estratégias procrastinatórias de conotação política ou econômica para evitar a aplicação da legislação ambiental por meio do fomento a conflitos de competência intrassistêmicos.

Fiscalização no âmbito do Novo Código Florestal

As dificuldades historicamente vivenciadas pelos órgãos ambientais para fiscalizar o cumprimento da legislação ambiental se traduzem nos passivos existentes de reserva legal e de áreas de preservação permanente em todo o país, constituídos inclusive em volumosos desmatamentos recentes. Essa constatação alarmante demonstra que a lei ambiental brasileira – embora bastante avançada do ponto de vista teórico – esteve longe de ser suficientemente cumprida nas últimas décadas.

Considerando que boa parte da produção rural brasileira ocorre em imóveis rurais com algum passivo ambiental e que se fez necessário viabilizar a regularização ambiental dessas áreas em razão da vocação eminentemente primária da economia brasileira, a Lei n. 12.651/2012 acabou por conceber regras distintas para manutenção e recuperação de reserva legal, áreas de preservação permanente e áreas de uso restrito, com vistas a incentivar a recuperação de áreas desmatadas antes de 22 de julho de 2008 de forma mais benéfica para o produtor rural, com quitação civil e administrativa de suas obrigações.

A regularização dessas áreas se dá mediante a adesão do imóvel rural ao Cadastro Ambiental Rural (CAR), ferramenta instituída pelo Código Florestal com a finalidade de mapear a situação ambiental de cada imóvel rural do país no que se refere à reserva legal, área de preservação permanente e áreas de uso restrito, permitindo uma gestão territorial nacional desses imóveis e subsidiando a adesão e o acompanhamento do Programa de Regularização Ambiental (PRA). O PRA, por sua vez, tem por desiderato acompanhar a recuperação das áreas regularizáveis por força do novo Código Florestal e promover, ao final, a conversão de multas aplicadas pelos desmates dessas áreas em serviços de melhoria da qualidade ambiental.

Afora a inegável vantagem de regularizar áreas já há anos utilizadas para a produção rural brasileira, essas regras beneficiam também a gestão ambiental em alguns aspectos, na medida em que retiram de seu objeto de preocupação as chamadas áreas consolidadas, que possuem pouca relevância ambiental, bem como permitem uma atuação mais efetiva e célere nos desmatamentos recentes, que passarão assim a ser punidos exemplarmente até como uma salvaguarda para o efetivo cumprimento das regras trazidas no novo Código Florestal.

DOF e a fiscalização da cadeia de custódia da madeira

Outro fator decisivo para a efetividade dos mecanismos de controle repressivo de ilícitos contra a flora é o Documento de Origem Florestal (DOF), instituído nacionalmente desde 2006 e previsto no art. 36 do novo Código Florestal. Trata-se de documento necessário para o acompanhamento do transporte e do armazenamento de produtos de origem florestal oriundos de florestas nativas para fins comerciais ou industriais desde a supressão da vegetação a corte raso ou de plano de manejo até o beneficiamento final do produto, como forma de comprovação da regularidade de sua aquisição.

O sistema tem por finalidade monitorar o produto florestal desde a sua extração, por meio de desmatamento regularmente autorizado ou exploração seletiva em plano de manejo florestal sustentável, conferindo rastreabilidade à madeira e subprodutos até que ela venha a sofrer processo de industrialização, evitando – ou melhor, minimizando – o volume de madeira ilegalmente extraída que chega ao mercado. Na referida licença informa-se o nome do vendedor, do comprador e do transportador do produto, a forma de transporte, com individualização do veículo (placa, registro de embarcação etc.), e a respectiva rota; tudo isso para evitar que a mesma licença seja utilizada para a comercialização e transporte de mais de um lote de produtos florestais.

Mesmo as soluções de tecnologia da informação sofrendo constantes aperfeiçoamentos, o sistema DOF não é imune a fraudes, e o desafio dos órgãos ambientais que o alimentam é manter constante vigilância sobre operações anômalas de transferências de créditos com auxílio de seus setores de inteligência. Essas situações ocorrem, por exemplo, com a transferência de créditos fictícios em uma rota econômica ou operacionalmente inviável, como madeira bruta saindo do Estado de São Paulo e indo para a Amazônia Legal para ser industrializada ou informações de placas de veículos ou tempos de percurso da carga que não comportem a operação declarada.

O desafio dos órgãos de fiscalização é, além de implementar a fiscalização rotineira dos planos de manejo, vias de escoamento, serrarias e madeireiras, promover uma análise em termos de inteligência dessas inconsistências, por meio de ações que mantenham a fidedignidade do sistema e descortinem grandes esquemas fraudulentos, pois um sistema de controle seguro tem a aptidão de exercer o controle das atividades florestais por si só, sobretudo se fortalecido para as operações relacionadas ao comércio exterior, mercado importante para o escoamento de madeira extraída ilegalmente no país.

Os mecanismos de planejamento e inteligência na fiscalização

Por tudo quanto já foi dito neste capítulo, não mais constitui novidade que o modelo clássico de fiscalização ambiental, de atuação varejista e aleatória, encontra-se falido, dado o volume e a complexidade das atividades sujeitas a controle ambiental e o insuficiente número de profissionais para assegurar uma presença física em larga escala em campo. A proteção ambiental necessitou definir critérios de prevalência e supletividade entre os entes federativos, e se viu também obrigada a aperfeiçoar seus procedimentos administrativos, com a incorporação de mecanismos de planejamento, monitoramento e inteligência.

No âmbito do Ibama, o resultado dessa evolução nos procedimentos de fiscalização pode ser visualizado nos seguintes elementos: (I) Plano Nacional Anual de Proteção Ambiental (PNAPA); (II) aperfeiçoamento das ferramentas de monitoramento ambiental; e (III) definição de alvos a partir da responsabilização da cadeia produtiva ou de um efeito dissuasório pela descapitalização.

Quanto ao ponto (I), o Ibama institucionalizou, desde 2011, o Pnapa, como ferramenta de planejamento de suas ações anuais de fiscalização com base em dados de monitoramento e controle obtidos a partir do ano anterior, fruto de uma discussão realizada entre diversos servidores da área de proteção em que as prioridades para a fiscalização ambiental federal são discutidas e é definido o melhor formato para as respectivas operações.

Por meio do Pnapa, o Ibama tem condições de definir as prioridades de atuação da fiscalização no ano, estimar o custo financeiro das operações a ser realizadas durante o período, a escala adequada de deslocamentos entre os diversos profissionais habilitados ao exercício de atividades fiscalizatórias, os resultados esperados e até situações-alvo em potencial, sem prejuízo da necessária flexibilidade para atender situações supervenientes e/ou urgentes. Esse planejamento permite que a instituição tenha claros os planos e metas que busca atingir, facilitando assim o seu acompanhamento e sua execução.

Outra parte preparatória das ações de fiscalização crucial na etapa de planejamento é a coleta e a análise de dados geoespaciais colhidos a partir de ferramentas de monitoramento. As principais ferramentas de controle de desmatamento por satélite que subsidiam ações de fiscalização ambiental no Brasil são: o Sistema de Detecção de Desmatamento em Tempo Real –

Sistema Deter e o Projeto Prodes de Monitoramento da Floresta Amazônica Brasileira, ambos do Instituto Nacional de Pesquisas Espaciais (Inpe); Landsat, da United States Geological Survey (USGS); RapidEye, controlados por uma empresa privada alemã; e Indian Remote Sensing Satellite (IRS), controlado pelo Serviço Florestal Indiano.

Como exemplo de utilização dessas ferramentas, o Prodes calcula a taxa anual de desmatamento do bioma amazônico, identificando áreas críticas ("hotspots") e tendências de expansão do desflorestamento, o que permite um planejamento mais global dos órgãos ambientais no que se refere à eleição de suas prioridades de atuação para bloqueio dessas tendências. Já o Deter utiliza imagens de resolução mais baixas para identificar possíveis desmatamentos em tempo real, de modo a permitir que os órgãos ambientais ajustem seus planejamentos para agir imediatamente frente a desmatamentos constatados nesses "hotspots", flagrando o infrator durante a execução ou ao menos freando tendências locais de expansão. Por fim, as imagens geradas através dos satélites RapidEye são de altíssima resolução e se prestam especialmente a monitoramento de embargos decorrentes de autos de infração já lavrados, a fim de permitir que o descumprimento do dever de inutilização daquela área (embargo) seja prontamente constatado pelo órgão ambiental competente, para novas providências de poder de polícia.

Por outro lado, no que toca à definição de alvos para a ação de comando e controle, a visão moderna da fiscalização aponta para dois caminhos: (I) fazer incidir plenamente todas as medidas administrativas cautelares e sumárias e sanções administrativas sobre um administrado, retirando a vantagem da prática do ilícito, dissuadindo pelo exemplo outros potenciais infratores em situação equivalente; (II) valer-se do conceito jurídico de poluidor e da responsabilidade civil de toda a cadeia pelos ilícitos ambientais para forçar os ajustes dos infratores por fazer incidir a obrigação de reparação civil sobre os adquirentes das mercadorias.

Em relação à primeira das linhas de atuação, o maior apelo da exploração ilegal de recursos naturais é, seguramente, a vantajosidade econômica: o produto explorado ilegalmente não tem custo de aquisição ou burocrático, não obedece a normas fitossanitárias e não circula na economia formal. A partir do momento em que um desmatamento irregular em uma terra indígena, por exemplo, é flagrado, o auto de infração é lavrado e não apenas o produto – afinal, aquela madeira não é do infrator – mas também os instrumentos utilizados para a prática da infração são doados ou inutilizados nos termos admitidos na legislação, aquela operação que se mostrava *a priori* muito vantajosa tornou-se um péssimo negócio, desencorajando-o e a outros em situação análoga a praticar a conduta e retirando do agente a capacidade econômica de reinvestimento em novo ilícito com base no lucro obtido com o anterior.

Afora a descapitalização do infrator, a fiscalização ambiental moderna parte da ideia de que as operações são finitas, devendo, assim, ser concebidas de modo a assegurar a maior amplitude de dissuasão e divulgação possíveis, mesmo que com atuação concreta em poucos alvos. Age, assim, como um desestímulo em potencial aos demais administrados que se encontrem na mesma situação.

A ação tem, ademais, que ser complementada com a propositura de ação civil pública para que o infrator recupere o dano ambiental causado, bem como com a comunicação de crime ao Ministério Público, de modo que o ordenamento jurídico incida naquele caso de forma plena, resgatando a coercitividade que justifica a edição de um sistema jurídico sancionatório de proteção do meio ambiente.

Uma segunda linha de atuação moderna para corrigir condutas ambientalmente ilícitas é a busca da regularização através da responsabilização civil por danos ambientais de quaisquer dos elos que compõem a cadeia de circulação de bens cuja produção na origem foi realizada em desacordo com as prescrições legais, tomando-se como base o conceito legal de poluidor trazido pela Lei n. 6.938/81. Explica-se.

Com efeito, se grãos são produzidos em uma área que não fora objeto de desmatamento regular para uso alternativo do solo, nos termos prescritos na legislação, e se essa área foi objeto de autuação e embargo pelo órgão ambiental competente, a produção agrícola dela decorrente é, para todos os fins, ilegal. As grandes multinacionais que adquirem esses produtos em grande monta para processamento e comercialização no mercado interno e externo possuem condições técnicas e financeiras para rastrear a origem ilícita dessa mercadoria, evitando a aquisição oriunda de áreas não passíveis de utilização para a produção agrícola. Se não o fazem, passam a responder civilmente pelos danos causados na origem da cadeia das mercadorias que comercializa, enquadrando-se no conceito legal de poluidor.

Além da responsabilidade dos adquirentes dos produtos oriundos de degradação ambiental, o conceito de poluidor indireto alcança também as instituições que financiam atividades econômicas sem o devido zelo em avaliar se o financiado atende às exigências da legislação ambiental. Há inclusive um protocolo de princípios firmados entre diversas instituições financeiras internacionais – intitulados Princípios do Equador – que vai ao encontro dessa preocupação das instituições bancárias em evitar a corresponsabilidade por danos ambientais.

Assim, em cadeias produtivas altamente pulverizadas na origem, tal como a produção de grãos, gado e madeira, muitas vezes a forma mais eficaz de conduzir o todo para uma situação de majoritária legalidade é tomar compromissos das grandes empresas adquirentes de seus produtos – como indústrias alimentícias, frigoríficos, supermercados, comerciais exportadoras, dentre outras – de que não mais aceitarão como fornecedores aqueles que não comprovem o atendimento às prescrições legais ou o cumprimento de cronograma prefixado para regularização de suas atividades produtivas, sob pena de postulação de condenação civil por danos, prevendo que essas empresas deem ampla divulgação dos acordos à sociedade em geral, de modo a que a opinião pública tenha conhecimento de que há produtos que chegam à mesa do consumidor final à revelia do cumprimento da legislação ambiental.

A perspectiva de se buscar a responsabilização ambiental pela cadeia acaba por atrair, para a fiscalização ambiental, a ideia que o Fisco já vem adotando há algumas décadas com o mecanismo da substituição tributária, mediante o qual se concentra a apuração e o recolhimento de tributos relacionados a cadeias muito pulverizadas, em que há um grande afunilamento da cadeia produtiva ou na produção ou na comercialização do produto. Assim, por exemplo, ao invés de canalizar esforços para fiscalizar todas as milhares de propriedades rurais que plantam soja em uma determinada região ou todos os estabelecimentos comerciais que vendam determinada bebida, centra-se a fiscalização de toda a cadeia de circulação nas poucas empresas que adquirem essa produção rural ou na fábrica que haja produzido essas bebidas. Se o Fisco pode fazê-lo em razão da existência de regras de substituição tributária, a fiscalização ambiental o pode em razão do conceito de poluidor e da responsabilização civil da cadeia produtiva.

CONSIDERAÇÕES FINAIS

Pelo que se pôde colher dos raciocínios, a gestão do macrobem ambiental tem evoluído em termos de clareza das prescrições normativas e da busca de mecanismos mais eficientes de comando e controle das atividades potencialmente poluidoras. Mas essa evolução ainda é muito tímida se se analisar a complexidade das interações socioeconômicas ocorridas na sociedade de risco.

Para consolidar essa evolução, é importante que a definição dos grandes temas jurídicos relacionados à Lei Complementar n. 140/2011 e da Lei n. 12.651/2012 ocorra de forma célere e objetiva, a fim de conferir segurança jurídica e clareza tanto aos empreendedores quanto aos diversos atores públicos que os aplicam.

Por certo, um maior aparelhamento das instituições e órgãos de proteção ao meio ambiente por parte do Poder Executivo, uma maior compreensão de seus direitos e deveres por parte da população em geral e uma maior deferência por parte do Ministério Público e do Poder Judiciário em relação aos atos administrativos praticados, respeitando as opções técnicas e planejamentos válidos realizados, viabilizarão uma gestão global mais adequada do macrobem ambiental, em benefício de toda a sociedade.

Papel do Poder Judiciário nos Conflitos Ambientais | **31**

Zenildo Bodnar
3ª Turma Recursal, Santa Catarina

INTRODUÇÃO

A judicialização dos grandes temas, com destaque para os conflitos envolvendo componentes da sustentabilidade, representa desafios importantes para o Poder Judiciário na atual quadratura da história.

Não apenas a dignidade humana, mas também a solidariedade ganham centralidade na ordem jurídica, com repercussões intensas na perspectiva do alcance dos escopos jurídico, político e social da jurisdição.

O papel do Poder Judiciário não é apenas a afirmação da ordem jurídica, como guardião da legalidade estrita. Hoje, esse poder também é convocado para atuar como partícipe da construção de uma nova sociedade, a partir de escolhas públicas ancoradas em vetores axiológicos representativos dos novos paradigmas do Direito, em especial a sustentabilidade e a solidariedade. Afinal, a solidariedade deve inspirar, orientar e promover o impulso construtivo e pedagógico a ser protagonizado pela jurisdição ambiental.

É a partir destas premissas que este estudo aborda o papel do Poder Judiciário na implementação do Direito a um meio ambiente sadio e equilibrado e na resolução dos conflitos.

DIREITO DO AMBIENTE COMO EXPRESSÃO DA SOLIDARIEDADE

O direito do ambiente é a maior expressão da solidariedade. Por isso, o meio ambiente deve ser entendido como verdadeiro direito e dever da solidariedade, assim como a paz mundial e a livre determinação dos povos são condições básicas e garantias para a fruição de todos os direitos e para a afirmação plena da igualdade social e humana.

A construção de um mundo mais solidário, nas dimensões global, temporal e ambiental, é o grande desafio do Direito e, por consequência, também da jurisdição. É necessário mais solidariedade entre as pessoas, entre os seres humanos e entre toda comunidade de vida, sendo pauta obrigatória em todas as atitudes e decisões presentes a preocupação com as futuras gerações.

Martín Mateo (2002) destaca que a solidariedade é não apenas um condicionamento de elementares considerações morais, mas condição para o desenvolvimento sustentável, sob pena de nossos descendentes terem dificuldades progressivas para assimilar o legado ambiental e os riscos sociais que lhes transmitiremos.

A solidariedade contempla um substrato ético como valor fundamental para a organização e para a harmonia das relações entre os seres humanos, o entorno e o porvir.

A eticidade não compreende apenas leis, instituições e conceitos éticos, mas também concepções, princípios ou ideais de vida correta, que dão sustentáculo às leis, às instituições e aos conceitos, e que se vinculam a uma cultura (Coll, 2001).

Deve-se estabelecer como premissa inicial que os seres humanos apenas integram a grande teia da vida, formam parte e atuam de forma interdependente com as demais espécies, ecossistemas e outros componentes da biosfera. Resgatar o enfoque ético, por intermédio da solidarização dos institutos jurídicos, é a melhor forma de atribuição de valor moral ao meio ambiente na perspectiva do jurista.

Falar de ambiente ou entorno é tratar do lar comunitário que a todos abriga e cujo destino geral está a ele vinculado. Assim, a necessária consideração de vínculos solidários com o entorno atual e futuro e com as futuras gerações impõe indistinta e eficaz proteção por meio do Direito. Gómes Heras (1997) defende que os serem humanos não podem prescindir de uma "tábua de virtudes ecológicas" e enfatiza a necessidade de:

* Recordar que o homem divide a sorte e o destino com múltiplos companheiros de viagem no mundo da natureza.
* Sentir-se solidário e interdependente da comunidade de que faz parte.
* Reconhecer que esta comunidade vai mais além do que o homem é capaz de controlar e moldar com seu poder e suas criações culturais.

Uma das questões mais polêmicas da atualidade é a identificação do paradigma protetivo[1] adotado pelo Direito, ou seja, da titularidade da relação jurídica ambiental. Porém, para a proteção global, ampla e completa do lar comunitário presente e futuro, não é necessário atribuir subjetividade jurídica[2] a animais ou plantas, como reclamam determinadas posturas ecocêntricas mais radicais.

Não se nega que, em uma perspectiva filosófica e ética, animais, plantas, ecossistemas e inclusive elementos abióticos que lhe dão sustentação devem gozar exatamente do mesmo nível de proteção que os seres humanos. Todavia, o Direito é por excelência um produto cultural humano e, para tal enfoque, é totalmente irrelevante qualquer mudança na titularidade jurídica do ambiente ou na atribuição de subjetividade, pois o que realmente importa é a amplitude e a efetividade da proteção outorgada. Ademais, o ser humano é o único responsável pelo desequilíbrio ecológico e o único que pode alterar os destinos da humanidade.

Solidariedade: uma nova ética para o homem tecnológico insensível

Nos termos da perspectiva aqui abordada, necessita-se de ética emancipada e vocacionada para a compreensão global das múltiplas e complexas

---

[1] Neste tema, a doutrina jurídica, filosófica e também ecológica apresenta diversos paradigmas: antropocentrismo, ecocentrismo, antropocentrismo moderado, antropocentrismo alargado, ecologia profunda, dentre outros.

[2] Pelo menos não à moda do clássico direito subjetivo de tipo apropriativo, teorizado para relações jurídicas individualistas e patrimoniais dos séculos passados.

relações que ocorrem na comunidade de vida e, principalmente, uma ética que identifique nos seres humanos, dotados de razão e inteligência, a responsabilidade pelo cuidado com a biosfera (Gómes-Heras, 1997, p. 65)[3]. Sempre a partir de uma dialética de aproximação e conciliação e jamais de distanciamento, embate ou oposição, como ocorre tanto no biocentrismo quanto no antropocentrismo, que colocam em oposição os seres humanos e a natureza. Abandonando-se assim o dualismo arcaico e ultrapassado que está na base originária da ciência antropológica.

A superação desse embate, também ideológico, depende do fortalecimento e da ampliação da solidariedade, tanto na perspectiva ética como, e principalmente, na perspecitva jurídica, avivada pela jurisdição ambiental.

A Revolução Francesa deixou um importante legado universal ao defender três princípios éticos fundamentais: liberdade, igualdade e fraternidade. Cabe agora, considerando também as profundas alterações sociais ocorridas, aos operadores jurídicos, em especial, a densificação material e a juridicização destes princípios.

O Direito que se aplica na atualidade apresenta bases morais preponderantemente individualistas, fundadas na fruição individual de direitos e não no desfrute coletivo de bens.

Uma das principais contribuições de Robert Alexy à teoria do direito foi exatamente a incorporação da ideia de correção material como elemento integrante da concepção do Direito. Segundo Alexy (2005), a correção material das normas e decisões somente é alcançada com a aproximação entre Direito e moral, no sentido de que deve ser agregado um conteúdo material substantivo às normas e decisões, a fim de que estas efetivamente estejam a serviço da justiça corretiva e distributiva. Só assim o Direito será efetivamente um instrumento revolucionário de transformação social, por fomentar a cooperação e a solidariedade em todas as suas dimensões.

Os ideais de liberdade e igualdade solenemente proclamados pela ideologia liberal influenciaram a concepção dos institutos jurídicos, contribuíram para o surgimento de uma economia capitalista, com regras impostas

---

[3] Gómes-Heras aduz que o fenômeno da moralidade requer como condições de possibilidade, razão, responsabilidade, liberdade e, inclusive, linguagem, ou seja, um sujeito autônomo em suas decisões e responsável por seus atos.

pelo mercado e para a propagação de uma lógica de capitalização da própria natureza, sendo o proprietário seu *domino* ou dominador.

Nesse contexto surge o homem tecnológico insensível, que, com base somente em uma racionalidade ética antropocêntrica, transformou a natureza em objeto mensurável e manipulável a serviço do seu dominador, ou seja, de quem detém o poder.

Como reconhece Maurice Hauriou (2003), não há dúvida de que o indivíduo pensa primeiro em si, é o egoísmo seu caráter dominante; todavia, é também o ser humano suscetível de formar representação mental – força motriz da vontade – das coisas sociais, colocando suas atitudes também a serviço dos outros, dos grupos e das instituições.

Na atual sociedade de risco, dominada pelo consumismo e pelos valores do mercado, a palavra solidariedade é praticamente excluída do vocabulário e, quando invocada, é mais como retórica que como ação concreta. São expressões da moda: crescimento, progresso, civilização tecnológica, desenvolvimento, bem-estar, prosperidade. Todos estes fatores contribuem para a transformação utilitarista da natureza e a consolidação de uma ética individualista e desinteressada com o outro, com o distante, com as futuras gerações e com um desenvolvimento justo e duradouro.

Assim, o papel do Direito é a organização estatal das forças egoísticas (Coll, 2001), a harmonização legal dos interesses particulares e, principalmente, o estabelecimento de pautas comportamentais mínimas que representem atitudes solidárias. A solidariedade, como princípio jurídico fundacional, deve ser o marco referencial axiológico para a consolidação de uma nova ética para o homem tecnológico insensível.

Michel Bachelet (1995, p. 19) é enfático ao afirmar que:

> A menos que a sociedade internacional aperfeiçoe e, sobretudo, aplique as normas de uma solidariedade multissectorial à escala de todos os habitantes do planeta, populações inteiras desaparecerão pura e simplesmente pelos efeitos conjugados da sida e dos jogos da economia mundial.

Luiz Edson Fachin (2001, p. 50) salienta que no contexto jurídico atual, "A solidariedade adquire valor jurídico. A preocupação do jurista não se dirige apenas ao indivíduo, mas à pessoa tomada em relação, inserida no contexto social".

Solidariedade como valor fundante da terceira dimensão dos direitos fundamentais

A partir de uma perspectiva histórica e também considerando o papel do Estado na sua concretização, é correto classificar os direitos fundamentais em dimensões. A primeira dimensão de direitos (civis e políticos) está fundamentada na liberdade e requer do Estado uma atuação preponderantemente negativa, ou seja, de não ingerência; os de segunda dimensão (econômicos, sociais, culturais) reforçam o princípio da igualdade material e devem ser concretizados principalmente pelo Estado.

Conforme explica o Ministro Celso de Mello, os direitos de terceira geração, que materializam poderes de titularidade coletiva atribuídos genericamente a todas as formações sociais, consagram o princípio da solidariedade e constituem um momento importante no processo de desenvolvimento, expansão e reconhecimento dos direitos humanos, caracterizados valores fundamentais indisponíveis, pela nota de essencial inexauribilidade (STF, MS 22164/SP).

Na escalada evolutiva dos direitos fundamentais, classificados em gerações ou dimensões, merecem especial destaque os direitos-deveres de solidariedade. A solidariedade, prevista implícita ou explicitamente nas Constituições, ganha posição jurídica destacada e representa valor central na construção de uma teoria dos deveres fundamentais.

Isso tudo porque, assim como é possível avaliar a fundamentabilidade de um direito pelo seu grau de vinculação com o princípio da dignidade humana, também é possível dimensionar a fundamentabilidade de um dever pela proximidade deste com o princípio básico da solidariedade.

O meio ambiente está vinculado de forma muito intensa e direta tanto com a dignidade humana quanto com a solidariedade. Afinal, a verdadeira justiça social e ambiental somente será alcançada com a concretização simultânea da dignidade humana e da solidariedade.

Segundo Luiz Fernando Coelho (2001, p. 147):

> A Justiça é algo que não pode ser reduzido a uma manifestação setorial do humano: ela não pode ser reduzida a um conceito, uma virtude, uma norma, um valor, um critério. Ela é um sentimento, uma paixão, uma emoção, algo que as pessoas vivenciam e que permeia tudo isso. A justiça é ao mesmo tempo subjetiva e intersubjetiva, à medida que adquire sentido numa comunidade; e se

existe uma finalidade da justiça, ela se resume no binômio dignidade/solidariedade" e completa: "Não há dignidade sem solidariedade. E não há justiça sem dignidade e solidariedade".

Conforme Gabriel Real Ferrer (2003), a solidariedade é o fundamento de qualquer grupo humano e também do Estado, indispensável para a coesão social e para gerar a indispensável sensação de pertencimento entre os cidadãos. Destaca, com muita propriedade, que a solidariedade deve ter aplicação generalizada não apenas na perspectiva ética, mas também no princípio jurídico formalizado (Ferrer, 2002).

Garcia Bernaldo de Quirós (2001, p. 46), ao tratar dos princípios estruturais do direito ambiental, conclui que a solidariedade é a chave que fecha coerentemente todos os princípios já que "determinadas exigências da globalidade e da sustentabilidade não podem ser alcançadas sem colocar em prática o princípio da solidariedade".

A solidariedade, como valor moral e princípio jurídico substantivo e fundacional, é a fonte que deve iluminar a jurisdição, dotando-a de suporte argumentativo fundamentado também na validez e na justificação ética do agir humano.

HERMENÊUTICA AMBIENTAL PARA A SOLIDARIEDADE: TRATAMENTO DOS LITÍGIOS A PARTIR DA ANÁLISE DA REALIDADE CONCRETA E MULTIDIMENSIONAL

Na atual sociedade de risco, os conflitos socioambientais demandam novas formas e estratégias para seu adequado tratamento. As estratégias de implementação devem estar baseadas em uma nova racionalidade, emancipada da lógica de capitalização da natureza e dos princípios do mercado, dotada de nova força promocional, a qual valorize os princípios da equidade transgeracional, da justiça socioambiental e da participação democrática. Tudo isso mantendo o compromisso da melhora contínua da qualidade de vida no planeta, com a construção de um futuro mais sustentável e seguro.

A função transformadora da jurisdição ambiental, com base na necessidade de imputação de deveres fundamentais e na solidariedade, deve nortear a implementação das normas ambientais, servindo, em especial, como critério-matriz para a imputação de responsabilidades que produzam comportamentos e ações de injustiça ambiental ou de risco intolerável, e que comprometam a higidez dos bens ambientais.

A garantia plena do acesso a uma ordem jurídica justa em matéria ambiental, e principalmente sua efetividade social, depende fundamentalmente da aplicação e criação do direito ambiental por intermédio de um poder estatal independente e imparcial. Esse poder deve atuar como guardião dos direitos fundamentais e interesses mais nobres da sociedade, inclusive contra, por intermédio ou mediante a cooperação do Estado.

Conforme positivado na maioria dos países democráticos, na parte relativa à organização dos poderes, especialmente naqueles em que há o monopólio da jurisdição pelo Poder Judiciário, como é o caso do Brasil, incumbe a este poder a importante missão constitucional de promover o tratamento dos conflitos, objetivando assegurar e harmonizar dialeticamente a fruição dos direitos fundamentais, e imputar o respeito e o cumprimento dos deveres fundamentais.

A Constituição da República Federativa do Brasil estabelece como princípios fundamentais da boa administração pública: legalidade, impessoalidade, moralidade, publicidade e eficiência. Esses princípios devem ser observados conjuntamente por todas as instituições públicas e, em especial, pelo Poder Judiciário, que é o guardião da Constituição e deve dar exemplo aos demais poderes públicos no que diz respeito aos postulados e valores fundamentais da ordem jurídica.

A partir dessa contextualização, não resta dúvida de que a gestão efetiva e eficaz do Poder Judiciário é um dever fundamental de natureza constitucional expressamente estabelecido nos arts. 37 e 39 da Constituição. Não se trata de mero compromisso retórico, mas de diretriz efetiva que deve nortear toda a atuação cotidiana de todos os órgãos do Poder Judiciário.

Como guardião dos valores democráticos e dos bens intangíveis da coletividade global, o Poder Judiciário deve dar vida e significado concreto aos mandamentos normativos constitucionais e internacionais que tutelam o ambiente, e possui relevante papel na mudança positiva dos comportamentos e atitudes humanas em prol do meio ambiente.

O Poder Judiciário é também destinatário do dever fundamental previsto no art. 225 da Constituição Brasileira, que garante o direito ao meio ambiente e estabelece ao Poder Público *"o dever de defendê-lo e preservá-lo para as presentes e futuras gerações.* Nesse intento dos magistrados se espera muito mais do que domínio da técnica jurídica: *é curial que o juiz moderno* seja um humanista, sensível aos problemas sociais e que esteja disposto a contribuir para a criação democrática da verdadeira justiça" (Vaz, 2011). Até mesmo o desafio qualificado de controlar a juridicidade das políticas públicas ambientais hoje deve ser exercido com responsabilidade.

Krell (2000) questiona: estaria o Poder Judiciário preparado para exercer um papel mais expressivo no controle das políticas públicas? Além deste importante questionamento, muitos outros podem ser adicionados, considerando a complexidade do tema. A questão mais complexa, porém, diz respeito aos limites para que esta contundente intervenção aconteça com o respaldo legítimo da Constituição da República de 1988.

No atual contexto de abrangência, o Direito ocupa local de destaque para o nobre ideal de realização da justiça ambiental, porém, devem necessariamente ser adicionadas preocupações com ações cientificamente fundamentadas, tecnicamente adequadas, economicamente eficientes, eticamente sustentadas e politicamente legitimadas (Garcia, 2007).

Cabe ao Direito a tarefa de qualificar axiologicamente o agir humano não apenas na perspectiva do comportamento responsável intersubjetivo e comunitário, mas também em um compromisso ético alargado e exercido a longo prazo, em benefício e atenção tanto das futuras gerações como de toda a comunidade de vida.

Todavia, o direito ambiental, mesmo com o desenvolvimento que obteve nas últimas décadas, não pode ser compreendido como remédio para todos os males ou fórmula milagrosa para a resolução da crise ecológica multidimensional.

A autonomia do Direito, construída a partir do pensamento romano na antiguidade clássica, fortalecida pelo normativismo iluminista e consolidada na metáfora piramidal kelsiana, definitivamente não é mais satisfatória para resolver os novos conflitos. As novas demandas da sociedade de risco não são mais equacionadas satisfatoriamente com base apenas em um sistema normativo fechado, autônomo e baseado em um silogismo lógico formal dedutivo.

Não há mais certeza ou segurança quanto à validade das premissas e muito menos em uma projeção futurista dos dados e variáveis que integram todo e qualquer processo de tomada de decisão que envolve risco.

Constata-se o esgotamento do modelo racionalista que colocava a ciência no ápice do pedestal do saber, com respostas para todos os casos. Hoje, também a partir das teorias freudianas da psicanálise, deve-se agir tendo a sensibilidade em parceria construtiva com a razão.

982 | DIREITO AMBIENTAL E SUSTENTABILIDADE

A ideia historicamente consolidada de Direito com base em completude, coerência e não contradição já não é mais suficiente para a gestão do risco. A crise contemporânea do estado de direito e de justiça requer também a reformulação do pensamento jurídico, com a superação dialética do paradigma moderno (Arnaud, 2004, p. 238).

O papel do Direito não mais se resume a equacionar a igualdade entre os seres humanos, função histórica que desempenhou. Não há mais previsibilidade nas ações e nos comportamentos e nem certezas quanto aos fatos e às variáveis intervenientes nos processos de tomada de decisão, ou seja, necessita-se do imprescindível aporte de outros saberes para bem compreender os problemas, e gerir de forma consequente o futuro.

Na obra sobre a teoria do agir comunicativo, Habermas (1989) defende que as condições ideais para um espaço social justo, uma sociedade livre, está na comunicação. Depois, essa ideia foi adaptada para explicar a relação entre o Direito e a sociedade, defendendo um novo paradigma procedimental com base na discussão e argumentação (Habermas, 1997). Essas consistentes teorizações são muito valiosas para legitimar a construção das melhores decisões, a partir de procedimentos abertos e participativos que viabilizem o maior aporte possível de bons argumentos (Alexy, 1997)[4].

A finalidade da norma, tanto a editada pelo legislador como a criada para o caso concreto pela jurisdição, ainda tem sido predominantemente a imposição coercitiva de comportamentos. Tais comportamentos também produzem alterações no entorno e novas situações de risco sistemático e sinérgico, tanto na perspectiva ecológica como na cultural. Nesse agir comunicacional reflexo, e também considerando a dinâmica dos fatos e a velocidade dos acontecimentos, haverá defasagem contínua da norma idealizada seja pelo legislador, seja pelo julgador.

O desenvolvimento de uma nova teoria da justiça e do Direito é imprescindível para a consolidação do estado de direito ambiental (Atienza, 2000)[5]. Este, porém, não deve ser entendido ilusoriamente como um Estado terapêutico, salvador das crises e dos conflitos civilizacionais da pós-mo-

---

[4] Alexy cita o caso de criação do Direito na Alemanha, inclusive contra a lei. Trata-se de uma hipótese de reconhecimento de dano extrapatrimonial, pois, naquele país, nos termos do parágrafo 253 do Código Civil Alemão, exclui-se expressamente a condenação por danos extrapatrimoniais, ressalvados apenas os casos expressamente previstos na lei

[5] Atienza explica que o Direito existe porque há conflito, e que nas sociedades complexas há ainda mais conflito. A solução não está em qualquer Direito, senão em um Direito de outro tipo: *não em uma alternativa de Direito, mas em um Direito alternativo.*

dernidade. Até mesmo porque as soluções idealizadas podem trazer resultados até mais desastrosos se não forem adequadamente dimensionados e avaliados todos os fatores ecológicos, sociais e econômicos.

Em que pese que a aplicação do Direito tradicional seja inadequada diante da novidade ou complexidade do tema ambiental, a dificuldade é mais profunda e menos evidente, segundo Ferrer (2002), tratando-se da transformação dos valores sociais que a defesa do meio ambiente exige e da limitada perspectiva que oferecem os direitos nacionais.

A partir das ideias de Robert Alexy, o Direito deve ser muda de força organizada pela institucionalização da correção e deve ser dotado dos aspectos da validez:

- Jurídico: conformidade com a ordem jurídica (legalidade).
- Sociológico: eficácia social.
- Ético: correção material (justificação moral).

A principal contribuição de Alexy para a ciência do Direito está exatamente no realce à necessidade de uma densificação material à norma, ou seja, valorização da sua relação com a moral e com o compromisso na realização da justiça distributiva e também compensatória. Destaca que o maior problema do positivismo está exatamente em definir o Direito por sua patologia, ou seja, pelo incumprimento, e defende como direito discursivo e ideal aquele que serve não apenas como mecanismo de solução dos conflitos, mas, principalmente, como fomento à cooperação social (Alexy, 2005)[6].

Um tema sensível na teoria do Direito é e sempre foi a relação entre a moral e o Direito. Esse intenso debate histórico é ainda mais necessário nos dias de hoje. Quando o bem protegido é dotado de forte componente valorativo, como é o caso do meio ambiente, até pelos vínculos intensos e contundentes com as futuras gerações e com toda a comunidade de vida, não é possível pensar em um sistema jurídico meramente formal, destituído de base axiológica consistente, até mesmo como condição legitimadora.

Afinal, a eticidade não compreende só leis, instituições e conceitos éticos, mas contempla também concepções, princípios ou ideais de uma vida correta, os quais dão sustentáculo às leis, às instituições e aos conceitos, e se vinculam à cultura de um povo.

---

[6] Estas reflexões acompanham a vida desse notável pesquisador e filósofo do Direito, e são desenvolvidas em várias de suas obras e conferências.

Se para Hegel a moral como Direito é a realização da liberdade e o Direito reconhecido é aquele sempre exigido em nome da liberdade que brota da subjetividade (Coll, 2001), é possível afirmar que a moral como Direito na pós-modernidade também realiza a solidariedade. Afinal, o papel do Direito deve também servir como estratégia de organização estatal das forças egoísticas e para a harmonização legal dos interesses particulares, ou seja, servir como instrumento a serviço da solidariedade.

No âmbito da ciência jurídica, sabe-se muito sobre conflitos e litígios, porém não se está acostumado a trabalhar com eles e sua complexidade. O jurista sempre foi treinado para resolver problemas, encontrar soluções e, principalmente, a resposta correta, para utilizar uma expressão de Dworkin.

Trabalha-se a partir de uma base de pensamento lógico-formal-dedutivista, hierarquização de ideias e argumentos piramidais de autoridade, utilizando-se, na escolha da norma ao caso, singelos critérios de generalidade e especialidade. Há carência significativa do desenvolvimento da capacidade crítico-reflexiva para compreender o funcionamento de outros sistemas e como estes interferem no "mundo do Direito".

Uma das contribuições teóricas mais significativas sobre a aplicação da teoria dos sistemas no Direito é creditada a Luhmann. Este importante autor e Habermas são considerados os dois maiores sociólogos alemães. Luhmann dedicou a maior parte da vida ao estudo da teoria dos sistemas. Para ele, ela é uma teoria da diferença (onde não há diferença, não há sistema), da complexidade, da contingência, dos paradoxos e, principalmente, dos riscos. Sistemas são estruturas de acolhida, cada vez mais abertas e sensíveis. Sua teoria representa criatividade e técnica especiais de problematização, sendo adequada para trabalhar em ambiente de complexidade (Luhmann, 1983)[7].

A implementação da sustentabilidade e da solidariedade requer, por parte da jurisdição, base cognitiva holística e sistemática. A base holística é requerida pela necessidade da consideração de todas as variáveis (direitos e valores) envolvidas direta e indiretamente nos conflitos, e a sistemática pela necessidade de identificação da função de cada uma das variáveis e da maneira e intensidade pelas quais interagem para adequada valoração reflexiva (Barry, 1997)[8].

---

[7] Tais ideias estão expostas e mais bem detalhadas em diversas obras e ensaios do autor.

[8] Nessa atividade é imprescindível que o julgador adote uma atitude imparcial, inclusive no procedimento, sem atribuir peso superdimensionado e qualquer juízo de valor precipitado a qualquer bem em rota de colisão. Conforme destaca Barry, a imparcialidade da

As ideias e teorias anteriormente referidas, meramente exemplificativas, podem ser cuidadosamente transpostas para o tratamento das lides ambientais e também servem como ponto de partida para o desenvolvimento e a sistematização de uma metodologia de resolução de conflitos ambientais pela jurisdição.

A seguir, analisam-se as dimensões da ponderação que compõem a hermenêutica ambiental, a qual disciplina a criação e aplicação do direito, considerando a variável ambiental sempre presente direta ou indiretamente nos processos decisórios com foco na solidariedade.

O labor hermenêutico ambiental caracteriza-se não apenas pela intensidade das colisões entre os direitos fundamentais, como pela quantidade de direitos fundamentais que podem estar em rota de colisão. A primeira dimensão desta hermenêutica qualificada se evidencia quando o bem ambiental está sendo diretamente sopesado, ou seja, está em linha de colisão direta com outros direitos de igual estatura constitucional.

Outra questão central que surge na análise do tema é o peso que deve ser atribuído a cada direito, considerando seu grau de difusão, ou seja, se o fato de o direito e o interesse pertencer a todas as pessoas (não uma quantidade apenas indeterminada), às futuras gerações e a toda comunidade de vida devem também ser considerados importantes variáveis na formação da decisão e nas escolhas a ser adotadas pela jurisdição.

Ao abordar o tema "ponderação entre bens individuais e bens coletivos", Alexy (1997, p. 186) é enfático ao afirmar que, enquanto mandados de otimização, os princípios exigem uma realização o mais ampla possível, de acordo com as possibilidades jurídicas e fáticas[9].

Sua teoria é internacionalmente conhecida por trabalhar com máximas da proporcionalidade: adequação ou requeribilidade, possibilidade ou necessidade, proporcionalidade em sentido estrito. Defende que, quando não for possível o cumprimento de um princípio sem a afetação de outro, a seguinte lei da ponderação seja seguida: "quanto maior é o grau de incumprimento ou de afetação de um princípio, tanto maior tem que ser a importância de cumprimento do outro" (Alexy, 1997, p. 206).

---

conduta dos juízes é significativa como aspecto essencial da equidade do procedimento. É também enfático ao concluir que a equidade está na raiz da imparcialidade.

[9] Alexy inclui a integridade do meio ambiente e *alto nível cultural* como direitos coletivos.

O mesmo autor reconhece a limitação dessa construção, pois a argumentação com base apenas nas técnicas de ponderação apresenta caráter meramente formal, o que não satisfaz o desejo de uma determinação substancial na relação entre direitos individuais e bens coletivos (Alexy, 1997, p. 206 e 207).

Ao contrário de Dworkin, que, no caso de colisão diante de direitos coletivos, atribui caráter essencialmente definitivo aos direitos, Alexy (1997) explica que os direitos apresentam caráter de mandados de otimização; assim, não são direitos definitivos, senão direitos *prima facie*, os quais, quando entram em colisão com bens coletivos ou direitos de outros, podem ser restringidos.

Alexy (1997) sustenta inclusive a precedência *prima facie* dos direitos individuais na relação com bens coletivos, porém, reconhece importantes objeções que são opostas a essa concepção individualista, a qual, é claro, não é minimamente satisfatória para uma análise de colisão entre os direitos de solidariedade ou de terceira dimensão com os interesses de feição individualista.

A teoria da argumentação desenvolvida por Alexy, dentre outros, apresenta inegáveis contribuições para a ponderação de direitos no caso concreto. Todavia, foi concebida e estruturada ainda muito mais voltada para colisões entre direitos e interesses de mesma dimensão subjetiva.

O aspecto subjetivo, ou seja, a quantidade de interessados e as consequências a longo prazo de qualquer atividade interpretativa exigem especial consideração do julgador. Não se trata de não levar a sério o indivíduo, como reivindica Alexy, mas, sim, de não esquecer a sociedade no seu conjunto, as futuras gerações e toda a comunidade de vida e, consequentemente, garantir ao próprio indivíduo as melhores condições de vida presente e futura.

Quando não é possível encontrar um ponto de equilíbrio, o Tribunal Constitucional Espanhol tem utilizado:

*   Juízo de razoabilidade: aferição da existência de um fim constitucionalmente legítimo para a administração restringir a atividade particular.
*   Princípio da proporcionalidade: relação entre as medidas adotadas e os fins perseguidos (Cutanda Lozano, 2006).

Nos casos que envolvem colisões entre interesse ambiental e outros direitos fundamentais, na jurisprudência italiana, especialmente nas decisões da Corte Constitucional, o balanceamento é feito na tentativa de conciliar os diversos interesses envolvidos, por intermédio de mediação que busca estabilizar a ação dos poderes públicos ou integrar o dissenso no sistema político ou, então, através de um procedimento lógico[10], que avalia a escolha legislativa à luz dos valores constitucionais envolvidos (Cordini, 1997).

Um dos direitos fundamentais de feição predominantemente individualista que mais entra em rota de colisão com o meio ambiente é o direito de propriedade. Na colisão entre o direito de propriedade e o meio ambiente, deve o julgador fazer opções conscientes, responsáveis e criativas, que, sem aniquilar o núcleo essencial da propriedade, preservem a intangibilidade do ambiente. Não se trata de estabelecer uma tirania apriorística de valores em prol do ambiente, mas de uma opção consciente que deve necessariamente prestigiar um bem de toda a comunidade de vida atual e futura. Enquanto os bens patrimoniais de titularidade individual podem ser renovados/reconquistados e não geram interesses e direitos para as futuras gerações (herdeiros), os bens ambientais, além de pertencerem a toda comunidade de vida atual e futura, nem sempre se renovam, e estes, sim, geram direitos para as futuras gerações, as quais devem receber uma quantidade de bens igual ou superior à recebida pela atual geração.

Uma das grandes contribuições da hermenêutica ambiental para a teoria do direito e, em especial, para sua interpretação e aplicação é a necessidade de sempre serem consideradas as variáveis ambientais em todo e qualquer processo argumentativo tendente a construir determinada decisão, independentemente até da existência de princípios, pois, até mesmo quando houver aparente conflito na aplicação de regras, também a variável ambiental deve ser considerada fator decisivo.

José L. G. Gerrá (apud Ferré, 2000, p. 310) é enfático acerca da necessidade de inclusão da variável ecológica no Direito e na política. Esta *política jurídica geral* deve estar presente na tarefa cotidiana de aplicação, interpretação e argumentação.

A partir da sistematização teórica de Bobbio, dentre outros, os ordenamentos jurídicos em geral definiram que no conflito de regras se devem observar os aspectos: hierárquico, de especialidade e cronológico. Hoje, a hermenêutica ambiental, a partir da incidência conjunta dos sistemas jurídicos nacionais e internacionais, conduz a conclusão de que deve ser adicionado mais um critério: o ecológico.

---

[10] A doutrina italiana denomina esta última forma de princípio de *ragionevolezza*, que significa a comparação dos valores e interesses constitucionais em jogo, com o objetivo de verificar se a opção legislativa foi a mais adequada no caso concreto.

Canotilho, já há muitos anos, qualificava como relação jurídica poligonal ou multipolar aquela que envolvia um complexo multipolar de interesses diferentes ou até contrapostos, fugindo do esquema tradicional binário. Defende que os decisores jurídicos devem sempre considerar a variável ambiental na tomada de decisões. Mesmo sem defender a prevalência do bem ambiental na ponderação, ele admite que esta seria uma das tendências, já a outra metodologia concretizadora apenas incluiria o bem ecológico na ponderação. Sugere que o esquema metódico de ponderação deve contemplar alguns passos:

- Proibição de "falta" de ponderação.
- Proibição de deficiente ponderação.
- Proibição de juízo de ponderação deficiente.
- Proibição de ponderação desproporcional.

Canotilho (1994, p. 55) conclui que, na atividade de ponderação, os complexos interesses públicos e privados *devem ser colocados de um lado e de outro*, e que só haverá uma operação materialmente justa se todos os interesses forem sopesados, devendo também ser incluídos os interesses ecológico-ambientais.

Entretanto, o autor lusitano não indica conclusivamente de que lado devem ser sopesados os interesses ambientais e muito menos o valor que deve ser a eles atribuído. O que está claro é sua preocupação com a importância da consideração da variável ambiental em todo o processo decisório, o que é necessariamente uma atividade argumentativa.

Em síntese: hoje, na dúvida acerca da aplicação de uma norma ou de um contrato, deve-se sempre prestigiar a interpretação razoável e que, sem aniquilar os demais direitos fundamentais, contemple a maior carga de benefícios ao meio ambiente. Trata-se de ampla difusão do princípio geral *in dubio pro natura*, que deve nortear a resolução dos litígios pelo Poder Judiciário.

CONSIDERAÇÕES FINAIS

A teoria renovada do Direito e da justiça para o ambiente parte do pressuposto que se vive num mundo formado por diversos sistemas, os quais são abertos, flexíveis e necessariamente comunicativos. Tal comunicação será tanto mais qualificada quanto melhores forem as técnicas e estratégias de ações empreendidas pelo sistema jurídico. Assim, necessita-se de um Direito sedimentado na experiência do passado, comprometido com a qualidade de vida no presente e que viabilize um futuro com sustentabilidade.

É necessária a produção de um Direito que bem articule e compreenda o significado e o conteúdo dos direitos, liberdades e garantias na riqueza das especificidades do caso concreto, não apenas atuando na repressão aos excessos, mas que objetive induzir e estimular condutas que evitem interferências indevidas no meio ambiente. Além disso, ele deve estar sempre focado na busca do melhor tratamento e, se possível, de uma solução integral e comprometida com o futuro.

A Justiça está no fato, na norma, na gestão e tem como foco, principalmente, a solidariedade. Deve ser algo em permanente construção, como estratégia de otimização e amplificação das cargas eficazes que podem ser extraídas dos bens, valores e direitos existentes no caso concreto.

A imprescindível atividade político-jurídica da jurisdição na atual sociedade de risco somente produzirá resultados efetivamente consequentes se estiver fundamentada no princípio jurídico da solidariedade.

A solidariedade, como princípio jurídico estruturante, deve ser o marco referencial axiológico para a consolidação de uma nova ética para o homem tecnológico insensível. Trata-se da base dos deveres fundamentais, especialmente os deveres ecológicos. Constitui-se em importante estratégia para o estabelecimento de vínculos consistentes com o futuro, assegurando a proteção das futuras gerações.

Neste processo, destaca-se o papel da jurisdição ambiental no sistema jurídico, pois esta deve assumir um papel de liderança e protagonismo, com o intuito de imprimir força jurídica e densificar de juridicidade posições discursivas que muitas vezes são meramente retóricas e ideológicas, além de outorgar à solidariedade a condição de autêntico princípio jurídico.

REFERÊNCIAS

ALEXY, R. *El concepto y la validez del derecho*. 2.ed. Barcelona: Gedisa, 1997.

_____. *La institucionalización de la justicia*. Granada: Editorial Comares, 2005.

ARNAUD, A-J. *Entre modernité et mondialisation: leçons d'histoire de la phisosophie du droit et de l'état*. 2.ed. Paris: LGDJ, 2004.

ATIENZA, M. *Tres licciones de teoría del derecho*. Alicante: Club Universitário, 2000.

BACHELET, M. *Ingerência ecológica: direito ambiental em questão*. Lisboa: Instituto Piaget, 1995.

BARRY, B. *La justicia como imparcialidad*. Barcelona: Paidós, 1997.

BRASIL. Supremo Tribunal Federal. Mandado de Segurança n. 22164. Relator Ministro Celso de Melo. Reforma agrária – Imóvel rural situado no Pantanal mato-grossense – Desapropriação-sanção (cf. art. 184) – Possibilidade – Falta de notificação pessoal e prévia do proprietário rural quanto à realização da vistoria (Lei n. 8.629/93, art. 2º, § 2º) – Ofensa ao postulado do due process of law (cf. art. 5º, LIV) – Nulidade radical da declaração expropriatória – Mandado de segurança deferido. Reforma agrária e devido processo legal. 1995.

CANOTILHO, J.J.G. Relações jurídicas poligonais, ponderação ecológica de bens e controle judicial preventivo. *Revista Jurídica do Urbanismo e do Ambiente*, n. 1, p. 43-58, junho, 1994.

COELHO, L.F. *Saudade do futuro: transmodernidade, direito, utopia*. Florianópolis: Fundação Buiteux, 2001.

COLL, A.G. *La moral como derecho: estudio sobre la moralidad em la filosofia del derecho de Hegel*. Madrid: Editorial Trota, 2001.

CORDINI, G. *Diritto ambientale comparato*. Padova: Giappichelli, 1997.

CUTANDA LOZANO, B. *Derecho ambiental administrativo*. 7.ed. Atual. Madrid: Dykinson, 2006.

FACHIN, L.E. *Estatuto jurídico do patrimônio mínimo*. Rio de Janeiro: Renovar, 2001.

FERRÉ, J.L.G. Del derecho ambiental a la ecologización del derecho. In: HERNÁNDEZ, J.R.C. (Coord.). *Transformaciones del derecho en la mundialización*. Estudios de derecho judicial. Madrid: Conselho General del Poder Judicial, 2000.

FERRER, G.R. La construcción del derecho ambiental. *Revista Aranzadi de Derecho Ambiental*, n. 1, p. 73-93, 2002. Disponível em: http://www.dda.ua.es/documentos/construccion_derecho_ambiental.pdf. Acessado em: 28 nov. 2013.

_____. La solidariedad en el derecho administrativo. *Revista de Administración Pública*, n. 161, maio/ago., p. 134-49, 2003.

GARCIA BERNALDO DE QUIRÓS, J. Las competencias autonómicas sobre medio ambiente y su problemática en los tribunales superiores de justicia. Cuadernos de Derecho Judicial XII: La Protección jurisdicional del médio ambiente. Madrid: Escuela Judicial/Conselho General del Poder Judicial, 2001.

GARCIA, M.G.F.P.D. *O lugar do direito na proteção do meio ambiente*. Coimbra: Almedina, 2007.

GÓMES-HERAS, J.M.G. El problema de uma ética del "medio ambiente". In: _____. *Ética del medio ambiente: problema, perspectiva, historia*. Madrid: Tecnos, 1997.

HABERMAS, J. *Consciência moral e agir comunicativo*. Rio de Janeiro: Tempo Brasileiro, 1989.

_____. *Direito e democracia: entre faticidade e validade*. Rio de Janeiro: Tempo Brasileiro, 1997

HAURIOU, M. *Princípios del derecho público y constitucional*. Granada: Camares, 2003.

KRELL, A.J. Controle judicial dos serviços públicos básicos na base dos direitos fundamentais sociais. In: SARLET, Ingo Wolfgang (Org.). *A constituição concretizada: construindo pontes com o público e o privado*. Porto Alegre: Livraria do Advogado, 2000.

LUHMANN, N. *Sociologia do direito I*. Rio de Janeiro: Tempo Brasileiro, 1983.

MARTÍN MATEO, R. La revolución ambiental pendiente. In: PIÑAR MAÑAS, J.L. *Desarrollo sostenible y protección del medio ambiente*. Civitas: Madrid, 2002.

PRIEUR, M. O direito do ambiente na França. In: AMARAL, D.F.; ALMEIDA, M.T. (Coords.). *Direito do ambiente*. Lisboa: [INA] Instituto Nacional de Administração, 1994.

VAZ, P.A.B. O papel do juiz na construção do direito: uma perspectiva humanista. *Revista de Doutrina da 4ª Região*, Porto Alegre, n. 44, out. 2011. Disponível em: http://revistadoutrina.trf4.jus.br/artigos/edicao044/paulo_vaz.html. Acessado em: 12 fev. 2014.

Poder Legislativo e Meio Ambiente | 32

Arnaldo Jardim
Câmara dos Deputados

José Valverde Machado Filho
*Secretaria do Verde e Meio Ambiente, Município
de Ferraz de Vasconcelos, estado de São Paulo*

INTRODUÇÃO

O protagonismo do Poder Legislativo brasileiro em matéria ambiental e por extensão ao direito ambiental é elevado sobremaneira no Brasil a partir da necessidade de o Poder Público ter um ente com atribuições específicas de atuar como ativo proponente e formulador de legislações com essência de políticas públicas que assegurem às presentes e futuras gerações um ambiente de sadia qualidade de vida.

Iniciamos por localizar no tempo e no espaço as referências que marcam em sociedade o Poder Legislativo contemporâneo, observando os escritos do historiador Maurício Barbosa Paranaguá, que ministra:

> O Poder Legislativo ou o Parlamento Contemporâneo tem sua origem histórica na Inglaterra de 1215, momento em que a nobreza feudal inglesa, querendo dificultar o processo de centralização política, impôs ao Rei João – Sem-Terra a Magna Carta. Considerada a primeira constituição dos tempos modernos, a

Magna Carta exigia que o soberano convocasse o grande conselho formado por diferentes setores da sociedade inglesa, com a finalidade de aprovar ou não os impostos propostos pelo Rei, surgindo assim o embrião do futuro Parlamento que na atualidade é o representante das aspirações da sociedade num regime democrático. Apesar da democracia ter surgido na Grécia Antiga e o Parlamento ter sua origem na Magna Carta inglesa, a democracia contemporânea só se consolida a partir do século XVIII pois, a realidade política dos Estados Nacionais europeus, entre os séculos XVI e XVIII era absolutista, caracterizada pelo autoritarismo e grande concentração de poder nas mãos de soberanos que se colocavam acima dos interesses da sociedade civil, administrando o Estado de acordo com sua vontade pessoal.

Promovendo um salto no tempo em relação à inauguração do parlamento inglês no século XIII (d.C.), chegamos a 1748 com a teoria da separação dos poderes de Montesquieu consagrada em sua obra *Do Espírito das Leis*, consistindo na autonomia dos Poderes (Executivo, Legislativo e Judiciário).

A teoria de Montesquieu encontra-se esculpida na Constituição Brasileira de 1988 que determina a independência e a harmonia entre o Legislativo, o Executivo e o Judiciário, todos igualmente Poderes da União.

No Brasil, o Poder Legislativo constitui-se da Câmara dos Deputados (representante do povo brasileiro) e do Senado Federal (representante dos Estados e do Distrito Federal). As duas Casas Legislativas formam o Congresso Nacional, localizado na Capital Federal, onde senadores e deputados federais exercem seus mandatos parlamentares. Integra ainda o Poder Legislativo o Tribunal de Contas da União (TCU), responsável pelo controle e pela fiscalização da Administração Pública.

Denominado como sistema *bicameral, o processo legislativo brasileiro* prevê a manifestação das duas Casas na elaboração das normas jurídicas. Ou seja, a matéria iniciada na Câmara dos Deputados terá no Senado a sua revisão, e ao contrário também, pois a Câmara Federal revisará a matéria nascida no Senado, à exceção de matérias privativas de cada órgão.

Vejamos o que a Constituição Federal de 1988 dispõe sobre a organização do Poder Legislativo:

"TÍTULO IV
DA ORGANIZAÇÃO DOS PODERES
CAPÍTULO I
DO PODER LEGISLATIVO
Seção I
Do Congresso Nacional

Art. 44. O Poder Legislativo é exercido pelo Congresso Nacional, que se compõe da Câmara dos Deputados e do Senado Federal.

Parágrafo único. Cada legislatura terá a duração de quatro anos.

Art. 45. A Câmara dos Deputados compõe-se de representantes do povo, eleitos, pelo sistema proporcional, em cada Estado, em cada Território e no Distrito Federal.

§ 1º O número total de Deputados, bem como a representação por Estado e pelo Distrito Federal, será estabelecido por lei complementar, proporcionalmente à população, procedendo-se aos ajustes necessários, no ano anterior às eleições, para que nenhuma daquelas unidades da Federação tenha menos de oito ou mais de setenta Deputados. (Vide Lei Complementar nº 78, de 1993).

§ 2º Cada Território elegerá quatro Deputados.

Art. 46. O Senado Federal compõe-se de representantes dos Estados e do Distrito Federal, eleitos segundo o princípio majoritário.

§ 1º Cada Estado e o Distrito Federal elegerão três Senadores, com mandato de oito anos.

§ 2º A representação de cada Estado e do Distrito Federal será renovada de quatro em quatro anos, alternadamente, por um e dois terços.

§ 3º Cada Senador será eleito com dois suplentes.

Art. 47. Salvo disposição constitucional em contrário, as deliberações de cada Casa e de suas Comissões serão tomadas por maioria dos votos, presente a maioria absoluta de seus membros."

O PODER LEGISLATIVO E AS CONSTITUIÇÕES FEDERAIS EM MATÉRIA AMBIENTAL

Novamente voltamos no tempo com o intuito de destacar a atuação do Legislativo brasileiro no que diz respeito à matéria ambiental e será de fácil constatação que tal produção se mostrará esparsa no conjunto das legislações ordinárias e quase inexistente nas Constituições anteriores a 1988.

DIREITO AMBIENTAL E SUSTENTABILIDADE

Tomando como referência a produção do Legislativo atinente ao meio ambiente até o ano de 1988, passamos a verificar o quadro que segue.

Quadro 32.1 – Produção do legislativo sobre meio ambiente até 1988

LEI	EMENTA
Lei n. 4.771, de 15 de setembro de 1965	Institui o Código Florestal
Lei n. 5.197, de 3 de janeiro de 1967	Dispõe sobre a Proteção à Fauna e dá outras providências
Lei n. 6.225, de 14 de julho de 1975	Dispõe sobre discriminação, pelo Ministério da Agricultura, de regiões para a execução obrigatória de planos de proteção ao solo e de combate à erosão e dá outras providências.
Lei n. 6.803, de 2 de julho de 1980	Dispõe sobre as diretrizes básicas para o zoneamento industrial nas áreas críticas de poluição, e dá outras providências.
Lei n. 6.902, de 27 de abril de 1981	Dispõe sobre a criação de Estações Ecológicas, Áreas de Proteção Ambiental e dá outras providências.
Lei n. 6.938, de 31 de agosto de 1981	Dispõe sobre a Política Nacional do Meio Ambiente, seus fins e mecanismos de formulação e aplicação, e dá outras providências.
Lei n. 7.643, de 18 de dezembro de 1987	Proíbe a pesca de cetáceo nas águas jurisdicionais brasileiras e dá outras providências.
Lei n. 7.661, de 16 de maio de 1988	Institui o Plano Nacional de Gerenciamento Costeiro e dá outras providências.
Lei n. 7.679, de 23 de novembro de 1988	Dispõe sobre a proibição da pesca de espécies em períodos de reprodução e dá outras providências.

Fonte: Baseado no sumário da publicação *Legislação Brasileira sobre Meio Ambiente.*

Em relação a dispositivos sobre a proteção ambiental em Constituições Federais que precederam à de 1988, os ensinamentos de Manoel Browne de Paula (2012, p. 169) apontam que:

> Não houve na história das Constituições brasileiras que vigeram antes de 1988, uma preocupação direta com o meio ambiente. Sequer mencionava-se a expressão nos textos constitucionais, o que faz crer que havia uma despreocupa-

ção com o espaço habitado e as consequências decorrentes da exploração dos recursos naturais, ainda que de forma dissociada houvesse um cuidado com a saúde.

Ainda com um olhar na análise das Constituições Brasileiras de 1824 a 1988 feita por Browne de Paula (2012, p. 171-174) em relação a dispositivos sobre a matéria ambiental, passamos a destacar os seguintes trechos:

A CONSTITUIÇÃO DO IMPÉRIO DE 1824
[...]
Esta Constituição é tida, inclusive, como irrelevante acerca da matéria ambiental, mas, com uma análise mais detida, pode-se notar que houve um sinal de partida, ainda que perfunctoriamente, sobre proibição de instalação de indústrias contrárias à saúde do cidadão (art. 179, inc. XXI e XXIV), o que era um avanço, se considerar que ainda vige na Constituição Federal de 1988 dispositivos que impõem limites para a instalação de atividades industriais.
[...]
CONSTITUIÇÃO FEDERAL REPUBLICANA DE 1891
No texto republicano de 1891 permaneceu a omissão legislativa objetiva; frisa-se objetiva porque nunca houve abordagem direta sobre a matéria até a Constituição Federal de 1988.
[...]
A CONSTITUIÇÃO FEDERAL DE 1934
[...]
Tratou de determinados aspectos do meio ambiente natural e artificial, dedicando proteção às belezas naturais, ao patrimônio histórico, artístico e cultural (artigos 10, III e 148) e outros temas, como exemplo, o domínio de ilhas em divisas de estado, tidas como propriedades exclusivas da união e, a forma mantida a delegação de competência à União, com mais entrega, houve uma delegação mais alargada, para que os assuntos fossem tratados de acordo com a pauta do tema na política e economia nacional. As matérias citadas foram: riquezas do subsolo, mineração, águas, florestas caça, pesca e sua exploração (artigo 5º, XIX, j).
CONSTITUIÇÃO FEDERAL DE 1937
[...]
Houve a inclusão de novos itens de proteção delegados à União, com a possibilidade de legislar sobre minas, águas, florestas, caça, pesca e sua exploração (artigo 16, XIV). Constou também como competência delegada à União tra-

tar sobre subsolo, águas e florestas no artigo 18, "a" e "e", além de proteger plantas e rebanhos contra moléstias e agentes nocivos.

[...]

CONSTITUIÇÃO FEDERAL DE 1946

Em 1946 a Constituição seguiu a mesma linha dos dispositivos das cartas anteriores e manteve a defesa da saúde, riqueza do subsolo, das águas, florestas, caça e pesca.

CONSTITUIÇÃO FEDERAL DE 1967

A Constituição de 1967 trouxe em sua estrutura tratamento semelhante à Constituição anterior, sobre a matéria temática, carregada com viés econômico. Também abordou a proteção do meio ambiente artificial, compreendendo o urbano e cultural, além do paisagístico (art. 172, parágrafo único), e manteve a atribuição da União para legislar sobre normas ambientais gerais (artigo 8º, XVII, h, I).

CONSTITUIÇÃO FEDERAL DE 1969

Na Constituição de 1969, o tratamento acerca do meio ambiente seguiu o mesmo repertório de 1967 e, da mesma forma, estabeleceu as atribuições e competência da União. Trouxe expressão inovadora ao assentar a palavra "ecológica" no centro constitucional, assim consta no artigo 172: "a lei regulará, mediante prévio levantamento ecológico, o aproveitamento agrícola de terras sujeitas a intempéries e calamidades" e que o "mau uso da terra impedirá o proprietário de receber incentivos e auxílio do Governo".

Citado artigo demonstra, antes de Estocolmo, uma sagaz perspicácia, pois, em dois cortes, tratou do que hoje se denomina EIA-Rima (Estudo de Impacto Ambiental e Relatório de Impacto Ambiental), instrumento *sine qua non* para a prática do desenvolvimento sustentável e mais, na segunda parte do mesmo artigo, regulou a função social da propriedade que, da mesma forma como se vê nos tempos atuais, continua aplicável e pode dar causa e desapropriação.

Reconhecemos a importância das ações dos constituintes de 1988 como determinantes para o resgate da dívida do legislador brasileiro em relação à questão ambiental em matéria constitucional. Foi com a promulgação da Constituição Brasileira de 1988 que o meio ambiente passou a ter um tratamento que estabelece de forma inequívoca a compreensão em sentido muito amplo, inaugurando portanto, em nosso ordenamento jurídico, um novo tempo para a proteção e preservação do meio ambiente. Nessa direção, Antonio Hermann Benjamin (2008, p. 2) no artigo "O Meio Ambiente na Constituição Federal de 1988", ministra que:

Na adoção desta concepção holística e juridicamente autônoma, o constituinte de 1988, ao se distanciar de modelos anteriores, praticamente fez meia-volta, admitindo que (a) o meio ambiente apresenta os atributos requeridos para seu reconhecimento jurídico expresso no patamar constitucional, (b) proteção, esta, que passa, tecnicamente, de tricotômica a dicotômica (pois no novo discurso constitucional vamos encontrar apenas dispositivos do tipo *ius cogens* e *ius interpretativum*, mas nunca *ius dispositivum*) – o que banha de imperatividade as normas constitucionais e a ordem pública ambiental; além disso, trata-se de (c) salvaguarda orgânica dos elementos a partir do todo (a biosfera 10) e (d) do todo e seus elementos no plano relacional ou sistêmico, e já não mais na perspectiva da sua realidade material individualizada (ar, água, solo, florestas etc.), (e) com fundamentos éticos explícitos e implícitos, entre aqueles a solidariedade intergeracional, vazada na preocupação com as gerações futuras e, entre estes, com a atribuição de valor intrínseco à Natureza, (f) tutela viabilizada por instrumental próprio de implementação, igualmente constitucionalizado, como a ação civil pública, a ação popular, sanções administrativas e penais e a responsabilidade civil pelo dano ambiental – o que não deixa os direitos e obrigações abstratamente assegurados ao sabor do acaso e da má-vontade do legislador ordinário.

Inegável que os constituintes de 1988 mereceram o reconhecimento por introduzirem o que até então havia sido ignorado nas edições anteriores da Carta Maior, vez que foi a Constituição de 1988 a primeira a dispor expressamente sobre o meio ambiente. Nesse diapasão, Édis Milaré (2011, p. 183) observa que:

> As Constituições que precederam a de 1988 jamais se preocuparam com a proteção do ambiente de forma específica e global. Nelas, nem mesmo uma vez foi empregada a expressão meio ambiente, dando a revelar total inadvertência ou, até despreocupação, com o próprio espaço em que vivemos.

Tornou-se pacífico que o nosso direito ambiental tem como principal fonte formal o direito constitucional, em face do advento da Constituição Federal de 1988, senão vejamos o Capítulo Constitucional sobre o Meio Ambiente:

CAPÍTULO VI

DO MEIO AMBIENTE

Art. 225. Todos têm direito ao meio ambiente ecologicamente equilibrado, bem de uso comum do povo e essencial à sadia qualidade de vida, impondo-se ao

Poder Público e à coletividade o dever de defendê-lo e preservá-lo para as presentes e futuras gerações.

§ 1º Para assegurar a efetividade desse direito, incumbe ao Poder Público:

I – preservar e restaurar os processos ecológicos essenciais e prover o manejo ecológico das espécies e ecossistemas;

II – preservar a diversidade e a integridade do patrimônio genético do país e fiscalizar as entidades dedicadas à pesquisa e manipulação de material genético;

III – definir, em todas as unidades da Federação, espaços territoriais e seus componentes a serem especialmente protegidos, sendo a alteração e a supressão permitidas somente através de lei, vedada qualquer utilização que comprometa a integridade dos atributos que justifiquem sua proteção;

IV – exigir, na forma da lei, para instalação de obra ou atividade potencialmente causadora de significativa degradação do meio ambiente, estudo prévio de impacto ambiental, a que se dará publicidade;

V – controlar a produção, a comercialização e o emprego de técnicas, métodos e substâncias que comportem risco para a vida, a qualidade de vida e o meio ambiente;

VI – promover a educação ambiental em todos os níveis de ensino e a conscientização pública para a preservação do meio ambiente;

VII – proteger a fauna e a flora, vedadas, na forma da lei, as práticas que coloquem em risco sua função ecológica, provoquem a extinção de espécies ou submetam os animais a crueldade.

§ 2º Aquele que explorar recursos minerais fica obrigado a recuperar o meio ambiente degradado, de acordo com solução técnica exigida pelo órgão público competente, na forma da lei.

§ 3º As condutas e atividades consideradas lesivas ao meio ambiente sujeitarão os infratores, pessoas físicas ou jurídicas, a sanções penais e administrativas, independentemente da obrigação de reparar os danos causados.

§ 4º A Floresta Amazônica brasileira, a Mata Atlântica, a Serra do Mar, o Pantanal Mato-Grossense e a Zona Costeira são patrimônio nacional, e sua utilização far-se-á, na forma da lei, dentro de condições que assegurem a preservação do meio ambiente, inclusive quanto ao uso dos recursos naturais.

§ 5º São indisponíveis as terras devolutas ou arrecadadas pelos Estados, por ações discriminatórias, necessárias à proteção dos ecossistemas naturais.

§ 6º As usinas que operem com reator nuclear deverão ter sua localização definida em lei federal, sem o que não poderão ser instaladas.

Paulo de Bessa Antunes (2011, p. 69), ao examinar os aspectos gerais da Constituição de 1988 e o capítulo do meio ambiente, além de analisar a atuação dos constituintes na abordagem sobre a questão ambiental e consequente construção estruturante de princípios e instrumentos, observou que:

> Além de ser dotada de um capítulo próprio para as questões ambientais, a CF de 1988, ao longo de diversos outros artigos, trata de obrigações da sociedade e do Estado brasileiro com o meio ambiente. Tais normas, do ponto de vista do Direito Constitucional, podem ser agrupadas como normas de (i) garantia, (ii) competência, (iii) gerais e (iv) específicas. Conforme já foi examinado nos itens precedentes, as Constituições que antecederam à atual Carta deram ao tema Meio Ambiente um tratamento pouco sistemático, esparso e com um enfoque predominantemente voltado para a infraestrutura da atividade econômica, e a sua regulamentação legislativa teve por escopo priorizar a atividade produtiva, independentemente da conservação dos recursos naturais.
> A Constituição de 1988 não desconsiderou o Meio Ambiente como elemento indispensável e que servira de base para o desenvolvimento da atividade de infraestrutura econômica. Ao contrário, houve um aprofundamento das relações entre o Meio Ambiente e a infraestrutura econômica, pois, nos termos da Constituição de 1988, é reconhecido pelo constituinte originário que se faz necessária a proteção ambiental de forma que se possa assegurar uma adequada fruição dos recursos ambientais e um nível elevado de qualidade de vida às populações. A Constituição não desconsiderou, nem poderia fazê-lo, que toda atividade econômica se faz mediante a utilização de recursos ambientais.
> O legislador constituinte buscou estabelecer um mecanismo mediante o qual as naturais tensões entre os diferentes usuários dos recursos ambientais possam ser amenizadas dentro de uma perspectiva de utilização racional.

Sem nenhuma idiossincrasia, é fato que a promulgação da Carta Magna em 5 de outubro de 1988 passou a influenciar a ação parlamentar de imediato no que diz respeito à temática meio ambiente.

Além do capítulo dedicado ao meio ambiente, soma-se a esse incremento de produção legislativa em todas as esferas (Federal, Estadual, Distrital) a competência concorrente sobre a matéria ambiental disposta na Constituição Federal de 1988, senão vejamos:

> Art. 24. Compete à União, aos Estados e ao Distrito Federal legislar concorrentemente sobre:
> I – direito tributário, financeiro, penitenciário, econômico e urbanístico;
> [...]

V – produção e consumo;

VI – florestas, caça, pesca, fauna, conservação da natureza, defesa do solo e dos recursos naturais, proteção do meio ambiente e controle da poluição;

VII – proteção ao patrimônio histórico, cultural, artístico, turístico e paisagístico;

VIII – responsabilidade por dano ao meio ambiente, ao consumidor, a bens e direitos de valor artístico, estético, histórico, turístico e paisagístico;

[...]

§ 1º No âmbito da legislação concorrente, a competência da União limitar-se--á a estabelecer normas gerais.

§ 2º A competência da União para legislar sobre normas gerais não exclui a competência suplementar dos Estados.

§ 3º Inexistindo lei federal sobre normas gerais, os Estados exercerão a competência legislativa plena, para atender a suas peculiaridades.

§ 4º A superveniência de lei federal sobre normas gerais suspende a eficácia da lei estadual, no que lhe for contrário.

Ainda sobre a competência legislativa concorrente em matéria ambiental, vale atentar para o que ministra Consuelo Yoshida (2012):

> A viga mestra do sistema de competência legislativa na seara ambiental é a competência legislativa concorrente/suplementar, consentânea com a estrutura do federalismo cooperativo vigente entre nós. É o que se observa do art. 24 da Carta Federal que concentra várias disposições a respeito:
>
> [...]
>
> Os delineamentos do *sistema vertical de competência legislativa concorrente* estão definidos nos parágrafos do art. 24, sendo adotada como regra a *competência concorrente limitada* (§§ 1º e 2º), abrindo espaço a Constituição de 88 para a *competência concorrente cumulativa* na hipótese e na forma dos §§ 3º e 4º:
>
> [...]
>
> Tais critérios constitucionais relativos à competência legislativa concorrente/ suplementar disciplinados nos §§ do art. 24 acima transcritos não evitam na prática os frequentes conflitos entre normas federais, estaduais e municipais, que se colocam diante de situações concretas, tal como sucede, conforme já exposto, com os critérios de distribuição da competência administrativa comum atualmente vigentes para o licenciamento ambiental (Resolução Conama n. 237/97) e que deverá suceder com os critérios contemplados no Projeto de Lei Complementar 01/2010.

O referido incremento advindo da Constituição de 1988 para os Legislativos (Federal, Estadual e Distrital) tornarem-se protagonistas na ordenação da matéria ambiental, refletiu-se ainda em outro ente, o Municipal. Mesmo sem a sua inclusão na competência legislativa concorrente (vide art. 24, CF/88), contou com previsão expressa no art. 30 e seus incisos, como passamos a verificar:

> Art. 30. Compete aos Municípios:
> I – legislar sobre assuntos de interesse local;
> II – suplementar a legislação federal e a estadual no que couber;
> [...]
> IX – promover a proteção do patrimônio histórico-cultural local, observada a legislação e a ação fiscalizadora federal e estadual.

É com fundamento no "interesse local" que o envolvimento e a ação do legislativo municipal em matéria ambiental passaram a elevar e promover substancialmente o debate e a tomada de decisões no sentido de uma espontânea produção legislativa ambiental, em casos não poucos de, inclusive, antecipar a construção legislativa que originalmente deveria ter iniciado no âmbito da União e, na sequência, do Estado, mas que a inexistência de lei não inibiu a municipalidade de agir e disciplinar determinado tema. Tomemos como exemplo a questão climática, tendo o legislativo paulistano, em face do interesse local, aprovado legislação específica antes mesmo de a União e o Estado sancionarem seus marcos legais, conforme podemos verificar no quadro a seguir.

Quadro 32.2 – Leis sobre mudanças climáticas

Ente	Lei	Data	Ementa
Município São Paulo	n. 14.933 (P.L. n. 530/08, do Executivo, aprovado na forma de substitutivo do legislativo)	5 de junho de 2009	Institui a política de mudanças climáticas no município de São Paulo
Estado de São Paulo	n. 13.798	9 de novembro de 2009	Institui a política estadual de mudanças climáticas
União	n. 12.187	29 de dezembro de 2009	Institui a Política Nacional sobre Mudança do Clima

DIREITO AMBIENTAL E SUSTENTABILIDADE

Ao examinar a clássica competência legislativa concorrente limitada, Consuelo Yoshida (2012, p. 21) assevera que:

> No sistema da competência concorrente limitada cabe à União Federal a edição de *normas gerais federais* (art. 24, § 1º), cuja caracterização é objeto de controvérsias em face da realidade jurídico-normativa brasileira.
>
> Aos Estados e ao Distrito Federal é atribuída a *competência de suplementar a legislação federal*, através do detalhamento da norma geral federal para atender às peculiaridades *regionais/estaduais*.
>
> Os Municípios, que não foram incluídos no âmbito do art. 24 da Constituição Federal, têm, nos termos do art. 30, afora a competência privativa (inciso I), a competência para *suplementar a legislação federal e a estadual, no que couber* (inciso II), com base no *interesse local,* critério que informa sua atividade legislativa.
>
> [...]
>
> As normas gerais ambientais federais cumprem, tradicionalmente, duas relevantes funções relacionadas às características apontadas: por serem de aplicação geral e uniforme, servem para a garantia da uniformidade (e não unidade) da legislação ambiental sobre a matéria em todo o território nacional, e para o estabelecimento do patamar mínimo nacional de proteção ambiental a ser observado pela legislação dos demais entes.
>
> Segundo a visão clássica, em matéria de competência legislativa concorrente ambiental "o genérico compete à União, o detalhamento aos estados, Distrito Federal e municípios, e estes podem ser mais restritivos do que a União, jamais, todavia, mais brandos ou tênues no agir" (Feldmann, 1992, p.97). Ou seja, os estados, Distrito Federal e municípios têm autonomia para, no exercício da competência legislativa suplementar, dispor de forma diversa da legislação federal ambiental, observando-se o patamar mínimo nacional de proteção ambiental por ela estabelecido.
>
> E ainda de acordo com o entendimento clássico, as normas ambientais estaduais e municipais podem ser mais restritivas, e no caso devem prevalecer sobre a norma federal no âmbito do respectivo estado e município. Os precedentes jurisprudenciais em face da Constituição atual orientam-se neste sentido (ADIn n. 384-4/PR e RE 286789/RS).

Portanto, entendemos como plenamente constitucional e saudável o exercício legislativo de estados, Distrito Federal e municípios na matéria ambiental. Esse caminho, se bem trilhado, manterá em constante aperfeiçoamento a gestão ambiental no país. Contudo, a preocupação é com os excessos e o extrapolar da atribuição de cada ente, devendo assim os legisladores não se afastar sobretudo do que preceitua a Constituição Federal de 1988 no que dispõem os arts. 24 e 30 e seus incisos.

CONSTITUIÇÃO ESTADUAL DE 1989 – EXPERIÊNCIA DO ESTADO DE SÃO PAULO

Promulgada a Constituição Federal em 5 de outubro de 1988, um importante dispositivo trazido no art. 11 do Ato das Disposições Constitucionais Transitórias atribuiu às Assembleias Legislativas dos Estados o exercício do Poder Constituinte decorrente, como passamos a verificar:

"Art. 11. Cada Assembleia Legislativa, com poderes constituintes, elaborará a Constituição do Estado, no prazo de um ano, contado da promulgação da Constituição Federal, obedecidos os princípios desta."

Em atenção ao dispositivo constitucional, a Assembleia Legislativa do Estado de São Paulo, no transcorrer de sua 11ª Legislatura, instalou os trabalhos constituintes.

O acervo histórico da Assembleia Paulista registrou sobre o processo legislativo da Constituição Estadual de 1989 o seguinte:

> Foram oferecidas 4.683 emendas ao anteprojeto e 2.919 ao projeto de Constituição Estadual por deputados constituintes, organizações sindicais, entidades de classe, prefeituras, câmaras municipais e tribunais. A apresentação de emendas ao projeto de Constituição subscritas por eleitores, as chamadas "emendas populares" teve grande significado democrático. A apreciação dessas iniciativas refletiu o compromisso político com expressões de conjuntos da população que exprimiram reivindicações e aspirações de importantes segmentos da sociedade. A Alesp se tornou um grande foro de debates e interação com a população paulista, cumprindo o requisito democrático de que "todo poder emana do povo e em seu nome é exercido".

O Legislativo Paulista, ao elaborar normas sobre meio ambiente, pautou-se por fundamentos basilares, em especial o princípio da participação. Além disso, lançou bases para a articulação de políticas públicas, gestão integrada, mecanismos de comando e controle, formação de consórcios municipais já como um prenúncio das políticas e sistemas ambientais que se formariam a partir da formulação legislativa consolidada.

Os constituintes paulistas de 1989 dedicaram especial atenção ao tema meio ambiente, tratado no Título VI – Da Ordem Econômica, juntamente com os temas: atividade econômica, desenvolvimento urbano, política agrícola, agrária e fundiária, recursos naturais e saneamento. Promulgada no dia 5 de outubro de 1989, a Constituição do Estado de São Paulo trouxe expressamente a questão ambiental nos arts. 191 a 203, já apontando o caráter suplementar previsto na Constituição Federal. Vejamos o artigo 191:

> Art. 191. O Estado e os Municípios providenciarão, com a participação da coletividade, a preservação, conservação, defesa, recuperação e melhoria do meio ambiente natural, artificial e do trabalho, atendidas as peculiaridades regionais e locais e em harmonia com o desenvolvimento social e econômico.

Autor do anteprojeto de Constituição Paulista, em 1988, lembro-me como a muitos soou estranha minha proposta de utilização do conceito de "bacias hidrográficas" para o planejamento de espaços territoriais, mais tarde sucedido pela prática dos Comitês de Bacias. Como pareceu uma ousadia propor que os municípios submetidos a restrições ambientais devessem ser recompensados pelos demais por estarem prestando um serviço de conservação ou preservação de interesse da sociedade. Essas iniciativas que passaram a integrar o dispositivo constitucional paulista se desdobraram em normas e inúmeros empreendimentos e conceitos que alteraram a vida das pessoas[1].

ATIVIDADE PARLAMENTAR E O MEIO AMBIENTE

No âmbito da Câmara dos Deputados (2015), a questão ambiental tem sido tratada de forma destacada e integra o rol das Comissões Permanentes, conforme podemos verificar:

> A temática do Meio Ambiente ganhou autonomia na Câmara dos Deputados a partir da edição no Diário da Câmara dos Deputados de 18 de março de 2004, da Resolução nº 20, de 2004, que desmembrou a antiga Comissão de Defesa

---

[1] Arnaldo Jardim foi eleito Deputado Estadual pelo estado de São Paulo para a 11ª Legislatura (1987-1991). Foi Deputado Constituinte e relator do Anteprojeto da Constituição Estadual de 1989.

do Consumidor, Meio Ambiente e Minorias, criando a Comissão de Meio Ambiente e Desenvolvimento Sustentável.

O Ato da Mesa nº 40/04 fixou em 23 Deputados Titulares e o mesmo número de Suplentes para compor a Comissão. Em 2005, o Ato nº 55 fixou o número em 18.

A competência de todas as Comissões Permanentes da Câmara está estabelecida no Art. 24 do Regimento Interno da Câmara dos Deputados, sendo que o Art. 32 delimita suas áreas temáticas. A da Comissão de Meio Ambiente e Desenvolvimento Sustentável é:

A) política e sistema nacional do meio ambiente; direito ambiental; legislação de defesa ecológica;

B) recursos naturais renováveis; flora, fauna e solo; edafologia e desertificação;

C) desenvolvimento sustentável.

Ademais, a temática ambiental frente ao seu alcance e transversalidade, encontra ainda espaço relevante na pauta de diversas outras Comissões Permanentes, como: Comissão de Agricultura, Pecuária, Abastecimento e Desenvolvimento Rural (CAPADR); Comissão de Ciência e Tecnologia, Comunicação e Informática (CCTCI); Comissão de Constituição e Justiça e de Cidadania (CCJC); Comissão de Cultura (Ccult); Comissão de Defesa do Consumidor (CDC); Comissão de Desenvolvimento Econômico, Indústria e Comércio (Cdeic); Comissão de Integração Nacional, Desenvolvimento Regional e da Amazônia (Cindra); Comissão de Legislação Participativa (CLP) e Comissão de Turismo e Desporto (CTD).

Outro importante instrumento de ação do Poder Legislativo presente na rotina da Câmara e do Senado são as Frentes Parlamentares, consideradas a associação suprapartidária de pelo menos um terço de membros do Poder Legislativo Federal, destinada a promover o aprimoramento da legislação federal sobre determinado setor da sociedade, conforme Ato da Mesa n. 69 de 10 de novembro de 2005 que cria o registro de Frentes Parlamentares na Câmara dos Deputados.

No que tange ao Meio Ambiente, Câmara e Senado se articularam com a sociedade civil e formalizaram em 2011 a Frente Parlamentar Ambientalista que surge no seu registro com amplo apoio de parlamentares de ambas as Casas e que atualmente é a Frente Parlamentar mais numerosa do Congresso Nacional, congregando mais de 350 congressistas.

A Frente Verde se diferencia por ter uma coordenação efetiva que integra a participação da sociedade civil e tem se marcado como um fórum reconhecido de formulação, fiscalização e aplicação das políticas ambientais. Trata-se de movimento suprapartidário que tem por objetivo apoiar iniciativas governamentais e não governamentais em defesa do meio ambiente e da adoção de práticas sustentáveis, e, além dos congressistas, reune ONGs, empresas, entidades setoriais, academia entre outros.

Os temas ligados ao desenvolvimento sustentável ganham força nos Grupos de Trabalho estruturados por assuntos, tais como: água; cerrado e caatinga; clima; conservação marinha; educação ambiental; energias renováveis; fauna; floresta; justiça ambiental; questões urbanas e resíduos.

PROCESSO LEGISLATIVO MODERNO E A ARTICULAÇÃO INTERSETORIAL – CONSTRUINDO A CIDADANIA AMBIENTAL

O século XXI desafia todo o conjunto da sociedade a construir e pôr em prática os princípios daquilo que chamamos de cidadania ambiental, ou seja, disseminar entre tudo e todos os fundamentos que delineiam os direitos e deveres de cada um em relação ao ambiente.

A responsabilidade compartilhada em matéria ambiental esculpida no art. 225, *caput*, da Constituição de 1988 que impõe ao Poder Público e à coletividade o dever de defender e preservar o ambiente para as presentes e futuras gerações, inclui compulsoriamente o Poder Legislativo nesse rol de protagonistas.

O parlamento que conseguirá dar respostas à sociedade de maneira satisfatória será aquele que não se fatigará de dialogar com a coletividade, isto é, todos os setores da sociedade civil organizada.

Para nós (Machado Filho, 2013, p. 39-40),o conceito de sociedade civil consiste não apenas nas ações do conjunto das entidades não governamentais e/ou empresarias constituídas legalmente e dotadas de personalidade jurídica. Todavia, consideramos a sociedade civil a união dos cidadãos no pleno exercício de seus direitos e deveres para fins pacíficos e de bem-estar comum.

Alargando mais o assunto, é importante mencionar que nos tempos atuais é comum denominar de sociedade civil organizada o conjunto de organizações e/ou entidades, formais ou não, que estabelecem bases nas questões socioambientais.

É nesse sentido que entendemos que cada vez mais o Poder Legislativo terá função determinante, não apenas de criar novas leis, ou mesmo aperfeiçoar as existentes em função da matéria ambiental. Mas terá um papel maior e primordial no que diz respeito à responsabilidade de articular a sociedade considerando, sobretudo, sua intersetorialidade com o objetivo de consolidar a constante construção do arcabouço jurídico-ambiental brasileiro.

Resíduos Sólidos: Experiência do Legislativo Paulista

Nossa participação direta no Poder Legislativo, seja na qualidade de parlamentar, seja de secretário parlamentar, permitiu-nos vivenciar na prática os processos ricos em relação a esse novo modelo de produção legislativa a respeito do meio ambiente que entendemos que a Constituição de 1988 conferiu aos legisladores.

Na legislatura 2002/2006 participamos na Assembleia Legislativa do Estado de São Paulo de ações relacionadas ao tema meio ambiente, entre as quais destacamos os resíduos sólidos; passaremos a relatar a experiência prática que resultou na concepção e aprovação da Política Estadual de Resíduos Sólidos.

O debate em nível nacional sobre os resíduos sólidos já se dava havia mais de uma década sem nenhum sinal de que se chegaria a consenso e que o país tivesse um marco legal que apontasse as diretrizes da gestão de resíduos sólidos para o próprio poder público (União, Estados, Distrito Federal e Municípios), para o setor produtivo e, em sentido mais amplo, para toda a sociedade.

Juntos já consignamos que, em face da complexidade do assunto, seguido da necessidade de políticas claras em nível nacional e estadual disciplinando o tema resíduos sólidos, a Assembleia Legislativa do Estado de São Paulo, sob a presidência do Deputado Sidney Beraldo, constituiu um Grupo de Trabalho Parlamentar suprapartidário, instituído pelo Ato n. 20, de 22 de abril de 2003, com a finalidade de elaborar uma política estadual de resíduos sólidos.

Além da formação do GT Parlamentar, o debate contou desde o seu início com expressiva participação da sociedade civil organizada. Foram mais de cinquenta participantes, entre órgãos do poder público, organizações não governamentais, entidades de classes, institutos, universidades e empresas afeitas à questão dos resíduos sólidos. O fato contribuiu para que desde o início a preparação contemplasse as diferentes experiências, visões e expectativas dos partícipes.

Inicialmente foram promovidos nove eventos públicos, entre audiências e seminários específicos, contando sempre com a participação efetiva dos vários setores já mencionados. Foram realizadas visitas técnicas e estabeleceu-se, para a construção do anteprojeto, um canal direto por meio de um ícone no sítio da Assembleia Legislativa, que, de maneira inovadora, permitiu agilidade na comunicação entre a sociedade e o parlamento, por onde foram recebidas as contribuições.

Em evento público, o Grupo de Trabalho Parlamentar apresentou o Anteprojeto da política estadual de resíduos sólidos e um regimento interno, abrindo prazo para apresentação de sugestões e emendas.

Respeitados os prazos regimentais, na sequência foram realizadas audiências públicas para discussão e deliberação das sugestões apresentadas.

Foi protocolado, em 24 de maio de 2005 e publicado dois dias depois no Diário Oficial, o Projeto de Lei n. 326, de 2005 que institui a Política Estadual de Resíduos Sólidos e dá as providências correlatas. Concomitantemente ao ato, foram protocoladas duas indicações ao governador sugerindo a criação de instrumentos de incentivos fiscais para a implementação da política estadual de resíduos sólidos, bem como a sugestão de um fundo estadual de resíduos sólidos (este último teve parecer contrário da Companhia de Tecnologia de Saneamento Ambiental (Cetesb) e a sugestão de que o Fundo Estadual de Prevenção e Controle da Poluição (Fecop) atenderia aos princípios, diretrizes e objetivos do PL 326/2005). Nessa ocasião, o Deputado Arnaldo Jardim fez a seguinte declaração:

> O Projeto de Lei procura aglutinar questões atuais da gestão integrada de resíduos sólidos, além de estabelecer um elo com as políticas estaduais de saneamento, recursos hídricos e de meio ambiente. As questões sociais relativas ao setor também foram contempladas, com a inserção dos catadores, associações e cooperativas no processo de coleta, separação e comercialização dos resíduos urbanos recicláveis, bem como prevendo a sua ressocialização. Outro aspecto do projeto são as ações direcionadas à educação ambiental diretamente para o gerador e o consumidor, além de estabelecer a implantação de um sistema de informações sobre os resíduos sólidos no Estado, criando o Sistema Declaratório, com o apoio e a participação dos Municípios, para a divulgação pública.

Em 23 de dezembro de 2005, na 73ª Sessão Extraordinária foi aprovado o projeto e os itens I, IV e VIII da Emenda constante do parecer da CDMA e das demais emendas englobadamente. O texto final do projeto de lei que foi aprovado retratou e preservou fielmente o amplo trabalho iniciado pelo Grupo de Trabalho Parlamentar e respaldado por todos os participantes do processo de construção de uma política pública para resíduos sólidos.

Resíduos Sólidos: Experiência na Câmara Federal

Em nível federal, de 2007 a 2010 estivemos diretamente envolvidos na retomada do debate sobre resíduos sólidos, com o objetivo de conceber e aprovar o marco legal que orientasse a gestão e o gerenciamento no país.

A experiência prática e bem-sucedida anteriormente no Estado de São Paulo, que deu forma à Lei Paulista de Resíduos, pode nos orientar também na esfera federal. Contudo, o grau de complexidade que cercava a matéria somado ao longo histórico de quase vinte anos sem a construção de um caminho que criasse o consenso entre Legislativo, Executivo, Judiciário, academia, setor empresarial e entidades ambientalistas tornaram esse processo legislativo ainda mais delicado.

Optamos por uma construção legislativa que prestigiasse a ação suprapartidária e que garantisse a plena participação do setor empresarial e sociedade civil organizada. Essa linha de procedimento foi responsável por promover um debate profícuo que encaminhou para a concepção de uma proposta legislativa que superou divergências e se apresentou como moderna e capaz de ser implementada. O desfecho desse processo legislativo nos levou a consignar que:

> Juntos, produzimos uma proposta que reconhecidamente reúne conceitos modernos de gestão de resíduos sólidos, entre elas: responsabilidade compartilhada; gestão integrada; inventário; sistema declaratório anual; acordos setoriais; ciclo de vida do produto; não geração, redução, reutilização, reciclagem e tratamento dos resíduos, bem como disposição final ambientalmente adequada dos rejeitos; logística reversa; princípios do direito ambiental; elaboração de planos de gestão (em nível nacional, dos estados e municípios) e de gerenciamento (pelo setor empresarial); instrumentos econômicos e destaque para a inclusão social por meio do fortalecimento das cooperativas de catadores. [...]

DIREITO AMBIENTAL E SUSTENTABILIDADE

A construção desse marco legal determinou muito mais do que regras técnicas de conteúdo jurídico administrativo. Demandou solidificar mecanismos já consagrados, sejam eles legais, técnicos ou mesmo de gestão integrada, sem ficar limitada, contudo, a retratar o momento. De outra forma, não seria prudente e exequível que a legislação apontasse demasiadamente para o futuro e desprezasse aspectos de viabilidade técnica ou econômica. Ela exigiu que sua concepção observasse os fundamentos de uma política pública capaz de inovar juridicamente e consagrar em nosso ordenamento jurídico a responsabilidade compartilhada pelo ciclo de vida dos produtos.

Essas diretrizes integradas dão forma e conteúdo ao que será exigido para a aplicação dos pontos que reputamos principais para a total execução dessa Lei. A Política Nacional de Resíduos Sólidos atende integralmente à Constituição Federal no que diz respeito a criar normas gerais. Fundamentada nos pilares da gestão integrada dos resíduos sólidos, indicamos um arquétipo que buscará por meio de ações conjuntas nortear as soluções voltadas para a não geração, redução, reutilização, reciclagem e tratamento dos resíduos sólidos e para a disposição final dos rejeitos. Inovamos na concepção dos conceitos de gerador e de responsabilidade pelos resíduos sólidos, pois, por muito tempo, foi motivo de grande impasse, travando as articulações para a aprovação da Lei.

Portanto, vale relembrar que a proposta da Política Nacional de Resíduos Sólidos foi aprovada nas duas Casas por unanimidade e encontra-se em vigor desde 2 de agosto de 2010, por meio da Lei n. 12.305 que institui a Política Nacional de Resíduos Sólidos.

PODER LEGISLATIVO RUMO À ECONOMIA VERDE

De acordo com o Programa das Nações Unidas para o Meio Ambiente (Pnuma) entende-se por economia verde "aquela que resulta na melhoria do bem-estar humano e da igualdade social, ao mesmo tempo em que reduz significativamente os riscos ambientais e as escassezes ecológicas". Para nós fica ainda mais evidenciada a importância do princípio do desenvolvimento sustentável como premissa para a concepção das políticas públicas que darão sustentação e orientação aos necessários ajustes para o processo produtivo global, incremento de políticas sociais inclusivas e a racionalização do uso dos recursos naturais.

O relatório Rumo a uma Economia Verde: Caminhos para o Desenvolvimento Sustentável e a Erradicação da Pobreza – Síntese para Tomadores de Decisão, apresenta o seguinte:

> Uma economia verde pode gerar o mesmo nível de crescimento e emprego que uma economia marrom, porém a supera tanto a médio quanto a longo prazo, enquanto produz significantemente mais benefícios ambientais e sociais. Obviamente há muitos riscos e desafios pelo caminho. Caminhar rumo a uma economia verde vai exigir que os líderes mundiais, a sociedade e as empresas líderes de mercado trabalhem juntos nessa transição. Será necessário um esforço constante por parte dos tomadores de decisão e os seus eleitores devem repensar e redefinir os parâmetros tradicionais de riqueza, prosperidade e bem-estar. Entretanto, o maior risco de todos será continuar com o *status quo*.

Se a Rio+20 para muitos não gerou os resultados efetivos ou pragmáticos que muitos setores desejavam, o evento global teve o grande mérito de mobilizar o poder público brasileiro, especialmente seus três poderes constituídos, especialmente o Poder Legislativo que teve participação direta nesse processo, interagindo, articulando-se e internalizando pautas estratégicas que requerem atenção do Congresso Nacional.

Passamos então a abordar temas ambientais estratégicos para a sociedade do presente, alguns deles alinhados às propostas de transição do atual modelo econômico para uma economia de baixo carbono, e que têm merecido nossa atuação direta no Legislativo, entre os quais destacamos: Eficiência Energética; Pagamentos por Serviços Ambientais; Biodiversidade e Áreas Contaminadas.

Eficiência Energética

Energia é vital para a vida e podemos afirmar que a melhor energia (mais econômica e menos poluente) é aquela que deixa de ser gasta, produz o mesmo efeito com menor consumo. Essa para nós é a essência da eficiência energética.

De acordo com a Associação Brasileira de Empresas de Conservação de Energia (Abesco), a eficiência energética tem como premissas proporcionar o melhor consumo de energia e água, com redução de custos operacionais correlatos; minimizar contingenciamentos no suprimento desses insumos;

introduzir elementos e instrumentos necessários para o gerenciamento energético e hídrico da empresa ou empreendimento.

O já mencionado relatório do Pnuma aponta que a alocação de no mínimo 1% do PIB global para aumentar a eficiência energética e expandir o uso de energias renováveis criará empregos adicionais e produzirá uma energia mais competitiva. Um investimento anual de cerca de 1,25% do PIB mundial em eficiência energética e energias renováveis poderia reduzir a demanda global por energia primária em 9% em 2020 e em 40% até 2050.

Em sintonia que com essa tendência global e percebendo a necessidade de internalizar esse debate no Congresso Nacional foi proposta e instalada na Comissão de Minas e Energia da Câmara dos Deputados uma subcomissão especial para tratar do tema eficiência energética.

É evidente que a energia é um insumo estratégico para o desenvolvimento sustentável do Brasil e que precisamos encontrar caminhos para diminuir os elevados custos advindos do desperdício energético. Nesse aspecto o Poder Legislativo tem a responsabilidade de promover um profícuo debate que resulte na concepção de uma Política Nacional de Eficiência Energética, capaz de orientar e fomentar a disseminação desse conceito em todas as áreas da sociedade.

Temos na pauta da subcomissão o compromisso de operacionalizar a estratégia do uso racional de energia, bem como impulsionar a discussão sobre a Política Nacional de Eficiência Energética. Nesse aspecto a Subcomissão Especial sobre Eficiência Energética é essencial para o aprofundamento desse debate no parlamento e na sociedade.

Na prática, atividades e contribuições à Política Nacional de Eficiência Energética, que está sendo elaborada pelo Ministério de Minas e Energia. Entre as propostas apresentadas, destacamos:

- A manutenção do percentual de 0,5% para Pesquisa e Desenvolvimento e outros 0,5% para Eficiência Energética aplicados pelas concessionárias de energia.

- Aperfeiçoamento da Lei de Licitações para incluir o Contrato de Performance no setor público.

- Criação de ferramentas ou mecanismos de incentivos ao crescimento das Empresas de Serviços de Conservação de Energia (ESCOs).

- Criação de instrumentos econômicos para fomento de projetos de eficiência.

- Promoção da educação ambiental e campanhas institucionais focadas na eficiência energética, englobando a educação básica até a formação técnica.

- Estruturação e ampliação de parcerias entre o Governo e as ESCOs para estimular o uso racional da energia elétrica.

A eficiência energética é um excelente caminho para nos colocar na vanguarda da sustentabilidade e aumentar a competitividade do país, preparando-nos para uma economia de baixo carbono. Assim, necessário se faz um amplo esforço, sobretudo do Poder Legislativo, na direção da construção e implementação de um marco regulatório capaz de fazer com que a eficiência energética possa, definitivamente, ser incorporada às políticas públicas, no planejamento das empresas e no cotidiano dos cidadãos.

Pagamentos por Serviços Ambientais

Os serviços ambientais são os benefícios obtidos pelo homem a partir do funcionamento dos ecossistemas. No passado, eram considerados apenas os produzidos diretamente pelo meio ambiente, como alimentos, água, ar etc.

Os serviços ecossistêmicos ou ambientais são muito valiosos para a sobrevivência da humanidade. Não há dúvidas de que a proteção dos ecossistemas nativos é imperativa, tendo em vista sua importância para a manutenção do equilíbrio da biosfera em termos da regulação do ciclo hidrológico e do clima, da fixação do carbono, da conservação do solo, do controle de pragas agrícolas e da dispersão de sementes.

Ciente da importância dos serviços ambientais para a humanidade, a questão que se coloca é saber se devem ou não ser remunerados, ou melhor, se caberia ressarcir aqueles que adotam ações visando à sua manutenção.

A remuneração dos serviços ambientais prestados por áreas conservadas no país tem sido cada vez mais defendida por ambientalistas e produtores agrícolas.

Entendemos que esse é o melhor caminho para que a conservação do meio ambiente possa remunerar, pelo menos em parte, o custo de oportunidade da terra, cujo retorno econômico é mais facilmente percebido. Nesse sentido, o Pagamento por Serviço Ambiental (PSA) ou Pagamento por Serviços Ecossistêmicos (PSE) devem ser considerados como mecanismos de compensação aos que despendem esforços na conservação da cobertura vegetal nativa, prestando serviços ambientais essenciais para toda humanidade.

No entanto, o Brasil ainda não possui lei federal prevendo PSE/PSE, embora já exista disposição legal para alguns tipos de serviços ecossistêmicos, como a Lei federal n. 9.433/97, que normatiza o pagamento pelo uso de recursos hídricos; o ICMS Ecológico adotado por diversos estados, dentre eles Paraná e Minas Gerais; a Lei Chico Mendes, no Acre, que premia seringueiros por serviços ambientais prestados; e a Lei n. 3.135, do Amazonas, que instituiu a Bolsa Floresta, incentivo destinado a ribeirinhos e comunidades tradicionais que vivem nas unidades de conservação do Estado.

Na Câmara dos Deputados, tramita o Projeto de Lei n. 792/2007, de autoria do deputado federal Anselmo de Jesus (PT-RO), proposta que institui a obrigatoriedade do PSE/PSA e da qual somos[2] relator na Comissão de Finanças e Tributação. O projeto, que já foi aprovado pelas Comissões de Agricultura e de Meio Ambiente, pretende estabelecer a Política Nacional de Pagamento por Serviços Ambientais por meio da criação do Programa Federal de Pagamento por Serviços Ambientais e da criação de um Fundo Federal e do Cadastro Nacional de Pagamento por Serviços Ambientais.

Ressaltamos, entretanto, que a Política Nacional de PSA não deve visar apenas ao financiamento público dos provedores dos serviços. É fundamental que esse diploma legal fomente, também, as relações privadas para fortalecer as parcerias entre empresas e organizações não governamentais.

Como relator da matéria, temos debatido em seminários, encontros setoriais e dialogado com os governos federal e estaduais e a sociedade civil, com o objetivo de construir um consenso que permita a sua aprovação pelo Congresso Nacional.

O PSA será mais um avanço importante na legislação ambiental brasileira, uma das mais modernas do mundo, porque as normas de preservação mediante incentivos econômicos contidas no projeto se juntam às de comando e controle que punem os que degradam o meio ambiente.

Diferentemente do que se imagina, uma política proativa, como a de pagamento por serviços ambientais, pode promover uma verdadeira reviravolta na defesa do meio ambiente do ponto de vista da proteção da bio-

---

[2] Deputado Arnaldo Jardim, relator do Pl 792/2007 na Comissão de Finanças e Tributação. Disponível em: http://www.camara.gov.br/proposicoesWeb/fichadetramitacao?idProposicao=348783. Acessado em: 30 jun. 2015.

diversidade e na melhoria da qualidade de vida dos povos da floresta, sem a necessidade de mais desmatamento.

O Brasil pode brevemente dar mais esse passo na consolidação de legislação moderna de proteção de seu patrimônio natural e garantir ambiente saudável para todos.

Biodiversidade

A biodiversidade brasileira faz do Brasil o país mais rico em diversidade de espécies distribuídas por seis biomas terrestres, oito ecorregiões marinhas e doze regiões hidrográficas com seus ecossistemas de água doce. Os seis biomas terrestres brasileiro são Amazônia, Mata Atlântica, Caatinga, Cerrado, Pampas e Pantanal.

O estudo denominado *Plataforma Legislativa para a Biodiversidade* (2011) apontou cerca de 487 iniciativas parlamentares no Congresso Nacional sobre biodiversidade – a maioria na Câmara dos Deputados –, que se dividem entre projetos de lei, projetos de emendas à Constituição, projetos de decreto legislativo, projeto de lei complementar e projeto de resolução. Ademais, o trabalho científico aponta as seguintes conclusões:

A biodiversidade é a base de toda vida sobre a Terra, fornece bens e serviços sem os quais não seria possível viver. Especialmente para o Brasil, país detentor da maior diversidade biológica e cultural do planeta, esse é um dos temas mais relevantes. É certo que a conservação e uso sustentável da biodiversidade e dos recursos naturais contribuem com a promoção do desenvolvimento econômico, da equidade social e da integridade ambiental. No entanto, não basta saber, não basta querer, não basta falar, tem que agir. Ações concretas e um verdadeiro comprometimento político são necessários para garantir a implementação dos compromissos assumidos com a comunidade internacional e com a sociedade brasileira.

O engajamento dos parlamentares, representando o interesse da sociedade brasileira e das unidades da federação, é fundamental em todas a etapas das negociações de acordos internacionais, nos debates para a definição da posição brasileira bem como na implementação dos compromissos assumidos.

Nos próximos anos, parlamentares terão o compromisso de aprovar os dois protocolos (o de Nagoya e o Protocolo Suplementar de Biossegurança), de apreciar as proposições fundamentais para que as metas assumidas possam ser cumpridas no prazo de cumprimento que termina em 2020, além de apresentar novas proposições que preencham lacunas no marco regulatório brasileiro sobre biodiversidade. É momento de fazer valer o mandato dado pelos cidadãos brasileiros e promover um amplo debate nacional sobre a importância da biodiversidade para o desenvolvimento do Brasil, para a qualidade de vida de nossa população e articular uma aliança entre os diversos atores da sociedade para sustar a perda da biodiversidade e promover o uso sustentável de seus componentes. A biodiversidade tem que estar na pauta brasileira, tem que estar na pauta do Congresso Nacional. Os parlamentares têm o dever de envolver a sociedade brasileira na escolha dos caminhos que levarão a um futuro promissor, sustentável, responsável, solidário e mais justo."

Pelo caráter estratégico e a sua dimensão, o tema biodiversidade requer um marco regulatório com profundas características de uma política pública, que seja concebida de forma articulada entre poder público, setor empresarial e sociedade civil.

A linha de base deverá considerar o que se construiu especialmente ao longo das experiências da última década somadas às legislações em vigor, particularmente as que dizem respeito à inovação.

Portanto, tendo em conta que seus reflexos têm estreito liame com outras ciências – especialmente com questões de competitividade econômica –, espera-se que o marco regulatório da biodiversidade não seja apenas uma lei ambiental puramente.

Áreas Contaminadas

No Brasil, a preocupação com o tema teve início no começo da década de 1980, com a Lei n. 6.803/80, elaborada para estabelecer as diretrizes básicas para o zoneamento industrial nas áreas críticas de poluição. Logo em seguida, em 1981, a preocupação com a proteção do solo foi definitivamente inserida no nosso arcabouço legal, com a entrada em vigor da Lei n. 6.938, conhecida como Política Nacional do Meio Ambiente.

Na sequência, outras regulamentações foram elaboradas, como a Resolução Conama n. 006/1991 (ações corretivas, de tratamento e de disposição final de cargas deterioradas, contaminadas ou fora das especificações); a Resolução Conama n. 05/1993 (procedimentos mínimos para o gerenciamento de resíduos sólidos oriundos de serviços de saúde, portos e aeroportos, terminais ferroviários e rodoviários), a Lei n. 9.605, de 12 de fevereiro de 1998 (as sanções penais e administrativas derivadas de condutas e atividades lesivas ao meio ambiente), e a Resolução Conama n. 420, de 28 de dezembro de 2009 (critérios e valores orientadores de qualidade do solo quanto à presença de substâncias químicas e que estabelece diretrizes para o gerenciamento ambiental de áreas contaminadas por essas substâncias em decorrência de atividades antrópicas).

Entretanto, toda essa legislação, em função de estar esparsa e ter sido elaborada de forma pontual, não consegue dar as respostas necessárias para se enfrentar a questão da contaminação ambiental. Houve esperança de que, em 2010, essa legislação fosse consolidada na Lei n. 12.035, que instituiu a Política Nacional de Resíduos Sólidos. Infelizmente, o texto aprovado foi muito tímido nesse sentido, preocupando-se apenas com a descontaminação de sítios órfãos – áreas contaminadas cujos responsáveis não foram identificados.

Dessa forma, com o objetivo de criar um marco regulatório que estabeleça de forma clara e inequívoca diretrizes, responsabilidades e procedimentos para a prevenção da contaminação do solo, foi apresentado o PL n. 2732/2011 que estabelece diretrizes para a prevenção da contaminação do solo, cria a Contribuição de Intervenção no Domínio Econômico sobre Substâncias Perigosas e o Fundo Nacional para a Descontaminação de Áreas Órfãs Contaminadas e altera art. 8º da Lei n. 12.305, de 2 de agosto de 2010 nos moldes da Lei n. 13.577/2009, de São Paulo, uma avançada legislação voltada para a proteção da qualidade do solo e gerenciamento de áreas contaminadas.

Dentre os pontos importantes do Projeto de Lei, podemos destacar a uniformização de conceitos importantes como avaliação de risco, contaminação e remediação de área contaminada, que vai facilitar a aplicação dos procedimentos associados à remediação; o estabelecimento das responsabilidades do proprietário do imóvel, que vai eliminar dúvidas sobre o responsável pela recuperação ambiental; a criação de um plano de intervenção para reabilitação de área contaminada; e, principalmente, a fonte de recursos para promover a descontaminação dos chamados sítios órfãos.

Os recursos para a descontaminação de sítios órfãos, segundo a proposta, virão de uma Contribuição de Intervenção no Domínio Econômico (Cide) sobre Substâncias Perigosas que incida sobre o refino do petróleo, bem como a sua utilização para fins industriais, e a fabricação de substâncias como acetileno, benzeno, butano, butileno, butadieno, etileno, metano, naftaleno, propileno, tolueno, xileno. Essa contribuição, como não deveria deixar de ser, terá impacto direto sobre a indústria do petróleo que, conforme os dados indicam, é a principal responsável por esse passivo ambiental.

A contribuição será recolhida ao Tesouro Nacional, de acordo com normas e prazos fixados em regulamento, constituirá receita vinculada ao Fundo Nacional e será utilizada na descontaminação de áreas órfãs definidas na Lei n. 12.305, de 2 de agosto de 2010, ou, excepcionalmente, nos casos em que a descontaminação pelos responsáveis identificados seja inviável em virtude de estado falimentar ou insuficiência de patrimônio.

É importante ressaltar que a descontaminação de área com recursos do Fundo não isenta os responsáveis pela contaminação, não afasta a aplicação de sanções administrativas e penais nem da cobertura parcial dos custos de descontaminação até o limite suportado pelo seu patrimônio.

CONSIDERAÇÕES FINAIS

Elaborar leis é um desafio sob diferentes aspectos. Quando em busca de legitimidade, é preciso corresponder a um anseio dos cidadãos, mas não se limitar a um desejo "instantâneo" da sociedade. Um exercício equilibrado de se apoiar nos costumes e práticas sociais e de se lançar, ao mesmo tempo, à construção de um "ideal".

Legislação com problemas de origem trata do imediato, tende a ser conservadora ou descolar-se da realidade, idealizando apenas o futuro; torna-se utopia, muitas vezes sem chances de implantação. E é desse mal que temos padecido: produção prolífica de regulamentos pouco efetivos e burocráticos.

Então, como um dispositivo legal pode manter seu "frescor" de forma duradoura? Quando tem condições de efetiva implantação e quando tem "flexibilidade", de maneira que sua formulação não se alimente de regras detalhistas, sem diretrizes e conceitos. Leis que resvalam para "regulamentos" têm curtos prazos de validade ou virulência de remendos que esgarçam cada vez mais a intenção e o desenho do seu tecido original.

É sobre essa base complexa que devem atuar aqueles que se dedicam ao regramento da diversidade de setores da vida brasileira. E com mais atenção, esperteza e conhecimento ainda os que atuam no segmento ambiental onde a percepção do movimento setorial, seus desdobramentos econômicos, sociais e até institucionais têm sido dinamicamente atualizados em decorrência da globalização.

A tecnologia da informação, os processos e sistemas de comunicação em geral, a descoberta de novos procedimentos e processos, os avanços da biotecnologia, da nanotecnologia e das novas fronteiras da biodiversidade, para ficar apenas nos assuntos que já frequentam o cotidiano, são ícones que estão rapidamente corroendo paradigmas e pondo a legislação sob análise crítica. Podem causar envelhecimento precoce ou escancarar janelas de oportunidade para novas visões.

O tema ambiental ganhou relevância na sociedade e, de certa forma, as leis reconhecem isso. Mas a legislação ambiental brasileira é ampla e complexa. Muito incisiva no sentido de estabelecer normas e determinar punições, envolta na rigidez do "comando e controle", carece de dispositivos que identifiquem e remunerem serviços ambientais ou de proteção e conservação de recursos naturais. E mantém-se sob o permanente desafio de harmonizar competências federais, estaduais e municipais de forma a preservar a visão republicana e as realidades geopolíticas do país.

Ao mesmo tempo, um conjunto de diferentes organismos responsáveis por diversas atividades complementares e concorrentes na área ambiental e outras atividades com poder normativo e regulamentador acaba muitas vezes colidindo com normas estabelecidas, exigindo a interferência judicial como forma de reparar danos ou cobrir lacunas legais e institucionais.

De qualquer forma, os assuntos e as ações de caráter ambiental vieram para ficar. E estão incorporados como valor pela nossa sociedade. O parlamento brasileiro tem relevado sensibilidade e atenção a esse aspecto e auscultado a sociedade, além de conceber e aprovar legislações que têm nos posto em destaque no rol de países e das sociedades que mais cuidam da questão ambiental em nosso planeta.

REFERÊNCIAS

ANTUNES, P.B. *Direito Ambiental*. 13.ed. Rio de Janeiro: Lumen Juris, 2011.

BENJAMIN, A.H.V. O Meio Ambiente a Constituição Federal De 1988. In: *Informativo Jurídico da Biblioteca Ministro Oscar Saraiva*, v. 19, n. 1, jan./jun. 2008.

BRASIL. *Constituição da República Federativa do Brasil de 1988*. Disponível em http://www.planalto.gov.br/ccivil_03/Constituicao/Constituicao.htm. Acessado em: 10 jan. 2014.

_____. Câmara dos Deputados. Disponível em: www.camara.leg.gov.br. Acessado em: 24 fev. 2015.

_____. Câmara dos Deputados. *Legislação brasileira sobre meio ambiente.* Brasília: Câmara dos Deputados/Edições Câmara, 2009.

_____. CÂMARA DOS DEPUTADOS. *Plataforma legislativa para a biodiversidade.* Brasília: Câmara dos Deputados/Edições Câmara, 2011.

CÂMARA DOS DEPUTADOS. Disponível em: www.camara.leg.gov.br. Acessado em: 24 fev. 2015.

JARDIM, A., MACHADO FILHO, J.V. Marcos regulatórios como fundamento para as políticas públicas de gestão integrada dos resíduos sólidos. In: PHILLIPI JR., A., SAMPAIO, C.A.C., FERNANDES, V. *Gestão de Natureza Pública e Sustentabilidade.* Barueri: Manole, 2012.

MACHADO FILHO, J.V. *A Sociedade Civil e o Direito Ambiental.* São Paulo: Know How, 2013.

MILARÉ, É. *Direito do Ambiente: A Gestão Ambiental em foco: Doutrina, Jurisprudência, Glossário.* 7ª ed. São Paulo: RT, 2011.

PAULA, M.B. O meio ambiente nas Constituições Brasileiras de 1824 a 1988. In: GOMES, J.S., ZAMARIAN, L.P. *As Constituições do Brasil : análise histórica das constituições e de temas relevantes ao constitucionalismo pátrio.* Birigui: Boreal Editora, 2012.

SÃO PAULO. Assembleia Legislativa do Estado de São Paulo. Disponível em: http://www.legislacao.sp.gov.br/legislacao/dg280202.nsf/a2dc3f553380ee0f83256cfb00501463/46e2576658b1c52903256d63004f305a?OpenDocument. Acessado em: 23 mar. 2015.

PARANAGUÁ. M.B. *História do Legislativo.* Disponível em: www.al.go.leg.br/arquivos/asstematico/artigo0003_historia_do_legislativo.pdf. Acessado em: 01 fev. 2014.

[PNUMA] PROGRAMA DAS NAÇÕES UNIDAS PARA O MEIO AMBIENTE. Rumo à uma Economia Verde: Caminhos para o Desenvolvimento Sustentável e a Erradicação da Pobreza – Síntese para Tomadores de Decisão. Disponível em: http://www.pnuma.org.br/arquivos/EconomiaVerde_ResumodasConclusoes.pdf. Acessado em: 05 fev. 2014.

YOSHIDA, C. Competência e as diretrizes da PNRS: conflitos e critérios de harmonização entre as demais legislações e normas. In: JARDIM, A.; YOSHIDA, C.; MACHADO FILHO, J.V. *Política Nacional, Gestão e Gerenciamento de Resíduos Sólidos.* Barueri: Manole, 2012.

Atuação do Ministério Público com Vistas à Prevenção e à Reparação dos Danos Ambientais

33

Annelise Monteiro Steigleder

Promotoria de Defesa do Meio Ambiente de Porto Alegre

INTRODUÇÃO

O Ministério Público brasileiro, pela possibilidade de conjugar as atribuições cíveis e criminais para a defesa do meio ambiente, conforme previsão do art. 129, I e III, da Constituição Federal de 1988, desempenha um papel de grande protagonismo na adoção de medidas para assegurar a efetividade do direito fundamental ao ambiente ecologicamente equilibrado, sobretudo quando comparado com a instituição do Ministério Público de outros países latino-americanos, que detêm, em esmagadora maioria, atribuição exclusivamente criminal[1].

No Brasil, é especialmente através de sua atribuição para a responsabilidade civil por danos ambientais que o Ministério Público brasileiro vem contribuindo decisivamente para a consolidação do direito ambiental como área autônoma do conhecimento jurídico. Em decorrência das discussões

---

[1] Informações sobre a atuação do Ministério Público na América Latina estão disponíveis em: http://www.mp.ambiental.org. Acessado em: 20 jan. 2014.

travadas em ações civis públicas movidas pelo Ministério Público, sedimentaram-se entendimentos extremamente importantes na jurisprudência, tais como a inversão do ônus da prova a partir dos princípios da precaução e do poluidor-pagador, a ideia de que o princípio da reparação integral do dano enseja a admissibilidade da cumulação de pedidos de imposição de obrigações de não fazer, de fazer e de indenizar danos irreversíveis e danos extrapatrimoniais, a atenuação do nexo de causalidade, adotando-se a teoria do risco integral, a responsabilidade de adquirentes de áreas degradadas, entre outros temas relevantes.

Além disso, por meio dos instrumentos extrajudiciais manejados pelo Ministério Público, tais como o Termo de Ajustamento de Conduta (TAC) e a Recomendação, não raro se consegue atuar preventivamente ao próprio dano ambiental, enfrentando os riscos ambientais intoleráveis, prevenindo nulidades em licenciamentos ambientais e interferindo no próprio *modus operandi* que está na origem dos danos.

Não menos importante tem sido a atuação do Ministério Público como indutor de políticas públicas, quando depara, no contexto de investigações civis, com a omissão estatal lesiva ao meio ambiente, como ocorre, por exemplo, quando da ausência ou da insuficiência da implementação do saneamento básico em uma cidade, da ocupação indevida de áreas de risco, normalmente também caracterizadas pela legislação florestal como de preservação permanente. São casos em que há incontroversa responsabilidade civil do Estado por danos ambientais, para os quais concorreu por ter se omitido quanto à implementação de determinadas políticas ou de serviços públicos – lixões a céu aberto, por exemplo – ou quanto ao exercício do poder de polícia em relação a atividades efetiva ou potencialmente lesivas ao meio ambiente.

Na área criminal, os desafios enfrentados a partir do advento da Lei n. 9.605/98 referem-se à dificuldade de compreensão da lesividade ambiental por parte da sociedade, do Poder Judiciário e do próprio Ministério Público, que tendem a vislumbrar os crimes ambientais como de menor importância, se comparados com os delitos contra a vida, a saúde física ou contra o patrimônio. No entanto, é preciso perceber que agredir ou pôr em risco a complexa equação biológica que garante a vida humana no planeta é conduta de máxima gravidade e buscar a necessária especialização para o entendimento da tipicidade dos crimes previstos nesta lei e dos requisitos para a responsabilização penal das pessoas físicas e das pessoas jurídicas.

A EVOLUÇÃO DAS ATRIBUIÇÕES DO MINISTÉRIO PÚBLICO NA ÁREA AMBIENTAL

Com larga experiência de atuação na área criminal, na qual luta para dar efetividade à Lei n. 9.605/98 e à responsabilização criminal das pessoas jurídicas por infrações ambientais, o Ministério Público foi incumbido de atribuir responsabilidade civil por danos ao meio ambiente por meio do art. 14, §1º, da Lei n. 6.938/81 (Lei da Política Nacional do Meio Ambiente). Tratou-se de uma iniciativa legislativa muito importante, tendo em vista que, por meio desta lei, cuidou-se de reconhecer a autonomia jurídica do dano ambiental em relação aos danos a pessoas certas e determinadas atingidas pela degradação ao meio ambiente, o qual foi definido pelo mesmo diploma legal como "o conjunto de todas as condições, leis, influências e interações de ordem física, química e biológica, que rege e abriga a vida em todas as suas formas" (art. 3º, I, Lei n. 6.938/81).

Posteriormente, os arts. 1º, IV, e 5º da Lei n. 7.347/85 (Ação Civil Pública) consagraram a legitimidade do Ministério Público para a defesa de toda e qualquer lesão ou ameaça a direitos difusos ou coletivos, entre os quais o meio ambiente e o patrimônio cultural[2]. Essa mesma lei institui o instrumento do inquérito civil público, o qual é privativo do Ministério Público para investigar as condutas lesivas a tais direitos, com vistas à defini-

---

[2] O termo "ação civil pública" aparece no ordenamento brasileiro, pela primeira vez, no art. 3º, III, da Lei Orgânica do Ministério Público (LC 40/81), a qual torna função institucional do Ministério Público promover a ação civil pública, nos termos da lei. A Lei n. 7.345/85 estendeu a nomenclatura a todas as ações coletivas de defesa dos bens ali enumerados. Sem prejuízo da ação popular, a Lei n. 7.347/85 outorgou legitimação para agir na defesa coletiva ao Ministério Público e aos entes públicos (políticos e administrativos), fundações (públicas e privadas) e sociedades de economia mista, bem como às associações constituídas há mais de um ano e que tenham entre seus fins institucionais a defesa do meio ambiente, do consumidor, da ordem econômica, da livre concorrência ou do patrimônio artístico, estético, histórico, turístico e paisagístico.

ção dos pressupostos para a responsabilização civil e para a prevenção de novos danos (art. 8º, § 1º).

O inquérito civil público, também contemplado no art. 129, III, da Constituição Federal de 1988, pode ser definido como um procedimento administrativo prévio ao ajuizamento da ação civil pública, de natureza inquisitorial, voltado à obtenção das provas necessárias à responsabilização civil do poluidor. O instrumento é presidido diretamente pelo Promotor de Justiça ou pelo Procurador da República, que poderá requisitar documentos, determinar a realização de inspeções e perícias, ouvir testemunhas, expedir recomendações e firmar termo de ajustamento de conduta com o investigado.

A respeito do inquérito civil, assevera Alexandre Gavronski (2006, p. 25) que

> enquanto na apuração criminal é a Polícia que, por via de regra, conduz o inquérito policial (com seus agentes preparados especificamente para a função investigativa) e remete-o concluso para denunciar, arquivar ou requerer novas diligências, na tutela coletiva cabe ao Ministério Público essa função, visto que ele preside o inquérito civil ou procedimento administrativo que viabiliza a futura adoção de providências (art. 8º, §1º, da Lei n. 7.347/85). Assim, é ao Ministério Público que cabe buscar as informações necessárias à propositura da ação (ou à formação de convencimento fundamental pelo arquivamento), ouvir pessoas, receber reclamações, fazer diligências *in loco* etc.

Com o advento da Constituição Federal de 1988, o Ministério Público ganhou legitimidade para atuar na defesa dos interesses coletivos da sociedade (arts. 127 e 129, III) e no zelo pela observância dos direitos constitucionais por parte dos poderes públicos e serviços de relevância pública (art. 129, II, da CF).

Discorrendo sobre a legitimidade ativa do *Parquet* para a ação civil pública, Maria Hilda Marsiaj Pinto (2005, p. 137 e 138) leciona que

> a *legitimatio* do Ministério Público constitui parcela do poder estatal, cuja fonte é o povo. Este, na verdade, configura a própria matriz do Ministério Público, instituído como órgão de representação do soberano (antes o Rei, depois o *populus)*. Eis aí a relação de funcionalidade com a comunidade, a qual constitui o Estado e a ele delega a organização da força, com o objetivo de segurança, provimento dos bens vitais, promoção da dignidade da pessoa humana e realização do bem comum.

O Código de Defesa do Consumidor, por seu turno, garantiu a inserção do Termo de Ajustamento de Conduta no art. 5º, § 6º, da Lei n. 7.347/85, com isso abrindo-se ampla possibilidade para a composição consensual dos conflitos, de tal modo a equacionar com celeridade e eficiência a gestão dos riscos e a reparação dos danos sem necessidade de recorrer ao Poder Judiciário[3].

Conforme lição de Jelinek (2009),

> o compromisso de ajustamento de conduta é instrumento extrajudicial através do qual os órgãos públicos tomam o compromisso dos violadores efetivos ou potenciais dos direitos transindividuais, quanto ao cumprimento das medidas preventivas e repressivas dos ilícitos e dos danos aos direitos da coletividade, admitindo a flexibilização de prazos e condições para o atendimento das obrigações e deveres jurídicos, sem qualquer tipo de renúncia ou concessão do direito material, possuindo eficácia de título executivo extrajudicial ou, quando homologado judicialmente, de título executivo judicial.

Por sua vez, Carvalho Filho (2001, p. 202) conceitua o compromisso de ajustamento como "o ato jurídico pelo qual a pessoa, reconhecendo implicitamente que sua conduta ofende interesse difuso ou coletivo, assume o compromisso de eliminar a ofensa através da adequação de seu comportamento às exigências legais". Podem ser objeto de tutela no compromisso de ajustamento de conduta direitos individuais indisponíveis, direitos individuais homogêneos e direitos transindividuais.

Ainda, com amparo constitucional do conteúdo teleológico do art. 129, II, da Constituição Federal de 1988, que atribuiu ao Ministério Público a função de ombudsman (defensor do povo), o art. 27, parágrafo único, IV, da Lei n. 8.625/93, outorgou ao Ministério Público o poder de expedir recomendações e requisitar resposta por escrito ao destinatário. No mesmo sentido, a Lei Complementar n. 75/93, art. 6º, XX, permite ao Ministério Público da União (extensível aos Ministérios Públicos dos Estados por força do art. 80 da Lei n. 8.625/93) "expedir recomendações, visando à melhoria dos serviços públicos e de relevância pública, bem como o respeito aos in-

---

[3] Lei n. 7.347/85, art. 5º, § 6º. Os órgãos públicos legitimados poderão tomar dos interessados compromisso de ajustamento de sua conduta às exigências legais, mediante cominações, que terá eficácia de título executivo extrajudicial.

Para a perfeita compreensão sobre o Termo de Ajustamento de Conduta, ver: Rodrigues (2002), Akaoui (2003), Jelinek (2014).

1028 | DIREITO AMBIENTAL E SUSTENTABILIDADE

teresses, direitos e bens cuja defesa lhe cabe promover, fixando prazo razoável para a adoção das providências cabíveis".

Como adiante se passará a discorrer, tais instrumentos judiciais e extrajudiciais têm favorecido decisivamente o desenvolvimento do instituto da responsabilidade civil por danos ambientais, outorgando-lhe, cada vez mais, uma função preventiva ao próprio dano ou à sua repetição, de tal forma a responsabilizar o empreendedor pela internalização dos riscos de sua atividade e o Poder Público, a quem compete o exercício do poder de polícia, pelo efetivo controle das atividades suscetíveis de causar degradação ambiental, através de atividades de planejamento e de licenciamento capazes de evitar os danos.

Passaremos a examinar a operacionalização de tais instrumentos judiciais e extrajudiciais pelo órgão ministerial.

A ATUAÇÃO CRIMINAL

A necessidade da tutela penal do ambiente, conforme exposto na introdução deste trabalho, nem sempre é bem compreendida, porquanto entende-se o direito penal como *ultima ratio* e não se atribui às infrações ambientais a gravidade necessária para se tornarem crimes, especialmente quando confrontados com os crimes contra a vida, a saúde ou o patrimônio. No entanto, diante do tratamento constitucional dispensado ao ambiente ecologicamente equilibrado, como um direito fundamental, e do dever imposto ao Estado de dar-lhe efetividade, não há como dispensar a tutela penal, expressamente prevista no art. 225, § 3º, da Constituição Federal de 1988.

Neste tema, o Ministério Público percebe-se desafiado a entender as peculiaridades dos tipos penais ambientais, que precisam ser construídos a partir da compreensão de diversas normas de direito ambiental, que não se esgotam em leis, mas que abarcam resoluções do Conama, portarias e instruções normativas do Ibama[4]. Por exemplo, é preciso entender o licenciamento ambiental, as competências e procedimentos administrativos, os deveres a ser cumpridos pelas empresas interessadas nesse licenciamento e

---

[4] É que as leis ambientais normalmente são regulamentadas por Resoluções do Conama e por outros atos administrativos. Além disso, em virtude da competência concorrente da União, dos Estados, do DF (art. 24) e da competência suplementar dos Municípios (art. 30, II), algumas obrigações podem estar contempladas em legislação estadual ou municipal.

pelos servidores públicos encarregados da emissão das licenças, para a configuração típica dos arts. 60, 66, 67 e 69-A da Lei n. 9.605/98. Como saber se o funcionário público perpetrou ilegalidade no licenciamento (art. 67), se não houver o suficiente conhecimento sobre as exigências legais incidentes sobre o licenciamento de determinada atividade? Se era ou não suscetível à elaboração de Estudo Prévio de Impacto Ambiental? Se poderia ou não ser instalada em área de Unidade de Conservação? Se as medidas compensatórias estabelecidas e o destino da compensação ambiental prevista no art. 36 da Lei n. 9.985/2000 seguiram a finalidade legal?

Essas mesmas complexidades estão presentes para configuração dos crimes contra a fauna, a flora, o patrimônio urbano e cultural. Ou seja, esta é uma área que demanda interdisciplinaridade e profundo conhecimento das normas que regem a utilização dos bens ambientais (Código Florestal, Lei da Política Nacional do Meio Ambiente, Código de Mineração, Lei de Proteção à Fauna, Sistema Nacional das Unidades de Conservação etc.).

A tipicidade dos crimes ambientais não é óbvia, assim como tampouco se mostra singela a responsabilização penal das pessoas físicas que perpetraram as condutas delituosas, estabelecida no art. 2º da Lei n. 9.605/98. Isso ocorre porque os executores dos verbos nucleares dos tipos nem sempre têm o domínio do fato delituoso. Não raro estão cumprindo ordens hierárquicas ou exercem ações parciais, sem compreender o caráter ilícito do todo, aferido a partir das exigências técnicas e jurídicas incidentes sobre a conduta, sobretudo nas situações de poluição (art. 54) ou de disposição final dos resíduos sólidos perigosos (art. 56).

Assim, para o agente do Ministério Público, não é fácil identificar as pessoas físicas efetivamente envolvidas com as deliberações e com ações delituosas em um contexto empresarial, em que a tomada de decisões e as omissões quanto a deveres anteriores se revelam diluídas em diversos setores e departamentos. Portanto, há dificuldade na descrição das condutas ou das ações exigíveis para a construção do nexo de causalidade com o delito, o que tem sido observado pelo Superior Tribunal de Justiça em diversos acórdãos.

Recurso Ordinário em *Habeas Corpus*. Crime ambiental (art. 54, § 2º, inciso V, da Lei n. 9.605/98). Inépcia da denúncia. Mera condição de sócios de sociedade empresária. Ausência de descrição do nexo causal. Ampla defesa prejudicada. Constrangimento ilegal evidenciado. Recurso provido.

1. A hipótese em apreço cuida de denúncia que narra supostos delitos praticados por intermédio de pessoa jurídica, a qual, por se tratar de sujeito de direi-

tos e obrigações, e por não deter vontade própria, atua sempre por representação de uma ou mais pessoas naturais.

2. A tal peculiaridade deve estar atento o órgão acusatório, pois, embora existam precedentes desta própria Corte Superior de Justiça admitindo a chamada denúncia genérica nos delitos de autoria coletiva e nos crimes societários, não lhe é dado eximir-se da responsabilidade de descrever, com um mínimo de concretude, como os imputados teriam agido, ou de que forma teriam contribuído para a prática da conduta narrada na peça acusatória.

3. No caso, olvidou-se o órgão acusatório de narrar qual conduta voluntária praticada pelos recorrentes teria dado ensejo à poluição noticiada, limitando-se a apontar que seriam os autores do delito simplesmente por se tratar de sócios da sociedade empresária em questão, circunstância que, de fato, impede o exercício de suas defesas em juízo na amplitude que lhes é garantida pela Carta Magna.

4. Recurso provido para declarar a inépcia da denúncia ofertada na Ação Penal n. 0000068.36.2008.16.0102[5].

Portanto, não basta o investigado ser membro de conselho ou sócio da pessoa jurídica para ser responsabilizado pelo crime ambiental, sendo imprescindível identificar sua efetiva esfera de atribuições, as condutas que lhe eram exigíveis, as determinações que emanou[6]. Por vezes, o Promotor ne-

---

[5] STJ, 5ª T. RHC 30.821/PR, Rel. Min, Jorge Mussi, j. 20.08.2013, *DJe* 04.09.2013.

[6] Neste sentido, vale conferir o recurso ordinário em *habeas corpus*. Crimes ambientais e fraude processual (arts. 54, *caput*, e § 2º, V, e 60, ambos da Lei n. 9.605/98, e no art. 347 do Código Penal). Alegada inépcia da denúncia. Peça vestibular que não descreve a conduta do recorrente. Acusado que não fazia parte da diretoria da pessoa jurídica corré. Responsabilidade objetiva. Constrangimento ilegal existente. Recurso provido.

1. Nos termos do artigo 41 do Código de Processo Penal, a denúncia deve descrever perfeitamente a conduta típica, cuja autoria, de acordo com os indícios colhidos na fase inquisitorial, deve ser atribuída ao acusado devidamente qualificado, permitindo-lhe o exercício da ampla defesa no seio da persecução penal, na qual se observará o devido processo legal.

2. Nos chamados crimes de autoria coletiva ou societários, embora a vestibular acusatória não possa ser de todo genérica, é válida quando, apesar de não descrever minuciosamente as atuações individuais dos acusados, demonstra um liame entre o agir dos pacientes e a suposta prática delituosa. Doutrina. Precedentes.

3. Contudo, conquanto se admita que nos delitos praticados por vários agentes o órgão ministerial não descreva minuciosamente a atuação de cada acusado, não há dúvidas de que a simples condição de sócio de determinada pessoa jurídica supostamente beneficiada com a conduta delituosa não é suficiente para justificar a deflagração de uma ação penal, pois o Direito Penal pátrio repele a chamada responsabilidade penal objetiva, demandando que o titular da ação penal demonstre uma mínima relação de causa e efeito entre a conduta do

cessita instaurar uma investigação própria para aquilatar tais informações, pois mesmo as Delegacias Especializadas em Crimes Ambientais podem ter dificuldades em obter os esclarecimentos necessários à responsabilização. Quanto à responsabilização criminal das pessoas jurídicas, nos termos do art. 3º da Lei n. 9.605/98, também aqui o caminho rumo à efetividade da norma tem sido árduo, pois houve grande resistência doutrinária (Costa Junior, 1991; Dotti, 1990) e da jurisprudência, que precisou ser combatida pelo Ministério Público em cada processo judicial. Inicialmente, o Superior Tribunal de Justiça entendia que pessoa jurídica não poderia ser autora de crime ambiental, porquanto essa responsabilização implicaria violação do princípio da culpabilidade[7]. Posteriormente, o mesmo Tribunal passou a entender que a pessoa jrurídica poderia ser responsabilizada desde que houvera a imputação concomitante da pessoa física, que tivesse deliberado pelo crime ambiental ou executado a conduta típica. Neste sentido:

> Embargos de Declaração no Recurso Especial. Processual Penal. Crime ambiental. Responsabilização de pessoa jurídica. Imputação simultânea da pessoa natural. Necessidade. Precedentes. Artigos 619 e 620 do CPP. Decisão embargada que não se mostra ambígua, obscura, contraditória ou omissa. Embargos rejeitados. 1. A jurisprudência deste Sodalício é no sentido de ser possível a responsabilidade penal da pessoa jurídica em crimes ambientais desde que haja

---

réu e os fatos narrados na denúncia, permitindo-lhe o exercício da ampla defesa e do contraditório. Jurisprudência do STJ e do STF.

4. No caso dos autos, não há na denúncia qualquer narrativa que evidencie que o recorrente, na qualidade de diretor operacional da Technos da Amazônia Indústria e Comércio S.A., possuía domínio do fato, ou seja, tinha conhecimento da conduta criminosa e, tendo o poder de impedi-la, não o fez, não tendo o órgão ministerial demonstrado a mínima relação de causa e efeito entre os fatos que lhe foram assestados e a função supostamente por ele exercida na mencionada pessoa jurídica.

5. Ademais, da documentação que acompanha a presente irresignação depreende-se que embora o recorrente participasse do Conselho de Administração da Technos da Amazônia Indústria e Comércio S.A., o certo é que na data dos fatos constante da inicial não ocupava nenhum cargo na diretoria da citada empresa.

6. Recurso provido para determinar o parcial trancamento da Ação Penal n. 0397797-12.2011.8.19.0001, apenas com relação ao paciente.

(STJ, 5ª T. RHC 34.997/RJ. Rel. Min. Jorge Mussi, j. 11.04.2013, *DJe* 24.04.2013).

[7] STJ, REsp. 697.585, Rel. Min. Félix Fischer.

a imputação simultânea do ente moral e da pessoa natural que atua em seu nome ou em seu benefício [...][8].

Ocorre que tal entendimento ensejava muita dificuldade de operacionalização da responsabilidade criminal das empresas, pois se a pessoa física fosse beneficiada com transação penal ou com suspensão condicional do processo e a pessoa jurídica não, ou fosse revél, invariavelmente o processo restava trancado, já que não se admitia denúncia isolada contra a pessoa jurídica, ainda que, em seu corpo, o comportamento ilícito das pessoas físicas fosse minuciosamente descrito.

Somente a partir do ano de 2012, com manifestação exarada pelo Ministro Dias Toffoli, do Supremo Tribunal Federal, o tema passou a ser tratado de forma diferente. Ele afirmou que

> no que concerne à norma do § 3º do art. 225 da Carta da República, não vislumbro, na espécie, qualquer violação ao dispositivo em comento, pois a responsabilização da pessoa jurídica independe da responsabilização da pessoa natural[9].

Também a Ministra Rosa Weber, modificando acórdão do Superior Tribunal de Justiça que havia trancado ação penal movida contra a Petrobras, entendeu pela possibilidade de responsabilização criminal da empresa. Confira-se a ementa:

> Ag. Reg. Em RE. Direito penal. Crime ambiental. Responsabilidade penal da PJ. Condicionamento à identificação e à persecução da pessoa física. Tese do condicionamento da responsabilização penal da PJ à simultânea identificação e persecução penal da pessoa física responsável, que envolve, à luz do art. 225, §3º, da Carta Política, questão constitucional merecedora de exame por esta Suprema Corte[10].

Tais brevíssimas reflexões demonstram quão desafiadora é a tarefa ministerial para a responsabilização criminal por infrações ambientais, poden-

---

[8] STJ, 5ª T. EDcl no REsp 865.864/PR. Rel. Min. Adilson Vieira Macabu (Desembargador convocado do TJ/RJ), j. 20.10.2011, *DJe* 01.02.2012.

[9] STF, 1ª T. Ag. Reg. RE 628.582/RS. Rel. Min. Dias Toffoli.

[10] STF, Ag. Reg. no RE 548.181, Rel. Min. Rosa Weber, j. 14.05.2013. No mesmo sentido, TRF 4ª Região, Apelação Criminal 0010064-78. 2005.404.7200. Rel. Des. Fed. Paulo Brum Vaz.

do-se concluir que o Ministério Público ainda está construindo o conhecimento sobre a melhor forma de enfrentar a delituosidade ambiental.

A OPERACIONALIZAÇÃO DA RESPONSABILIDADE CIVIL PELO MINISTÉRIO PÚBLICO

O art. 14, § 1º, da Lei n. 6.938/81, institui o regime objetivo de responsabilidade civil pela reparação dos danos ambientais e a legitimidade do Ministério Público para a propositura de ações em sua defesa, o que é feito, judicialmente, por meio da ação civil pública (Lei n. 7.347/85). Neste singelo estudo, não nos propomos a discorrer sobre a ação civil pública propriamente dita e seus aspectos processuais controvertidos, mas a apontar para as principais conquistas do Ministério Público brasileiro no que se refere à consolidação do reconhecimento de que o dano ambiental, por sua característica interdisciplinar e origem difusa, merece um tratamento diferenciado, redesenhando-se os pressupostos para sua reparação, pois frequentemente será impossível configurar o nexo de causalidade adequado entre o dano e a ação ou a omissão do suposto responsável.

É importante frisar que os órgãos públicos legitimados para propor a ação civil pública podem firmar termo de ajustamento de conduta com vistas à reparação do dano e ao aperfeiçoamento da gestão dos riscos ambientais. Dessa forma, todas as questões que aqui serão abordadas e exemplificadas através da jurisprudência, podem ser tratadas no contexto do termo de ajustamento de conduta.

Os danos de origem difusa

Observa-se que, atualmente, o principal desafio que bate às portas das Promotorias de Justiça é o enfrentamento de danos ambientais de origem difusa, assim entendidos como aqueles que são produzidos de forma contínua e concomitante como resultado do modo de vida em sociedade, gerados por pessoas indeterminadas ou de difícil identificação, ou por empresas inseridas em um mesmo setor produtivo que, isoladamente, não têm potencial poluidor significativo. São exemplos: as emissões atmosféricas, os efluentes líquidos domésticos ou industriais, a contaminação do solo por resíduos sólidos, entre outros. Mesmo nas hipóteses em que a fonte geradora dos efluentes industriais ou dos resíduos possa ser identificada, o dano resta consumado, muitas vezes, em virtude da potencialidade lesiva cumulativa ou sinergética dos poluentes, em um contexto de licenciamentos ambientais defasados e expedidos individualmente, sem prévio planejamento ambiental e sem consideração das condições de suporte do ambiente que será impactado.

São casos que escapam do binômio lesante/ lesado, pois decorrem do somatório de circunstâncias que apontam para a necessidade de implementação de políticas públicas dirigidas ao aperfeiçoamento do planejamento ambiental e dos serviços públicos voltados ao exercício do poder de polícia, dentre os quais o próprio licenciamento ambiental.

Identifica-se que tais danos poderiam ter sido evitados se o Poder Público contasse com instrumentos de planejamento ambiental, dos quais são exemplos o zoneamento ecológico-econômico e a avaliação ambiental estratégica. A inexistência de tais instrumentos ocasiona a sobrecarga do licenciamento ambiental, ainda que instruído com EIA/Rima, pois o instrumento não consegue prever e gerir os impactos negativos cumulativos, oriundos de diversas atividades que atuam em uma mesma bacia hidrográfica ou região, porquanto concebido para lidar com impactos pontuais. Ou seja, problemas que deveriam ser enfrentados quando da elaboração do zoneamento ambiental, relacionados à viabilidade dos empreendimentos diante do cenário ambiental, social e econômico de uma região, acabam tendo o seu enfrentamento postergado para o momento do licenciamento ambiental, circunstância esta que, não raramente, enseja a judicialização dos conflitos relativos à validade deste licenciamento.

No Estado do Rio Grande do Sul, a reflexão sobre os danos de origem difusa intensificou-se a partir do mês de outubro de 2006, quando ocorreu a mortadade de mais de 90 toneladas de peixes no Rio dos Sinos, na região metropolitana de Porto Alegre, sem que se pudesse estabelecer cientificamente a causa adequada dessa mortadade. Tratava-se de uma bacia hidrográfica saturada pela atividade industrial, convivendo com lançamento de esgoto *in natura* por parte de todos os municípios que integram a bacia, com problemas de desmatamento da vegetação ciliar, de captação irregular de água para a irrigação de arroz, de deposição de resíduos sólidos industriais e domésticos que contaminavam o solo, as águas superficiais e as águas subterrâneas. Neste contexto, também foi identificado que o licenciamento ambiental das atividades industriais conduzido pelo órgão ambiental do Estado estava nitidamente defasado para enfrentar a poluição cumulativa e sinergética, pois pressupunha uma capacidade de diluição da carga licencia-da de efluentes que, na prática, não se confirmava.

Esse trágico episódio demonstrou que o Ministério Público vinha, até então, atuando muito bem nos casos em que pudesse comprovar o nexo de causalidade adequado e a autoria dos danos ambientais. Em compensação, nos casos em que a prova do nexo causal fosse inviabilizada, o instituto da responsabilidade civil entrava em colapso.

A experiência mostrou que, para o enfrentamento dos danos de origem difusa, fazia-se necessário superar o esquema lesante/lesado, buscando-se induzir o Poder Público ao estabelecimento de políticas públicas capazes de proporcionar o adequado gerenciamento dos inúmeros riscos ambientais envolvidos. Percebeu-se que, em momentos de crise, o Estado atuava de for-ma reativa e desorganizada, sem que qualquer setor ou secretaria se respon-sabilizasse especificamente pela adoção de providências voltadas para o en-frentamento dos problemas.

Assim, entre outras iniciativas adotadas pelas diversas Promotorias de Justiça com atuação nos municípios afetados pela mortande de peixes[11], a Promotoria de Defesa do Meio Ambiente de Porto Alegre ajuizou ação ci-vil pública contra o Estado do Rio Grande do Sul para exigir, conforme pre-visão legal do art. 127 do Código Estadual de Meio Ambiente, a implanta-ção de Sistema de previsão, prevenção, alerta e combate aos incidentes e acidentes hidrológicos e ecológicos, com isso impelindo-se o Estado a agir preventivamente, monitorando as condições ambientais (vazão, qualidade da água etc.) das bacias hidrográficas de tal forma a impedir a mortande de peixes, e a se organizar, definindo competências e criando estruturas ad-ministrativas, para o enfrentamento adequado dos danos ambientais. No curso do feito, foi celebrado acordo judicial, em que o Estado se compro-meteu a organizar o sistema.

Outro exemplo de atuação do Ministério Público refere-se à ação civil pública ajuizada no ano de 2008 pela Promotoria de Defesa do Meio Am-biente em conjunto com a Promotoria de Justiça de Defesa da Ordem Urba-nística, ambas de Porto Alegre, para exigir a implantação do Parque Estadual

---

[11] As Promotorias de Justiça instauraram inquéritos civis públicos contra os Municípios da Bacia Hidrográfica do Rio dos Sinos para exigir que elaborassem os respectivos planos de saneamento. Ainda, responsabilizaram civil e criminalmente as empresas que foram autua-das pela Fepam em decorrência do lançamento clandestino ou irregular de efluentes domés-ticos. Também os arrozeiros foram responsabilizados para regularizar o uso dos recursos hí-dricos, mediante a obtenção da outorga do direito de usar a água para irrigação.

Delta do Jacuí e da Área de Proteção Ambiental Delta do Jacuí, mediante a elaboração dos respectivos Planos de Manejo e a execução da regularização fundiária. O Parque e Área de Proteção Ambiental, criados por lei em 2005, e abarcando diversas ilhas do Rio Jacuí, nas proximidades da capital, eram Unidades de Conservação "de papel", pois o Estado do Rio Grande do Sul não vinha adotando nenhuma providência concreta para impedir a pressão imobiliária e as invasões nessas duas áreas, que, ademais, sofriam grande impacto ambiental em decorrência da indiscriminada atividade de reciclagem de lixo perpetrada no conjunto de ilhas. Na ação civil pública, foi deferida antecipação de tutela para impor ao Estado as obrigações de elaborar um plano de ações emergenciais para a proteção das duas Unidades de Conservação e de elaborar os Planos de Manejo. O Plano de Manejo do Parque já foi publicado e o Plano de Manejo da Área de Proteção Ambiental Delta do Jacuí deverá sê-lo ainda no primeiro semestre de 2015.

Ainda, merece referência a ação civil pública que foi proposta conjuntamente pelo Ministério Público do Estado do Acre e pelo Ministério Público Federal, com o objetivo de inibir as queimadas no Estado do Acre. Figuram como réus o Ibama, o Instituto Chico Mendes de Conservação da Biodiversidade, o Incra, o Estado do Acre, o Instituto de Meio Ambiente do Acre (Imac), e os municípios de Acrelândia, Bujari, Capixaba, Plácido de Castro, Porto Acre, Rio Branco, Senador Guiomard, Assis Brasil, Brasileia, Epitaciolândia, Xapuri, Sena Madureira, Tarauacá, Santa Rosa do Purus, Rodrigues Alves, Porto Walter, Marechal Thaumaturgo, Manoel Urbano, Mâncio Lima, Jordão, Feijó e Cruzeiro do Sul. Os autores pediram a antecipação de tutela para que:

1. O Imac A) limite, para o ano de 2009, a expedição de autorizações para queima ao limite máximo de um hectare por requerente ou imóvel e apenas para agricultura de subsistência, em todo o território do Acre; B) negue totalmente, para o ano de 2010, a expedição de autorizações para queima na região abrangida pelos municípios de Rio Branco, Porto Acre, Senador Guiomard, Acrelândia, Plácido de Castro, Capixaba, Bujari, Xapuri, Epitaciolândia, Brasileia, Sena Madureira, Tarauacá e Feijó; C) limite, para o ano de 2010, a expedição de autorizações para queima ao limite máximo de um hectare por requerente ou imóvel e apenas para agricultura de subsistência, na área abrangida pelos municípios de Assis Brasil, Manoel Urbano, Santa Rosa do

Purus, Jordão, Marechal Thaumaturgo, Porto Walter, Cruzeiro do Sul, Rodrigues Alves e Mâncio Lima; D) negue totalmente, a partir do ano de 2011, a expedição de autorizações para queima em todo o território do estado do Acre; E) negue autorização para queima em qualquer unidade de conservação e em todas as zonas de amortecimento de unidades de conservação, desde o ajuizamento da ação.

2. O Ibama negue a expedição de autorização para queima em qualquer área de unidade de conservação federal ou nas zonas de amortecimento dessas unidades no Estado do Acre.

3. O Instituto Chico Mendes A) monitore e fiscalize efetivamente a ocorrência de queimadas nas unidades de conservação federais no Estado do Acre, adotando medidas de punição aos moradores infratores e comunicando às demais autoridades competentes, imediatamente, a ocorrência das infrações ambientais; B) disponibilize, diretamente ou por meio de convênio, aos moradores das unidades de conservação federais no Acre capacitação técnica e apoio material a fim de propiciar a execução por estes de práticas sustentáveis livres do emprego do fogo.

4. O Incra preste capacitação técnica, insumos e bens de capital, diretamente ou por meio de convênio, a todos os seus assentados no Estado do Acre, de forma a propiciar a substituição da prática das queimadas por outras formas sustentáveis de aproveitamento do solo.

5. O Estado do Acre A) disponibilize, no período de 2009 a 2011, a todos os pequenos produtores rurais do Acre, políticas públicas aptas a garantir a estes, minimamente, a produção agrícola de subsistência em área mínima de um hectare por família, a fim de proporcionar a substituição das queimadas por outras práticas socioambientalmente sustentáveis, como a mecanização e a adubação verde; B) promova a educação ambiental de todos os pequenos produtores no Estado do Acre, informando-lhes sobre os riscos e danos gerados pelas queimadas e sobre a proibição dessa prática.

6. Todos os municípios acreanos, representados pelas respectivas prefeituras, em consórcio com o Estado do Acre, no período de 2009 a 2011, prestem apoio técnico e material aos pequenos produtores rurais do Acre de forma a garantir a estes, minimamente, a produção agrícola de subsistência em área mínima de um hectare por família, e promovam, entre os produtores rurais localizados em seus territórios, a educação

ambiental, informando-lhes sobre os riscos e danos gerados pelas queimadas e sobre a proibição dessa prática[12].

A referida ação civil pública é muito interessante porque enfrentou o problema das queimadas no Estado do Acre a partir de uma perspectiva global e estratégica, sobretudo porque se mostrava ineficiente, diante da magnitude do problema, o enfrentamento individual das queimadas, punindo-se e responsabilizando-se cada um dos agricultores, os quais, em virtude de aspectos culturais e econômicos, careciam de alternativas tecnológicas para substituir as queimadas por outras técnicas de manejo do solo sustentáveis (adubação orgânica, adubação química, mecanização agrícola ou implantação de sistemas agroflorestais e silvopastoris). Percebeu-se que, para os vultuosos danos ambientais que vinham sendo produzidos, concorriam, por omissão na prestação de políticas públicas que garantissem a substituição das queimadas por outras tecnologias, diversos órgãos públicos arrolados na inicial, impondo-se providências que suprimissem a causa da utilização do fogo, e não apenas os seus nefastos resultados.

Na esfera extrajudicial, merece destaque o trabalho empreendido pelo Ministério Público Federal no Estado do Pará, por meio do Procurador da República, Dr. Daniel Azeredo. Em junho de 2009, o Ministério Público Federal e o Ibama ajuizaram ações civis públicas contra pessoas e empresas acusadas pelo desmatamento, no Pará, de uma área de 157 mil hectares. As ações pediam indenização de R$ 2 bilhões às fazendas dos "bois do desmatamento" e aos frigoríficos que compravam gado dessas áreas. Paralelamente ao ajuizamento das ações, o Ministério Público Federal encaminhou a 69 empresas, clientes desses frigoríficos, recomendações para que fosse evitado o incentivo à cadeia produtiva que provoca o desmatamento da Amazônia. Ainda, na primeira quinzena de junho de 2009, grandes atacadistas concordaram com as recomendações, o que levou os donos de frigoríficos a procurar o Ministério Público Federal com vistas à celebração de Termos de Ajustamento de Conduta, que contemplam a obrigação de exigir dos fornecedores de carne a moratória total do desmatamento, o reflorestamento de áreas degradadas e o licenciamento ambiental. Os responsáveis pelos frigoríficos ainda deverão informar a origem da carne aos consumidores e ao Mi-

---

[12] Cópia da Ação Civil Pública encontra-se publicada na *Revista de Direito Ambiental*, v. 55, ano 14, jul./set. 2009, São Paulo: RT, p. 273-326. O processo tramita na 1ª Vara da Justiça Federal do Estado do Acre, sob o n. 2009.30.00.001438-4.

nistério Público Federal, que vai conferir a existência de trabalho escravo, crimes ambientais e grilagem de terras (Azeredo, 2009).

Também foi firmado Termo de Ajustamento de Conduta com o governo do Estado do Pará, que contemplou, entre outras medidas, a implantação de cadastro informatizado de propriedades rurais e da Guia de Trânsito Animal Eletrônica no prazo de um ano, e o investimento de até R$ 5 milhões por ano para contratação de auditoria independente que vai avaliar o cumprimento do disposto nos termos de compromisso de ajustamento assinados pelos frigoríficos.

Tais iniciativas do Ministério Público Federal do Pará refletem o entendimento, à luz do art. 3º, IV, da Lei n. 6.938/81, de que todo aquele que integra a cadeia produtiva de determinada atividade econômica possui responsabilidade solidária em relação a eventuais danos causados[13]. Consequentemente, os grandes varejistas como Walmart, Grupo Pão de Açúcar etc., podem ser responsabilizados solidariamente pelo desmatamento por estarem adquirindo carne oriunda de fazendas que vêm causando diretamente o desmatamento ilegal.

Veja-se que o Procurador da República Daniel Azeredo não abriu mão da tutela reparatória diante de danos consumados, mas foi além, planejando ações estratégicas capazes de mudar o comportamento dos grandes varejistas e dos frigoríficos. Ou seja, utilizou o mecanismo da responsabilidade civil ambiental para interferir no cenário econômico da degradação, após ter percebido como se davam as relações distribuídas na cadeia produtiva.

A consolidação da teoria do risco integral nas ações civis públicas

O ajuizamento de incontáveis ações civis públicas sustentando a incidência da teoria do risco integral para a finalidade de rechaçar as excludentes de causalidade também concorreu para a consolidação dessa teoria na jurisprudência brasileira.

---

[13] Aos poucos a responsabilização dos integrantes da cadeia produtiva também tem sido incorporada pela legislação. Exemplo disso é a recente Lei 15.120, de 14.01.2010, no município de São Paulo, que estabelece procedimentos de controle ambiental para a aquisição da carne bovina. A referida lei proíbe a aquisição de carne oriunda de áreas onde tenha ocorrido desmatamento irregular.

A opção por esta teoria enseja a atenuação do pressuposto do nexo de causalidade, que resta substituído por uma conexão entre os riscos próprios de uma determinada atividade e o dano que lhe é associado. A consequência prática da utilização dessa teoria no direito ambiental é a inadmissibilidade das excludentes causais[14], pois qualquer condição que esteja vinculada ao dano é tratada como *causa* deste dano, ainda que seja uma condição externa à atividade.

A tendência de reformulação do nexo causal, para ampliar a imputação da responsabilidade, é apontada pelo Ministro Antonio Herman Benjamin (1998), que, reafirmando posicionamento expresso em 1998, quando Procurador de Justiça do Estado de São Paulo, e a partir do conceito de poluidor previsto no art. 3º, IV, da Lei n. 6.938/81, decidiu que "para o fim de apuração do nexo de causalidade no dano ambiental, equiparam-se quem faz, quem não faz quando deveria fazer, quem deixa fazer, quem não se importa que façam, quem financia para que façam e quem se beneficia quando outros fazem"[15].

Esta decisão ilustra muito bem que o nexo de causalidade para a responsabilidade civil ambiental passou a ser aferido não apenas com amparo nas leis científico-naturais, embora estas sejam um ponto de partida, mas a partir de critérios normativos que traduzem opções políticas de canalização da responsabilidade para aquele que expõe a sociedade a situações de risco, assumindo um dever de incolumidade diante das gerações presentes e futuras.

Em idêntico sentido, tem sido a jurisprudência do Tribunal Regional Federal da 4ª Região, o qual já decidiu que

> a indústria agropecuária, na medida em que assume o risco de causar dano ao meio ambiente, com o simples desenvolvimento de sua atividade empresarial,

---

[14] Comentando a força maior como excludente de causalidade, Porto refere que "o motivo de força maior – para sua caracterização – requer a ocorrência de três fatores: imprevisibilidade, irresistibilidade e exterioridade (causa externa). Se o dano foi causado por um fato da natureza, como uma tempestade, abalo sísmico etc; a força maior, assim manifestada, exclui, a toda evidência, o nexo causal entre o prejuízo e a ação ou a omissão da pessoa a quem se atribuiu a responsabilidade pelo prejuízo. O dano – vale reiterar, em linguagem tautológica – foi produzido, só e só, pela tempestade, pelo abalo sísmico etc. Se a pessoa demandada concorreu de qualquer modo para o dano, não poderá, por óbvio, arguir motivo de força maior [...], pois a força maior é acontecimento anônimo e não imputável ao devedor" (Porto, 1988, p. 09).

[15] STJ, 2ª T. REsp 650.728/SC , j. 23.10.2007.

ATUAÇÃO DO MINISTÉRIO PÚBLICO COM VISTAS À PREVENÇÃO E À REPARAÇÃO DOS DANOS | **1041**

assume a responsabilidade por eventuais defeitos no seu sistema de tratamento de efluentes, independentemente da sua vontade ou culpa[16].

Da mesma forma, o Tribunal Regional Federal da 2ª Região[17], o Tribunal de Justiça do Rio Grande do Sul[18] e o Tribunal de Justiça de Minas Gerais[19] têm acolhido a teoria do risco integral na responsabilidade civil ambiental.

---

[16] TRF 4ª Região, 4ª T. Apelação Cível n. 366723-SC. Rel. Juiz João Pedro Gebran Neto, j. 06.02.2002, *DJU* 13.03.2002, p. 1003.

[17] TRF 2ª. Região, AC 200051110005889. Rel. Des. Fed. Marcelo Pereira. O Ministério Público Federal ajuizou ação civil pública contra a empresa S.A. Paraty Industrial, pedindo que fosse condenada a reparar os danos ambientais causados em razão de obras de terraplanagem para implantação do loteamento denominado "Parque Balneário de Paraty-Jabaquara", localizado na Zona de Amortecimento do Parque Nacional da Bocaina, no Município de Paraty. O Tribunal confirmou a sentença, que havia julgado procedente o pedido, para a finalidade de condenar a ré a reparar o dano causado ao meio ambiente, com a devida apresentação ao Ibama, no prazo de quinze dias da ciência da decisão, de projeto de recuperação integral da área degradada, localizada no Bairro Jabaquara, em aproximadamente 2 hectares e ao pagamento de indenização no valor de R$ 500.000,00 (quinhentos mil reais) pelos danos ambientais causados à área de preservação permanente do manguezal do Jabaquara, a ser revertido ao Fundo de Defesa dos Direitos Difusos. Ainda, fixou multa diária no valor de R$ 3.000,00 em caso de descumprimento das determinações impostas, condenando a parte ré nas custas e honorários advocatícios arbitrados em 10% do valor da causa.

[18] Apelação cível. Responsabilidade civil. Danos à saúde decorrente de exposição a agrotóxicos. Dano ambiental. Responsabilidade objetiva. *Quantum* indenizatório. Critérios. Correção monetária e juros de mora. Termo inicial.
Como pontua a doutrina, é aplicável à responsabilidade objetiva pelo dano ambiental a teoria do risco integral, isto é, o agente deve reparar o dano causado independentemente de existir um fato culposo; não perquire a teoria as circunstâncias do fato causador do dano, bastando que este ocorra e que esteja vinculado a determinado fato para assegurar à vítima a sua reparação. Valor da condenação explicitado para desvincular do salário mínimo nacional, conforme entendimento firmado pelo Supremo Tribunal Federal. Sentença confirmada. Apelos desprovidos. Unânime (TJRS, 9ª Câmara Cível. AC 70017206541, Rel. Des. Tasso Caubi Soares Delabary, j. 07.02.2007). No mesmo sentido: TJRS, 9ª Câmara Cível, AC 70023524846. Rel. Des. Marilene Bonzanini Bernardi, j. 04.12.2008.

[19] Ação Civil Pública. Extração de areia e cascalho. Degradação ambiental. Área de preservação permanente. Fato de terceiro. Responsabilidade objetiva. Teoria do risco integral. Reparação in natura. Art. 225, §3º, da CR/88. I – Assentada constitucionalmente a reparação do dano ambiental in natura, indo além da mera ressarcibilidade (indenização), a buscar a reconstituição ou recuperação do meio ambiente agredido, independentemente da aferição de culpa. Responsabilidade objetiva. II – Sem perder de vista que adotada a teoria do risco integral, impõe-se a responsabilização ambiental ainda que por fato de terceiro. (TJMG, 8ª Câmara Cível. AC 1.0245.01.002620-2/001 (1). Rel. Des. Fernando Botelho, j. 04.12.2008).

Inversão do ônus da prova

Outro exemplo digno de nota, desenvolvido em ações civis públicas e em termos de ajustamento de conduta, é a inversão do ônus da prova em virtude da incidência dos princípios da precaução e do poluidor pagador. Parte-se da premissa de que, em virtude da incidência da teoria do risco, aquele que empreende uma atividade potencialmente poluidora é um garante diante da sociedade em que atua, devendo comprovar que sua atividade é segura, sob o ponto de vista ambiental, que não está causando qualquer dano ambiental, pois internalizou as externalidades ambientais negativas no momento oportuno, ou que inexiste nexo de causalidade entre sua atividade e o dano já consumado. Neste sentido, por exemplo, o seguinte precedente do Superior Tribunal de Justiça:

> Ação Civil Pública. Dano ambiental. Agravo de instrumento. Prova pericial. Inversão do ônus. Adiantamento pelo demandado. Descabimento. Precedentes.
> I – Em autos de ação civil pública ajuizada pelo Ministério Público Estadual visando apurar dano ambiental, foram deferidos, a perícia e o pedido de inversão do ônus e das custas respectivas, tendo a parte interposto agravo de instrumento contra tal decisão.
> II – Aquele que cria ou assume o risco de danos ambientais tem o dever de reparar os danos causados e, em tal contexto, transfere-se a ele todo o encargo de provar que sua conduta não foi lesiva.
> III – Cabível, na hipótese, a inversão do ônus da prova que, em verdade, se dá em prol da sociedade, que detém o direito de ver reparada ou compensada a eventual prática lesiva ao meio ambiente – artigo 6º, VIII, do CDC c/c o artigo 18, da Lei 7.347/85.
> IV – Recurso improvido[20].

Na esfera extrajudicial, a inversão do ônus da prova é determinada na fase do inquérito civil, em que se acorda com o investigado que ele custeará as provas necessárias à delimitação do nexo causal e à identificação das providências necessárias ao aperfeiçoamento da gestão dos riscos da atividade e à reparação do dano. Parte-se da ideia de que os autos de infração lavrados pelo órgão ambiental possuem presunção de veracidade, de tal forma que ao investigado cumpre demonstrar que está observando a lei,

---

[20] STJ, 1ª T. REsp. 1049822-RS. Rel. Min. Francisco Falcão, j. 23.08.2009.

mediante o custeio de perícias, auditorias, medições de ruídos, investigações confirmatórias da contaminação do solo, entre outros estudos. Por exemplo, diante de um posto de combustíveis suspeito de ter contaminado o solo, caberá ao responsável pelo empreendimento ou ao proprietário do imóvel a realização de investigação confirmatória, a fim de que, posteriormente, se possa estabelecer o cronograma da remediação que se afigure necessário.

A responsabilização dos adquirentes de áreas degradadas

Ainda, merece referência a atuação do Ministério Público do Estado do Paraná que, no final nos anos 90 do século passado, promoveu inúmeras ações civis públicas para obrigar os proprietários de imóveis rurais a restaurar suas áreas de preservação permanente e averbar as respectivas áreas de reserva legal. À época, os proprietários argumentavam a inexistência do nexo causal, já que teriam adquirido os imóveis já desmatados. No entanto, sedimentou-se o entendimento no sentido de que a obrigação de restaurar as áreas degradadas, com vistas ao cumprimento dos limites administrativos previstos no Código Florestal, é *propter rem,* de tal forma que acompanha a propriedade ou a posse rural. Confira-se o exemplo:

> Processual. Civil e ambiental. Ação civil pública. Dano ambiental. Construção de hidrelétrica. Responsabilidade objetiva e solidária. Arts. 3º, inciso IV, e 14, § 1º, da Lei n. 6.938/81.
>
> A responsabilidade por danos ambientais é objetiva e, como tal, não exige a comprovação de culpa, bastando a constatação do dano e do nexo de causalidade.
>
> Excetuam-se à regra, dispensando a prova do nexo de causalidade, a responsabilidade do adquirente de imóvel já danificado porque, independentemente de ter sido ele ou o dono anterior o real causador dos estragos, imputa-se ao novo proprietário a responsabilidade pelos danos[21].

Recentemente, esta concepção foi positivada nos arts. 2º, § 2º, e 7º, § 2º, da Lei n. 11.651/2012 (Novo Código Florestal), embora não se limite aos casos florestais. Os adquirentes de áreas contaminadas, mineradas ou de imó-

---

[21] STJ, 2ª T. REsp. 1056.540-GO. Rel. Min. Eliana Calmon, j. 25.08.2009. No mesmo sentido, STJ 1ª T. REsp. 222.349/PR. Rel. Min. José Delgado, j. 23.03.2000.

vel protegido em virtude de seu valor cultural também são responsáveis pela reparação dos danos existentes, assegurando o cumprimento dos limites administrativos que incidem sobre os imóveis, a fim de que estes cumpram a respectiva função social.

O princípio da reparação integral do dano e a cumulação de pedidos

Por fim, porém não esgotando o tema da operacionalização da responsabilidade civil através da atuação do Ministério Público, importa apontar para o impulso que as ações civis públicas proporcionaram para a formulação do conceito de dano extrapatrimonial difuso e para a consolidação do princípio da reparação integral do dano ambiental,[22] ao formularem pedidos de cumulação de obrigações de não fazer, de fazer e de indenizar por danos irreversíveis e por danos extrapatrimoniais.[23] Alguns exemplos podem ser observados nos seguintes precedentes jurisprudenciais:

Apelação Cível. Reexame necessário. Ação civil pública. Dano ambiental. Sítio arqueológico. Retirada de areia. Demonstrados nos autos os danos causados em decorrência do proceder da demandada e da falta de fiscalização do Município, impunha-se a procedência da ação. Perícia atesta danos irreversíveis, de modo que é cabível a restauração do que for possível mais a indenização dos danos. Apelação improvida. Sentença confirmada em reexame.[24]

Processo civil. Direito ambiental. Ação civil pública para tutela do meio ambiente. Obrigações de fazer, de não fazer e de pagar quantia. Possibilidade de

---

[22] A respeito, ver: Steigleder (2011).

[23] Os fundamentos para a indenização por dano extrapatrimonial são o art. 1º da Lei n. 7.347/87 e o Decreto federal n. 4339/2002, que expressamente reconhece o valor de existência da biodiversidade. Para Bittar Filho (1994, p. 55), dano extrapatrimonial coletivo é a injusta lesão da esfera moral de uma dada comunidade, ou seja, é a violação antijurídica de um determinado círculo de valores coletivos. Refere que "quando se fala em dano moral coletivo, está-se fazendo menção ao fato de que o patrimônio valorativo de certa comunidade (maior ou menor), idealmente considerada, foi agredido de maneira absolutamente injustificável do ponto de vista jurídico: quer isso dizer, em última instância, que se feriu a própria cultura, em seu aspecto imaterial".

[24] TJRS, 1ª Câmara Especial Cível. Apelação e Reexame Necessário n. 70000687921. Rel. Des. Adão Sérgio do Nascimento Cassiano, j. 20.06.2001.

cumulação de pedidos art. 3º da Lei 7.347/85. Interpretação Sistemática. Art. 225, § 3º, da CF/88, arts. 2º E 4º da Lei 6.938/81, art. 25, IV, da Lei 8.625/93 e art. 83 do CDC.

Princípios da Prevenção, do Poluidor-Pagador e da Reparação Integral.

1. O sistema jurídico de proteção ao meio ambiente, disciplinado em normas constitucionais (CF, art. 225, § 3º) e infraconstitucionais (Lei 6.938/81, arts. 2º e 4º), está fundado, entre outros, nos princípios da prevenção, do poluidor-pagador e da reparação integral. Deles decorrem, para os destinatários (Estado e comunidade), deveres e obrigações de variada natureza, comportando prestações pessoais, positivas e negativas (fazer e não fazer), bem como de pagar quantia (indenização dos danos insuscetíveis de recomposição in natura), prestações essas que não se excluem, mas, pelo contrário, se cumulam, se for o caso.

2. A ação civil pública é o instrumento processual destinado a propiciar a tutela ao meio ambiente (CF, art. 129, III). Como todo instrumento, submete-se ao princípio da adequação, a significar que deve ter aptidão suficiente para operacionalizar, no plano jurisdicional, a devida e integral proteção do direito material. Somente assim será instrumento adequado e útil.

3. É por isso que, na interpretação do art. 3º da Lei 7.347/85 ("A ação civil poderá ter por objeto a condenação em dinheiro ou o cumprimento de obrigação de fazer ou não fazer"), a conjunção "ou" deve ser considerada com o sentido de adição (permitindo, com a cumulação dos pedidos, a tutela integral do meio ambiente) e não o de alternativa excludente (o que tornaria a ação civil pública instrumento inadequado a seus fins). É conclusão imposta, outrossim, por interpretação sistemática do art. 21 da mesma lei, combinado com o art. 83 do Código de Defesa do Consumidor ("Art. 83. Para a defesa dos direitos e interesses protegidos por este código são admissíveis todas as espécies de ações capazes de propiciar sua adequada e efetiva tutela.") e, ainda, pelo art. 25 da Lei 8.625/93, segundo o qual incumbe ao Ministério Público "IV – promover o inquérito civil e a ação civil pública, na forma da lei: a) para a proteção, prevenção e reparação dos danos causados ao meio ambiente [...]".

4. Exigir, para cada espécie de prestação, uma ação civil pública autônoma, além de atentar contra os princípios da instrumentalidade e da economia processual, ensejaria a possibilidade de sentenças contraditórias para demandas semelhantes, entre as mesmas partes, com a mesma causa de pedir e com finalidade comum (medidas de tutela ambiental), cuja única variante seriam os pedidos mediatos, consistentes em prestações de natureza diversa. A proibição de cumular pedidos dessa natureza não existe no procedimento comum, e não teria sentido negar à ação civil pública, criada especialmente como alternativa para melhor viabilizar a tutela dos direitos difusos, o que se permite, pela

via ordinária, para a tutela de todo e qualquer outro direito.

5. Recurso especial parcialmente conhecido e, nessa parte, desprovido.

Estas mesmas ações civis públicas sedimentaram a noção de que existe uma hierarquia entre as formas de reparação do dano ambiental, devendo-se dar prioridade à restauração *in situ* da área degrada[25], com amparo no art. 225, § 1º, I, da Constituição Federal de 1988, o qual estabelece o dever estatal de *"preservar e restaurar os processos ecológicos essenciais e prover o manejo ecológico das espécies e ecossistemas"* (inc. I). Nas situações em que for impossível a restauração *in situ*, admite-se a compensação ecológica, a qual consiste na recuperação de outras áreas degradadas, localizadas preferencialmente na mesma bacia hidrográfica do local onde ocorreu o dano ambiental, de forma que, sob o ponto de vista funcional, o ecossistema da região possa ser considerado reabilitado[26].

---

[25] Sobre os conceitos de recuperação e restauração, consultar a Lei 9.985/2000, segundo a qual recuperação é a *"restituição de um ecossistema ou de uma população silvestre degradada a uma condição não degradada, que pode ser diferente de sua condição original"*; ao passo que restauração é a *"restituição de um ecossistema ou de uma população silvestre degradada o mais próximo possível da sua condição original"* (art. 2º, XIII e XIV, respectivamente).

[26] Steigleder (2011). As Leis 4.771/65 e 11.428/2006 expressamente preveem compensação ecológica por supressão de vegetação de preservação permanente e mata atlântica, respectivamente, e têm servido como critério para a compensação ecológica na responsabilidade civil. Ainda, vale conferir os seguintes precedentes sobre o cabimento das medidas compensatórias em substituição à restauração *in situ*.

"Administrativo e constitucional. Ação Civil Pública. Meio ambiente. Marina. Desfazimento. Adoção de medidas.

Embora seja prioritária a reparação específica do dano ambiental, a teor do art. 4º, VI, da Lei 6.938/81, não parece razoável desfazer uma marina, que se harmoniza com a vocação náutica do Guaíba, a despeito de empreendida sem licença prévia do órgão ambiental e dos danos provocados ao meio ambiente. O retorno a um hipotético estado anterior provocaria danos maiores e somente atenderia ao interesse de transformar a marina privada em marina pública. Todavia, subsiste o dever de o empreendedor adotar as medidas ambientais compensatórias, e, para tanto, impõe-se realizar prova técnica, com o fito de estabelecer as devidas medidas compensatórias. 2. Apelação provida em parte. (TJRS, 4ª Câmara Cível, Ap. Cível. 70007757461, Rel. Des. Araken de Assis, j. 25.02.2004)".

"Administrativo. Ibama. Fatma. Dano ambiental. Medidas de natureza compensatória. Ajustamento de conduta. Reflorestamento. Áreas de preservação permanente. – O compromisso de ajustamento de conduta, previsto pelo art. 5º, VI, da Lei n 7.347/85, imprimiu uma solução negociada ao litígio, restando ausente o interesse do autor da ação civil pública e do autor popular em prosseguir na demanda. A reparação do dano pela adoção de medidas compensatórias, apresenta-se mais vantajosa, do ponto de vista ambiental, do que o retorno ao *status quo ante*. Apelação desprovida." (TRF 4ª Região, 3ª T., AC 200172080017409 –SC, Rel. Des. Fed. Maria de Fátima Freitas Labarrère, j. 13.05.2003, *DJu* 28.05.2003, p. 398).

O termo de ajustamento de conduta sempre foi uma área fértil para a incidência dessas ideias, pois admite maior flexibilidade quanto ao estabelecimento das obrigações, já que existe uma prévia negociação com o compromissário.

Assim, frequentemente o instrumento do termo de ajustamento de conduta é utilizado para o aperfeiçoamento da gestão de riscos ambientais da atividade investigada, em uma clara expressão do princípio do poluidor-pagador, segundo o qual o empreendedor de atividade potencialmente poluidora deve ser o primeiro pagador pelos custos de controle dos riscos (externalidades negativas) e de sua internalização no processo produtivo. Com isso, busca-se inibir novos ilícitos e a consumação de outros danos, atuando-se sobre o *modus operandi* que ensejou a degradação.

O PAPEL DO MINISTÉRIO PÚBLICO NO CONTROLE DA OMISSÃO ESTATAL LESIVA AO MEIO AMBIENTE

Voltando às lições aprendidas quando da mortandade de peixes no Rio dos Sinos, no ano de 2006, observa-se que nesses casos em que os lançamentos de efluentes industriais convivem com a falta de saneamento básico, com a captação ilegal de água para atividades industriais e até mesmo agrícolas, com o manejo irregular de resíduos sólidos nas proximidades do manancial, entre outras situações lesivas, um olhar pontual para a reparação do dano – mortandade de peixes – certamente será insuficiente, com o que a solução do problema será muito mais complexa e passará pela eventual revisão dos critérios do licenciamento ambiental das fontes poluidoras, pela implementação de tratamento de esgoto nos municípios que integram a bacia hidrográfica, entre outras medidas associadas ao planejamento ambiental. Tudo isso, sem ignorar os problemas pontuais de empresas que efetivamente estejam descumprindo as respectivas licenças.

Essa impressionante ampliação do objeto da responsabilidade civil ambiental nos conduz à seguinte indagação: então, a responsabilidade civil possui uma função política, porquanto vem sendo utilizada para questionar a suficiência ou mesmo a ausência de políticas públicas?

Com certeza, essa tem sido uma forte tendência no enfrentamento do dano de origem difusa, à medida que proliferam, no Poder Judiciário, ações civis públicas com caráter prestacional, voltadas à implementação de políticas públicas indispensáveis à sadia qualidade de vida e à supressão de danos ambientais[27].

A respeito, Alonso Jr. (2005, p. 212) assinala que

> nas demandas coletivas têm restado assente que a omissão estatal geradora de ilegalidade ocasiona a responsabilização do Poder Público a reparar (recuperar ou indenizar). O inovador é que a condenação atualmente, além de reparar, traz, cada vez mais, contingência à discrição estatal e impõe uma atitude ativa vinculada ao ordenamento legal na área dos direitos fundamentais.

Neste novo cenário da responsabilidade civil ambiental, quais seriam os limites para a atuação do Ministério Público e para o próprio controle

---

[27] As primeiras decisões que permitiram o controle judicial das omissões estatais lesivas ao meio ambiente foram dos Tribunais de Justiça do Rio Grande do Sul e do Paraná:

TJPR, 3ª Câmara Cível. Reexame Necessário 120.571-2. Rel. Des. Antônio Prado Filho, j. 25.06.2002, em que consta da ementa que: "É dever do Poder Público Municipal controlar e impedir a poluição do meio ambiente com ligações de esgoto. Não efetuando a fiscalização das fontes poluidoras, além de ter efetuado ligação direta de esgoto em galerias pluviais, ocasionando dano ambiental, por ação e omissão, impõe-se a indenização deste por este ato. O poluidor é obrigado, independentemente de culpa, a reparar os danos causados ao meio ambiente e a terceiro, afetados com sua atividade (art. 14, § 1º, da Lei nº 6.938/81)". No mesmo sentido, TJPR, 5ª Câmara Cível. Apelação Cível 64791000. Rel. Des. Fleury Fernandes, j. 11.08.98: "Ação civil pública. Departamento de Estradas de Rodagem. Degradação do meio ambiente. Estrada inconcluída e não conservada. Erosão e assoreamento de cursos d'água. Apelo provido em parte. Comprovado através de laudo preparado por Instituto Ambiental Estadual que a ausência de conservação e a inconclusão de estrada não pavimentada vinham provocando a erosão do solo em sua área de domínio e o assoreamento de cursos d'água por ela cruzados, impunha-se sua responsabilização pela indenização dos danos já causados, bem como a obrigação de repará-los, inclusive, com a imposição de multa e prazos para início e término das obras necessárias".

TJRS, 3ª Câmara Cível. Ap. Cível 70000026625. Rel. Des. Luiz Ari Azambuja Ramos, j. 14.10.1999. Consta da ementa que: "Ação civil pública. Danos ao meio ambiente causados pelo depósito de lixo em local inapropriado. Prejuízos comprovados. Ação procedente. Constatada a existência de prejuízos ao meio ambiente causados pelo depósito irregular de lixo em local inapropriado, sem que para tanto providenciasse o município responsável autorização pelas autoridades ambientais competentes, agindo contrariamente às orientações por elas determinadas, plenamente admissível, além de inevitável, a sua condenação, como agente poluidor, à reparação dos prejuízos causados, consistente na realização de obras voltadas para a recuperação da área degradada e pagamento de indenização dos danos já causados, a serem apurados em liquidação. Redução, porém, da multa cominada. Apelação improvida. Sentença parcialmente reformada, em reexame".

judicial da omissão estatal[28] quanto ao estabelecimento das políticas públicas voltadas a supressão e a reparação dos danos de origem difusa? Enfrentando especificamente o argumento de que haveria indevida ingerência na discricionariedade administrativa do Poder Executivo, a Procuradora da República Analúcia Hartman sustenta que

> se é certo que os atos e regras adotados pela Administração Pública devem ser objeto de conhecimento e de controle pelo Poder Judiciário (e também, evidentemente, pela opinião pública), também a omissão, a ausência de tais medidas, pode/deve ser considerada dentro do mesmo sistema de adequação. A não implementação das políticas públicas caracteriza-se como descumprimento dos dispositivos cogentes da Constituição Federal (Hartman, 2009).

O Judiciário, nessas condições, não cria uma obrigação ou política pública, mas apenas determina o cumprimento e a execução de obrigações já previstas na legislação protetiva do meio ambiente, procurando, dessa forma, suprimir uma omissão estatal que é lesiva à garantia do mínimo existencial em matéria de salubridade ambiental.

A controvérsia que se estabelecerá em cada caso concreto é a definição da urgência da providência necessária à reparação do dano e/ou ao afastamento do risco, bem como sobre a meta a ser alcançada em termos de restauração da qualidade ambiental, sobretudo diante das limitações orçamentárias. A solução da controvérsia se dá a partir de um processo de ponderação de princípios diante das peculiaridades do caso concreto. Gavião Filho (2005, p. 195) ensina que

> para configuração de uma posição fundamental jurídica definitiva, que pressupõe já a existência de circunstâncias concretas que estabeleçam a prevalência do direito fundamental ao ambiente em relação aos princípios opostos – divisão de poderes e disponibilidade orçamentária – a realização das prestações

---

[28] Não se está aqui pretendendo aprofundar as hipóteses de danos causados diretamente por agentes estatais, quando então incidem, sem qualquer dúvida, os arts. 37, § 6º, e 225, § 3º, ambos da Constituição Federal, bem como os arts. 3º, IV, e 14, § 1º, da Lei n. 6.938/81, nem tampouco os danos pontuais causados por atividades clandestinas de particulares, diante da omissão estatal quanto ao exercício do poder de polícia, mas sim os problemas de poluição de origem difusa, que demandam políticas públicas para serem solucionados. Sobre a responsabilidade civil do Estado por omissão quanto ao exercício do poder de polícia, ver o excelente acórdão do STJ, 2ª T., REsp n. 1071741, Rel. Min. Antônio Herman Benjamin, *DJe* 16.12.2010.

em sentido estrito, como, por exemplo, a implantação de um sistema de tratamento dos detritos que vêm sendo lançados no rio de abastecimento de água da população de uma cidade, deve ser analisada como sendo: i) a medida concreta destinada a atingir a finalidade de realização do direito fundamental ao ambiente por intermédio de prestações em sentido estrito (idoneidade); ii) a medida menos restritiva possível dos princípios opostos daqueles possíveis para atingir a finalidade pretendida (necessidade); e iii) a medida tão valiosa a ponto de justificar racionalmente a restrição dos princípios opostos (proporcionalidade em sentido estrito).

O ensinamento de Gavião Filho nos induz à seguinte reflexão: a ponderação dos princípios da proteção do meio ambiente, da reserva do possível e da separação de poderes ocorre apenas para imputação da responsabilidade, quando se estabelece a responsabilidade do Poder Público pela implementação de determinado serviço público – saneamento, por exemplo – ou também quando da definição das formas de reparação do dano ambiental, quando se tem como diretriz o princípio da reparação integral?

Um dos motivos que se poderia cogitar para inibir a aplicação do princípio da reparação integral ao Estado seria o argumento de que este somente estaria vinculado a assegurar o mínimo existencial[29]. No entanto, sustentamos que a garantia do mínimo existencial opera no momento da imputação da responsabilidade estatal, de tal forma que, uma vez definida, após a ponderação de princípios, a imprescindibilidade de determinada política pública para fazer cessar e reparar o dano ambiental, o Estado estará obrigado a implantá-la integralmente, restituindo a qualidade ambiental que foi usurpada durante o período em que o dano perdurou.

Assim, em um caso concreto de contaminação de solo pela manutenção ilegal de um lixão a céu aberto, porque ausente uma política pública de recolhimento e destinação adequada dos resíduos sólidos urbanos, ou diante da falta de tratamento de esgoto por parte do Município, a garantia do mínimo existencial incide no momento em que se pondera o direito ao ambiente ecologicamente equilibrado com o princípio da separação de pode-

---

[29] Fensterseifer (2010) quando define o mínimo existencial ecológico como "direito fundamental originário (definitivo), identificável à luz do caso concreto e passível de ser postulado perante o Poder Judiciário, independentemente de intermediação legislativa da norma constitucional e da viabilidade orçamentária, a confirmar a força normativa da Constituição e dos direitos fundamentais.

ATUAÇÃO DO MINISTÉRIO PÚBLICO COM VISTAS À PREVENÇÃO E À REPARAÇÃO DOS DANOS | 1051

res, para se aferir, neste caso concreto, se as providências de restauração da qualidade do solo ou de implantação do tratamento do esgoto são exigíveis imediatamente do Poder Público, fixando-se um cronograma proporcional à urgência da situação[30].

Mas isso não significa que o princípio da proporcionalidade não incida no momento da definição das formas de reparação do dano por parte do Poder Público. Como ensina Sendim, o princípio da proporcionalidade norteia as escolhas que são realizadas quando se opta pela restauração natural e/ou pela indenização pecuniária, atuando inclusive na definição do que seja irreversibilidade do dano, pois um dano poderá ser considerado irreversível quando o custo de restauração se revela excessivo diante do valor econômico do bem a ser restaurado, ou diante dos benefícios ecológicos que a restauração traria efetivamente. Afirma o autor que a proporcionalidade em sentido estrito implica uma ponderação entre

> o bem jurídico ecológico a reintegrar (ponderado à luz dos interesses que visa a assegurar); os bens e vantagens jurídicas, públicas ou privadas, cujo sacrifício é necessário para a supressão do dano real – isto é, os custos necessários à realização da indenização, quer sejam, ou não, suportados pelo responsável. (Sendim, 1998)

Além disso, quando as prestações voltadas para o afastamento dos riscos e reparação dos danos forem exigíveis do Poder Público, deverão ser compatibilizadas com exigências previstas no Direito Administrativo, avaliando-se a necessidade de contratação emergencial, ou elaboração de licitações públicas para a contratação de projetos e para a execução das obras.

---

[30] Sobre a destinação dos resíduos, confira-se o seguinte precedente do Tribunal de Justiça do Paraná: "ação civil pública. Lixão. Adequação. Dano ambiental. Prevalência do interesse difuso. Requisitos autorizadores da concessão presentes. 1. O princípio da prevalência do meio ambiente deve ser observado em face de outros porque matéria de ordem pública. 2. A concessão da liminar, assim, há de ser superada pelo julgador, pois que permanece o risco suportado pela sociedade, princípios observados no caso em testilha. 3. Considerando que o Poder Público é que, com primazia, tem o dever de orientar-se segundo as normas ambientais constitucionais, por essa mesma razão é que se impõe a obrigação de adequação de suas providências. (TJPR, 6ª Câmara Cível. AC 0087446800. Rel. Des. Rosene Arão de Cristo Pereira, j. 18.10.2000).

CONSIDERAÇÕES FINAIS

As construções teóricas e jurisprudenciais produzidas a partir da atuação do Ministério Público em defesa do meio ambiente colocam o Brasil em uma posição de vanguarda em matéria de responsabilização civil ambiental. Identifica-se que, em virtude de suas atribuições cíveis, o Ministério Público brasileiro vem contribuindo decisivamente para o aperfeiçoamento da responsabilidade civil pelo dano ambiental e para a efetividade do direito ao ambiente ecologicamente equilibrado.

Isso ocorre, em grande medida, porque a instituição, a partir de suas atribuições constitucionais, está seriamente comprometida com os princípios da precaução, prevenção e do poluidor-pagador, buscando, seja através do termo de ajustamento de conduta, seja através da ação civil pública, a reparação integral dos danos ambientais, bem como a otimização da gestão dos riscos tanto em relação ao Poder Público quanto em relação às atividades privadas. Consequentemente, os pressupostos da responsabilidade civil restam redefinidos para enfrentar o fenômeno da lesividade de origem difusa e de causalidade indeterminada, firma-se a teoria do risco integral, atribui-se à responsabilidade civil função inibitória e de gerenciamento dos riscos, busca-se a reparação integral do dano, que precisa ser compreendido de forma interdisciplinar, a fim de que todos os serviços ecossistêmicos lesados possam ser percebidos e compensados.

Na área criminal, o Ministério Público vê-se compelido a se qualificar cada vez mais para a compreensão da delituosidade ambiental e para assegurar a efetividade de importantes institutos da Lei n. 9.605/98, como a responsabilização criminal da pessoa jurídica. Além disso, nas Comarcas e seções judiciárias onde há atuação cível e criminal separadas, a instituição depara com a importância da atuação integrada de seus agentes para que ocorra a ampla responsabilização dos infratores, pois, não raro, os crimes ambientais também configurarão improbidade administrativa e acarretarão o dever de ampla reparação. Ou seja, cada esfera de responsabilidade (civil, criminal, por improbidade) possui as próprias características e requisitos.

Em qualquer das áreas de sua atribuição, o agente ministerial precisa ter fé, persistência e humildade para aceitar que, em virtude do tempo excessivamente longo dos processos judiciais e dos valores contramajoritários que defende, nem sempre testemunhará a efetiva reparação dos danos e a implementação das políticas públicas pelas quais luta. Não está lutando por si, mas pelos direitos das futuras gerações.

REFERÊNCIAS

AKAOUI, F.R.V. *Compromisso de ajustamento de conduta ambiental.* São Paulo: RT, 2003.

ALONSO JR., H. A ampliação do objeto das ações civis públicas na implementação dos direitos fundamentais. In: MILARÉ, É. *Ação civil pública após 20 anos: efetividade e desafios.* São Paulo: RT, 2005.

AZEREDO, D. Recomendação a grandes varejistas. In: [ABRAMA] ASSOCIAÇÃO BRASILEIRA DO MINISTÉRIO PÚBLICO DO MEIO AMBIENTE. *A efetividade e a atuação do Ministério Público na proteção do meio ambiente.* 06 a 09 de outubro de 2009, Bonito. *Anais...* Bonito, 2009, p. 38.

BENJAMIM. Responsabilidade civil pelo dano ambiental. *Revista de Direito Ambiental.* São Paulo, v. 9, ano 3, p. 5-52, jan./mar. 1998.

BITTAR FILHO, C.A. Do dano moral coletivo no atual contexto jurídico brasileiro. *Revista de Direito do Consumidor.* São Paulo: RT, v. 12, out./dez. 1994.

CARVALHO FILHO, J.S. *Ação civil pública: comentários por artigo.* Rio de Janeiro: Lumen Juris, 2001.

CERNICHIARO, L.V. *Direito Penal na Constituição.* 1.ed. São Paulo: RT, 1990.

COSTA JR., P.J. *Direito Penal na Constituição.* São Paulo: RT, 1991, p. 254.

DOTTI, R.A. Meio ambiente e proteção penal. In: CERNICHIARO, L.V. Direito Penal na Constituição. *Fascículos de Ciências Penais 94/21,* n. 4. São Paulo: Revista dos Tribunais, 1990.

FENSTERSEIFER, T. Responsabilidade do Estado pelos danos causados às pessoas atingidas pelos desastres ambientais associados às mudanças climáticas: uma análise à luz dos deveres de proteção ambiental do Estado e da proibição de insuficiência na tutela do direito fundamental ao meio ambiente. In: CONGRESSO INTERNACIONAL DE DIREITO AMBIENTAL, 14, 2010, São Paulo. *Anais...* Florestas, mudanças climáticas e serviços ecológicos. São Paulo, Imprensa Oficial do Estado de São Paulo, 2010, v. 2.

GAVIÃO FILHO, A.P. *Direito fundamental ao ambiente.* Porto Alegre: Livraria do Advogado, 2005.

GAVRONSKI, A.A. *Tutela coletiva: visão geral e atuação extrajudicial.* Brasília: Escola Superior do Ministério Público da União, Procuradoria Federal dos Direitos do Cidadão, 2006, p. 25.

HARTMAN, A.A. Políticas públicas ambientais: Ministério Público. In: D'ISSEP, C.F.; NERY JÚNIOR, N.; MEDAUAR, O. *Políticas Públicas Ambientais. Estudos em homenagem ao Professor Prieur.* São Paulo: RT, 2009.

JELINEK, Rochelle. Compromisso de ajustamento ambiental: análise e sugetões para aprimoramento. Disponível em: http://www.mpba.mp.br/atuacao/ceama/publicacao/2009/compromisso_ajustamento_ambiental.pdf. Acessado em: 18 fev. 2015.

PINTO, M.H.M. *Ação civil pública: fundamentos da legitimidade ativa do Ministério Público.* Porto Alegre: Livraria do Advogado, 2005, p. 137 e 138.

PORTO, M.M. Pluralidade de causas do dano e redução da indenização: força maior e dano ao meio ambiente. *Revista dos Tribunais*, São Paulo, v. 638, p. 07-09, dez. 1988.

RODRIGUES, G.A. *Ação civil pública e termo de ajustamento de conduta – teoria e prática.* Rio de Janeiro: Forense, 2002.

SENDIM, J.S.C. *Responsabilidade civil por danos ecológicos: da reparação do dano através da restauração natural.* Coimbra: Coimbra Editora, 1998.

STEIGLEDER, A.M. *Responsabilidade civil ambiental. As dimensões do dano ambiental no direito brasileiro.* 2.ed. Porto Alegre: Livraria do Advogado, 2011.

Defensoria Pública e Proteção Ambiental | 34

Tiago Fensterseifer
Pontifícia Universidade Católica do Rio Grande do Sul

INTRODUÇÃO

O presente capítulo objetiva lançar reflexão sobre a atuação da Defensoria Pública e constitucionalidade da legitimidade conferida à instituição para a propositura da ação civil pública na tutela de direitos ou interesses difusos, notadamente no caso da proteção do ambiente. Há um debate importante no cenário jurídico nacional sobre a questão impulsionado, especialmente, pela inclusão da Defensoria Pública no rol dos entes legitimados para a propositura da ação civil pública, através da Lei n. 11.448/2007 que alterou a redação do art. 5º da Lei n. 7.347/85 (Lei da Ação Civil Pública[1]), bem como pelo novo perfil institucional alinhavado para Defensoria após a Emenda Constitucional n. 45/2004 e a modificação da Lei Orgânica Nacional da Defensoria Pública (Lei Complementar Federal 80/94)[2], com as alte-

---

[1] Doravante referida como LACP.
[2] Doravante referida como LC n. 80/94.

DIREITO AMBIENTAL E SUSTENTABILIDADE

rações trazidas pela Lei Complementar federal n. 132/2009[3], a qual consagrou como função institucional da Defensoria Pública

> promover ação civil pública e todas as espécies de ações capazes de propiciar a adequada tutela dos direitos difusos, coletivos e individuais homogêneos quando o resultado da demanda puder beneficiar grupo de pessoas hipossuficientes (art. 4º, VII).

Assim como:

> promover a mais ampla defesa dos direitos fundamentais dos necessitados, abrangendo seus direitos individuais, coletivos, sociais, econômicos, culturais e ambientais, sendo admissíveis todas as espécies de ações capazes de propiciar sua adequada e efetiva tutela (art. 4º, X).

Soma-se a tal contexto também a Ação Direta de Inconstitucionalidade n. 3.943, interposta pela Associação Nacional dos Membros do Ministério Público (Conamp) contra o referido dispositivo da LACP, já com parecer favorável do Procurador-Geral da República pela sua inconstitucionalidade. E, para desenvolver o tema em questão, far-se-á uma análise da doutrina, da legislação constitucional e infraconstitucional e da jurisprudência contemporâneas, especialmente com base na Teoria dos Direitos Fundamentais e na perspectiva de um acesso "substancial" – e não apenas formal! – à justiça, notadamente dos indivíduos e grupos sociais necessitados, também titulares do direito fundamental a viver em um ambiente sadio, equilibrado e seguro. Enfim, o cenário político-jurídico atual, conforme sinalizado nas linhas antecedentes, estimula a reflexão sobre o tema, o que, de forma muito singela, se pretende fazer no âmbito deste ensaio a partir de agora.

A QUEM PERTENCE O AR QUE RESPIRO? ACESSO À JUSTIÇA, DIREITOS TRANSINDIVIDUAIS E PROTEÇÃO DO AMBIENTE

> Nossa época, já tivemos oportunidade de ver, traz prepotentemente ao palco novos interesses "difusos", novos direitos e deveres que, sem serem públicos no

---

[3] Doravante referida como LC n. 132/2009.

senso tradicional da palavra, são, no entanto, coletivos: desses ninguém é titular, ao mesmo tempo em que todos os membros de um dado grupo, classe, ou categoria, deles são titulares. A quem pertence o ar que respiro?[4]

O surgimento dos *direitos transindividuais*[5] coloca novos desafios para o jurista contemporâneo. Em vista de uma sociedade de relações massificadas, o Direito abandona sua concepção liberal-individualista para conceber cada vez mais demandas sociais de natureza plural e coletiva. No intuito de elucidar a nova ordem de direitos e interesses de natureza transindividual, é oportuna a leitura dos textos de Cappelletti, que, já em meados da década de 1970, diagnosticou a emergência das relações plurais e de massa em nossas comunidades político-estatais, destacando-se o seu célebre questionamento que caracteriza a natureza difusa do direito ao ambiente e fala a respeito dessa nova ordem de direitos transindividuais: "A quem pertence o ar que respiro?". Os exemplos mais utilizados pela doutrina para exemplificar os direitos transindividuais são a defesa do consumidor (art. 5º, XXXII e art. 170, V, da Constituição da República Federativa do Brasil de 1988[6]) e a tutela do ambiente (art. 225 e art. 170, VI, da CF/88), ambos integrantes do rol constitucional dos direitos fundamentais, não obstante a tutela dos direitos fundamentais sociais (saúde, educação, moradia, alimentação etc.) também se enquadrar em tal perspectiva, na medida em que tais direitos assumem, muitas vezes, a qualidade de direitos ou interesses difusos, como ocorre, por exemplo, em ações coletivas interpostas contra o Estado com o objetivo de assegurar a efetivação de políticas públicas na área social[7].

---

[4] Cappelletti (1977). Registra-se que, nos anos 1970, o autor capitaneou profunda pesquisa – denominada "Projeto Florença" – sobre a questão do acesso à justiça. Como resultado da pesquisa científica empreendida, ver, além da obra, Cappelletti e Garth (1988), Cappelletti, Gordley e Johnson (1975) e Cappelletti (1981).

[5] De modo a caracterizar a recepção e positivação dos *direitos transindividuais* (ou coletivos em sentido amplo) no âmbito do ordenamento jurídico brasileiro, merece registro a classificação e conceituação trazida pelo Código de Defesa do Consumidor (art. 81, parágrafo único, da Lei 8.078/90), a qual é tomada como referência no presente trabalho: a) *interesses ou direitos difusos* – assim entendido os transindividuais, de natureza indivisível, de que sejam titulares pessoas indeterminadas e ligadas por circunstâncias de fato; b) *interesses ou direitos coletivos* (em sentido estrito) – assim entendidos os transindividuais, de natureza indivisível de que seja titular grupo, categoria ou classe de pessoas ligadas entre si ou com a parte contrária por uma relação jurídica base; c) *interesses ou direitos individuais homogêneos* – assim entendidos os decorrentes de origem comum.

[6] Doravante referida como CF/88.

[7] De acordo com tal entendimento, ver: Purvin de Figueiredo (2008).

Nessa perspectiva, Miranda (2000) pontua que os direitos transindividuais representam necessidades comuns a conjuntos mais ou menos largos e indeterminados de indivíduos que somente podem ser satisfeitas numa perspectiva comunitária, não sendo nem interesses públicos nem puros interesses individuais, ainda que possam projetar-se, de modo específico, direta ou indiretamente, nas esferas jurídicas destas ou daquelas pessoas. Como exemplo de direitos transindividuais, o constitucionalista português destaca, em sintonia com o que afirmamos anteriormente, além da defesa do ambiente e da conservação da natureza, o patrimônio cultural, a saúde pública, a proteção do consumidor, a cobertura médica e hospitalar, a existência de uma rede de transportes e equipamentos sociais, a existência de uma rede de creches e de outros equipamentos sociais de apoio à família, entre outros.

Como enfrentamento da tradição do direito liberal, Morais (1996) destaca que os direitos transindividuais implicam a transposição do paradigma jurídico clássico, marcado por uma concepção eminentemente individualista, já que se referem a um

> conjunto inapreensível quantitativamente e que, projetando-se ao infinito, podem significar o interesse da espécie humana em sua própria manutenção e, qualitativamente, representam a reversão completa do quadro de paixões e interesses propostos nos últimos séculos por toda uma visão utilitária de mundo.

No mesmo sentido, Benjamim (1996) assevera a nova feição do Direito (material e processual) e a ruptura com sua veste liberal-invidividualista impulsionadas pela proteção do ambiente e pela defesa dos consumidores, destacando que o

> individualismo, com a sua tônica no homem isolado e na presunção de igualdade, não só deu ensejo às ficções jurídicas mais diversas – entre elas a garantia "passiva" do acesso à justiça –, como podou, disfarçada ou abertamente, a tutela da supraindividualidade. O *laissez-faire* jurídico condenou os interesses e direitos metaindividuais a uma camisa de força injustificável, satisfazendo-se com o massacre de tudo o que não fosse egoisticamente reduzido ou reduzível à pequenez do indivíduo.

Em outras palavras, pode-se dizer que os direitos transindividuais transportam necessidades individuais, mas ganham projeção comunitária em razão de o interesse na sua tutela e proteção congregar toda a comunidade estatal e, em alguns casos, até mesmo a comunidade internacional, como comumente ocorre em questões ambientais (vide o caso do aquecimento global). A superação da tradição liberal-individualista do Direito levada a cabo pelos direitos transindividuais, por si só, não significa que a tutela do indivíduo deixa de merecer a mesma proteção, mas apenas que o arranjo de novas técnicas jurídicas será capaz de dar conta da tutela do indivíduo em meio a relações sociais cada vez mais massificadas e novos direitos que transcendem a esfera individual de interesses, como ocorre na seara ecológica.

Com tal quadro da realidade social (ou mesmo socioambiental), ao processo civil cumpre ajustar-se aos novos direitos transindividuais a ponto de garantir a sua tutela adequada e efetiva. Nesse sentido, Mazzilli (2002) revela a necessidade de a ordem jurídica reconhecer que o acesso individual dos lesados à justiça seja substituído por um processo coletivo, apto a conduzir a uma solução mais eficiente da lide. O processo civil, nesse caminhar, passa a estabelecer um diálogo franco e aberto com a Constituição, e especialmente com a Teoria dos Direitos Fundamentais, sem nunca perder de vista a natureza de "instrumento" das normas processuais para com o direito material. A efetivação dos direitos – especialmente daqueles dotados de conteúdo jusfundamental – e a pacificação social são os verdadeiros "fins" das normas processuais.

Como instrumento ou meio de realização do direito material, o processo não pode opor barreiras formais à concretização dos direitos, especialmente quando estiverem em causa direitos fundamentais, sempre em vista da garantia constitucional do acesso à justiça, da garantia constitucional da inafastabilidade do controle jurisdicional (art. 5º, XXXV) e do direito fundamental a uma tutela jurisdicional efetiva. Tal perspectiva pode ser verificada a partir da criação de técnicas processuais adequadas e necessárias a uma tutela jurisdicional efetiva, como, por exemplo, a inversão do ônus da prova nos processos coletivos em matéria ambiental[8], de consumo (art. 6º, VIII, do Código de Defesa do Consumidor) ou mesmo que envolvam direitos sociais (saúde, educação, moradia, alimentação, entre outros)[9], a cria-

---

[8] De modo a reconhecer a inversão do ônus probatório em ação civil pública ambiental, v. STJ, REsp n. 1.060.753/SP. Rel. Min. Eliana Calmon, j. 01.12.2009. Precedente citado: REsp n. 1.049.822-RS.

[9] Aplicado tal entendimento à hipótese de controle judicial de políticas públicas, conforme pontua Ada Grinover (2008), "não será suficiente a alegação, pelo Poder Público, de falta de recursos. Esta deverá ser provada, pela própria Administração, vigorando nesse campo quer a regra da inversão do ônus da prova (art. 6º, VIII, do CDC), aplicável por analogia,

ção de um código de processo coletivo para dar uniformidade e sistematicidade normativa à tutela coletiva[10], a ampliação da legitimidade ativa para a propositura da ação civil pública e dos demais instrumentos de tutela coletiva (como ocorrido com a ampliação recente do rol do art. 5º da Lei n. 7.347/85). Nesse horizonte, também se destaca uma atuação mais ativa do Poder Judiciário, especialmente quando estiverem em questão direitos fundamentais (liberais, sociais e ecológicos). Tal se dá em razão dos *deveres de proteção* – por força da *perspectiva ou dimensão objetiva* dos direitos fundamentais – conferidos ao Juiz e aos Tribunais, que passam a atuar na condição de "guardiões" de tais direitos, e não apenas como "bocas da lei".

Em linhas gerais, o acesso à justiça no âmbito dos direitos transindividuais pode ser instrumentalizado tanto por meio de instituições públicas (Ministério Público, Defensoria Pública ou outros entes públicos) quanto por atores privados, como as associações civis de defesa ecológica (com manuseio da ação civil pública) ou mesmo pelos cidadãos individualmente (como ocorre no caso da tutela ambiental viabilizada pela ação popular e pelas ações que tutelam os direitos de vizinhança). De acordo com tal assertiva, por força do postulado da atipicidade da tutela jurisdicional e da primazia do direito material, Ada Grinover (2008) registra que "qualquer tipo de ação – coletiva, individual com efeitos coletivos ou meramente individuais – pode ser utilizada para provocar o Poder Judiciário a exercer o controle e a possível intervenção em políticas públicas". É importante, nesse prisma, sempre ter em conta a dimensão política e democrática que per-

---

quer a regra da distribuição dinâmica do ônus da prova, que flexibiliza o art. 33 CPC, para atribuir a carga da prova à parte que estiver mais próxima dos fatos e tiver mais facilidade de prová-los".

[10] Sobre o tema, ver o Código Modelo de Processos Coletivos, editado pelo Instituto Ibero-Americano de Direito Processual, no ano de 2004, que foi elaborado, entre outros, pelos seguintes juristas brasileiros: Ada Pellegrinni Grinover, Aluisio Gonçalves de Castro Mendes, Antonio Gidi e Kazuo Watanabe. Disponível em: http://www.direitoprocessual.org.br/site/index.php Acessado em: 26 abr. 2010. Em sede doutrinária, ver: Grinover, Mendes e Watanabe (2007). Cumpre pontuar que, lamentavelmente, o Projeto de Lei n. 5.139/2009, que tramitava no Congresso Nacional, resultou arquivado na Comissão de Constituição e Justiça e de Cidadania da Câmara dos Deputados, fazendo naufragar o brilhante trabalho realizado por inúmeros juristas na elaboração da Nova Lei da Ação Civil Pública, a qual objetivava consolidar uma legislação uniforme e sistemática para o processo civil coletivo. Há, ainda, recurso pendente de julgamento pelo Plenário da Câmara dos Deputados para tentar reverter tal situação de absurdo retrocesso e conservadorismo do nosso parlamento, por vezes mais preocupado em blindar os Poderes Legislativo e Executivo contra intervenções judiciais do que resguardar propriamente os direitos daqueles que os elegeram.

meia a garantia constitucional do acesso à justiça, em razão de que a via judicial também é uma instância de atuação política e exercício da cidadania, ao contrário do que defendem alguns ao tratar a separação dos poderes não como um princípio constitucional, e sim como um dogma jurídico. Nesse contexto, o próprio papel do Estado, e especialmente do Poder Judiciário, deve estar ajustado à salvaguarda dos direitos fundamentais, de modo a garantir o acesso à justiça e materializar tais direitos no "mundo da vida". E, para tanto, deve-se defender a ideia em torno de um acesso à justiça "substancial", e não apenas "formal", com a implementação de técnicas processuais – bem como estruturas organizacionais e administrativas – capazes de "levar a sério" os direitos transindividuais.

Com relação especificamente aos direitos difusos e coletivos (em sentido estrito), Cappelletti pontua que a sua caracterização demarca uma verdadeira "revolução" no âmbito do processo civil, mais especificamente em relação ao acesso à justiça (por exemplo, dos consumidores e dos movimentos ecológicos), determinando a reformulação das noções tradicionais básicas do processo civil e do papel dos Tribunais.[11] O jurista italiano destaca a existência de três "ondas" que expressam a evolução do acesso à justiça, sendo caracterizadas, respectivamente, por: I) assistência judiciária para os pobres; II) representação dos interesses difusos; e III) efetividade dos mecanismos de acesso à justiça (Cappelletti e Garth, 2002). A terceira onda, na medida em que está comprometida com a efetividade do acesso à justiça, de modo a tirá-lo do papel, conduz à necessidade de criação e estruturação de instituições estatais com tal objetivo constitucional – como ocorre com a criação de Juizados Especializados e Itinerantes[12], bem como a criação e o aparelhamento da Defensoria Pública para a tutela dos direitos das pessoas necessitadas –, de instrumentos de prevenção de litígios[13], de práticas voltadas para

---

[11] Cappelletti e Garth (2002).

[12] Sobre a ideia de Juízes e Juizados Itinerantes, em que pese carecer ainda de regulamentação, cumpre destacar inovação trazida pela Emenda Constitucional n. 45/2004 (art. 125, § 7º, da CF/88).

[13] A corroborar tal entendimento, especialmente no âmbito da atuação da Defensoria Pública, registra-se que o art. 4º, inciso II, da LC n. 80/94, com redação dada pela LC 132/09, estabelece entre as funções institucionais da Defensoria Pública, entre inúmeras outras, "promover, prioritariamente, a solução extrajudicial dos litígios, visando à composição entre as pessoas em conflito de interesses, por meio de mediação, conciliação, arbitragem e demais técnicas de composição e administração de conflitos". Ou seja, está consagrada normativamente a priorização da resolução extrajudicial de conflitos, em detrimento do incremento da "judicialização". Sob tal prisma, a "judicialização", especialmente no controle de políti-

a educação em direitos da população, além de técnicas processuais ajustadas à natureza dos direitos materiais (individuais e coletivos), como ocorre com a ampliação da legitimidade para a propositura de ações coletivas e a inversão do ônus probatório em tais ações, conforme já pontuado anteriormente. Nesse quadrante, está também consubstanciada a novel garantia constitucional da razoável duração do processo (art. 5º, LXXVIII, da CF/88), na medida em que um Poder Judiciário mais célere dá suporte a uma maior efetividade dos direitos, respondendo mais rapidamente a situações de lesão ou ameaça de lesão a direitos.

A "revolução" identificada por Cappelletti tem ao seu fundo, para além dos ajustes necessários ao instrumento processual, uma nova dimensão de direitos materiais, que ultrapassa substancialmente a concepção eminentemente individualista do Estado Liberal e mesmo a concepção coletiva do Estado Social, em razão de que, para além de indivíduos e grupos sociais, a nova ordem de direitos transindividuais transpõe todas as barreiras postas pelos modelos jurídicos anteriores em termos de titularidade de direitos para contemplar uma titularidade indeterminada e disseminada no âmbito de toda a sociedade, nacional e mesmo internacional. Nem só o indivíduo, nem só a classe social. Os direitos e interesses dos consumidores e os direitos ambientais reivindicados pelos movimentos ecológicos são os grandes e paradigmáticos exemplos da nova "cara pintada" jurídica, caracterizando o marco dos direitos transindividuais, especialmente por transporem as perspectivas do indivíduo e da classe ou grupo social. Mas, conforme já anunciado anteriormente, não se pode olvidar também do potencial inerente aos direitos fundamentais sociais no sentido de se tornarem, em determinadas situações, direitos ou interesses de natureza difusa ou transindividual, o que tem ganhado significativa atenção por parte da nossa doutrina e jurisprudência no âmbito do controle judicial de políticas públicas.

O aperfeiçoamento do sistema processual no sentido de conceber mecanismos adequados à tutela de direitos coletivos, bem como de direitos individuais atingidos ou ameaçados por lesivos de grande escala, conforme pontua Zavascki (2006), deveu-se à conscientização dos meios sociais para a adoção de medidas destinadas a: (A) preservar o meio ambiente, fortemente agredido pelo aumento cada vez maior do número de agentes poluidores; e (B) proteger os indivíduos na sua condição de consumidores, atin-

---

cas públicas, deve ser tomada como a última opção para a resolução das questões, ou seja, apenas quando a via extrajudicial fracassar.

gidos, com acentuada intensidade, pelas consequências negativas de uma economia de mercado cegamente voltada para o lucro, num ambiente caracterizado por renitentes crises inflacionárias. O Ministro do Superior Tribunal de Justiça destaca ainda que, tendo a proteção do ambiente e a defesa do consumidor dado o ponto de partida para o movimento reformador de vários sistemas jurídicos, as medidas corretivas do sistema implicaram a adoção tanto de normas de "direito material (civil e penal) destinadas a dar consistência normativa" à tutela dos novos bens jurídicos lesados quanto de novos "mecanismos de natureza processual para operacionalizar a sua defesa em juízo", considerando-se a absoluta inaptidão dos "velhos" métodos processuais tradicionais para dar conta dos novos conflitos sociais, marcados pela sua dimensão transindividual (Zavascki, 2006).

A reforma processual, como acentua Zavascki acima, trouxe também consubstanciada uma reforma do próprio direito material, que acabou por incorporar ao sistema jurídico os novos direitos transindividuais, captando os novos conflitos sociais legitimados no âmbito comunitário. Na ordem jurídica brasileira, os direitos transindividuais foram contemplados por inúmeros diplomas legislativos desde os anos 80, destacando-se o paradigma da LACP (Lei n. 7.347/85), que disciplinou a *"ação civil pública de responsabilidade por danos causados ao meio ambiente, ao consumidor, a bens e direitos de valor artístico, estético, histórico, turístico e paisagístico"*, e aos direitos e interesses difusos e coletivos de um modo geral. Tal diploma foi seguido por outras legislações que dispuseram sobre a tutela de interesses transindividuais de pessoas portadoras de deficiência (Lei n. 7.853/89), de crianças e adolescentes (Lei n. 8.069/90), de consumidores (Lei n. 8.078/90), sobre a probidade na administração pública (Lei n. 8.429/92), a ordem econômica (Lei n. 8.884/94), a ordem urbana (Lei n. 10.257/2001) e os interesses das pessoas idosas (Lei n. 10.741/2003)[14]. Mais recentemente, também a Lei Maria da Penha (Lei n. 11.340/2006), com o objetivo de coibir a violência doméstica, fez constar do seu texto a possibilidade do uso dos mecanismos de tutela coletiva (arts. 26, II, e 37). Nesse prisma, também merece destaque a Lei da Política Nacional do Meio Ambiente (Lei n. 6.938/81), que, de certa forma, sem a existência da ação civil pública quando da sua promulgação,

---

[14] No tocante ao Estatuto do Idoso (Lei n. 10.741/2003), registra-se que o seu art. 81, III, chega a incluir até mesmo a Ordem dos Advogados do Brasil no rol dos entes legitimados para a ação coletiva em defesa de direitos dos idosos, de modo a inovar em termos legislativos e ampliar o rol do art. 5º da LACP.

abriu o cenário jurídico brasileiro para os direitos transindividuais, com a positivação da proteção ambiental em diploma próprio.

A CF/88, alinhada com tal "revolução" do processo civil operado pela tutela coletiva, foi generosa com a proteção dos direitos transindividuais, acompanhando as inovações normativas infraconstitucionais que a antecederam e consagrando instrumentos de acesso à justiça para a tutela de tais relações jurídicas, de modo a alargar as portas do Judiciário para a tutela desses direitos. Nesse contexto, é importante reconhecer o lugar de destaque consagrado ao Ministério Público (dos Estados, do Distrito Federal e da União) na tutela dos interesses transindividuais, em vista do papel constitucional de guardião dos direitos coletivos e difusos que lhe foi conferido pelo art. 129, III, da CF/88.[15] Agora, nesse cenário, também ganha cada vez mais destaque a atuação da Defensoria Pública (dos Estados, do Distrito Federal e da União) na tutela dos direitos transindividuais, tendo em vista, conforme já anunciado na abertura deste ensaio, ter sido sancionado diploma legislativo (Lei n. 11.448/2007) que conferiu à instituição legitimação *ad causam* para a propositura de ação civil pública, alterando o art. 5º da LACP, o que foi reforçado recentemente pela LC n. 80/94, por causa das alterações trazidas pela LC n. 132/2009 (art. 4º, VII). Tal mudança legislativa – já antecipada pela jurisprudência[16] – acaba por forçar ainda mais a abertura do Judiciário às demandas coletivas, especialmente das pessoas necessitadas, garantindo a elas o acesso à justiça que até então lhes era negado em grande medida. A "terceira onda" apontada por Cappelletti, conforme referido anteriormente, rompe com uma concepção apenas formal do acesso à justiça, voltando-se à efetivação de tal acesso e à instrumentalidade do processo, o que demanda novas formatações normativas tanto de natureza estrutural--organizacional (ex.: criação e estruturação da Defensoria Pública, de Varas e Juizados – inclusive Itinerantes – Especializados em tutela coletiva[17]) quan-

---

[15] Sobre a atuação do Ministério Público na tutela dos interesses difuso, cf., por todos, Mazzilli (2002).

[16] STJ, REsp n. 55.111/RJ. Rel. Min. Castro Filho, j. 05.09.2006.

[17] Nesse sentido, o Tribunal de Justiça do Estado de São Paulo, através da Resolução n. 240/2005, aprovada pelo seu Órgão Especial, em 05 de outubro de 2005, criou a Câmara Especial de Meio Ambiente, seguindo a trilha das Varas Ambientais Federais existentes em Curitiba, Florianópolis e Porto Alegre. Por fim, merece registro a existência da Proposta de Emenda Constitucional (PEC) n. 99/2003, de autoria do Deputado Federal Wagner Rubinelli, com a finalidade de instituir a justiça ambiental com a criação em todo o País de Tribunais e Juizados Especializados no julgamento de ações relativas à matéria ambiental.

to procedimental (ex.: inclusão da Defensoria Pública no rol dos entes legitimados à propositura da ação civil pública, inversão do ônus probatório em ações coletivas, ampliação da participação social nas ações coletivas etc.). E, diante desse cenário, pretende-se analisar o papel constitucional que cabe à Defensoria Pública na tutela e promoção dos direitos transindividuais, notadamente no caso do direito ao ambiente ecologicamente equilibrado.

O PAPEL CONSTITUCIONAL DA DEFENSORIA PÚBLICA NA TUTELA E PROMOÇÃO DO DIREITO FUNDAMENTAL DOS INDIVÍDUOS E GRUPOS SOCIAIS NECESSITADOS A VIVER EM UM AMBIENTE EQUILIBRADO, SAUDÁVEL E SEGURO

"No País da malária, da seca, da miséria absoluta, dos menores de rua, do drama fundiário, dos sem-terra, há, por certo, espaço para mais uma preocupação moderna: a degradação ambiental" (Barroso, 1993).

A Defensoria Pública e a tutela e promoção dos direitos liberais, sociais e ecológicos sob a perspectiva da interdependência e indivisibilidade dos direitos fundamentais

A Defensoria Pública exerce um papel constitucional essencial na tutela e promoção dos direitos fundamentais de todas as dimensões (ou gerações) das *pessoas necessitadas*[18], pautando-se, inclusive, pela perspectiva da integralidade, indivisibilidade e interdependência de todas elas[19]. Assim,

---

[18] A utilização da expressão *pessoas necessitadas*, conforme será mais bem desenvolvido adiante, tem por objetivo guardar sintonia com o texto constitucional (art. 134, *caput*, da CF/88), ressalvando-se que a condição de *necessitado* não se restringe apenas à perspectiva econômica, mas abarca também outras hipóteses em que indivíduos ou mesmo grupos sociais encontram-se em situação de vulnerabilidade existencial no tocante aos seus direitos fundamentais e à dignidade.

[19] Sobre a questão, ver a Declaração sobre o Direito ao Desenvolvimento (1986), a qual estabelece que "todos os direitos humanos e liberdades fundamentais são indivisíveis e interdependentes; atenção igual e consideração urgente devem ser dadas à implementação, promoção e proteção dos direitos civis, políticos, econômicos, sociais e culturais" (art. 6.2); e

1066 | DIREITO AMBIENTAL E SUSTENTABILIDADE

da mesma forma que a Defensoria Pública atua na tutela dos direitos liberais (ou de primeira dimensão), conforme se verifica especialmente no âmbito da defesa criminal, movimenta-se também, e de forma exemplar, no sentido de tornar efetivos os direitos sociais (ou de segunda dimensão), o que se registra, por exemplo, nas ações individuais e coletivas que reivindicam prestações do Estado – nas esferas municipal, estadual e federal – nas áreas da saúde (medicamentos e tratamentos médicos) e da educação (vagas em creche e escolas públicas). Nessa linha, com o surgimento dos direitos fundamentais de solidariedade (ou de terceira dimensão), como é o caso da proteção do ambiente, automaticamente a tarefa constitucional de zelar por eles é atribuída à Defensoria Pública, em razão de que à população pobre também deve ser garantido o desfrute de sua vida em um ambiente saudável, equilibrado e seguro, e, portanto, digno.

As dimensões de direitos fundamentais, na sua essência, materializam os diferentes conteúdos integrantes do *princípio da dignidade da pessoa humana*[20], o qual se apresenta como o pilar da arquitetura constitucional e objetivo maior a ser perseguido através da atuação da Defensoria Pública[21]. E, para não deixar pairar mais qualquer dúvida sobre a abrangência da legitimidade da atuação da Defensoria Pública para a defesa dos direitos fundamentais de todas as dimensões, incluídos os direitos ecológicos, a LC n. 132/09 – que, por sua vez, trouxe novo espírito normativo para a LC n. 80/94 – fez consignar no seu art. 4º, X, entre as suas funções institucionais, a tarefa de

> promover a mais ampla defesa dos direitos fundamentais dos necessitados, abrangendo seus direitos individuais, coletivos, sociais, econômicos, culturais

---

também a Declaração e Programa de Ação de Viena (1993), promulgada na 2ª Conferência Mundial sobre Direitos Humanos, a qual destaca que "todos os direitos humanos são universais, indivisíveis, interdependentes e inter-relacionados" (art. 5º). Tais diplomas internacionais reconhecem, em outras palavras, que as diferentes dimensões de direitos humanos – e o mesmo raciocínio se aplica aos direitos fundamentais – conformam um sistema integrado de tutela da dignidade da pessoa humana. A respeito do tema, ver: Weis (2010), Trindade (2003) e Schäfer (2005).

[20] Sobre o princípio (e valor constitucional) da dignidade da pessoa humana, inclusive de modo a considerar a *dimensão ecológica da dignidade humana*, ver a obra já clássica de Sarlet (2010).

[21] Em sintonia com tal assertiva, o art. 3º-A, I, da LC n. 80/94, incluído pela LC n. 132/09, estabelece como objetivo da Defensoria Pública "a primazia da dignidade da pessoa humana e a redução das desigualdades sociais".

e ambientais, sendo admissíveis todas as espécies de ações capazes de propiciar sua adequada e efetiva tutela.

Portanto, diante de violação a direitos fundamentais e à dignidade de pessoas necessitadas – e tal situação é flagrante na hipótese de poluição ambiental! –, a Defensoria Pública estará legitimada constitucionalmente para fazer cessar tal situação degradadora dos valores republicanos.

Para certificar o atual perfil constitucional da atuação institucional da Defensoria Pública no âmbito do *Estado Socioambiental de Direito*[22] brasileiro, registra-se a sua inclusão no rol dos entes legitimados para a propositura da ação civil pública (art. 5º da LACP). O mesmo entendimento, conforme referido anteriormente, foi seguido pela LC n. 80/94, com redação dada pela LC n. 132/2009, ao estabelecer no seu art. 4º, VII, como função institucional da Defensoria Pública, *"promover ação civil pública e todas as espécies de ações capazes de propiciar a adequada tutela dos direitos difusos, coletivos ou individuais homogêneos quando o resultado da demanda puder beneficiar grupo de pessoas hipossuficientes"*. Tal mudança legislativa transpõe para o plano infraconstitucional o novo perfil dado à Defensoria Pública a partir da Reforma do Poder Judiciário, levada a cabo através da Emenda Constitucional n. 45/2004[23], a qual fortaleceu a sua dimensão jurídico-constitucional no âmbito do Estado de Direito brasileiro. A ampliação da autonomia institucional (funcional, administrativa e financeira) conferida à Defensoria Pública pelo texto constitucional[24] reflete justamente na tutela do direito ao ambiente – e dos direitos socioambientais de um modo geral –, pois permite a sua maior liberdade de atuação em demandas con-

---

[22] Sobre o conceito de *Estado Socioambiental de Direito*, ver: Sarlet (2010).

[23] No sentido de aprofundar ainda mais o processo constitucional de fortalecimento da Defensoria Pública, tramita no Congresso Nacional a PEC 487, de autoria do Ex-Deputado Federal Roberto Freire (PPS-PE), bem como o seu substitutivo proposto pelo Governo Federal (PEC 144).

[24] Com base em tal entendimento, Cunha Júnior (2008) assevera que a atribuição às Defensorias Públicas Estaduais, no plano constitucional, de autonomia funcional, administrativa e financeira, diante do novo § 2º acrescido ao art. 134 da CF/88, representa manifesto compromisso do Estado brasileiro no tocante ao seu dever constitucional de garantir o direito fundamental de acesso à justiça das pessoas desprovidas de recursos financeiros. Como pontua o autor, "as Defensorias Públicas revelam-se como um dos mais importantes e fundamentais instrumentos de afirmação judicial dos direitos humanos e, consectariamente, de fortalecimento do Estado Democrático do Direito, vez porque atua como veículo das reivindicações dos segmentos mais carentes da sociedade junto ao Poder Judiciário, na efetivação e concretização dos direitos fundamentais".

tra o Estado, de modo a corrigir ações ou omissões estatais degradadoras do ambiente, não obstante também poder direcionar a sua atuação em face de poluidores privados.

O novo regime jurídico-constitucional delineado para a Defensoria Pública através da EC n. 45/2004, e incorporado ao plano infraconstitucional pela LC n. 132/2009[25], também acompanha a própria evolução da assistência jurídica prestada às pessoas necessitadas. Assim, em face da superação do modelo clássico "assistencialista" da garantia constitucional de "assistência jurídica integral e gratuita" (art. 5º, LXXIV), deve-se tomar hoje o acesso à justiça, especialmente para o caso das pessoas necessitadas, não como mero "favor" ou "benefício" prestado pelo Estado brasileiro, mas sim como dever constitucional estatal e, acima de tudo, como direito fundamental do indivíduo e dos grupos sociais necessitados. Se antes de 1988 o tratamento jurídico-constitucional era outro, muitas vezes tomando a assistência jurídica às pessoas necessitadas como um "favor" prestado pelos entes estatais, sem maior vinculação jurídica, hoje o Estado brasileiro está obrigado a cumprir de forma adequada tal imposição constitucional.

Em outras palavras, pode-se dizer que não há "margem" para o Estado "não atuar" ou mesmo "atuar de forma insuficiente" (à luz do princípio da proibição de insuficiência derivado do princípio da proporcionalidade) na prestação do serviço público de assistência jurídica às pessoas necessitadas, pois tal atitude estatal resultaria em prática antijurídica e inconstitucional. E mais, tal entendimento, conforme já assinalado anteriormente, caminha no sentido de reconhecer um *direito fundamental à assistência jurídica* (integral e gratuita) conferido às pessoas necessitadas, individual e coletivamente consideradas. Do ponto de vista da dogmática constitucional, a atribuição do *status jusfundamental* à assistência jurídica implica, para além do *dever de proteção* do Estado, o sentido de obrigar os entes públicos a criar condições jurídicas e fáticas necessárias à sua efetivação, também o reconhecimento de *posições jurídicas subjetivas,* tanto de cunho defensivo quanto prestacional, as quais podem ser exercidas em face dos entes estatais – e também de par-

---

[25] "Art. 1º A Defensoria Pública é instituição permanente, essencial à função jurisdicional do Estado, incumbindo-lhe, como expressão e instrumento do regime democrático, fundamentalmente, a orientação jurídica, a promoção dos direitos humanos e a defesa, em todos os graus, judicial e extrajudicial, dos direitos individuais e coletivos, de forma integral e gratuita, aos necessitados, assim considerados na forma do inciso LXXIV do art. 5º da Constituição Federal".

DEFENSORIA PÚBLICA E PROTEÇÃO AMBIENTAL | **1069**

ticulares – descumpridores da norma constitucional, notadamente quando a sua ação ou omissão ensejar violação ao direito fundamental em questão. Assim, retomando o foco para a atuação da Defensoria Pública na seara ecológica, da mesma forma como ocorria anteriormente em face dos direitos liberais e dos direitos sociais, hoje a atuação da Defensoria Pública está atrelada de forma indissociável à tutela dos direitos difusos, dentre os quais desponta como paradigma a proteção do ambiente (art. 225 da CF/88)[26]. A nova missão constitucional, como referido em passagem anterior, encontra a sua legitimidade na própria tese da interdependência e indivisibilidade dos direitos fundamentais, bem como no direito fundamental das pessoas necessitadas a viver em um ambiente saudável e seguro, compatível com o pleno desenvolvimento da personalidade humana. O enfrentamento da degradação ambiental, conjuntamente com a tutela dos direitos sociais, sob a perspectiva jurídico-constitucional socioambiental, é uma das missões constitucionais mais importantes conferidas à "Instituição Cidadã", valendo-se, para cumprir com tal objetivo e dever constitucional, tanto de uma atuação jurídico-processual individual quanto coletiva (judicial ou extrajudicial). Para além da promoção de ações individuais de direitos de vizinhança e ações populares, ou mesmo de ação civil pública em defesa de associações civis de proteção do ambiente desprovidas de recursos econômicos (como ocorre comumente, por exemplo, com associações de bairro de defesa ecológica), a Defensoria Pública dispõe hoje da ação civil pública para tutelar – em nome próprio, pela via da substituição processual – o direito fundamental ao ambiente das pessoas necessitadas de forma coletiva, potencializando tal defesa e ampliando o acesso de tais pessoas à justiça[27], em sintonia com o caminhar da melhor e mais arejada doutrina processual e constitucional.

---

[26] Nessa perspectiva, de modo a antecipar as alterações trazidas no final do ano de 2009 pela LC n. 132/2009 à LC n. 80/94, a Lei Orgânica da Defensoria Pública do Estado de São Paulo (Lei Complementar estadual n. 988/2006) elencou, entre as suas atribuições institucionais, a promoção da "tutela do meio ambiente, no âmbito de suas finalidades institucionais" (art. 5º, VI, *e*) e "ação civil pública para tutela de interesse difuso, coletivo ou individual homogêneo" (art. 5º, VI, *g*).

[27] De acordo com tal entendimento, ver: Alves (2006), Barcellos (2008) e Duarte (2007). Barcellos, com base em tal perspectiva, defende o entendimento de que seria plenamente possível ao Judiciário, no âmbito de uma ação coletiva, fixar prazo para que o Poder Público (estadual ou federal) praticasse os atos necessários à instituição e estruturação da Defensoria Pública, sob pena de responsabilização do agente por descumprimento de decisão judicial (p. 330 e 331).

A Defensoria Pública, nessa perspectiva, está perfeitamente legitimada a atuar como "guardiã" do direito fundamental ao ambiente na ordem jurídico-constitucional brasileira. Tal tarefa constitucional conferida à Defensoria Pública ganha ainda maior relevância quando está em causa a proteção de um patamar mínimo de qualidade ambiental (ou *mínimo existencial socioambiental*[28]), sem o qual a vida humana não pode se desenvolver com dignidade. Infelizmente, tal "retrato" de degradação ambiental é recorrente nos grandes centros urbanos – e o mesmo se repete na área rural –, onde uma massa expressiva da população carente é comprimida a viver próxima a áreas poluídas e degradadas (ex.: lixões, polos industriais, rios e córregos poluídos, encostas de morros sujeitas a desabamentos etc.). A Defensoria Pública, diante de tal contexto, deve movimentar-se na defesa de tais cidadãos, fazendo com que seja garantido a eles um padrão mínimo de qualidade (e também segurança!) ambiental no local onde trabalham e sediam, de um modo geral, a sua existência.

A abordagem socioambiental da tutela do ambiente e a perspectiva da justiça ambiental como fatores legitimadores da atuação da Defensoria Pública na tutela coletiva ecológica

Os argumentos levantados para a exclusão da Defensoria Pública do rol dos entes legitimados para a defesa coletiva de interesses difusos (e, por consequência, da tutela do ambiente) não transcendem para o discurso jurídico (constitucional e processual) contemporâneo, remanescendo num campo ideológico-corporativo de poucas luzes. Entender que a Defensoria Pública não possui legitimidade para a tutela do ambiente por meio da ação civil pública é afrontar, acima de tudo, a garantia constitucional do acesso à justiça das pessoas necessitadas, desprovendo-as de um instrumento importante de tutela do seu direito fundamental de viver em um ambiente sadio, seguro e equilibrado, ainda mais quando se reconhece cada vez mais a feição socioambiental das relações sociais contemporâneas, marcadamente pela conexão entre a proteção do ambiente e dos direitos sociais à luz do princípio cons-

---

[28] Sobre o conceito de *mínimo existencial ecológico* ou *socioambiental*, ver: Fensterseifer (2008).

titucional do *desenvolvimento sustentável* (art. 170, VI, da CF/88). A adoção do marco jurídico-constitucional *socioambiental* resulta da convergência necessária da tutela dos direitos sociais e dos direitos ambientais num mesmo projeto jurídico-político para o desenvolvimento humano, conforme já apontado pelo Relatório Bruntland, na antessala da Eco-92[29]. O enfrentamento dos problemas ambientais e a opção por um desenvolvimento sustentável passam necessariamente pela correção do quadro alarmante de desigualdade social e da falta de acesso aos direitos sociais básicos, o que, diga-se de passagem, também é causa potencializadora da degradação ambiental.

A tutela do ambiente, portanto, está atrelada de forma indissociável à tutela de direitos sociais. A hipótese de contaminação de um rio ou mesmo de lençol freático, de onde a população retira água para a sua subsistência diária (beber, cozinhar, lavar roupa, tomar banho etc.), trará, para além da violação ao direito fundamental ao ambiente das pessoas diretamente atingidas e da comunidade como um todo (interesse difuso), também a agressão ao direito à saúde das mesmas pessoas tomadas individualmente (interesse individual homogêneo) e da comunidade local de um modo geral (interesse difuso). Também na situação de falta de saneamento básico em bairro da periferia de determinado município, é possível visibilizar a interdependência e indivisibilidade desses direitos, já que tal questão traz como consequência tanto a violação aos direitos sociais da população local de acesso à água, à saúde, à alimentação adequada, à moradia digna, entre outros, como também ao direito a viver em um ambiente sadio, seguro e equilibrado, compatível com o pleno desenvolvimento do indivíduo.

Ciente do contexto socioambiental inerente às questões ecológicas, conforme exemplificado nas linhas precedentes, Beck (2001) afirma que os riscos se acumulam abaixo, na medida em que as riquezas se acumulam acima. Com tal perspectiva, o sociólogo alemão destaca que, apesar de de-

---

[29] A Comissão Mundial sobre Meio Ambiente e Desenvolvimento das Nações Unidas, em seu relatório Nosso Futuro Comum (*Our common future*), no ano de 1987, cunhou o conceito de desenvolvimento sustentável, que seria "aquele que atende às necessidades do presente sem comprometer a possibilidade de as gerações futuras atenderem a suas próprias necessidades. Ele contém dois conceitos-chave: o conceito de 'necessidades', sobretudo as necessidades essenciais dos pobres do mundo, que devem receber a máxima prioridade; a noção das limitações que o estágio da tecnologia e da organização social impõe ao meio ambiente, impedindo-o de atender às necessidades presentes e futuras". *Nosso Futuro Comum/ Comissão Mundial sobre Meio Ambiente e Desenvolvimento*. 2.ed. Rio de Janeiro: Editora Fundação Getulio Vargas, 1991, p. 43.

terminados riscos não respeitarem a divisão de classes sociais e possuírem uma dimensão "democrática" na sua repartição, as classes sociais privilegiadas conseguem, em certa medida, evitar ou ao menos minimizar significativamente a sua exposição a determinados riscos. Por exemplo, são as zonas residenciais mais baratas – acessíveis às populações mais carentes – que se encontram perto dos centros de produção industrial, as quais são afetadas permanentemente por diversas substâncias nocivas presentes no ar, na água e no solo. De tal sorte, são os indivíduos e grupos sociais necessitados os mais expostos, em termos gerais, aos efeitos negativos da degradação ambiental. Há, nesse sentido, uma profunda injustiça não só na distribuição dos bens sociais no âmbito da nossa comunidade política, mas também na distribuição e acesso aos recursos naturais e à qualidade de vida, de modo que a população carente acaba por ter não só os seus direitos sociais violados como também o de viver em um ambiente sadio. A falta de um acesso equânime aos recursos ambientais e a um ambiente sadio e equilibrado compromete inevitavelmente o respeito pela vida e a dignidade dos indivíduos e grupos sociais necessitados. O fortalecimento da luta por *justiça ambiental* no Brasil[30] transporta justamente esta mensagem, de que, assim como os custos sociais do desenvolvimento recaem de modo desproporcional sobre a população carente, também os custos ambientais desse mesmo processo oneram de forma injusta tais pessoas. Ignorar a feição socioambiental que se incorpora hoje aos problemas ecológicos potencializa ainda mais a exclusão e a marginalização social (tão alarmantes no nosso contexto social), já que, é bom lembrar, o desfrute de uma vida saudável e ecologicamente equilibrada constitui-se de premissa ao exercício dos demais direitos fundamentais, sejam eles de matriz liberal, sejam eles de natureza social.

Não obstante a qualidade do ar que respiramos transcender interesses de classes sociais e indivíduos, a atribuição de legitimidade à Defensoria Pública para a tutela do ambiente se faz imperiosa, pois, na maioria das vezes, conforme assinalado em passagem anterior, quem sofrerá de forma mais contundente e prejudicial os efeitos negativos da degradação ambiental é justamente a população necessitada, desprovida que é de recursos para amenizar tais efeitos, bem como de informação para evitá-los ou minimizá-los.

---

[30] Conforme apontam Acselrad, Herculando e Pádua (2004), "o tema da *justiça ambiental* – que indica a necessidade de trabalhar a questão do ambiente não apenas em termos de preservação, mas também de distribuição e justiça – representa o marco conceitual necessário para aproximar em uma mesma dinâmica as lutas populares pelos direitos sociais e humanos e pela qualidade coletiva de vida e sustentabilidade ambiental".

E ninguém melhor para representar os seus interesses do que a instituição pública eleita constitucionalmente para tutelar diretamente os seus direitos fundamentais e a dignidade[31]. A Defensoria Pública, diante de tal contexto, deve atuar na defesa – inclusive em termos preventivos – de tais cidadãos, fazendo com que seja garantida a eles nada menos que uma vida digna, em um contexto de bem-estar individual, social e ecológico[32]. Esse é o "espírito constitucional" que fundamenta a atuação da Defensoria. Por vezes, o acesso à justiça proporcionado pela Defensoria Pública servirá de porta de ingresso de indivíduos e grupos sociais necessitados ao espaço comunitário--estatal, permitindo a sua inclusão no *pacto socioambiental* estabelecido pela nossa Lei Fundamental de 1988.

Pessoas necessitadas em termos (socio) ambientais e a questão dos refugiados ambientais

De modo a evidenciar a necessidade de uma abordagem socioambiental para o enfrentamento da crise ecológica, o Relatório de Desenvolvimento Humano 2007/2008 do Programa das Nações Unidas para o Desenvolvi-

---

[31] Com tal enfoque, é bom ressaltar que, se o Ministério Público é responsável pela tutela dos direitos da totalidade da sociedade brasileira, a Defensoria Pública é responsável pela tutela dos direitos de mais de 85% da população brasileira, já que tal percentual da população estaria enquadrado na condição socioeconômica atendida pela referida instituição (até 03 salários mínimos), conforme registrado pelo II Diagnóstico da Defensoria Pública (p. 22-23), realizado pelo Ministério da Justiça. Disponível em: http://www.mj.gov.br/main. asp?View={597BC4FE-7844-402D-BC4B-06C93AF009F0}. Acesso em 27 set. 2010.

[32] Como exemplo de atuação da Defensoria Pública na tutela do ambiente, registra-se a recente ação civil pública interposta pela Defensoria Pública paulista contra a expansão da monocultura de eucaliptos no Município de São Luiz do Paraitinga, no Vale do Paraíba. Em Agravo de Instrumento (Proc. 759.170.5/3-00), foi proferida decisão pelo Des. Samuel Júnior, da 1ª Câmara de Direito Ambiental, do Tribunal de Justiça do Estado de São Paulo, que suspendeu novos plantios e replantios de eucalipto na área do referido município até que fossem realizados estudo de impacto ambiental e relatório de impacto ambiental. Outro exemplo semelhante diz respeito à ação civil pública interposta pela Defensoria Pública, pelo Instituto Pólis, pelo Instituto Gea e pelo Centro Gaspar Dias de Direitos Humanos perante a 3ª Vara da Fazenda Pública de São Paulo (Proc. 053.06.138416-4) no sentido de obrigar o Município de São Paulo a ampliar o serviço de coleta seletiva de lixo no âmbito municipal. O Juiz, Luis Fernando Camargo de Barros Vidal, ao reconhecer como insuficiente a política adotada pelo Município, julgou procedente a ação e deu prazo de um ano para a prefeitura universalizar o serviço de coleta seletiva de lixo no Município de São Paulo. Disponível em: http://www.conjur.com.br/2010-abr-25/prefeitura-ano-universalizar-coleta-seletiva-lixo. Acessado em: 27 abr. 2010.

1074 | DIREITO AMBIENTAL E SUSTENTABILIDADE

mento (Pnud), intitulado *Combatendo a mudança climática: solidariedade humana num mundo dividido*, revela um quadro preocupante e injusto no horizonte humano, com um mundo cada vez mais dividido entre nações ricas altamente poluidoras e países pobres. Segundo o Relatório, não obstante os países pobres contribuírem de forma pouco significativa para o aquecimento global, são eles que mais sofrerão os resultados imediatos das mudanças climáticas[33]. O mesmo raciocínio, trazido para o âmbito interno dos Estados nacionais, permite concluir que tal quadro de desigualdade e injustiça – de cunho social e ambiental – também se registra entre pessoas pobres e ricas que integram determinada comunidade estatal.

No caso do Brasil, que registra um dos maiores índices de concentração de renda do mundo, de modo a reproduzir um quadro de profunda desigualdade e miséria social[34], o fato de algumas pessoas disporem de alto padrão de consumo – e, portanto, serem grandes poluidoras –, ao passo que outras tantas muito pouco ou nada consomem, também deve ser considerado para aferir sobre quem deve recair o ônus social e ambiental dos danos ocasionados pelas mudanças climáticas e pela degradação ambiental em geral. A sujeição de tais indivíduos e grupos sociais aos efeitos negativos da degradação ambiental agravará ainda mais a vulnerabilidade das suas condições existenciais, submetendo-os a um quadro de ainda maior indignidade, inclusive de modo a enquadrá-los na situação jurídica de *necessitados ambientais* ou mesmo *refugiados ambientais*. As pessoas mais vulneráveis aos efeitos negativos da degradação ambiental são justamente aquelas mais pobres, as quais possuem uma condição de vida precária em termos de bem--estar, sendo desprovidas do acesso aos seus direitos sociais básicos (mora-

---

[33] Alicerçado em tal premissa socioambiental, o Relatório de Desenvolvimento Humano 2007/2008 do Programa das Nações Unidas para o Desenvolvimento refere que "vivendo em habitações improvisadas situadas em encostas vulneráveis a inundações e deslizamentos de terra, os habitantes das zonas degradadas estão altamente expostos e vulneráveis aos impactos das alterações climáticas" (p. 102). E, mais adiante, destaca ainda, já com o olhar voltado para a atuação estatal, que "as políticas públicas podem melhorar a resiliência em muitas zonas, desde o controlo de inundações até a proteção infraestrutural contra os deslizamentos de terra e a provisão de direitos formais de habitação aos habitantes de áreas urbanas degradadas" (p. 102). *Relatório de Desenvolvimento Humano 2007/2008 do Programa das Nações Unidas.* Disponível em: http://www.pnud.org.br/rdh/. Acessado em: 25 out. 2010.

[34] Para a verificação dos indicadores sociais da população brasileira que atestam tal situação, cf. o último levantamento realizado pelo Instituto Brasileiro de Geografia e Estatística (IBGE). Disponível em: http://www.ibge.gov.br/home/estatistica/populacao/condicaodevida/indicadoresminimos/sinteseindicsociais2010/SIS_2010.pdf. Acessado em: 22 out. 2010.

dia adequada e segura, saúde básica, saneamento básico e água potável, educação fundamental, alimentação adequada etc.).

Sob tal ótica, a utilização da expressão *pessoas necessitadas em termos ambientais* ou *socioambientais* tem por objetivo guardar sintonia com o nosso texto constitucional (art. 134, *caput*[35]), bem como com o art. 1º da LC n. 80/94, com redação trazida pela LC n. 132/2009, ressalvando-se que a condição de *necessitado*, inclusive na perspectiva da assistência jurídica integral e gratuita prestada pela Defensoria Pública, não se restringe apenas à perspectiva econômica – consagrada no art. 2º, parágrafo único, da Lei n. 1.060/50 –, mas abarca também outras hipóteses em que indivíduos ou mesmo grupos sociais encontram-se em situação de vulnerabilidade existencial no tocante aos seus direitos fundamentais e dignidade, conforme dispõe o art. 4º, X, da LC n. 80/94. No dispositivo em questão, vale ressaltar, há expressa previsão normativa para o caso da tutela do direito fundamental ao ambiente das pessoas necessitadas, ao dispor que são funções institucionais da Defensoria Pública, dentre outras,

> promover a mais ampla defesa dos direitos fundamentais dos necessitados, abrangendo seus direitos individuais, coletivos, sociais, econômicos, culturais e ambientais, sendo admissíveis todas as espécies de ações capazes de propiciar sua adequada e efetiva tutela (art. 4º, X).

Tal compreensão está de acordo com o entendimento de Grinover (2010), ao defender que

> existem os que são *necessitados no plano econômico*, mas também existem os *necessitados do ponto de vista organizacional*. Ou seja, todos aqueles que são socialmente vulneráveis: os consumidores, os usuários de serviços públicos, os usuários de planos de saúde, os que queiram implementar ou contestar políticas públicas, como as atinentes à saúde, à moradia, ao saneamento básico, ao meio ambiente etc.

A carência econômica, por certo, constitui o aspecto central a determinar o enquadramento jurídico-constitucional de determinada pessoa na

---

[35] "Art. 134. A Defensoria Pública é instituição essencial à função jurisdicional do Estado, incumbindo-lhe a orientação jurídica e a defesa, em todos os graus, dos necessitados, na forma do art. 5º, LXXIV)".

condição de *necessitada* ou *vulnerável*, o que se dá em razão da fragilidade existencial provocada pela falta de acesso e privação sofrida por determinado indivíduo – e, por vezes, grupos sociais inteiros – aos bens sociais básicos, como, por exemplo, saúde, educação, moradia, saneamento básico, alimentação etc. Tal situação provoca a marginalização social, política e cultural da pessoa, na medida em que esta se vê impossibilitada de formatar as suas relações sociais e jurídicas em condições de igualdade com os demais indivíduos e os próprios entes estatais, tornando-se imperativa a atuação do Estado no sentido de incluir (integrar) tais indivíduos e grupos sociais no *pacto social* (agora *socioambiental*). A assistência jurídica integral e gratuita a tais pessoas cumpre exatamente tal papel, com o objetivo de, por meio da tutela e promoção dos seus direitos, proporcionar um quadro comunitário de maior igualdade, notadamente em questões que digam respeito aos direitos fundamentais e à dignidade de tais indivíduos e grupos sociais.

De acordo com as Regras de Brasília sobre Acesso à Justiça das Pessoas em Condições de Vulnerabilidade, aprovadas no âmbito da XIV Conferência Judicial Ibero-Americana (Brasília, 2008), consideram-se *pessoas em condição de vulnerabilidade* aquelas "que, por razão da sua idade, gênero, estado físico ou mental, ou por circunstâncias sociais, econômicas, étnicas e/ou culturais, encontram especiais dificuldades em exercitar com plenitude perante o Sistema de Justiça os direitos reconhecidos pelo ordenamento jurídico". Ainda, do mesmo documento, consta que poderão constituir causas de vulnerabilidade, entre outras – e aí fica o registro de que não se trata de rol taxativo, mas apenas exemplificativo –, as seguintes: a idade, a incapacidade, a pertença a comunidades indígenas ou a minorias, a vitimização, a migração e o deslocamento interno, a pobreza, o gênero e a privação de liberdade[36]. O conceito de *pessoas em condição de vulnerabilidade* não difere substancialmente do conceito de *pessoas necessitadas*, especialmente se tomarmos o seu sentido mais amplo, de acordo com o entendimento por nós sustentado, não se restringindo, portanto, apenas à perspectiva econômica. Ao fim e ao cabo, tanto a necessidade em sentido estrito – com viés puramente econômico – quanto a necessidade em sentido amplo – em termos de vulnerabilidade – conduzem à legitimidade da atuação da Defensoria Pública na tutela e promoção dos direitos das pessoas que se enquadrarem em tais

---

[36] Regras de Brasília sobre Acesso à Justiça das Pessoas em Condições de Vulnerabilidade (2008). Disponível em: http://www.defensoria.sp.gov.br/dpesp/repositorio/0/100%20Regras%20de%20Acesso%20%c3%a0%20Justi%c3%a7a.pdf. Acessado em: 23 set. 2010.

DEFENSORIA PÚBLICA E PROTEÇÃO AMBIENTAL | **1077**

situações. E, em sintonia com tudo o que foi arrazoado até aqui, a ausência de condições ambientais favoráveis – com qualidade, higidez e segurança –, coloca o indivíduo e mesmo determinados grupos sociais na condição de pessoa necessitada ou vulnerável, uma vez que certamente tais pessoas encontrar-se-ão em especial dificuldade de "exercitar com plenitude perante o Sistema de Justiça os direitos reconhecidos pelo ordenamento jurídico".

Outro aspecto importante relacionado especialmente às mudanças climáticas diz respeito ao surgimento dos assim chamados *refugiados ambientais*[37]. Os episódios climáticos extremos, em decorrência da sua intensidade e dos danos pessoais e materiais gerados, alteram o cotidiano de vida de inúmeras pessoas e grupos sociais, ocasionando, muitas vezes, o seu deslocamento para outras regiões, de modo a "fugirem" de tais desastres ecológicos e resguardarem a sua vida. Conforme apontado pelo Diretor do Instituto para o Meio Ambiente e Segurança Humana da Universidade das Nações Unidas, Janos Bogardi, até 2010, existirão, em todo mundo, pelo menos 50 milhões de refugiados ambientais, sendo que os países mais pobres serão – como costuma ocorrer – os mais afetados, em especial nas áreas rurais, fenômeno que tem como principal causa a degradação da terra e a desertificação, decorrentes do mau uso da terra somado às mudanças climáticas e amplificados pelo crescimento populacional. Assim, parece-nos inquestionável que a figura dos refugiados ambientais guarda relação direta com a questão climática e, por consequência, o cenário socioambiental que lhe está subjacente, uma vez que o deslocamento de tais pessoas dos seus locais originários será motivado, na maioria das vezes, pela busca de condições de vida que atendam a um padrão de bem-estar mínimo, tanto em termos sociais quanto ambientais. E, tudo isso, por sua vez, conduz justamente à le-

---

[37] Foi publicado, no ano de 2008, o Esboço para uma Convenção sobre o Status Internacional dos Refugiados Ambientais (Draft Convention on the International Status of Environmentally-Displaced Persons), o que resultou do trabalho desenvolvido pelo Interdisciplinary Center of Research on Environmental, Planning and Urban Law (Crideau), pelo Center of Research on Persons Rights (CRDP), por grupos temáticos do OMIJ (Institutional and Judicial Mutations Observatory) e pela Faculdade de Direito e Ciência Econômica da Universidade de Limoges, com o apoio do International Center of Comparative Environmental Law (CIDCE). O Esboço da Convenção foi publicado na *Revue Européenne de Droit de l'Environnement* (*Francophone European Environmental Law Review*), n. 4-2008, p. 381. Disponível em: http://www.cidce.org/pdf/Draft%20Convention%20on%20the%20International%20Status%20on%20environmentally%20displaced%20persons.pdf. Acessado em: 24 set. 2010. Sobre o tema dos refugiados ambientais, ver também Leão (2010).

gitimidade da Defensoria Pública para atuar na defesa de tais pessoas necessitadas em termos socioambientais ou refugiados ambientais[38].

A LEGITIMIDADE DA DEFENSORIA PÚBLICA PARA A PROPOSITURA DA AÇÃO CIVIL PÚBLICA AMBIENTAL

A legitimidade da Defensoria Pública para a propositura da ação civil pública ambiental como decorrência normativa das dimensões democrático-participativa e organizacional--procedimental do direito fundamental ao ambiente

No intuito de ampliar o diálogo entre o processo civil e a teoria dos direitos fundamentais, especialmente diante da *dimensão objetiva* destes, é oportuno referir a *perspectiva normativa procedimental e organizacional* que ampara a tutela dos direitos fundamentais estruturantes da nossa comunidade estatal. Tal perspectiva normativa diz respeito à função outorgada aos direitos fundamentais sob o aspecto de parâmetros para a criação e constituição de organizações (ou instituições) estatais e para o procedimento, o que permite, com base no conteúdo das normas de direitos fundamentais, extraírem consequências para a aplicação e a interpretação das normas procedimentais, mas também para uma formatação do direito organizacional e procedimental que auxilie na efetivação da proteção aos direitos funda-

---

[38] Sobre o tema, a Defensoria Pública de São Paulo obteve uma decisão judicial liminar em ação civil pública em face do Estado de São Paulo e do Município de São Luiz do Paraitinga em favor de famílias de baixa renda afligidas pelas fortes chuvas que atingiram o município em questão no início do ano de 2010, obrigando os entes públicos ao pagamento de auxílio-moradia a tais famílias, bem como determinando ao Estado de São Paulo que, através do Departamento de Águas e Energia Elétrica (DAEE) e da Secretaria Estadual do Meio Ambiente e demais órgãos envolvidos na temática, apresentasse projeto de retificação, desassoreamento e recuperação da calha e da mata ciliar da Bacia do Rio Paraitinga, como medida necessária para prevenir novos desastres ambientais. Disponível em: http://www.defensoria.sp.gov.br/dpesp/Conteudos/Noticias/NoticiaMostra.aspx?idItem=29908&idPagina=3086. Acessado em: 30 out. 2010.

mentais (Sarlet, 2009). Sob tal prisma, Hesse (1998) destaca o desenvolvimento recente e progressivo da dimensão organizacional e procedimental dos direitos fundamentais, em vista de uma preocupação com a realização e o asseguramento desses, já que a sua positivação, em termos constitucionais e infraconstitucionais, por si só, não garante a sua efetividade.

A importância das perspectivas procedimental e organizacional resulta do fato de que, para além da sua positivação normativa, a efetivação dos direitos fundamentais – e isso já havia sido apontado por Cappelletti na perspectiva do acesso à justiça – depende, em grande parte, da adoção de medidas legislativas e administrativas, por parte dos poderes públicos, no sentido de criar estruturas organizacionais (por exemplo, por meio da criação e estruturação de órgãos administrativos) e procedimentos (administrativos, judiciais etc.) capazes de garantir a sua tutela integral, caso contrário o seu conteúdo perecerá no mundo imaginário e textual dos juristas, como já alertou Bobbio (1992) em passagem clássica. As perspectivas organizacional e procedimental cumprem, portanto, a função de transpor os direitos fundamentais do texto constitucional para o mundo da vida, criando, respectivamente, estruturas "materiais" e "procedimentais" adequadas à realização de tais direitos[39].

Há, por sua vez, forte conexão entre os *deveres de proteção* do Estado e as *perspectivas organizacional e procedimental,* em vista de que as duas facetas da perspectiva jurídico-objetiva dos direitos fundamentais justificam a adoção de normas que disponham sobre o procedimento administrativo e judicial, bem como sobre a criação de órgãos, objetivando ambas as perspectivas normativas um procedimento ordenado e justo para a efetivação ou garantia eficaz dos direitos fundamentais (Sarlet, 2009). Assim, a implementação de estruturas organizacionais e procedimentos judiciais e administrativos por parte do Estado tem como fundamento o *dever de proteção* do ente estatal dos direitos fundamentais, tendo em vista que sua tutela adequada e efetivação demandam um conjunto de medidas tomadas no plano

---

[39] No mesmo horizonte argumentativo, Gilmar Mendes (2004) assevera que, nos últimos tempos, a doutrina vem utilizando-se do conceito de *direito à organização e ao procedimento* (*Recht auf Organization und auf Verfahren*) para designar todos aqueles direitos fundamentais que dependem, para a sua realização, tanto de providências estatais com vistas a criação e conformação de órgãos, setores ou repartições (direito à organização), como de outras, normalmente de índole normativa, destinadas a ordenar a fruição de determinados direitos ou garantias, como é o caso das garantias processuais-constitucionais (direitos de acesso à Justiça, direitos de proteção judiciária, direitos de defesa).

fático e estrutural do Estado, como, por exemplo, a criação de órgãos encarregados de promover políticas públicas de efetivação do direito fundamental ou de mecanismos judiciais e administrativos capazes de afastar qualquer violação ao seu âmbito de proteção. Se tomarmos como exemplo o *direito fundamental à assistência jurídica integral e gratuita das pessoas necessitadas*, consolidado nos arts. 5º, LXXIV, e 134 da CF/88, pode-se dizer que a criação e estruturação da Defensoria Pública – nas esferas estadual e federal – está atrelada à *perspectiva organizacional* de tal direito, ao passo que o reconhecimento da legitimidade da Defensoria Pública para a propositura da ação civil pública – o que se encontra consagrado no art. 5º, II, da LACP e no art. 4º, VII, da LC n. 80/94, com alterações promovidas pela LC n. 132/2009 – está vinculado à *perspectiva procedimental* do mesmo direito fundamental. Conforme se pode apreender do exemplo trazido, ambas as perspectivas dão suporte estrutural e procedimental para a efetivação do direito fundamental de assistência jurídica às pessoas necessitadas, ou, em termos gerais, do seu acesso à justiça. Em outras palavras, pode-se afirmar que o trabalho realizado pelo Constituinte – ao consagrar o direito em si – é apenas o passo inicial de um processo muito mais amplo no percurso da efetivação dos direitos fundamentais, sendo as perspectivas organizacional e procedimental, como expressão da dimensão objetiva dos direitos fundamentais, uma etapa complementar, de modo a reforçar a tutela normativa dispensada aos direitos nucleares do nosso sistema constitucional, sempre com o foco na sua adequada efetivação.

No presente estudo, em que pese a importância da vertente organizacional, o foco maior recairá sobre a perspectiva procedimental dos direitos fundamentais, que toca mais diretamente o acesso à justiça no âmbito do processo civil e, consequentemente, também no aspecto da legitimidade para a propositura de ações, notadamente na seara coletiva. Em relação ao *direito ao procedimento em sentido estrito*, verificam-se os procedimentos ou instrumentos administrativos e judiciais de que dispõe o titular do direito fundamental ou mesmo o ente público ou privado encarregado da sua tutela para assegurar a sua proteção e efetivação. A função do direito ao procedimento é de instrumentalizar e garantir uma proteção efetiva dos direitos materiais que objetiva concretizar, determinando, em algumas situações, até mesmo posições jurídicas subjetivas frente ao Estado e a particulares.

No mesmo compasso, Alexy (2008) destaca que os direitos a procedimentos judiciais e administrativos são essencialmente direitos a uma "proteção jurídica efetiva", objetivando por intermédio do procedimento a garantia dos direitos materiais do seu respectivo titular. Não é diferente o entendimento de Marinoni (2006), ao afirmar que "o direito fundamental de ação pode ser concebido como um direito à fixação das técnicas processuais idôneas à efetiva tutela do direito material". Em verdade, o direito ao procedimento, judicial e administrativo, opera como projeção do próprio direito material, já que busca conferir uma tutela integral e efetiva. Alinhado à "doutrina da norma de proteção", Pereira da Silva (2002) pontua que o dever do Estado de assegurar a eficácia dos direitos fundamentais, tanto pelo procedimento administrativo quanto pelo processo judicial, põe nas mãos do indivíduo um direito subjetivo a exigir do Estado o cumprimento de tais regras processuais e procedimentais. Assim, para além do dever do Estado de criar tais vias processuais ou procedimentais, há a caracterização de um "direito" ao procedimento atribuído ao titular do direito fundamental ao ambiente ou às instituições – públicas e privadas – encarregadas de tutelá-lo.

A perspectiva procedimental, nesse cenário, carrega forte conteúdo democrático-participativo, já que objetiva, por meio da configuração de medidas processuais e procedimentais, criar condições para a participação ativa dos titulares – ou dos entes públicos e privados encarregados da sua proteção – na tutela dos direitos fundamentais. De tal sorte, pode-se destacar, como expressão de tal perspectiva normativa, do direito à participação, o direito à informação, o direito à audiência[40], além, é claro, o direito a medidas administrativas e judiciais adequadas à tutela do direito ao ambiente na hipótese de sua lesão ou ameaça de lesão. Em sintonia com tal afirmação, Canotilho (2004) assevera que os "direitos procedimentais ambientais", independentemente do reconhecimento de um direito fundamental ao ambiente como direito subjetivo, expressam-se sob a forma de direitos de in-

---

[40] De acordo o espírito democrático-participativo que deve permear os processos coletivos em matéria ambiental, destaca-se decisão emblemática do Juiz Federal Zenildo Bodnar da Vara Federal Ambiental, Agrária e Residual da Circunscrição Judiciária de Florianópolis no sentido de convocar audiência judicial participativa, no âmbito de ação civil pública ambiental, sob a alegação, na fundamentação da decisão, de que "é fundamental que o cidadão tenha oportunidade de participar, como sujeito ativo e protagonista, das decisões ambientais, por intermédio das audiências públicas judiciais, contribuindo para o tratamento adequado das lides ambientais. A democratização do acesso à justiça ambiental, com ampla participação popular, é a melhor forma de legitimar a atuação do Poder Judiciário na tutela do ambiente e também servirá como mecanismo estratégico de conscientização e educação ambiental" (Revista de Direito Ambiental, 2007) (Vara Federal Ambiental, Agrária e Residual da Circunscrição Judiciária de Florianópolis Recentemente, decisão liminar, ACP. 2004.72.00.013.781-9/SC. Rel. Juiz Federal Zenildo Bodnar, j. 11.06.2007).

formação, direitos de participação e direitos de ação judicial. Por sua vez, Pereira da Silva (2002) reconhece que o direito fundamental ao ambiente implica o reconhecimento, pela ordem jurídica, dos respectivos "direitos ao procedimento e ao processo" necessários à sua efetivação. No mesmo sentido, Benjamin (2007) identifica como técnica de tutela do direito fundamental ao ambiente na Constituição brasileira os direitos procedimentais ou instrumentais dele decorrentes, os quais viabilizam a "execução e implementação dos direitos e das obrigações materiais" decorrentes da proteção constitucional do ambiente.

Nesse aspecto, merece registro a lição de Marinoni (2006) que, a partir de uma leitura do processo civil com base na Teoria dos Direitos Fundamentais, afirma que a participação por meio da ação judicial (e o mesmo raciocínio se aplica aos procedimentos administrativos) se justifica também numa perspectiva democrática, já que essa "não mais se funda ou pode se fundar no sistema representativo tradicional". As ações judiciais conformam o *direito à participação* inerente aos direitos fundamentais, permitindo a democratização do poder através da participação popular, que, conforme pontua Marinoni (2006), se dá, no caso da ação judicial, de forma direta. O autor traz o exemplo da ação popular como sendo um "instrumento pelo qual o indivíduo exerce o seu direito de tomar parte na gestão dos negócios públicos", espelhando o exercício de um direito político. Por sua vez, Benjamin (2006) refere que, como benefício substantivo da "constitucionalização" da proteção do ambiente, devem-se "ampliar os canais de participação pública, sejam os administrativos, sejam os judiciais, nesse último caso, com o afrouxamento do formalismo individualista, que é a marca da legitimação para agir tradicional", de tal sorte que, "em alguns casos, conforme a dicção utilizada pelo legislador constitucional, essa legitimação ampliada pode vir a ser automaticamente aceita pelo Poder Judiciário, sem necessidade de intervenção legislativa". Se ao indivíduo, por intermédio da ação popular e das ações que tutelam direitos de vizinhança, é possibilitada a defesa em juízo do ambiente – e é salutar à democracia e à cidadania ambiental que assim o seja –, com idêntica razão tal legitimidade deve ser conferida à Defensoria Pública, em virtude, inclusive, da sua aptidão técnica e institucional para o ajuizamento e acompanhamento processual das ações coletivas, além, é claro, da sua legitimidade jurídico-constitucional para a tutela do direito fundamental ao ambiente de indivíduos e grupos sociais necessitados.

A *perspectiva procedimental* objetiva, de tal sorte, potencializar ao máximo a participação democrática dos cidadãos nos órgãos ambientais, bem como garantir a todos o acesso à informação atinente à matéria ambiental[41] de que dispõem os órgãos públicos (e, por vezes, também os particulares, em vista da eficácia dos direitos fundamentais nas relações entre particulares). No tocante ao *direito à informação* ambiental, como corolário do próprio direito fundamental ao ambiente e da sua dimensão democrática e cidadã (e também à luz dos princípios da prevenção e da precaução), deve-se destacar a inversão do ônus da prova[42], tanto no âmbito administrativo quanto no judicial, recaindo esse sobre quem pretenda desenvolver determinada atividade cuja lesividade para o ambiente já seja conhecida, bem como quando não esteja cientificamente comprovada[43]. Portanto, a inversão do ônus da prova nos procedimentos judiciais e administrativos e a divulgação pública da informação neles consubstanciada são também mecanismos eficientes para garantir a dimensão procedimental do direito fundamental ao ambiente, o que possibilita uma participação e um controle social mais amplos sobre os processos e procedimentos em matéria ambiental (nas esferas administrativa, judicial e também legislativa). Esse, por exemplo, é o conteúdo consubstanciado na norma do art. 225, § 1º, IV, da CF/88, quando estabelece que seja dada publicidade ao estudo prévio de impacto ambiental exigido para a instalação de obra ou atividade potencialmente causadora de significativa degradação ambiental.

A ampliação da legitimidade para a propositura de determinadas ações, especialmente diante da tutela de direitos difusos e coletivos, como no caso da ação civil pública e da ação direta de inconstitucionalidade, também toma uma feição de concretização do princípio democrático e da garantia do acesso à justiça, conformando a perspectiva procedimental do direito fundamental ao ambiente. Como assevera Marinoni (2006), "quanto mais se alarga a legitimidade para a propositura dessas ações, mais se intensifica a participação do cidadão – ainda que representado por entidades – e dos grupos no poder e na vida social". Assim, de forma a romper com uma concepção democrática tradicional, espelhada basicamente em uma abordagem representativa e indireta, a abertura cada vez maior do Poder Judiciário e o reconhecimento de tal Poder republicano como instância política legitimada constitucionalmente a atuar na proteção dos direitos fundamentais justificam a atuação ju-

---

[41] Sobre a temática da informação em matéria ambiental, ver, por todos, Machado (2006).

[42] No tocante à distribuição equânime do ônus da prova na perspectiva processual-ambiental, ver: Saraiva Neto (2010).

[43] Sobre o tema, ver: Gomes (2000).

DIREITO AMBIENTAL E SUSTENTABILIDADE

dicial crescente dos cidadãos, individualmente ou através de instâncias coletivas (associações civis etc.) ou mesmo estatais (Defensoria Pública, Ministério Público, Procons, Ibama[44] etc.), o que deve ser tido como uma legítima forma de atuação política, compatível com os ditames de uma democracia participativa, a qual, inclusive, é tida como um direito fundamental[45].

A conexão entre direitos fundamentais e procedimentos jurídicos, como pontua Alexy (2008), objetiva unir o aspecto material e o aspecto procedimental num modelo que garanta o primado do direito material. Cabe ao processo civil – e também ao intérprete da norma processual –, nesse sentido, criar técnicas capazes de dar conta de uma tutela adequada e efetiva aos direitos, especialmente aqueles dotados de jusfundamentalidade, mas sem nunca perder de vista a sua natureza de instrumento e o primado do direito material. Com tal "espírito" constitucional em vista, é preciso que o processo civil se ajuste, como uma vestimenta, aos novos direitos transindividuais, a ponto de garantir o acesso à justiça "substancial" de tais interesses legítimos da sociedade "de risco" contemporânea. E, no nosso entender, o reconhecimento da legitimidade da Defensoria Pública para a propositura da ação civil pública ambiental caminha nessa direção democrático-participativa, bem como conforma a dimensão procedimental do direito fundamental ao ambiente dos indivíduos e grupos sociais necessitados.

A legitimidade da Defensoria Pública para a propositura da ação civil pública ambiental como corolário do acesso à justiça das pessoas necessitadas e do "estado da arte" do pensamento jurídico-processual contemporâneo

O alargamento do acesso ao Poder Judiciário, alinhado com as garantias constitucionais do acesso à justiça (art. 5º, LXXIV), e da inafastabilidade do controle jurisdicional (art. 5º, XXXV) toma o rumo traçado pelo espírito democrático-participativo da CF/88. E tal "abertura de portas", ampliando o acesso das pessoas necessitadas, especialmente daquelas que antes não

---

[44] Sobre a legitimidade do Ibama para propor STJ, 2ª T. ACP, REsp n. 789.640-PB. Rel. Min. Mauro Campbell Marques, j. 27.10.2009.

[45] No sentido de conferir à democracia o *status* de um direito fundamental de quarta dimensão, ver Bonavides (2002).

ingressavam nas nossas Cortes de Justiça por impossibilidade econômica e técnica, está diretamente relacionada à legitimidade para a propositura de ações judiciais, além, é claro, de outras questões estruturais e organizacionais do nosso Sistema de Justiça. A partir do enfoque da instrumentalidade do processo, Dinamarco (2008) defende a modificação do sistema processual de modo a torná-lo aberto ao maior número possível de pessoas. Pela trilha instrumentalista, o sistema processual deve utilizar técnicas capazes de "dotar o processo de maior carga de utilidade social e política". Por meio de instrumentos como a ação civil pública, amplia-se a via de admissão em juízo e, consequentemente, o acesso à justiça, permitindo a abertura do sistema, de modo proporcionar benefícios a indivíduos e grupos sociais (Dinamarco, 2008).

O reconhecimento da legitimidade ativa da Defensoria para a propositura da ação civil pública ruma nessa direção, consolidando entendimento doutrinário e jurisprudencial[46]. Alinhados a tal compreensão, Didier e Zaneti (2007) acentuam que a nova redação conferida ao art. 5º da LACP pela Lei n. 11.448/2007, prevendo expressamente a legitimidade ativa da Defensoria Pública (art. 5º, II) para a propositura da ação civil pública, atende à evolução da matéria, de modo a democratizar a legitimação, bem como revelar a tendência jurisprudencial que já se anunciava. E, conforme já apontado em passagem anterior, o dispositivo da LACP que confere legitimidade à Defensoria para a propositura de ação civil pública foi reforçado também pela LC n. 80/94 (art. 4º, VII), com redação dada pela LC n. 132/2009. Tal dispositivo foi ainda mais longe ao estabelecer a possibilidade de a Defensoria Pública promover, além da ação civil pública, "todas as espécies de ações capazes de propiciar a adequada tutela dos direitos difusos, coletivos ou individuais homogêneos quando o resultado da demanda puder beneficiar grupo de pessoas hipossuficientes". Na mesma linha processual-constitucional, Castro Mendes (2007), ao referir o "espírito" subjacente à inclusão da Defensoria Pública como legitimado ativo para a propositura da ação civil pública no Anteprojeto do Código Brasileiro de Processos Coletivos, destaca que o caminho trilhado foi no sentido de democratizar o acesso à

---

[46] "Ação Civil Pública. Legitimidade. Defensoria Pública. Interesse. Consumidores. A Turma, por maioria, entendeu que a Defensoria Pública tem legitimidade para propor ação civil pública na defesa do interesse de consumidores. Na espécie, o Nudecon, órgão vinculado à Defensoria Pública do Estado do Rio de Janeiro, por ser órgão especializado que compõe a administração pública direta do Estado, perfaz condição expressa no art. 82, III, do CDC" (REsp n. 55.111/RJ. Rel. Min. Castro Filho, j. 05.09.2006).

justiça, fortalecendo as ações coletivas a partir da ampliação do rol de legitimados, de modo a romper com os sistemas tradicionais que procuram atribuir com certa exclusividade tal legitimidade[47].

A legitimidade, em linhas gerais, define "quem" pode atuar em juízo na tutela de determinado direito material. Por vezes, como ocorre comumente nas ações coletivas, não há identidade entre "quem" atua em juízo na defesa de determinado direito e o "titular" do direito em si. Em que pese a divergência doutrinária a respeito da natureza de tal legitimidade[48], há a chamada, por alguns, legitimação extraordinária por substituição processual[49], diferentemente da legitimação ordinária (art. 6º do Código de Processo Civil), que é a regra nas ações individuais e se caracteriza pela identidade entre o autor da ação e o titular do direito. De certa forma, quanto maiores e em maior número forem os canais de acesso ao Sistema de Justiça, especialmente para o caso das demandas coletivas, com a descentralização de tal "poder" e a atribuição de tal função a um maior número de instituições públicas (como é o caso do Ministério Público, da Defensoria Pública) e de entidades privadas (como as associações civis), bem como ao próprio cidadão individualmente, maiores serão as chances de que as violações a direitos transindividuais alcancem o Poder Judiciário e, consequentemente, melhores as condições para a sua efetividade e tutela.

No entanto, na contramão da História e de forma contrária à evolução da matéria processual-constitucional, por fundamentos que mascaram pretensões puramente corporativas[50], tramita no Supremo Tribunal Federal

---

[47] No mesmo sentido, ver: Mirra (2007).

[48] Há, por certo, três correntes doutrinárias a respeito da legitimação *ad causam* nas ações coletivas. Em síntese, a primeira corrente defende a tese da *substituição processual* (*legitimação extraordinária*), de modo que a parte legitimada para a propositura da ação não se sub-roga na condição de titular do direito material defendido, mas apenas representa os interesses do titular do direito em juízo. A segunda corrente, por sua vez, adotada por Mancuso (2004), faz uma leitura ampla do art. 6º do CPC, defendendo a *legitimação ordinária* da parte em razão de que estaria agindo não por substituição processual, mas em defesa própria de seus objetivos institucionais. Por fim, há o entendimento formatado por Nery Junior e Nery (1996), com base na doutrina alemã (*Prozessführungrecht*), a respeito da legitimação autônoma, ou seja, o "direito de conduzir o processo" conferido ao ente legitimado.

[49] Nesse sentido, ver: Zavascki (2006).

[50] Conforme assevera a Professora Ada Pellegrini Grinover, da Universidade de São Paulo (USP), em parecer formulado a pedido da Associação Nacional de Defensores Públicos (Anadep), que ingressou no processo como *amicus curiae*, "fica claro, assim, que o verdadeiro intuito da requerente (Conamp), ao propor a presente Adin, é simplesmente de *evitar a concorrência da Defensoria Pública*, como se no manejo de tão importante instrumento de

a ADI n. 3.943, que contesta a legitimidade da Defensoria Pública para a propositura da ação civil pública, interposta pela Associação Nacional dos Membros do Ministério Público (Conamp), já com parecer favorável do Procurador-Geral da República, sob a alegação, em linhas gerais, de que a legitimidade da Defensoria Pública para a propositura da ação civil pública "afeta diretamente" as atribuições do Ministério Público. No entanto, para dizer o mínimo, a tese defendida pela Conamp é extremamente frágil, tanto em termos de técnica jurídica quanto de espírito democrático-republicano. A exclusão da Defensoria Pública do rol dos entes legitimados para a propositura da ação civil pública, pregado pela Conamp para a hipótese dos direitos difusos, notadamente no caso da proteção do ambiente[51], segue o caminho inverso do ideal democrático-participativo e da ampliação do acesso à justiça, pois pretende concentrar, e não descentralizar, tal "poder" de intervenção judicial em questões atinentes a interesses difusos. Tal descentralização do "poder" para o ajuizamento da ação civil pública ambiental é salutar à manutenção das bases democrático-participativas que alicerçam axiologicamente os instrumentos processuais de tutela coletiva e o sistema processual coletivo como um todo. Ao comentar a ação proposta pela Conamp, especificamente em relação à matéria ambiental, Dantas (2009) destaca que a legitimidade da Defensoria Pública deve ser compreendida sob o prisma do preceito constitucional do acesso à justiça (art. 5º, XXXV, da CF/88), o qual, conforme afirma, será facilitado com a ampliação da legitimidade ativa nas ações civis públicas, de modo que não lhe parece razoável negar a legitimidade da Defensoria Pública para a propositura de ação coletiva para a tutela do ambiente.

Por sua vez, o *Parquet* nunca levantou a sua voz contra a constitucionalidade da legitimidade dos demais entes arrolados no rol do art. 5º da LACP, mas apenas da Defensoria Pública agora. É provável que assim tenha ocorrido em razão de que a legitimidade dos demais entes, ao menos no âmbito da tutela do ambiente, praticamente nunca saiu do papel, sendo que, até hoje, aproximadamente 95% das ações civis públicas ambientais são (e

---

acesso à justiça e de exercício da cidadania pudesse haver *reserva de mercado*" (grifos no original). Disponível em: http://www.sbdp.org.br/arquivos/material/542_ADI3943_pareceradapellegrini.pdf. Acessado em: 22 out. 2010.

[51] Cf. Milaré (2007). O autor destaca que a legitimidade da Defensoria Pública para a tutela ambiental estaria circunscrita à tutela dos danos ambientais individuais sofridos por terceiros em decorrência da atividade poluidora, mas não autorizaria a defesa do ambiente em si mesmo, como bem de todos (dano ambiental coletivo).

sempre foram!) ajuizadas pelo órgão ministerial[52]. Na prática, consolidou-se um "monopólio", o qual se vê hoje ameaçado pela atuação crescente da Defensoria Pública no âmbito coletivo, inclusive na seara ambiental. No entanto, é oportuno registrar que o Ministério Público nem no âmbito da ação penal detém o "monopólio" absoluto. Há tanto a ação penal privada quanto a ação penal privada subsidiária da pública na hipótese de o órgão acusador omitir-se na persecução penal e não interpor a ação penal no prazo legal (art. 5º, LIX, da CF/88), de modo a relativizar, portanto, o caráter absoluto da legitimidade do *Parquet* até mesmo para a propositura da ação penal, quando, diferentemente da seara cível, há razões para uma titularidade centralizada no *Parquet*. Como referido acima, a concentração de poder num determinado ente estatal é contrária ao ideal democrático-participativo aplicado ao Sistema de Justiça. Há sempre que existir um aparato de controle da atuação do Poder Público, bem como estimular a criação de instrumentos tendentes à sua descentralização e democratização. Tal foi o caminho perseguido pelo legislador infraconstitucional ao incluir a Defensoria Pública no rol do art. 5º da LACP, considerando, especialmente, a perspectiva do acesso à justiça das pessoas necessitadas.

Além disso, interpretar a norma inscrita no inciso II do art. 5º da LACP de forma restritiva no caso da legitimidade para a propositura da ação civil pública ambiental é interpretá-la contrariamente ao princípio da maior eficácia possível dos direitos fundamentais, consagrado no art. 5º, § 1º, da CF/88, notadamente em violação ao direito fundamental ao ambiente. De tal sorte, como destacam Didier e Zaneti (2008), uma interpretação restritiva da legitimidade da Defensoria Pública para a propositura da ação civil pública contraria os princípios da tutela coletiva. A própria delimitação entre o interesse individual homogêneo (por exemplo, direito à saúde[53] das

---

[52] Tais dados podem ser deduzidos das informações constantes do Relatório do Ministério da Justiça sobre a "Tutela Judicial dos Interesses Metaindividuais", divulgado em setembro de 2007. Disponível em: http://www.mj.gov.br/main.asp?View={597BC4FE-7844-402D--BC4B-06C93AF009F0}. Acessado em: 26 out. 2010.

[53] O próprio direito à saúde pode tomar a feição de um interesse difuso, considerando-se não a lesão direta ao indivíduo, mas à saúde pública como um todo, o que é perfeitamente possível de ocorrer, por exemplo, na hipótese de uma epidemia de dengue, como registrado recentemente nos estados do Rio de Janeiro e de São Paulo. Imaginar que a Defensoria Pública não tenha legitimidade para tutelar a saúde pública é subverter a sua finalidade institucional consagrada pela CF/88, uma vez que os principais atingidos por qualquer violação decorrente de omissão estatal na gestão da rede pública de saúde são os indivíduos e os grupos sociais necessitados, que não podem valer-se da rede privada de serviços de saúde por

pessoas atingidas de forma direta pela degradação ambiental) e o interesse difuso (qualidade ambiental) resulta nebulosa. O direito fundamental ao ambiente, não obstante apresentar a preponderância da sua dimensão difusa, também resguarda uma dimensão individual-subjetiva[54], o que autoriza, por exemplo, o indivíduo a tutelar o ambiente através das ações de direitos de vizinhança,[55] bem como da ação popular[56]. Assim, qualquer impulso classificatório em termos absolutos dos interesses coletivos em sentido amplo contradiz a complexidade das relações socioambientais que marcam a nossa época. Nesse prisma, Castro Mendes (2007), com propriedade, afirma que nas questões relacionadas à proteção do ambiente vislumbram-se exemplos incontroversos da "existência de uma faixa cinzenta entre o público e o individual, que deve merecer uma proteção ampla e não restrita, sob pena de serem maculados valores juridicamente amparados". Compartimentar a classificação entre interesses difusos e individuais homogêneos para os casos de lesão ao ambiente e, a partir de tal raciocínio, identificar a legitimidade do Ministério Público para o primeiro caso e da Defensoria Pública no segundo é fechar os olhos para a complexidade dos problemas ecológicos, de modo a enfraquecer, sob o pretexto de um purismo conceitual, os mecanismos dispostos no sistema jurídico-processual para a sua tutela, em frontal violação ao comando constitucional de proteção e máxima eficácia possível do direito fundamental ao ambiente.

---

falta de recursos econômicos. O mesmo entendimento vale para os direitos sociais em termos gerais (educação, alimentação, moradia, lazer etc.).

[54] No mesmo sentido, Gavião Filho (2005) também destaca a caracterização da dimensão subjetiva do direito fundamental ao ambiente a partir da legitimação constitucional do cidadão para promover ação popular para anular ato lesivo ao ambiente. Acerca da ação popular em matéria ambiental, ver: Morato Leite (2000).

[55] Os direitos de vizinhança no Código Civil de 2002 (arts. 1.277 a 1.313), em vista de permitirem, de um modo geral, ao proprietário ou possuidor de um prédio fazer cessar as interferências prejudiciais à segurança, ao sossego e à saúde dos que o habitam, provocadas pela utilização anormal de propriedade vizinha (art. 1.277), compreendem as perturbações de natureza ambiental (ex. poluição sonora, atmosférica ou hídrica etc.) provocadas pelo uso inadequado da propriedade vizinha. Nesse sentido, Purvin de Figueiredo (2008) destaca que, com o advento do novo Código Civil, o uso anormal da propriedade passou a comportar uma dimensão ambiental até então inédita, possibilitando ao proprietário ou ao possuidor pleitear a cessação dos conflitos ambientais.

[56] No sentido de reconhecer a perspectiva subjetiva do direito fundamental ao ambiente, é exemplar a recente decisão do Superior Tribunal de Justiça que reconheceu a legitimidade do cidadão para ajuizar ação popular, inclusive para impugnar atos administrativos omissivos que possam causar danos ao ambiente (STJ. REsp n. 889.766-SP. Rel. Min. Castro Meira, j. 04.10.2007).

Outro argumento colocado como entrave ao reconhecimento da legitimidade da Defensoria Pública para a ação civil pública ambiental diz respeito à impossibilidade da individualização dos titulares do direito ao ambiente (já que se trataria em tese de interesse difuso) e, por conta disso, também à impossibilidade de identificar se as pessoas beneficiadas seriam necessitadas, de modo a legitimar ou não a atuação da Defensoria Pública. No entanto, o caso concreto sempre trará elementos fáticos capazes de indicar, mesmo que potencialmente, a existência ou não de interesses de pessoas necessitadas, o que ocorre, por exemplo, quando a ação civil pública objetiva suprimir a ausência – por força de omissão estatal – de saneamento básico geradora de degradação ambiental em área pobre de determinado município, evitar a contaminação química próximo à área industrial (já que geralmente os trabalhadores mais humildes vivem nas cercanias dos polos industriais), reparar a contaminação de rio próximo à comunidade ribeirinha, proibir a poluição sonora provocada por festas em determinada favela etc. Portanto, com base no caso concreto, há sempre como identificar ou não a "pertinência temática" da Defensoria Pública para a propositura de determinada ação civil pública em matéria ambiental. Nesse sentido, o art. 4º, VII da LC n. 80/94, com redação dada pela LC n. 132/2009, traz uma diretriz normativa para a questão, ao estabelecer a possibilidade de a Defensoria Pública promover a ação civil pública e todas as espécies de ações capazes de propiciar a adequada tutela dos direitos difusos, coletivos ou individuais homogêneos "quando o resultado da demanda puder beneficiar grupo de pessoas hipossuficientes". Da forma como foi redigido tal dispositivo, não resta dúvida que, havendo a "mera possibilidade" de serem beneficiadas pessoas necessitadas – mesmo que não somente elas – com a propositura de ação civil pública, a Defensoria Pública estará plenamente apta e legitimada a fazê-lo.

No entanto, para além da necessidade de "pertinência temática", é possível defender a legitimidade da Defensoria Pública para a defesa ambiental em abstrato pela própria natureza difusa do bem jurídico ambiental, já que tal está disseminado por todo o tecido social, presumindo-se que sempre repercutirá direta ou indiretamente na esfera de interesses de pessoas necessitadas[57]. Tal se dá em praticamente todas as hipóteses de poluição (hídrica,

---

[57] A corroborar tal entendimento, Dantas (2009) assinala que "é praticamente impossível separar os beneficiados por uma prestação jurisdicional de procedência de uma ação civil pública ambiental promovida pela Defensoria Pública (como de resto, por qualquer legitimado), de modo que somente os necessitados pudessem ser atingidos pelos efeitos da

atmosférica, do solo etc.), já que os efeitos negativos das práticas poluidoras serão lançados indistintamente por toda a comunidade local, regional e nacional (e mesmo internacional), atingindo a esfera jurídica de indivíduos e grupos sociais necessitados. Então, num contexto socioeconômico como o brasileiro, de profunda exclusão social, a agressão ao bem jurídico ambiental sempre trará consequências (ao menos indiretas) para o âmbito de proteção do direito fundamental ao ambiente de pessoas necessitadas, legitimando, de tal sorte, a atuação da Defensoria Pública para corrigir tal violação em sede de tutela coletiva. Com base em tal entendimento, defende-se a *presunção de legitimidade da Defensoria Pública para a tutela do ambiente*, cabendo à parte contrária (ou mesmo ao Ministério Público na sua atuação como fiscal da lei) provar que não há reflexos diretos ou mesmo indiretos em *direitos socioambientais* das pessoas necessitadas. Com tal leitura da norma constitucional que reconhece o status jusfundamental do direito – de todos, ricos e pobres! – a viver em um ambiente sadio e equilibrado, preserva-se e potencializa-se ao máximo a sua eficácia.

Além do mais, ao contrário do quis fazer crer o Procurador-Geral da República no seu parecer lançado na ADI n. 3.943 no sentido da inconstitucionalidade do dispositivo (art. 5º, II) da LACP que confere legitimidade à Defensoria Pública, ao afirmar que "os espaços de defesa coletiva estão convenientemente preenchidos", os problemas sociais e ambientais (ou melhor, *socioambientais*!) enfrentados cotidianamente superam, em muito, as possibilidades de atuação coletiva do Ministério Público brasileiro[58]. Basta mirar o caso dos direitos fundamentais sociais, no qual, aliás, como demonstra o relatório do Ministério da Justiça sobre a Tutela Judicial dos Interesses Metaindividuais referido em passagem anterior, a atuação do *Parquet* deixou (e muito!) a desejar. É preciso parar de olhar as estrelas e voltar a face à degradante realidade socioambiental brasileira. Diferentemente do que alegou o Procurador-Geral da República, à época do parecer lançado na ADI n. 3.943, os "espaços de defesa coletiva" não estão "convenientemente preenchidos", ao menos não no caso da defesa coletiva dos interesses da população pobre, que, é

---

sentença. Basta pensar em hipótese como a proibição de emitir poluentes na atmosfera ou dejetos no leito de um rio ou no mar territorial. Em todos esses casos, ganha a coletividade como um todo – repita-se, necessitados e não necessitados".

[58] A reforçar tal argumento, as Súmulas 28 e 29 do Conselho Superior do Ministério Público de SP atestam, nos seus fundamentos, uma "grande sobrecarga" do Ministério Público na área do interesses difusos, notadamente no caso da improbidade administrativa e da proteção do ambiente.

DIREITO AMBIENTAL E SUSTENTABILIDADE

bom lembrar, também é titular do direito de viver em um ambiente saudável e equilibrado, compatível com o pleno desenvolvimento da sua personalidade e num contexto de bem-estar existencial (individual, social e ecológico).

É certo que, por vezes, o Ministério Público e a Defensoria Pública estarão em polos antagônicos nas relações jurídicas socioambientais, como em ação civil pública promovida pelo *Parquet* para retirar grupos de famílias pobres que ocupam área de preservação permanente. No entanto, quando não houver tal colisão de interesses, e na grande maioria das vezes os interesses serão convergentes, como na hipótese da inexistência de rede de tratamento de esgoto em determinada localidade (o que necessariamente produzirá degradação ambiental e violação a direitos socioambientais de pessoas necessitadas), não há razão para não ser reconhecida a legitimidade concorrente, disjuntiva e autônoma entre o Ministério Público e a Defensoria Pública (além, é claro, dos demais entes legitimados no art. 5º da LACP) para tutelarem tais direitos através da ação civil pública[59]. Ambas as instituições têm o papel constitucional de defender o direito fundamental ao ambiente, devendo, inclusive, quando possível, unir forças numa atuação conjunta[60], potencializando a sua tutela e efetividade, até porque, como bem ressalta Sousa (2008), o ingresso oficial da Defensoria Pública no rol do art. 5º da LACP é "para somar, não dividir". O Ministério Público continuará com o seu protagonismo e lugar de destaque na tutela do ambiente, apenas tal lugar de poder, pela importância social que representa, deve ser democratizado ao máximo. Ao invés de se restringir, deve-se ampliar e fortalecer a atuação coletiva tanto da sociedade civil organizada e dos ci-

---

[59] É bom ressaltar que não se trata de uma legitimidade subsidiária diante da omissão do Ministério Público e dos demais órgãos legitimados, como poderiam sustentar alguns, mas sim de legitimidade própria da Defensoria Pública, consubstanciada no seu *dever constitucional* (e objetivo institucional) de tutelar os direitos fundamentais e a dignidade de indivíduos e grupos sociais necessitados, o que conduz indispensavelmente à tutela do ambiente e da qualidade de vida.

[60] Alinhada a tal perspectiva, registra-se a recente atuação conjunta entre o Ministério Público e a Defensoria Pública paulistas, onde a última ingressou como assistente litisconsorcial do *Parquet* em ação de execução de termo de ajustamento de conduta contra o Município de Ferraz de Vasconcelos, o qual descumpriu acordo relativo à regularização de deposição de lixo tóxico (resíduos de agrotóxico BHC, proibido no Brasil desde 1985 por causar danos severos ao sistema nervoso central das pessoas que o manipulavam). O Juiz, com parecer favorável do Ministério Público local, autorizou que a Defensoria Pública ingressasse no polo ativo da referida ação. Disponível em: http://www.defensoria.sp.gov.br/noticias/MostraNoti.asp?par=428. Acessado em: 05 out. 2010.

dadãos[61] quanto dos demais entes públicos legitimados a tutelar o ambiente, como é o caso da Defensoria Pública[62]. E, especialmente em relação à sociedade civil e aos movimentos sociais, notadamente aqueles voltados para a tutela ecológica, cumpre à Defensoria Pública manter permanente canal de diálogo com os mesmos, a fim de que a sua atuação coletiva, através do manuseio de ações civis públicas, esteja em consonância com as reivindicações sociais latentes no ambiente comunitário[63]. Tal entendimento está alinhado ao "espírito democrático-participativo" que deve nortear o nosso sistema processual coletivo, já que, como estabelece a própria norma do *caput* do art. 225 da nossa Lei Fundamental, impõe-se à coletividade e ao Poder Público (incluída aí a Defensoria Pública!) o dever de defender e proteger o ambiente para as presentes e futuras gerações, sejam elas ricas ou pobres.

CONSIDERAÇÕES FINAIS

A Defensoria Pública está legitimada constitucional e infraconstitucionalmente a atuar na tutela e efetivação do direito fundamental ao ambien-

---

[61] Não à toa, o Anteprojeto do Código Brasileiro de Processos Coletivos prevê, inclusive, a legitimidade do indivíduo (qualquer pessoa física) para a propositura da ação civil pública no seu art. 20, I, nos moldes da *class action* norte-americana. No nosso sistema processual coletivo, o cidadão já tem hoje à sua disposição a ação popular, bem como as ações que tutelam os direitos de vizinhança para tutelar o ambiente.

[62] Em sintonia com tal entendimento, o Tribunal de Justiça do Estado de São Paulo reconheceu a legitimidade ativa da Defensoria Pública para a propositura de ação civil pública em defesa de interesses difusos, coletivos em sentido estrito e individuais homogêneos. "Ação civil pública intentada pela Defensoria Pública do Estado de São Paulo. Tutela de interesse difuso, coletivo e individual de pessoas carentes. Legitimidade ativa. LC 988/06. Concessão de liminar para impedir a desocupação dos moradores da favela do viaduto Atílio Fontana. Admissibilidade. Presença dos requisitos exigidos. Aplicação do conceito de interesse público primário. [...]" (TJSP, 10ª Câmara de Direito Público. AI n. 711.429-5/5-00. Rel. Des. Reinaldo Miluzzi, j. 10.12.2007.)

[63] A corroborar tal entendimento, Sousa (2008) pontua que "a posse da legitimidade para as ações coletivas não deve degradar-se no âmbito estreito das disputas corporativas; deve, sim, homenagear o interesse público, em especial no que diz respeito aos escopos sociais e políticos aqui realçados. Para tanto, a atuação da Defensoria Pública no setor coletivo há de se abrir a parcerias. Entre os parceiros bem-vindos, mencionem-se primeiramente a sociedade civil e os movimentos populares, fontes não só de legitimidade substancial para as iniciativas da Defensoria, mas também de conhecimento especializado acerca das matérias postas em juízo".

te das pessoas necessitadas, especialmente por causa da dimensão socioambiental que permeia as questões ecológicas contemporâneas. De acordo com a norma inscrita nos arts. 3º, I, e 4º, X, da LC n. 80/94, com redação dada pela LC n. 132/2009, e com base na indivisibilidade e interdependência dos direitos fundamentais, a Defensoria Pública possui ampla legitimidade para atuar na defesa de interesses difusos, notadamente no caso da tutela ecológica, de modo a criar condições favoráveis à inserção político-comunitária de indivíduos e grupos sociais necessitados, tornando acessível a eles o desfrute dos seus direitos fundamentais (liberais, sociais e ecológicos) e, acima de tudo, de uma vida saudável em um contexto de pleno bem-estar existencial.

Tanto a necessidade em sentido estrito – com viés puramente econômico – quanto a necessidade em sentido amplo – em termos de vulnerabilidade – conduzem à legitimidade da atuação da Defensoria Pública na tutela e promoção dos direitos das pessoas que se enquadrarem em tais situações. E, em sintonia com entendimento, conforme dispõe de forma expressa o art. 4º, X, da LC n. 80/94, com redação dada pela LC n. 132/2009, a ausência de condições ambientais favoráveis – com qualidade, higidez e segurança –, coloca o indivíduo e mesmo determinados grupos sociais na condição de pessoa necessitada ou vulnerável, inclusive de modo a enquadrá-las na situação jurídica de *pessoas necessitadas em termos (socio)ambientais* ou mesmo de *refugiados ambientais.*

A legitimidade da Defensoria Pública para a propositura da ação civil pública ambiental está ajustada à dimensão procedimental do direito fundamental ao ambiente, bem como à manutenção das bases democrático-participativas que alicerçam axiologicamente os instrumentos processuais de tutela coletiva e o sistema processual coletivo como um todo, sob o primado do direito material e do acesso à justiça. Interpretar a norma dos arts. 5º, II, da LACP e 4º, VII, da LC n. 80/94 de forma restritiva no caso da legitimidade da Defensoria Pública para a propositura da ação civil pública ambiental é interpretá-la contrariamente ao princípio da maior eficácia possível dos direitos fundamentais, consagrado pelo art. 5º, § 1º, da CF/88, notadamente em desrespeito ao direito fundamental – de ricos e pobres! – a viver em um ambiente sadio e equilibrado.

Por força do comando normativo extraído do art. 4º, VII da LC n. 80/94, com redação dada pela LC n. 132/2009, a Defensoria Pública estará plenamente legitimada a promover a ação civil pública e todas as espécies de ações capazes de propiciar a adequada tutela dos direitos difusos, coletivos ou individuais homogêneos "quando o resultado da demanda puder beneficiar grupo de pessoas hipossuficientes". Assim, havendo a "mera possibilidade" de serem beneficiadas pessoas necessitadas – mesmo que não somente elas! – com a propositura de ação civil pública ambiental, a Defensoria Pública estará plenamente apta e legitimada a fazê-lo. Impõe-se, portanto, a presunção de legitimidade da Defensoria Pública para a tutela coletiva do ambiente, cabendo à parte contrária (ou mesmo ao Ministério Público na sua atuação como fiscal da lei) provar que não há reflexos diretos ou mesmo indiretos em direitos de pessoas necessitadas.

O acesso à *justiça socioambiental* proporcionado pela Defensoria Pública através do ajuizamento da ação civil pública ambiental servirá, por vezes, de porta de ingresso de indivíduos e grupos sociais necessitados ao espaço comunitário-estatal, permitindo a sua inclusão no *pacto socioambiental* estabelecido pela nossa Lei Fundamental.

REFERÊNCIAS

ACSELRAD, H.; HERCULANO, S.; PÁDUA, J.A. *Justiça ambiental e cidadania.* 2.ed. Rio de Janeiro: Relume Dumará, 2004.

ALEXY, R. *Teoria dos direitos fundamentais.* Trad. Virgílio Afonso da Silva. São Paulo: Malheiros, 2008.

ALVES, C.F. *Justiça para todos! Assistência jurídica gratuita nos Estados Unidos, na França e no Brasil.* Rio de Janeiro: Lumen Juris, 2006.

BARCELLOS, A.P. *A eficácia jurídica dos princípios constitucionais: o princípio da dignidade humana.* 2.ed. Rio de Janeiro/São Paulo/Recife: Renovar, 2008.

BARROSO, L.R. Proteção do meio ambiente na Constituição Brasileira. *Revista Trimestral de Direito Público*, n. 2. São Paulo: Malheiros, 1993, p. 58-79.

BECK, U. *La sociedad del riesgo: hacia una nueva modernidad.* Trad. Jorge Navarro, Daniel Jiménez e Maria Rosa Borras. Barcelona: Paidós, 2001.

BENJAMIN, A.H. A insurreição da aldeia global contra o processo civil clássico: apontamentos sobre a opressão e a libertação judiciais do ambiente e do consumidor. In: TEXTOS "AMBIENTE E CONSUMO". v. 1. Lisboa: Centro de Estudos Jurídicos, 1996, p. 277-351.

_____. Constitucionalização do ambiente e ecologização da Constituição brasileira. In: CANOTILHO, J.J.G.; MORATO LEITE, J.R. *Direito constitucional ambiental brasileiro.* São Paulo: Saraiva, 2007, p. 57-130.

BOBBIO, N. *A era dos direitos*. 10.ed. Trad. Carlos Nelson Coutinho. Rio de Janeiro: Campus, 1992.

BOGARDI, J. A era dos refugiados ambientais. *O Globo*, 31 dez. 2006. Disponível em: http://www.gabeira.com.br/noticias/noticias.asp?id=1958. Acessado em: 09 set. 2010.

BONAVIDES, P. *Curso de direito constitucional*. São Paulo: Malheiros, 2002.

CAPPELLETTI, M. Formações sociais e interesses coletivos diante da justiça civil. *Revista de Processo*, ano 2, n. 5, jan./mar. 1977, p. 128-159.

_____. *Access to Justice and Welfare State*. Florença: European University Institute, 1981.

CAPPELLETTI, M.; GARTH, B. *Acesso à justiça*. Trad. Ellen Gracie Northfleet. Porto Alegre: Fabris, 2002.

CAPPELLETTI, M.; GARTH, B; GORDLEY, J.; JOHNSON, E. *Toward equal Justice: a comparative study of legal aid in modern societies*. Milão: Giufre Editore, 1975.

CANÇADO TRINDADE, A.A. *Tratado de direito internacional dos direitos humanos*. v. 1. 2.ed. Porto Alegre: Safe, 2003.

CANOTILHO, J.J.G. Estado Constitucional Ecológico e democracia sustentada. In: SARLET, I. W. *Direitos fundamentais sociais: estudos de direito constitucional, internacional e comparado*. Rio de Janeiro/São Paulo: Renovar, 2003, p. 493-508.

_____. O direito ao ambiente como direito subjetivo. In: *Estudos sobre direitos fundamentais*. Coimbra: Coimbra Editora, 2004, p. 177-189.

CASTRO MENDES, A.G. O Anteprojeto de Código Brasileiro de Processos Coletivos: visão geral e pontos sensíveis. In: GRINOVER, A.P.; CASTRO MENDES, A.G.; WATANABE, K. *Direito processual coletivo e o Anteprojeto de Código Brasileiro de Processos Coletivos*. São Paulo: Revista dos Tribunais, 2007, p. 16-32.

COMISSÃO MUNDIAL SOBRE MEIO AMBIENTE E DESENVOLVIMENTO. *Nosso Futuro Comum*. 2.ed. Rio de Janeiro: Editora Fundação Getulio Vargas, 1991.

CUNHA JÚNIOR, D. *Curso de direito constitucional*. Salvador: Editora Juspodivm, 2008.

DANTAS, M.B. *Ação civil pública e meio ambiente*. São Paulo: Saraiva, 2009.

DINAMARCO, C.R. *A instrumentalidade do processo*. 13.ed. São Paulo: Malheiros, 2008.

DIDIER JR.; F., ZANETI JR., H. *Curso de direito processual*. v. 4 (Processo Coletivo). Salvador: Editora Juspodivm, 2007.

DUARTE, R.P. *Garantia de acesso à Justiça*: os direitos processuais fundamentais. Coimbra: Coimbra Editora, 2007.

DEFENSORIA PÚBLICA E PROTEÇÃO AMBIENTAL | **1097**

FENSTERSEIFER, T. *Direitos fundamentais e proteção do ambiente*. Porto Alegre: Livraria do Advogado, 2008.

GAVIÃO FILHO, A.P. *Direito fundamental ao ambiente*. Porto Alegre: Livraria do Advogado, 2005.

GOMES, C.A. *A prevenção à prova no direito do ambiente*. Coimbra: Coimbra Editora, 2000.

GRINOVER, A.P. Controle de políticas públicas pelo Poder Judiciário. *Revista de Processo*, n. 164. São Paulo: Revista dos Tribunais, out. 2008, p. 9-29.

_____. *Parecer sobre a legitimidade da Defensoria Pública para a propositura de ação civil pública formulado no âmbito da Ação Direta de Inconstitucionalidade n. 3.943 (STF)*. Disponível em: http://www.sbdp.org.br/arquivos/material/542_ADI3943_pareceradapellegrini.pdf. Acessado em: 22 out. 2010.

HÄBERLE, P. A dignidade humana como fundamento da comunidade estatal. In: SARLET, I.W. *Dimensões da dignidade: ensaios de filosofia do direito e direito constitucional*. Porto Alegre: Livraria do Advogado, 2005, p. 89-152.

HESSE, K. *Elementos de direito constitucional da República Federal da Alemanha*. Trad. Luís Afonso Heck. Porto Alegre: Fabris, 1998.

JUCOVSKY, V.L. Meios de defesa do meio ambiente: ação popular e participação pública. *Revista de Direito Ambiental*, n. 17, jan.-mar. 2000, p. 65-122.

LEÃO, M.B.C. *Direitos humanos e meio ambiente: mudanças climáticas, "refugiados" ambientais e direito internacional*. Disponível em: http://www.nima.puc-rio.br/aprodab/artigos/clima_e_refugiados_ambientais_marcia_brandao_carneiro_leao.pdf. Acessado em: 23 set. 2010.

MACHADO, P.A.L. *Direito à informação e meio ambiente*. São Paulo: Malheiros, 2006.

MANCUSO, R.C. *Interesses difusos*: conceito e legitimação para agir. 6.ed. São Paulo: Revista dos Tribunais, 2004.

_____. *Ação Popular: proteção do erário, do patrimônio público, da moralidade administrativa e do meio ambiente*. 3.ed. São Paulo: Revista dos Tribunais, 1998.

MARINONI, L.G. *Teoria geral do processo*. São Paulo: Revista dos Tribunais, 2006.

MAZZILLI, H.N. *A defesa dos interesses difusos em juízo*. 15.ed. São Paulo: Saraiva, 2002.

MENDES, G.F. *Direitos fundamentais e controle de constitucionalidade*. 3.ed. São Paulo: Saraiva, 2004.

MILARÉ, É. *Direito do ambiente*. 5.ed. São Paulo: Revista dos Tribunais, 2007.

MIRANDA, J. *Manual de direito constitucional*. Tomo IV, Direitos Fundamentais. 3.ed. Coimbra: Coimbra, 2000.

DIREITO AMBIENTAL E SUSTENTABILIDADE

MIRRA, Á.L.V. Associações civis e a defesa dos interesses difusos em juízo: do direito vigente ao direito projetado. In: GRINOVER, A.P., CASTRO MENDES, A.G., WATANABE, K. *Direito processual coletivo e o Anteprojeto de Código Brasileiro de Processos Coletivos.* São Paulo: Revista dos Tribunais, 2007, p. 114-135.

MORAIS, J.L.B. *Do direito social aos interesses transindividuais: o Estado e o Direito na ordem contemporânea.* Porto Alegre: Livraria do Advogado, 1996.

MORATO LEITE, J.R. Estado de direito do ambiente: uma difícil tarefa. In: _____. *Inovações em direito ambiental.* Florianópolis: Fundação Boiteux, 2000a, p. 13-40.

_____. Ação popular: um exercício da cidadania ambiental?. In: *Revista de Direito Ambiental*, n. 17, jan.-mar., 2000b, p. 123-140.

PEREIRA DA SILVA, V. *Verde cor de direito: lições de Direito do Ambiente.* Coimbra: Almedina, 2002.

PINHO, H.D.B. A legitimidade da Defensoria Pública para a propositura de ações civis públicas: primeiras impressões e questões controvertidas. In: SOUSA, J.A.G. *A Defensoria Pública e os processos coletivos: comemorando a Lei Federal 11.448, de 15 de janeiro de 2007.* Rio de Janeiro: Lumen Juris, 2008, p. 169-187.

PURVIN DE FIGUEIREDO, G.J. *A propriedade no direito ambiental.* 3.ed. São Paulo: Revista dos Tribunais, 2008a.

_____. Legitimidade ativa da Defensoria Pública em ações civis públicas. In: SOUSA, J.A.G. *A Defensoria Pública e os processos coletivos: comemorando a Lei Federal 11.448, de 15 de janeiro de 2007.* Rio de Janeiro: Lumen Juris, 2008b, p. 161-167.

REVISTA DE DIREITO AMBIENTAL. São Paulo: RT, n. 46, abr./jun. 2007, p. 357-363.

SÃO PAULO. *Regras de Brasília sobre Acesso à Justiça das Pessoas em Condições de Vulnerabilidade (2008).* Disponível em: http://www.defensoria.sp.gov.br/dpesp/repositorio/0/100%20Regras%20de%20Acesso%20%c3%a0%20Justi%c3%a7a.pdf. Acessado em: 23 set. 2010.

SARAIVA NETO, P. *A prova na jurisdição ambiental.* Porto Alegre: Livraria do Advogado, 2010.

SARLET, I.W. *A eficácia dos direitos fundamentais: uma teoria geral dos direitos fundamentais na perspectiva constitucional.* 10.ed. Porto Alegre: Livraria do Advogado, 2009a.

_____. *Dignidade da pessoa humana e direitos fundamentais na Constituição Federal de 1988.* 7.ed. Porto Alegre: Livraria do Advogado, 2009b.

_____. *Estado socioambiental e direitos fundamentais.* Porto Alegre: Livraria do Advogado, 2010.

SCHÄFER, J. *Classificação dos direitos fundamentais: do sistema geracional ao sistema unitário.* Porto Alegre: Livraria do Advogado, 2005.

SOUSA, J.A.G. *A Defensoria Pública e os processos coletivos: comemorando a Lei Federal 11.448, de 15 de janeiro de 2007.* Rio de Janeiro: Lumen Juris, 2008a.

_____. A Nova Lei 11.448/07, os escopos extrajurídicos do processo e a velha legitimidade da Defensoria Pública para ações coletivas. In: _____. *A Defensoria Pública e os processos coletivos: comemorando a Lei Federal 11.448, de 15 de janeiro de 2007.* Rio de Janeiro: Lumen Juris, 2008b, p. 189-258.

WEIS, C. *Direitos humanos contemporâneos.* 2.ed. São Paulo: Malheiros, 2010.

ZAVASCKI, T.A. *Processo coletivo: tutela de direitos coletivos e tutela coletiva de direitos.* São Paulo: Revista dos Tribunais, 2006.

Agências Reguladoras e Desenvolvimento Sustentável | 35

Fernando Quadros da Silva
Tribunal Regional Federal, 4ª Região

REGULAÇÃO ECONÔMICA E SUSTENTABILIDADE

A busca do desenvolvimento econômico e social que assegure a livre iniciativa e os demais direitos inerentes à Ordem Econômica exige que o Estado intervenha na atividade econômica, diretamente, fornecendo serviços ou materiais, e normativamente, por meio da regulação da economia.[1]

A atividade reguladora do Estado brasileiro (art. 174, CF/88) assume especial relevo pois busca harmonizar o incremento da atividade econômica com a persecução dos objetivos fixados pelo constituinte. Fiscalização, incentivo e planejamento são instrumentos de atuação estatal que devem compatibilizar iniciativa privada, bem comum e sustentabilidade.

---

[1] Cf. a Constituição Federal. A defesa do meio ambiente é um dos princípios que devem nortear a atividade econômica (art. 170, VI). Além da defesa do meio ambiente, o constituinte de 1988, no art. 170, estabeleceu outros princípios que devem ser observados pelo Estado e pela sociedade no desempenho de atividades econômicas: soberania nacional, propriedade privada que atenda à função social, livre concorrência, defesa do consumidor, redução das desigualdades regionais e sociais e proteção das empresas de pequeno porte.

A regulação como modalidade de intervenção indireta na economia decorre de uma tendência mundial. Os estados deixaram de intervir diretamente na atividade econômica. Abandonaram a estratégia de possuir empresas que prestam serviços ou constroem obras e passaram a adotar o modelo de estado gerencial e regulador (Chevalier, 2009).

Os agentes econômicos privados, empresas privadas e organizações sociais passaram a prestar os serviços públicos e construir as obras para os governos, que reservaram a si a regulação de tais atividades (Marques, 2003).

Paralelamente a esse chamamento da iniciativa privada para colaborar com a Administração Pública, o conceito de desenvolvimento passou a ser ampliado. Nos dias atuais diz-se comumente que progresso humano deve ser sustentável; vale dizer, deve ser obtido de maneira a garantir os direitos das gerações futuras.

A própria Constituição Federal, ao lado de assegurar o direito ao meio ambiente equilibrado, impõe ao Poder Público, federal, estadual e municipal, o dever de defendê-lo e preservá-lo para as presentes e futuras gerações (art. 225, CF/88).

A exigência de sustentabilidade influencia o próprio conceito de regulação econômica, ou seja, exige que a função regulatória amplie os elementos que serão alvo de sua atuação.

Costuma-se mencionar as ondas regulatórias para destacar essa alteração de enfoque regulatório. Marçal Justen Filho (2002, p. 38) sintetiza didaticamente essa evolução da postura regulatória estatal:

> Em um primeiro momento a regulação econômica buscava apenas suprir as "falhas de mercado", como livre concorrência, liberdade de informação, qualidades dos produtos. A segunda onda regulatória, chamada de Regulação Social, parte da constatação de que mesmo o funcionamento perfeito do mercado não é suficiente para atingir determinados fins do interesse comum. O Estado não é apenas um "corretor de defeitos econômicos" devendo atuar para atingir valores não econômicos, tais como aqueles relacionados ao meio ambiente, aos direitos das minorias e outros bens imateriais.

No que se refere ao meio ambiente, Juarez Freitas ensina que a regulação pública tem de passar pelas transformações de fundo, com incorporação do que há de melhor no paradigma da sustentabilidade e que Estado-Administração deve ser "autenticamente comprometido com o primado da Constituição e voltado precipuamente a promover, de maneira coesa e universalizada, o desenvolvimento humano" (Freitas, 2011, p. 119).

Não se concebe mais o exercício de qualquer atividade econômica sem a preocupação com a preservação do meio ambiente, e esse novo paradigma de atuação exige dos órgãos reguladores uma nova postura.

Apenas para exemplificar, uma agência encarregada de regular o transporte de passageiros, tradicionalmente centrava sua atuação no estabelecimento das rotas e horários, na segurança e no conforto dos passageiros e na fixação dos valores das tarifas. A sustentabilidade exigida nos tempos atuais impõe à agência, também, o dever de verificar se os veículos utilizam o combustível menos poluente e se são fabricados com matéria-prima sustentável, se os horários de trabalho dos condutores e se o serviço é acessível às pessoas portadoras de necessidades especiais e aos idosos.[2]

Nesse cenário de regulação da economia que busca eficiência econômica e sustentabilidade, assume especial relevo a atuação das agências reguladoras, pois são instrumentos funcionais de atuação interventiva do Estado na economia e têm a missão de garantir o desenvolvimento sustentável.

REGULAÇÃO POR AGÊNCIAS E AS "ONDAS" REGULATÓRIAS

As agências reguladoras foram criadas nos Estados Unidos no século XIX para fazer frente aos desafios de regular setores da economia que exigiam a intervenção do poder público.

Desde o início, o traço marcante da regulação por meio de agências é a independência que lhes é atribuída, justificada pela possibilidade de atribuir a um órgão técnico e dotado de notória especialização, a realização de uma intervenção adequada em setores econômicos (Freitas e Silva, 2014, p. 27).

Como ensina M. Bernstein (1977), essa peculiar forma de organização por "comissões" (ou agências) é defendida por aqueles que creem que a regulação administrativa requer alto grau de experiência, domínio dos detalhes técnicos, continuidade e estabilidade das políticas públicas.

Moreno Molina (1995) aponta os argumentos clássicos em favor da regulação por meio de agências reguladoras independentes: A) imparciali-

---

[2] A Lei n. 10.233, de 05.06.2001, que criou a Agência Nacional de Transporte Terrestre (ANNT) e a Agência Nacional de Transporte Aquaviário (Antaq) estabeleceu que a regulação dos transportes aquaviários e terrestres deve "[...] V – compatibilizar os transportes com a preservação do meio ambiente, reduzindo os níveis de poluição sonora e de contaminação atmosférica, do solo e dos recursos hídricos."

dade resolutória; B) experiência e técnica decorrente da especialização; C) colegialidade dos órgãos diretivos; D) continuidade da política pública desenvolvida pela agência; E) isolamento da política partidária e F) incapacidade das estruturas administrativas tradicionais de gerir os desafios modernos da atividade regulatória.

O mesmo Moreno Molina (1995) sistematiza as críticas que comumente se faz ao modelo das agências: A) a regulação não pode ser realizada "fora" da política, pois toda intervenção na economia faz parte de um programa político. O isolamento da política pode ensejar o surgimento de uma tecnocracia, insensível aos problemas sociais; B) na prática, por diversos fatores, nem sempre o ideal de "agência especializada" se torna realidade; C) a especialização e a atuação setorial fazem com que as agências se identifiquem com o setor regulado, produzindo o fenômeno denominado "captura regulatória[3]"; D) déficit democrático diante da ausência de participação dos administrados nas decisões das agências.

A regulação de serviços públicos ou de outras atividades econômicas socialmente relevantes exige que o órgão técnico faça opções, decida qual a melhor forma de prestar um serviço, qual a melhor tecnologia disponível ou até mesmo qual a melhor forma de remunerar a prestação do serviço. É inegavelmente uma escolha motivada por questões técnicas.

Diz-se, nesse caso, que a agência atua com certa discricionariedade técnica, pois a celeridade e a continuidade do serviço não podem estar submetidas a todas as solenidades e vicissitudes dos trabalhos parlamentares[4].

Com a liberalização econômica, outros países, inspirados na exitosa experiência norte-americana, passaram a adotar o modelo de regulação por

---

[3] A captura regulatória tem sido apontada como um dos principais riscos da regulação por agências. Embora as agências sejam concebidas e criadas com a missão de regular de maneira imparcial determinada atividade econômica, muitas vezes, a prolongada e próxima convivência de reguladores e regulados leva a agência a atuar em benefício dos setores econômicos regulados com prejuízo dos consumidores e de outros agentes econômicos que pretende ingressar naquele setor. Para afastar tais riscos, o legislador brasileiro incluiu "quarentenas" para os dirigentes que deixam as agências e o processo decisório foi estudado para permitir transparência nas decisões. Para exemplificar, veja-se o disposto no art. 8º, da Lei n. 9.986, de 18.07.2000, que dispõe sobre a gestão de recursos humanos das agências reguladoras: "Art. 8º Terminado o mandato, *o ex-dirigente ficará impedido*, por um período de quatro meses, contado da data do término do seu mandato, de prestar qualquer tipo de serviço no setor público ou a empresa integrante do setor regulado pela Agência".

[4] Clève (1993). Na década de 1980, o autor já constatava as dificuldades operacionais dos parlamentos no trato de questões que demandassem soluções técnicas e rápidas dando ensejo ao exercício de competências legislativas pelo Poder Executivo.

meio de agências. A Comunidade Europeia, embora inicialmente de forma relutante, a partir de 1975 passou a contar com uma rede de agências, que atualmente soma 25 entidades, dotadas de amplos poderes de investigação, aplicação de sanções e licenciamento de atividades (Sauer, 2008-2009).

No Brasil, a adoção do modelo de regulação por agências não se fez sem ácidas críticas doutrinárias. Arianne de Brito Rodrigues Cal sintetiza o pensamento corrente e compreensível na doutrina nacional então vigente, fruto de um ordenamento administrativo que sofreu forte inspiração francesa e italiana:

> [...] o direito brasileiro em nada tem de comum com o direito norte-americano, e, ao se importar um instituto de outro país, deve-se adaptá-lo ao ordenamento jurídico nacional, a fim de que o mesmo não seja acometido de uma inconstitucionalidade flagrante (Cal, 2003, p. 164).

Não obstante as críticas, diante do modelo que efetivamente se consolidou por opção do legislador e pelos imperativos práticos decorrentes do fenômeno regulatório, prefere-se vislumbrar nas diferenças de modelo norte-americano e brasileiro as possibilidades de controle judicial e a redefinição das funções do Poder Executivo[5].

Embora a terminologia possa variar[6], as características essenciais que distinguem as agências reguladoras são: um órgão independente e especializado,

---

[5] Sebastião Botto de Barros Tojal lembra que as agências norte-americanas têm duas características que as diferenciam do modelo brasileiro: a forma de operação fortemente publicizada e a subordinação diretamente ao Congresso, e que essas diferenças são marcantes para a definição das formas de controle do poder normativo das agências (Tojal, 2002).

[6] A terminologia adotada para denominar os entes regulatórios independentes é variada: Nos Estados Unidos se utilizam os termos *independent regulatory agency, regulatory commissions, regulatory board, service, authority, bureau* para denominar uma agência independente. Entre as dezenas de agências existentes no sistema norte-americano, podem ser citadas, exemplificativamente: Foods and Drugs Administration (FDA), Environmental Protection Agency (EPA), Farm Service Agency, Federal Energy Regulatory Commission, Agency for Healthcare Research and Quality, Federal Aviation Administration, Surface Transportation Board, Federal Energy Regulatory Commision, Amtrak (National Railroad Passenger Corporation), Consumer Product Safety Commission, Equal Employment Opportunity Commission, Federal Communications Commission, Federal Labor Relations Authority, Federal Trade Commission (FTC), Merit Systems Protection Board, National Labor Relations Board, National Transportation Safety Board, Nuclear Regulatory Commission, Occupational Safety and Health Review Commission, Postal Regulatory Commission, Social Security Administration, Tennessee Valley Authority.

DIREITO AMBIENTAL E SUSTENTABILIDADE

que adota soluções técnicas e atua para garantir o adequado funcionamento de um setor da economia, com postura equidistante das partes envolvidas.

A EXPERIÊNCIA BRASILEIRA DE REGULAÇÃO POR AGÊNCIAS

A Constituição faz expressa referência a "órgãos reguladores" apenas para os setores de telecomunicações e de petróleo. Nos arts. 21, XI, e 177, III, com a redação das Emendas Constitucionais ns. 8/95 e 9/95, está prevista a criação, por lei, de "órgão regulador" para os serviços de telecomunicações e para o monopólio do petróleo.

A carta política não trata da independência nem adota a terminologia "agência". Foi o legislador infraconstitucional, ao instituir os entes reguladores, quem passou a denominá-los "agências reguladoras", conferindo-lhes

---

No âmbito da União Europeia a terminologia empregada é agência, escritório (*office*) ou centro (*centre*): Agency for the Cooperation of Energy Regulators (Acer), Community Fisheries Control Agency (CFCA), Community Plant Variety Office (CPVO), European Agency for Safety and Health at Work (EU-Osha), European Agency for the Management of Operational Cooperation at the External Borders (Frontex), European Asylum Support Office (at planning stage) (Easo), European Aviation Safety Agency (Easa), European Centre for Disease Prevention and Control (ECDC), European Chemicals Agency (Echa), European Environment Agency (EEA), European Food Safety Authority (EFSA), European Maritime Safety Agency (EMSA), European Medicines Agency (EMA), European Railway Agency (ERA), European Union Agency for Fundamental Rights (FRA), Office for Harmonisation in the Internal Market (Trade Marks and Designs) (OHIM), European Agency for the Evaluation of Medicinal Products (Emea).

Na França: *agences de services public ou autorités administratives indépendantes;* Na Espanha: *administraciones independiente.* Na Itália, *autoritá independenti.* Na Alemanha, a terminologia preferida tradicionalmente é "autoridade federal superior independente" (*selbstständige Bundesoberbehörde*), como o Instituto Federal de Medicamentos e Dispositivos Médicos; em alemão, Bundesinstitut für Arzneimittel und Medizinprodukte (BfArM). Contudo, mais recentemente passou-se também a empregar o termo agência: Die Bundesnetzagentur für Elektrizität, Gas, Telekommunikation, Post und Eisenbahnen, para a agência federal que regula os serviços de eletricidade, gás, telecomunicações, correios e estradas de ferro. Em Portugal, as autoridades reguladoras independentes são: o Banco de Portugal, a Comissão do Mercado de Valores Mobiliários (CMVM), a Entidade Reguladora do Sector Elétrico (Erse), o Instituto dos Seguros de Portugal (ISP) e a Autoridade Nacional de Comunicações (Anacom).

Conforme levantamento feio por Márcio Chalegre Coimbra, os EUA contam com 72 agências reguladoras, o Canadá com quinze, a Argentina com doze, Dinamarca com nove, Holanda com sete, Alemanha e Suíça com seis, China com cinco e França quatro (Coimbra, 2000).

a natureza de autarquias especiais e os respectivos atributos típicos de entidades independentes (Cuéllar, 2008).

Diversas agências reguladoras foram criadas, tanto na esfera federal como nos estados e municípios e são importantes protagonistas na condução de políticas públicas, produzindo muitas decisões relevantes e interferindo nas relações econômicas.

Tome-se como exemplo o caso da Agência Nacional de Telecomunicações (Anatel), que declara ser sua missão "promover o desenvolvimento das telecomunicações do país de modo a dotá-lo de uma moderna e eficiente infraestrutura de telecomunicações, capaz de oferecer à sociedade serviços adequados, diversificados e a preços justos, em todo o território nacional"[7].

A ideia de atribuir a regulação de um setor a um órgão descentralizado, dotado de alguma autonomia e com funções interventivas não é novidade no ordenamento nacional. A partir dos anos 1930, foram criadas diversas entidades às quais foram atribuídas funções reguladoras importantes, entre as quais se podem destacar: O Departamento Nacional do Café (posteriormente, denominado Instituto Brasileiro do Café – IBC), o Instituto do Açúcar e do Álcool (IA) (1933), o Instituto Nacional do Mate (INM) (1938), Instituto Nacional do Sal (1940), o Instituto Nacional do Pinho (1941). Mais tarde, foram criados a Comissão Nacional de Energia Nuclear (1956), o Conselho Administrativo de Defesa Econômica (Cade) (1962) e o Banco Central do Brasil (Bacen) (1964).

A similaridade entre esses antigos órgãos reguladores e as agências criadas a partir de 1996 é mínima. O grande diferencial das atuais agências é

---

[7] A Anatel é a que tem um perfil regulador mais bem definido. Trata-se de uma autarquia especial criada pela Lei Geral de Telecomunicações (Lei n. 9.472, de 16.07.1997). É uma agência administrativamente independente, financeiramente autônoma, não se subordina hierarquicamente a nenhum órgão de governo e suas decisões só podem ser contestadas judicialmente. Tem atribuições de outorga, regulamentação e fiscalização na área de telecomunicações. Entre as atribuições da Anatel, merecem destaque: implementar, em sua esfera de atribuições, a política nacional de telecomunicações; expedir normas quanto à outorga, à prestação e à fruição dos serviços de telecomunicações no regime público; administrar o espectro de radiofrequências e o uso de órbitas, expedindo as respectivas normas; expedir normas sobre prestação de serviços de telecomunicações no regime privado; expedir normas e padrões a serem cumpridos pelas prestadoras de serviços de telecomunicações quanto aos equipamentos que utilizarem; expedir ou reconhecer a certificação de produtos, observados os padrões e normas por ela estabelecidos; reprimir infrações dos direitos dos usuários; e exercer, relativamente às telecomunicações, as competências legais em matéria de controle, prevenção e repressão das infrações da ordem econômica, ressalvadas as pertencentes ao Conselho Administrativo de Defesa Econômica (Cade).

1108 | DIREITO AMBIENTAL E SUSTENTABILIDADE

justamente a concentração em um único órgão das diversas características que existiam isoladamente e dispersas em alguns órgãos autárquicos federais[8]. As agências atuais resultam da proposta de assegurar que a disciplina dos serviços públicos seja norteada por critérios não exclusivamente políticos.

A partir de 1996 foram criadas as seguintes agências reguladoras federais: Agência Nacional de Energia Elétrica (Aneel) (Lei n. 9.427/96), Agência Nacional de Telecomunicações (Anatel) (Lei n. 9.472/97), Agência Nacional do Petróleo, Gás Natural e Biocombustíveis (ANP) (Lei n. 9.478/97), Agência Nacional de Vigilância Sanitária (Anvisa) (Lei n. 9.782/99), Agência Nacional de Saúde Suplementar (ANS) (Lei n. 9.961/2000), Agência Nacional de Águas (ANA) (Lei n. 9.984/2000), Agência Nacional de Transportes Terrestres (ANTT) (Lei n. 10.233/2001), Agência Nacional de Transportes Aquaviários (Antaq) (Lei n. 10.233/2001), Agência Nacional do Cinema (Ancine) (MP n. 2.228-1/2001) e Agência Nacional de Aviação Civil (Anac) (Lei n. 11.182/2005).

A Aneel (Lei n. 9.427/96), a Anatel (Lei n. 9472/97), a ANTT (Lei n. 10.233/2001) e a Antaq (Lei n. 10.233/2001) atuam na regulação setorial dos serviços públicos.

Somente a Anatel e a ANP têm previsão constitucional (arts. 21, XI e art. 177, § 2º, II), o que para alguns seria o fundamento de poderes normativos mais amplos e maior independência regulatória em face do legislador.

A Agência Nacional do Petróleo, Gás Natural e Biocombustíveis (ANP) (Lei n. 9478/97), a Anac (Lei n. 11.182/2005) e a Ancine (MP2.228-1/2001) atuam como reguladores de atividade econômica em sentido estrito, vale dizer, são atividades reservadas constitucionalmente à iniciativa privada, sujeita a menores condicionamentos se comparada com a regulação dos serviços públicos.

A Anvisa e a ANS regulam as atividades em que a iniciativa privada atua em caráter suplementar ao Poder Público. A ANA (Lei n. 9.984/2000) foi criada para gerir os recursos hídricos.

Como já foi ressaltado anteriormente, diversos estados-membros e municípios criaram agências reguladoras[9] para gerir bens públicos ou para regular atividades econômicas, embora a configuração do Estado brasileiro e a técnica de repartição de competência adotada pela Constituição em vigor

---

[8] Nesse sentido, ver: Justen Filho (2012).

[9] Para um levantamento das agências reguladoras estaduais e municipais já criadas, ver: Guerra (2005).

deixe pouca margem para o exercício de uma regulação econômica ampla por parte dessas agências estaduais e municipais[10].

ATIVIDADE ADMINISTRATIVA E SUSTENTABILIDADE

Embora a Administração Pública seja organizada a partir de uma divisão racional de tarefas, que conduz à especialização setorial, alguns objetivos devem ser buscados por todos os órgãos. A atuação dos órgãos estatais deve ter sempre como pano de fundo uma mentalidade ou estratégia ecologicamente correta.

Embora nos primórdios a sustentabilidade tenha sido inspirada na ideia de uma postura ecologicamente correta, ou seja, focada na preservação do meio ambiente natural, com o passar do tempo o conceito se ampliou para abranger outras facetas e incluir qualquer atitude que influencie a totalidade do meio ambiente, natural ou artificial[11].

Em termos normativos, a ideia de um desenvolvimento sustentável tem um marco importante na Conferência das Nações Unidas sobre o Meio Ambiente Humano, que teve lugar em Estocolmo, em junho de 1972 e que adotou a concepção de que os Estados-partes deveriam "defender e melhorar o ambiente humano para as atuais e futuras gerações". Esse conceito de desenvolvimento sustentável restou consolidado na Conferência sobre Meio Ambiente e Desenvolvimento (ECO-92) realizada no Rio de Janeiro em 1992[12].

---

[10] Um retrato da proliferação das agências no ordenamento jurídico-administrativo é a criação em 1999 da Associação Brasileira de Agências de Regulação (Abar), que conta com 49 agências associadas (quinze municipais, 27 estaduais e sete federais). Disponível em: http://www.abar.org.br/historico.html. Acessado em: 05 fev. 2014.

[11] A ampliação do conceito de sustentabilidade, como a inclusão da questão social ao lado da proteção ao meio ambiente, primeiramente atende em parte às críticas de que o ser humano não é considerado pelos ecologistas. Há que se respeitar o ser humano para que este esteja em condições de respeitar a natureza. Sem entrar na discussão sobre a visão antropomórfica do direito, o fato é que, no mínimo, o ser humano é parte da natureza, talvez a parte mais importante. Além disso, há a questão da produção de energia. A economia precisa de energia para se desenvolver. Sem desenvolvimento as condições de vida do ser humano se deterioram.

[12] Em termos doutrinários e propositivos, foi o relatório "Nosso futuro comum", elaborado em 1987 pela Comissão Brundtland (Comissão Mundial sobre Meio Ambiente e Desenvolvimento, presidida pela Primeira-Ministra da Noruega, Gro Harlem Brundtland), que definiu como "sustentável" o "desenvolvimento que satisfaz às necessidades presentes, sem comprometer a capacidade das gerações futuras de suprir suas próprias necessidades".

Na Cúpula da Terra sobre Desenvolvimento Sustentável (Rio+10), realizada em Joanesburgo em 2002, essa concepção foi reafirmada e foi proposta a maior integração entre as três dimensões do desenvolvimento sustentável (econômica, social e ambiental).

Passou-se a exigir de todos, agentes públicos e privados, que busquem a viabilidade econômica, a justiça social e a diversificação cultural. A produção de bens e a prestação de serviços não devem: danificar o meio ambiente, poluir, empregar trabalho infantil, utilizar materiais proibidos ou danosos.

O conceito de sustentabilidade deve se aplicar de maneira generalizada a todas as atividades com conteúdo econômico, lucrativas ou não. Para que um empreendimento seja considerado sustentável, deve atender às exigências do direito ambiental, ser economicamente eficiente, socialmente justo e desenvolvido com respeito à diversidade cultural.

A partir de convenções internacionais, o conceito passa lentamente a integrar a legislação interna. Novas posturas passam a ser exigidas do Administrador, dos dirigentes de agências, dos gestores públicos em geral. Quando foi publicada a Lei de Licitações em 1993 (Lei n. 8.666/93), a mentalidade corrente era que a Administração Pública deveria adquirir bens e serviço da maneira mais vantajosa possível, ou seja, o melhor produtor ou técnica disponível com o menor preço.

A alteração da mesma legislação no ano de 2010, introduziu um novo conceito de licitação para compatibilizá-lo com as exigências da sustentabilidade. O art. 3º, da Lei n. 8.666/93, passa a exigir que a licitação assegure não somente a isonomia e a proposta mais vantajosa, mas também "a promoção do desenvolvimento sustentável"[13].

A Administração Pública federal passa também a fixar critérios para balizar e orientar a atuação de seus agentes. Foi criada a Comissão Interministerial de Sustentabilidade na Administração Pública (Cisap) ao mesmo tempo em que foram estabelecidas diretrizes de sustentabilidade[14].

---

[13] Lei n. 8.666/93 (Lei de Licitações): "Art. 3º A licitação destina-se a garantir a observância do princípio constitucional da isonomia, a seleção da proposta mais vantajosa para a administração e a *promoção do desenvolvimento nacional sustentável* e será processada e julgada em estrita conformidade com os princípios básicos da legalidade, da impessoalidade, da moralidade, da igualdade, da publicidade, da probidade administrativa, da vinculação ao instrumento convocatório, do julgamento objetivo e dos que lhes são correlatos" (Redação dada pela Lei n. 12.349/2010). Grifou-se.

[14] Para demonstrar que a sustentabilidade ultrapassa os limites da preservação do meio ambiente, veja-se o teor do Decreto n. 7.746/2012, da Presidente da República: "Art. 4º São

AGÊNCIAS DE REGULAÇÃO SETORIAL E A REGULAÇÃO TRANSVERSAL

As agências são concebidas e organizadas a partir da ideia da especialização e da atuação em determinado setor regulado, ou seja, são idealizadas como agências setoriais (Silva, 2014, p. 39).

Para cada setor economicamente relevante e complexo (mercado financeiro, transportes terrestres, energia, telecomunicações, saúde, vigilância sanitária, transportes aquaviários) é criada uma agência reguladora correspondente com a missão de regular aquele setor[15].

Contudo, alguns aspectos ultrapassam os limites da atuação setorial e devem ser buscados pela chamada regulação transversal, como a regulação da concorrência, a regulação ambiental e a regulação dos direitos do consumidor.

---

diretrizes de sustentabilidade, entre outras: I – menor impacto sobre recursos naturais como flora, fauna, ar, solo e água; II – preferência para materiais, tecnologias e matérias-primas de *origem local*; III – maior eficiência na utilização de *recursos naturais* como água e energia; IV – maior *geração de empregos*, preferencialmente com mão de obra local; V – *maior vida útil e menor custo de manutenção* do bem e da obra; VI – uso de inovações que reduzam a pressão sobre recursos naturais; e VII – origem ambientalmente regular dos recursos naturais utilizados nos bens, serviços e obras" (sem grifos no original).

[15] Conforme a classificação feita por Marcos Juruena Villela Souto, a atividade regulatória das agências pode ser dividida em três categorias: A) atos de *regulação normativa*; B) atos de *regulação executiva* e C) atos de *regulação judicante*. Na categoria dos atos de regulação executiva se enquadram as autorizações e o ingresso de um agente econômico em um determinado segmento regulado. Também se enquadram nessa categoria os atos de fiscalização, de fixação de tarifas e de interpretação regulatória. A regulação normativa, por sua vez, cuida de explicitar os comandos técnicos voltados para o cumprimento dos direitos e deveres previstos na legislação específica. Por fim, a regulação judicante compreenderia os atos desenvolvidos pelas agências para solucionar conflitos, utilizando a mediação, a conciliação e a arbitragem administrativa, distinta da arbitragem comercial. Como exemplo de regulação normativa temos a Resolução n. 2.510-Antaq, de 19.06.2012, que aprova a norma para outorga de autorização à pessoa jurídica que tenha por objeto o tranporte aquaviário para operar nas navegações de longo curso, cabotagem, apoio marítimo e apoio portuário (Souto, 2005, p. 58). Como exemplo de regulação executiva, pode-se mencionar a Resolução n. 3.063-Antaq, de 13.09.2013, que "defere pedido de autorização, em caráter especial e de emergência, para o desembarque e recebimento de quatro guindastes e seus acessórios na instalação portuária do Estaleiro de Inhaúma, no Rio de Janeiro, programado para o período compreendido entre os dias 17 e 19 de setembro de 2013". Souto (2005) também destaca que a regulação normativa não configura delegação legislativa tampouco exercício do poder regulamentar, privativo do Chefe do Poder Executivo. Lembra, ainda, os limites impostos pelo princípio da legalidade: lei define as políticas públicas e regulação as implementa.

A respeito da relação entre regulação setorial e regulação transversal, é extremamente didática a lição de Fernando José Gonçalves (2008, p. 22) que ressalta:

> O principal motivo que leva à necessidade de existência de uma regulação de abrangência específica é definitivamente o caráter técnico de cada setor, que se tornaria uma barreira ao regulador transversal para o alcance do imbricado complexo de operações, sistemas e funcionamento de todos os setores. (...) Já no que tange à regulação transversal, o raciocínio é inverso. A intenção é regular de forma geral e padronizada os aspectos comuns e gerais presentes nos setores regulados. Tal como na defesa da concorrência já mencionada, os sistemas de proteção ambiental e de proteção ao consumidor também atingem os setores de forma transversal.

Essa coexistência de duas regulações – a transversal e a setorial – pode dar ensejo ao surgimento de conflitos regulatórios. Primeiramente porque as agências são fruto de experiência recente. Segundo, porque as frequentes alterações na estrutura da Administração Pública federal, estadual e municipal, com a criação e a extinção de órgãos, podem deixar margem às dúvidas sobre as atribuições dos novos órgãos. Terceiro, porque algumas áreas exigem a atuação de diversos órgãos reguladores, com objetivos e escopos diferentes.

Não são raros os casos em que uma outorga de exploração de serviço público esbarra na negativa de licença pelos órgãos encarregados do licenciamento ambiental. Ou ainda, a agência de telecomunicações pode autorizar determinada prática pelas operadoras do serviço que é considerada abusiva pelos órgãos de defesa do consumidor. O Banco Central pode autorizar a fusão de bancos e o Cade pode considerar essa concentração econômica nociva à livre concorrência.

Além desses conflitos entre agências, há sempre a possibilidade de conflitos entre as agências e o Chefe do Poder Executivo, talvez em face da tradição de concentração de poder, talvez porque a criação das agências exija um compartilhamento democrático de atribuições administrativas, fenômeno relativamente recente no ordenamento brasileiro (Silva, 2002, p. 48).

No que se refere ao meio ambiente e à sustentabilidade, ao poder concedente de serviços públicos o legislador passou a impor a obrigação de "zelar pela preservação do meio ambiente" (Lei Geral de Concessões, Lei n. 8.987/95, art. 29, X – incumbe ao poder concedente – estimular o aumento da qualidade, produtividade, preservação do meio ambiente e conservação).

Vale dizer, não basta a eficiência na prestação de serviços públicos, a satisfação do usuário, o equilíbrio financeiro, os serviços devem ser prestados com preservação do meio ambiente. A Agência Reguladora encarregada de fiscalizar tais serviços está obrigada a fiscalizar o respeito às normas de proteção ao meio ambiente.

As leis que instituíram as Agências Reguladoras preveem expressamente a responsabilidade das mesmas quanto à preservação do meio ambiente. A título de exemplo, pode-se citar a lei da ANP, qual seja, a Lei federal n. 9.478/97, de 06.08.1997, com suas posteriores alterações, que coloca como objetivos da política nacional de aproveitamento energético a proteção do meio ambiente e a conservação de energia (art. 1º, IV)[16,17].

A Lei federal n. 10.233, de 05 de junho de 2001, que criou a ANTT e a Antaq fixa como princípio norteador da atuação das duas agências a compatibilização dos serviços de transporte com "a preservação do meio ambiente", a redução da poluição sonora, da contaminação atmosférica, do solo e dos recursos hídricos.

A doutrina já se apercebeu da importância da busca da preservação do meio ambiental mesmo pelas agências reguladoras setoriais. Nesse sentido, Kátia Junqueira (2013) ressalta a necessidade de sinergia entre a atuação adequada e eficiente das Agências Reguladoras e a proteção do meio ambiente, que resulta em benefício não só dos usuários dos serviços públicos, mas da sociedade como um todo, já que a questão ambiental afeta a todos os cidadãos indistintamente. A autora destaca ainda que nos Estados Unidos a experiência exitosa das agências no desenvolvimento sustentável fez com que surgissem defensores da criação, no Brasil, de uma Agência Reguladora do Meio Ambiente, a partir do modelo da EPA.

Em suma, as agências reguladoras mesmo que tenham recebido do legislador a missão precípua de regular determinado setor, não devem deixar

---

[16] O legislador foi expresso. Lei n. 9.478/97. "Art. 8º A ANP terá como finalidade promover a regulação, a contratação e a fiscalização das atividades econômicas integrantes da indústria do petróleo, do gás natural e dos biocombustíveis, cabendo-lhe: IX fazer cumprir as boas práticas de conservação e uso racional do petróleo, gás natural, seus derivados e biocombustíveis e de preservação do meio ambiente".

[17] Lei n. 10.233, de 05.06.2001. "Art. 11. O gerenciamento da infraestrutura e a operação dos transportes aquaviário e terrestre serão regidos pelos seguintes princípios gerais: I – preservar o interesse nacional e promover o desenvolvimento econômico e social; II – assegurar a unidade nacional e a integração regional; III – proteger os interesses dos usuários quanto à qualidade e à oferta de serviços de transporte e dos consumidores finais quanto à incidência dos fretes nos preços dos produtos transportados; IV – assegurar, sempre que possível, que os usuários paguem pelos custos dos serviços prestados em regime de eficiência; V – compatibilizar os transportes com a preservação do meio ambiente, reduzindo os níveis de poluição sonora e de contaminação atmosférica, do solo e dos recursos hídricos". (grifo nosso).

de atuar para garantir o cumprimento da legislação ambiental e dos parâmetros que garantem a sustentabilidade na produção de bens e serviços.

CONSIDERAÇÕES FINAIS: A NECESSIDADE DE ATUAÇÃO DE TODAS AS AGÊNCIAS PARA GARANTIR O DESENVOLVIMENTO SUSTENTÁVEL

Embora se preconize a atuação de todas as agências reguladoras na aplicação da legislação ambiental não se desconhece a possibilidade de controvérsia, entre os destinatários da atividade regulatória ou mesmo entre as próprias agências.

Nessas hipóteses, caberá ao intérprete assegurar a atuação setorial da agência sem deixar de atentar para a complexidade da vida moderna que exige o desenvolvimento humano dentro de parâmetros de sustentabilidade.

Quanto a este aspecto, a jurisprudência do Superior Tribunal de Justiça registra um importante precedente. Num recurso especial, relatado pelo Ministro Hermann Benjamin, a 2ª Turma daquele importante tribunal superior manteve a eficácia e validade de auto de infração, lavrado pela Agência Nacional do Petróleo, Gás Natural e Biocombustíveis (ANP) com base na legislação ambiental.

O julgado acolheu a tese que reconhece a validade de atuação de agências na fiscalização da legislação ambiental, pois o Sistema Nacional de Meio Ambiente (Sisnama) é integrado por órgãos e entidades da União, Estados, Distrito Federal e Municípios, aí incluídos não somente os órgãos expressamente citados no art. 6º, da Lei n. 6.938/81, mas outros órgãos que recebem do legislador a tarefa de implementar a legislação ambiental, como o Ministério Público e as agências.

Da ementa consta:

> Assim, por força de disposição legal, a proteção do meio ambiente encontra-se imbricada no poder de polícia da ANP, sem que tal provoque ingerência indevida nas atribuições específicas dos órgãos ambientais, que mantêm sua natural competência à medida que a exploração e comercialização de petróleo, gás natural e biocombustíveis caracterizam atividade potencialmente poluidora.[18]

---

[18] STJ. REsp n. 1.142.377-RJ (2009/0102039-4), 2ª T., rel. Min. Hermann Benjamin, *DJe* 28.02.2012.

O importante julgado pontua ainda:

[...] No ordenamento jurídico brasileiro, o poder de polícia ambiental é prerrogativa inafastável dos órgãos de proteção do meio ambiente. Isso, porém, não quer dizer que o legislador esteja impedido de, em adição, atribuí-lo também a outras entidades públicas, postura que, antes de significar bis in idem, representa em verdade o reconhecimento de que o dano ambiental e as atividades capazes de causá-lo exigem, pela sua complexidade e múltiplas facetas, a conjugação do expertise de toda a Administração Pública, no sentido de assegurar a máxima efetividade nos esforços de prevenção, reparação e repressão.

A relevância do precedente recomenda menção expressa à ementa do precedente:

Processual civil e administrativo. Agência Nacional do Petróleo. Autuação por falha operacional danosa ao meio ambiente. Exercício legítimo do poder de polícia ambiental. Art. 8º, IX, da Lei 9.478/1997. Sistema Nacional de Meio Ambiente – Sisnama. Art. 6º da Lei 6.938/81. Multa aplicada com base no art. 3º, IX, da Lei 9.847/99. Alegação de ausência de motivação do ato punitivo. Súmula 7/STJ. Falta de prequestionamento.

1. Cuidam os autos de Ação Ordinária ajuizada pela Petrobras contra a Agência Nacional do Petróleo – ANP, visando a anular auto de infração por falha operacional ocorrida na Refinaria Presidente Getúlio Vargas – Repar, que acarretou vazamento de petróleo. 2. Um dos objetivos da Política Nacional de Energia é "proteger o meio ambiente" (art. 1º, IV), cabendo à Agência Nacional de Petróleo – ANP, entre outras competências legais, a "fiscalização das atividades econômicas integrantes da indústria do petróleo, do gás natural e dos biocombustíveis", sobretudo quanto a "fazer cumprir as boas práticas de ... preservação do meio ambiente" (art. 8º, IX, da Lei 9.478/1997). A multa administrativa, por sua vez, está embasada no art. 3º, IX, da Lei 9.847/1999, que pune "construir ou operar instalações e equipamentos necessários ao exercício das atividades abrangidas por esta Lei em desacordo com a legislação aplicável". 3. Assim, por força de disposição legal, a proteção do meio ambiente encontra-se imbricada no poder de polícia da ANP, sem que tal provoque ingerência indevida nas atribuições específicas dos órgãos ambientais, que mantêm sua natural competência à medida que a exploração e comercialização de petróleo, gás natural e biocombustíveis caracterizam atividade potencialmente poluidora, nos termos do art. 3º, II e III, da Lei 6.938/81. 4. No ordenamen-

to jurídico brasileiro, o poder de polícia ambiental é prerrogativa inafastável dos órgãos de proteção do meio ambiente. Isso, porém, não quer dizer que o legislador esteja impedido de, em adição, atribuí-lo também a outras entidades públicas, postura que, antes de significar *bis in idem*, representa em verdade o reconhecimento de que o dano ambiental e as atividades capazes de causá-lo exigem, pela sua complexidade e múltiplas facetas, a conjugação do expertise de toda a Administração Pública, no sentido de assegurar a máxima efetividade nos esforços de prevenção, reparação e repressão. 5. O Sistema Nacional do Meio Ambiente – Sisnama é integrado por todos os "órgãos e entidades da União, dos Estados, do Distrito Federal, dos Territórios e dos Municípios, bem como as fundações instituídas pelo Poder Público, responsáveis pela proteção e melhoria da qualidade ambiental" (art. 6º, *caput*, da Lei 6.938/81), o que abarca, em *numerus apertus*, não só aqueles listados, expressamente, nos vários incisos, como também os que, por força de lei, recebem poderes de implementação ambiental, como o Ministério Público e as agências governamentais especializadas ou temáticas. 6. A sanção penal ou administrativa ambiental pode se referir tanto à ocorrência do dano em si mesmo (= resultado da conduta degradadora) quanto, alternativa ou cumulativamente, à violação de exigências técnicas para o exercício da atividade ou do procedimento operacional do empreendimento (= *iter* da conduta degradadora). 7. Na hipótese dos autos, a sanção administrativa foi imposta à Petrobras, não pelo dano ambiental isoladamente considerado, mas pelo fato de a empresa ter violado dispositivo legal que pune, com multa, quem "construir ou operar instalações e equipamentos necessários ao exercício das atividades abrangidas por esta Lei em desacordo com a legislação aplicável" (art. 3º, IX, da Lei 9.847/1999), isto é, no caso, alteração das "condições de projeto do oleoduto", falha na sua "manutenção" e no "controle operacional por parte das equipes de operação do Terminal de São Francisco do Sul e da REPAR", que estão na origem do acidente. 8. A alegação de que o ato administrativo questionado nos autos é desprovido de motivação contraria a premissa fática do acórdão recorrido, de modo que sua análise demanda reexame dos elementos fático-probatórios dos autos, esbarrando no óbice da Súmula 7/STJ. 9. É inadmissível Recurso Especial quanto a questão inapreciada pelo Tribunal de origem, a despeito da oposição de Embargos Declaratórios. Incidência da Súmula 211/STJ. 10. Recurso Especial parcialmente conhecido e, nessa parte, não provido[19].

---

[19] STJ, REsp n. 1142377/RJ, 2ª T., rel. Min. Herman Benjamin, j. 18.03.2010, *DJe* 28.02.2012.

Espera-se que o precedente seja um marco no fortalecimento da atuação das agências reguladoras e na prevalência da concepção de que a regulação setorial não deve deixar de fiscalizar e exigir o cumprimento da legislação ambiental e dos demais aspectos que compõem os parâmetros de sustentabilidade.

A regulação setorial (telecomunicações, transportes, energia, combustível, águas, transportes, medicamentos, saúde) deve ser feita com observância da regulação emanada dos órgãos da regulação da concorrência (Cade) de proteção do meio ambiente (Ibama, ICMBio, órgãos ambientais estaduais e municipais) e de proteção ao consumidor (Procons).

Para prevenir conflitos entre agências reguladoras os dirigentes desses órgãos podem atuar preventivamente buscando uma atuação regulatória comum e harmônica, celebrando convênios e compartilhando informações.[20,21]

Portanto, a edição de resoluções conjuntas constitui uma realidade na atuação institucional das agências sendo um importante instrumento de prevenção de litígios e de aperfeiçoamento da consciência regulatória (Silva, 2014, p. 398)[22,23].

---

[20] Quanto a este aspecto, constitui um marco importante na história regulatória brasileira e um exemplo a ser seguido a aprovação pela Agência Nacional de Telecomunicações (Anatel), Agência Nacional de Energia Elétrica (Aneel) e Agência Nacional de Petróleo, Gás Natural e Biocombustíveis (ANP) de uma resolução conjunta "regulando o compartilhamento de infraestrutura entre os setores de telecomunicações, energia elétrica e petróleo". Ver: Resolução Conjunta n. 001, de 24.11.1999. Aprova o Regulamento Conjunto para Compartilhamento de Infraestrutura entre os Setores de Energia Elétrica, Telecomunicações e Petróleo. Disponível em: http://www.aneel.gov.br/cedoc/res1999001cj.pdf

[21] Tribunal de Contas da União. Plenário. Acórdão 511/2004. Rel. Adylson Motta, p. 113. "Recomendar: aos Ministros de Estado dos Transportes e das Comunicações, para ciência dos problemas discutidos nos presentes autos, bem como subsidiar esforços para obtenção de um entendimento entre a Anatel, o DNIT e a ANTT, quanto à fixação de valores das taxas de utilização de faixas de domínio em rodovias federais, incluídas as concedidas nos termos da Lei n. 8.987, de 1995, por concessionárias de serviços de telecomunicações". Disponível em: http://www.lexml.gov.br/urn/urn:lex:br:tribunal.contas.uniao;plenario:acordao:2004-05-05;511. Acessado em: 09 jun. 2015.

[22] O acordo (convênio) celebrado entre a ANP e o Cade e a Secretaria de Direito Econômico (SDE) tendo por objeto a delegação de fiscalização à ANP já foi objeto de questionamento incidental, tendo sido considerado válido pelo TRF da 3ª Região. TRF 3ª Região, 6ª Turma, APELREEX 1282778, Rel. Juiz Convocado Miguel di Pierro, *DJ* (S.3), 22.09.2008.

[23] A obrigatoriedade de as demais agências reguladoras comunicarem as infrações à ordem econômica ao Cade já foi reconhecida pelo TRF da 1ª Região: AC 200240000036327, 5ª T., rel. des. Selene Maria de Almeida, *e-DJF1* 31.10.2012, p. 1385. No mesmo sentido: REOMS n. 200834000130814, 6ª T., rel. Des. Daniel Paes Ribeiro, *e-DJF1* 16.03.2012, p. 622. Ementa: "administrativo e processual civil. Agência nacional de telecomunicações (Anatel). Represen-

DIREITO AMBIENTAL E SUSTENTABILIDADE

A atuação integrada e harmônica das agências reguladoras contribuirá para a obtenção do desenvolvimento sustentável com a preservação do meio ambiente.

REFERÊNCIAS

BARROSO, L.R. Agências reguladoras. Constituição, transformações do Estado e legitimidade democrática. *Revista de Direito Administrativo*, n. 229, p. 285-311, jul./set. 2002.

BERNSTEIN, M.H. *Regulating business by independent Commission*. Westport: Greeenwood Press, 1977.

CAL, A.B.R. *As agências reguladoras no direito brasileiro*. Rio de Janeiro: Renovar, 2003.

CHEVALLIER, J. *O Estado pós-moderno*. Trad. Marçal Justen Filho. Belo Horizonte: Fórum, 2009.

CLÈVE, C.M. *Atividade legislativa do poder executivo no estado contemporâneo e na Constituição de 1988*. São Paulo: RT, 1993.

COIMBRA, M.C. *Agências reguladoras*. Teresina: Jus Navigandi, v. 5, n. 46, 01 out. 2000. Disponível em: http://jus.com.br/revista/texto/454. Acessado em: 12 out. 2012.

CUÉLLAR, L. *As agências reguladoras e seu poder normativo*. São Paulo: Dialética, 2001.

_____. *Introdução às agências reguladoras brasileiras*. Belo Horizonte: Fórum, 2008.

FREITAS, J. *O controle dos atos administrativos e os princípios fundamentais*. 4.ed. São Paulo: Malheiros, 2009.

_____. *Sustentabilidade: Direito ao futuro*. Belo Horizonte: Fórum, 2011.

FREITAS, V. P.; SILVA, F. Q. (Org.) *Agências reguladoras no direito brasileiro: teoria e prática*. São Paulo: RT, 2014.

GONÇALVES, F.J. Autoridades regulatórias brasileiras e seus relacionamentos com as demais entidades do Poder Público. Curitiba, 2008. Dissertação (Mestrado). Universidade Federal do Paraná. Setor de Ciências Jurídicas. Disponível em: http://ds-

---

tação por infração à ordem econômica. Arquivamento. Necessidade de remessa do processo ao conselho administrativo de defesa econômica (Cade). Leis ns. 8.884/94 e 9.472/97. Mandado de segurança. Concessão. Sentença confirmada. 1. Representa violação ao direito líquido e certo da impetrante o não encaminhamento ao Cade de representação por infração à ordem econômica, por ela apresentada e arquivada pela Anatel, consoante disposto no art. 14, inciso VII, da Lei n. 8.884/94. 2. Sentença confirmada. 3. Remessa oficial desprovida.

pace.c3sl.ufpr.br/dspace/bitstream/handle/1884/14035/Disserta%C3%A7%C3%A3o%20Fernando.pdf?sequence=1&isAllowed=y. Acessado em: 21 fev. 2015.

GUERRA, S. *Controle judicial dos atos regulatórios.* Rio de Janeiro: Lumen Juris, 2005.

JUSTEN FILHO, M. *O direito das agências reguladoras independentes.* São Paulo: Dialética, 2002.

_____. *Curso de direito administrativo.* 8.ed. Belo Horizonte: Fórum, 2012.

JUNQUEIRA, K. Sinergia entre as agências reguladoras e o meio ambiente. *Revista Justiça e Cidadania.* Rio de Janeiro, n.152, 19 abr. 2013.

MARQUES, M.M.L.; MOREIRA, V. *A mão invisível: mercado e regulação.* Coimbra: Almedina, 2003.

MORENO MOLINA, A.M. *La administración por agencias en los Estados Unidos de Norteamérica.* Madrid: Boletin Oficial del Estado, 1995.

SAUER, J. The accountability of supranational administration: the case of European Union agencies. 24 Am. U. Int'l L. 440 (2008-2009).

SILVA, F.Q. *Controle judicial das agências reguladoras: aspectos doutrinários e jurisprudenciais.* Porto Alegre: Verbo Jurídico, 2014.

_____ *Agências reguladoras: sua independência e o princípio do estado democrático de direito.* Curitiba: Juruá, 2002.

SOUTO, M.J.V. *Direito administrativo regulatório.* 2.ed. Rio de Janeiro: Lumen Juris, 2005.

TOJAL, S.B.B. Controle judicial da atividade normativa das agências reguladoras. In: MORAES, A. *Agências reguladoras.* São Paulo: Atlas, 2002, p. 145-166.

Polícia Ambiental | **36**

Marcelo Robis Francisco Nassaro
Polícia Militar Ambiental, estado de São Paulo

INTRODUÇÃO

Dentro do contexto da obra *Direito Ambiental e Sustentabilidade*, no seu viés prático, parece adequado abordar o assunto que diz respeito à Polícia Ambiental, pois, além de pouco discutido nos meios acadêmicos, ela, em muitos estados, adota as conhecidas providências de polícia diante de crimes ambientais e impõe autos de infração ambiental.

No dia a dia do operador do direito, entender as atribuições da Polícia Ambiental, sua origem e funcionamento, quadros de chefia, regulamentos, entre outras coisas, ajuda a esclarecer sua atuação e, especialmente, apontar à sociedade a relevância de uma polícia de proteção do meio ambiente como ferramenta fundamental de prevenção e repressão aos crimes e infrações administrativas ambientais.

Oportuno, porém, lembrar que a ideia não é aprofundar o conhecido poder de polícia ensinado nos bancos escolares na cadeira de Direito Administrativo nem o mais específico e recente poder de polícia administrativa ambiental, mencionado por Édis Milaré (2011)[1], e, sim, apresentar ao leitor a Polícia Ambiental como integrante da instituição Polícia Militar.

UM BREVE HISTÓRICO DA ORIGEM DA POLÍCIA AMBIENTAL NO BRASIL – COM INÍCIO NO ESTADO DE SÃO PAULO

O revogado Código Florestal[2] de 1934 é apontado como precursor legal da moderna Polícia Ambiental[3] no Brasil. Nele há um capítulo intitulado Polícia Florestal que no § 3º, art. 56, faz a seguinte previsão:

> § 3º Os governos dos estados e municípios, organizarão os serviços de fiscalização e guarda das florestas dos seus territórios, na conformidade dos dispositivos deste código e das instruções gerais das autoridades da União, e cooperarão com estas no sentido de assegurar a fiel observância das leis florestais.

Getúlio Vargas, em 1940, por meio do Decreto-lei n. 2.014, de 13 de fevereiro, reforçou a ideia da execução, pelos estados, de um serviço de guarda e preservação das florestas, seguindo o que já estava previsto no Código Florestal de 1934. A redação do art. 1º é a seguinte: "Art. 1º Os Estados ficam autorizados a promover a guarda e fiscalização das florestas, bem como a exercer as funções necessárias à execução do Código Florestal nos seus territórios".

Em 1943, por meio do Decreto-lei n. 13.487, editado pelo então interventor do governo federal no Estado de São Paulo, Fernando Costa, instituiu-se a Polícia Florestal[4] paulista, com o objetivo de cumprir o vigente e mencionado Código Florestal de 1934.

Ao contrário do que se poderia imaginar em razão do nome dado, a Polícia Florestal do Estado de São Paulo foi concebida, inicialmente, desmilitarizada e com efetivo próprio previsto de 520 guardas (não policiais), subordinados a um Delegado de Polícia de 2ª Classe, intitulado Delegado de

---

[1] "O poder de polícia administrativa ambiental é exercido mais comumente por meio de ações fiscalizadoras, uma vez que a tutela administrativa do ambiente contempla medidas corretivas e inspectivas, entre outras […]".

[2] Decreto federal n. 23.793, de 23.01.1934.

[3] Nesse sentido, ver: Nomura (2004).

[4] O Decreto dispôs sobre os recursos financeiros para o desenvolvimento dos serviços florestais, organizou o serviço de fiscalização e guarda das florestas e deu outras providências.

Polícia Florestal. Essa autoridade de carreira da Polícia Civil foi colocada à disposição pela Secretaria da Segurança Pública para atuar na Secretaria da Agricultura, subordinada à Diretoria do Serviço Florestal. Essa última foi a pasta do governo que abrigou originariamente a Polícia Florestal paulista.

Além da criação da Polícia Florestal, em cumprimento ao art. 56, § 3º do Código Florestal de 1934, o Decreto-lei n. 13.487, de 1943, descreveu suas atribuições fundamentais da seguinte forma:

> Art. 16. Incumbe à Polícia Florestal os serviços de fiscalização e guarda das florestas existentes no território do Estado, das reservas florestais oficiais, e, ainda, cumprir e fazer cumprir as determinações de autoridade competente no tocante à defesa das matas, ao reflorestamento e à caça e pesca.
>
> Art. 19. Além das atribuições que lhe são conferidas pelo Código Florestal, os guardas exercerão vigilância especial no que se refere aos balões que provocam incêndios em florestas e plantações e aos aceiros para evitar a propagação do fogo nas matas.

Indubitavelmente, tais atribuições, entre outras, são as que permanecem estampadas hoje na Polícia Ambiental, garantindo a essa legislação todo o pioneirismo que ela merece.

Conforme o art. 22 desse Decreto, demais atribuições e deveres dos guardas florestais da Polícia Florestal deveriam ser estabelecidos por meio de um regulamento, a ser expedido em até 120 dias, o que não ocorreu nesse prazo.

Em 19 de outubro de 1945, foi editado o Decreto-lei n. 15.143, que reorganizou o Serviço Florestal[5] do Estado de São Paulo e o art. 10 descreve os instrumentos legais a que a Polícia Florestal deveria observar, até que fosse baixado o regimento[6] do Serviço Florestal. A redação original é a seguinte:[7]

> Art. 10. Até que seja baixado o *Regimento Interno* do Serviço Florestal, a repartição se regerá, no que couber, pelo Decreto 13.978, de 12 de maio de 1944, e, relativamente, a polícia florestal, pelo Decreto 23.793, de 23 de janeiro de 1934

---

[5] Estabelecido pelo Decreto n. 12.360-A, de 01.12.1941.

[6] Apesar de o Decreto-lei n. 13.487, de 1943, falar em regulamento, o Decreto-lei n. 15.143, de 1945, mudou o formato da norma para regimento.

[7] Foram feitas correções nos números das normas do texto original obtido junto ao site da Assembleia Legislativa do Estado de São Paulo (www.al.sp.gov.br).

e Decreto-lei 2.014 de 13 de fevereiro de 1940, ambos federais e, pelo decreto-lei 13.487, de 28 de julho de 1943. (grifo nosso)

De fato, o formato final é de um regulamento para a Polícia Florestal, editado em 1949, por meio do Decreto n. 19.008-A, de 14 de dezembro, pelo então governador Adhemar de Barros.

Oficiais e praças da Força Pública foram incorporados, por meio dessa norma, para executar as missões de Polícia Florestal junto ao Serviço Florestal do Estado de São Paulo, até então composto de guardas civis. Esse regulamento paulista é o marco inicial do que se conhece hoje por Polícia Ambiental em todo o país. Baseado nele, a Polícia Ambiental do Estado de São Paulo se intitula a mais antiga polícia de proteção do meio ambiente do Brasil. Veja-se no art. 4º:

> Art. 4º Além do corpo efetivo de guardas florestais a que se refere o art. 17 do Decreto-Lei n. 13.487, de 28 de julho de 1943, a Polícia Florestal contará com um *contingente de oficiais e praças da Força Pública do Estado*, ao qual incumbirá o exercício das funções policiais previstas no art. 1º deste Regulamento, particularmente as constantes da letra *g*. (grifo nosso)

E a mencionada letra *g* do art. 4º do Decreto n. 19.008-A indicou a preocupação do executivo estadual em manter um corpo de policiais, dentro da Polícia Florestal, para executar as chamadas ações típicas de polícia. Observe-se a previsão da letra *g*: "*g)* cooperar com a Polícia Civil na *prevenção e repressão dos crimes* e contravenções nas zonas de suas vigilâncias e fiscalização" (grifo nosso).

Assim, naquela época, estruturou-se no estado de São Paulo uma Polícia Florestal composta de dois contingentes distintos. Um de guardas florestais civis, para atuar como fiscais, guarnecendo os parques e hortos, combater incêndios florestais, embargar desmatamentos ilegais, lavrar autos de infração e até exercer vigilância para evitar que a soltura de balões[8] pudesse queimar o acervo das matas e das áreas protegidas.

---

[8] A soltura de balões continua tipificada como crime ambiental no art. 42 da Lei federal 9.605/98 (Lei de Crimes Ambientais), com a seguinte redação: "Art. 42. Fabricar, vender, transportar ou soltar balões que possam provocar incêndios nas florestas e demais formas de vegetação, em áreas urbanas ou qualquer tipo de assentamento humano". A pena para esse crime é de detenção de um a três anos ou multa ou ambas as penas cumulativamente.

O outro foi constituído por policiais de carreira da Força Pública (atual Polícia Militar do Estado de São Paulo), colocados à disposição pela Secretaria da Segurança Pública à Secretaria da Agricultura e designados Policiais Florestais, com atribuições típicas de polícia, quais sejam, prevenir e reprimir os crimes e contravenções, à época mais voltadas para as florestais, porque estavam baseadas no Código Florestal, de 1934.

Apenas como curiosidade, o perfil descrito na norma na seleção de um policial da Força Pública para exercer suas funções na Polícia Florestal foi inserido no art. 6º:

> Art. 6º Os graduados e praças do contingente à disposição da Polícia Florestal serão recrutados entre os elementos da Força Pública do Estado que satisfaçam aos seguintes requisitos:
> *a)* ter robustez física e gosto pela vida campestre;
> *b)* ter, pelo menos, instrução primária;
> *c)* ter altura mínima de 1,60 m;
> *d)* ter boa conduta.
> Parágrafo único. Selecionadas as praças pelo Comandante do contingente, serão elas postas à disposição do Serviço Florestal, mediante solicitação do Diretor ao Comandante Geral da Força Pública.

Quanto à ostensividade, uma das características fundamentais de prevenção policial[9], determinou-se que esse contingente policial da Força Pública utilizasse fardamento específico, constituído dos seguintes elementos:

> Art. 14. O uniforme de serviço dos elementos do Contingente à disposição do Serviço Florestal será o 7º previsto no regulamento baixado pelo Decreto n. 18.304-B, de 20 de setembro de 1948 e com mais as seguintes peças:
> *a)* bota de couro marrom, tipo "engenheiro";
> *b)* paletó de couro forrado de lã, cor marrom, com cinto e bolsos;
> *c)* distintivo da Polícia Florestal, aposto ao peito, no lado esquerdo.

Interessante também observar o modelo de cooperação[10] estabelecido em 1949 entre as pastas da Segurança Pública e da Agricultura para o custeio dos policias da Força Pública no Serviço Florestal. No art. 15 do regulamento da Polícia Florestal previu-se ser incumbência do Serviço Florestal:

---

[9] Porque é a mais percebida pelas pessoas.

[10] Esse modelo é o que vige até hoje no estado de São Paulo, como será visto mais adiante.

Art. 15. Incumbe ao Serviço Florestal:

a) fornecer os uniformes de serviço, gratuitamente, de acordo com a tabela de distribuição, da qual constará o tempo mínimo de duração de cada peça;

b) fornecer, dentro das possibilidades, aos elementos em serviço na Polícia Florestal, casas para moradia, com água, luz e lenha, sendo que os contemplados com esta vantagem deverão, obrigatoriamente, residir no local do trabalho;

c) prover a Polícia Florestal de todo o material permanente e de consumo necessário à execução de seus encargos;

d) fornecer os meios de locomoção, bem como, nos termos da legislação em vigor, pagar diárias ao pessoal, em serviço da Polícia Florestal.

Art. 16. O armamento e munição necessários aos serviços da Polícia Florestal ficarão a cargo da Força Pública do Estado.

Percebe-se, então, que o regulamento pouco versou sobre aquele contingente já comentado de guardas florestais[11] constituído de servidores civis. Em uma rápida análise do seu conteúdo, infere-se que ele foi redigido especialmente com o intuito de deslocar policiais da antiga Força Pública para atuar no Serviço Florestal como guardas florestais, porém militarizados[12] e sujeitos às normas disciplinares da Força Pública[13].

Atendendo ao regulamento da Polícia Florestal, a Força Pública destinou, inicialmente, 27 praças e 1 oficial comandante[14] para exercer suas funções no Serviço Florestal paulista, na Secretaria da Agricultura. Esse oficial comandante, considerado o primeiro comandante da Polícia Ambiental do Brasil, era o então 1º Tenente Odilon Spinola Neto[15,16].

---

[11] Aqueles 520 guardas previstos no Decreto-lei n. 15.143, de 1934.

[12] Uso de fardamento, regulamento disciplinar próprio, hierarquia baseada em postos e graduações, entre outras, são características das instituições militares.

[13] Interessante observar que o Código Florestal posterior, Lei federal n. 4.771, de 15.09.1965, no seu art. 24, concedeu aos funcionários florestais a equiparação aos agentes de segurança pública e o porte de armas quando no exercício das funções. Essa concessão se encontra revogada diante da revogação do Código Florestal de 1965, não apenas pela Lei federal n. 12.651/2012, mas especialmente pela Lei federal n. 10.826, de 22.12.2003, também chamada de Estatuto do Desarmamento.

[14] No caderno de compromissos, editado em 2014 pela Polícia Militar Ambiental, há duas fotos históricas, uma delas de 01.02.1950, na primeira operação da Polícia Florestal comandada pelo 1º Tenente Odilon Spinola Neto.

[15] Odilon Spinola Neto aposentou-se como Coronel da Força Pública e é festejado como o primeiro Comandante da Polícia Militar Ambiental paulista.

[16] Nesse sentido, Adilson Luis Franco Nassaro (2011, p. 682): "Já nas últimas décadas do século XX, o fortalecimento da organização que acompanhou a emancipação do tema Meio Ambiente é invocado como justificativa da rememoração da data, apresentada como

A partir daí, conforme determinado pelo Código Florestal de 1934 e pelas normas constitucionais da época, cada estado foi criando sua respectiva Polícia Florestal, muitas delas baseadas no modelo adotado por São Paulo, inclusive no que diz respeito à subordinação inicial à Secretaria da Agricultura do Estado, ao seu Departamento de Serviço Florestal, ou equivalente[17].

Por exemplo, a Polícia Ambiental do estado do Paraná, chamada também de Força Verde, foi criada em 04 de abril de 1962, com o nome de Corpo de Polícia Florestal. Já o estado de Santa Catarina criou sua Polícia Florestal, no mesmo ano, porém, em 17 de dezembro.

E os regramentos posteriores mantiveram a ideia de atuação das forças policiais na proteção ambiental, independentemente de compor o Serviço Florestal. Veja-se, por exemplo, a Lei federal n. 4.771, de 15 de setembro de 1965, que revogou o Código Florestal de 1934. No seu art. 23 está descrito o seguinte: "Art. 23. A fiscalização e a guarda das florestas pelos serviços especializados não excluem *a ação da autoridade policial* por iniciativa própria" (grifo nosso).

Outros estados criaram suas Polícias Ambientais, também com nomes diferentes, um pouco mais tarde, como o Estado do Espírito Santo, em 1987, e Alagoas e Rio Grande do Sul, em 1989.

A POLÍCIA AMBIENTAL É UM TIPO DE POLICIAMENTO DA POLÍCIA MILITAR

O Decreto-lei n. 667, de 02.07.1969, e suas alterações posteriores, é a norma em vigor que ditou as regras de organização das Polícias Militares e dos Corpos de Bombeiros Militares no Brasil.

Sua importância reside no fato de ele ter estabelecido para as Polícias Militares, entre outras atribuições, a execução, com exclusividade, do policiamento ostensivo, fardado e planejado, para assegurar a manutenção da ordem e o exercício dos poderes constituídos.

Ressalte-se que a Constituição Federal atual ampliou a missão constitucional das Polícias Militares ao substituir a expressão "manutenção da or-

---

um marco do surgimento de um grupo propriamente policial voltado à fiscalização do uso dos recursos naturais em São Paulo, junto às manifestações de celebração dos seus feitos.

[17] Foi alterado definitivamente pelo Decreto federal n. 88.777 de 1983 em todo o Brasil.

dem pública", anteriormente indicada na letra *a* do art. 3º do Decreto-lei em estudo, pela expressão "preservação da ordem pública", no seu art. 144, § 5º.

Isso porque a preservação da ordem pública, como será visto mais à frente, vai além da manutenção, consistindo em prevenir os delitos; caso eles ocorram, a intervenção tem de ser feita prontamente, restaurando a ordem toda vez que ela for quebrada.

Esse Decreto-lei também definiu a hierarquia das Polícias Militares e Corpos de Bombeiros Militares da seguinte forma[18]:

Art. 8º A hierarquia nas Polícias Militares é a seguinte[19]:

a) Oficiais de Polícia:

– Coronel

– Tenente-Coronel

– Major

– Capitão

– 1º Tenente

– 2º Tenente

b) Praças Especiais de Polícia:

– Aspirante a Oficial

– Alunos da Escola de Formação de Oficiais da Polícia

c) Praças de Polícia:

– Graduados:

– Subtenente

– 1º Sargento

– 2º Sargento

– 3º Sargento

– Cabo

---

[18] Esse mesmo Decreto, com sua alteração provocada pelo Decreto federal n. 2.106, de 02.02.1984, permitiu aos Estados suprimir na escala hierárquica um ou mais postos ou graduações ou subdividir a graduação de soldado em até 3 (três) classes; por isso, há estados que possuem menos postos e graduações em relação a outros.

[19] Essa relação hierárquica de autoridades se inicia com o Soldado de Polícia Militar. A mais alta autoridade na Polícia Militar é o Coronel de Polícia Militar. Porém, entre os Coronéis, também há hierarquia, por exemplo pela função que desempenha, assim, o Comandante Geral é a mais alta autoridade da Polícia Militar. Já entre dois coronéis com funções de mesmo nível, aquele que foi promovido ao posto de Coronel há mais tempo é considerado superior hierárquico em relação àquele com menos tempo de formação. E esse critério de mais tempo no mesmo posto (no caso de oficiais) ou graduação (no caso de praças) é a regra geral que define quem é o superior hierárquico em relação aos demais de mesmo posto ou graduação.

– Soldado

§ 1º A todos os postos e graduações de que trata este artigo será acrescida a designação "PM" (Polícia Militar).

O regulamento do Decreto-lei n. 667, de 1969, foi editado por meio do Decreto federal n. 88.777, de 30 de setembro de 1983, e, no que diz respeito à Polícia Ambiental, ele também é de grande importância.

No art. 2º, n. 27, que trata da conceituação e da competência das Polícias Militares e dos Corpos de Bombeiros Militares, foram definidos os tipos de policiamento a cargo das Polícias Militares, sendo um deles o chamado florestal e de mananciais.

Então, diante da norma federal, nesse caso recepcionada pela Carta Magna de 1988, os estados, por meio das suas Polícias Militares, podem realizar alguns tipos de policiamento, sendo um deles o florestal e de mananciais.

Foi opção, portanto, do legislador federal, permitir aos estados que organizassem tipos de policiamento para as Polícias Militares, e, assim, o Decreto n. 19.008-A, de 14.12.1949, que designou policiais da Força Pública paulista para realizar a Polícia Florestal, já estava alinhado com essa perspectiva federal[20].

E não foi mais necessário, a partir daí, deixar policiais militares à disposição de outra pasta, como ocorria nas décadas anteriores, porque, com um tipo de policiamento específico da própria Polícia Militar, ela mesma passou a gerir a atuação do efetivo designado para esse fim[21].

A grande maioria dos estados, em que pese o nome dado pelo Decreto n. 88.777, de 1983, alterou a nomenclatura do seu policiamento florestal e de mananciais para Polícia Ambiental. No Rio Grande do Sul, por exemplo, se chama Brigada Ambiental e, no Rio de Janeiro, Batalhão Florestal e de Meio Ambiente.

---

[20] O estado de São Paulo também consagrou a atuação da Polícia Militar na proteção ambiental em sua Carta Paulista de 1989, da seguinte conformidade: "Art. 195. § único. O sistema de proteção e desenvolvimento do meio ambiente será integrado pela *Polícia Militar mediante suas unidades de policiamento florestal e de mananciais*, incumbidas da prevenção e repressão das infrações cometidas contra o meio ambiente, sem prejuízo dos corpos de fiscalização dos demais órgãos especializados". (grifo nosso)

[21] Isso para a adoção das providências penais decorrentes de crimes ambientais, e não para a elaboração de autos de infração ambiental por infração administrativa ambiental. Nesse caso, é mais usual, inclusive que o fosse desde aquela época, haver cooperação entre pastas ou convênios para que a Polícia Ambiental também realize essa função.

Algumas Polícias Militares, como a paulista, também inseriram o nome "Militar", tornando-se, então, "Polícia Militar Ambiental", exatamente com o fim de difundir aos cidadãos que a Polícia Ambiental é um tipo de policiamento da respectiva Polícia Militar e não uma instituição autônoma.

E a mudança desse nome, Policiamento Florestal e de Mananciais, para Polícia Ambiental, Brigada Ambiental, Polícia Militar Ambiental e outras variações nos estados, decorreu da necessidade de adequação da atividade policial à legislação ambiental.

É que a legislação ambiental, ao longo do tempo, incluiu atividades consideradas potencialmente poluidoras, degradadoras ou que se utilizam do meio ambiente e que pareciam não estar abrangidas pelo nome "Polícia Florestal e de Mananciais"; daí por que Polícia Ambiental, e suas variações, nesse contexto, mostra-se mais adequado[22].

O POLICIAMENTO E A FISCALIZAÇÃO AMBIENTAIS REALIZADOS PELA POLÍCIA AMBIENTAL

Inicialmente, é importante frisar que policiamento é diverso de fiscalização, e que a polícia faz, de regra, policiamento, não fiscalização.

O policiamento é atividade típica e exclusiva da polícia[23], cujo fim é a preservação da ordem pública. A fiscalização decorre do poder de polícia, realizado por qualquer órgão que tenha essa incumbência determinada por lei.

A Constituição Federal, no art. 144, § 5º, estatuiu como missão das Polícias Militares a execução da "*polícia ostensiva e a preservação da ordem pública [...]*".

A preservação da ordem pública, por meio da polícia ostensiva, enquanto missão constitucional da Polícia Militar, é executada, tradicionalmente, mediante duas ações diversas. A primeira é a mais conhecida: realizar o policiamento de forma que a população prontamente identifique a Polícia Mi-

---

[22] A Resolução da Secretaria Estadual do Meio Ambiente n. 48, de 2014, excluiu das missões da Polícia Militar Ambiental paulista a fiscalização das atividades potencialmente poluidoras e das chamadas áreas de mananciais.

[23] Imagina-se que apenas a Polícia Militar realize policiamento em função de sua missão constitucional, porém, na prática, e com objetivo diverso, a Polícia Civil por vezes também acaba realizando policiamento quando em viaturas identificáveis ou não, investiga crimes ou busca capturar presos foragidos. O objetivo, daí, é outro; não é policiar, mas, sim, realizar os atos típicos da Polícia Judiciária.

litar, diante de suas características típicas, fardamento, viaturas e os sinais audioluminosos. A ideia é que a presença do Policial Militar, perfeitamente identificado, iniba a ação de criminosos oferecendo à população uma sensação de segurança[24], visando evitar que os crimes aconteçam.

O policiamento ostensivo é uma ferramenta importante de prevenção de delitos e já consagrado no mundo todo. No Japão, por exemplo, desde o século XIX são mantidas sedes da polícia, chamadas *Kobans*[25], nos bairros, com policiais escalados 24 horas por dia, nos sete dias da semana, incluídos aí os feriados; os policiais realizam rondas a pé, de viaturas e bicicletas nas respectivas áreas do bairro de atribuição. Os *Kobans* se tornaram a referência da população para a solução de qualquer problema de polícia[26]. Sabe-se que, naquele local, a qualquer momento, haverá um policial pronto para atendê-la e outros mantendo ronda ostensiva na região.

Apenas por curiosidade, as Polícias Militares brasileiras, cada vez mais, orientam seu policiamento baseadas em sistemas inteligentes, que contabilizam as ocorrências criminais atendidas e registradas nos Distritos Policiais[27], em determinada região e indicam mapas de incidência e de tendência para direcionar tecnicamente o policiamento[28].

O Policial Militar de serviço passa a ter essas informações, não apenas por meio do Cartão de Prioridade de Patrulhamento (CPP), mas também por um *tablet* afixado no painel de sua viatura, cujo sistema *on-line* vai indicando os pontos de incidência criminal e eventuais fotos de criminosos residentes na região.

Esse aperfeiçoamento está sendo realizado no mundo inteiro com o fim de ampliar a eficiência do policiamento ostensivo, e há consenso entre os pes-

---

[24] Transmite-se a mensagem subliminar ao criminoso de que a Polícia Militar está lá para evitar que o crime aconteça e que, se houver tentativa, a pessoa será presa e conduzida à autoridade de Polícia Judiciária. Para os cidadãos de bem a presença policial gera sensação de proteção.

[25] O Japão oferece aos países em desenvolvimento o modelo de polícia comunitária, intitulado *Koban System*, baseado em seu modelo secular de polícia.

[26] Essa é uma estratégia de polícia comunitária que está sendo adotada por quase todos os estados do Brasil. O estado de São Paulo foi o primeiro a estabelecer cooperação com a agência de cooperação do Japão (Jica) e formar policiais com a filosofia de polícia comunitária e hoje se tornou o difusor oficial de tal filosofia no Brasil e nas Américas Central e do Sul.

[27] Tipo de delito (furto, roubo, homicídio, furto de veículo etc.), quantidade de ocorrências, horário, entre outras.

[28] Na Polícia Militar do Estado de São Paulo os sistemas inteligentes geram os Cartões de Prioridade de Patrulhamento (CPP); é obrigatório que sejam cumpridos pelas guarnições de policiais daquela determinada região.

quisadores das Ciências da Segurança Pública de que não se pode abrir mão dessa ferramenta – policiamento ostensivo – para a prevenção de delitos.

A outra ação realizada para a preservação da ordem pública é a intervenção policial técnica e na medida necessária, também chamada de repressão administrativa imediata[29], caso exista a quebra dessa ordem, com o objetivo de restaurá-la, identificar o autor do delito e conduzi-lo à autoridade de Polícia Judiciária para a adoção dos procedimentos definidos no Código de Processo Penal e demais legislações em vigor.

É importante o que foi mencionado até aqui porque, sabendo que a Polícia Ambiental é, na verdade, uma atividade de policiamento especializado da Polícia Militar, sua missão constitucional, no que diz respeito à proteção ambiental, não poderia ser diferente, ou seja, policiar ostensivamente para preservar a ordem pública.

É notório que os delitos ambientais, hoje estampados na Lei federal n. 9.605, de 1998, Lei de Crimes Ambientais, uma vez que ocorram, quebram a ordem pública e demandam ação policial com o fim de fazer cessar o dano e identificar os autores, chamados agentes criminosos.

João Leonardo Mele (2006, p. 129), pioneiramente, apresentou-nos a ordem ambiental:

> Definimos, portanto, Ordem Ambiental como estado de equilíbrio entre os seres vivos e seu meio, que salvaguarde a vida em todas as suas formas e sua qualidade, a salubridade, a segurança, bem como a dignidade da vida humana.

A inovação conceitual de João Leonardo Mele reforça a ideia da relevância da atuação das Polícias Militares no combate aos delitos ambientais,

---

[29] Maria Zanella Di Pietro (2013, p. 124), explicando a diferença entre a polícia administrativa e a polícia judiciária, esclarece: "A diferença não é, no entanto, absoluta, pois a polícia administrativa tanto pode agir preventivamente (por exemplo, proibindo o porte de arma ou a direção de veículos automotores) como pode agir repressivamente (a exemplo do que ocorre quando apreende a arma usada indevidamente ou a licença do motorista infrator). No entanto, pode-se dizer que, nas duas hipóteses, ela está tentando impedir que o comportamento individual cause prejuízos maiores à coletividade; nesse sentido, é certo dizer que a polícia administrativa é preventiva. Mas, ainda sim, falta precisão ao critério, porque também se pode dizer que a polícia judiciária, embora seja repressiva em relação ao indivíduo infrator da lei penal, é também preventiva em relação ao interesse geral, porque, punindo-o, tenta evitar que o indivíduo volte a incidir na mesma infração".

trazendo à luz, portanto, o viés ambiental, chamado por ele de ordem ambiental[30]:

> Dessa maneira, ganha ênfase o papel do Policial Militar Ambiental que, agindo no interesse comum da sociedade, atua na Segurança Pública e na Segurança Ambiental, salvaguardando a Ordem Pública e a Ordem Ambiental quando o objeto da proteção é o meio ambiente, e, por consequência, o homem.

Fica claro, portanto, que a missão constitucional da Polícia Militar encampa a proteção do meio ambiente[31], já que os danos ambientais quebram a ordem ambiental gerando desequilíbrio e perda de qualidade de vida na sociedade.

Já a fiscalização, no seu viés ambiental, como dito, não é atividade originária e típica da Polícia Militar, que, para cumprir sua missão constitucional, realiza o policiamento ostensivo-preventivo. A fiscalização decorre do poder de polícia[32,33] e pode/deve ser realizada, de regra, pelo órgão que rece-

---

[30] O Ministro Gilmar Mendes, mesmo que indiretamente, menciona a quebra da ordem ambiental, no julgamento da suspensão de tutela antecipada 286, de 24.04.2010, quando presidente do Supremo Tribunal Federal: "[...] No caso destes autos, ainda que o Ibama possa vir a exercer, em princípio, o poder de polícia ambiental em sentido amplo (excetuado aquele que decorre do exercício regular de licenciamento ambiental), é adequado, para a *manutenção da ordem pública ambiental*, que as autuações realizadas pela Autarquia Federal por esse fundamento também sejam imediatamente comunicadas ao órgão ambiental competente para o licenciamento, apenas a título de informação e possível atuação integrada, para eventuais providências e acompanhamento, inclusive no âmbito da fiscalização inerente ao licenciamento ambiental (caso este esteja em curso)" (grifo nosso).

[31] Normalmente, justifica-se a atuação da Polícia Militar em um crime ambiental em face de haver um tipo penal ambiental. Porém, para melhor sustentação da ação das Polícias Militares, sugere-se o raciocínio de que a ordem pública, no seu viés ambiental, ordem ambiental, também pode ser quebrada, mediante os delitos ambientais, exigindo-se, portanto, atuação das Polícias Militares para fazer cessar imediatamente o dano ambiental e conduzir seus responsáveis às autoridades de Polícia Judiciária.

[32] Maria Sylvia Zanella Di Pietro (2013, p. 120) explica o poder de polícia: "O tema relativo ao poder de polícia é um daqueles em que se colocam em confronto esses dois aspectos: de um lado, o cidadão quer exercer plenamente os seus direitos; de outro, a Administração tem por incumbência condicionar o exercício daqueles direitos ao bem-estar coletivo, e ela o faz usando o seu poder de polícia".

[33] O conceito legal do poder de polícia está descrito no art. 78 do Código Tributário Nacional da seguinte forma: "Considera-se poder de polícia atividade da administração pública que, limitando ou disciplinando direito, interesse ou liberdade, regula a prática de ato ou abstenção de fato, em razão de interesse público concernente à segurança, à higiene, à ordem, aos costumes, à disciplina da produção e do mercado, ao exercício de atividades econômicas

beu essa atribuição mediante lei, já que as eventuais restrições, limitações aos direitos individuais, apenas podem ser impostas por esse *status* de norma.

No âmbito dos estados[34], há órgãos diversos que realizam a fiscalização ambiental. Em São Paulo, por exemplo, a Cetesb, além de licenciar as atividades potencialmente poluidoras e degradadoras do meio ambiente, as fiscaliza. Ainda em São Paulo, também realiza fiscalização a Coordenadoria de Fiscalização Ambiental da Secretaria do Meio Ambiente[35]. No estado do Paraná, quem realiza a fiscalização é o Departamento de Fiscalização Ambiental da Diretoria de Controle de Recursos Ambientais do Instituto de Proteção Ambiental do Paraná (IAP). O estado de Santa Catarina realiza a fiscalização ambiental por meio da Fundação de Meio Ambiente (Fatma). E, na Bahia, há uma Secretaria Estadual do Meio Ambiente (Sema) e um Instituto do Meio Ambiente (IMA).

Mas a Polícia Ambiental pode realizar fiscalização ambiental? Ou seja, verificar se os empreendimentos e as pessoas estão acobertados com as respectivas licenças/autorizações/permissões ambientais, exigidas por lei para a realização das atividades potencialmente poluidoras ou degradadoras do meio ambiente?

João Leonardo Mele (2006) ensina que as Constituições anteriores mantinham a titularidade dos bens ambientais, especialmente a fauna e a flora, na União e, por isso, os estados que quisessem realizar a fiscalização ambiental da exploração desses recursos naturais, por meio de suas Polícias Ambientais, deveriam estabelecer convênio com a União para esse fim.

Ele sustenta que o Decreto n. 667/69 e o seu regulamento, Decreto federal n. 88.777, de 1983 eram, por si só, supedâneos da atuação da Polícia Ambiental, pois, como já esclarecido anteriormente, as Polícias Militares foram autorizadas a criar um tipo de policiamento para açambarcar a tutela do meio ambiente, qual seja, o policiamento florestal e de mananciais, hoje conhecido por Policiamento Ambiental.

Porém, ele ressalta, com toda razão, a necessidade de convênio para que a Polícia Ambiental possa aplicar multas e outras medidas de ordem administrativa decorrentes, como dito, do poder de polícia.

---

dependentes de concessão ou autorização do Poder Público, à tranquilidade pública ou ao respeito à propriedade e aos direitos individuais ou coletivos".

[34] Também ocorre no âmbito dos municípios, onde há Secretarias ou Departamentos de Meio Ambiente, os quais realizam fiscalizações ambientais.

[35] Veremos mais adiante que a Polícia Militar Ambiental paulista realiza, além do policiamento ambiental, ações de fiscalização ambiental.

Essa questão de as Polícias Militares, por meio de suas Polícias Ambientais, precisarem se conveniar ou estabelecer algum tipo de cooperação, por intermédio de suas pastas, para aplicar sanções administrativas ambientais decorrentes da regulamentação do Decreto federal n. 6.514, de 2008[36] no âmbito dos estados, tem relevância no contexto histórico[37], porém, parece não se justificar mais em face do estabelecido nas legislações ambientais contemporâneas.

A discussão se iniciou, basicamente, a partir da edição da Lei da Política Nacional do Meio Ambiente, Lei federal n. 6.938, de 31.08.1981, que, ao definir o Sistema Nacional do Meio Ambiente (Sisnama), descreveu os seus Órgãos Seccionais[38] da seguinte forma:

> Art. 6º [...]
> V – órgãos Seccionais: os órgãos ou entidades estaduais responsáveis pela execução de programas, projetos e pelo *controle e fiscalização* das atividades capazes de provocar degradação ambiental. (grifo nosso)

Mele (2006) acredita que, apesar de a norma não descrever de forma expressa as Polícias Militares como integrantes dos Órgãos Seccionais, elas estariam automaticamente inseridas no Sisnama[39] em função de sua atuação na prevenção dos crimes ambientais, em razão, especialmente, do mencionado Decreto Federal n. 87.777/83, que permite às Polícias Militares do Brasil exercerem o policiamento florestal e de mananciais.

É importante esclarecer que o controle, previsto na Lei da Política Nacional do Meio Ambiente, diz respeito ao licenciamento ambiental das atividades que impactem ou utilizem recursos naturais. Já a fiscalização decorre do poder de polícia atribuído por lei a determinados órgãos ambientais[40] para fiscalizar a perfeita execução do licenciamento dado ou a inexistência

---

[36] Esse Decreto, com suas alterações posteriores, é o regulamento da Lei federal n. 9.605/98, Lei de Crimes Ambientais.

[37] Essa tese foi muito defendida nas duas décadas passadas.

[38] Conforme Frederico Augusto di Trindade (2011): "Os órgãos seccionais serão definidos pelos Estados-membros e Distrito Federal".

[39] E a inserção, nesse entendimento, apenas se dará como Órgão Seccional, o que veremos não ser adequado mediante o novo regramento do estado de São Paulo, diante do Decreto estadual n. 57.933, de 02.04.2012.

[40] Normalmente o órgão que licencia é o que realiza a fiscalização.

desse licenciamento. Não diz respeito, portanto, à prevenção e à repressão de crimes, tão somente de infrações administrativas ambientais.

É forçoso, então, concluir que essa norma pioneira de Direito Ambiental, Lei da Política Nacional do Meio Ambiente, não se destinou às Polícias Militares, porque a missão constitucional dessas corporações não é controlar (licenciar) nem fiscalizar, mas policiar[41], ou seja, realizar o policiamento ostensivo-preventivo para a preservação da ordem pública.

Parece haver alguma confusão conceitual na atuação das Polícias Militares no que diz respeito à fiscalização ambiental, porque a Lei de Crimes Ambientais definiu quase todos os seus delitos de forma a depender de alguma regulamentação extrapenal. Essa é a chamada norma penal em branco[42] que exige complementação para subsumir ou não o fato ao tipo penal ambiental.

E, para essas situações, é impossível concluir ou não pela configuração do delito ambiental sem que a Polícia Ambiental tenha em mãos a licença/permissão/autorização da atividade. É exatamente por isso que se imagina que a Polícia Ambiental esteja fiscalizando, quando na verdade ela está policiando com vistas à preservação da ordem pública ou, no dizer de Mele, para a preservação da ordem ambiental.

---

[41] A Lei federal n. 9.603, de 23.09.1997, instituiu no art. 5º o Sistema Nacional de Trânsito, diferenciando de forma expressa o policiamento e a fiscalização, da seguinte maneira: "Art. 5º O Sistema Nacional de Trânsito é o conjunto de órgãos e entidades da União, dos Estados, do Distrito Federal e dos Municípios que tem por finalidade o exercício das atividades de planejamento, administração, normatização, pesquisa, registro e licenciamento de veículos, formação, habilitação e reciclagem de condutores, educação, engenharia, operação do sistema viário, *policiamento, fiscalização*, julgamento de infrações e de recursos e aplicação de penalidades" (grifo nosso). Nesse caso, indiscutivelmente, as Polícias Militares estão incluídas porque são elas que realizam o policiamento.

[42] Conforme Greco (2011, p. 20): "Normas penais em branco ou primariamente remetidas são aquelas em que há necessidade de complementação para que se possa compreender o âmbito de aplicação de seu preceito primário. Isso significa que, embora haja uma descrição da conduta proibida, essa descrição requer, obrigatoriamente, um complemento extraído de outro diploma – leis, decretos, regulamentos etc. – para que possam, efetivamente, ser entendidos os limites da proibição ou imposição feitos pela lei penal, uma vez que, sem esse complemento, torna-se impossível a sua aplicação". Já Julio Fabrini Mirabete (2003, p. 49) diz que: "enquanto a maioria das normas penais incriminadoras é composta de normas completas que possuem preceitos e sanções integrais de modo que sejam aplicadas sem a complementação de outras, existem algumas com preceitos indeterminados ou genéricos, que devem ser preenchidas ou completadas. As normas penais em branco são, portanto, as de conteúdo incompleto, vago, exigindo complementação por outra norma jurídica (lei, decreto, portaria) para que a norma possa ser aplicada ao fato concreto [...]".

Um exemplo bastante comum é o corte seletivo de árvores em estágio sucessional de floresta, em área de preservação permanente. A definição do que é área de preservação permanente está no novíssimo Código Florestal, Lei federal n. 12.651, de 25 de maio de 2012, e suas posteriores alterações e a definição do tipo penal ambiental está no art. 39 da Lei de Crimes Ambientais, da seguinte forma:

> Art. 39. Cortar árvores em floresta considerada de preservação permanente, sem permissão da autoridade competente.
> Pena – detenção, de 1 (um) a 3 (três) anos, ou multa, ou ambas as penas cumulativamente.

A complementação extrapenal da lei penal em branco no art. 39, para Renato Marcão (2011) é: "o conceito de floresta e de área de preservação permanente". Acrescenta-se que a própria existência da permissão deve ser considerada norma penal em branco, porque a permissão não é um simples documento. Ela é aferida "*in loco*" complementando-se com plantas e plotagem das coordenadas geográficas das árvores a ser ou já suprimidas, entre outras informações que poderão permitir à Polícia Ambiental certificar-se de que as árvores eventualmente cortadas foram as selecionadas e aprovadas no respectivo projeto ambiental.

Reforça-se que a Polícia Ambiental, ao checar a existência de uma licença/autorização/permissão ambiental, está realizando uma ação que aparenta ser de fiscalização, que também é realizada por outros órgãos ambientais com essa atribuição legal, mas o intuito não é impor ou não uma sanção administrativa, decorrente do poder de polícia, e sim agir para evitar um crime ambiental ou impedir a sua continuidade, caso esteja ocorrendo[43].

Nessa situação, em especial, o crime estará configurado se inexistir a permissão para a supressão de árvores, se a supressão ocorrer em floresta e estiver inserida em área de preservação permanente ou caso o corte dessas árvo-

---

[43] Nesse mesmo sentido, a Polícia Civil também costuma solicitar documentações administrativas (licenças/autorizações/permissões) e respectivos projetos antes de instaurar procedimentos ou mesmo após sua instauração para apurar, enquanto Polícia Judiciária, a ocorrência de um delito ambiental e seus respectivos responsáveis. Nessa situação, a Polícia Civil não está realizando fiscalização, está executando os atos típicos de Polícia Judiciária, nos exatos termos de sua missão constitucional.

res tenha sido realizado em desacordo com a permissão dada[44]. Complexo, de fato, mas na prática é assim que se verifica se delito está configurado ou não.

O que se viu nesse tema, até agora, é que a Lei da Política Nacional do Meio Ambiente não remeteu às Polícias Militares o papel de "fiscais"[45] do meio ambiente.

E não poderia mesmo, porque isso colidiria com o seu papel constitucional, além do fato de a organização das Polícias Militares estar subordinada aos respectivos governos estaduais, observadas, por óbvio, as normas específicas no âmbito federal.

E a Lei Complementar 140[46], de 08.12.2011, no seu art. 17, definitivamente dirimiu eventuais dúvidas que pairassem sobre esse tema, com a seguinte determinação legal:

> Art. 17. *Compete ao órgão responsável pelo licenciamento ou autorização*, conforme o caso, de um empreendimento ou atividade, *lavrar auto de infração ambiental e instaurar processo administrativo* para a apuração de infrações à legislação ambiental cometidas pelo empreendimento ou atividade licenciada ou autorizada. (grifo nosso)

Infere-se, então, conforme as legislações apresentadas, que as Polícias Militares, *prima face*, não integram o Sisnama porque a elas não foi remetido o controle (licenciamento) nem a fiscalização ambiental (decorrente do poder de polícia), adstritos ao órgão responsável pelo licenciamento no Estado, chamado pelo Sistema Nacional de Meio Ambiente como Órgão Seccional[47,48].

---

[44] Apesar de a Lei não mencionar o desacordo para a configuração do delito, a inobservância da permissão tem o entendimento de que a atividade foi realizada sem a autorização "*lato sensu*", impondo-se, desta forma, as sanções penais e administrativas decorrentes.

[45] A discussão de as Polícias Militares comporem ou não o Sisnama se justificava antes da Lei Complementar 140, de 2011. Isso porque havia um espaço para a interpretação da Lei 6.938, de 1981, que permitia a abrangência das Polícias Militares, por via indireta, como fiscais ambientais. Como se verá, a Lei Complementar 140, de 2011, definiu esse tema.

[46] Fixou normas para a cooperação entre a União, os estados, o Distrito Federal e os Municípios nas ações administrativas decorrentes do exercício da competência comum relativas à proteção das paisagens naturais notáveis, à proteção do meio ambiente, ao combate à poluição em qualquer de suas formas e à preservação das florestas, da fauna e da flora.

[47] Nada impede, porém, que se crie normatização estadual, dando à respectiva Polícia Militar atribuição específica de fiscalização administrativa ambiental, incluindo o instrumento próprio para sua execução, como o auto de infração ambiental.

[48] O Deputado Federal Jair Bolsonaro propôs o Projeto de Lei federal n. 7.422/2014 com o intuito de alterar a redação do art. 6º, V, da Lei federal n. 6.938, de 1981, e do art. 70, § 1º

A consequência óbvia desse entendimento é que as Polícias Militares não podem, portanto, impor, *"esponte propria"* sanções administrativas, por meio dos respectivos autos de infração ambiental, o que não inibe, de nenhuma forma, sua missão constitucional de preservação da ordem pública, ou seja, agir uma vez constatados os delitos ambientais.

Questiona-se, entretanto, se esse arranjo das atribuições dos órgãos ambientais que inviabiliza a Polícia Ambiental de sancionar administrativamente uma infração ambiental seria o mais adequado porque, na prática, ele parece resvalar no princípio constitucional da eficiência da Administração Pública[49].

Veja-se que a Polícia Ambiental, para cumprir sua missão constitucional, já se desloca ao local onde há intervenção ambiental, porque recebe e atende denúncias, realiza o policiamento e, enfim, porque está estrategicamente distribuída no território do Estado, de forma a chegar mais rapidamente ao local de uma ocorrência[50], conforme o conceito já explicado de policiamento ostensivo-preventivo.

---

da Lei federal n. 9.605, de 1998, para incluir, de forma expressa, as Polícias Militares dos estados e do Distrito Federal no Sisnama. Caso esse PL seja aprovado não haverá alteração significativa no contexto; após a Lei Complementar 140, de 2011, ou seja, se não houver regramento próprio e específico no âmbito dos estados, as Polícias Militares ainda precisarão estabelecer convênios ou termos de cooperação com os órgãos de licenciamento ambiental, chamados de órgãos seccionais estaduais, para realizar a fiscalização ambiental. Obviamente que mencionar expressamente as Polícias Militares como integrantes do Sisnama fortalece a possibilidade de sua atuação na fiscalização ambiental, porém, não inibe a necessidade de normatização estadual para o exercício dessa atividade. A Deputada Federal Maria Lucia Prandi, relatora da Comissão de Meio Ambiente e Desenvolvimento Sustentável da Câmara dos Deputados, emitiu, em 29.10.2014, parecer pela rejeição do PL, esclarecendo que: "a forma de organização das Polícias Militares para atuar como Polícia Ambiental é competência dos Estados, haja vista o disposto na Constituição Federal, no seu art. 42. A organização das Polícias Militares Ambientais deve ser estabelecida na legislação estadual, considerando o conjunto de atribuições das instituições que integram a administração dos respectivos Estados, bem como os recursos materiais e humanos disponíveis". Disponível em: http://www.camara.gov.br. Acessado em: 09 nov. 2010.

[49] No dizer da ilustre professora Maria Sylvia Zanella di Pietro (2013, p. 84): "o princípio da eficiência apresenta, na realidade, dois aspectos: pode ser considerado em relação ao modo de atuação do agente público, do qual se espera o melhor desempenho possível de suas atribuições, para lograr os melhores resultados; e em relação ao modo de organizar, estruturar, disciplinar a Administração Pública, também com o mesmo objetivo de alcançar os melhores resultados na prestação do serviço público".

[50] A importância do meio ambiente para as atuais e futuras gerações exigem da Polícia Ambiental um esforço para impedir, quanto antes, o cometimento de uma infração ambiental, já que se sabe que a natureza pode levar séculos ou mais para reconstituir o ambiente degradado.

E, para ter convicção de um crime ambiental ou até indícios mínimos, mas suficientes, de ele estar ou ter ocorrido, é necessário o acesso à autorização *lato sensu* que permita aquela intervenção ambiental, obrigando ao policial militar manusear todas as documentações expedidas pelos órgãos de licenciamento ambiental.

No caso de inexistir a autorização, está caracterizado o delito e, portanto, a Polícia Ambiental deverá agir, porém, apenas no crime, conduzindo o infrator ambiental à autoridade de Polícia Judiciária. O auto de infração ambiental decorrente da infração administrativa ambiental deverá ser feito pelo órgão designado por lei para esse fim e não pela Polícia Ambiental, pelo menos diante do arranjo legal estudado até o momento.

E, para que a atividade fique suspensa, até que posteriormente e eventualmente licenciada ou até mesmo para que seja providenciada a demolição, no caso de construções, é necessária a presença do órgão ambiental de fiscalização, no momento e no local da ocorrência, pois tais sanções administrativas ambientais, suspensão das atividades e demolição, estão previstas no Decreto federal n. 6.514, de 2008, e são aplicáveis, de regra, apenas pelos órgãos de fiscalização[51].

Enfim, a operacionalização dos órgãos para a imposição das sanções administrativas ambientais é complexa e acaba exigindo mais de um órgão para a solução de apenas um fato tipificado como crime ambiental (Polícia Ambiental) e também como infração administrativa ambiental (órgão competente de fiscalização ambiental). Ou seja, demanda vários servidores quando um único órgão e menos servidores poderiam solucioná-la[52].

Há, ainda, preocupação com o cidadão que foi alvo da Polícia Ambiental, que deverá aguardar a chegada do órgão de fiscalização ambiental para lavrar o auto de infração a fim de que, posteriormente, seja encaminhado ao Distrito de Polícia para a instauração do procedimento apuratório da conduta criminosa[53].

---

[51] No estado de São Paulo estão previstas no Decreto estadual n. 60.342, de 2014, e na Resolução da Secretaria Estadual do Meio Ambiente n. 48, de 2014.

[52] A dificuldade está baseada no fato de que parte significativa das infrações administrativas ambientais está tipificada como crimes ambientais, gerando providências penais e administrativas e, portanto, adotadas, em princípio, por órgãos diferentes.

[53] Alguns dos crimes ambientais que ocorrem com maior frequência no país, como os de caça, pesca, entre outros, são considerados de menor potencial ofensivo, porque têm pena máxima cominada de até 2 anos de detenção. Em função disso, a Lei federal n. 9.099/95 determina que sejam realizados os procedimentos ali previstos, inclusive para os crimes ambientais, assim classificados. Um deles é a não realização do flagrante delito caso o infrator se com-

Nesse arranjo, há forte indicação de ineficiência da Administração Ambiental do Estado, decorrente da redução da capacidade operacional de fiscalização/policiamento, não otimização de recursos humanos e materiais, e da sobreposição de órgãos para atendimento de um único caso, tudo para a persecução administrativa da infração ambiental.

Isso, ainda, sem mencionar que a persecução criminal poderá demandar perícias, expedição de laudos e diversos retornos ao local do crime ambiental.

Poderia ser dito que esse formato é uma mera consequência da distribuição de atribuições dos órgãos, mas a verdade é que ele se mostra menos eficiente para a tutela do meio ambiente, porque há notória sobreposição de esforço dos vários órgãos e redução da capacidade fiscalizatória e de policiamento[54].

---

prometa a comparecer em juízo, tão logo seja convocado. O que se faz quando esses crimes ocorrem é reduzir os fatos a um relatório simples (muito parecido com um boletim de ocorrência), chamado de Termo Circunstanciado (TC). Esse documento tramita ao Poder Judiciário e ao Ministério Público, que convocam o infrator para uma composição e, desde que estejam presentes os requisitos, geram restrições de direitos, sanções penais chamadas de alternativas, já que a proposta do legislador não é restringir a liberdade dessas pessoas, mas de alguma forma impor a elas uma reprimenda branda. Isso ocorre porque esses crimes estão classificados como de menor potencial ofensivo. Os Tribunais Superiores, a par de todas as discussões acadêmicas e institucionais (sempre discutindo quem é ou não a autoridade que pode lavrar o TC), vêm reconhecendo a possibilidade de a Polícia Militar lavrar o Termo Circunstanciado no local da ocorrência e essa é uma experiência bem-sucedida em Santa Catarina e no Paraná, e também em São Paulo, pese este último, por ato do então secretário da Secretaria de Segurança Pública, Antônio Ferreira Pinto, em 2009, ter revogado a Resolução SSP 339, de 25.09.2003, vedando a lavratura do TC pela Polícia Militar paulista. De fato, quando o policial militar lavra o TC, lembrando que ele costuma ser o primeiro a chegar à ocorrência, pois isso é inerente do policiamento ostensivo-preventivo, pode se liberar dessa ocorrência com maior agilidade, retornando imediatamente ao policiamento, sem reduzir a capacidade operacional gerada pela necessidade de apresentação do fato à autoridade de Polícia Judiciária (mais polícia ostensiva policiando). E essa situação é muito grave quando o crime é ambiental, porque ele ocorre nas zonas rurais, distantes, normalmente, centenas de quilômetros de estradas de terra do Distrito Policial mais próximo. Ou seja, uma única ocorrência, cuja proposta do legislador seja impor uma sanção mais branda, por vezes o pagamento de cestas básicas e que não gera o flagrante, pode retirar uma guarnição de policiais militares ambientais da atividade operacional por um dia inteiro, às vezes até mais, a depender do local e da ocorrência em si. Lembrando que o infrator também é conduzido pela guarnição, submetendo-se a esse deslocamento e a todos os procedimentos posteriores, quando isso poderia ser significativamente minimizado com a lavratura do TC pelo Policial Militar Ambiental, no local da ocorrência, com a liberação rápida do infrator, mediante seu aceite em comparecer em juízo. Essa medida, em conjunto com o policial militar também realizando a fiscalização ambiental, está alinhada com a eficiência da Administração Pública, em função de dinamizar o atendimento policial com seu retorno com a maior celeridade possível ao policiamento e, ainda, reduzindo a necessidade de mais de um órgão para solucionar uma infração ambiental.

[54] Perceba-se que a ideia não é a exclusividade também da fiscalização, ao contrário, almeja-se que uma vez que determinado empreendimento/pessoa passe pelo processo de

Veja-se, por exemplo, o que ocorre no Distrito Federal. No site do Ibram menciona-se a Polícia Militar Florestal[55] como garantidora da fiscalização ambiental, ou seja, lá ela realiza o policiamento ambiental como todas as Polícias Ambientais do Brasil, porém, no que diz respeito aos atos de fiscalização, apenas acompanha os fiscais e analistas ambientais para que estes imponham o auto de infração ambiental e as demais sanções, previstas na legislação. Está assim escrito no site[56]:

Polícia Militar Florestal – PMFlo: corporação da polícia militar especializada em questões ambientais. A ela compete a vigilância ambiental ostensiva, bem como *o acompanhamento de fiscais e analistas ambientais quando da necessidade de garantir a segurança dos mesmos, no exercício de suas funções.* Possui vários destacamentos em todo Distrito Federal e conta ainda com o Grupo de Operações do Cerrado – GOC. Telefone: 3301-3396. Fax: 3301-3663. (grifo nosso)

O estado de São Paulo há tempos resolveu essa questão ao inserir a Polícia Militar no Sistema de Proteção e Desenvolvimento do Meio Ambiente, por meio do art. 195, parágrafo único da Constituição Paulista de 1989, com a seguinte redação[57]:

Art. 195. As condutas e atividades, lesivas ao meio ambiente sujeitarão os infratores, pessoas físicas ou jurídicas, a sanções penais e administrativas, com aplicação de multas diárias e progressivas no caso de continuidade da infração ou reincidência, incluídas a redução do nível de atividade e a interdição, independentemente da obrigação dos infratores de reparação aos danos causados. Parágrafo único – O sistema de proteção e desenvolvimento do meio ambiente será integrado pela *Polícia Militar, mediante suas unidades de policiamento florestal e de mananciais, incumbidas da prevenção e repressão das infrações cometidas contra o meio ambiente*, sem prejuízo dos corpos de fiscalização dos demais órgãos especializados. (grifo nosso)

Perceba-se que à Polícia Militar foi remetida a prevenção e a repressão das infrações cometidas contra o meio ambiente, sem prejuízo dos demais corpos de fiscalização dos outros órgãos especializados.

---

licenciamento ambiental, a Polícia Ambiental também possa realizar a fiscalização ambiental, sem prejuízo das ações dos demais órgãos de fiscalização.

[55] Nome dado pelo Distrito Federal à sua Polícia Ambiental.

[56] Disponível em: http://www.ibram.df.gov.br/servicos/fiscalizacao-ambiental.html. Acessado em: 29 jan. 2014.

[57] De iniciativa do Deputado Estadual Coronel PM Edson Ferrarini.

POLÍCIA AMBIENTAL | **1143**

A partir daí, sobre a possibilidade de lavrar autuações para impor sanções administrativas em face de infrações ambientais, Mele (2006, p. 134), de pronto, asseverou que:

> Assim, a repressão prevista na Constituição Estadual ficou direcionada à repressão administrativa, que *permite a paralisação da atividade ilegal (interdição), aplicação de multas, apreensão de materiais,* enfim, aplica sanções de caráter administrativo. No caso de crime nada se altera quanto à competência da repressão imediata no que concerne a prisão e condução da polícia judiciária. (grifo nosso)

Faltava, porém, a instrumentalização do auto de infração ambiental a ser aplicado pela Polícia Militar, por meio da sua Polícia Militar Ambiental paulista, o que se deu, mais recentemente, por meio de algumas normas, destacando-se a Resolução Conjunta SSP/SMA 3, de 1997, o Termo de Cooperação SSP/SMA, de 2010, e o Decreto Estadual n. 57.933[58], de 02.04.2012.

A Resolução editada em 1997 perdeu o objeto com a edição da Cooperação, descrita acima e esta parece ter sido esvaziada diante do Decreto[59] in-

---

[58] Há convênios anteriores a esses, porém se pretendeu descrever os mais recentes. Esse Decreto n. 57.933, de 2012, reorganizou a Secretaria Estadual do Meio Ambiente.

[59] Poder-se-ia interpretar que, pela via indireta, a Polícia Militar paulista se inseriu no Sisnama quando recebeu atribuição pela Constituição Paulista e, mais recentemente, pelo Decreto Estadual n. 57.933, de 02.04.2012, para impor sanções administrativas ambientais, exercendo também o papel de fiscal do meio ambiente. Isso porque a Lei da Política Nacional do Meio Ambiente definiu como Órgãos Seccionais os estaduais responsáveis pela execução de programas, projetos e pelo controle e fiscalização de atividades capazes de provocar a degradação ambiental. Como a Polícia Militar, por meio da Polícia Ambiental, é responsável, sem prejuízo dos demais órgãos, pela fiscalização ambiental no Estado, deveria ser considerada também Órgão Seccional do Sisnama. Mas esse entendimento parece não estar adequado, porque o próprio Decreto Estadual n. 57.933, de 02.04.2012, no seu art. 1º, intitula a Secretaria Estadual do Meio Ambiente como Órgão Seccional do Sisnama, inserindo a Polícia Militar não como outro órgão com *status* de Seccional do Sisnama, como é a Cetesb (esta é Órgão Seccional do Sisnama e Órgão Executor do Seaqua), mas como destinatária de uma atribuição de fiscalização que não é originariamente sua e é por isso que a Polícia Militar Ambiental paulista, ao lavrar o auto de infração ambiental, não age em nome próprio; na verdade, age em nome do Órgão Seccional Secretaria Estadual do Meio Ambiente. Outro argumento, nesse mesmo sentido, é o art. 17 da Lei Complementar n. 140, que imputa ao órgão responsável pelo licenciamento ou autorização lavrar auto de infração ambiental e instaurar processo administrativo para a apuração de infrações à legislação ambiental. Obviamente que as Polícias Militares não realizam licenciamento ambiental, por isso não podem lavrar autos de infração ambiental senão por delegação do órgão licenciador, por meio de cooperação ou convênio.

dicado, que, no seu art. 2º, I, *c*, diz constituir campo funcional da Secretaria Estadual do Meio Ambiente:

> *c)* a elaboração de normas que regulem o licenciamento e a fiscalização ambiental no Estado de São Paulo, que deverão ser, obrigatoriamente, seguidas por todos os órgãos e entidades executores do Sistema Estadual de Meio Ambiente (Seaqua), em especial pela Companhia Ambiental do Estado de São Paulo (Cetesb), *bem como pelas unidades de policiamento ambiental, da Polícia Militar do Estado de São Paulo.* (grifo nosso)

Como a Constituição do estado de São Paulo, no art. 195, parágrafo único, definiu que a Polícia Militar Ambiental realizará também a repressão administrativa das infrações cometidas contra o meio ambiente, ou seja, ação típica de fiscalização que, conforme Mele, traduz-se em poder aplicar multas, suspender atividades etc., mencionado Decreto reforça a sustentação legal que instrumentaliza a Polícia Militar Ambiental paulista como um órgão que, além de policiar, pode fiscalizar, impondo sanções administrativas ambientais, porém, reforça-se, mediante ato que delegue tal atribuição exarado pelo Órgão Seccional do Sisnama.

Impor a missão de fiscalização de meio ambiente poderia ser caracterizado como extrapolação da missão constitucional da Polícia Militar?

A Constituição Federal, no art. 144, § 6º, subordinou as Polícias Militares aos respectivos governadores estaduais, permitindo que as organizações delas ocorram em nível estadual, obviamente observando-se a simetria das normas federais, como o Decreto federal n. 88.777, de 1983.

Assim, a realização da atividade de fiscalização ambiental, ao contrário de caracterizar alguma extrapolação de missão ou até mesmo desvio de finalidade, mostra-se como a melhor solução para ampliar a tutela do meio ambiente. Por meio dela se otimiza o aparelho administrativo do Estado, justificando-se tal atribuição na busca constante da eficiência da Administração Pública.

Acrescente-se que, de forma expressa, o mesmo Decreto, no art. 56, ao definir as atribuições da Coordenadoria de Fiscalização Ambiental da Secretaria Estadual do Meio Ambiente, reforçou a missão dada à Polícia Militar Ambiental paulista para impor sanções administrativas em face de infrações ambientais, no inc. III:

> Propor a definição de prioridades para a aplicação dos recursos financeiros provenientes das *sanções administrativas impostas* por meio da Secretaria e das

unidades de policiamento ambiental, da Polícia Militar do Estado de São Paulo. (grifo nosso)

O Decreto, mais uma vez, instrumentaliza a previsão da Constituição Paulista que atribuiu à Polícia Militar o papel de polícia e também o papel de fiscal de meio ambiente, podendo, portanto, impor todas as sanções administrativas previstas para as respectivas infrações ambientais.

Essa formatação da fiscalização ambiental no estado de São Paulo não significa que os policiais militares ambientais ficam à disposição da Secretaria Estadual do Meio Ambiente; ao contrário, há uma atuação conjunta, estrategicamente definida, porém, preserva-se o comando da Pasta da Segurança Pública e da Polícia Militar sobre esse contingente[60].

Isso porque não se pode esquecer, em nenhum momento, que a fiscalização ambiental é uma atribuição importantíssima, porém acessória em relação à missão principal da Polícia Militar, que é preservar a ordem pública. Significa dizer que uma vez que não exista mais interesse nessa forma de atuação, remanescerá para a Polícia Militar sua missão constitucional de prevenir e reprimir os delitos, inclusive os ambientais.

E apenas para reforçar o que já foi escrito antes, a atuação conjunta existente em São Paulo, entre as pastas da Segurança Pública e de Meio Ambiente, vem sendo realizada nos modelos da década de 1940, ou seja, a Pasta da Segurança Pública mantém o policial militar ambiental no que diz respeito ao seu salário, armamento e a munição.

Já a Pasta do Meio Ambiente custeia a atividade fornecendo os veículos, equipamentos e demais recursos para suportar a fiscalização ambiental, inclusive aqueles necessários à capacitação técnica[61].

Os recursos financeiros gerados pelos valores arrecadados com imposições de multas pecuniárias são depositados em um fundo mantido pela Secretaria Estadual do Meio Ambiente, sendo que parte dele retorna para os investimentos e o custeio necessários às atividades fiscalizatórias.

E a Polícia Militar Ambiental paulista, ao realizar o papel de fiscalização ambiental, pode/deve impor todas as sanções administrativas aplicáveis e decorrentes das infrações ao meio ambiente, tipificadas no Decreto fede-

---

[60] Como foi dito, os policiais militares ambientais sujeitam-se ao ordenamento jurídico imposto a todo e qualquer policial militar.

[61] Esse arranjo normativo não impede a Pasta da Segurança Pública de colaborar com a Pasta do Meio Ambiente, com o incremento de recursos financeiros, materiais e outros equipamentos exigidos para a fiscalização ambiental.

ral n. 6.514, de 22.07.2008, regulamentadas no Estado de São Paulo por meio de normas específicas[62].

Importa reforçar que, apesar de a Constituição Paulista ter inserido a Polícia Militar no Sistema Estadual de Proteção e Desenvolvimento do Meio Ambiente, permitindo a ela realizar ações de fiscalização ambiental além do policiamento ambiental, há impossibilidade de fazê-lo sem observância estrita da Lei Complementar 140, de 2011.

Isso porque a Lei Complementar n. 140, de 2011, no seu art. 17, definiu que é o órgão ambiental, responsável pelo licenciamento ou autorização, que deve lavrar auto de infração ambiental para apuração de infrações administrativas ambientais.

Decorre desse postulado, portanto, que as Polícias Militares não são as titulares do poder de polícia administrativa ambiental decorrente do controle ambiental e por isso eventuais ações de fiscalização ambiental demandarão convênios ou cooperação entre as pastas, que deleguem a elas essa atribuição.

Assim, a Polícia Ambiental, no que diz respeito à fiscalização ambiental, agirá em nome da titular do controle ambiental e não em seu próprio nome, apesar de a população em geral não identificar essa titularidade do respectivo órgão de controle ambiental.

Esse arranjo institucional, realizado no âmbito do estado de São Paulo e já adequado à Lei Complementar 140, de 2011, e também existente em alguns estados do Brasil, com suas peculiaridades, se mostra mais adequado porque uma única instituição/órgão pode adotar todas as providências, impondo sanções administrativas ambientais e conduzindo os responsáveis à Polícia Judiciária para a apuração do crime ambiental.

É certo, porém, que os casos complexos, que exijam laudos técnicos ou que não se solucionem diante da autoridade da Polícia Ambiental, poderão gerar requisição de técnicos dos órgãos licenciadores para adoção dos procedimentos decorrentes[63].

Porém, tais casos acontecem com pouca frequência, especialmente quando se procura capacitar permanentemente os policiais militares ambientais, reduzindo a necessidade da presença física e concomitante de um ou outro servidor para determinado assunto.

---

[62] Como já mencionado, as normas específicas no estado de São Paulo são: Decreto Estadual n. 60.342, de 2014, e Resolução da Secretaria Estadual do Meio Ambiente n. 48, de 2014.

[63] Tais necessidades costumam ser inseridas nos convênios ou termos de cooperação entre as Pastas.

CONSIDERAÇÕES FINAIS

A Polícia Ambiental não é uma instituição autônoma, ela é um tipo de policiamento da Polícia Militar, prevista no Código Florestal de 1934, criada no âmbito de cada Estado para ampliar a tutela do meio ambiente, nos termos previstos no Decreto federal n. 88.777, de 1983.

Por isso, os Policiais Militares Ambientais estão sujeitos à hierarquia e à disciplina, típicas das Polícias Militares, definidas no Decreto-lei n. 667, de 1969 e nos ordenamentos estaduais.

O Sisnama, instituído pela Lei da Política Nacional do Meio Ambiente, não integrou expressamente as Polícias Militares aos respectivos Órgãos Seccionais[64] e a regra, por isso, é que a Polícia Ambiental não realize o papel de fiscalização ambiental, de atribuição dos órgãos responsáveis pelo licenciamento ambiental, nos termos estabelecidos pela recente Lei Complementar n. 140, de 2011.

Assim, sem que haja esforço normativo específico, remanescerá às Polícias Ambientais sua missão originária, qual seja, o policiamento ostensivo-preventivo com vistas à preservação da ordem pública, pontificado no art. 144, § 5º, da Constituição Federal e aos órgãos de fiscalização, o poder/dever de fiscalizar as infrações administrativas ambientais, decorrente do respectivo poder de polícia.

Esse arranjo normativo montado para a tutela do meio ambiente, mesmo respeitadas as distribuições de competências e respectivas atribuições dos órgãos, não otimiza os meios que já estão à disposição da sociedade, na medida em que não potencializam as ações de policiamento e fiscalização e não evitam a duplicidade de órgãos para a solução das demandas ambientais.

O Estado de São Paulo, por meio de construção normativa e respeitada a competência dos estados de organizar suas Polícias Militares, inseriu a Polícia Militar paulista no Sistema de Proteção e Desenvolvimento do Meio Ambiente, previsto no art. 195, parágrafo único da Constituição do Estado,

---

[64] Reforça-se que apesar de a Lei Complementar n. 140, de 2011, definir que a fiscalização é realizada por quem pode controlar, ou seja, licenciar, e a Lei da Política Nacional do Meio Ambiente, Lei n. 6.938, de 1981, informar que Órgãos Seccionais são os responsáveis pela execução de programas, projetos e pelo *controle e fiscalização* a Polícia Militar poderá também realizar a fiscalização ambiental, impondo as respectivas sanções administrativas ambientais, por meio de delegação específica de atribuição do Órgão Seccional do Sisnama, o que normalmente ocorre por meio de convênio ou cooperação entre as pastas.

ampliando sua atribuição e permitindo que também realize atos de fiscalização ambiental.

Essa atribuição está instrumentalizada, atualmente, por meio do Decreto estadual n. 57.933, de 2012, que previu expressamente a possibilidade de a Polícia Militar, por meio da sua Polícia Militar Ambiental, impor sanções administrativas donte de infrações ambientais, porém, observando-se a titularidade da Secretaria do Meio Ambiente, enquanto Órgão Seccional do Sisnama, isso diante do estatuído no art. 17 da Lei Complementar n. 140, de 2011.

E a Polícia Militar Ambiental paulista, assim como as outras que também desempenhem esse papel, por meio de delegação de atribuição do Órgão Seccional do Sisnama, enquanto fiscais ambientais, deverão fiscalizar as licenças/autorizações/permissões expedidas pelos órgãos ambientais e eventualmente impor as respectivas sanções administrativas ambientais, diante das infrações ambientais, observando-se, de regra, o Decreto federal n. 6.514, de 2008, e sua regulamentação no âmbito dos estados.

REFERÊNCIAS

DI PIETRO, M.S.Z. *Direito administrativo*. 26.ed. São Paulo: Atlas, 2013.

GRECO, R. *Curso de direito penal*. São Paulo: Impetus, 2011.

MARCÃO, R. *Crimes ambientais – anotações e interpretação jurisprudencial da parte criminal da Lei n. 9.605, de 12-2-1998*. São Paulo: Saraiva, 2011.

MELE, J.L. *A proteção do meio ambiente natural*. São Paulo: Edição do autor, 2006.

MILARÉ, E. *Direito do ambiente: a gestão ambiental em foco*. 7.ed. São Paulo: RT, 2011.

MIRABETE, J.F. *Manual de direito penal: Parte Geral*. 21.ed. São Paulo: Atlas, 2003.

NASSARO, A.L.F. Instituição do policiamento ambiental paulista: condições sociopolíticas e econômicas (1930-1949). In: SILVA, Z.L.; ANHEZINI, K. *A escrita histórica e suas múltiplas faces*. Assis: Unesp, 2011

NOMURA, M.S. *Polícia e meio ambiente: desafios e perspectivas organizacionais*. São Paulo, 2004. 188p. Dissertação (Mestrado em Ciências Ambientais). Procam, Universidade de São Paulo.

TRINDADE, F.A. *Direito ambiental esquematizado*. 2.ed. São Paulo: Método, 2011.

Advocacia Ambiental: Profissão e Exercício de Militância

37

Lina Pimentel Garcia

Mattos Filho, Veiga Filho, Marrey Jr. e Quiroga Advogados

INTRODUÇÃO

O presente capítulo tem como objetivo abordar as características da advocacia privada com ênfase no direito ambiental. Nele serão abordadas as espécies de atividades desenvolvidas por um advogado privado, mas, para essa finalidade, necessariamente, será tratada de maneira sucinta a evolução histórica da legislação ambiental, que nasce e cresce junto com o volume de operadores do direito envolvidos com a temática, bem como com o escopo de trabalho que cabe ao advogado no bojo de sua atuação profissional.

A análise das atividades inerentes a esses profissionais resulta na constatação de que a advocacia privada é parte de um movimento que induz melhorias nas práticas ambientais, a partir da maior conscientização social e corporativa. A maior efetividade na aplicação da legislação ambiental também é outro fato indutor do crescimento da presença da temática ambiental nas universidades – graduação e pós-graduações, Poder Judiciário e Poder Executivo.

A advocacia ambiental nasce, obviamente, junto da tutela ambiental, que se mostrou mais estruturada no Brasil na década de 1980.

HISTÓRICO DA LEGISLAÇÃO AMBIENTAL ATÉ A DÉCADA DE 1990

A rigor, a lei é criada para regular condutas e induzir comportamentos. No que se refere à temática ambiental, esse arcabouço surge para normatizar padrões de qualidade dos recursos naturais; primariamente pensados aqueles que se relacionam mais diretamente às atividades humanas, quais sejam, água, ar e solo. A partir do que se espera da qualidade do meio ambiente, é possível determinar padrões de condicionamento para as atividades em que nele estão inseridas e que possam impactar a estabilidade imaginada.

Até a década de 1970, as florestas aparentavam abundância infinita e muitas vezes eram inclusive obstáculos físicos ao desenvolvimento da agropecuária e das cidades. A legislação à época trazia, inclusive, orientação oposta à conservação, incentivando aqueles que desmatassem para fomentar o desenvolvimento antrópico, necessário para o desenvolvimento do país no modelo que se estava implementando. Um bom exemplo disso é o próprio Código Florestal de 1934 (Decreto n. 23.793/34), o qual era visto pela sociedade como uma lei de estratégia comercial quanto aos estoques de madeira e não como uma lei de cunho conservacionista.

Quanto à fauna, sempre foi tratada como um objeto de tutela dissociado dos demais recursos ambientais, recebendo proteção a partir de legislação bastante específica, como a lei de proteção à fauna de 1967 (Lei Federal n. 5.197/67).

Haja vista o desenvolvimento industrial fomentado no Brasil, principalmente no Sudeste, desde a década de1970, surge a legislação de controle da poluição em alguns estados, porém com aplicação tímida e insuficiente. As práticas empresariais, que não detinham, seja científica ou tecnologicamente, quais seriam as boas soluções para ser incorporadas a seus processos, naturalmente ocasionaram uma série infinita de passivos e acidentes ambientais que em muitos casos perpetuam até hoje sem remediação.

Ao longo da década de 1980, consolidou-se por meio de legislação correlata que os entes legitimados a tutelar o meio ambiente eram o Ministério Público, as organizações não governamentais (ONGs) de atuação ambiental, entes do Poder Público e cidadãos em geral. Também corroborado pela Constituição Federal de 1988 e munidos do marco legal da proteção ao meio ambiente – Lei Federal n. 6.938/81(Política Nacional de Meio Ambiente – PNMA), começaram as empreitadas jurídicas para buscar o equilíbrio entre o desenvolvimento e a proteção ambiental.

Pois bem, casos como a Ação Civil Pública de Cubatão, ajuizada em 1986 pelo Ministério Público do Estado de São Paulo e pela ONG Oikos (hoje já extinta), fizeram com que juristas – invariavelmente atuantes de temáticas diversas no exercício do Direito – passassem a manter entendimentos com especialistas técnicos de modo a assessorar adequadamente empresas que em geral estavam envolvidas na produção industrial. Até esse momento, os principais redatores e intérpretes da legislação ambiental que já se dispunha no Brasil, eram muitas vezes engenheiros, sanitaristas, geólogos, biólogos etc. Até hoje essa relação entre o advogado ambiental e os técnicos é essencial para compreensão e exato encaminhamento de um caso ambiental.

Como dito, por diversas razões históricas, culturais e científicas, as práticas industriais ocorriam sem investimento no gerenciamento dos impactos daquela atividade no meio ambiente.

Outro fator relevante se deve às questões de mercado que norteiam o desenvolvimento dos negócios. Se hoje ainda é difícil encontrar consumidores e clientes que pagam preços diferenciados por produtos verdes ou mais sustentáveis, há duas ou três décadas era ainda mais difícil conquistar algum diferencial competitivo positivo por meio do exercício da cautela ambiental na produção.

A partir dessa realidade de dificuldade de, espontaneamente, o mercado se autorregular e aplicar melhores práticas ambientais, construiu-se na Administração Pública um modelo de comando-controle que norteou a implementação das primeiras políticas públicas para assegurar que a legislação ambiental fosse aplicada com a maior efetividade possível. De toda forma, hoje essa mesma legislação atingiu grau de complexidade suficiente para uma abordagem mais próxima de gestão compartilhada entre Estado e sociedade, em que os agentes privados participam ativamente das medidas de proteção efetiva.

Não obstante legislações muito bem desenhadas já em alguns estados, como, por exemplo, a Lei n. 997/76 e seus respectivos regulamentos no estado de São Paulo, e até no conteúdo da própria PNMA, ainda havia imensa dificuldade de ver a legislação ambiental já existente incorporada às atividades empresariais – e, diga-se, também nas estatais. Por esse motivo, não causa estranheza o fato de que empresas estatais (ou ex-estatais) também tenham contribuído para a geração de passivos ambientais.

DIREITO AMBIENTAL E SUSTENTABILIDADE

O fortalecimento de alguns órgãos ambientais e o empoderamento contínuo do Ministério Público, o que foi reforçado com a Lei de Ação Civil Pública de 1985 (Lei Federal n. 7.347/85) e a própria Constituição Federal de 1988, começaram a reverter essa sistemática de tolerância e iniciou-se uma era de apuração de responsabilidades, que verificamos como crescente até hoje. Ao longo desse período, foram inúmeros os instrumentos que viabilizaram esse posicionamento estratégico do direito ambiental que também vem sendo reconhecidas pelo Poder Judiciário.

Durante alguns anos, ou melhor, aproximadamente duas décadas, em que os esforços de desenvolver o país e de proteger o meio ambiente ocorriam por vias paralelas, o que se via era uma polarização comumente entrando em choque como se fossem forças opostas. De um lado, bravos empreendedores que em meio a inúmeras instabilidades políticas, financeiras e estruturantes espalhavam-se pelas regiões e buscavam o lucro e a geração de renda; de outro, estava latente o movimento ambientalista percebendo determinados excessos e desequilíbrios na estratégia de desenvolvimento, que há tempos já vinham sendo reconhecidos nos países desenvolvidos. Natural que, estes chamados pela literatura internacional como Países do Norte, tivessem deparado com antecedência com os problemas do desenvolvimento desmedido, haja vista a também antecedência na evolução tecnológica e científica.

No meio desse antagonismo de opiniões e modelos de funcionamento de empresas e organizações não governamentais, tínhamos o Estado, que, naquele momento, sem a segurança jurídica e estabilidade política que se espera de um Governo, não exercia nem o papel de comando e controle nem o de planejamento e regulação. As iniciativas de proteção ambiental eram esparsas e pontuais para tratar determinadas questões conforme vinham se mostrando latentes ao longo da evolução.

Passados mais de 30 anos entre esse primeiro período de elaboração das primeiras normas de cunho ambiental, hoje, aparte da grande diversidade de leis e regulamentos, temos um conjunto robusto de regras principais em âmbito federal no tema, as quais listamos adiante:

- 1981 – Política Nacional de Meio Ambiente (Lei Federal n. 6.938).
- 1985 – Lei de Ação Civil Pública (Lei Federal n. 7.347).
- 1988 – Constituição da República Federativa do Brasil.
- 1991 – Política Agrícola (Lei Federal n. 8.171).

- 1997 – Política de Recursos Hídricos (Lei Federal n. 9.433).
- 1998 – Crimes Ambientais e Sanções Administrativas (Lei Federal n. 9.605).
- 2000 – Sistema Nacional de Unidades de Conservação (Lei Federal n. 9.985).
- 2001 – Estatuto da Cidade (Lei Federal n. 10.257).
- 2006 – Lei de Gestão de Florestas (Lei Federal n. 11.284).
- 2009 – Política Nacional de Mudanças Climáticas (Lei Federal n. 12.187).
- 2010 – Política Nacional de Resíduos Sólidos (Lei Federal n. 12.305).
- 2012 – Novo Código Florestal (Lei Federal n. 12.651).

O NASCIMENTO DO "ADVOGADO AMBIENTAL" E OS REQUISITOS DE FORMAÇÃO PARA A PRÁTICA PROFISSIONAL ATUAL

Considerando as divergências extremas que historicamente se instalaram entre as referidas partes privadas, entes públicos e sociedade civil, cada uma das respectivas instituições passou a buscar reforços com advogados para armar suas artilharias e rever suas estratégias de atuação para os propósitos a que se destinam.

Formação jurídica do advogado ambiental

No que diz respeito aos advogados, aqueles com formação em direito imobiliário (incluindo o agrário) ou administrativo eram os maiores candidatos a se aventurar na seara jurídico-ambiental, seja do lado da advocacia pública, seja da privada, seja do terceiro setor.

Sem adentrar aspectos filosóficos, segundo depoimentos de advogados mais antigos nessa temática obtidos ao longo da carreira dessa autora, constata-se que, para advogar na iniciativa privada em matéria ambiental na década de 1980, o advogado enfrentava uma espécie de crise moral, pois seu mandato parecia, muitas vezes, implicar uma escolha entre o bem e o mal.

Já aqueles que iniciaram sua carreira profissional entre meados da década de 1990 e anos seguintes parecem ter sido contemplados com a possibilidade de exercer na advocacia privada a militância que operadores do direito e, em especial, admiradores do direito ambiental possuem desde a escolha dessa profissão, cujo maior símbolo é a Justiça.

No que diz respeito à especialização necessária para aprimoramento da técnica nos advogados ambientais, além daquelas matérias clássicas que compõem a necessária formação, ou seja, direito civil, administrativo, urbanístico, imobiliário e agrário, é recomendável que o tema ambiental seja transversal, também buscando uma ótica societária, de mercado de capitais, regulatória, tributária, trabalhista, penal, de direitos humanos e internacional.

A seguir, em caráter exemplificativo, são indicados alguns aspectos dessas matérias que, com exceção do direito civil, também abordado, são aparentemente distantes do direito ambiental, para verificar como seu conhecimento integrado favorece uma visão jurídico-ambiental mais ampla e completa.

Direito Civil

A tutela ambiental deriva de um interesse comum, razão pela qual as ferramentas de proteção têm natureza pública e são reguladas, portanto, pelo direito administrativo. Ocorre que um dos temas mais recorrentes à prática do direito ambiental é a análise da responsabilidade ambiental.

São três as esferas de responsabilidade em matéria ambiental, quais sejam, civil, administrativa e penal. Isso significa que uma mesma infração ambiental, por exemplo, uma contaminação, pode repercutir gerando uma multa (responsabilidade administrativa apurada pelo órgão ambiental competente) ou mesmo criminalização da conduta, a ser investigada e coibida pela polícia civil ou militar e processada pelo Ministério Público.

Não obstante essas figuras de punição, associadas a um caráter pedagógico com o fim de desestimular práticas ofensivas daquele infrator e de outros, sempre que necessário será exigida a reparação ou compensação do dano. Esse conceito de assegurar que aqueles recursos naturais prejudicados devam ser reparados ou a coletividade indenizada deriva de um dos mais óbvios e antigos conceitos de direito civil:

Art. 927. Aquele que, por ato ilícito (arts. 186 e 187), causar dano a outrem, fica obrigado a repará-lo.
Parágrafo único. Haverá obrigação de reparar o dano, independentemente de culpa, nos casos especificados em lei, ou quando a atividade normalmente de-

senvolvida pelo autor do dano implicar, por sua natureza, risco para os direitos de outrem.

Transpondo a hipótese genérica de o prejuízo a outrem demandar a devida reparação, temos que, em casos do meio ambiente danificado, a parte afetada é a coletividade. Segundo a Constituição Federal, todos são titulares dos recursos naturais, não sendo, portanto, permitido que se perpetue um prejuízo ao meio ambiente sem que haja a cobrança por sua reparação.

> Art. 225. Todos têm direito ao meio ambiente ecologicamente equilibrado, bem de uso comum do povo e essencial à sadia qualidade de vida, impondo-se ao Poder Público e à coletividade o dever de defendê-lo e preservá-lo para as presentes e futuras gerações.

Ao advogado, caberá (I) identificar e defender os interesses de seu cliente, levando em consideração a responsabilidade ambiental pelo dano e, uma vez constatada, (II) apoiar na identificação da extensão do dano e na negociação, elaboração do plano para medidas de reparação e compensação. Como na enorme maioria dos casos ambientais, será necessária a interação com corpo técnico para uma completa assessoria jurídica (vide item "Histórico da legislação ambiental até a década de 1990").

Direito Societário

Para a finalidade de discutir a inserção dos aspectos societários, considera-se que uma das grandes esferas de atuação dessa área do Direito está ligada a fusão, incorporações, consórcios, dissolução de sociedades e outras operações financeiras de cunho similar.

A responsabilidade civil ambiental tem caráter objetivo e solidário, ou seja, tal como inclusive depreendemos da previsão legal constante do item anterior (artigo 927, parágrafo único) e outras específicas de matéria ambiental, danos ao meio ambiente enquadram-se na categoria de danos aos direitos fundamentais que, portanto, buscam por diversos meios a responsabilização de partes envolvidas de modo a, precipuamente, evitar o que pode ser chamado de socialização de um dano.

As teorias jurídicas que suportam o conceito de que o poluidor é aquele direta ou indiretamente responsável por um dano ambiental, levam os empreendedores à necessidade de, *inter partes* – em instrumentos contratuais válidos e eficazes ao menos entre as partes –, ser claramente fixada a parcela de responsabilidade de cada parte envolvida. Isso significa que, ao analisar uma operação societária, caberá ao advogado identificar que tipo de riscos e passivos ambientais permeiam a atividade-alvo do negócio e de que forma os acertos comerciais sobre a assunção dessas questões devem ser documentados.

Alguns acordos tratando de responsabilidade ambiental são tão complexos que, dentro de uma operação societária, ganham autonomia e passam a constituir documento separado e extenso com uma série de obrigações, prazos e regras.

Seguem dois exemplos de circunstâncias de natureza ambiental que impactam uma transação societária em negociação, cabendo ao advogado apoiar no manejo das informações e análise de risco para o negócio:

Licenciamento ambiental pendente ou sob questionamento

Se a atividade demanda um significativo impacto ambiental, é mais seguro que o empreendimento já tenha obtido a licença ambiental prévia. Apesar de ainda depender das licenças de instalação e operação para funcionamento total, aquela já indica a viabilidade da atividade naquele local escolhido. Nessa hipótese também será necessário identificar se os estudos ambientais estão tecnicamente consistentes ou se não foram questionados administrativa ou judicialmente.

Área contaminada

Uma contaminação ainda não dimensionada em termos de extensão do dano, repercussão a terceiros, custo e prazo de remediação, sempre gera uma incerteza imensa na operação. Em muitos casos, convenciona-se que o negócio não se performa enquanto não se avançarem os estudos até a fase de investigação detalhada, quando já é possível alcançar certa segurança para incorporar o assunto aos ajustes comerciais e, consequentemente, ao contrato.

Direito Comercial, com ênfase em mercado de capitais

Para fins de didática da relação entre direito ambiental e mercado de capitais, consideram-se em especial duas das faces de atuação do direito comercial com ênfase nesse segmento específico, hoje já considerado uma prática jurídica bastante especializada e presente de forma autônoma nas bancas de advocacia:

Estruturação de operações sujeitas ao regramento da CVM

Um dos exemplos de operação dessa natureza é o procedimento formal de abertura do capital de uma companhia, também conhecido como emissão de ações. Segundo as regras pertinentes, esse procedimento implica a redação do chamado "Formulário de Referência[1]". Este documento dá conhecimento público dos principais aspectos relevantes da empresa para que os interessados decidam sobre investimentos naquela companhia. Além dos aspectos econômicos expostos para nortear os investimentos, entre outras informações obrigatórias estão as questões ambientais que podem conferir maior segurança e agregar valor aos negócios (ex.: licenças ambientais já emitidas, políticas ambientais implementadas etc.) ou mesmo oferecer alguma espécie de risco (ações civis públicas, legislação restringindo expansão da atividade etc.). Assim, é necessário que os textos relativos aos aspectos ambientais sejam cautelosamente redigidos por advogados especialistas que poderão garantir acurácia às informações nos moldes devidos.

Ativos ambientais

Estão sendo desenvolvidos vários modernos instrumentos econômicos com a finalidade de (A) proteger o meio ambiente, (B) criar alternativas para o cumprimento da legislação ambiental e (C) induzir as empresas ambientais a aderirem a modelos de negócio integrantes do conceito de Economia Verde.

Usando como fonte de inspiração os créditos de carbono, outros títulos representativos de ativos ambientais vêm sendo desenhados e alguns até já implementados. A confecção e a transação de títulos dessa natureza serão regidas por regras de direito comercial e eventualmente reguladas pelo órgão oficial competente para lidar com valores mobiliários (CVM), conforme o caso.

---

[1] Formulário de Referência, nos termos do art. 24 da Instrução Normativa CVM n. 480/2009, é o documento que, de forma resumida, apresenta os principais aspectos financeiros de uma emissão de ações, tais como informações financeiras relacionadas, fatores de risco, histórico do emissor, atividades do emissor, grupo econômico, ativos e contingências relevantes, entre outros aspectos.

1158 DIREITO AMBIENTAL E SUSTENTABILIDADE

Além do crédito de carbono previsto como tal nos regulamentos de Mecanismo de Desenvolvimento Limpo do Protocolo de Kyoto, citam-se a seguir alguns exemplos de ativos ambientais implementados e em desenvolvimento: (A) créditos de carbono florestal, que representam o carbono retido na floresta por ocasião de práticas para sua conservação e manutenção; (B) cota de reserva ambiental; (C) créditos de logística reversa.

Direito Regulatório

Originalmente derivado do direito público, o direito regulatório surgiu de maneira mais específica a partir da criação das agências reguladoras setoriais, que passaram a normatizar, fiscalizar e conceder serviços públicos a entes privados dos setores de energia, óleo e gás, telecomunicações, alimentos, medicamentos e farmacêuticos, saúde privada, entre outros. Estas agências, por sua vez, passaram a emitir resoluções e regulamentos de cunho estritamente técnico (porém no formato de norma jurídica), os quais norteiam as atividades concedidas aos particulares.

Paralelamente, nos órgãos e na legislação ambiental, também foi ampliada a estratégia de normatizar por setores os requisitos aplicáveis para licenciamento, controle e fiscalização.

Com isso, quando se trata de empreendimentos de infraestrutura, principalmente, é essencial que advogados ambientais conheçam a regulação do setor que estão assessorando. Seguem dois exemplos setoriais para ilustração da relação entre o direito regulatório e o ambiental.

Energia elétrica

Tomemos com exemplo o caso de empreendimentos de energia hidrelétrica, que possuem uma série de variáveis ambientais a ser consideradas por ocasião de seu licenciamento. É certo que a consultoria ambiental responsável pelos estudos e pela definição dos programas de controle ambiental será a protagonista das diretrizes e dos entendimentos entre o Poder Público e o empreendedor para alcançar as medidas de mitigação e compensação mais apropriadas. Entretanto, é bem provável que o planejamento e a implantação de um empreendimento dessa natureza contem com um advogado que analise uma série de aspectos formais inerentes ao licenciamento, mas que também possa atuar na defesa do posicionamento técnico da empresa caso este colida com a ótica manifestada pelo Poder Público.

As divergências entre o órgão licenciador e a empresa licenciada podem ocorrer no bojo do processo administrativo de licenciamento, mas também podem ser levadas à esfera judicial se necessário. Hoje existe, por sua vez, um movimento muito consistente do Ministério Público em contestar perante o Poder Judiciário questões de licenciamento ambiental (como exemplo, as ações civis públicas que discutem a respeito da UHE Belo Monte).

Óleo e gás

O setor de óleo e gás também demanda a mesma especialização setorizada dentro da temática ambiental. A perfuração e exploração desse tipo de combustível fóssil somente é aceitável por serem tão detalhados os regulamentos para o setor. São tantos os procedimentos estabelecidos pela Agência Nacional do Petróleo, Gás Natural e Biocombustíveis (ANP) e práticas internacionais diversas, que não poderia ser diferente na legislação ambiental.

Ocorre que, toda essa especificidade, por óbvio, necessita ser compreendida pelo operador jurídico que auxiliará na prevenção e remediação de questões ambientais advindas dessa atividade. O licenciamento ambiental, que em geral se restringe a três principais licenças para demais empreendimentos, no caso de óleo e gás, por exemplo, é segmentado segundo as diferentes etapas características do modelo de negócio[2].

Assim, para defesa deste ou de qualquer outro empreendimento de natureza regulada, é preciso que o advogado conheça de especificidades do negócio, sob pena de não atuar de forma apropriada nos casos que assessora, sejam eles consultivos, sejam contenciosos.

Direito Internacional

Nos países com industrialização mais antiga que a do Brasil – que correspondem também aos países que já tinham convertido a maior parte de suas terras com vegetação nativa em cidades, agricultura, infraestrutura de transportes e centros industriais – os temas ambientais, como os conhecemos hoje, começaram a ganhar corpo na década de 1960. Em 1968, foi organizado um pequeno grupo de pesquisadores e intelectuais que, posteriormente conhecidos como o *Clube de Roma*, organizou um relatório sobre a

---

[2] Por exemplo, de acordo com a Resolução Conama n. 23/94, as licenças prévia para perfuração e prévia de produção para pesquisa são demonstrativos desta especificidade.

finitude dos recursos naturais, intitulado "Os Limites do Crescimento"[3]. Esse relatório foi apresentado em um evento das Nações Unidas, em Estocolmo, na Suécia, em 1972.

Essa reunião, que contou com a participação do Brasil, foi a primeira conferência internacional sobre meio ambiente e lançou o Programa das Nações Unidas para o Meio Ambiente (Pnuma). Desde então, as reuniões internacionais sobre meio ambiente se multiplicaram para cobrir temas que vão da poluição transfronteiriça, às emissões de gases poluentes de alcance global, passam pelo uso compartilhado pelos países que sediam biomas regionais, pelo acesso aos conhecimentos tradicionais e recursos genéticos, princípio da precaução e seus limites de aplicação e tantos outros que hoje fazem parte do vocabulário inclusive legal, mas que eram inexistentes há vinte anos.

É parte desse movimento internacional a regulação hoje existente sobre os gases com efeito de destruição da camada de Ozônio (Protocolo de Montreal) e a emissão de gases de efeito estufa (Convenção Quadro das Nações Unidas para as Mudanças Climáticas). É importante lembrar que esses acordos internacionais, uma vez assinados pelo país e ratificados pelo seu Poder Legislativo, convertem-se em leis nacionais, entrando assim no cotidiano dos advogados ambientais.

As principais entidades ambientalistas existentes no Brasil são também um desdobramento desse movimento internacional. Em geral, elas se especializam em temas que vão da proteção à biodiversidade à proteção do clima anteriormente citado. Ao fazerem parte de redes por onde transitam informações sobre os mais variados temas e sob os mais diferentes aspectos, inclusive legais, trazem ao contexto brasileiro uma série de informações que, não raras vezes, terminam nos tribunais.

Multidisciplinaridade jurídica para temas ambientais

Apresentados alguns dos elementos de conexão entre o direito ambiental e outras áreas do Direito, fica clara a multidisciplinaridade que permeia essa prática complexa. Se, por um lado, o advogado ambiental hoje tem de buscar toda a especialização possível nos diversos subtemas, por outro, não pode perder sua conexão com as demais disciplinas do Direito, sob pena de

---

[3] Disponível em: http://www.unav.es/adi/UserFiles/File/80963990/The%20Limits%20to%20Growth%20Informe%20Meadows.pdf. Acessado em: 27 mar. 2014.

esquecer a compreensão de seu papel como advogado privado, que deve ser prover assessoria em busca do interesse do cliente, mas cumulada com o equilíbrio das relações e, simultaneamente, dos tantos direitos fundamentais concorrentes e objetivados pela nossa sociedade e pela Constituição Federal.

O advogado ambiental e o conhecimento em temas técnicos ambientais

Além dos temas jurídicos dos quais deva o direito ambiental se aproximar, é essencial que o advogado privado esteja familiarizado com temas técnico-ambientais, típicos da geologia, biologia, química e engenharia. Isso porque, as normas ambientais se fundam em princípios, instrumentos e padrões técnicos e porque grande parte dos interlocutores de um advogado ambiental são efetivamente os técnicos dos clientes, internos, de consultorias contratadas, da equipe de perícia envolvida ou do órgão ambiental. Nos EUA, em geral, a formação de um advogado ambiental conta com graduação preliminar em alguma área técnica em conjunto com sua especialização jurídica.

Todos os casos ambientais submetidos a um advogado são invariavelmente revestidos de um aspecto técnico. Para se advogar com sucesso, em especial tratando-se de matérias contenciosas, não há nenhuma hipótese de dispensar o apoio de um *expert,* que trará a descrição dos fatos precisamente, o que ajudará na identificação dos meios probatórios a ser explorados para formar a convicção do juízo e os possíveis argumentos em defesa da parte interessada e em detrimento daqueles trazidos pela outra parte – ainda que ela seja o Estado.

Em atividades de consultoria mais profunda, a depender do escopo, pode também ser mais eficiente para o cliente que se combine a contratação de assessoria jurídica e técnica para que se alcancem as melhores soluções.

Modalidades de advocacia ambiental

Superada a descrição dos temas que podem permear a prática jurídica ambiental, para fins de compreensão das diversas formas de trabalho na advocacia privada, é possível dividir em três modalidades que poderão ser exercidas isolada ou conjuntamente por cada advogado: (I) consultoria jurídica; (II) contenciosos – administrativo ou judicial e (III) auditoria legal *(due diligence).*

Consultoria jurídica

As empresas indagam acerca dos requisitos legais aplicáveis às suas atividades em caráter preventivo, ou visando à regularização de algum procedimento operacional equivocado que possa apresentar-lhe contingência.

Outra hipótese, muito comum, é, após a ocorrência de alguma não conformidade – resultante ou não em um fato danoso –, o empreendedor verificar a necessidade de não somente adequar aquela contingência, mas de revisar a governança ambiental. Essa demanda pode resultar na realização de uma auditoria jurídica – associada ou não a uma diligência técnica – que apoiará o mapeamento dos riscos e oportunidades de melhoria.

A aplicação de uma verificação de conformidade legal nas atividades de uma empresa, incluindo eventualmente sua cadeia de prestadores de serviços, haja vista o conceito de poluidor já apontado nos itens "Direito civil"e "Direito societário, agrega valor ao negócio em função de diversos benefícios, entre eles:

- Instituições financeiras[4] já aplicam procedimentos de verificação de adequação socioambiental para aprovar e continuar a concessão de diversas modalidades de crédito e financiamento, podendo, inclusive, o estágio de governança da empresa acarretar melhores condições comerciais com o banco.

- Indivíduos qualificados como administradores e gestores, que podem ser individualmente responsabilizados em caso de ação ou omissão relacionada a um dano, construirão uma reputação de atividades de prevenção e precaução[5] que poderão ser consideradas em caso de eventual investigação para fins de apuração de responsabilidades pessoais.

---

[4] A esse respeito, é interessante mencionar os Princípios do Equador, medida voluntária assinada por determinadas instituições financeiras em todo o mundo, que prega que, em caso de qualquer concessão de crédito acima de US$ 10 milhões, os créditos socioambientais deverão ser efetivamente contemplados na análise. Disponível em: http://www.equator--principles.com. Acessado em: 27 mar. 2014.

[5] "Prevenção e precaução são conceitos distintos sob o ponto de vista dos princípios do direito ambiental. Prevenção está diretamente relacionada ao fato de que a ausência de absoluta certeza científica não pode ser utilizada como razão para postergar medidas de controle ambiental. Precaução é assegurar-se que a melhor tecnologia deve ser implantada para inexistirem efeitos negativos ao meio ambiente" (Milaré, 2013, p. 262).

- A cadeia de suprimentos e de clientes das empresas já demanda cumprimento de condições socioambientais para manutenção do relacionamento. Muitas deixam de contratar parceiros que não evidenciem cumprimento da legislação ambiental fundamental e outros, ainda, até deixam de contratar caso o potencial fornecedor não demonstre cautelas adicionais para mitigação de riscos ambientais.

- Auditorias internas realizadas pela matriz de corporações, inclusive estrangeiras, podem ser tão importantes para a empresa brasileira quanto a rotina de fiscalização realizada por órgãos oficiais. Verificando antecipadamente, com rigor, se as normas ambientais estão sendo cumpridas, executivos e gestores em geral também se protegem de questionamentos internos.

- Antecipação de problemas e possibilidade de planejamento progressivo: Caso seja identificada necessidade de correção de algum procedimento operacional, é possível planejar eventuais investimentos gradativamente ou tomar medidas para mitigar o risco de exposição da empresa perante órgãos ambientais. As práticas de autodenúncia perante as autoridades também são reconhecidas como evidência de boa--fé e construção de relacionamentos de confiança.

Contencioso administrativo ou judicial

O meio ambiente, na qualidade de bem comum de uso do povo, pode ser judicialmente tutelado a partir da provocação de diversos entes legitimados. Em sede administrativa, são somente os órgãos ambientais e Ministério Público por meio de investigações e procedimentos preparatórios a eventuais ações judiciais, tal como são os chamados inquéritos civis.

Cabe ao advogado, portanto, não somente conhecer os aspectos técnicos materiais atinentes ao caso, mas os aspectos formais que permeiam aquela autuação, investigação ou ação judicial, para identificar se os princípios e deveres da Administração Pública, bem como os requisitos do devido processo legal, foram atendidos.

Não obstante aspectos formais a ser seguidos, é possível constatar que, para os processos de natureza ambiental, mais que os procedimentos, o que importa é o direito relativo aos recursos naturais que estão sendo tutelados. Em alguns casos, essa tutela vem balanceada de outros direitos também fundamentais para a vida em sociedade, ou seja, aqueles que revestem as atvidades econômicas e os direitos sociais. Em certas situações, ainda verificamos decisões que privilegiam exclusivamente os bens naturais em pauta. Essa variação se deve à escolha entre a hermenêutica centrada no homem (antropocêntrica), e aquela em que se coloca os recursos naturais como objeto central de tutela (biocêntrica). Não somente intérpretes autênticos (juízes), mas também advogados públicos, privados ou de terceiro setor transitam entre as diferentes perspectivas biocêntricas ou antropocêntricas do direito ambiental.

Se por um lado os processos ambientais podem favorecer o órgão que tutela judicialmente o meio ambiente em detrimento de requisitos formais legítimos porventura arguidos pelo réu, já que o mais relevante é o direito tutelado, esta mesma parte ré por ser favorecida se sua defesa, intenção ou proposta de solução consensual – quando existente – estiver legitimamente revestida de ganho ambiental. Um comportamento de boa-fé em sentido positivo para a realização de um ganho ambiental, ainda que em resposta a um dano pretérito, deve ser prestigiado para que o retorno ao meio ambiente seja rápido. A experiência mostra que a judicialização de temas ambientais pode ser, em muitos casos, prejudicial ao próprio objeto de tutela, ou seja, o meio ambiente.

Auditoria ambiental legal (Legal due diligence)

Com licença para usar o termo *due diligence*, que significa "devida diligência", corriqueiramente aplicado para auditorias ambientais legais para fins de operações societárias (vide item "Direito Civil") ou financeiras (vide item "Área contaminada"), este procedimento é cada vez mais importante para o empresário decidir sobre a viabilidade de um negócio e em quanto impacta seu valor.

Nas transações realizadas no Brasil até a década de 1990, as contingências ambientais nem sempre eram valoradas de forma totalmente tangível ou precisa. Em muitos casos ainda não são, seja pela natureza do passivo, seja pelo prazo da negociação comercial, mas a estimativa dos custos a ser incorridos para adequação de uma atividade ou mesmo para saneamento de uma contingência melhoraram. Esse melhor dimensionamento passou a ser possível por várias razões, entre elas:

ADVOCACIA AMBIENTAL: PROFISSÃO E EXERCÍCIO DE MILITÂNCIA | 1165

- Transparência das informações ambientais nas empresas ou das empresas, seja por *accountability*[6] empresarial exercido em seu relacionamento com investidores e outras partes interessadas, em função de relatórios gerenciais internos, seja por informações disponibilizadas aos órgãos ambientais, cujos processos são públicos.

- Recorrente obrigatoriedade legal de avaliação de passivo de solo e água subterrânea em áreas de atividades potencialmente contaminadoras, o que gera confecção de relatórios, dados e planejamento contendo cronograma, custos e riscos envolvidos.

- Maior especialização ambiental da equipe (técnicos internos, administradores, consultorias externas e advogados) envolvida nas atividades empresariais e nas negociações societárias ou financeiras passíveis de auditoria.

- Envolvimento das instituições financeiras interessadas, que, desde a década de 2000 vêm gradualmente ampliando a análise socioambiental dos empreendimentos que financiam ou às quais concedem crédito, fazendo com que haja auditorias externas e respectivos relatórios.

- Maior exercício do princípio da participação social, resultando em incremento na qualidade do relacionamento entre empreendedores e segmentos da sociedade civil (instituições locais, de atuação regional ou global), oportunidade em que é dada publicidade a informações relevantes sobre questões ambientais que impactam o negócio.

- Desenvolvimento de metodologias de valoração de ativos ambientais e também de impactos aos recursos naturais.

Procedimento de auditoria ambiental legal

O envolvimento do advogado para avaliação ambiental de uma atividade para fins de uma fusão, aquisição ou oferta de ações, por exemplo, segue um rito que passa pela formulação de perguntas estratégicas e solicitação de documentos, realização de reuniões com gestores internos e consultorias externas contratadas, bem como análise de informações públicas e privadas relativas ao controle ambiental desempenhado pela empresa.

---

[6] Sobre esse termo, *accountability*, podemos entender como a obrigação dos diretores e gerentes de uma empresa de prestar contas e informações aos acionistas, investidores e concedentes de crédito de forma geral (Lodi, 2000).

1166 | DIREITO AMBIENTAL E SUSTENTABILIDADE

Os principais temas ambientais que devem ser avaliados em uma empresa, pelo advogado auditor, são:

Áreas especialmente protegidas

São aqueles espaços territoriais protegidos como resultado da legislação de florestas (Código Florestal, Mata Atlântica, Sistema Nacional de Unidades de Conservação e de Parcelamento de Solo Urbano), que garantem a permeabilidade do solo em áreas urbanas. A restrição de uso em determinadas áreas ocupadas pelo empreendimento pode acarretar inviabilidade da atividade, demolição ou compensação.

Resíduos sólidos

Seja sob o ponto de vista de emissões oriundas dos processos produtivos e atividades, seja quando se trata de resíduos sólidos pós-consumo, deve ser verificado o impacto dos negócios e seus produtos na água, no ar, no solo ou mesmo no bem-estar público (ex.: odor, vibrações e o inconveniente que causam).

A partir de um dos mais recentes marcos legais ambientais nacionais (Política Nacional de Resíduos Sólidos – Lei n. 12.305/2010), inclusive, sedimentou-se a necessidade de minimizar a geração de resíduos gerados por quaisquer atividades antrópicas, uma vez que a necessidade de sua disposição final, em alguma parcela, é inequívoca e traz inúmeros prejuízos à infraestrutura pública e ao meio ambiente.

No caso de resíduos, é relevante que se estenda a verificação para a regularidade de atividades de prestadores de serviço de disposição final de resíduos, contratados pela empresa-alvo, considerando o conceito de poluidor já sinalizado anteriormente (vide item "Direito Civil").

Licenciamento ambiental

Neste item estariam incluídas não somente as licenças para implantação e operação das atividades propriamente ditas e as mais relevantes, mas também as autorizações acessórias, tais como: autorização de supressão de vegetação que prevê medidas de compensação, autorização para intervenção de áreas de preservação permanente etc.

Para atestar a regularidade, não basta conferir a existência e a vigência de uma licença, mas o cumprimento de suas diretrizes e condicionantes. A conferência pelo advogado pode ocorrer por meio de verificação de evidências (relatórios, laudos analíticos) ou, em determinados casos, são feitas declarações acerca da conformidade por parte de gestores e responsáveis legais.

Em geral, é possível verificar não somente a regularidade de atividades a partir do licenciamento detido pela empresa, mas também quais serão os custos associados à implementação de programas e medidas ambientais previstos nos respectivos atos autorizativos (ex.: condicionante determinando a instalação de um filtro nas chaminés).

Estudos ambientais

Apesar de serem documentos técnicos produzidos por equipes especializadas e, a rigor, advogados não deverem adentrar matérias de atribuição exclusiva de biólogos, geólogos, engenheiros ambientais ou florestais etc., de acordo com a legislação ambiental há uma série de requisitos formais a ser seguidos para os estudos e que, se não atentados, pode acarretar nulidade ou obstáculos à implantação ou operação de um empreendimento.

Sendo assim, tomando como exemplo o mais complexo dos estudos ambientais que devem ser preparados pelo empreendedor de atividade de significativo impacto, o Estudo de Impacto Ambiental e respectivo Relatório de Impacto Ambiental – EIA/Rima[7], alguns exemplos de questões bem específicas podem ser conferidas pelos advogados:

- O EIA/Rima foi produzido por equipe multidisciplinar?
- O EIA/Rima seguiu Termo de Referência produzido pelo órgão ambiental?

---

[7] O Estudo de Impacto Ambiental e Relatório de Impacto Ambiental é um instrumento já previsto na Lei da Política Nacional do Meio Ambiente e posteriormente regulamentado pela Resolução Conama n. 1/86. De acordo com essa Resolução, define-se o Estudo como o documento que: (I) contemple todas as alternativas tecnológicas e de localização de projeto, confrontando-as com a hipótese de não execução do projeto; (II) identifique e avalie sistematicamente os impactos ambientais gerados nas fases de implantação e operação da atividade; (III) defina os limites da área geográfica a ser direta ou indiretamente afetada pelos impactos, denominada área de influência do projeto, considerando, em todos os casos, a bacia hidrográfica na qual se localiza; e (IV) considere os planos e programas governamentais, propostos e em implantação, na área de influência do projeto, e sua compatibilidade.

- Houve audiência pública seguindo o rito legal de divulgação, espaço temporal entre o protocolo dos estudos e a data da audiência, convites às partes interessadas, resposta aos questionamentos dos participantes?

- O parecer técnico que aprovou o EIA/Rima contou com equipe multidisciplinar e considerou eventuais complementações requeridas na audiência pública?

- Foram analisados os impactos sinérgicos daquela atividade com outros relevantes no entorno?

- Considerando inclusive que a disponibilidade hídrica é concedida via instrumento de outorga, em muitas vezes dissociado do licenciamento ambiental, quais as avaliações de impacto quantitativas e qualitativas realizadas no corpo hídrico de interesse?

Compromissos ambientais

São vários os compromissos que podem permear o exercício de uma atividade e decorrer do processo de licenciamento ambiental, de processos administrativos de ordem corretiva oriundos do órgão ambiental ou Ministério Público, ou ainda, de processos judiciais.

Entre outros, temos as seguintes modalidades de compromissos ambientais previstos na legislação, da qual se destacam em âmbito federal o art. 9º, § 6º, da Lei Federal n. 7.347/85, art. 79-A e seguintes da Lei Federal n. 9.605/98, Lei Federal n. 9.985/2000:

Termo de compromisso de compensação ambiental

Aplicável às atividades com significativo impacto ambiental, sujeitas ao EIA/Rima, prevê a dedicação de até 0,5% (meio por cento)[8] do custo de implantação do empreendimento para ações de conservação. Nesse caso, não basta apenas verificar a assinatura, mas cabe a averiguação do pagamento das parcelas ou da implementação dos projetos compromissados, conforme o caso.

---

[8] Sobre o tema de compensação ambiental, há polêmica acerca da adequação da aplicação desse instituto pelos órgãos ambientais, o que gerou uma Ação Direta de Inconstitucionalidade em trâmite perante o Supremo Tribunal Federal (STF) – ADI n. 3378-6, de 2008 –, ainda pendente de julgamento definitivo.

Termo de compromisso de recuperação ambiental

Assinado normalmente para prever a recomposição da cobertura vegetal nativa do percentual devido de reserva legal ou mesmo de área de preservação permanente ou outra degradada. No caso de reserva legal, é somente a partir desse compromisso assinado que o cartório de registro de imóveis averba essa área à margem da matrícula[9].

Termo de compromisso relativo ao licenciamento ambiental

Tal como inicialmente foi assegurado pela Lei de Crimes Ambientais para evitar a criminalização de atividades sem licenciamento quando esta norma foi editada, foi previsto no art. 79-A um termo de compromisso que poderia ser firmado para assegurar um prazo para regularização do licenciamento ambiental em um prazo factível sem que, contudo, o empreendedor incorresse imediatamente no crime de falta de licença (art. 60). A rigor, esse dispositivo foi elaborado para acomodar uma fase transitória, porém, em alguns casos, pode ser verificada sua utilização para operar uma atividade por meio de um termo de compromisso enquanto algum requisito para a emissão da licença não é cumprido.

Termo de ajustamento de conduta (TAC)

Atividades investigadas pelo Ministério Público podem estar sujeitas não somente à ação corretiva do órgão ambiental, mas a pleitos por parte do Ministério Público. Quando aceitos em caráter consensual, esses pleitos se convertem em obrigações de um termo de ajustamento de conduta.

Por ocasião da solicitação desses documentos para analisar o comportamento ambiental da empresa auditada e o risco de ação judicial ou mul-

---

[9] Sobre este tema, o Novo Código Florestal, aprovado pela Lei n. 12.651/2012, trouxe a figura do Cadastro Ambiental Rural, o qual fará o gerenciamento eletrônico das averbações de reserva legal e dispensa, quando for o caso. Observa-se que referido Cadastro Ambiental Rural (CAR) está atualmente regulamentado em âmbito federal. Para tanto, o Decreto federal n. 7.830/2012 dispõe sobre o Sistema do CAR (Sicar) e estabelece normas de caráter geral aos Programas de Regularização Ambiental, o Decreto federal n. 8.235/2014 essencialmente estabelece normas gerais complementares aos Programas de Regularização Ambiental dos Estados e do Distrito Federal, a Instrução Normativa Ministério do Meio Ambiente (MMA) n. 02/2014 dispõe sobre as medidas para a integração, execução e compatibilização do Sicar e define os procedimentos gerais do CAR, bem como a Portaria MMA n. 100/2015 estende o prazo para inscrição dos imóveis rurais no CAR. Diante dessa regulamentação, os proprietários e possuidores de imóveis rurais têm até o dia 04 de maio de 2016 para regularizarem suas propriedades e inscreverem-se no CAR.

DIREITO AMBIENTAL E SUSTENTABILIDADE

ta contratual decorrente correlata, é preciso que o advogado verifique, também, o desempenho das obrigações assumidas. A comprovação poderá ser feita por meio do fornecimento, e consequente análise, dos seguintes documentos:

- Relatórios ambientais, nos quais estarão discriminados as obrigações e ações tomadas, os prazos envolvidos e as evidências fotográficas, preferencialmente subscritos por responsável técnico.

- Declarações, fornecidas por gestores legítimos para tanto, informando o status das obrigações.

- Conferência do Sistema de Gestão Ambiental, que normalmente possui um item de "conformidade legal" no qual devem estar inseridas as obrigações legais e outras assumidas em compromissos específicos, de modo que os gestores acompanhem as providências para seu cumprimento.

- Auditorias internas, normalmente conduzidas pela matriz da empresa, muitas vezes adentram detalhes até mais profundos que órgãos ambientais. Com isso poderá haver uma verificação técnica interna do atendimento a eventuais ajustes firmados com o Poder Público em adição às obrigações legais.

Relacionamento com comunidade

Por ocasião de um EIA/Rima ou de qualquer outro estudo ambiental relevante, é preciso considerar potenciais riscos relacionados às comunidades presentes na área de influência – sejam eles indígenas, quilombolas, populações tradicionais ou mesmo a população urbana e rural de interesse. É preciso que o advogado confira quanto o empreendedor está mapeando o ambiente antrópico sobre o qual o negócio está inserido, tanto para avaliar impactos positivos como negativos.

Os programas socioambientais desenvolvidos para implantação e operação do empreendimento devem se propor a mitigar ou compensar impactos ambientais na água, no ar, no solo, nas florestas e na fauna, e também devem compreender eventuais medidas que acomodem os impactos sociais na comunidade.

As questões sociais relacionadas a um empreendimento de significativo impacto são de ordem subjetiva e não há muitos parâmetros na legislação norteando o comportamento do empreendedor ou do órgão ambiental, por isso se mostra como matéria de relevante cautela para ser tratada na análise técnica e jurídica de um empreendimento. Movimentos sociais contrários a um empreendimento podem ocasionar significativa interferência no cronograma físico-financeiro de um negócio e, portanto, devem ser objeto de atenção desde a fase do planejamento.

Mudanças climáticas

Apesar de o tema ter sido regulado no Brasil, principalmente pela já referida Política Nacional de Mudanças Climáticas (Lei federal n. 12.187/2009), Lei federal n. 12.114/2009 e Decreto n. 6.263/2007 e outras normas regulamentadoras, há ainda – como ocorre na grande maioria dos países – a necessidade de evolução da legislação interna. Por exemplo, a partir do compromisso assumido pelo governo brasileiro em Copenhagen, por ocasião da 15ª Conferência das Partes da Convenção Quadro para as Mudanças do Clima, está em andamento a regulamentação dos sistemas de monitoramento, reporte e verificação para os setores industriais que mais emitem gases de efeito estufa. Assim, a partir da legislação mencionada acima, as indústrias pertencentes aos ramos de Siderurgia, Alumínio, Papel e Celulose, Cal, Cimento, Química e Vidro, deverão manter sistemas internos de controle e registro das emissões de gases de efeito estufa, para serem verificados por terceiros independentes, até 2020. Apesar desse e outros avanços, em termos gerais, reconhece-se ser necessária a criação de mecanismos e medidas para minimizar as emissões das atividades potencialmente geradoras de gases de efeito estufa.

Ao advogado que audita uma empresa sob o ponto de vista ambiental, é importante que aponte obrigações e contingências efetivas que identifique em função da legislação vigente, e que também investigue na companhia auditada e sinalize à parte interessada a existência de práticas que já demonstrem governança climática. Vem sendo constatado, inclusive, que empresas com governança climática possuem gestão sofisticada que resultam em melhor controle de matérias-primas, emissões, o que consequentemente pode representar minimização de custos para o negócio.

CONSIDERAÇÕES FINAIS

Perfil e papel do advogado privado ambiental na sociedade

A partir dessa abordagem, é possível constatar que não basta ao advogado ambiental uma formação ampla em diferentes matérias do Direito para que contextualize adequadamente as temáticas dos recursos naturais, mas que também transite em espectros técnicos. É necessário, ainda, que sejam conhecidos, pelo advogado, os principais aspectos do negócio e setores que se pretende assessorar. O diálogo entre o advogado e o cliente tem como foco o aspecto jurídico em pauta, mas a parceria para assessoria não terá o mesmo valor se esses aspectos não forem levados em consideração.

O advogado tem, ainda, o papel de transmitir aos juízes, promotores, procuradores federais, órgãos ambientais e a quaisquer outros interlocutores envolvidos no caso que assistirá, o exato contexto no qual o empreendimento em questão se insere, de modo a apoiar a tomada de decisão mais razoável e equilibrada, alinhada não somente aos princípios e às regras de preservação ambiental, mas de desenvolvimento socioeconômico do país.

Entraves e realizações dos advogados ambientais no exercício da advocacia privada

Nos dias atuais, a legislação ambiental é bem completa e protetiva, portanto, não permite o desenvolvimento econômico a qualquer custo. O Estado hoje é bastante presente para coibir condutas e os atores (jurídicos e gestores em geral) buscam tornar efetivo o princípio da razoabilidade da ação corretiva, mas o embate ainda se mostra bastante presente em diversas questões que poderiam ser resolvidas por meio de consenso técnico e jurídico.

Algumas das razões que não permitem soluções mais rápidas e eficientes para o meio ambiente e empreendedor parecem ser, dentre outras, as seguintes:

- Presunção de má-fé de comportamentos advindos de grande parte da população, incluindo quaisquer cidadãos, membros da sociedade civil e empresarial, além de agentes do poder público.

- Burocracia administrativa para conduzir os processos dentro dos quais são realizadas as interações entre os órgãos ambientais e os empreendimentos.

- Temor dos gestores públicos em responder por improbidade ou até crime ambiental se suas condutas forem consideradas impróprias[10].

- Vácuo constituído pelo princípio da legalidade, pois quando aplicável aos administradores e gestores privados, determina que lhes é permitido tudo aquilo que não é vedado por lei. Por outro lado, aos administradores públicos, restringe-se fazer somente o que é expressamente autorizado pela lei. Esta limitação causa, em algumas circunstâncias, insegurança na tomada de decisões por parte dos agentes públicos.

Não obstante percalços presentes no exercício da advocacia ambiental, é possível afirmar que hoje não deve haver crise moral de advogados privados em defender interesses que resultaram ou resultarão na alteração do meio ambiente em seu estado natural. Isso porque, em regra, os empreendedores não desejam conviver com riscos ambientais e cabe ao advogado orientar os melhores caminhos para a resolução da questão jurídica em pauta, cujas alternativas necessariamente passarão por atender ao interesse público correlato.

Além disso, a legislação ambiental atualmente já é exigida de maneira mais uniforme de empresas integrantes de um mesmo setor da indústria, ou mesmo dos empreendedores de um modo geral, o que minimiza o impacto de competitividade que poderia se apresentar de forma mais frequente no passado quando exigido o cumprimento da legislação de maneira mais pontual a determinados empreendimentos.

Ainda é possível encontrar na sociedade aqueles que possuem resistência para implementar medidas eficientes de controle ambiental equivalentes aos controles financeiros ou operacionais rigorosos que adotam. De qualquer forma, o mercado está cada vez mais maduro do ponto de vista socioambiental, juntamente com a evolução da consciência ambiental e o desen-

---

[10] A este respeito, convém mencionar o art. 2º da mencionada Lei de Crimes Ambientais, o qual dispõe que "Quem, de qualquer forma, concorre para a prática dos crimes previstos nesta Lei, incide nas penas a estes cominadas, na medida da sua culpabilidade, bem como o diretor, o administrador, o membro de conselho e de órgão técnico, o auditor, o gerente, o preposto ou mandatário de pessoa jurídica, que, sabendo da conduta criminosa de outrem, deixar de impedir a sua prática, quando podia agir para evitá-la".

volvimento de mecanismos, inclusive financeiros, que beneficiem aqueles que se destacam nas práticas voltadas para a proteção ambiental.

REFERÊNCIAS

LODI, J.B. *Governança corporativa: o governo da empresa e o conselho*. Rio de Janeiro: Campus, 2000.

MILARÉ, E. *Direito do ambiente*. São Paulo: Editora dos Tribunais, 2013, p. 262.

PARTE V

Direito Ambiental Internacional

Capítulo 38
Tutela do Patrimônio Natural da Humanidade e
Desenvolvimento Sustentável
Fernando Fernandes da Silva

Capítulo 39
Enquadramento Jurídico da Proteção Ambiental
e Climática na Alemanha: Uma Visão Geral da
Lesgislação Federal
Stephan Tomerius

Capítulo 40
Desafios do Direito Ambiental Internacional na
Governança Global
Fernando Rei

Tutela do Patrimônio Natural da Humanidade e Desenvolvimento Sustentável

38

Fernando Fernandes da Silva
Faculdade de Direito de Sorocaba

INTRODUÇÃO

O objetivo deste capítulo é analisar o *princípio do desenvolvimento sustentável* na perspectiva da tutela internacional do patrimônio natural da humanidade disciplinada pela Convenção Relativa à Proteção do Patrimônio Mundial, Cultural e Natural (1972)[1].

Na primeira seção, consta a análise da inserção do tema *patrimônio cultural e natural da humanidade* no âmbito de estudo e pesquisa do direito internacional do meio ambiente; na segunda seção, a concepção dos princípios do *patrimônio comum da humanidade* e do *patrimônio cultural e natural da humanidade* no direito internacional e a relação de ambos com o princípio do *desenvolvimento sustentável*, mediante o mesmo fundamento dos denominados direitos e deveres intergeracionais; nas terceira e quarta seções, a análise da concepção do princípio do desenvolvimento susten-

---

[1] Aprovada no Brasil pelo Decreto Legislativo n. 71, de 30.06.1977, com reserva ao § 1º do art. 16; promulgada pelo Decreto n. 80.978, de 12.12.1977. Para facilitar a leitura, passamos a denominá-la simplesmente de "Convenção de 1972".

DIREITO AMBIENTAL E SUSTENTABILIDADE

tável e as dificuldades contemporâneas a respeito da sua conceituação e mensuração.

Na última seção, é realizada uma análise do quadro normativo da Convenção de 1972[2]: os órgãos de proteção dos bens naturais, a inscrição dos bens naturais na Lista do Patrimônio Mundial e na Lista do Patrimônio Mundial em Perigo, a tutela internacional do patrimônio natural, sob o regime jurídico da proteção nacional, em especial o caso brasileiro, mediante a adoção do sistema nacional das unidades de conservação, e sob o regime jurídico de proteção internacional, mediante a aplicação de medidas de cooperação e assistência internacionais, empreendidas pela Organização das Nações Unidas para a Educação, a Ciência e a Cultura (Unesco) e pelo seu órgão executor: o Comitê do Patrimônio Mundial.

OS TEMAS CONTEMPLADOS PELO DIREITO INTERNACIONAL DO MEIO AMBIENTE

Desde meados da década de 1960 – considerado o marco inicial do nascimento do direito internacional do meio ambiente – até os dias de hoje, há um crescimento incessante das mais diversas fontes internacionais de proteção ao meio ambiente: convenções e tratados bilaterais e multilaterais, costume internacional, princípios gerais de Direito, decisões judiciais de cortes nacionais e internacionais, doutrina internacional, atos das organizações intergovernamentais internacionais, a exemplo das resoluções e recomendações, dentre outras.

Diante da ampla variedade de temas que abrangem o direito internacional do meio ambiente, assim como, diante da diversidade dos temas que se ramificam em diversas fontes de Direito Internacional, torna-se difícil estabelecer um critério que possa precisar o campo de abrangência daquele ramo do Direito.

Um critério, ainda considerado atual, que demonstra uma excelente caracterização do direito internacional do meio ambiente para o leitor e para os pesquisadores em geral, é aquele criado por Guido Fernando Silva Soares (2003), com base apenas em relação a tratados e convenções multilate-

---

[2] Lembramos que Convenção de 1972 tutela bens culturais e naturais da humanidade mas o enfoque neste capítulo são os bens naturais.

rais que versam sobre o meio ambiente e conferem precisão aos temas de abrangência do direito internacional do meio ambiente, que praticamente transcrevemos: 1) os megaespaços ambientais; 2) o meio ambiente e a utilização pacífica da energia nuclear e do desarmamento; 3) o combate à poluição ambiental e o controle do movimento transfronteiriço de materiais tóxicos e resíduos perigosos; 4) as medidas de proteção da fauna, da flora e da biodiversidade; a regulamentação da pesca internacional e o combate à desertificação; 5) as medidas de proteção dos espaços nacionais e internacionais comuns no meio ambiente marinho e nos oceanos; 6) a proteção dos rios transfronteiriços, dos lagos e das bacias hidrográficas internacionais; 7) a proteção da atmosfera e da camada de ozônio; 8) a proteção do patrimônio mundial, cultural e natural da humanidade e; 9) a responsabilidade civil e a reparação dos danos no direito internacional do meio ambiente.

A partir dessa lista resta claro que a proteção do patrimônio mundial, cultural e natural da humanidade é um dos temas de direito internacional do meio ambiente e que será objeto de apreciação nas seções a seguir.

OS PRINCÍPIOS DO PATRIMÔNIO COMUM DA HUMANIDADE E DO PATRIMÔNIO CULTURAL E NATURAL DA HUMANIDADE

A concepção do *princípio jurídico do patrimônio comum da humanidade* se desenvolve durante as décadas de 50 e 60 do século XX, diante das circunstâncias peculiares na ordem internacional da época, dentre elas, a iminência de uma guerra nuclear de proporções universais; o desequilíbrio ambiental proporcionado pelo modelo econômico predominante; e o surgimento de novos Estados, principalmente ex-colônias africanas e asiáticas, extremamente pobres, mas protagonistas de um movimento de reivindicações por uma melhor distribuição de riquezas. A preocupação pela solução de tais problemas passou a ocupar a agenda da sociedade internacional, pelo fato de estarem ligados diretamente à sobrevivência da própria espécie humana.

A positivação de um *princípio do patrimônio comum da humanidade* ocorre inicialmente em três convenções internacionais: Tratado da Antártida (1959), Tratado sobre Princípios Reguladores das Atividades dos Estados na Exploração e Uso do Espaço Cósmico, Inclusive a Lua e Demais Corpos

Celestes (1967), e Convenção da Organização das Nações Unidas sobre Direito do Mar (1982).

Os princípios formadores do *princípio do patrimônio comum da humanidade* são os seguintes: 1) princípio da igualdade soberana entre os Estados – todos os Estados possuem o mesmo direito de acesso aos bens do patrimônio, inclusive, no que diz respeito aos fundos marinhos, a Convenção das Nações Unidas sobre Direito do Mar (1982) permite a participação de Estados que não possuem acesso ao mar e instituições políticas que não são caracterizadas rigorosamente como Estados; 2) princípio da não apropriação nacional – segundo o qual os Estados abdicam de qualquer reivindicação soberana sobre determinados bens; 3) princípio da utilização pacífica dos recursos; e 4) princípio da cooperação internacional.

Assim podemos considerar que o princípio do *patrimônio comum da humanidade* representa a adoção de um valor na ordem internacional relativo aos interesses fundamentais à sobrevivência da espécie humana. A partir dessa concepção os Estados abdicam de qualquer reivindicação soberana sobre os bens daquele patrimônio, em função de uma gestão conjunta que coordene a exploração, a utilização e a conservação de bens comuns no interesse da humanidade presente e futura.

Paralelamente a este princípio, outro também se desenvolveu na ordem internacional denominado *princípio do patrimônio cultural e natural da humanidade*, adotado pela Convenção de 1972, aprovada sob o patrocínio da Unesco. Essa convenção reconhece a existência de bens culturais e naturais que devem ser preservados como elementos do patrimônio mundial da humanidade inteira[3], mas tal reconhecimento não afeta a soberania dos Estados em cujos territórios estejam situados aqueles bens[4].

Os resultados de ambos os princípios, no plano jurídico, é a concepção de uma relação *intergeracional*, ou entre gerações, isto é, um conjunto de direitos e obrigações, entre a atual e a futura geração no sentido de assegurar a transmissão dos bens através dos tempos em condições adequadas de quantidade e qualidade que possibilitem a sua renovação constante e a fruição deles pelas gerações vindouras. Esse compromisso somente poderá ser viabilizado a partir da adoção de um modelo de desenvolvimento denominado *desenvolvimento sustentável*.

---

[3] Cf. Preâmbulo da Convenção de 1972.
[4] Cf. art. 6º, § 1º, da Convenção de 1972.

AS CONFERÊNCIAS DE ESTOCOLMO (1972) E DO RIO DE JANEIRO (1992)

Como salienta Philippe Sands (2003) o conceito de *desenvolvimento sustentável* é encontrado implícita ou expressamente em diversos tratados e outros instrumentos internacionais em um período anterior à edição do Relatório Brundtland de 1987 – considerado o marco inaugural do princípio. Deve-se realçar que dois conceitos-chave resultam do conceito de desenvolvimento sustentável, ainda conforme Philippe Sands (2003, p. 10): "o conceito de *necessidades*, em particular as necessidades essenciais da geração presente, e a ideia de *limitações* imposta pela organização tecnológica e social sobre as capacidades do meio ambiente para atender às necessidades da atual e das futuras gerações" (grifos nossos).

A Declaração de Estocolmo sobre Desenvolvimento Humano (1972) – princípios números 4, 5, 13 e 18 de forma implícita – e a Declaração do Rio de Janeiro sobre Desenvolvimento Sustentável (1992) – princípio n. 1 – adotam o *princípio do desenvolvimento sustentável* não somente como um *valor* – uma finalidade – a ser observado na concepção das políticas ambientais, culturais, econômicas e sociais, mas também como um procedimento: a adoção e o aperfeiçoamento de *técnicas* que garantam a renovação e o mínimo de perda dos bens naturais para a execução das atividades econômicas.

Dada a natureza de conjunto de princípios de direito internacional do meio ambiente, as declarações de Estocolmo e do Rio de Janeiro são fontes jurídicas a ser observadas na elaboração de outras fontes, a exemplo de tratados bilaterais e multilaterais, bem como, nas decisões a ser proferidas por cortes judiciais e arbitrais, em âmbito nacional e internacional.

O DESENVOLVIMENTO SUSTENTÁVEL: AS DIFICULDADES PARA A SUA CONCEITUAÇÃO E MENSURAÇÃO

A partir da adoção das declarações de Estocolmo e do Rio de Janeiro, a observância do *princípio do desenvolvimento sustentável* é uma barreira superada.

A dificuldade contemporânea sobre a aplicação do *princípio do desenvolvimento sustentável* reside nos aspectos culturais, econômicos, políticos e sociais, que o envolvem na perspectiva da sua conceituação – e consequentemente a sua abrangência – e o da sua mensuração – ou seja, como aferi-lo, medi-lo.

José Eli da Veiga (2008) ao analisar o tema *desenvolvimento* recorda que ao longo da história das teorias econômicas, a noção de *desenvolvimento* compreende três correntes: 1) a primeira considera como sinônimos o crescimento econômico e o desenvolvimento. O crescimento econômico de um Estado medido pelo seu Produto Interno Bruto (PIB) e pelo seu Produto Nacional Bruto (PNB) e a sua renda *per capita* são os seus indicadores de desenvolvimento; 2) uma segunda corrente, concebida a partir dos anos 60 do século XX, considera o desenvolvimento um mito, uma ilusão. Em outras palavras, um discurso empregado pelos Estados ricos para os Estados pobres com a finalidade de estimular as suas sociedades a investir no crescimento e nas exportações para complementar as necessidades dos Estados pertencentes ao primeiro grupo. Entretanto, para os adeptos desta segunda corrente, a pobreza nunca será superada e, portanto o desenvolvimento não será alcançado pelos Estados pobres em razão de determinados fatores, entre eles, de que somente os ricos produzem produtos de alta tecnologia que são os mais caros no mercado se comparados aos produtos de baixa tecnologia e primários, produzidos pelos mais pobres. Assim, o *status* de riqueza e de pobreza é permanente; 3) a terceira corrente é concebida desde 1990 pelo Pnud, órgão da Organização das Nações Unidas (ONU), mediante a publicação dos *Relatórios do Desenvolvimento Humano* que objetivam criar e reformular critérios sobre o conceito de desenvolvimento, considerando-o como fim que pode ser alcançado pelos Estados, bem como, objetiva adotar critérios sobre a sua mensuração: o Índice de Desenvolvimento Humano (IDH).

O IDH é um índice que sintetiza diversos critérios de aferição do desenvolvimento de um Estado que convergem para três apenas: *renda, escolaridade* e *longevidade* (Veiga, 2008). A partir da soma desses três e a apuração da sua média aritmética obtém-se o IDH de um Estado e o seu *ranking* em relação aos demais.

Ainda conforme os valiosos estudos de José Eli da Veiga (2008), há diversas críticas em relação ao IDH. Uma delas é que o desenvolvimento é um valor de caráter multidimensional, pois envolve não somente os aspectos econômicos, mas ambientais, culturais, sociais e políticos de uma sociedade e de um Estado. Portanto, não há como aferi-lo a partir de um índice sintético. Outros o consideram uma conquista importante de instrumento de gestão, pois, a partir da análise dos diversos critérios que o compõem, a exemplo, das taxas de natalidade, pode-se conceber e orientar determinadas políticas públicas. Não é sem razão que outros índices foram criados, com parâmetro no IDH, em âmbitos menores aos estatais, que mensuram o desenvolvimento, a exemplo do IDH-Municipal adotado no Brasil.

Conforme José Eli da Veiga (2008, p. 17-82), *desenvolvimento* "tem a ver, primeiro, e acima de tudo, com a possibilidade de as pessoas viverem o tipo de vida que escolheram, e com a provisão dos instrumentos e das oportunidades para fazerem as suas escolhas".

Assim, *desenvolvimento*, contemporaneamente, está associado também a instituições: se as pessoas devem ter possibilidades de escolha e de sustento para as escolhas devem possuir renda, acesso aos serviços de saúde, educação, comunicação entre outros, vivenciar um ambiente social com base no sistema democrático e de respeito aos direitos humanos, entre outras instituições a ser consideradas.

Dada essa sumária exposição, conclui-se que a *sustentabilidade* é uma característica do *desenvolvimento* porque relacionada não somente aos temas ambientais, mas culturais, políticos e sociais de uma sociedade. Em outras palavras, a perda dos bens naturais não está associada apenas a atividades predatórias que diretamente afetam um ecossistema, a exemplo do desmatamento. A ausência de tecnologias adequadas empregadas nas atividades econômicas, a má distribuição de renda, a pobreza, a ausência da participação democrática, entre outros, também são fatores que direcionam as sociedades a promover a destruição dos bens naturais. Somente um conjunto de instituições sociais e políticas adequadas que conciliem o crescimento de uma sociedade e os desejos dos seus diversos segmentos com a proteção dos bens naturais poderão assegurar o desenvolvimento sustentável:

> O substantivo "desenvolvimento" só passou a ser irrevogavelmente seguido pela adjetivo "sustentável" para enfatizar a necessidade de compartilhar as principais aspirações da espécie humana com a necessidade de conservar os ecossistemas que viabilizam sua própria existência enquanto espécie. (Veiga, 2010, p. 39)

O QUADRO NORMATIVO DA CONVENÇÃO RELATIVA À PROTEÇÃO DO PATRIMÔNIO MUNDIAL, CULTURAL E NATURAL DE 1972

O Tratado de Londres de 1945 outorga à Unesco a competência para

zelar pela conservação e proteção do patrimônio universal de livros, obras de arte e monumentos de interesse histórico ou científico, e recomendar às nações interessadas as convenções internacionais que sejam necessárias para tal fim[5].

---

[5] Cf. art. 1º, § 2º, *c*, do Tratado de Londres (1945). Tradução nossa.

DIREITO AMBIENTAL E SUSTENTABILIDADE

A Convenção de 1972 é resultado direto das ações da Unesco, ao lançar campanhas internacionais de proteção aos bens culturais e naturais, em meados do século XX, a exemplo das campanhas internacionais para a salvaguarda dos Templos da Núbia (1960-1980), ameaçados de destruição em face da construção da represa egípcia de Assuã, e das campanhas para a salvaguarda das cidades de Veneza e Florença, Itália (1966), fortemente castigadas pelas chuvas. A mesma convenção também resulta da cooperação normativa da Unesco, que patrocina a adoção de convenções entre os Estados, e outras fontes jurídicas, que visam à proteção dos bens culturais e naturais de grande valor para a humanidade.

Não consta na Convenção de 1972 uma referência explícita ao *princípio do desenvolvimento sustentável*, talvez porque à época da sua celebração este princípio estava numa fase ainda incipiente de adoção pela sociedade internacional. Entretanto, esta constatação não retira daquela convenção a função de se constituir num instrumento, numa estratégia, de implementação do *princípio do desenvolvimento sustentável*, pois objetiva a proteção de vastas áreas territoriais que contemplam diversos bens naturais, inclusive ecossistemas.

O quadro normativo da Convenção de 1972 pode ser analisado sob os seguintes aspectos: os órgãos que cooperam com a sua execução; a definição do patrimônio natural; a proteção nacional do patrimônio natural e a proteção internacional na forma de assistência.

Os órgãos

Os órgãos previstos na Convenção de 1972 compõem a estrutura de uma autoridade internacional de proteção, cuja função principal é conferir plena execução à própria convenção, promovendo a inscrição dos bens naturais na Lista do Patrimônio Mundial ou na Lista do Patrimônio Mundial em Perigo, prestando a assistência internacional, entre outras ações.

A constituição dessa autoridade internacional é representada por meio de um órgão executivo, o Comitê do Patrimônio Mundial, de caráter intergovernamental, instituído pela Convenção de 1972 composto inicialmente de quinze representantes dos Estados signatários, passando posteriormente para 21: os representantes são eleitos em Assembleia-Geral durante as sessões ordinárias da Conferência Geral da Unesco[6].

---

[6] Cf. art. 8º, § 1º, da Convenção de 1972.

TUTELA DO PATRIMÔNIO NATURAL DA HUMANIDADE E DESENVOLVIMENTO SUSTENTÁVEL | **1185**

O Comitê do Patrimônio Mundial é auxiliado por diversas organizações governamentais e não governamentais, em especial a União Internacional para a Conservação da Natureza (UICN), o Centro Internacional de Estudos para a Conservação e Restauração dos Bens Culturais (ICCROM) e o Conselho Internacional de Monumentos e Lugares de Interesse Artístico e Histórico (Icomos).

Compete ao Comitê organizar, manter em dia e publicar a Lista do Patrimônio Mundial e a Lista do Patrimônio Mundial em Perigo, assim como deliberar pela inclusão de um bem natural em qualquer uma dessas listas, segundo os critérios que haja estabelecido[7].

Uma segunda função é receber e estudar os pedidos de assistência internacional formulados pelos Estados-Partes na convenção no que diz respeito aos bens do patrimônio natural e cultural em seus territórios, assim como coordenar as políticas de assistência e cooperação internacionais relativas a tais bens[8].

A fim de cumprir as funções acima mencionadas, o Comitê do Patrimônio Mundial possui uma competência normativa que permite a regulamentação da Convenção de 1972 mediante a aprovação de diversas disposições que são consolidadas, ampliadas e revisadas periodicamente, contidas no documento intitulado *Operational Guidelines for the Implementation of the World Heritage Convention*[9] (2013).

As *Guidelines* definem os critérios de inclusão ou exclusão de um bem natural na Lista do Patrimônio Mundial e na Lista do Patrimônio Mundial em Perigo e disciplinam as várias formas de monitoramento e assistência internacional a ser empregadas na proteção dos bens naturais.

Além do Comitê, a Convenção de 1972 é executada também pelo Fundo do Patrimônio Mundial, órgão competente para recolher e distribuir os recursos necessários para financiar as medidas de proteção[10].

O patrimônio natural da humanidade

Nos termos da Convenção de 1972, os bens considerados elementos desse patrimônio são aqueles inscritos na Lista do Patrimônio Mundial, após

---

[7] Cf. art. 11, §§ 2º, 4º e 5º, da Convenção de 1972.

[8] Cf. art. 13, § 1º, da Convenção de 1972.

[9] Para facilitar a leitura passamos a denominar *Operational Guidelines for the Implementation of the World Heritage Convention* (2013) de simplesmente "*Guidelines*".

[10] Cf. artigos 15 a 18, § 1º, da Convenção de 1972.

procedimento seletivo no âmbito do Comitê do Patrimônio Mundial, que deverá deliberar se o bem atende aos requisitos da Convenção e das *Guidelines*. Em suma, compete ao Comitê aferir se se trata de um bem de valor universal excepcional[11]. Atualmente estão inscritos na Lista do Patrimônio Mundial 981 bens: 759 bens culturais, 193 bens naturais e 29 bens mistos[12].

A Convenção de 1972 assim define os bens naturais pertencentes ao patrimônio natural da humanidade[13]:

- Monumentos naturais constituídos por formações físicas e biológicas ou por grupos de tais formações, que tenham um valor universal excepcional do ponto de vista estético ou científico.

- As formações geológicas e fisiográficas e áreas nitidamente delimitadas que constituam o habitat de espécies animais e vegetais ameaçadas e que tenham valor universal excepcional do ponto de vista da ciência ou da conservação.

- Os lugares notáveis naturais ou as zonas naturais nitidamente delimitadas, que tenham valor universal excepcional do ponto de vista da ciência, da conservação ou da beleza natural.

Conforme as *Guidelines*, o Comitê considera um bem natural pertencente ao patrimônio natural da humanidade nas seguintes hipóteses:

- O bem natural compreende um fenômeno natural da maior importância ou áreas de beleza natural excepcional e de importância estética.

- O bem natural é um exemplo extraordinário de representação da maioria dos estágios da história da terra, incluindo o registro da vida, assim como, representa significativo processo contínuo geológico no desenvolvimento da forma da terra; ou compreende significativos monumentos geomórficos ou fisiográficos.

- O bem natural é um exemplo extraordinário de representação de significativos processos contínuos biológicos e ecológicos na evolução e no desenvolvimento terrestre, da água doce, dos ecossistemas marinhos e costeiros e de comunidades de fauna e flora.

---

[11] Cf. art. 11, § 4º, da Convenção de 1972.

[12] Cf. World Heritage List. Disponível em: http://whc.unesco.org/en/list. Acessado em: 19 fev. 2014.

[13] Cf. art. 10 da Convenção de 1972.

TUTELA DO PATRIMÔNIO NATURAL DA HUMANIDADE E DESENVOLVIMENTO SUSTENTÁVEL | **1187**

* O bem natural compreende os principais e significativos *habitats* naturais para a conservação *in situ* da diversidade biológica, incluindo aqueles que contêm espécies ameaçadas de valor universal excepcional do ponto de vista da ciência ou da conservação[14].

Além desses quatro critérios, o Comitê do Patrimônio Mundial deverá considerar a autenticidade e a integridade do bem natural[15], cujas interpretações são diversas conforme a natureza do bem[16]: por exemplo, a autenticidade e a integridade dos bens naturais inscritos nos termos do critério (VII) são apuradas conforme o estágio das suas belezas naturais.

A inscrição do bem natural na Lista do Patrimônio Mundial

O procedimento de inscrição de um bem natural tem início com o seu inventário, promovido pelo Estado interessado, para posterior aplicação das medidas de proteção adequadas, conforme as orientações dadas pelo Comitê do Patrimônio Mundial, que se consubstanciam, em geral, na adoção de uma política legislativa e de gestão relativa à proteção do bem, objeto de inscrição.

Em seguida, o Estado interessado submete o pedido de inscrição do bem natural ao exame e à deliberação do Comitê, após prévia consulta à UICN. O Comitê poderá deferir ou rejeitar a proposta de inscrição do bem após prévia consulta ao Estado interessado[17]. O Comitê poderá reconhecer o valor universal excepcional do bem natural proposto, mas condicionar a inscrição até que o Estado interessado tome as medidas adequadas de proteção.

No Brasil, a inscrição dos bens naturais na Lista do Patrimônio Mundial foi proposta pelo Governo Federal mediante a preparação de dossiês encaminhados ao UICN, instruídos com o nome do patrimônio e dos bens que o constituem, sua localização geográfica, as medidas de proteção e a justificativa de seu valor universal excepcional. No Brasil, diversos órgãos federais, entre eles o Instituto do Patrimônio Histórico e Artístico Nacional (Iphan), o Instituto Brasileiro do Meio Ambiente e dos Recursos Naturais

---

[14] Cf. § 77, critérios (VII), (VIII), (IX) e (X) das *Guidelines* (2013). Os critérios do parágrafo 77 foram traduzidos do texto original em língua inglesa.

[15] Cf. § 78 das *Guidelines* (2013).

[16] Cf. §§ 90 a 95 das *Guidelines* (2013).

[17] Cf. art. 11, §§ 2º e 6º, da Convenção de 1972.

Renováveis (Ibama) e o Instituto Chico Mendes de Conservação da Biodiversidade (ICMBio), zelam pela proteção dos bens naturais brasileiros inscritos na Lista do Patrimônio Mundial.

A inscrição dos bens naturais brasileiros na Lista do Patrimônio Mundial

Os bens naturais brasileiros inscritos na Lista do Patrimônio Mundial e os respectivos critérios, conforme a versão de 2013 das *Guidelines* são os seguintes:

- *Parque Nacional do Iguaçu*: localizado no estado do Paraná na fronteira com a Argentina, inscrito na Lista do Patrimônio Mundial em 28 de novembro de 1986, segundo os critérios (VII) e (X): trata-se de um local de excepcional beleza natural e de *habitat* de espécies raras com perigo de extinção, entre elas, o tamanduá-gigante e a harpia.

- *Reservas Naturais da Mata Atlântica da Costa do Desenvolvimento*: localizadas entre os estados da Bahia e do Espírito Santo, inscritas em 1999, segundo os critérios (IX) e (X): consideradas algumas das florestas mais ricas do mundo em termos de biodiversidade com variação ampla de categorias de espécies distintas, com alto grau de endemismo (Soares, 2001).

- *Reservas Florestais da Mata Atlântica do Sudeste*: localizadas entre os estados de São Paulo e Paraná, inscritas em 1999, segundo os critérios (VII), (IX) e (X): são áreas de riqueza biológica e histórica do que restou da Mata Atlântica, bem como, ainda conserva grande beleza paisagística (Soares, 2001).

- *Área de Conservação do Pantanal*: localizado no oeste central do Brasil, precisamente do lado sudoeste do estado do Mato Grosso, este sítio representa 1,3% da região do Pantanal do Brasil. Este bem natural foi inscrito na Lista do Patrimônio Mundial em 2000, segundo os critérios (VII), (IX) e (X): a área representa o processo biológico e ecológico contínuo que ocorre em todo o Pantanal; contém uma produção de nutrientes que mantém grande quantidade de peixes; e serve de abrigo para uma fauna considerável.

- *Complexo de Conservação da Amazônia Central*: esta área compreende 6 milhões de hectares da região Amazônica. Inscrita pelo Comitê do Pa-

TUTELA DO PATRIMÔNIO NATURAL DA HUMANIDADE E DESENVOLVIMENTO SUSTENTÁVEL | **1189**

trimônio Mundial em duas etapas (2000 e 2003), conforme os critérios (IX) e (X): trata-se de uma área de processo ecológico dinâmico, com florestas de igapó, várzeas, lagos e rios; e destina-se a abrigar espécies ameaçadas de extinção, a exemplo dos golfinhos de água doce.

- *Áreas Protegidas do Cerrado*: Chapada dos Veadeiros e Parque Nacional das Emas que se localizam no Nordeste e Sudoeste do estado de Goiás. As áreas foram inscritas Lista do Patrimônio Mundial, em 2001, segundo os critérios (IX) e (X): trata-se de áreas que contêm 60% de todas as espécies da flora do cerrado e aproximadamente 80% de todas as suas espécies vertebradas.

- *Ilhas Brasileiras do Atlântico: Fernando de Noronha e Reservas do Atol das Rocas*, inscritas na Lista do Patrimônio Mundial em 2001, conforme os critérios (VII), (IX) e (X): entre outras justificativas, deve-se destacar a concentração da rica população de golfinhos encontrada no Atol das Rocas, considerado um santuário único no mundo.

A inscrição do bem natural na Lista do Patrimônio Mundial em Perigo

Nas hipóteses em que são necessários "grandes trabalhos" para a proteção de um bem cultural ou natural, ameaçado por perigos sérios e concretos que poderão levá-lo ao seu desaparecimento – por exemplo, "erupções vulcânicas" ou "inundações", o Comitê poderá inscrevê-lo na Lista do Patrimônio Mundial em Perigo, quando então passará a ser objeto de assistência imediata e adequada diante de tais circunstâncias[18]. Atualmente, 44 bens culturais e naturais estão inscritos na Lista do Patrimônio Mundial em Perigo[19].

A exclusão do bem natural da Lista do Patrimônio Mundial

A exclusão do bem natural na Lista do Patrimônio Mundial é admissível em duas hipóteses: quando o bem natural danificado perde as caracte-

---

[18] Cf. art. 11, § 4º, da Convenção de 1972.

[19] Cf. *World Heritage List in Danger*. Disponível em: http://whc.unesco.org/en/danger. Acessado em: 19 fev. 2014.

DIREITO AMBIENTAL E SUSTENTABILIDADE

rísticas que deram causa a sua inscrição na Lista do Patrimônio Mundial; ou nos casos em que as qualidades intrínsecas do bem natural foram ameaçadas, na época de sua inscrição, pela ação do homem, e as medidas de proteção apresentadas pelo Estado-Parte não foram empreendidas conforme o prazo proposto.

Um exemplo significativo de exclusão é caso do Santuário Árabe de *Oryx* – que compreende uma área de 2.750.000 hectares, em Omã, que foi inscrito na Lista do Patrimônio Mundial, em 1994, e excluído da Lista em 2007. Segundo o Comitê do Patrimônio Mundial, a decisão do governo daquele país em reduzir a área em noventa por cento do tamanho original e a consequente redução da população de *oryx*, espécie de antílope, afetaria totalmente a sua autenticidade e integridade[20].

A proteção nacional dos bens naturais e o Brasil

Nos termos da Convenção Relativa à Proteção do Patrimônio Mundial, Cultural e Natural, de 1972, a principal responsabilidade pela proteção do bem natural compete ao Estado da sua localização, auxiliado pela comunidade internacional, representada, sobretudo pela Unesco e pelo Comitê do Patrimônio Mundial.

Aquela responsabilidade é mensurada, mediante diversas obrigações destinadas aos Estados, contidas no art. 4º da Convenção de 1972: cada Estado-Parte reconhece a obrigação de identificar, proteger, conservar, valorizar e transmitir às futuras gerações o patrimônio natural e cultural da humanidade. Especificamente, o art. 5º, *d*, obriga os Estados a adotar medidas jurídicas de proteção aos bens naturais, sem especificá-las, ficando a critério de cada Estado.

No caso brasileiro, a proteção jurídica do meio ambiente é disciplinada pela Constituição Federal de 1988 e pela legislação infraconstitucional. Vejamos alguns aspectos daquela proteção.

A Constituição Federal de 1988 e o meio ambiente

A proteção dos bens naturais está assegurada pelo art. 225, *caput*, da Constituição Federal de 1988 que outorga tal responsabilidade ao poder público e à sociedade:

---

[20] Cf. *World Heritage List*. Disponível em: http://whc.unesco.org/en/list/654. Acessado em: 19 fev. 2014.

todos têm direito ao meio ambiente ecologicamente equilibrado, bem de uso comum do povo e essencial à sadia qualidade de vida, impondo-se ao Poder Público e à coletividade o dever de defendê-lo e preservá-lo para as presentes e futuras gerações.

Na Constituição Federal de 1988 encontramos dois fundamentos para a proteção de espaços territoriais e consequentemente os ecossistemas: 1) de natureza legal, que outorga a competência para os entes federados criarem "espaços territoriais e seus componentes a ser especialmente protegidos, sendo a alteração e a supressão permitidas somente através de lei, vedada qualquer utilização que comprometa a integridade dos atributos que justifiquem sua proteção"[21] (destaques não originais); 2) de natureza constitucional, ou seja, o reconhecimento pela própria Constituição da relevância de espaços que abrigam ecossistemas mas que necessitam de uma legislação regulamentadora: a Floresta Amazônica, a Mata Atlântica, a Serra do Mar, o Pantanal Mato-Grossense e a Zona Costeira como bens integrantes do patrimônio nacional[22].

Além das medidas protetoras em âmbito nacional, ressalte-se a proteção promovida pelos estados e municípios, nos termos das competências federativas disciplinadas constitucionalmente[23].

O exemplo das Unidades de Conservação

Em relação aos bens naturais inscritos na Lista do Patrimônio Mundial, o Governo Brasileiro poderá criar unidades de conservação como forma de protegê-los permanentemente, como já fez em relação ao Parque Nacional do Iguaçu. As unidades de conservação reúnem características essenciais para a proteção dos ecossistemas, pois, conforme ensina Antonio Herman Benjamin, possuem quatro finalidades: "conservação da natureza, aproveitamento (=gozo) público, pesquisa científica e uso econômico sustentável de seus componentes" (Benjamin, 2001). A criação das unidades de conservação é uma complementação da estratégia de proteção dos ecossistemas, preconizada pela Convenção de 1972, destinada a ser um dos instrumentos de im-

---

[21] Cf. art. 225, § 1º, III, da Constituição Federal de 1988.
[22] Cf. art. 225, § 4º, da Constituição Federal de 1988.
[23] Cf. arts. 23, VII, e 24, VI, VII e VIII.

plementação do *princípio do desenvolvimento sustentável*, como já salientamos antes.

A Lei n. 9.985/2000, que institui o Sistema Nacional de Unidades de Conservação, prevê (1) *as unidades de proteção integral*, cujo objetivo básico é a preservação da natureza, admitindo-se indiretamente o uso dos seus recursos naturais; e (2) *as unidades de uso sustentável*, que permitem a conservação aliada ao uso sustentável de parcela dos recursos naturais.[24] As unidades de proteção integral compreendem a estação ecológica, a reserva biológica, o parque nacional, o monumento natural e o refúgio de vida silvestre[25]; por sua vez, as unidades de uso sustentável compreendem a área de proteção ambiental, a área de relevante interesse ecológico, a floresta nacional, a reserva extrativista, a reserva de fauna, a reserva de desenvolvimento sustentável e a reserva particular do patrimônio natural[26].

A Lei n. 9.985/2000 prevê que as unidades de conservação e outras áreas protegidas, instituídas com fundamento na legislação anterior e que não pertençam às categorias criadas por aquela lei, serão reavaliadas no todo ou em parte, no prazo de dois anos, com o objetivo de definir sua destinação e função com base na nova lei[27]. Essa regra é de suma importância no que diz respeito aos bens naturais brasileiros inscritos na Lista do Patrimônio Mundial, pois as medidas de proteção oferecidas pelo Governo Brasileiro à época da inscrição de tais bens não foram invalidadas pela atual legislação, isso porque ou foram recepcionadas ou passam por processos de adequação sob a égide da Lei n. 9.985/2000.

A proteção internacional do patrimônio natural

A tutela do patrimônio natural da humanidade, segundo a Convenção de 1972, compreende a sua proteção no âmbito de dois regimes jurídicos: 1) a proteção nacional, diante das medidas de proteção aplicadas pelo Estado ao bem natural, localizado em seu território; 2) a proteção internacional, diante das medidas de proteção aplicadas pelo Comitê do Patrimônio Mundial, em nome da comunidade internacional, em cooperação com órgãos governamentais e não governamentais.

A proteção internacional é complementar à proteção nacional. Ela compreende um sistema de cooperação e assistência internacional destinado a

---

[24] Cf. art. 7º da Lei n. 9.885/2000.
[25] Cf. arts. 8º a 13 da Lei n. 9.885/2000.
[26] Cf. arts. 14 a 21 da Lei n. 9.885/2000.
[27] Cf. art. 55 da Lei n. 9.885/2000.

auxiliar os Estados signatários da Convenção de 1972 em identificar e proteger os bens naturais, localizados em seus territórios, que constituem elementos do patrimônio cultural e natural da humanidade.

A cooperação é coordenada pelo Comitê do Patrimônio Mundial, fundada no respeito à soberania de cada Estado. As modalidades de cooperação e assistência previstas na Convenção de 1972 são as seguintes:

A cooperação técnica

A cooperação técnica é executada em duas frentes:

a) Estudos e pesquisas: estudo de aspectos artísticos, científicos e técnicos relativos a proteção, conservação, revalorização e reabilitação dos bens naturais[28].

b) Assistência técnica: fornecimento de técnicos e profissionais especializados na proteção dos bens naturais para monitorar a execução de projetos de proteção aprovados para este fim[29]; ou fornecimento de equipamentos aos Estados que não possuam recursos ou meios de adquiri-los[30].

A cooperação educativa

A cooperação educativa compreende as atividades de *formação* e de *informação*.

a) A atividade de formação compreende o preparo de especialistas de todos os níveis em matéria de identificação, proteção, observação, revalorização e reabilitação dos bens naturais[31].

b) A atividade de informação corresponde à divulgação da importância dos bens naturais ao público, das ameaças que pesam sobre esses bens, e de todas as iniciativas tomadas para a sua proteção[32]. Trata-se de uma estratégia para a obtenção de adesões em prol da proteção.

---

[28] Cf. art. 22, *a*, da Convenção de 1972.
[29] Cf. art. 22, *b*, da Convenção de 1972.
[30] Cf. art. 22, *d*, da Convenção de 1972.
[31] Cf. art. 22, *c*, da Convenção de 1972.
[32] Cf. arts. 27 e 28 da Convenção de 1972.

A cooperação financeira

A cooperação financeira, prevista na Convenção de 1972, é empreendida pelo Fundo do Patrimônio Mundial, mediante a concessão de empréstimos ou a juros reduzidos, ou sem juros, ou reembolsáveis[33]; ou mediante a concessão de "subvenções não reembolsáveis", em casos excepcionais e especialmente motivados[34], observando-se que a responsabilidade pelo levantamento da maior parte dos recursos compete ao Estado interessado[35].

CONSIDERAÇÕES FINAIS

A concepção do *princípio do patrimônio comum da humanidade* tem início em meados das décadas de 1950 e 1960: sua base reside na destinação de determinados bens à coletividade humana e que consequentemente não estão sujeitos à soberania dos Estados. Expressamente assim considerados por força de tratados internacionais, celebrados entre Estados: a Antártida, a Lua e demais corpos celestes e os fundos marinhos. Entretanto, diante da preocupação da comunidade internacional, hoje, com a proteção de determinados bens indispensáveis à sobrevivência da espécie humana, outros assim, podem ser considerados contemplados por aquele princípio: a água, o ar, a atmosfera, entre outros. São os denominados *bens globais*.

Uma variação daquele princípio é a concepção do *princípio do patrimônio cultural e natural da humanidade* disciplinado pela Convenção Relativa à Proteção do Patrimônio Mundial e Cultural da Humanidade, de 1972: os bens culturais e naturais que pertencem à humanidade, enumerados na Lista do Patrimônio Mundial, mas ainda submetidos às soberanias estatais.

Ambos os princípios consagram a humanidade como titular desses direitos. Em outras palavras, a coletividade humana que compreende a atual e futuras gerações. Assim, temos a concepção da relação intergeracional: um conjunto de direitos e obrigações que sela um compromisso entre a atual e as futuras gerações. Tais compromissos são disciplinados pelas fontes jurídicas de direito nacional e internacional.

---

[33] Cf. art. 22, *e*, da Convenção de 1972.
[34] Cf. art. 22, *f*, da Convenção de 1972.
[35] Cf. art. 25 da Convenção de 1972.

Em face dessa construção jurídica, a passagem dos bens culturais e naturais, ou como alguns são denominados, globais, somente poderá ocorrer em condições de quantidade e qualidade para serem aproveitados pelas futuras gerações na perspectiva do *desenvolvimento sustentável*.

Como já salientado no texto, crescimento econômico e desenvolvimento sustentável não são conceitos sinônimos. O segundo pressupõe diversas condições culturais, econômicas, políticas, sociais e ambientais para o seu alcance. Isso porque está associado ao grau de amadurecimento de instituições, como democracia, expansão das liberdades humanas e respeito aos direitos humanos. Consequentemente, o grau de desenvolvimento de uma sociedade é aferido conforme a distribuição de renda da sociedade, da sua longevidade, do acesso ao conhecimento, do acesso aos bens culturais e naturais, do acesso aos seus recursos, como transporte, comunicação e energia, e da amplitude da sua democracia. Este e outros itens são aplicados para apuração do grau de desenvolvimento de uma sociedade ou comunidades menores nos dias de hoje, conforme as orientações da ONU e de diversos estudiosos sobre o tema.

Neste contexto, a Convenção de 1972 pode ser considerada um dos diversos instrumentos de promoção do desenvolvimento sustentável, pois prioriza a proteção de bens culturais e naturais na perspectiva da sua sustentabilidade na medida em que as futuras gerações também poderão acessá-los.

No caso brasileiro, em relação à proteção de determinados bens naturais, que compreendem territórios de dimensões amplas – o Parque Nacional do Iguaçu, as Reservas Naturais da Mata Atlântica da Costa do Descobrimento, as Reservas Florestais da Mata Atlântica do Sudeste, a Área de Conservação do Pantanal, o Complexo de Conservação da Amazônia Central, as Áreas Protegidas do Cerrado e as Ilhas Brasileiras do Atlântico – o Sistema Nacional de Unidades de Conservação apresenta-se como uma estratégia adequada àquela prevista na Convenção de 1972 na promoção da proteção dos ecossistemas de grande interesse pela coletividade humana.

REFERÊNCIAS

BENJAMIN, A.H. Introdução à Lei do Sistema Nacional de Unidades de Conservação (Snuc). In: _____. *Direito ambiental das áreas protegidas*. Rio de Janeiro: Forense Universitária, 2001.

CLARIANA, G.G. Sobre la noción de cooperación en el derecho internacional. *Revista Española de Derecho Internacional*. Madrid: Instituto Francisco de Vitória, v. 29, n. 1, p. 51-69, 1976.

PÁDUA, J. A. *Desenvolvimento, justiça e meio ambiente*. Belo Horizonte: UFMG; São Paulo: Peirópolis, 2009.

SALCEDO, C.J.A. *El derecho internacional en un mundo en cambio*. 1.ed. Madrid: Tecnos, 1984.

SANDS, P. *Principles of international environmental law*. 2.ed. Cambridge: Cambridge University Press, 2003.

SOARES, G.F.S. *A proteção internacional do meio ambiente*. Série Entender o Mundo, v. 2. Barueri: Manole, 2003.

_____. *Direito internacional do meio ambiente: emergência, obrigações e responsabilidades*. São Paulo: Atlas, 2001.

[UNESCO] ORGANIZAÇÃO DAS NAÇÕES UNIDAS PARA A EDUCAÇÃO, A CIÊNCIA E A CULTURA. Documento sc/84/Conf. 004/9. Buenos Aires, 1984.

_____. *O correio da Unesco*. Ed. Brasileira. Rio de Janeiro: Fundação Getulio Vargas, ano 13, n. 12, dez. 1985.

_____. *Operational guidelines for the implementation of the World Heritage Convention* (versão 2013). Disponível em: http://whc.unesco.org/en/guidelines. Acessado em: 19 fev. 2014.

_____. *World Heritage List*. Disponível em: http://whc.unesco.org/en/list/654. Acessado em: 19 fev. 2014.

_____. *World Heritage List* in Danger. Disponível em: http://whc.unesco.org/en/ danger. Acessado em: 25 fev. 2014.

VEIGA, J.E. *Desenvolvimento sustentável: o desafio do século XXI*. 3.ed. Rio de Janeiro: Garamond, 2008.

_____. *Sustentabilidade: a legitimação de um novo valor*. 2.ed. São Paulo: Senac São Paulo, 2010.

Enquadramento Jurídico da Proteção Ambiental e Climática na Alemanha: uma Visão Geral da Legislação Federal

39

Stephan Tomerius
Universidade de Economia e Direito de Berlim

INTRODUÇÃO

Desde o final da década de 1980, o direito ambiental tem apresentado um desenvolvimento bastante dinâmico na Alemanha. O tema ganhou relevância no curso das discussões em âmbito nacional e internacional sobre a proteção do clima e a redução das emissões de CO_2, um tema associado à Conferência das Nações Unidas sobre o Meio Ambiente e o Desenvolvimento (United Nations Conference on Environment and Development – Unced), no Rio de Janeiro, em 1992, ao Protocolo de Kyoto de 1997 e a outros debates internacionais posteriores.

Embora o direito ambiental fosse inicialmente um campo reservado aos "especialistas" como parte específica integrante do direito público/administrativo, esse campo jurídico continuou crescendo tanto em importância quanto em proporções, passando a abranger um número cada vez maior de áreas de atividade, gestão e administração ambiental. Enquanto isso, o direito ambiental alemão deve ser visto como uma área jurídica ampla e complexa muito peculiar, tanto no âmbito acadêmico quanto no da vida cotidiana, em virtude das políticas federais e estaduais de proteção ambiental e climática. Nos últimos anos, essas políticas adquiriram significativa importância para a realização da chamada "Renovação energética" (*Energiewende*) na Alemanha, como um grande e decisivo desafio político no sentido de converter em fontes renováveis os sistemas e fontes de energia convencionais do país.

No sistema federativo constitucional alemão, o poder legislativo do direito ambiental existe concomitantemente nos níveis federal e estadual. Resumindo, isso significa que, de um modo geral, a esfera federal tem o direito de regular as questões ambientais, mas a regulação estadual pode completar especificamente essas questões, desde que não haja violação das respectivas normas federais básicas. Consequentemente, encontramos, por exemplo, normas federais básicas nas áreas de gestão de resíduos e proteção do solo e dos recursos hídricos acompanhadas de leis estaduais específicas no que tange particularmente a competências e procedimentos administrativos em nível estadual e municipal. Essa situação está em consonância com o fato de que, de acordo com a constituição, regra geral, compete aos estados a execução das leis federais e estaduais.

A própria Constituição Federal (Grundgesetz – GG) enfatiza em seu Art. 20 a importância das decisões jurídicas e administrativas em relação ao Desenvolvimento Sustentável: os poderes legislativo, administrativo e judiciário têm a obrigação constitucional de proteger as reservas de recursos naturais em suas decisões, dado o amplo escopo de ação e interpretação do Tribunal Constitucional Federal da Alemanha (Bundesverfassungsgericht). Entretanto, a inércia política e judicial em relação a importantes áreas de proteção ambiental e climática certamente desgastaria a diretiva constitucional.

Nos capítulos que se seguem, as principais partes da abrangente legislação ambiental alemã serão ressaltadas por meio de uma visão geral que explica os seus objetivos legais e fundamentais, princípios e instrumentos. Enquanto isso, cada parte da legislação de proteção ambiental – como uma área de crescente interesse e relevância – climática e energética é objeto de uma série de livros, comentários e periódicos. A seguir, o artigo trata da legislação federal principal.

LEI DO AR LIMPO

A Lei Federal do Ar Limpo (*Bundes-Immissionsschutzgesetz* – BImSchG)[1] representa a principal norma de controle de emissões de substâncias prejudiciais, incluindo disposições processuais específicas para o licenciamento de instalações industriais. De acordo com a seção 1 da BImSchG, essa lei tem por objetivo proteger os seres humanos, a fauna e a flora, os recursos hídricos, a atmosfera e o patrimônio cultural contra os efeitos nocivos do meio ambiente.

A norma sobre o procedimento de licenciamento de instalações industriais pode ser considerada a essência da BImSchG. A lei faz uma distinção entre as fábricas sujeitas a um procedimento formal de licenciamento (seção 4 ff.) – as chamadas "Instalações que necessitam de licença" e aquelas – em geral, unidades menores que geram menos emissões – que não, isto é, as chamadas "Instalações que não necessitam de licença" (seção 22 ff.). De acordo com a seção 5 ff., um procedimento formal de licenciamento envolve, entre outras providências, uma participação formal da vizinhança e de outras autoridades afetadas pelo projeto em questão. As informações sobre o licenciamento (especialmente no que diz respeito às emissões da fábrica, inclusive as possíveis consequências para o meio ambiente, sujeitas a uma Avaliação de Impacto Ambiental – AIA) devem permanecer à disposição do público por um mês. Quaisquer comentários e demandas devem ser feitos dentro desse prazo, após o qual serão legalmente excluídos de processos futuros (seção 10 da BImSchG) –, além de estarem subsequentemente sujeitos a uma possível ação judicial interposta junto ao tribunal administrativo. Além disso, deverá haver uma audiência pública (seção 10 da BImSchG).

A licença somente deverá ser concedida – seção 5 da BImSchG – se:

- Não houver emissões nocivas, riscos consideráveis e inconvenientes para o público e a vizinhança (princípio da proteção; os limites conferem especificidade a esses requisitos encontrados em normas técnicas sem força de lei).

- Forem tomadas medidas de precaução e limitação de emissões de acordo com as mais avançadas técnicas vigentes (princípio da precaução).

---

[1] *Bundes-Immissionsschutzgesetz* (BImSchG), de 17.05.2013 (BGBl. I S. 1274), emendada pela última vez através do art. 1º da lei de 02.07.2013 (BGBl. I S. 1943).

1200 | DIREITO AMBIENTAL E SUSTENTABILIDADE

- Se o lixo puder ser evitado, reciclado ou, pelo menos como última opção, descartado.
- A energia envolvida no processo de produção for utilizada de forma econômica e eficiente.

A norma processual específica está contida em uma portaria executiva, a Portaria do Ar Limpo n. 9 (*9. Bundes-Immissionsschutzverordnung* – BImSchV).

A questão do tipo de fábrica que estaria sujeito a um procedimento formal de licenciamento também é respondida por uma portaria específica, a Portaria do Ar Limpo n. 4 (*4. Bundes-Immissionsschutzverordnung* – BImSchV). A portaria prevê os limites específicos em diferentes áreas industriais de atividade econômica que estabelecem os parâmetros para um procedimento formal de licenciamento. Esse conceito de limite previsto na seção 4 da BImSchV é válido também para a questão do tipo de fábrica que requer um determinado tipo e padrão de procedimento para uma Avaliação de Impacto Ambiental (AIA).

Um aspecto importante do procedimento formal de licenciamento que acelera o processo como um todo previsto na seção 13 da BImSchG: a licença concedida inclui também o alvará de construção e – caso haja tratamento de resíduos na fábrica – a licença para gestão de resíduos (o chamado efeito de concentração). O documento não abrange as licenças para instalações atômicas ou de tratamento de água.

No caso de requisitos classificados abaixo dos limites estabelecidos para "Instalações que necessitam de licença", aplica-se o regime de controle da seção 22 ff. Essas são as regras da BImSchG para as chamadas "Instalações que necessitam de licença". Entretanto, a seção 22 da BImSchG exige ainda medidas de prevenção e limitação de emissões de gases nocivos de acordo com as mais avançadas técnicas vigentes. O fato de não haver procedimento de licenciamento obrigatório, de acordo com as disposições da BImSchG, para fábricas classificadas abaixo dos limites estabelecidos (especificados na 4. BImSchV) não significa que não haja necessidade de licença. Abaixo do nível – industrial de um modo geral – previsto na BImSchG, é necessário solicitar um alvará de construção, de acordo com a legislação estadual da construção civil.

O principal instrumento de controle do padrão de emissões é – depois das competências gerais de prevenção de perigos, riscos e inconvenientes decorrentes das fábricas previstas na BImSchG – o direito da autoridade competente de aprovar posteriormente uma decisão administrativa. Desse modo, a autoridade competente tem como obrigar a empresa operadora da fábrica a tomar medidas de adaptação às mais avançadas técnicas de emissões atualmente existentes (seção 17 da BImSchG).

LEI DA GESTÃO DE RESÍDUOS E DA ECONOMIA CIRCULAR

A produção, o tratamento e a gestão de resíduos são regidos pela Lei Federal da Economia Circular (*Kreislaufwirtschaftsgesetz* – KrWG – nome atualizado em 2012)[2]. De acordo com a sua nova nomenclatura e ênfase, essa lei contida na seção 1 da KrWG tem por objetivo estimular a economia circular para a preservação dos recursos naturais e garantir a proteção dos seres humanos e do ambiente, adotando padrões econômicos de geração e utilização de resíduos. É preciso declarar desde o início que a lei de gestão de resíduos em particular é também, até certo ponto, uma lei europeia. Muitas das disposições contidas na legislação nacional – como é o caso em praticamente todas as áreas da legislação ambiental alemã – têm suas raízes nas diretivas da União Europeia – nesse caso, sobre gestão de resíduos[3] –, na qualidade de lei transferida para a legislação alemã como direito legal decorrente do Tratado Europeu.

Definições legais

A lei define "Economia Circular" na seção 3, parágrafo 19 da KrWG, como a "prevenção e reciclagem de resíduos", uma definição que pode ser tachada de demasiadamente simples e restrita. Na realidade, o conceito de economia circular é muito mais sofisticado em termos de gestão de fluxo de ma-

---

[2] *Kreislaufwirtschaftsgesetz* (KrWG), de 24.02.2012 (BGBl. I S. 212), emendada pela última vez através da sec. 44, § 4, da lei de 22.05.2013 (BGBl. I S. 1324).

[3] Ver Diretiva 2008/98/EC de 19.11.2008 do Parlamento Europeu e do Conselho sobre o tratamento de resíduos e a revogação de determinadas diretivas, Diário Oficial da EU, L 312/3, de 22.11.2008. Disponível em: http://eur-lex.europa.eu/LexUriServ/LexUriServ.do?uri=OJ:L:2008:312:0003:0030:en:PDF. Acessado em: 12 jun. 2014.

terial, recuperação de materiais de valor a partir de resíduos, reintegração aos círculos econômicos etc[4].

A definição – intencionalmente ampla – de resíduo, apresentando um amplo escopo legal de aplicação, encontra-se na seção 3, parágrafo 1 da KrWG: resíduo é todo material cujo detentor descarta efetivamente, pretende descartar ou tem de descartar. Resíduo a ser reciclado é resíduo efetivamente reciclado; resíduo a ser descartado é simplesmente resíduo não reciclado.

Reciclagem, como termo legal significa, de acordo com a seção 3, parágrafo 23 da KrWG, é todo procedimento que visa principalmente à reutilização de resíduos dentro da unidade comercial ou industrial ou em outras áreas da economia através da substituição por outro material (supostamente utilizado para uma determinada função) ou da preparação dos resíduos para o cumprimento dessa determinada função. Importantes para o termo "reciclagem" são também as disposições das seções 6, 7 e 8 da KrWG (ver o capítulo 2) sobre a hierarquia no processo de tratamento de resíduos.

A distinção entre "resíduos" e "derivados" (que não estariam sujeitos às normas de tratamento de resíduos) não é fácil, tampouco é amplamente discutida em disputas legais. A seção 4 da KrWG estabelece os requisitos para um "produto derivado", entre os quais, o fato de que os resíduos serão utilizados posteriormente, passando a fazer parte de um novo processo de produção e guardando conformidade com todas as exigências legais em relação ao meio ambiente, à saúde e ao produto.

Hierarquia e principais obrigações no processo de tratamento de resíduos

Ao tratar resíduos, todo produtor ou detentor – público ou privado – de resíduos tem de cumprir a hierarquia legal e as principais obrigações inerentes ao processo de gestão de resíduos (seções 6 e 7 da KrWG).

As medidas de tratamento de resíduos devem seguir uma determinada classificação:

1) Prevenção.
2) Preparo para reutilização.

---

[4] Ver Andersen (2007) e os conceitos de gestão de fluxo de material no site do Institute on the Environmental Campus Birkenfeld (IfaS, parte integrante da University of Applied Sciences Trier). Disponível em: http://www.stoffstrom.org/en/. Acessado em: 12 jun. 2014.

3) Reciclagem.
4) Outras formas de reciclagem, particularmente energética, isto é, através da produção de energia (calor ou eletricidade) em substituição às fontes convencionais.
5) Descarte.

Quanto à reciclagem de resíduos, as seções 7 e 8 da KrWG dispõem: todo produtor ou detentor de resíduos tem o dever de reciclar, desde que isso seja tecnicamente possível e economicamente viável. A reciclagem deve ser feita antes do descarte dos resíduos, a menos que o descarte – exceto, por exemplo, em casos de "downcycling" – seja qualificado como a medida menos prejudicial ao meio ambiente. A reciclagem, obviamente, deve ser executada em conformidade com as normas técnicas e legais vigentes na respectiva área econômica. Além disso, o processo deve ser realizado sem causar qualquer prejuízo ou dano, particularmente através de acúmulo de substâncias perigosas contidas em materiais ou produtos em uma economia circular (seção 7 e seções 2, 3 e 4 da KrWG).

Um tópico legal delicado é a relação e a questão da prioridade entre a reciclagem (isto é, reciclagem mecânica em geral) e a reciclagem energética. Essa questão é de grande relevância prática, dado o grande número de modernas usinas de incineração existentes na Alemanha (seja operadas pelos municípios, seja por empresas privadas de gestão de resíduos). Além disso, as unidades industriais (especialmente de produção de cimento) estão usando os resíduos em processos de incineração baseados na reciclagem energética de resíduos. A seção 8 – contradizendo, em parte, a hierarquia do processo de reciclagem prevista na seção 6 da KrWG – faz referência a uma portaria (a ser aprovada pelo Ministério Federal do Meio Ambiente) que deverá especificar a relação de prioridade entre as duas formas de reciclagem. Caso essa portaria não seja aprovada, poderá ter lugar uma reciclagem energética, equivalente à reciclagem mecânica, desde que sejam observadas determinadas normas de aquecimento (ver seção 8, parágrafo 3 da KrWG).

Responsabilidade pública e privada pelo tratamento de resíduos – e pelo combate à geração de resíduos

Uma das questões mais sensíveis em relação às políticas, leis e atividades de gestão de resíduos é a divisão de responsabilidades para a aceitação de resíduos ou – do ponto de vista das empresas de gestão de resíduos públicas e privadas – para o recebimento de resíduos como um bem econômico com chances de crescimento no vasto mercado de reciclagem e descarte de resíduos. Desde o nascimento da KrWG, em meados da década de 1990, existe uma constante disputa entre os municípios e as empresas privadas de gestão de resíduos em relação à questão: "Quem recebe que tipo de resíduos?". Essa questão está legalmente relacionada com a seção 17 da KrWG. Essa disposição estabelece uma obrigação de permitir que os resíduos domésticos sejam descartados e reciclados pelo setor público (exceção: o próprio detentor dos resíduos pode reciclá-los, somente no caso de pequenas quantidades de resíduos de jardinagem e frações comparáveis). Em termos práticos, isso significa um dever de deixar esses resíduos sob a responsabilidade dos municípios (e, consequentemente, das instalações administradas por suas empresas e que têm de estar abastecidas de resíduos para operar de forma econômica). Além disso, os resíduos "provenientes de outras áreas que não residenciais" (isto é, resíduos comerciais, na realidade) a ser descartados têm de ser transferidos para a esfera pública, exceto nos casos em que o próprio produtor dos resíduos tenha como reciclá-los (como é o caso, às vezes, das grandes unidades industriais). Por outro lado, quanto aos resíduos comerciais a ser reciclados, a lei não atribui nenhuma responsabilidade ao poder público. Em outras palavras, essa área é aberta ao setor privado. Na prática, isso significa que o detentor ou produtor dos resíduos comerciais não precisa deixar seus resíduos a cargo do poder público. Ele pode optar por contratar uma empresa pública ou privada – em termos de reciclagem, se ele quiser, até mesmo no âmbito da UE, uma vez que os "resíduos a ser reciclados" constituem um bem definido no âmbito da liberdade de comércio garantida no Tratado da União Europeia.

De acordo com essa base legal, surgem questões como: "Essa fração específica dos resíduos em questão é proveniente de uma residência ou de um estabelecimento comercial? Deve ser entregue ao município ou pode ser descartado da maneira mais econômica possível por uma empresa privada de reciclagem?" (por exemplo, no caso de resíduos provenientes de casas administradas por empreendimentos habitacionais). Ou: "A fração relevante dos resíduos deve ser reciclada ou descartada?". Por exemplo, no caso de resíduos mistos – de origem doméstica e comercial – provenientes de um prédio maior que devam, em parte, ser reciclados e, em parte, descartados. Essas questões que implicam decidir o destino a ser dado aos resíduos ou quem os utilizará de forma econômica para alimentar a sua usina de tratamento de resíduos ainda fazem a festa dos advogados em diversos casos, terminando nos tribunais administrativos em todo o país.

A seção 17, parágrafo 2 da KrWG enumera as exceções das obrigações gerais de entrega dos resíduos domésticos aos municípios. A propósito, o parágrafo 2, item 1, desta seção, regula o sistema internacionalmente conhecido como "Duales System Deutschland" (DSD), uma forma de operação privada da década de 1990 para o tratamento de resíduos provenientes do processo de embalagem de produtos. O objetivo era criar um sistema de autorregulação do setor privado envolvido que tinha que pagar uma determinada taxa para obter o licenciamento de seus produtos pelo DSD (essa licença era indicada na embalagem de cada produto pelo "Ponto Verde" – "*Grüner Punkt*"). Essas taxas pagas ao DSD (e a alguns outros Dual Systems concorrentes) deveriam ser utilizadas para uma reciclagem eficiente. Entretanto, as críticas, também de acordo com a pesquisa da Agência Federal de Meio Ambiente (Umweltbundesamt), são cada vez maiores em relação ao baixo percentual de reciclagem mecânica de alta qualidade – na verdade, uma grande quantidade de resíduos provenientes do processo de embalagem de produtos não é reciclada por recuperação mecânica, mas por recuperação energética – e ao alto percentual das despesas gerais decorrentes dos enormes esforços de administração do DSD[5]. Portanto, deve-se ter cuidado quando se vê o DSD e o *Grüner Punkt* – como geralmente ocorre nas conferências internacionais – sendo enaltecidos como "boas" ou, até mesmo, "melhores práticas" de privatização das tarefas de gestão de resíduos.

A discussão mais recente em relação às exceções do dever de deixar os resíduos a cargo dos municípios está descrita na seção 17, parágrafo 2, itens 2 e 3 da KrWG: as exigências para um operador que realiza a coleta de resíduos de interesse público ou social (n. 1) ou de resíduos comerciais (n. 2) – ambas as formas definidas na seção 17 como isentas da obrigação de entrega das frações de resíduos à autoridade municipal competente – geraram uma pilha de ações judiciais nos tribunais administrativos de todo o país nos últimos anos.

---

[5] Ver https://www.umweltbundesamt.de/sites/default/files/medien/461/publikationen/4072.pdf (disponível somente em alemão); ver também a crítica especializada mais recente de 2014 (disponível somente em alemão em: http://www.vku.de/fileadmin/get/?28385/140410_Gutachten_Gr%C3%BCner_Punkt.pdf. Acessado em: 12 jun. 2014).

Conceitos e estatísticas de gestão de resíduos

A seção 21 da KrWG dispõe sobre uma obrigação geral útil para cada município responsável pelo recebimento e tratamento de resíduos a fim de produzir um conceito municipal de gestão de resíduos. Esse conceito, que requer aprovação do parlamento municipal, deve abranger – de acordo com a hierarquia do processo de tratamento de resíduos acima mencionada – as áreas de prevenção, preparo para reutilização, reciclagem e descarte de resíduos, bem como dados estatísticos em relação a esses tópicos. Esses conceitos de gestão de resíduos são regulados especificamente pela legislação estadual de gestão de resíduos.

Responsabilidade pelo produto

Um dos elementos básicos de uma economia circular é a responsabilidade pelo produto, de acordo com o princípio de que "o poluidor é quem paga". A ideia de que a obrigação de pagar cabe a quem alimenta a economia com material que, mais tarde, precisa ser onerosamente tratado como resíduo, continua a ser útil e pertinente. As seções 23-26 da KrWG tratam do assunto por meio das disposições legais sobre as responsabilidades de reassunção do produto pelo produtor.

A seção 23, parágrafo 1 da KrWG define o aspecto básico de acordo com o princípio "do berço ao túmulo", ou melhor, "do berço ao berço": os produtos devem ser projetados e construídos de maneira a possibilitar a reutilização dos materiais e, consequentemente, reduzir os custos de reciclagem ou descarte. Entretanto, essa disposição não é executável porque a fiscalização ou, pelo menos, não são susceptíveis consequências administrativas para as empresas que não possuem procedimentos e atividades técnicas nessa área.

Na prática, a responsabilidade pelos custos, na Alemanha, é dividida. Em algumas regiões importantes, existem sistemas de reassunção do produto, organizados tanto pelo setor privado quanto pelo município, que criam tarefas para ambos quando se trata de lixo eletrônico, baterias usadas, óleo e automóveis, por exemplo[6]. Mas a responsabilidade pelos custos de coleta dos

---

[6] Mais informações sobre políticas de reciclagem e reassunção do produto encontram-se disponíveis em: http://www.umweltbundesamt.de/en/topics/waste-resources/product-

resíduos gerados continua a ser do poder público. Decerto essa parcela dos custos que deveria caber integralmente ao produtor não está de pleno acordo com o conceito de responsabilidade pelo produto em sua forma mais pura.

Planos de gestão de resíduos e programas de prevenção de geração de resíduos

A seção 31 ff. da KrWG exige dos estados a criação de planos de gestão de resíduos. Esses planos têm que conter os objetivos e as estratégias de gestão de resíduos para todo o estado, particularmente no que diz respeito ao desenvolvimento da quantidade de resíduos gerada, à capacidade de planejamento e investimentos na infraestrutura necessária, às cotas de reciclagem, às medidas de aperfeiçoamento dos processos de reciclagem, à avaliação dos novos sistemas de coleta etc. Esses planos de gestão de resíduos, elaborados regularmente pelos Ministérios Estaduais de Meio Ambiente, devem levar em consideração e integrar os conceitos municipais de gestão de resíduos supracitados no capítulo 4. Portanto, os planos de gestão de resíduos constituem uma base muito importante e um instrumento diretor para as políticas estaduais de médio e longo prazo em relação ao assunto.

Quanto à prevenção da geração de resíduos, a seção 33 da KrWG oferece aos estados a opção de programas estratégicos de cooperação, isto é, em cooperação com o governo federal, ou próprios.

Disposições sobre as estruturas internas de gestão de resíduos nas empresas

As mudanças na área de gestão de resíduos devem ocorrer também no âmbito das empresas geradoras de resíduos. Consequentemente, a seção 58 ff. da KrWG define uma responsabilidade estrutural interna das empresas de um determinado porte – isto é, para aquelas que necessitam de um procedimento formal de licenciamento, conforme previsto na seção 4 ff. da BImSchG (ver capítulo II). As empresas têm de apresentar representante de gestão de resíduos (*Betriebsbeauftragter*) que tem, entre outras responsabilidades, o dever de elaborar um relatório anual para o operador sobre os tó-

---

-stewardship-waste-management.

1208 DIREITO AMBIENTAL E SUSTENTABILIDADE

picos relevantes da empresa relacionados à gestão de resíduos (seção 60, parágrafo 2 da KrWG).

Perspectiva

As melhorias no âmbito das leis e políticas de gestão de resíduos na Alemanha foram significativas nas últimas décadas. O sistema utilizado pelo poder público dos municípios para definir a responsabilidade básica pela gestão de resíduos – como questão de grande interesse público em termos de infraestrutura, saúde e questões ambientais – provou ser pertinente. Com essa decisão, criou-se um campo rentável para atividades privadas de gestão de resíduos – em geral, também em parceria com o poder público. A infraestrutura dessas usinas, inclusive as usinas incineradoras do mais alto padrão técnico, funciona de forma adequada, devendo ser considerada – também de acordo com os padrões europeus – muito boa. Um ponto crítico é um déficit sistêmico, qualitativo e econômico na área de gestão de resíduos provenientes do processo de embalagem de produtos (DSD/Grüner Punkt e outros). Outra questão que é alvo de reclamações é a falta de uma distinção clara das responsabilidades – públicas ou privadas – na zona indefinida entre resíduos domésticos e frações de resíduos comerciais. Poderiam ser definidos limites mais claros deixando a área de resíduos domésticos a cargo dos municípios e abrindo a área de resíduos comerciais como um todo para o mercado privado. Todavia, o percentual de reciclagem material é alto e continua aumentando, enquanto o descarte de resíduos cada vez mais é uma exceção. Desde 1º de janeiro de 2015 a lei obriga (seção 14 da KrWG) que se faça a coleta e a separação de materiais como papel, vidro, plásticos e metais, desde que isso seja feito de forma adequada dos pontos de vista técnico e econômico. Um novo projeto de lei federal, isto é, uma nova lei dispondo sobre uma forma mais eficiente de separação, reutilização e reciclagem de materiais de valor está em discussão.

Do ponto de vista europeu, melhorias no sentido de reduzir os perigos e riscos do tratamento de resíduos nas usinas e aterros sanitários adequados estão por ser implementadas no âmbito da UE[7]. Vale ressaltar, no entanto, que o número de operações de transporte decorrentes dos procedi-

---

[7] Para mais informações sobre as políticas de gestão de resíduos da UE, ver: http://www. eea.europa.eu/themes/waste.

mentos de gestão de resíduos em toda a UE (uma vez que resíduos para reciclagem são classificados como "carga" no mercado europeu) infringe o princípio da UE de que os resíduos devem ser tratados na usina mais próxima de sua origem. Juntamente com os déficits de controle que já deflagraram alguns escândalos internacionais em decorrência do embarque de resíduos em países do terceiro mundo a custos baixos e com padrões de descarte extremamente baixos, as constantes exportações e operações de transporte elevam os níveis de emissão de CO_2, desafiando as metas de proteção climática da UE.

Por fim, vale ressaltar também que o passo qualitativo para uma "conservação de recursos e a economia circular/lei do fluxo de materiais" ainda precisa ser dado. Um aspecto essencial – entre outros – desse tipo de lei é uma regulação mais rigorosa com o objetivo de reduzir a presença de materiais problemáticos na composição dos produtos. As disposições que realmente merecem o rótulo "economia circular e conservação de recursos" devem representar uma transição significativa das "regulações de fim de linha" para o princípio "do berço ao berço" e as abordagens que levam em consideração o ciclo de vida dos produtos. Isso significa, no mínimo, oferecer incentivos legais para o uso de materiais reutilizáveis e recicláveis de muito melhor qualidade e uma nova legislação que vise à redução dos fluxos de material que põem os recursos naturais à prova e geram emissões durante o transporte[8].

LEI DE PROTEÇÃO DO SOLO

Embora o governo federal alemão já tenha demonstrado papel ativo no desenvolvimento de uma primeira estratégia de proteção do solo em 1985, vários anos se passaram até que o principal problema relacionado à contaminação local e às alterações nocivas do solo levasse à aprovação de um dispositivo legal em 1998, a Lei Federal de Proteção do Solo (*Bundes-Bodenschutzgesetz* – BBodSchG)[9]. Consequentemente, a lei de proteção do solo é uma parte comparativamente nova da legislação ambiental na Alemanha. Todavia, de acordo com o seu objetivo definido na seção 1 da BBodSchG,

---

[8] Ver também as iniciativas da Agência Federal de Meio Ambiente em: http://www. umweltbundesamt.de/en/topics/waste-resources/economic-legal-dimensions-of-resource-conservation/resource-conservation-law.

[9] *Bundes-Bodenschutzgesetz* (BBodSchG), de 17.03.1998 (BGBl. I S. 502), emendada pela última vez através do Art. 5, § 30 da lei de 24.02.2012 (BGBl. I S. 212).

trata-se de uma questão de grande interesse e importância: a lei visa à proteção e à recuperação das funções do solo. Essas funções do solo, descritas na seção 2 da BBodSchG, abrangem as contribuições essenciais para as reservas naturais como um todo, como os habitats para fauna e flora, por exemplo, e suas funções de filtragem e compensação para os lençóis freáticos e – entre outras funções – para o próprio clima.

A seção 1 da BBodSchG dispõe ainda que, na medida do possível, quaisquer fatores que produzam impacto no solo devem ser evitados. O mesmo vale para qualquer impacto nocivo de tais fatores nas funções naturais do solo e na sua capacidade como acervo de história natural e social.

Aplicam-se as disposições da BBodSchG somente se a matéria em questão não for regulada especificamente pelas disposições de outros campos da legislação ambiental (princípio da subsidiariedade, ver seção 3 da BBodSchG). Essa questão é de particular relevância no que diz respeito ao tratamento de material do solo como resíduo, de acordo com a KrWG (ver capítulo III), e às atividades agrícolas relacionadas à lei de uso de fertilizantes e à proteção da flora. Essas disposições precedem a BBodSchG caso estejam envolvidas determinadas atividades sujeitas a essas normas.

Complicada é a relação entre a lei de proteção e gestão de recursos hídricos (ver capítulo V a seguir) e a lei de proteção do solo, particularmente no tocante à proteção dos lençóis freáticos: basicamente, o regime da BBodSchG termina na chamada "zona saturada" do solo, quando passa a vigorar o regime da lei de proteção dos recursos hídricos, que rege as questões relacionadas aos lençóis freáticos.

Principais definições legais de proteção do solo

Um termo básico relacionado ao objetivo da BBodSchG, "alterações prejudiciais do solo", (seção 2, parágrafo 3 da BBodSchG) que devem ser evitadas. Essas alterações são impactos sofridos pelas funções do solo que podem causar riscos, consideráveis desvantagens ou substanciais inconvenientes a determinados indivíduos ou ao público em geral.

Outras definições importantes:

- "Locais suspeitos" (seção 2, parágrafo 4 da BBodSchG), isto é, locais com suspeita de alteração prejudicial do solo.

- "Locais contaminados ou perigosos" (seção 2, parágrafo 5 da BBodS-chG), que podem ser antigos aterros sanitários, sistemas desativados de descarte de resíduos e outras instalações em que tenham sido tratados, armazenados ou depositados resíduos ou em que tenha sido manuseado material perigoso para o meio ambiente.
- "Locais sob suspeita de contaminação ou perigosos", que são suspeitos de ter sofrido alterações prejudiciais do solo ou que ofereçam outros riscos a determinados indivíduos ou ao público em geral. (seção 2, parágrafo 6 da BBodSchG).

As obrigações legais de evitar perigos, riscos, consideráveis desvantagens ou substanciais inconvenientes para determinados indivíduos ou para o público em geral ou os deveres de correção e as medidas saneadoras estão associados às definições acima apresentadas.

Responsabilidades de proteção do solo e medidas corretivas

De acordo com o objetivo da lei de proteção do solo na seção 1 da BBodSchG, a lei dispõe sobre o dever de evitar perigos decorrentes da existência de contaminação e promover medidas preventivas destinadas a evitar contaminação futura. Em caso de perigos decorrentes de contaminação ou alterações prejudiciais do solo, devem ser tomadas "medidas corretivas".

A seção 2, parágrafo 7 da BBodSchG define esse termo da seguinte maneira:

1) Medidas que visam à eliminação ou à mitigação de poluentes (medidas de descontaminação).

2) Medidas destinadas a prevenir ou atenuar a propagação de poluentes em longo prazo, sem limpar efetivamente a poluição (medidas de segurança).

3) Medidas destinadas a eliminar ou minimizar alterações prejudiciais nas propriedades físicas, químicas ou biológicas do solo.

A questão decisiva da responsabilidade legal de evitar perigos ou sanear os locais em questão mediante a implementação das medidas obrigatórias acima mencionadas está sujeita à disposição principal da seção 4 da BBodSchG. De acordo com a primeira linha da seção 4, parágrafo 3, responsável é a parte causadora da contaminação (por razões históricas, não encontrada ou falida), o real proprietário do local, seus sucessores legais e o detentor de autoridade efetiva sobre o lote de terra em questão. O antigo proprietário do local contaminado também pode ser responsabilizado pela correção do problema, caso tenha sido efetuada transferência de titularidade após 01.03.1999[10] e ele tenha ou devesse ter conhecimento da contaminação (seção 4, parágrafo 6 da BBodSchG). A responsabilidade pode caber também ao comprador da propriedade, a menos que se justifique o fato de ele acreditar originariamente não haver contaminação no local. A fim de não entravar as transações no mercado imobiliário, muitos advogados excluem do contrato de compra de propriedade imóvel a possível responsabilidade do comprador por contaminação.

Uma questão crucial para o responsável pelas medidas de prevenção ou correção de situações de risco diz respeito ao grau ou nível de qualidade das medidas a serem tomadas. Obviamente, essa é também uma questão decisiva de custos, que podem variar muito dependendo do pretenso uso futuro do local. A seção 4, parágrafo 4 da BBodSchG, desempenha um papel importante nessa questão: o dispositivo define o nível de correção a ser efetuado para o uso permitido do local de acordo com a legislação urbanística. Isso significa, por exemplo, que o nível e o grau das medidas corretivas podem ser reduzidos caso o local em questão venha a ser utilizado para fins comerciais ou industriais, e, por questões de saúde, mais elevados em caso de futuro uso residencial.

Ao selecionar o processo de medidas de prevenção de riscos, deve-se levar em consideração o impacto ambiental das medidas contempladas. Além disso, devem ser consideradas as dimensões socioeconômicas do saneamento e da reciclagem da área. Em geral, a combinação de medidas de descontaminação e construção para fins de reutilização do local é uma opção mais sustentável do que o processo convencional de escavação[11].

A qualidade exigida das medidas corretivas obrigatórias é descrita apenas vagamente na BBodSchG nas seções 7 e 8, que fazem referência às nor-

---

[10] A nova lei não deve – por questões de legislação constitucional – dispor retroativamente com efeitos negativos e mais restritivos sobre casos passados.

[11] Ver http://www.umweltbundesamt.de/en/topics/soil-agriculture/site-contamination/remediation-technology.

mas de prevenção e proteção. As principais diretrizes específicas para a análise e avaliação de materiais nocivos e contaminações nos solos estão contidas na Portaria Federal de Proteção do Solo e Locais Contaminados (*Bundes-Bodenschutz- und Altlastenverordnung* – BBodSchV)[12].

A BBodSchV define as normas preventivas de proteção do solo no que diz respeito a contaminantes particularmente importantes, prevenção de riscos e padrões de medição, situações que impliquem contaminação da área e mudanças prejudiciais do solo, e procedimentos de investigação e avaliação do solo. Essa portaria dispõe detalhadamente sobre coleta e condicionamento de amostras, análise de material nocivo e medidas de avaliação. Além de discriminar as normas preventivas, a BBodSchV define especificamente as normas de investigação e ação para usos específicos (por exemplo, residencial ou agrícola), trilhas e dinâmicas (por exemplo solo – ser humano, solo – flora, solo – lençóis freáticos).

Papel e instrumentos das autoridades competentes

As seções 9 e 10 da BBodSchG permitem que a autoridade competente defina as medidas necessárias. Por razões constitucionais, a autoridade, nesse caso, tem de respeitar o princípio da proporcionalidade, isto é, não deve exigir da pessoa responsável medidas economicamente insensatas e inaceitáveis ou que restrinjam o uso da propriedade. Faz parte do estudo de saneamento também uma avaliação da proporcionalidade. Em caso de desproporcionalidade das medidas corretivas, devem ser aplicadas medidas de proteção e mitigação menos incriminatórias[13].

A seção 13 da BBodSchG prevê os instrumentos mais importantes para o complexo processo de saneamento e limpeza do qual participam regularmente diversos interessados dos setores público e privado: esse dispositivo define nos parágrafos 1 e 2 do "Plano de saneamento" (*Sanierungsplan*) quais desses instrumentos podem ser declarados obrigatórios pela autoridade

---

[12] *Bundes-Bodenschutz-und Altlastenverordnung* (BBodSchV), de 12.07.1999 (BGBl. I S. 1554), emendada pela última vez através do Art. 5, § 31 da lei de 24.02.2012 (BGBl. I S. 212).

[13] Para informações mais detalhadas sobre as medidas técnicas de saneamento, ver: http://www.umweltbundesamt.de/en/topics/soil-agriculture/site-contamination/remediation-technology.

competente, de acordo com a seção 13, parágrafo 6 da BBodSchG. A vantagem desse procedimento é que outras decisões e autorizações necessárias – relacionadas a material residual definido nos termos da lei de gestão de resíduos, por exemplo – podem ser integradas ao plano no contexto de apenas um procedimento. Além disso, a prática da reciclagem do local já provou ao longo dos anos que a opção prevista na seção 13, parágrafo 4, da BBodSchG, para o fechamento de um "Contrato de saneamento" (*Sanierungsvertrag*) entre a autoridade competente, a pessoa responsável e os terceiros envolvidos tem grandes vantagens para projetos complexos de saneamento e redesenvolvimento de *brownfields*[14]. Utilizando esse instrumento cooperativo e consensual, é possível definir prazos, incluir planos de divisão de tarefas e custos, e integrar outros terceiros ao processo (por exemplo, vizinhos de locais contaminados) que, de outra forma, poderiam retardar ou, até mesmo, bloquear totalmente o projeto mais tarde[15].

Perspectiva

A proteção do solo é um tópico ligado a várias outras políticas ambientais cumulativas. Como o solo funciona como um escoadouro de poluentes, a proteção ambiental funciona como um referencial da política ambiental em que as medidas em relação a qualidade do ar, tratamento de esgotos e política de tratamento de resíduos podem se revelar certas ou erradas. A poluição residual do ar e a qualidade do lodo de esgoto afetam a qualidade do solo – igualmente afetada pelos resíduos recicláveis depositados no interior ou na sua superfície[16].

O principal objetivo de saneamento do local estabelecido na lei BBodSchG coloca a prevenção de riscos como fundamental no processo de saneamento, mas principalmente após a ocorrência da contaminação. Essa condição segue os princípios de "proteção" da política ambiental e o princípio de que "o poluidor é quem paga"; ambos os princípios refletem uma abordagem de "regulação de final de linha". Mas vista pela perspectiva do

---

[14] Para maiores informações sobre o importante papel do redesenvolvimento de *brownfields* como meio de remediação e revitalização urbana, ver: Philippi, Spinola, Tomerius (2010).

[15] Mais informações sobre procedimentos de reciclagem e gestão da área em: http://www.umweltbundesamt.de/en/topics/soil-agriculture/site-contamination/site-remediation.

[16] Ver http://www.umweltbundesamt.de/en/topics/soil-agriculture/soil-protection.

"princípio da precaução" – preferido do ponto de vista ambiental – a mera prevenção de riscos não consegue evitar a elevação dos níveis de poluição do solo, tampouco recuperar o solo, devolvendo-o à sua condição original. Uma manutenção duradoura somente será possível se forem tomadas as medidas de precaução e prevenção adequadas. Portanto, as áreas preventivas de proteção legal e prática do solo – isto é, antes da ocorrência de perda de funções ou contaminação – são aquelas de planejamento urbano (integração quantitativa e qualitativa de proteção do solo) e gestão de resíduos (prevenção de contaminação futura do solo através de processos adequados de reciclagem e descarte de resíduos).

LEI DE PROTEÇÃO E GESTÃO DE RECURSOS HÍDRICOS

A principal legislação federal na área de proteção de recursos hídricos é a Lei Federal de Proteção e Gestão de Recursos Hídricos (*Wasserhaushaltsgesetz* – WHG)[17]. A lei de proteção dos recursos hídricos é também um campo em que a principal norma reguladora é aprovada em âmbito federal, acompanhada e substanciada pela legislação estadual em forma de leis estaduais de proteção dos recursos hídricos.

Paralelamente, as leis de gestão dos recursos hídricos são complementadas pelas normas reguladoras de determinadas áreas, entre outras, tratamento de esgotos e proteção das fontes de água potável ou dos lençóis freáticos. As disposições sobre gestão preventiva, técnicas de tratamento e, particularmente, limites relacionados às emissões de substâncias perigosas geralmente são aprovadas em forma de portarias governamentais[18]. Nesse caso também, as diretivas europeias formam uma estrutura jurídica de ges-

---

[17] *Wasserhaushaltsgesetz* (WHG), de 31.07.2009 (BGBl. I S. 2585), emendada pela última vez através do Art. 4, § 76 da lei de 07.08.2013 (BGBl. I S. 3154).

[18] Ver, por exemplo, a portaria sobre a proteção dos lençóis freáticos (*Grundwasserverordnung*) de 09.11.2010, BGBl. I S. 1513; a portaria sobre o tratamento de esgotos (*Abwasserverordnung*) de 17.06.2004, BGBl. I S. 1108, 2625, emendada pela última vez através do Art. 5, § 8 da lei de 24.02.2012, BGBl. I S. 212; a portaria sobre a proteção das fontes de água potável (*Trinkwasserverordnung*) de 28.11.2011, BGBl. I S. 2370, emendada pela última vez através do Art. 2, § 19 da lei de 22.12.2011, BGBl. I S. 3044.

tão de recursos hídricos[19], implementada na legislação interna principal em âmbito federal. As diretivas europeias sobre gestão de recursos hídricos definem os objetivos de gestão que devem ser alcançados até 2015 para todos os tipos de corpos d'água. Quanto às águas superficiais e costeiras, isso significa uma boa "condição química e ecológica", enquanto que, para os lençóis freáticos, a exigência seja uma "boa condição quantitativa e química". Por essa razão, as disposições da UE exigem programas de monitoramento para as bacias fluviais e outros programas de medidas e planos de gestão para os estados-membros[20].

Objetivo legal e escopo de aplicação

De acordo com a seção 1 da WHG, a legislação federal que dispõe sobre os recursos hídricos visa à proteção da água como parte dos recursos naturais, como uma base para a vida humana, como um habitat para a fauna e a flora, e como um bem utilizável. O objetivo legal, portanto, visa à conservação e à recuperação do equilíbrio ecológico das águas, acima de tudo evitando danos ao regime hídrico. Independentemente disso, a boa qualidade e uma reserva suficiente de água potável e água industrial devem ser garantidas. Além disso, todos os outros tipos de uso dos recursos hídricos que servem ao interesse público – por exemplo, recreação e lazer, navegação e uso de energia – devem ser integrados, porém, ao mesmo tempo, protegidos[21]. Consequentemente, a legislação alemã de proteção dos recursos hídricos adota claramente uma abordagem preventiva nesse sentido.

O escopo legal de aplicação (seção 2 da WHG) abrange as águas superficiais, as águas costeiras e os lençóis freáticos (definidos especificamente na

---

[19] Entre outras, para informações sobre tratamento de esgotos e proteção dos lençóis freáticos, ver Diretiva 2000/60/EC do Parlamento e do Conselho Europeu de 23.10.2000, que cria uma estrutura de ação comunitária na área de gestão de recursos hídricos, Diário Oficial da UE, L 327/1, emendada pela última vez através da Diretiva 2008/105/EC do Parlamento e do Conselho Europeu, de 16.12.2008, sobre padrões de qualidade ambiental no âmbito das políticas de gestão de recursos hídricos. Diário Oficial da UE, L 348/84, de 24.12.2008. Disponível em: http://eur-lex.europa.eu/LexUriServ/LexUriServ.do?uri=OJ:L:2008:348:0084:0097:EN:PDF

Para mais informações sobre as políticas e leis de proteção dos recursos hídricos da UE, ver: Seuser (2014, p. 6 ff.).

[20] Ver Seuser (2014, p. 18).

[21] Ver Seuser (2014, p. 14).

seção 3 da WHG). A proteção das águas oceânicas está sujeita às disposições especiais contidas nas seções 23 e 45a ff. da WHG.

DIREITOS DE PROPRIEDADE PRIVADA E USO DA ÁGUA

A seção 4 da WHG trata de uma questão fundamental relacionada ao uso da água: a quem cabe a "titularidade" desse importante recurso natural. Essa disposição deixa claro – de acordo com a jurisdição anterior do Tribunal Constitucional Federal (Bundesverfassungsgericht) – que não existe propriedade privada, pelo menos, das fontes de água corrente superficial e – uma questão muito importante – de águas subterrâneas (seção 4, parágrafo 2 da WHG). Além disso, a seção 4, parágrafo 3 da WHG, ressalta que os direitos de propriedade privada não concedem o direito de uso das águas sem a permissão necessária prevista em lei. Não existe também nenhum direito de exploração ou realização de obras de canalização de rios que afetem os recursos hídricos.

RESPONSABILIDADES E PRINCÍPIOS BÁSICOS DE USO DA ÁGUA

As seções 5 e 6 da WHG definem as responsabilidades básicas de todo usuário de água (seção 5) e os princípios básicos específicos a serem observados por aqueles que utilizam os recursos hídricos com parcimônia (seção 6). Todos aqueles que tomarem medidas capazes de afetar os recursos hídricos têm – de acordo com a seção 5 – o dever de agir com respeito e cautela em relação às suas medidas, a fim de:

1) Evitar alterações desfavoráveis dos recursos hídricos.
2) Certificar-se – com base no equilíbrio hídrico natural – de que a água está sendo utilizada com parcimônia.
3) Manter a capacidade do equilíbrio hídrico.
4) Evitar o aumento e a aceleração do fluxo das águas.

Além disso, a seção 6 da WHG define o princípio fundamental que orienta o uso econômico da água, o chamado "princípio do uso econômico da água" (*Bewirtschaftungsgrundsatz*). Os sete itens da seção 6, parágrafo 1 da WHG, definem e especificam essa diretriz em relação ao uso sustentável da água, objetivando a manutenção de sua capacidade natural e suas funções como um recurso natural essencial e um habitat para a fauna e a flora em favor do bem comum de gerações futuras.

A seção 6, parte 2 da WHG, acrescenta que as águas que se encontram em estado natural ou quase natural devem ser mantidas em tal estado. As águas transformadas artificialmente em estado não natural ou quase natural devem, na medida do possível, ser revertidas para um estado natural, desde que não contrariem razões preponderantes de interesse público.

Outro princípio de grande importância para a legislação federal de proteção dos recursos hídricos que não pode deixar de ser mencionado é o "princípio da preocupação" (*Besorgnisgrundsatz*). Contido em diferentes disposições da WHG (por exemplo, na seção 32, § 2, 45, § 2, 46, § 1, 48 e § 1 e 2), esse princípio está baseado no fato de que, normalmente, o mero armazenamento e descarte de material não depende de licença de uso da água. Consequentemente, o princípio da preocupação ressalta que o material somente pode ser armazenado ou descartado se não houver nenhuma preocupação com uma possível contaminação ou alteração desfavorável da água. Isso significa que o armazenamento ou o descarte desse material é proibido se houver qualquer possibilidade de deterioração.

Regime de licenciamento para uso da água

A seção 8 ff. da WHG exige, de um modo geral, uma permissão de uso da água. O regime de licenciamento é uma parte importante do controle da qualidade da água e do tratamento dos esgotos pelo governo. Todas as formas de uso definidas na seção 9 resultam em um procedimento de licenciamento obrigatório. Por conseguinte, praticamente todas as formas de uso da água (por exemplo, descarga de substâncias ou extração) estão, em princípio, sujeitas a autorização oficial. As exceções estão previstas nos parágrafos 2 e 3 da seção 8 da WHG, nos casos, por exemplo, de uso da água para a advertência de eventuais riscos para o público ou de uso intermediário e de curta duração da água.

As autorizações são concedidas pela autoridade responsável pelos recursos hídricos. Se as exigências legais e técnicas forem cumpridas, a autorização será concedida. Os requisitos específicos e a regulação técnica, como os limites aplicáveis, são definidos através de portarias (por exemplo, portarias que disponham sobre águas subterrâneas, esgotos ou água potável), a fim de garantir a aplicação da melhor tecnologia existente – em relação ao setor industrial ou comercial em questão. Se necessário do ponto de vista legal por razões de proteção dos recursos hídricos, a autoridade competente pode impor exigências técnicas específicas – também após a concessão da autorização – por meio de disposições incidentais e auxiliares acrescentadas à autorização. Esses requisitos geralmente têm por finalidade limitar as emissões de substâncias perigosas na água, podendo incluir proibições aos níveis de descarga, mas também facilitar formas específicas e menos nocivas de uso da água.

Áreas de águas protegidas

A fim de garantir a qualidade do abastecimento, o instrumento que define as áreas especificamente protegidas por razões de proteção da qualidade da água (*Wasserschutzgebiete*) desempenha um papel importante (seção 51 WHG). Do ponto de vista quantitativo, a seção 50 da WHG ressalta que os recursos hídricos devem ser utilizados o mais próximo possível do local a ser abastecido. Exceções existem somente se, por razões preponderantes de interesse público, for preciso utilizar um reservatório de local mais distante. A área de proteção dos recursos hídricos pode ser criada por portaria do governo estadual. Consequentemente, determinadas formas de uso na área protegida descrita na portaria podem ser proibidas ou restritas por razões de proteção da qualidade da água (por exemplo, construção, atividades comerciais etc.).

Responsabilidade

A seção 89 da WHG – como norma de caráter preventivo – prevê a responsabilidade legal daqueles que deterioram a qualidade da água introduzindo ou descarregando qualquer material nocivo nas fontes de abastecimento. A particularidade dessa norma é que a responsabilidade se aplica mesmo que a pessoa não aja de forma intencional ou negligente (como no caso de responsabilidade objetiva por risco). Portanto, qualquer pessoa prejudicada em decorrência da deterioração da água pode processar judicialmente o poluidor sem ter que provar sua culpa.

A seção 90 da WHG declara que as ações de reparo dos danos causados incluem também medidas de recuperação das águas. Pode haver ainda outras exigências de acordo com a Lei Federal de Prevenção de Danos Ambientais (*Umweltschadensgesetz*, ver também capítulo VII).

LEI DE PRESERVAÇÃO DA NATUREZA

A principal legislação federal na área de preservação da natureza é a Lei Federal de Preservação da Natureza (*Bundesnaturschutzgesetz* – BNatSchG)[22] – também acompanhada e complementada pelas leis estaduais. Como de costume em uma lei ambiental, a seção 1 da BNatSchG define o propósito da lei: a BNatSchG deverá proteger a natureza e a paisagem tanto em áreas exploradas quanto nas não exploradas, reconhecendo o seu valor intrínseco e a sua importância como uma necessidade básica da vida humana e também como uma responsabilidade perante as gerações futuras. As seções que se seguem visam à permanente proteção:

1) Da diversidade biológica.

2) Do desempenho e funcionamento do equilíbrio natural, inclusive da capacidade dos recursos naturais de se regenerar e se prestar ao uso sustentável.

3) Da diversidade, dos aspectos característicos e da beleza da natureza e da paisagem, bem como de seu valor recreacional.

Como princípio geral, essa proteção deve incluir a gestão, o desenvolvimento e a recuperação necessária da natureza e da paisagem.

Planejamento paisagístico

O instrumento administrativo geral para fins preventivos de preservação da natureza e da paisagem é um meio de planejamento paisagístico (*Lan-*

---

[22] *Bundesnaturschutzgesetz* (BNatSchG), de 29.07.2009 (BGBl. I S. 2542), emendada pela última vez através do art. 4, § 100 da lei de 07.08.2013 (BGBl. I S. 3154).

dschaftsplanung, seção 8 ff. da BNatSchG), que deve servir de base para uma ação preventiva tanto em nível local quanto regional. Os planos de paisagismo devem descrever os requisitos e medidas necessários à realização dos objetivos de preservação em relação a outros planos e procedimentos administrativos cujas decisões possam afetar a natureza e a paisagem na área de planejamento. De acordo com a seção 9, parágrafo 3 da BNatSchG, esses planos devem conter informações sobre:

1) O estado efetivo e previsto da natureza e da paisagem.

2) Os objetivos específicos de preservação da natureza e gestão paisagística.

3) Uma avaliação do estado efetivo e previsto da natureza e da paisagem com base nesses objetivos, inclusive quaisquer consequentes conflitos.

4) Os requisitos e medidas relativos à realização dos objetivos específicos de preservação da natureza e gestão paisagística, inclusive as relações entre os biótopos e a "Rede Natura 2000" (ver também lit. a – g, n. 4).

Na prática, um ponto importante é a relação entre planejamento paisagístico e planejamento urbano. De acordo com os princípios gerais e globais de equilíbrio e peso justo dos interesses públicos e privados contidos na lei federal de planejamento urbano no que tange à elaboração de planos de desenvolvimento urbano (ver também capítulo VIII), o conteúdo dos planos de paisagismo têm de ser considerados e avaliados no contexto do planejamento urbano como um interesse ambiental público. De acordo com a lei federal de planejamento urbano, um desequilíbrio desses interesses pode invalidar o plano de desenvolvimento urbano – um grande obstáculo à execução de novas obras de construção na área em questão. Com essa argumentação, o plano poderia também ser cancelado por decisão do tribunal administrativo, por exemplo, se uma associação certificada de proteção à natureza (ver seção 63 f. da BNatSchG) alegar violação do princípio do peso equilibrado. Na prática, no entanto, os interesses do planejamento paisagístico não raramente perdem terreno para o geralmente forte poder das políticas e planos de desenvolvimento urbano.

Intervenções na natureza e na paisagem; medidas de compensação e substituição

A seção 15 da BNatSchG obriga os desenvolvedores de projetos a evitar, sempre que possível, qualquer intervenção substancial e duradoura (definição na seção 14 da BNatSchG) na natureza e na paisagem, bem como a degradação dos ecossistemas e das paisagens. Os efeitos adversos devem ser considerados evitáveis se houver alternativas razoáveis para a realização do objetivo da intervenção, no mesmo local, com menos ou nenhum efeito adverso sobre a natureza e a paisagem. Quando os efeitos adversos não puderem ser evitados, as razões para tal inevitabilidade devem ser apresentadas.

Além disso, de acordo com a seção 15, parágrafo 2 da BNatSchG, a parte interventora é obrigada a compensar quaisquer efeitos adversos inevitáveis por meio de medidas de preservação da natureza e gestão paisagística (medidas de compensação) ou substituí-los de alguma outra forma (medidas substitutivas). Essas medidas devem ser implementadas por conta e risco da parte interventora. Um efeito adverso é considerado compensado tão logo as funções comprometidas do equilíbrio natural são recuperadas de forma equivalente e a aparência da paisagem é restaurada ou replanejada de maneira consistente com a paisagem. Um efeito adverso é considerado substituído tão logo as funções comprometidas do equilíbrio natural, na área natural em questão (essa é a diferença para as intervenções de compensação), são recuperadas de modo a assumir um valor equivalente e a aparência da paisagem é replanejada de forma compatível. Essa disposição sobre intervenção, compensação e substituição deve ser considerada, integrada e executada durante os procedimentos de licenciamento e planejamento.

Embora essa disposição faça perfeito sentido com o princípio de que "o poluidor é quem paga", a implementação dessas medidas de mitigação e compensação ambiental geralmente encontram problemas na prática. Sobretudo nos municípios, o complexo e extremamente dispendioso processo de localização e avaliação de área disponível tem se revelado um obstáculo crítico.

Instrumentos de proteção e ligação entre o biótopo e outras áreas maiores

O capítulo 4 da BNatSchG oferece uma vasta legislação sobre o objetivo de criar uma cadeia de biótopos interligados. Como princípio geral, deve-se formar uma rede de biótopos interligados (rede de biótopos) que abranja, pelo menos, 10% da área de cada estado (*Bundesland* ou *Land*). Os estados são obrigados a cooperar e harmonizar suas estratégias a fim de formar biótopos que se sobreponham às fronteiras dos estados (seção 21 da

BNatSchG). De modo a abranger áreas maiores para fins de formação de redes de biótopos, a lei prevê um conjunto de tipos de áreas protegidas descrito em detalhes na seção 23 ff. da BNatSchG. Essas áreas também devem contribuir para melhorar a coerência da "Rede Natura 2000" europeia (seção 31 ff. da BNatSchG) com base na Diretiva da UE sobre Flora, Fauna e Habitat (FFH)[23]. A diretiva FFH oferece a base legal para a proteção da natureza, juntamente com a Diretiva 79/409/EEC da União Europeia sobre a preservação das aves silvestres no âmbito da UE.

Os tipos de áreas protegidas devem incluir também decisões no âmbito da rede global com base na Convenção sobre Diversidade Biológica (CDB)[24]. Para fins de comparabilidade em âmbito internacional entre os diferentes tipos de áreas protegidas entre países e regiões, a União Internacional para a Conservação da Natureza (IUCN, na sigla em inglês) publicou em 1994 algumas diretrizes para as categorias de gestão de áreas protegidas. Essas diretrizes devem ser aplicadas no contexto das estruturas de reporte, particularmente da CDB[25].

Áreas protegidas

A seção 20, parágrafo 2 da BNatSchG, define os diferentes tipos de áreas protegidas, classificadas de acordo com o tamanho, a finalidade da proteção, o objetivo de preservação e as consequentes restrições ao uso da terra.[26] Os principais tipos são áreas de conservação da natureza, parques nacionais, reservas da biosfera, áreas de proteção paisagística, parques naturais e áreas da Rede Natura 2000.[27] Os parques nacionais, as reservas da biosfera e os parques naturais são chamados também "áreas de conservação em larga escala" devido ao seu tamanho. Os "monumentos naturais" e as "áreas de paisagem

---

[23] Ver Diretiva 92/43/EEC do Conselho Europeu de 21.05.1992 sobre a conservação dos habitats naturais e da fauna e flora silvestres. Diário Oficial da UE, L 206/7, de 22.07.1992, versão consolidada de 01.01.2007. Disponível em: http://eur-lex.europa.eu/legal-content/EN/TXT/PDF/?uri=CELEX:01992L0043-20070101&from=EN

[24] Ver http://www.cbd.int/.

[25] Ver http://cmsdata.iucn.org/downloads/guidelines_for_applying_protected_area_management_categories.pdf.

[26] Para mais informações sobre áreas protegidas, ver: http://www.bfn.de/0308_gebietsschutz+M52087573ab0.html.

[27] Para mais informações sobre a "Rede Natura 2000", ver em detalhes: http://www.bfn.de/0316_natura2000+M52087573ab0.html.

protegida" são considerados áreas mais isoladas ou muito pequenas que servem de proteção para criações individuais da natureza ou áreas de paisagem de especial importância para o ecossistema ou para conferir variedade e estrutura à paisagem. É possível que duas ou mais áreas protegidas de diferentes tipos possam se sobrepor ou, até mesmo, abranger a mesma área de terra.

Tipos específicos de áreas protegidas

As áreas de conservação da natureza (*Naturschutzgebiete*) são definidas na seção 23, parágrafo 1 da BNatSchG, como áreas designadas de maneira legalmente vinculante em que a proteção específica da natureza e da paisagem como um todo, ou de partes individuais da natureza e da paisagem, é necessária pelas seguintes razões:

1) Para fins de conservação, desenvolvimento ou recuperação de áreas vivas, biótopos ou comunidades de determinadas espécies de fauna e flora silvestre.

2) Por razões científicas, de história natural ou de patrimônio nacional.

3) Por sua raridade, suas características especiais ou sua extraordinária beleza.

A designação das áreas de conservação da natureza compete principalmente às autoridades do governo regional (em alguns estados, no âmbito do governo estadual ou municipal). A consequência para essas áreas é que o planejamento regional é necessário para priorizar a conservação da natureza. Juntamente com os parques nacionais, elas abrangem uma parcela significativa da área de terra dedicada à manutenção da biodiversidade na Alemanha. De acordo com dados de 12/2012, a Alemanha possuía 8.589 áreas de conservação da natureza, o que representa 3,8% da superfície terrestre do país[28].

Os parques nacionais (*Nationalparke*) – como parte do patrimônio natural do país – são definidos na seção 24, parágrafo 1 da BNatSchG, como áreas designadas de maneira legalmente vinculante que devem ser consistentemente protegidas e que:

---

[28] Para mais informações sobre áreas de conservação da natureza, ver: http://www.bfn.de/0308_nsg+M52087573ab0.html.

ENQUADRAMENTO JURÍDICO DA PROTEÇÃO AMBIENTAL E CLIMÁTICA NA ALEMANHA | 1225

1) São extensas, em grande parte, contínuas, e possuem características especiais.

2) Preenchem os requisitos de área de conservação da natureza na maior parte de seu território.

3) Não foram afetadas por nenhum tipo de intervenção humana na maior parte de seu território – ou sofreram intervenção limitada – são adequadas para se desenvolver ou ser desenvolvidas e transformadas em um estado que, na medida do possível, garanta a contínua progressão dos processos naturais em sua dinâmica natural.

A seção 24, parágrafo 4 da BNatSchG, declara que os monumentos naturais nacionais também – por razões científicas, de história natural, de história cultural ou de patrimônio nacional, em virtude de sua raridade, suas características especiais ou sua beleza de extraordinária importância – devem ser igualmente protegidas como áreas de conservação da natureza[29].

Outras áreas protegidas em larga escala são as reservas da biosfera (Biosphärenreservate), definidas na seção 25 da BNatSchG[30], as áreas de proteção paisagística (Landschaftsschutzgebiete), definidas na seção 26 da BNatSchG,[31] e os parques naturais (Naturparke, seção 27 da BNatSchG), os quais – entre outros atributos – consistem principalmente em grandes áreas de proteção paisagística ou de conservação da natureza e são particularmente adequados para fins recreativos ou de conservação. Na Alemanha, os parques naturais são de grande importância em termos de número e porte para fins biótipos[32].

OUTRAS LEIS AMBIENTAIS ESPECÍFICAS

Além da legislação principal sobre os elementos ambientais ar, água e solo, e sobre gestão de resíduos/economia circular, existe uma série de nor-

---

[29] Para mais informações sobre monumentos naturais nacionais, ver: http://www.bfn.de/0308_nationale_naturmonumente+M52087573ab0.html.

[30] Para mais informações sobre reservas da biosfera, ver: http://www.bfn.de/0308_bios+M52087573ab0.html.

[31] Em 2012, a Alemanha possuía 8.210 áreas de proteção paisagística, totalizando 10.2 milhões de hectares, ou aproximadamente 28,4% da superfície terrestre do país (informações de 31.12.2012); para mais informações sobre áreas de proteção paisagística, ver: http://www.bfn.de/0308_lsg+M52087573ab0.html.

[32] Para mais informações sobre parques naturais, ver: http://www.bfn.de/0308_np+M52087573ab0.html.

mas específicas sobre outras questões relevantes de direito ambiental. Nesse caso também, esses instrumentos reguladores apresentados resumidamente neste capítulo têm suas raízes nas diretivas da UE, enfatizando os direitos à informação e ao devido processo ambiental.

A primeira entre as mais importantes dessas áreas específicas de direito ambiental é a Lei Federal sobre a Avaliação do Impacto Ambiental (*Gesetz über die Umweltverträglichkeitsprüfung* – UVPG)[33]. A UVPG especifica os procedimentos para a realização de uma Avaliação de Impacto Ambiental (AIA) envolvendo os impactos ambientais produzidos, por um lado, por determinados projetos industriais e comerciais. De acordo com os limites estabelecidos em função do porte de uma determinada fábrica, de seus níveis de emissão ou de seu volume de produção, deve ser realizada uma AIA completa ou – em caso de níveis abaixo desses limites correspondentes à AIA – uma "avaliação geral preliminar de menor intensidade em casos isolados". Por outro lado, a lei dispõe também sobre a avaliação ambiental (AA) de planos e programas, inclusive todos os tipos de planos administrativos capazes de afetar o meio ambiente, como gestão de resíduos e recursos hídricos, transporte e, sobretudo, todo tipo de plano de desenvolvimento urbano.

Existem outras normas ambientais destinadas a oferecer uma proteção judicial mais substancial através de procedimentos administrativos e acórdãos, igualmente promovidos pelas diretivas da UE. Entre essas normas está a Lei Federal da Informação Ambiental (*Umweltinformationsgesetz* – UIG)[34]. A UIG concede ao público em geral, isto é, a todo indivíduo, direitos de acesso à informação ambiental, obrigando, portanto, as autoridades competentes ao seu fornecimento. A parte reivindicante não precisa provar nenhum interesse legal específico, por exemplo, em relação a um determinado procedimento administrativo. A reivindicação geral de acesso à informação ambiental pertinente (termo definido na seção 2, parágrafo 3 da UIG, incluindo, entre outros, todos os dados sobre os elementos ambientais envolvidos) é restrita apenas em relação a informações confidenciais e sigilosas de interesse público e à proteção dos direitos de sigilo comercial e industrial (seções 8 e 9 da UIG).

---

[33] Lei Federal sobre Avaliação de Impacto Ambiental (*Gesetz über die Umweltverträglichkeitsprüfung* – UVPG), de 24.02.2010 (BGBl. I S. 94), emendada pela última vez através do Art. 10 da lei de 25.07.2013 (BGBl. I S. 2749).

[34] Lei Federal de Informação Ambiental (*Umweltinformationsgesetz* – UIG) de 22.12.2004 (BGBl. I S. 3704), emendada pela última vez através do art. 2, parágrafo 47 da lei de 07.08.2013 (BGBl. I S. 3154).

No contexto da execução da proteção judicial, encontra-se também a Lei Federal de Recursos Judiciais Ambientais (*Umwelt-Rechtsbehelfsgesetz – UmwRG*)[35]. Mais uma vez originária de uma diretiva da UE como instrumento para implementação das normas da "Comissão Econômica das Nações Unidas para a Europa (Unece) sobre Acesso à Informação, Participação do Público no Processo de Tomada de Decisão e Acesso à Justiça em Matéria de Meio Ambiente (Convenção de Aarhus)"[36], essa lei oferece uma variedade mais ampla de ações legais – tanto para pessoas físicas quanto para associações ambientais certificadas[37] – por meio de recursos interpostos perante o tribunal administrativo em relação a demandas ambientais.

Como meio indireto de prevenção da poluição ambiental, cabe menção, por fim, à legislação específica sobre o endurecimento da responsabilidade ambiental. Duas leis federais servem a esse propósito: de um lado, a Lei Alemã de Responsabilidade Ambiental (*Umwelthaftungsgesetz – UmHG*)[38], e, de outro, a Lei Federal de Crimes Ambientais (*Umweltschadensgesetz – UmSchadG*)[39]. Ambas dispõem – concomitantemente, sem exclusão mútua – sobre a remediação de danos ambientais, enquanto a USchadG ainda estipula deveres para o poluidor, como fornecimento de informações específicas, advertência de riscos e reparação de danos.

LEI DE PLANEJAMENTO URBANO E INTEGRAÇÃO DE ASPECTOS DA PROTEÇÃO AMBIENTAL E CLIMÁTICA

Embora a Lei de Planejamento Urbano não seja considerada parte da legislação ambiental, vale ressaltar que, na prática, esse campo jurídico é de

---

[35] Lei Federal de Recursos Judiciais Ambientais (*Umwelt-Rechtsbehelfsgesetz* – UmwRG) de 08.04.2013 (BGBl. I S. 753), emendada pela última vez através do Art. 2, § 52 da lei de 07.08.2013 (BGBl. I S. 3154).

[36] Para mais informações sobre a Convenção de Aarhus, ver: http://ec.europa.eu/environment/aarhus/.

[37] Para informações sobre os direitos das associações ambientais certificadas ao devido processo, ver também seções 63 e 64 da BNatSchG.

[38] Lei Federal de Responsabilidade Ambiental (*Umwelthaftungsgesetz* – UmweltHG), de 10.12.1990 (BGBl. I S. 2634), emendada pela última vez através do art. 9, § 5 da lei de 23.11.2007 (BGBl. I S. 2631).

[39] Lei Federal de Crimes Ambientais (*Umweltschadensgesetz* – UschadG), de 10.05.2007 (BGBl. I S. 666), emendada pela última vez através do art. 2 da lei de 23.07.2013 (BGBl. I S. 2565).

grande importância para as políticas de proteção ambiental e climática. À medida que o planejamento urbano – ao determinar as formas de uso futuro, como uso residencial, comercial, misto ou industrial em áreas urbanas inteiras – cria a estrutura para as consequências em médio e longo prazo em relação ao fluxo de materiais e emissões durante décadas, são fundamentais, na prática, a forma e o grau de integração das questões de sustentabilidade às políticas e planos de desenvolvimento urbano.

Resumindo, pode-se dizer que a legislação federal de planejamento urbano[40] utiliza um modelo comum para integrar as questões de proteção ambiental e climática aos planos de desenvolvimento urbano: a lei utiliza o "princípio do equilíbrio e do peso justo dos interesses públicos e privados" (*Abwägungsprinzip*, seção 1, parágrafo VII da BauGB) como base legal. Os interesses de proteção ambiental e climática têm de ser coletados, avaliados e pesados durante o processo de planejamento urbano (ver seção 1, parágrafo 5, seção 1, parágrafo 6, n. 7 da BauGB e seção 1 *a* da BauGB). O mesmo princípio é utilizado para a realização da AA, necessária para coleta e avaliação dos interesses ambientais afetados pelo plano de desenvolvimento urbano em questão (ver seção 2, parágrafo 4 da BauGB). Os resultados da AA devem ser sintetizados em um relatório ambiental como parte da justificativa do plano de desenvolvimento urbano (seção 2 a da BauGB).

Com relação especificamente aos aspectos da mitigação e adaptação climática, as últimas reformas da BauGB reforçaram as competências municipais de aplicar instrumentos de proteção climática aos planos e contratos de desenvolvimento urbano: a seção 9, parágrafo 1, No. 23 a da BauGB permite que os municípios determinem as áreas em que material especial nocivo ao meio ambiente possa ser utilizado somente de forma restrita ou cujo uso seja terminantemente proibido. Isso poderia significar, por exemplo, uma proibição ao uso de fogões a carvão na área do plano de desenvolvimento urbano em questão. Além disso, a seção 9, parágrafo 1, No. 23 b da BauGB permite que as cidades incluam determinações vinculantes no plano, desde que a construção preveja e ofereça determinadas medidas estruturais e técnicas para a produção, o uso e o armazenamento de eletricidade, calor ou frio proveniente de fontes renováveis ou para a criação de técnicas combinadas de produção de calor e energia. Isso poderia significar, por exem-

---

[40] Código Federal de Construção e Planejamento (*Baugesetzbuch* – BauGB) de 23.09.2004 (BGBl. I S. 2414), emendado pela última vez através do art. 1 da lei de 15.07.2014 (BGBl. I S. 954).

plo, determinações vinculantes para o uso de células solares nos telhados ou a instalação de uma unidade descentralizada de biomassa para a produção combinada de calor e energia na área do plano de desenvolvimento urbano.

Para fins de mitigação das mudanças climáticas, a legislação de planejamento urbano apresenta oportunidades semelhantes em relação à ferramenta dos contratos de desenvolvimento urbano: a seção 11, parágrafo 1, n. 4 da BauGB enfatiza as cláusulas contratuais entre uma cidade e um investidor que obrigam o investidor a implementar determinadas medidas estruturais e técnicas para a produção centralizada ou descentralizada, o uso e o armazenamento de eletricidade proveniente de fontes de energias renováveis. O contrato pode prever também o uso obrigatório de fontes de calor ou frio ou de técnicas combinadas de produção de calor e energia.

VISÃO GERAL DA LEI DE ENERGIAS RENOVÁVEIS

No campo das metas internacionais e nacionais de proteção climática/redução das emissões de CO_2, este capítulo pretende apresentar apenas uma amostra das iniciativas legislativas mais recentes da Alemanha no campo da chamada "renovação energética" para a obtenção de energias renováveis[41]. Embora, no momento, a "lei de energia" propriamente dita seja considerada mais uma área jurídica independente – e bastante dinâmica – do que uma parte genuína da legislação ambiental, existem fortes e estreitas relações entre essas duas áreas. No contexto da legislação ambiental, vale ressaltar que dois atos legislativos principais produziram importantes efeitos norteadores na prática: o primeiro é a Lei Federal de Energias Renováveis (*Erneuerbare-Energien-Gesetz* – EEG)[42]. O segundo é a Lei Federal de Produção de Energia Térmica a partir de Fontes de Energias Renováveis (*Erneuerbare-Energien-Wärmegesetz* – EEWärmeG)[43], que trata mais especificamente dos

---

[41] Para mais informações sobre as estratégias da "renovação energética" na Alemanha, ver: http://www.erneuerbare-energien.de/en/.

[42] Lei Federal de Energias Renováveis (*Erneuerbare-Energien-Gesetz* – EEG), de 21.07.2014 (BGBl. I S. 1066), emendada pela última vez através do art. 4 da lei de 22.07.2014 (BGBl. I S. 1218).

[43] Lei Federal de Produção de Energia de Térmica a partir de Fontes de Energias Renováveis (*Erneuerbare-Energien-Wärmegesetz* – EEWärmeG) de 07.08.2008 (BGBl. I S. 1658), emendada pela última vez através do art. 14 da lei de 21.07.2014 (BGBl. I S. 1066).

instrumentos e medidas destinados a aumentar a contribuição das energias renováveis no campo da energia térmica[44].

De acordo com a seção 1 da EEG, a EEG tem por finalidade facilitar o desenvolvimento sustentável do abastecimento energético, visando particularmente à proteção climática e ambiental, e à redução dos custos do fornecimento de energia para a economia nacional, incorporando os efeitos externos de longo prazo para a conservação de combustíveis fósseis e a promoção de um maior desenvolvimento das tecnologias de geração de energia elétrica a partir de fontes de energias renováveis. A essência do incentivo legal às energias renováveis é econômica e ele foi criado na reforma de 2014. De acordo com a nova seção 19 da EEG, o operador da usina produtora de energia elétrica gerada em instalações que utilizem exclusivamente fontes de energias renováveis ou gases de mina pode apresentar reivindicações legais contra o operador da rede elétrica. Ele pode escolher um mercado premium opcional (ver detalhes na seção 34 ff. da EEG), vendendo energia elétrica diretamente ao mercado, ou aproveitar as tarifas fixas previstas na EEG, deixando a geração de energia a cargo do operador da rede elétrica (ver detalhes na seção 38 f. da EEG).

O pagamento garantido (isto é, subsidiado) para aqueles que geram energia elétrica renovável e alimentam a rede provocou um aumento significativo da oferta de energias renováveis competitivas nos últimos anos[45].

CONSIDERAÇÕES FINAIS

Não há dúvida de que o direito ambiental alemão é um campo altamente sofisticado que, no momento, abrange todos os elementos ambientais em uma legislação detalhada. Vale ressaltar, no entanto, que a grande quantidade de normas reguladoras específicas gera incertezas e, às vezes, irritação entre aqueles que não se consideram especialistas em direito ambiental. Além disso, do ponto de vista prático, esse campo parece bastante fragmentado.

---

[44] Para informações mais detalhadas, ver: http://www.erneuerbare-energien.de/en/topics/acts-and-ordinances/.

[45] Para informações mais detalhadas e dados estatísticos sobre o desenvolvimento de energias renováveis no mercado, ver: http://www.erneuerbare-energien.de/en/topics/data--service/renewable-energy-in-figures/.

É lamentável, portanto, que a tentativa de regular essa vasta área legal através de um abrangente Código Ambiental Federal (Umweltgesetzbuch) tenha fracassado por duas vezes. Consequentemente, muitas das questões que envolvem a relação e o escopo de aplicação das normas em áreas jurídicas coincidentes (por exemplo, resíduos, águas servidas, proteção do solo) continuam em jogo.

As futuras tarefas dos legisladores terão de ser ambiciosas em relação às obrigações internacionais de proteção climática e ambiental: elas deverão consistir na criação de um rigoroso sistema jurídico de responsabilidade pelo produto e economia circular/abordagens de gestão de fluxo de materiais[46] destinado a fechar as lacunas entre as diferentes áreas ambientes, como a gestão de resíduos e águas servidas e a recuperação de material de valor. Da mesma forma, a realização da "renovação energética" para a obtenção de energias renováveis continuará sendo um constante desafio político e jurídico nos próximos anos. Favorecida pelo sólido apoio do poder público às questões ambientais e da qualidade de vida, a legislação alemã de proteção ambiental e climática conseguirá – terá de conseguir – acompanhar o ritmo.

REFERÊNCIAS

ANDERSEN, M.S. *An introductory note on the environmental economics of the circular economy*. Sustainability Science 2007, abr. 2007, v. 2, n. 1, p. 133.

EUROPEAN UNION. Directive 2008/98/EC of the European Parliament and of the Council of 19 November 2008 on waste and repealing certain Directives, Official Journal of the EU, L 312/3, of 22.11.2008. Disponível em: http://eur-lex.europa.eu/LexUriServ/LexUriServ.do?uri=OJ:L:2008:312:0003:0030:en:PDF. Acessado em: 12 jun. 2014.

_____. Waste management policies. Disponível em: http://www.eea.europa.eu/themes/waste. Acessado em: 13 jun. 2014.

_____. Directive 2000/60/EC of the European Parliament and of the Council of 23 October 2000 establishing a framework for Communicaction in the field of water

---

[46] O Governo Federal atualmente pretende aprovar uma lei sobre materiais de valor, visando a um processo mais eficiente de separação e reciclagem de frações específicas de resíduos de valor.

policy, Official Journal of the EU, L 327/1, as last amended through Directive of the European Parliament and of the Council 2008/105/EC of 16 December 2008 on environmental quality standards in the field of water policy, Official Journal of the EU, L 348/84, of 24.12.2008. Disponível em: http://eur-lex.europa.eu/LexUriServ/LexUriServ.do?uri=OJ:L:2008:348:0084:0097:EN:PDF. Acessado em: 18 jun. 2014.

_____. Directive 92/43/EEC of the Council of 21 May 1992 on the conservation of natural habitats and of wild fauna and flora, Official Journal of the EU, L 206/7, of 22.7.1992, consolidated version of 1.1.2007. Disponível em: http://eur-lex.europa.eu/legal-content/EN/TXT/PDF/?uri=CELEX:01992L0043-20070101&from=EN. Acessado em: 19 jun. 2014.

GERMANY/FEDERAL ENVIRONMENTAL AGENCY (UMWELTBUNDESAMT). Waste and resources. Disponível em: http://www.umweltbundesamt.de/en/topics/waste-resources/product-stewardship-waste-management. Acessado em: 12 jun. 2014.

_____. Site contamination and remediation technology. Disponível em: http://www.umweltbundesamt.de/en/topics/soil-agriculture/site-contamination/remediation-technology. Acessado em: 15 jun. 2014.

_____. Site recycling procedures and management. Disponível em: http://www.umweltbundesamt.de/en/topics/soil-agriculture/site-contamination/site-remediation. Acessado em: 15 jun. 2014.

GERMANY. Bundes-Immissionsschutzgesetz – BImSchG – of May 17, 2013 (BGBl. I S. 1274), as last amended through article 1 of law of July 2, 2013 (BGBl. I S. 1943). Disponível em: http://www.gesetze-im-internet.de/bimschg/. Acessado em: 10 jun. 2014.

_____. Kreislaufwirtschaftsgesetz – KrWG – of February 24, 2012 (BGBl. I S. 212), as last amended through sec. 44 para. 4 of law of May 22, 2013 (BGBl. I S. 1324). Disponível em: http://www.gesetze-im-internet.de/krwg/. Acessado em 12 jun. 2014.

_____. Bundes-Bodenschutzgesetz – BBodSchG – of March 17, 1998 (BGBl. I S. 502), as last amended through Art. 5 para. 30 of law of February 24, 2012 (BGBl. I S. 212). Disponível em: http://www.gesetze-im-internet.de/bbodschg/. Acessado em: 15 jun. 2014.

_____. Bundes-Bodenschutz- und Altlastenverordnung – BBodSchV – of July 12, 1999 (BGBl. I S. 1554), as last amended through Art. 5 para. 31 of law of February 24, 2012 (BGBl. I S. 212). Disponível em: http://www.gesetze-im-internet.de/bbodschv/. Acessado em: 15 jun. 2014.

_____. Wasserhaushaltsgesetz – WHG – of July 31, 2009 (BGBl. I S. 2585), as last amended through Art. 4 para. 76 of law of August 7, 2013 (BGBl. I S. 3154). Disponível em: http://www.gesetze-im-internet.de/whg_2009/. Acessado em: 18 jun. 2014.

_____. Ground water ordinance (Grundwasserverordnung of November 9, 2010, BGBl. I S. 1513. Disponível em: http://www.gesetze-im-internet.de/grwv_2010/. Acessado em: 18 jun. 2014

_____. Sewage ordinance (Abwasserordnung) of June 17, 2004, BGBl. I S. 1108, 2625, last amended through Art. 5 para. 8 of law of February 24, 2012, BGBl. I S. 212. Disponível em: http://www.gesetze-im-internet.de/abwv/. Acessado em: 18 jun. 2014.

_____. Drinking water ordinance (Trinkwasserverordnung) of November 28, 2011, BGBl. I S. 2370, last amended through Art. 2 para. 19 of law of December 22, 2011, BGBl. I S. 3044. Disponível em: http://www.gesetze-im-internet.de/trinkwv_2001/. Acessado em: 18 jun. 2014.

_____. Bundesnaturschutzgesetz – BNatSchG – of July 29, 2009 (BGBl. I S. 2542), as last amended through Art. 4 para. 100 of law of August 7, 2013 (BGBl. I S. 3154). Disponível em: http://www.gesetze-im-internet.de/bnatschg_2009/. Acessado em: 19 jun. 2014.

_____. Federal Agency for Nature Conservation (Bundesamt für Naturschutz). Protected areas. Disponível em: http://www.bfn.de/0308_gebietsschutz+M52087573ab0.html. Acessado em: 19 jun. 2014.

_____. Natura 2000. Disponível em: http://www.bfn.de/0316_natura2000+M52087573ab0.html. Acessado em: 19 jun. 2014.

_____. Nature conservation areas. Disponível em: http://www.bfn.de/0308_nsg+M52087573ab0.html. Acessado em: 19 jun. 2014.

_____. Natural monuments. Disponível em: http://www.bfn.de/0308_nationale_naturmonumente+M52087573ab0.html. Acessado em: 20 jun. 2014.

_____. Biosphere reserves. Disponível em: http://www.bfn.de/0308_bios+M52087573ab0.html. Acessado em: 20 jun. 2014.

_____. Nature parks. Disponível em: http://www.bfn.de/0308_np+M52087573ab0.html. Acessado em: 20 jun. 2014.

_____. Federal Act on the Environmental Impact Assessment (Gesetz über die Umweltverträglichkeitsprüfung – UVPG) of February 24, 2010 (BGBl. I S. 94), as last amended through Art. 10 of law of July 25, 2013 (BGBl. I S. 2749). Disponível em: http://www.gesetze-im-internet.de/bundesrecht/uvpg/gesamt.pdf. Acessado em: 23 jun. 2014.

_____. Federal Environmental Information Act (Umweltinformationsgesetz – UIG) of December 22, 2004 (BGBl. I S. 3704), as last amended through Art. 2 para. 47 of law of August 7, 2013 (BGBl. I S. 3154). Disponível em: http://www.gesetze--im-internet.de/uig_2005/. Acessado em: 23 jun. 2014.

_____. Federal Environmental Appeals Act (Umwelt-Rechtsbehelfsgesetz – UmwRG) of April 8, 2013 (BGBl. I S. 753), as last amended through Art. 2 para. 52 of law of August 7, 2013 (BGBl. I S. 3154). Disponível em: http://www.gesetze-im-internet. de/umwrg/. Acessado em: 23 jun. 2014.

_____. Federal Environmental Liability Act (Umwelthaftungsgesetz – UmweltHG) of December 10, 1990 (BGBl. I S. 2634), as last amended through Art. 9 para. 5 of law of November 23, 2007 (BGBl. I S. 2631). Disponível em: http://www.gesetze-im-internet.de/umwelthg/. Acessado em: 23 jun. 2014.

_____. Federal Environmental Damage Act (Umweltschadensgesetz – USchadG) of May 10, 2007 (BGBl. I S. 666), as last amended through Art. 2 of law of July 23, 2013 (BGBl. I S. 2565). Disponível em: http://www.gesetze-im-internet.de/uschadg/. Acessado em: 23 jun. 2014.

_____. Federal Building and Planning Code (Baugesetzbuch – BauGB) of September 23, 2004 (BGBl. I S. 2414), as last amended through Art. 1 of law of July 15, 2014 (BGBl. I S. 954). Disponível em: http://www.gesetze-im-internet.de/bbaug/. Acessado em: 25 jun. 2014.

[IFAS] INSTITUT FÜR ANGEWANDTES STOFFSTROMMANAGEMENT; ENVIRONMENTAL CAMPUS BIRKENFELD. Concepts and projects of material flow management. Disponível em: http://www.stoffstrom.org/en/. Acessado em: 12 jun. 2014.

SEUSER, A. *Introduction and Framework of the German and European Water Law*, 2011, p. 6 ff. Disponível em: www.skint-hamburg.de/Downloads/seminar-international-water-law/03_Seuser_Water_Law_Handreichung.pdf. Acessado em: 18 jun. 2014.

PHILIPPI, JR.; SPINOLA, A. L.; TOMERIUS, S., Contaminated sites and brownfield management: state of art in Brazil and in Germany, Management of Environmental Quality, v. 21, n. 3, p. 299-307, 2010.

[UNECE] UNITED NATIONS ECONOMIC COMMISSION FOR EUROPE. Convention on Access to Information, Public Participation in Decision-Making and Access to Justice in Environmental Matters. Disponível em: http://ec.europa.eu/environment/aarhus/. Acessado em: 23 jun. 2014.

Desafios do Direito Ambiental Internacional na Governança Global

40

Fernando Rei
Universidade Católica de Santos

INTRODUÇÃO

A agenda internacional caracteriza-se cada vez mais pela mudança contínua. Essa característica é uma decorrência da própria natureza do meio internacional, composto de atores em contínua transformação, que o Direito não pode ignorar.

O encaminhamento, a posta em prática dessa agenda sugere e desenha os pilares de um modelo de governança global que, como ensina Santos, (1997) se concebe como um modelo "de articulação e cooperação entre atores sociais e políticos e arranjos institucionais que coordenam e regulam transações dentro e através das fronteiras do sistema econômico", incluindo-se aí "não apenas os mecanismos tradicionais de agregação e articulação de interesses, tais como os partidos políticos e grupos de pressão, como também redes sociais informais (de fornecedores, famílias, gerentes), hierarquias e associações de diversos tipos".

Esses assuntos globais estão cada vez mais complexos e intrincados na sua avaliação, e surgem em um contexto de um *mundo problemático* (Carrilo Salcedo, 1985) de há muito, onde as tentativas de resolver problemas concretos de modo isolado são inadequadas, na medida em que a atitude parcial e não solidária equivale a confundir os sintomas da doença com as próprias causas.

No final do século passado, um fenômeno tão central como a Guerra Fria deixou de existir sem que estudiosos de qualquer tendência tivessem previsto sua ocorrência e, em seu rastro, uma variada gama de temas passaram a ocupar as atenções dos pesquisadores e analistas. Atualmente está bastante claro que fenômenos como esse estão relacionados com mudanças complexas e inter-relacionadas entre si na tecnologia, na estrutura da produção e do comércio, nos fluxos financeiros e nas relações de poder (Sato, 2000).

O insucesso da Conferência das Nações Unidas sobre Desenvolvimento Sustentável (CNUDS), conhecida também como Rio+20, indica que a estrutura e a dinâmica das relações de poder no mundo contemporâneo, particularmente nestes primeiros anos do século XXI, são menos solidárias e cooperativas que as experimentadas durante a última década do século passado, pós Rio-92 (Rei, 2012). Segundo Viola et al (2012), a Cúpula foi incapaz de inovar radicalmente para adequar as instituições globais às evidências da degradação planetária e colocá-las em convergência com decisões voltadas à economia verde de baixo carbono. Esse fracasso não se limita à Rio+20, mas sugere, também, que, nas relações de poder do mundo contemporâneo, além de menos colaboração multilateral, há menos espaço para mudanças de paradigmas e mais possibilidades de novos (e conhecidos) confrontos, inclusive em contextos sociais e políticos de delicadíssimo equacionamento, como o da sociedade síria, bem como de potenciais conflitos de hegemonias regionais, como no caso da Ucrânia.

Se somarmos a este cenário de conflitos e crises regionais a complexidade de alguns problemas com os quais a sociedade internacional depara, como as negociações para um novo período de compromissos no âmbito da Convenção Quadro das Nações Unidas sobre a Mudança do Clima (CCC) e o relativo fracasso da gestão alemã na crise do euro, a conclusão a que se chega parece ser a de uma sociedade internacional realmente em risco em função dos déficits de colaboração, de cooperação, de solidariedade.

Por outro lado, importa destacar que este mundo, com todos esses conflitos e dificuldades, é ao mesmo tempo mais dependente da cooperação entre os Estados e de outros atores, no âmbito da Sociedade Internacional para o efetivo enfrentamento e equacionamento desses problemas. Afinal, os níveis de bem-estar de que hoje desfrutam as sociedades dependem essencial-mente e de forma articulada das muitas maneiras pelas quais os Estados e outras instituições interagem e cooperam no plano internacional.

A necessidade da ação de cooperação, ao mesmo tempo em que faz o mundo mais interdependente, torna-o mais vigiado em relação ao passado, confirmando uma nova lógica de poder nas relações internacionais. Os pro-blemas ambientais em geral, assim como os atinentes aos direitos humanos, finanças, comércio, internet, entre outros, somente podem encontrar solu-ções satisfatórias se negociados e regulamentados pelo conjunto dos Esta-dos, sem desconsiderar o papel de novos atores no cenário internacional, que articulam interesses numa dinâmica mais eficiente que as conferências diplomáticas.

E, naturalmente, essa nova problemática incidiu e incide na estrutura e na dinâmica do direito internacional, onde, segundo Rei et al (2012), no-vas áreas do saber jurídico se consolidam, buscando a renovação das bases da Ordem Internacional, que o momento histórico reclama e que não po-derão prevalecer na construção desse novo milênio. Ou, como advertem Uri-be e Cárdenas (2010), o emergente direito internacional do meio ambiente, como ramo derivado do direito internacional público, requer a possibilida-de de transformação e adaptação aos novos desafios internacionais em ma-téria ambiental, exigindo, portanto, de si mesmo a adoção de novas pers-pectivas mais inclusivas, com o objetivo claro de responder com eficácia e de forma mais abrangente aos vários problemas globais que lhe cabe enfren-tar. Mas não é bem assim que a dinâmica se apresenta.

O DIREITO AMBIENTAL INTERNACIONAL

O direito ambiental internacional (DAI) é uma área nova e dinâmica aperfeiçoada a partir da evolução (e das insuficiências) do direito interna-cional do meio ambiente[1] que vem pouco a pouco sendo considerado como "ramo" autônomo da ciência jurídica, porque representa um corpo distin-to e específico de normas e princípios, abordando as relações dos sujeitos de direito internacional e dos novos atores internacionais com a agenda glo-bal da sustentabilidade, pela lógica da construção de regimes internacionais

---

[1] Sobre o surgimento do direito internacional do meio ambiente, ver: Kiss (1975).

específicos e abertos, com o propósito comum da proteção e gestão do meio ambiente, com o compromisso da busca de soluções.

O conceito de direito ambiental internacional emerge a partir das limitações de alcance do direito internacional do meio ambiente, deveras amarrado aos regimes jurídicos internacionais, sendo que o primeiro pressupõe um compromisso e uma influência maior do direito ambiental que do direito internacional na estruturação e na lógica de funcionamento desse ramo autônomo e uma maior influência do substrato científico e tecnológico subjacente aos complexos problemas ambientais globais. Assim, o direito ambiental internacional estrutura-se num ordenamento jurídico com vocação interdisciplinar destinado a regular as relações de coexistência, cooperação e interdependência, institucionalizada ou não, entre os diversos atores internacionais, que tem como objetivo a proteção internacional do meio ambiente. Entre autores latinos, nomeadamente latino-americanos, é perceptível o novo conceito porque identificável na nomenclatura as diferenças entre os ramos, o que já não é tão visível em língua inglesa (*International Environmental Law* e *International Law of the Environment*), onde autores abordam esse aperfeiçoamento por meio de uma nova institucionalização dos regimes internacionais de proteção ambiental (Young, 1994, Beyerlin e Maurauhn, 2012) ou vão além, abandonando a especificidade da problemática ambiental, conceituando esse novo ramo do ordenamento jurídico como a prospecção de um direito internacional do Desenvolvimento Sustentável (Cordonier Segger e Khalfan, 2004).

O regime internacional das mudanças do clima, as metas do milênio, as discussões sobre as transições para uma economia de baixo carbono, assim como as oportunidades de produção e os novos padrões de consumo numa economia verde são capítulos importantes dessa história recente, que vêm transformando as relações entre os Estados e os atores internacionais na revisão da lógica da agenda programática da sustentabilidade.

Como sabido, os esforços para a consecução de modelos de desenvolvimento sustentável concentram-se no uso racional dos recursos e repositórios naturais, permitindo a todos e às futuras gerações acessar seus benefícios e desfrutar deles. Continua a ser um objetivo a ser perseguido, impreciso, por mais que se empenhem em desenvolver instrumentos de *performance*, e que vincula as obrigações de fazer e não fazer ao fator tempo, pautando ações de curto, médio e longo prazos. A maior parte desses esforços ainda está na negociação de ações futuras, sobejamente influenciadas por interesses específicos de Estados, organizações internacionais e grupos de pressão. Nesse âmbito, os princípios[2] do direito ambiental internacional, consolidados na Declaração do Rio, reforçam o papel do Direito para enfrentar a influência de interesses, quase como um pré-requisito ético para se desenvolver uma nova compreensão de como trabalhar por um mundo sustentável. Afinal, esse é um desafio a ser encarado pela comunidade internacional, com a participação ativa da comunidade científica. Ao fim e ao cabo, falamos de regras novas para novos modelos de produção e consumo, novas regras de convivência e cooperação, novos cenários de poder (Rei e Granziera, 2015).

O DAI E SEUS DESAFIOS

Tais fatos manifestaram a necessidade de a ciência do Direito colocar-se à altura dos desafios que essa sociedade pós-moderna lhe apresenta, implicando a ampliação de suas vocações internacionais, que cada vez mais têm um perfil humanista e social, ao preocupar-se com pontos que vão desde a proteção internacional dos direitos humanos e dos novos valores da sociedade internacional até o estabelecimento de princípios para o desenvolvimento sustentável de todos os povos. Isso vem contribuir para a formulação de um novo conceito de segurança, de novas exigências da paz entre os Estados, de uma paz dinâmica e de contínua aposta que possa eli-

---

[2] a) A interdependência ecológica: em um mundo onde o desmatamento em um estado reduz a riqueza biológica de toda a terra, em que os produtos químicos e fumos de gases tóxicos lançados na atmosfera em um continente causam câncer de pele em outra parte do planeta, em que as emissões de dióxido de carbono aceleram a mudança climática global, onde desenfreado consumo das sociedades afluentes agrava a pobreza nos países menos industrializados, a reorientação das decisões em nível mundial para a preservação ecológica e o desenvolvimento sustentável deve ser acordada e compartilhada, exigindo esforços adicionais que devem ser suportados por todos, principalmente pelos países industrializados (Princípios 2, 6 e 25. Declaração do Rio).

b) Solidariedade: torna-se o primeiro. Os países devem ser solidários na pobreza e na riqueza. A riqueza é menos riqueza se há fome e miséria no mundo ou danos para a beleza natural dos parques, e as águas dos rios e mares estão poluídas. (Princípios 7, 5 e 27. Declaração do Rio).

c) Cooperação Ambiental: não a ajuda financeira, mas o desenvolvimento ambiental, que envolve a colaboração para evitar a degradação ambiental e para evitar a poluição da água, do solo e da atmosfera, bem como a cooperação para promover o sistema econômico internacional favorável e aberto que pode levar ao desenvolvimento sustentável e preservador do crescimento econômico (Princípios 7, 9, 12 e 27. Declaração do Rio).

minar as ainda seculares diferenças e discórdias entre os Estados e o diálogo construtivo com novos atores.

Paz, estabilidade, crescimento econômico e preservação das condições ambientais do planeta são bens cujo provimento, bem como seu usufruto, ainda seguem a mesma lógica de todos os bens públicos: os atores tendem a ser *free riders* quanto ao provimento desses bens. Nesse cenário, salta a pergunta fundamental a ser respondida nesses próximos anos, qual seja, saber até que ponto os Estados estão dispostos a participar de um esforço de concertação internacional e de construção efetiva de uma ordem que contemple as demandas por paz e progresso. Obter um consenso a respeito dessa questão é muito complicado; significa aceitar regras de convivência e também custear os arranjos institucionais que se fizerem necessários (Sato, 2003).

Abordando a ideia, Gonçalves e Fontoura Costa (2011) apontam para o estabelecimento de novas relações entre os atores, nos mais variados níveis, "para que, em conjunto, negociando, construindo pactos e normas comuns possam, de fato, enfrentar as situações e obstáculos comuns".

Assim, o DAI tem o propósito de, em sintonia com as relações internacionais, transformar as relações entre os Estados e outras estruturas de governo e de governança, fomentando uma cooperação e coordenação entre eles de forma a que possam contribuir todos, ainda que de maneira diferenciada, mas em harmonia, para a melhoria do meio ambiente e para a dignidade de vida numa perspectiva transgeracional.

Na verdade, essa perspectiva funcional e pragmática do DAI se fundamenta em um *mix* de direitos e de outras contribuições científicas que nele convivem com peculiar equilíbrio e intrincada complexidade. Nessa área do Direito, a inserção de novos atores nos processos políticos multilaterais e a contribuição do conhecimento científico reforçam o papel da *"soft law"*[3] como a grande ferramenta a serviço da adaptação do direito internacional clássico aos novos desafios da sociedade contemporânea, na impossibilida-

---

[3] O conceito de *"soft law"* emergiu a partir da relevância e da atuação crescente da diplomacia multilateral, seja nos foros diplomáticos de negociações, seja a partir de interpretações dadas aos tratados multilaterais elaborados sob a égide das organizações intergovernamentais, seja dos próprios atos unilaterais destas, seja nas organizações intergovernamentais, seja em congressos e conferências. A ideia subjacente à sua adoção e sua aceitação generalizada repousa em um sentimento de que as normas jurídicas deveriam estar mais perto das necessidades humanas, as quais nem sempre encontrariam respaldo nas ações governamentais, fenômeno decorrente da participação mais eficaz da sociedade como um todo, na governança global (Soares, 2004).

DESAFIOS DO DIREITO AMBIENTAL INTERNACIONAL NA GOVERNANÇA GLOBAL

de de se avançar com regras impositivas em determinados campos (Rei e Granziera, 2015).

A paradiplomacia ambiental

A participação de empresas globais, de ONGs, de povos nativos e de governos subnacionais nos processos de negociação multilaterais tem promovido a amplitude e o alcance do debate internacional acerca do papel dos novos atores internacionais (Keohane e Nye, 1971, Risse-Kappen, 1995). A inserção desses novos atores na sociedade internacional, pilar da estruturação de sujeitos do direito ambiental internacional, está diretamente associada a dois fenômenos marcantes do século XX: o processo de globalização[4] e a emergência de complexos problemas ambientais globais, como as mudanças climáticas.

Com a constante evolução da ciência do clima, reforça-se o caráter universal e temporal das mudanças climáticas, seja porque suas causas antrópicas estão no cerne do atual modo de produção e consumo e a expansão deste no planeta, seja porque a gravidade de seus impactos já é sentida em todos os níveis da sociedade – do local ao global –, e sob diferentes nuances ambientais, sociais, econômicas e políticas, com imprecisos cenários de adaptação. Daí porque o seu enfrentamento revela-se um implexo desafio, que exige novos olhares de solução do pensamento científico, entre eles, do Direito.

Na esfera internacional, a resposta jurídica às mudanças climáticas tem sido construída por meio do regime climático, um conjunto de normas, instituições e medidas de mitigação das emissões de gases de efeito estufa (GEE) e de adaptação aos impactos previstos, ancorados sob dois tratados: a Convenção Quadro das Nações Unidas sobre a Mudança do Clima (UNFCCC) e o Protocolo de Kyoto, este em seu processo de negociação para o segundo período de validade.

---

[4] A globalização, caracterizada pela ruptura das fronteiras dos meios de comunicação e de informação, do transporte e distribuição, assim como da produção e do consumo, ao mesmo tempo em que intensifica a interdependência global, acaba por relativizar o papel do Estado-nação como único interlocutor legítimo das relações internacionais. Governos subnacionais, empresas, organizações não governamentais e até indivíduos passam a transcender os mecanismos verticalizados de articulação internacional, formando espaços horizontais de interação em que podem, de forma mais direta e dinâmica, exercer seus interesses concretos (Bedin, 2003).

DIREITO AMBIENTAL E SUSTENTABILIDADE

Apesar de ser considerado um campo de prospecção de novos caminhos para o direito ambiental internacional, o regime internacional das mudanças climáticas encontra-se em um nó que a diplomacia dos Estados não consegue bem desatar. Atualmente não é mais plausível defender unicamente a ideia de que um regime climático seja definido por meio de um regime internacional centrado em um acordo consensual de todos os Estados participantes. Tal processo ainda confere demasiada importância às negociações entre Estados nacionais e engatinha em reconhecer os avanços que surgem em formas alternativas de governança. Nesse sentido, a crescente participação dos estados subnacionais em um regime multilateral, ainda que de forma paralela à atuação dos estados nacionais, permite concluir que foram ampliados tanto os atores envolvidos nas negociações multilaterais como as escalas envolvidas no direito internacional (Osofsky, 2010).

Governança ambiental global

A via internacional tradicional de enfrentamento dos problemas globais, ainda oficializada quase que exclusivamente por meio de acordos firmados por consenso entre Estados soberanos, sofre, entretanto, a crescente influência direta de interesses internos e externos a estes, particularmente num contexto de crescente interdependência, sobretudo econômica (Leis e Viola, 2008).

Normalmente, esses interesses não se coadunam, no tempo, com as exigências e os cronogramas de enfrentamento dos problemas ambientais globais, posto que enquanto têm um horizonte de curto prazo ou apresentam caráter predominantemente político-econômico, os problemas ambientais requerem ações de longo prazo e uma visão muito mais ampla. Assim, como já se adverte (Rei e Cunha, 2008), quanto mais distante for a resposta dos Estados de uma real cooperação e solidariedade para o enfrentamento dos problemas ambientais, mais questionável se torna seu grau de *legitimidade* e *autoridade*.

Ademais, como bom exemplo de complexa problemática global, as mudanças climáticas ignoram barreiras e fronteiras estatais, definidas pelos homens, seja porque o equilíbrio climático constitui um *continuum* ecológico que se projeta tanto nos espaços submetidos à soberania dos Estados, como mais além destes (Juste Ruiz, 1999), seja porque os impactos concretos desse problema ambiental são sentidos nos níveis infranacionais de governo (Bodansky, 1999), nomeadamente nas estruturas urbanas locais. É o caso da dualidade global-local das mudanças climáticas que inculca cada vez mais o sentido de responsabilidade por seu enfrentamento em *todos* os níveis de organização social (Litfin, 2000) e política.

Em função disso, a complexidade na formulação de resposta internacional tradicional, via especialmente regimes jurídicos internacionais, e a necessidade crescente e desafiadora de ações práticas e pragmáticas de enfrentamento dos problemas ambientais globais têm progressivamente legitimado o surgimento de novas formas de autoridade. Embora desprovidas dos elementos típicos da soberania, da autonomia e do controle, essas novas estruturas ganham paulatinamente uma legitimação voluntária da sociedade (Deduerwaerdere, 2005), originada a partir do reconhecimento de que o efetivo enfrentamento das questões ambientais globais necessita da ação cooperada e coordenada de sistemas de governança baseados em diversos níveis (estatais, supra, infra e interestatais) e compostos de atores estatais, infraestatais (subnacionais e locais) e não governamentais, cada um desempenhando uma variedade de papéis (Bulkeley, 2005).

Fala-se, assim, de uma nova forma de enfrentar esses desafios: pela governança ambiental global.

O encaminhamento dessa resposta multilateral, menos rígida e estruturada, passa pela ação e articulação de múltiplos atores, já que, na construção da governança ambiental global, a cooperação e a negociação pressupõem a participação ampliada na construção do consenso possível (Rei e Granziera, 2015).

É, portanto, por meio da governança ambiental global que diferentes formas e níveis de equacionamento dos problemas ambientais passam a coexistir numa dinâmica de complementaridade e não de enfrentamento. Assim, é possível fomentar o avanço dos regimes internacionais baseados em tratados multilateralmente firmados, já que os mesmos podem ser fortalecidos pelas iniciativas desenvolvidas nos níveis infra e transnacionais, e por atores ainda não formalmente parte do sistema jurídico internacional.

Há, assim, uma dinâmica de mútua influência, da qual o DAI se nutre. Entretanto, adverte Juste Ruiz (2012) que, se é certo que esses aspectos inovadores nos regimes internacionais não deixam de ser fatores de progresso numa perspectiva da ciência jurídica, ainda persiste uma gama de elementos de particular dificuldade para a compreensão pelo jurista tradicional.

Nesse contexto, não se pode ignorar a relevância do papel que outros atores da sociedade internacional, como as Organizações Não Governamentais (ONGs), vêm desempenhando na estrutura da sociedade internacional, inclusive as "travestidas Não Governamentais" que representam estruturas de governos não centrais[5], com assento na qualidade de observadores nas Conferências das Partes dos Tratados Multilaterais, enfim, uma série de iniciativas cada vez menos assentada na inquestionável soberania do Estado no uso e na utilização dos seus recursos naturais (Rei e Granziera, 2015).

Por isso, o direito ambiental internacional é acoimado por muitos juristas de ser demasiadamente ligado à realidade dos fatos, à real política, e deveras subordinado ao conhecimento científico e às leis da ecologia. Para aqueles que engrossam a fileira dos críticos, ainda sobra o argumento de que voa muito alto no seu idealismo[6].

Entretanto, essa discussão, esse debate, esse reproche dos internacionalistas clássicos não é outra senão a melhor face do seu dinamismo e do seu compromisso de resultado, que, nesses quarenta anos pós-Estocolmo, revela imagem de renovado vigor, fazendo, queiram ou não, com que o próprio direito internacional deles se alimente para se tornar mais próximo das demandas do homem pós-moderno, e dos desafios do cidadão do século XXI.

CONSIDERAÇÕES FINAIS

O objetivo deste capítulo ao falar dos desafios do direito ambiental internacional na governança global se confunde com a abordagem dos desafios da ciência jurídica no enfrentamento dos complexos problemas ambientais do século XXI. Pensar em uma regulamentação ambiental internacional de resultado é falar de um esforço de compreensão da necessidade do direito instrumental de cumprir o seu papel para resolver questões amplas, complexas, próprias da construção de uma sociedade sustentável, que lhe são inerentes e que são a própria razão da sua formulação e existência. Em outras palavras, é assumir a necessidade de desenvolver novos olhares, que deixem de ver apenas a um direito de princípios e regras e passem a enxergar a um direito de obrigações, de compromisso e ações com resultado.

---

[5] É o caso da Rede de Governos Regionais para o Desenvolvimento Sustentável-nrg4SD, associação internacional que reúne e representa mais de 1000 governos subnacionais na agenda internacional da sustentabilidade, reconhecida pela Organização das Nações Unidas como ONG, na falta de outra rubrica, e que participa das COPs do Clima. Para mais informação, ver: http://www.nrg4sd.net.

[6] No sentido apreciador da "*soft law*" na evolução jurídica da proteção ao meio ambiente, ver: Lang (1984).

A perda da prioridade que os desafios da sustentabilidade amargam na atual agenda política dos Estados, centrada na superação de outras crises, nomeadamente as derivadas do colapso do sistema financeiro internacional, somada à crescente tomada de consciência por esses mesmos Estados da incapacidade em fazer frente às políticas de adaptação, permite-nos afirmar que existe uma oportunidade de aceitação no plano internacional de que as relações jurídicas ambientais globais são na essência relações multilaterais.

Assim sendo, é igualmente possível conformar um direito participativo de necessidade consensual, nomeadamente no já experimentado exercício das Convenções-Quadro, inovadora modalidade jurídico-instrumental de fundar as bases de um trabalho consultivo e normativo, de caráter intermitente, que depende de permanente atualização.

Logo, parece ser plausível e legítimo o reconhecimento de uma base cada vez mais consolidada do chamado direito ambiental internacional, com as suas características reguladoras próprias, que consegue colaborar com o movimento de conhecimento e de esforços de enfrentamento de novos problemas, que reclama rápidas, novas e efetivas soluções.

Esse movimento que abre caminho à participação de novos atores – sejam eles indivíduos, sociedades científicas, ONGs, povos indígenas e aborígines, empresas multinacionais, associações de governos subnacionais e locais etc. – junto aos Estados centrais nos processos de elaboração e aplicação das normas permitirá a continuidade do trabalho de conscientização dos assuntos comuns do direito ambiental internacional, no caminho de construção de um novo pacto de legitimidade, centrado na governança ambiental global.

Advirta-se contudo que, apesar de a diversidade de temas da agenda internacional hoje ser muito maior e, não obstante todos os avanços conquistados pela sociedade pós-moderna nas tecnologias de comunicação e na retórica da globalização, o entendimento entre Estados e os novos atores internacionais continua a ser um desafio.

REFERÊNCIAS

BEDIN, G.A. A sociedade global e suas possibilidades de realização: um olhar a partir das relações internacionais. In: OLIVEIRA, O.; DAL RI JR., A. *Relações internacionais: interdependência e sociedade global.* Ijuí: Unijuí, 2003, p. 505-536.

BEYERLIN, U., MARAUHN, T. *International Environmetal Law.* Oxford: Hart Publishing Ltd, 2012.

BODANSKY, D. The legitimacy of international governance: a coming challenge for international environmental law? *The American Journal of International Law*, v. 93, n. 3, p. 596-624, jul. 1999.

BULKELEY, H. Reconfiguring environmental governance: towards a politics of scales and networks. *Political Geography*, n. 24, p. 875-902, 2005.

CARRILLO SALCEDO, J. *El Derecho Internacional en un Mundo en Cambio.* Madrid: Tecnos, 1985, p. 13.

CORDONIER SEGGER, M-C, KHALFAN, A. *Sustainable Development Law: Principles, Practices & Prospects.* Oxford: Oxford University Press, 2004.

DEDUERWAERDERE, T. *The contribution of network governance to sustainable development.* Belgique: Université Catholique de Louvain Fonds National de la Recherche Scientifique, 2005.

GONÇALVES, A.; FONTOURA COSTA, J.A. *Governança Global e Regimes Internacionais.* São Paulo: Almedina, 2011.

KEOHANE, R.; NYE JR, J.S. *Transnational Relations and World Politics.* Cambridge: Harvard University Press, 1971.

JUSTE RUIZ, J. *Derecho internacional del medio ambiente.* Madrid: McGraw-Hill, 1999.

_____. El Derecho internacional frente a los desafíos ambientales globales. In: PEREZ ALONSO, E. *Derecho, globalización, riesgo y medio ambiente.* Valencia: Tirant lo Blanch, 2012.

KISS, A.C. *Los principios generales del derecho del medio ambiente.* Valladolid: Universidad de Valladolid, 1975. (Cuadernos de la Catedra "J. B. Scott")

LANG. Die Verrechtlichung der internationalen Umweltschutzes. *AVR*, v. 22, p. 303, 1984.

LEIS, H.R.; VIOLA, E. *América del Sur en el mundo de las democracias de mercado.* Rosario: Homo Sapiens Ediciones, 2008, p. 196.

LITFIN, K.T. Environment, Wealth and Authority: global climate change and emerging modes of legitimation. *International Studies Review*, v. 2, n. 2, p. 119-148, 2000.

OSOFSKY, H.M. Multiscalar Governance and Climate Change: Reflections on the Role of States and Cities at Copenhagen. *Maryland Journal of International Law*, v. 25, n. 64, p. 64-85, 2010.

REI, F.C.F.; CUNHA, K.B. Mudanças climáticas globais: desafio a uma nova relação entre o direito internacional do Meio Ambiente e as Relações Internacionais. In: CASELLA, P.B. et al. *Direito internacional, humanismo e globalidade – Guido Fer-*

nando Silva Soares Amicorum Discipulorum Líber. São Paulo: Atlas, 2008, p. 487-502.

REI, F.C.F. The Rio+20 in question. *Revista Brasileira de Bioenergia*, v. 14, p. 44-52, 2012.

REI, F.C.F.; SETZER, J.; CUNHA, K. O papel dos governos subnacionais na construção da governança ambiental global: a contribuição da Rio+20 no quadro institucional pelo desenvolvimento sustentável. *Revista de direito internacional*, v. 9, p. 55-66, 2012.

REI, F.C.F.; GRANZIERA, M.L. Direito ambiental internacional: novos olhares para a ciência do direito. In: _____. *Direito Ambiental Internacional: avanços e retrocessos – 40 anos de Conferências das Nações Unidas.* Atlas, 2015.

RISSE-KAPPEN, T. Bringing Transnational Relations Back. In: *Non-State Actors, Domestic Structures and International Institutions.* Cambridge: Cambridge University Press, 1995.

SATO, E. A agenda internacional depois da Guerra Fria: novos temas e novas percepções. *Revista Brasileira de Política Internacional*, Brasília, v. 43, n.1, 2000.

_____. Conflito e cooperação nas relações internacionais: as organizações internacionais no século XXI. *Revista Brasileira de Política Internacional.* Brasília, v. 46, n. 2, 2003.

SANTOS, M.H.C. Governabilidade, Governança e Democracia: Criação da Capacidade Governativa e Relações Executivo-Legislativo no Brasil Pós-Constituinte. *DADOS – Revista de Ciências Sociais.* Rio de Janeiro, v. 40, n. 3, 1997, p. 342

SOARES, G.F.S. *Curso de direito internacional Público.* São Paulo: Atlas, 2004.

URIBE VARGAS, D.; CÁRDENAS CASTAÑEDA, F.A. *Derecho internacional ambiental.* Bogotá: Fundación Universidad de Bogotá Jorge Tadeo Lozano, 2010.

VIOLA, E.; FRANCHINI, M.; LEMOS RIBEIRO, T. *Sistema internacional de hegemonia conservadora: governança global e democracia na era da crise climática.* São Paulo: Annablume, 2012.

YOUNG, O.R. *International Governance: Protecting the Environment in a Stateless Society.* Nova York: Ithaca, 1994.

Índice Remissivo

A

Abandono da ação 896
Ação civil pública 759, 880
Ação civil pública ambiental 1078, 1084
ADI-1842-RJ 471
Advogado ambiental 1153, 1161
Agências 1106
Agências de regulação setorial 1111
Agricultura brasileira 291
Agroecologia 298
Agrotóxicos 284
Água 720, 1217, 1218
Águas subterrâneas 725, 740
Águas superficiais 724
A legitimidade da Defensoria Pública 1078
Amazônia Legal 510
América Latina 571
Análise comparada das áreas de preservação permanente 326
Antecipação da tutela 899
Área contaminada 1156

Área de Preservação Permanente (APP) 318, 320, 346, 347, 506
Áreas contaminadas 1018
Áreas de águas protegidas 1219
Áreas degradadas 1043
Áreas especialmente protegidas 1166
Áreas protegidas 1223
Áreas urbanas 11
Arquivos 370
Arquivos judiciais 375
Assistência 886
Atividade administrativa 1109
Atividade parlamentar 1006
Atividade pesqueira 209
Ativos ambientais 921, 1157
Atuação criminal 1028
Audiência pública 499
Auditoria ambiental legal 1164, 1165
Avaliação Ambiental Integrada (AAI) 495

B

Beleza cênica 628

Belo Monte 762
Bem natural 1187, 1189
Biodiversidade 1017
Bioma Mata Atlântica 535
Bordas dos tabuleiros 342

C

Cadastro socioeconômico 519
Cadeia de custódia da madeira 967
Cadeia de produção e consumo 933
Cajamarca 770
Capacidade adaptativa 531, 535, 537, 540
Capitalismo 71, 76
Chapadas 342
Ciclo de vida dos produtos 582, 934
Cidadania ambiental 1008
Cobrança pelo uso da água 736
Código Civil 739
Código das Águas 730
Código de Ética e Disciplina 39
Código Florestal de 1965 350
Coisa julgada 912
Compensação Ambiental (CA) 511
Competência 888
Competência constitucional sobre águas 729
Competência de foro 888
Competência de jurisdição 889
Compromissos ambientais 1168
Comunidade 1170
Comunidades indígenas 638
Comunidades quilombolas 521
Comunidades tradicionais 520
Conama 320, 347
Concurso de crimes 843, 846
Concurso formal 844, 849
Concurso material 843, 847
Conflito 749
Conflitos socioambientais 751, 758, 769
Conservação da biodiversidade 625
Constituição Federal 422, 759

Constituição Federal de 1988 1190
Consultoria jurídica 1162
Consumo 571
Consumo consciente 573
Contencioso administrativo ou judicial 1163
Conteúdo ético 244
Contratos 568, 638
Controle ambiental 957
Convenção de Palermo 662
Cooperação educativa 1193
Cooperação financeira 1194
Cooperação técnica 1193
Crime ambiental 649
Crime ambiental organizado 660
Crime continuado 844
Crime organizado 654
  Autoria coletiva 654
  Estabilidade da estrutura 656
  Propósito de lucro 657
  Transnacionalidade 657
Crime progressivo 816
Crimes ambientais 846
Crimes contra a administração da justiça 839
Crimes contra a fauna 819
Crimes contra a flora 822
Crimes contra o ordenamento urbano e o patrimônio cultural 837
Crimes de poluição 832
Crise socioambiental 571
CVM 1157

D

DAI 1239
Dano ambiental 791
Danos de origem difusa 1033
Defensoria pública 1065, 1078, 1084
Defesa do meio ambiente 880
Degradação ambiental 79
Delimitação de competências 964
Democracia econômica 97
Democracia participativa 94

Democracia política 97
Desapropriação e declaração de utilidade pública 518
Desenvolvimento agrícola 280
Desenvolvimento capitalista 68
Desenvolvimento social do homem 57
Desenvolvimento sustentável 246, 401, 1114, 1181
Desenvolvimento urbano sustentável 20
Desistência 896
Desmatamento ilegal na Amazônia 940
Destinação do bem mineral 237
Direito Ambiental 595, 955
Direito Ambiental Internacional 1237
Direito à saúde 408
Direito Civil 1154
Direito Comercial 1156
Direito Contratual 565
Direito do ambiente 974
Direito Internacional 1159
Direito Internacional do Meio Ambiente 1178
Direito Internacional Penal 661
Direito Minerário 233
Direito Penal 807
Direito Regulatório 1158
Direitos de uso de recursos hídricos 735
Direitos fundamentais 978, 1065
Direito Societário 1155
Direito Urbanístico 590
DOF 967

E

Economia circular 1201
Economia verde 1012
Educação ambiental 515
Eficiência energética 1013
Efluentes 504
Energia 20
Energia elétrica 1158

Energias renováveis 1229
Entorno 331, 334, 337
Espécies de área de preservação permanente 321
Estado 84
Estudo de Impacto Ambiental (EIA) 498
Estudos ambientais 1167
Ética 35, 37, 975
Ética ambiental 42, 45
Ética social 82
Execução do julgado 915

F

Fauna 513
Finning 649
Fiscalização 479, 966-968
Fiscalização ambiental 964
Fiscalização das atividades pesqueiras 216
Flora 512
Florestas 512
Forças produtivas 59, 79
Função social dos advogados 30

G

Gats 485, 487
Geração hidrelétrica 504
Gerenciamento de áreas contaminadas 139
Gestão 955
Gestão documental 383
Gestão público-privada da sustentabilidade 928
Global 110
Governança 531
Governança ambiental 1242

I

Ibama 942
ICMS ecológico 450
Imposto de Exportação (IE) 448

Imposto de importação (II) 448
Imposto de renda (IR) 445
Imposto sobre a propriedade de veículos automotores (IPVA) 449
Imposto sobre a propriedade territorial rural (ITR) 446
Imposto sobre a propriedade territorial urbana (IPTU) 451
Imposto sobre a transmissão de bens móveis (ITBI) 452
Imposto sobre produtos industrializados (IPI) 444
Imposto sobre serviços de qualquer natureza (ISS) 453
Inovações científicas e tecnológicas 66
Instrumentos de proteção 1222
Instrumentos econômicos 620
Interesse processual 887
Interesses econômicos 94
Intervenção do Poder Judiciário 548
Intervenção na área jurídica 553
Intervenções na natureza e na paisagem 1221
Inversão do ônus da prova 1042

J

Juridicidade do dano ambiental 787

L

Lagoas 331
Lagos 331
Lago Sihwa 773
Legislação 728
Legislação ambiental 1150
Legitimação ativa 882
Legitimação passiva 883
Lei da gestão de resíduos 1201
Lei da Política Nacional de Recursos Hídricos 731
Lei de preservação da natureza 1220
Lei de proteção do solo 1209
Lei de proteção e gestão de recursos hídricos 1215

Lei de Segurança de Barragens 503
Lei do Ar Limpo 1199
Lei n. 9.605/98 666
Lei n. 12.651 350
Lei n. 12.850/2013 667
Lei n. 12.694/2012 667
Licença ambiental 253
Licença ambiental corretiva 261
Licença ambiental simplificada ou em conjunto 260
Licença de instalação 259
Licença de operação 260
Licença prévia 259
Licenças ambientais 703, 706
Licenciamento 498, 710, 713
Licenciamento ambiental 252, 254, 255, 256, 258, 265, 273, 497, 957, 1156, 1166
Litisconsórcio 884
Litisconsórcio ministerial 885
Local 110
Logística reversa 576

M

Manguezais 341
Medidas corretivas 1211
Meio ambiente 360, 401, 422, 1006, 1190
Meio ambiente cultural 363
Ministério Público 1025, 1033, 1047
Modalidades de advocacia ambiental 1161
Morros, montes, montanhas e serras 342
Mudanças climáticas 500, 549, 1171
Multas 904
Municípios verdes 946

N

Nascentes e dos olhos-d'água 337
Natureza jurídica da água 728
Normas de proteção dos recursos naturais 683

Normas sobre pesca 210
Novo Código Florestal 966

O

Objetividade 865
Óleo e gás 1159
Omissão do Poder Executivo 547
Omissão estatal lesiva ao meio ambiente 1047
"Ondas" regulatórias 1103
Ônus da litigância de má-fé 907
Ônus da prova 892
Ônus da sucumbência 907
Operação Disparada 942
Operações Boi Pirata 942
Organização Mundial do Comércio (OMC) 481

P

Pagamentos por serviços ambientais 623, 1015
   Agentes e tipos de transações 629
   Experiências e evolução 631
Participação popular 499
Passivos ambientais 921
Passivos socioambientais 922
Patrimônio cultural e natural da humanidade 1179
Patrimônio espeleológico 517
Patrimônio histórico, artístico, cultural e arqueológico 516
Patrimônio mundial 1187, 1188, 1189
Patrimônio mundial em perigo 1189
Patrimônio natural da humanidade 1185
Pesca 210
Pesca predatória 217
Planejamento 475
Planejamento paisagístico 1220
Planos de recursos hídricos 734
PNRS 932, 934, 938
Poder Legislativo 995, 1012

Polícia ambiental 1127, 1130
Polícia ambiental no Brasil 1122
Policiamento e a fiscalização ambientais 1130
Política Nacional de Recursos Hídricos 733
Política Nacional do Meio Ambiente 422, 690
Política pública 11, 17, 20
Pós-consumo 575
Precaução 417
Prescrição 905
Princípio da alternatividade 818
Princípio da consunção ou da absorção 815
Princípio da especialidade 813
Princípio da reparação integral do dano 1044
Princípio da subsidiariedade 814
Princípios 399, 467
Princípios do patrimônio comum da humanidade 1179
Problemas sociais e ambientais 59
Procedimentos multiatores 753, 755, 769
Processo legislativo 1008
Processos multiatores 765
Produto 1206
Programa de Aceleração do Crescimento (PAC) 495
Progressão criminosa 816
Propriedade mineira 238
Proteção aos recursos hídricos 627
Proteção do ambiente 1056
Proteção do patrimônio mundial, cultural e natural 1183
Proteção do solo 1210, 1211
Proteção internacional do patrimônio natural 1192
Proteção nacional dos bens naturais 1190
Proteção penal do meio ambiente 806

Q

Questão climática 542
Questões indígenas 521
Questões jurídicas 635

R

Recuperação e/ou reabilitação da área
    degradada 241
Recursos 909
Recursos hídricos 11, 425, 501, 502,
    728
Recursos minerais 500
Recursos naturais 79
Reexame necessário 910
Reflorestamento 512
Refugiados ambientais 1073
Regime de proteção das áreas de
    preservação permanente 323
Regulação 479, 1106
Regulação econômica 1101
Regulação por agências 1103
Regulação transversal 1111
Relações sociais 59
Relatório de Impacto Ambiental
    (Rima) 498
Reposição Florestal 512
Reserva Legal (RL) 507
Reservatórios d'água artificiais 334
Resíduos 163, 1202, 1203, 1206, 1207
Resíduos sólidos 424, 515, 1009, 1011,
    1166
Responsabilidade administrativa am-
    biental 871
Responsabilidade alargada 187
Responsabilidade civil 1033
Responsabilidade civil ambiental 925
Responsabilidade civil objetiva e
    solidária 922
Responsabilidade compartilhada 187,
    582, 933, 934, 938
Responsabilidade pós-consumo 175,
    191

Responsabilidade solidária 938
Restingas 339
Resultado global 240
Riscos 529

S

Sanções administrativas 864
Saneamento 470
Saneamento básico 425, 466, 467, 475,
    481
São Paulo 112
Saúde 422
Saúde pública 514
Sequestro e estocagem de carbono 627
Serviços ambientais 625
Serviços de água e esgoto 485
Setor elétrico 494
Sistema de informações sobre recursos
    hídricos 737
Sistema legal reparatório-repressivo
    922
Sistema Nacional de Gerenciamento de
    Recursos Hídricos 737
Sistema Único de Saúde 422
Sociedade capitalista 82
Sociedade civil 84
Solidariedade 975, 978
Subjetividade 865
Supremacia do interesse público sobre
    o privado 235
Suspensão condicional do processo
    846
Sustentabilidade 44, 45, 296, 298,
    1101, 1109
Sustentabilidade expandida 53, 55
Sustentabilidade na agricultura 303
Sustentabilidade urbana 5

T

Teoria do risco integral 1039
Termo de Ajustamento de Conduta
    (TAC) 1169

Termo de compromisso relativo ao licenciamento ambiental 1169
Termos de compromisso de recuperação ambiental 1169
Transação 898
Transação penal 846
Transposição do Rio São Francisco 764
Tributação ambiental 439
Tributação sustentável 434
Tributos direcionados à proteção ambiental 442
Tutela do Direito Ambiental 360

U

Unidades de Conservação 507, 1191
Urbanismo 22
Urbanismo sustentável 17

V

Valor da causa 891
Vulnerabilidades 529, 536, 538

Z

Zoneamento Ecológico-Econômico 510

ANEXO

Dos Editores
e Autores

Dos Editores

Arlindo Philippi Jr – Engenheiro civil (UFSC), engenheiro sanitarista e de segurança do trabalho (USP), mestre e doutor em Saúde Pública (USP). Pós-doutor em Estudos Urbanos e Regionais (Massachusetts Institute of Technology – MIT, EUA). Livre-docente em Política e Gestão Ambiental (USP). É professor titular do Departamento de Saúde Ambiental, tendo sido presidente da Comissão de Pós-Graduação da Faculdade de Saúde Pública e pró-reitor e adjunto de pós-graduação da USP. Exerce atualmente a função de diretor de avaliação da Capes, tendo sido membro de seu Conselho Superior.

Vladimir Passos de Freitas – Bacharel em Direito (Faculdade Católica de Direito de Santos), mestre e doutor em Direito (UFPR), pós-doutor em Saúde e Meio Ambiente (FSP/USP). Professor de Direito Ambiental no Programa de Pós-Graduação da Pontifícia Universidade Católica do Paraná. Desembargador Federal aposentado do Tribunal Regional Federal da 4ª Região (RS), onde foi presidente (2003-2005). Ex-Promotor de Justiça do Estado de São Paulo (1970-1980). Autor, coautor e coordenador de 28 livros e de dezenas de artigos na área do direito. Conferencista no Brasil e em mais 17 países.

Ana Luiza Silva Spínola – Graduada em Direito (FDSBC); especialista em Direito Ambiental, Direito do Consumidor e Ações Coletivas (ESA); especialista em Direito Ambiental (FSP, FD, FAU/USP); mestre e doutora em Saúde Ambiental (FSP/USP), tendo realizado na Alemanha (Fachhochschule Trier) parte da pesquisa de doutorado sobre gestão de áreas contaminadas. De 2002 a 2011 trabalhou como advogada do Departamento Jurídico da Cetesb, tendo exercido a função de gerente da Divisão de Meio Ambiente de 2004 a 2008. Em 2014 obteve o Advanced Certificate in Culinary Arts (CAA/Switzerland). Atualmente é consultora autônoma e palestrante, direcionando seus trabalhos para gestão de resíduos, áreas contaminadas e ecogastronomia.

Dos Autores

Alaôr Caffé Alves – Doutor e mestre em Direito do Estado, livre-docente em Filosofia do Direito (USP). Professor associado (aposentado) e ex-chefe do Departamento de Filosofia e Teoria Geral do Direito da Faculdade de Direito (USP). Coordenador e professor titular do curso de Direito da Facamp. Ex-secretário do Meio Ambiente do Estado de São Paulo. Consultor jurídico nas áreas de direito urbanístico e ambiental. Autor de obras e ensaios nas áreas de filosofia, teoria jurídica, lógica e meio ambiente.

Alexandre Martins Fernandes – Graduado em Comunicação Social (ESPM) e em Gestão Ambiental (Esalq/USP). Doutor e mestre em Ciências pelo Centro de Energia Nuclear na Agricultura da USP. Pesquisador de pós-doutorado vinculado ao Programa de Pós-graduação em Engenharia Civil e Ambiental (Unesp/Bauru). Professor em cursos de especialização *lato sensu* em instituições no estado de São Paulo, ministrando disciplinas voltadas à área de meio ambiente. Carreira científica norteada por projetos de pesquisa na área de Geociências, com ênfase em hidrogeoquímica, abordando os temas: bacias hidrográficas, hidroquímica, metais pesados, avaliação ambiental e sustentabilidade.

Aline Matulja – Engenheira sanitarista e ambiental (UFSC) e mestre pela USP, onde dedicou-se à pesquisa sobre a vulnerabilidade urbana a questões climáticas no bioma Mata Atlântica. Atualmente atua como consultora em engenharia sanitária e ambiental.

Ana Maria de Oliveira Nusdeo – Bacharel, doutora e livre-docente em Direito (USP). Professora associada do Departamento de Direito Econômico, Financeiro e Tributário da Faculdade de Direito da USP, onde é encarregada da subárea de Direito Ambiental. Diretora estadual do Instituto o Direito por um Planeta Verde. Autora de artigos e livros em direito ambiental.

Ana Maria Kirschner – Graduada, mestre (Université de Paris V, René Descartes) e doutora em Sociologia (Université de Paris III, Sorbonne-Nouvelle). Pós-doutora no Institut d´Etudes Politiques/CNRS, Paris, pesquisando sobre sociologia da empresa. Tem experiência na área de sociologia, atuando principalmente nos seguintes temas: sociologia da empresa, estratégias empresariais, empresa como construto social, empresas familiares e empresa e sociedade. Tem publicações sobre esses temas em revistas nacionais e internacionais, além de livros.

Andréia Castro Dias – Graduação e mestranda em Direito (Furg). Posse na Magistratura Federal do TRF da 4ª Região em maio/2001, como juíza federal substituta da então 10ª hoje 4ª Vara Federal de POA/RS. Juíza diretora secretária da Escola da Magistratura Federal (Esmafe) de 2003/2004. Professora da Esmafe, nos anos de 2004 e 2005, lecionando a cadeira de processo civil (processo de execução comum e execução contra a Fazenda Pública). Juíza diretora de ensino da Esmafe de janeiro de 2005 a maio de 2006. Juíza coordenadora da Central de Mandados de Porto Alegre de janeiro de 2005 a junho de 2006. Juíza federal titular da Vara Federal de Toledo/PR de 06/2006 a 06/2010. Juíza federal da Turma Recursal Suplementar no PR de 09/2009 a 01/2010. Juíza federal da 2ª Turma Recursal do Paraná de 01/2010 a 01/2012. Juíza federal da 3ª Vara Federal da Subseção Judiciária do Rio Grande/RS desde 01/2012. Diretora do Foro da Subseção Judiciária de Rio Grande e coordenadora do Cejuscon e Central de Mandados de RG/RS de 01/2010 a 06/2013. Atualmente, vice-diretora do Foro.

Annelise Monteiro Steigleder – Graduada em Ciências Jurídicas e Sociais (UFRGS). Pós-graduada em Direito Civil (Unisinos). Mestre em Direito (UFPR). Promotora de Justiça no Estado do Rio Grande do Sul desde o ano de 1996, com atuação na Promotoria de Defesa do Meio Ambiente de Porto Alegre. Professora de Direito Ambiental da Faculdade de Direito do Ministério Público (FMP). Professora de Direito Ambiental do Curso de Especialização em Direito Ambiental da UFRGS e do Curso de Especialização em Direito Empresarial da PUC/RS. Autora de obras nessas áreas.

Antônio Carlos Efing – Doutor em Direito das Relações Sociais (PUC/SP). Professor titular da PUC/PR, onde leciona na graduação, especializações, mestrado e doutorado. Professor do Estação Convention Center; professor da Escola da Magistratura do Paraná. Membro do Instituto dos Advogados do Paraná. Advogado militante em Curitiba.

Arnaldo Jardim – Engenheiro civil (USP). Deputado federal no exercício do segundo mandato. Presidiu o Grupo de Trabalho Parlamentar que formulou a Política Nacional de Resíduos Sólidos. Na Câmara Federal coordena o Grupo de Trabalho de Resíduos Sólidos da Frente Parlamentar Ambientalista e integra a Comissão de Meio Ambiente e Desenvolvimento Sustentável. Preside a Frente Parlamentar pela Valorização do Setor Sucroenergético. Exerceu quatro mandatos de Deputado Estadual por São Paulo. Autor da Política de Resíduos Sólidos paulista. É relator do Projeto de Lei n. 792/2007, que institui o pagamento pelos serviços ambientais (PSA).

Beatriz Granziera – Graduada e mestranda em Direito (PUC-SP). Foi *visiting student* na University of California em Berkeley. É assessora do gabinete da Secretaria do Estado do Meio Ambiente (SMA), coordenadora substituta da Câmara de Compensação Ambiental (CCA) e representante da SMA na Comissão Permanente para Criação e Ampliação das Áreas Protegidas, no Conselho de Gestão do Patrimônio Genético e, como suplente, no Conselho Municipal do Meio Ambiente e Desenvolvimento Sustentável de São Paulo (Cades). Monitora voluntária da disciplina de Direito Ambiental do professor Marcelo Gomes Sodré, na PUC-SP. Foi pesquisadora do Projeto Releitura dos Acordos da Organização Mundial do Comércio (OMC) do Cesa/Ibrac promovido pelo Centro do Comércio Global e Investimento da Escola de Economia de São Paulo e Escola de Direito de São Paulo, ambos da Fundação Getulio Vargas. Foi advogada da área de comércio internacional e de relações governamentais no Demarest e Almeida Advogados e consultora na área de direito ambiental na M. Granziera Consultoria Ltda.

Camila Faccioli – Graduada em Direito. Especialista em Direito Ambiental (Escola Superior da Procuradoria Geral do Estado de São Paulo). Atua há oito anos no Departamento Jurídico da Cetesb, na Divisão de Assuntos de Meio Ambiente.

Consuelo Y. Moromizato Yoshida – Desembargadora Federal (TRF 3ª Região). Mestre e doutora em Direito (PUC/SP). Professora de Direito Ambiental (PUC/SP e Unisal/Lorena). Coordenadora do Curso de Especialização em Direito Ambiental e Gestão Estratégica da Sustentabilidade (PUC/Cogeae/SP). Coordenadora do Mestrado/Doutorado em Direito Minerário Ambiental (convênio PUC/SP/Vale). Palestrante, autora e coordenadora de publicações.

Curt Trennepohl – Ex-presidente do Ibama. Ex-sub-procurador geral do Ibama. Ex-corregedor geral do Ibama. Advogado.

Daniela Dutra Soares – Graduada em Direito (Faculdade de Direito de São Bernardo do Campo). Especialização em Direito Ambiental (PUC-SP). Advogada da Divisão de Contencioso do Departamento Jurídico da Cetesb.

Dario Almeida Passos de Freitas – Graduado em Direito (PUC-PR). Especializado em Direito Socioambiental, Direito Administrativo e Direito Processual Civil. Membro da Comissão de Direito Ambiental da OAB/PR. Autor e coordenador de livros.

Denise Lucena Cavalcante – Doutora (PUC/SP) e pós-doutora (Universidade de Lisboa) em Direito. Professora da graduação e pós-graduação de Direito Tributário e Financeiro/UFC. Procuradora da Fazenda Nacional.

Édis Milaré – Graduado em Direito (Universidade Mackenzie). Mestre em Direitos Difusos e Coletivos (PUC-SP). Sócio-gerente e consultor em Direito Ambiental da Milaré Advogados. Procurador de Justiça aposentado do Estado de São Paulo, foi o primeiro coordenador das Promotorias de Justiça do Meio Ambiente, Secretário do Meio Ambiente, professor de Direito Ambiental, advogado e consultor jurídico ambiental.

Eliane Pereira Rodrigues Poveda – Graduada em Administração (UnG) e Direito (FMU). Especialista em Direito Ambiental (FSP e FD/USP) e em Gestão Ambiental (Unicamp). Mestre em Geociências (Unicamp). Doutora em Ciências dos Recursos Naturais (Unicamp). Extensão em Direito Europeu do Ambiente (Universidade Lusíada). Ex-procuradora no Departamento Jurídico da Cetesb. Professora convidada em programas de pós-graduação em Auditoria, Perícia, Gestão e Direito Ambiental, Sustentabilidade e Responsabilidade Corporativa. Advogada e consultora ambiental. Autora de artigos e livros em direito minerário e ambiental.

Fabiane Luisi Turisco – Graduada em Direito (Faculdade de Direito de São Bernardo do Campo). Especialista em Contratos (PUC). MBA em Gestão Empresarial (FGV/RJ). Mestre em Sistemas de Gestão com ênfase em Responsabilidade Social Corporativa (UFF). Diretora executiva do Instituto Pro-Natura, ONG internacional, fundada há 30 anos no Brasil, que trabalha na construção de economias sustentáveis.

Fabricio Dorado Soler – Advogado especialista em Gestão e Negócios do Setor Energético e pós-graduado em Gestão Ambiental (USP). Mestre em Direito (PUC/SP) e mestrando em Ambiente, Saúde e Sustentabilidade (FSP/USP), com MBA Executivo em Infraestrutura (FGV). Professor convidado de cursos de pós-graduação. Presidente da Comissão de Direito da Energia da Ordem dos Advogados do Brasil, seção São Paulo, e conselheiro do Conselho Superior de Meio Ambiente da Fiesp. Sócio responsável pelo Departamento de Meio Ambiente e Sustentabilidade de Felsberg e Associados. Consultor do Banco Mundial para assuntos envolvendo gestão de resíduos sólidos. Foi indicado pelas publicações internacionais Latin Lawyer e Chambers and Partners (Latin America) e nacional Análise Advocacia dentre "Os Mais Admirados do Direito", na categoria "Ambiental". Profissional com notória atuação na área de resíduos sólidos, atuando com a Política Nacional de Resíduos Sólidos, acordos setoriais, logística reversa, responsabilidade compartilhada e pós-consumo e planos de gerenciamento de resíduos sólidos. Organizador do Código Brasileiro de Resíduos Sólidos.

Fernando Fernandes da Silva – Bacharel em Direito, mestre e doutor em Direito Internacional (USP). Professor de Direito Internacional Público e Privado (Faculdade de Direito de Sorocaba).

Fernando Quadros da Silva – Graduado em Direito (Faculdade de Direito de Curitiba). Especialista em Direito Penal (UnB). Mestre (UFPR) e doutor em Direito (UFRGS). Procurador do Estado do Paraná. Procurador do Ministério Público do Trabalho. Juiz do Tribunal Regional Eleitoral do Estado do Paraná. Desembargador Federal do Tribunal Regional Federal da 4ª Região. Conselheiro do Conselho Nacional do Ministério Público (CNMP; 2007/2009), indicado pelo Supremo Tribunal Federal.

Fernando Rei – Professor associado do Programa de Doutorado em Direito Ambiental Internacional (Universidade Católica de Santos). Professor titular de Direito Ambiental (Faap). Diretor científico da Sociedade Brasileira de Direito Internacional do Meio Ambiente (SBDIMA).

Flávio Ahmed – Advogado militante e cientista social. Mestre e doutorando em Direitos Difusos e Coletivos (PUC-SP). Conselheiro da OAB-RJ desde 2007. Diretor geral da Escola Superior da Advocacia da OAB-RJ. Presidente da Comissão Permanente de Direito Ambiental da OAB-RJ, no seu terceiro mandato. Professor de Direito Ambiental da Escola de Direito da FGV-RIO nos cursos de pós-graduação (convidado) e do Centro Universitário de Santa Catarina (Cesusc). Elaborador, coordenador e professor do curso de Direito Ambiental da ESA-RJ (Escola Superior de Advocacia da OAB-RJ) na sua 15ª edição. Autor de livro da área de direito.

Gilberto Passos de Freitas – Professor titular do curso de pós-graduação (mestrado/doutorado) de Direito Ambiental da Universidade Católica de Santos, desembargador aposentado do Tribunal de Justiça do Estado de São Paulo, supervisor do Grupo de Mediação para Solução de Conflitos Socioambientais e Urbanísticos do TJSP, presidiu a comissão interministerial que elaborou o anteprojeto da Lei dos Criminais Ambientais. Membro do conselho científico da *Revista de Direito Ambiental* da Editora Revista dos Tribunais. Autor e organizador de várias obras e artigos jurídicos.

Gilda Collet Bruna – Graduada e doutora em Arquitetura e Urbanismo (FAU/USP). Especialização em Tóquio, pela Japan International Cooperation Agency. Defendeu tese de livre-docência (FAU/USP) e foi professora visitante na Universidade do Novo México, Albuquerque, Estados Unidos, lecionando Planejamento Urbano Regional no Brasil, no curso de pós-graduação. Foi professora da FAU/USP. Aposentou-se como professora titular da FAU/USP, tendo sido diretora da mesma instituição. É professora associada plena da Universidade Presbiteriana Mackenzie, tendo sido coordenadora do Programa de Pós-graduação em Arquitetura e Urbanismo. Foi presidente da Empresa Paulista de Planejamento Metropolitano (Emplasa). Foi coordenadora do curso de Arquitetura e Urbanismo da Universidade de Mogi das Cruzes. Tem experiência na área de arquitetura e urbanismo, com ênfase em projeto de arquitetura e urbanismo, atuando principalmente nos seguintes temas: desenvolvimento urbano, desenvolvimento sustentável, ambiente construído e impacto ambiental, gestão ambiental e meio ambiente.

Henrique Varejão de Andrade – Graduado em Direito (UFPE). Pós-graduado em Direito Ambiental e Urbanístico. Procurador Federal desde janeiro de 2009. Foi coordenador estadual da Procuradoria Federal Especializada junto ao Ibama no Pará em 2009, coordenador nacional de Matéria Finalística da Procuradoria Federal Especializada junto ao Instituto Chico Mendes, entre 2010 e 2012, e procurador-chefe nacional da Procuradoria Federal Especializada junto ao Ibama entre agosto de 2012 e abril de 2015. Atualmente exerce o cargo de procurador-chefe da Procuradoria Federal junto ao Instituto Federal de Educação, Ciência e Tecnologia de Pernambuco (IFPE).

José Rubens Morato Leite – Mestre em Direito (University College London); membro e consultor da IUCN – The World Conservation Union – Comission on Environmental Law (Steering Commitee). Doutor em Direito Ambiental (UFSC), com estágio de doutoramento na Faculdade de Direito da Universidade de Coimbra. Pós-doutor pelo Centre of Environmental Law, Macquarie University – Sydney, Austrália. Professor associado IV dos cursos de graduação e pós-graduação em Direito da UFSC. Coordenador do Grupo de Pesquisa Direito Ambiental e Ecologia Política na Sociedade de Risco, do CNPq. Presidente do Instituto O Direito por um Planeta Verde. É membro do conselho científico da *Revista de Direito Ambiental* da Editora Revista dos Tribunais, além de ser sócio-fundador da Associação dos Professores de Direito Ambiental do Brasil (Aprodab). Foi tutor do PET/MEC. Prêmio Pesquisador Destaque 2011 da UFSC. Bolsista e consultor *ad-hoc* do CNPq e Fapesc. Publicou e organizou várias obras e artigos em periódicos nacionais e estrangeiros. Professor titular da UFSC.

José Valverde Machado Filho – Graduado em Ciências Jurídicas (Uninove-SP), especialista em Direito Ambiental (PUC-SP) e em Gestão Ambiental (Senac-SP). Mestrando em Direito Ambiental (Unisantos). Secretário do Verde e Meio Ambiente do Município de Ferraz de Vasconcelos-SP. Presidente do Instituto Cidadania Ambiental. Diretor de Meio Ambiente e Turismo Sustentável da Confederação Nacional do Turismo (CNTur). Membro do Conselho Superior de Meio Ambiente da Federação das Indústrias do Estado de São Paulo (Cosema/Fiesp). Docente convidado no curso de especialização de Direito Ambiental da PUC/Cogeae/SP e no MBA da Universidade de São Caetano do Sul. Autor, coautor e coeditor de livros em suas áreas de interesse. Foi secretário parlamentar na Câmara Federal e na Assembleia Legislativa do Estado de São Paulo onde foi coordenador técnico da formulação da Política Nacional de Resíduos Sólidos, Lei n. 12.305/2010 e da Política de Resíduos Sólidos Paulista, Lei n. 12.300/2006.

Lina Pimentel Garcia – Advogada especializada em Direito Ambiental (Escola Superior de Direito Constitucional – ESDC) e em Gestão para Sustentabilidade (Fundação Dom Cabral – FDC). Foi gerente de estudos e pareceres do Departamento Jurídico da Cetesb, gerente de sustentabilidade da Companhia Brasileira de Energia Renovável. Professora de Direito Ambiental na Universidade Secovi e membro executivo do Environmental, Health and Safety Comitee do International Bar Association (IBA). Sócia responsável pela prática ambiental do escritório Mattos Filho, Veiga Filho, Marrey Jr. e Quiroga Advogados.

Lucas Queiroz Pires – Advogado. Especialista em Economia (FGV-SP). Realizou intercâmbio na Sciences Po, Paris. Pesquisador do Projeto Releitura dos Acordos da OMC do Cesa/Ibrac, promovido pelo Centro do Comércio Global e Investimento da Escola de Economia e de Direito da FGV--SP. Coach da Equipe de Direito GV na ELSA Moot Court Competition on WTO Law.

Luciana Cordeiro de Souza – Advogada. Mestre e doutora em Direito das Relações Sociais – subárea Direitos Difusos e Coletivos (PUC-SP). Consultora jurídica ambiental com atuação nas áreas de recursos hídricos superficiais, subterrâneos e saneamento. Professora de Direito da Faculdade de Ciências Aplicadas e da Faculdade de Tecnologia da Unicamp. Professora Plena do Programa de Pós-Graduação em Ensino e Ciências da Terra do Instituto de Geociências da Unicamp. Sócia-fundadora da Associação dos Professores de Direito Ambiental do Brasil (Aprodab). Representou o Brasil (São Paulo) como especialista legal em recursos hídricos no Projeto Sistema Aquífero Guarani em Montevidéu, Uruguai. Autora de livros, além de inúmeros capítulos de livros, artigos publicados em renomadas revistas jurídicas e teses aprovadas em eventos técnicos e jurídicos de âmbito nacional e internacional.

Luís Fernando Bravo de Barros – Graduado em Direito (Universidade Presbiteriana Mackenzie). Mestre (MAS) em Paz e Transformação de Conflitos pela Swisspeace Academy e pelo Centro de Estudos Avançados da Universidade da Basileia, Suíça. Mestrando na Cadeira da Unesco de Estudos de Paz e Conflito no Programa de Paz, Desenvolvimento, Segurança e Transformação Internacional de Conflitos da Universidade de Innsbruck, Áustria. Advogado militante na área criminal desde 2004. Colaborador da Associação Palas Athena, em São Paulo.

Marcela Bentes Alves Baptista – Advogada especialista em Direito Ambiental (PUC/SP). Pós-graduanda em Gestão Socioambiental para a Sustentabilidade (Fundação Instituto de Administração – FIA). Atuante na Divisão de Contencioso Ambiental do Departamento Jurídico da Cetesb. Professora convidada no curso de Licenciamento Ambiental no Estado de São Paulo da Escola Superior da Cetesb.

Marcelo Robis Francisco Nassaro – Graduado em Direito e em Ciências Policiais de Segurança e Ordem Pública. Pós-graduado em Direito Público e especializado em Direito Penal Ambiental. Mestre em Ciências Policiais de Segurança e Ordem Pública. Cursou o Koban System de Polícia Comunitária no Japão. Major da Polícia Militar do Estado de São Paulo, e atua, há 20 anos, na Polícia Militar Ambiental. É professor universitário em cursos de pós-graduação em gestão e legislação ambiental. Autor de livro.

Maria Leonor Paes Cavalcanti Ferreira – Graduada em Direito (UFSC), tendo recebido da Universidade o prêmio Mérito Estudantil e do Conselho Nacional de Pesquisa Científica o prêmio Destaque de Iniciação Científica. Mestre em Direito, Estado e Sociedade (UFSC). Doutora em Direito (UFSC), tendo realizado seu estágio de doutoramento na Universidade de Coimbra, Portugal. Pós-doutora em Direito (UFSC). Diretora de Comunicação do Instituto O Direito por um Planeta Verde. É professora de Direito Ambiental da Faculdade de Ciências Sociais de Florianópolis, mantida pelo Complexo de Ensino Superior de Santa Catarina. É autora e organizadora de obras sobre direito ambiental. Apresentou trabalhos em eventos nacionais e internacionais, em especial na Bélgica e em Portugal. Participa do Grupo de Pesquisa Direito Ambiental e Ecologia Política na Sociedade de Risco, cadastrado junto ao CNPq.

Maria Luiza Machado Granziera – Advogada em São Paulo. Mestre e doutora em Direito (USP). Professora associada do Programa de Mestrado em Direito Ambiental e Internacional da Unisantos. Exerceu o cargo de assessora jurídica na Companhia Energética de São Paulo e na USP. Autora de livros na área jurídica e artigos sobre direito administrativo, direito ambiental, licitações e contratos. Atua como consultora na área do direito público e direito ambiental.

Patrícia Nunes Lima Bianchi – Doutora em Direito, Estado e Sociedade (UFSC). Mestre em Relações Internacionais (UFSC). Frequentou, pelo período de um ano, o curso de doutorado em Direito da Faculté de Droit de l'Université des Sciences Sociales Toulouse 1, em Toulouse/França, com ênfase no tema desenvolvimento sustentável. Autora de livros e artigos acadêmicos. Atualmente é membro do Conselho Municipal de Meio Ambiente de Lorena (Commam) e leciona Políticas Públicas Ambientais no Programa de Mestrado do Centro Salesiano de São Paulo (Unisal). Consultora e pesquisadora.

Rafaela Santos Martins da Rosa – Graduada em Direito (UFRGS). Mestre em Direito (Univali) e mestre em Direito e Sustentabilidade (Universidade de Alicante, Espanha). Juíza federal da 4ª Vara Federal de Criciúma/SC, professora de Direito Penal da AJUFERGS-Esmafe/RS.

Silvio Alexandre Fazolli – Mestre em Tutela dos Direitos Transindividuais (UEM). Doutorando em Direito Econômico e Socioambiental (PUC-PR). Professor efetivo da mesma instituição e docente junto à PUC-PR. Advogado militante em Maringá/PR.

Sueli Gandolfi Dallari – Advogada. Mestre, doutora e livre-docente em Saúde Pública (USP). Pós-doutora em Direito Médico (Université de Paris XII). Pós-doutora em Saúde Pública (Columbia University). Atualmente é professora titular da USP. Foi professora convidada das instituições Columbia University (School of International and Public Affairs); Université de Nantes (Faculté de Droit); Université de Paris X (Faculté de Droit); Université de Paris Descartes (Faculté de Droit). Participou da fundação do Centro de Estudos e Pesquisas de Direito Sanitário e foi a primeira coordenadora científica do Núcleo de Pesquisas em Direito Sanitário da USP. Presidiu a primeira Comissão Especial de Direito Sanitário e Saúde da Ordem dos Advogados do Brasil. Atua principalmente no campo do direito sanitário, da saúde pública e da ética em saúde.

Stephan Tomerius – Bacharel em Direito (Rheinische Friedrich-Wilhelms-Universität, Bonn). Doutor em Direito Ambiental (Instituto de Direito Ambiental e Técnico da Universidade Trier). Coordenador do Departamento de Meio ambiente e Transporte Público no Instituto Alemão de Urbanismo em Berlim. Professor de Direito Público (Direito Administrativo, Planejamento e de Construir, Direito Municipal e Concuros Públicos, Meio Ambiente) na Hochschule für Wirtschaft und Recht – HWR – Berlin.

Talden Farias – Mestre em Ciências Jurídicas (UFPB). Doutor em Recursos Naturais (UFCG). Doutorando em Direito da Cidade (UERJ) com doutorado sanduíche na França (Universidade de Paris 1 – Pantheón-Sorbonne) com bolsa Capes/Cofecub. Advogado e professor da graduação e da pós-graduação (mestrado e doutorado) do CCJ da UFPB.

Tasso Alexandre Richetti Pires Cipriano – Graduado em Direito (FD/USP), com período sanduíche na Universidade de Munique, Alemanha. Doutorando em Direito pela FD/USP e pela Faculdade de Direito da Universidade de Bremen, Alemanha. Pesquisador do Centro de Pesquisa em Direito Ambiental Europeu (FEU) da Universidade de Bremen. Membro da International Solid Waste Association (Iswa) e de seu Working Group on Legal Issues (Wigli). Advogado e consultor jurídico na área ambiental.

Tatiana Tucunduva P. Cortese – Graduada em Direito (Centro Universitário UniFMU). Especialista em Direito Ambiental (FD e FSP/USP). Mestre e doutora em Ciências (FSP/USP). Docente do Programa de Mestrado em Cidades Inteligentes e Sustentáveis (CIS) e do Programa de Mestrado Profissional em Administração – Gestão Ambiental e Sustentabilidade da Uninove. Autora de livro e artigos diversos na área em que atua.

Terence Trennepohl – Doutor e mestre em Direito (UFPE). Pós-doutor (Universidade de Harvard). Advogado em São Paulo.

Tiago Fensterseifer – Mestre e doutorando em Direito Público (PUC/RS), com pesquisa de doutorado sanduíche junto ao Instituto Max Planck de Direito Social e Política Social de Munique, na Alemanha. Professor convidado de diversos cursos de especialização em Direito Constitucional e Direito Ambiental (PUC/SP, PUC/Rio, PUC/RS, Fundação Escola Superior do Ministério Público do Distrito Federal e Faculdade Dom Alberto). Membro-eleito do Conselho Superior da Defensoria Pública/SP (gestão 2008-2010). Membro-colaborador do Núcleo Especializado de Cidadania e Direitos Humanos da Defensoria Pública/SP (2007-2012). Examinador da Disciplina de Direitos Difusos e Coletivos do V e VI Concursos para o Cargo de Defensor Público/SP (2012 e 2013). Associado do Instituto O Direito por um Planeta Verde, da Associação dos Professores de Direito Ambiental do Brasil (Aprodab) e do Instituto Brasileiro de Advocacia Pública (Ibap). Membro do Núcleo de Estudos e Pesquisa sobre Direitos Fundamentais da PUC/RS (CNPq). Autor de obras na área em que atua. Defensor Público em São Paulo.

Zenildo Bodnar – Graduado em Direito (Universidade Estadual de Ponta Grossa). Mestre em Ciência Jurídica (Univali). Mestre em Urbanismo, História e Arquitetura da Cidade, doutor em Direito, pós-doutor em Direito Ambiental (UFSC). Pós-doutor em Dirieto Ambiental (Universidade de Alicante, Espanha). Atualmente é Juiz Federal Titular da 3ª Turma Recursal de Santa Catarina. Professor no doutorado e mestrado em Ciência Jurídica e no mestrado em Gestão de Políticas Públicas da Universidade do Vale do Itajaí; professor da Escola Superior da Magistratura Federal de Santa Catarina, Apajufe, Escola Superior da Magistratura Estadual de Santa Catarina e na Escola do Ministério Público em Santa Catarina. Tem experiência na área de direito, com ênfase em direito ambiental, processual e processo coletivo, urbanístico, constitucional, tributário e civil. Ocupa a cadeira n. 7 da Academia Catarinense de Letras Jurídicas.

Títulos Coleção Ambiental

Direito Ambiental e Sustentabilidade
Vladimir Passos de Freitas, Ana Luiza Silva Spínola e Arlindo Philippi Jr

Energia Elétrica e Sustentabilidade: Aspectos Tecnológicos, Socioambientais e Legais (2.ed. revisada e atualizada)
Lineu Belico dos Reis e Eldis Camargo Santos

Educação Ambiental e Sustentabilidade (2.ed. revisada e atualizada)
Arlindo Philippi Jr e Maria Cecília Focesi Pelicioni

Curso de Gestão Ambiental (2.ed. atualizada e ampliada)
Arlindo Philippi Jr, Marcelo de Andrade Roméro e Gilda Collet Bruna

Indicadores de Sustentabilidade e Gestão Ambiental
Arlindo Philippi Jr e Tadeu Fabrício Malheiros

Gestão de Natureza Pública e Sustentabilidade
Arlindo Philippi Jr, Carlos Alberto Cioce Sampaio e Valdir Fernandes

Política Nacional, Gestão e Gerenciamento de Resíduos Sólidos
Arnaldo Jardim, Consuelo Yoshida, José Valverde Machado Filho

Gestão do Saneamento Básico: Abastecimento de Água e Esgotamento Sanitário
Arlindo Philippi Jr, Alceu de Castro Galvão Jr

Energia, Recursos Naturais e a Prática do Desenvolvimento Sustentável (2.ed. revisada e atualizada)
Lineu Belico dos Reis, Eliane A. F. Amaral Fadigas, Cláudio Elias Carvalho

Curso Interdisciplinar de Direito Ambiental
Arlindo Philippi Jr e Alaôr Caffé Alves

Saneamento, Saúde e Ambiente: Fundamentos para um Desenvolvimento Sustentável
Arlindo Philippi Jr

Reúso de Água
Pedro Caetando Sanches Mancuso e Hilton Felício dos Santos

Empresa, Desenvolvimento e Ambiente: Diagnóstico e Diretrizes de Sustentabilidade
Gilberto Montibeller F.

Gestão Ambiental e Sustentabilidade no Turismo
Arlindo Philippi Jr e Doris van de Meene Ruschmann